Transnationale Sitzverlegung und Umstrukturierung von Kapitalgesellschaften im bilateralen Verhältnis Deutschland – Schweiz

EUROPÄISCHE INTEGRATION UND INTERNATIONALE WIRTSCHAFTSBEZIEHUNGEN

Rechtswissenschaftliche Studien

Herausgegeben von Peter Behrens
und Wolfgang Wurmnest

Band 23

PL ACADEMIC RESEARCH

Jan Bohrenkämper

Transnationale Sitzverlegung und Umstrukturierung von Kapitalgesellschaften im bilateralen Verhältnis Deutschland – Schweiz

PL ACADEMIC RESEARCH

Bibliografische Information der Deutschen Nationalbibliothek
Die Deutsche Nationalbibliothek verzeichnet diese Publikation in der Deutschen Nationalbibliografie; detaillierte bibliografische Daten sind im Internet über http://dnb.d-nb.de abrufbar.

ISSN 0948-8774
ISBN 978-3-631-64565-9

PL Academic Research ist ein Imprint der Peter Lang GmbH.

Peter Lang – Frankfurt am Main · Bern · Bruxelles · New York · Oxford · Warszawa · Wien

Dieses Buch erscheint in einer Herausgeberreihe bei PL Academic Research und wurde vor Erscheinen peer reviewed.

www.peterlang.com

Vorwort

Die vorliegende Arbeit wurde im Sommersemester 2012 von der Universität St. Gallen (HSG) als Dissertation angenommen. Literatur und Rechtsprechung wurden vereinzelt noch bis Frühsommer 2013 berücksichtigt.

Mein Dank gilt Herrn Professor Dr. Peter Nobel, der die Studie als Referent betreut hat und mir über all die Jahre mit hilfreichen Ratschlägen und Anregungen unterstützend zur Seite stand. Ebenso danke ich Herrn Prof. Dr. Dr. h.c. Erich Schanze, LL.M. (*Harvard*) für die Übernahme des Koreferates und seine zahlreichen, wertvollen Anmerkungen.

In ihren wissenschaftlichen Werken überschreiten beide Referenten immer wieder die Grenzen der eigenen Rechtsordnung und betrachten das Recht in seinem historischen, wirtschaftlichen oder politischen Kontext. Dies dient mir als Vorbild und Inspiration.

Für die lehrreiche und schöne Zeit am Institut für Europäisches und Internationales Wirtschaftsrecht der Universität St. Gallen (EUR-HSG) möchte ich insbesondere Herrn Prof. Dr. Dr. h.c. Carl Baudenbacher, Präsident des EFTA-Gerichtshofes sowie Herrn Dr. Philipp Speitler aufrichtig danken.

Den Herausgebern der Schriftenreihe „Europäische Integration und internationale Wirtschaftsbeziehungen" Herrn Prof. Dr. Peter Behrens, M.C.J. (*N.Y.U.*) und Herrn Prof. Dr. Wolfgang Wurmnest, LL.M. (*Berkeley*) bin ich für die freundliche Aufnahme meiner Dissertation sehr verbunden.

Ohne den Rückhalt meiner Frau, Prof. Dr. Caroline von Gall, wäre diese Dissertation nie in der vorliegenden Form entstanden. Nicht nur dafür gebührt ihr mein herzlichster Dank. Schließlich danke ich all denjenigen, die mich während der Erarbeitung der Dissertation begleitet und die Fertigstellung ermöglicht haben. Dieser Dank gilt vor allem meinen Eltern. Ihnen sei die Arbeit gewidmet.

Köln, im Mai 2013 Jan Bohrenkämper

Inhaltsverzeichnis

Abkürzungsverzeichnis

ABl.	Amtsblatt der Europäischen Union
Abs.	Absatz
AcP	Archiv für die civilistische Praxis (Zeitschrift)
ADHGB	Allgemeines Deutsches Handelsgesetzbuch
AETR	Accord Européen sur les Transports Routiers
AEUV	Vertrag über die Arbeitsweise der Europäischen Union
AG	Amtsgericht
AG	Die Aktiengesellschaft (Zeitschrift)
AJP	Aktuelle Juristische Praxis (Zeitschrift)
amtl.	amtlich
Amtl. Bull.	Amtliches Bulletin der Bundesversammlung (bis 1966: Sten. Bull.)
Anh	Anhang
Anm.	Anmerkung
AnwKomm	Nomos Anwaltskommentar
aOR(Jahr)	Obligationenrecht, alte Fassung gem. Jahresangabe in Klammern
Art.	Artikel
AS	Amtliche Sammlung des Bundesrechts
ASA	Archiv für schweizerisches Abgaberecht (Zeitschrift)
AT	Allgemeiner Teil
Aufl.	Auflage
AuR	Arbeit und Recht (Zeitschrift)
AWD	Außenwirtschaftsdienst des Betriebs-Beraters (Zeitschrift)
b.V.	Besloten vennootschap met beperkte aansprakelijkheid
BaslerKomm	Basler Kommentar
BayObLG	Bayrisches Oberstes Landesgericht
BayObLGZ	Sammlung von Entscheidungen des Bayerischen Obersten Landesgerichts in Zivilsachen
BB	Betriebs-Berater (Zeitschrift)
BBl.	Bundesblatt
Bd.	Band
Bd./Bde.	Band/Bände
Bearb.	Bearbeitung

BEHG	Bundesgesetz vom 24. März 1995 über die Börsen und den Effektenhandel (Börsengesetz, BEHG), (SR 954.1)
BEHV	Verordnung vom 2. Dezember 1996 über die Börsen und den Effektenhandel (Börsenverordnung, BEHV), (SR 954.11)
Beil.	Beilage
BernKomm	Berner Kommentar
Beschl.	Beschluss
BewG	Bundesgesetz vom 16. Dezember 1983 über den Erwerb von Grundstücken durch Personen im Ausland (BewG),(SR 211.412.41)
BewV	Verordnung vom 1. Oktober 1984 über den Erwerb von Grundstücken durch Personen im Ausland, (SR 211.412.411)
BGB	Bürgerliches Gesetzbuch
BGBl	Bundesgesetzblatt
BGE	Bundesgerichtsentscheid
BGer.	Bundesgericht
BGH	Bundesgerichtshof
BGHZ	Entscheidungen des Bundesgerichtshofs in Zivilsachen
BJM	Basler Juristische Mitteilungen (Zeitschrift)
BMJ	Bundesminister der Justiz
BN	Der bernische Notar (Zeitschrift)
Bsp.	Beispiel
BT-Drucks.	Verhandlungen des Deutschen Bundestages, Drucksachen
Bull EBK	Bulletin der Eidgenössischen Bankenkommission
Bull. soc. lég. comp.	Bulletin de la Société de législation comparée *(1873-1948, danach Revue internationale du droit comparé)*
BV	Bundesverfassung der Schweizerischen Eidgenossenschaft vom 18. April 1999, (SR 101)
BVerfG	Bundesverfassungsgericht
BVerfGE	Sammlung der Entscheidungen des Bundesverfassungsgerichts
BWNotZ	Zeitschrift für das Notariat in Baden-Württemberg
bzw.	beziehungsweise
C. M. L. Rev.	Common Market Law Review (Zeitschrift)
C.L.J.	The Cambridge Law Journal (Zeitschrift)

ca.	zirka
Cal. Corp. C.	California Corporation Code
Cal. L. Rev.	California Law Review (Zeitschrift)
CHF	Schweizer Franken
Colum. L. Rev.,	Columbia Law Review (Zeitschrift)
COM	European Commission Document
d.h.	das heißt
DB	Der Betrieb (Zeitschrift)
DBG	Bundesgesetz vom 14. Dezember 1990 über die direkte Bundessteuer, (SR 642.11)
ders./dies.	derselbe/dieselben
Diss.	Dissertation
DJZ	Deutsche Juristenzeitung (Zeitschrift)
DNotZ	Deutsche Notarzeitschrift
DÖV	Die Öffentliche Verwaltung(Zeitschrift)
DrittelbG	Drittelbeteiligungsgesetz
Droits	Revue française de théorie, de philosophie et de culture juridiques (Zeitschrift)
DStR	Deutsches Steuerrecht (Zeitschrift)
Duke L. J.	Duke Law Journal (Zeitschrift)
DZWiR	Deutsche Zeitschrift für Wirtschaftsrecht
E.	Erwägung
E. L. Rev.	European Law Review (Zeitschrift)
EBK	Eidgenössische Bankenkommission, heutige FINMA
EBLR	European Business Law Review (Zeitschrift)
EBOR	European Business Organization Law Review (Zeitschrift)
ECFR	European Company and Financial Law Review (Zeitschrift)
ECLE	European Company Law Experts
EdinLR	Edinburgh Law Review (Zeitschrift)
EFTA	European Free Trade Association
EG	Europäische Gemeinschaft, mit Inkrafttreten des Vertrages von Lissabon am 1. Dezember 2009 abgelöst durch die Europäische Union
EGBGB	Einführungsgesetz zum Bürgerlichen Gesetzbuche
EGMR	Europäischer Gerichtshof für Menschenrechte
EGV	Vertrag zur Gründung der Europäischen Gemeinschaft
eidg.	eidgenössisch

Einl.	Einleitung
EJPD	Eidgenössisches Justiz- und Polizeidepartement
EL	Ergänzungslieferung
ELR	European Law Reporter (Zeitschrift)
EMRK	Konvention vom 4. November 1950 zum Schutze der Menschenrechte und Grundfreiheiten
ERPL	European Review of Private Law (Zeitschrift)
et al.	et alteri
etc.	et cetera
EU	Europäische Union
EuGH	Gerichtshof der Europäischen Union
EuGVVO	Verordnung (EG) Nr. 44/2001 des Rates vom 22. Dezember 2000 über die gerichtliche Zuständigkeit und die Anerkennung und Vollstreckung von Entscheidungen in Zivil- und Handelssachen
EuR	Europarecht (Zeitschrift)
EUV	Vertrag über die Europäische Union
EuZ	Zeitschrift für Europarecht
EuZA	Europäische Zeitschrift für Arbeitsrecht
EuZW	Europäische Zeitschrift für Wirtschaftsrecht
EVÜ	Übereinkommen von Rom über das auf vertragliche Schuldverhältnisse anzuwendende Recht vom 19. Juni 1980 (auch: Europäisches Schuldvertragsübereinkommen)
EWG	Europäische Wirtschaftsgemeinschaft
EWiR	Entscheidungen zum Wirtschaftsrecht (Zeitschrift)
EWIV	Europäischen wirtschaftlichen Interessenvereinigung
EWR	Europäischer Wirtschaftsraum
EWRA	EWR-Abkommen
EWS	Europäisches Wirtschafts- und Steuerrecht
f./ff.	folgende
FINMA	Eidgenössische Finanzmarktaufsicht FINMA
FINMAG	Bundesgesetz vom 22. Juni 2007 über die Eidgenössische Finanzmarktaufsicht (Finanzmarktaufsichtsgesetz, FINMAG), (SR 956.1)
Fn.	Fußnote
FS	Festschrift
FusG	Bundesgesetz vom 3. Oktober 2003 über Fusion, Spaltung, Umwandlung und Vermögensübertragung (Fusionsgesetz), (SR 221.301)

FZA	Abkommen vom 21. Juni 1999 zwischen der Schweizerischen Eidgenossenschaft einerseits und der Europäischen Gemeinschaft und ihren Mitgliedstaaten andererseits über die Freizügigkeit (mit Anhängen, Protokollen und Schlussakte), (SR 0.142.112.681)
GA	Generalanwalt/ Generalanwältin
GATS	General Agreement on Trade in Services (Allgemeines Abkommen über den Handel mit Dienstleistungen)
GbR	Gesellschaft bürgerlichen Rechts
Geo. L.J	Georgetown Law Journal (Zeitschrift)
Ges. mbH	Gesellschaft mit beschränkter Haftung
GesKR	Schweizerische Zeitschrift für Gesellschafts- und Kapitalmarktrecht sowie Umstrukturierungen
GewArch	Gewerbearchiv (Zeitschrift)
GG	Grundgesetz
GmbH	Gesellschaft mit beschränkter Haftung
GmbHG	Gesetz betreffend die Gesellschaften mit beschränkter Haftung
GmbHR	GmbHRundschau (Gesellschafts- und Steuerrecht der GmbH und GmbH&Co.) (Zeitschrift)
GPR	Zeitschrift für Gemeinschaftsprivatrecht
Harv. Int'l. L. J	The Harvard International Law Journal (Zeitschrift)
HK	Handkommentar
HReg	Handelsregister
HRegV	Handelsregisterverordnung vom 7. Juni 1927, (SR 221.411)
Hrsg.	Herausgeber
i. e.	id est
i.S.d.	im Sinne des/der
i.S.v.	im Sinne von
i.V.m	in Verbindung mit
ICQL	International and Comparative Law Quarterly (Zeitschrift)
IntGesR	Internationales Gesellschaftsrecht
IPR	Internationales Privatrecht
IPRax	Praxis des internationalen Privat- und Verfahrensrechts (Zeitschrift)
IPRG	Bundesgesetz vom 18. Dezember 1987 über das Internationale Privatrecht (SR 291)

IPRspr	Die deutsche Rechtsprechung auf dem Gebiet des internationalen Privatrechts
IStR	Internationales Steuerrecht (Zeitschrift)
IUS COMMUNE	Zeitschrift für Europäische Rechtsgeschichte
J. Fin. Econ.	The Journal of Financial Economics (Zeitschrift)
J.B.L.	Journal of Business Law (Zeitschrift)
JA	Juristische Arbeitsblätter (Zeitschrift)
Jb.J.ZivRWiss.	Jahrbuch Junger Zivilrechtswissenschaftler
JBl.	Juristische Blätter (Zeitschrift)
JherJb	Jherings Jahrbücher für die Dogmatik des bürgerlichen Rechts
JR	Juristische Rundschau (Zeitschrift)
JuS	Juristische Schulung (Zeitschrift)
JW	Juristische Wochenschrift (Zeitschrift)
JZ	Juristenzeitung (Zeitschrift)
KAG	Bundesgesetz vom 23. Juni 2006 über die kollektiven Kapitalanlagen (Kollektivanlagegesetz), (SR 951.31)
KG	Kammergericht; Kommanditgesellschaft
KGaA	Kommanditgesellschaft auf Aktien
KGer	Kantonsgericht
Komm.	Kommentar
KonTraG	Gesetz zur Kontrolle und Transparenz im Unternehmensbereich
KStG	Körperschaftsteuergesetz
KsZW	Kölner Schrift zum Wirtschaftsrecht (Zeitschrift)
Law & Contemp. Probs.	Law and Contemporary Problems (Zeitschrift)
Legal Hist. Rev.	Tijdschrift voor Rechtsgeschiedenis / Revue d'Histoire du Droit / The Legal History Review (Zeitschrift)
LeGes	Mitteilungsblatt der Schweizerischen Gesellschaft für Gesetzgebung (SGG) und der Schweizerischen Evaluationsgesellschaft (SEVAL)
Lfg.	Lieferung
LG	Landgericht
lit.	litera (Buchstabe)
LMK	Lindenmaier/Möhring Kommentierung (Zeitschrift)

LugÜ	Übereinkommen vom 16. September 1988 über die gerichtliche Zuständigkeit und die Vollstreckung gerichtlicher Entscheidungen in Zivil- und Handelssachen, (SR 0.275.11)
m.w. N.	mit weiteren Nachweisen
MDR	Monatsschrift für deutsches Recht (Zeitschrift)
MgVG	Gesetz zur Umsetzung der Regelungen über die Mitbestimmung der Arbeitnehmer bei einer Verschmelzung von Kapitalgesellschaften aus verschiedenen Mitgliedstaaten
Mich. L. Rev.	The Michigan Law Review (Zeitschrift)
MitbestG	Mitbestimmungsgesetz
MittBayNot	Mitteilungen des Bayrischen Notarvereins, der Notarkasse und der Landesnotarkammer Bayern (Zeitschrift)
MJ	Maastricht Journal of European and Comparative Law (Zeitschrift)
MoMiG	Gesetz zur Modernisierung des GmbH-Rechts und zur Bekämpfung von Missbräuchen (MoMiG) vom 23. Oktober 2008
Münch. Hdb. GesR	Münchener Handbuch des Gesellschaftsrechts
MünchKomm.	Münchener Kommentar zum BGB
N.Y. Bus. Corp. L	New York Business Corporation Law
NJOZ	Neue Juristische Online-Zeitschrift
NJW	Neue Juristische Wochenschrift (Zeitschrift)
NJW-RR	NJW-Rechtsprechungs-Report (Zeitschrift)
NR	Nationalrat
Nr.	Nummer
NVwZ	Neue Zeitschrift für Verwaltungsrecht
NZG	Neue Zeitschrift für Gesellschaftsrecht
NZZ	Neue Zürcher Zeitung
OJLS	Oxford Journal of Legal Studies (Zeitschrift)
OLG	Oberlandesgericht
OR	Bundesgesetz vom 30. März 1911 betreffend die Ergänzung des Schweizerischen Zivilgesetzbuches (Fünfter Teil: Obligationenrecht), (SR 220)
ÖZW	Österreichische Zeitschrift für Wirtschaftsrecht
Plc.	public limited company
Pra.	Die Praxis des Bundesgerichts (Basel)
RabelsZ	Zeitschrift für ausländisches und internationales Privatrecht

RCADI	Recueil des cours de l'Académie de droit international
RCDIP	Revue critique de droit international privé
RdA	Recht der Arbeit (Zeitschrift)
recht	Zeitschrift für juristische Ausbildung und Praxis
Ref-E	Referentenentwurf
REPRAX	Zeitschrift zur Handelsregisterpraxis
Rev. crit. belge	Revue critique de jurisprudence belge (Zeitschrift)
RGBl I.u.II.	Reichsgesetzblatt I. und II
RGZ	Entscheidungen des Reichsgerichts in Zivilsachen
Riv. Dir. Civ.	Rivista di Diritto Civile (Zeitschrift)
RJ	Rechtshistorisches Journal (Zeitschrift)
Rn.	Randnummer
RNotZ	Rheinische Notar-Zeitschrift
ROHG	Entscheidungen des Reichs-Oberhandelsgerichts
ROLG	Die Rechtsprechung der Oberlandesgerichte auf dem Gebiete des Zivilrechts
Rs.	Rechtssache
Rsp.	Rechtsprechung
RTDF	Revue Trimestrielle de Droit Financier (Zeitschrift)
S.	Seite
S.à.r.l.	Société à responsabilité limitée
SA	Société anonyme
SCE	Societas Cooperativa Europaea, Europäische Genossenschaft
SchlT	Schlusstitel
SE	Societas Europaea (Europäische Aktiengesellschaft)
SEBG	Gesetz über die Beteiligung der Arbeitnehmer in einer Europäischen Gesellschaft
Sem. Jur.	La Semaine Juridique (Zeitschrift)
SE-RL	SE-Richtlinie
SEStEG	Gesetz über steuerliche Begleitmaßnahmen zur Einführung der Europäischen Gesellschaft und zur Änderung weiterer steuerrechtlicher Vorschriften
SE-VO	SE-Verordnung
SHAB	Schweizerisches Handelsamtsblatt
SIR	Schweizerisches Institut für Rechtsvergleichung
SJ	La Semaine Judiciaire (Zeitschrift)
SJZ	Schweizerische Juristenzeitung
Slg.	Sammlung der Entscheidungen des EuGH
sog.	sogenannt(e)

Solic. J. & Wkly.	Solicitors Journal & Weekly Report (Zeitschrift)
SR	Ständerat
ST	Der Schweizer Treuhänder (Zeitschrift)
StenBull	Amtliches Stenografisches Bulletin der Bundesversammlung (seit 1967: AmtlBull)
StG	Bundesgesetz vom 27. Juni 1973 über die Stempelabgaben (SR 641.10)
StHG	Bundesgesetz vom 14. Dezember 1990 über die Harmonisierung der direkten Steuern der Kantone und Gemeinden (SR 642.14)
SWI	Steuer und Wirtschaft International – Tax and Business Review (Zeitschrift)
Syst. Darst.	Systematische Darstellung
SZIER	Schweizerische Zeitschrift für internationales und europäisches Recht
SZW	Schweizerische Zeitschrift für Wirtschaftsrecht
TIL	The International Lawyer (Zeitschrift)
u.a.	unter anderem
UCLA L. Rev	University of California, Los Angeles Law Review (Zeitschrift)
UmwG	Umwandlungsgesetz
UmwStG	Umwandlungsteuergesetz
Univ.	Universität
Urt.	Urteil
v.	von, vom
Va. L. Rev.	Virginia Law Review (Zeitschrift)
VAG	Gesetz über die Beaufsichtigung von Versicherungsunternehmen
VAG	Bundesgesetz vom 23. Juni 1978 betreffend die Aufsicht über die privaten Versicherungseinrichtungen (Versicherungsaufsichtsgesetz, SR 961.01)
Vand. L. Rev.	Vanderbildt Law Review (Zeitschrift)
VE	Vorentwurf
verb.	verbunden/e
vgl.	vergleiche
VGR	wissenschaftliche Vereinigung für Unternehmens- und Gesellschaftsrecht
VO	Verordnung
Vol.	Volume
Vorbem.	Vorbemerkungen
VVaG	Versicherungsverein auf Gegenseitigkeit

wbl	wirtschaftsrechtliche blätter – Zeitschrift für österreichisches und europäisches Wirtschaftsrecht
WM	Wertpapier-Mitteilungen (Zeitschrift)
WPg	Die Wirtschaftsprüfung (Zeitschrift)
WÜK	Wiener Vertragsrechtsübereinkunft
WVRK	Wiener Vertragsrechtskonvention
Y.B.Eur.L.	Yearbook of European Law
Y.P.I.L.	Yearbook of Private International Law
Yale L.J.	The Yale Law Journal
z.B.	zum Beispiel
ZBJV	Zeitschrift des Bernischen Juristenvereins (Bern)
Zeitschr. f. ausl. u. intern. Privatrecht	Zeitschrift für ausländisches und internationales Privatrechtrecht, begründet von Rabel; dann RabelsZ
ZeuP	Zeitschrift für Europäisches Privatrecht
ZEuS	Zeitschrift für Europäische Studien
ZfRV	Zeitschrift für Europarecht, Internationales Privatrecht und Rechtsvergleichung
ZGB	Schweizerisches Zivilgesetzbuch vom 10. Dezember 1907, (SR 210)
ZGR	Zeitschrift für Unternehmens- und Gesellschaftsrecht
ZHR	Zeitschrift für das gesamte Handelsrecht (und Wirtschaftsrecht)
Ziff.	Ziffer
ZIP	Zeitschrift für Wirtschaftsrecht (und Insolvenzpraxis)
zit.	zitiert
ZöR	Zeitschrift für öffentliches Recht
ZPO	Zivilprozeßordnung
ZRP	Zeitschrift für Rechtspolitik
ZSR	Zeitschrift für schweizerisches Recht
ZSR NF	Zeitschrift für schweizerisches Recht Neue Folge
ZVglRW	Zeitschrift für vergleichende Rechtswissenschaft

Erster Teil: Einleitung

I. Problemstellung

Die Ermöglichung transnationaler Mobilität von Gesellschaften stellt ein wichtiges Anliegen dar. Denn Gesellschaften sind in wirtschaftstheoretischer Hinsicht: „Akteure in Produktion und Distribution geldwerter Güter, personale Produktionsfaktoren und insbesondere Kapitalgesellschaften zugleich Kristallisationskerne des sächlichen Produktionsfaktors Kapital“.[1] Zugleich spielt bei der Frage nicht nur der unmittelbare Wettbewerb der Produktionsfaktoren selbst, sondern auch der Aspekt des institutionellen Wettbewerbs der Gesellschaftsrechtsordnungen an sich eine bedeutende Rolle. Die rechtliche Dimension des grenzüberschreitenden Zuzugs und des Wegzugs von Gesellschaften erstreckt sich dabei in erster Linie auf das Gesellschaftskollisionsrecht als Teilbereich des Internationalen Privatrechts. Dieses kann dabei jedoch nicht lediglich als „Produkt“ des institutionellen Wettbewerbs betrachtet, sondern muss als Teil der Rahmenordnung gesehen werden, in der dieser Wettbewerb stattfindet:[2] „Das Internationale Privatrecht bildet damit die »Meta-Wettbewerbsordnung« für den institutionellen Wettbewerb im Privatrecht. Es legt dessen Rahmenbedingungen fest, indem es ihn überhaupt erst ermöglicht und seine Grenzen absteckt.“[3]

Diese Rahmenordnung soll im Folgenden näher untersucht werden: Es wird sowohl auf die rechtlichen Besonderheiten als auch die Entwicklung dieser Rahmenordnung des Internationalen Gesellschaftsrechts im Hinblick auf die Ermöglichung transnationaler Mobilität von Gesellschaften in Deutschland wie auch der Schweiz eingegangen werden: Neben der Verlegung des Sitzes über die Grenze, durch die letztendlich eine Rechtswahlfreiheit gewährleistet werden soll, können transnationale Fusionen dem Zweck von Größenvorteilen oder der Nutzung von Synergieeffekten dienen, während Spaltungen auf dezentrale Strukturanpassungen und die Fokussierung auf unternehmerische Kernbereiche ausgerichtet sind.[4]

Daneben haben sich entsprechend den unterschiedlichen Bedürfnissen der Marktakteure im Wettbewerb der Rechtsordnungen gesellschaftsrechtliche Mischformen herausgebildet: So tritt neben die Alternative von in- und ausländischer Rechtsform zudem die Möglichkeit, Gesellschaftsformen aus verschie-

---

1 *Müller-Graff*, EWS 2009, 489 (490).

2 *Schaper*, Selektion und Kombination von Gesellschaftsformen im institutionellen Wettbewerb, 2012, S. 172.

3 *Leible,* RabelsZ 76 (2012), 374 (393).

4 KölnKomm UmwG-*Dauner-Lieb*, Einl. A Rn. 11.

denen Staaten zu kombinieren.[5] Hier spielt die grenzüberschreitende Typenvermischung am Beispiel der schweizerischen Kapitalgesellschaft & Co. KG eine bedeutende Rolle, gerade auch vor dem Hintergrund der Vermeidung der deutschen unternehmerischen Mitbestimmung.

Während man in der Vergangenheit das Internationale Privatrecht teilweise als „Glasperlenspiel subtiler lebensfremder Konstruktionen“[6] ansah, wird im Rahmen der ökonomischen Analyse des Rechts darauf hingewiesen, dass Kollisionsnormen nicht nur den Rahmen konkreter Handlungen und Entscheidungen von Individuen vorgeben, sondern selbst auch Auslöser dazu sein können,[7] so dass diese tatsächliche Relevanz gerade auch im Hinblick auf die transnationale Mobilität von Gesellschaften entfalten. Was die Bedeutung der Mobilität von Gesellschaften im Hinblick auf den Europäischen Binnenmarkt anbelangt, formuliert *Klaus J. Hopt* treffend: „Corporate mobility is the very essence of the internal market. We should do everything to promote it for the sake of entrepreneurial freedom as well as for the healthy effects of competition.“[8] Im Europäischen Binnenmarkt gewährleisten die auf die primärrechtliche Niederlassungsfreiheit für Gesellschaften gestützten Entscheidungen des Europäischen Gerichtshofs wie *Centros*[9], *Überseering*[10] und *Inspire Art*[11] bereits eine Gründungsfreiheit im europäischen Kontext; jedenfalls in Form der Verwaltungssitzverlegung aus dem Blickwinkel des Zuzugsstaates.[12] Daneben existiert nach *Cartesio*[13] auch eine Reinkorporationsfreiheit dergestalt, „dass eine bereits bestehende Gesellschaft das auf sie anwendbare Recht nachträglich durch grenz-

---

5 *Schaper*, Selektion und Kombination von Gesellschaftsformen im institutionellen Wettbewerb, 2012, S. 208 ff.

6 So die Formulierung bei Staudinger-*Sturm/Sturm*, Einl. IPR, Rn. 67.

7 Siehe grundlegend zu den ökonomischen Grundlagen des Internationalen Privatrechts *Rühl*, Statut und Effizienz, 2011, S. 87.

8 *Hopt*, in: Geens/Hopt (Hrsg.), The European Company Law Action Plan Revisited, 2010, S. 18; so betont bereits der EuGH Urt. v. 13.12.2005, Rs. C-411/03 – *SEVIC*, Slg. I-10805 in Rn. 19: „Grenzüberschreitende Verschmelzungen entsprechen wie andere Gesellschaftsumwandlungen den Zusammenarbeits- und Umgestaltungsbedürfnissen von Gesellschaften mit Sitz in verschiedenen Mitgliedstaaten. Sie stellen besondere, für das reibungslose Funktionieren des Binnenmarktes wichtige Modalitäten der Ausübung der Niederlassungsfreiheit dar und gehören damit zu den wirtschaftlichen Tätigkeiten, hinsichtlich deren die Mitgliedstaaten die Niederlassungsfreiheit nach Artikel 43 EG beachten müssen.“

9 EuGH, Urt. v. 9.3.1999, Rs. C-212/97 – *Centros*, Slg. 1999, I-1459.

10 EuGH, Urt. v. 5.11.2002, Rs. C-208/00 – *Überseering*, Slg. 2002, I-9919.

11 EuGH, Urt. v. 30. 9. 2003, Rs. C-167/01 – *Inspire Art*, Slg. 2003, I-10155.

12 *Weller*, LMK 2012, 336113.

13 EuGH, Urt. v. 16. 12. 2008, C-210/06 – *Cartesio*, Slg. 2008, I-9641.

überschreitenden Formwechsel frei verändern kann".[14] In seiner jüngsten Entscheidung *VALE*[15] hat der Gerichtshof „ein weiteres Ausrufezeichen auf dem Weg zu einer europaweiten Unternehmensmobilität gesetzt"[16], indem es einen grenzüberschreitenden Rechtsformwechsel qua Satzungssitzverlegung ausdrücklich ermöglicht.[17]

Auch mit Blick auf die grenzüberschreitende Verschmelzungsfreiheit hat der EuGH sich als mobilitätsfördernd erwiesen.[18] Während infolge der EuGH-Rechtsprechung im deutschen Recht zunächst „Akzeptanzschwierigkeiten gegenüber der Niederlassungsfreiheit"[19] konstatiert wurden[20], meint *Stefan Grundmann*, die Folge dieser Judikate sei vielmehr „die inzwischen fast vollständig durchgesetzte grenzüberschreitende Mobilität von Kapitalgesellschaften."[21] Inzwischen dürfte die Wahrheit – gerade auch mit Blick auf die nach wie vor bestehenden verdeckten Hemmnisse – zwischen beiden Einschätzungen liegen.[22]

Indessen treffen die genannten EuGH-Urteile keine Aussage über die Behandlung von Gesellschaften aus Drittstaaten. Gleichwohl muss die Debatte der transnationalen Mobilität von Gesellschaften im Verhältnis Deutschland –

---

14 *Grundmann*, Europäisches Gesellschaftsrecht, 2011, § 22 Rn. 791.

15 EuGH, Urt. v. 12.07.2012 C-378/10 – *VALE Építési kft* noch nicht in der amtlichen Sammlung veröffentlicht.

16 *Weller*, LMK 2012, 336113; über Jahrzehnte scheiterte die Europäische Kommission demgegenüber mit ihren Versuchen transnationale Mobiliät von Gesellschaften durch Richtlinien und Verordnungen zu ermöglichen; siehe dazu *Schön*, ZGR 2013, 333 (336). Mit Blick auf die bislang fehlenden sekundärrechtlichen Vorgaben spricht *Menjucq*, Sem. jur. 2012, 1834 (1834) deshalb von einer *„action militante"* des EuGH mit dem Ziel diese Lücke zu füllen.

17 Siehe zu Entwicklung dieser Rechtsprechungslinie *Grundmann*, Europäisches Gesellschaftsrecht, 2011, § 22 Rn. 776 ff.; *Habersack/Verse*, Europäisches Gesellschaftsrecht 2011, § 3, S. 9ff; *Lutter/Bayer/Schmidt*, Europäisches Gesellschafts- und Kapitalmarktrecht, 2012, § 6 Rn. 74 ff. sowie die Beiträge von *Bergmann* ZEuS 2012, 234 (234 ff.) und *Schön* ZGR 2013, 333 (334 ff.).

18 EuGH Urt. v. 13.12.2005, Rs. C-411/03 – *SEVIC*, Slg. I-10805.

19 So die Formulierung bei *Hellwig* ZGR 2013, 216 (227).

20 Siehe dazu die Ausführungen bei *Halbhuber*, Limited Company statt GmbH? Europarechtlicher Rahmen und deutscher Widerstand, 2001, S. 119 f. ; siehe dazu den Vortrag von *Wolf-Georg Ringe* anlässlich des 7. ECFR Symposiums in Luxemburg am 28 September 2012 abgedruckt in ECFR 2013, 230 (257 ff.), auf die Hürden eingehend, denen englische Gesellschaften von Seiten der deutschen Rechtsprechung und -praxis ausgesetzt sind.

21 *Grundmann*, Europäisches Gesellschaftsrecht, 2011, Vorwort, S. IX.

22 *Wymeersch*, in: Liber Amicorum Ansay, S. 541 (541): „States have been rather restrictive in allowing free movement of persons: express restrictions have been abolished or at least condemned in the European Court of Justice's case law, but indirect rules continue to exist and are often difficult to spot."

Schweiz in den verbindenden europäischen Rahmen eingebettet werden: Denn im Verlauf einer zunehmenden Europäisierung ist die Schweiz trotz ihrer Nichtmitgliedschaft in den europäischen Rechtskreis hineingewachsen.[23] Insgesamt muss somit die Frage gestellt werden, inwieweit der gesellschaftsrechtliche Rahmen in Europa, Deutschland und der Schweiz die „transnationale Rechtsfähigkeit"[24] juristischer Personen sowie grenzüberschreitende Formen der Mobilität von Gesellschaften generell ermöglicht.[25]

Die Schweiz ist zudem über ein dichtes staatsvertragliches Geflecht – die sog. bilateralen Verträge – mit der Europäischen Union (EU) und ihren Mitgliedstaaten verwoben.[26] Vor diesem Hintergrund wird auch von einer De-facto-Mitgliedschaft der Schweiz in der EU gesprochen.[27] Inwieweit in den Abkommen dabei Regelungen mit Blick auf die gegenseitige Anerkennung von Gesellschaften im Allgemeinen wie zu Fragen der transnationalen Mobilität im Besonderen vorgesehen sind, bedarf einer Untersuchung im Rahmen dieser Studie.

Den Ausgangspunkt und zugleich den Schwerpunkt der Untersuchung bildet daher das jeweilige nationale Recht beider Länder. Während in Deutschland bislang kein kodifiziertes Internationales Gesellschaftsrecht, sondern vielmehr ein gespaltenes, richterrechtlich geprägtes Gesellschaftskollisionsrecht existiert, regelt auf schweizerischer Seite das IPRG[28] ausdrücklich die Frage der transnationalen Mobilität von Gesellschaften. So normiert das Internationale Gesellschaftsrecht der Schweiz in den Art. 161 ff. IPRG ausdrücklich die grenzüberschreitende Sitzverlegung, Fusion, Spaltung sowie das genuin schweizerische Rechtsinstitut der Vermögensübertragung.

---

23 Siehe zur von der Theorie der Rechtsvergleichung entwickelten Lehre der Rechtskreise („Rechtsfamilien") *Zweigert/Kötz*, Einführung in die Rechtsvergleichung, 1996, § 5 S. 62 ff.; dazu aus schweizerischer Sicht *Kunz,* recht 2012, 37 (47). Von *Hein Kötz* wird die Frage nach dem Abschied von der Rechtskreislehre gestellt; *ders.* ZEuP 1998, 493 (493 ff.) sowie kritisch zu Comparative Legal Families and Comparative Legal Traditions *Glenn*, in: Reimann/Zimmermann (Hrsg.) The Oxford Handbook of Comparative Law, 2008, S. 421-440.

24 Siehe zum Begriff *Lehmann*, AcP 207 (2007), 225 (253).

25 *Hopt*, in: Geens/Hopt (Hrsg.), The European Company Law Action Plan Revisited, 2010, S. 20 fordert in dieser Hinsicht: "European company law as well as some European Law in general should confine itself to cross-border issues."

26 *Oppermann/Classen/Nettesheim*, Europarecht 2011, § 41 Rn. 8.

27 *Ziegler*, in: FS Europa-Institut, S. 639 (650); *ders.* ZEuS 2007, 247 (247 ff.). Mit Blick auf die selektive Teilintegration der Schweiz ist in einer Brüsseler Studie auch von „Integration ohne Mitgliedschaft" die Rede; siehe *Vahl/Grolimund*, Integration without Membership. Switzerland's Bilateral Agreements with the European Union, Centre for European Policy Studies (CEPS), Brüssel 2006.

28 Bundesgesetz über das Internationale Privatrecht (IPRG) vom 18. Dezember 1987 (SR 291).

Eine Auseinandersetzung mit diesen gesellschaftsrechtlichen Maßnahmen im grenzüberschreitenden Kontext zwischen Deutschland und der Schweiz erscheint auch vor dem Hintergrund lohnenswert, dass die Diskussion um „Drittstaatengesellschaften“ in jüngerer Zeit in Deutschland neue Impulse zu erhalten scheint: Auf deutscher Seite hat das Bundesjustizministerium (BMJ) am 7. Januar 2008 einen Referentenentwurf eines Gesetzes zum Internationalen Privatrecht der Gesellschaften, Vereine und juristischen Personen vorgestellt, der sich im Entstehungsprozess an zahlreichen Stellen von den Regelungen des schweizerischen IPRG hat inspirieren lassen.[29] Dieser Referentenentwurf sieht zudem in Art. 10 EGBGB die Einführung der Gründungsanknüpfung auch mit Blick auf Drittstaaten wie die Schweiz vor. Es schließt sich somit die Frage an, welche Auswirkungen die angedachten Regelungen auf die hier zu untersuchende Frage der transnationalen Sitzverlegung und Umstrukturierung im Verhältnis Deutschlands zur Schweiz zeitigen; andererseits kann der Rechtsvergleich hier im besonderen Maße erhellend sein, zumal in Deutschland noch keine gesetzlichen Regelungen bestehen. Allenfalls mit Blick auf grenzüberschreitenden Verschmelzungen von Kapitalgesellschaften aus verschiedenen Mitgliedsstaaten der Europäischen Union und des Europäischen Wirtschaftsraumes (EWR) existieren Teilregelungen in den neuen §§ 122a-122l UmwG. Demgegenüber sind andere grenzüberschreitende Umstrukturierungsvorgänge bislang noch gar nicht geregelt. Der deutsche Gesetzgeber hat sich freilich im Hinblick auf grenzüberschreitende Fusionen die kollisionsrechtlichen Regelungen des Schweizer Rechts zum Vorbild genommen,[30] wobei er sich bislang nicht in der Lage sah, einen solchen „kollisionsrechtlichen Ansatz“ entsprechend zu kodifizieren. Der bereits seit längerer Zeit im Stadium eines Referentenentwurfs befindliche Vorschlag eines Gesetzes zum Internationalen Privatrecht der Gesellschaften, Ver-

29 Der Referentenentwurf geht zurück auf die Grundlage eines Vorschlags des Deutschen Rates für Internationales Privatrecht; siehe zum Entwurf *Sonnenberger* (Hrsg.), Vorschläge und Berichte zur Reform des europäischen und deutschen internationalen Gesellschaftsrechts; Vorgelegt im Auftrag der 2. Kommission des deutschen Rates für internationales Privatrecht, Spezialkommission internationales Gesellschaftsrecht, 2007; Text und Vorarbeiten bei *Sonnenberger/Bauer* RIW 2006, Beilage zu Heft 4; siehe zur Einsetzung der Spezialkommission *Bauer,* IPRax 2004, 275, 277; und zum Vorschlag *Roth,* RdW 2007, 206; *ders.,* in: FS Westermann, S. 1345 (1345 ff.).

30 „Der Gesetzgeber muss hier vielmehr einen anderen Weg beschreiten. Nach dem Vorbild ausländischer Rechtsordnungen (vgl. z.B. das Schweizer Recht) soll ein kollisionsrechtlicher Ansatz gewählt werden.“ Siehe Bundesrat Drucksache 548/06 v. 11.08.06 Gesetzentwurf der Bundesregierung: Entwurf eines Zweiten Gesetzes zur Änderung des Umwandlungsgesetzes; BR-Drucks. 548/06, S. 20.

eine und juristischen Personen[31] trifft in Artikel 10a RefE auch eine Regelung mit Blick auf transnationale Umstrukturierungsmaßnahmen: Die Norm ist mit „Umwandlung" betitelt und regelt in Abs. 1: „Die Voraussetzungen, das Verfahren und die Wirkungen einer Umwandlung im Wege der Verschmelzung, Spaltung, Vermögensübertragung oder des Formwechsels [...]."

Von Seiten des deutschen Gesetzgebers existierten zudem in aktueller Zeit weitere Bestrebungen, auch transnationale Umstrukturierungsvorgänge mit Drittstaatenbezug zu ermöglichen:[32] Im Rahmen der Steuergesetzgebung sah das „Gesetz über steuerliche Begleitmaßahmen zur Einführung der Europäischen Gesellschaften und zur Änderungen weiterer steuerrechtlicher Vorschriften (SEStEG)"[33] in der Fassung des Anhörungsentwurfs vom 19. September 2005 jedenfalls ursprünglich eine „Globalisierung des Umwandlungsteuerrechts" unter Einbeziehung von Drittstaaten-Kapitalgesellschaften vor.[34] Letztendlich beließ man es aber bei einer „Europäisierung des Umwandlungssteuerrechts", die Drittstaateninvestoren von der Anwendung begünstigender steuerlicher Normen nunmehr weitestgehend ausschließt.[35]

Im Hinblick auf aus sog. Drittstaaten stammende Gesellschaften, die weder der EU noch dem Europäischen Wirtschaftsraum angehören, bestehen somit zwar weiterhin „viele noch weithin ungeklärte Rechtsfragen";[36] gleichwohl zeichnet sich auch eine vermehrte wissenschaftliche Auseinandersetzung mit der Thematik in jüngerer Zeit ab.[37]

Auf schweizerischer Seite sind zunächst insbesondere die Flexibilität[38] und der innovative Charakter des IPRG gerade auch im Hinblick auf die hier zu untersuchende grenzüberschreitende Sitzverlegung und Umstrukturierungsmaß-

---

31 Referentenentwurf eines Gesetzes zum Internationalen Privatrecht der Gesellschaften, Vereine und juristischen Personen vom 7.1.2008; abrufbar unter http://beck-aktuell.beck.de/sites/default/files/rsw/upload/Beck_Aktuell/Referentenentwurf-IGR.pdf (zuletzt eingesehen am 15.12.2012).

32 *Bayer/Schmidt*, NJW 2006, 401 (401).

33 BGBl. 2006 I, 2782.

34 *Müller-Gatermann*, in: FS Schaumburg, S. 939 (941); *Günes*, IStR 2013, 213 (213).

35 *Hageböke/Käbisch*, IStR 2006 849 (849).

36 *Ebke,* in: Sandrock/Wetzler (Hrsg.), Deutsches Gesellschaftsrecht im Wettbewerb der Rechtsordnungen, S. 101 (103).

37 Siehe nur die Dissertationen von *Günes*, Grenzüberschreitende Verschmelzung unter Beteiligung von EU/EWR- und Drittstaaten-Kapitalgesellschaften, 2012; *Müller,* Der Zuzug von Kapitalgesellschaften aus Drittstaaten, 2011; *Hübner,* Kollisionsrechtliche Behandlung von Gesellschaften aus 'nicht-privilegierten' Drittstaaten, 2011.

38 Siehe zu den Grundprinzipien des Gesetzes *Isler/v. Salis-Lütolf*, ZSR 2004, 9 (10f.).

nahmen hervorgehoben worden.[39] Denn bislang existieren auf internationaler Ebene nur wenige gesetzliche Regelungen, die solche grenzüberschreitenden Rechtsvorgänge ausdrücklich normieren.[40]

Indessen zeigt der Blick auf die Rechtspraxis, wie er von einem an der Universität Genf realisierten Forschungsprojekt vorgenommen wurde, dass sich die Anzahl der auf das Gesetz gestützten transnationalen Sitzverlegungs- sowie der übrigen gesellschaftsrechtlichen Umstrukturierungsmaßnahmen in überschaubaren Grenzen hält.[41] Die Studie basiert auf einer statistischen Analyse der Handelsregistereintragungen und stellt mit Blick auf die im Rahmen dieser Arbeit zu untersuchenden transnationalen Umstrukturierungsvorgänge fest: „Les opérations internationales sont ... peu pratiquées. [...] Les fusions internationales et les fusions avec dédommagement sont peu nombreuses."[42]

Dieser Befund soll daher im Folgenden im Verhältnis von Deutschland und der Schweiz näher beleuchtet werden. Es soll der Frage nachgegangen werden, welche Hemmnisse mit Blick auf die Durchführung grenzüberschreitender Sitzverlegungen, Fusionen, Spaltungen und Vermögensübertragungen auf Ebene des Kollisionsrechts wie auch der sachrechtlichen Ebene bestehen und somit der transnationalen Mobilität von Gesellschaften zwischen Deutschland und der Schweiz im Wege stehen.

---

39 *Nobel*, ZSR 1998, 355 (365): „Bahnbrechende Ansätze für internationale Tatbestände". Insgesamt komme dem Gesetz in der schweizerischen Wirtschaftsrechtsordnung ein „überaus hoher (praktischer wie dogmatischer) Stellenwert" zu; siehe *Meier-Schatz*, ZBJV Sonderband 135bis 1999, 6 (6)

40 *Girsberger*, ZSR 1998, 317 (317).

41 Siehe *Trigo Trindade/Peter/Griessen Cotti*, AJP 2008, 55 (55 ff.).

42 *Trigo Trindade/Peter/Griessen Cotti*, AJP 2008, 55 (64). Im Rahmen des Forschungsprojektes wurde anhand der Auswertung des SHAB der Kantone Zürich und Genf die Anwendung des Fusionsgesetzes entsprechend den darin geregelten Transaktionsformen in der Praxis untersucht. Der Untersuchungszeitraum erfasst das Jahr nach Inkrafttreten, d.h. von 1. Juli 2004 bis 30. Juni 2005, das zweite Untersuchungsjahr dementsprechend vom 1. Juli 2005 bis einschließlich 30. Juni 2006. Bereits zwei Jahre nach Inkrafttreten des Fusionsgesetzes wurde über die mit dem Fusionsgesetz gemachten Erfahrungen berichtet und hervorgehoben, dass „[g]renzüberschreitende Fusionen auch nur vereinzelt durchgeführt [wurden]", wobei „Probleme im Zusammenhang mit grenzüberschreitenden Transaktionen" dazu führten, „dass das FusG zumindest teilweise noch nicht den erhofften Eingang in die Praxis gefunden hat"; siehe *Vischer/Gnos*, AJP 2006, 783 (783).

II. Gang der Untersuchung

Den Untersuchungsgegenstand der vorliegenden Arbeit bildet das Internationale Gesellschaftsrecht. Im Rahmen dieser Arbeit sollen die möglichen Varianten grenzüberschreitender Unternehmenstransaktionen im Verhältnis zwischen Deutschland und der Schweiz untersucht werden: die grenzüberschreitende Sitzverlegung wie auch sonstige Umstrukturierungsvorgänge. Was den Begriff der Sitzverlegung wie auch der Umstrukturierung anbelangt, so sind dies für sich betrachtet keine allgemein feststehenden Rechtsbegriffe. Begrifflich lässt sich die Sitzverlegung in die verschiedenen Gestaltungsmöglichkeiten der Verlagerung des Gründungs- bzw. des Satzungssitzes einerseits und des effektiven Verwaltungssitzes andererseits einteilen. Eine Umstrukturierung bringt als solche eine Änderung der Struktur der Kapitalgesellschaft mit sich; insofern kann unter einer Sitzverlegung ebenfalls eine Umstrukturierung jedenfalls im weiteren Sinne des Wortes verstanden werden.[43] Umstrukturierungen können dabei grundsätzlich auf drei verschiedenen Ebenen erfolgen: Zunächst können auf Ebene des Rechtsträgers des Unternehmens Veränderungen vorgenommen werden. Sodann können Umstrukturierungen auf Ebene der im Eigentum des Rechtsträgers befindlichen Wirtschaftsgüter erfolgen. Schließlich sind Veränderungen auf Anteilseignerebene von Umstrukturierungen erfasst.[44]

Den Grundstein der Untersuchung legt das schweizerische IPRG, das die grenzüberschreitende Verlegung des Sitzes sowie die Fusion, Spaltung, Umwandlung und die Vermögensübertragung ausdrücklich in den Art. 161-164b IPRG regelt.[45] Nach der gesetzlich vorgegebenen Reihenfolge werden die einzelnen Rechtsvorgänge im Folgenden untersucht. Da sich diese Vorgänge sowohl auf schweizerischem wie auch auf deutschem Territorium abspielen, geht es im Sinne eines „transnationalen Ansatzes“[46] einerseits um die Bestimmung des anwendbaren Rechts und das „Ineinandergreifen“ der Rechtsordnungen, anderseits geht auch um die Frage nach der Angleichung oder Vereinheitlichung der nationalen Rechte. Andeutungsweise steht überdies die Frage im Raum, ob für solche „transnationalen Transaktionen“ ein eigenes supra- bzw. internationa-

---

43 *Helbing*, Internationale Sitzverlegungen und Umstrukturierungen, 2010, § 3 Rn. 71.

44 *Helbing*, Internationale Sitzverlegungen und Umstrukturierungen, 2010, § 3 Rn. 72.

45 In terminologischer Hinsicht ist anzumerken, dass nach deutscher Rechtsterminologie der Formwechsel begrifflich an die Stelle des alten Wortes der Umwandlung getreten ist, das nunmehr als Oberbegriff für die Verschmelzung, Spaltung und Formwechsel fungiert; siehe KölnerKomm-*Petersen*, § 190 UmwG Rn. 1.

46 Siehe dazu *Kirchner*, in: FS 200 Jahre Juristische Fakultät der Humboldt-Universität zu Berlin, S. 937 (937ff.).

les Recht auf Ebene der Europäischen Union, den bilateralen Verträgen oder im Wege einer Assoziierung geschaffen werden soll.[47]

Den Ausgangspunkt bildet die Auseinandersetzung mit den Grundlagen der Entwicklung des Internationalen Gesellschaftsrechts. Die Anerkennung fremder Sachlagen bildet den Grundtopos des Internationalen Privatrechts,[48] daher soll zunächst die Bedeutung dieses Begriffs im Wege eines rechtshistorischen Diskurses erläutert werden. Sodann wird die zur Bestimmung des jeweils anwendbaren Rechts in beiden Rechtsordnungen zugrunde gelegte Anknüpfungsmethode analysiert: In jeglichen Sachverhalten mit internationalem Bezug bezeichnet das Gesellschaftsstatut, die *lex societatis*, das auf die Gesellschaft anwendbare Recht.[49] Es zeigt diejenige Rechtsordnung auf, welche die grundlegenden Aspekte der jeweiligen Gesellschaft regelt.[50] Im Hinblick auf die Anknüpfungsmethode heißt es oftmals lapidar, dass die Schweiz der „Gründungstheorie" folge und dem deutschen Recht die „Sitztheorie" zugrunde liege. Dies soll jedoch im Folgenden hinterfragt werden, indem versucht wird, ihre Entstehung nachzuzeichnen und die „Einstrahlungswirkung", welche namentlich von der „Sitztheorie" auch auf der Ebene des Sachrechts auszumachen ist, offenzulegen. Es soll ferner erläutert werden, dass es bei dieser vorgeblichen Dichotomie zwischen „Sitz- und Gründungstheorie" kein Bewenden haben kann und vielmehr ein alternativer Standpunkt bezogen werden muss, der den Gedanken der *comitas* in den Vordergrund stellt und sich gegen das gängige Postulat des Einheitsstatuts wendet.

Im dritten Teil der Arbeit wird der Systematik des schweizerischen IPRG folgend zunächst die grenzüberschreitende Sitzverlegung behandelt. So ist im schweizerischen Recht in Art. 161 IPRG die als Immigration bezeichnete Sitzverlegung von Gesellschaften in die Schweiz sowie umgekehrt in Art. 163 IPRG die Emigration einer schweizerischen Gesellschaft gesetzlich normiert. Die grenzüberschreitende Sitzverlegung soll dabei den Ausgangspunkt der Untersuchung bilden und stellt zugleich die Basis für die Untersuchung der grenzüberschreitenden Umstrukturierungsvorgänge dar: So wird in den meisten Abhandlungen über die internationale Fusion auf Judikatur und Lehre zur grenzüber-

---

47 Siehe dazu *Kirchner*, in: FS 200 Jahre Juristische Fakultät der Humboldt-Universität zu Berlin, S. 937 (955).

48 *Schanze*, in: FS Thue, S. 423 (437).

49 Gemäß Art. 1 IPRG findet das schweizerische Recht für die dort geregelten Bereiche „im internationalen" Verhältnis Anwendung.

50 Vgl. ZürchKomm IPRG-*Vischer* vor Art. 150-165 IPRG Rn. 6.

scheitenden Sitzverlegung zurückgegriffen.[51] Aufbauend auf der rechtshistorischen Entwicklung wird die Verlegung des Sitzes schließlich in methodischer Hinsicht einer Trennung von kollisionsrechtlicher und sachrechtlicher Ebene folgend in beiden Rechtsordnungen eingehend analysiert. Im Anschluss daran wird der Befund im Hinblick auf Zuzug und Wegzug einer kritischen Bewertung unterzogen.

Im vierten Teil der Arbeit steht die grenzüberschreitende Typenvermischung einer schweizerischen Kapitalgesellschaft & Co. KG im Mittelpunkt der Untersuchung. Hier geht es zunächst darum, die Zulässigkeit einer solchen gesellschaftsrechtlichen Typenvermischung über die Grenze darzulegen, um sodann die Grenzen der Mobilitäts- und Gestaltungsfreiheit zu bestimmen.

Im fünften Teil werden die einzelnen Umstrukturierungsmaßnahmen im deutschen wie auch im schweizerischen Recht untersucht: Es geht dabei im Einzelnen um die grenzüberschreitende Fusion, die Spaltung sowie die Vermögensübertragung. Was den grenzüberschreitenden Formwechsel – in schweizerischer Terminologie: Umwandlung – anbelangt so wird diese nur kursorisch behandelt, da bereits auf die Ergebnisse zur grenzüberschreitenden Satzungssitzverlegung Bezug genommen werden kann, die im Ergebnis nichts anderes darstellt. Im Hinblick auf die einzelnen Rechtsinstitute wird wiederum in methodischer Hinsicht zwischen der Ebene des Kollisions- und des Sachrechts differenziert. Für jedes der genannten Rechtsinstitute beider Rechtsordnungen werden die begriffsbestimmenden Wesensmerkmale herausgearbeitet und sodann auf ihre Übereinstimmung hin geprüft. Zudem soll geklärt werden, ob den beiden beteiligten Rechtsordnungen hinreichende Schutzstandards im Hinblick auf etwaige betroffene Drittinteressen bestehen. Sodann wird die Durchführbarkeit der Maßnahme geklärt, indem das Ineinandergreifen der Rechtsordnungen im Wege einer Gesamtschau beider Rechtsordnungen herausgearbeitet werden soll. In einem Schlussteil werden die Ergebnisse zusammengefasst und einer kritischen Bewertung unterzogen.

Es ist methodisch beabsichtigt, soweit es möglich ist, sowohl einen horizontal als auch vertikal rechtsvergleichenden Untersuchungsansatz zu verfolgen. Denn der rechtsvergleichende Ansatz ist für das Internationale Privatrecht von hohem Wert.[52] Insbesondere bei der Beschäftigung mit dem schweizerischen Recht muss auf den besonderen Stellenwert hingewiesen werden, den die Rechtsvergleichung im Gesetzgebungsprozess innehat: So wird in der Bundesgesetzgebung seit mehr als fünfzig Jahren die Frage verfolgt, wie ausländische

---

51 So *Bessenich*, Die grenzüberschreitende Fusion nach den Bestimmungen des IPRG und des OR, 1991, S. 6 sowie *Züllig*, Die internationale Fusion im schweizerischen Gesellschaftsrecht 1975, S. 91 ff. jeweils mit weiteren Nachweisen.

52 *Zweigert/Kötz*, Einführung in die Rechtsvergleichung, 1996, § 1 III, S. 6.

Rechtsordnungen ein bestimmtes Problem angehen und regeln. Dazu wird seit jeher praktisch in jede Botschaft des Bundesrates ein entsprechendes Kapitel mit rechtsvergleichenden Ausführungen eingefügt.[53] Deshalb sollen auch in der vorliegenden Studie auf der einen Seite mittels Rechtsvergleichung das geltende deutsche und schweizerische Internationale Gesellschaftsrecht miteinander in Bezug gesetzt werden. Freilich kann man sich in methodischer Hinsicht nicht mit dem Befund des Status quo der horizontalen Rechtsvergleichung begnügen. Es sollen vielmehr auch die rechtshistorischen Gründe für bestimmte Entwicklungslinien mittels vertikaler Rechtsvergleichung aufgezeigt werden.[54] Wie *Reinhard Zimmermann* betont, ist dies mit dem Glauben verbunden, „dass Rechtsgeschichte die Erkenntnis grundlegender Gemeinsamkeiten der modernen nationalen Rechtsordnungen ebenso wie das Verständnis ihrer Unterschiede ermöglicht." [55] Der teilweise Blick auf die rechtshistorische Dimension wird auch vor dem Hintergrund des aus der Institutionenökonomik stammenden Konzeptes der „Pfadabhängigkeit" (*path dependence*) gewählt.[56] Denn Pfadabhängigkeiten können als Erklärungsmuster dienen, warum Rechtsvorschriften über einen längeren Zeitraum stabil bleiben, auch wenn sie nur ein suboptimales Ergebnis hervorbringen und angepasst werden müssten.[57] Gerade im Hinblick auf bestehende Mobilitätshemmnisse können mit dieser Perspektive vielversprechende Erkenntnisse gewonnen werden.

---

53 *Widmer*, LeGes 2003/3, 9 (9 f.).

54 Siehe zum Begriff der vertikalen Rechtsvergleichung *Hübner*, in: FS Kegel, S. 235 (239 ff.). Der vom 20. bis 24. September 1998 realisierte 32. Deutsche Rechtshistorikertag in Regensburg widmete eine Sektion dem Thema „Rechtsgeschichte und Rechtsvergleichung"; die Tagungsbeiträge dazu sind im Sonderheft der ZEuP 1999 Heft 3 abgedruckt. Siehe darunter insbesondere die Beiträge von *Ewald*, ZEuP 1999, 553 (553 ff.); *Flessner*, ZEuP 1999, 513 (513 ff.); *Graziadei*, ZEuP 1999, 531 (531 ff.); *Luig*, ZEuP 1999, 521 (521 ff.); *Reimann*, ZEuP 1999, 496 (496 ff.) sowie die Einführung von *Zimmermann*, ZEuP 1999, 494 (494 ff.). Siehe ferner zum Diskurs über das Verhältnis von Rechtsvergleichung und Rechtsgeschichte *Kötz*, JZ 1992, 20 (20 ff.) sowie die Erwiderung hierauf von *Simon*, RJ 11 (1992), 574 (574 ff.).

55 *Zimmermann*, in: FS Hattenhauer, S. 601 (601).

56 *North*, Institutionen, Institutioneller Wandel und Wirtschaftsleistung 1992, S. 119: „Verlaufsabhängigkeit heißt, dass die Geschichte von Belang ist. Wir können nicht die Entscheidungen von heute verstehen [...], ohne die schrittweise Entwicklung von Institutionen erkundet zu haben." Siehe zur Pfadabhängigkeit der Entwicklung im Gesellschaftsrecht *Carney*, Liber Amicorum Hay, S. 73 (83 f.) sowie allgemein in methodologischer und wirtschaftspolitischer Hinsicht zum Phänomen der Pfadabhängigkeit, *Ackermann*, Pfadabhängigkeit, Institutionen und Regelreform, 2001, S. 9 ff..

57 *Schaper*, Selektion und Kombination von Gesellschaftsformen im institutionellen Wettbewerb, 2012, S. 52.

Zweiter Teil: Grundlegendes zum Internationalen Gesellschaftsrecht in Deutschland und der Schweiz

A. Die Bedeutung des Gesellschaftsstatuts (*lex societatis*)

I. Allgemeines

In der vorliegenden Arbeit wird die grenzüberschreitende Mobilität von Gesellschaften im Verhältnis Deutschland – Schweiz untersucht. Betroffen sind damit grenzüberschreitende Sitzverlegungs- und Umstrukturierungsvorgänge.[58] Den Kern der Arbeit bildet somit das Internationale Gesellschaftsrecht. Das Attribut „International" bezieht sich dabei nicht auf die Quelle der Rechtsnormen; international sind vielmehr die zu regelnden Sachverhalte.[59] Als Teil des Internationalen Privatrechts ist das Internationale Gesellschaftsrecht als „Gesellschaftskollisionsrecht" nämlich genuin autonomes nationales Recht.[60] Es setzt sich zum Ziel, bei grenzüberschreitenden Sachverhalten die Frage nach der die gesellschaftsrechtlichen Beziehungen regelnden Rechtsordnungen zu beantworten. Dieser Rechtsordnung sei dann zu entnehmen, nach welchem Recht eine Gesellschaft „entsteht, lebt und vergeht".[61] Demnach bestimme das ermittelte einschlägige nationale Recht sowohl Gründung und Fortbestand einer Gesellschaft als auch ihre Rechtsstellung nach außen sowie Fragen der inneren Organisation und Haftung.[62] Dieses die Verhältnisse der Gesellschaft regelnde Recht bezeichnet man als Gesellschaftsstatut (*lex societatis*).[63]

Der Begriff „Gesellschaftsstatut" wird in herkömmlicher Weise im Sinne einer Bezeichnung der Gesamtheit aller Anknüpfungsgegenstände, die für das Leben einer Gesellschaft bedeutsam sind, verwendet. Inwieweit überhaupt von einer „allumfassenden" einheitlichen Anknüpfung ausgegangen werden kann und ob nicht vielmehr eine sachgerechtere Aufspaltung vorgenommen werden

---

58 Im Hinblick darauf, dass derartige Umstrukturierungsvorgänge regelmäßig Gesellschaften oder Unternehmensträger betreffen, aber nicht darauf beschränkt sind, sondern auch andere (bürgerlich- oder handels-) rechtliche Einheiten an solchen Umstrukturierungsvorgängen beteiligt sind, wird im Folgenden der Begriff Gesellschaft (als *pars pro toto*) und Rechtsträger als gleichbedeutend behandelt.

59 *Zimmer*, Internationales Gesellschaftsrecht, 1996, S. 27 Fn. 1.

60 *Zweigert/Kötz*, Einführung in die Rechtsvergleichung, 1996, § 1 III, S. 6: „Das Internationale Privatrecht oder Kollisionsrecht ist ein Zweig des geltenden nationalen Rechts, ..."

61 BGH Urt. v. 11.7.1957 – II ZR 318/55, BGHZ 25, 134, 144 = BGH NJW 1957, 1433 (1434).

62 *Spahlinger/Wegen*, Internationales Gesellschaftsrecht, 2005, Rn. 1.

63 *Kropholler*, Internationales Privatrecht, 2006, § 55 II, S. 581.

sollte, wird mit Blick auf das „Heimatrecht“ natürlicher Personen zu diskutieren sein, das seinem Rechtsgedanken nach auch auf juristische Personen übertragbar ist.[64]

Damit verknüpft wird, was oftmals als „Kernfrage“[65] des Internationalen Gesellschaftsrechts bezeichnet wird, nämlich die Frage der kollisionsrechtlichen Anknüpfung: Es geht bei dieser Frage darum, ob eine Gesellschaft nach dem Recht leben kann, nach dem sie gegründet ist und in dessen Geltungsbereich sie regelmäßig auch ihren satzungsmäßigen Sitz hat (sog. Gründungs- oder Inkorporationstheorie), oder ob sie in dem betreffenden Staat auch den tatsächlichen Sitz haben muss (sog. Sitztheorie).[66] Diese Dichotomie von sog. Sitz- und Gründungstheorie soll in der folgenden Untersuchung ebenfalls kritisch hinterfragt werden.

Vom Regelungsbereich her betrachtet umfasst das Internationale Gesellschaftsrecht grundsätzlich alle Personenvereinigungen, unabhängig von ihrer Rechtsform und der Frage, ob sie dem privaten oder öffentlichen Recht zuzuordnen sind:[67] So spricht das schweizerische IPRG in Art. 150 Abs. 1 von der Geltung der allgemeinen Regeln des internationalen Gesellschaftsrechts für alle „organisierten Personenzusammenschlüsse und organsierten Vermögenseinheiten“. Demnach dient der Begriff „Gesellschaft“ als Sammelbezeichnung für alle erfassten juristischen Personen und Personenzusammenschlüsse. Im Rahmen dieser Arbeit soll jedoch schwerpunktmäßig von Kapitalgesellschaften ausgegangen werden; schließlich stellen diese sowohl in Deutschland als auch in der Schweiz die bei weitem dominierende Rechtsform für unternehmerische Betätigung dar.[68]

Zahlenmäßig war die GmbH, die 1937 den Vorbildern in Deutschland und Frankreich folgend als „Retortenbaby“[69] in der Schweiz eingeführt wurde,[70] der

---

64 Siehe dazu insbesondere die Ausführungen im zweiten Teil C. 3. b).

65 Bei *Großfeld*. Zauber des Rechts, 1999, S. 20, ist die Rede von der *quaestio famosa* des deutschen Internationalen Gesellschaftsrechts.

66 *Kropholler*, Internationales Privatrecht, 2006, § 55 I, S. 568.

67 Eine genaue Untersuchung des „Anknüpfungsgegenstandes“ der Gesellschaften wird nachfolgend vorgenommen; siehe dazu *Wedemann* RabelsZ 75 (2011) (541) (541 ff.). Nach deutscher Rechtsprechung wird das bloße Vorliegen einer Organisation nicht als ausreichend erachtet; vielmehr müsse die Organisation auch „als solche“, also als eigenständiges Rechtssubjekt, am Rechtsverkehr teilnehmen; siehe BGH Urt. v. 26. 9. 1966 – II ZR 56/65, NJW 1967, 36 (38) = WM 1966, 1143 (1145).

68 *Hirte*, Kapitalgesellschaftsrecht 2009, Rn. 41.

69 So die Formulierung bei *Meier-Hayoz/Forstmoser*, Schweizerisches Gesellschaftsrecht, 2012, § 11 Rn. 7: „1937 wurde aber neu die GmbH eingeführt – als Retortenbaby, das ohne Ahnen in der schweizerischen Rechtstradition gestützt auf das deutsche Vorbild gezeugt worden war.“

AG als der vorherrschenden Rechtsform in der Schweiz zunächst stark unterlegen.[71] Im Vergleich zu Deutschland war das Verhältnis beider Kapitalgesellschaftsrechtsformen in der wirtschaftlichen Realität geradezu umgekehrt proportional. Die Aktiengesellschaft galt über lange Zeit hinweg als „*Bonne à tout faire*“ des schweizerischen Gesellschaftsrechts.[72] Erst mit der Aktienrechtsrevision von 1992 wurde das zahlenmäßige Verhältnis zwischen beiden Rechtsformen in der Schweiz ausgeglichener.[73]

Der Schwerpunkt der Betrachtung wird im Folgenden auf die Aktiengesellschaft gelegt, zumal diese Rechtsform in rechtstatsächlicher Hinsicht besonders stark an grenzüberschreitenden Strukturanpassungsvorgängen beteiligt ist.[74]

Zum anderen ist gerade die Aktiengesellschaft das Leitbild vieler Aussagen zum Internationalen Gesellschaftsrecht, wobei diese zumeist auch auf die GmbH übertragbar sind.[75] Gleichwohl kann das Internationale Gesellschaftsrecht der Personengesellschaften nicht gänzlich außer Acht gelassen werden: So bedarf es

---

70 *Kunz*, recht 2012, 37 (44 Fn. 100); ablehnend zur Frage der Einführung der Rechtsform der GmbH äußerte sich im Zuge der Revision der Titel XXIV bis XXXIII des schweizerischen Obligationenrechts noch *Eugen Huber*: „Nachdem sich, […], in unserem Recht, die kleine Aktiengesellschaft Existenzrecht verschafft und unser Verkehr sich an deren Erscheinung gewöhnt hat und im allgemeinen von ihr befriedigt ist darf man wohl annehmen, ein Bedürfnis nach der Gesellschaft mit beschränkter Haftung bestehe für uns, […], nicht in solchem Masse, dass deren Aufnahme als geboten erschiene“ Siehe *Ders.*, Bericht über die Revision der Titel 24 bis 33 des schweizerischen Obligationenrechts, 1920, S. 46.

71 Bei *Forstmoser*, in: ZGR-Sonderheft 13 (1998), 254 (255) ist von der „Omnipräsenz der Aktiengesellschaft“ die Rede.

72 So die Formulierung von *Forstmoser*, in: ZGR-Sonderheft 13 (1998), 254 (255).

73 *Forstmoser*, in: ZGR-Sonderheft 13 (1997), 254 (270) spricht von der „Entdeckung der GmbH“. So lag bis 1992 die Anzahl der in schweizerischen Handelsregistern eingetragenen GmbHs bei kaum 3.000. Die Anzahl der Eintragungen hat sich dann jedoch auf bis zu 118.137 GmbHs im Jahr 2009 mehr als verdreißigfacht. Dagegen stieg im gleichen Zeitraum von 1992 bis 2009 Zahl der im Handelsregister eingetragenen Aktiengesellschaften in der Schweiz nur leicht von 170.597 auf 186.980 eingetragene AGs an. In Deutschland waren zum Jahresende 2009 über 1 Million Gesellschaften in der Rechtsform der GmbH im Handelsregister eingetragen; wohingegen es zum Jahresende 2006 in Deutschland 15.242 Aktiengesellschaften waren. Siehe zur statistischen Auswertung der Handelsregistereintragungen beider Länder *Müller/König,* GmbH und AG in der Schweiz, in Deutschland und Österreich – Gesellschaftsrecht, Corporate Governance und Statistik, 2011, S. 6f. und 17.

74 *Kleiner*, in: Peter/Dutoit (Hrsg.), Les restructurations en droit des sociétés, du travail et international privé – Actes du Colloque du 3 juin 2009, 252 (255) : «De manière assez attendue, 95% des fusions internationales ont impliqué la forme de la société anonyme,…»

75 Staudinger-*Großfeld*, IntGesR 1998, Rn. 14.

gerade im Zusammenhang mit den Überlegungen zu Formen der grenzüberschreitenden Typenvermischung, also wenn es um das Modell einer schweizerischen Kapitalgesellschaft & Co. geht, des Blicks auf das Personengesellschaftsrecht.[76]

II. Rechtshistorischer Ausgangspunkt: Anerkennung und juristische Person

Im Zusammenhang mit grenzüberschreitenden gesellschaftsrechtlichen Vorgängen wird oftmals nach der „Anerkennung“ der rechtlichen Existenz und Struktur von Gesellschaften bzw. Rechtsträgern gefragt. Die Anerkennung fremder Sachlagen bildet den Grundtopos des Internationalen Privatrechts.[77] Ein rechtshistorisch fundiertes Verständnis des Anerkennungsbegriffs soll erste Anhaltspunkte dafür liefern, inwieweit ein „Grenzübertritt“ von Gesellschaften ermöglicht wird. Denn im Verlauf der rechtsgeschichtlichen Entwicklung neigte man dazu, die juristische Person als reine Fiktion zu betrachten und zugleich ihre „Territorialität“ zu betonen. Auf der anderen Seite wurden juristische Personen überall, d.h. auch im Ausland, als bestehende Realität angesehen, so dass sie nicht als in nationalen Grenzen eingehegt angesehen werden und auch im Ausland Rechtsfähigkeit besitzen.[78] In diesem Zusammenhang zeigt sich, dass die „Problematik der ‚juristischen Person‘… auch nach einer etwa 200 Jahre langen – oft theoretisch – geführten Kontroverse immer noch bzw. wieder aktuell“[79] ist. Welchen Einfluss diese Strömungen auf die Entwicklung der Rechtsordnungen in Deutschland und der Schweiz im Hinblick auf die Ermöglichung der Mobilität von Gesellschaften gehabt haben können, soll anhand einer kurzen rechtshistorischen Betrachtung der „Anerkennungsproblematik“ juristischer Personen skizziert werden.

1. Begriffsdimension

a) Anerkennung im Internationalen Privatrecht

Im Internationalen Gesellschaftsrecht findet der Begriff der „Anerkennung“ eine vielfältige und oftmals inhaltlich unscharfe Verwendung.[80] Mit Recht wird in

---

76 Gleichwohl wird die GmbH & Co. KG im Internationalen Privatrecht bei rechtsvergleichend-funktionaler Qualifikation häufig als juristische Person betrachtet; siehe dazu bereits *Bernstein/Schultze-v. Lasaulx* ZGR 1976, 33 (35) sowie allgemein *Kindler* ZHR 157 (1993), 1 (17 ff.).

77 *Schanze*, in: FS Thue, S. 423 (437).

78 *Behrens*, ZGR 1978, 499 (513).

79 *Kirchner*, in: FS Raiser, S. 181 (184).

80 MünchKomm BGB-*Kindler*, IntGesR Rn. 316.

Hinblick auf den mannigfaltigen Verwendungskontext auch kritisch von einer „Inflation des Anerkennungsbegriffs“ gesprochen.[81]

Im autonomen Internationalen Gesellschaftsrecht wird nach der Anerkennung im kollisionsrechtlichen und sachrechtlichen Kontext differenziert: Wenn von „fremdenrechtlicher Anerkennungsnorm“[82] die Rede ist, dann findet der Anerkennungsbegriff für die Zulassung ausländischer Unternehmen zum Geschäftsbetrieb im Inland Verwendung.[83] Dieser auf sachrechtlicher Ebene angesiedelten Frage des Fremdenrechts kam eine besondere Bedeutung zu, als die geschäftliche Betätigung einer ausländischen Gesellschaft noch einen gesonderten staatlichen Gestattungsakt erforderte.[84]

Im hier interessierenden kollisionsrechtlichen Kontext wird von Anerkennung in folgenden drei Sachzusammenhängen gesprochen: Zunächst kann einem ausländischen Rechtsakt im Wege eines behördlichen oder gerichtlichen Anerkennungsverfahrens Geltung im Inland verschafft werden (*verfahrensrechtliche Anerkennung*).[85] Nach klassischem IPR-Verständnis nimmt die Behörde eine im Ausland geschaffene Rechtslage nämlich nur dann hin, wenn sie die Voraussetzungen erfüllt, welche die von ihrem Kollisionsrecht berufenen eigenen oder fremden Sachnormen aufstellen.[86] So wird ein deutscher Standesbeamter eine im Ausland geschlossene Ehe nur dann im Eheregister beurkunden, wenn die Heimatrechte der Verlobten und die von diesen Heimatrechten oder am Ort der Trauung vorgesehene Form (sog. Ortsform) gewahrt sind. Die speziellen Anerkennungsverfahren befinden sich aufgrund europarechtlicher Normen und Abkommen auf dem Rückzug.[87]

Abzugrenzen ist dieses prozessuale Konzept von dem auch als *materiellrechtliche Anerkennung* umschriebenen Ergebnis der Anwendung des durch die Verweisungsnormen der *lex fori* berufenen Rechts.[88] Dabei handelt es sich um

---

81 *Drobnig*, in: FS v. Caemmerer, S. 687 (688).

82 *Behrens*, Der Anerkennungsbegriff des Internationalen Gesellschaftsrechts, ZGR 1978, 499 (500).

83 Schließlich taucht der Begriff in Staatsverträgen auf, die die Anerkennung von ausländischen Gesellschaften im Inland behandeln; MünchKomm-*Kindler*, IntGesR Rn. 316.

84 Siehe zur Problematik eingehend *Behrens*, ZGR 1978, 499 (502); *Zimmer*, ZHR 168 (2004) 355 (356 ff.); *Ebenroth/Sura*, RabelsZ 43 (1979), 315 (316 f.); *Ebenroth/Bippus*, NJW 1988, 2137 (2139).

85 Siehe *Funken*, Das Anerkennungsprinzip im internationalen Privatrecht, 2009, S. 24 u. 50; Staudinger-*Sturm/Sturm*, Einl. zum IPR Rn. 63.

86 Staudinger-*Sturm/Sturm*, Einl. zum IPR Rn. 63.

87 So erfolgt die Anerkennung von ausländischen Gerichtsentscheidungen im Bereich der EuGVO grundsätzlich, „ohne dass es hierfür eines besonderen Verfahrens bedarf“; vgl. Art. 33 EuGVO.

88 *Funken*, Das Anerkennungsprinzip im internationalen Privatrecht, 2009, S. 50.

die klassische Methode des IPR, die anhand von sog. Anknüpfungsbegriffen den Schwerpunkt des zu beurteilenden Rechtsverhältnisses auslotet und die Sachfrage der so gefundenen *lex* unterwirft.[89] Im Rahmen der traditionellen Verweisungstechnik wird somit auf ausländische Rechtsnormen verwiesen, die dann im Inland als Maßstab der rechtlichen Beurteilung eines Sachverhaltes dienen. Da auf diese Weise bezüglich des Sachverhalts dieselbe Rechtslage besteht, kann insoweit im Ergebnis von der „Anerkennung einer ausländischen Rechtslage" gesprochen werden.[90]

Schließlich kommt als Drittes das Prinzip der Anerkennung von Rechtslagen (*reconnaissance des situations acquises*) in Betracht.[91] Die im Ausland legitimerweise geschaffene Rechtslage ist in diesem Fall *ipso iure* anzuerkennen. Auf die inländischen Kollisionsnormen kommt es mithin bei einer solchen „automatischen Anerkennung" nicht an.[92] Nach diesem Verständnis umfasst die kollisionsrechtliche Anerkennung demnach „die Akzeptanz eines in einem anderen Staat wirksam begründeten Status – ohne eine Überprüfung anhand des durch das IPR des Anerkennungsstaates berufenen Sachrechts vorzunehmen."[93]

Das schweizerische IPRG wird in diesem Zusammenhang als Beispielsfall für die Verwirklichung der Grundidee des kollisionsrechtlichen Anerkennungsprinzips genannt.[94] In der Entstehung des schweizerischen Gesetzes war man „der Ansicht, dass durch einen im Ausland nach dortigem Recht gültig geschaffenen oder vollzogenen Rechtsakt ein soziales Faktum geschaffen wurde, das nicht mehr in Frage gestellt werden soll".[95] Im Rahmen der gesetzestechnischen Umsetzung dieses Anliegens des „Respektes sozialer Realitäten" entschied man sich dagegen, insbesondere ausländische Statusakte dem klassischen Verweisungsrecht zu unterstellen; stattdessen werden diese im schweizer Recht als Problem der Anerkennung behandelt.[96]

b) Anerkennung im Gesellschaftskollisionsrecht

Was die Anerkennung im Kontext des Internationalen Gesellschaftsrechts betrifft, so kann mit *Stephan Rammeloo* nach einem „engen" und einem „weiten"

---

89 Staudinger-*Sturm/Sturm,* Einl. zum IPR Rn. 56.

90 Siehe *Trautrims,* Das Kollisionsrecht der Personengesellschaften, 2009, S. 15.

91 Siehe dazu *Mayer*, in: FS Lagarde, S. 547 (547ff.); *Rieks*, Anerkennung im Internationalen Privatrecht, 2010, S. 26; *Funken*, Das Anerkennungsprinzip im internationalen Privatrecht, 2009, S. 2 f..

92 Siehe dazu *Basedow*, in: FS Spellenberg, S. 395 (402).

93 *Funken*, Das Anerkennungsprinzip im internationalen Privatrecht, 2009, S. 49/50.

94 *Rieks*, Anerkennung im Internationalen Privatrecht, 2010, S. 126.

95 Schlussbericht der Expertenkommission zum Entwurf des IPRG, S. 34.

96 *Rieks*, Anerkennung im Internationalen Privatrecht, 2010, S. 126.

Anerkennungsbegriff differenziert werden[97]: Dabei begreift die erstgenannte Auffassung[98] die Anerkennung allein als Frage nach der Rechtsfähigkeit einer Gesellschaft, ohne dabei das auf diese anwendbare „Heimatrecht" zu bestimmen (*Anerkennung im engen Sinne*).[99] Als Ausschnitt aus dem Personalstatut sei die Feststellung des Bestehens und der Rechtsfähigkeit einer ausländischen Gesellschaft diesem Verständnis zufolge als „eigenständiger Gegenstand einer Anerkennung im Sinne der Anknüpfung des ‚Rechtsfähigkeitsstatuts'" zu betrachten.[100] Ein solches Anerkennungsverständnis ist dabei eng mit dem Gedanken der Konzessionstheorie verbunden.[101] In diese Richtung scheint auch der Bundesgerichtshof in seiner Rechtsprechung[102] zu tendieren, der zufolge er schweizerischen Gesellschaften zwar die Rechts- und Parteifähigkeit in Deutschland zugesteht, diese im Übrigen jedoch dem deutschen Recht unterstellen will.[103]

Zu Recht versteht die überwiegende Auffassung in der Literatur[104] die Rechtsfähigkeit von Gesellschaften nur als einen Teilaspekt der kollisionsrechtlichen Anerkennung (*Anerkennung im weiten Sinne*). Denn die Rechtsfähigkeit ist nie abstrakt als „Rechtsfähigkeit an sich" denkbar, sondern kann immer nur konkret bedeuten: rechtsfähig als schweizerische Aktiengesellschaft, deutsche GmbH, englische limited oder französische S.à.r.l. und dergleichen mehr.[105] Abgesehen von der schlichten Rechtsfähigkeit der Gesellschaft ist darüber hinaus

---

97 Siehe die dahingehende Differenzierung bei *Rameloo*, Corporations in Private International Law, 2006, S. 10; siehe dazu bereits *Rabel*, The Conflict of Laws: A Comparative Study, Bd. II (1947), S. 142, der mit Blick auf die Wirkung der Anerkennung im Sinne eines *Full* oder *Minimal Effect* differenziert.

98 Siehe dazu den von *Bernhard Großfeld* vor der Tübinger Rechts- und Wirtschaftswissenschaftlichen Fakultät gehaltenen Habilitationsvortrag; abgedruckt in RabelsZ 31 (1967), 1 (2 ff.).

99 In den Worten von *Großfeld*, RabelsZ 31 (1967), 1 (2) soll es lediglich darum gehen, „ob einer nach fremdem Recht gegründeten juristischen Person für den inländischen Rechtsverkehr eigene Rechtspersönlichkeit zugesprochen wird – ob sie mit anderen Worten auch im Inland rechtsfähig ist –, falls sie die Bedingungen ihres Gründungsstatuts erfüllt." Siehe auch Staudinger-*Großfeld*, IntGesR 1998, Rn. 163.

100 *Ebenroth/Sura,* RabelsZ 43 (1979) 315 (316).

101 *Drury,* C.L.J 57 (1998), 165 (176).

102 BGH Urt.v. 27.10.2008 – II ZR 158/06, *Trabrennbahn*, BGHZ 178, 192 = NJW 2009, 289.

103 Siehe *Trautrims,* Das Kollisionsrecht der Personengesellschaften, 2009, S. 20 unter Berufung auf BGH Urt. v. 1.7.2002 – II ZR 380/00, BGHZ 151, 204 = NJW 2002, 3539.

104 *Behrens*, ZGR 1978, 499 (509 ff.); *Drobnig,* in: FS v. Caemmerer, S. 687 (690); *ders.*, ZHR 129 (1967), S. 93; *Drury,* C.L.J 57 (1998), 165 (176); *Ebenroth/Sura,* RabelsZ 43 (1979) 315 (318); *Koppensteiner*, Internationale Unternehmen im deutschen Gesellschaftsrecht, 1971, S. 108.

105 *Ebenroth/Sura,* RabelsZ 43 (1979), 315 (318).

eine Vielzahl weiterer Aspekte von entscheidender Bedeutung, wie zum Beispiel die Kapitalausstattung und das Haftungsregime.[106] Die Verleihung der Rechtsfähigkeit kann dabei von der Aufbringung der Haftungsmasse abhängig sein.[107] Es besteht insoweit ein funktioneller Zusammenhang[108], der nicht ignoriert werden darf: Denn eine Gesellschaft kann nur dann rechtsfähig sein, wenn sie die Anforderungen erfüllt, die das Recht am jeweiligen Inkorporationsort an diese stellt.[109] Ein derart weites Verständnis der Anerkennung liegt dabei auch dem schweizerischen Recht zugrunde, was *Ernst Rabel* dazu veranlasste der Schweiz eine kosmopolitische Mentalität zu attestieren: „In a few countries outstanding for their broad views and cosmopolitan mentality, such as ..., Switzerland, ... recognition is traditionally granted to any organization in the world legally created..."[110]

Im Ergebnis bedeutet Anerkennung im Kontext des Gesellschaftskollisionsrechts die Beachtung sowohl der Existenz als auch der spezifischen Attribute eines ausländischen Rechtsproduktes.[111] So belässt es der EuGH auch nicht bei einem bloßen Zugeständnis der Rechtsfähigkeit, sondern beurteilt Gesellschaften aus Mitgliedstaaten der EU bzw. des EWR in sämtlichen organisations- und haftungsrechtlichen Belangen, den „Subjekteigenschaften"[112], nach dem Recht ihres Herkunftslandes: In seinen Entscheidungen geht er von einer grundsätzlichen Anerkennung der rechtmäßig gegründeten Gesellschaft *als solcher* aus.[113] Wie anhand des Prinzips der Anerkennung von Rechtslagen im Sinne einer

---

106 *Trautrims,* Das Kollisionsrecht der Personengesellschaften, 2009, S. 19.

107 *Ebenroth/Sura,* RabelsZ 43 (1979), 315 (318).

108 Dazu heißt es bei *Ebenroth/Sura,* RabelsZ 43 (1979), 315 (318), „daß zwischen den einzelnen Regelungsbereichen des Gesellschaftsrechts ein Funktionszusammenhang besteht, der dieses Normensystem zu einem geschlossenen Organismus formt."

109 *Trautrims,* Das Kollisionsrecht der Personengesellschaften, 2009, S. 19.

110 *Rabel*, The Conflict of Laws: A Comparative Study, Bd. II (1947), S. 142.

111 *Trautrims,* Das Kollisionsrecht der Personengesellschaften, 2009, S. 20.

112 Siehe dazu *Schanze/Jüttner* AG 2003 663 (666ff.); *Schanze,* in: FS Thue, S. 423 (438); *ders.*, in: Reid/Miller (Hrsg.), A Mixed Legal System in Transition, 2005, S. 293 (300); *Jüttner*, Gesellschaftrecht und Niederlassungsfreiheit, 2005, S. 87-133.

113 EuGH, Urt. v. 5.11.2002, Rs. C-208/00 – Überseering, Slg. 2002 I-9919; siehe zum „Herkunftslandprinzip" im EU-Gesellschaftsrecht nach der *Überseering*-Entscheidung *Straube/Ratka,* ÖZW 2003, 34 (34ff.) sowie eingehend *Roth*, in: Potacs/Rebhahn (Hrsg.) Anerkennungs-/Herkunftslandprinzip in Europa, 2010, S. 111 (111); dazu auch *Lutter/Bayer/Schmidt*, Europäisches Unternehmens- und Kapitalmarktrecht, 2012, § 5 Rn. 49.

reconnaissance des situations acquises[114] aufgezeigt wurde, kommt es auf inländische Kollisionsnormen bei einer solchen „automatischen Anerkennung" nicht an.[115] Im Rahmen der traditionellen Verweisungstechnik wird demgegenüber auf ausländische Rechtsnormen verwiesen, die dann im Inland als Maßstab der rechtlichen Beurteilung eines Sachverhaltes dienen.

2. Rechtshistorische Dimension

Der Begriff der „Anerkennung" ist eng mit der Entwicklungsgeschichte des Rechtsinstituts der „juristischen Person" als solcher verbunden.[116] Er ist auf eine Rezeption romanisch-rechtlicher Vorstellungen zurückführbar, wonach juristische Personen als Fiktion angesehen wurden, die nur in den Grenzen des Heimatstaates existierte und somit einer besonderen „Anerkennung" durch andere Staaten bedurfte.[117] In der schweizerischen Literatur wird die Problematik vornehmlich von welschen Autoren behandelt; dies wohl unter dem stärkeren Einfluss der französischen Rechtsdoktrin in der Westschweiz.[118]

Nach dieser territorialistischen Auffassung existierte eine Gesellschaft und insbesondere eine juristische Person zunächst nur in dem Land, in dem sie ihren Sitz hatte und nach dessen Rechtsordnung sie gegründet wurde.[119] Um eine rechtliche Wirkung über die Grenzen des Landes hinweg entfalten zu können, bedarf die Gesellschaft demzufolge der Anerkennung durch das jeweilige Wir-

---

114 Siehe dazu *Mayer*, in: FS Lagarde, S. 547 (547ff.); *Rieks*, Anerkennung im Internationalen Privatrecht, 2010, S. 26; *Funken*, Das Anerkennungsprinzip im internationalen Privatrecht, 2009, S. 2 f..

115 Siehe zur automatischen bzw. *ipso iure* Anerkennung *Basedow*, in: FS Spellenberg, S. 395 (402).

116 Den Grundstein der neuzeitlichen Dogmatik der „juristischen Person" legte dabei *Gustav Hugo* mit seinem Naturrechtslehrbuch; siehe dazu *Nobel*, Internationales und Transnationales Aktienrecht, Teil IPR und Grundlagen (2012), S. 8-9 Rn. 19 sowie Fn. 30. In dessen Lehrbuch eines civilistischen Cursus, 2. Aufl., Berlin 1799 heißt es in § 59, S. 51: „Aus dem öffentlichen Rechte kann auch die Civität öffentlicher Anstalten, der juristischen Personen, des Staates selbst (als fiscus) und der vom ihm privilegirten (octroyirten) Corporationen hierher gerechnet werden, weil diese juristischen Personen im SachenRechte und im Rechte der Forderungen so sehr wichtig sind.".

117 Vgl. *Kreuzer*, Die Grenzüberschreitende Mobilität, in: Ress/Stein (Hrsg.) Vorträge 1993, S. 11 Fn. 14.

118 So erörtern beispielsweise die folgenden welschen Autoren die Anerkennungsproblematik: *Butty,* Les règles juridiques relatives à l'implantation des filiales et des succursales de sociétés anonymes suisses dans les pays du Marché commun, S. 12 f.; sowie bereits dem Titel nach die Schrift von *Perrin*, La reconnaissance des sociétés étrangères et ses effets, Genève 1969.

119 *Drobnig*, in: FS Caemmerer, S. 687 (690).

kungsland.[120] Darin lag in wirtschaftspolitischer Hinsicht eine Abwehrmöglichkeit gegenüber nicht erwünschten fremden juristischen Personen.[121] Damit war die Anerkennungslehre juristisch beherrscht vom *ordre public*-Charakter des inländischen Aktienrechts; organisationsrechtlich war sie in das sog. Konzessionssystem – früher in das *Octroi*-System[122] – des 19. Jahrhunderts eingebettet.[123]

Bereits zu Beginn des 18. Jahrhunderts entstanden in Europa Anknüpfungstheorien zur Bestimmung des Gesellschaftsstatuts beruhend auf dem tatsächlichen Verwaltungssitz- und dem Gründungsrecht;[124] gleichwohl bedurfte es zu dieser Zeit keiner besonderen Anerkennung ausländischer Gesellschaften.[125] Die Rechtsfähigkeit einer ausländischen Gesellschaft beurteilte sich nämlich nach dem Recht des Heimatstaates, gleichgültig, mit welcher Regel man eben diesen Heimatstaat bestimmte.[126] So haben Londoner Gerichte bereits im Jahr 1728 ganz selbstverständlich einer holländischen Gesellschaft, der Niederländischen

---

120 *Drobnig*, in: FS Caemmerer, S. 687 (690/1)

121 Vgl. *Kreuzer*, Die grenzüberschreitende Mobilität, in: Ress/Stein (Hrsg.) Vorträge 1993, S. 11 Fn. 14. Hier dürfte die Entwicklung in Belgien bahnbrechend gewesen sein: Aus Angst vor Überfremdung in Anbetracht des Zuzuges großer französischer Aktiengesellschaften änderte die belgische *Cour de Cassation* plötzlich ihre liberale Rechtsprechung und forderte die ausdrückliche Anerkennung einer in Frankreich gegründeten S.A.; vgl. *La Compagnie d'assurances générales de Paris contre Ruelens*, Cass. Civ. belge, Urt. v. 8.2.1849, Pasicrisie 1849, I, 221: "...la société anonyme, telle qu'elle existe en France (...) est une érection de pur droit civil, un être fictif inconnu dans le droit des gens (...); qu'un tel être créé exclusivement par une loi étrangère, et n'existant que par elle, expire nécessairement là où finit l'empire de cette loi" Siehe zu den Entwicklungen im belgisch-französischen Verhältnis ferner *Großfeld* RabelsZ 38 (1974) 344 (350-356).

122 Die erste Phase der Aktienrechtsentwicklung wird als Zeit des *Octroi*-Systems bezeichnet, in welcher die Entstehung der Gesellschaft noch eine staatliche Ermächtigung in Form einer besonderen Urkunde des Souveräns erforderte. In der Folge bedurfte es nicht mehr eines solchen Spezialerlasses, sondern lediglich einer Gesamtkonzession; siehe dazu *Meier-Hayoz/Forstmoser*, Schweizerisches Gesellschaftsrecht, 2012, § 10 Rn. 20; *Wiedemann*, Gesellschaftsrecht, Bd. I, (1980) Bd. I, § 4 1.II., S. 206. Dazu ferner *Hadding/Kießling*, in: FS Hattenhauer, S. 159 (179): Während das vormals „den Aktiengesellschaften erteilte Oktroi ausschließlich Mittel der merkantilistischen Wirtschaftspolitik war, geht es nunmehr mit dem Konzessionsvorbehalt nur noch um hoheitliche Kontrolle der entstehenden Aktiengesellschaften."

123 *Drobnig*, in: FS v. Caemmerer, S. 687 (691).

124 *Drobnig*, in: FS v. Caemmerer, S. 687 (699 f.).

125 *Zimmer*, ZHR 168 (2004) 354 (356): „Auch auf dem europäischen Kontinent herrschte eine liberale Haltung gegenüber Auslandsgesellschaften vor.".

126 *Drobnig*, in: FS v. Caemmerer, S. 687 (687f.).

Westindien Kompanie nicht ihr *ius standi* aberkannt, sondern sie als solche vor Gericht wirksam auftreten lassen.[127]

Auch auf dem europäischen Kontinent herrschte eine liberale Haltung gegenüber Auslandsgesellschaften vor.[128] Eine Diskussion, ob es einer Anerkennung ausländischer Gesellschaften bedürfe, kam erst Mitte des 18. Jahrhunderts auf:[129] Begründet wurde das Bedürfnis für eine Gesellschaftsanerkennung mit dem damals bestehenden *Konzessionssystem.*[130] So herrschte in der Mitte des 19. Jahrhunderts, nachdem die Nationalstaatsidee in Europa herangereift war, sowohl in Deutschland als auch in der Schweiz[131] das Konzessionssystem: Danach erlangte eine Gesellschaft ihre Rechtspersönlichkeit durch den hoheitlichen Akt.[132] Der Beginn ihrer Existenz ist unmittelbar mit einem territorialen Geltungsanspruch verbunden: Während in der Schweiz von der „Einwilligung der

---

127 *Henriques v. Dutch West India Co.* (1728) 2 Ld. Raym. 1532, 92 E.R. 494. In der Entscheidung wird folgender Grundsatz aufgestellt: "corporation duly created in a foreign country is to be recognised as a corporation in England." Dazu auch *Dicey/Morris* The Conflict of Laws 2006, S. 1107. Die nach holländischem Recht gegründete Niederländische Westindien Kompanie klagte gegen *Jacob Senior Henriques van Moyses* auf Rückzahlung eines Darlehens. Sowohl das Gericht als auch die Parteien nahmen von vornherein an, dass ausländische juristische Personen aktiv parteifähig seien. Streitig wurde dies erst einige Jahre später, als die holländische Kompanie gegen die Bürgen *Henriques* klagte und diese das Urteil anfochten: Der holländischen Kompanie habe den Beklagten zufolge die Anerkennung versagt werden müssen, denn das englische Recht beachte ausländische Gesellschaften nicht und behandle sie vielmehr als nicht existierend. Die Berufsinstanz hingegen bestätigte das erstinstanzliche Urteil und erkannte die holländische Gesellschaft an. Der Gerichtsreporter hielt dazu in seiner Anmerkung zum ersten Urteil fest: "And upon the trial, *lord chancellor King* told me, he made the plaintiffs give in evidence proper instruments by the law of Holland where they effectually created a corporation there." Vgl. *Henriques v. Dutch West India Co.* (1730) 2 Ld. Raym. 1533, 92 E.R. 494; siehe dazu auch *Großfeld*, Internationales und Europäisches Unternehmensrecht, 1995, § 3 IV, S. 59 sowie *Drury*, C.L.J 57 (1998), 165 (178).

128 *Zimmer*, ZHR 168 (2004), 355 (356).

129 *Drobnig*, in: FS v. Caemmerer, S. 687 (688).

130 *Ernst Rabel* führt dies auf römische Ursprünge zurück. Siehe dazu *Rabel*, The Conflict of Laws: A Comparative Study, Bd. II (1947), S. 125: "This system of *concession, authorization, charter* (in the original meaning), goes back to Julius Caesar and Augustus who made the essential functions of corporations (*coire, convocari, cogi*) dependent on permission by he emperor or the Senate." Siehe dazu am Beispiel von Preußen *Hadding/Kießling*, in: FS Hattenhauer, S. 159 (179 ff.).

131 Siehe dazu *Benz*, Das Konzessions- u. Normativsystem bei der Aktiengesellschaft in der Schweiz, 1929, S. 11 ff.

132 *Kley-Struller*, SZIER 1991, 163 (172)

obersten Landesbehörden“ [133] die Rede war, setzte dies im deutschen Fürstenstaat des *Ancien Régime* noch die ausdrückliche Erlaubnis des „Regenten“[134] voraus. *Ernst Rabel* erklärt die rechtspolitische Motivation für das Konzessionssystem dabei folgendermaßen: “The purpose was political precaution against subversive factions, and the system has remained a weapon of suspicious and jealous rulers.”[135]

Eine schweizerische Besonderheit in diesem Zusammenhang stellt der Vorbehalt des Art. 59 Abs. 3 ZGB dar, der bestimmte privatrechtliche juristische Personen – namentlich Allmendengenossenschaften und ähnliche Körperschaften – dem kantonalen Recht unterstellt:[136] Während einige Kantone im Hinblick auf diese Korporation das System der freien Bildung kennen, folgt die Mehrzahl derzeit – wie etwa der Kanton St. Gallen – dem Konzessionssystem.[137] In Deutschland besteht für wirtschaftliche Vereine noch ein Konzessionszwang[138]: Nach § 22 BGB erhalten „diese Rechtsfähigkeit durch staatliche Verleihung.“

---

133 So bestimmte beispielsweise § 63 der Staatsverfassung des Kantons Basel-Landschaft vom 6.3.1863: „Es dürfen keine Körperschaften mit Vermögensrechten (moralische Personen, todte Hand) ohne Einwilligung der obersten Landesbehörden gegründet werden.“ Vgl. zum Wortlaut der Vorschrift: *Nabholz/Kläui*, Quellenbuch zur Verfassungsgeschichte, 3. Aufl., Aarau 1947, S. 265 ff.; zitiert nach *Kley-Struller*, SZIER 1991, 163 (172).

134 So heißt es bei dem berühmten Pandektisten *Anton Friedrich Justus Thibaut* zum „Begriff der Gemeinheit“ in § 199: „Eine jede zu einem immerwährenden Zweck verbundenen Mehrheit von Personen heisst Gemeinheit (universitas, collegium). Soll eine solche im Staat als erlaubt angesehen werden (collegium licitum), so muss sie das Recht, sich zu constituieren, vom Regenten auswirken [...].“ Siehe *Thibaut,* System des Pandekten-Rechts, Bd. I 1803, § 199, S. 145/6. Im preußischen Aktiengesetz vom 9. November 1843 ist in § 6 Abs. 1 vom „Landesherrn“ bzw. in § 4 von der „landesherrlichen Genehmigung“ die Rede; siehe *Hadding/Kießling*, in: FS Hattenhauer, S. 159 (179).

135 *Ernst Rabel* führt dies auf römische Ursprünge zurück. Siehe dazu *Rabel*, The Conflict of Laws: A Comparative Study, Bd. II (1947), S. 125: “This system of *concession, authorization, charter* (in the original meaning), goes back to Julius Caesar and Augustus who made the essential functions of corporations (*coire, convocari, cogi*) dependent on permission by the emperor or the Senate.”

136 Der Sinn dieses Vorbehaltes liegt nach *Jagmetti*, in: Gutzwiller (Hrsg.) Schweizerisches Privatrecht – Geschichte und Geltungsbereich, Bd. I (1969), § 20, S. 265 darin, „die Korporationen, die sich aus der früheren genossenschaftlichen Struktur im Laufe der Geschichte erhalten hatten, und die die gemeinschaftliche Nutzung von Agrarland, Allmenden, Weidland und Wald bezweckten, möglichst in ihren alten Formen bestehen zu lassen“.

137 *Meier-Hayoz/Forstmoser*, Schweizerisches Gesellschaftsrecht, 2012, § 21 Rn. 19.

138 Jedoch spiele dieser in der Behördenpraxis „nur eine ganz unbedeutende Rolle.“ Siehe *K. Schmidt*, Gesellschaftsrecht, 2002, §24 II, S. 679.

Nach der früher herrschenden Auffassung endete die Existenz der eigenen Rechtspersönlichkeit an den Grenzen des konzessionierenden Staates. Eine gegenläufige Tendenz zur vorherrschenden liberalen Haltung war in Belgien zu bemerken, wo im Jahr 1849 die belgische *Cour de Cassation* einer Aktiengesellschaft französischen Rechts die Anerkennung versagte.[139] Die Begründung des Urteils knüpft zwar daran an, dass die Gesellschaft nur in den territorialen Grenzen des Gründungsstaates Bestand haben solle. Tatsächlich jedoch waren es aber weniger rechtskonstruktive Gründe als vielmehr reine Schutzüberlegungen, die das oberste belgische Gericht zu einer solch restriktiven Entscheidung bewogen haben.[140] Damit war ein Stein ins Rollen gebracht: Während im Verhältnis Belgien und Frankreich das Problem mittels eines Staatsvertrages gelöst wurde, lehnten die französischen Gerichte in der Folgezeit die Anerkennung von Gesellschafen aus Drittstaaten mit der Begründung ab, dass es im Verhältnis zu solchen Staaten eben an einer solchen staatsvertraglichen oder gesetzlichen Regelung fehle.[141]

Die meisten Staaten gingen jedoch mit zunehmender Verbreitung liberalen Gedankenguts gegen Ende des 19. Jahrhunderts zum sog. *Normativsystem* über.[142] Danach ist der Staat nicht mehr zur Beurteilung der politischen und wirtschaftlichen Zweckmäßigkeit der Gründung eines Unternehmens berufen, sondern lediglich zur Prüfung bestimmter Formerfordernisse (z.B. der Mindestkapitalvorschriften) berechtigt.[143] Während auf deutscher Seite das ADHGB noch auf dem Konzessionssystem beruhte, gestattete es dem Landesgesetzgeber *qua* Subsidiaritätsklausel, Gründungen gleichwohl freizugeben.[144] Nur die Hansestädte traten ausdrücklich für eine Gründungsfreiheit ein, die lediglich durch Form- und Publizitätserfordernisse eingeschränkt sein sollte.[145]

---

139 Siehe dazu *Drury,* C.L.J 57 (1998), 165 (180).

140 *Zimmer*, ZHR 168 (2004), 355 (357).

141 *Zimmer*, ZHR 168 (2004), 355 (357).

142 *Großfeld*, Aktiengesellschaft, Unternehmenskonzentration und Kleinaktionär, 1968, S. 132. Siehe zum Ganzen auch *ders.* RabelsZ 38 (1974) 344 (353 ff.) sowie *Hadding/Kießling*, in: FS Hattenhauer, S. 159 (179 ff.).

143 *Weber*, in: Grossen/Gutzwiller (Hrsg.) Schweizerisches Privatrecht, Einleitung und Personenrecht, Juristische Personen, Bd. II/4 (1998), § 1 I, S. 37.

144 *Schmöckel*, Rechtsgeschichte der Wirtschaft, S. 171. So ließen in Preußen die staatlichen Genehmigungsstellen die „Zügel allmählich schleifen" und führten das Konzessionssystem ab Mitte des 19. Jahrhunderts nicht mehr in der Gründlichkeit durch; vgl. *Großfeld*, Aktiengesellschaft, Unternehmenskonzentration und Kleinaktionär, S. 132. Siehe zum Ganzen auch *ders.* RabelsZ 38 (1974) 344 (353ff.) sowie eingehend zum preußischen Aktiengesetz vom 9. November 1843 *Hadding/Kießling*, in: FS Hattenhauer, S. 159 (179).

145 *Schmoeckel*, Rechtsgeschichte der Wirtschaft, 2008, S. 171.

Mit der Aktienrechtsreform von 1870 verabschiedete man sich in Deutschland dann endgültig vom Konzessionssystem.[146] In der Schweiz löste sich zunächst der Kanton Neuenburg vom territorialen Anspruch und schaffte das Erfordernis einer staatlichen Genehmigung gänzlich ab.[147] Ein Grund für diese liberale Haltung dürfte in der Geschichte der kleinen Jurarepublik liegen, die fast ein Jahrzehnt nach Gründung des schweizerischen Bundesstaates noch eine besondere Doppelstellung als Schweizer Kanton und preußisches Fürstentum innehatte.[148] Mit der Vereinheitlichung des Aktienrechts durch den schweizerischen Bundesgesetzgeber war mit Inkrafttreten des OR 1881 die Gründung von Aktiengesellschaften dann in der gesamten Schweiz nicht mehr von einer staatlichen Genehmigung abhängig.[149] Insgesamt kann es für die Schweiz als ausgeschlossen gelten, dass das ehemals bestehende Konzessionssystem Ausfluss der mobilitätshemmenden Fiktionstheorie gewesen ist.[150]

In rechtskonstruktiver Hinsicht wurde der neue Gedanke der Anerkennung auf die von den Romanisten begründete *Fiktionstheorie* gestützt, denn wenn eine juristische Person als Fiktion gesehen wurde, musste diese an den Landesgrenzen enden und machte somit eine Anerkennung der Gesellschaft im Falle einer Grenzüberschreitung erforderlich.[151] Denn die entscheidende Aussage der Fiktionstheorie besteht darin, dass die Rechtsfähigkeit juristischer Personen auf positivrechtlicher Zuweisung beruht und dem Staat nicht, wie bei natürlichen Personen, zwingend vorgeben ist.[152] Herstellen konnte die Rechtsfähigkeit der juristischen Person somit nur der Gesetzgeber oder der Staat im Wege der Fikti-

---

146 *Schmoeckel*, Rechtsgeschichte der Wirtschaft, 2008, S. 178.

147 So schaffte der Kanton Neuenburg mit seiner *Loi sur quelques matières commerciales* vom 3. Juni 1833 zwar als erster Kanton das Konzessionssystem ab, um es es jedoch bereits mit der Revision von 1852 auf die Gefahr hin, dass der Kanton zum Zwecke allzu leichter Gesellschaftsgründung missbraucht werden könne, wieder einzuführen. Erst um einiges später schafften das Büdner Civilgesetzbuch und die Genfer Aktiengesetze von 1864 sowie 1868 das Konzessionssystem ab; vgl. *Bühler*, in Bayer/Habersack (Hrsg.) Aktienrecht im Wandel, 2007, S. 287 (293) u. (316).

148 Bereits vor mehr als 150 Jahren führte der Kanton zudem auf kommunaler Ebene ein Ausländerstimmrecht ein. Siehe zum Ganzen *Hermann/Leuthold* Atlas der politischen Landschaften: Ein weltanschauliches Porträt der Schweiz, 2003, S. 88.

149 *Silbernagel*, Die Gründung der Aktiengesellschaft nach deutschem, schweizerischem, französischem und englischem Aktienrecht, 1907, S. 18.

150 *Bühler*, in Bayer/Habersack (Hrsg.) Aktienrecht im Wandel, 2007, S. 287 und (292/3); ursächlich war vielmehr das Misstrauen gegenüber dem neuen und unvertrauten Rechtsinstitut der Aktiengesellschaft.

151 *Drobnig*, in: FS v. Caemmerer, S. 687 (691). Siehe ferner die eingehende Schilderung der Entwicklungsstadien einer „Theorie der juristischen Person“ bei *K. Schmidt*, Gesellschaftsrecht, 2002, § 8 II S. 186 ff.

152 *K. Schmidt*, Gesellschaftsrecht, 2002, § 8 II, S. 191.

on; in dieser Frage nach der Mitwirkung des Staates kulminierte der Streit um die juristische Person schließlich im 19. Jahrhundert.[153] Nach den Anhängern der Fiktionstheorie sind dazu nicht unbedingt eine Konzession, aber doch ein Rechtssatz und ein Rechtsakt vonnöten, um die Fiktion der Vermögensfähigkeit auszulösen.[154]

a) *Fiktionstheorie*

Die Konzeption der juristischen Person entstand bereits in der Antike im Sinne einer *personae vice fungitur*[155].[156] Nach der hauptsächlich auf die Romanisten zurückgehenden *Fiktionstheorie* werden zunächst nur natürliche Personen als geborene und der Rechtsordnung vorgegebene Rechtsubjekte angesehen.[157] Die Fiktionstheorie ist insoweit repräsentativ für den Zeitgeist Mitte des 19. Jahrhunderts: „Sie entspricht der Vorstellung, daß Rechtspersönlichkeit nur erlangen und behalten könne, wer Vermögen besitzt. Und sie bringt Misstrauen gegen die genossenschaftlichen Verbände mit demokratischer Struktur und gesellschaftspolitischen Zielen zum Ausdruck."[158] Häufig wird zur Begründung der Fiktionstheorie auf die Darstellung von *Savigny* zurückgegriffen. Danach soll es sich bei juristischen Personen nur um einen „Kunstgriff"[159] handeln, nicht aber um etwas Wirkliches, also um eine reine Fiktion, um „ein des Vermögens fähiges, künst-

---

153 *K. Schmidt*, Gesellschaftsrecht, 2002, § 8 II, S. 192.

154 *Fögen*, SJZ 1999, 393 (395).

155 Siehe dazu den gleichnamigen Beitrag von *Kiefner*, Personae vice fungitur? Juristische Person und „industrielle Corporation" im System Savignys, in: FS Westermann, 1974, S. 263 (263ff.).

156 So betonte bereits Papst *Innozenz IV.* den Unterschied zwischen natürlicher Person und Organisationen, indem er darauf verwies, dass nur Erstere eine Seele habe. Aufgrund dieser Ausgangslage könne die Annahme einer Rechtspersönlichkeit von Organisationen nur reine Fiktion sein; vgl. *Innozenz IV* zu X 5,39,64 n.2, Gl: Culpabiles, Frankfurt 1570, S. 564: *„capitulum quod est nomen intellectuale et res incorporales, nihil potest facerer nisi per membra sua"*. Zitiert nach *Nobel*, Internationales und Transnationales Aktienrecht, Teil IPR und Grundlagen (2012), S. 8 Rn. 18 Fn. 28. Siehe dazu ferner *Hanig*, Innozenz IV., der Vater der Fiktionstheorie?, Archiv für Kirchenrecht 3 (1952), 177-213. Anders äußert sich dagegen *Bolgár*, in: FS Zajtay, 67 (86): „No fiction is found in Innocent's reasoning".

157 *Wiedemann*, Gesellschaftsrecht, Bd. I, (1980), 1 I § 4, S. 192; *Savigny*, System des heutigen römischen Rechts, Bd. II (1840), § 85, S. 235 ff.

158 *Wiedemann*, Gesellschaftsrecht, Bd. I, (1980), 1 I § 4, S. 192.

159 In diese Richtung auch *Jhering*, Geist des römischen Rechts auf den verschiedenen Stufen seiner Entwicklung, Teil 3, Bd. I (1865), S. 213. Zur Theorie des Rechtssubjekts und ihrer geschichtlichen Entwicklung führt *v. Lübtow*, in: FS Wolf, S. 421 (451/2) aus, die Verwendung der juristischen Person sei ein „Kunstgriff der juristischen Technik im Dienste der Zweckmäßigkeit und Nützlichkeit."

lich angenommenes Subjekt".[160] In diese Richtung deuten auch die Ausführungen von *Rudolf von Jhering*, welcher deren „Structur vom Standpunkt der juristischen Technik"[161] aus betrachtet: „So reducirt sich demnach der Kunstgriff, der bei der juristischen Person zur Anwendung gelangt, auf denselben Gedanken, wie bei der abstracten Eigenthumsübertragung und Obligation. (...) Alle drei Begriffe sind nichts als Kunstproducte, Mechanismen zum Zweck der Erleichterung der Rechtsverfolgung".[162] Es wird der Schluss gezogen, sofern juristischen Personen als überindividuellen, sozialen Einheiten eine gleichartige Rechtssubjektivität zugebilligt werden solle, könne dies nur durch einen im objektiven Recht begründeten Gleichstellungsakt erfolgen; der Staat habe durch einen Publizitätsakt dafür zu sorgen, dass das Vorhandensein einer juristischen Person klargestellt werde.[163] Demnach genießt nur der Mensch selbst natürliche Rechtsfähigkeit:[164] Ob und in welchem Umfang die Gleichstellung der juristischen Person mit natürlichen Personen vorgenommen wird, ist als Frage des positiven Rechts von der Entscheidung des nationalen Gesetzgebers abhängig.[165] Nach den Rezipienten des römisch-gemeinen Rechts endet demnach eine juristische Person an den Grenzen des Staates, der sie erschaffen hat. Die als grundlegend erachtete Verbindung von „Fiktionstheorie" und „Territorialität" tritt dabei bei *François Laurent* – einem klassischen Vertreter dieser Ansicht – besonders zu Tage: „La personne morale est une pure fiction, et la fiction est une création du législateur dont le pouvoir s'arrête à la limite de son territoire."[166]

Ganz ähnlich territoriale Anklänge finden sich ebenso in der U.S.-amerikanischen Judikatur des 19. Jahrhunderts, wenn es dort heißt:[167]"The cor-

---

160 *Savigny*, System des heutigen römischen Rechts, Bd. II (1840), § 85, S. 239.

161 Siehe *Jhering*, Geist des römischen Rechts auf den verschiedenen Stufen seiner Entwicklung, Dritter Theil. Erste Abtheilung, Bd. I (1865), § 55, S. 213 in Fn. 277.

162 *Jhering*, Geist des römischen Rechts auf den verschiedenen Stufen seiner Entwicklung, Dritter Theil. Erste Abtheilung, Bd. I (1865), § 55, S. 213.

163 *K. Schmidt*, Gesellschaftsrecht, 2002, § 8 II, S. 190.

164 *Savigny*, System des heutigen römischen Rechts, Bd. II (1840), § 60, S. 2 : „Darum muß der ursprüngliche Begriff der Person oder des Rechtssubjects zusammen fallen mit dem Begriff der Menschen, und diese ursprüngliche Identität beider Begriffe läßt sich in der Formel ausdrücken: Jeder einzelne Mensch, und nur der einzelne Mensch ist rechtsfähig."

165 Siehe zur Frage der Gleichstellung von Gesellschaften und natürlichen Personen auf supranationaler Ebene *Teichmann*, in: FS Hommelhoff, S. 1213 (1213ff.).

166 *Laurent*, Le droit civil international, 1881, Bd. IV, Rn. 119.

167 Siehe dazu bereits *Judge Taney* in *Bank of Augusta v. Earle*, 38 U.S. 13 Pet. (1839) 519 (588): "It is very true that a corporation can have no legal existence out of the boundaries of the sovereignty by which it is created. It exists only in contemplation of law and by force of the law, and where that law ceases to operate and is no longer obligatory, the

poration being the mere creation of local law, can have no legal existence beyond the limits of the sovereignty where created."[168] Als aktuelleres Beispiel für eine solche mobilitätsfeindliche Haltung könnte man auch die *Daily Mail*-Entscheidung des EuGH heranziehen: „Im Gegensatz zu natürlichen Personen werden Gesellschaften [...] aufgrund einer nationalen Rechtsordnung gegründet. Jenseits der jeweiligen nationalen Rechtsordnung, die ihre Gründung und ihre Existenz regelt, haben sie keine Existenz."[169]

In rechtspolitischer Hinsicht betont die Fiktionstheorie somit den „hochpositivistischen Charakter der Personifikation".[170] Kritisiert wird, dass die Fiktionstheorie aus inhaltlicher Sicht jedoch „blutleer"[171] sei, denn als reine „Rechtsfolgenverweisung" sage sie nichts über die Tatbestandsseite aus und lasse insgesamt offen, auf welche Rechtssätze verwiesen werden soll.[172]

Abgesehen von diesen eher dogmatischen Einwänden erscheint es zweifelhaft, ob die Vorstellung von der „Territorialität" der juristischen Person überhaupt auf diese Weise mit der „Fiktionstheorie" als verknüpft anzusehen sein muss[173]: Während *Günther Beitzke*[174] noch vertritt, dass die Fiktionstheorie mit einer Territorialität der juristischen Person einhergehe, sind dieser Ansicht Gegenstimmen[175] entgegengetreten. Zu Recht kann nämlich daraus, dass die juristische Person kein „apriorisches Phänomen"[176] ist, sondern die Rechtsfähigkeit immer erst von der Rechtsordnung verliehen werden muss, nicht unmittelbar der Schluss gezogen werden, dass die fiktive Rechtspersönlichkeit nicht auch über die Grenze hinaus wirken kann.[177] *Günther Grasmann* weist zu Recht darauf hin, dass andere Hoheitsakte durchaus fiktiven Charakter haben und gleichfalls

---

corporation can have no existence. It must dwell in the place of its creation, and cannot migrate to another sovereignty."

168 *Judge Field* in *Paul v. State of Virginia*, 75 U.S. 7 Wall. (1869) 168 (181).

169 EuGH, Urt. v. 27.9.1988, Rs. 81/87 – *Daily Mail* – Slg.1988 S. 5483 Rn. 19.

170 So *Wiedemann*, Gesellschaftsrecht, Bd. I, (1980), 1 I § 4, S. 193.

171 *Wiedemann*, Gesellschaftsrecht, Bd. I, (1980), 1 I § 4, S. 193.

172 Siehe die Kritik von *Wiedemann*, Gesellschaftsrecht, Bd. I, (1980), 1 I § 4, S. 193.

173 So spricht *Grasmann* in diesem Zusammenhang von „Unterstellungen und Trugschlüssen"; siehe *Grasmann*, System des internationalen Gesellschaftsrechts, 1970, Rn. 487f.

174 Siehe dazu *Beitzke*, in: FS Luther, S. 1 (1ff.).

175 Dagegen zu Recht *Behrens*, ZHR 1978, 499 (507); *Großfeld*, RabelsZ 31 (1967), 1 (5), sowie *Goldman*, RabelsZ 31 (1967) 201 (205).

176 *Behrens*, ZHR 1978, 499 (507).

177 *Großfeld*, RablsZ 31 (1967), 1 (5); *ders.* RabelsZ 38 (1974), 344 (369). Siehe auch *Behrens*, ZHR 1978, 499 (507): „Aber die Ausbildung dieses Unterschieds und die Zugehörigkeit eines bestimmten Rechtsinstituts zu der einen oder anderen Art von Rechtsverhältnissen ist historisch bedingt, so daß die Qualifizierung eines Rechtsverhältnisses mit der Zeit durchaus wechseln kann."

außerhalb ihres Ursprungslandes gültig sind und anerkannt werden. So werde gerade mit der Inkorporationstheorie die Rechtsfähigkeit von Gesellschaften auch außerhalb des Gründungsstaates anerkannt.[178]

Die Fiktionstheorie wird dabei in der Literatur oftmals auf *Savigny* zurückgeführt.[179] Jedoch gilt es dazu mit *Werner Flume*, „das Mißverständnis zu erkennen, als ob die Lehre *Savignys* als Fiktionstheorie einzuordnen wäre“.[180] Auf diese Weise wird der Blick auf die Grundlagen der *„méthode Savignienne“* freigelegt, die weniger auf Durchsetzung von Territorialität gerichtet ist, sondern vielmehr grundlegend auf dem Gedanken der „freundlichen Zulassung“ im Sinne der *comitas* beruht und daher eine inhärent anerkennungsfreundliche Position einnimmt.[181] Zu jener Zeit, als *Savigny* seine Lehren aufstellte, „lag der Gedanke der Ausrichtung des IPR an den Zielen einer europäischen Rechtsgemeinschaft speziell für deutsche Rechtslehrer noch durchaus nahe, weil im staatlich vielgestaltigen nur durch das schwache Band des Deutschen Bundes zusammengehaltenen Deutschland der Geist der abendländischen Rechts- und Kulturgemeinschaft, der das noch weitergeltende römische Recht diente, noch durchaus lebendig“ erschien.[182]

Denn *Savigny* entwickelt seine Lehre anhand der juristischen Personen, die, wie er sagt, „ein natürliches oder auch notwendiges Dasein“ haben, und nennt dabei „die Gemeinden, Städte und Dörfer ..., welche die Hauptbestandteile des Staates bilden“.[183] Allein daraus ergibt sich bereits, dass *Savigny* nicht der Fiktionstheorie zugeordnet werden kann.[184] Überdies sind für ihn die „Corporationen“ zwar „eine sichtbare Erscheinung in einer Anzahl einzelner Mitglieder“.[185] Jedoch ist die Ergänzung entscheidend: „Das Wesen aller Corporationen besteht aber darin, daß das Subjekt der Rechte nicht in den einzelnen Mitgliedern (selbst nicht in allen Mitgliedern zusammen genommen) besteht, sondern in dem idea-

---

178 *Grasmann*, System des internationalen Gesellschaftsrechts, 1970, Rn. 488.

179 Staudinger-*Weick*, Einleitung zu §§ 21 ff. BGB Rn. 4; MünchKomm-*Reuter*, Vorbem. BGB AT, Rn.1.

180 *Flume*, in: Musielak/Schurig (Hrsg.) Festschrift Kegel, 1987, 147 (152); ihm folgend *K. Schmidt,* Verbandszweck und Rechtsfähigkeit im Vereinsrecht, 1984, S. 4 Fn. 8. Vgl. ebenso *Flume,* Allgemeiner Teil des Bürgerlichen Rechts, Juristische Personen, Band 2, 1983, § 1. I. 3. Demgegenüber betont *K. Schmidt*, dass es ein Missverstädnis sei, *Savigny* zu unterstellen, er habe den Verband als soziale Realität geleugnet; seine Fiktionstheorie beziehe sich nämlich nur auf die Rechtsfolgenseite; siehe *K. Schmidt*, Gesellschaftsrecht, 2002, § 8 II, S. 188/9.

181 *Mestmäcker,* RabelsZ 52 (1988), 205 (218).

182 *Bühler*, in: FS Wolff, S. 177 (192).

183 *Savigny*, System des heutigen Römischen Rechts, Bd. II (1840), § 86, S. 242.

184 *Flume*, in: FS Kegel, S. 147 (153).

185 *Savigny*, System des heutigen Römischen Rechts, Bd. II (1840), § 86, S. 243.

len Ganzen."[186] Die Bezeichnung als „ideales Ganzes" ist dabei die Beschreibung eines soziologischen Tatbestandes und damit letztendlich eine Beschreibung auf der Ebene der Realität.[187] Demnach kann *Savigny* nach heutigem Verständnis nicht mehr als Vertreter der „Fiktionstheorie" mit all ihren mobilitätsfeindlichen Konsequenzen angesehen werden.

b) Realitätstheorie

Demgegenüber betonte *Otto v. Gierke* im dialektischen Gegenzug aufbauend auf der deutschrechtlichen Genossenschaftstheorie *Beselers* und *Bluntschlis* in seiner „Theorie der realen Verbandspersönlichkeit"[188] die Wirklichkeit der juristischen Person. Er fasste sie als einen „sozialen Organismus" auf und leitete daraus ihre Rechtsfähigkeit ab.[189] In der von den Germanisten angestoßenen Debatte „nimmt die Frage nach dem *Erfordernis staatlicher Mitwirkung bei der Entstehung juristischer Personen* einen hervorragenden Platz ein".[190]

In der Schweiz gilt der bedeutende Völkerrechtler *Johann C. Bluntschli*[191] als Mitbegründer der sog. Realitätstheorie.[192] Obwohl sich Ende des 19. Jahrhunderts vor aller Augen die Anzahl juristischer Personen erhöhte, formierte

---

186 *Savigny*, System des heutigen Römischen Rechts, Bd. II (1840), § 86, S. 243.

187 *Flume*, in: FS Kegel, S. 147 (155).

188 *v. Gierke*, Deutsches Privatrecht, Bd. I, (1895) § 58, 59; siehe dazu *K. Schmidt*, Gesellschaftsrecht, 2002, § 8 II, S. 189.

189 *Wiedemann*, Gesellschaftsrecht, Bd. I, (1980), S. 194; *v. Gierke*, Die Genossenschaftstheorie und die deutsche Rechtsprechung, 1887, S. 22 führt dazu aus: „Hat nun aber so das Recht die Macht, die Eigenschaft der Rechtssubjektivität zu erzeugen, so ist es doch schlechthin *nicht* im Stande, die *thatsächliche Unterlage dieser Eigenschaft* zu erschaffen." Weiter heißt es dazu auf S. 23: „Das Recht empfängt also die von ihm mit Persönlichkeit bekleideten realen Willensträger *von außen*, Es kann weder natürliche noch soziale Organismen aus dem Boden stampfen." [Hervorhebung im Original].

190 *v. Gierke*, Die Genossenschaftstheorie und die deutsche Rechtsprechung, 1887, S. 15 [*Hervorhebung im Original*].

191 *Bluntschli* entsprach dem Gelehrten, der sowohl das Völker- als auch das Internationale Privatrecht beherrschte: Aus seiner Feder stammten die kollisionsrechtlichen Bestimmungen im Privatrechtlichen Gesetzbuch für den Kanton Zürich. Er war zudem Gründungsmitglied des *Institut de Droit International* (1873); siehe *Jayme*, in: Leible/Ruffert (Hrsg.) Völkerrecht und IPR, 2006, S. 32 sowie ferner *Siehr*, Johann Caspar Bluntschli et le droit des conflits de lois dans le Code civil du Canton de Zurich de 1853/55, in: *Liber memorialis* Laurent, 1989, S. 1017.

192 *Bluntschli* stellte den „krystallartigen Formen des römischen Rechts", den „Germanischen Geist" gegenüber, der angeblich „weicher und freier" sei. Demzufolge haben „die Formen des deutschen Rechts auch nicht so gleichmässige und scharfe Winkel und Linien, sondern mehr Aehnlichkeit mit dem organischen Gebilde der Pflanzenwelt." siehe das Vorwort zur ersten Auflage von 1853 in *Bluntschli*, Deutsches Privatrecht, 1860, S. XII.

sich Widerstand gegen die Vorstellung, dass diese juristischen Personen ihre Existenz nichts anderem als einem Akt des Gesetzgebers verdankten.[193] So war es in der Schweiz *Bluntschli*, der gegen die Fiktion, aus der man „einen ganzen Knäuel von unbegründeten Schlüssen abgewickelt" habe, ankämpfte.[194] Im Jahr 1860 stellt er fest: „So entbehrt der früher ziemlich allgemein gelehrte Satz, dasz alle juristischen Personen zu ihrer Entstehung der Genehmigung des Staates bedürfen, einer zureichenden Begründung."[195] Ideengeschichtlich bedeutsam ist dabei, dass er wie kein anderer Germanist die Prinzipien des süddeutschen Liberalismus verinnerlichte und von allen Germanisten eine Privatrechtsvorstellung verwirklichte, „in dem das freiheitlich-liberale Prinzip den höchsten Rang einnahm"[196]. So leitete *Bluntschli* das Personenrecht seines Deutschen Privatrechts mit den Worten ein: „Jeder *Mensch* ist als Individuum auch eine *Person*, d.h. nicht blosz ein *rechtsfähiges*, sondern ein *berechtigtes* Wesen, nicht blosz ein mögliches, sondern ein wirkliches Rechtssubject."[197]

Vor diesem Hintergrund kann sein Personenrecht daher in der Gesamtschau mit anderen Werken der damaligen Zeit als „die liberale Grundrechtscharta schlechthin" angesehen werden.[198] Vergleichbares gilt für *Gierkes* Lehre die – wie die seines Lehrers *Georg Beseler* – nur erfasst werden könne, wenn das politisch-liberale Engagement beider Juristen mit in den Blick genommen werde:[199] Indem Gierke „die Brücke vom Faktum der Verbandsrealität zur Rechtsfolge der Verbandspersönlichkeit zieht", wird der rechtspolitische Spielraum des Gesetzgebers gegenüber den Verbänden gleichsam eingeengt.[200] Nach diesem Verständnis sind sowohl natürliche als auch juristische Personen gleichermaßen real. In Verbänden erblickte man „überindividuelle Lebewesen", die durch ihre für sie entscheidenden Personen wie durch Organe handelten. Dieses Anknüpfen an die soziale Realität des Verbandes, den er als einen handlungsfähigen Orga-

---

193 *Fögen*, SJZ 1999, 393 (395).

194 *Bluntschli*, Deutsches Privatrecht, 1860, § 34, S. 67.

195 *Bluntschli*, Deutsches Privatrecht, 1860, § 34, S. 66

196 *Schäfer*, Juristische Germanistik 2008, S. 641.

197 *Bluntschli*, Deutsches Privatrecht, 1860, § 13 I 1, S. 24 [*Hervorhebungen im Original*].

198 So die Einschätzung von *Schäfer*, Juristische Germanistik 2008, S. 641.

199 Siehe dazu *K. Schmidt*, Gesellschaftsrecht, 2002, § 8 II 3. S. 190 in Fn. 42: So hat *Gierke* durch seine sozialliberale Kritik am Entwurf des deutschen BGB politisch Stellung bezogen; vgl. nur seine Kritik am Ersten Entwurf zum BGB: *Ders.* Der Entwurf eines bürgerlichen Gesetzbuches und das deutsche Recht, 1889. Sein Lehrer *Beseler* gehörte dem Paulskirchenparlament von 1848 an; danach war er nationalliberaler Abgeordneter des Reichstages sowie des preußischen Herrenhauses; überdies stellte er sich auf die Seite der „Göttinger Sieben".

200 *K. Schmidt*, Gesellschaftsrecht, 2002, § 8 II 3.

nismus begreift, macht dabei die Modernität des *Gierke*'schen Ansatzes und überdies seine rechtspolitische Wirksamkeit aus.[201]

Für die vorliegende Studie von Bedeutung ist vielmehr die Erkenntnis, dass Verbände somit aufgrund ihres überindividuellen Eigenlebens natürlichen Personen gegenüber als gleichgestellt anzusehen sind. Der Staat kann diese zwar begrenzt lenken und ausgestalten; im Übrigen hat er die Verbände aber als eigenständige juristische Person zu respektieren. Demnach war die juristische Personifikation dieser Gebilde keinesfalls eine der Staatswillkür unterliegende Rechtsfrage. Damit konnten juristische Personen nicht nur durch staatliche Verleihung, sondern auch aufgrund eines einfachen Rechtssatzes entstehen, wobei selbst ein Gewohnheitsrechtssatz als ausreichend erachtet worden ist.[202]

Im Hinblick auf die Mobilität von Gesellschaften ist der von den Vertretern der Realitätstheorie gezogene Vergleich mit natürlichen Personen besonders erhellend: Wechselt die natürliche Person beispielsweise durch Erwerb einer neuen Staatsangehörigkeit und eines neuen Domizils ihr Personalstatut, so geht normativ betrachtet zwar ihre frühere Rechtspersönlichkeit ebenfalls unter, wobei zugleich eine neue Rechtspersönlichkeit unter der Rechtsordnung des neuen Staates geschaffen wird. Gleichwohl wird dabei niemandem einfallen, von einem „Untergang der natürlichen Person" zu sprechen.[203]

Mitunter wird aus rechtstheoretischer Sicht freilich die Gefahr darin gesehen, auf Grundlage einer solchen „soziologischen Zustandsbeschreibung oder eines platten juristischen Naturalismus" Aussagen über Rechtsfolgen treffen zu wollen.[204] Mit der Stimme von *Peter Behrens* aus dem neueren Schrifttum kann auf Grundlage der Realitätstheorie vielmehr ein genuin mobilitätsfreundlicher Standpunkt bezogen werden: Denn eine Gesellschaft ist auf dieser Grundlage überall, d.h. auch im Ausland, als bestehende Realität anzusehen und besitzt damit grundsätzlich auch im Ausland Rechtsfähigkeit.[205]

---

201 *K. Schmidt*, Gesellschaftsrecht, 2002, § 8 II 3.

202 *K. Schmidt*, Gesellschaftsrecht, 2002, § 8 II 3.

203 *Niederer*, in: Gutzwiller/Niederer (Hrsg.) Beiträge zum Haager Internationalprivatrecht, 1951, S. 154.

204 *Wiedemann*, Gesellschaftsrecht, Bd. I, (1980), S. 194; So erschien *Gierke* den Nationalsozialisten auch als „Mustergermane" und Leitfigur für das Rechtsdenken im Nationalsozialismus geeignet. Jedoch nahmen sie zugleich Anstoß an seiner Verknüpfung mit dem „Individualismus" des 19. Jahrhunderts; siehe *Stolleis*, in: Stolleis/Simon (Hrsg.) Rechtsgeschichte im Nationalsozialismus, 1989, S. 7 in Fn. 28.

205 *Behrens*, ZGR 1978, 499 (513).

3. Rechtsvergleichende Dimension

a) *Schweiz*

Das schweizerische Zivilgesetzbuch steht in seinen Allgemeinen Bestimmungen über juristische Personen der Realitätstheorie relativ nahe, auch wenn der „Vater des schweizerischen ZGB“ *Eugen Huber* sich zunächst nicht klar zu einem bestimmten System bekannte.[206] Zumindest nach Inkrafttreten des ZGB hat sich *Huber* dogmatisch in seinen Schriften von der Fiktions- und Konzessionstheorie losgelöst und der Realitätstheorie angenähert.[207] Dem schweizerischen ZGB liegt wohl der Gedanke der Realitätstheorie zugrunde.[208]

Die schweizerische Rechtsprechung ist mit Blick auf die Beurteilung von Fiktion bzw. Realität juristischer Personen nicht immer kohärent gewesen: So geht das Bundesgericht zwar seit mehr als einem Jahrhundert bei der Frage der Kirchensteuerpflicht der „Gesellschaften“ von der Fiktionstheorie aus,[209] während es sich hinsichtlich der Beurteilung der Rechtsgeschäftslehre auf die Realitätstheorie stützt; in anderen Entscheiden hat es sich nicht festgelegt.[210] Gleichwohl ist sie in der schweizerischen Rechtsprechung bis in die Gegenwart präsent, wenn es etwa im Bundesgerichtsentscheid vom 22. März 1991 heißt: „Die Einmannaktiengesellschaft ist wie jede AG eine reale Person, nicht nur eine Fiktion oder gewissermassen ein zweites Portemonnaie, über dessen Inhalt der einzige Verwaltungsrat und Alleinaktionär nach Belieben verfügen könnte.“[211]

Das schweizerische Recht enthielt lange Zeit keine gesetzliche Bestimmung zur Anerkennungsproblematik. Interessanterweise enthielt jedoch der Entwurf des ZGB dazu folgenden bemerkenswerten Artikel zur Anerkennung ausländischer Körperschaften: „Juristische Personen mit ausländischem Wohnsitz sollen die Rechtsfähigkeit in dem Umfange haben, wie die Rechtsordnung des Wohn-

---

206 *Weber*, in: Grossen/Gutzwiller (Hrsg.) Schweizerisches Privatrecht, Einleitung und Personenrecht, Juristische Personen, Bd. II/4 (1998), § 1 I, S. 49.

207 *Weber*, in: Grossen/Gutzwiller (Hrsg.) Schweizerisches Privatrecht, Einleitung und Personenrecht, Juristische Personen, Bd. II/4 (1998), § 1 I, S. 2.

208 *Rittner*, in: FS Meier-Hayoz, S. 331 (331); vgl. die Allgemeinen Bestimmungen zu den juristischen Personen, Art. 52 ff. ZGB Zum selben Ergebnis gelangt auch *Nobel*, Internationales und Transnationales Aktienrecht, Teil IPR und Grundlagen (2012), S. 10 Rn. 24.

209 So wird die juristische Person als bloßes ideales Rechtssubjekt betrachtet. Vgl. dazu erstmals BGE 4, 533 (1878) sowie aktueller BGE 102 Ia 468; siehe dazu *Weber*, in: Grossen/Gutzwiller (Hrsg.) Schweizerisches Privatrecht, Einleitung und Personenrecht, Juristische Personen, Bd. II/4 (1998), § 1 I, S. 50

210 BGE 31 II 247 sowie aktuell BGE 114 IV 14; siehe dazu *Weber*, in: Grossen/Gutzwiller (Hrsg.) Schweizerisches Privatrecht, Einleitung und Personenrecht, Juristische Personen, Bd. II/4 (1998), § 1 I, S. 50.

211 BGE 117 259 (266), E. 4.

sitzstaates sie gewährt, jedoch nicht in weiterem Umfange als nach schweizerischem Recht."[212]

Nach aktueller Rechtslage sieht das schweizerische IPRG zur Anerkennung einer nach ausländischem Recht gegründeten Gesellschaft infolge der ohnehin geltenden Inkorporationstheorie keinen besonderen Anerkennungsakt einer Behörde oder einen sonstigen eigenständigen Anerkennungsvorgang vor.[213] Demnach wird eine ausländische Gesellschaft zivilrechtlich anerkannt, wenn sie nach dem zuständigen Recht existiert.[214] Bereits vor Inkrafttreten des IPRG wurde von der schweizerischen Lehre[215] und Rechtsprechung[216] der Grundsatz der „automatischen Anerkennung" oder der „*ipso iure*-Anerkennung" vertreten: Bereits im Jahr 1887 formuliert *Franz Muheim* dazu in seinen „Principien des Internationalen Privatrechts im Schweizerischen Privatrechte": „Die Existenz der juristischen Personen ist abhängig von ihrer Anerkennung durch denjenigen Staat, wo sie ihr Domicil haben. Sind sie hier anerkannt, so gelten sie auch in allen andern Staaten als Rechtssubjekte, sofern ihnen keine Prohibitivgesetze entgegenstehen."[217] Mit Blick auf ausländische juristische Personen heißt es nur wenige Jahre später bei *Arthur Mamelok*, es müsse „der *Grundsatz* der Rechtsfähigkeit entschieden anerkannt werden."[218]

Davon erfasst sind grundsätzlich auch ausländische Gesellschaftsformen, die im schweizerischen Recht unbekannt sind, vorausgesetzt, dass sie nach dem Gesellschaftsstatut die wesentlichen Attribute der juristischen Persönlichkeit besitzen.[219] Gleichwohl war das Prinzip der *ipso iure*-Anerkennung nach der Recht-

---

212 Zitiert nach *Schnitzer*, Handbuch des Internationalen Privatrechts, Bd. I, (1950), S. 299.

213 Siehe zuletzt BGE 117 II 494; 110 Ib 213.

214 Siehe dazu bereits *Mamelok*, Die juristische Person im internationalen Privatrecht, 1900, § 4, S. 27 ff.

215 *Schwander*, Einführung in das internationale Privatrecht, Bd. II BT (1997), S. 347 Rn. 793.

216 So betont das Handelsgericht St. Gallen 12./14.12.1961, in: St. Gallische Gerichts- und Verwaltungspraxis 1962, Nr. 18 S. 50, es sei allgemein anerkannt, dass die Rechts- und Handlungsfähigkeit wie auch die Partei- und Prozessfähigkeit dem Recht ihres Personalstatuts unterstehen.

217 *Muheim*, Die Principien des Internationalen Privatrechts im Schweizerischen Privatrechte, 1887, § 14 S. 113.

218 *Mamelok*, Die juristische Person im internationalen Privatrecht, 1900, § 4, S. 37 [Hervorhebung im Original].

219 Dazu zählen Rechtsfähigkeit, Prozessfähigkeit, Fähigkeit zur Begründung von Rechten und Pflichten in eigenem Namen; siehe ZürchKomm-*Vischer* Vor Art. 150-165 Rn. 9; die ältere Lehre hingegen versagte die Anerkennung dann, wenn die analoge Gesellschaftsform im Inland keine juristische Persönlichkeit genießt; vgl. *Sauser-Hall*, La situation juridique des étrangers en Suisse, Bull. soc. lég.comp. 1920/21, S. 246/7.

sprechung des Bundesgerichts dem Vorbehalt der Fiktion ausgesetzt.[220] Nach Inkrafttreten des IPRG ist das Bundesgericht von seiner Rechtsprechungspraxis zum *fraus legis*-Vorbehalt jedoch abgerückt; die nunmehr vorhandene Gesetzesgrundlage hält hinreichende Einschränkungsmöglichkeiten der ansonsten geltenden Inkorporationstheorie bereit.[221]

b) Deutschland

aa) Grundsatz der ipso iure-Anerkennung

Im Anschluss an die geschilderte Entwicklung im belgisch-französischen Verhältnis zeigten sich auch weitere europäische Staaten, darunter Österreich, die Niederlande und Italien, reserviert und erließen Gesetze, die die gegenseitige Anerkennung von Gesellschaften regulieren sollten.[222] In Deutschland hatte man sich insoweit zunächst liberaler gezeigt, als man vom Grundsatz der automatischen *ipso iure*-Anerkennung ausging.[223] Die „automatische Anerkennung" bedeutet in diesem Zusammenhang nichts anderes als „automatische Zulassung zum inländischen Rechtsverkehr".[224] Dies bedeutet, dass es keines besonderen Rechtsaktes bedarf, kraft dessen die im Ausland bestehende Rechtsfähigkeit auf das Inland „ausgedehnt" wird. Ganz im Gegensatz zur räumlich beschränkten Wirkung der Territorialität, ist das deutsche Recht hier vom Gedanken der Universalität geprägt; eine Anerkennung erfolgt auch außerhalb des Ursprungslandes, und zwar automatisch.[225]

Die Anerkennung ausländischer juristischer Personen stellt bereits während der Reaktionszeit gegen Mitte des 19. Jahrhunderts eine Selbstverständlichkeit dar. Charakteristisch ist insoweit eine Entscheidung des Königlichen Preußischen Obertribunals vom 31. Oktober 1850[226] über die Klage einer nach ausländischem, nämlich hamburgischem Recht gegründeten Aktiengesellschaft. Die Anerkennung der in Hamburg domizilierten „Lebens- und Pensions-Versicherungsgesellschaft" vor dem preußischen Gericht stand dabei außer Frage. Mit

---

220 ZürchKomm-*Vischer* Vor Art. 150-165 Rn. 9;

221 BGE 117 II 494.

222 *Zimmer,* ZHR 168 (2004), 355 (357); *Großfeld* RabelsZ 38 (1974), 344 (350).

223 RG Urt. v. 29.10.1938 – II 178/37 – RGZ 83, 367.

224 *Behrens*, ZHR 1978, 499 (509).

225 Dabei wird von sog. „absoluter Universalität" gesprochen, sofern das ausländische Rechtsverhältnis im Inland dieselben Rechtswirkungen zeitigt wie in seinem Ursprungsland, was im modernen IPR den Regelfall darstellt. Im Falle von „relativer Universalität" wird das ausländische Rechtsverhältnis seinem inländischen Pendant gleichgestellt; es hat daher im Inland dieselben Rechtswirkungen wie dieses – sei es automatisch oder duch besonderen Akt. Siehe *Neuhaus*, Grundbegriffe des Internationalen Privatrechts, 1976, S. 184 u. 185.

226 Entscheidungen des Königlichen Ober-Tribunals Band 20, Nr. 37, 318.

Blick auf das „Rechtsverhältniß anonymer Gesellschaften“ führt das Gericht aus, es komme in der Frage der Parteifähigkeit allein darauf an, ob die Gesellschaft nach dem „am Orte ihrer Errichtung geltenden Gesetze“ wirksam entstanden ist.[227] Die dadurch begründeten Rechte müssten auch in Preußen anerkannt werden, „da die klagende Gesellschaft einen erlaubten Zweck verfolgt und diesseitige Prohibitiv-Gesetze nicht entgegen stehen.“[228]

Eine liberale Haltung gegenüber ausländischen juristischen Personen erschließt sich aus den Ausführungen bei den Nürnberger Beratungen des Jahres 1857 zur Vorbereitung des Allgemeinen Deutschen Handelsgesetzbuches: Während der Beratungen wurde dort unter anderem erörtert, wie sich die deutschen Staaten gegenüber Aktiengesellschaften, die in einem anderen deutschen oder ausländischen Staat gegründet seien, zu verhalten hätten. Mit der gleichen Selbstverständlichkeit, wie dies auch die Rechtsprechung tat, erachtete man diese Frage in den Gesetzesberatungen dabei als unproblematisch, denn soweit es um die „civil rechtliche Rechtsbeständigkeit“ gehe, bestünden gegen eine Anerkennung keine Bedenken.[229]

In der Literatur leitete *Ludwig v. Bar*[230] die Anerkennung aus internationalem Gewohnheitsrecht „der civilisirten Staaten“ her[231]: Demnach steht bereits im Jahr 1862 fest, „dass die einem Staate angehörenden juristischen Personen auch in anderen Staaten als solche betrachtet werden“; andernfalls wäre ein „internationaler Handelsverkehr der Actiengesellschaften“ kaum möglich.[232]

In der Folge hat auch die Rechtsprechung des Reichsoberhandelsgerichts im Jahr 1877[233] erkannt, dass eine „in Frankreich domicilirte, nach dortigen Geset-

---

227 Entscheidungen des Königlichen Ober-Tribunals Band 20, Nr. 37, 318 (326).

228 Entscheidungen des Königlichen Ober-Tribunals Band 20, Nr. 37, 318 (326).

229 Es bedürfe dazu auch keiner ausdrücklichen gesetzlichen Bestimmung, denn eine Aktiengesellschaft „sei ein nach einem civilrechtlich feststehenden Institute begründetes Rechtsverhältnis, wie jedes andere Verhältnis dieser Art. Es verstehe sich nun von selbst, daß seine Entstehung nach Maßgabe derjenigen bürgerlichen Gesetze beurtheilt werde, unter deren Herrschaft es sich befinde.“ Siehe *Lutz*, Protokolle der Commission zur Berathung eines allgemeinen deutschen Handelsgesetzbuches, Bd. I (1858), S. 371; zitiert nach *Großfeld*, RabelsZ 38 (1974) 344 (358) sowie *Rabel*, The Conflict of Laws: A comparative Study, Bd. II (1947), S. 129.

230 *v. Bar,* Theorie und Praxis des Internationalen Privat- und Strafrechts, 1862, § 41 S. 135.

231 *v. Bar,* Theorie und Praxis des Internationalen Privatrechts, Bd. I (1889), § 4 S. 9.

232 Wenn Aktiengesellschaften in jedem ausländischen Staat erst die Verleihung der Rechtsfähigkeit beantragen müssten, so würde dies zu „unsäglichen Schwierigkeiten und Weitläufigkeiten führen“. Siehe *v. Bar*, Internationales Privat- und Strafrecht 1862, § 41 S. 135.

233 ROHG Urt. v. 28.4.1877 – Rep. 350/77, ROHGE 22, 147 (148).

zen giltig constituirte Actiengesellschaft … in Deutschland *persona standi in iudicio*“ habe.[234] Auch das Reichsgericht konstatiert im Jahr 1882[235], dass ausländische Gesellschaften in Deutschland gewohnheitsrechtlich *ipso iure* anerkannt werden, ohne dass es dazu eines besonderen Aktes bedürfe. Man war sich darin einig, dass eine automatische Anerkennung ausländischer Gesellschaften den Bedürfnissen des internationalen Wirtschaftsverkehrs entspreche.[236]

Diese Selbstverständlichkeit in der Anerkennung ausländischer Gesellschaften haben deutsche Gerichte hingegen[237] zu Beginn des 21. Jahrhunderts vermissen lassen, als sie im Vorfeld der EuGH-Rechtssache *Überseering*[238] einer klagenden niederländischen Gesellschaft den Rechtsschutz vor deutschen Gerichten verweigerten.

In den Protokollen zum Entwurf des BGB findet sich lediglich der klarstellende Hinweis darüber, dass die „gewerbepolizeilichen Vorschriften über die Zulassung ausländischer juristischer Personen zum Gewerbebetrieb im Inlande“ sowie die besonderen Vorgaben des „öffentlichen Vereinsrechts“ für ausländische Gesellschaften gleichermaßen Beachtung finden sollten.[239] In den Beratungen wurde erwogen, den Grundsatz der *ipso iure*-Anerkennung in das BGB aufzunehmen. So enthält der Erste Entwurf von *Gebhard* in § 1 die Formulierung: „Die juristische Persönlichkeit wird nach den Gesetzen des Ortes beurtheilt, an welchem die jur. Person ihren Sitz hat.“[240] Die grundsätzliche Anerkennung ausländischer Gesellschaften wurde auch von der Zweiten Kommission beibehalten. Ergänzt wurde die Regelung noch um einen zweiten Absatz, der eine Spezi-

---

234 Siehe Entscheidungen des Reichs-Oberhandelsgerichts XXII Band, 1878, S. 432.

235 RG Urt. v. 14.4.1882 – II 503/81, RGZ 6, 124 (138-140) sowie RG Urt. v. 5.6.1882 – I 291/82, RGZ 7, 68 (70) [*obiter dictum*] sowie entscheidungserheblich RG 30.1.1889 – I 331/88, RGZ 23, 31 (33).

236 *Zimmer,* ZHR 168 (2004), 355 (355 ff).

237 Siehe LG Düsseldorf, *Urt. v.* 5.11.1997 – 5 O 132/96; OLG Düsseldorf, Urt. v. 10. 9. 1998 – 5 U 1/98 = JZ 2000, 203 m.Anm. *Ebke* sowie den Vorlagebeschluß BGH Urt. v. 13. 3. 2003 – VII ZR 370/98 = BGHZ 154, 185 = NJW 2003, 1461 = ZIP 2003, 925 m. Anm. *Leible* = MDR 2003, 825 = EuZW 2003, 448 (Ls.) = RIW 2003, m.Anm. *Merkt* = WM 2003, 835 = JuS 2003, 821 = NZG 2003, 431 = DStR 2003, 947 = IPRax 2003, 324 m Anm. *Weller* = BB 2003, 915 = DB 2003, 986 = GewA 2003, 328 = LMK 2003, 107 m. Anm. *Noack* = JZ 2003, 525 m. Anm. *Eidenmüller.*

238 EuGH, Urt. v. 5.11.2002, Rs. C-208/00 – *Überseering*, Slg. 2002 I-9919.

239 *Achilles/Gebhard/Spahn*, Protokolle der Kommission für die zweite Lesung des Entwurfs des Bürgerlichen Gesetzbuchs, 1899, Bd. VI, Prot. 403, S. 24.

240 *Mugdan*, Die gesammten Materialen zum Bürgerlichen Gesetzbuch für das Deutsche Reich I (899) XLV.

alregelung für Vereine vorsah. Danach sollte für die Anerkennung ausländischer Vereine der Beschluss des Bundesrates erforderlich sein.[241]

Bei der Verabschiedung des Gesetzgebungswerkes im Bundesrat wurde indessen der erste Absatz betreffend die grundsätzliche Anerkennung ausländischer Gesellschaften ersatzlos gestrichen.[242] Was die Regelung in Abs. 2 hinsichtlich der ausländischen Vereine anbelangte, so wurde diese dagegen beibehalten und erlangte in der Folge als Art. 10 EGBGB Gesetzeskraft.[243]

Die Gründe für das Weglassen der Textpassage sind dabei freilich nicht in einer Abkehr von der vorherrschenden anerkennungsfreundlichen Haltung gegenüber ausländischen Gesellschaften zu erblicken. Bereits in den Beratungen der Zweiten Kommission wurde die ausdrückliche Regelung zur Anerkennung ausländischer Gesellschaften als offenkundig angesehen.[244] Daher bedürfe die Rechtsfähigkeit ausländischer gesellschaftsrechtlicher Gebilde überhaupt keiner ausdrücklichen Bestätigung im Gesetzeswortlaut. Was die Rechtsfähigkeit „öffentlichrechtliche Korporationen" anbelangt, so „beruhe [diese] auf völkerrechtlichen Grundsätzen und werde von keiner Seite angezweifelt". Auch im Hinblick auf die „handelsrechtlichen Erwerbsgesellschaften" liege kein Bedürfnis nach einer besonderen Vorschrift vor: „Sowohl in der Literatur als in der Rechtsprechung werde ihnen schon jetzt die Rechtsfähigkeit im Inlande zugestanden, wenn sie nach den Gesetzen ihres ausländischen Sitzes solche besäßen."[245] In den Beratungen findet sich der klarstellende Hinweis dazu, dass die

---

241 In der zweiten Kommission lautete der Entwurf in § 2237 „Die juristische Persönlichkeit wird nach den Gesetzen des Ortes beurtheilt, an welchem die juristische Person ihren Sitz hat. Ein Verein, der nach den deutschen Gesetzen Rechtsfähigkeit nur durch Eintragung in das Vereinsregister oder durch staatliche Verleihung erlagen kann, ist, wenn er seinen Sitz im Auslande hat, nur dann rechtsfähig, wenn seine Rechtsfähigkeit in einem Bundesstaat anerkannt ist. Die Anerkennung und die Zurücknahme der Anerknenung bestimmen sich nach den Gesetzen dieses Staates." *Reatz*, Die zweite Lesung des Entwurfs eines Bürgerlichen Gesetzbuches für das Deutsche Reich II (1896), S. 479; *Mugdan*, Die gesammten Materialen zum Bürgerlichen Gesetzbuch für das Deutsche Reich I (1899) XLV.

242 *Großfeld*, RabelsZ 38 (1974) 344 (365); *Trautrims*, Das Kollsisionsrecht der Personengesellschaften, 2009, S. 26.

243 *Trautrims*, Das Kollsisionsrecht der Personengesellschaften, 2009, S. 26.

244 Die Regelung wurde „theils als unnöthig, theils als unhaltbar" angesehen. Im Ergebnis bestand Einvernehmen darüber, „daß die Rechtsfähigkeit der ausländischen öffentlichrechtlichen Korporationen und ebenso die der handelsrechtlichen Erwerbsgesellschaften ohne Weiteres anzuerkennen sei", *Achilles/Gebhard/Spahn*, Protokolle der Kommission für die zweite Lesung des Entwurfs des Bürgerlichen Gesetzbuchs, 1899, Bd. VI, Prot. 403, S. 24 u. 26.

245 *Achilles/Gebhard/Spahn*, Protokolle der Kommission für die zweite Lesung des Entwurfs des Bürgerlichen Gesetzbuchs, 1899, Bd. VI, Prot. 403, S. 24.

„gewerbepolizeilichen Vorschriften über die Zulassung ausländischer juristischer Personen zum Gewerbebetrieb im Inlande“ sowie die Vorgaben des „öffentlichen Vereinsrechts“ auch für ausländische Gesellschaften Beachtung finden sollten.[246]

Während ursprünglich geplant war, das deutsche IPR ausführlich und in Form allseitiger Kollisionsnorm zu regeln, die in den Allgemeinen Teil vorangestellt werden sollten,[247] und man sich anfangs noch mit weltoffenen Fragen wie der Zugehörigkeit des IPR zum Völkerrecht auseinandersetzte,[248] geht aus den im Jahr 1973 veröffentlichten und bis dahin geheim gehaltenen Materialen zur Kodifikation des deutschen IPR hervor, dass *Bismarck* und nach seiner Entlassung das *Auswärtige Amt* danach strebten, eine Aufnahme des Kollisionsrechts gar insgesamt zu verhindern.[249]

Auch der Einfluss der ansonsten tendenziell liberal eingestellten Hansestädte im Gesetzgebungsprozess muss hier erwähnt werden: Wenn es um die Durchsetzung ihrer weltweiten kaufmännischen Interessen ging, waren diese nämlich von Heimwärtsstreben beseelt und machten ihren Einfluss dahingehend geltend, dass der Richter im Zweifelsfall deutsches Recht anzuwenden habe.[250] Das Auswärtige Amt nahm auch diese hanseatische Neigung zur *lex fori* auf und widersprach Ende 1895 einer Zuerkennung der Rechtsfähigkeit für Auslandsgesellschaften auch im Falle fehlender Gegenseitigkeit.[251]

Der Reichskanzler und das Auswärtiges Amt sahen in den Kodifikationsbestrebungen vielmehr eine Schwächung der deutschen Verhandlungsposition auf der internationalen Bühne, da eine solche anerkennungsfreundliche Position dem Abschluss günstiger Staatsverträge im Wege stehe.[252] Die Erwartungen beruhten zumindest auf Gegenseitigkeit, um damit einen entsprechend großen

---

246 *Achilles/Gebhard/Spahn*, Protokolle der Kommission für die zweite Lesung des Entwurfs des Bürgerlichen Gesetzbuchs, 1899, Bd. VI, Prot. 403, S. 24.

247 Staudinger-*Sturm/Sturm*, Einl. IPR Rn. 896 u. 899.

248 *Hartwieg*, Tatsachen- und Normarbeit im Rechtsvergleich, 2003, S. 8 jedoch wurde diese Frage „rasch zugunsten der überwiegenden Ansicht der ‚Nationalisten‘ negativ entschieden.“

249 Staudinger-*Sturm/Sturm*, Einl. IPR Rn. 896 u. 899.

250 *Hartwieg/Korkisch* Die geheime Materialien zur Kodifikation des deutschen IPR, 1973, S. 321 f.; siehe dazu auch die Besprechung der geheimen Materialien von *Kegel* RabelsZ 39 (1975), 130 (132).

251 Das Auswärtige Amt ließ sich auch nicht durch die Argumentation überzeugen, dass eine Bestimmung der Rechtspersönlichkeit nach dem Recht des Sitzes lediglich der gängigen Rechtspaxis entspreche; siehe *Zimmer*, ZHR 168 (2004), 355 (358).

252 Siehe den Abdruck der Stellungnahme des Auswärtigen Amtes bei *Hartwieg/Korkisch*, Die geheimen Materialien zur Kodifikation des deutschen IPR 1881 bis 1896, 1973, S. 334 f.

Herrschaftsbereich deutscher Rechtsnormen erzwingen zu können. Insgesamt wurde offenbar, dass man von der ursprünglichen weltoffenen Haltung der Gesetzgebungskommission abrückte, um in der Abwehr ausländischen Rechts freie Hand zu behalten.[253] In den ursprünglich noch im *Gebhard*'schen Entwurf vorgesehenen allseitigen Kollisionsnormen, die auch deutsche Staatsbürger in einigen Bereichen ausländischem Recht unterstellt hätten, erblickte man ein übertriebenes Hintansetzen eigener Belange.[254] Erst als das Reichsjustizamt den Protest des Auswärtigen Amtes an die Erste Kommission weitergeleitet hatte, distanzierte sich diese dann vom ursprünglichen Entwurf und fasste den insoweit erstaunlichen Beschluss, dass man es generell für zweifelhaft halte, ob sich Kollisionsnormen überhaupt zur Aufnahme in das BGB eigneten.[255] Zum Abschluss der Gesetzgebungsbemühungen ging es dem Reichsjustizamt schließlich lediglich darum, die Kodifizierung des Kollisionsrechtes überhaupt noch bis zu einem geltenden Gesetz zu retten.[256]

bb) Ausnahmen im Vereinsrecht

Die eigentliche problematische Frage in den Beratungen stellte demgegenüber die Anerkennung von ausländischen Vereinen und Stiftungen dar. Man war sich einig, dass es im Hinblick auf Vereine einer restriktiven gesetzlichen Handhabe bedürfe – ganz konform mit der grundsätzlich skeptischen Haltung gegenüber Vereinen, die dem damaligen Zeitgeist der *Bismarck*-Ära entsprach. [257] Dies kommt pointiert in dem Satz von *Gierke* zum Ausdruck: „Versammlungen und Vereine sind an eine jederzeit widerrufliche landesherrliche Genehmigung gebunden, politische Vereinigungen aber und alle geheimen Gesellschaften sind

---

253 Staudinger-*Sturm/Sturm*, Einl. IPR Rn. 899.

254 Staudinger-*Sturm/Sturm*, Einl. IPR Rn. 899.

255 *Hartwieg*, Tatsachen- und Normarbeit im Rechtsvergleich, 2003, S. 8. Die Erste Kommission erklärte zur Aufnahme von Kollisionsnormen sodann – im Widerspruch zu der ihr auf Vorschlag der Vorkomission durch den Bundesrat verliehenen Kompetenz – sie „glaube sich des Urteils hierüber enthalten zu müssen, weil die Entscheidung in nicht geringem Maße von poltischen Entscheidungen abhänge". Siehe *Hartwieg/Korkisch*, Die geheimen Materialien zur Kodifikation des deutschen IPR 1881 bis 1896, 1973, S. 161.

256 *Hartwieg*, Tatsachen- und Normarbeit im Rechtsvergleich, 2003, S. 10. Das Auswärtige Amt beruft sich darauf, dass IPR sei dem „Völkerrecht in seiner fortlaufenden Entwicklung zu überlassen", deswegen solle man es auch nicht „in einem deutschen Gesetzbuch festlegen und uns dadurch in perpetuum binden". Siehe dazu *Hartwieg/Korkisch*, Die geheimen Materialien zur Kodifikation des deutschen IPR 1881 bis 1896, 1973, S. 159 f.

257 Siehe dazu nur *Quilisch*, Die demokratische Versammlung, 1970, S. 62 ff.

unter allen Umständen strafbare Vergehen."[258] Bereits in der Entstehungsgeschichte des bürgerlich-rechtlichen Vereinsrechts war eine Benachteiligung privater Vereine mit politischen, religiösen, sozialpolitischen Zielsetzungen bei Erlangung der Rechtsfähigkeit im deutschen Zivilrecht angelegt, obwohl dies bereits mit dem Gleichbehandlungsgrundsatz des BGB in Widerspruch stand.[259]

Die Anerkennung ausländischer Vereine durch den Bundesrat sollte demnach lediglich Einklang mit der ohnehin geltenden Rechtslage herstellen, nach der die Rechtsfähigkeit bürgerlich-rechtlicher Vereine nur durch behördlichen Willensakt zugestanden wurde. Auf diese Weise sollte sichergestellt sein, dass „auch nur scheinbar offensives Vorgehen vermieden werde".[260]

Ein solches „offensives Verhalten" befürchtete man insbesondere auch von ausländischen Vereinen. So findet sich in den Protokollen der Hinweis, dass die Rechtsfähigkeit ausländischer Vereine nicht ohne weiteres zuerkannt werden könne, da „sonst z.B. ein im Inlande nicht zugelassener Verein dadurch seinen Zweck erreichen [könnte], daß er den Sitz in die Schweiz verlegt, seine Wirksamkeit aber in Deutschland ausübt".[261]

Man fürchtete seinerzeit politische Agitationen von deutschen Sozialisten, die in die liberalere Schweiz emigriert waren. Die Schweiz musste sich im Zuge der Affäre *Wohlgemuth* gar mit der Ausweisung eines deutschen Polizeiinspektors zur Wehr setzen[262], als dieser im *Bismarck*'schen Auftrag eben diese Emigrantengruppe zu bespitzeln und als *agent provocateur* anzustacheln hatte.[263]

Mit Blick auf die Frage, welche Bedeutung der Streichung des Passus über die automatische Anerkennung beizumessen sei, bestand auch in Rechtsprechung[264] und Literatur[265] Einigkeit darüber, dass mit der unterlassenen Kodi-

---

258 *Gierke,* Das deutsche Genossenschaftsrecht, Bd. I (1868), § 64, S. 873. Mit diesem Satz fasst er das im 17. und 18. Jahrhundert in Deutschland geltende Versammlungs- und Vereinsrecht zusammen.

259 *Vormbaum*, Juristische Zeitgeschichte, 2011, S. 10.

260 *Achilles/Gebhard/Spahn*, Protokolle der Kommission für die zweite Lesung des Entwurfs des Bürgerlichen Gesetzbuchs, 1899, Bd. VI, Prot. 403, S. 27.

261 *Achilles/Gebhard/Spahn*, Protokolle der Kommission für die zweite Lesung des Entwurfs des Bürgerlichen Gesetzbuchs, 1899, Bd. VI, Prot. 403, S. 25.

262 Siehe dazu den Bundesrathsbeschluss vom 30. April 1889 betreffend die Ausweisung des August Wohlgemuth, aus Mühlhausen, BBl. 1889 II, S. 685.

263 *Müller*, Innere Sicherheit Schweiz, 2009; S. 165;

264 Siehe auch *Zimmer*, ZHR 168 (2004), 355 (358)

265 *Barazetti*, Das internationale Privatrecht internationale Privatrecht im Bürgerlichen Gesetzbuche für das Deutsche Reich 1897, S. 39 f.; *Niemeyer*, Das internationale Privatrecht des Bürgerlichen Gesetzbuches, 1901 S. 130 f.; *Walker*, Die rechtliche Stellung ausländischer juristischer Personen, insbesondere ausländische Actiengesellschaften,

fizierung keine inhaltliche Änderung der *lex lata* erfolgen solle. Im Hinblick auf Auslandsgesellschaften heißt es im Werk von *Theodor Niemeyer*, man habe „in Ermangelung besonderer reichsgesetzlicher Vorschriften das Schweigen des Gesetzgebers dahin zu deuten, dass solche Gesellschafen als rechtsfähig anzuerkennen sind, wenn ihnen die Rechtsfähigkeit nach den Gesetzes des Staates zukommt, in dessen Gebiet sie ihren Sitz haben".[266] Bereits zwei Jahre nach Inkrafttreten des Bürgerlichen Gesetzbuches stellte das Oberlandesgericht Kiel zudem fest: „Allgemeine Gesichtspunkte lassen aber den in beiden Entwürfen aufgestellten Grundsatz [der *ipso iure*-Anerkennung] trotz seiner Streichung als auch für das geltende Recht zutreffend erscheinen."[267] Das Reichsgericht sah die Streitfrage schließlich in seinem Grundsatzurteil aus dem Jahr 1913 als abschließend geklärt an, indem es ausführt, der Gesetzgeber habe „eine besondere Vorschrift nicht für nötig gehalten".[268]

Damit konnte gezeigt werden, dass die *ipso iure*-Anerkennung ausländischer gesellschaftsrechtlicher Gebilde als prägendes Prinzip des deutschen Internationalen Gesellschaftsrechts anzusehen ist. Eine Ausnahme dazu – gewissermaßen als Relikt des Konzessionssystems[269] – stellte lediglich die Regelung des Art. 10 EGBGB dar: Bis zur Aufhebung der Norm im Jahr 1964 wurden ausländische Vereine in Deutschland erst dann als rechtsfähig behandelt, wenn ihre Rechtsfähigkeit durch Beschluss des Innenministers gemäß Art. 10 EGBGB anerkannt wurde.[270]

1897, S. 41; anderer Ansicht ist dagegen *Habicht*, Internationales Privatrecht nach dem Einführungsgesetze, 1907, S. 83.

266 *Niemeyer*, Das internationale Privatrecht des Bürgerlichen Gesetzbuches, 1901 S. 131.

267 OLG Kiel Urt. v. 21. 3. 1902, OLGRspr. 5, 101. Demgegenüber wollte das Hanseat. OLG Hamburg einer *banking corporation* aus Tennessee zunächst die Anerkennung verweigern, da es diese keiner entsprechenden Rechtsform des Forums zuordnen konnte; Hanseat. OLG Hamburg, Urt. v. 23. 6. 1903, NiemZ 14 (1904) 64 (67 f.). Siehe dazu kritisch *Rabel*, The Conflict of Laws: A Comparative Study, Bd. II, (1947), S. 150: „a decision without authority". Diese Rechtsprechung gab das Hanseat.OLG Hamburg jedoch schon bald darauf zugunsten der automatischen Anerkennung wieder auf; Hanseat. OLG Hamburg Urt. v. 7. 11. 1903, NiemZ 14 (1904) 69 (69). Bestätigt wurde diese ansonsten annerkennungsfreundliche Rechtpsrechungslinie in der Folge auch durch das Reichsgericht; RG 7. 10. 1904, NiemZ 15 (1905) 293; RG 20. 11. 1909 – I 569/08, RGZ 72, 242 (248).

268 RG Urt. v. 16.12.1913 – II 523/13, RGZ 83, 367 (369).

269 *Kübler/Assmann*, Gesellschaftsrecht 2006, § 35 III 3., S. 558.

270 Siehe dazu OLG Stuttgart, Urt. v. 9. 6. 1964 – 13/6 U 4/64 [*obiter dictum*] = NJW 1965, 1139, das sich in entscheidungserheblicher Weise mit der Genehmigung für Stiftungen mit Sitz im Ausland auseinandersetzt. Die frühere Zuständigkeit des Bundesrates ist schließlich durch Gesetz vom 14. 2. 1934 – RGBl I 89 auf den Reichsminister des In-

cc) Einschränkungen infolge der nationalsozialistischen Herrschaft

Festzuhalten ist zunächst, dass es im geltenden deutschen Recht ein Anerkennungserfordernis im Sinne einer wie auch immer gearteten Zulassung zum inländischen Rechtsverkehr nicht gibt. Die Vorstellung, dass es sich bei der Rechtsfähigkeit einer Gesellschaft um ein territorial beschränktes Rechtsverhältnis handele, kann damit als längst überwunden angesehen werden.[271] Freilich war man unter nationalsozialistischer Herrschaft ausländischen Gesellschaften gegenüber ablehnend eingestellt: In der Novelle des Aktiengesetzes von 1937[272] wurde in § 292 AktG a.F. die Zulassung einer ausländischen Aktiengesellschaft oder Kommanditgesellschaft auf Aktien von der Genehmigung des Reichswirtschaftsministers abhängig gemacht.[273] Die Genehmigung konnte dabei ohne Angabe von Gründen versagt und ohne weiteres widerrufen werden.[274]

Dazu flankierend erhielt § 12 GewO a.F. die folgende Fassung[275]: „Die Zulassung einer ausländischen juristischen Person zum Gewerbebetrieb im Inland bedarf der Genehmigung des Reichswirtschaftsministers und des sonst zuständigen Reichsministers. Bestimmungen in Staatsverträgen bleiben unberührt." Die Vorschrift des § 12 a.F. GewO, welche den Betrieb eines Gewerbes durch eine ausländische juristische Person genehmigungspflichtig machte, wurde im Jahr 1984 aufgehoben.[276] Die Genehmigung durfte jedoch nur dann versagt werden, wenn die Tätigkeit der juristischen Person im Inland dem öffentlichen Interesse zuwiderlief, insbesondere wenn die Gegenseitigkeit nicht gewährleistet war oder

---

nern bertragen worden. Bis zur Aufhebung der Norm war an seiner Stelle der Bundesminister des Innern zuständig geworden; vgl. Staudinger-*Weick*, BGB AT, § 23 Rn. 3.

271 *Behrens*, ZHR 1978, 499 (507).

272 Gesetz über Aktiengesellschaften und Kommanditgesellschaften auf Aktien (Aktiengesetz) v. 30. Januar 1937, RGBl. I, 107 (107ff.).

273 Gesetz über Aktiengesellschaften und Kommanditgesellschaften auf Aktien (Aktiengesetz) v. 30. Januar 1937, RGBl. I, 107 (163).

274 *Rabel*, The Conflict of Laws: A Comparative Study, Bd. II (1947), S. 183; *Beitzke*, Juristische Personen im Internationalprivatrecht und Fremdenrecht, 1938, § 17 S. 166.

275 Einführungsgesetz zum Gesetz über Aktiengesellschaften und Kommanditgesellschaften auf Aktien (Aktiengesetz) v. 30. Januar 1937, RGBl. I, 166 (170).

276 Noch bis in das Jahr 2009 gestattete es § 15 Abs. 2 S. 2 GewO, ein Gewerbe zu untersagen, das eine ausländische juristische Person betrieb, deren Rechtsfähigkeit im Inland nicht anerkannt wurde. Diese Bestimmung wurde durch das Gesetz zur Durchführung von Richtlinien der Europäischen Wirtschaftsgemeinschaft über die Niederlassungsfreiheit und den freien Dienstleistungsverkehr v. 13. 8. 1965, BGBl. I 1965, S. 849 als Ergänzung zu dem neu gefassten § 12 und der Sonderregelung des § 12a für juristische Personen aus EWG-Staaten eingefügt. Die §§ 15a–15b GewO wurden aufgehoben mit Wirkung v. 25. 3. 2009 durch das Dritte Gesetz zum Abbau bürokratischer Hemmnisse insbesondere in der mittelständischen Wirtschaft (Drittes Mittelstandsentlastungsgesetz) v. 17. 3. 2009, BGBl I 2009, 550.

ihre Kapitalausstattung nicht derjenigen vergleichbarer inländischer juristischer Personen entsprach.[277] Von dieser Genehmigungspflicht waren in der Folge über § 12 a GewO a. F. ausländische juristische Personen aus Mitgliedstaaten der damaligen EWG ausgenommen.[278]

4. Ergebnis

Der Anerkennungsbegriff ist in all seinen Facetten nur in einem rechtshistorischen Diskurs begreifbar zu machen.[279] Im Rahmen der retrospektiv-rechtsvergleichenden Skizze haben sich Parallelen der Rechtsentwicklung in der Schweiz und in Deutschland gezeigt. Beide Staaten gingen zunächst von einem von territorialen Interessen geleiteten Konzessionssystem aus. Gleichwohl gab es in beiden Ländern jeweils liberale Gegenströmungen auf Ebene der Teilstaaten: Anfangs bemühten sich in Deutschland nur die Hansestädte explizit um die Gründungsfreiheit,[280] während in der Schweiz der Kanton Neuenburg eine Vorreiterrolle einnahm und kurzeitig gänzlich auf das staatliche Genehmigungserfordernis verzichtete.

Zu der Zeit, als sich die Zivilrechtskodifikationen beider Länder im Entwurfsstadium befanden, gab es zudem Bemühungen, ein Bekenntnis zu einer automatischen Anerkennung von juristischen Personen im Gesetz zu schaffen. Eine Gemeinsamkeit der Rechtsordnungen beider Länder ist zudem darin zu sehen, dass man nicht dem Modell romanisch-rechtlich geprägter Rechtsordnungen gefolgt ist und einen gesonderten Anerkennungsakt einforderte, obschon der französische *Code de commerce* die Rezeptionsgrundlage der meisten kantonalen Aktienrechtsnormierungen darstellte[281] und dieser auch in den deutschen Territorien des napoleonischen Kaiserreichs Verbreitung fand.[282] Vielmehr hatte man bereits früh eine Differenzierung zwischen zivilrechtlicher Wirksamkeit einer Gesellschaftsgründung auf der einen und der gewerbe- oder fremdenrechtlichen Behandlung auf der anderen Seite vorgenommen und sich bei der zivilrechtlichen Anerkennung grundsätzlich liberal gezeigt.

---

277 *Marcks*, in: Landmann/Rohmer, Gewerbeordnung zu §§ 12 a. F., 12 a GewO ausländische juristische Personen, 49. EL Januar 2007.

278 *Marcks*, in: Landmann/Rohmer, Gewerbeordnung zu §§ 12 a. F., 12 a GewO ausländische juristische Personen, 49. EL Januar 2007.

279 Siehe zu Bedeutung eines solchen Hinterfragens *Hübner*, in: FS Kegel, S. 235 (235ff.).

280 *Schmoeckel*, Rechtsgeschichte der Wirtschaft, 2008, S. 171.

281 *Bühler*, in Bayer/Habersack (Hrsg.) Aktienrecht im Wandel, 2007, S. 287 (292/3).

282 Siehe *Ranieri*, in: Schubert/Schmoeckel (Hrsg.) 200 Jahre Code civil: die napoleonische Kodifikation in Deutschland und Europa, 2005, S. 85 (88); sowie aus komparatistischer Sicht die Darstellung zum Einfluss des *Code Napoléon* in Deutschland und der Schweiz von *Schwenzer*, in: Reimann/Zimmermann (Hrsg.) The Oxford Handbook of Comparative Law, 2008, S. 69 ff.

Unterschiedlich fallen die staatlichen Rahmenbedingungen aus, in dessen Zusammenhang der Rechtssetzungsprozess erfolgt: Während auf deutscher Seite das Ringen um Konstitutionalismus und nationaler Einheit prägend war, herrscht auf schweizerischer Seite Basisdemokratie in einem Gemeinwesen der Balance zwischen nationaler Einheit und regionaler Autonomie.[283] Der Rechtspartikularismus der Kantone führte bereits früh zu einer Tradition der Rechtsvergleichung gepaart mit einer größeren Aufgeschlossenheit gegenüber den gesellschafts- und wirtschaftspolitischen Neuerungen der Industriellen Revolution.[284] Ein Exempel dessen gaben die schweizerischen Kodifikationen: So betonen sowohl *Bluntschlis* Privatrechtliches Gesetzbuch für den Kanton Zürich als auch *Hubers* Schweizer Zivilgesetzbuch „einheimische Rechtselemente neben römischen und naturrechtlichen Rechtssätzen, ohne durchgehend der deutschen Rechtswissenschaft zu folgen".[285]

Auch das Verhältnis beider Staaten zueinander war in der Folge der Affäre *Wohlgemuth* gegen Ende der *Bismarck*-Ära teils sehr angespannt. Die Skepsis gegenüber der Anerkennung von Vereinen aus der liberaleren Schweiz hat ihren Niederschlag in den Beratungen zur Kodifikation des deutschen Internationalen Privatrechts gefunden; an anderer Stelle wird noch zu zeigen sein, wie die Niederlassungsfreiheit im bilateralen Verhältnis Deutschland – Schweiz aufgrund dieser diplomatischen Krise zu Fall gebracht werden sollte.

Nachdem nunmehr geklärt ist, dass die Rechtsordnungen sowohl Deutschlands als auch der Schweiz die Rechtspersönlichkeit von Auslandsgesellschaften auf der Grundlage des für sie maßgebenden Rechts anerkennen, stellt sich nun die weitere Frage, welches Recht als Gesellschaftsstatut zugrunde gelegt werden muss. Dies wird nach kollisionsrechtlichen Maßstäben im Wege der Anknüpfung ermittelt. Auf welcher Grundlage diese Grundfrage im deutschen und schweizerischen Internationalen Gesellschaftsrecht entschieden wird, soll im Folgenden geklärt werden.

III. Anknüpfungstheorien

Die Debatte um die Frage der „Anknüpfungstheorien" ist im deutschen Internationalen Gesellschaftsrecht zu einer regelrechten *guerra santa* – einem „Heiligen Krieg" avanciert[286]: Das Problem der kollisionsrechtlichen Anknüpfung und

283 *Schäfer*, Juristische Germanistik 2008, S. 466.

284 *Schäfer*, Juristische Germanistik 2008, S. 466.

285 *Schäfer*, Juristische Germanistik 2008, S. 466/7.

286 Siehe dazu die Darstellung im italienischen internationalprivatrechtlichen Schrifttum mit Blick auf die deutsche Streitfrage zwischen Sitz- und Gründungstheorie, *Broggini*, in: Gaja (Hrsg.) La riforma del diritto internationale privato e processuale, 1994, S. 283 (285): „Ho già avuto modo di scrivere che questa guerra santa…"

damit die Bestimmung der auf juristische Personen anwendbaren Rechtsordnung wird gar zur *quaestio famosa* des deutschen Internationalen Gesellschaftsrechts heraufbeschworen.[287]

In diesem Zusammenhang merkt *Wilhelm Wengler* hinsichtlich der Bestimmung der kollisionsrechtlichen Anknüpfung kritisch an, daß seit *Savigny* die Vorstellung darüber verbreitet sei, „daß das ‚richtige' Anknüpfungsmoment sich aus der Eigenart des ‚Rechtsverhältnisses', für welches das anzuwendende Recht gesucht wird, ergeben könne, und daß dies wissenschaftlich deduzierbar sei."[288] Er stellt fest, „daß vielfach mehrere Anknüpfungsmomente als gleich sachgerecht gelten müssen."[289] Und gegen den Versuch, unter diesen das jeweils stärkste oder gewichtigste Anknüpfungsmoment zu finden, argumentiert er: „Die Gewichtigkeit einer Verknüpfung ist jedoch nicht objektiv und exakt meßbar, sondern ‚Gefühlssache'."[290] Diese einleitenden Worte deuten bereits an, daß auch im Internationalen Gesellschaftsrecht die kollisionsrechtliche Behandlung von Gesellschaften nicht auf eine Dichotomie von „Sitz- und Gründungstheorie" reduziert werden kann.

Die Funktionsweise der Sitztheorie wurde bereits mehrfach an anderer Stelle erläutert und sei hier nur in ihren Grundzügen dargestellt: Um das auf einen bestimmten Sachverhalt anwendbare Recht zu bestimmen, muss nach traditionellen internationalprivatrechtlichen Grundsätzen zunächst das Tatbestandsmerkmal einer Kollisionsnorm bestimmt werden, das den Sachverhalt mit einem bestimmten Staat und seiner Rechtsordnung verknüpft.[291]

So wird hinsichtlich natürlicher Personen die Rechts- und Geschäftsfähigkeit grundsätzlich nach ihrem Heimatrecht beurteilt, weil ihr an dessen Herrschaft im Sinne des Parteiinteresses im Allgemeinen am meisten gelegen ist.[292] Die Bestimmung des maßgeblichen Anknüpfungspunktes bei juristischen Personen ist von der Dichotomie von Sitz- und Gründungstheorie geprägt: Nach traditionellem Verständnis soll es bei der Frage der kollisionsrechtlichen Anknüpfung der Rechtsbeziehung einer juristischen Person darum gehen, ob eine Gesellschaft nach dem Recht leben kann, nach dem sie gegründet ist und in dessen Geltungsbereich sie regelmäßig auch ihren satzungsmäßigen Sitz hat (sog. Gründung- oder Inkorporationstheorie), oder ob sie in dem betreffenden Staat auch den effektiven Verwaltungssitz haben muss (sog. Sitztheorie).[293] Beide

287 *Großfeld*. Zauber des Rechts, 1999, S. 20.
288 BGB RGRK-*Wengler*, Internationales Privatrecht VI/1, § 10 S. 225.
289 BGB RGRK-*Wengler*, Internationales Privatrecht VI/1, § 10 S. 225.
290 BGB RGRK-*Wengler*, Internationales Privatrecht VI/1, § 10 S. 226.
291 *Kropholler*, Internationales Privatrecht, 2006, § 19 I, S. 136.
292 *v. Hoffmann/Thorn*, Internationales Privatrecht 2007, §7 B. II Rn. 24.
293 *Kropholler*, Internationales Privatrecht, 2006, § 55 I, S. 568.

„Theorien" können jedoch in ihrer Reinform nicht zu befriedigenden Ergebnissen für den Rechtsverkehr führen. Daneben haben sich in der Literatur zahlreiche „vermittelnde Ansichten" herausgebildet.[294]

1. Sitztheorie

a) *Begriff und Wirkung*

Nach der früher in Deutschland und anderen Ländern Kontinentaleuropas vorherrschenden Sitztheorie – anschaulicher sollte vielmehr von „Realsitztheorie"[295], „Verwaltungssitztheorie oder „Verwaltungshauptsitztheorie"[296] gesprochen werden – wird das Gesellschaftsstatut durch den realen Sitz, also den effektiven Verwaltungssitz der Gesellschaft, bestimmt. [297] Die genaue Bestimmung des Verwaltungssitzes erfolgt dabei nach der *lex fori*, d.h. im Verfahren vor deutschen Gerichten nach deutschem Sachrecht.[298] Jedoch hält dazu das deutsche Gesellschaftsrecht keine gesetzliche Definition des Anknüpfungsmerkmals bereit.[299] Die inhaltliche Ausfüllung dieses Anknüpfungsmerkmals musste daher von Rechtsprechung und Literatur vorgenommen werden.[300] Der Verwaltungssitz ist dabei in Anlehnung an die von *Otto Sandrock* entwickelte und vom BGH in seinem Grundsatzurteil zu liechtensteinischen Anstalten auf-

---

294 Siehe dazu statt vieler *v. Halen,* Das Gesellschaftsstatut nach der Centros-Entscheidung des EuGH, 2001, S. 34 ff., der allein acht verschiedene Modifikationen auflistet.

295 Siehe *Lachmann*, Haftungs- und Vermögensfolgen bei Sitzverlegung ausländischer Kapitalgesellschaften ins Inland, 2000, S. 44 ff.

296 *Meier*, Die einfache Gesellschaft im Internationalen Privatrecht, 1980, S. 80.

297 So wird auch von *real seat theory* in englischer, von *théorie du siège réel* oder *siège social* in französischer, von *teoria della sede effectiva* in italienischer Rechtsterminologie gesprochen; vgl. *Rammeloo*, Corporations in International Private Law, 2001, S. 11 in Fn. 5.

298 MünchKomm- *Kindler*, IntGesR Rn. 436; Staudinger-*Großfeld*, IntGesR 1998, Rn. 226.

299 Zwar findet sich in § 10 AO eine steuerrechtliche Regelung, die sich an der „Geschäftsleitung" bzw. „geschäftlichen Oberleitung" orientiert, wobei diese Vorschrift durch § 11 AO ergänzt wird, der sich mit dem „Sitz" der Gesellschaft als weitere mögliche Sitzform befasst. Jedoch dient diese Bestimmung lediglich zur Bestimmung des Umfangs der Körperschaftsteuerpflicht einer nach ausländischem Recht errichteten Körperschaft im Inland. Aufgrund der unterschiedlichen Zielrichtungen der jeweiligen Regelungsmaterie können die zugrunde liegenden Gedanken nicht ohne weiteres auf das Internationale Privatrecht übertragen werden; vgl. *Knobbe-Keuk*, ZHR 154 (1990), 325 (355).

300 Der effektive Verwaltungssitz wird zwar oftmals auch als „tatsächlicher" Sitz bezeichnet wird, so dass es scheint, es handle sich um ein nichtnormatives Merkmal. Man könnte somit davon ausgehen, dass dieses keiner rechtlichen Wertung zugänglich sei. Dies ist jedoch nicht der Fall. Vgl. *Seibl*, Die Beweislast bei Kollisionsnormen 2009, S. 92.

gegriffene Begriffsbestimmung[301] der Ort, an dem nach außen erkennbar „die grundlegenden Entscheidungen der Unternehmensleitung effektiv in laufende Geschäftsführungsakte umgesetzt werden“[302] – sog. *Sandrock*`sche Formel. Das Recht des Verwaltungssitzstaates bestimmt somit, unter welchen Voraussetzungen eine juristische Person „entsteht, lebt und vergeht“.[303] Die Sitztheorie gründet auf der Annahme, dass dem Ziel internationalprivatrechtlicher Gerechtigkeit am ehesten dadurch Rechnung zu tragen sei, dass Gesellschaften dem Recht desjenigen Staates unterstellt würden, dessen Interessen sie am stärksten berührten.[304] Wenn der Verwaltungssitz und der Satzungssitz einer Gesellschaft übereinstimmen, so ergeben sich nach der Sitztheorie zunächst keine Anknüpfungsprobleme.[305] Problematisch ist es jedoch, wenn diese Sitze auseinanderfallen. So ist es denkbar, dass auf der einen Seite der Staat, in dem sich der statuarische Sitz und damit der Ort der konstitutiven Registrierung befindet, sein Gesellschaftsrecht anwendet, da er der Gründungsanknüpfung folgt, während andererseits der Staat, in dem sich der Verwaltungssitz befindet, die Gesellschaft seinem Gesellschaftsrecht unterstellt, da er die Sitztheorie zugrunde legt.[306]

Folge der Sitztheorie ist es, dass sie sowohl für die wirksame Entstehung von inländischen Gesellschaften wie auch im Hinblick auf die Anerkennung ausländischer Gesellschaften zwingend den Sitz der Geschäftsleitung im jeweiligen Heimatland erfordert. Wenn dieses Erfordernis missachtet wird, so wird der Gesellschaft die Rechtsfähigkeit versagt.[307]

Die Annahme, auf der die „Sitztheorie“ beruht, ist, dass die kollisionsrechtliche Anknüpfung bei sämtlichen zugrunde liegenden Sachnormen mit einem „gesellschaftsrechtlichen Anstrich“ auf denselben kollisionsrechtlichen Interes-

---

301 BGH Urt. v. 21.3.1986 – V ZR 10/85, BGHZ 97, 269 = NJW 1986, 2194 = NJW-RR 1986, 1039 (Ls.) = ZIP 1986, 643 = MDR 1986, 742 = WM 1986, 641 = BB 1986, 2153 = DB 1986, 2019 = JZ 1986, 651 = ZIP 1986, 643.

302 BGH Urt. v. 21.3.1986 – V ZR 10/85, BGHZ 97, 269 (272) = NJW 1986, 2194 (2195); *Sandrock* selbst konkretisiert den tatsächlichen Verwaltungssitz als den Ort, an dem die „großen Richtlinien der Produktions-, Absatz-, Personal- usw. Politik in die kleine Münze der täglichen Verwaltungsentscheidungen umgesetzt werden“; *Sandrock*, in: FS Beitzke, S. 669 (683).

303 BGH, Urt. v. 11.07.1957 – II ZR 318/55, BGHZ 25 134, 144 = NJW 1957, 1433.

304 *Assmann*, in: Großkomm AktG Einl. Rn. 536.

305 *Behrens/Hoffmann*, in: Ulmer/Habersack/Löbbe (Hrsg.) GroßKomm GmbHG, Einl. B. 20.

306 *Behrens/Hoffmann*, in: Ulmer/Habersack/Löbbe (Hrsg.) GroßKomm GmbHG, Einl. B. 20.

307 BGH, Urt. v. 21.3.1986 – V ZR 10/85, BGHZ 97, 269 (272); Staudinger IntGesR-*Großfeld* Rn. 420; *Trautrims*, Das Kollisionsrecht der Personengesellschaften, 2009, S. 29.

sen beruht, die wiederum durch übereinstimmende oder ähnliche Sachinteressen impliziert werden.[308] Es soll sich um eine Anknüpfung handeln, „die auf das Ganze des Unternehmens zielt".[309] Darin kommt eine besondere „Ordnungsqualität" der Sitzanknüpfung zum Ausdruck, die kritisch beleuchtet werden muss: Die Sitztheorie regelt buchstäblich sämtliche gesellschaftsrechtliche Anknüpfungen *in toto*, wobei diese „totale Qualität" zugleich ihr Problem ist.[310] Denn auf diese Weise pauschaliert sie das Anknüpfungsproblem bei Gesellschaften, ohne dass für ein solch radikales Vorgehen eine Notwendigkeit bestünde.[311] Eine Differenzierung und eine Verfeinerung der Anknüpfungstechnik sind daher geboten.

b) Herkunft und Verbreitung

Ursprung und Wesen der Sitztheorie sind in der Idee des Nationalstaates verwurzelt. Sie wurde im 19. Jahrhundert in Belgien[312] und Frankreich[313] entwickelt. Ein Beleg dafür, dass es „die" Sitztheorie überhaupt nicht gibt, zeigt jedoch der Vergleich mit anderen Ländern Kontinentaleuropas, die teils deutlich von dem romanisch geprägten „Ursprungskonzept" abweichen.[314] Während die Sitztheorie in Deutschland zunächst vorwiegend im Schrifttum Beachtung fand,

---

308 *Schurig*, in RabelsZ 54 (1990), 217 (231) spricht daher von einer „atomaren Struktur" allseitiger Kollisionsnormen.

309 *Großfeld* IPRax 1986 351 (353); in den Worten von *Kegel/Schurig*, Internationales Privatrecht, 8. Aufl. 2000, S. 505: „[D]as Recht des Sitzes beherrscht die juristische Person in voller Breite."

310 *Schanze*, in: FS Thue, S. 423 (425).

311 *Schanze*, in: FS Thue, S. 423 (425).

312 Erstmals wurde die Sitztheorie im Jahr 1873 in den Artt. 128,129 des belgischen Handelsgesetzbuchs kodifiziert; siehe *Großfeld*, in: FS Westermann, S. 199 (211).

313 Nach *Großfeld* entstand die Sitztheorie im 19. Jahrhundert, als sich das Pariser Etablissement „Moulin Rouge" umwandeln wollte in eine englische „Limited Company", was einen Sturm der Entrüstung gegenüber der „Flucht" vor dem französischen Recht hervorrief; siehe dazu *Großfeld*, NZG 2005 1 (1).

314 Nach § 10 österreichisches IPRG galt die Sitzanknüpfung zunächst auch in Österreich. Jedoch wurde sie mit dem Beschl. des OGH vom 15. 7. 1999 = RIW 2000, 378ff. teilweise aufgegeben. Eine Sonderstellung zwischen Sitz- und Gründungstheorie nimmt zudem Italien ein: Nach Art. 25 Abs. 1 S. 1 des neuen IPR-Gesetzes bekennt sich Italien nunmehr prinzipiell zur Gründungstheorie, jedoch unterliegen Gesellschaften, deren Hauptverwaltung oder Hauptunternehmensgegenstand in Italien liegt, zwingend dem italienischen Recht; Legge 1995, n. 218, Riforma del sistema italiano di diritto internazionale privato (Suppl. Ord. n. 68 alla Gazzetta Ufficiale del 3 giugno 1995, n. 128) abgedruckt mit deutscher Übersetzung bei *De Meo*, Reform des italienischen Internationalen Privatrechts ZfRV 1996, 46 (48 ff.).

machte sich die Rechtsprechung eine Anknüpfung am effektiven Verwaltungssitz dagegen erst zu Beginn der nationalsozialistischen Herrschaft zu eigen.[315]

Ihren Ursprung hat die Sitztheorie in den Lehren des Nationalstaates, die sich im Vormärz und unter der Herrschaft Napoleons I. entwickelten: Denn wenn eine Regierung ihr Territorium wirklich voll kontrollieren wollte, so erschien es konsequent, „diese Kontrolle, Beherrschung und Gewaltausübung an dem jeweiligen geschäftlichen Zentrum, d.h. dem faktischen Sitz auszurichten, den die Gesellschaft innehatte".[316] Die Sitztheorie gründet dabei auf der Idee der „Einzigkeit" einer rechtlichen Treuebindung zwischen einer Gesellschaft und einem Staat, genauer: auf der Vorstellung, eine Gesellschaft könne immer nur ein Gesellschaftsstatut *(lex societatis)* besitzen. In dieser Verbindung zum Sitzstaat liegt eine Parallele zum hergebrachten Staatsangehörigkeitsrecht natürlicher Personen,[317] die nach traditionellem Denken möglichst keine Mehrstaatigkeit aufweisen sollten, um nicht als Untertan gleich mehrerer Herren dienen zu müssen. Dieser Gedanke spiegelt sich auch in der Sitztheorie wider, denn „[e]ine Gesellschaft soll nur einen Souverän kennen, nämlich denjenigen, der an ihrem Sitz die Herrschaft ausübt".[318] Eine juristische Person soll der Herrschaft ihres einen und einzigen Souveräns ausschließlich unterworfen sein und bleiben; falls sie sich der Herrschaft ihres Souveräns durch Sitzverlegung ins Ausland entzieht, so verliert sie damit ihre Existenz.[319] Umgekehrt wird die ausländische Gesellschaft faktisch dazu gezwungen, ihre Tätigkeit unter einer Rechtsform des Niederlassungsstaates auszuüben;[320] *Berthold Goldman* spricht in diesem Zusammenhang von einer *„naturalisation forcée"*[321]. Zugleich ist die Sitztheorie merkantilistisch[322] gefärbt: Indem die Sitztheorie Auslandsgesellschaften die

---

315 RG Urt. v. 11.7.1934, JW 1934, 2845.

316 *Sandrock*, RIW 1989, 505 (506).

317 *Heilbronner*, in: Graf Vitzthum (Hrsg.) Völkerrecht, 2010, S. 191 Rn. 110: „Mehrstaatigkeit wird im allgemeinen als unerwünscht angesehen, da sie zu einer Kollision von Rechten und Pflichten (Wehrpflicht und Diplomatischer Schutz) führen kann."

318 *Sandrock*, RIW 1989, 505 (507).

319 *Sandrock*, RIW 1989, 505 (507): „[D]er Wechsel zu einem anderen Herren wird nicht geduldet; eine solche Illoyalität wird mit Existenzverlust geahndet."

320 *Timmermans*, RabelsZ 48 (1984), 1 (40).

321 *Goldman*, Droit commercial européen, 1975, S. 106.

322 Die Entwicklung des traditionellen Merkantilismus kann dabei wie folgt zusammengefasst werden: „Die Staaten entwickelten sich zu souveränen, geschlossenen und in der Tendenz relativ autarken Wirtschaftskörpern mit Einheit von Münze, Maß, Gewicht, mit einem freien Markt im Innern und mit Zollgrenzen nach außen, die zwar im allgemeinen eine offene Tür haben, aber eifersüchtig bewacht und kontrolliert werden unter dem Gesichtspunkt der Handelsbilanz." Vgl. *Grewe*, Epochen der Völkerrechtsgeschichte, 1984, S. 89 und S. 372.

Anerkennung verweigert, zwingt sie gegenüber den im Ausland gegründeten Gesellschaften ein De-facto-Konzessionssystem auf.[323]

c) *Kritik*

Wie zuvor dargestellt, geht die Sitztheorie auf das Bestreben souveräner Staaten zurück, die Rechtsverhältnisse im eigenen Hoheitsgebiet territorial umfassend zu kontrollieren, was nach dieser Lehre am besten am effektiven Verwaltungssitz zu ermöglichen sei. Auf der Grundlage der „Idee tatsächlicher und sozialer Verknüpfung" sollen die Regeln des Sitzstaates beachtet werden.[324] Das Modell basiert auf dem Gedanken, dass der Wettbewerb der Rechtsordnungen zu einem Abwärtswettlauf – einem *race of laxity*[325] oder *race for the bottom*[326] – von Standards führe.[327] Daher wird die Wirkungskraft der Sitztheorie darin erblickt, dass sie den „Missbrauch" ausländischer Rechtssysteme präventiv verhindert.[328]

Zunächst sieht sich die Sitztheorie der Kritik grundlegender Rechtsunsicherheit ausgesetzt.[329] Die Unschärfe des Anknüpfungsmerkmals lässt die Bestimmung des effektiven Verwaltungssitzes zu einem schwierigen juristisches Unterfangen werden: Denn insbesondere bei transnationalen Unternehmen kann schlichtweg nicht mehr davon ausgegangen werden, dass der wirtschaftliche Schwerpunkt einer Gesellschaft durchweg an ein und demselben Ort liegt, an

323 *Sandrock*, RIW 1989, 505 (505): „Den Lehren des Merkantilismus verdanken ausländische Gesellschaften ihre Entstehung einem ausländischen Souverän, der ihnen ggf. die Rechtsfähigkeit verliehen hat; wollten sie vom Inland aus Handel treiben, so kämen sie mit dem inländischen (de facto-)Konzessionssystem in Konflikt, das es allein dem inländischen Souverän vorbehält, im Inland niedergelassenen Gesellschaften die juristische Persönlichkeit zu verleihen oder ihnen als Handelsgesellschaften zur Entstehung zu verhelfen."

324 *Nobel*, Internationales und Transnationales Aktienrecht, Teil IPR und Grundlagen (2012), S. 48 Rn. 33.

325 So die berühmte *Dissenting Opinion* von Richter Louis D. Brandeis: "The race was one not of diligence but of laxity" in der Entscheidung des U.S. Supreme Court in Sachen *Louis K. Liggett Co. v. Lee*, 288 U.S. 517, 559 (1933).

326 *William L. Cary*, Federalism and Corporate Law: Reflections upon Delaware, 83 Yale L.J. (1974), 663 (705).

327 *Nobel*, Internationales und Transnationales Aktienrecht, Teil IPR und Grundlagen (2012), S. 48 Rn. 33.

328 Siehe *Rammeloo*, Corporations in International Private Law, 2001, S. 14: „Consequently, and this is deemed to be the overwhelming strength of the 'real seat' doctrine, nearly all possible forms of abuse of a foreign system of law by those in charge of the company's management are effectively precluded: the 'real seat' theory thus stands for the equal treatment and the protection of fair competition."

329 *Behrens* in: Die Gesellschaft mit beschränkter Haftung, Rn. IPR 7, S. 6.

dem sich der Verwaltungssitz befindet und zugleich der betroffene schutzwürdige Personenkreis anzusiedeln sei.[330]

Die Unbestimmtheit des Sitzbegriffs verleiht der Rechtsprechung die Möglichkeit, die Sitztheorie zugrunde legend, relativ häufig zur Anwendung des heimischen Rechts, der *lex fori,* zu gelangen.[331] Die Gründe für das sog. „Heimwärtsstreben"[332] liegen oftmals in einer Abschottungshaltung gegenüber fremden Rechtsordnungen. Metaphorisch-poetisch formulierte dazu *Friedrich Meili*[333] im Jahr 1889 in diesem Zusammenhang: „die Klänge der heimathlichen Glocken werden auch im Rechte wohl stets einen besonderen Zauber ausüben."[334]

Auch unter einer vorausgesetzten Geltung der Sitztheorie erscheint die Möglichkeit der Abschottungen angesichts der globalisierten Welt des Gesellschaftsrechts[335] als reine Utopie.[336] Als „Schutztheorie"[337] vor ausländischen Rechtseinflüssen gibt sie vor, „das Interesse an einer Verhinderung der Umgehung nationaler Schutz- und Ordnungsvorschriften"[338] zu bezwecken, ohne jedoch zu definieren, um welche Normen es eigentlich gehen soll.[339] In dieser Funktion fügt

---

330 *Assmann,* in: Hopt et al. (Hrsg.) Aktiengesetz, Einl. Rn. 537.

331 *Teipel*, in: FS Sandrock, S. 125 (131).

332 Der Begriff stammt von *Nußbaum*, § 56 II, S. 384.

333 *Meili* dürfte wohl zusammen mit *Joseph Kohler* der wichtigste deutschsprachige Rechtsvergleicher der damaligen Zeit gewesen sein; vgl. *Schäfer*, Juristische Germanistik, 2008, S. 464

334 *Meili,* Die Internationalen Unionen, 1889, S. 76.

335 Siehe zum Phänomen *Nobel*, Globalisierung des Gesellschaftsrechts, in: FS Baudenbacher, S. 735-748.

336 Zu Recht warnte auch *Brigitte Knobbe-Keuk* vor dem „massiv fremdenrechtlichen Charakter", der „vorbeugend-repressiven Tendenz" sowie der „destruktiven bzw. prohibitiven Zielsetzung" der Sitztheorie; *Knobbe-Keuk*, ZHR 154 (1990), 325 (336-7, 341, 345); in dieselbe Richtung argumentierend auch *Sandrock*, RIW 1986, 505 (507): „Insofern ist die Sitztheorie abweisend – ja man könnte sie unter diesem Aspekt sogar als fremdenfeindlich bezeichnen." Siehe ferner *Rammeloo*, Corporations in International Private Law, 2001, S. 14: „... particularly in a globalizing business world it is often difficult to determine where a company actually has ist 'real' seat."

337 Vgl. BayObLG Urt. v. 7. 5. 1992 – 3Z BR 14/92 – WM 1992, 1371 = EuZW 1992, 548 m. Anmerk. *Behrens*

338 *Ebenroth/Kaiser*, ZVglRWiss 91 (1992), 223 (233).

339 Siehe die treffende Analyse bei *Cath*, Y.B.Eur.L. 6 (1986) 247 (250): "The system of *'siège réel'*... is generally defended on the ground that abuse of foreign and more lenient company law should be prevented or that certain mandatory requirements of (domestic) substantive law are of primordial importance (*'regles d'application immédiate'*) for public policy considerations, or simply as a protectionist means to regulate entry of foreign companies."

sie sich auch in dogmatischer Hinsicht nicht in das System des Internationalen Privatrechts ein. *Hein Kötz* weist darauf hin, dass das durch die Sitztheorie verfolgte Schutzanliegen „eine in Wolle gefärbte Vorbehaltsklausel“ sei, die „sich Aufgaben anmaßt, die dem *ordre public* … vorbehalten sind“.[340]

Da sich das Gesellschaftsstatut demnach nach dem im Staat des Verwaltungssitzes geltenden Recht richtet, wird der Wille der Gesellschafter im Hinblick auf die Bestimmung des anwendbaren Sachrechts schlichtweg missachtet;[341] und zwar auf Kosten der Parteiautonomie. Dies wirkt anachronistisch, da sich seit langem eine „weltweite Anerkennung der Parteiautonomie“[342] durchgesetzt hat: „Die kollisionsrechtliche Parteiautonomie ist (…) weltweit anerkannt: Die Parteien können das anwendbare Recht selbst wählen, und diese Rechtswahl schließt prinzipiell das zwingende Recht der gewählten Rechtsordnung ein und das der anderen, ‚abgewählten‘ Rechtsordnungen aus.“[343]

Für die im Rahmen dieser Arbeit zu untersuchenden Ausprägungsformen der Mobilität von Gesellschaften ist insbesondere die der Sitztheorie inhärente Missachtung parteiautonomer Gestaltungsfreiheit im Gesellschaftsrecht hervorzuheben.

Nicht zuletzt ist die Sitztheorie vor dem Hintergrund ihrer Mobilitätsfeindlichkeit abzulehnen:[344] Denn die Eigenart und zugleich die Rigidität der Sitztheorie in ihrer ursprünglichen Form liegt darin begründet, dass sie eine automatische Sanktion – namentlich die Nichtanerkennung der Rechtsfähigkeit als eine – für eine aus ihrer Sicht „fehlerhafte“ Rechtswahl bereithält.[345] Folgt man der Sitztheorie, „so schlägt man die Unternehmen zur Freude der heimischen Fisci an der Grenze tot, unterwirft sie einer rabiaten Schlussbesteuerung und verhindert so im Ergebnis jede Wanderung“.[346]

Der Sitztheorie wurde das Schicksal einer „Theorie auf Zeit“[347] vorhergesagt, dennoch zeichnet sie sich durch „Beharrlichkeit“ aus. Insbesondere zeitigt sie – wie noch zu zeigen sein wird –im materiellen deutschen Recht weiterhin Ausstrahlungswirkung. Dies mag auf den ersten Blick überraschen, da es sich

---

340 *Kötz*, GmbHR 1965, 69 (70).

341 *Grothe*, Die „ausländische Kapitalgesellschaft & Co.“, 1989, S. 41.

342 *Basedow,* RabelsZ 75 (2011), 32 (33f.).

343 *Basedow,* RabelsZ 75 (2011), 32 (33f.).

344 *Rammeloo*, Corporations in International Private Law, 2001, S. 15: *„Finally, the economic mobility of companies, planning to move their headquarters to another county, is seriously thwarted…"*

345 *Großfeld*, Zauber des Rechts, 1999, S. 24.

346 *Lutter*, in: Reformbedarf im Aktienrecht, ZGR-Sonderheft 1994, S. 125.

347 *Ebke,* ZGR 1987, 245 (270); sogar *Großfeld,* Einige Grundfragen des internationalen Unternehmensrechts, 1987, S. 41.

bei der Sitztheorie eigentlich nur eine Methode zur Ermittlung des anwendbaren Gesellschaftsstatuts handelt, die dogmatisch auf Ebene des Kollisionsrechts und nicht auf Sachrechtsebene angesiedelt ist.

2. Gründungstheorie

a) Begriff und Wirkung

Die Gründungs- bzw. Inkorporationstheorie ist die weltweit am weitesten verbreitete Anknüpfungstheorie.[348] Nach dieser Theorie bestimmt sich das Gesellschaftsstatut im Grundsatz nach dem Recht des Ortes, an dem die Gesellschaft gegründet wurde.[349] Dabei ist der „Wille der Gründer" maßgeblich, da sie entscheiden können, welchem Gesellschaftsstatut die Gesellschaft unterstellt werden soll.[350]

Demnach ist aus Sicht der Gründungstheorie eine nach dem Recht eines Staates einmal wirksam gegründete Gesellschaft, jedenfalls bis zur Grenze des *ordre public,* in jedem anderen Staat als rechtsfähig zu akzeptieren.[351] Es gilt der Grundsatz: „Einmal anerkannt – überall anerkannt."[352] Auf diese Weise lässt sie als allseitige Kollisionsregel dem Parteiwillen und damit den Interessen der Gesellschafter einen breiten Spielraum zukommen, indem sie ermöglicht, ein passendes Rechtskleid für das jeweilige Unternehmen aus verschiedenen Rechtsordnungen auszuwählen, was in Anlehnung an das prozessuale *forum shopping* auch als *societas shopping* bezeichnet wird.[353] Die Gründungstheorie erlaubt einen einfachen Export des eigenen Gesellschaftsrechts.[354] Das Gesellschaftsstatut ist nach dieser Anknüpfungstheorie das Recht des Gründungsstaates.[355] Mit Blick auf einen möglichen Statutenwechsel wird die Gründungstheorie oftmals als „unbewegliche Anknüpfung" verstanden, da die Gründung ein zeitlich einmaliger Vorgang ist und daher ein Statutenwechsel als nicht möglich angesehen wird.[356] Jedoch ist dieser Befund angesichts der Vielzahl von Spielarten, die sich hinter dem Sammelbegriff der „Gründungstheorie" verbergen, nicht zwingend:

---

348 Ebenso wird auf internationaler Eben die Gründungstheorie im Allgemeinen als Ausgangspunkt bevorzugt; vgl. *Kropholler,* Internationales Privatrecht, 2006, § 55 I S. 575.

349 *Behrens*, RabelsZ 52 (1988), 498 (500), *Neumayer*, ZvglRWiss 83 (1984), 129, 137; *Ebenroth/Eyles*, DB 1989, 363 (368).

350 *Behrens,* Die GmbH im internationalen und europäischen Recht, 1997, Rn. IPR 120.

351 MünchKomm-*Weller*, GmbHG, Einl. I. IntGesR, Rn. 333

352 *Knobbe-Keuk*, ZHR 154 (1990), 324 (326).

353 MünchKomm-*Weller*, GmbHG, Einl. I. IntGesR;. Rn. 335.

354 *Eidenmüller*, in: Eidenmüller (Hrsg.) Ausländische Kapitalgesellschaften 2004, § 1 I Rn. 2.

355 MünchKomm GmbHG-*Weller*, Einl. I. IntGesR, Rn. 333

356 So etwa *Spahlinger/Wegen* Internationales Gesellschaftsrecht, 2005, Rn 59.

Denn es kommt durchaus ein Statutenwechsel in Gestalt eines grenzüberschreitenden Rechtsformwechsels in Betracht, wenn Wegzug- und Zuzugsstaat eine entsprechende Möglichkeit vorsehen.[357] So können Gesellschaften auf Grundlage der Gründungstheorie grundsätzlich rechtsform- und identitätswahrend zwischen Staaten umziehen.[358] Die Gründungstheorie erlaubt nicht nur, dass eine Gesellschaft nach der Geschäftsaufnahme im Gründungsstaat in der Folgezeit ihren Verwaltungssitz in einen anderen Staat verlegt, sondern auch, dass eine Gesellschaft von Anfang an mit divergierendem Satzungs- und Verwaltungssitz errichtet wird.[359] Damit verschafft die Gründungstheorie Gesellschaften „internationalen Bewegungsspielraum".[360] Die Gründungstheorie legt somit den kollisionsrechtlichen Grundstein dafür, dass sich direkter institutioneller Wettbewerb der Gesellschaftsrechte etablieren kann.[361]

Im Hinblick auf das Anknüpfungsmoment der Gründungstheorie existieren jedoch unterschiedliche Ansichten:[362] Um den Gründungsstaat zu ermitteln, wird teils auf den Ort des Gründungsgeschäftes, den Ort des statutarischen Sitzes[363], den Ort der Registereintragung sowie auf den von den Gründern frei gewählten Ort abgestellt. Überdies kommt der Ort, nach dessen Recht die Gesellschaft organisiert ist, in Betracht, und schließlich der Ort, durch dessen Recht der Gesellschaft die Rechtsfähigkeit verliehen wurde.[364]

Im Ergebnis kann somit festgehalten werden, dass es „die" Gründungstheorie streng genommen gar nicht gibt; vielmehr ist zwischen den kollisionsrechtlichen Theorien verschiedener Staaten zu differenzieren:[365] So ist im angloamerikanischen Rechtskreis[366] – ebenso wie etwa in den Niederlanden – das In-

357 *Leible*, in: Michalski, GmbHG, Syst. Darst. 2 IntGesR, Bd. I, Rn. 7.

358 MünchKomm BGB-*Kindler*, IntGesR 2010, Bd. 11, Rn. 359.

359 MünchKomm GmbHG-*Weller*, Einl. I. IntGesR, Rn. 335.

360 Staudinger-*Großfeld*, IntGesR 1998, Rn. 22.

361 Siehe dazu eingehend *Schaper*, Selektion und Kombination von Gesellschaftsformen im institutionellen Wettbewerb, 2012, S. 61ff.

362 MünchKomm GmbHG-*Weller* Einl. I. IntGesR, Rn. 333; *Eidenmüller*, in: Eidenmüller (Hrsg.) Ausländische Kapitalgesellschaften 2004, § 1 I Rn. 3.

363 So *Kieninger*, Wettbewerb der Privatrechtsordnungen im Europäischen Binnenmarkt, 2002, S.83; wohl auch *Behrens,* IPRax 2000, 384 (388).

364 MünchKomm GmbHG-*Weller* Einl. I. IntGesR, Rn. 333; *Eidenmüller*, in: Eidenmüller (Hrsg.) Ausländische Kapitalgesellschaften 2004, § 1 I Rn. 3.

365 *Eidenmüller*, in: Eidenmüller (Hrsg.) Ausländische Kapitalgesellschaften 2004, § 1 I Rn. 3.

366 Siehe dazu *Ringe*, Die Sitzverlegung der Europäischen Aktiengesellschaft 2006, S. 21/2: Während die Inkorporation einer Gesellschaft in eine Rechtsordnung nach englischem Gesellschaftsrechtsverständnis das sog. *domicile* (oder *domicil*) begründet, liegt die *residence* in dem Staat, in dem sich die Hauptverwaltung befindet (*central management and control*). Grundlegend für das englische Gesellschaftskollisionsrecht ist dabei

korporationsrecht maßgeblich.[367] Das Registrierungsrecht gilt demgegenüber in Dänemark, und für das hier insbesondere interessierende schweizerische Recht gilt nach Art. 154 IPRG das Organisationsrecht. Während die beiden zuletzt genannten Varianten der Gründungstheorie einen nachträglichen Statutenwechsel zulassen, ist dies unter Geltung des Inkorporationsrechts nicht der Fall.[368] Die Ausgestaltung und die Funktionsweise der schweizerischen Gründungstheorie als „Organisationstheorie" werden sogleich anhand der transnationalen Sitzverlegungs- und Umstrukturierungsvorgänge näher beleuchtet.

b) Herkunft und Verbreitung

Die Gründungstheorie entstand im 18. Jahrhundert in England.[369] Auf Grundlage der Gründungstheorie sollte es englischen Gesellschaften ermöglicht werden, nach Maßgabe des ihnen vertrauten heimischen Rechts in den überseeischen Kolonien und übrigen Einflussgebieten am Wirtschaftsleben teilzunehmen. Auf diese Weise konnten durch die englische Krone die Rechtsstandards des Vereinigten Königreichs exportiert werden.[370] Mit Blick auf Anteilseigner und Gläubiger konnte die Rechtssicherheit erhöht und zugleich die Durchsetzung der

---

der Gedanke, dass zwar die *residence* beliebig und ohne Auswirkung auf die *lex societatis* in andere Staaten verlegt werden kann; das *domicile* hingegen nicht. Siehe aus der englischen Rechtsprechung *Gasque* v *Commissioners of Inland Revenue* (1940) 2 KB 80 (84) (King's Bench Division) *per Macnaghten*: „The domicil of origin, or the domicil of birth, using with respect to a company a familiar metaphor, clings to it throughout its existence." Aus der englischen Literatur dazu: *Drucker*, Int'l & Comp. L.Q. 17 (1968), 28 (31). In den USA gilt die sog. *internal affairs doctrine,* wonach die inneren Verhältnisse bei einer Gesellschaft in allen Bundesstaaten dem Recht des Inkorporationsstaates unterliegen; vgl. *McDermott Inc. v. Lewis*, 531 A.2d 206, 215-16 (Del. 1987) sowie *American Law Institute, Restatement (Second) Of Conflict Of Laws* § 302 (1971). Siehe dazu aus der US-amerikanischen Literatur: *Greenfield*, Law & Contemp. Probs. 135, 67 (2004), 135 (137f.) sowie *Kozyris*, Duke L. J. 1985, 1 (19): „Furthermore, the lex incorporationis principle is generally treated as axiomatic." Dem Grundsatz nach haben die US-Bundesstaaten ausländische Gesellschaften aus Drittstaaten nicht anders behandelt als solche aus den übrigen US-Bundesstaaten; vgl. dazu die Entscheidung des *U.S.-Supreme Courts* aus dem Jahr 1983 zur Anwendung der Gründungstheorie betreffend eine kubanische Gesellschaft *First Nat'l City Bank v. Banco Para El Comercio Exterior De Cuba,* 462 U.S. 611, 615 (1983).

367 *Hoffmann*, ZVglRWiss 101 (2002), 283 (287f. u. 301f.).

368 Für die USA siehe *Kieninger*, Wettbewerb der Privatrechtsordnungen im Europäischen Binnenmarkt, 2002, S. 113; für englische Gesellschaften, S. 126 sowie für englische Gesellschaften *Ringe*, Die Sitzverlegung der Europäischen Aktiengesellschaft 2006, S. 23.

369 *Großfeld*, RabelsZ 38 (1974), 344 (345 ff.); siehe eingehend zur Entwicklungsgeschichte *Höfling*, Das englische internationale Gesellschaftsrecht, 2002, S. 96 ff.

370 Staudinger-*Großfeld*, IntGesR 1998, Rn. 27; *Großfeld*, in: FS Westermann, 199 (204).

Wirtschaftsinteressen der englischen Krone gesichert werden.[371] Zugleich rechtfertigte die Gründung nach englischem Recht die Gewährung diplomatischen Schutzes sowohl für Aktiengesellschaften als auch deren Aktionäre.[372] Daran bestand für England als größtes Kapitalexportland der damaligen Zeit ein erhebliches Interesse.[373] Aufgrund dieser historischen Entwicklung ist die Gründungstheorie insbesondere im anglo-amerikanischen Rechtskreis vorherrschend. Im Westen gilt sie darüber hinaus – teilweise eingeschränkt – in den Niederlanden, in Dänemark, in der Schweiz und in Liechtenstein. Aber auch wenn man den Blick nach Osten wendet, finden sich in den ehemaligen Ostblockstaaten Anhänger der Gründungstheorie, so die Russische Föderation und zahlreiche Nachfolgestaaten der ehemaligen Sowjetunion.[374] Überdies beruht im fernen Osten das japanische Recht im Grundsatz[375] wie auch das Gesellschaftsrecht der Volksrepublik China auf der Gründungstheorie.[376]

c) Kritik

Mittels des Gründungsorts als Anknüpfungsmerkmal kann das maßgebende Gesellschaftsstatut leicht festgestellt werden. Die Gründungstheorie „führt zu einem klaren und einfachen Anknüpfungspunkt".[377] Anhand der Gründungsdokumente und der Registrierung der Gesellschaft ist dieser unschwer festzustellen. Dies bringt ein – im Vergleich zur Sitztheorie – erheblich gesteigertes Maß an Rechtssicherheit mit sich.[378]

Die Gründungstheorie unterstützt den Fortbestand der Rechtspersönlichkeit, insbesondere bei der Verlegung des Verwaltungssitzes. Damit begünstigt sie den internationalen Handelsverkehr und entspricht der stärkeren internationalen Ausrichtung der Unternehmen.[379] Auf diese Weise legt die Gründungstheorie

---

371 MünchKomm-Kindler, IntGesR 2010, Rn. 265.

372 *Großfeld*, in: FS Westermann, S. 199 (203).

373 *Großfeld*, in: FS Westermann, S. 199 (203).

374 Siehe die Darstellung bei Ebenroth/Boujong/Joost/Strohn HGB-*Schaub*, Anh. § 12 Rn. 17.

375 MünchKomm BGB-*Kindler*, IntGesR 2010, Rn. 360; *Großfeld/Yamauchi* AG 1985, 22; *Nishitani* IPRax 2007, 552 (557).

376 Siehe die Darstellung bei Ebenroth/Boujong/Joost/Strohn HGB-*Schaub*, Anh. § 12 Rn. 17.

377 *Mann*, in: FS Wolff, S. 271 (286).

378 Ebenroth/Boujong/Joost/Strohn HGB-*Schaub*, Anh. § 12 Rn. 14. *Rammeloo*, Corporations in International Private Law, 2001, S. 17: „Legally speaking, ascertaining the proper law is uncomplicated: the decisive factor – the law according to which the company is established – is of a formal nature, offering the highest amount of legal certainty and predictability." In diesem Sinne auch *Drury,* C.L.J, 57 (1998), 165 (168): "One of the major advantages of the place of incorporation theory in practice is its certainty."

379 Ebenroth/Boujong/Joost/Strohn HGB-*Schaub*, Anh. § 12 Rn. 15.

somit den kollisionsrechtlichen Grundstein dafür, dass sich direkter institutioneller Wettbewerb der Gesellschaftsrechte etablieren kann.[380] Die Marktakteure haben schließlich die freie Wahl, nach welchem Recht sie eine Gesellschaft gründen wollen.[381] In dieser freien Wahl kann auch keine größere Gefahr der *fraude à la loi* erblickt werden:[382] Die Gefahr einer Gesetzesumgehung kann für die Ermittlung des im Regelfall geltenden Rechts keine Richtschnur darstellen: „Im Ausnahmefall werden sich die Gerichte schon zu helfen wissen."[383]

Die mögliche Gefährdung schützenswerter Drittinteressen ist neben der Befürchtung, auf Dauer werde sich die Rechtsordnung mit dem schwächsten Schutz von Drittinteressen im Wege eines *race for the bottom* durchsetzen, der Hauptkritikpunkt an der Gründungstheorie.[384] Man befürchtet die „Begünstigung unsolider Gründungen nach dem Recht eines ‚Paradieses', mit dem die Gesellschaft wirtschaftlich nicht verbunden ist".[385]

Während die Sitztheorie eine Nichtanerkennungstheorie ist, stellt die Gründungstheorie eine reine Anerkennungstheorie dar,[386] die jedoch „inhaltsleer [ist] hinsichtlich des Respekts vor der demokratischen Rechtssetzung der Rechtsordnung, deren Gastrecht sie beansprucht".[387] Deshalb wird sie zu Recht auch nicht in ihrer Reinform vertreten; dementsprechend kommen vermittelnde Ansichten zwangsläufig zu einer gespaltenen Anknüpfung von gesellschaftsrechtlichen Teilfragen und damit zu einer Statutenspaltung.[388]

380 Siehe dazu eingehend *Schaper*, Selektion und Kombination von Gesellschaftsformen im institutionellen Wettbewerb, 2012, S. 61ff.

381 *Schaper*, Selektion und Kombination von Gesellschaftsformen im institutionellen Wettbewerb, 2012, S. 74.

382 *Mann*, in: FS Wolff, S. 271 (286).

383 *Mann*, in: FS Wolff, S. 271 (286).

384 MünchKomm GmbHG-*Weller*, Einl. I. IntGesR, Rn. 337; *Rammeloo*, Corporations in International Private Law, 2001, S. 18 f.

385 *Behrens*, Die Gesellschaft mit beschränkter Haftung, 1997, Einl. IPR 20.

386 *Rammeloo*, Corporations in International Private Law, 2001, S. 17: *„It [the 'incorporation' theory] favours the recognition of foreign companies, without encroaching upon their internal organization and functioning."*

387 *Schanze*, in: FS Thue, S. 423 (437).

388 Ein umfassender Überblick findet sich bei *v. Halen,* Das Gesellschaftsstatut nach der Centros-Entscheidung des EuGH, 2001, S. 34 ff., der allein acht Modifikationen der Gründungstheorien auflistet. Nach der von *Curt C. v. Halen* vertretenen Ansicht soll die Gründungstheorie in persönlicher Hinsicht insoweit modifiziert werden, als nur Gesellschaften aus Mitgliedstaaten der EU einbezogen sind, während es für sonstige Gesellschaften bei der Verwaltungssitzanknüpfung bleibt. Damit würde es mit Blick auf schweizerische Gesellschaften, die aus deutscher Sicht einem nichtprivilegierten Drittstaat entstammen, bei der Anwendung der hergebrachten Sitztheorie bleiben. Siehe

3. Vermittelnde Auffassungen

Die Vertreter der Gründungstheorie haben seit langem erkannt, dass die von dieser Anknüpfungstheorie gewährte Freiheit der Wahl eines Gesellschaftsstatuts nicht ohne Schranken sein kann.[389] Insbesondere in der deutschen Rechtswissenschaft gab es zahlreiche Versuche, ausgehend von der Gründungstheorie neue Anknüpfungssysteme für das Gesellschaftsstatut zu entwickeln, die sich jedoch nicht haben durchsetzen können.[390] Man war bestrebt Kollisionsnormen zu formulieren, „die generell die Anwendung inländischen Gesellschaftsrechts auf Auslandsgesellschaften begründen sollte". [391]

Auch wenn sich vermittelnde Ansätze gegenüber der Sitz- und Gründungstheorie bislang nicht haben durchsetzen können, stellen sie eine mögliche Grundlage für eine zwischenzeitlich notwendig gewordene Neuorientierung im Internationalen Gesellschaftsrecht dar.[392] Überdies tragen die Ansätze zum Verständnis der Systematik des schweizerischen Anknüpfungsmodells bei.

a) Eingeschränkte Gründungstheorie

Nach der eingeschränkten Gründungstheorie soll das Gesellschaftsstatut zwar grundsätzlich durch das Gründungsrecht bestimmt werden.[393] Jedoch spricht sich *Peter Behrens* in engen Grenzen für eine gesonderte Anknüpfung zwingender Sitzrechtsnormen aus: Demnach soll eine Sonderrechtsanknüpfung für die Fälle beschränkt sein, in denen das Gründungsrecht Interessen, die in der Rechtsordnung des Sitzlandes geschützt sind, „in untragbarer Weise schutzlos stellt".[394] Im Ergebnis soll eine solche Einschränkung der Gründungstheorie jedoch nur insoweit vorgenommen werden, „wie dies im Einzelfall zwingend erforderlich ist und geschützte Personen sich hierauf berufen".[395] Zu diesen zwingenden Schutznormen, denen auf diese Weise Geltung verschafft werden könn-

---

ders. Das Gesellschaftsstatut nach der Centros-Entscheidung des EuGH, 2001, S. 275 ff.

389 *Zimmer*, Internationales Gesellschaftsrecht, 1996, S. 213. So meint *Sandrock*, dass es nicht überrasche, „wenn der Konflikt zwischen althergebrachter Sitztheorie (These) und sich dagegen auflehnender Gründungstheorie (Antithese) – gemäß den Lehren einer klassischen philosophischen Schule – in einer vermittelnden Auffassung seine endgültige Lösung fände"; *Sandrock*, in: FS Beitzke, 669 (669).

390 *Kropholler*, Internationales Privatrecht, 2006, § 55 I, S. 576.

391 *Behrens/Hoffmann*, in: Ulmer/Habersack/Löbbe (Hrsg.) GroßKomm GmbHG, Einl. B. Rn. B 60.

392 *Streiber*, Gläubigerschutz bei Auslandsgesellschaften 2008, S. 30.

393 Siehe dazu eingehend *Behrens/Hoffmann*, in: Ulmer/Habersack/Löbbe (Hrsg.) GroßKomm GmbHG, Einl. B. Rn. B 59 ff..

394 *Behrens*, Die Gesellschaft mit beschränkter Haftung, 1997, Einl. IPR 23.

395 *Behrens*, Die Gesellschaft mit beschränkter Haftung 1997, Einl. IPR 23.

te, zählt *Behrens* beispielsweise Rechnungslegungs- und, Kapitalisierungsvorschriften sowie Vorschriften über den Minderheitenschutz.[396] Kritisiert wird an dem Modell der eingeschränkten Gründungstheorie, dass dieses weitgehend konkrete Aussagen darüber vermissen lasse, „welche Normen in welcher Weise zum Gegenstand einer Sonderanknüpfung gemacht werden sollen".[397] Indessen kann man genau in dieser Offenheit die Stärke des Ansatzes erblicken, der eine auf den konkreten Einzelfall bezogene richterrechtliche Entscheidung ermöglicht.

b) Differenzierungslehre

Das erklärte Ziel der Differenzierungslehre *Günther Grasmanns* ist es, größtmögliche Gestaltungsfreiheit im gesellschaftsinternen Bereich mit bestmöglichem Schutz von Drittinteressen zu kombinieren.[398] Grundlage seiner Ansicht ist Befreiung von der „Zwangsvorstellung, alle Verhältnisse einer Gesellschaft, Außen- wie Innenverhältnisse, ausschließlich nach einer einzigen Rechtsordnung beurteilen zu müssen".[399] Dazu unterscheidet er zwischen Innen- und Außenverhältnis einer Gesellschaft und schlägt eine differenzierte Anknüpfung vor:[400] Für gesellschaftsrechtliche Fragen des Innenverhältnisses soll eine Ausrichtung an den Parteiinteressen möglich sein. Da Interessen des Rechtsverkehrs nicht beeinträchtigt würden und die Interessen der Gründer anerkennenswert seien, gelte insoweit das Gründungsstatut. Das Innenverhältnis bestimme sich dabei nach dem formgerechten im Gesellschaftsvertrag zum Ausdruck gebrachten Willen der Parteien.[401] Mit Blick auf das Außenverhältnis ist der Verkehrs- und Drittgünstigkeitsgrundsatz maßgebend, so dass den Interessen der mit der Gesellschaft im Rechtsverkehr in Berührung kommenden Rechtssubjekte Vorrang vor denjenigen der Gesellschaft einzuräumen ist.[402] Die Anknüpfung richtet

---

396 *Behrens*, Die Gesellschaft mit beschränkter Haftung 1997, Einl. IPR 23.

397 *Zimmer*, Internationales Gesellschaftsrecht, 1996, S. 215. Als abstraktem Modell gesteht er der „eingeschränkten Gründungstheorie" eine „größere Überzeugungskraft" zu als der Differenzierungslehre und der Überlagerungstheorie.

398 *Grasmann*, System des internationalen Gesellschaftsrechts, 1970, Rn. 625, 977 ff., *Moser*, in: FS Bürgi, S. 283, *Staehelin,* Zu Fragen der Aktiengesellschaft im schweizerischen IPR, S. 48 ff., 52ff.

399 *Grasmann*, System des internationalen Gesellschaftsrechts, 1970, Rn. 622.

400 *Grasmann*, System des internationalen Gesellschaftsrechts, 1970, Rn. 615.

401 Zum Innenverhältnis zählt *Grasmann* Regelungen betreffend die Gründung der Gesellschaft, die interne Verfassung der Gesellschaft, Satzung und deren Änderung, Erwerb und Verlust der Gesellschafterstellung sowie die Rechte und Pflichten der Gesellschafter der Gesellschaft, den Mitgesellschaftern und den Gesellschaftsorganen gegenüber; vgl. *Grasmann*, System des internationalen Gesellschaftsrechts, 1970, Rn. 998.

402 Das Außenverhältnis umfasst die Geschäfts- und Rechtsfähigkeit, die Vertretungsmacht der Organe, die Haftung, die Sicherung der Kapitalaufbringung und -erhaltung sowie

sich dabei nach dem sog. Vornahme-[403], Wirkungs-[404] oder Organisationsstatut[405].

In der schweizerischen Literatur wird eine einfachere Form der Differenzierung zwischen Innen- und Außenverhältnis vertreten: Während *Rudolf Moser* unter Verzicht auf den von *Grasmann* propagierten Drittgünstigkeitsgrundsatz an den Tätigkeitsort anknüpft,[406] will *Max R. Staehelin* das Außenverhältnis grundsätzlich dem Gründungsrecht unterstellen, wobei nur hilfsweise auf das Sach- oder Wirkungsstaut zurückgegriffen und auf den Verkehrs- und Drittgünstigkeitsgrundsatz gänzlich verzichtet wird.[407] In den Sonderanknüpfungen der Artt. 156 ff. des schweizerischen IPRG können ebenso Anklänge von Differenzierungen erblickt werden.[408]

Schwierigkeiten bringt die Differenzierungslehre insbesondere bei der Bestimmung des anwendbaren Rechts mit sich: Das moderne Gesellschaftsrecht kann nur unvollständig „von der beliebten deutschen Dichotomie vom Innenverhältnis und Außenverhältnis erfasst“ werden.[409] Innen- und Außenverhältnis sind eng miteinander verwoben und nicht ohne weiteres trennbar.[410] Schließlich führt der Ansatz regelmäßig zu einem „Normenmix“, der eine erhebliche Rechtsunsicherheit bedeutet und damit abzulehnen ist.[411]

c) Überlagerungstheorie

Nach der auf *Otto Sandrock* zurückgehenden Überlagerungstheorie bleiben die Rechtssätze des Gründungsstatuts grundsätzlich maßgebend, jedoch können diese von Rechtssätzen des Sitzstatuts überlagert werden:[412] Die geistige Geburtsstätte des Ansatzes liegt dabei im US-amerikanischen Gesellschaftsrecht[413] und

---

die Publizität; vgl. *Grasmann*, System des internationalen Gesellschaftsrechts, 1970, Rn. 850 ff.

403 *Grasmann*, System des internationalen Gesellschaftsrechts, 1970, Rn. 759 ff.

404 *Grasmann*, System des internationalen Gesellschaftsrechts, 1970, Rn. 745 ff.

405 *Grasmann*, System des internationalen Gesellschaftsrechts, 1970, Rn. 766 ff.

406 *Moser*, in: FS Bürgi, S. 283 (295 ff.).

407 *Staehelin*, Zu Fragen der Aktiengesellschaft im schweizerischen IPR, 1972, S. 59 ff.

408 *Nobel*, Internationales und Transnationales Aktienrecht, Bd. 1:Teil IPR und Grundlagen, (2012), S. 50 Rn. 38.

409 *Schanze*, in: FS Thue, S. 423 (434).

410 *Ehrenzweig*, RabelsZ 35 (1971) 347 (348).

411 Staudinger-*Großfeld*, IntGesR, Rn. 60 u. 64.

412 *Sandrock*, in: Wildhaber (Hrsg.) Internationalrechtliche Probleme multinationaler Korporationen, Berichte der deutschen Gesellschaft für Völkerrecht 1978, 169 (200/1).

413 So hat die Überlagerungstheorie Eingang in das Recht der Staaten New York und Kalifornien gefunden. Gemäß Art. 3 Sec. 1320 des *N.Y. Bus. Corp. L.* von 1962 unterstehen zwar grundsätzlich alle auswärtigen Gesellschaften, welche im Staat New York im Sinne von *„doing business“* tätig sind, ausgewählten Bestimmungen des *N.Y. Bus. Corp.*

reicht zurück auf das von *Elvin R. Latty* entwickelte System betreffend *pseudo foreign corporations*.[414]

Nach dieser Lehre findet auf Außen- wie Innenverhältnis einer Gesellschaft das Recht des Gründungsstaates Anwendung. Dabei soll es jedoch von zwingenden Normen des Sitzrechts „überlagert" werden, soweit diese für Dritte günstiger sind als das Recht des Gründungsstaates und sich die betroffenen Dritten (Gläubiger, Mitgesellschafter, Arbeitnehmer) auf die Anwendbarkeit der Sitzrechtsnormen berufen.[415] Eine solche „Überlagerung", findet statt, wenn unmittelbare privatrechtliche Interessen an der Gesellschaft eine rechtliche und wirtschaftliche Einbuße erleiden.[416] Mit dieser „Überlagerung" des Gründungsstatuts durch zwingende Regeln des Sitzstatuts wird dabei das Gedankengut der Sitztheorie übernommen.[417]

Anknüpfungsunkt für die „Überlagerung" des Gründungsrechts soll der Sitz einer Gesellschaft sein, der an einem Ort liegt, an dem ihr oberstes Verwaltungsorgan die Mehrheit seiner Entscheidungen über die Geschäftsführung trifft.[418] Im Falle einer Divergenz des effektiven Verwaltungssitzes vom Gründungsstatut

---

L.; dazu *Kaplan*, Foreign Corporations and Local Corporate Policy, Vand. L. Rev. 21 (1968), 433 (433ff.). Siehe dazu *William L. Bonnell Co. v. Katz*, 23 Misc.2d 1028, 1031, 196 N.Y.S.2d 763, 768 (Sup. Ct. 1960): "Fairness and justice require that when a foreign corporation comes into our State to conduct business under similar methods and to the same degree it does in its own state, or as do our domestic corporations, that such a corporation should be subject to New York laws and regulations as a recompense for the advantages enjoyed by it." Zum 1. 1. 1977 traten in Kalifornien die fremdenrechtlichen Bestimmungen im *Cal. Corp. C.* in Kraft. Dazu wurde in Sec. 2115 *Cal. Corp. C.* erstmals gesetzliche Gleichbehandlungsbestimmungen aufgenommen, die sich auf die *Internal Affairs* einer *Foreign Corporation* beziehen; dazu *Halloran/Hammer*, UCLA L. Rev. 23 (1976), 1282 (1282 ff.). Die Anwendung von Sec. 2115 wird jedoch durch die Rechtsprechung eingeschränkt; *VantagePoint Venture Partners 1996 v. Examen, Inc.* 871 A.2d 1108 (Del. 2005) sowie jüngst bestätigt durch *Lidow v. Superior Court*, 141 Cal. Rptr. 3d 729 (Cal. Ct. App. 2012).

414 *Latty*, Pseudo-Foreign Corporations, Yale L.J. 65 (1955). 137 (137ff.).

415 *Sandrock*, in: Wildhaber (Hrsg.) Internationalrechtliche Probleme multinationaler Korporationen, Berichte der deutschen Gesellschaft für Völkerrecht, 1978, S. 169 (191ff.); *ders*. RabelsZ 42 (1978), 227 (246ff.).

416 *Sandrock*, in: Wildhaber (Hrsg.) Internationalrechtliche Probleme multinationaler Korporationen, Berichte der deutschen Gesellschaft für Völkerrecht, 1978, S. 169 (202); *ders*. RabelsZ 42 (1978), 227 (246);,); *ders* RIW 1989, 249 (513).

417 *Sandrock*, in: Wildhaber (Hrsg.) Internationalrechtliche Probleme multinationaler Korporationen, Berichte der deutschen Gesellschaft für Völkerrecht, 1978, S. 169 (203).

418 *Sandrock*, in: Wildhaber (Hrsg.) Internationalrechtliche Probleme multinationaler Korporationen, Berichte der deutschen Gesellschaft für Völkerrecht, 1978, S. 169 (211). Damit teilt die „Überlagerungstheorie" eine gemeinsame Herausforderung mit der Sitztheorie, nämlich die Bestimmung des Verwaltungssitzes einer Gesellschaft.

kann die Gesellschaft ggf. nach zwei Statuten, dem Gründungs- und dem Sitzstatut, leben.[419]

Inzwischen muss der Ansatz vor dem Hintergrund der europäischen Rechtsentwicklung als überholt angesehen werden:[420] Spätestens seit der *Centros*-Entscheidung des EuGH[421] bedarf eine Einschränkung der Gründungstheorie der ausdrücklichen Rechtfertigung des Eingriffs in die Niederlassungsfreiheit.[422] Als Reaktion darauf vereinfachte *Sandrock* seinen Ansatz, indem er die Anwendung des Gründungsrechts nach und nach ausweitete.[423] Nunmehr könne sich eine Überlagerung nur im Einzelfall unter besonderen Umständen ergeben.[424] Weiterhin schlägt er vor, auch angrenzende Fragen des allgemeinen Zivilrechts sowie des Insolvenzrechts nach dem Gründungsstaut zu beurteilen, wobei dies auch für nicht-privilegierte Drittstaaten gelten soll.[425] Nicht zuletzt in Anbetracht seiner Komplexität und der durch die Kumulation unterschiedlicher Gesellschaftsrechtsordnungen geschaffenen „unlösbare Anpassungsprobleme" konnte sich der Ansatz jedoch nicht durchsetzen.[426]

d) Kombinationslehre

Die von *Daniel Zimmer* begründete „Kombinationslehre"[427] geht von einer einheitlichen Anknüpfung des Gesellschaftsstatuts aus: Demnach soll eine Gesellschaft stets nur einem Gesellschaftsstatut unterstellt werden, um einen „Normenmix" zu vermeiden.[428] Die Kombinationslehre ist dogmatisch auf den Gedanken der Parteiautonomie gestützt und sieht daher in der Bestimmung des Gesellschaftsstatuts anhand des Gründungsrechts die kollisionsrechtliche Gestal-

---

419 *Sandrock*, BB 1999, 1337 (1343).

420 *Behrens/Hoffmann*, in: Ulmer/Habersack/Löbbe (Hrsg.) GroßKomm GmbHG, Einl. B. 61.

421 EuGH Urt. v. 09.03.1999, Rs C-212/97 – *Centros*, Slg. 1999, I-1459.

422 *Schanze/Jüttner*, AG 2003, 30 (33 f.).

423 Infolgedessen hat *Sandrock* eine „Schrumpfung der Überlagerungstheorie" festgestellt; so der gleichnamige Titel des Beitrages *Sandrock*, ZVglRWiss. 102 (2003), 447 (447ff.).

424 So *Sandrock*, ZVglRWiss. 102 (2003), 447 (462). Als Beispiele nennt *Sandrock* die Gesellschafterhaftung sowie die „Existenzvernichtungshaftung". Überdies komme die gesellschaftsrechtliche Haftung der Organmitglieder eines herrschenden Unternehmens im Konzern in Betracht; vgl. *Sandrock,* in: *Sandrock/Wetzler* (Hrsg.) Deutsches Gesellschaftsrecht im Wettbewerb, 2004, S. 33 (56 ff.).

425 *Sandrock*, ZVglRWiss. 102 (2003), 447 (450 Fn. 3); so bereits *ders*. BB 1999, 1337 (1341).

426 *Behrens/Hoffmann*, in: Ulmer/Habersack/Löbbe (Hrsg.) GroßKomm GmbHG, Einl. B. 60.

427 *Zimmer*, Internationales Gesellschaftsrecht, 1996, S. 220 ff.

428 *Zimmer*, Internationales Gesellschaftsrecht, 1996, S. 220.

tungsfreiheit bestätigt.[429] Jedoch könne diese privatautonome Gestaltungsfreiheit nicht schrankenlos gewährleistet sein, vielmehr unterliege auch sie Beschränkungen.[430] Deshalb soll das internationalgesellschaftsrechtliche Anknüpfungssystem aus einer Kombination aus Elementen der Sitz- und Gründungstheorie bestehen.[431]

Die Kombinationslehre geht von einem abgestuften Geltungsanspruch der eigenen Rechtsordnung und einer „Dynamisierung" der Rechtswahlregel aus:[432] Bei fehlendem Auslandsbezug bestehe kein schützenswertes Interesse der Gründer bzw. Gesellschafter, von den intern zwingenden Regeln des Sitzstatuts auszuweichen; eine abweichende Rechtswahl sei indessen als „materiellrechtliche Gestaltung innerhalb der vom anwendbaren Recht zugelassenen Dispositionsspielräume" zu behandeln.[433]

Im Falle einer substantiellen Auslandsbeziehung im Zeitpunkt der Rechtswahl komme dem eigenen Recht ein geringerer Geltungsanspruch zu; somit sei das Gründungsrecht heranzuziehen. Zu beachten ist ein im Rahmen der Kombinationslehre wandelbares Gesellschaftsstatut: Entfallen die eine substanzielle Auslandsbeziehung begründenden Umstände nachträglich, so wird den Gesellschaftern die Rechtswahlbefugnis mit *ex nunc*-Wirkung wieder entzogen, und es entsteht eine Scheinauslandsgesellschaft, die fortan der Sitzanknüpfung unterliegt.[434]

---

429 *Zimmer*, Internationales Gesellschaftsrecht, 1996, S. 220.

430 Siehe dazu *Zimmer*, Internationales Gesellschaftsrecht, 1996, S. 223/4: *Zimmer* versteht die Notwendigkeit einer solchen Begrenzung als allgemeines kollisionsrechtliches Prinzip: In Anlehnung an die Schranken, die das internationale Vertragsrecht als klassische Domäne der Parteiautonomie der Rechtswahlbefugnis setzt, geht *Zimmer* in diesem Zusammenhang davon aus, dass Art. 3 Abs. 3 Rom I-VO (ex-Art. 27 Abs. 3 EGBGB) Ausdruck eines solchen allgemeinen Prinzips sei, wonach Rechtswahlfreiheit nur in Sachverhalten mit Bezug zu mindestens zwei Staaten bestehe; vgl. MünchKomm-*Kindler*, IntGesR, Rn. 413.

431 *Zimmer*, Internationales Gesellschaftsrecht, 1996, S. 220, 221 f. u. 232.

432 *Zimmer*, Internationales Gesellschaftsrecht, 1996, S. 225.

433 *Zimmer*, Internationales Gesellschaftsrecht, 1996, S. 239.

434 Wie von *Zimmer*, Internationales Gesellschaftsrecht, 1996, S. 225/6 dargelegt, ist der eingenommene Standpunkt mit dem von *Beitzke* entwickelten Konzept verwandt, wonach eine Gesellschaft ausländischen Rechts nach einer Verlegung des Verwaltungssitzes ins Inland einer „Umorganisation nach inländischem Recht" bedürfe. Siehe dazu *Beitzke*, in: Lauterbach (Hrsg.) Vorschläge und Gutachten zur Reform des deutschen internationalen Personen- und Sachenrechts 1972, S. 94, 116, 118. Ferner beruft sich *Zimmer* auf die Parallele der Haftungserweiterung im deutschen (materiellen) Recht der Vorgesellschaft im Sinne von BGH, Urteil v. 9. 3. 1981, II ZR 54/80, BGHZ 80, 129 ff. = BB 1981, 689.

Auch mit Blick auf die Kombinationslehre wird argumentiert, dass diese – zumindest für den Bereich von EU und EWR – als mit der Rechtsprechung des EuGH zur Niederlassungsfreiheit unvereinbar gelten muss.[435] Schließlich dürfen nach der *Inspire Art*-Entscheidung solche in einem Mitgliedstaat der EU oder einem EWR-Vertragsstaat wirksam gegründeten Gesellschaften nicht allein deshalb dem inländischen Gesellschaftsrecht unterworfen werden, weil die betreffende Gesellschaft im Inland ihren Verwaltungssitz innehat.[436]

Insgesamt vermag die Kombinationslehre im Übrigen auch nicht die Schwächen der Gründungstheorie in kollisionsrechtlich überzeugender Weise auszuräumen. Zahlreiche Wertungsfragen führen zu einer Rechtsunsicherheit bei der Bestimmung des Gesellschaftsstatuts. So sind insbesondere die von *Zimmer* entwickelten Kriterien zur Konkretisierung des Merkmals der ausschließlichen Verbundenheit mit einem Staat zu unbestimmt.[437] Schließlich entsteht Rechtsunsicherheit dadurch, dass die Kombinationslehre die Wandelbarkeit des Gesellschaftsstatuts vorsieht: Je nach Geschäftsverlauf kann sich somit die Anknüpfung ändern und wird damit letzten Endes unvorhersehbar.[438]

4. Kontrolltheorie

Neben der Sitz- und Gründungstheorie ist zudem die sog. Kontrolltheorie anzusprechen.[439] Während diese in Deutschland kaum mehr verbreitet ist, findet sie in der Schweiz noch häufiger im Hinblick auf öffentlich-rechtliche Belange Anwendung.[440] Die im Völkerrecht angesiedelte *Kontrolltheorie* bestimmt das Gesellschaftsstatut, genauer die Inländer- oder Ausländereigenschaft der juristischen Person,[441] nach der Staatsangehörigkeit der hinter ihr stehenden natürli-

---

435 *Behrens/Hoffmann*, in: Ulmer/Habersack/Löbbe (Hrsg.) GroßKomm GmbHG, Einl. B. 61; *Sandrock* BB 1999, 1337 (1342); *Lanzius*, Anwendbares Recht und Sonderanknüpfungen, 2004, S. 141.

436 *Behrens/Hoffmann*, in: Ulmer/Habersack/Löbbe (Hrsg.) GroßKomm GmbHG, Einl. B. 61.

437 Im Hinblick auf das Kriterium der rechtsgeschäftlichen Auslandsbeziehungen führt *Zimmer* beispielsweise lediglich an, dass diese „erheblichen Umfang haben und das Bild der Geschäftstätigkeit der Gesellschaft (zumindest mit-)prägen" müssen; vgl. *Zimmer*, Internationales Gesellschaftsrecht, 1996, S. 228.

438 *Lanzius*, Anwendbares Recht und Sonderanknüpfungen, 2004, S. 141.

439 Siehe dazu eingehend *Grasmann,* System des internationalen Gesellschaftsrechts, 1970, Rn 88 ff.; MünchKommBGB-*Kindler* IntGesR Rn 259.

440 *Nobel*, Internationales und Transnationales Aktienrecht, Bd. 1:Teil IPR und Grundlagen (2012), S. 49 Rn. 36.

441 *Großfeld*, Internationales und europäisches Unternehmensrecht, 1995, D §7 I, S. 67.

chen Personen.[442] Die Kontrolltheorie stellt damit einen Unterfall des Durchgriffs durch die juristische Person dar,[443] denn sie greift zur Bestimmung des Gesellschaftsstatuts auf die Staatsangehörigkeit derjenigen Personen durch, die sich hinter einer juristischen Person verbergen; sie begünstigt eine extraterritoriale Anwendung nationalen Rechts.[444]

Die auf diese Weise ermittelte „Staatsangehörigkeit" der Gesellschaft dient hier jedoch nicht in erster Linie der Bestimmung des anwendbaren Rechts, sondern vielmehr der Unterstellung der Gesellschaft unter spezielle wirtschaftspolitische Maßnahmen.[445] Die Kontrolltheorie hat eine zweifache Ausrichtung, die sich sowohl der Gaststaat als auch der Heimatstaat transnationaler Unternehmen zu eigen machen können: Während sich im Gaststaat der ausländische Einfluss durch eine Gesellschaft entfalten kann, die von Ausländern beherrscht wird, kann der Heimatstaat die Kontrolle über seine Staatsangehörigen nutzen, um die Geschicke der Gesellschaft im Ausland zu lenken.[446]

Die Kontrolltheorie gelangte insbesondere in Krisen- und Kriegszeiten zu einer gewissen Bedeutung im Rahmen der sog. Feindhandelsklauseln, wo es darum ging, das nationale Interesse, das mittels der juristischen Person verfolgt wurde, festzustellen,[447] wobei man zu ihrer theoretischen Rechtfertigung auf die Fiktionstheorie zurückgriff.[448] Zudem spielt sie für die Ermittlung des Gesellschaftsstatuts im internationalen Investitionsschutzrecht eine gewisse Rolle. Je-

---

442 *Grasmann,* System des internationalen Gesellschaftsrechts, 1970, Rn. 95; *Großfeld* Internationales und Europäisches Unternehmensrecht, 1995, D § 7.

443 *Behrens*, RabelsZ 46 (1982), 308.

444 So kann beispielsweise über inländische Anteilseigner Einfluss auf ausländische Tochtergesellschaften genommen werden. Staaten, „die sich mit einer Abschwächung der Rechtspersönlichkeit ihrer Gesellschaften abfinden, öffnen ausländischen wirtschaftspolitischen Vorstellungen Tür und Tor"; siehe *Hübner*, JZ 1978, 703 (703) sowie *Mann*, SJZ 1986 21 (24).

445 *Meier*, Eingriffsnormen im Gesellschaftsrecht, 2010, S. 27.

446 *Großfeld*, Internationales und europäisches Unternehmensrecht, 1995, D §7 I, S. 68.

447 *Wiedemann,* Gesellschaftsrecht, Bd. I, (1980) § 15 I 1 a, S. 826; sowie *Großfeld,* Internationales und Europäisches Unternehmensrecht, 1995, D § 7.

448 Demnach ist die juristische Person nur eine Fiktion, ein Mantel für die Beteiligten. Folglich ist auch ihr Vermögen in Wirklichkeit Besitz von Feinden oder zumindest von diesen kontrolliert und könne daher beschlagnahmt werden. Zu Recht merkt *Adolf F. Schnitzer* an, dass dies theoretisch verfehlt sei, denn „wenn eine Rechtsordnung einem soziologischen Gebilde Rechtsfähigkeit verleiht, so schafft sie damit einen selbständigen Träger von Rechten und Pflichten. Dieses Rechtssubjekt ist mit den Rechtssubjekten, die seine Mitglieder oder gar nur seine Organe sind, juristisch nicht identisch." *Schnitzer*, Handbuch des Internationalen Privatrechts, Bd. I (1950), S. 295.

doch hat sie auf internationaler Ebene erheblich an Bedeutung eingebüßt.[449] Anzutreffen ist diese jedoch teilweise in der Schweiz, die „seit geraumer Zeit die sog. Kontrolltheorie [zugrunde legt], indem sie darauf abstellt, ob eine juristische Person effektiv schweizerisch kontrolliert sei, ob also etwa die Mehrheit der Aktionäre, des Verwaltungsrats oder der Gläubiger Schweizer seien".[450]

a) Schweiz

Bei zahlreichen öffentlich-rechtlichen Konstellationen wird nach schweizerischem Recht nach wie vor auf die Kontrolltheorie zurückgegriffen: So stellt die Botschaft des IPRG ausdrücklich fest, dass „[v]on der Anknüpfung im Sinne dieses Entwurfs [also der Inkorporationstheorie *(Anm. d. Verf.)*] unberührt bleiben die vorwiegend öffentlich-rechtlichen Gesetzes- und Staatsvertragsbestimmungen, die im Hinblick auf einen spezifischen Zweck den Begriff der Gesellschaft besonders umschreiben oder den schweizerischen oder ausländischen Charakter (Nationalität) einer Gesellschaft bestimmen".[451] Die Liberalität in gesellschaftsrechtlichen Fragen stößt somit im öffentlich-rechtlichen Kontext vielfach an ihre Grenzen. So wird in einer Vielzahl von Sachverhalten darauf abgestellt, ob eine juristische Person effektiv schweizerisch kontrolliert sei, ob also etwa die Mehrheit der Aktionäre, des Verwaltungsrates oder der Gläubiger Schweizer Bürger seien.

Ausprägungen der Kontrolltheorie werden bei zwei Problemkreisen aus dem Obligationenrecht diskutiert: Zum einen ist der dortige Schweizer „Heimatschutzartikel" nunmehr weitgehend entschärft, jedoch besteht auch weiterhin die Möglichkeit einer Vinkulierung gegen „Personen im Ausland." Zum anderen wird auf die Kontrolltheorie in der Schweiz zum Schutz der Überfremdung des Bodens auf sie zurückgegriffen,[452] wobei eine Gesetzesreform die Abschaffung der sog. *Lex Koller* vorsieht.[453] Internationale Gesellschaftsrecht zutrifft, wird im Folgenden untersucht.

---

449 Siehe dazu die Entscheidung des IGH *Barcelona Traction, Light and Power Co. Ltd.*, I. C. J. Rep. 1970, 3 ff.

450 *Müller/Wildhaber*, Praxis des Völkerrechts, 2001, S. 556.

451 Botschaft IPRG 1982, 294.1, S. 440.

452 Siehe Bundesgesetzes vom 16. Dezember 1983 über den Erwerb von Grundstücken durch Personen im Ausland (BewG, SR 211.412.41).

453 Die *Lex Koller* ist die informelle Bezeichnung des schweizerischen Bundesgesetzes vom 16. Dezember 1983 über den Erwerb von Grundstücken durch Personen im Ausland (BewG, SR 211.412.41). Der Name des Gesetzes geht auf den ehemaligen Bundesrat *Arnold Koller* zurück, der bei der Ausarbeitung des Gesetzes Nationalrat war. Gesetzgeberisches Ziel der *Lex Koller* ist die Bekämpfung der „Überfremdung des einheimischen Bodens". Enthalten ist eine Beschränkung der Erwerbsmöglichkeiten von Schweizer Liegenschaften durch Ausländer und ersetzte damals die *Lex Friedrich.* Es

aa) Nationalitätsanforderungen an die Organe der Aktiengesellschaft

Was den „Heimatschutz" bei Aktiengesellschaften anbelangt, so mussten seit 1919 die Mitglieder des Verwaltungsrats von schweizerischen Aktiengesellschaften mehrheitlich Personen sein, die in der Schweiz wohnhaft sind und das Schweizer Bürgerrecht besitzen.[454] Der betreffende Art. 711 OR wurde noch bis zum 31. Dezember 2007 beibehalten.[455] Die *ratio legis* stammte noch aus der Zeit des Ersten Weltkrieges und sollte mittels schweizerischer Kontrolle sicherstellen, dass Gesellschaften von den damals kriegführenden Mächten als neutral angesehen werden. Die Vorschrift wurde jedoch zunehmend bedeutungslos, da sie mittels Strohmännern umgangen wurde.[456] Bei dieser Bestimmung handelte es sich um eine echte Wählbarkeitsvoraussetzung[457] und schließlich auch um

befindet sich derzeit ein Gesetz zur Aufhebung dieser Beschränkungen im Gesetzgebungsverfahren, das aktuell von beiden Räten behandelt wird; siehe dazu Botschaft zur Aufhebung des Bundesgesetzes über den Erwerb von Grundstücken durch Personen im Ausland v. 4.7. 2007 (BBl. 2007 5743) (SR. 07.052). Die Vorschriften sehen vor, dass Personen im Ausland im Sinne des Art. 5 BewG für den Erwerb von Grundstücken einer Bewilligung der zuständigen kantonalen Behörde (Art. 2 Abs. 1 BewG) bedürfen: „Als Erwerb gilt die Beteiligung an einer vermögensfähigen Gesellschaft ohne juristische Persönlichkeit (Kollektiv- und Kommanditgesellschaft), deren tatsächlicher Zweck der Erwerb von Grundstücken ist, die keine Betriebsstätte-Grundstücke sind (Art. 4 Abs. 1. lit. b BewG, 18b BewV). Als Erwerb eines Grundstückes gilt der Erwerb des Eigentums an einem Anteil an einer juristischen Person, deren tatsächlicher Zweck der Erwerb von Nicht-Betriebsstätte-Grundstücken ist, sofern die Anteile dieser juristischen Person nicht an einer Börse in der Schweiz kotiert sind (Art. 4 Abs. 1 lit. e BewG). Als Erwerb eines Grundstückes gelten auch die Beteiligung an der Gründung und, sofern der Erwerber damit seine Stellung verstärkt, an der Kapitalerhöhung von juristischen Personen, deren tatsächlicher Zweck der Erwerb von Grundstücken ist (Art. 4 Abs. 1 lit. e BewG), die nicht nach Art. 2 Abs. 2 lit. a BewG ohne Bewilligung erworben werden können, sowie die Übernahme eines Grundstückes, das nicht nach Art. 2 Abs. 2 lit. a BewG ohne Bewilligung erworben werden kann, zusammen mit einem Vermögen oder Geschäft (Art. 69 ff. FusG, 181 OR) oder durch Fusion, Umwandlung oder Spaltung von Gesellschaften nach Fusionsgesetz, sofern sich dadurch die Rechte des Erwerbers an diesem Grundstück vermehren (Art. 1 Abs. 1 lit. a und b BewV)." Siehe dazu das noch als *Lex Friedrich*-Erklärung bezeichnete Formular des Handelsregisteramts des Kantons Zürich; abrufbar unter: http://www.hra.zh.ch/internet/justiz_inneres/hra/de/eintragen/merkblatter_allgemein.html. (zuletzt eingesehen am 5.2.2012); dazu auch *Bläsi*, Der Handelsregisterführer und die Lex Friedrich, in: Jahrbuch des Handelsregisters 1994, 1995, S. 159 ff..

454 Siehe dazu *Suter*, Endlich weniger Schweizer "Heimatschutz" in: NZZ vom 09.08.2003, Nr. 182, S. 26.

455 Kritisch dazu bereits *Vischer/Rapp* (1968) 160.

456 *Kley-Struller*, SZIER 1991, 163 (176).

457 Vgl. BGE 104 Ib 326/27; *Böckli,* Aktienrecht 2009, S. 1551 Rn. 22.

„einen verkrampften Versuch, die Glaubwürdigkeit des Sitzes Schweiz für Briefkastenfirmen und andere mit der Schweiz mehr nur formell in Verbindung stehende Aktiengesellschaften zu erhöhen“.[458] Daneben wurde auch ein fiskalisches Interesse der Schweiz an einem Wohnsitz der Verwaltungsratsmitglieder angeführt, was mit einer leichteren Vollstreckung von Steuerforderungen im Inland begründet wurde.[459] Im Rahmen der „kleinen Aktienrechtsrevision“[460] wurden die Ausländervorschriften für Verwaltungsräte schließlich erheblich gelockert, so wurden die Wohnsitz- und Nationalitätserfordernisses abgeschafft; Art. 708 OR wurde gestrichen. Fortan kann sich der Verwaltungsrat einer Schweizer Aktiengesellschaft theoretisch ausschließlich aus Personen zusammensetzen, die weder Schweizer sind noch in der Schweiz ihren Wohnsitz haben. Allerdings wird nunmehr über das Stellvertretungsrecht eine Verbindung zum schweizerischen Rechtsraum hergestellt: Nach Art. 718 Abs. 4 OR muss eine Aktiengesellschaft nämlich „durch eine Person vertreten werden können, die ihren Wohnsitz in der Schweiz hat“. Dieses Erfordernis kann dabei durch ein Verwaltungsratsmitglied oder einen „Direktor“ erfüllt werden;[461] eines in der Schweiz wohnhaften Verwaltungsratsmitgliedes bedarf es mithin auch mit Blick auf die Vertretung der Gesellschaft nicht mehr.[462]

bb) Vinkulierung

Die zweite unter dem Gesichtspunkt der Kontrolltheorie diskutierte Problematik mit Bezug zum Obligationenrecht ist die der Vinkulierung, also die Beschränkung der Aktienübertragungsmöglichkeit.[463] Dabei sah das bisherige Schweizer Aktienrecht eine stark personalistische Komponente vor die „– bis an die Grenze der Willkür und ohne die Pflicht auch nur eine Begründung anzuge-

---

458 *Böckli,* Aktienrecht 2009, S. 1551 Rn. 22.

459 So ist das ganze über das Nennkapital hinausgehende Eigenkapital jeder Aktiengesellschaft mit einer latenten Verrechnungssteuerforderung des Bundes von 35% belastet. Dafür haftet nach den Vorschriften des Verrechnungssteuergesetzes jeder einzelne Verwaltungsrat solidarisch als Garant mit seinem gesamten persönlichen Vermögen; vgl. Art. 15 Abs. 2 VStG 1965 sowie Art. 9 VStV 1966 (sog. Theorie der faktischen Teilliquidation). Siehe dazu Bundesgerichtsentscheid vom 17. Februar 1978, ASA 47 (1978/79) 541 ff. sowie zum Ganzen *Böckli,* Schweizer Aktienrecht 2009, S. 1551 Rn. 23.

460 Botschaft 2001, 3229, Ziff. 2.2.3. – Art. 708 Abs. 1 OR 2005 (in Kraft seit 1. Januar 2008)

461 Bei einem "Direktor" handelt es sich um einen 'Dritten', d.h. eine nicht dem Verwaltungsrat zugehörige Person, dem die Stellvertretungsmacht übertagen worden ist; siehe *Vogt,* Aktienrecht – Entwicklungen 2008, 2009, S. 53.

462 *Vogt*, Aktienrecht – Entwicklungen 2008, 2009, S. 53.

463 Siehe zur Vinkulierung *Meier-Hayoz/Forstmoser*, Schweizerisches Gesellschaftsrecht, 2012, § 3 Rn. 63 ff.

ben –" die Ablehnung von Aktienerwerbern seitens der Gesellschaft zuließ.[464] Die Vinkulierung stellt dabei einen „inneren Widerspruch" im System des schweizerischen Aktienrechts dar,[465] indem personalistische Elemente in das Recht der Aktiengesellschaft Einzug erhielten.

Nach wie vor sehen einige schweizerische Aktiengesellschaften in ihren Statuten im Sinne einer Vinkulierung vor, dass die Erwerber ihrer Namenaktien die schweizerische Staatsangehörigkeit besitzen müssen. Dementsprechend wird ausländischen Erwerbern die Eintragung im Aktienbuch verweigert, was die Vermögens- und Mitgliedschaftsrechte spaltet. Diese auf Privatautonomie beruhende Regelung führt zu vollständig schweizerisch kontrollierten Aktiengesellschaften. Insbesondere in der nicht börsennotierten Aktiengesellschaft ist die Vinkulierung ein verbreitetes Instrument.[466] Aber auch bei einer börsennotierten Gesellschaft kann die Vinkulierung neben einer tendenziellen Erhaltung der stimmberechtigten Aktien im Streubesitz über Prozentklausel oder Limite im Sinne von Art. 685d OR auch dem hier interessierenden Nachweis einer schweizerischen Beherrschung dienen.[467] Die „verkappte Ausländervinkulierung"[468] fand sich als *Lex Blocher* in Art. 4 Schl.Best. OR.[469]

---

464 *Forstmoser*, in: ZGR Sonderheft 13 (1997), 254 (264).

465 *Kunz*, Jusletter 19. November 2007, S. 4 Rn.12; *Kläy*, Die Vinkulierung, 1997, S. 11 spricht von einem „Einbruch in die Struktur der Aktiengesellschaft".

466 Siehe zur Vinkulierung bei nicht börsenkotierten Gesellschaften als „Mittel zur Erhaltung der wirtschaftlichen Selbständigkeit" den Entscheid des Schweizerischen Bundesgerichts 4C.35/2007 vom 18. April 2007 mit Bemerk. *Hirschle/von der Crone*, SZW 2007.

467 *Böckli,* Schweizer Aktienrecht 2009, S. 677 Rn. 81.

468 *Forstmoser*, in: ZGR-Sonderheft 13 (1997), S. 254 (268), *Nobel*, Internationales und Transnationales Aktienrecht, Teil IPR und Grundlagen (2012), S. 144 Rn. 260.

469 Die von Nationalrat *Christoph Blocher* vorgeschlagene Bestimmung ist dabei nach *Forstmoser*, in: ZGR-Sonderheft 13 (1997), S. 254 (268), „– in einer Formulierung, die wohl nur Schweizern verständlich ist –" in die Schlussbestimmungen eingegangen: „In Ergänzung zu Artikel 685d Absatz 1 kann die Gesellschaft, aufgrund statutarischer Bestimmung, Personen als Erwerber börsenkotierter Namenaktien ablehnen, soweit und solange deren Anerkennung die Gesellschaft daran hindern könnte, durch Bundesgesetze geforderte Nachweise über die Zusammensetzung des Kreises der Aktionäre zu erbringen". Aufgehoben durch Anhang Ziff. 2 des Fusionsgesetzes vom 3. Okt. 2003, mit Wirkung seit 1. Juli 2004 (AS 2004 2617; BBl 2000 4337). Siehe dazu auch *Nobel*, Internationales und Transnationales Aktienrecht, Teil IPR und Grundlagen, (2012), S. 144 Rn. 259 ff. sowie allgemein zur Regelung des Art. 4 SchlTOR *Volken*, in: FS Bär, S. 373 (373ff.).

Die „Erhaltung des schweizerischen Charakters der Gesellschaft“[470] – so lautete noch der „unbekümmert-nationalistische Vorschlag“[471] des Gesetzesentwurfs zu Art. 685b Abs. 2 OR aus dem Jahre 1983 – ist im 1991 geltenden Obligationenrecht jedoch nicht mehr zu finden.[472] Ein absolut formuliertes „Ausländerkontingent“, d.h. eine Gesamtzahl aller in ausländischer Hand befindlichen Aktien, die nicht überschritten werden, ist seit dem Inkrafttreten des Aktienrechts vom 4. Oktober 1991 nicht mehr statthaft.[473] Damit ist der Charakter der Aktiengesellschaft als kapitalbezogene Gesellschaft wieder bestärkt worden.[474]

Bis dahin konnten die schweizerischen Gesellschaften die Eintragung eines Aktienerwerbers im Aktienbuch von bestimmten in den Statuten umschriebenen Voraussetzungen, so beispielsweise dem Schweizer Bürgerrecht, abhängig machen oder gar ohne Angabe von Gründen verweigern; einzige Schranke war das Willkürverbot.[475] Heutzutage ist eine Ablehnung eines ausländischen Aktienerwerbers – präziser ausgedrückt: seine Relegation in die Kategorie der „Aktionäre ohne Stimmrecht“ – nur noch möglich, wenn die Gesellschaft von einem ganz bestimmten Bundesgesetz betroffen ist, nach welchem ein „Nachweis über die Zusammensetzung des Kreises der Aktionäre“ zu erbringen ist:[476] „Die früher den Eidgenossen teure Idee, die ‚Ausländer‘ (tatsächlich ist die Welt voll von ihnen) aus den Schweizer Publikumsgesellschaften möglichst herauszuhalten, fand im Aktienrecht von 1991 noch eine letzte, allmählich absterbende Konkretisierung in Art. 4 der Schlussbestimmungen.“[477] Demnach sieht das schweizerische Aktienrecht keine Regelung mehr darüber vor, inwieweit eine fremdenrechtlich motivierte Vinkulierung zulässig ist, vielmehr delegierte man die Beantwortung dieser Frage über Art. 4 SchlTOR auf andere Bundeserlasse und deren Fremdenrecht.[478]

---

470 Botschaft über die Revision des Aktienrechts vom 23. Februar 1983, BBl. 1983 II 745 (826) Ziff. 211.31.

471 So die kritisch anmerkende Formulierung von *Böckli,* Schweizer Aktienrecht 2009, S. 677 Rn. 82.

472 Siehe dazu *Volken*, in: FS Bär, S. 373 (375f.).

473 *Böckli,* Schweizer Aktienrecht 2009, S. 685 Rn. 111.

474 *Meier-Hayoz/Forstmoser*, Schweizerisches Gesellschaftsrecht, 2012, § 3 Rn. 65.

475 *Binder*, GesKR Online-Beitrag 3/2010, 1 (3).

476 Vgl. zu den in Frage kommenden Bundesgesetzen *Volken*, in: FS Bär, S. 373 (382/83) sowie *Kläy* Die Vinkulierung 1997, S. 243 ff Am bedeutsamsten in diesem Zusammenhang ist wohl (noch) das Bundesgesetz über den Erwerb von Grundstücken durch Personen im Ausland, wenn auch nach der Liberalisierung des Erwerbs von geschäftlich genutzten Grundstücken *("Lex Koller")*, Bundesgesetz vom 30. April 1997, teilweise gelockert durch das Bundesgesetz vom 8. Oktober 2004, dazu Botschaft 2003, 4360 ff.

477 *Böckli,* Schweizer Aktienrecht 2009, S. 38 Rn. 38.

478 *Volken*, in: FS Bär, S. 373 (381).

Als aktuell bedeutsamstes Bundesgesetz kommt in diesem Zusammenhang die *Lex Koller* in Frage, welches den Erwerb von Aktien an einer sog. „Wohnimmobiliengesellschaft im engeren Sinn", derzeit noch einer Bewilligungspflicht unterstellt; vgl. Art. 4 Abs. 1 lit. e).[479] Im Rahmen des stark geschrumpften Anwendungsbereiches dieser Gesetzesgrundlage wird nunmehr danach differenziert, ob es sich dabei um eine börsenkotierte oder nicht börsenkotierte Gesellschaft handelt: Denn seit einer Gesetzesänderung aus dem Jahre 2004[480] ist der Erwerb von Aktien bzw. Anteilen an börsenkotierten Immobiliengesellschaften durch Personen im Ausland von der Bewilligungspflicht ausgenommen.[481] Etwas anderes gilt jedoch, soweit es sich um eine nichtkotierte Gesellschaft handelt. Dann wird nämlich – unabhängig der Tatsache eines möglicherweise erbrachten positiven Gegenbeweises betreffend eine schweizerische Beherrschung – die Übertragung ihrer Aktien an Ausländer zum genehmigungspflichtigen Geschäft.[482] Festzuhalten ist somit, dass ein Verwaltungsrat die Bewilligungspflicht für einen Grundstückserwerb durch „Personen im Ausland" bei Aktienabtretungen nur noch in den seltensten Fällen als Ablehnungsgrund im Sinne des Art. 4 Schl.Best. OR zugrunde liegenden Vinkulierungskonzepts heranziehen kann.[483]

cc) Vorgaben des Bankengesetzes

Schließlich sei die Regelung im BankG näher beleuchtet, die ebenfalls einen Ausfluss der Kontrolltheorie darstellt: So bedürfen die sog. Auslandbanken in der Schweiz zwar zunächst wie eine schweizerische Bank auch einer Bewilligung zum Geschäftsbetrieb gemäß Art. 3 BankG.[484] Jedoch bedarf es darüber hinaus noch einer zusätzlichen Bewilligung für eine Bank, wenn sie nach schweizerischem Recht organisiert werden soll und auf sie ein beherrschender ausländischer Einfluss ausgeübt wird; vgl. Art. 3bis Abs. 1 BankG.[485] Diese Bewilligung wird gewährt, wenn zunächst gewisse Voraussetzungen, u.a. die der „Gegenseitigkeit", erfüllt sind.[486] Wann eine Bank als ausländisch beherrscht

479 *"Lex Koller"* vom 30. April 1997 (dazu Botschaft 1997, 1262 ff., Ziff. 24).

480 Bundesgesetz vom 8. Oktober 2004; Botschaft 2003, BBl 2003, 4357 ff.

481 *Böckli,* Schweizer Aktienrecht 2009, S. 682 Rn. 95.

482 BGE 115 Ib 103.

483 *Böckli,* Schweizer Aktienrecht 2009, S. 682 Rn. 97.

484 Bundesgesetz vom 8. November 1934 über die Banken und Sparkassen (Bankengesetz, BankG) (SR 952.0).

485 *Arpagaus/Emch/Renz,* Das Schweizerische Bankgeschäft, 2004, S. 24. Rn. 94.; *Tschäni,* M&A-Transaktionen nach Schweizer Recht, 2003, S. 465 Rn. 57.

486 Siehe Art. 3bis Abs. 1 BankG. So gehört dazu beispielswiese das Erfordernis des Gegenrechts, das in Art. 5 BankV näher umschrieben ist. Dieses Erfordernis wird dabei indessen aufgrund des GATS-Abkommens bei Auslandbanken in der Schweiz, die aus

gilt, richtet sich dabei nach Art. 3bis Abs. 3 BankG: Nach dieser Vorschrift ist dies der Fall, wenn Ausländer mit qualifizierten Beteiligungen direkt oder indirekt mit mehr als der Hälfte der Stimmen an der Bank beteiligt sind oder auf sie in anderer Weise einen beherrschenden Einfluss ausüben. Mit der zuletzt genannten Formulierung „oder auf sie in anderer Weise einen beherrschenden Einfluss ausüben" wird der EBK bzw. der heutigen FINMA dabei ein großer Ermessensspielraum eingeräumt.[487]

dd) Ergebnis

Insgesamt gilt somit, dass sich der weitaus größte Teil aller Schweizer Publikumsgesellschaften nicht mehr auf Art. 4 der Schlussbestimmungen berufen kann, um ausländischen Aktienerwerbern die Stimmberechtigung in der Generalversammlung zu versagen. Im Ergebnis kann überdies festgehalten werden, dass die Zahl der die „Personen im Ausland" diskriminierenden Gesetze deutlich zurückgegangen ist, wobei die Schärfe jener Gesetze, die noch überlebt haben, abgenommen hat.[488]

b) Deutschland

Im traditionellen Internationalen Privat- und Prozessrecht hat sich die Kontrolltheorie in Deutschland nicht durchsetzen können.[489] So ist die Kontrolltheorie als Anknüpfungspunkt für die Bestimmung der „Staatsangehörigkeit" juristischer Personen allgemein – sowohl von Rechtsprechung und Lehre – abgelehnt worden.[490] Im deutschen Schrifttum hat *Beitzke* sie jedoch im Jahr 1938 vertreten, indem er konstatierte, dass für die Staatsangehörigkeit juristischer Personen „diejenige der Mitglieder und Leiter, die Herkunft des Kapitals und der Zweck

---

Mitgliedstaaten der WTO stammen, in der Regel erfüllt sein (siehe Jahresbericht EBK 1996, 25); siehe *Tschäni*, M&A-Transaktionen nach Schweizer Recht, 2003, S. 465 Fn. 131. Andererseits das Erfordernis, eine Firma zu verwenden, die nicht auf einen schweizerischen Charakter der Bank hinweist. Sodann kann die Bewilligung davon abhängig gemacht werden, dass eine angemessene konsolidierte Aufsicht durch ausländische Aufsichtsbehörden besteht, wenn die Bank Teil einer im Finanzbereich tätigen Gruppe ist. Die Aufsichtsbehörde muss auch ihre Zustimmung zur Geschäftstätigkeit abgeben. Es ist zu berücksichtigen, dass das Erfordernis des Gegenrechts aufgrund des GATS-Abkommens bei Auslandbanken in der Schweiz, die aus Mitgliedstaaten der WTO stammen, in der Regel erfüllt sein wird (s. Jahresbericht EBK 1996, 25).

487 *Arpagaus/Emch/Renz,* Das Schweizerische Bankgeschäft, 2004, S. 24. Rn. 94.

488 *Böckli,* Schweizer Aktienrecht 2009, S. 686 Rn. 112.

489 *Mann*, in FS Wolff, S. 271 (278): „Die Kontrolltheorie als Anknüpfungspunkt … ist in Deutschland allgemein abgelehnt worden."

490 So insbesondere RFH Urt. v. 8.8.1928 = IPRspr. 1929, Nr. 176, S. 237; *Mann*, Beiträge zum internationalen Privatrecht, S.61; *Enneccerus/Nipperdey*. Allgemeiner Teil des Bürgerlichen Rechts, 15. Aufl., Tübingen 1959/60, S. 354 Rn. 6a.

entscheidend“ seien.[491] Einwendungen dagegen wird lapidar mit den Worten begegnet: „Wenn in Kriegszeiten die Kontrolltheorie angewendet worden ist, so kann sie es ebenso gut in Friedenszeiten.“[492] Aus jüngerer Zeit stammt indessen lediglich eine vereinzelte Entscheidung des BGH, in der die Kontrolltheorie Beachtung findet.[493]

IV. Kommentar: Zwei Gedanken zur Lösung des Anknüpfungsproblems

1. Comitas

Der Streit um die „richtige“ Anknüpfungstheorie verstellt bisweilen den Blick dafür, worum es im Kern bei der Anerkennung und der transnationalen Mobilität von Gesellschaft geht. Mit Blick auf die grenzüberschreitende Mobilität von Gesellschaften sollte ein Paradigmenwechsel erfolgen, der den Gedanken der *comitas* in den Vordergrund stellt: Ob das allgemeine Völkerrecht eine Pflicht enthält, ausländisches Recht anzuwenden, ist seit dem 17. Jahrhundert mit dem Begriff der *comitas* verbunden. Als „Erfinder“ dieser Lehre von der „freundnachbarlichen Gesinnung“[494] gilt der bedeutende Vertreter der holländischen Schule *Paul Voet* (*Voëtius*).[495] Nach der völkerrechtlichen Schule des IPR war man der Auffassung, es bestehe eine völkerrechtliche Pflicht zur Anwendung fremden Rechts bei der Beurteilung im Ausland verwirklichter Sachverhalte. Diese Strömung ist indessen im Laufe der Zeit abgeflacht:[496] Während der Gedanke der *comitas* im Rechtskreis des *common law* und in der französischen Rechtslehre Verbreitung fand, konnte sich dieser hingegen in Deutschland nicht durchsetzen.[497] In jüngerer Zeit gibt es jedoch vermehrt Überlegungen dazu,

491 *Beitzke*, Juristische Personen im internationalprivatrecht und Fremdenrecht 1938, § 23, S. 227.

492 *Beitzke*, Juristische Personen im Internationalprivatrecht und Fremdenrecht 1938, § 23 S. 228.

493 BGH Urt. v. 14.11.96 – III ZR 304/95, BGHZ 134, 67 (70).

494 *Gutzwiller*, Geschichte des Internationalprivatrechts, 1977, S. 170.

495 *Gutzwiller*, Geschichte des Internationalprivatrechts, 1977, S. 136: „Derjenige, der diese Lehre – diesen so folgenreichen Virus – in unsere Wissenschaft eingeführt hat.“

496 *Siehr* RabelsZ 52 (1988), 41 (41f.).

497 *Nussbaum*, Colum. L. Rev. 42 (1942) 189 (190/1): “The doctrine of comitas was adopted by the French writers of the 18th century (Boullenois, Bouhier) and by the common law jurists who found in it a tool which enabled them to rationalize a development entirely unrelated to Roman Law. In Germany, however, the comtitas doctrine did not find followers.” Siehe dagegen Hanseat. OLG Hamburg, Urt. v. 10.5.1979 – 6 U 27/79, IPRspr. 1979 Nr. 147, S. 502, in den Entscheidungsgründen wird ausdrücklich auf die „internationale Höflichkeit“ Bezug genommen; sowie *Kegel/Schurig*, Internationales Privatrecht, 2004, § 3 X., S. 185: „Aber die *comitas* ist nicht ausgestorben: Sie ist ent-

„die freiwillige Selbstbeschränkung der Staaten bei der Durchsetzung der eigenen Vorstellung auf den eigenen Territorien und die Anerkennung anderer Vorstellungen“ [498] auch für das moderne internationale Wirtschaftsrecht fruchtbar zu machen[499], wobei sich im Kontext des europäischen Binnenmarktes die Herausbildung einer *comitas Europaea* abzuzeichnen scheint.[500] Wenn sich die klassischen kollisionsrechtlichen Grundätze als ungeeignet erweisen, um zu einer „wirtschaftlich besseren Rechtsanwendung im internationalen Wirtschaftsrecht zu gelangen“, kann somit über den Weg der Lehre von der *comitas* eine „Neudefinition des IPR“ erwogen werden[501], indem versucht wird, die „nationalen Interessen an die Funktionsfähigkeit des internationalen Wirtschaftsverkehrs“[502] zum alleinigen materiellen Wertungskriterium gegenüber einer rein formalisierten Anwendung internationalprivatrechtlicher Anknüpfungsdogmatik zu erklären.[503]

Denn der Gedanke der *comitas* bildet einen Grundstein des Internationalen Privatrechts, der mit Blick auf die Anerkennung von Gesellschaften wiederbelebt werden sollte[504]: So ist für *Savigny* die völkerrechtliche Gemeinschaft

---

halten in der Grundentscheidung, fremdes Recht als in der Anlage inhaltlich gleichwertiges Recht anzuerkennnen und gegebenenfalls zur Fallösung heranzuziehen.“

498 Siehe dazu die an der Universität Konstanz gehaltene Antrittsvorlesung von *Hübner*, Die methodische Entwicklung des mordernen Wirtschaftsrechts, 1980, S. 23.

499 Siehe *Berger/Scholl*, GS Hübner, S. 569 (569ff.), welche die Bedeutung der *comitas* im heutigen IPR, dem internationalen öffentlichen Recht, namentlich dem Kartellrecht sowie im Rahmen des internationalen Prozessrechts darstellen. Bereits im Titelzusatz des auf das internationale Insolvenzrecht eingehende Werk von *Israël*, European Crossborder Insolvency Regulation, 2005, ist von einem “Paradigm of Co-operation and Comitas Europaea“ die Rede.

500 *Israël*, European Cross-border Insolvency Regulation, 2005, S. 150.

501 *Berger*, Formalisierte oder 'schleichende' Kodifizierung des transnationalen Wirtschaftsrechts, 1996, S. 17.

502 *Meessen*, AöR 110 (1985), 398 (407f.).

503 *Berger*, Formalisierte oder 'schleichende' Kodifizierung des transnationalen Wirtschaftsrechts, 1996, S. 17. „Anhand dieses Kriteriums sollen Ansatzpunkte für die ‚freundliche Zulassung ausländischen Wirtschaftsrechts gewonnen und kollisionsrechtliche Wertungen durch spezifisch internationale Kriterien ersetzt werden.“ Indessen betonen Stimmen aus der englischen Literatur, daß es jedenfalls im Hinblick auf die reine Frage der Anwendung ausländischer Rechtsnormen eines Rückgriffs auf die *comitas* nicht bedürfe; siehe *Fawcett/Carruthers/North*, Cheshire, North & Fawcett on Private International Law, 2008, S. 5: „The fact is, of course, that the application of a foreign law implies no act of courtesy, no sacrifice of sovereignty. It merely derives from a desire to do justice.”

504 Siehe zur Lehre der *comitas* im Internationalen Privatrecht, *Briggs*, RCADI 354 (2011), 69 (69 ff.).

„Grundlage und oberstes Ziel zugleich“.[505] Darin zum Ausdruck kommt „wahre Internationalität, Offensein für fremde Regelungen, Hinnahme fremder Rechtsordnungen als gleichwertig.“[506] So hat *Savigny* die Gleichstellung der Rechtsverhältnisse als „freundliche Zulassung unter souveränen Staaten“ bezeichnet. Diese „freundliche Zulassung“ wird dabei aus dem Grundsatz der *comitas* hergeleitet.[507] *Savignys* IPR-System stellt dabei „eine Synthese dar, die Veraltetes hinter sich ließ und damit zugleich einen Neuanfang machte“,[508] indem er entpolitisiert und internationalisiert.[509] Schließlich verwirft er den Rechtssatz wonach im Zweifel die *lex fori* Geltung haben soll.[510] Insgesamt ist die „revolutionäre Toleranz gegenüber fremden Rechtsinstituten“ bei *Savigny* hervorzuheben.[511] In neuer Zeit führt *Adrian Briggs* das Prinzip der *comitas* auf zwei Leitgedanken zurück: “(1) placing and demonstrating mutual trust and confidence in foreign judicial institutions, not interfering with them, and determining the precise conditions by which this is to be done; and (2) giving full faith and credit to, or respecting the conclusiveness of, the acts of foreign institutions, and working out exactly what this means.”[512] Diese Gedanken sollte man erneut aufgreifen und „Gesellschaften, die nach dem Recht zivilisierter Staaten ‚gegründet‘ und registriert sind und nach dem Ortsrecht auch noch bestehen, nach Maßgabe des ‚Gründungsrechts‘ anzuerkennen. Dies ist wohlgemerkt, nicht die Gründungstheorie im herkömmlichen Sinn eines ‚Einheitsstatuts‘ für Gesellschaften, son-

---

505 *Nussbaum*, Colum. L. Rev. 42 (1942) 189 (192): “Savigny clearly agrees with the Dutch jurists in that, as a matter of principle, he puts the conflicts doctrine upon an international basis.”

506 *Sturm*, Ius Commune VIII (1979), 93 (108).

507 *Mestmäcker* RabelsZ 52 (1988), 205 (218). Anders formuliert demgegenüber *Sturm*, Ius Commune VIII (1979), 93 (109), der meint, die Zulassung fremden Rechts beruhe nach *Savignys* Vorstellungen nicht auf dem Gedanken der freundlichen Zulassung unter fremden souveränen Staaten, sondern vielmehr auf einem Bestreben der Annäherung, des Ausgleichs und der Verständigung in dem Bemühen, Einheimische und Fremde gleich zu behandeln, beides Postulate einer völkerrechtlichen Gemeinschaft unabhängiger Staaten. In diese Richtung auch *Nussbaum*, Colum. L. Rev. 42 (1942) 189 (192): “… he deems the independent nations bound by international law (rather than by comity) to apply in the appropriate cases the laws of other members of that international community.” Zur *comitas* bei *Savigny* siehe *Berger/Scholl*, GS Hübner, S. 569 (572ff.).

508 *Sturm*, Ius Commune VIII (1979), 93 (109): So geht auf *Savigny* nicht nur das deutsche EGBGB, sondern in der Schweiz auch das Kollisionsrecht der Kantone Zürich, Zug und Schaffhausen zurück.

509 *Sturm*, Ius Commune, VIII (1979), 93 (106).

510 *Sturm*, Ius Commune, VIII (1979), 93 (106).

511 *Weller/Leuering*, Sitzverlegungen von Gesellschaften in Europa, 2012, S. 5.

512 *Briggs*, RCADI 354 (2011), 69 (91).

dern Ausgangspunkt der weiteren Betrachtung."[513] Daran anknüpfend soll im Folgenden das gängige Postulat des Einheitsstatuts hinterfragt werden.

2. Wider das Postulat des Einheitsstatus

Nach gängiger Darstellung werden vom sog. Gesellschafstatut alle gesellschaftsrechtlichen Fragen erfasst (sog. Einheitsstatut). Diesem Gedanken zufolge bestimmt die maßgebliche Rechtsordnung das Gesellschaftsstatut und regelt grundsätzlich umfassend und abschließend *sämtliche* das Innen- und Außenverhältnis der Gesellschaft – einschließlich der Frage der Rechtsfähigkeit – betreffenden Rechtsbeziehungen.[514] Auch wenn diese Rechtsbeziehungen auf die „gesellschaftsrechtlichen Verhältnisse beschränkt werden, so besteht dabei auch weiterhin die Notwendigkeit zu definieren, was genau die „gesellschaftsrechtlichen Verhältnisse" sind.[515] Wenn dabei in der deutschen Diskussion darauf verwiesen wird, dass „alle Rechtsverhältnisse einer Gesellschaft einheitlich" anzuknüpfen seien,[516] dann ist dies zunächst methodisch nicht haltbar, da sich die Rechtsverhältnisse einer Gesellschaft nach dem jeweiligen Statut, wie dem Vertrags- oder Deliktsstatut, bestimmen.[517]

Demgegenüber finden sich in der neueren Lehre zunehmend Stimmen, „die unter dem Eindruck der unionsrechtlichen Entwicklung eine *Abkehr* von dem Dogma der *einheitlichen Anknüpfung des Gesellschaftsstatuts* befürworten."[518]

An dieser Stelle sei dafür plädiert, die Einheitsanknüpfung als dogmatisches Grundgerüst zu überdenken,[519] da sie einen unnötigen Widerspruch zwischen der sog. Sitz- und Gründungstheorie schafft und somit einen überkommenen Meinungsstreit zementiert. Während im 19. Jahrhundert noch zahlreiche Anknüpfungspunkte zur Diskussion standen,[520] hat sich in den kontinentaleuropäischen Staaten Deutschland und Frankreich die Auffassung durchgesetzt, dass

---

513 *Schanze*, in: FS Thue, S. 423 (434)

514 *Behrens/Hoffmann*, in: Ulmer/Habersack/Löbbe (Hrsg.) GroßKomm GmbHG, Einl. B. 80; Staudinger-*Großfeld*, IntGesR, 1998, Rn. 16; MünchKomm BGB-*Kindler*, IntGesR, 2010, Rn. 543.

515 *Trautrims,* Das Kollisionsrecht der Personengesellschaften, 2009, S. 126.

516 BGH, Beschl. v. 30. 3. 2000 – VII ZR 370/98 = NZG 2000, 926 (927).

517 *Trautrims*, Das Kollisionsrecht der Personengesellschaften, 2009, S. 123.

518 MünchKomm AktG- *Altmeppen/Ego* B. Europäische Niederlassungsfreiheit Rn 187 [Hervorhebung im Original].

519 Kritisch auch *Rammeloo*, Corporations in International Private Law, 2001, S. 15: „Furthermore, it may turn out to be problematic…to elaborate a conflict rule capable of embracing all the relevant connecting factors."

520 Siehe dazu *Großfeld*, Zauber des Rechts, 1999, S. 20. Diskutiert wurde z.B. der Ort der Kapitalzeichnung, der Gründungsort, die Staatsangehörigkeit der Gesellschafter oder der Organe sowie der Ort der Betriebsstätte.

gesellschaftsrechtliche Beziehungen grundsätzlich nach einem einheitlichen Recht zu beurteilen sind. Nach der Einheitslehre erfasst das Gesellschaftsstatut grundsätzlich alle Fragen vom Beginn bis zum Ende der Gesellschaft.[521]

Wenn es in der deutschen internationalprivatrechtlichen Literatur heißt, dass die Korporation „keine Heimat, sondern einen Sitz habe" und deshalb nur an diesen anzuknüpfen sei,[522] so muss dem entgegnet werden, dass es sich bei dieser Aussage lediglich um eine *petitio principii* handelt.[523] Sowohl der juristischen Person wie auch natürlichen Personen erkennt das Recht gleichermaßen die Fähigkeit zu, eigenständige Zurechnungseinheit zu sein.[524] Juristische Personen sind beruhend auf Gründung, Satzungssitz, Registrierung und ihrer Existenz als „Rechtspersonen" in ihrem Heimatstaat „beheimatet". [525]

Umgekehrt reicht es ebenso wenig aus, sich auf die pauschale Aussage zur berufen, dass für das Personalstatut das Gründungsrecht gelte. Zu fragen ist vielmehr danach, wie weit die Wirkungen des Gründungsrechts als Heimatrecht der juristischen Person letztendlich reichen sollen. Diese Frage kann jedoch nicht „einheitlich" und abstrakt beantwortet werden: Ausgangspunkt muss – wie bei natürlichen Personen auch – der konkrete Gegenstand sein, d.h. wie Rechnungslegungsfragen, Rechtsfähigkeit oder Insolvenz anzuknüpfen sind. Es geht somit nicht um eine einheitliche Anknüpfung, sondern um die Reichweite des Herkunftsrechts.[526]

Gerade in Deutschland wird das Gesellschaftsstatut als Korrelat des Gesellschaftsrechts verstanden.[527] Was bei dieser Sichtweise vernachlässigt wird, ist die Frage, inwieweit zugleich der „Nexus der Verträge"[528] anerkannt wird, der das moderne Gesellschaftsrecht in seiner Ermöglichungsfunktion auszeichnet und nur unvollständig „von der beliebten deutschen Dichotomie vom Innenverhältnis und Außenverhältnis erfasst wird".[529] Wenn man davon ausgeht, dass kollisionsrechtliche Systeme notwendigerweise stets „offen" sind und in ständiger Anpassung an die sich ändernde Welt des Sachrechts und seiner Werte be-

---

521 *Großfeld*, Zauber des Rechts, 1999, S. 19.

522 *Kegel/Schurig*, Internationales Privatrecht, 2004, S. 501f.

523 *Schanze/Jüttner* AG 2003 661 (666).

524 Siehe nur *Wiedemann*, Gesellschaftsrecht, Bd. I, (1980), S. 196, der die juristische Person als vom Gesetz „verselbständigte Zuordnungs- und Zurechnungseinheit" begreift.

525 *Schanze/Jüttner* AG 2003 661 (666).

526 *Trautrims,* Das Kollisionsrecht der Personengesellschaften, 2009, S. 126; so auch *Wiedemann*, Gesellschaftsrecht Bd. I (1980), S. 776.

527 *Schanze*, in: FS Thue, S. 423 (423);

528 *Jensen/Meckling*, J. Fin.. Econ. 3 (1976) 305 (311): „The private corporation is simply one form of legal fiction which serves as a nexus for contracting relationships".

529 *Schanze*, in: FS Thue, S. 423 (434).

griffen sind,[530] so erstaunt es umso mehr, dass keine dahingehende Anpassung erfolgt.

Hervorzuheben ist, dass die einheitliche Anknüpfung nur Ergebnis der Qualifikation von verschiedenen Rechtsverhältnissen sein kann; nicht aber bereits dessen Ausgangspunkt. Durch die Lehre vom Einheitsstatut droht „das wahre Problem verschleiert zu werden".[531] Denn der Gedanke der einheitlichen Anknüpfung kann nur das Ergebnis der Qualifikation von verschiedenen Rechtsverhältnissen sein und nicht dagegen dessen eigentlicher Ausgangspunkt. Die zugrunde liegende Annahme, dass dem Gesellschaftsstatut alle gesellschaftsrechtlichen Beziehungen zuzuordnen seien, sagt wenig über die eigentlich entscheidende Frage aus, was überhaupt als gesellschaftsrechtlich zu qualifizieren ist.

Damit bildet auch bei juristischen Personen, die wie natürliche Personen eine eigenständige Rechtsperson und Zurechnungseinheit sind,[532] das konkrete Rechtsverhältnis den Mittelpunkt der Qualifikation.[533] Im Ergebnis bedeutet dies, dass die Reichweite des Gesellschaftsstatuts in Abhängigkeit vom Anknüpfungsmoment zu definieren ist.[534] Es heißt zwar, dass Sitz- und Gründungstheorie in der Anwendung des Einheitsstatuts übereinstimmten,[535] gleichwohl findet eine Gesamtbetrachtung von Anknüpfungsmoment und Anknüpfungsgegenstand bereits statt: Während die Sitztheorie eine Nichtanerkennungstheorie ist, stellt die Gründungstheorie eine reine Anerkennungstheorie dar, die jedoch „inhaltsleer hinsichtlich des Respekts vor der demokratischen Rechtssetzung der Rechtsordnung [ist], deren Gastrecht sie beansprucht".[536] Deshalb wird sie zu Recht auch nicht in ihrer Reinform vertreten; dementsprechend kommen die vermittelnden Ansichten zwangsläufig zu einer gespaltenen Anknüpfung von gesellschaftsrechtlichen Teilfragen und damit zu einer Statutenspaltung.[537]

---

530 *Schurig*, RabelsZ 54 (1990), 217 (232).

531 *Schaper*, Selektion und Kombination von Gesellschaftsformen institutionellen Wettbewerb, 2012, S. 139.

532 *John*, Die organisierte Rechtsperson, 1977, S. 72.

533 Siehe *Schanze*, in: FS Thue, S. 423 (434); *Trautrims*, Das Kollisionsrecht der Personengesellschaften, 2009, S. 126 sowie *Schaper*, Selektion und Kombination von Gesellschaftsformen institutionellen Wettbewerb, 2012, S. 139.

534 *Schaper*, Selektion und Kombination von Gesellschaftsformen institutionellen Wettbewerb, 2012, S. 140.

535 *Behrens/Hoffmann*, in: Ulmer/Habersack/Löbbe (Hrsg.) GroßKomm GmbHG, Einl. B. 80; MünchKomm BGB-*Kindler*, IntGesR, 2010, Rn. 543.

536 *Schanze*, in: FS Thue, S. 423 (437).

537 Wie bereits angeklungen ist, resultieren die Differenzierungslehre und die Überlagerungstheorie in einem „Normenmix", der in der internationalprivatrechtlichen Literatur unter dem Begriff der *dépeçage* diskutiert wird; siehe *Habermeier*, Neue Wege zum

Was die Gesamtbetrachtung von Anknüpfungsmoment und Anknüpfungsgegenstand anbelangt, so ist eine Durchbrechung der Einheitslehre im Rahmen der Gründungstheorie weitaus stärker akzeptiert als bei der Sitztheorie. Es findet sich daher kaum jemals eine Form der Gründungstheorie, die einheitlich auf das ihr zugrunde liegende Gründungsrecht verweist.[538] Als sachgerecht wird insbesondere eine abweichende Anknüpfung zugunsten des Vertragspartners im Hinblick auf das Außenverhältnis gesehen,[539] da es diesem nur unter kosten- und zeitintensiven Nachforschungen möglich ist, sich über die bestehenden Vertretungs- und Haftungsverhältnisse informieren zu können.[540]

Genau diesen Weg beschreitet auch das schweizerische Internationale Gesellschaftsrecht, das in Art. 155 IPRG zunächst die in nicht abschließender Weise unter das Gesellschaftsstatut fallenden Rechtsverhältnisse aufzählt. Sodann wird die Anwendung der Inkorporationstheorie hingegen unter den Vorbehalt der Artikel 156-161 IPRG gestellt: Neben kapitalmarktrechtlichen Sonderanknüpfungen finden sich dort Sonderanknüpfungen betreffend den Namens- und Firmenschutz, die Beschränkung der Vertretungsbefugnis und die Haftung für ausländische Gesellschaften, die ergänzt werden durch weitere Durchbrechungsmöglichkeiten im Allgemeinen Teil des IPRG.

Wirtschaftskollisionsrecht, 1997, S. 143. Eine solche *dépeçage* spaltet demnach einen Anknüpfungsgegenstand in mehrere Anknüpfungsgegenstände für den konkreten Fall auf. Dabei weist sie diese einzelnen Anknüpfungsgegenstände nach deren jeweiligem Schwerpunkt verschiedenen Rechtsordnungen zu. Sie teilen dabei dieselbe Einordnung und Qualifikation und werden über dieselbe Norm angeknüpft. Im Gegensatz zur Teilfrage wird aber keine unterschiedliche Qualifikation der einzelnen Anknüpfungsgegenstände vorgenommen; vielmehr teilen sie dieselbe Einordnung und Qualifikation; vgl. *Mankowski*, in: v.Bar/Mankowski (Hrsg.), Internationales Privatrecht Bd. I (2003), § 7 Rn. 185. Kritisiert wird, dass dieses Phänomen letztendlich zu einer Zersplitterung ordnungspolitischer Systemzusammenhänge führe. Dabei wird üblicherweise nicht nur die Beeinträchtigung der Rechtssicherheit moniert, sondern auch die durch die kumulierte Anwendung gesteigerte Anwendung mehrere Rechtsordnungen gesteigerte Regulierungsintensität, zumindest „wenn nicht nachträglich eine Anpassung erfolgt.“ Siehe *Habermeier*, Neue Wege zum Wirtschaftskollisionsrecht, 1997, S. 143 u. 214. Siehe grundlegend ferner *Jayme*, Betrachtungen zur *"dépeçage"* im internationalen Privatrecht, in: FS Kegel, S. 253 (253 ff.); zur *Dépeçage* als Institut und Phänomen *Mankowski*, in FS Spellenberg 2010, 261 (262).

538 Siehe beispielsweise *Ebenroth*, in: FS Meier-Hayoz, S. 101 (112); *Lanzius*, Anwendbares Recht und Sonderanknüpfungen unter der Gründungstheorie, 2005, S. 120 ff.

539 *Moser*, in: FS Bürgi, S. 283 (292ff.).

540 *Schaper*, Selektion und Kombination von Gesellschaftsformen institutionellen Wettbewerb, 2012, S. 140.

B. Anknüpfung nach schweizerischer Rechtlage

I. Anknüpfungsgegenstand

1. Der Begriff der „Gesellschaft“

In Art. 150 IPRG hat der schweizerische Gesetzgeber mit dem Begriff der „Gesellschaft“ einen sehr weiten Verweisungsbegriff geschaffen.[541] Davon sind organisierte Personenzusammenschlüsse und organisierte Vermögenseinheiten erfasst.[542] In Abweichung von Art. 52 Abs. 2 ZGB setzt Art. 150 IPRG demnach nicht voraus, dass die betreffenden „Unternehmen“ eine eigene Rechtspersönlichkeit aufweisen, mithin ist der vom IPRG verwendete Begriff weiter gefasst als derjenige im ZGB.[543]

Das dem IPRG zugrunde liegende Begriffsverständnis unterscheidet sich zudem vom schweizerischen Sachrecht: Dieses fasst nämlich unter „Gesellschaft“[544] nicht alle juristischen Personen[545] und auch nicht nur juristische Personen[546]. Dagegen sollen dem Sinn und Zweck der kollisionsrechtlichen Vorschrift des Art. 150 IPRG nach möglichst alle Formen des ausländischen Rechts erfasst werden, welche ein Mindestmaß an Organisation aufweisen.[547]

Die weite Umschreibung dient dabei der Qualifikation, wobei es sich um eine Qualifikation eigener Art, „nämlich sozusagen um eine autonome Qualifika-

---

541 *Nobel,* ZSR 1998, 355 (359) spricht von einem „sehr offenen“ Begriff der „Gesellschaft“ in Art. 150 Abs. 1 IPRG.

542 *Weber*, in: Grossen/Gutzwiller (Hrsg.) Schweizerisches Privatrecht, Einleitung und Personenrecht, Juristische Personen, Bd. II/4 (1998), § 8 III. B., S. 142.

543 *Weber*, in: Grossen/Gutzwiller (Hrsg.) Schweizerisches Privatrecht, Einleitung und Personenrecht, Juristische Personen, Bd. II/4 (1998), § 8 III. B., S. 142.

544 Siehe zum Gesellschaftsbegriff BernerKomm-*Riemer*, Bd. I/3/1, Art. 52-59 ZGB, Rn. 9.

545 Stiftungen als privatrechtliche Anstalten fallen nicht darunter; BernerKomm-*Riemer*, Bd. I/3/1, Art. 52-59 ZGB, Rn. 9.

546 Unter den Begriff der „Gesellschaft“ fallen nicht nur Körperschaften, sondern auch manche Rechtsgemeinschaften, wie einfache Gesellschaften, Kollektivgesellschaften, Kommanditgesellschaften; BernerKomm-*Riemer*, Bd. I/3/1, Art. 52-59 ZGB, Rn. 9.

547 So ging die Expertenkommission in ihren Vorüberlegungen zum Gesetzesentwurf davon aus, „dass nicht eine nationale geprägte Rechtsform als Verweisungsbegriff gewählt werden sollte, sondern dass vom autonomen Phänomen der organsierten Personengemeinschaften, der organisierten Vermögenseinheiten und der gesellschaftsrechtlichen Zusammenschlüsse auszugehen sei“. Siehe dazu *Vischer/Volken* Bundesgesetz über das internationale Privatrecht (IPR-Gesetz) – Schlussbericht der Expertenkommission zum Gesetzesentwurf, 1978, S. 262.

tion der *lex fori*, die dann zu einer näheren Qualifikation nach der *lex causae* führt", handelt.[548]

Ferner soll dem Umstand Rechnung getragen werden, dass es außerhalb der Schweiz rechtliche Gebilde gibt, die dem schweizerischen Recht zwar unbekannt sind, die aber dennoch unter die Art. 150 ff. fallen.[549] Unter den Anknüpfungsgegenstand „Gesellschaften" werden daher „alle Assoziations- und Anstaltsformen ziviler, handels- oder öffentlichrechtlicher Art mit oder ohne juristische Persönlichkeit" subsumiert.[550] Unter den Begriff der „organisierten Personenzusammenschlüsse" werden die klassischen Gesellschaftsformen (Aktiengesellschaften, Genossenschaft, GmbH sowie der Verein), aber auch die Kollektiv-, die Kommanditgesellschaft und die einfache Gesellschaft sowie die entsprechenden ausländischen Rechts subsumiert. Demgegenüber bildet bei den „organisierten Vermögenseinheiten" die Stiftung den Prototyp.[551]

Der Gesellschaftsbegriff des Internationalen Privatrechts wurde bewusst so weit gefasst, „damit ausländischen Rechtsgebilden, die im schweizerischen Recht kein Pendant haben, die gesellschaftsrechtliche Tür nicht verschlossen bleibt".[552] Gleichzeitig soll auf diese Weise dem Grundsatz der *ipso iure*-Anerkennung ausländischer juristischer Personen Rechnung getragen werden.[553]

2. Das Kriterium der „Organisation"

Nach Art. 150 Abs. 2 IPRG gilt für einfache Gesellschaften,[554] die sich keine Organisation gegeben haben, das auf Verträge anwendbare Recht; vgl. Art. 116 ff. IPRG.[555] Für die Anwendbarkeit des Gesellschaftskollisionsrechts muss so-

548 *Nobel,* in: FS Moser, S. 179 (182).

549 Botschaft, Nr. 292.

550 ZürchKomm IPRG-*Vischer* zu Art. 150 IPRG Rn. 1.

551 *Nobel*, Internationales und Transnationales Aktienrecht, Bd. 1: Teil IPR und Grundlagen (2012), S. 35 Rn. 5.

552 *Nobel*, Internationales und Transnationales Aktienrecht, Bd.1: Teil IPR und Grundlagen (2012), S. 34 Rn. 4.

553 *Nobel*, Internationales und Transnationales Aktienrecht, Bd.1: Teil IPR und Grundlagen (2012), S. 34 Rn. 4.

554 Als einfache Gesellschaft bezeichnet das Schweizer Recht die „vertragsmässige Verbindung von zwei oder mehreren Personen zur Erreichung eines gemeinsamen Zweckes mit gemeinsamen Kräften oder Mitteln"; vgl. Art. 530 Abs. 1 OR, die „nicht die Voraussetzungen einer andern durch das Gesetz geordneten Gesellschaft" erfüllt; vgl. Art. 530 Abs. 2 OR.

555 Im Schweizer Recht wird die Gründungsgesellschaft der AG als einfache Gesellschaft aufgefasst; vgl. BGE 85 I 131, 95 I 278, 101 Ib 362, 102 II 420. Diese muss jedoch nicht zwingend auch schweizerischem Recht unterstehen. So dürfte die Einigung und Planung zur Gründung einer schweizerischen Gesellschaft durch Ausländer bei fehlen-

mit eine „Organisation" vorliegen. Dies setzt eine innere Struktur voraus: „Aufgaben (Funktionen) und Tätigkeiten sollen in den Rahmen einer zielgerichteten Ordnung gestellt und die Gemeinschaft an bestimmte Verhaltensregeln gebunden werden."[556] Die Gesellschaft muss, um eine innere Struktur aufweisen, welche „die gesellschaftlichen Mittel und Tätigkeiten zur gesellschaftlichen Zweckerreichung bestimmt und koordiniert".[557]

Was die Bestimmung des anwendbaren Rechts anhand des Kriteriums der „Organisation" anbelangt, so ist dies vor dem Hintergrund dieses unbestimmten Rechtsbegriffs nicht ganz unproblematisch. Denn bei der einfachen Gesellschaft unterscheidet das Gesetz zwei Arten von Gesellschaften: Solche mit und solche ohne „Organisation". Für einfache Gesellschaften, die sich keine Organisation gegeben haben, ist auf das Vertragskollisionsrecht nach Art. 116 ff. IPRG abzustellen. Demgegenüber unterstehen einfache Gesellschaften, die sich eine Organisation gegeben haben, dem Gesellschaftskollisionsrecht.[558] Die Grenzziehung zwischen einfachen Gesellschaften mit und solchen ohne Organisation ist problematisch, „da über den Begriff der Organisation noch keine Einigkeit herrscht"[559].

Diese „Spaltung der einfachen Gesellschaft"[560] ist vor dem Hintergrund ihres weiten Anwendungsbereichs im schweizerischen Gesellschaftsrecht begründet, da die einfache Gesellschaft zugleich „Grundform und Auffangbecken des Gesellschaftsrechts" ist.[561] Jedoch führt diese vom Gesetzgeber angestrebte differenzierte Anknüpfung der einfachen Gesellschaft „zu nur schwer verständlichen praktischen Ergebnissen"[562]. Vor diesem Hintergrund wird in der schwei-

---

der Rechtswahl regelmäßig unter ausländisches Recht fallen (ohne Organisationselement vgl. 117 Abs. 2 IPRG; mit Organisationselement vgl. Art. 151 Abs. 2 IPRG) siehe *Nobel*, Internationales und Transnationales Aktienrecht, Bd.1: Teil IPR und Grundlagen (2012), S. 36 Rn. 7.

556 ZürchKomm IPRG-*Vischer*, Art. 150 IPRG, Rn. 25. Auch die in französischer Sprache verfasste Kommentierung von *Dutoit*, Droit international privé suisse, Art. 150 Rn. 4 ist dazu nicht viel aufschlussreicher: «Toutefois, le concept de société est indissociable d'une certaine organisation. On entend par là l'existence d'une structure interne permettant d'exercer les tâches et les activités en fonction d'un certain but, à la lumière de règles de comportement définies. »

557 *Schwander*, Einführung in das internationale Privatrecht; Bd. II BT (1997), Rn. 721.

558 BaslerKomm IPRG-*von Planta/Eberhard*, Art. 150 IPRG Rn. 14 f.; BernerKomm-*Fellmann/Müller*, Bd. VI/2/8, Vorbem. zu Art. 530-551 Rn. 177 f

559 BernerKomm-*Fellmann/Müller*, Bd. VI/2/8, Vorbem. zu Art. 530-551 Rn. 179.

560 BaslerKomm IPRG-*von Planta/Eberhard*, Art. 150 IPRG Rn. 17.

561 BernerKomm-*Fellmann/Müller*, Bd. VI/2/8, Vorbem. zu Art. 530-551 Rn. 11.

562 ZürchKomm OR-*Handschin/Vonzun* Bd. V/4a, Art. 530-551 OR Rn. 312.

zerischen Literatur vertreten,[563] dass es für das Vorliegen einer Organisation weniger auf die innere Struktur der Gesellschaft als vielmehr auf die Art ihres Auftritts im Rechtsverkehr nach außen ankommen soll, was im Wesentlichen der Auffassung des deutschen Bundesgerichtshofs entspricht.[564] Damit beschränkt sich der Begriff der nicht organisierten einfachen Gesellschaft auf reine Innengesellschaften, die als solche nicht am Rechtsverkehr teilnehmen.[565]

II. Anknüpfungsmethode

1. Grundsatz

Das schweizerische IPRG hat sich im Grundsatz für die Inkorporationstheorie entschieden.[566] Nach Art. 154 IPRG untersteht eine Gesellschaft grundsätzlich derjenigen Rechtsordnung, nach deren Norm sie „organisiert" ist. Demnach unterstehen Gesellschaften dem Recht des Ortes der Inkorporation, sofern sie die im Organisationsstaat bestehenden Vorschriften erfüllen. Die subsidiär bestehende Rückfallposition bleibt das Recht am Ort des effektiven Verwaltungssitzes.[567] Daneben existieren im schweizerischen Recht eine große Bandbreite an Sonderanknüpfungen.

2. Rechtslage vor Inkrafttreten des IPRG

Bis zum Inkrafttreten des IPRG beruhte das internationale Privatrecht der Schweiz auf dem NAG, dem Bundesgesetz betreffend die zivilrechtlichen Ver-

---

563 Siehe *Nobel*, Internationales und Transnationales Aktienrecht, Bd.1: Teil IPR und Grundlagen (2012), S. 36 Rn. 6. *Siehr*, Das Internationale Privatrecht der Schweiz, 2002, S. 394 f., geht hingegen davon aus, Art. 150 Abs. 2 IPRG differenziere zwischen Gebilden mit und solchen ohne Rechtspersönlichkeit. Seiner Ansicht nach bestimmt sich das auf die einfache Gesellschaft anwendbare Recht daher stets nach Art. 116 ff. IPRG, da die einfache Gesellschaft als solche nicht rechtsfähig sei.

564 Nach deutscher Rechtsprechung wird das bloße Vorliegen einer Organisation nicht als ausreichend erachtet; vielmehr müsse die Organisation auch „als solche", also als eigenständiges Rechtssubjekt, am Rechtsverkehr teilnehmen; siehe BGH Urt. v. 26. 9. 1966 – II ZR 56/65, NJW 1967, 36 (38) = WM 1966, 1143 (1145).

565 Einen der seltenen Anwendungsfälle einer nicht organisierten einfachen Gesellschaft bilden die Mitglieder eines Aktionärbindungsvertrages, soweit deren Zusammenschluss als einfache Gesellschaft zu qualifizieren ist; siehe ZürchKomm OR-*Handschin/Vonzun*, Bd. V/4a, Art. 530-551 OR Rn. 313.

566 *Nobel*, Internationales und Transnationales Aktienrecht, Bd. 1: Teil IPR und Grundlagen (2012), S. 47 Rn. 30.

567 *Nobel*, Internationales und Transnationales Aktienrecht, Bd. 1: Teil IPR und Grundlagen (2012), S. 47 Rn. 31.

hältnisse der Niedergelassenen und Aufhalter aus dem Jahr 1891.[568] Dieses Gesetz stellte jedoch nur eine sehr fragmentarische Regelung dar. Die Unzulänglichkeiten rührten nicht nur daher, dass das schweizerische internationale Privatrecht nur „bruchstückweise kodifiziert“[569] war, sondern vor allem aus der Tatsache, dass es sich überhaupt nur am Rande um ein IPR-Gesetz handelte. Denn in seinem Erlasszeitpunkt war die Privatrechtsgesetzgebung noch in der ausschließlichen Kompetenz der Kantone. Der Erlass des NAG auf der Grundlage der Art. 46 und 47 der Bundesverfassung sei dabei im Interesse „einer angemessenen Lösung der aus der Verschiedenheit der Cantonalgesetzgebungen sich ergebenden Conflikte nothwendig und wünschenswerth.“[570] Während das Gesetz somit ursprünglich lediglich auf die Lösung interkantonaler Privatrechtskonflikte abzielte[571], konnte es auf internationale Sachverhalte überhaupt nur im Wege eines Analogieschlusses Anwendung finden; vgl. Art. 32 NAG. Schließlich sollte eine Regelung der internationalen Verhältnisse nach den Vorstellungen des damaligen Gesetzgebers überhaupt nur erfolgen, „soweit die Schweiz interessiert ist und es einseitig geschehen kann“.[572] Dies hatte zur Folge, dass das NAG völlig einseitige Kollisionsnormen, die *in abtracto* feststellen, welches Recht auf ein Rechtsverhältnis Anwendung findet, nicht kannte.[573]

Mit Blick auf die geregelte Materie beschränkte sich das NAG lediglich auf ausgewählte Fragen des Personenrechts sowie des Familien- und Erbrechts. Nicht geregelt waren, von der Handlungsfähigkeit einmal abgesehen, das sonstige Personenrecht, das Obligationenrecht und das Sachenrecht sowie die hier insbesondere interessierende Materie des Gesellschaftskollisionsrechts.[574] Nicht kodifiziert waren überdies in seiner Gesamtheit der sog. Allgemeine Teil des

568 Ausgangspunkt für den Gesetzesentwurf bildeten die Art. 46 und 47 der BV. Der Juristentag in Lausanne verlangte im Jahr 1884 in einer Resolution, dass der Erlass eines entsprechenden Ausführungsgesetzes im Interesse einer angemessenen Lösung der aus der Verschiedenheit der kantonalen Gesetzgebungen resultierenden Konflikte notwendig sei. Ein solches Bundesgesetz wurde auch als eine Vorstufe zur Vereinheitlichung des Zivilrechts insgesamt gewertet; siehe *Vischer*, in: Gutzwiller (Hrsg.) Schweizerisches Privatrecht – Geschichte und Geltungsbereich, Bd. I (1969), § 39 S. 514.

569 *Vischer*, Das Problem der Kodifikation des schweizerischen internationalen Privatrechts, Schweizerischer Juristenverein 1971, S. 7.

570 So die einleitende These des Referats von *Emil Rott* anlässlich des Schweizerischen Juristentages in Lausanne vom 15. September 1884, ZSR 3 (1884), 651 (651).

571 *Vischer*, in: Gutzwiller (Hrsg.) Schweizerisches Privatrecht – Geschichte und Geltungsbereich, Bd. I (1969), § 39 S. 514.

572 Bericht der Kommission des Nationalrates vom 12.6.1888, BBl. 1888 III, S. 610.

573 *Vischer/von Planta*, Internationales Privatrecht, 1982, § 1 III, S. 7.

574 *Vischer*, Das Problem der Kodifikation des schweizerischen internationalen Privatrechts, Schweizerischer Juristenverein 1971, S. 7.

Internationalen Privatrechts betreffend die Rechtsfragen der Qualifikation, Vorfrage, *renvoi, ordre public, fraus legis* und weiteres mehr.[575]

Bemerkenswert war die Sonderstellung, die das NAG insofern einnahm, als es sich in wichtigen Fragen zugunsten des Wohnsitzprinzips aussprach.[576] Dies war eine bewusste Stellungnahme gegen die damals herrschende und auf *Pasquale S. Mancini* zurückgehende Theorie des Nationalitätsprinzips.[577] Genau an diesem Punkt scheiterte aber auch das Vorhaben, gleichzeitig mit dem Erlass des neu geschaffenen schweizerischen ZGB das Internationale Privatrecht gesetzlich zu regeln: So hatte *Eugen Huber* die ursprüngliche Absicht, das IPR nicht in ein Spezialgesetzbuch zu verweisen, sondern in 21 Paragraphen der Ordnung des internen Rechtes die internationalen Beziehungen anzufügen.[578] Die Gesetzeslösung enthielt jedoch als wichtigen Grundgedanken den Übergang zum Nationalitätsprinzip für Ausländer in der Schweiz – wenn auch mit erheblichen Ausnahmen; dies war die Klippe, an der die Vorlage insgesamt scheiterte.[579] Damit blieb es bis zum Erlass einer modernen IPR-Kodifikation im Jahr 1987[580] vorerst bei der Geltung des NAG.

575 *Vischer*, Das Problem der Kodifikation des schweizerischen internationalen Privatrechts, Schweizerischer Juristenverein 1971, S. 7.

576 Dies erfolgte dabei in erste Linie, um den in der Schweiz lebenden Ausländern die Assimilierung zu erleichtern; siehe *Vischer*, Das Problem der Kodifikation des schweizerischen internationalen Privatrechts, Schweizerischer Juristenverein 1971, S. 8. Siehe dazu das Referat von *Emil Rott* anlässlich des Schweizerischen Juristentages in Lausanne vom 15. September 1884, ZSR 3 (1884), 651 (664): „Die Ueberspannung des Nationalitätsprinzips, wie die italienische Schule und wie Laurent sie präkonisiert, ist zwar gewiss nicht zu billigen. Man wird derselben gegenüber festhalten müssen und dürfen, dass die Nationalität, das Staatsbürgerrecht, doch zunächst nicht ein Begriff des Privatrechtes, sondern des Staatsrechtes ist, während für das Privatrecht, ... dem Domizil, der thatsächlichen Heimat der Partei, wo dieselbe wohnt und verkehrt, erwirbt und sich verpflichtet, die vorwiegende Bedeutung zukommt. Allein es ist doch nicht zu verkennen, dass das Heimatprinzip innert gewisser Grenzen gewichtige Gründe für sich hat."

577 Vgl. dazu *Jayme*, Mancini heute – Einige Betrachtungen, in: Festschrift Zweigert, 1981, S. 145 ff.

578 Erläuterungen zum Vorentwurf des Eidgenössischen Justiz- und Polizeidepartements, 1901-1902, S. 32. Siehe dazu *Mertens*, Gesetzgebungskunst im Zeitalter der Kodifikationen, 2004, S. 141.

579 *Vischer*, Das Problem der Kodifikation des schweizerischen internationalen Privatrechts, Schweizerischer Juristenverein 1971, S. 36.

580 Bundesgesetz über das Internationale Privatrecht (IPRG) vom 18. Dezember 1987 (SR 291); in Kraft getreten am 1. Januar 1989.

III. Anknüpfungsmoment

Bis zum grundsätzlichen Bekenntnis des schweizerischen Gesetzgebers zur Inkorporationstheorie über die Vorschrift des Art. 154 IPRG waren sich die schweizerische Judikatur und Lehre nicht völlig einig, ob der Sitz oder der Inkorporationstheorie der Vorzug einzuräumen sei. Einigkeit bestand aber darüber, dass im Grunde genommen allein die Inkorporationstheorie der „schweizerischen Konzeption" entspreche.[581]

1. Das geschriebene Recht

Auf Ebene des geschriebenen Rechts fanden sich vor Erlass des IPRG nur wenig Anhaltspunkte dafür, welches Anknüpfungsmoment im schweizerischen Recht maßgeblich gewesen sein soll. Ein gesetzgeberischer Hinweis auf die Geltung der Inkorporationstheorie sollte in der Sitzregelung für juristische Personen des Art. 56 ZGB zu erblicken sein, in dessen damaliger Fassung noch vom „Wohnsitz" die Rede war[582] – wie auch bei den natürlichen Personen vgl. Art. 23-26 ZGB – was ganz der Realitätstheorie entspricht.[583] Bei juristischen Personen befindet sich nach Art. 56 ZGB der „Wohnsitz" dort, wo die Statuten ihn hinverlegen, und wenn die Statuten dazu schweigen, da, wo die Verwaltung geführt wird.[584] Es gilt demnach der Grundsatz der freien statuarischen Sitzwahl.[585] Da auf diese Weise dem statuarischen Sitz der Vorzug eingeräumt wurde, schloss man daraus, dass die Regelung eher auf die Inkorporationstheorie hindeute,[586] wenn auch der Schöpfer des ZGB *Eugen Huber* selbst Anhänger der Sitztheorie war.[587]

---

581 *Vischer/von Planta*, Internationales Privatrecht, 1982, § 13 S. 62.

582 Siehe Stämpflis HK ZGB-*Riemer*, Art. 56 Rn. 1: „In Anpassung an das OR (Körperschaften, vgl. z.B. Art. 626 Ziff. 1) und entsprechend der HRegV wurde das – der Realitätstheorie (Art. 53 ZGB) entsprechende – Wort «Wohnsitz» durch das Wort «Sitz» ersetzt (Revisionsrechts- und GmbH-Novelle vom 16. Dezember 2005, in Kraft seit 1. Januar 2008), ohne dass an der materiellen Rechtslage etwas geändert werden sollte."

583 *Vischer*, in: Gutzwiller (Hrsg.) Schweizerisches Privatrecht – Geschichte und Geltungsbereich, Bd. I (1969), § 50 S. 571 in Fn. 4; BernerKomm-*Riemer*, Bd. I/3/1, Die juristischen Personen, Allgemeine Bestimmungen, Art. 56 ZGB, S. 165 Rn. 4.

584 *Escher/v. Tuhr* Allgemeiner Teil des Schweizerischen Obligationenrechts, Bd, II (1984), § 61, S. 41.

585 BernerKomm-*Riemer*, Bd. I/3/1, Die juristischen Personen, Allgemeine Bestimmungen, Art. 56 ZGB, S. 165 Rn. 12.

586 *Vischer/von Planta*, Internationales Privatrecht, 1982, § 13 S. 62 in Fn. 5.

587 Siehe *Nobel*, Europäisierung des Aktienrechtes, 1974, S. 100.

2. Die Auffassung der Literatur

Bereits zu Beginn des 20. Jahrhunderts stellte *Friedrich Meili* klar, „dass den Gesellschaften (Handelsgesellschaften, Aktiengesellschaften, Vereinen) auch in den andern Staaten die Handlungsfähigkeit zukommt, wenn sie nach dem Rechte ihres Sitzes handlungs- oder geschäftsfähig sind."[588] Es sei darüber hinaus grundsätzlich davon auszugehen, „dass die juristische Person des Auslandes denjenigen des internen Rechts gleichgestellt sind".[589] Dieser Gleichstellungsgrundsatz soll dabei auch Anwendung finden auf „diejenigen Handelsgesellschaften ..., die zwar nach dem Rechte ihres Personalstatuts bestehen, deren Typus aber dem auswärtigen Staat unbekannt ist".[590] Es folgt sodann der exemplarische Hinweis auf die ebenfalls anzuerkennende Rechtsform der GmbH, „die im Deutschen Reiche laut Gesetz von 1892 besteht, nicht aber in der Schweiz".[591] Das sehr weit gefasste Prinzip der Anerkennung wird jedoch unter ordnungsrechtlichen Vorbehalt gestellt. Obgleich man eine Gleichstellung der Gesellschaften garantiert, sei der Gesetzgeber jedenfalls nicht daran gehindert, „bestimmte Schranken und Cautelen gegen auswärtige Gesellschaften aufzustellen, wenn besondere Gründe gewerblicher oder rechtspolizeilicher Art dafür vorliegen".[592] Was den Begriff des „Sitzes" einer juristischen Personen betrifft, gilt nach *Arthur Mamelok* „derjenige Ort, der im Statut als solcher bezeichnet ist, mangels einer ausdrücklichen Festsetzung der Ort, wo die Verwaltung geführt wird."[593]

Seit etwa 1930 wird in der Schweiz praktisch nur noch die Inkorporationstheorie vertreten.[594] Aus Sicht der früheren internationalen Literatur wurde die

---

588 *Meili*, Das internationale Civil- und Handelsrecht, Bd. II (1902), § 164 I, S. 243.

589 *Meili*, Das internationale Civil- und Handelsrecht, Bd. II (1902), § 164 III, S. 244.

590 *Meili*, Das internationale Civil- und Handelsrecht, Bd. II (1902), § 165 V, S. 253.

591 *Meili*, Das internationale Civil- und Handelsrecht, Bd. II (1902), § 165 V, S. 253.

592 *Meili*, Das internationale Civil- und Handelsrecht, Bd. II (1902), § 165 III, S. 249.

593 *Mamelok*, Die juristische Person im internationalen Privatrecht, 1900, § 3, S. 26.

594 Siehe dazu *Vischer*, in: Gutzwiller (Hrsg.) Schweizerisches Privatrecht – Geschichte und Geltungsbereich, Bd. I (1969), § 50 S. 571 in Fn. 4 m.w.N. sowie *Schnitzer*, Handbuch des Internationalen Privatrechts, Bd. I. (1950), S. 311 ff. in seiner Terminologie von „Verleihungstheorie" sprechend; *Niederer*, in: Gutzwiller/Niederer (Hrsg.) Beiträge zum Haager Internationalprivatrecht, 1951, S. 117 ff.; *Bindschedler*, Der Nationalitätswechsel der Aktiengesellschaft, 1940, S. 80ff.; im Sinne der Differenzierungslehre äußert sich *Moser*, in: FS Bürgi, S. 283 (283ff.); *Perrin*, La reconnaissance des sociétés étrangeères et ses effets, 1969, bekennt sich unter Hinweis auf die Schranken des Rechtsmissbrauchs und des *ordre public*-Vorbehaltes ebenfalls zur Inkorporationstheorie; siehe auch den Hinweis von *Nobel*, Europäisierung des Aktienrechtes, 1974, S. 100: „Die Schweiz hat sich von der Sitztheorie, wie sie noch Eugen Huber vertrat, weitgehend in Richtung Inkorporationstheorie gewandt." Als Vertreter der Sitztheorie aus dem

Schweiz teilweise jedoch unter diejenigen Staaten eingereiht, die auf dem Boden der Theorie vom effektiven Verwaltungssitz stehen.[595] Zweifelsohne bekannte sich die frühere schweizerische Literatur ganz anfänglich wohl auch zur Sitztheorie. Jedoch trat eine ausgeprägte Wendung ein, im Zuge derer sich bereits seit den 1930er Jahren die herrschende Meinung des schweizerischen Internationalen Rechts klar zur Inkorporationstheorie bekannte.[596] Spätestens mit der Veröffentlichung des grundlegenden Beitrages von *Werner Niederer* im Jahr 1951[597] fand in der herrschenden Lehre (fast) ausschließlich die Inkorporationstheorie Befürwortung.[598] Wenn es in der zweiten Auflage des Lehrbuches von *Gerhard Kegel* aus dem Jahre 1964 heißt: „Die Schweiz knüpft wie wir an den Sitz der Hauptverwaltung an“[599], so muss diese Behauptung „ins Reich der Legenden“ verwiesen werden.[600] Überdies findet diese Behauptung auch keine Stütze in der Rechtsprechung des Bundesgerichts.[601]

---

welschen Schrifttum *Vaucher*, ZSR NF 86 (1967) II, 489 (524): « Toutefois, le régime actuel est si bien implanté en Suisse et chez ses voisins qu’il serait difficile et même peu souhaitable de le changer: mieux vaut une contruction quelque peu illogique, mais éprouvée, qu’une nouveauté [die Inkorporationstheorie], théoriquement irréprochable mais qui bouleverse les habitudes. » sowie *Siegwart*, ZürchKomm zum schweizerischen Zivilgsetzbuch V/5a (1945), S. 134f. Rn. 357 f.

595 *Rabel*, The Conflict of Laws: A comparative Study, Bd. II (1947), S. 34/5 u. 39 f.; *Wolff*, Private International Law, 1945, S. 300f.; *Raape*, Deutsches Internationales Privatrecht Bd. I, 1938, S. 119: „Die Sitztheorie herrscht in Deutschland vor. [...] Ebenso verhält es sich in den meisten anderen Ländern: Österreich, Schweiz, ...“

596 *Niederer*, in: Gutzwiller/Niederer (Hrsg.) Beiträge zum Haager Internationalprivatrecht, 1951, S. 117.

597 *Niederer*, in: Gutzwiller/Niederer (Hrsg.) Beiträge zum Haager Internationalprivatrecht, 1951, S. 115. In dieser Studie wurde die internationale Diskussion zum Problem des Personalstatuts zusammengefasst und der schweizerische Standpunkt erläutert. Nach *Moser*, RabelsZ 31 (1967) 670 (694) kann diese Studie, die auch die bundesgerichtliche Rechtsprechung maßgeblich beeinflusste, seinerzeit „als bedeutendste Stellungnahme der schweizerischen Rechtswissenschaften angesehen werden ...“.

598 Als einziger Vertreter der Sitztheorie in der Schweiz wird nur noch *Alfred Siegwart* genannt; vgl. *Ebenroth/Messer*, ZSR 108 (1989), 49 (57 in Fn. 40).

599 *Kegel*, Internationales Privatrecht, 2. Aufl. 1964, S. 218.

600 *Niederer*, in: Gutzwiller/Niederer (Hrsg.) Beiträge zum Haager Internationalprivatrecht, 1951, S. 117; gegen diese Behauptung argumentiert auch *Moser*, RabelsZ 31 (1967) 670 (695). Siehe die aus internationaler Perspektive insoweit zutreffende Darstellung bei *Rammeloo*, Corporations in International Private Law, 2001, S. 151: “However, Swiss scholars agreed on the acceptance of the incorporation doctrine. They only seem to disagree on the suitability of the varying methods used to combat the abuse of foreign companies.”

601 *Niederer*, in: Gutzwiller/Niederer (Hrsg.) Beiträge zum Haager Internationalprivatrecht, 1951, S. 115f.

3. Die frühere Rechtsprechung und Verwaltungsauffassung

Bis zur Verabschiedung des IPRG bezog das Bundesgericht nicht ausdrücklich Stellung dazu, welche Anknüpfungstheorie es für maßgebend erachtete. Das Bundesgericht führt jedoch bereits im Jahr 1889 aus: „Dafür nun, wo der Sitz einer Aktiengesellschaft sich befindet, ist gewiss in erster Linie das Statut derselben massgebend. Es bedürfte des Nachweises besonderer Umstände, um anzunehmen, die statuarische Bestimmung über den Sitz der Aktiengesellschaft sei eine mit der Wirklichkeit unverträgliche, nur auf Umgehung der Gesetze des thatsächlichen Mittelpunktes ihrer Rechtsverhältnisse beruhende Fiktion.[602]

Von administrativer Seite existierten allenfalls einige wenige Erlasse schweizerischer Verwaltungsbehörden, die sich mit dem Problem befassten und sich oftmals für die Sitztheorie aussprachen; von Seiten des eidgenössischen Amtes für das Handelsregister wurde in einer Einzelfallentscheidung, die einen Verein betraf, der seinen Sitz von Deutschland aus in die Schweiz zu verlegen beabsichtigte, die Eintragung verweigert.[603]

Das anfängliche Fehlen eines klaren Bekenntnisses zur Inkorporationstheorie von Seiten des Bundesgerichts vor Inkrafttreten des IPRG ist damit zu erklären, daß es nicht hatte Stellung beziehen müssen, da es schlichtweg über keinen Fall zu entscheiden hatte, bei dem etwa der effektive Sitz und der Ort der Inkorporation auseinander gefallen wären.[604] Freilich kann nicht bezweifelt werden, dass auch die bundesgerichtliche Rechtsprechung vor der Kodifikation des IPRG die Inkorporationstheorie zugrunde legte.[605]

Oftmals finden sich daneben immer wieder Entscheide, in denen sich das Bundesgericht bewusst weder für die eine noch die andere Anknüpfungstheorie

---

602 BGE 15, 570, S. 579 E. 3; das Bundesgericht hat sich sodann im Jahre 1905 und damals im Zusammenhang mit einer rein interkantonalen Auseinandersetzung ausdrücklich für die „Gründungstheorie“ ausgesprochen; vgl. BGE 31 I 472.

603 In einem Entscheid des eidgenössischen Amtes für das Handelsregister vom 4.11.1929 wurde die Eintragung eines in Deutschland bestehenden Vereins, der seinen statuarischen Sitz in die Schweiz verlegte, abgelehnt, da die Verwaltung sich nach wie vor in Deutschland befinde; siehe dazu m.w.N. *Niederer*, in: Gutzwiller/Niederer (Hrsg.) Beiträge zum Haager Internationalprivatrecht, 1951, Fn. 30, S. 117.

604 Botschaft BBl. 1983 I 263 (441).

605 *Rammeloo*, Corporations in International Private Law, 2001, S. 15: "Although there was good reason to assume that the 'incorporation' theory had been adopeted, it remained unclear whether the *Gesellschaftssitz* (seat of the company) was to be understood as its *Satzungssitz* (i.e. the place where the company had its registration office, in conformity with article 56 of the Swiss ZGB) or its *Gründungsrecht* (the proper law of the company, i.e. the system of law according to which the company was incorporated)." Siehe auch *Ebenroth/Messer*, ZSR 108 (1989), 49 (57).

ausspricht;[606] es beruft sich vielmehr schlicht auf den „Sitz“ ohne dabei jedoch zu präzisieren, ob vom statuarischen oder tatsächlichen Sitz die Rede ist.[607]

Soweit von Teilen des Schrifttums dennoch behauptet wurde, die bisherige schweizerische Gerichtspraxis stehe auf dem Boden der Sitztheorie[608], so wird dabei „übersehen, daß das schweizerische Bundesgericht wohl gelegentlich von der Maßgeblichkeit des Sitzes gesprochen hat, indessen regelmäßig ohne zu der entscheidenden Frage Stellung zu nehmen, wie es beim Auseinanderfallen von Sitz und Gründungszugehörigkeit zu halten sei.“.[609]

Indessen kann die frühere bundesgerichtliche Rechtsprechung auch zu Fehldeutungen veranlassen, wenn das BGer in seiner Entscheidung vom 9. Mai 1950 die Verwaltungssitzanknüpfung mit folgenden Worten anspricht: „S'il se révèle que tel est le cas, la personne morale sera domiciliée dans le pays où elle a son véritable siège, c'est-à-dire où se situe le centre principal de son administration.“[610]

Das Bundesgericht hatte im konkreten Fall lediglich über die Eintragung der schweizerischen Niederlassung auf Antrag der Schweizer Gläubiger einer ausländischen Gesellschaft zu entscheiden und diese auch angeordnet. Nicht dagegen ging es über die Eintragung eines inländischen Hauptsitzes. Keinesfalls wurde die Sitztheorie im konkreten Fall angewandt.[611] Das Bundesgericht hat sich in der Entscheidung vielmehr grundsätzlich zur Inkorporationstheorie bekannt, wobei es die grundsätzliche Anknüpfung am Gründungssitz, dem *siège statutaire,* ausdrücklich bejaht: „En droit international prive suisse, le domicile d'une personne morale – lequel est decisif pour fixer sa nationalité – n'est à son

---

606 So lässt BGE 80 II 1954, 53 E. 2, S. 59 die Frage, ob Sitz- oder Inkoporationstheorie massgebend sein soll, ausdrücklich offen: „Als solches ist hier das holländische Recht zu betrachten, sowohl nach der Lehre von der Massgeblichkeit des Rechts am tatsächlichen (Verwaltungs-) Sitz, ... als auch nach der neueren Inkorporationstheorie, welche das Recht des Landes entscheiden lässt, dessen Gründungsvorschriften tatsächlich nachgelebt wurde, wozu regelmässig der Handelsregistereintrag gehört ...“

607 *Luchsinger,* Die Niederlassungsfreiheit der Kapitalgesellschaften in der EG, den USA und der Schweiz, 1992, S. 80. So ist in BGE 91 II, 117 E.2 S. 125 die Rede vom „Ort des Sitzes“, ohne dabei zu sagen, ob der statuarische Sitz oder der Verwaltungssitz gemeint sei. „Nach schweizerischer Auffassung ist hierfür grundsätzlich das Recht am Ort des Sitzes der juristischen Person massgebend; denn nach diesem Recht bestimmt sich ihr Personalstatut ...“

608 Siehe nur *Rabel*, The Conflict of Laws: A comparative Study, Bd. II (1947), S. 34/5 u. 39 f.; *Wolff*, Private International Law, 1945, S. 300f.

609 BernerKomm-*Stauffer*, Bd. VII/7 zu Art. 14 SchlTOR, Rn. 50, S.102.

610 BGE 76 I 150 E.3, S. 159.

611 So auch *Moser*, RabelsZ 31 (1967) 670 (692).

siège statutaire …"[612] Denn im konkreten Fall wurde lediglich die Anwendung der am Inkorporationsort Panama City geltenden Rechtsordnung aufgrund eines „fiktiven" Gesellschaftssitzes verneint (sog. Fiktionsvorbehalt)[613], da das Bundesgericht die Rechtswahl als rechtsmissbräuchlich ansah.[614]

In seinem Entscheid vom 4. Februar 1976 lehnte das Bundesgericht die Kontrolltheorie ausdrücklich ab, indem es nicht auf die Nationalität der hinter der juristischen Person stehenden französischen Anteilseigner abstellte, sondern auf den Sitz der Gesellschaft, um das maßgebliche Recht zu bestimmen, was hier dem Recht am schweizerischen Inkorporationsort entsprach. In den Entscheidungsgründen wird dabei auf das «*critère du siège social*» abgestellt, um die Nationalität der Aktiengesellschaft zu bestimmen.[615]

Im Zusammenhang mit einem eindeutigen Bekenntnis der bundesgerichtlichen Rechtsprechung zur Inkorporationstheorie wird auch diskutiert, inwieweit sich der Rechtsprechungswandel hin zu einer verstärkten Parteiautonomie gerade auch im Hinblick auf eine internationale Rechtswahl bei obligatorischen Verträgen ausgewirkt haben könnte. Denn das BGer hatte jahrzehntelang eine Rechtswahl der Parteien nur insoweit zugelassen, als es um die Anknüpfung zu Fragen der Erfüllung oder Nichterfüllung obligatorischer Verträge ging; nicht aber hinsichtlich ihres Zustandekommens und ihrer Gültigkeit.[616] Zusätzliche

---

612 BGE 76 I 150 E. 3. S. 159.

613 Diese Rechtsprechung vom Fiktionsvorbehalt hat das Bundesgericht danach an anderer Stelle erneut bestätigt; vgl. BGE 108 II 125 E.2, 105 III 111 E. 2, sowie 102 Ia 410.

614 BGE 76 I 150 E. 3. S. 159 : «En droit international prive suisse, le domicile d'une personne morale – lequel est decisif pour fixer sa nationalité … – n'est à son siège statutaire que si celui-ci n'est pas un siège fictif, c'est-à-dire sans rapport avec la realité des choses et choisi uniquement pour échapper aux lois du pays où la personne morale exerce en fait son activité …. S'il se révèle que tel est le cas, la personne morale sera domiciliée dans le pays où elle a son veritable siege, c'est-à-dire ou se situe le centre principal de son administration.»

615 BGE 102 Ia 406 E.2, S. 410: «Quant à la défenderesse et recourante, elle a son siège à Genève; peu importe qu'elle soit peut-être dominée ou contrôlée par des actionnaires français, car le Tribunal fédéral s'en tient au critère du siège social pour déterminer la nationalité des sociétés anonymes …, comme le fait la doctrine dominante en droit international privé, tant en Suisse qu'en France … On ne fait exception à ce principe que s'il s'agit d'un siège fictif, ce que personne n'a prétendu en l'espèce. Il n'y a donc pas lieu de mettre en doute la nationalité suisse de la recourante …»

616 Erst in BGE 78 II 74 hat das BGer diese Einschränkung der Parteiautonomie aufgegeben und auch eine nachträgliche Rechtswahl zugelassen, während davor das anwendbare Recht als unwandelbar galt. Siehe dazu *Moser*, RabelsZ 31 (1967) 670 (674) u. (695). Bejahend zum grundsätzlichen Einfluss der Parteiautonmie jedenfalls bei Vereinigung ohne juristische Persönlichkeit *Niederer*, in: Gutzwiller/Niederer (Hrsg.) Beiträge zum Haager Internationalprivatrecht, 1951, S. 124 f.

Klarheit in der Rechtsprechung bringen insbesondere die letzten vor Inkrafttreten des IPRG ergangenen Entscheide, die sich eindeutig im Sinne der Inkorporationstheorie interpretieren lassen.[617] So hat das Bundesgericht in seinem Urteil vom 11. Dezember 1979 eine Panamesische Gesellschaft ausdrücklich als solche in der Schweiz anerkannt.[618]

Erst im Jahr 1982 erwähnt das Bundesgericht auch ausdrücklich, dass das auf eine ausländische Gesellschaft anwendbare Recht im Wege der Gründungstheorie zu ermitteln sei[619], indem es ausführt: „Das Personalstatut beurteilt sich nach dem Recht des Staates, wo die juristische Person ihren statutarischen Sitz hat und inkorporiert ist.“[620]

In seiner nach Inkrafttreten des IPRG gefällten Grundsatzentscheidung vom 17. Dezember 1991[621] bestätigt das Bundesgericht für das schweizerische Internationale Gesellschaftsrecht in der zweiten Regeste: „Nach Art. 154 Abs. 1 IPRG ist für die Bestimmung des Personalstatuts einer Gesellschaft vom Recht des Staates auszugehen, wo sie inkorporiert ist. ... Unter der Herrschaft des IPRG bleibt kein Raum für den Vorbehalt des fiktiven, zum Zweck der Geset-

---

617 BGE 94 I 80; 95 II 448 sowie BGE 108 II 398; siehe zum zuletzt genannten Entscheid mit seinem grundsätzlichen Bekenntnis zur Inkorporationstheorie IPRax 1984, 166 (167f.) m. Anm. *Heini.* Offen bleibt nach diesem Entscheid einzig die Frage, wie das Gesellschaftsstatut in dem seltenen Fall zu bestimmen sei, in welchem der statutarische Sitz *nicht* im Inkorporationsstaat liegt (BGE 108 II 398, E. 3c.). Diese Frage hat freilich wenig praktische Bedeutung, da in aller Regel der Gründungsstaat einen statutarischen Sitz im eigenen Territorium fordert, weshalb die Maßgeblichkeit des statutarischen Sitzes im Allgemeinen mit der Inkorporationstheorie identisch ist; siehe dazu *Vischer/von Planta,* Internationales Privatrecht, 1982, § 13, S. 60; vgl. ferner *Klein,* BJM 1989, 359 (367). BGE 15, 1889 570 (579) stellt zwar sowohl auf den Verwaltungs- als auch satzungsmäßigen Sitz ab, die hier wohl am selben Ort zusammenfielen; jedoch kann der Entscheid zusammen mit BGE 50 II, 1923 507 (513): „La société anonyme n'a d'existence que celle que lui donne le législateur, et les sociétés étrangères ne possèdent la personnalité juridique si elle leur a été octroyée par la loi de leur pays“ sowie 79 II 87, 1953, 87 (90), wo das Bundesgericht auf den statuarischen Sitz abstellt, eher als der Inkorporationstheorie zugeneigt angesehen werden. Siehe im Ergebnis *Vischer/von Planta,* Internationales Privatrecht, 1982, §13, S. 61 Fn. 3.

618 BGE 105 III E. 2, S. 111: «Il n'est pas contesté que la société G.U.I. s'est constituée conformément aux règles du droit panaméen, qu'elle a son siège social à Panama City et que, dans la République de Panama, elle est considérée comme un sujet de droit indépendant. Dans ces conditions, les autorités de poursuite peuvent présumer que la personnalité morale acquise en application des lois panaméennes est reconnue en droit suisse.»

619 BGE 108 II 398; *Werlen*, Haftung ausländischer Gesellschaften, 1999, S. 36.

620 Siehe die Regesten von BGE 108 II 398.

621 BGE 117 II 494 = Pra. 81 Nr. 232.

zesumgehung gewählten Sitzes.“[622] Auf die soeben angedeutete „Theorie vom Fiktionsvorbehalt“ sei dabei im Folgenden eingegangen.

4. Theorie vom Fiktionsvorbehalt

Vor Inkrafttreten des IPRG wurde die Inkorporationstheorie vom Bundesgericht nur unter dem ausdrücklichen Vorbehalt der Rechtsumgehung anerkannt.[623] Nach der „Theorie vom Fiktionsvorbehalt“ sollte anstelle des Gründungsrechts ausnahmsweise das Recht am Ort der tatsächlichen Verwaltung anwendbar sein, wenn der statutarische Sitz rein fiktiv und *"sans rapport avec la réalité des choses"* war.[624] Dies wurde dann angenommen, wenn statutarischer und tatsächlicher Sitz auseinanderfielen, d.h. das Aktivitäts- und Verwaltungszentrum der Gesellschaft sich nicht im Gründungsstaat befanden und vielmehr ein ausländischer Satzungssitz ausschließlich in der Absicht gewählt worden war, zwingendes Recht am Ort der Verwaltung zu umgehen.[625] Demzufolge schränkte das Bundesgericht das Anknüpfungsmoment durch den genannten „Fiktionsvorbehalt“ in einer Weise ein, die weder in der reinen Gründungs- noch in der Sitztheorie bekannt ist: Demnach wird nämlich der satzungsmäßige Sitz nicht anerkannt, wenn dieser und der tatsächliche Sitz auseinanderfallen – dies entspräche der Sitztheorie – und wenn dieser fiktive Sitz zu Umgehungszwecken gewählt wurde. Wenn diese beiden Voraussetzungen kumulativ erfüllt waren, ging das Bundesgericht, sodann nicht mehr vom satzungsmäßigen, sondern vom tatsächlichen Verwaltungssitz der Gesellschaft aus.[626] Die Anknüpfung am Satzungssitz wurde somit unwiderruflich vermutet und entsprach letzten Endes einer Anwendung des *fraus legis*-Vorbehalts.

Obschon das Bundesgericht nicht davon sprach, so lief die Anknüpfung an den Verwaltungssitz auf eine Nichtanerkennung der betreffenden Gesellschaft hinaus. Diese Rechtsprechung wurde zu Recht als versteckte Anwendung der

---

622 BGE 117 II 494, E:4b, S. 497: «Le nouveau droit a consacré la théorie de l'incorporation. Aux termes de l'art. 154 al. 1 LDIP, les sociétés sont régies par le droit en vertu duquel elles sont organisées si elles répondent aux conditions de publicité ou d'enregistrement prescrites par ce droit ou, dans le cas où ces prescriptions n'existent pas, si elles se sont organisées selon le droit de cet Etat.»

623 So bereits BGE 76 I 150; zuletzt BGE 110 Ib 216.

624 BGE 108 II 398, Erw. 3 a), S. 400. In den Regesten zu diesem Entscheid heißt es: „Das Personalstatut beurteilt sich nach dem Recht des Staates, wo die juristische Person ihren statutarischen Sitz hat und inkorporiert ist. Vorbehalten bleibt das Recht des tatsächlichen Verwaltungssitzes, wenn der statutarische Sitz fiktiv ist.“ Siehe ferner ZürchKomm-*Vischer, IPRG,* Art. 154 Rn. 17.

625 ZürchKomm-*Vischer, IPRG,* Art. 154 Rn. 17.

626 *Luchsinger,* Die Niederlassungsfreiheit der Kapitalgesellschaften in der EG, den USA und der Schweiz, 1992, S. 81.

Sitztheorie kritisiert.[627] Vor diesem Hintergrund sind die Hemmungen des Bundesgerichts verständlich, die es mit dem Umgang mit der Nichtanerkennung hatte. Dementsprechend restriktiv handhabte es auch die Kriterien und stellte hohe Anforderungen auf.[628] Nach der Lehre vom Fiktionsvorbehalt sollten somit nicht per se sämtliche "*pseudo foreign corporations*" mit fiktivem ausländischem Sitz zu Fall gebracht werden; vielmehr wurde das Fehlen eines "*lien effectif*" zum Gründungsstaat nur dann sanktioniert, wenn die Sitzwahl von einer nachgewiesenen Absicht der Umgehung von Normen materiellen Rechts getragen wurde.[629] Schließlich gelangte der *fraus legis*-Vorbehalt nur bei der Umgehung zwingender Bestimmungen des schweizerischen Rechts zur Anwendung.[630] Betraf die Gesetzesumgehung dagegen Verbotsnormen von Drittstaaten, so hielt das Bundesgericht ein Einschreiten unter *fraus legis*-Gesichtspunkten für entbehrlich.[631]

5. Aktuelle Rechtslage

a) *Das IPRG als Gesamtkodifikation*

Das schweizerische Parlament hat am 18. Dezember 1987 das Bundesgesetz über das Internationale Privatrecht (IPRG) verabschiedet; das Gesetz ist am 1. Januar 1989 in Kraft getreten.[632] Der zunächst 200 Artikel umfassende Erlass stellt eine sog. Gesamtkodifikation[633] dar: [634] Es baut es auf der kontinentaleuropäischen Tradition auf, ein System von vorwiegend allseitigen relativ starren Kollisionsnormen zu schaffen, die zum Teil durch materiell-rechtliche Normen sowie teilweise durch verhältnismäßig flexibel definierte Ausnahmevorschriften

---

627 *Mebes*, Die Rechtsumgehung im internationalen Privatrecht der Schweiz, 1986, S. 152 f. sowie S. 160.

628 *Perrin*, La reconnaissance des sociétés étrangeères et ses effets, 1969, S. 108 f.

629 Im Hinblick auf eine liechtensteinische Stiftung heißt es in BGE 108 II 398, Erw. 4 S. 403: « Par ailleurs, la création de la fondation, avec siège statutaire au Liechtenstein, a non seulement été réalisée en vue d'éluder la loi fiscale suisse, mais elle a aussi tourné les importantes restrictions posées par la loi suisse quant au but des fondations »; siehe ZürchKomm-*Vischer*, Art. 154 Rn. 18.

630 BGE 110 Ib 216; ZürchKomm-*Vischer*, Art. 154 Rn. 18.

631 ZürchKomm-*Vischer*, Art. 154 Rn. 18.

632 AS 1988 1776 (SR 291). Das IPR-Gesetz wurde am 18. Dezember 1987 – nach über 15-jährigen Vorarbeiten – vom Bundesparlament verabschiedet und trat am 1. Januar 1989 in Kraft. Die Verzögerung war dabei bedingt durch die Referendumsdrohungen organisierter Auslandschweizer; vgl. *Girsberger*, SJZ 1999, 209 (209).

633 *Vischer*, in: Schweizerischer Juristenverein, Das Problem der Kodifikation des schweizerischen internationalen Privatrechtes 1971, S. 46.

634 *Schnyder*, in: FS Jayme Bd I, S. 823 (827).

wie namentlich Art. 15, 17 und 19 korrigiert werden können.[635] Über die *lois d'application immédiate*, Sonderanknüpfungen, IPR-Sachnormen und andere Ausnahmen von der gewöhnlichen Anknüpfungsmethode praktiziert das schweizerische IPRG dabei einen „Methodenpluralismus“[636], der letztlich der Suche nach einer materiell-rechtlich befriedigenden Lösung Rechnung tragen soll.

Dass der schweizerische Gesetzgeber sich entschlossen hat, dem Kodifikationsprinzip im IPR zu folgen, war indessen Anfang der 1970er Jahre alles andere als selbstverständlich, da die Ideen des „*Legal Realism*“ und der „*Social Jurisprudence*“ von den USA über den Atlantik hinweg auch in der Schweiz an Einfluss gewannen; es machte sich Skepsis gegenüber dem Kodifikationsgedanken breit.[637] Der schweizerische IPRG genießt allenthalben auch den Ruf der „progressivsten europäischen IPR-Kodifikation“.[638] Inwieweit dies für das Internationale Gesellschaftsrecht zutrifft, wird im Folgenden untersucht.

b) Die Schweizerische Variante der Inkorporationstheorie

aa) Anknüpfung am Recht des Inkorporationsorts

Das schweizerische IPRG folgt gemäß Art. 154 IPRG grundsätzlich und zwar „in extensiver Weise der Gründungs- und Inkorporationstheorie“.[639] In methodischer Hinsicht sieht Art. 154 des schweizerischen IPRG sowohl für die Anerkennung der Rechtspersönlichkeit als auch für die das Gesellschaftsstatut betreffenden Fragen ein und dieselbe Kollisionsregel vor.[640] Es handelt sich um eine allseitige Kollisionsnorm.[641] Maßgeblich ist nach dieser Vorschrift das Recht desjenigen Staates, nach dessen Vorschriften die Gesellschaft organisiert ist,

---

635 *Girsberger*, SJZ 1999, 209 (221).

636 So die Formulierung von *Schwander*, Lois d'application immédiate, Sonderanknüpfung, IPR-Sachnormen und andere Ausnahmen von der gewöhnlichen Anknüpfung im internationalen Privatrecht, 1975, § 15 III, S. 451, der bereits vor Inkrafttreten des IPRG die Voraussetzungen eines geordneten Methodenpluralismus im IPR aufgezeigt.

637 *Vischer/von Planta,* Internationales Privatrecht, 1982, §1, S. 10; *Vischer*, in: Schweizerischer Juristenverein, Das Problem der Kodifikation des schweizerischen internationalen Privatrechtes 1971, S. 46.

638 Vgl. *Kurt Siehr*, Private International Law at the End of the Twentieth Century: Progress or Regress? in: Rapports suisses présentés au XVème Congrès international de droit comparé, Zürich 1998, 441. So merkt *Girsberger* an: „In einem nirgendwo sonst bestehenden Ausmass wird ausserdem den Parteien eines Rechtsverhältnisses die Möglichkeit gegeben, die gerichtliche Zuständigkeit oder das anwendbare Recht im voraus selbst zu wählen. Dadurch wird die Voraussehbarkeit massgeblich erhöht.“ *Girsberger*, SJZ 1999, 209 (221).

639 *Schwander*, SZIER 2002, 57 (65).

640 *Schwander*, SZIER 2002, 57 (61).

641 *Hoffmann*, ZVglRWiss 101 283 (303).

„wenn sie die darin vorgeschriebenen Publizitäts- oder Registrierungsvorschriften dieses Rechts erfüllen oder, falls solche Vorschriften nicht bestehen, wenn sie sich nach dem Recht dieses Staates organisiert haben".[642] Zwar wird darunter in der schweizerischen Literatur häufig das Recht am Satzungssitz der Gesellschaft verstanden, so ist dies nur als eine Vereinfachung anzusehen, da regelmäßig die Organisation nach dem Recht des Satzungssitzes erfolgen wird und dort auch die Registrierung erfolgt. Der statuarische Sitz befindet sich demnach regelmäßig im Gründungsstaat, so dass Gründungs- und Inkorporationstheorie als Synonyme betrachtet werden können.[643] Dieser Zusammenhang zwischen statuarischem Sitz und Inkorporationsort wurde durch die Forderung des OR sichergestellt, dass sich die Gesellschaft in das Handelsregister desjenigen Ortes einzutragen habe, in dem sie ihren Sitz hat.[644] Der Satzungssitz hat jedoch über die angesprochene Indizwirkung hinaus keine Bedeutung.[645]

Dabei wird nach Art. 154 IPRG nicht auf die ursprüngliche Gründung der Gesellschaft abgestellt, sondern vielmehr verweist die Norm aufgrund des in der Gegenwartsform gehaltenen Wortlauts auf die jeweils aktuelle Organisation der Gesellschaft.[646] Demnach ist bereits die Möglichkeit eines Statutenwechsels im Wortlaut der allgemeinen Gesellschaftskollisionsnorm angelegt.[647] In diesem Punkt unterscheidet sich die Inkorporationstheorie schweizerischer Prägung von der ursprünglichen Variante der Gründungstheorie des *common law*-Rechtskreises. Diese Öffnung der gesellschaftsrechtlichen Kollisionsnorm gegenüber einem möglichen Statutenwechsel macht deutlich, dass es sich bei dem schweizerischen Modell „nicht eigentlich um eine Gründungstheorie handelt", denn maßgebliches Anknüpfungsmoment ist die Organisation der Gesellschaft nach dem Gesellschaftsstatut, so dass der Rechtswahlfreiheit der Gesellschafter auf diese Weise eine noch größere Bedeutung beigemessen wird.[648] Nach dieser vom

---

642 Vgl. Art. 154 Abs. 1 IPRG.

643 *Nobel*, Internationales und Transnationales Aktienrecht, Bd. 1: Teil IPR und Grundlagen (2012), S. 50 Rn. 39.

644 Vgl. Art. 554 OR für die Kollektivgesellschaft, Art. 596 Abs. 1. OR für die Kommanditgesellschaft, Art. 640 OR für die Aktiengesellschaft, Art. 764 Abs. 2 OR i.V.m. Art. 640 OR für die Kommanditgesellschaft, Art. 778 OR für die GmbH sowie für die Genossenschaft Art. 835 OR. Siehe *Nobel*, Internationales und Transnationales Aktienrecht, Bd. 1: Teil IPR und Grundlagen (2012), S. 50 Rn. 39

645 *Hoffmann*, ZVglRWiss 101 283 (303).

646 *Hoffmann*, ZVglRWiss 101 283 (304).

647 *Hoffmann*, ZVglRWiss 101 283 (304).

648 Aufgrund dieser Tatsache empfiehlt es sich nach *Jochen Hoffmann* zur Unterscheidung des Anknüpfungsmoments des schweizerischen Rechts nicht von Gründungs- oder Inkorporationstheorie zu sprechen, sondern vielmehr von der „Organisationstheorie". Siehe *Hoffmann*, ZVglRWiss 101 283 (306).

schweizerischen Recht gewählten Anknüpfungsmethode ist der Statutenwechsel somit kein Fremdkörper, vielmehr ist seine Zulässigkeit bereits im Wortlaut der Kollisionsnorm angelegt.[649]

Nach dem Willen des schweizerischen Gesetzgebers soll möglichst weitgehend jede Gesellschaft, wo immer sie auch gültig gegründet worden ist, anerkannt werden.[650] Der schweizerische Gesetzgeber hat sich bewusst für diese Anknüpfungsmethode entschieden, weil nur die Inkorporationstheorie zu garantieren vermag, dass die einmal erlangte Rechtspersönlichkeit nicht nachträglich in Zweifel gezogen wird, „während die Sitztheorie zu einer Häufung der Nichtigkeitsfälle führt und damit den Gläubigerinteressen weniger gerecht wird".[651] Überdies hält der Gesetzgeber sie ausdrücklich für „die liberalste Lösung, denn sie begnügt sich mit der Erfüllung der zwingenden Vorschriften des Gründungsstatuts".[652] Im Gegensatz dazu führe die Anwendung der Sitztheorie vermehrt zu Fällen nichtiger oder rechtlich nicht existierender Gesellschaften, so dass diese im Ergebnis den Gläubigerinteressen weniger gerecht werde.[653]

bb) Geltung des Rechts am Ort der tatsächlichen Verwaltung

Interessanterweise wird sodann in Abs. 2 des Art. 154 IPRG die Sitztheorie zu einer Erweiterung der Gründungstheorie umfunktioniert,[654] wenn es dort heißt: „Erfüllt eine Gesellschaft diese Voraussetzungen nicht, so untersteht sie dem Recht des Staates, in dem sie tatsächlich verwaltet wird." Vorweg muss jedoch klargestellt werden, dass die Vorschrift nicht etwa die Gründungs- und Sitztheorie miteinander verbinden will; vielmehr entwickelt sie die Zielsetzung der Gründungstheorie über dieselbe hinaus, indem diese Bestimmung subsidiär zusätzlich auch eine Anerkennung nach dem Recht am effektiven Sitz zulässt.[655] Man kann sagen, dass dem schweizerischen Internationalen Gesellschaftsrecht somit gewissermaßen „eine ins Extrem gesteigerte Zielsetzung der Gründungstheorie"[656] zugrunde liegt, die als zusätzliches Kriterium auch noch den effektiven Sitz miteinbezieht.

Diese subsidiäre Anknüpfung an den Sitz der tatsächlichen Verwaltung kommt dabei jedoch nicht schon beim bloßen Auseinanderfallen von statutarischem und effektivem Sitz zum Tragen, sondern nur dann, wenn eine Gesell-

---

649 *Hoffmann*, ZVglRWiss 101 283 (306).

650 *Schwander*, SZIER 2002, 57 (65).

651 ZürchKomm-*Vischer*, Art. 154 Rn. 12.

652 Botschaft Nr. 294.2, S. 442.

653 ZürchKomm-*Vischer*, Art. 154 Rn. 12; *Vischer/von Planta*, Internationales Privatrecht, 1982,§ S. 62;Botschaft, Nr. 299.2.

654 *Schwander*, SZIER 2002, 57 (65).

655 *Schwander*, SZIER 2002, 57 (66).

656 *Schwander*, SZIER 2002, 57 (66).

schaft die primären Kriterien des Art. 154 Abs. 1 IPRG nicht erfüllt oder nicht zu einer rechtsgültigen Gründung führen würde.[657] Wenn also eine ausländische Gesellschaft nach ihrem Gründungsstatut rechtlich nicht existiert, dann soll sie wenigstens nach dem Recht des Verwaltungssitzortes zum Leben erweckt werden.[658] Dem Recht am Ort des effektiven Verwaltungssitzes kommt nach alledem somit lediglich eine Auffangfunktion zu. Auf diese Weise soll eine Zuweisung des in Rede stehenden Sachverhalts zu einer Rechtsordnung sichergestellt werden, selbst wenn andere Anknüpfungspunkte fehlschlagen.[659] Insgesamt scheint das schweizerische IPRG somit – etwas pointiert formuliert – „geradezu von einer panischen Angst davor geprägt [zu sein], dass es rechtlich inexistente Gesellschaften geben könnte“.[660] Es wird – getragen vom Gedanken der Rechtsicherheit – versucht, für juristische Personen im internationalen Rechtsverkehr etwas Ähnliches wie die für natürliche Personen geltende allgemeine Rechtsfähigkeit zu erreichen. Demnach sollen juristische Personen ihre Rechtspersönlichkeit dann nicht verlieren, wenn sie diese nach dem Gründungsstatut oder dem Recht am effektiven Sitz einmal wirksam erworben haben.[661] Dies soll über die Art. 154 IPRG zugrunde liegende „Anknüpfungskaskade“ gesichert werden.[662]

IV. Umfang des Gesellschaftsstatus

1. Allgemeines

Nach der Konzeption des IPRG soll dem Gesellschaftsstatut ein möglichst umfassender Geltungsbereich zugebilligt und Ausnahmen nur dort anerkannt werden, wo schutzbedürftige Interessen Dritter überwiegen.[663] Die gesellschaftsrechtliche Generalklausel des Art. 154 IPRG wird dabei durch die Aufzählung des Art. 155 IPRG konkretisiert: Die Vorschrift zählt zunächst die „positiven Kandidaten“ auf,[664] bei denen das Gesellschaftsstatut zur Anwendung kommen soll. Demgegenüber beschreiben die Sonderanknüpfungen der Art. 156 ff. so-

---

657 ZürchKomm-*Vischer*, Art. 154 Rn. 27.

658 *Schwander*, SZIER 2002, 57 (65/6).

659 Botschaft, Nr. 294.2; 28. Wenn dabei auch das Recht am Ort der effektiven Verwaltung konstitutive Gründungsvorschriften vorsieht und diese nicht erfüllt wurden, so fehlt es an einer rechtswirksamen Gründung; vgl. ZürchKomm-*Vischer*, Art. 154 Rn. 28.

660 *Schwander*, SZIER 2002, 57 (66).

661 *Schwander*, SZIER 2002, 57 (66).

662 ZürchKomm-*Vischer*, Art. 154 Rn. 25.

663 BaslerKomm IPRG-*von Planta* Art. 155 Rn. 1; ZürchKomm-*Vischer*, Art. 155 Rn. 1 sowie Botschaft IPRG 294.3.

664 *Kramer*, Juristische Methodenlehre, 2005, S. 54.

dann die „negativen Kandidaten“, für welche das Gesellschaftsstatut nicht oder jedenfalls nicht ausschließlich zur Anwendung kommen soll.[665] Zwischen den genannten Polen gibt es einen Graubereich von Normen, bei denen nicht klar ist, ob diese den „positiven“ oder den „negativen Kandidaten“ zugerechnet werden können bzw. ob eine konkrete Zuordnung zum Gesellschaftsstatut oder einer anderen internationalprivatrechtlichen Kategorie in diesem Bereich überhaupt rechtlich möglich ist.[666]

Die Aufzählung in Art. 155 IPRG ist demnach nicht abschließend, sondern bewusst offen gehalten.[667] Danach bestimmt das auf die Gesellschaft anwendbare Recht – unter Vorbehalt der Art. 156–161 IPRG – insbesondere:

a. die Rechtsnatur;
b. die Entstehung und den Untergang;
c. die Rechts- und Handlungsfähigkeit;
d. den Namen oder die Firma;
e. die Organisation;
f. die internen Beziehungen, namentlich diejenigen zwischen der Gesellschaft und ihren Mitgliedern;
g. die Haftung aus Verletzung gesellschaftsrechtlicher Vorschriften;
h. die Haftung für ihre Schulden;
i. die Vertretung der aufgrund ihrer Organisation handelnden Personen.

Der schweizerische Gesetzgeber ist ausweislich der Gesetzesbegründung nicht der Differenzierungslehre gefolgt, denn „[a]uf Differenzierungen zwischen dem Recht, das auf das Innenverhältnis, und dem Recht, das auf das Außenverhältnis anwendbar ist, wird bewusst verzichtet“.[668] Das Gesellschaftsstatut erfasst somit sowohl das Innen- als auch das Außenverhältnis der Gesellschaft.

Überdies soll der weite Anwendungsbereich des Gesellschaftsstatuts der Rechtssicherheit dienen. Jedoch sollen Statutenwechsel und -spaltungen in Ausnahmefällen zugelassen sein, in denen der Schutz überwiegender Interessen eine Abkehr von der einheitlichen Anknüpfung erforderlich macht; vorbehalten bleiben deshalb die Sonderanknüpfungen der Art. 156–160 IPRG.[669] Im Übrigen gelangt das Gesellschaftsstatut zur Anwendung; es beherrscht insbesondere die Rechtsnatur einer Gesellschaft. Erkennt nämlich das ausländische Recht einer Gesellschaftsform die Rechtspersönlichkeit zu, so wird dies vom schweizerischen Recht selbst dann respektiert, wenn der betreffende Typus – wie z.B. die

665 *Meier*, Eingriffsnormen im Gesellschaftsrecht, 2010, S. 41.
666 *Meier*, Eingriffsnormen im Gesellschaftsrecht, 2010, S. 42.
667 Die dort genannte Aufzählung ist lediglich *beispielhaft* und nicht abschließend zu verstehen; siehe ZürchKomm-*Vischer*, Art. 155 Rn. 1.
668 Siehe Botschaft IPRG 294.1; Schlussbericht, S. 267
669 BaslerKomm IPRG-*von Planta* Art. 155 Rn. 2.

deutsche GmbH & Co.KG – nicht vom *numerus clausus* der schweizerischen Gesellschaftsformen erfasst wird.[670] Auf diese Weise wird einer spezifischen Anerkennungsproblematik damit der Boden entzogen.[671] Wie bereits erläutert führt eine Anerkennung ausländischer Gesellschaften indessen nicht *per se* zu einer Gleichstellung mit schweizerischen Gesellschaften, sondern lediglich zu einer Respektierung ihrer Existenz und ihrer vom ausländischen Recht verliehenen Organisationsstruktur.[672] Daher ist eine Anerkennung ausländischer Gesellschaften ohne gleichzeitige Anwendung fremden Rechts nicht möglich, so dass die vom schweizerischen Gesetzgeber gewählte einheitliche Anknüpfungsmethode richtigerweise für beide Rechtsfragen – sowohl Anerkennung als auch Rechtsanwendung – ein und dieselbe Kollisionsnorm, nämlich den Art. 154 IPRG, vorsieht.[673]

Soweit es um die Frage der Anerkennung geht, ist die Gründungsrechtsanknüpfung der gesellschaftsrechtlichen Generalklausel des Art. 154 IPRG zwingend und unter weitgehendem Ausschluss jeglicher Ausnahmen anzuwenden. Demgegenüber wird dieses Ergebnis mit Blick auf die in Art. 155 IPRG genannten Rechtsfragen wiederum relativiert: Denn das Gesetz enthält zugleich den Vorbehalt der Art. 156 ff. IPRG, wonach über eine Reihe von Sonderanknüpfungen die Einheit des Gesellschaftsstatut durchbrochen werden kann.

2. Einschränkungen des Anknüpfungsgrundsatzes der Inkorporationstheorie

Dass die Inkorporationstheorie notwendigerweise mit einer Einschränkung des Gründungsrechts durch zwingendes Sachrecht im Staat der Tätigkeit verbunden werden muss, ist kaum umstritten. So war bereits *Friedrich Meili* vor über einem Jahrhundert von der Idee einer interessengerechten Anknüpfungsmethode im Internationalen Gesellschaftsrecht beseelt. Obgleich die grundsätzliche Anerkennung ausländischer Gesellschaften sowie deren Gleichstellung mit inländischen Gesellschaften garantiert werde, sei der Gesetzgeber gleichwohl nicht daran gehindert, „bestimmte Schranken und Cautelen gegen auswärtige Gesellschaften aufzustellen, wenn besondere Gründe gewerblicher oder rechtspolizeilicher Art dafür vorliegen“.[674]

Man ist sich in der Schweiz einer möglichen Missbrauchsgefahr der Inkorporationstheorie durchaus bewusst gewesen. So hält die Botschaft zum IPRG fest, es existierten „weltweit einige äusserst liberale Gesellschaftsrechte (Panama, Bermudas, Niederländische Antillen, Liechtenstein, Delaware), was zu

---

670 *Müller-Chen*, REPRAX 2001, 12 (16).
671 ZürchKomm-*Vischer*, Art. 155 Rn. 3.
672 *Schwander*, SZIER 2002, 57 (61).
673 *Schwander*, SZIER 2002, 57 (61).
674 *Meili*, Das internationale Civil- und Handelsrecht, Bd. II (1902), § 165 III, S. 249.

Problemen besonderer Art führt".[675] Es stellt sich die Frage, wie das schweizerische Recht einer solchen Missbrauchsgefahr begegnet. Für einen Rückgriff auf die Lehre vom Fiktionsvorbehalt hat es nach Inkrafttreten des IPRG jedenfalls keinen Raum mehr:[676] Denn mit Erlass des IPR-Gesetzes im Jahr 1989 ist der Fiktionsvorbehalt als „Relikt der Sitztheorie" bewusst abgeschafft worden.[677] Dieser fand keine Erwähnung durch den Gesetzgeber. Gerade die Welsche Literatur vertrat jedoch die Auffassung, der Fiktionsvorbehalt gelte nach wie vor, also auch nach Inkrafttreten des IPRG; es bestehe diesbezüglich lediglich eine Gesetzeslücke.[678] Dieser Auffassung hat das Bundesgericht indessen eine klare Absage erteilt:[679] Die einleitende Frage, wie diese Nichterwähnung zu bewerten sei, muss als eine bloß rhetorische gelten: „S'agit-il d'une lacune à combler ou d'un silence qualifié?"[680] In den weiteren Entscheidungsgründen hat es klar gegen den Fiktionsvorbehalt Stellung bezogen, indem es das System der Kaskadenanknüpfung (*rattachement en cascade*)[681] und den damit zum Ausdruck gebrachten *favor recognitionis* hervorhebt und sich gegen einen Rückfall in die Sitztheorie ausspricht.[682]

---

675 Botschaft IPRG 1983, 29.291, S. 438.

676 Dies konnte unmittelbar nach Inkrafttreten noch nicht als geklärt angesehen werden. So fragte *Klein*, BMJ 1989, 359 (370): „Ob das Bundesgericht bei der Auslegung der eben vorgetragenen Bestimmungen die "réserve du siège fictif" aufgeben wird, bleibt abzuwarten."

677 *Dasser*, Der Durchgriff im Internationalen Privatrecht, in: FS Riemer, S. 35 (37).

678 *Perrin*, SJ 1989, 553 (553) ; diesem zustimmend *Broggini*, in: FS Pedrazzini, S. 263 (269).

679 BGE 117 II 494 E.6c, S. 500/1: « Au contraire, il apparaît que le législateur a opté résolument pour la théorie de l'incorporation, tempérée uniquement par quelques rattachements particuliers dans certains cas précis où il l'estimait nécessaire. Dans ces conditions, admettre la réserve du siège fictif fondée sur la fraude à la loi reviendrait finalement à introduire la théorie du siège effectif "par la petite porte", contrairement aux intentions. Il ne faut pas perdre de vue non plus que le rattachement au droit du siège effectif en cas de fraude à la loi conduirait le plus souvent à l'inexistence de la société en droit suisse, ce que la LDIP tend précisément à éviter. En conclusion, l'interprétation de la loi ne révèle pas l'existence d'une lacune occulte. »

680 BGE 117 II 494 E. 5 b.

681 So die Formulierung in BGE 117 II 494 E.6c, S. 501.

682 BGE 117 II 494 E. 6b, S. 500: «En matière de sociétés, la LDIP institue tout d'abord des rattachements en cascade. Lorsque l'Etat d'incorporation ne prévoit pas de conditions de publicité ou d'enregistrement, il suffit que la société se soit organisée selon le droit de cet Etat pour que celui-ci s'applique (art. 154 al. 1 in fine LDIP). En outre, si la personne morale ne remplit pas les conditions de publicité ou d'enregistrement prescrites par le droit de l'Etat d'incorporation, c'est le droit du siège effectif qui est déterminant (art. 154 al. 2 LDIP). La loi prévoit ensuite quelques rattachements dérogeant à la règle générale pour des cas particuliers (art. 156 à 159 LDIP). Parmi ceux-ci, il y a le cas de

Dennoch begegnet das schweizerische Recht einer möglichen Missbrauchsgefahr, indem es eine Relativierung der Inkorporationstheorie vornimmt: Einerseits kann die Inkorporationstheorie aufgrund von Vorschriften des Allgemeinen Teils des IPRG korrigiert werden.[683] Diskutiert wird die Einschränkung des Inkorporationsprinzips dabei über die Anwendung von Vorschriften des Allgemeinen Teils wie der Ausnahmeklausel des Art. 15 IPRG, dem *ordre public* Vorbehalt in Art. 17 IPRG sowie der zwingenden Anwendung schweizerischen Rechts aufgrund der in Art. 18 IPRG geregelten *lois d'applications immédiates*.[684] Als Mittel der Missbrauchsbekämpfung dient andererseits eine Reihe von speziellen gesetzlichen Sonderanknüpfungen der Art. 156 ff. IPRG, die der Sache nach Konzessionen an das Gedankengut der Sitztheorie darstellen:[685] Im Ergebnis erinnert die Lösung des schweizerischen IPRG – jedenfalls in dieser Hinsicht – an die namentlich von *Sandrock* vertretene Überlagerungstheorie.[686]

a) *Art. 15 IPRG: Ausnahmeklausel*

aa) Hintergrund

Die Kodifikation von Ausweichklauseln[687] muss im Zusammenhang mit der Debatte um die Krise des sog. „klassischen Internationalen Privatrechts" gesehen werden, die ihren Ursprung in der Kritik der US-amerikanischen *conflicts revolution* hat.[688] Kritisiert wurde dabei insbesondere, dass der Zugang zum anwendbaren Recht über starre Kollisionsnormen erfolge, nicht aber eine von

---

la société créée en vertu du droit étranger dont les activités sont exercées en Suisse ou à partir de la Suisse; en pareille hypothèse, la responsabilité des personnes qui agissent au nom de cette société sera soumise au droit suisse (art. 159 LDIP). De cette systématique, il résulte que la loi cherche à assurer le plus largement possible l'existence de la société, par le rattachement en cascade.» Siehe auch BaslerKomm IPRG- *von Planta/Eberhard*, Vorbem. zu 150-165, Rn. 15.

683 BaslerKomm IPRG-*von Planta/Eberhard* Vorbem. zu 150-165, Rn. 16.

684 In diesem Zusammenhang können auch Eingriffsnormen als Sonderanknüpfungen bezeichnet werden. Dabei ist die gesonderte Anknüpfung darin zu erblicken, dass ein anderes Recht zur Anwendung gebracht wird, als es der Regelverweis bestimmen würde. Siehe dazu bspw. BGE 136 III 23, E. 6.6.1 sowie *Schwander*, Lois d'application immédiate, Sonderanknüpfung, IPR-Sachnormen und andere Ausnahmen von der gewöhnlichen Anknüpfung im internationalen Privatrecht, 1975, § 12 I S. 248-250 sowie §15 I, S. 448.

685 ZürchKomm IPRG-*Vischer*, zu Art. 154 Rn. 15.

686 ZürchKomm IPRG-*Vischer*, zu Art. 154 Rn. 15.

687 Siehe dazu *Siehr*, Y.P.I.L. VII (2005), 17 (26ff.); *Schwander*, Lois d'application immédiate, Sonderanknüpfung, IPR-Sachnormen und andere Ausnahmen von der gewöhnlichen Anknüpfung im internationalen Privatrecht, 1975, § 3 IV 3 S. 60-4 sowie §15 IV, S. 457.

688 *Hirse*, Die Ausweichklausel im Internationalen Privatrecht, 2006, § 1 S. 27.

Sachnormen ausgehende, wertorientierte Betrachtungsweise stattfinde.[689] Aufgrund ihrer mechanischen Verweisung ohne Rücksicht auf das materielle Ergebnis galten die traditionellen Kollisionsregeln als *„empty and bloodless"*.[690] Als die Debatte ihren Weg über den Atlantik nach Europa fand, fiel sie dort auf fruchtbaren Boden: Man strebte nunmehr in Europa danach, die „Augenbinde *Savignys*"[691] abzulegen und wollte das Internationale Privatrecht von seiner Gleichgültigkeit gegenüber materiell-rechtlichen Werten befreien.[692] Überdies sei das entpolitisierte klassische Kollisionsrechtssystem durch eine „Armut an sozialen Werten"[693] geprägt. Zu dieser Entwicklung trat die Renaissance der Kodifikationsbestrebungen auf dem Gebiet des Kollisionsrechts vieler europäischer Staaten zu Beginn der 1970er Jahre hinzu – darunter auch der Schweiz – im Zuge derer man sich dieser Kritik des traditionellen Anknüpfungssystem stellen musste.[694] In diesem Zusammenhang setzten sich Ausweichklauseln als „systemimmanente Antwort auf die Krise des Internationalen Privatrechts" zunehmend durch.[695]

bb) Inhalt

Eine *allgemeine Ausweichklausel* führte erstmals in der IPR-Geschichte der Schweizer Gesetzgeber ein:[696] Nach Art. 15 IPRG ist es erlaubt, ausnahmsweise von den im Gesetz vorgesehenen kollisionsrechtlichen Verweisungen abzusehen, um eine *modo legislatoris*[697] bestimmte Anknüpfung an eine Rechtsord-

---

689 Nach Staudinger-*Sturm/Sturm*, Einl. IPR Rn. 63, kann die Kritik dabei an den folgenden sechs Punkten fest gemacht werden: „an den unbefriedigenden, oft vom Zufall abhängigen Ergebnissen; an den viel zu abstrakten und starren Anknüpfungsgegenständen und Anknüpfungsbegriffen, die Einzelfallgerechtigkeit verhindern; an dem Sprung ins Dunkle oder, wie die Amerikaner es nennen, am blindfold test, den das europäische Kollisionsrecht vom Richter verlange; an den theoretischen Tricks und Zauberkunststücken, wie Qualifikation, Angleichung, Vorfrage und renvoi, die die Europäer erfunden hätten, um die Unbrauchbarkeit ihres deduktiven Systemdenkens zu verdecken; an der Anwendung fremden Rechts selbst dort, wo dieses Recht gar nicht zum Zuge kommen wolle; an der völligen Mißachtung von Gemeinwohlinteressen, die bei der Anknüpfung ebenfalls eine Rolle zu spielen hätten."

690 *Currie*, Selected Essays on the Conflict of Laws (1963), S. 3, 52.

691 Diesen Ausdruck prägte *Deelen*, De blinddoek van von Savigny, 1966.

692 Staudinger-*Sturm/Sturm*, Einl. IPR Rn. 119.

693 Siehe dazu Titel des Beitrages von *Zweigert*, Zur Armut des IPR an sozialen Werten, RabelsZ 1973, 435 (435).

694 *Hirse*, Die Ausweichklausel im Internationalen Privatrecht, 2006, § 1 S. 28.

695 *Kreuzer*, ZfRV 33 (1992), 168 (170).

696 Staudinger-*Sturm/Sturm*, Einl. IPR Rn. 162.

697 Dies entspricht der Regel des schweizerischen Rechts, die dem Richter für den Fall des Fehlens einer gesetzlichen Vorschrift die Füllung der Lücke *modo legislatoris* aufträgt;

nung vorzunehmen, die zum Sachverhalt eine deutlich engere Beziehung aufweist.[698] Voraussetzung für die Anwendung der vom Bundesgericht als „*clause échappatoire*“[699] bezeichneten Vorschrift ist, dass zwar grundsätzlich auf den Sachverhalt eine reguläre Kollisionsnorm des schweizerischen Rechts anzuwenden wäre, der betreffende Sachverhalt jedoch nach den gesamten Umständen offensichtlich nur einen geringen Zusammenhang zur der Rechtsordnung aufweist, auf die das IPRG verweist, und vielmehr einen engeren Zusammenhang zu einer anderen Rechtsordnung besitzt.[700] Demnach bezweckt Art. 15 IPRG eine Flexibilisierung des IPRG im Wege der Ermöglichung angemessener Ergebnisse im konkreten Einzelfall.[701]

Noch während der Vorarbeiten zur Vorschrift des Art. 15 IPRG klang es verschiedentlich danach, dass man mit der Ausnahmeklausel auch materiellrechtlichen Anliegen zum Durchbruch verhelfen wollte.[702] Jedoch hat sich das Bundesgericht gegen solche Materialisierungstendenzen ausgesprochen.[703] Den Anreiz, über die Ausnahmeklausel zur *lex fori* zu gelangen, bremste das Bundesgericht zudem, indem es klarstellte, dass die Klausel sehr restriktiv anzuwen-

---

dieser also i.S.d. berühmten Formel des Art. 1 Abs. 2 ZGB nach der „Regel“ zu entscheiden hat, „die er als Gesetzgeber aufstellen würde“. Mit dieser Anlehnung an *Kants* kategorischen Imperativ entsprach *Huber* dem vorherrschenden schweizerischen Rechtsverständnis; vgl. *Wieacker*, in: FS Maihofer, S. 631 (632), wobei dies nicht bedeutet, „anlässlich jeder noch so kleinen Gesetzeslücke dem kategorischen Imperativ des Weltgesetzes nachzuspüren“; vgl. ZürchKomm ZGB-*Dürr*, Einl zu Art. 1-7 Rn. 481. Die Regel hat nicht mehr abzudecken, als was gerade für den konkreten Fall benötigt wird (BGE 103 Ia 501 [503]). Sie begründete die schöpferische Rechtsprechung des Bundesgerichtes. Man spricht in diesem Zusammenhang auch von gesetzesübersteigendem Richterrecht; vgl. *Henninger*, Europäisches Privatrecht und Methode, S. 91 f.

698 BaslerKomm IPRG-*Mächler-Erne/Wolf-Mettier*, Art. 15 Rn. 7.

699 BGE 121 III 246 E.3c = Pra. 85 Nr. 17.

700 BaslerKomm IPRG-*Mächler-Erne/Wolf-Mettier*, Art. 15 Rn. 7.

701 *Dasser*, Haftungsdurchgriff im IPR, Ausweichklausel und die Ermittlung ausländischen Rechts, in: Jusletter 14. Oktober 2002, Rn. 18.

702 *Dietzi*, in: FS zum Schweizer Juristentag 1973, S. 49 (49ff.); *Bucher*, in: FS Meier-Hayoz, S. 45 (45ff); *Vischer*, La Loi fédérale de droit international privé. Introduction générale, in: Le nouveau droit international privé suisse 1988, S. 11 (15); *ders,* in: FS Heini, S. 479 (485).

703 Siehe BGE 118 II 79 E.3.: «Comme le fait valoir avec raison le recourant, il s'agit d'une clause d'exception au sens strict, qui ne doit être appliquée qu'en cas de nécessité..., quand les deux conditions posées (savoir un lien très lâche avec le droit désigné par la règle de conflit et une relation beaucoup plus étroite avec un autre droit) sont cumulativement réalisées ... En effet, logiquement, la règle de conflit de lois est impérative: lorsqu'elle donne une solution, celle-ci doit être respectée et la sécurité du droit commande que les désignations contenues dans la loi soient suivies sans équivoque dans la très grande majorité des cas.»

den sei.[704] Die Schweiz gilt als Vorreiter in der Diskussion um die Handhabung und Kodifizierung der Ausweichklausel.[705] Nicht zuletzt deshalb bezeichnet *Erik Jayme* sie als ihre Heimat.[706]

Die Ausweichklausel stellt in der internationalprivatrechtlichen Literatur ein umstrittenes Feld dar:[707] In Deutschland hat man sich lange Zeit aufgrund der Befürchtung von Rechtsunsicherheiten[708] gegen die Einführung einer vergleichbaren allgemeinen Ausnahme- bzw. Ausweichklausel gewandt.[709] Ähnliche Be-

---

704 Siehe BGE 118 II 79 E.3.: «Comme le fait valoir avec raison le recourant, il s'agit d'une clause d'exception au sens strict, qui ne doit être appliquée qu'en cas de nécessité» sowie BGE 131 III 289 ff.; 128 III 346 ff.

705 *Hirse*, Die Ausweichklausel im Internationalen Privatrecht, 2006, § 3 S. 102.

706 Siehe *Jayme*, Richterliche Rechtsfortbildung, in: Festschrift der Juristischen Fakultät zur 600-Jahr-Feier der Ruprechts-Karls Universität Heidelberg, 1986, S. 567 (573).

707 Zu den Befürwortern zählen dabei *Kropholler*, Internationales Privatrecht, 2006, § 4 II 2; *Neuhaus/Kropholler*, Entwurf eines Gesetzes über internationales Privat- und Verfahrensrecht [IPR-Gesetz], RabelsZ 1980, 326 (336); *Kreuzer*, in: FS Zajtay S. 313 (313 ff); *ders*, ZfRV 33 (1992), 168 (182 ff); *Kokkini-Iatridou*, Rapport général, in: Les clauses d'exception en matière de conflits de lois et de conflits de juridictions – ou le principe de proximité: XIVe Congrès international de droit comparé, 1994, S. 3ff. Gegen Ausweichklauseln argumentieren *Schurig*, Kollisionsnorm und Sachrecht, 1981, S. 340 ff; *Sturm*, in: FS Moser, 3 (7f.); *Lüderitz*, Internationales Privatrecht, 1992, Rn. 30; MünchKomm BGB-*Sonnenberger* Einl IPR Rn 628 ff; *Muir Watt*, La codification en droit international privé, Droits 27 (1998), 149 (159 f.); eingeschränkt *Lagarde*, RCADI 196 (1986-I), 9 (116 f.), der anerkennt, dass Ausnahmeklauseln Rechtssicherheit und Voraussehbarkeit gefährden können. Er erachtet dies jedoch für gerechtfertigt, wenn die Parteien durch Rechtswahl das anwendbare Recht festlegen und damit Rechtsklarheit schaffen können.

708 Nach *Kegel* bedürfe es zur Korrektur rechtspolitisch verfehlter Anknüpfung einer solchen Norm nicht, da der Rechtsanwender hierzu ohnehin verpflichtet sei: Der gute Richter brauche keinen solchen Hinweis, der abenteuernde werde ermuntert; siehe *Kegel*, Lausanner Kolloquium 1984, S. 271 (276). Zu Recht sieht demgegenüber *Jayme* in der Ausweichklausel ein Instrument institutionalisierter Rechtsfortbildung mit dem Ziel der Verfeinerung der Regelbildung; siehe *Jayme*, Richterliche Rechtsfortbildung, in: Festschrift der Juristischen Fakultät zur 600-Jahr-Feier der Ruprechts-Karls-Universität Heidelberg, 1986, S. 567 (574).

709 So sprach man sich in Deutschland lange Zeit vor allem im Zeitpunkt der ersten IPR Novelle im Jahr 1986 gegen eine Ausweichklausel aus: Lediglich im Internationalen Vertragsrecht kam man völkerrechtlichen Verpflichtungen nach und ergänzte notgedrungen die spezielle Ausweichklausel des Art. 28 Abs. 5 EGBGB sowie Art. 30 Abs. 2, 2. Halbs. EGBGB. Mit Inkrafttreten der IPR-Novelle im Jahr 1999 fanden Ausweichklauseln im Bereich des Internationalen außervertraglichen Schuldrechts (vgl. Art. 41 EGBGB) sowie des internationalen Sachenrechts Eingang in das deutsche IPR. Siehe dazu *Hirse*, Die Ausweichklausel im Internationalen Privatrecht, 2006, § 3 S. 104/5. Angesichts der nunmehr existierenden Vielzahl an im EGBGB vorhandenen speziellen

fürchtungen existierten anfangs auch in der Schweiz. Die Befürchtung, wonach die Ausweichklausel eine „Aufweichklausel" sei, welche die Rechtssicherheit in unerträglichem Maße gefährde, hat sich jedoch nicht bewahrheitet:[710] Festzustellen ist vielmehr, dass die Ausweichklausel nach Schweizer Vorbild als innovative Einzelregelung auch Eingang in die Gesetze anderer Staaten gefunden hat.[711] Die Aufnahme einer solchen Klausel in das Europäische Kollisionsrecht wird zudem befürwortet:[712] „It has recently been shown that Article 15 (1) Swiss Federal Act on Private International Law has not produced any difficulties and uncertainties predicted by sceptical observers. This may be an incentive for all legislators to introduce a general evasion clause. They should do so, as should the European Union."[713]

Was die Anwendung im Internationalen Gesellschaftsrecht betrifft, so wird die Anwendung der allgemeinen Ausweichklausel mit verschiedenen Begründungsansätzen abgelehnt. Nach der von *Frank Vischer* vertretenen Auffassung ist bereits eine Anwendung der Ausweichklausel über Art. 15 Abs. 1 IPRG ausgeschlossen, da die Inkorporationstheorie bei der Bestimmung des Personalstatuts gerade auf das Erfordernis eines *effective link* zwischen der Gesellschaft und der für sie maßgeblichen Rechtsordnung verzichte. Wenn aber eine solche Beziehung überhaupt nicht verlangt werde, so könne von der angewiesenen *lex*

Ausweichklauseln sollte aber mit Blick auf eine konsistente Regelungstechnik zu Recht wieder über die Einführung einer allgemeinen Ausweichklausel nachgedacht werden; vgl. *Spickhoff*, NJW 1999, 2209 (2210).

710 Siehe zu dieser anfangs kritischen Einschätzung *Siehr* RIW 1979, 729 (736) sowie *Moser*, in: Beiträge zur Methode des Rechts. St. Galler Festgabe zum Schweizerischen Juristentag 1981, S. 319 (334); ZürchKomm IPRG-*Girsberger/Keller* Art. 15 Rn. 17.

711 Bislang haben sich weltweit jedoch nur vier Staaten für eine Kodifizierung einer Ausweichklausel im Allgmeinen Teil des IPR entschieden; siehe *Hirse*, Die Ausweichklausel im Internationalen Privatrecht, 2006, § 1 S. 31. So wurde eine identische Ausweichklausel wie in Art. 15 IPRG in den neuen *Code Civil* von *Québec* inkorporiert, dessen Art 3082 lautet: « A titre exceptionnel, le droit désigné par le présent livre n'est pas applicable si, compte tenu de l'ensemble des circonstances, il serait plus approprié d'appliquer le droit d'un autre Etat. » Ebenso wie das slowenische und belgische IPRG sieht auch das niederländische Internationale Privatrecht eine Ausweichklausel vor. Siehe *Girsberger*, SJZ 1999, 209 (219) sowie eingehend dazu Staudinger-*Sturm/Sturm*, Einl. IPR Rn. 189. Indessen ließ die liechtensteinische Regierung auf Drängen des Anwaltsverbands, der die Gefahr anmahnte, dass vom Gesetzgeber geschaffene Kollisionsnormen unterlaufen würden, in ihrem IPRG-Entwurf eine an Art. 15 des schweizerischen IPRG angelehnte Ausweichklausel, die in der Vernehmlassung noch enthalten war, wieder fallen; siehe *Sturm*, Zur liechtensteinischen IPR-Reform, in: FS Heini, S. 448 (448).

712 *Siehr*, Y.P.I.L. VII (2005), 17 (29).

713 *Siehr*, Y.P.I.L. VII (2005), 17 (29).

causae nicht mit der Begründung abgewichen werden, es bestehe zu einem anderen Recht eine noch engere Beziehung.[714]

Demgegenüber geht die bundesgerichtliche Rechtsprechung davon aus, dass der Anwendungsbereich der Vorschrift über Art. 15 Abs. 2 IPRG ausgeschlossen ist.[715] Danach wird nämlich die Ausnahmeklausel in Fragen betreffend eine Rechtswahl für nicht anwendbar erklärt; die Parteiautonomie geht dem engsten Zusammenhang vor.[716] Grundsätzlich ist dabei die Wahl des Gesellschaftsstatuts mit einer Rechtswahl vergleichbar.[717] So ist im Grundsatzentscheid[718] aus dem Jahr 1991 die Wahl eines ausländischen Rechts zur Gründung einer Gesellschaft als Rechtswahl bezeichnet worden: Einer nach dem Recht von Panama gegründeten Gesellschaft mit Satzungssitz in Panama, deren Verwaltungssitz sich in der Schweiz befand und deren Aktien einer liechtensteinischen Stiftung mit einem einzigen Destinatär im Libanon gehörten, wurde gemäß Art. 154 Abs. 1 IPRG anerkannt und weder Partei- noch Prozessfähigkeit abgesprochen. Die Genfer Richter der Vorinstanz erblickten jedoch gerade im zuletzt genannten Umstand einen *fraude à la lois* und nahmen an, dass sich lediglich der satzungsmäßige Sitz in Panama befinde, der tatsächliche Sitz dagegen in der Schweiz gelegen sei.[719] In diesem Entscheid lehnte das Bundesgericht nicht nur die nach altem Recht entwickelte Lehre vom Fiktionsvorbehalt ab, sondern bekräftigte zugleich, dass Art. 15 IPRG nicht die Aufgabe erfülle, etwaige Gesetzesumgehung zu korrigieren. Das Bundesgericht stellt zudem klar, dass die Wahl des panamaischen Rechts zur Gründung der Gesellschaft eine Rechtswahl

714 ZürchKomm IPRG-*Vischer* Art. 154 Rn. 30.

715 So heißt es in BGE 128 III 346, E. 3.1.5 S. 350 unter Hinweis auf BGE 117 II 494 E. 7 S. 501: „Andrerseits hat das Bundesgericht festgehalten, dass die Anwendung von Art. 15 Abs. 1 IPRG auf die gesellschaftsrechtliche Anknüpfung zu verneinen ist, weil die Tatsache, dass eine ausländische Gesellschaftsform gewählt wurde, einer Rechtswahl gleichzustellen ist und die ausnahmsweise Anwendung von Schweizer Recht gemäss Art. 15 Abs. 2 IPRG ausschliesst."

716 BGE 117 II 494 sowie 128 III 346; ebenso BaslerKomm IPRG-*Mächler-Erne/Wolf-Mettier*, Art. 15 Rn. 7.

717 *Perrin*, SJ 1989, 553 (564), *Ebenroth/Messer*, ZSR 108 (1989), 49 (74). Nach Ansicht von Vischer ist die Wahl des Inkorporationsorts indessen keine Rechtswahl im eigentlichen Sinne; ZürchKomm IPRG-*Vischer*, Art. 154 Rn. 30: „Um eine echte Rechtswahl darzustellen, muss die Bestimmung der Rechtsordnung eigentlicher Gegenstand einer Willenserklärung sein. Dies ist nicht der Fall, wenn sich das anwendbare Recht bloss indirekt ergibt als Folge einer Entscheidung über den Anknüpfungspunkt, dessen Verwirklichung das Gesetz in das Belieben der Parteien stellt." Lediglich dann, wenn sich das Gesellschaftsstatut nach Art. 154 Abs. 2 bestimmt, soll die Ausnahmeklausel anwendbar sein; siehe ZürchKomm IPRG-*Vischer*, Art. 154 Rn. 31.

718 BGE 117 II 494.

719 *Heini*, SZW 1993, 64 (64).

darstellt, so dass die Ausnahmeklausel gemäß Art. 15 Abs. 2 IPRG nicht zur Anwendung gelangen könne.[720]

Diesen Grundsatz bestätigte das Bundesgericht in einem weiteren Fall, in dem es um einen indirekten Haftungsdurchgriff, d.h. um die Haftung einer Gesellschaft für Schulden ihres Aktionärs ging.[721] In Beantwortung der Frage des auf den Haftungsdurchgriff anwendbaren Rechts hielt das Bundesgericht fest, dass sich der Durchgriff auf eine nach dem Recht der Bahamas organisierte Gesellschaft nach dem dortigen Gesellschaftsstatut richte.[722] Der Durchgriff sei auch nicht in Anwendung von Art. 15 IPRG dem Schweizer Recht zu unterstellen, etwa weil der Sachverhalt eine viel engere Beziehung zur schweizerischen Rechtsordnung habe. Die Wahl einer ausländischen Gesellschaftsform sei wie eine Rechtswahl zu behandeln, so dass der Anwendungsbereich der Ausnahmeklausel über Art. 15 Abs. 2 IPRG ausgeschlossen ist.[723] In der Literatur trifft die Entscheidung auf Zustimmung: So wurde in diesem Zusammenhang auf die Gefahr hingewiesen, dass der bewusst abgeschaffte *fraus legis*-Vorbehalt unter dem Deckmantel des Haftungsdurchgriffs – und damit einer teilweisen Nichtanerkennung der ausländischen Rechtspersönlichkeit – widerbelebt werden könne.[724] Der Durchgriff sei „das Skalpell gegenüber der Axt des Fiktionsvorbehaltes“.[725] Daher solle man die erfolgreiche Abschaffung der Sitztheorie in der Schweiz nicht durch großzügige internationale Anwendung des Durchgriffs durch die Hintertür rückgängig machen.[726] Die Befürchtungen bestätigten sich indessen nicht. Vielmehr entschied sich das Bundesgericht klar für die Anwendung des Gründungsstatutes und lehnte die Anwendung des schweizerischen Rechts über Art. 15 IPRG ab, weil der Sachverhalt nur einen marginalen Bezug zur Schweiz aufweise.[727] Schließlich könne sich die zwingende Anwendung von Schweizer Recht auch als unpraktikabel erweisen, wenn die dem Sachverhalt näher stehende Rechtsordnung über eine differenzierte Regelung zum Durch-

---

720 BGE 117 II 494 E. 7 Rn. 20 : «De plus,…, le fait de choisir une forme sociale étrangère peut être assimilé à une élection de droit. Or le recours à l'art. 15 LDIP est précisément exclu dans ce cas-là (art. 15 al. 2 LDIP).»

721 BGE 128 III 346.

722 BGE 128 III 346 E. 3.1.5, S. 350.

723 BGE 128 III 346 ff. E. 3.1.5.

724 *Dasser*, Der Durchgriff im Internationalen Privatrecht, in: FS Riemer, S. 35 (37/8).

725 *Dasser*, Der Durchgriff im Internationalen Privatrecht, in: FS Riemer, S. 35 (38).

726 *Dasser*, Der Durchgriff im Internationalen Privatrecht, in: FS Riemer, S. 35 (38).

727 Im konkreten Fall waren die Gesellschaftsstatuten der beteiligten juristischen Personen alle ausländischer Natur, lediglich eine Bankbeziehung, die die betroffene Bahamas-Gesellschaft zu einer Schweizer Bank unterhielt, stellte einen gewissen Bezug zur Schweiz her.

griff verfüge.[728] Damit finden die Artt. 15 und 18 IPRG auf gesellschaftsrechtliche Durchgriffstatbestände im schweizerischen Recht keine Anwendung. Eine Berufung auf die schweizerische Regelung wäre höchstens dann gerechtfertigt, wenn die maßgebende *lex societatis* überhaupt keine Korrekturmechanismen kennte, was freilich eine Prüfung des einschlägigen ausländischen Rechts voraussetzte, die unter Umständen die Anwendung des negativen *ordre public* nach Art. 17 IPRG führen könnte.[729]

Die Zuordnung einer Rechtsfrage – hier der Haftungsdurchgriff – zu einem anderen Anknüpfungsmoment als dem Gesellschaftsstatut stellt somit eine Möglichkeit dar, den Anwendungsbereich der Inkorporationstheorie einzugrenzen. So wird von der deutschen Literaturauffassung die Anwendung der deutschen Durchgriffshaftung bejaht, indem im Falle eines Haftungsdurchgriffs das deutsche Recht als Deliktsstatut zur Anwendung gebracht werden soll.[730]

Insgesamt jedoch stellt die Ausnahmeklausel kein geeignetes Mittel für den Schutz von Dritt- und Allgemeininteressen im Gesellschaftsrecht dar. Denn bei Anwendung der Ausnahmeklausel besteht die Gefahr, dass eine Rechtsordnung „als dem Sachverhalt näherstehend" angesehen wird, deren zwingende Vorschriften die Gesellschaft nicht erfüllt. Dies könnte zu einer Auflösung der betreffenden Gesellschaft führen, so dass Gläubiger mit einer nicht mehr existierenden juristischen Person konfrontiert wären; dies würde letztendlich zum Nachteil derer gereichen, die hätten geschützt werden sollen.[731] Zu Recht wird die allgemeine Ausweichklausel des Art. 15 IPRG von der bundesgerichtlichen Rechtsprechung im gesellschaftskollisionsrechtlichen Kontext nicht angewandt.

Es wird daher vorgeschlagen, die Ausnahmeklausel generell durch die mit „geringeren Nebenwirkungen" versehene Lehre der *lois d'application immédiate* bzw. das Institut der Eingriffsnorm zu ersetzen, da auf diese Weise punktuell von der Anwendung des über Inkorporationstheorie berufenen Gesell-

---

728 BGE 128 III 346, E. 3.1.5, S. 350; bestätigt durch BGer Urt. Nr. 4A_337/2009 v. 16. Oktober 2009, E. 1.1.

729 Das Bundesgericht lässt in BGE 128 III E.31.4., S. 350 die Möglichkeit offen, dennoch auf die lex fori abzustellen: „Wenn hingegen die an sich berufene ausländische Rechtsordnung keine Durchgriffshaftung kennt und dies zu einem Ergebnis führen würde, das mit dem schweizerischen Ordre public nicht vereinbar ist, könnte die Anwendbarkeit des ausländischen Rechtes immer noch ausgeschlossen werden (Art. 17 IPRG, negativer Ordre public). Auf diese Möglichkeit hat die Rechtsprechung, die eine Unterstellung des Haftungsdurchgriffs unter das Gesellschaftsstatut bejaht, ausdrücklich hingewiesen (…)"; siehe auch *Nobel*, Internationales und Transnationales Aktienrecht, Teil IPR und Grundlagen (2012), S. 69 Rn. 75

730 *Kindler*, Die „Aschenputtel"-Limited und andere Fälle der Mehrfachqualifikation im Schnittfeld des Delikts- und Insolvenzrechts, in: FS Erik Jayme, S. 409 (414).

731 *Meier*, Eingriffsnormen im Gesellschaftsrecht, 2010, S. 44.

schaftsstatut abgesehen werden kann, ohne dass notwendigerweise die Existenz der Gesellschaft als solche in Frage gestellt würde.[732]

b) *Art. 17 IPRG: Ordre public*

In erster Linie kann das Inkorporationsprinzip ausgeschlossen werden, wenn ein Verstoß gegen den schweizerischen *ordre public* gegeben ist.[733] Das klassische, auf *Savigny* zurückgehende System des Internationalen Privatrechts[734] ist weitgehend wertfrei und basiert auf dem Gedanken der Gleichwertigkeit der unterschiedlichen Rechtsordnungen.[735] Jedoch können fundamentale Denk- und Wertverschiedenheiten im konkreten Fall zu Urteilen führen, die mit dem geltenden inländischen Rechtsystem in keiner Weise mehr vereinbar sind. Dies zu verhindern, ist Aufgabe der *ordre public*-Klausel; sie ermöglicht es, auf Grundlage der betreffenden Kollisionsnorm für anwendbar erklärtes ausländisches Recht auszuschließen.[736] Bei der *ordre public*-Klausel des Art. 17 IPRG handelt es sich um eine Generalklausel, die naturgemäß ein „Unsicherheitselement" in das Verweisungssystem mit hineinträgt.[737] Bereits in der frühen schweizerischen internationalprivatrechtlichen Literatur wird daher nicht ohne Grund vor der „Ueberspannung des ‚ordre public', jenes elastischen Verlegenheitsbegriffs des internationalen Privatrechts" gewarnt.[738]

---

732 *Meier*, Eingriffsnormen im Gesellschaftsrecht, 2010, S. 45.

733 BaslerKomm IPRG- *von Planta/Eberhard,* Art. 154 Rn. 17. Der Begriff "ordre public" stammt aus Art 6 des im Jahre 1804 entstandenen französischen code civil: "On ne peut déroger, par des conventions particulières, aux lois qui intéressent l'ordre public et les bonnes mœurs." Staudinger-*Blumenwitz*, Art. 6 EGBGB Rn. 5 : Im romanischen Rechtskreis versteht man nach traditioneller Lehre unter *"lois d'ordre public"* bzw *"lois d'application immédiate"* Rechtsnormen, die absolute Geltung im jeweiligen Staatsgebiet beanspruchen und damit auch eventuell anwendbare ausländische Rechtssätze verdrängen (siehe zur Terminologie Staudinger-*Sturm/Sturm* Einl 14 zum IPR). Der Italiener *Mancini* erblickte in dieser absoluten Geltung gewisser Sachnormen einen Grundsatz des IPR, während nach *Savigny* der *ordre public* als eine Ausnahme vom Prinzip der Anwendbarkeit ausländischen Rechts, das durch unsere Kollisionsnorm berufen wird, fungiert. In diesen vom kollisionsrechtlichen Ausgangspunkt grundverschiedenen Auffassungen deutet sich bereits der Konflikt an, der später bei der Frage nach der positiven und negativen Funktion deutlich zum Ausdruck kommt.

734 Siehe dazu inbesondere das 3. Buch: Herrschaft der Rechtsregeln über die Rechtsverhältnisse, in: *Savigny*, System des heutigen römischen Rechts, Bd. IIX (1849), § 344, S. 1 ff..

735 *Vischer/von Planta*, Internationales Privatrecht, 1982, § 4, S. 21.

736 Siehe dazu *Siehr*, Y.P.I.L. VII (2005), 16 (53ff.); *Vischer/von Planta*, Internationales Privatrecht, 1982, § 4, S. 21.

737 ZürchKomm IPRG-*Vischer* Art. 17 Rn. 32

738 *Mamelok*, Die juristische Person im internationalen Privatrecht, 1900, § 4, S. 28.

Aus der im Grundsatz geltenden Inkorporationstheorie folgt, dass rechtswirksam konstituierte ausländische Gesellschaften *a priori* in der Schweiz anerkannt werden müssen. Wenn sich indessen aus einer materiellen Beurteilung dieser juristischen Person im Nachhinein ergibt, dass ihre konkrete Ausgestaltung oder einzelne Regeln des Gesellschaftsstatuts zu einem nach schweizerischer Auffassung unvereinbaren Ergebnis führen, so kann darin ein *ordre public*-Verstoß erblickt werden.[739]

Wann dies der Fall ist, erweist sich aufgrund der Ausgestaltung der *ordre public*-Klausel als schwierig; alle Definitionsversuche können daher nur Näherungsversuche darstellen. Dies erkennt auch das Bundesgericht an: „Den Begriff des Ordre public in allgemein gültiger Weise zu umschreiben, hält schwer."[740] Festgehalten werden kann jedoch, dass eine Anwendung der *ordre public*-Klausel ihrem Wesen nach stets eine rechtsvergleichende Konfrontation bedingt. Das nach dem anwendbaren ausländischen Recht gefundenen Resultat ist demjenigen des einheimischen Rechts gegenüberzustellen.[741] Für den Fall, dass zwischen den zugrunde liegenden rechtspolitischen und sozialen Konzeptionen der betreffenden Rechtsordnungen eine so große Differenz besteht, dass die Anwendung des ausländischen Rechts im konkreten Fall geradezu die Grundlagen der einheimischen Rechtsordnung erschüttert, ist von der Kollisionsregel abzuweichen und die *lex fori* zugrunde zu legen.[742] Ausgangspunkt der Vorbehaltsklausel des Art. 17 IPRG bildet die einheimische Rechtsordnung einschließlich des darin verkörperten Wertgefüges; zu seiner Konkretisierung ist der *ordre public* stets in einem geographischen bzw. kulturellen Bezugsrahmen zu bestimmen.[743]

Bezogen auf das Internationale Gesellschaftsrecht kann gesagt werden, dass der *ordre public*-Vorbehalt nur sehr begrenzt zur Anwendung kommen kann, da das Anwendungsergebnis der ausländischen Rechtsordnung zu einem Ergebnis führt, welches – wie es das Bundesgericht formuliert – „das einheimische Rechtsgefühl in unerträglicher Weise verletzt bzw. auf stossende Weise Sinn und Geist der eigenen Rechtsordnung widerspricht".[744] Von einem solch eklatanten Widerspruch zu den inländischen materiellen Wert- und Gerechtigkeitsvorstellungen kann jedenfalls nicht bei einem bloßen Auseinanderfallen von satzungsmäßigem und tatsächlichem Sitz ausgegangen werden; dies würde die Inkorporationstheorie ihres Sinnes entleeren.

---

739 ZürchKomm IPRG-*Vischer* Art. 154 Rn. 32

740 BGE 64 II, 88, E.5, S. 97.

741 *Vischer/von Planta*, Internationales Privatrecht, 1982, § 4, S. 22.

742 Man spricht in diesem Zusammenhang von der negativen Funktion des *ordre public*; siehe *Vischer/von Planta*, Internationales Privatrecht, 1982, § 4, S. 22.

743 BaslerKomm IPRG-*Mächler-Erne/Wolf-Mettier*, Art. 17 Rn. 12.

744 BGE 128 III 201 E. 1.b. S. 204.

Ebenso wenig rechtfertigt der Ausschluss der Haftung des Aktionärs, selbst wenn er Alleinaktionär ist, die Anwendung der *ordre public*-Klausel. Indessen könnte eine krasse Missachtung wohlerworbener Rechte von Minderheitsaktionären, die zu einem konfiskationsähnlichen Resultat führen, mit dem *ordre public* der Schweiz als unvereinbar angesehen werden.[745] Im Ergebnis bleibt festzuhalten, dass gerade vor dem Hintergrund der Angleichung der Gesellschaftsrechtsordnungen, jedenfalls in Europa, kaum Raum für die Anwendung des *ordre public*-Vorbehaltes bleibt. So wurde die Anwendung der Vorbehaltsklausel im Internationalen Gesellschaftsrecht in der bundesgerichtlichen Rechtsprechung auch nur als eine bloß theoretische Möglichkeit behandelt.[746] Soweit ersichtlich, wurde der *ordre public*-Vorbehalt in der gesellschaftsrechtlichen Entscheidungspraxis bislang nicht eingesetzt.[747] Wenn es bei *Peter Behrens* heißt, „die Gründungstheorie muss den *ordre public* demgegenüber häufiger als Korrektiv für Extremfälle in Anspruch nehmen",[748] so lässt sich diese These – jedenfalls im Hinblick auf den hier untersuchten Fall der Schweiz – demnach nicht bestätigen.

In Deutschland hat der *ordre public*-Vorbehalt in der früheren Rechtsprechung im Zusammenhang mit liechtensteinischen Gründungen eine Rolle gespielt,[749] jedoch musste diese Praxis als rechtswidrig angesehen werden, da sie

745 ZürchKomm-*Vischer*, IPRG Art. 154 Rn 33.

746 BGE 128 III 346 E. 3.1.4., S. 350; 117 II494 E. 7. S. 501.

747 *Meier*, Eingriffsnormen im Gesellschaftsrecht, 2010, S. 46.

748 *Behrens*, Die Gesellschaft mit beschränkter Haftung, S. 53 Rn. IPR 83.

749 AG Hamburg Urt. v. 31.7. 1964 – 66 AR 1183/63, MDR 1964, 1190: „Schon ein Blick auf die etwa vergleichbaren Bestimmungen des deutschen GmbH-Gesetzes" mache deutlich, daß das liechtensteinische Treuunternehmens- und Anstaltsrecht weit hinter dem zurückbleibe, was im deutschen Gesellschaftsrecht rechtliche Gestalt gewonnen habe: „Außer dem Stück Papier, auf welchem das Gründungsstatut niedergeschrieben ist, und dem Auszug aus dem Öffentlichkeitsregister, das das Bestehen der Treuhand bescheinigt, braucht irgendein Wert, eine Organisation oder ein Vermögen nicht vorhanden sein"; siehe zur Problematik grundlegend *Serick* RabelsZ 23 (1958), 624 (634 f.); *Schönle*, NJW 1965, 1112 (1112ff.); Staudinger-*Großfeld* IntGesR Rn. 168 ff. Indessen hat der BGH hat – soweit ersichtlich – bislang in keinem Fall eines liechtensteinischen Treuunternehmens oder Einpersonenanstalt die Anerkennung wegen Verstoßes gegen den *ordre public* versagt; vgl. BGH, Urt. v. 5.11.1980 – VIII ZR 230/79 = BGHZ 78, 318 = NJW 1981, 522 = ZIP 1981, 31 = MDR 1981, 314; BGH, Urt. v. 21.03.1986 – V ZR 10/85 = NJW 1986, 2194 = ZIP 1986, 643 = MDR 1986, 743 = WM 1986, 641 = BB 1986, 2153 = DB 1986, 2019 = BGHZ 97, 269; BGH, Urt. v. 23.3.1979 – V ZR 81/77 = WM 1979, 692 ff.; BGH, Urt. v. 28. 2. 1980 – III ZR 165/7 = NJW 1980, 1567 = JZ 1980, 649 m. Anm. *Ebke/Neumann* sowie BGH, Urt. v. 2.2.1995 – IX ZR 147/93 = NJW-RR 1995, 766 = IPRspr. 1995 Nr. 201. Freilich hielt es den BGH nicht davon ab, im Falle der Sitzverlegung einer liechtensteinischen Anstalt

gegen das EWR-Abkommen verstößt. Unter Geltung der Sitztheorie wurde die Bedeutung des *ordre public* ohnehin als gering angesehen.[750] Im Zuge der jüngsten Steuerhinterziehungsaffäre wurde der *ordre public*-Vorbehalt jedoch wieder von der deutschen Rechtsprechung gegenüber einer liechtensteinischen Stiftung zum Einsatz gebracht: Besteht der Hauptzweck der Gründung einer liechtensteinischen Stiftung in einer beabsichtigten Steuerhinterziehung, ist der Stiftung wegen Verstoßes gegen den *ordre public* im Sinne des Art. 6 EGBGB in Deutschland die Anerkennung zu versagen.[751]

c) Art. 18 IPRG: lois d'application immédiate

aa) Grundsatz und Herkunft

Darüber hinaus kann die Inkorporationstheorie über Art. 18 IPRG eingeschränkt werden.[752] Diese Norm ist mit dem von *Phocion Francescakis* geprägten Begriff der *lois d'application immédiate* betitelt.[753] Dieser wollte mit dem Begriff keine juristische Neuheit verkünden, sondern vielmehr das von *Savigny* als „Gesetze von streng positiver, zwingender Natur“[754] bezeichnete Rechtsphänomen wieder zu neuem Leben erwecken.[755] *Francescakis* stellte heraus, dass gewisse Regelungen in jeder Rechtsordnung Anwendung beanspruchen – dies unabhängig davon, ob die betreffende Bestimmung durch internationalprivatrechtliche Verweisungsnorm berufen ist oder nicht.[756]

Wenn auch in anderer Ausgestaltung und mit andern Grenzen, so kann in dem Art. 18 IPRG zugrunde liegenden Konzept eine Ausprägung der romanischen, auf *Mancini* zurückgehenden Lehre von den Gesetzen der öffentlichen

---

die Neugründung als GmbH in Deutschland zu fordern; siehe BGH Urt. v. 21.3.1986 V ZR 10/85 = BGHZ 97 269 = NJW 1986, 2194 = BB 1986, 2153 = JZ 1986, 651 = MDR 1986, 743 = ZIP 1986, 643 = JuS 1986 1001 m. Anm. *Hohloch.*

750 *Behrens/Hoffmann*, in: Ulmer/Habersack/Löbbe (Hrsg.) GroßKomm GmbHG, Einl. B. 214.

751 OLG Düsseldorf, Teilurt. v. 30.04.2010 – I-22 U 126/06, 22 U 126/06 = ZEV 2010, 528 m. Anm. *Stucke/Wachter* = BeckRS 2010, 19771 = LSK 2010, 380507 = GWR 2010, 427 = IStR 2011, 475 m. Anm. *Lennert/Blum.*

752 ZürchKomm-*Vischer*, IPRG Art. 154 Rn 33.

753 Siehe den grundlegenden Beitrag Quelques précisions sur les "lois d'application immédiate" et leurs rapports avec les règles de conflits de loi von *Francescakis* RCDIP 55 (1966), 1 (1 ff.) ; grundlegend ferner *Schwander*, Lois d'application immédiate, Sonderanknüpfung, IPR-Sachnormen und andere Ausnahmen von der gewöhnlichen Anknüpfung im internationalen Privatrecht, 1975, § 8, S. 184 ff sowie aus jüngerer Zeit *Siehr*, Y.P.I.L. VII (2005), 17 (56ff.).

754 *Savigny*, System des heutigen römischen Rechts, Bd. IIX (1849), § 349, S. 33.

755 *Siehr*, in: FS Drobnig, S. 443; (448); siehe dazu *Kahn*, in: JherJb 39 (1898), § 2 S. 9ff..

756 *Francescakis*, RCDIP 55 (1966), 1 (9 f.)

Ordnung gesehen werden;[757] gerade im romanischen Rechtskreis fand die Lehre von den *lois d'application immédiate* nämlich großen Widerhall.[758] Jedoch hat sich diesen Gedanken auch das niederländische Internationale Gesellschaftsrecht zu eigen gemacht, indem es die wirksam am Inkorporationsort gegründeten Gesellschaften als solche anerkennt, diese jedoch im Einzelfall *lois d'application immédiate* unterwirft.[759]

Im deutschen Schrifttum wird in diesem Zusammenhang zumeist von *Eingriffsnormen* gesprochen.[760] Von der Existenz eingriffsrechtlicher Normen geht im deutschen Recht der auf Art. 7 Abs. 2 EVÜ beruhende Art. 34 EGBGB aus. Jedoch legt dieser lediglich beschränkt für den Bereich des internationalen Schuldrechts fest, wann sich die zwingenden Normen des deutschen Rechts – womit eben diese sog. Eingriffsnormen gemeint sind[761] – unabhängig vom an sich anwendbaren Recht durchsetzen;[762] eine umfassende mit dem schweizerischen Recht vergleichbare Regelung existiert hingegen nicht.

Die *lois d'application immédiate* des Art. 18 IPRG sind als Ausprägung des Unilaterismus zu sehen. Der Unilateralist fragt nach dem örtlichen Geltungswillen- und Anwendungsbereich einer Sachnorm, wobei er den internationalen Anwendungsbereich aus den materiellen Normen und ihren Zielen (*policies*) selbst herleitet.[763] Daran setzt auch die Kritik des Unilateralismus an, gegen den nämlich eingewandt wird, dass der räumliche Geltungsbereich einer Sachnorm in den meisten Fällen aus der Norm selbst nicht abzuleiten sei. Zu Recht wollen daher im Gegensatz dazu die Internationalisten sämtliche vom Systembegriff der

---

757 Siehe dazu bereits die Erste Abhandlung zur Lehre vom ordre public (Prohibitivgesetze) in den Abhandlungen aus dem internationalen Privatrecht von *Kahn*, in: Jherings Jahrbücher für die Dogmatik des bürgerlichen Rechts, 39 (1898), § 1 S. 5ff. sowie insbesondere § 9 S. 40 ff.

758 *Siehr*, FS Zajtay, S. 409 (418).

759 Siehe *Vlas*, Rechtspersonen in het International Privaatrecht, 1982, S. 62-79 zur sog. *„theorie van maatschappelijke prioriteiten"*; sowie *Cath*, 6 (1986) Y.B.Eur.L. 247 (250), der in diesem Zusammenhang von *„doctrine of social priorities"* als einer dritten Option jenseits von Sitz- und Gründungsanknüpfung spricht.

760 Siehe zur weitgefächerten Terminologie nur *Siehr* RabelsZ 52 (1988) 41 (42 f) sowie *Neuhaus* Die Grundbegriffe des Internationalen Privatrechts, 1976, S. 105; Staudinger-*Sturm/Sturm* Einl zum IPR Rn 17.

761 Palandt-*Heldrich* Art 34 Rn. 1.

762 BT-Drucks 10/504, 43 (58). Über die Vorschrift des Art. 37 S. 1 Nr. 2 EGBGB wird klargestellt, dass Art. 34 EGBGB nicht für gesellschaftsrechtliche Fragen gilt.

763 *Vischer*, BJM 2006, 129 (139).

Kollisionsnorm erfassten Rechtsfragen mittels des Anknüpfungspunktes einer Rechtsordnung zur Beantwortung zuweisen.[764]

Die Frage nach dem örtlichen Geltungsbereich von materiellen Rechtsnormen wurde anlässlich der bereits erwähnten *American Revolution* erneut gestellt. In diesen Zusammenhang sind auch die *lois d'application immédiate* im schweizerischen IPRG einzuordnen.[765] Im Sinne der amerikanischen Kritiker ist das tradierte zweiseitige Kollisionsrechtssystem somit um eine weitere Nebenspur erweitert worden. In Deutschland dagegen steht man einer solchen „Doppelspurigkeit" des Internationalen Privatrechts eher ablehnend gegenüber: So wird in der einseitigen Anknüpfung die „Gefahr exorbitanter Jurisdiktionsanmaßungen" erblickt.[766] Eine solche allzu weite Ausdehnung der *lex fori* habe demgegenüber der bilaterale Charakter der traditionellen internationalprivatrechtlichen Verweisungsnormen verhindern können, da sie den Richter stets dazu veranlasst, sich zu fragen, ob er auf einen entsprechenden Sachverhalt *mutatis mutandis* nicht auch ausländisches Recht anwenden würde.[767]

Über die Vorschrift des Art. 18 IPRG finden die international zwingenden Vorschriften der *lex fori* Erwähnung und werden kraft eines positiven *ordre public* vorbehalten.[768] Der Wortlaut von Art. 18 IPRG sieht die „zwingende Anwendung schweizerischen Rechts" vor, was es gestattet, die Wirkung sowohl von einheimischen Normen mit „sozial-protektiver Ausrichtung" wie auch von solchen mit „staats- und wirtschaftspolitischer Zielsetzung" auf privatrechtliche Rechtsverhältnisse zu erstrecken.[769]

Das Bundesgericht hat die Norm des Art. 18 IPRG in seinem Urteil vom 29.Oktober 2009 dabei folgendermaßen konkretisiert: «Les lois d'application immédiate telles que l'entend cette norme sont, en règle générale, des dispositions impératives qui répondent le plus souvent à des intérêts essentiels d'ordre social, politique ou économique (...). Du moment que, dans un Etat de droit comme l'est la Confédération suisse (...), il est rarissime qu'une norme ne puisse trouver un fondement, même indirect, qui ne soit pas en phase avec la défense d'intérêts sociaux, politiques ou économiques, les lois d'application immédiate

---

764 Außerhalb des romanischen Rechtskreises ist seit *Savigny* die Konzeption des *Unilateralismus* mehrheitlich auf Ablehnung gestoßen. Jedoch sei für die Zeit nach *Savigny* in Erinnerung gerufen, dass auf Befehl *Bismarcks* alle zweiseitig ausgestalteten Kollisionsnormen im Entwurf zum EGBGB in einseitige Kollisionsnormen umgewandelt wurden; siehe *Vischer*, BJM 2006, 129 (139).

765 *Vischer*, BJM 2006, 129 (139/40).

766 *Basedow*, RabelsZ 52 (1988), 8 (12).

767 *Basedow*, RabelsZ 52 (1988), 8 (12).

768 *Siehr*, „False Conflicts", „lois'd'application immédiate" und andere Neuentdeckungen im IPR, in: FS Drobnig, S. 443 (448).

769 BaslerKomm IPRG-*Mächler-Erne/Wolf-Mettier*, Art. 18 Rn. 7.

doivent correspondre aux seules valeurs fondamentales de l'ordre juridiques (...).»[770]

Wenn auch das Bundesgericht Art. 18 IPRG nicht als passend für das Internationale Gesellschaftsrecht erachtet,[771] so findet eine Berufung auf die *lois application immédiate* im Zusammenhang des Bank- und Börsenrechts statt, auf das im Folgenden einzugehen ist. Denn zu den unmittelbar anwendbaren Normen des schweizerischen Rechts im Sinne von Art. 18 IPRG gehören auch die Vorschriften des schweizerischen Börsenrechts, soweit der Geltungsbereich dieser Normen reicht.[772]

Die Besonderheit der Norm des Art. 18 IPRG ist darin zu erblicken, dass es sich bei dieser nicht um eine eigentliche Verweisungsnorm handelt, sondern vielmehr die rechtsanwendenden Instanzen generalklauselartig ermächtigt.[773] Nach Ansicht von *Kurt Siehr* könne ein kodifiziertes IPR auf die Lehre von den *lois d'application immédiate* verzichten.[774] Zwar könne eine solche Vorschrift durchaus als „Merkposten" fungieren; jedoch sei dies für den „Kenner" regelmäßig überflüssig und „gerade bei ... Art. 18 IPRG begibt sich der Laie allzu leicht auf die Pirsch nach inländischen ‚lois d'application immédiate'".[775] Im Übrigen wird eine inländische international zwingende Vorschrift das anwendbare ausländische Recht nur in den allerseltensten Fällen gänzlich ersetzen, sondern diese vielmehr nur in Einzelaspekten korrigieren. Dazu reiche indessen die allgemeine Vorbehaltsklausel des *ordre public* vollkommen aus.[776]

---

770 BGE 135 III 614 E. 4.2., S. 617 = Pra. 2010 Nr. 60.

771 Siehe dazu BGE 117 II 501 f.: «Quant à l'art. 18 LDIP qui touche à l'aspect positif de l'ordre public, il ne paraît pas a priori et in abstracto devoir être appliqué dans le domaine des sociétés. En effet, les lois d'application immédiate sont en règle générale des dispositions impératives qui répondent le plus souvent à des intérêts essentiels d'ordre social, politique ou économique ... ce qui n'est pas le cas des règles du droit suisse en matière de constitution de sociétés. Du reste, considérer ces dispositions comme impératives au sens de l'art. 18 LDIP reviendrait finalement à appliquer le droit suisse au statut de toutes les personnes morales et à vider ainsi de sa substance la théorie de l'incorporation« .

772 ZürchKomm IPRG-*Vischer* Art. 18 Rn. 25. Siehe zur Beachtung von Art. 18 bei grenzüberschreitenden Fusionen, insbesondere bei Fusionskontrolle und Mitbestimmung *Bessenich*, AJP 2005, 851 (855), *Nobel* SZW 2004 162 (166), *Wyler* SZW 2004, 249 (257) sowie *Zimmerli* AJP 2005 771 (781).

773 BaslerKomm IPRG-*Mächler-Erne/Wolf-Mettier*, Art. 18 Rn. 7.

774 Siehe *Siehr*, in: FS Drobnig, S. 443 (448).

775 *Siehr*, in: FS Drobnig, S. 443 (448/9).

776 *Siehr*, in: FS Drobnig, S. 443 (449).

bb) Einschränkungen in Fällen mit finanzaufsichtsrechtlichem Charakter

Zunächst besteht nach Auffassung des Bundesgerichtes unter der Herrschaft des IPRG kein Raum mehr für eine Einschränkung der Inkorporationstheorie nach der „Theorie des Fiktionsvorbehaltes"; es verneinte das Vorliegen einer diesbezüglich versteckten Gesetzeslücke ausdrücklich.[777] Auch für die Eidgenössische Bankenkommission (EBK), die inzwischen als einer der drei „Fusionspartner" in die neu geschaffene integrierte Finanzaufsichtsbehörde FINMA aufgegangen ist,[778] stellte sich immer die Frage der richtigen *Anknüpfung ihrer Zuständigkeit* bei internationalen Sachverhalten.[779]

Die Eidgenössische Bankenkommission (EBK) hat in finanzaufsichtsrechtlichen Sachverhalten teils eine Modifizierung der geltenden Inkorporationstheorie vorgenommen und sich teilweise für eine Sitzanknüpfung ausgesprochen. Diese Abweichungen von der in Art. 154 Abs. 1 IPRG normierten Inkorporationstheorie sollen im Folgenden untersucht werden.

(1) Entscheidungspraxis der EBK

Die Eidgenössische Bankenkommission (EBK) hatte sich als Aufsichtsbehörde mit illegaler Bank- und Effektenhändlertätigkeit in der Schweiz zu befassen. Dabei ist ein häufig auftretendes Verhaltensmuster darin zu erblicken, dass ein nach ausländischem Recht gegründeter Finanzintermediär eine Bewilligung als Bank oder Effektenhändler eines *Offshore*-Zentrums einholt, dabei jedoch die eigentliche Geschäftstätigkeit in der Schweiz ausübt. Die EBK muss in diesen Fällen entscheiden, ob auf diese Weise die in der Schweiz grundsätzlich bestehende Bewilligungspflicht verletzt wird. Für den Fall, dass die ausländische Gesellschaft ohne entsprechende Bewilligung eine Zweigniederlassung im Sinne des Banken- oder des Börsengesetzes betreibt, nimmt die EBK an, diese illegale Tätigkeit werde durch eine faktische Zweigniederlassung der betreffenden aus-

---

777 BGE 117 II 494 (500 f.) : « Dans ces conditions, admettre la réserve du siège fictif fondée sur la fraude à la loi reviendrait à introduire la théorie du siège effectif 'par la petite porte' contrairement aux intentions du législateur. Il ne faut pas perdre de vue non plus que le rattachement au droit du siège effectif en cas de fraude à la loi conduirait le plus souvent à l'inexistence de la société en droit suisse, ce que la LDIP tend précisément à éviter. En conclusion, l'interprétation de la loi ne révèle pas l'existence d'une lacune occulte. » Noch in der Vernehmlassung fragte man hingegen seitens der Universität Lausanne : „Quid de la société dont le sieège statuaire est fictif?"; vgl. Vernehmlassung zu Art. 154 IPRG, S. 506 Rn. 1110.

778 Seit dem 1. Januar 2009 fungiert die FINMA als integrierte Finanzmarktaufsichtsbehörde und löste die ehemals Eidg. Bankenkommission EBK ab; vgl. dazu *Nobel*, Unausgegorenes Finanzmarktaufsichtsgesetz, NZZ, 13.01.2004, Nr. 9, S. 25.

779 *Nobel*, 49 Nummern "Leading Cases" – Die Vergangenheit ihrer Zukunft, EBK Bulletin 50/2007, 45 (51).

ländischen Bank ausgeübt.[780] In analoger Anwendung des Rechtsgedanken aus Art. 23quinquies BankG ist die EBK dazu übergegangen, bei unbewilligter Banktätigkeit die Liquidation der betreffenden Gesellschaft auszusprechen.[781]

Die EBK hat sich mehrfach mit ausländischen Sitzgesellschaften befasst, die Träger einer Bank- oder Effektenhändlerlizenz sind, wobei sie diese regelmäßig auf der Grundlage der Inkorporationstheorie als wirksam angesehen hat.[782] Demnach wäre an und für sich die Möglichkeit eines Anknüpfens an den Verwaltungssitz gestützt auf die subsidiäre Vorschrift des Art. 154 Abs. 2 IPRG versperrt.

Gleichwohl zieht das schweizerische Bankenaufsichtsrecht bereits seit längerer Zeit die Anknüpfung am effektiven Verwaltungssitz als relevantes Kriterium für die Unterstellung unter das Bankengesetz heran. Damit hatte sich das Bundesgericht bereits im *Texon*-Fall zu befassen.[783] In der Sache hatte es über die Affäre um die liechtensteinische *Texon*-Anstalt zu entscheiden, mittels welcher u.a. schweizerische Kapitalbeschränkungsvorschriften umgangen wurden.

---

780 Um eine solche „faktische Zweigniederlassung“ annehmen zu können, müssen die Mitarbeiter der Bank gewerbsmäßig und dauernd im Namen und auf Rechnung der Bank tätig sein sowie diese rechtlich verpflichten; vgl. *Wyss/Zulauf*, Fiktiver Sitz oder faktische Zweigniederlassung, in: Spühler (Hrsg.) Internationales Zvilprozess- und Verfahrensrecht 2001, 117 (135). Darüber hinaus ist es nicht erforderlich, die insoweit weiter gehenden Voraussetzungen für das Vorliegen einer Zweigniederlassung im Sinne des Art. 935 OR zu erfüllen (Bundesgesetz betreffend die Ergänzung des Schweizerischen Zivilgesetzbuches (Fünfter Teil: Obligationenrecht) vom 30. März 1911 (SR 220).

781 Vgl. dazu Verfügung der EBK vom 14. Juli 1994 in Sachen Fidenas AG, EBK-Bulletin 29/1995 17 (33): „Unter diesen Umständen ist analog zur Rechtsfolge beim Entzug einer Bewilligung einer Bank (Art. 23quinquies Abs. 1 und Abs. 2 BankG) die Liquidation der Gesellschaft anzuordnen und ein Liquidator einzusetzen“, sowie *Wyss/Zulauf*, Fiktiver Sitz oder faktische Zweigniederlassung, in: Spühler (Hrsg.) Internationales Zvilprozess- und Verfahrensrecht 2001, 117 (132).

782 *Wyss/Zulauf*, Fiktiver Sitz oder faktische Zweigniederlassung, in: Spühler (Hrsg.) Internationales Zvilprozess- und Verfahrensrecht 2001, 117 (137).

783 BGE 105 IB 348. Für die Annahme einer Verwaltungstätigkeit in der Schweiz entwickelte das Bundesgericht dabei folgende Kriterien: ausschliessliche Verwaltung in der Schweiz; schweizerische(r) Nationalität/Wohnort der Mehrheit der Verwaltungsräte, Abwicklung der Geschäftstätigkeit in enger räumlicher Beziehung zur Schweiz, Führung der Buchhaltung in der Schweiz. Das BGE stellte sodann in E. 10 d) zusammenfassend fest: „Es besteht kein Zweifel, dass die *Texon*, obwohl sie eine Anstalt nach liechtensteinischem Recht darstellt, ausschliesslich in der Schweiz verwaltet wurde.“ In Konsequenz des *Texon*-Skandals (bei der Schweizerischen Kreditanstalt, Chiasso) wurde in der Schweiz die Vereinbarung über die Standesregeln zur Sorgfaltspflicht der Banken von 1977 (VSB 77) abgeschlossen; siehe dazu *Nobel,* Finanzmarktrecht § 6 Rn. 6 sowie *Nobel*, 49 Nummern "Leading Cases" – Die Vergangenheit ihrer Zukunft, EBK Bulletin 50/2007, 45 (54).

(a) Fidenas

Fast zwanzig Jahre später hat die EBK in ihrer Verfügung betreffend den Fall *Fidenas* zumindest im Ansatz Raum für die Anwendung der Sitztheorie geschaffen; jedoch hat sie in der Entscheidung letztendlich eine modifizierte Anwendung der Inkorporationstheorie vorgenommen.[784] In ihrer Verfügung im Fall *Fidenas*[785] nahm die EBK Stellung zur unbewilligten Tätigkeit einer auf den Bahamas domizilierten Bank in der Schweiz: Im Fall erwies sich die Tätigkeit der in der Schweiz niedergelassenen Gesellschaft als verschleierte, bewilligungspflichtige Bankentätigkeit für eine in Nassau beheimatete Muttergesellschaft. „Wurde jedoch eine Banktätigkeit vorsätzlich ohne Bewilligung ausgeübt, nimmt die EBK eine grobe Verletzung gesetzlicher Pflichten an und die nachträgliche Erteilung einer Bewilligung zum Betrieb einer Bank ist zu verweigern.“[786]

Da ihr auch nachträglich keine Bewilligung erteilt werden konnte, musste die Liquidation angeordnet werden.[787] Die Liquidation hatte dabei den Zweck, die Gläubiger von Forderungen aus dem Geschäftsbetrieb der in der Schweiz belegenen Zweigniederlassung zu befriedigen bzw. sicherzustellen.[788] Die EBK musste dazu im Wege des sog. „Unterstellungsverfahrens“ zunächst die räumliche Anwendbarkeit des Bankengesetzes klären, denn gemäß Art. 2 BankG sind die Bestimmungen des Gesetzes sinngemäß auch auf die von ausländischen Banken in der Schweiz errichteten Sitze, Zweigniederlassungen und Agenturen anwendbar.[789] Mit *Fidenas* begründete die EBK ihre Praxis, dass ausländische

784 *Wyss/Zulauf*, Fiktiver Sitz oder faktische Zweigniederlassung, in: Spühler (Hrsg.) Internationales Zvilprozess- und Verfahrensrecht 2001, 117 (137).

785 vgl. Verfügung der EBK vom 14. Juli 1994 in Sachen Fidenas AG, EBK-Bulletin 29/1995, S. 17 ff., siehe zum Fall auch *Nobel*, Internationales und Transnationales Aktienrecht, Teil IPR und Grundlagen (2012), S. 210 Rn. 401 ff.

786 Verfügung der EBK vom 14. Juli 1994 in Sachen Fidenas AG, EBK-Bulletin 29/1995, S. 17 (31f.) E. 3.

787 Verfügung der EBK vom 14. Juli 1994 in Sachen Fidenas AG, EBK-Bulletin 29/1995 17 (33)

788 *Nobel*, 49 Nummern "Leading Cases" – Die Vergangenheit ihrer Zukunft, EBK Bulletin 50/2007, 45 (51) weist darauf hin, dass von der Liquidation auch jene Vermögenswerte erfass sind, die mit der Schweiz in einem exekutionsrechtlichen Zusammenhang stehen. Dabei handele es sich um eine effizientere Lösung als etwa die Anerkennung ausländischer Konkursdekrete nach Art. 166 IPRG.

789 Konkretisiert wird dies in Art. 2 der Verordnung der Eidgenössischen Finanzmarktaufsicht vom 21. Oktober 1996 über die ausländischen Banken in der Schweiz (Auslandbankenverordnung-FINMA, ABV-FINMA) (SR 952.111), wonach das Bankengesetz mit Ausnahme der Eigenmittelvorschriften und der Risikostreuung sowie die Banken-

Institute am Ort ihrer – allenfalls fiktiven – Zweigniederlassung in der Schweiz „ins Recht gefasst und ggf. auch liquidiert werden können“.[790] Dabei hat die EBK jedenfalls im Ansatz auf die Sitztheorie zurückgegriffen.[791] Offengelassen wurde dabei indessen, ob sich der effektive Verwaltungssitz nun in der Schweiz und nicht am eingetragenen statuarischen Sitz im Ausland befinde.[792] Es konnte nämlich im Verfahren belegt werden, dass der wesentliche Teil der Geschäftstätigkeit in der Schweiz ausgeübt wurde und somit zumindest von einer faktischen Zweigniederlassung auszugehen war.[793] So lässt es die EBK in ihrer Verfügung dahinstehen, „[w]ie es sich damit nach internationalem Privatrecht mit dem System der Inkorporationstheorie gegenüber dem Bankengesetz als Teil des Verwaltungsrechts verhält, ..., da kein Zweifel besteht, dass die Fidenas International Bank Ltd in der Schweiz zumindest eine Zweigniederlassung betrieben hat“.[794] Auch weist die EBK darauf hin, dass das Bundesgesetz über das Internationale Privatrecht über eine gewisse Korrektur der Inkorporationslehre zugunsten der Sitztheorie verfüge, „indem gemäss Art. 159 IPRG zum Schutze Dritter,... für Geschäfte einer Gesellschaft, die nach ausländischem Recht gegründet worden ist, (und) in der Schweiz oder von der Schweiz aus geführt (wurde) ..., die Haftung der für sie handelnden Personen schweizerischem Recht unterstehe“.[795] Demnach erfolgt die Liquidation somit nicht beruhend auf dem Argument des faktischen Sitzes der Gesellschaft in der Schweiz. Im Ergebnis handelt

---

verordnung sinngemäß für die Geschäftstätigkeit von Zweigniederlassungen, Agenturen und Vertretungen ausländischer Banken gelten.

790 *Nobel*, 49 Nummern "Leading Cases" – Die Vergangenheit ihrer Zukunft, EBK Bulletin 50/2007, 45 (51). Die Liquidation hat zum Zweck, die Gläubiger von Forderungen aus dem Geschäftsbetrieb der Zweigniederlassung zu befriedigen oder sicherzustellen. Sie umfasst denn auch jene Vermögenswerte, die mit der Schweiz in einem exekutionsrechtlichen Zusammenhang stehen. Das scheint effizienter zu sein als etwa die Anerkennung ausländischer Konkursdekrete nach Art. 166 IPRG.

791 *Wyss/Zulauf*, Fiktiver Sitz oder faktische Zweigniederlassung, in: Spühler (Hrsg.) Internationales Zivilprozess- und Verfahrensrecht 2001, 117 (137).

792 In der Verfügung der EBK vom 14. Juli 1994 in Sachen Fidenas AG, in EBK Bulletin 29/1995, 17 (29) heißt es: „Fraglich wäre sogar, ob sich nicht der effektive Hauptsitz der Fidenas International Bank Ltd in der Schweiz befindet und nicht am eingetragenen Sitz in den Bahamas.“

793 *Wyss/Zulauf*, Fiktiver Sitz oder faktische Zweigniederlassung, in: Spühler (Hrsg.) Internationales Zivilprozess- und Verfahrensrecht 2001, 117 (137).

794 Verfügung der EBK vom 14. Juli 1994 in Sachen Fidenas AG, EBK-Bulletin 29/1995, S. 17 (29) E. 2.c.

795 Verfügung der EBK vom 14. Juli 1994 in Sachen Fidenas AG, EBK-Bulletin 29/1995, S. 17 (29/30) E. 2.c.

es sich in der Verfügung der EBK in der Sache *Fidenas* also eher um eine modifizierte Anwendung der Inkorporationstheorie.[796]

(b) UIB

Eine weitere Verfügung der EBK betraf die beiden Finanzgesellschaften *UIB Servizi SA* und *UIB Gestioni Patrimoniali SA* mit Sitz in Lugano.[797] Die Eidgenössischen Bankenkommission (EBK) war mit Verfügung vom 28. Januar 2004 zu dem Schluss gekommen, dass die beiden Tessiner Gesellschaften als faktische Zweigniederlassungen für eine auf dem südpazifischen Inselstaat Vanuatu domizilierte Strohbank (sog. Shell Bank) und für eine mit dieser verbundene *Offshore*-Gesellschaft auf der portugiesischen Atlantik-Insel Madeira tätig waren.[798] Die EBK schöpfte Verdacht, die UIB Ltd. gehe mit den beiden Tessiner Gesellschaften banken- und börsenrechtlich bewilligungspflichtigen Tätigkeiten nach, und untersagte sämtliche finanzmarktrelevanten Aktivitäten. Wegen unbewilligter Banken- bzw. Effektenhändlertätigkeit ordnete sie sodann u.a. die Eintragung der Zweigniederlassungen in das Handelsregister sowie die anschließende Liquidation der vier illegal tätigen Gesellschaften an.[799]

Auf eine Verwaltungsgerichtbeschwerde hin hatte sich die Zweite Öffentlichrechtliche Abteilung des Bundesgerichts mit der Sache zu befassen;[800] diese hielt die Verfügung der EBK nur in Teilen aufrecht: In seinem Entscheid hatte das Bundesgericht zunächst rechtlich nichts gegen die verfügte Eintragung und anschließende Liquidation von Zweigniederlassungen einzuwenden. Damit bestätigte es im Grundsatz seine Rechtsprechung, wonach im Interesse eines effizienten Anleger- und Marktschutzes ausländische Gesellschaften, die in der Schweiz in Missachtung finanzmarktrechtlicher Vorschriften faktische Zweigniederlassungen halten, zu deren Eintragung im Handelsregister und anschließenden Liquidation wegen illegaler Geschäftstätigkeit im vollstreckungsrechtlichen Bezug zur Schweiz verpflichtet werden können.[801] Denn Sinn und Zweck

796 *Wyss/Zulauf*, Fiktiver Sitz oder faktische Zweigniederlassung, in: Spühler (Hrsg.) Internationales Zivilprozess- und Verfahrensrecht 2001, 117 (137).

797 Verfügung der EBK vom 28. Januar 2004 in Sachen UIB Servizi und andere, EBK-Bulletin 46/2004, S. 61 (66ff.); siehe auch *Nobel*, Internationales und Transnationales Aktienrecht, Teil IPR und Grundlagen (2012), S. 55 Rn. 53 ff.

798 Verfügung der EBK vom 28. Januar 2004 in Sachen UIB Servizi und andere, EBK-Bulletin 46/2004, S. 61 (67).

799 Verfügung der EBK vom 28. Januar 2004 in Sachen UIB Servizi und andere, EBK-Bulletin 46/2004, S. 61 (93).

800 BGE 130 II 351.

801 BGE 126 II 71; siehe *von Büren/Walter*, Die wirtschaftsrechtliche Rechtsprechung des Bundesgerichts im Jahr 2004 – Veröffentlicht in Band 130 (BE), ZBJV 141 (2005), 750 (764).

dieser Zweigniederlassungsregelung[802] im Bankengesetz ist es, „eine Umgehung der aufsichtsrechtlichen Ordnung über die Schweiz durch eine geschäftlich nicht gerechtfertigte Inkorporierung an einem ungenügend überwachten Ort zu verhindern. Wird die ausländische Bank tatsächlich in der Schweiz geleitet oder wickelt sie ihre Geschäfte ausschliesslich oder überwiegend in oder von der Schweiz aus ab, so muss sie sich nach schweizerischem Recht organisieren und untersteht sie den Bestimmungen über die inländischen Banken.“[803] Demnach wird für den Bankenbereich unter Außerachtlassung des Inkorporationsprinzips das inländische Recht zur Anwendung gebracht, wenn die Inkorporierung im Ausland als „nicht gerechtfertigt“ angesehen wird. Dies ist dann der Fall, wenn die Beziehung zur Schweiz besonders eng ist.[804]

Jedoch erachtete es das Bundesgericht als unverhältnismäßig, im Wege der Zwangseintragung von faktischen Zweigniederlassungen einen solchen vollstreckungsrechtlichen Anknüpfungspunkt in der Schweiz anzuordnen. In den Entscheidungsgründen beruft sich das Bundesgericht zunächst im Grundsatz darauf, dass sich das schweizerische Internationale Gesellschaftsrecht für die Inkorporationstheorie als Anknüpfungsmethode entschieden habe; die Sitztheorie gelte nur subsidiär im Sinne des Art. 154 Abs. 2 IPRG. Zwar räumt es sodann ein, dass unter diesen Umständen indessen „für ein aufsichtsrechtliches Einschreiten gegen einen ausländischen, in der Schweiz illegal tätigen Finanzintermediär an sich nur wenig Raum [verbleibe]. Die Rechtsprechung hat diesen im Interesse eines effizienten Anleger- und Marktschutzes indessen aufsichtsrechtlich ausgedehnt. So hat es das Bundesgericht in Bestätigung der Praxis der Bankenkommission grundsätzlich für zulässig erklärt, ausländische Gesellschaften, die in der Schweiz in Missachtung finanzmarktrechtlicher Vorschriften keine Zweigniederlassung begründet, faktisch aber eine solche betrieben haben, im Handelsregister einzutragen und ihre illegale Geschäftstätigkeit im Rahmen des (vollstreckungsrechtlichen) Bezugs zur Schweiz zu liquidieren …“[805] Das Bundesgericht präzisierte jedoch, dass auch diese Maßnahme dem Gebot der Verhältnismäßigkeit untersteht und namentlich nicht weiter gehen darf, als der Schutz des schweizerischen Finanzplatzes es erfordert. Es könne dem Bundesgericht zufolge nicht „nicht darum gehen, ohne spezifische schutzwürdige schweizerische

802 Art. 2 Abs. 1 BankG i.V.m. Art. 1 Abs. 2 ABV-FINMA.

803 BGE 130 II 351 E. 5.1 S. 362.

804 BGE 130 II 351 E. 6.1 S. 362.

805 BGE 130 II 351. E 6.1. Das Bundesgericht erblickt darin auch keine Verletzung der ausländischen Souveränität, denn die Schweiz sei befugt, „die Folgen einer Geschäftstätigkeit, die auf ihrem Territorium ausgeübt wird, von diesem ausgeht oder sich auf dieses auswirkt, zu regeln, auch wenn die entsprechende Aktivität einer ausländischen Gesellschaft zuzuschreiben ist“.

Interessen ... durch die Annahme einer faktischen Zweigniederlassung in Aushöhlung der Inkorporationstheorie (...) hiesige Standards oder finanzmarktrechtliche Regelungen im Ausland durchzusetzen; es liegt in erster Linie an den ausländischen Behörden, für die Einhaltung ihres Rechts und ihrer Verpflichtungen zu sorgen.“[806] Damit hat sich das Bundesrecht bemerkenswerterweise auch in einem aufsichtsrechtlichen Kontext ausdrücklich gegen eine „Aushöhlung der Inkorporationstheorie“ gewandt und sich unter Berufung auf den Verhältnismäßigkeitsgrundsatz gegen eine Anknüpfung an den effektiven Verwaltungssitz gestellt. Diese Entscheidung verdient Zustimmung, da sie zu dem berechtigten Schluss kommt, dass es keiner Liquidation bedarf, wenn die Vermögenswerte der betreffenden faktischen Zweigniederlassungen keinen engen Zusammenhang mit der von der Schweiz aus erfolgten Geschäftstätigkeit aufweisen, weil *in casu* keine Kunden geworben worden sind und die bewilligungspflichtigen Aktivitäten schwerpunktmäßig im Ausland liegen und den schweizerischen Finanzplatz überhaupt nur am Rande berühren.[807]

cc) Übernahmerecht

An dieser Stelle soll das Kollisionsrecht im Grenzbereich von Kapitalmarkt- und Gesellschaftsrecht[808] beleuchtet werden. Dies ist von Interesse, da nochmals unter einem anderen Blickwinkel die Reichweite und die Grenzen der schweizerischen Inkorporationstheorie aufgezeigt werden können. Auch hier finden sich Abweichungen von der Inkorporationstheorie: So hat die EBK in einem Sonderfall eine „beschränkte regulatorische Sitztheorie“ entwickelt.[809]

Ausgangspunkt ist der Standpunkt der neueren Literatur, die sich vor dem Hintergrund der Interdependenz von Gesellschafts- und Kapitalmarktrecht für eine einheitliche Beurteilung der übernahmerechtlichen Fragen ausspricht.[810] Dabei wird mit Blick sowohl auf das bei einem Übernahmeangebot einzuhaltende Verfahren als auch die Zulässigkeit von Abwehrmaßnahmen für eine einheitliche Beurteilung nach den Regeln des einschlägigen Gesellschaftsstatuts plädiert. Demgegenüber sind kollisionsrechtliche Ansätze, die im Wege einer marktorientierten Anknüpfung zu einer befriedigenden Anknüpfung im Übernahmerecht gelangen wollen, zusehends in Frage gestellt worden.[811]

Es soll deshalb allein auf das Gesellschaftsstatut abgestellt werden, da Unternehmensübernahmen regelmäßig nicht nur die Interessen von Bietern und

806 BGE 130 II 351 E.6.

807 *Nobel*, 49 Nummern "Leading Cases" – Die Vergangenheit ihrer Zukunft, EBK Bulletin 50/2007, 45 (51).

808 Vgl. zu dieser Einordnung *Zimmer*, Internationales Gesellschaftsrecht, 1996, S. 93-113.

809 *Nobel/Waldburger*, in: FS Böckli, S. 27 (40).

810 *Zimmer*, Internationales Gesellschaftsrecht, 1996, S. 93 ff.

811 *Zimmer*, Internationales Gesellschaftsrecht, 1996, S. 93-100.

Aktionären, sondern darüber hinaus eine Vielzahl weiter Akteure berühren, namentlich die Gläubiger der Zielgesellschaft sowie Arbeitnehmer. Es erscheint deshalb sinnvoll, die Regeln des zumeist leicht feststellbaren Gesellschaftsstatuts bei der Übernahme zugrunde zu legen, da sich potentielle Bieter, Arbeitnehmer, Anleger und Gläubiger auf die so ermittelte maßgebliche Rechtsordnung besser einstellen können.[812]

Im Übernahmerecht geht es dabei um die Frage, ob eine Übernahme dem schweizerischen Recht der öffentlichen Kaufangebote untersteht. Wenn diese davon erfasst ist, so muss sie den Anforderungen des fünften Abschnitts des BEHG genügen; überdies muss sie der Beurteilung durch die UEK sowie ggf. die FINMA bzw. das Bundesverwaltungsgericht standhalten; vgl. Art. 23 Abs. 3 BEHG; Art. 3 UEV.[813] Das schweizerische Recht ist dabei im Grundsatz vom Gedanken der „Einheit des Übernahmerechts" geprägt:[814] Der Gesetzgeber hat sich dafür entschieden, die Regeln über Übernahmeangebote nicht in das bestehende Aktienrecht einzugliedern, sondern die Vorschriften mit sowohl privatrechtlicher als auch öffentlich-rechtlicher Natur vereint in einem Sondergesetz zu bündeln.[815] Dieses aus der der Verzahnung von Kapitalmarkt- und Aktienrecht resultierende Normgefüge wird dabei auch als Börsengesellschaftsrecht bezeichnet.[816] Einzig im Übernahmerecht hat sich die Übernahmekammer der EBK klar gegen die Anwendung der Inkorporationstheorie ausgesprochen.[817]

(1) Entscheidungspraxis von UEK und FINMA

Damit die börsengesetzlichen Bestimmungen des BEHG überhaupt eingreifen, muss sich das Kaufangebot auf Beteiligungen an einer *schweizerischen* Gesellschaft beziehen; vgl. Art. 2 lit. e) und Art. 22 Abs. 1 BEHG. In der Praxis stellt sich jedoch die Frage, wie dabei der Begriff der „schweizerischen Gesellschaft" auszulegen ist. Grundsätzlich erfordert der Begriff „schweizerisch" in erster Linie, dass die Gesellschaft ihren satzungsmäßigen Sitz in der Schweiz hat. Ausländische Gesellschaften sind demgegenüber nicht erfasst, selbst wenn sie an

---

812 Siehe zum Ganzen *Zimmer*, Internationales Gesellschaftsrecht, 1996, S. 99 f.

813 *Diem/Iffland/Tschäni*, Öffentliche Kaufangebote 2010,S. 6 Rn. 15.

814 *Gasser/ Meier-Schatz*, SZW 2000, 121 (121).

815 *Gasser/ Meier-Schatz*, SZW 2000, 121 (121).

816 Siehe dazu bereits den Titel des Beitrags von *Nobel*, Börsengesellschaftsrecht?, in: von Büren (Hrsg.), Aktienrecht 1992-1997, Festschrift zum 70. Geburtstag von Rolf Bär, Bern 1998, 301 ff. sowie *Nobel*, Querbezüge zwischen Aktienrecht und Börsengesetz, ST 1997, 463 ff. Siehe dazu aus dem italienischen Schrifttum *Oppo*, Riv. Dir. Civ. 1999 II, S. 483 ff..

817 *Wyss/Zulauf*, Fiktiver Sitz oder faktische Zweigniederlassung, in: Spühler (Hrsg.) Internationales Zivilprozess- und Verfahrensrecht 2001, 117 (137).

einer Börse in der Schweiz kotiert sind.[818] Wie bereits angedeutet, rühren die Schwierigkeiten bei der Bestimmung des territorialen Geltungsbereichs aus der „hybriden Natur“ des Übernahmerechts:[819] Insbesondere die Vorschriften über die Information der Anleger oder das Verbot der Kursmanipulation sind einerseits als Teil des Kapitalmarktrechts anzusehen.[820] Mit Blick auf diesen Regelungsbereich ergibt es Sinn, an den Ort der (primären) Börsenkotierung anzuknüpfen. Andererseits ist das Übernahmerecht auch dem Gesellschaftsrecht zuzurechnen, was namentlich für Abwehrmaßnahmen der Zielgesellschaft oder die Angebotspflicht gilt. In dieser Hinsicht ist es sachgemäß, an den Sitz der Gesellschaft anzuknüpfen.[821] Wenn es sich demnach bei der Zielgesellschaft um eine schweizerische Gesellschaft handelt, so folgt daraus, dass nur einschlägige Angebote für Beteiligungen an Zielgesellschaften mit Sitz in der Schweiz vom örtlichen Geltungsanspruch des BEHG erfasst sein müssten. Denn der Sitz bestimmt sich grundsätzlich nach der in der Schweiz vorherrschenden Inkorporationstheorie im Sinne des Art. 154 IPRG.[822] Umgekehrt untersteht eine Zielgesellschaft mit Sitz im Ausland den einschlägigen Bestimmungen folglich selbst dann nicht, wenn sie in oder von der Schweiz aus geleitet wird bzw. ihren unternehmerischen Schwerpunkt dort hat.[823] Das schweizerische Börsengesetz kumuliert aber die beiden Anknüpfungspunkte, verlangt also, dass sich sowohl der Sitz der Gesellschaft in der Schweiz befindet, als auch die Kotierung an einer Börse in der Schweiz erfolgt ist.[824] Der Übernahmekommission wurden mehrere Fälle zur Prüfung unterbreitet, in denen es darum ging, ob eine Gesellschaft trotz ihres statutarischen Sitzes im Ausland den schweizerischen Übernahmeregeln zu unterstellen sei.[825] Dem Grundsatz nach entschied die Übernahmekommission, dass bei der Frage, ob eine Gesellschaft als schweizerisch im Sinne von Art. 22 Abs. 1 BEHG gilt, eine Gesamtwürdigung der konkreten Umstände vorzunehmen ist.[826]

(a) Der Tag Heuer-Fall

In der umstrittenen Entscheidung *TAG Heuer* ist die EBK vom Anknüpfungsgrundsatz der Inkorporationstheorie abgewichen, indem sie auf den in der

818 *Diem/Iffland/Tschäni*, Öffentliche Kaufangebote 2010,S. 13 Rn. 25.
819 *Diem/Iffland/Tschäni*, Öffentliche Kaufangebote 2010,S. 13 Rn. 26.
820 *Diem/Iffland/Tschäni*, Öffentliche Kaufangebote 2010,S. 13 Rn. 26.
821 *Diem/Iffland/Tschäni*, Öffentliche Kaufangebote 2010,S. 13 Rn. 26.
822 *Gasser/Meier-Schatz*, SZW 2000, 121 (125).
823 *Gasser/Meier-Schatz*, SZW 2000, 121 (125).
824 *Diem/Iffland/Tschäni*, Öffentliche Kaufangebote 2010,S. 13 Rn. 26.
825 Empfehlungen in Sachen *Hilti AG* vom 1. Dezember 1999 und vom 10. Februar 2003 und Empfehlung in Sachen *Perutil SA* vom 28. März 2003.
826 *Aregger/Schärer*, SZW 2003, 146 (146).

Schweiz befindlichen effektiven Verwaltungssitz abstellte und das Schweizer Übernahmerecht somit auch mit Blick auf eine ausländische Gesellschaft für anwendbar erklärte.[827] Es ging um die in Luxemburg inkorporierte *TAG Heuer International AG*, eine vollständig beherrschte Tochter der schweizerischen Mutter *TAG Heuer SA*, die auch in der Schweiz börsenkotiert war. Die Muttergesellschaft veräußerte ihre luxemburgische Tochtergesellschaft an die französische LVMH. Dabei stellte sich nunmehr die Frage der Anwendbarkeit der schweizerischen Übernahmeregeln bei einer im Ausland inkorporierten Gesellschaft, die faktisch ausschließlich in der Schweiz und von der Schweiz aus geleitet wurde. Die Übernahmekammer der EBK verwarf eine Empfehlung der Übernahmekommission und erachtete es als sachlogisch und konsequent, die im Rahmen der Unterstellungsverfahren bei Finanzintermediären entwickelte Praxis der Annahme einer faktischen Zweigniederlassung auch auf das Übernahmerecht zu übertragen.[828]

Bedeutsam ist, dass die in Art. 154 IPRG zugrunde gelegte Inkorporationstheorie als solche jedoch in den Unterstellungsverfahren nicht gänzlich negiert, sondern allenfalls modifiziert wurde. Zu einem diametral entgegengesetzten Ergebnis führt jedoch das Übernahmerecht: In Bezug auf das tatbestandliche Anknüpfungskriterium „schweizerische Gesellschaft" stellt die Übernahmekammer hier auf die Sitztheorie ab, verstanden als Theorie effektiver Verknüpfungen der Gesellschaft.[829] Aufgrund tatsächlicher Verknüpfungen[830] mit der Schweiz kommt die Übernahmekammer zu dem Ergebnis, dass die Zielgesellschaft „ausschliesslich in der Schweiz und von der Schweiz aus geleitet wird und tätig ist". Hier ist eine klare Außerachtlassung des Art. 154 IPRG zu konstatieren, indem die EBK explizit den Sitz am Ort der effektiven Verwaltung für entscheidend

---

827 Verfügung EBK *LVMH Moët Hennessy Louis Vuitton/TAG Heuer International SA* vom 30. September 1999, Bull. EBK 39/2000, 25 ff; siehe auch *Nobel*, Internationales und Transnationales Aktienrecht, Teil IPR und Grundlagen (2012), S. 56 ff. Rn. 55 ff.

828 *Wyss/Zulauf*, Fiktiver Sitz oder faktische Zweigniederlassung, in: Spühler (Hrsg.) Internationales Zivilprozess- und Verfahrensrecht 2001, 117 (137).

829 *Brügger/Dubs*, SZW 2000, 69 (79).

830 vgl. Verfügung EBK *LVMH Moët Hennessy Louis Vuitton/TAG Heuer International SA* vom 30. September 1999, Bull. EBK 39/2000, E. 2.c, 25 ff.: Die Übernahmekammer erachtet dabei als tatsächliche Verknüpfungen zur Schweiz, die zur Qualifizierung der Zielgesellschaft als schweizerische Gesellschaft im Sinne von Art. 22 Abs. 1 BEHG führen, die Unternehmensgeschichte, den Sitz der tatsächlichen Leitung, das Produktimage "Swiss made", die Buchführung in Schweizerfranken, den Nominalwert der Aktien in Schweizerfranken, den Wohnsitz bzw. Sitzort des Verwaltungsrates und der Mitglieder der obersten Geschäftsleitung (Ort der Entscheidungsbefugnisse) sowie den Schwerpunkt der Geschäftstätigkeit, verstanden als "unternehmerisches Risiko"; siehe dazu *Brügger/Dubs*, SZW 2000, 69 (79).

befunden hat.[831] Die Literatur ist daher der Meinung, die Eidgenössische Bankenkommission gehe in ihrer Verfügung – ohne dies freilich ausdrücklich offenzulegen – davon aus, dass es sich bei der börsenrechtlichen Übernahmeordnung um implizite *lois d'application immédiate* im Sinne von Art. 18 IPRG handele.[832] Es sei daher bei Anwendung und Auslegung des Begriffsgehalts der „schweizerischen Gesellschaft" als Rechtssatzgruppe im Sinne *von lois d'application immédiate* ohne weitere Begründung zulässig, von der im IPRG normierten grundsätzlichen Maßgeblichkeit der Inkorporationstheorie im internationalen Gesellschaftsrecht bei der Bestimmung des Begriffsgehalts ‚schweizerische Gesellschaft' abzuweichen und diese vorliegend nicht in Betracht zu ziehen.

Der eigentliche Grund für den Ausgang dieser Entscheidung lag darin begründet, dass *TAG Heuer International SA* zwar in der Schweiz, nicht aber in Luxemburg börsenkotiert war. Jedoch existierte im luxemburgischen Recht kein eigentliches Übernahmerecht, das vorliegend mangels Kotierung in Luxemburg ohnehin nicht anwendbar gewesen wäre. Demnach wäre also das Kaufangebot der LVMH überhaupt keinem Übernahmerecht unterworfen gewesen. Dieses für die Anleger wie auch für den Finanzplatz Schweiz ungünstige Resultat wollte man gerade in Anbetracht der im Streubesitz befindlichen Aktionärsstruktur *TAG Heuer International SA* vermeiden. Zudem gehe es darum, dem in Art. 1 BEHG niedergelegten Schutzgedanken des Börsengesetzes Rechnung zu tragen und „für die Zukunft allfälligen Missbräuchen mittels Sitzverlegung ins Ausland zuvorzukommen".[833] Indem man im Fall *TAG Heuer* einen faktischen Sitz in der Schweiz annahm, wurde sie als schweizerische Gesellschaft im Sinne von Art. 22 Abs. 1 BEHG qualifiziert, und die Gesellschaft unterlag somit den schweizerischen Bestimmungen über die öffentlichen Kaufangebote.

Vor dem Hintergrund der Einzelfallgerechtigkeit kann in diesem speziellen Fall das Problem als gelöst angesehen werden, weil sich der effektive Verwaltungssitz in der Schweiz befand und deshalb das schweizerische Übernahmerecht Anwendung fand.[834] Jedoch ergibt sich aus dieser Anknüpfungsregel keine allgemein befriedigende Lösung, wie sich im *Hilti*-Fall zeigen sollte.

---

831 Verfügung EBK *LVMH Moët Hennessy Louis Vuitton/TAG Heuer International SA* vom 30.September 1999 E. 3c, Bull. EBK 39/2000, 25 ff.

832 *Brügger/Dubs*, SZW 2000, 69 (77).

833 Verfügung EBK *LVMH Moët Hennessy Louis Vuitton/TAG Heuer International SA* vom 30. September 1999 E. 3c, Bull. EBK 39/2000, 25 ff

834 *Diem/Iffland/Tschäni*, Öffentliche Kaufangebote 2010,S. 14 Rn. 27.

(b) Der Hilti-Fall

Die Entscheidungspraxis der UEK wurde im Prinzip auch im *Hilti*-Fall bestätigt.[835] Im Gegensatz zum *TAG Heuer*-Fall kam die UEK jedoch zu dem Ergebnis, dass die schweizerischen Übernahmeregelungen des BEHG auf die Hilti AG mangels Sitzes in der Schweiz nicht anwendbar waren. In der Empfehlung der UEK heißt es: „Gemäss Art. 22 Abs. 1 BEHG gelten die Bestimmungen über die öffentlichen Kaufangebote für Beteiligungen an schweizerischen Gesellschaften, die mindestens teilweise an einer Börse in der Schweiz kotiert sind. Der in Art. 22 Abs. 1 BEHG definierte Geltungsbereich des Übernahmerechts erfasst alle ‚schweizerischen' Zielgesellschaften. Die Übernahmekommission sieht grundsätzlich keine Veranlassung, bei der Auslegung dieses Begriffs von der Inkorporationstheorie abzuweichen."[836]

Es befanden sich sowohl der satzungsmäßige als auch der effektive Verwaltungssitz im liechtensteinischen Schaan, wobei die Wertpapiere an einer Börse in der Schweiz kotiert waren.[837] Vom rechtlichen Ergebnis her gesehen, führte dies jedoch zu der misslichen Lage, dass die Partizipationsscheininhaber ohne den geordneten Schutz eines übernahmerechtlichen Regelungsregimes standen. Denn im Zeitpunkt der Übernahme existierte im liechtensteinischen Recht keine explizite Regelung des Übernahmerechts; das schweizerische Übernahmerecht war indessen nicht anwendbar.[838]

(c) Der Richemont-Fall

Wie flexibel die schweizerische Übernahmekommission das Anknüpfungsmoment handhabt, zeigte sie zuletzt im Jahr 2008 im Fall *Richemont*.[839] Auch in diesem Fall sprach sich die UEK gegen das Inkorporationsprinzip des Art. 154 IPRG aus. Es ging in der Entscheidung darum, ob eine der Luxemburger Tochtergesellschaften der *Richemont*-Gruppe für die Zwecke von Art. 22 BEHG als

---

835 Empfehlung der UEK 0151/01 vom 10. Februar 2003 in Sachen Martin Hilti Familien-Treuhänderschaft und Hilti AG, Schaan; siehe dazu auch *Nobel*, Internationales und Transnationales Aktienrecht, Teil IPR und Grundlagen (2012), S. 57 ff. Rn. 56 ff.

836 Empfehlung der UEK 0151/01 vom 10. Februar 2003 in Sachen Martin Hilti Familien-Treuhänderschaft und Hilti AG, Schaan, E.1.1. u. 1.2.

837 Empfehlung 0053/01 *Hilti AG* vom 1. Dezember 1999 E. 1; sowie Empfehlung 0151/01 *Hilti AG* vom 10. Februar 2003.

838 *Aregger/Schärer*, SZW 2003, 146 (147).

839 Empfehlung 0377/01 *Richemont SA* vom 29. Juli 2008 E. 1; Siehe dazu S. dazu *Blaas/Bovey*, SZW 2009, 211 f. Weitere vorangegangene Fälle, in denen die Entscheidungspraxis der UEK hinsichtlich der Anwendbarkeit des schweizerischen Übernahmerechts gefestigt wurde, betrafen die Empfehlungen der UEK 0071 / 01 – *Banque des Règlements Internationaux* vom 31. August 2000; 0090 / 01 – *De Beers* Centenary AG vom 20. März 2001 sowie 0159 – *Perutil SA* vom 28. März 2003.

„schweizerische" Gesellschaft anzusehen sei. Die UEK bejahte dies, indem sie von einer Art „Schicksalsgemeinschaft" zwischen der Luxemburger Tochter und der Schweizer Mutter ausging.[840] Begründet hat sie dies anhand einer Bandbreite unterschiedlicher Merkmale: Koppelung der Partizipationsscheine der Luxemburger Tochter an die Aktien der Schweizer Mutter, Integration der Tochter in einen Konzern mit einer Schweizer Konzernobergesellschaft sowie die existierenden Verwaltungsratsmitglieder der Tochter im Verwaltungsrat der Mutter.

(2) Bewertung der Anknüpfung im Übernahmerecht

Dass der Begriff der „schweizerischen Gesellschaft" im Übernahmerecht somit im Ergebnis wandelbar und verhältnismäßig unbestimmt ist, muss als misslich angesehen werden. In der Konsequenz werden es sich ausländische Gesellschaften angesichts der bestehenden Rechtsunsicherheit überlegen, ob sie ihre Wertpapiere in der Schweiz kotieren möchten.[841] Hervorzuheben ist hier ebenso der bestehende Unterschied der schweizerischen Regelung zu den europarechtlichen Vorschriften der Übernahmerichtlinie: Im Unterschied zur schweizerischen Regelung wird dort nämlich bei einem Auseinanderfallen von Sitz und Börsenzulassungsort der Zielgesellschaft das anwendbare Recht grundsätzlich anhand der Erstzulassung bestimmt.[842] Mit Blick auf gesellschaftsrechtliche Fragen ist dabei das Recht des Sitzmitgliedstaats der Zielgesellschaft maßgebend.[843] Insoweit wird kritisiert, dass es der schweizerische Gesetzgeber bei Erlass des FINMAG und der Revision des BEHG versäumt hat, die geltenden Anknüpfungsvorschriften in europarechtskonformer Weise zu reformieren.[844]

3. Ergebnis

Wie zuvor dargelegt, sieht das schweizerische Recht verschiedene Möglichkeiten vor, die Inkorporationstheorie einzuschränken. Im Ergebnis ist eine solche Einschränkung jedoch nur über Sonderanknüpfungen sowie über den Ansatz der *lois d'application immédiate* im Sinne von Art. 18 IPRG möglich. Denn das Rechtsmissbrauchsverbot kann nicht zum Tragen kommen, da sich das Bundesgericht von der Lehre des Fiktionsvorbehaltes distanziert hat; das Ausnutzen

---

840 *Diem/Iffland/Tschäni*, Öffentliche Kaufangebote 2010,S. 15 Rn. 29.

841 *Diem/Iffland/Tschäni*, Öffentliche Kaufangebote 2010,S. 16 Rn. 30.

842 Siehe Art. 4 Abs. 2 lit. b) u. c) der Richtlinie 2004/25/EG des Europäischen Parlaments und des Rates vom 21. April 2004 betreffend Übernahmeangebote (Übernahmerichtlinie) Amtsbl. EG L 142/12 v. 30.4.2004.

843 Art. 4 Abs. 2 lit. e) Richtlinie 2004/25/EG.

844 Vgl. dazu *Thévenoz*, GesKR 2009, 37 f., der die schweizerischen Anknüpfungsvorschriften dem europäischen Recht anzupassen gedenkt.

kollisionsrechtlich gewährter Freiheiten im Gesellschaftsrecht kann grundsätzlich keinen Missbrauch darstellen.[845]

Ebenso wenig bleibt für die Anwendung der Ausnahmeklausel des Art. 15 IPRG Raum, da im Internationalen Gesellschaftsrecht von einer inkorporationstheoriebedingten Rechtswahl auszugehen ist. Schließlich wird die hohe Eingriffsschwelle der Vorbehaltsklausel des Art. 17 IPRG im Internationalen Gesellschaftsrecht kaum je erreicht werden. Die Handhabung des *ordre public* ist von „verlockender Einfachheit“:[846] So ist die Berufung auf die *public policy* oftmals bequemer als eine durchdachte Gerichtsentscheidung.[847] Die Gefahr dieser Figur besteht darin, dass sie sich als „Störenfried“ der internationalen Entscheidungsgleichheit erweisen kann, indem sie dem „Heimwärtsstreben“ Vorschub leistet. Im Wege einer solchen Bevorzugung des inländischen Rechts liegt zugleich die Gefahr einer zu einseitigen Berücksichtigung inländischer Interessen.[848] Zudem wird nach heutigem Rechtsverständnis der *ordre public* als bloßes Abwehrinstrument aufgefasst. Mit diesem Verständnis muss die unbedingte und generelle Anwendung von inländischen Sachnormen über die positive Funktion des *ordre public* als schlechthin unvereinbar angesehen werden. Letztlich ist die Lehre von der generellen positiven Funktion des *ordre public* von Sonderanknüpfungen zwingender Normen verdrängt worden.[849]

Somit bleibt eine Korrekturmöglichkeit der Inkorporationstheorie auf die Ebene der *lois d'application immédiate* nach Art. 18 IPRG beschränkt: Dabei ist zu beachten, dass der Richter zunächst eine rechtliche Bewertung aller systemimmanenten und systemverträglicheren Instrumente vorzunehmen hat, bevor er eine Regelung als Eingriffsnorm anwendet, um nicht zu riskieren, dass zuvörderst stets die *lex fori* zur Anwendung kommt.[850] Um der Gefahr eines solchen „Heimwärtsstrebens“ zu begegnen, müssen kollisionsrechtliche Argumente wie die Rechtssicherheit, der internationale Entscheidungsgleichklang und die Einheit des Gesellschaftsstatuts mit einem Eingriff in den bestehenden Regelverweis abgewogen werden.[851] Methodisch befriedigend kann im Ergebnis daher nur eine Korrektur der Inkorporationstheorie im Wege von Sonderanknüpfungen realisiert werden.[852]

---

845 BGE 110 Ib 213 E. 1.b S. 217.

846 *Neuhaus,* Die Grundbegriffe des Internationalen Privatrechts, 1976, S. 375.

847 *Paulsen/Sovern*, Colum. L. Rev. 56 (1956) 969 (989)

848 *Neuhaus,* Die Grundbegriffe des Internationalen Privatrechts, 1976, S. 375.

849 MünchKomm GmHG-*Weller*, Einl. I. IntGesR, Rn. 445.

850 *Mankowski*, Verbraucherkreditverträge und europäisches IPR, ZEuP 2008, 845 (854).

851 *Meier*, Eingriffsnormen im Gesellschaftsrecht, 2010, S. 88.

852 MünchKomm-GmHG-*Weller*, Internationales Gesellschaftsrecht, Rn. 443.

4. Einschränkungen durch Sonderanknüpfungen

a) Grundsätzliches

Sonderanknüpfungen klassischen Musters bezogen auf Teilfragen wie z.B. die Geschäftsfähigkeit oder Form des Rechtsgeschäfts sind bereits seit Jahrhunderten auf dem Gebiet des privatrechtlichen Verweisungsrechts bekannt.[853] Dieser Befund verdeutlicht, dass die einheitliche Beurteilung eines Rechts- oder Lebensverhältnisses nach einem und nur einem Recht nicht durchweg der primäre Maßstab sein kann; vielmehr ist oftmals eine gesondert Beurteilung einer Teilfrage nach der ihr angemessen Rechtsordnung erforderlich.[854]

Auf diesem Gedanken beruht die Lehre von der Sonderanknüpfung zwingender Normen, die erstmals *Wilhelm Wengler*[855] und *Konrad Zweigert*[856] wissenschaftlich erfasst haben.[857] Unter dem Begriff der Sonderanknüpfung versteht man eine Technik, Normen, die sich bei der primären Statutsbestimmung nicht durchsetzen konnten und damit nicht dem Wirkungsstatut angehören, doch noch zur Anwendung zu bringen.[858] In den Worten *Wenglers* bilden den „Gegenstand einer Sonderanknüpfung … vorwiegend Rechtssätze, welche die Gültigkeit von Verträgen eines bestimmten Inhalts hemmen, wenn zum Abschluß eine behördliche Genehmigung erforderlich ist, oder wenn die Handlung, die als Erfüllung des Vertrages vorgesehen ist, als solche unter Strafandrohung verboten ist. Gegenstand einer Sonderanknüpfung können aber auch einzelne gültigkeitshemmende Bestimmungen des normalen Inlandsprivatrechts sein. Für sie ist eine Sonderanknüpfung insbesondere dann am Platze, wenn die Nichtanwendung eines solchen Rechtssatzes in allen, oder jedenfalls gewissen, international verknüpften Fällen zur Folge hätte, daß die Verwirklichung des letzten Zweckes des betreffenden Rechtssatzes auch in den nur mit dem betreffenden Staat verknüpften Fällen gefährdet wäre.“[859] Im Ergebnis wird über die Sonderanknüpfung versucht, „die besondere Stellung, die besonders enge Beziehung einer Rechtsordnung oder eines einzelnen Rechtssatzes zum Sachverhalt dadurch zu berücksichtigen, dass diese Rechtsordnung oder dieser besondere Rechtssatz

---

853 *Siehr*, RablelsZ 52 (1988), 41 (69); siehe zu Sonderanknüpfungen im positiven IPR der Schweiz *Schwander*, Lois d'application immédiate, Sonderanknüpfung, IPR-Sachnormen und andere Ausnahmen von der gewöhnlichen Anknüpfung im internationalen Privatrecht, 1975, § 13 II, S. 317 ff.

854 *Kropholler*, Internationales Privatrecht 2006, § 18 II, S. 133.

855 *Wengler* ZVglRWiss 54 (1941), 168 ff; *Wengler* ZÖR 23 (1944), 473 (486).

856 *Zweigert*, RabelsZ 14 (1942) 283 ff.; *Ders.*, in: Fünfzig Jahre Institut für Internationales Recht an der Universität Kiel, S. 125 ff.

857 MünchKomm GmHG-*Weller*, Einl. I. IntGesR, Rn. 443.

858 MünchKomm GmHG-*Weller*, Einl. I. IntGesR, Rn. 448.

859 *Wengler*, JZ 1979 175 (176).

angewendet wird, ohne dass eine ausdrückliche Kollisionsnorm darauf verweisen würde.“ [860]

Sonderanküpfungen beruhen somit auf dem Gedanken, dass ein bestimmter inländischer Rechtssatz aufgrund des ihm immanenten internationalen Anwendungswillens jedem divergierenden ausländischen Rechtssatz vorgeht, ohne dass dabei die Nichtanwendung des Letzteren auf den *ordre public*-Vorbehalt gestützt werden müsste.[861] Der Lehre der Sonderanknüpfung liegt dabei freilich nicht der Gedanke der Abwehr des ausländischen Rechts zugrunde, sondern vielmehr ist das primäre Ziel die Herstellung internationaler Entscheidungsharmonie.[862] Gleichwohl wurde die Lehre von der Sonderanknüpfung mit dem etwas pauschalen Einwand konfrontiert, sie zerreiße die Rechtsfiguren.[863]

Auch wenn nach *Wengler* auf eine gewisse „innere Verwandtschaft“ zwischen *ordre public* und „international zwingenden Bestimmungen“ mit Blick auf Sonderanknüpfungen hinweist,[864] so grenzt er gleichwohl die beiden Rechtsinstitute wie folgt voneinander ab: Der *ordre public* nimmt die Stellung aus der Warte einer Außenperspektive ein, indem er auf die Akzeptanz des fremden Rechtsinhalts blickt. Denn beim *ordre public* wird das materielle Ergebnis der Anwendung ausländischen Rechts mit dem Inhalt der entsprechenden inländischen Sachnorm verglichen, wobei deren Inhalt Bestandteil der wesentlichen Grundsätze des jeweiligen heimischen Rechts sein muss.[865] Im Gegensatz dazu kommt es bei der Sonderanknüpfung von inländischen Sachnormen überhaupt nicht auf den konkreten Inhalt des ausländischen Rechts an.[866] Indem die Lehre von der Sonderanknüpfung zwingender Normen auf die Reichweite des sachlichen und räumlichen Anwendungs- bzw. Geltungswillens abstellt, hat sie eine „*Innenperspektive* im Auge und erweitert den Geltungsanspruch des internen Rechts“.[867]

b) *Gesetzliche Sonderanknüpfungen*

Der schweizerische Gesetzgeber hat sich gegen eine Relativierung der Inkorporationstheorie im Wege der Differenzierungslehre ausgesprochen; demnach wurde auf Differenzierungen zwischen dem auf das Innenverhältnis der Gesell-

860 *Schwander*, Lois d'application immédiate, Sonderanknüpfung, IPR-Sachnormen und andere Ausnahmen von der gewöhnlichen Anknüpfung im internationalen Privatrecht, 1975, § 9, S. 199.

861 MünchKomm GmHG-*Weller*, Einl. I. IntGesR, Rn. 439.

862 *Wengler* ZVglRWiss 54 (1941), 168 (181); *Zweigert*, RabelsZ 14 (1942) 283 (287f.).

863 *Serick* RabelsZ 18 (1953), 633 (635f.)

864 *Wengler* ZÖR 23 (1944), 473 (486).

865 MünchKomm GmHG-*Weller*, Einl. I. IntGesR, Rn. 445.

866 MünchKomm GmHG-*Weller*, Einl. I. IntGesR, Rn. 446.

867 Staudinger-*Magnus* Art. 34 EGBGB Rn. 40.

schaft und jenem auf das Außenverhältnis der Gesellschaft anwendbaren Recht bewusst verzichtet. Die bewusste Hinwendung zur Inkorporationstheorie macht es freilich aus Rücksicht auf die „Interessen der mit der Gesellschaft in Beziehung tretenden Personen" erforderlich, für Einzelfragen Sonderanknüpfungen vorzusehen.[868] Nach anderer Ansicht heißt es, die schweizerische Inkorporationstheorie werde von Sonderanknüpfungen überlagert und folge dem Grundsatz nach der Überlagerungstheorie.[869] Die schweizerische Gründungstheorie mit ihren Sonderanknüpfungen unterscheidet sich jedoch von der *Sandrock*'schen Überlagerungstheorie insofern, als die in den Sonderanknüpfungen der Art. 156 ff. IPRG geregelten Ausnahmen vom Gründungsrecht bei Erfüllung der Tatbestandsmerkmale *immer* erfolgen und nicht auf Schutzlücken beschränkt sind.[870]

Da die Sonderanknüpfungen der Art. 156 ff. IPRG bei Vorliegen der entsprechenden Tatbestandsvoraussetzungen immer zur Anwendung gelangen, ohne dass es dabei auf den Grundregelverweis des Art. 154 IPRG ankäme, wird die gesellschaftsrechtliche Generalklausel nicht im eigentlich Sinne überlagert, sondern vielmehr eingeschränkt.[871] Die Lösung des schweizerischen Rechts ist mit ihren Sonderanknüpfungen vom Ergebnis her betrachtet aber mit der Überlagerungstheorie vergleichbar.[872] Insgesamt geht es indessen im schweizerischen Recht jedoch weniger darum, Zugeständnisse an die Sitztheorie als solche zu machen, als vielmehr alternative, sachgerechte Anknüpfungen für die einzelnen vom Gesellschaftsstatut abzuspaltenden Teilfragen zu entwickeln.[873]

Für spezielle Regelungsbereiche erfolgt eine gesonderte Anknüpfung *unabhängig* vom Gesellschaftsstatut. Mittels Sonderanknüpfungen wird für eine spezielle Rechtsfrage vielmehr eine adäquatere, „bessere" Antwort gesucht.[874] Zunächst trifft man dabei auf vier gesetzlich geregelte Sonderanknüpfungen, nämlich die vom Gesellschaftsstatut abweichenden Kollisionsregeln der Art. 156–161 ff. IPRG:[875] Für den Bereich des Internationalen Gesellschaftsrechts hält das schweizerische IPRG Sonderanknüpfungen für Ansprüche aus öffentlicher Ausgabe von Beteiligungspapieren und Anleihen (Art. 156 IPRG), den Namens- und

868 Botschaft IPRG 294.1.

869 ZürchKomm IPRG-*Vischer*, zu Art. 154 Rn. 15.

870 *Meier*, Eingriffsnormen im Gesellschaftsrecht, 2010, S. 26.

871 *Meier*, Eingriffsnormen im Gesellschaftsrecht, 2010, S. 21/2.

872 *Grolimund*, Vertrauensanknüpfung im Internationalen Privat- und Zivilverfahrensrecht, 2008, S. 237.

873 *Schwander*, SZIER 2002, 57 (68).

874 *Schwander*, Lois d'application immédiate, Sonderanknüpfung, IPR-Sachnormen und andere Ausnahmen von der gewöhnlichen Anknüpfung im internationalen Privatrecht, 1975, § 13 III 2, S. 323.

875 Die Sonderanknüpfungen der Art. 161 ff. IPRG für Verlegung, Fusion, Spaltung und Vermögensübertragung werden im dazu jeweils relevanten Teil besprochen

Firmenschutz (Art. 157 IPRG), die Beschränkung der Vertretungsbefugnis (Art. 158 IPRG), die Haftung für ausländische Gesellschaften (Art. 159 IPRG), das anwendbare Recht auf Zweigniederlassungen ausländischer Gesellschaften in der Schweiz (Art. 160 IPRG) sowie für Verlegung, Fusion, Spaltung und Vermögensübertragung (Art. 161 ff. IPRG) bereit. Sämtliche dieser soeben genannten Regelungsbereiche werden dabei unabhängig vom Gesellschaftsstatut gesondert angeknüpft.

Es lässt sich bei diesen gesetzlich normierten Sonderanknüpfungen nach eigenständigen, allseitigen Kollisionsnormen für Einzelfragen sowie einseitigen Kollisionsnormen differenzieren, die auf das schweizerische Recht verweisen.[876]

aa) Prospekthaftung

Die Prospekthaftung dient einerseits dem Schutz des einzelnen Anlegers. Andererseits bezweckt sie darüber hinaus im Sinne eines Institutionenschutzes auch die Funktionsfähigkeit des Kapitalmarktes.[877]

Auf Ebene des schweizerischen Sachrechts stellt Art. 752 OR die zentrale Haftungsnorm für Prospekthaftungsansprüche dar.[878] Die Vorschrift findet dabei Anwendung auf jegliches öffentliche Angebot aller Arten von massenweise emittierten Wertpapieren einer Aktiengesellschaft.[879] Demgegenüber unterliegen Anleiheobligationsemissionen der eigenständigen Prospekthaftungsvorschrift des Art. 1156 Abs. 3 OR.[880]

---

876 *Schwander*, Einführung in das Internationale Privatrecht, Bd. II BT (1997), S. 348 ff.

877 MünchKomm BGB Bd.11, Internationales Kapitalmarktrecht-*Schnyder*, Rn. 93; *Schnyder/Bopp,* in: FS Zobl, S. 391 (398).

878 BaslerKomm OR II-*Watter*, Art. 752 Rn. 3; *Appenzeller/Waller* GesKR 2007 256 (261). Dass es sich bei ihrer systematischen Stellung im Recht der Aktiengesellschaft nicht um eine kapitalmarktrechtliche Regelung, sondern um eine verbandsrechtliche Norm handelt, erscheint dabei weniger überraschend, wenn man im Blick behält, dass auch verbandsrechtliche Normen im Sinne eines Börsengesellschaftsrecht funktional auf die Bedürfnisse des Kapitalmarktes und des Entwicklungsstandes des Börsenrechts ausgerichtet gesehen werden. So wird die Vorschrift des Art. 752 OR nach *Dubs/Watter* AJP 1998, 1308 (1312) auch als „kapitalmarktrechtliches Informationsdelikt" bezeichnet. Siehe zum Ganzen *Kowalewski*, in: Prospekthaftung Hopt/Voigt (Hrsg.), 2005, S. 1002 (1003) sowie zum Begriff des Börsengesellschaftsrechts *Nobel*, FS Bär, S. 348ff. sowie aus dem italienischen Schrifttum *Oppo*, Riv. Dir. Civ. 1999 II, S. 483 ff..

879 BaslerKomm OR II-*Watter*, Art. 752 Rn. 3.

880 BaslerKomm OR II-*Watter*, Art. 1156 Rn. 2; *Hopt*, in: FS Lorenz, S. 413 (419); *Kowalewski*, in: Prospekthaftung Hopt/Voigt (Hrsg.), 2005, S. 1002 (1021). Darüber hinaus stellt Art. 39 BankG eine weitere Rechtsgrundlage der Prospekthaftung dar. Im schweizerischen Kollektivanlagenrecht findet sich dagegen kein explizit normierter Prospekthaftungstatbestand. Gleichwohl leitet sich ein solcher aus der allgemeinen Verantwortlichkeitsbestimmung des Art. 145 KAG ab; so bereits die h.L. zu Art. 65 aAFG,

Indem die Prospekthaftung auch auf Gemeininteressen abstellt, leistet sie auch einen Marktordnungsbeitrag, der in kollisionsrechtlicher Hinsicht die Frage aufwirft, ob und inwieweit die Prospekthaftung ggf. in Abweichung von allgemeinen Haftungsregeln anzuknüpfen ist.[881] Die Schweiz hat mit der Prospekthaftungsvorschrift des Art. 156 IPRG – soweit ersichtlich: singulär – eine explizite allseitige Kollisionsnorm im IPR-Gesetz selbst geschaffen,[882] die „Ansprüche aus öffentlicher Ausgabe von Beteiligungspapieren und Anleihen aufgrund von Prospekten, Zirkularen und ähnlichen Bekanntmachungen“ betrifft. Über Art. 156 IPRG werden die Ausgabe von Beteiligungspapieren und diejenige von Anleihen insoweit kollisionsrechtlich gleichgestellt.[883]

Als „kapitalmarktrechtliche Kollisionsnorm“[884] erfasst die Vorschrift Ansprüche gesellschaftsrechtlicher Natur in Zusammenhang mit der Emission von Anleihen und Beteiligungspapieren gegen den Emittenten oder gegen andere mit der Emission in Zusammenhang stehende Personen; nicht jedoch vertragliche oder wertpapierrechtliche Ansprüche.[885]

Die Vorschrift des Art. 156 IPRG bietet als gesetzliches Novum ein Wahlrecht für den Geschädigten: Der klagende Investor kann sich somit vor Gericht einerseits auf das Recht, dem die Gesellschaft untersteht (Gesellschaftsstatut),[886]

---

wonach sich die Haftung an den zu Art. 752 OR entwickelten Grundsätzen richtete; ausgenommen sind davon Investmentgesellschaften mit festem Kapital (SICAF), bei denen jedoch generell auf das Aktienrecht und mithin indirekt auf Art. 752 OR verwiesen wird; vgl. Art. 112 KAG. Siehe *Appenzeller/Waller* GesKR 2007 256 (261 in Fn. 54).

881 MünchKomm BGB Bd.11, Internationales Kapitalmarktrecht-*Schnyder*, Rn. 93; *Zimmer*, Internationales Gesellschaftsrecht, 1996, S. 56; *Grundmann* RabelsZ 54 (1990), 283 (308).

882 MünchKomm BGB Bd.11, Internationales Kapitalmarktrecht-*Schnyder*, 2010, Rn. 93. Daneben regelt die Anerkennungsvorschrift des Art. 165 Abs. 2 IPRG: „Ausländische Entscheidungen über Ansprüche aus öffentlicher Ausgabe von Beteiligungspapieren und Anleihen aufgrund von Prospekten, Zirkularen und ähnlichen Bekanntmachungen werden in der Schweiz anerkannt, wenn sie im Staat ergangen sind, in dem der Ausgabeort der Beteiligungspapiere oder Anleihen liegt und der Beklagte seinen Wohnsitz nicht in der Schweiz hatte.“

883 *Hopt*, in: FS Lorenz, S. 413 (418).

884 BaslerKomm IPRG-*Watter*, Art. 156 Rn. 3.

885 BaslerKomm IPRG-*Watter*, Art. 156 IPRG Rn. 10 und 21.

886 Sofern im Rahmen von Art. 156 IPRG das (ausländische) Gesellschaftsstatut gewählt wird, sind die Vorschriften des schweizerischen Emissionsortes über die formelle und materielle Prospektpflicht sowie die daraus abgeleiteten Ansprüche als zwingende Normen im Sinne der *lois d'application immédiates* nach Art. 18 IPRG anzuwenden; dabei sind deren Anwendungsvoraussetzungen zu beachten. Siehe Botschaft zum IPR-

im Sinne der Inkorporationstheorie berufen. Andererseits kann er aber als Sonderanknüpfung auch das Recht des Staates, in dem die Ausgabe der Wertpapiere erfolgt ist (Ausgabeort), wählen.[887] Diese Sonderanknüpfung des Prospekthaftungsrechts alternativ an das Recht des Ausgabeortes trägt dem Umstand Rechnung, dass den Schutz- und Publizitätsvorschriften des Ausgabestaates oftmals ein *ordre public*-Charakter zukommt.[888]

In der Praxis werden Emittenten durch das in Art. 156 IPRG statuierte Wahlrecht dazu gezwungen, auf international begebene Wertpapiere stets das für Investoren günstigere Recht anzuwenden.[889] Die Orientierung des Prospektinhaltes an den jeweils strengsten Vorschriften erscheint dabei unter dem Aspekt der Gleichbehandlung von in- und ausländischen Investoren und Emittenten gerechtfertigt.[890]

In der Praxis wird es dem Investor, der am schweizerischen Kapitalmarkt in ausländische Wertpapiere investiert, durch die Vorschrift des Art. 156 IPRG ermöglicht, vom regelmäßig strengeren Heimatrecht ausländischer Emittenten profitieren zu können.[891] Dies ist deshalb vorteilhaft, da die Vorgaben des Schweizer Rechts an die Emissionspublizität im Vergleich zu den europäischen Anforderungen der Prospekthaftungsrichtlinie[892] eher gering sind. Andererseits sind die schweizerischen Vorschriften immer noch strenger als in jenen *Off-*

Gesetz v. 10.11.1982; BBl. 1983 I 263, S. 443 Ziff. 294.11 sowie ZürchKomm IPRG-*Vischer* Art. 156 Rn. 10.

887 ZürchKomm IPRG-*Vischer* Art. 156 Rn. 4; *Hopt*, in: FS Lorenz, S. 413 (418). Demgegenüber fehlt es im Gegensatz zum schweizerischen Recht in der Rom II-VO an einer solchen ausdrücklichen Verweisungsnorm – die überdies offenlässt, welches Recht über das Bestehen von Prospektzwang und über den Prospektinhalt zu befinden hat; siehe MünchKomm BGB Bd.11, Internationales Kapitalmarktrecht-*Schnyder*, Rn. 94 sowie *Schnyder/Bopp,* in: FS Zobl, S. 391 (397 f.)

888 Botschaft zum IPR-Gesetz v. 10.11.1982; Ziff. 294.11 BBl. 1983 Ia 443 (zum damaligen Art. 151 IPRG); siehe dazu auch *Hopt*, in: FS Lorenz, S. 413 (419).

889 *Nobel*, Internationales und Transnationales Aktienrecht, Teil IPR und Grundlagen (2012), S. 72 Rn. 84.

890 BaslerKomm IPRG-*Watter*, Art. 156 IPRG Rn. 6; *Nobel*, Internationales und Transnationales Aktienrecht, Teil IPR und Grundlagen (2012), S. 72 Rn. 84

891 *Nobel*, Internationales und Transnationales Aktienrecht, Teil IPR und Grundlagen (2012), S. 72 Rn. 84.

892 Richtlinie 2003/71/EG des Europäischen Parlaments und des Rates vom 4. November 2003 betreffend den Prospekt, der beim öffentlichen Angebot von Wertpapieren oder bei deren Zulassung zum Handel zu veröffentlichen ist, und zur Änderung der Richtlinie 2001/34/EG ABl. EG Nr. 345 v. 31. 12. 2003, S. 64.

Shore-Zentren, die insbesondere bei der Begebung von Anleihen genutzt werden.[893]

bb) Namen oder Firma der Gesellschaft

(1) Firmenrechtliches Schutzstatut

Eine weitere gesetzliche Sonderanknüpfung sieht Art. 157 IPRG für den Namens- und Firmenschutz vor. Bei Eintragung im schweizerischen Handelsregister erklärt Abs. 1 der Norm das schweizerische Recht für anwendbar; anderenfalls richtet sich der Schutz der Firma gemäß Abs. 2 nach dem auf den unlauteren Wettbewerb oder auf Persönlichkeitsverletzungen anwendbaren Recht.

Zwar gehört die Firma als Name einer Gesellschaft zu deren Personalstatut und unterläge damit dem Gründungsrecht, jedoch nimmt das schweizerische Recht hinsichtlich des Grundsatzes der Firmeneinheit somit eine Sonderanknüpfung vor, die zur Anwendbarkeit schweizerischen Rechts führt. Dem liegt der Gedanke des Schutzes des inländischen Rechtsverkehrs vor Irreführungen sowie dem generellen Anliegen einer eindeutigen Identifizierbarkeit zugrunde.[894] Der Gläubigerschutz gebietet es, den Unternehmensträger stets eindeutig individualisieren zu können; diesem Ziel dient letztendlich der Grundsatz der Firmeneinheit.[895]

Während die Bildung des Namens oder der Firma somit weiterhin dem Personalstatut folgt, unterstehen die im Inland begangenen Verletzungen des Namens oder der Firma grundsätzlich dem schweizerischen Recht, was sich sowohl mit der Zuständigkeit des Deliktsstatuts als auch mit dem Grundsatz der Territorialität im Immaterialgüterrecht begründen lässt.[896]

Sofern eine Gesellschaft ihre Firma in Übereinstimmung mit den Regeln des jeweiligen Gesellschaftsstatuts gebildet und diese selbst rechtmäßigen Bestand hat, kann die Firma auch in der Schweiz geführt werden. Nach dem Personalstatut richtet sich dabei, welche Gesellschaften zur Führung einer Firma berechtigt sind, wie die Firma im Einzelnen zu bilden ist, was ihren Mindestinhalt betrifft und schließlich welche Zusätze möglich oder ggf. notwendig sind.[897] Dies gilt selbst dann, wenn die Firma den schweizerischen Vorschriften zuwiderliefe.[898] Indessen wäre eine Korrektur dann erforderlich, wenn die Firma mit dem

893 BaslerKomm IPRG-*Watter*, Art. 156 IPRG Rn. 7; *Nobel*, Internationales und Transnationales Aktienrecht, Teil IPR und Grundlagen (2012), S. 72 Rn. 84.

894 *Rehberg*, in: Eidenmüller (Hrsg.) Ausländische Kapitalgesellschaften 2004, § 5 Rn. 44.

895 MünchHdb. GesR I-*Bezzenberger* § 49 Rn. 29.

896 Siehe Botschaft zum IPR-Gesetz v. 10.11.1982; BBl. 1983 I 263, S. 443 Nr. 294.42.

897 ZürchKomm IPRG-*Vischer* Art. 155 Rn. 19.

898 ZürchKomm IPRG-*Vischer* Art. 155 Rn. 19; *Forstmoser/Meier-Hayoz/Nobel*, Schweizerisches Aktienrecht, 1996, § 59, S. 922 f.

schweizerischen *ordre public* unvereinbar ist, etwa wenn der schweizerische Grundsatz der Firmenwahrheit in krasser Weise verletzt würde.[899]

Der Namens- und Firmenschutz von Gesellschaften mit schweizerischem Handelsregistereintrag wird in Art. 157 Abs. 1 IPRG als einseitige Kollisionsnorm statuiert und territorial beschränkt auf Namens- und Firmenverletzungen im Inland sowie unabhängig vom Personalstatut dem schweizerischen Recht unterstellt.[900] Wenn eine ausländische Gesellschaft in ein schweizerisches Handelsregister eingetragen ist, was bei Vorliegen einer inländischen Zweigniederlassung grundsätzlich der Fall ist, greift bei Verletzungen des Namens oder der Firma dieser Gesellschaft in der Schweiz, wie bei eingetragenen inländischen Gesellschaften, somit der spezielle Firmenschutz nach Art. 956 OR.[901]

Das Schutzstatut richtet sich jedoch nur dann ausschließlich nach schweizerischem Recht, wenn die Firma einer im schweizerischen Handelsregister eingetragenen Gesellschaft verletzt wird.[902] Die im schweizerischen Handelsregister eingetragenen Firmen sollen nach der gesetzlichen Konzeption somit besser gestellt werden als diejenigen, die nicht eingetragen sind.[903] Hinzuweisen ist in diesem Kontext jedoch auf die möglicherweise entgegenstehenden staatsvertraglichen Regelungen: Nach dem in Art. 2 der Pariser Übereinkunft zum Schutz des

899 ZürchKomm IPRG-*Vischer* Art. 155 Rn. 19; siehe betreffend den Firmenschutz das Urteil vom Handelsgericht des Kantons Zürich v. 3. November 2003, in: ZR 103 (2004), Nr. 44, das die Anforderungen an die Firma der schweizerischen Zweigniederlassung einer ausländischen Gesellschaft zum Gegenstand hatte. Das Gericht hielt fest, dass Art. 952 OR ein ausländisches Unternehmen nicht von der Pflicht befreie, bei der Bildung der Firma seiner schweizerischen Zweigniederlassung der Firmenbezeichnung anderer, bereits hier eingetragener Unternehmen Rechnung zu tragen. Die Erfordernisse von Art. 951 Abs. 2 und Art. 956 OR seien demnach auch in diesem internationalen Kontext einzuhalten. Siehe dazu bereits BGE 90 II 192, S. 200, E.4 : «Les succursales suisses d'une entreprise dont le siège principal est à l'étranger sont soumises, comme celles des maisons suisses, à l'art. 952 al. 1 CO: elles doivent avoir la même raison que l'établissement principal et peuvent y apporter une adjonction spéciale qui ne s'adapte qu'à elles seules. (...) Ces dispositions n'exonèrent pas l'entreprise étrangère de l'obligation de tenir compte, en formant la raison de sa succursale en Suisse, des raisons d'autres entreprises déjà installées dans ce pays.»

900 Urteil vom Handelsgericht des Kantons Zürich vom 3. November 2003, in: ZR 103 (2004) S. 182 (184/5) E.4.3; siehe dazu *Ebenroth/Messer*, ZSR 108 (1989), 49 (80 f.).

901 Urteil vom Handelsgericht des Kantons Zürich vom 3. November 2003, in: ZR 103 (2004) S. 182 (185) E.4.3; siehe dazu *Ebenroth/Messer*, ZSR 108 (1989), 49 (80 f.).

902 *Müller-Chen*, REPRAX 2001, 12 (19).

903 Botschaft zum IPR-Gesetz v. 10.11.1982; BBl. 1983 I 263, S. 444 Nr. 294.42: „Der besondere schweizerische Firmenschutz (Art. 956 OR) ist nur gegeben, wenn die Gesellschaft im schweizerischen Handelsregister eingetragen ist.“ Siehe auch *Meier*, Eingriffsnormen im Gesellschaftsrecht, 2010, S. 124.

gewerblichen Eigentums[904] statuierten Grundsatz der Inländerbehandlung ist einer ausländischen Firma derselbe Rechtsschutz zu gewähren, selbst wenn diese über keinen inländischen Registereintrag verfügte. Gleichwohl weicht die bundesgerichtliche Rechtsprechung[905] – in nicht ganz vertragskonformer Weise – von diesem Grundsatz ab,[906] indem es den durch Registereintrag garantierten Schutz einer ausländischen Firma nur dann zusprechen will, wenn sie sich auch im Inland hat eintragen lassen.[907]

Da Art. 157 IPRG letztendlich weder die Bildung noch den Gebrauch von Firmen regelt, kann die Norm somit auch nicht die Anwendung des inländischen Firmenrechts auf ausländische Gesellschaften sicherstellen.[908] Der informationelle Gläubigerschutz muss somit über Art. 159 IPRG sichergestellt werden.

(2) Zweigniederlassung

Durch die Bildung einer besonderen Firma für eine Zweigniederlassung wird das Prinzip der Firmeneinheit durchbrochen, was gesetzlicher Regelung bedarf.[909] Zunächst ist festzuhalten, dass sich die Frage, ob eine Zweigniederlassung vorliegt, nach schweizerischem Recht beantwortet. So subsumiert die Rechtsprechung des Bundesgerichts unter den Begriff der Zweigniederlassung: «tout établissement commercial qui, dans la dépendance d'une entreprise principale dont il fait juridiquement partie, exerce d'une façon durable, dans des locaux séparés, une activité similaire, en jouissant d'une certaine autonomie dans le monde économique et celui des affaires.»[910]

---

904 Pariser Übereinkunft vom 20. März 1883 zum Schutz des gewerblichen Eigentums, revidiert in Stockholm am 14. Juli 1967, AS 1970 620, SR 0.232.04.

905 BGE 90 II 192.

906 ZürchKomm IPRG-*Vischer,* Art. 157 Rn. 3; *Nobel*, Internationales und Transnationales Aktienrecht, Teil IPR und Grundlagen (2012), S. 73 Rn. 86, Staatsverträge gehen dem IPRG nach Art. 1 Abs. 2 IPRG vor.

907 BGE 90 II 192, S. 199, E.3c.: »La législation suisse concernant les raisons de commerce n'assimile pas les faits qui se sont produits à l'étranger, en particulier les inscriptions dans un registre étranger, aux faits qui se sont produits en Suisse. L'art. 956 CO, qui fait dépendre la protection d'une raison de son inscription au registre du commerce, vise le registre tenu en Suisse.» Siehe dazu auch *Nobel*, Internationales und Transnationales Aktienrecht, Teil IPR und Grundlagen (2012), S. 73 Rn. 86

908 *Meier*, Eingriffsnormen im Gesellschaftsrecht, 2010, S. 124.

909 MünchHdb. GesR I- *Bezzenberger* § 49 Rn. 29.

910 BGE 108 II 124, S. 124, E.1. Demnach handelt es bei einer Zweigniederlassung um einen Geschäftsbetrieb, der bei rechtlicher Abhängigkeit vom Hauptunternehmen eine gewisse wirtschaftliche Selbständigkeit genießt, wobei die Autonomie nach außen maßgebend ist. Eine bloße Geschäftsstelle genügt hingegen nicht; vgl. BGE 117 II 85 sowie ZürchKomm IPRG-*Vischer*, Art. 160 Rn. 9.

Auf Ebene des Sachrechts ist für die Firma von Zweigniederlassungen Art. 952 OR maßgebend. Demnach müssen Zweigniederlassungen „die gleiche Firma führen wie die Hauptniederlassung". Handelt es sich dabei um die Zweigniederlassung eines Unternehmens, dessen Sitz sich im Ausland befindet, dann muss die Firma zusätzlich den Ort der Hauptniederlassung, den der Zweigniederlassung sowie die ausdrückliche Bezeichnung als solche enthalten; vgl. Art. 952 Abs. 2 OR.

Die kollisionsrechtliche Regelung des Art. 160 IPRG fasst die sachrechtlichen Normen über Zweigniederlassungen ausländischer Unternehmen insoweit zusammen:[911] Dem Wortlaut nach bestimmt sich die Firma oder der Name einer schweizerischen Zweigniederlassung einer Gesellschaft mit Sitz im Ausland über Art. 160 Abs. 1 IPRG somit ebenfalls ausschließlich nach Schweizer Recht.[912] Im Ergebnis bedeutet dies, dass schweizerische Zweigniederlassungen ausländischer Unternehmen dieselbe Firma führen müssen wie die Hauptniederlassung. Unter Umständen kann dies dazu führen, dass eine dem schweizerischen Firmenrecht unbekannte Firma eingetragen werden muss.[913]

Die insoweit „undifferenzierte Kollisionsregel" des Art. 160 IPRG lässt dabei indessen die Frage unbeantwortet, ob sämtliche Facetten im Zusammenhang mit einer schweizerischen Zweigniederlassung schweizerischem Recht unterstehen, was insoweit dem Wortlaut von Abs. 1 Satz 2 zu entnehmen wäre.[914] In der Lehre ist man sich demgegenüber einig, dass der Gesetzgeber dieses weite Verständnis so nicht gemeint haben könne, sondern vielmehr die bisherige Praxis ins geschriebene Recht habe überführen wollen, wonach die Zweigniederlassung nur insoweit dem schweizerischen Recht untersteht, als Schutzvorschriften im Hinblick auf den Handelsverkehr oder auf die schweizerischen Gläubiger betroffen sind.[915] Eine andere Auslegung würde die dem schweizerischen IPRG zugrunde liegende Inkorporationstheorie ansonsten vollständig aushöhlen.[916]

---

911 So wiederholt Art. 160 Abs. 2 Satz 2 als IPR-Sachnorm die vertretungsrechtliche Regelung von Art. 935 Abs. 2 OR; vgl. ZürchKomm IPRG-*Vischer*, Art. 160 Rn. 5; ferner betrifft dies die Regelungen der Art. 952 Abs. 2 OR sowie Art. 113 ff. HRegV; siehe *Nobel*, Internationales und Transnationales Aktienrecht, Teil IPR und Grundlagen (2012), S. 77 Rn. 97.

912 *Müller-Chen*, REPRAX 2001, 12 (19).

913 *Müller-Chen*, REPRAX 2001, 12 (19).

914 Handelsgericht des Kantons Zürich, Urt. v. 3.11.2003, in: ZR 103 (2004) S. 182 (183) E.2.

915 Siehe ZürchKomm IPRG-*Vischer*, Art. 160 Rn. 12; *Ebenroth/Messer*, ZSR 108 (1989), 49 (94 f.).

916 Handelsgericht des Kantons Zürich, Urt. v. 3.11.2003, in: ZR 103 (2004) S. 182 (183) E.2.

Im Hinblick auf bereits eingetragene Firmen des Inlands gilt der Prioritätsgrundsatz – und zwar auch dann, wenn die Eintragung im ausländischen Register vor der Eintragung ins schweizerische Handelsregister erfolgt ist.[917] Demnach kann ein ausländisches Unternehmen durch die Begründung einer schweizerischen Zweigniederlassung „in eine zwiespältige Lage geraten".[918] Denn bei der Wahl der Firma für seinen ausländischen Hauptsitz braucht sich dessen Inhaber zunächst weder um die schweizerische Gesetzgebung noch um die Rechtsstellung der in der Schweiz bereits bestehenden Unternehmen zu kümmern. Soll dagegen erst nachträglich eine Zweigniederlassung in der Schweiz eröffnet werden, so muss er auf beides Rücksicht nehmen.[919]

Ferner ist die Eintragung der am Hauptsitz verwendeten Firma in das schweizerische Handelsregister dann zu verweigern, wenn die Firma die Art und die Haftungsverhältnisse der ausländischen Gesellschaft nicht erkennen lässt und daher den schweizerischen firmenrechtlichen Anforderungen widerspricht.[920]

cc) Vertretungsmacht

Die Vertretung der juristischen Person durch ihre Organe wird durch das Gesellschaftsstatut geregelt; vgl. Art. 154 Abs. 1 i.V.m. Art. 155 lit. i) IPRG. Im Interesse des Verkehrsschutzes schränkt die Vorschrift des Art. 158 IPRG die Geltung des Gesellschaftsstatuts ein. Die Vorschrift ist als allseitige Kollisionsnorm ausgestaltet, da ausweislich der Stellungnahme im Schlussbericht nicht nur der inländische Rechtsverkehr dieses Schutzes bedürfe.[921]

Dass sich eine Gesellschaft nur begrenzt auf das im Gesellschaftsstatut vorgesehene Vertretungsrecht berufen kann, wurde in der Entstehungsgeschichte der Norm insbesondere auf die ursprünglich im *common law*-Rechtskreis verbreitete *ultra vires*-Doktrin gestützt.[922] Diese *ultra vires*-Doktrin wird demge-

---

917 ZürchKomm IPRG-*Vischer* Art. 155 Rn. 21.

918 Handelsgericht des Kantons Zürich, Urt. v. 3.11.2003, in: ZR 103 (2004) S. 182 (185) E.4.3.

919 Handelsgericht des Kantons Zürich, Urt. v. 3.11.2003, in: ZR 103 (2004) S. 182 (185) E.4.3.

920 BGE 102 Ib 111, 114; 102 Ib 18, E. 1; 93 I 563; ZürchKomm IPRG-*Vischer* Art. 155 Rn. 20; *Vischer/von Planta*, Internationales Privatrecht, 1982, S. 69.

921 Schlussbericht, S. 274.

922 ZürchKomm IPRG-*Vischer* Art. 158 Rn. 14; Die *ultra vires-Doktrin* geht zurück auf den Fall *Ashbury Railway Carriage and Iron Co Ltd v Riche* (1875) LR 7 HL 653; siehe *Armour/Whincop*, Oxford Journal of Legal Studies OJLS 27 (2007), 429 (453). Siehe dazu aus dem US-amerikanischen Recht die Entscheidung Central Transportation Company v. Pullman's Palace Car Company (1890), 139 U. S. 24, 35 L. Ed. 55, 11 Sup. Ct. Rep. 478.

genüber für das deutsche Zivilrecht allgemein abgelehnt.[923] Diesem Ansatz zufolge konnte eine Gesellschaft im Außenverhältnis nicht verpflichtet werden, wenn das Rechtsgeschäft nicht von dem im *memorandum of association* festgelegten Gesellschaftszweck gedeckt war.[924] Der schweizerische Gesetzgeber verbietet der ausländischen Gesellschaft die Berufung auf derartige Beschränkungen der Vertretungsmacht gemäß Gesellschaftsstatut, wenn dessen Vertretungsbeschränkungen dem Recht am gewöhnlichen Aufenthalt, am Sitz oder an der Niederlassung der Gegenpartei unbekannt sind.[925] Jedoch entfällt die Schutzanknüpfung bei fehlender Gutgläubigkeit, sofern der Dritte positive Kenntnis von der Beschränkung hat oder sie jedenfalls hätte haben müssen.[926]

Die *ultra vires*-Doktrin schränkt die Handlungs- und Rechtsfähigkeit der Gesellschaft ein.[927] Denn nach der Konzeption des *common law* ist eine Gesellschaft nur für bestimmte Zwecke geschaffen, worauf sich letztlich auch die Gläubiger verlassen sollen können.[928] Obschon sich der schweizerische Gesetzgeber an dieser Stelle augenscheinlich mit seinem rechtsvergleichenden Blick zum *common law* hat inspirieren lassen, so hat die *ultra vires* Doktrin dort im Zuge der sog. Publizitätsrichtlinie[929] an Bedeutung eingebüßt und wird in Eng-

923 *K. Schmidt*, Gesellschaftsrecht, 2002, § 8 V 2. S. 214 f.; *Wiedemann*, Gesellschaftsrecht, Bd. I, (1980), S. 209; *Lehmann*, AcP 207 (2007), 225 (236). Gleichwohl findet diese in Deutschland Anwendung bei juristischen Personen des öffentlichen Rechts. Nach der Rechtsprechung des BGH sind Rechtsgeschäfte, die eine juristische Person des öffentlichen Rechts durch ihre Organe außerhalb des durch Gesetz oder Satzung bestimmten Wirkungskreises der juristischen Person vornimmt, rechtsunwirksam; vgl. BGH Urt. v. 28.2.1956 – I ZR 84/54 = BGHZ 20, 119 = NJW 1956, 746

924 Um die als misslich empfundenenen Rechtsfolgen der *ultra vires*-Doktrin zu umgehen, wurde der Gesellschaftszweck im *memrandum of association* in der Folge möglichst umfassend niedergelegt; siehe *Mühlens*, Der sogenannte Haftungsdurchgriff im deutschen und englischen Recht 2006, S. 33.

925 ZürchKomm IPRG-*Vischer* Art. 158 Rn. 3.

926 ZürchKomm IPRG-*Vischer* Art. 158 Rn. 5; BaslerKomm- *Watter/Roth Pellanda* Art. 158 Rn. 3.

927 Siehe *Mühlens*, Der sogenannte Haftungsdurchgriff im deutschen und englischen Recht 2006, S. 33.

928 *Armour/Whincop*, Oxford Journal of Legal Studies OJLS 27 (2007), 429 (454) erklären den Zusammenhang zum Gläubigerschutz in Fn. 107: "The doctrine of ultra vires also served a similar function [im Verhältnis zum Kreditsicherheiten- und Insolvenzrecht] in an earlier era. By restricting the ability of shareholders and directors to alter the direction of the company's business, it reassured creditors that the riskiness of their investment would not change."

929 Erste Richtlinie 68/151/EWG des Rates vom 9. März 1968 zur Koordinierung der Schutzbestimmungen, die in den Mitgliedstaaten den Gesellschaften im Sinne des Artikels 58 Absatz 2 des Vertrages im Interesse der Gesellschafter sowie Dritter vorge-

land jedenfalls im Hinblick auf Dritte nicht mehr vertreten; mit Inkrafttreten des IPRG war sie damit im *common law*-Rechtskreis bereits obsolet.[930]

dd) Haftung

Die wohl bedeutsamste Relativierung erfährt die Inkorporationstheorie durch Art. 159 IPRG. Mit der gesetzgeberischen Grundsatzentscheidung zugunsten des Inkorporationsprinzips wird in Kauf genommen, dass der effektive Verwaltungssitz und der für das Gesellschaftsstatut maßgebliche Satzungssitz auseinanderfallen können und Gesellschaften sich dieses Auseinanderfallen missbräuchlich zunutze machen, indem sie versuchen, auf ein weniger strenges Haftungsregime auszuweichen.[931] Gegen diese Missbrauchsgefahren wendet sich die einseitige Kollisionsnorm des Art. 159 IPRG, die darüber hinaus „einen gewissen Ersatz für die Lehre vom fiktiven Sitz bezweckt".[932]

Die Vorschrift enthält eine „Wahl-Sonderanknüpfung"[933] und unterstellt die Haftung für ausländische Gesellschaften dem schweizerischen Recht, wenn die Geschäfte einer solchen Gesellschaft in der Schweiz oder von der Schweiz aus geführt werden, und auf diese Weise der Anschein erweckt werden soll, dass es sich um eine schweizerische Gesellschaft handelte.[934] Darin kann eine „Art von Sitztheorie für das täuschende Vorgehen" erblickt werden, im Zuge dessen die Akteure auf die Standards des schweizerischen Rechts verpflichtet werden.[935]

---

schrieben sind, um diese Bestimmungen gleichwertig zu gestalten, Amtsbl. EG Nr. L 65 v. 14.3.1968 S.8 – 12.

930 Erklären mag dies die sehr späte Umsetzung der Publizitätsrichtlinie im englischen Recht. Erst mit dem Companies Act 1989 wurde diese umgesetzt und ließ die *ultra vires*-Doktrin somit erst nach Inkrafttreten des IPRG obsolet werden. Siehe *Armour/Whincop*, OJLS 27 (2007), 429 (458): "The balance was shifted even further in favour of third parties by the First Company Law Directive, implemented comprehensively by the Companies Act 1989. This abolished the effects of the doctrine of ultra vires for third parties, and in relation to agency, created a 'safe harbour' for third parties where a transaction is authorized by the board." Sowie aus dem US-amerikanischen Schrifttum *Hovenkamp*, Geo. L.J. 76 (1988), 1593 (1664); *Greenfield*, Va. L. Rev. 87 (2001), 1279 (1280)

931 *Nobel*, Internationales und Transnationales Aktienrecht, Teil IPR und Grundlagen (2012), S. 73/4 Rn. 88.

932 *Nobel*, Internationales und Transnationales Aktienrecht, Teil IPR und Grundlagen (2012), S. 132 Rn. 229.

933 *Nobel*, Internationales und Transnationales Aktienrecht, Teil IPR und Grundlagen (2012), S. 73 Rn. 88.

934 ZürchKomm IPRG-*Vischer* Art. 159 Rn. 1.

935 *Nobel*, Internationales und Transnationales Aktienrecht, Teil IPR und Grundlagen (2012), S. 74 Rn. 88.

Dies könnte insbesondere dann eine Benachteiligung der Gläubiger mit sich bringen, wenn die Gesellschaft sich entgegen dem von ihr im Rechtsverkehr erweckten Anschein tatsächlich auf laxere oder fehlende Haftungs- oder Gläubigerschutzvorschriften nach ihrem jeweiligen Gründungsrecht berufen könnte.[936] Indem die einseitige Kollisionsnorm des Art. 159 die Haftung der für die Gesellschaft handelnden Personen jedoch dem schweizerischen Recht unterstellt, wird insofern eine Korrektur der Inkorporationslehre zugunsten der Sitztheorie vorgenommen.[937] Die Haftung der Gesellschaft selber bleibt davon unberührt. Dafür ist entweder das Gesellschafts- oder das Deliktsstatut maßgeblich.[938] Nach der Entwurfsfassung hätte die Norm hingegen einen gesellschaftsrechtlichen Haftungsdurchgriff ermöglichen sollen.[939] Dieses gesetzgeberische Vorgehen, das rigide sachrechtliche Erwägungen in das IPRG transportierte, liegt dabei in der Entstehungsgeschichte der Norm begründet: Die Einführung von Art. 159 IPRG ist als parlamentarische Reaktion auf den sog. *Texon*-Skandal des Jahres 1977 anzusehen, der den gesamten Finanzplatz Schweiz erschütterte.[940]

Die Gesetzesbegründung bringt Sinn und Zweck der Norm dabei folgendermaßen zum Ausdruck: „Diese auf den ersten Blick ungewöhnlich anmutende Norm soll in erster Linie verhindern, dass mit Hilfe des Inkorporationsprinzips durch Gründung einer ausländischen Pro-forma-Gesellschaft den schweizerischen Gläubigern ein Haftungssubstrat vorenthalten oder entzogen wird."[941] Tatbestandsmäßig setzt Art. 159 IPRG viererlei voraus:

(1) Zunächst muss die betreffende Gesellschaft nach ausländischem Recht gegründet worden sein, mit der für das Gesetz selbstverständlichen Folge, dass sie in der Schweiz anerkannt wird.

---

936 ZürchKomm IPRG-*Vischer* Art. 159 Rn. 1.

937 ZürchKomm IPRG-*Vischer* Art. 159 Rn. 2.

938 *Schwander* SZIER 2002 (71).

939 Siehe die kritische Beurteilung des exzessiven Vorgehens bei *Ebenroth/Messer* ZSR 1989, 51 (86): Die Rede ist von der geplanten Einführung eines „Super-Durchgriffs".

940 *Nobel*, Internationales und Transnationales Aktienrecht, Teil IPR und Grundlagen (2012), S. 74 Rn. 88. Im Zuge des Chiasso- oder Texon-Skandals wurde bekannt, dass von der Niederlassung in *Chiasso* der damaligen *Schweizerischen Kreditanstalt* (SKA) italienische Fluchtgelder in Milliardenhöhe verspekuliert und in einer liechtensteinischen Stiftung (Texon) angelegt wurden; siehe dazu *Oesch*, Die organisierte Kriminalität – eine Bedrohung für den Finanzplatz Schweiz? 2010, S. 65. Die Bankeninitiative ist als unmittelbare Folge von Texon anzusehen: Am 8. Oktober 1979 reichte die Sozialdemokratische Partei der Schweiz (SPS) die eidgenössische Volksinitiative «gegen den Missbrauch des Bankgeheimnisses und der Bankenmacht» (sog. Bankeninitiative) ein; vgl. BBl 1982 II 1201 ff. Siehe dazu *Müller*, Jusletter 3. Mai 2010, 1 (4ff.).

941 Botschaft IPRG Zif. 294.41.

(2) Überdies kommt Art. 159 IPRG als Missbrauchsnorm nur zur Anwendung, wenn infolge des Ortes des tatsächlichen Verwaltungssitzes sowie des Auftretens im Rechtsverkehr bei dem geschädigten Dritten der Anschein entstanden ist, dass die Gesellschaft schweizerischem Recht unterstehe.[942]

(3) Der geschädigte Dritte war mit Blick auf den Anschein eines schweizerischen Gesellschaftssitzes gutgläubig.[943]

(4) Die Geschäfte der ausländischen Gesellschaft werden in der Schweiz oder von der Schweiz aus geführt.[944]

Zwar nimmt die Vorschrift des Art. 159 IPRG eine Korrektur der Inkorporationslehre zugunsten der Sitztheorie vor.[945] Festzuhalten ist dabei jedoch, dass es sich bei der Vorschrift um eine Ausnahmenorm handelt, die den grundsätzlichen Vorrang des Inkorporationsprinzips nicht in Frage stellt.[946] Im Gegensatz zur früheren Lehre vom Fiktionsvorbehalt[947] wird dabei eine Nichtigkeit im Rahmen des Art. 159 IPRG vermieden: Die betreffende Gesellschaft wird lediglich dem Haftungsregime des schweizerischen Verwaltungssitzes unterstellt, bleibt als solche aber rechtlich existent.[948] Würde nämlich der Gesellschaft nach der Lehre vom Fiktionsvorbehalt die Rechtsfähigkeit aberkannt, so würde man den zugrunde liegenden Schutzgedanken ins Gegenteil verkehren: „Den Gläubigern würde nicht nur das Haftungssubstrat entzogen, sondern auch ihre Schuldnerin.“[949]

Die gesellschaftsrechtliche Haftungsvorschrift des Art. 159 IPRG wird jedoch zu Recht kritisiert. So verfehle der Wortlaut der Bestimmung das Ziel gleich in mehrfacher Hinsicht:[950] Zum einen missachtet die Vorschrift ohne Grund das Inkorporationsprinzip, wenn die Vertragspartner wussten oder hätten

---

942 Siehe dazu *Werlen*, Haftung ausländischer Gesellschaften, 1999, S. 170.

943 BaslerKomm IPRG-*von Planta/Eberhard* Art. 159 Rn. 6.

944 BaslerKomm IPRG-*von Planta/Eberhard* Art. 159 Rn. 5.

945 ZürchKomm IPRG-*Vischer* Art. 159 Rn. 2.

946 BaslerKomm IPRG-*von Planta/Eberhard* Art. 159 Rn. 6.

947 Auch sind die Tatbestandsvorrausetzungne der Anwendung des Art. 159 IPRG nicht mit der vom BGer vor dem Inkrafttreten des IPRG entwickelten Lehre vom Fiktionsvorbehalte identisch: Stellte dieser auf das Auseinanderfallen von Satzungs- und Verwaltungssitz ab, so stellt Art. 159 IPRG einzig auf den Ort der Geschäftsführung ab. Demnach erfasst Art. 159 IPRG auch diejenigen Konstellationen, in denen der Ort der Verwaltung und der Ort der Geschäftsführung auseinanderfallen; liegt nämlich Letzterer in der Schweiz, so kann die Vorschrift des Art. 159 IPRG zur Anwendung gebracht werden. Siehe BaslerKomm IPRG-*von Planta/Eberhard* Art. 159 Rn. 9.

948 ZürchKomm IPRG-*Vischer* Art. 159 Rn. 2.

949 ZürchKomm IPRG-*Vischer* Art. 159 Rn. 2.

950 *Girsberger*, SJZ 1999, 209 (219).

wissen müssen, dass die Organe für eine ausländische Gesellschaft handeln. Auf der anderen Seite könnten auf der Grundlage des bloßen Wortlauts der Norm die Gläubiger sich nicht auf das Recht des ausländischen Inkorporationsortes berufen, falls dieses für sie günstiger sein sollte.[951] Wenn *Bernhard Großfeld* indessen kritisch hervorhebt, dass die Vorschrift des Art. 159 IPRG nur die schweizerischen Gläubiger schütze und man vermeiden wolle, dass schweizerische Gesellschaften ausländischem Haftungsrecht unterliegen,[952] so muss dem entgegnet werden, dass es sich um eine Durchbrechung der Gründungsanknüpfung zugunsten der von ihm vehement vertretenen Sitztheorie handelt, die ihre Rechtfertigung wiederum mit eben diesem Gedanken einer „Schutztheorie“[953] verstanden wissen will.

Von schweizerischer Seite aus wird angemerkt, dass umkehrt rechtliche Probleme dann entstehen, wenn auf Gesellschaften ausländischer Rechtsform der schweizerische Sorgfaltsmaßstab übertragen wird und diese Gesellschaften dann in ein möglicherweise unpassendes schweizerisches Haftungssystem eingefügt werden.[954] So erscheint die Norm des Art. 159 IPRG mit Blick auf die internationale Mobilität von Gesellschaften kaum dienlich: Denn aufgrund der bestehenden Rechtsunsicherheit könnte die Vorschrift auch Gesellschaften mit „lauteren“ Absichten aus der Schweiz fernhalten.[955] Schließlich kann man sich nicht des Eindrucks erwehren, dass die Einführung des Art. 159 IPRG vom schlichten Gedanken der Abwehr sog. *pseudo foreign corporations* getragen war, denen an einer Umgehung der schweizerischen Steuergesetze gelegen ist.[956] Gesetzgeberische Absicht war es dabei, auch jene Gesellschaften abzuschrecken, die eigentlich gar keine Gläubigerschädigungsabsichten hatten, indem man sie einer strengeren Haftung unterstellte. Jedoch darf es nicht Sache des Internationalen Gesellschaftsrechts sein, derartigem steuerrechtlichen Missbrauchspotential entgegenzutreten; dies ist alleinige Aufgabe des Steuerrechts.[957]

Eine kritische Beurteilung der Vorschrift ist auch aus europarechtlicher Perspektive angebracht: Wenn man die Europarechtskompatibilität des schweizerischen Rechts in den Blick nimmt, so verstößt die Regelung des Art. 159 IPRG

---

951 *Daniel Girsberger* sieht den Grund für diese fehlende Differenzierung, die im Entwurf der Expertenkommission noch teilweise vorhanden war, darin, dass man den Schweizer Rechtsverkehr schützen wollte, ohne sich über die Konsequenzen genügend Klarheit verschafft zu haben; vgl. *Girsberger*, SJZ 1999, 209 (219).

952 *Großfeld,* Internationales und europäisches Unternehmensrecht, 1995, D. § 1 III., S. 44.

953 Vgl. BayOblG Urt. v. 7.5.1992 – 3Z BR 14/92 – WM 1992, 1371 = EuZW 1992, 548 m. Anmerk. *Behrens*

954 BaslerKomm IPRG-*von Planta/Eberhard* Art. 159 Rn. 25.

955 *Ghandchi*, Der Geltungsbereich des Art. 159 IPRG, 1991, S. 126.

956 *Ghandchi*, Der Geltungsbereich des Art. 159 IPRG, 1991, S. 126.

957 *Ghandchi*, Der Geltungsbereich des Art. 159 IPRG, 1991, S. 127.

gegen das europarechtliche Diskriminierungsverbot. Freilich kann dies einen schweizerischen Richter jedenfalls zum aktuellen Zeitpunkt nicht daran hindern, die Haftung der für eine Schein-Inlandsgesellschaft aus der EU handelnden Personen dem Schweizer Recht zu unterstellen.[958] *Peter Nobel* steht der Vorschrift insoweit kritisch gegenüber, als sie die Gefahr eines Rückfalls in die Sitztheorie in sich berge.[959] Nach alledem ist daher eine möglichst restriktive Auslegung des Verweisungsbegriffs und somit eine möglichst restriktive Anwendung des Art. 159 IPRG vorzunehmen.[960]

c) Richterrechtliche Sonderanknüpfungen nach Art. 1 ZGB

Die Grundfrage im Hinblick auf Sonderanknüpfungen im IPR zielt zunächst darauf ab, ob diese gesetzlich normiert werden müssen oder ob auch eine richterrechtliche Sonderanknüpfung zulässig ist.[961]

Gerade im Hinblick auf die besondere Rolle der richterlichen Rechtsfortbildung in der Schweiz[962] könnte man annehmen, dass diese Frage im Hinblick auf richterrechtliche Sonderanknüpfungen zu bejahen ist. Denn richterrechtliche Sonderanknüpfungen könnten dabei auf die Regel des schweizerischen Rechts gestützt werden, die dem Richter für den Fall des Fehlens einer gesetzlichen Vorschrift die Füllung der Lücke *modo legislatoris* aufträgt, wonach dieser also im Sinne der berühmten mit *Immanuel Kant* in Verbindung gebrachten Formel des Art. 1 Abs. 2 ZGB nach der „Regel" zu entscheiden hat[963], „die er als Ge-

958 BaslerKomm IPRG-*von Planta/Eberhard* Art. 159 Rn. 27.

959 *Nobel,* in: FS Moser, S. 179 (181); siehe *Ders.* Internationales und Transnationales Aktienrecht, Teil IPR und Grundlagen (2012), S. 74 Rn. 88: „Die Norm des Art. 159 IPRG ist kein Muster von Klarheit." Ebenso kritisch *Ghandchi*, Der Geltungsbereich des Art. 159 IPRG, 1991, S. 126.

960 *Ghandchi*, Der Geltungsbereich des Art. 159 IPRG, 1991, S. 127.

961 MünchKomm GmbHG-*Weller*, Einl. I. IntGesR, 449.

962 Gerade im Rechtsvergleich zu Deutschland betrachtet blieb es lange unklar, ob das Richterrecht neben dem Gesetzesrecht und dem Gewohnheitsrecht als dritte Rechtsquelle anzuerkennen sei. Dabei handelte sich um eine Diskussion, „die um die Mitte des letzten Jahrhunderts in Österreich wie in Deutschland und der Schweiz geführt wurde, wobei die Ablehnung einer ‚dritten Spur' in Deutschland wohl rigoroser vertreten wurde als in der von Art. 1 ZGB geprägten Schweiz oder in dem durch das Alter seiner Kodifikation (1811) für die Rechtsfortbildung eher ‚richterfreundlich' gestimmten Österreich." *Walter*, recht 2003, 2 (3).

963 Mit dieser Anlehnung an *Kants* kategorischen Imperativ entsprach *Eugen Huber* dem vorherrschenden schweizerischen Rechtsverständnis; siehe *Wieacker*, in: FS Maihofer, S. 631 (632) Die Regel hat nicht mehr abzudecken, als was gerade für den konkreten Fall benötigt wird (BGE 103 Ia 501 [503]). Auf dieser Grundlage fußt die schöpferische Rechtsprechung des Bundesgerichtes. In diesem Zusammenhang wird auch von „geset-

setzgeber aufstellen würde“, wobei dies nicht bedeutet, „anlässlich jeder noch so kleinen Gesetzeslücke dem kategorischen Imperativ des Weltgesetzes nachzuspüren.“[964]

Dieser für das gesamte schweizerische Zivilrecht geltende Grundsatz könnte somit auch im Internationalen Privatrecht zur Korrektur der Inkorporationstheorie eingesetzt werden.[965] Für das Gericht besteht ein Lückenfüllungsgebot. Dies würde jedoch das Vorliegen einer echten Gesetzeslücke voraussetzen: „Echte Lücken zu füllen, ist dem Richter aufgegeben, unechte zu korrigieren, ist ihm nach traditioneller Auffassung grundsätzlich verwehrt, es sei denn, die Berufung auf den als massgeblich erachteten Wortsinn der Norm stelle einen Rechtsmissbrauch dar.“[966] Als solche echte Lücken kommen indessen nur vom Gesetz nicht beantwortete, sich in unvermeidlicher Weise stellende Rechtsfragen in Betracht.[967] Es handelt sich um den Fall, in dem der Gesetzgeber etwas zu regeln unterlassen hat, was er planmäßig hätte regeln sollen.[968] Auf solche Lücken wird man jedoch im Internationalen Gesellschaftsrecht der Schweiz wohl kaum jemals stoßen:[969] Dies liegt einerseits am weit gefassten Wortlaut der Art. 154 und 155 IPRG und andererseits am erklärten Willen des Gesetzgebers, dem Gesellschaftsstatut einen möglichst weiten Anwendungsbereich einzuräumen,[970] so dass im Zweifelsfall immer die gesellschaftsrechtliche Anknüpfung Platz greift.[971]

Eine Anwendung von Art. 1 ZGB wäre allenfalls im Falle einer sog. unechten Gesetzeslücke denkbar. Von einer solchen unechten oder auch rechtspolitischen Lücke ist im Schweizer Recht die Rede, „wenn das Gesetz zwar eine Antwort gibt, diese aber als sachlich unbefriedigend oder gar stossend empfunden wird.“[972] Das Bundesgericht führt in diesem Zusammenhang aus: „Der Richter darf nur vom Gesetz abweichen, wo sich der Gesetzgeber offenkundig

---

zesübersteigendem Richterrecht“ gesprochen; vgl. *Henninger*, Europäisches Privatrecht und Methode, 2009, S. 91 f.

964 ZürchKomm ZGB-*Dürr*, Einl zu Art. 1-7 Rn. 481.

965 BernerKomm-*Emmenegger/Tschentscher*, Bd. I/1, Einl. Art. 1-9 ZGB S. 203 Rn. 97 sprechen Art. 1 ZGB einen „systembildenden Charakter“ zu.

966 BernerKomm-*Emmenegger/Tschentscher*, Bd. I/1, Einl. Art. 1-9 ZGB S. 211 Rn. 115 unter Hinweis auf BGE 121 III 219 E. 1d/aa S. 226; BGE 128 I 34 E. 3b S. 42; BGE 131 II 562 E. 3.5 S. 567 f. ; BGE 129 II 449 E. 2.4 S. 452; BGE 130 V 39 E. 4.3 S. 47.

967 BGE 90 I 137 E. 3 S. 141.

968 HandKomm ZGB-*Schwander*, Art. 1 Rn. 6.

969 ZürchKomm IPRG-*Keller/Girsberger*, Art. 15 IPRG N 99; *Meier*, Eingriffsnormen im Gesellschaftsrecht, 2010, S. 50.

970 Botschaft IPRG, BBl 1983 I 263, S. 441.

971 *Meier*, Eingriffsnormen im Gesellschaftsrecht, 2010, S. 50.

972 HandKomm ZGB-*Schwander*, Art. 1 Rn. 6.

über gewisse Tatsachen geirrt hat oder sich die Verhältnisse seit Erlass eines Gesetzes gewandelt haben, sodass die Vorschrift unter legislativpolitischen Gesichtspunkten nicht mehr befriedigt und deren Anwendung einen Normmissbrauch darstellt, d.h., wenn ein krasser Fall von Unvollkommenheit vorliegt."[973] Zu beachten ist in einem solchen Fall überdies, dass Art. 1 ZGB im Bereich des Internationalen Privatrechts stets in Verbindung mit Art. 15 IPRG auszulegen ist.[974] Wie zuvor bereits erläutert, kommt die zuletzt genannte Ausnahmeklausel jedoch nach ihrem Abs. 2 dann nicht zur Anwendung,[975] wenn und soweit eine Rechtswahl vorliegt, wie dies für das hier zu untersuchende Internationale Gesellschaftsrecht anzunehmen ist.[976]

Folglich kann Art. 1 ZGB auch bei unechten Lücken im Internationalen Gesellschaftsrecht nicht zur Anwendung gelangen. Dies heißt im Ergebnis, dass dem Richter über Art. 1 ZGB im Internationalen Gesellschaftsrecht somit keine Korrekturmöglichkeit von Kollisionsnormen an die Hand gegeben wird und Sonderanknüpfungen damit nur in dem zuvor erläuterten gesetzlichen Rahmen möglich sind.[977]

C. Die Anknüpfung nach deutscher Rechtslage

I. Ausgangsbefund eines gespaltenen Kollisionsrechts

Im deutschen Internationalen Gesellschaftsrecht findet sich keine gesetzliche Regelung für die Anknüpfung des Gesellschaftsstatuts.[978] In Deutschland hatte man zwar anfangs die gesetzgeberische Absicht geäußert, die Vorschriften zum Gesellschaftskollisionsrecht im EGBGB zu einem späteren Zeitpunkt zu kodifi-

---

973 BGE 123 III 445, E.2.b.aa), S. 448; siehe ferner BGE 121 III 219 E. 1.d.aa, S. 226; 124 V 271 E. 2.a, S. 275.

974 Vgl. Botschaft IPRG, BBl 1983 I 263, S. 310; ZürchKomm-*Vischer*, Art. 15 IPRG N 6.

975 BGE 117 II 494 E. 7 Rn. 20: «De plus,..., le fait de choisir une forme sociale étrangère peut être assimilé à une élection de droit. Or le recours à l'art. 15 LDIP est précisément exclu dans ce cas-là (art. 15 al. 2 LDIP).»

976 Wie bereits dargelegt, ist die Wahl des Gesellschaftsstatuts mit einer Rechtswahl vergleichbar. Siehe dazu nur aus der Rechtsprechung BGE 117 II 494 E. 7 Rn. 20: «De plus,..., le fait de choisir une forme sociale étrangère peut être assimilé à une élection de droit. Or le recours à l'art. 15 LDIP est précisément exclu dans ce cas-là (art. 15 al. 2 LDIP).» Sowie aus der Literatur nur *Perrin* SJ 1989, 553 (564), *Ebenroth/Messer*, ZSR 108 (1989) 49 (74). Anderer Ansicht ist dagegen *Vischer* in ZürchKomm IPRG-*Vischer*, Art. 154 Rn. 30.

977 *Meier*, Eingriffsnormen im Gesellschaftsrecht, 2010, S. 51.

978 MünchKomm GmbHG-*Weller*, Einl. IntGesR, Einl. Rn. 338.

zieren.[979] Bereits zu zwei Zeitpunkten in der Vergangenheit hätte der Gesetzgeber dazu bereits die Möglichkeit gehabt: So hat sich der Gesetzgeber diesbezüglich zunächst bei der Reform des Internationalen Privatrechts im Jahre 1986 bewusst unentschieden verhalten.[980] Auch nach der Reform von 1999 enthält das EGBGB noch keinerlei Regelung für juristische Personen.[981] Ausweislich des Gesetzesentwurfes wollte der Gesetzgeber offenbar Harmonisierungsbestrebungen auf der Ebene der Europäischen Gemeinschaft nicht vorgreifen; es müsse vielmehr eine Rechtsvereinheitlichung oder -angleichung auf europäischer Ebene noch abgewartet werden.[982]

Der derzeitige Befund zeigt ein zersplittertes Internationales Gesellschaftsrecht, welches durch ein Nebeneinander von Gründungs- und Sitzanknüpfung gekennzeichnet ist und zu einer für den Rechtsanwender kaum noch überschaubaren Rechtslage führt:[983] Auf der einen Seite führt dies zu einem gespaltenen Kollisionsrecht für Sachverhalte mit Bezug zu EU- und Drittstaaten wie der Schweiz. Auf der anderen Seite muss für innergemeinschaftliche Sachverhalte danach differenziert werden, ob der betreffende Mitgliedstaat, in dem die Gesellschaft gegründet worden ist, der Gründungs- oder der Sitztheorie folgt. Außerdem ist zu beachten, dass durch bilaterale Abkommen oder multilaterale Übereinkommen ausgesprochene Anweisungen dazu rechtlich verpflichten, im Verhältnis zu bestimmten privilegierten Staaten – etwa den Vertragsstaaten des EWR[984] oder den USA[985] – zur Gründungsanknüpfung überzugehen. Nahezu

979 BR-Drucks. 14/343, S. 6. An dieser gesetzgeberischen Stellungnahme haben auch nachträgliche Gesetzesreformen nichts geändert: Weder das Inkrafttreten des Gesetzes zur Neuregelung des Internationalen Privatrechts vom 25. 7. 1986 (BGBl. I 1986, 1142) noch des Gesetzes zum Internationalen Privatrecht für außervertragliche Schuldverhältnisse und Sachen vom 21. 5. 1999 (BGBl. I 1999, 1026) haben zu einer Kodifikation des Gesellschaftskollisionsrecht geführt.

980 *Zimmer*, Internationales Gesellschaftsrecht 1996, S. 28.

981 *v. Hoffmann/Thorn*, Internationales Privatrecht 2009, § 7 Rn. 22.

982 Siehe zu den Motiven des Nichthandelns die Begründung zum Gesetzesentwurf der Bundesregierung (Gesetz zur Neuregelung des Internationalen Privatrechts), BT-Drucks. 10/504, S. 29. Kritisch dazu *Stoll* IPRax 1984, 1 (4).

983 *Leible*, in: Michalski, GmbHG, Syst. Darst. 2 IntGesR, Rn. 46.

984 Siehe zu Liechtenstein als Vertragsstaat des EWR die Entscheidung des BGH v. 19.9.2005 – II ZR 372/03 NJW 2005, 3351 = RIW 2005, 945 m. Anm. *Leible/Hoffmann*; *Weller,* ZGR 2006, 748 (748ff.) sowie eingehend dazu *Baudenbacher/Buschle,* IPRax 2004, 26 (26ff.)

985 Freundschaft-, Handels- und Schifffahrtsvertrag zwischen der Bundesrepublik Deutschland und den Vereinigten Staaten von Amerika v. 29. 10. 1954 (BGBl II 1956, 487) Art. XXV Abs. 5 S. 2; siehe dazu aus der Rechtsprechung zur Partei- und Prozessfähigkeit einer in den Vereinigten Staaten von Amerika gegründeten Gesellschaft mit Verwaltungssitz in der Bundesrepublik Deutschland auf Grund des deutsch-amerikanischen

keine kollisionsrechtlichen Auswirkungen zeitigen dagegen nach allgemeiner Ansicht die zwischen dem sog. nicht privilegierten Drittstaat Schweiz und der EG geschlossenen bilateralen Verträge;[986] insoweit bleibt es *de lege lata* bei der Geltung der Sitztheorie des autonomen deutschen Kollisionsrechts. Daneben sind zahlreiche Assoziierungsabkommen der EG[987] mit in den Blick zu nehmen, was mit einer weiteren Zunahme der Komplexität des Gesellschaftskollisionsrechts einhergeht. Da in näherer Zukunft nicht mit einer Regelung des Gesellschaftskollisionsrechts auf Unionsebene zu rechnen sei, hat das Bundesministerium der Justiz einen Entwurf zum Internationalen Gesellschaftsrecht ausgearbeitet, der jedoch in der derzeitigen Legislaturperiode nicht mehr Gesetz werden wird.[988]

II. Anknüpfungsgegenstand

1. Rechtslage de lege lata

Abgesehen von der Ermittlung des auf Gesellschaften anwendbaren Rechts geht es im internationalen Gesellschaftsrecht darum, den Anknüpfungsgegenstand einzugrenzen, d.h. festzulegen, welche gesellschaftsbezogenen Vorgänge und Verhältnisse unter die Anknüpfungsnorm fallen und somit nach der maßgeblichen Rechtsordnung, dem Gesellschaftsstatut, zu beurteilen sind (*Qualifikation*).[989] Es geht darum festzustellen, zu welcher Gattung von Sachnormen eine Materie gehört.[990]

Freundschaftsvertrags BGH, Urteil vom 29. 1. 2003 – VIII ZR 155/02 BGHZ 153, 353 = NJW 2003, 1607; sowie BGH, Urteil vom 5. 7. 2004 – II ZR 389/02 = NZG 2004, 1001 zur Haftung der Gesellschafter für Verbindlichkeiten einer in den USA nach dortigen Vorschriften gegründeten Gesellschaft mit Verwaltungssitz im Gebiet der Bundesrepublik Deutschland, die sich jedenfalls dann nach dem Gründungsrecht richtet, wenn die Gesellschaft geschäftliche Aktivitäten auch in den USA entfaltet.

986 Ander Ansicht ist dagegen *Vischer*, der die Auffassung vertritt, dass Gesellschaften mit in den Anwendungsbereich einbezogen seien. Demzufolge habe die Schweiz in Art. 16 Abs. 2 des Freizügigkeitsabkommens die Verpflichtung übernommen, für die Anwendung des Gemeinschaftsrechts die Rechtsprechung des EuGH zur Niederlassungsfreiheit von Gesellschaften zu berücksichtigen. Siehe *Ders.* in: FS Kramer, S. 985 (993).

987 Siehe zu Chile beispielsweise *Sester/Cárdenas,* ECFR 2005, 398 (398).

988 Abrufbar unter http://beck-aktuell.beck.de/sites/default/files/rsw/upload/Beck_Aktuell/Referentenentwurf-IGR.pdf (zuletzt eingesehen am 15.12.2012).

989 Siehe zur fast zeitgleiche „Entdeckung“ des Qualifikationsproblems in Deutschland und Frankreich: *Batiffol*, Traité élémentaire de droit international privé 1959, S. 338 Rn. 291: „Le « problème des qualifications » doit son nom au célèbre article publié par Bartin au Clunet en 1897 repris ensuite dans les *Etudes de droi international privé* et qui constituait une vériatable découverte pour la science française du conflit des lois. En

Im deutschen Kollisionsrecht ist der Anknüpfungsgegenstand des Internationalen Gesellschafsrechts nicht gesetzlich geregelt. Es existierte zwar in der ehemaligen Vorschrift des Art. 10 EBGBG eine Regelung, die mit der Anerkennung der Rechtsfähigkeit von ausländischen rechtsfähigen Vereinen im Inland diesbezüglich einen eng begrenzten Sonderfall enthielt.[991] Schließlich ließ der deutsche Gesetzgeber die Chance auf eine Neuregelung anlässlich späterer IPR-Reformen ungenutzt: Auch das Reformgesetz des Jahres 1986 brachte keine gesetzlich kodifizierten Kollisionsnormen über juristische Personen und Handelsgesellschaften für das deutsche Internationale Privatrecht.[992] Aufgrund einer bislang fehlenden Kodifikation des Internationalen Gesellschaftsrechts findet sich daher im deutschen autonomen Kollisionsrecht auch keine Legaldefinition des Anknüpfungsgegenstandes der „Gesellschaft".[993] Die Begriffsbestimmung des Anknüpfungsmoments obliegt daher vorerst weiterhin Rechtsprechung und Literatur. Während man im deutschen Sachrecht einen weiten Begriff zugrunde legt und von einer Gesellschaft bei „durch Zwecksetzung verselbständigten privatrechtlichen Organisationen und kooperativen Schuldverhältnissen"[994] spricht, folgt man auf Ebene des Kollisionsrechts einem engeren Begriffsverständnis.[995]

Zunächst können für Zwecke einer abstrakten Definition in grundlegender Weise die von *Uwe John* entwickelten Elemente der Personifikation herangezogen werden.[996] Demnach richtetet sich die rechtliche Verselbständigung an den

---

réalité, le problème avait déjà été posé en Allemagne par Kahn dès 1891 dans le tome XXX des *Jherings Jahrbücher… »* [Kursivierung im Original] *Franz Kahn* brachte das Qualifikationsproblem unter der Bezeichnung „latente Konflikte" in die rechtswissenschaftliche Debatte ein; siehe *Kahn*, JherJb 30 (1891), S. 1 (107 ff.). Siehe dazu eingehend *Siehr*, Y.P.I.L. VII (2005), 16 (39ff.); MünchKomm-*Kindler*, IntGesR, Rn. 2.

990 *Großfeld*, Macht und Ohnmacht der Rechtsvergleichung, 1984, S. 48: Ein solches Qualifikationsproblem ergibt sich im Internationalen Gesellschaftsrecht etwa beim Haftungsdurchgriff.

991 Die betreffende Regelung wurde jedoch bereits in den 1960er Jahren aufgehoben durch § 30 Abs. 1 Nr. 4 VereinsG (BGBl. 1964 I S. 593). Art. 10 EGBGB a.F. (Ausländischer Verein) lautete: „Ein einem fremden Staate angehörender und nach dessen Gesetzen rechtsfähiger Verein, der die Rechtsfähigkeit im Inlande nur nach den Vorschriften der §§ 21, 22 des Bürgerlichen Gesetzbuchs erlangen könnte, gilt als rechtsfähig, wenn seine Rechtsfähigkeit durch Beschluß des Bundesrates anerkannt ist. Auf nicht anerkannte ausländische Vereine der bezeichneten Art finden die Vorschriften über die Gesellschaft sowie die Vorschrift des § 54 Satz 2 des Bürgerlichen Gesetzbuchs Anwendung."

992 Siehe das am 1. 9. 1986 in Kraft getretene Gesetz zur Neuregelung des Internationalen Privatrechts vom 25.7. 1986 (BGBl. I S. 1142)

993 *Wedemann*, RabelsZ 75 (2011), 541 (547).

994 *K. Schmidt*, Gesellschaftsrecht, 2002, § 1 I 1 c, S. 5.

995 BGH Urt. v. 26. 9. 1966 – II ZR 56/65, NJW 1967, 36 (38).

996 *John*, Die organisierte Rechtsperson, 1977, S.72 ff. u. 230 ff.

folgenden drei Elementen aus: Es bedarf dazu einer Handlungsorganisation, eines Haftungsverbandes sowie einer Identitätsausstattung, die es ermöglicht, auf die Personifikation Bezug zu nehmen.[997]

Als untauglich hingegen erweist sich das Kriterium der Rechtspersönlichkeit. Zwar ging die Rechtsentwicklung des Internationalen Gesellschaftsrechts historisch betrachtet von der juristischen Person aus.[998] Gleichwohl besteht international keine Einigkeit darüber, was die „Rechtspersönlichkeit" einer Gesellschaft ausmacht;[999] auch nach deutschem Recht kommen ihr keine exklusiven Eigenschaften zu.[1000]

Bei der Einordnung eines Gebildes als „Gesellschaft" im Sinne des Kollisionsrechts wird zunächst danach differenziert, ob überhaupt ein rechtsfähiges Gebilde vorliegt. Solche rechtsfähigen Gebilde fallen *per se* in den Anwendungsbereich des Internationalen Gesellschaftsrechts.[1001] Nichtrechtsfähige Personenvereinigungen werden nach herrschender Ansicht ebenfalls gesellschaftskollisionsrechtlich erfasst, wenn sie eine nach außen hervortretende Organisation aufweisen.[1002] Nach allgemeiner Ansicht spielt dabei eine gewerblich-unternehmerische oder ideelle Zielsetzung des Gebildes für die Qualifikation als „Gesellschaft" im kollisionsrechtlichen Sinne keine Rolle.[1003] Während Außengesellschaften, die „sich als solche" am Rechtsleben beteiligen, den Regeln des Gesellschaftskollisionsrechts unterliegen, werden Innengesellschaften nach der Maßgabe des Vertragsstatuts beurteilt.[1004]

Als zentrales Qualifikationsmerkmal gilt neben den vorgenannten Kriterien eine hinreichende Organisationsstruktur des betreffenden Gebildes.[1005] Im Zusammenhang der Qualifikation nichtrechtsfähiger Vermögensmassen kommt diesem Merkmal insbesondere bei der kollisionsrechtlichen Einordnung von *trusts* des angloamerikanischen Rechtskreises eine wesentliche Bedeutung zu.[1006] Zu den genauen Anforderungen an die Organisationsstruktur finden sich

---

997 Siehe dazu Münch. Hdb. GesR VI-*Thölke* § 1 Rn. 31.

998 Siehe zur rechtsgeschichtlichen Entwicklung *Großfeld*, in: FS Westermann, S. 199 (201).

999 Siehe dazu Münch. Hdb. GesR VI-*Thölke* § 1 Rn. 33.

1000 Siehe dazu Münch. Hdb. GesR VI-*Thölke* § 1 Rn. 33.

1001 Palandt-*Thorn* Anh. zu Art. 12 EGBGB Rz. 1 ff.; Staudinger-*Großfeld*, IntGesR, 1998, Rz. 14.

1002 *Ebenroth*, JZ 1988, 18 (23f.); Staudinger-*Großfeld*, IntGesR, 1998, Rz. 14, 746; Palandt-*Thorn* Anh. zu Art. 12 EGBGB Rz. 12.

1003 MünchKomm BGB-*Kindler*, IntGesR, 2010 Rn. 3 u. 286.

1004 *Trautrims*, Das Kollisionsrecht der Personengesellschaften, 2009, S. 207.

1005 *Wedemann*, RabelsZ 75 (2011), 541 (550).

1006 Siehe zur Problematik, *Wedemann*, RabelsZ 75 (2011), 541 (552), die insbesondere darauf hinweist, dass Deutschland bislang nicht dem Haager Trustübereinkommen

im deutschen Schrifttum indessen nur wenige Ausführungen: So wird teils gefordert, dass diese „körperschaftsähnlich sein müsse".[1007] Auch wird mit Blick auf die Organisationsstruktur gefordert, dass die Beziehungen der Gesellschafter nicht bloß in einzelnen obligatorischen Rechten bestehen sollen.[1008] Darüber hinaus werden verschiedene Indizien für das Vorliegen einer hinreichenden Organisationsstruktur aufgeführt, wie etwa die Belegung eigener Räume und die Beschäftigung eigenen Personals oder die Existenz spezieller Geschäftsführungs- und Vertretungsregeln.[1009]

Im Gegensatz dazu befasst sich die schweizerische Literatur eingehender mit dieser Thematik, indem sie verschiedene Aspekte für die Prüfung der Organisationsstruktur mit an die Hand gibt, was auch mit dem wenig konkret gefassten Tatbestandsmerkmal der „Organisation" als solcher zusammenhängen mag. Demnach müsse die Organisation nicht komplex sein, sondern vielmehr einen hinreichenden Grad an Verselbständigung aufweisen.[1010] Es finden sich differenzierte Definitionsansätze sowohl für Personenvereinigungen als auch für organisierte Vermögenseinheiten. Daneben existiert mit Art. 149 lit. a-e IPRG eine Sonderregelung für *trusts* im schweizerischen Kollisionsrecht,[1011] deren Behandlung im deutschen Recht als noch nicht abschließend geklärt angesehen werden muss.[1012]

---

beigetreten ist und die Problematik ebenso wenig im deutschen Kollisionsrecht mit keiner staatsvertraglichen Lösung angegangen wird. Insgesamt ist die Entwicklung in Literatur und Rechtsprechung in diesem Bereich noch nicht abgeschlossen; vgl. *Kegel/Schurig*, Internationales Privatrecht, § 17 III.2., S. 591 f.

1007 *Ebenroth*, JZ 1988, 18 (23f.).

1008 *Göthel* weist jedoch darauf hin, daß es „sich nicht generell sagen [lasse], wann die erforderliche innere Organisation vorliegt". Siehe *Ders.* Joint Ventures im Internationalen Privatrecht, 1999, S. 69 MünchKomm-*Kindler*, IntGesR, 2010 Rn. 286; Staudinger-*Großfeld*, Internationales GesellschaftsR, 1998, Rn. 746, 772.

1009 *Göthel*, Joint Ventures im Internationalen Privatrecht, 1999, S. 70; *Wedemann*, RabelsZ 75 (2011), 541 (551).

1010 BaslerKomm IPRG-*von Planta/Eberhard* Art. 150 Rn. 11; *Schwander* Einführung in das internationale Privatrecht, Bd. II BT (1997), Rn. 719 u. 721.

1011 Am 1. Juli 2007 sind die kollisionsrechtlichen Bestimmungen des *Haager Trust-Übereinkommens* (HTÜ) und die Art. 149a-e IPRG (9a Kapitel: Trusts) in Kraft getreten. Siehe dazu *Vogt, Nedim Peter*, Trusts und schweizerisches Recht (das Haager Trust-Übereinkommen und die neuen Art. 149a-e IPRG), Anwaltsrevue 10 (2007), 199 (199-203).

1012 Siehe zur Problematik, *Wedemann*, RabelsZ 75 (2011), 541 (552), die insbesondere darauf hinweist, dass Deutschland bislang nicht dem Haager Trustübereinkommen beigetreten ist und die Problematik auch im deutschen Kollisionsrecht mit keiner staatsvertraglichen Lösung angegangen wird. Insgesamt ist die Entwicklung in Litera-

In der deutschen Literatur gibt es deshalb Stimmen, welche die zuvor genannten Definitionsansätze zur Bestimmung der „Gesellschaft" im Sinne des Kollisionsrechts unter einer einheitlichen Definition gefasst wissen möchten: Als Vorbild wird dabei auf die Legaldefinition von Art. 150 des schweizerischen IPRG hingewiesen.[1013] Die im schweizerischen Internationalen Gesellschaftsrecht verwendete Legaldefinition umschreibe dabei in ebenso zutreffender Weise den persönlichen Anwendungsbereich des deutschen Internationalen Gesellschaftsrecht. Jedoch wird nach deutscher Rechtsprechung das bloße Vorliegen einer Organisation nicht als ausreichend erachtet; vielmehr müsse die Organisation auch „als solche", also als eigenständiges Rechtssubjekt, am Rechtsverkehr teilnehmen.[1014] Angesichts der teilweise kaum bestimmbaren Anforderungen, die an eine „Organisation" im Einzelnen zu stellen sind, erscheint der vom BGH vertretene Ansatz insoweit klarer.

2. Rechtslage nach dem Referentenentwurf

Bedauerlicherweise enthält auch der vom Bundesjustizministerium (BMJ) am 7. Januar 2008 vorgestellte Referentenentwurf des Gesetzes zum Internationalen Privatrecht der Gesellschaften, Vereine und juristischen Personen keine Definition dazu parat. Die Begriffsbestimmung obliegt daher weiterhin der Rechtsprechung und Literatur.[1015] Jedoch können Art. 10 EGBGB Ref-E sowie der Entwurfsbegründung Anhaltspunkte für ein Begriffsverständnis entnommen werden, das in Einklang mit den bisherigen Ansätzen einer Definition steht: Zunächst heißt es dazu in der Begründung, dass der in den vorgeschlagenen Normierungen verwendete Begriff der „Gesellschaften, Vereine und juristischen Personen" untechnisch zu verstehen sei. Erfasst sind demnach sämtliche Gesellschaften des bürgerlichen sowie des Handelsrechts. Ob ein Gebilde einen Erwerbszweck verfolge, sei dabei nicht von Bedeutung. Der Referentenentwurf hebt die Bedeutung der Organisationsstruktur für die Qualifikation einer Gesellschaft im kollisionsrechtlichen Sinne in Art. 10 Abs. 1 S.2 EGBGB hervor: Die Norm sieht vor, dass Gesellschaften, die nicht oder noch nicht in ein öffentliches Register eingetragen sind, dem Recht des Staates unterliegen, nach dem sie organisiert sind.

---

tur und Rechtsprechung in diesem Bereich noch nicht abgeschlossen; vgl. *Kegel/Schurig*, Internationales Privatrecht, 2004, § 17 III.2., S.

1013 *Göthel*, Joint Ventures im Internationalen Privatrecht, 1999, S. 68; MünchKomm-*Kindler*, IntGesR, 2010 Rn. 3; Staudinger-*Großfeld*, Internationales GesellschaftsR, 1998, Rn. 14.

1014 BGH Urt. v. 26. 9. 1966 – II ZR 56/65, NJW 1967, 36 (38) = WM 1966, 1143 (1145).

1015 *Wedemann*, RabelsZ 75 (2011), 541 ( )

III. Anknüpfungsmethode

1. Die Entwicklung bis hin zur Rechtslage de lege lata

a) *Savigny als Ausgangspunkt*

Wenn es heißt, dass die deutsche Rechtsprechung lange Zeit auf dem Boden der Sitztheorie stand,[1016] so muss diese Aussage kritisch hinterfragt werden, wenn nicht gar von „Geschichtsfälschung“[1017] gesprochen werden kann. Von den Ursprüngen des modernen IPR her betrachtet finden sich dafür nämlich keinerlei Anhaltspunkte. Denn in bemerkenswerter Weise hat *Friedrich Carl von Savigny*, einer der Begründer des modernen IPR[1018], natürliche und juristische Personen vollkommen gleich behandelt. Im Hinblick auf natürliche Personen ist demnach für „die Unterordnung der einzelnen Person unter ein bestimmtes örtliches Recht“ der Wohnsitz zugrunde zu legen.[1019] In gleicher Weise forderte er bei juristischen Personen etwas dem „Wohnsitz der natürlichen Personen Entsprechendes oder Aehnliches, gleichsam einen künstlichen Wohnsitz anzunehmen“.[1020] *Savigny* erachtete es als „räthlich, gleich bei der Gründung der juristischen Person eine künstlichen Wohnsitz festzustellen“. Beispiele sind bei ihm das „Statut der Berlin-Sächsischen (anhaltischen) Eisenbahngesellschaft § 1: ‚Berlin ist ihr Domizil und der Sitz ihrer Verwaltung und das königliche Stadtgericht zu Berlin ihr Gerichtsstand.‘ – Staut der Berlin-Stettiner Eisenbahn-Gesellschaft § 3: Stettin ist das Domizil der Gesellschaft.“[1021] Nur für den Fall, dass es versäumt werde, einen solchen „künstlichen Wohnsitz“ für die juristische Person in der Satzung festzulegen, „muss der Richter den Mittelpunkt der Geschäfte künstlich zu ermitteln suchen“.[1022] Es ging *Savigny* somit nach heutigem Rechtsverständnis um den satzungsmäßigen, nicht aber um den realen Verwaltungssitz, der das Anknüpfungsmoment der heutigen Sitztheorie ist. Dabei war Savigny allerdings klug genug, „diese pragmatische Entscheidung, die sich auf die ‚Fähigkeit der juristischen Person‘ und ihrer Anerkennung bezieht, nicht im Sinne einer ‚Gründungstheorie‘ zu überhöhen“.[1023]

1016 *Kropholler*, Internationales Privatrecht, 2006, § 55 I, S. 571.

1017 So explizit *Meilicke*, GmbHR 2003, 793 (795).

1018 *Kropholler*, Internationales Privatrecht, 2006, § 2 III, S. 13.

1019 *Savigny*, System des heutigen Römischen Rechts, Bd. VIII (1849), § 360, S. 107.

1020 *Savigny*, System des heutigen Römischen Rechts, Bd. VIII (1849), § 354, S. 65.

1021 *Savigny*, System des heutigen Römischen Rechts VIII (1849), § 354, S. 66 in Fn. (g) unter Verweis auf die Gesetzessammlung für die preußischen Staaten 1839, S. 178 und 1840, S. 306.

1022 *Savigny*, System des heutigen Römischen Rechts VIII (1849), § 354, S. 66.

1023 *Schanze,* in: FS Thue, S. 423 (430).

b) Die Rechtsprechung des Reichsgerichts als Fortsetzung

aa) Am Anfang stand die Anerkennung

Bereits im Jahr 1877 bejahte das Reichsoberhandelsgericht die Rechts- und Parteifähigkeit einer französischen *Société Anonyme*, da nach „Deutschem Rechte nirgends Bestimmungen zu finden sind, an welchen die Unfähigkeit ausländischer, nach den Gesetzen des betreffenden Staats gültig errichteter Actiengesellschaften, im Inland als Kläger aufzutreten, hergeleitet werden könnte".[1024] Diese Rechtsauffassung wurde vom Reichsgericht schon bald übernommen: Es galt Ende des 19. Jahrhunderts der Grundsatz, „daß eine Aktiengesellschaft, welche nach den Gesetzen des Staates, in welchem sie ihren Sitz hat, zu Recht besteht, auch in anderen Staaten als solchen anzuerkennen ist".[1025]

Betrachtet man in diesem Lichte die Entscheidung des Landgerichts[1026] und Oberlandesgerichts Düsseldorf[1027] sowie den Vorlagebeschluss des BGH[1028] vor dem Europäischen Gerichtshof in der Rechtssache *Überseering*[1029], so muss gefragt werden, welchen sachlichen Grund und welches erkennbare Kontrollinteresse auf Seiten der deutschen Rechtsordnung bestand, um der klagenden niederländischen Gesellschaft zu Beginn des 21. Jahrhunderts den Rechtsschutz vor deutschen Gerichten zu verweigern.[1030]

Die anerkennungsfreundliche Essenz der frühere Rechtsprechung des Reichsgerichts lässt sich auf folgende drei Grundsätze zurückführen:[1031] Erstens gilt, dass der maßgebliche Anknüpfungspunkt der Sitz der Gesellschaft ist.[1032]

1024 ROHG, Urt. v. 28.4.1877, ROHGE 22, 147 (148).

1025 RG Urt. v. 5. 6. 1882 – 291/82, RGZ 7, 68 (70); v. 14. 4. 1882 – II 503/81, RGZ 6, 124 (140): Es gilt im Hinblick auf eine französische Aktienversicherungsgesellschaft, dass „auch die ausländische juristische Person zur Rechtsverfolgung im Inlande zuzulassen sei, sofern sie nach dem für ihren Status maßgebenden ausländischen Rechte handlungs- und dispositionsfähig ist".

1026 LG Düsseldorf, *Urt. v.* 5.11.1997 – 5 O 132/96.

1027 OLG Düsseldorf, Urt. v. 10. 9. 1998 – 5 U 1/98 = JZ 2000, 203 m.Anm. *Ebke*

1028 BGH Urt. v. 13. 3. 2003 – VII ZR 370/98 = BGHZ 154, 185 = NJW 2003, 1461 = ZIP 2003, 925 m. Anm. *Leible* = MDR 2003, 825 = EuZW 2003, 448 (Ls.) = RIW 2003, m. Anm. *Merkt* = WM 2003, 835 = JuS 2003, 821 = NZG 2003, 431 = DStR 2003, 947 = IPRax 2003, 324 m. Anm. *Weller* = BB 2003, 915 = DB 2003, 986 = GewA 2003, 328 = LMK 2003, 107 m. Anm. *Noack* = JZ 2003, 525 m. Anm. *Eidenmüller*

1029 EuGH, Urt. v. 5.11.2002, Rs. C-208/00 – *Überseering*, Slg. 2002 I-9971.

1030 *Schanze*, in: FS Thue, S. 423 (430).

1031 Siehe dazu die Untersuchung bei *Trautrims*, Das Kollisionsrecht der Personengesellschaften 2009, S. 47.

1032 RG Urt. v. 5.1.1916 – 284/15 V, JW 1916, 494 (495) m. Anm. *Isay*. Im Hinblick auf den in Dortmund begründeten Satzungssitz führt das Gericht aus: „Daß bei Gesellschaften die Staatszugehörigkeit sich nach dem Sitze der Gesellschaft bestimmt, ist ein

Zweitens kann in diesem Sitz ihr Satzungssitz erblickt werden.[1033] Dies gilt jedoch nicht, soweit Rechtsmissbrauch vorliegt.[1034] Drittens gilt insoweit subsidiär bei Fehlen eines Satzungssitzes der Verwaltungssitz.[1035]

So wird häufig die „Sitztheorie deutscher Prägung“[1036] auf das kurz nach Inkrafttreten des EGBGB veröffentlichte Urteil des Reichsgerichts vom 9. März 1904[1037], den sog. „*Mexiko*-Fall“ gestützt.[1038] Jedoch liegt diesem Fall ein Missbrauchstatbestand zugrunde, im Zuge dessen das Reichsgericht die Anerkennung einer US-amerikanischen Gesellschaft verweigerte; von einer Anwendung der Sitztheorie kann aus den folgenden Gründen jedoch keine Rede sein.

Dem Sachverhalt nach ging es um die Rechtsfähigkeit einer in den USA gegründeten und inkorporierten Gesellschaft, die zum Zwecke des Betriebes von Bergwerken in Mexiko errichtet wurde. Über die in Hamburg ansässige „Hamburg Agency“ wurden Aktien der amerikanischen Aktiengesellschaft vertrieben, wobei verschiedene Geschädigte aufgrund von Täuschungen zur Zeichnung der Wertpapiere veranlasst wurden. Die lediglich nominell in den Vereinigten Staaten ansässige AG wurde aber in Wirklichkeit von der „Hamburg Agency“ aus geleitet, wobei diese in Deutschland über keinen Handelsregistereintrag verfügte. In Hamburg befand sich auch das – in der Entscheidung mit „Verwaltungsrat“ übersetzte – *board of directors,* das nur aus in Hamburg wohnhaften Perso-

---

feststehender Grundsatz des internationalen Privatrechts.“ RG Urt. v. 19.1.1918 – V 243/17, RGZ 92 73 (74); Urt. v. 21.1.1919 – 157/19 V, JW 1920, 49 (51); RG. Urt. 19.6.1920 – I 5/20 RGZ 99, 217; Urt. v. 3.6.1927 – II 346/26, RGZ 117, 215 (217); 10.7.1934, JW 1934, 2969 = IPRspr. 1934 Nr. 14, 30.

1033 RG. Urt. 19.6.1920 – I 5/20 RGZ 99, 217; Urt. v. 3.6.1927 – II 346/26, RGZ 117, 215 (217).

1034 RG Urt. v. 9.3.1904 – I 457/03, JW 1904, 231; RG 31.3.1904 – I 451/93, DJZ 1904, 555, in denen eine ausländische Aktiengesellschaft als inländischer nichtrechtsfähiger Verein „umqualifiziert“ wird; sowie RG Urt. v. 16.12.1913 – II 523/13, RGZ 83, 367 (369f.); Urt. v. 19.6.1920 – I 5/20, RGZ 99, 217 (219).

1035 RG Urt. v. 19.1.1918 – 225/17 V, JW 1918, 305: „Der Ort, wo die Verwaltung geführt wird, gilt hiernach nur dann als ‚Sitz‘ des Vereins, wenn in der Satzung, nichts anderes bestimmt ist“; andeutungsweise ferner RG Urt. v. 9.3.1904 – I 457/03, JW 1904, 231

1036 MünchKomm AktG- *Altmeppen/Ego,* Bd. 7 B. Europäische Niederlassungsfreiheit, Rn. 173 in Fn. 1; *Müller*, in: Spindler/Stilz, AktG, Bd.2, IntGesR, Rn. 2; MünchKomm BGB-*Kindler*, IntGesR, Rn. 358 Fn. 21: „Das RG folgte der Sitztheorie seit Beginn dieses Jahrhunderts“; RG JW 1904, 231.

1037 RG Urt. v. 9. 3. 1904 – I 457/03, JW 1904, 231.

1038 Genau genommen müsste von „den *Mexiko*-Fällen“ die Rede sein, da das Reichsgericht am 31. März 1904 mit demselben Ergebnis ein anderes anhägniges Verfahren gegen die beklagte US-amerikanische Aktiengesellschaft entschied; vgl. RG Urt. v. 31.3.1904 – 451/93, DJZ 1904, 555 sowie *Trautrims*, Das Kollisionsrecht der Personengesellschaften, 2009, S. 49.

nen bestand. Sämtliche ordentlichen und außerordentlichen Sitzungen des Entscheidungsgremiums wurden in Hamburg abgehalten. Das Reichsgericht versagte der Gesellschaft die Anerkennung, da diese nur dem Namen nach ihren Sitz im Auslande hatte und daher in diesem rechtsmissbräuchlichen Zusammenhang „der nominelle Sitz in Washington keine Bedeutung habe".[1039] Das Reichsgericht unterstellte die Gesellschaft sodann deutschem Recht, und zwar als nicht rechtsfähigen Verein.[1040]

Wenn man bereits den Gedanken der Sitztheorie als „Nichtanerkennungstheorie" zugrunde legt, ist das Reichsgericht vom Ergebnis her betrachtet jedenfalls nicht von der Sitztheorie in ihrer „traditionellen" Ausprägung ausgegangen, sondern hat eher in Richtung der sog. modifizierten Sitztheorie im Sinne des *Jersey*-Urteils[1041] des BGH aus dem Jahre 2002 entschieden, in dem das Reichsgericht eine vergleichbare „Umqualifizierung" der ausländischen Gesellschaft in eine deutsche Rechtsform vorgenommen hat.

Dieser Vergleich hält aber nur bei dieser oberflächlicher Betrachtung vom Ergebnis her stand: In den Entscheidungsgründen ist zwar von „Verwaltungssitz" die Rede, dies jedoch nur im untechnischen Sinne als „Sitz des Verwaltungsapparates". Dass es auf diesen als Anknüpfungsmoment ankommen soll, wird an keiner Stelle des Urteils erwähnt.[1042]

Die Entscheidung erscheint vielmehr gerade dann sinnvoll, wenn die Geltung der Gründungstheorie zugrunde legt wird und hier im konkreten Fall die Anerkennung aufgrund einer fehlenden tatsächlichen Verbindung zum Staat des Gründungsrechts im Sinne eines *genuine link* versagt wird.[1043] So ist nach Rechtsprechung des OLG Düsseldorf[1044] „die alleinige Anknüpfung an den Gründungsakt als Voraussetzung für die Anerkennung der Gesellschaft ... dann rechtsmißbräuchlich im Sinne des – fehlenden – sog. ‚genuine link', wenn außer dem formalen Akt der Gründung und eventuell einem statuarischen – aber insoweit fiktiven – Sitz keine realen Bindungen der Gesellschaft mehr zum amerikanischen Gründungsstaat bestehen".[1045] Im Ergebnis kann die verweigerte Aner-

---

1039 So die wörtliche Rezeption der Entscheidung im RG Urt. v. 16.12.1913 – II 523/13, RGZ 83, 367 (369/70), in dem die Anerkennung einer im US-Bundestaat gegründeten Aktiengesellschaft – entgegen dem „*Mexiko*-Fall" – bejaht wurde.

1040 Siehe dazu *Frankenstein*, Internationales Privatrecht, 1926, Bd. I, S. 471.

1041 BGH Urt. v. 1.7.2002 – II ZR 380/00, BGHZ 151, 204 = NJW 2002, 3539.

1042 *Trautrims*, Das Kollisionsrecht der Personengesellschaften, 2009, S. 50.

1043 Siehe zu diesem Gedanken *Trautrims*, Das Kollisionsrecht der Personengesellschaften, 2009, S. 50.

1044 OLG Düsseldorf, Urt. v. 15.12.1994 – 6 U 59/94, NJW-RR 1995, 1124 = WM 1995, 808 = DB 1995, 1021 = BB 1995, 508 = IPRax 1996, 100 m. Anm. *Ulmer* = RIW 1995, 508 = ZIP 1995, 1009.

1045 OLG Düsseldorf, Urt. v. 15.12.1994 – 6 U 59/94, NJW-RR 1995, 1124 (1125).

kennung auf der Grundlage des Rechtsmissbrauchstatbestands somit nicht mit der Geltung der Sitztheorie in Verbindung gebracht werden.[1046]

Es fällt weiterhin auf, dass man der Entscheidung von Seiten des Reichsgerichts keine größere Bedeutung beimaß. Wenn das Reichsgericht hier ein „epochales Grundsatzurteil“ für oder wider eine besondere „Anknüpfungstheorie“ hätte fällen wollen, wäre die Veröffentlichung nicht nur in der Juristischen Wochenschrift als Organ des Deutschen Anwaltvereins, sondern insbesondere auch in der amtlichen Sammlung des Reichsgerichts erfolgt.[1047]

In einer zeitlich darauffolgenden, nunmehr auch in der amtlichen Sammlung abgedruckten Entscheidung vom 16. Dezember 1913[1048] hat sich das Reichsgericht – unter Berücksichtigung des „*Mexiko*-Falls“ – dagegen ausdrücklich weiterhin für die Anerkennung einer in diesem Fall nach dem Recht des US-Bundestaat *Wisconsin* gegründeten Aktiengesellschaft ausgesprochen. Dies sei bereits den „Bedürfnissen des heutigen Weltverkehres“ geschuldet.[1049] Auch wird die Frage nach der Anerkennung mit dem Hinweis auf die verschiedenen völkerrechtlichen Abkommen auf dem Gebiet des internationalen Privatrechts[1050] im Sinne der *comitas* beantwortet, denn „so offenbart doch eine Beteiligung hieran den Geist, mit dem die Rechtsentwicklung im deutschen Reiche derartigen Fragen des Internationalen Privatrechts gegenübersteht. Mit diesen Bestrebungen würde es nicht wohl zu vereinigen sein, wenn einer ausländischen, nach dem an ihrem Sitze geltenden Rechte rechtsfähigen Handelsgesellschaft im Inlande zum Schaden des internationalen Verkehrs die Rechtsfähigkeit versagt wäre.“[1051] Dass sich das Reichsgericht an der Sitztheorie orientiert haben soll, kann aus diesem Entscheidungszusammenhang nicht entnommen werden.

In rechtsvergleichender Hinsicht fällt vielmehr eine gewisse Parallelität der reichsgerichtlichen Rechtsprechung mit der Judikatur des Schweizerischen Bundesgericht bis kurz vor Inkrafttreten des IPRG ins Auge: So heißt es in der Regeste des Grundsatzurteils des Bundesgerichts vom 7. Oktober 1982: „Das Per-

1046 *Trautrims*, Das Kollisionsrecht der Personengesellschaften, 2009, S. 50: „Dennoch sind selbst engagierte Vertreter der Sitztheorie nie darauf gekommen, der Rechtsprechung an dieser Stelle die Sitztheorie zu unterstellen.“

1047 In der damaligen Fachöffentlichkeit fand die Entscheidung ebenso wenig Beachtung; allensfalls ein Absatz mit kürzester Zusammenfassung wurde ihr eingeräumt. Siehe *Trautrims*, Das Kollisionsrecht der Personengesellschaften, 2009, S. 52.

1048 So die wörtliche Rezeption der Entscheidung im RG Urt. v. 16.12.1913 – II 523/13, RGZ 83, 367 (369/70).

1049 RG Urt. v. 16.12.1913 – II 523/13, RGZ 83, 367 (369).

1050 Es ist die Rede von der „Pariser Union zum Schutze des gewerblichen Eigentums vom 20. März 1883“ sowie das „Haager Abkommen über den Zivilprozeß vom 17. Juli 1905 inkraft seit 27. April 1909 (RGBl. 1909 S. 409) usw.“

1051 RG Urt. v. 16.12.1913 – II 523/13, RGZ 83, 367 (369).

sonalstatut beurteilt sich nach dem Recht des Staates, wo die juristische Person ihren statutarischen Sitz hat und inkorporiert ist. Vorbehalten bleibt das Recht des tatsächlichen Verwaltungssitzes, wenn der statutarische Sitz fiktiv ist.“[1052] Auch hier wird dem Grundsatz nach die Gründungsanknüpfung zugrunde gelegt und diese im Falle eines Rechtsmissbrauchs – in der Sprache des Bundesgerichts einem „*siège fictif fondée sur la fraude à la loi*“[1053] – zugunsten des tatsächlichen Verwaltungssitzes korrigiert wird.

Auf dieser pragmatischen Entscheidungslinie bewegte sich das Reichsgericht auch in der Folge in seinen Urteilen zu den Gothaer Gewerkschaften.[1054] Es ging um die Rechtsform bergrechtlicher Gewerkschaften, bei denen es sich um juristische Personen handelte, in der insbesondere kleinere und mittlere Bergbauunternehmen organisiert waren.[1055] Die als Kapitalgesellschaft betrachtete Rechtsform[1056] wurde in den im 19. Jahrhundert von den Ländern erlassenen Berggesetzen geprägt. Während das preußische als streng galt, hatte namentlich das Herzogtum Gotha ein liberales Bergrecht erlassen.[1057] Es handelte sich dabei keinesfalls um ein innerdeutsches Rechtsproblem, sondern um interterritoriale Konflikte, da es um „Kollisionen zwischen den Gewerkschaftsrechten mehrerer deutscher Länderstaaten“ ging.[1058] Demgemäß wurden die Fälle vom Reichsgericht dem internationalen Privatrecht unterstellt.[1059]

Ausdrücklich unterstellte die Rechtsprechung eine gothaische Gewerkschaft trotz ihres Sitzes in Preußen auch weiterhin dem gothaischem Gründungsrecht: Dazu heißt es in der Kammergerichtsentscheidung vom 15. Dezember 1911, es müsse „wie bei der natürlichen, so auch bei der juristischen Person für zulässig erachtet werden, daß sie, ohne ihre bisherige Staatsangehörigkeit in dem einen Bundesstaat aufzugeben, in einem anderen ihren Wohnsitz nimmt. Tut eine Gewerkschaft das, so bleibt sie Angehörige ihres Heimtatstaates und ihre Rechtsfähigkeit ist auch ferner nach dessen Gesetzen zu beurteilen. Es ist nicht einzusehen, weshalb beim Auseinanderfallen von Wohnsitz und Staatsangehörigkeit die

---

1052 BGE 108 II 398.

1053 BGE 117 II 494 E.6c, S. 501.

1054 Siehe dazu grundlegend *Lenz*, Die Rechtstellung bergrechtlicher Gewerkschaften außerhalb des Entstehungslandes, 1962 sowie *Trautrims*, Das Kollisionsrecht der Personengesellschaften, 2009, S. 52 ff.

1055 *Lenz*, Die Rechtstellung bergrechtlicher Gewerkschaften außerhalb des Entstehungslandes, 1962, S. 15; *Isay/Isay*, Allgemeines Berggesetz für die preußischen Staaten. Bd. I (1919), S. 429.

1056 *Isay/Isay*, Allgemeines Berggesetz für die preußischen Staaten. Bd. I (1919), S. 430.

1057 *Trautrims*, ZHR 176 (2012), 435 (446).

1058 *Lenz*, Die Rechtstellung bergrechtlicher Gewerkschaften außerhalb des Entstehungslandes, 1962, S. 34.

1059 *Trautrims*, ZHR 176 (2012), 435 (446).

Gewerkschaft den Gesetzen des Staates unterstehen soll, in dem sie lediglich ihren Wohnsitz genommen hat, und nicht dem Recht des Landes, dem sie staatsrechtlich angehören will und aus dessen Staatsangehörigkeit sie nicht entlassen ist."[1060] Das Kammergericht verwendet hier den Begriff Staatsangehörigkeit, an die es das Personalstatut der betreffenden Gewerkschaft anknüpfte. Dabei legte es das Gründungsrecht zugrunde, dem die Gewerkschaft ihre Entstehung verdankte.[1061]

Aus dem Komplex „*Gothaer* Gewerkschaften" sei noch eine weitere exemplarische Entscheidung des Reichsgerichts herausgegriffen, in welcher – für die Rechtsprechung eher untypisch – klar die Unterscheidung zwischen Verwaltungs- und Satzungssitz herausgearbeitet wurde: So stellt das Reichsgericht in seiner Entscheidung vom 19. Juni 1920[1062] zunächst ausdrücklich fest, „daß die Gewerkschaft nach ihrer Satzung ihren Sitz in Gotha und daneben einen Verwaltungssitz in Hannover hat".[1063] In diesem Auseinanderfallen erblickte das Reichsgericht seiner Rechtsprechungspraxis gemäß zunächst kein Problem: „Daß derartige gothaische Gewerkschafen rechtsbeständig sind, entspricht der ständigen Rechtsprechung des Reichsgerichts."[1064] Die Gewerkschaft habe ihren Sitz somit am Gründungsort in Gotha. „Daß sie daneben auch einen Verwaltungssitz in Hannover gewählt habe, ist zulässig und beeinträchtigt nicht ihre Rechtsbeständigkeit." [1065] Diesem Ergebnis vermag auch nicht entgegenstehen, „daß die Gewerkschaft in Gotha keine Verkaufsstelle, keine Bureauräume u.dgl. hat".[1066] In unmissverständlicher Weise hat sich das Reichsgericht dazu bekannt, dass es für die Anknüpfung im Internationalen Gesellschaftsrecht auf den Satzungssitz als maßgebliches Kriterium ankommt: „Im allgemeinen gilt der Ort als Sitz einer Vereinigung, der in der Satzung als Sitz bestimmt ist ..."[1067]

In seinem *Eskimo-Pie*-Urteil[1068] vom 3. Juni 1927, dem eine Frage des gewerblichen Rechtsschutzes im Zusammenhang mit Speiseeis zugrunde lag,[1069] hat das Reichsgericht erneut die Anknüpfung an den Satzungssitz bestätigt, in-

---

1060 KG Urt. v. 15.12.1911, II. Zivilsenat, ROLG 25, 49 (50).

1061 *Lenz*, Die Rechtstellung bergrechtlicher Gewerkschaften außerhalb des Entstehungslandes, 1962, S. 34.

1062 RG Urt. v. 19.6.1920 – I 5/20, RGZ 99, 217.

1063 RG Urt. v. 19.6.1920 – I 5/20, RGZ 99, 217 (218).

1064 RG Urt. v. 19.6.1920 – I 5/20, RGZ 99, 217 (218).

1065 RG Urt. v. 19.6.1920 – I 5/20, RGZ 99, 217 (218).

1066 RG Urt. v. 19.6.1920 – I 5/20, RGZ 99, 217 (219).

1067 RG Urt. v. 19.6.1920 – I 5/20, RGZ 99, 217 (219).

1068 RG Urt. v. 3.6.1927 – II 346/26, RGZ 117, 215.

1069 Streitgegenständlich war „ein cremeähnliches Speiseeis mit Schokoladeüberzug in der Staniolumhüllung mit der Bezeichnung ‚Eskimo'"; RG Urt. v. 3.6.1927 – II 346/26, RGZ 117, 215 (216).

dem es feststellte: „Da hiernach der Sitz der Klägerin Wilmington im Staate Delaware ist, so entscheidet sich die Frage der Parteifähigkeit nach dem Recht dieses Staates.“[1070] Obwohl das Reichsgericht hier offenkundig an den Satzungssitz in Delaware anknüpft, wurde diese Entscheidung von prominenter Seite[1071] zur Begründung einer Verwaltungssitzanknüpfung im Sinne der Sitztheorie herangezogen.[1072]

bb) Die Rechtsprechungswende unter nationalsozialistischer Herrschaft

Noch im Jahr 1932 hielt *Arthur Nußbaum* fest, es sei „bisher keine Entscheidung ergangenen, welche im Ergebnis mit der Maßgeblichkeit des Rechts des Verleihungsstaates in Widerspruch stände“.[1073] Demnach sei das angewandte Personalstatut „tatsächlich noch immer dasjenige des Verleihungsstaates gewesen“.[1074] Lediglich „[e]inige scheinbar entgegenstehende Entscheidungen lehnen in Wirklichkeit nur die Anerkennung der fremden Rechtsfähigkeit wegen Umgehung deutschen Gesetzes ab“.[1075] Aufschlussreich zum bisher liberalen Standpunkt ist insbesondere die maßgebliche Kommentierung von *Düringer/Hachenburg* zum Handelsgesetzbuch aus dem Jahr 1930, in welcher *Karl Geiler* feststellt: „Nach der herrschenden Lehre ist maßgebendes Statut für Kapitalgesellschaften, also insbesondere für Aktiengesellschaften und Gesellschaften mbH., wie überhaupt für juristische Personen der Sitz der Gesellschaft. Dabei kommt als Sitz nicht so sehr der Mittelpunkt des Geschäftsbetriebes (centre d'exploitation) als der Verwaltungsmittelpunkt (siège social) in Betracht.“[1076] Unter Hinweis auf den rechtsmissbräuchlichen *Mexiko*-Fall[1077] wird weiter ausgeführt: „Hat die Gesellschaft nur einen formellen statuarischen Sitz, während der wirkliche Verwaltungssitz in einem anderen Staate liegt, so geht die überwiegende Lehre dahin, daß auch hier der wirkliche Verwaltungssitz, nicht der statuarische Sitz für die Beurteilung der Gesellschaft entscheidend ist.“[1078] Dabei „besteht aber gerade bei Körperschaften neben der räumlichen Beziehung des Sitzes die

---

1070 RG Urt. v. 3.6.1927 – II 346/26, RGZ 117, 215 (217).

1071 In diesem Sinn *Großfeld*, RabelsZ 31 (1967), 1 (12f.) im Anschluß an *Raape*, Deutsches Internationales Privatrecht, 1938, S. 121.

1072 *Trautrims*, ZHR 176 (2012), 435 (449).

1073 *Nußbaum*, Deutsches internationales Privatrecht, 1932, § 29 III, S. 189.

1074 *Nußbaum*, Deutsches internationales Privatrecht, 1932, § 29 III, S. 189.

1075 *Nußbaum*, Deutsches internationales Privatrecht, 1932, § 29 III, S. 188 in Fn. 3 am Ende.

1076 *Geiler*, in Düringer/Hachenburg (Hrsg.) Handelsgesetzbuch Bd. I, 1930, Allg. Einleitung C., Anm. 17d, S. 49/50.

1077 vgl. RG Urt. v. 31.3.1904 – 451/93, DJZ 1904, 555.

1078 *Geiler*, in Düringer/Hachenburg (Hrsg.) Handelsgesetzbuch Bd. I, 1930, Allg. Einleitung C., Anm. 17d, S. 50.

weitere bedeutungsvolle rechtsorganisatorische Beziehung, daß die Körperschaft nach dem Rechte eines Landes Korporationseigenschaft erworben hat, daß also ihre Entstehung als Körperschaft in den Rechten eines bestimmten Landes wurzelt." [1079] Ergänzend dazu heißt es – eingekleidet in die Bemerkung: „Wir sehen auch praktisch solche Vorgänge"[1080] –, dass dem nichts im Wege stehe, „daß ein Staat einer nach seinem Recht entstandenen Körperschaft ausnahmsweise gestattet, den Sitz im Auslande zu nehmen oder dahin zu verlegen und doch Körperschaft seines Rechts zu bleiben".[1081] Für den Fall des Auseinanderfallens von Satzungs- und Verwaltungssitz soll „die Korporation sich also nach dem Recht" beurteilen, „auf Grund dessen die Inkorporation erfolgt ist, dem die Körperschaft ihre Entstehung als solche verdankt."[1082] Im Ergebnis bestimme sich daher rechtlich „die Nationalität der juristischen Personen grundsätzlich nach dem Staat, nach dessen Rechtsordnung sie inkorporiert sind, dem sie ihre Existenz als juristische Person verdanken." [1083]

Unter nationalsozialistischer Herrschaft trat eine Zäsur in der geschilderten pragmatischen und anerkennungsfreundlichen Rechtsprechungslinie des Reichsgerichts ein. Dieser Bruch in der Judikatur soll anhand von zwei Reichsgerichtsentscheidungen aus dem Jahre 1934 erläutert werden, die, obwohl sie nur mit einem Tag Unterschied voneinander verkündet wurden, vom Tenor entgegengesetzter nicht hätten ausfallen können: Zunächst wurde im sog. *Ungar*-Fall[1084] vom 10. Juli 1934 einer in Deutschland gegründeten und ins Handelsregister eingetragenen GmbH die Inländereigenschaft nicht abgesprochen, obwohl kurz nach der Gründung alle Geschäftsanteile in der Hand des ungarischen Gesellschafter-Geschäftsführers vereint waren und dieser die Geschäftsführung von Budapest aus vornahm. In Kontinuität zur bisherigen Judikatur und somit „*gegen* die Anwendbarkeit der Sitztheorie"[1085] führte der erkennende Senat des Reichsgerichts aus, dass zwar die Verlegung des statuarischen Sitzes zur Auflösung der Gesellschaft geführt, jedoch im konkret zu entscheidenden Fall ein solches Vorgehen nicht stattgehabt habe. Es sei vielmehr die Verwaltung, „wenn

---

1079 *Geiler*, in Düringer/Hachenburg (Hrsg.) Handelsgesetzbuch Bd. I, 1930, Allg. Einleitung C., Anm. 17d, S. 50.

1080 *Geiler*, in Düringer/Hachenburg (Hrsg.) Handelsgesetzbuch Bd. I, 1930, Allg. Einleitung C., Anm. 17d, S. 51.

1081 *Geiler*, in Düringer/Hachenburg (Hrsg.) Handelsgesetzbuch Bd. I, 1930, Allg. Einleitung C., Anm. 17d, S. 51.

1082 *Geiler*, in Düringer/Hachenburg (Hrsg.) Handelsgesetzbuch Bd. I, 1930, Allg. Einleitung C., Anm. 17d, S. 51.

1083 *Geiler*, in Düringer/Hachenburg (Hrsg.) Handelsgesetzbuch Bd. I, 1930, Allg. Einleitung C., Anm. 17d, S. 51.

1084 RG Urt. v. 10.7.1934 – III 72/34, JW 1934, 2969 (2969).

1085 So ausdrücklich zum „Ungar-Fall" *Wenckstern*, in: FS Drobnig, S. 465 (471).

sie vom Ausland aus geführt wird, dadurch vom Sitz der Gesellschaft getrennt".[1086] Im Ergebnis lag nach Auffassung des Gerichts weiterhin eine deutsche Gesellschaft vor. „Die bisher nicht aufgelöste [Gesellschaft] ist notwendig eine deutsche Gesellschaft mit inländischem Sitz geblieben. Die Staatzugehörigkeit ihrer Inhaber ist dabei ohne Einfluss, ebenso die Staatsangehörigkeit ihrer Geschäftsführer."[1087]

Die Entscheidung entsprach natürlich nicht dem Zeitgeist, was in der Urteilsbesprechung des als „Protagonisten der ‚seit der Staatserneuerung herrschenden Rechtsauffassung'"[1088] auftretenden Charlottenburger Amtsgerichtsrat *Karl-August Crisolli* zum Ausdruck kommt:[1089] Das Urteil „dürfte den erheblichen Bedenken unterliegen."[1090] Denn es handele sich um eine Entscheidung, „die auf eine dem Volksleben fremde ziemlich spitzfindige Unterscheidung hinausläuft" und den „Anschauungen der neuen Rechtsentwicklung nicht gerecht werden [könne]."[1091] Weiter heißt es in der Urteilsanmerkung: „Kein einfach und klar denkender Mensch wird eine Gesellschaft, deren Anteile gleich nach der Gründung in der Hand eines Ausländers vereinigt werden und die dann vom Ausland aus verwaltet wird, noch als eine ‚deutsche' Gesellschaft ansehen."[1092] Dass jedoch für die vom Reichsgericht entwickelte Rechtsprechungslinie in Anknüpfungsfragen „gerade die Klarheit und Einfachheit der Lösung spricht",[1093] scheint hier bewusst vollkommen unberücksichtigt zu bleiben. Auch ist es nicht

1086 RG Urt. v. 10.7.1934 – III 72/34, JW 1934, 2969 (2969).

1087 RG Urt. v. 10.7.1934 – III 72/34, JW 1934, 2969 (2969).

1088 *Kiefner*, in: FS Kollhosser, S. 283 (287).

1089 *Crisolli* legte im selben Jahr den „Entwurf eines Gesetzes zur Vereinheitlichung, Bereinigung und Reinhaltung des Handelsregisters" vor; siehe dazu *Thiessen*, in FS Schröder, S. 35 (35 ff.) Die „Reinhaltung" zielte dabei insbesondere auf jüdische Unternehmer ab, denen er auch die Führung des Firmenzusatzes „deutsch" untersagte. Da man die jüdischen Unternehmen – noch – nicht arisiert hatte, was erst aufgrund von Verordnungen ab 1938 systematisch betrieben werden sollte, sollten sie wenigstens im Handelsregister als solche erkennbar sein. *Ders.* DStR 2007, 260 (260). Siehe dazu bereits den mit „Die Firmenzusätze ‚deutsch' und ‚national'" betitelten Beitrag von *Crisolli*, JW 1933 2102 (2102 ff.). Darin beruft er sich auf die „neusten Entwicklung der politischen Verhältnisse und der dadurch bedingten Verkehrsanschauung", infolge dessen „sich das Wort ‚deutsch' zu einer ganz anderen Bedeutung entwickelt" habe und „zu einem Symbol der neuen Zeit" geworden sei. „Wie die Gesetzgebung die Symbole der nationalen Revolution durch besonderen Schutz vor der Verkitschung schützen" wolle, so müsse auch „das Handelsregister und der Handelsverkehr das Wort ‚deutsch' vor dem ‚Abgegriffenwerden' schützen"; *ders.*, JW 1933 2102 (2102).

1090 *Crisolli* Anm. zu RG Urt. Urt. v. 10.7.1934 – III 72/34, JW 1934, 2969 (2969).

1091 *Crisolli* Anm. zu RG Urt. Urt. v. 10.7.1934 – III 72/34, JW 1934, 2969 (2969).

1092 *Crisolli* Anm. zu RG Urt. Urt. v. 10.7.1934 – III 72/34, JW 1934, 2969 (2969).

1093 So ausdrücklich *Mann*, in: FS Wolff, S. 271 (285).

einzusehen, „warum es angemessener und sachgemäßer Lösung zuträglich sein soll, eine Gesellschaft als deutsche zu behandeln, sofern sich ihr Sitz in Deutschland befindet, sie aber im Ausland von dort ansässigen Ausländern gegründet ist“.[1094]

Den Wandel zu der „seit der Staatserneuerung herrschenden Rechtsauffassung“ vollzog das Reichsgericht im Anschluss daran in seiner Entscheidung vom 11. Juli 1934.[1095] Dem Sachverhalt nach ging es um eine in London als Zweigniederlassung einer russischen Bank gegründete und in das dortige *company register* eingetragene Bank. Die klagende und inzwischen von der Sowjetregierung verstaatlichte Bank machte gegen deutsche Schuldner Forderungen geltend. Im Anschluss an den Versailler Vertrag spielten Forderungen Londoner Banken gegen deutsche Schuldner im Zuge der Nachkriegsabwicklung eine besondere Rolle. „Große Bereitwilligkeit zur Bezahlung dieser Forderungen konnte auf deutscher Seite nicht erwartet werden“, heißt es dazu zu Beginn der Urteilsanmerkung von *Ernst Boesebeck.*[1096] Es sei deshalb vielmehr verständlich, „daß man die Frage, ob die erhobenen Forderungen begründet seien, besonders sorgfältig prüfte“.[1097]

In den Entscheidungsgründen stellt das Reichsgericht fest: „Nach deutschem internationalem Privatrecht ist die Rechtsfähigkeit einer ausländischen AktG nach dem Recht zu beurteilen, welches am Sitze der Verwaltung … maßgebend ist.“[1098] Die im zu entscheidenden Fall vorgenommene Festlegung der Anknüpfung auf den Verwaltungssitz erscheint überraschend,[1099] zumal der Verwal-

---

1094 *Mann*, in: FS Wolff, S. 271 (285).

1095 RG Urt. v. 11.3.1934 – I 31/34, JW 1934, 2845 = IPRspr. 1934 Nr. 12, 22.

1096 *Boesebeck*, Anm. zu RG Urt. v. 11.3.1934 – I 31/34, JW 1934, 2845 (2845).

1097 *Boesebeck*, Anm. zu RG Urt. v. 11.3.1934 – I 31/34, JW 1934, 2845 (2845).

1098 RG Urt. v. 11.3.1934 – I 31/34, JW 1934, 2845 (2845).

1099 So beruft sich der I. Senat in seinem Urteil auf drei Vorentscheidungen, die allesamt nicht mit der Sitztheorie in Verbindung gebracht werden können. Die zugrunde liegende Problematik des zitierten RG Urt. v. 14.4.1882 – II 503/81, RGZ 6, 134 hat mit der vorliegenden Entscheidung nichts zu tun: Es ging es um die Befugnis französischer Aktiengesellschaften, hier eine Feuerversicherungsgesellschaft, in Elsaß-Lothringen vor Gericht aufzutreten, auch wenn ein französisches Verbotsgesetz vom 30. Mai 1857 die Fortsetzung des Geschäftsbetriebes der französischen Versicherungsgesellschaften über den 1. Mai 1881 hinaus nicht duldete. Die Frage einer Verwaltungssitzanknüpfung wird in dieser Entscheidung an keiner Stelle erörtert. Die zweite Entscheidung, auf die sich der I. Senat beruft, ist der „*Mexiko*-Fall“ nach RG Urt. v. 9. 3. 1904 – I 457/03, JW 1904, 231, der jedoch – wie zuvor dargestellt – weder eine Festlegung auf die Gründungs- noch Sitztheorie vorsah. Das ebenfalls zitierte *Eskimo-Pie*-Urteil, RG Urt. v. 3.6.1927 – II 346/26, RGZ 117, 215 kann hier ersichtlich nicht als Stütze herangezogen werden, da eine Anknüpfung an den Satzungssitz erfolgte.

tungssitz hier mit dem satzungsmäßigen Sitz zusammenfiel.[1100] Die Instrumentalisierung des Verwaltungssitzes dürfte indessen in Zusammenhang mit der kurz zuvor gefällten Entscheidung des III. Senats zu erblicken sein: „Der I. Senat zeigte, dass seine Entscheidung auf Grundlage des ‚gesunden Volksempfindens' getroffen wurde und er nichts unversucht ließ, diesem Geltung zu verschaffen."[1101]

Während sich zuvor in der Literatur noch ein sehr differenziertes Bild zeigte,[1102] schwenkte die Literaturmeinung[1103] nunmehr der Rechtsprechung des

---

1100 Dies stellt auch das Reichsgericht in seiner Urteilsbegründung fest; vgl. RG Urt. v. 11.3.1934 – I 31/34, JW 1934, 2845 (2845).

1101 *Trautrims*, Das Kollisionsrecht der Personengesellschaften, 2009, S. 61.

1102 Siehe bereits den Tagungsbericht von *v. Lewinski* DJZ 1911, 1195 (1196): Anlässlich der Hauptversammlung der Internationalen Vereinigung für vergleichende Rechtswissenschaft und Volkswirtschaftslehre vom 3.–8. September in Heidelberg stellte dort Reichsgerichtsrat Dr. *Ernst Neukamp* den Leitsatz auf, „daß die Nationalität des Landes maßgebend sei, dessen Gesetze bei Gründung der juristischen Person für die Abfassung ihrer Satzung bestimmend gewesen wären". Im Jahr 1912 lag mit der Marburger Studie von *Johannes Schwandt* die erste umfassende Monographie zur Anknüpfung von juristischen Personen vor, welche das Gründungsrecht für maßgeblich erachtete; siehe *Schwandt*, Die deutschen Aktiengesellschaften im Rechtsverkehr mit Frankreich und England, 1912, S. 61 u. 77 ff. Siehe auch *v. Spindler*, Wanderungen gewerblicher Körperschaften von Staat zu Staat, 1932. Dieser kommt nach einer detaillierten rechtsvergleichenden Untersuchung einschließlich Entscheidungsanalyse der Judikatur des Reichsgerichtes zu folgendem Schluss auf S. 32: „Es dürfte sich demnach empfehlen, im Anschluss an die anglo-amerikanische Lehre der Theorie von der Maßgeblichkeit des Verleihungsstaates auch in Deutschland den Vorzug zu gewähren." Die Rechtsprechung des Reichsgerichts im Sinne einer Gründungsanknüpfung befürwortend *Nußbaum*, Deutsches internationales Privatrecht, 1932, § 29 I, S. 185: „Das Recht des Verleihungsstaates wird damit zum ‚Personalstatut' der juristischen Person." *Frankenstein*, Internationales Privatrecht, 1926, Bd. I, S. 458 ff.; *Isay/Isay*, Allgemeines Berggesetz für die preußischen Staaten. Bd. I (1919), S. 470: „Denn die juristische Person gehört demjenigen Staate an, dessen Recht sie ihre Entstehung und rechtliche Struktur verdankt." Für eine Anknüpfung an den Verwaltungssitz plädierend *Neumeyer*, Internationales Privatrecht 1923, S. 17: „Satzungsmäßige Bestimmung eines Sitzes, an dem in Wirklichkeit die Verwaltung nicht geführt wird, ist internationalprivatrechtlich so wertlos, wie sonst die Verfügung über staatliche Zuständigkeit durch Parteiautonomie"; sowie *Wolff*, Internationales Privatrecht, 1933, S. 69 ; differenzierend *Lewald*, Internationales Privatrecht 1931, S. 46/7 nach welchem für die Bestimmung des zuständigen Rechts der juristischen Person ein nur nomineller Sitz jedenfalls nicht in Betracht komme, wovon in rechtsmissbräuchlichen Fällen auch das Reichsgericht ausgegangen ist. Unter ausdrücklicher Berufung auf den „*Mexiko*-Fall" nach RG Urt. v. 9. 3. 1904 – I 457/03, JW 1904, 231 führt er aus, dass in diesen Fällen derjenige Ort als Sitz zugrunde gelegt werden solle, an dem die Verwaltung tatsächlich geführt werde. Ebenso differenzierend auch *Keßler*, Zeitschr. f. ausl. u. intern. Privatrecht, 3

Reichsgerichts folgend auf den gleichgeschalteten Kurs um und erklärte die Sitztheorie zur geltenden Rechtsauffassung.

cc) Der Schlusspunkt in Rechtsprechung des Bundesgerichtshofs

Gleich zu Beginn der Nachkriegszeit stellte *Frederick A. Mann* in seinem Festschriftenbeitrag aus dem Jahr 1952 fest, dass es „keine höchstrichterliche Entscheidung in Deutschland gibt, die die Sitztheorie in einem Fall anerkannt hat, in dem die Gründungstheorie nicht zum selben Ergebnis geführt, in dem man der Sitztheorie nicht nur mit Worten gehuldigt, sondern sie in Opposition zum Recht des Gründungsstaates durchgeführt hätte“.[1104] Was die Gründungstheorie anbe-

---

(1929), 758 (763), der sich gegen die Anwendung der „reinen“ Gründungstheorie aussspricht: Es sei „zutreffend, daß nach amerikanischem und wohl auch heute noch nach englischem Recht die Rechtsverhältnisse der Aktiengesellschaft sich nach dem Recht des Inkorporierungsstaates richten, aber es ist sehr fraglich, ob sich diese Regelung bewährt hat.“ Er tendiert aufgrund des „*Mexiko*-Falls“ zur Verwaltungssitzanknüpfung: Demnach erkläre sich auf S. 765, „daß ebenso wie das Reichsgericht in der oben mitgeteilten Entscheidung vom 3. März 1904 zahlreiche Urteile kontinentaler Gerichte das Recht der Zentralverwaltung als das maßgebende Recht angesehen haben. Von der Rechtslehre ist dies gebilligt worden, da am Ort der Zentralverwaltung sich die Willensorgane der Gesellschaft befinden, die über das Schicksal der Gesellschaft entscheiden.“ Jedoch folgt der Hinweis: „Die Rechtfertigung der Lehre besteht also darin, daß der Schwerpunkt der Gesellschaft meist im Land der Zentralverwaltung ruht. Aber es gibt Fälle, wo dies nicht mit eindeutiger Sicherheit gesagt werden kann.“

1103 Siehe dazu insbesondere *Raape*, Deutsches Internationales Privatrecht Bd. I, 1938, S. 119: „Natürlich ist der wirkliche Geschäftssitz und nicht etwa der in der Satzung angegebene maßgebend.“ *Reu*, Anwendung fremden Rechts 1938, S. 77 ff. sowie *Beitzke*, Juristische Personen im Internationalprivatrecht und Fremdenrecht 1938, § 2, S. 28 ff sowie insbesondere S. 71: Die Theorie, dass die Rechtsfähigkeit der juristischen Person „nach dem Rechte desjenigen Staates zu beurteilen sei, in welchem die Verwaltung der j.P. geführt wird, hat die größte Verbreitung gefunden. Das ist verständlich.“ Gleichwohl erkennt er auf S. 98 unter Hinweis auf RG Urt. v. 3.6.1927 – II 346/26, RGZ 117, 215 an, dass Praxis „schon wiederholt im Sinne der Gründungstheorie entschieden“ habe. Er bemerkt ferner auf S. 98/9: „Zahlreiche Staatsverträge gehen von der Gründungstheorie aus. Auch in manchen Gesetzen ist sie ausdrücklich verankert. Im deutschen Schrifttum gewinnt sie mehr und mehr an Boden, ebenso im Ausland. Auch die Vorschläge wissenschaftlicher Gesellschaften haben auf sie Rücksicht genommen.“ Auf S. 227 plädiert er für die Kontrolltheorie, indem er sich dahingehend äußert, dass für die Staatsangehörigkeit der juristischen Person „diejenige der Mitglieder und Leiter, die Herkunft des Kapitals und der Zweck sowie entscheidend“ seien.

1104 *Mann*, in FS Wolff, S. 271 (283). Gegen die Geltung der Sitztheorie spreche zudem, dass man, „wie dies gerade die deutsche Rechtsprechung vielfach tut, auf den satzungsmäßigen Sitz, nicht auf den wirklichen Sitz der Hauptverwaltung abstellt“.

langt, so sei vielmehr „zu betonen, daß das Reichsgericht sie sich mit aller Deutlichkeit zu eigen gemacht hat".[1105]

Auch *Günther Beitzke*, der vormals selbst die Sitztheorie und sogar die Kontrolltheorie ausdrücklich befürwortet hatte[1106], stellte in seinem Beitrag zur Anerkennung und Sitzverlegung von Gesellschaften aus dem Jahr 1965 fest, man könne die Sitztheorie kaum als anerkannte Lehre oder gesicherten Bestand der Rechtsprechung ansehen.[1107]

Der Bundesgerichtshof nahm erstmals in seinem Urteil vom 30. Januar 1970 zum Streit zwischen Sitz- und Gründungstheorie Stellung.[1108] Der Sache nach ging es um die Rechtsfähigkeit einer Anstalt liechtensteinischen Rechts in Deutschland. Ohne eine nähere rechtliche Auseinandersetzung[1109] entschied der BGH, dass nach der scheinbar „ständigen Rechtsprechung des RG und nach der im deutschen Schrifttum ganz herrschenden Meinung" die Sitztheorie maßgebend sei, und verweigerte der liechtensteinischen Gesellschaft die Anerkennung.[1110]

Die Entscheidung des BGH ist dabei in Zusammenhang der Mitte der 1960er Jahre ergangenen Entscheidungen der Instanzgerichte zu sehen, in welchen eine Anknüpfung an den Verwaltungssitz als das geeignetste Mittel erschein, um „dubiosen Gesellschaften" aus Liechtenstein und Österreich beizukommen.[1111] Nicht unerwähnt bleiben darf in diesem Zusammenhang schließlich die während dieser Zeit aufkommende Diskussion um die Unternehmensmitbestimmung,[1112] die nach einer verstärkten Bekämpfung wirtschaftlicher Aktivitä-

---

1105 *Mann*, in FS Wolff, S. 271 (284) unter Hinweis auf den oben erläuterten „*Ungar*-Fall"; vgl. RG Urt. v. 10.7.1934 – III 72/34, JW 1934, 2969.

1106 *Beitzke*, Juristische Personen im Internationalprivatrecht und Fremdenrecht 1938, § 7 S. 71 u. § 23, S. 227.

1107 *Beitzke*, ZHR 127 (1965) 1 (13/4).

1108 BGH Urt. v. 30.1.1970 – V ZR 139/68, BGHZ 53, 181 = MittBayNot 1970, 43 = NJW 1970, 998 m. krit. Anm. *Langen*.

1109 Kritisch deshalb auch *Langen*, Anm. zu BGH Urt. v. 30.1.1970 – V ZR 139/68, NJW 1970, 998 (999): „Der BGH nimmt hier zum ersten Mal in diesem weltweiten Streit Stellung und hätte dabei wohl sorgfältiger verfahren sollen."

1110 BGH Urt. v. 30.1.1970 – V ZR 139/68 = NJW 1970, 998 (999).

1111 *Trautrims*, Das Kollisionsrecht der Personengesellschaften, 2009, S. 69.

1112 Siehe Gesetz über die Mitbestimmung der Arbeitnehmer (Mitbestimmungsgesetz – MitbestG) v. 4.5.1976 BGBl. I S. 1153. Das Gesetz beruht auf einer umfassenden Diskussion, die Anfang der 1960er Jahre einsetzte und 1970 in den Bericht der Mitbestimmungskommission (sog. *Biedenkopf*-Kommission) mündete; siehe den Bericht „Mitbestimmung im Unternehmen" BT-Drs. VI/334 v. 4.2.1970.

ten von Gesellschaften mit ausländischer nicht „mitbestimmungskompatiblen" Rechtsform verlangte.[1113]

Im Gegensatz zu diesen Bestrebungen erkannte jedoch das Landesarbeitsgericht Baden-Württemberg in seinem Urteil vom 13. November 1967 eine Anstalt privaten Rechts mit Sitz in Liechtenstein ausdrücklich in Deutschland als rechtsfähig an.[1114] Dem Sachverhalt nach ging es um einen in der Zweigniederlassung in Heilbronn beschäftigten Arbeitnehmer einer liechtensteinischen Anstalt. Dieser machte Ansprüche aus dem mit der Anstalt geschlossenen Arbeitsvertrag geltend. Das Gericht stellte mit Blick auf die Anstalt fest: „Obgleich eine solche juristische Person dem deutschen Gesellschaftsrechts fremd ist, muß sie nach IPR in der deutschen Rechtsordnung als rechtsfähig anerkannt werden."[1115] Das Gericht sah in der Frage des Bestehens der juristischen Person das Recht des Staates als maßgebend an, dem sie angehört; es galt somit das Personalstatut nach liechtensteinischem Recht. Die Klarheit, mit der man in dieser Entscheidung an das Gründungsrecht anknüpfte, überrascht; hier mag der Arbeitnehmerschutz sicher eine Rolle gespielt haben.

Während das Amtsgericht Hamburg[1116] bereits in der Wahl der Rechtsform eines liechtensteinischen Treuunternehmens oder einer Anstalt einen Verstoß gegen den deutschen *ordre public* erblickte, verneinte das OLG Stuttgart gleich in zwei Urteilen vom 9. Juni 1964 in einer Wechselstreitigkeit einen solchen Verstoß und anerkannte die Rechtsfähigkeit liechtensteinischer Treuunternehmen.[1117] Demgegenüber berief sich das Oberlandesgericht Frankfurt[1118] „wegen der fast nur im Schrifttum vertretenen Gegenmeinung" ausdrücklich auf die Sitztheorie und verweigerte einer nach liechtensteinischem Recht gegründeten Anstalt die Anerkennung.

1113 *Trautrims*, Das Kollisionsrecht der Personengesellschaften, 2009, S. 69.

1114 LArbG Baden-Württemberg, Außenkammer Stuttgart, Urt. v. 13.11.1967 – 4 Sa 93/67 = DB 1968, 488 = IPRspr. 1966/67 Nr. 18, S. 63.

1115 LArbG Baden-Württemberg, Außenkammer Stuttgart, Urt. v. 13.11.1967 – 4 Sa 93/67 = DB 1968, 488 = IPRspr. 1966/67 Nr. 18, S. 63.

1116 AG Hamburg, Urt. v. 31.7. 1964 – 66 AR 1183/63, MDR 1964, 1190 f.: „Schon ein Blick auf die etwa vergleichbaren Bestimmungen des deutschen GmbH-Gesetzes" mache deutlich, dass das liechtensteinische Treuunternehmens- und Anstaltsrecht weit hinter dem zurückbleibe, was im deutschen Gesellschaftsrecht rechtliche Gestalt gewonnen habe: „Außer dem Stück Papier, auf welchem das Gründungsstatut niedergeschrieben ist, und dem Auszug aus dem Öffentlichkeitsregister, das das Bestehen der Treuhand bescheinigt, braucht irgendein Wert, eine Organisation oder ein Vermögen nicht vorhanden sein."

1117 OLG Stuttgart Urt. v. 9.6.1964 – 13/6 U 4/64, MDR 1965, 1139 sowie das unveröffentlichte Urt. v. 9.6.1964 – 13/6 U 40/64.

1118 OLG Frankfurt Urt. v. 3.6.1964 – 7 U 202/63, NJW 1964, 2355.

Auf gleicher Linie entschieden im Hinblick auf eine in Österreich gegründete Aktiengesellschaft das Oberlandesgericht Nürnberg[1119] sowie das Oberlandesgericht München[1120], das einer in Salzburg bzw. in Linz gegründeten, aber jeweils mit tatsächlichem Verwaltungssitz in Rosenheim befindlichen Gesellschaft die Anerkennung verweigerte.

Seitdem hielt der Bundesgerichtshof wie auch die überwiegende Literaturmeinung[1121] schließlich an der Anknüpfung am Verwaltungssitz fest. Diese Rechtsprechungslinie[1122] wurde mit der *Überseering*-Entscheidung[1123] des Europäischen Gerichtshofs beendet.

1119 OLG Nürnberg Urt. v. 25. 4.1967 – 7 U 169/66 = DB 1967, 1411 = AG 1967, 362 = IPRspr. 1966/67 Nr. 17, 61.

1120 OLG München Urt. v. 1.12.1966– = IPRspr. 1966/67 Nr. 15, 59.

1121 Siehe statt vieler *Ebenroth/Sura*, RabelsZ 43 (1979), 315, 322 ff; *Ebke*, ZGR 1987, 245 (246); *Einsele*, IPRax 1995, 163, (164); Staudinger BGB-*Großfeld*, IntGesR, Rn 72 ff.; *Kegel/Schurig*, Internationales Privatrecht, 2004, § 17 II 1, S. 575; MünchKomm BGB-*Kindler*, IntGesR, Rn 506 f.; *Mankowski*, Anm. zu OLG Stuttgart, Beschl. v. 30.3.1995 – 8 W 355/94, ZIP 1995, 1006, (1008); *Merkt*, RabelsZ 59 (1995), 545, (561 f); *K. Schmidt*, ZGR 1999, 20, (22 f.).

1122 BGH, Urt. v. 5.11.1980 – VIII ZR 230/79, BGHZ 78, 318 (334) = ZIP 1981, 31 = MDR 1981, 314 = NJW 1981, 522 = IPRax 81, 130 = JZ 81, 139; Urt. v. 21.3.1986 – V ZR 10/85, BGHZ 97, 269 (271) = NJW 1986, 2194 = NJW-RR 1986, 1039 (Ls.) = ZIP 1986, 643 = MDR 1986, 743 = MDR 1986, 742 = WM 1986, 641 = BB 1986, 2153 = DB 1986, 2019; Urt. v. 30.4.1992 – IX ZR 233/90, BGHZ 118, 151 (167) = NJW 1992, 2026 = ZIP 1992, 781 = MDR 1992, 765 = WM 1992, 1040 = DB 1992, 1471; Urt. v. 21.11.1996 – IX ZR 148/95, BGHZ 134, 116 (118) = NJW 1997, 657 = ZIP 1997, 150; Urt. v. 29.01.2003 – VIII ZR 155/02, BGHZ 153, 353 (355) = NJW 2003, 1607 = ZIP 2003, 720 = MDR 2003, 647 = WM 2003, 699 = BB 2003, 810 = BB 2003, 473 = DB 2003, 818. In der zuletzt genannten Entscheidung, die nach *Überseering* ergangen ist, legte der BGH zwar aufgrund des Freundschafts-, Handels-und Schifffahrtsvertrages vom 29. Oktober 1954 das Gründungsrecht für eine amerikanischen Gesellschaft zugrunde, ohne jedoch darauf zu verzichten, einleitend seine bisherige Rechtsprechung zur Sitztheorie auch weiterhin für maßgebend zu erklären: „Nach der ständigen Rechtsprechung des Bundesgerichtshofs ist bei der Beurteilung der Rechtsfähigkeit einer ausländischen juristischen Person allerdings grundsätzlich entsprechend der Sitztheorie das Recht des Staates maßgebend, in dem die juristische Person ihren Verwaltungssitz hat, wobei es nicht auf den in der Satzung genannten, sondern auf den tatsächlichen Verwaltungssitz ankommt … Das gilt auch dann, wenn eine Gesellschaft in einem anderen Staat wirksam gegründet worden ist und sodann ihren tatsächlichen Verwaltungssitz in die Bundesrepublik Deutschland verlegt. Die einmal erworbene Rechtsfähigkeit setzt sich nicht ohne weiteres in Deutschland fort. Es kommt vielmehr darauf an, ob die Gesellschaft nach dem Recht des Gründungsstaates fortbesteht und ob sie nach deutschem Recht rechtsfähig ist ...“

1123 EuGH, Urt. v. 5.11.2002, Rs. C-208/00 – *Überseering*, Slg. 2002, I-9919.

Jedoch wurde in der instanzlichen Rechtsprechung auch in jüngerer Zeit auf die Gründungsanknüpfung zurückgegriffen: So urteilte das OLG Frankfurt[1124] in seiner Entscheidung aus dem Jahre 1999, dass die Gründungstheorie Anwendung finden solle.[1125] Dem Sachverhalt nach ging es um Piloten, die ein vorwiegend im Ausland tätiges Luftfahrtunternehmen in England als *private limited company* gründeten. Die Geschäftsführung dieser *private limited company* verwaltet diese – ihrem Beruf als Piloten entsprechend – „fliegend":[1126] So wurde am Gründungsort in England keine geschäftsführende Verwaltungstätigkeit ausgeübt, und in München fand sich lediglich eine Repräsentanz als „Briefkasten"; vielmehr betrieben die Geschäftsführer die Geschäfte lediglich von ihren Wohnsitzen außerhalb des Vereinigten Königreichs oder während ihrer beruflichen Tätigkeit als Piloten von anderen, global wechselnden Orten aus. Der Sachverhalt muss hier zu einem *non liquet* im Hinblick auf das Anknüpfungsmoment führen und offenbart zugleich die dargestellten Schwächen bei der Bestimmung des „Verwaltungshauptsitzes".

In der vorliegenden Entscheidung hat der erkennende *Senat* deshalb die Gründungstheorie angewandt, „wenn einmal die Sitztheorie versagt, weil die Gesellschaft, wie hier, überhaupt keinen tatsächlichen Verwaltungssitz hat. In einem solchen Fall kann es nicht sein, dass eine solche sitzlose Gesellschaft, die immerhin durch ihre Gründung im Gründungsstaat die Rechtspersönlichkeit erlangt hat, nach internationalem Privatrecht rechtlos gestellt wird. Hierfür gibt es keine rechtliche Notwendigkeit. Dies um so weniger, als nach deutschem Recht der Sitz einer Gesellschaft keine Voraussetzung ihrer Rechtsfähigkeit ist."[1127] Im Hinblick auf die Anerkennung von Drittstaatsgesellschaften ist die Entscheidung des OLG Hamm vom 26. Mai 2006 zu nennen, in der es auf eine schweizerische Aktiengesellschaft die Gründungstheorie anwendete, auf die noch einzugehen sein wird.[1128]

1124 OLG Frankfurt, Urt. v. 23.06.1999 – 22 U 219/97 = NJW-RR 2000, 1226 = ZIP 1999, 1710 = BB 2000, 56 = GmbHR 1999, 1254 m. Anm. *Borges* = NZG 1999, 1097 m. Anm. *Hallweger* = IPRax 2001, 132 m. krit. Anm. *Kindler*.

1125 Das Urteil des OLG Frankfurt liegt zwar in zeitlicher Nähe zum EuGH Urt. v. 9. 3. 1999, Rs. C-212/97 – *Centros*, Slg. I-1459. Unklar ist, inwieweit letztere Entscheidung bereits Einfluss auf den erkennenden Senat des OLG Frankfurts gehabt haben könnte. *Centros* lag mit der Verweigerung der Eintragung einer dänischen Zweigniederlassung einer in England gegründeten „private limited company" eine anderer Sachverhalt zugrunde.

1126 OLG Frankfurt, Urt. v. 23.06.1999 – 22 U 219/97 = NZG 1999, 1097 (1098) m.Anm. *Hallweger*.

1127 OLG Frankfurt, Urt. v. 23.06.1999 – 22 U 219/97 = NJW-RR 2000, 1226 (1226).

1128 OLG Hamm, Urt. v. 26.5.2006 – 30 U 166/05 = ZIP 2006, 1822 = DNotI-Report 2006, 195= AG 2007, 332 = BB 2006 Heft 46, 2487 = GewA 2009, 157 = LSK 2006,

2. Der völkerrechtliche Rahmen

Nach Art. 3 Nr. 2 EGBGB steht das deutsche IPR unter dem Vorbehalt vorrangiger völkerrechtlicher Verträge. Insbesondere existiert im Bereich des Internationalen Gesellschaftsrechts eine Vielzahl an bilateralen Staatsverträgen, welche die Bundesrepublik Deutschland mit verschiedenen ausländischen Staaten geschlossen hat.[1129] Eine Vielzahl von Abkommen enthält dabei Vorschriften über die „gegenseitige Anerkennung von Gesellschaften".[1130] Hervorzuheben ist dabei der Deutsch-amerikanische Freundschafts- Handels- und Schifffahrtsvertrag vom 29. Oktober 1954, welcher der Inkorporationstheorie seither im Verhältnis zu den 50 Einzelstaaten der USA rechtliche Wirkung verleiht;[1131] daneben ist die Gründungstheorie im Verhältnis zu weiteren Staaten ausdrücklich bilateral vereinbart.[1132]

Darüber hinaus gilt die Gründungstheorie aufgrund spezieller Kapitalschutzabkommen – teilweise zumindest halbseitig, d.h. für den Zuzug ausländischer Kapitalgesellschaften nach Deutschland.[1133]

430450 aufgehoben durch BGH Urt. v. 27. 10. 2008 – II ZR 158/06 = BGHZ 178, 192 = NJW 2009, 289, 290 = ZIP 2008, 2411 = DNotZ 2009, 385 = EuZW 2009, 59 = WM 2009, 20 = BB 2009, 14 = BB 2008, 2413 = DB 2008, 2825 = JR 2009, 507.

1129 Siehe die Übersichten bei MünchKommBGB-*Kindler,* IntGesR, Rn 310 sowie *Rehm,* in: Eidenmüller (Hrsg.) Ausländische Kapitalgesellschaften 2004, § 2 Rn. 6ff.

1130 *Leible*, in: Michalski, GmbHG, Syst. Darst. 2 IntGesR, Rn. 59.

1131 In dessen Art. XXV Abs. 5 ist die wechselseitige Anerkennung von Gesellschaften bereits sicherstellt, wenn diese gemäß den Gesetzen und den sonstigen Vorschriften des einen Vertragsteils in dessen Gebiet errichtet worden sind; vgl. Deutsch-amerikanischen Freundschafts- Handels- und Schifffahrtsvertrag vom 29.10.1954, BGBl. 1956 II S. 487. Siehe hierzu BGH, Urt. v. 29.1.2003 – VIII ZR 155/02, BGHZ 153, 353= NJW 2003, 1607 = ZIP 2003, 720 = MDR 2003, 647 = WM 2003, 699 = BB 2003, 810 = BB 2003, 473 = DB 2003, 818 = NJW 2003, 1607 sowie BGH Urt. v. 5.7.2004 – II ZR 389/02 = NJW-RR 2004, 1618 = ZIP 2004, 1549 = WM 2004, 1683 = BB 2004, 787 = BB 2004, 1868 = DB 2004, 1984; *Behrens/Hoffmann*, in: Ulmer/Habersack/Löbbe (Hrsg.) GroßKomm GmbHG, Einl. B. Rn. B 47.

1132 So im Verhältnis zu Irland nach Art. 13 des Handels- und Schifffahrtsvertrag zwischen dem Deutschen Reich und dem Irischen Freistaat vom 12. 5. 1930, RGBl. 1931 II S. 115; in Kraft seit 21. 12. 1931, RGBl. 1931 II S. 692; Spanien nach Art. 15 Abs. 1 u. 2 des Niederlassungsvertrags vom 23. 4. 1970, BGBl. 1972 II S. 1041; in Kraft seit 26. 11. 1972, BGBl. 1972 II S. 1557 sowie Türkei nach Art. 5 des Niederlassungsabkommens mit der Türkischen Republik vom 12. 1. 1927, RGBl. II S. 76; vgl. zur Sitzanknüpfung jedoch Art. 8 Abs. 4 Kapitalschutzabkommen vom 20. 5. 1962, BGBl. 1965 II S. 1193. Siehe zum Ganzen *Rehm*, in: Eidenmüller (Hrsg.), Ausländische Kapitalgesellschaften § 2 Rn. 13.

1133 Siehe dazu die Auflistungen in Münch. Hdb. GesR VI-*Servatius* § 11 Rn. 26 sowie Henssler/Strohn, Gesellschaftsrecht 2011, IntGesR-*Servatius* Rn. 23: „Bolivien (Art. 1

Abs. 4 Kapitalschutzabkommen vom 23. 3. 1983, BGBl. 1988 II S. 254); Brunei Darussalam (Art. 1 Abs. 5 Kapitalschutzabkommen vom 30. 3. 1998, BT-Drucks. 15/1057); China: Anerkennung chinesischer Gesellschaften, die von der chinesischen Regierung anerkannt, registriert und zur wirtschaftlichen Zusammenarbeit mit dem Ausland berechtigt sind (Kapitalschutzabkommen vom 1. 12. 2003, BGBl. 2005 II S. 732, BT-Drucks. 15/4983 S. 5362; BGBl. 2006 II S. 119); Dominica (Art. 1 Abs. 4 Kapitalschutzabkommen vom 1. 10. 1984, BGBl. 1985 II S. 1170); Gabun (Art. 1 Abs. 4 Kapitalschutzabkommen vom 15. 9. 1998, BGBl. 2001 II S. 478); Ghana (Art. 1 Nr. 4 Kapitalschutzabkommen vom 24. 2. 1995, BGBl. 1997 II S. 2055); Guyana (Art. 1 Abs. 4 Kapitalschutzabkommen vom 6. 12. 1989, BGBl. 1993 II S. 938); Honduras (Art. 1 Nr. 4 Kapitalschutzabkommen vom 21. 3. 1995, BGBl. 1997 II S. 2064); Hongkong (Art. 1 Abs. 4 Kapitalschutzabkommen vom 31. 1. 1996, BGBl. 1997 II S. 1848); Indien (Art. 1 a) Kapitalschutzabkommen vom 10. 7. 1995, BGBl. 1998 II S. 619); Indonesien (Art. 1 Abs. 4 Kapitalschutzabkommen vom 8. 11. 1968, BGBl. 1970 II S. 492); Jamaika (Art. 1 Nr. 4 Kapitalschutzabkommen vom 24. 9. 1992, BGBl. 1996 II S. 58); Jemen (Art. 1 Abs. 3 Kapitalschutzabkommen vom 2. 3. 2005, BGBl. 2007 II S. 87); Kambodscha (Art. 1 Nr. 4 Kapitalschutzabkommen vom 15. 2. 1999, BGBl. 2001 II S. 487); Kamerun (Art. 8 Abs. 4 Kapitalschutzabkommen vom 29. 5. 1962, BGBl. 1963 II S. 991); Katar (Art. 1 Nr. 3 Kapitalschutzabkommen vom 14. 6. 1996, BGBl. 1998 II S. 628); Demokratische Republik Kongo (Art. 8 Abs. 4 Kapitalschutzabkommen vom 18. 3. 1969, BGBl. 1970 II S. 509); Republik Korea (Art. 8 Abs. 4 Kapitalschutzabkommen vom 4. 2. 1964, BGBl. 1966 II S. 841); Kuba (Art. 1 Nr. 4 Kapitalschutzabkommen vom 30. 4. 1996, BGBl. 1998 II S. 746); Kuwait (Art. 1 Nr. 3 Kapitalschutzabkommen vom 30. 3. 1994, BGBl. 1997 II S. 166); Lesotho (Art. 1 Abs. 4 Kapitalschutzabkommen vom 11. 11. 1982, BGBl. 1985 II S. 14); Liberia (Art. 8 Abs. 4 Kapitalschutzabkommen vom 12. 12. 1961, BGBl. 1967 II S. 537); Malaysia (Art. 1 Abs. 4 Kapitalschutzabkommen vom 22. 12. 1960, BGBl. 1962 II S. 1064); Mali (Art. 1 Nr. 4 Kapitalschutzabkommen vom 28. 5. 1977, BGBl. 1979 II S. 77); Mauritius (Art. 8 Abs. 4 Kapitalschutzabkommen vom 25. 5. 1971, BGBl. 1973 II S. 615); Nepal (Art. 1 Nr. 4 Kapitalschutzabkommen vom 20. 10. 1986, BGBl. 1988 II S. 262); Oman (Art. 1 Nr. 4 Kapitalschutzabkommen vom 25. 6. 1979, BGBl. 1985 II S. 354); Pakistan (Art. 8 Abs. 4 Kapitalschutzabkommen vom 25. 11. 1959, BGBl. 1961 II S. 793); Papua-Neuguinea (Art. 1 Nr. 4 Kapitalschutzabkommen vom 12. 11. 1980, BGBl. 1982 II S. 389); Senegal (Art. 8 Abs. 4 Kapitalschutzabkommen vom 24. 1. 1964, BGBl. 1965 II S. 1391); Serbien und Montenegro (Art. 1 Abs. 3 Kapitalschutzabkommen vom 10. 7. 1989 mit dem ehemaligen Jugoslawien, BGBl. 1997 II S. 961, 962); Singapur (Art. 1 Abs. 4 Kapitalschutzabkommen vom 3. 10. 1973, BGBl. 1975 II S. 49); Somalia (Art. 1 Abs. 4 Kapitalschutzabkommen vom 27. 11. 1981, BGBl. 1984 II S. 778). Sri Lanka (Art. 1 Abs. 4 lit. b des Kapitalschutzabkommens vom 7. 2. 2000, BGBl. 2002 II S. 296); St. Lucia (Art. 1 Nr. 4 Kapitalschutzabkommen vom 16. 3. 1985, BGBl. 1987 II S: 13); St. Vincent und Grenadinen (Art. 1 Nr. 4 Kapitalschutzabkommen vom 25. 3. 1986, BGBl. 1987 II S. 774); Sudan (Art. 8 Abs. 4 Kapitalschutzabkommen vom 7. 2. 1963, BGBl. 1966 II S. 889); Swasiland (Art. 1 Nr. 4 Kapitalschutzabkommen vom 5. 4. 1990, BGBl. 1993 II S. 956); Tansania (Art. 8

Aus dem Wortlaut dieser bilateralen Kapitalschutz- oder Investitionsförderungsabkommen wird geschlossen, dass Gesellschaften, die nach den Gesetzen des anderen Vertragsstaates wirksam gegründet wurden, in Deutschland unabhängig davon anzuerkennen sind, ob sie ihren tatsächlichen Verwaltungssitz in diesem oder einem Drittstaat haben.[1134]

In der Vergangenheit gab es zudem Bestrebungen auf multilateraler Ebene mit Blick auf die Anerkennung und Mobilität von Gesellschaften, die jedoch nicht zum wünschenswerten Abschluss geführt werden konnten.[1135]

Während Italien als benachbarter EU-Mitgliedstaat mit der Schweiz im geltenden Handelsvertrag vom 27. Januar 1923 gegenseitig auf Grundlage der Meistbegünstigung Gesellschaften anerkennen und Niederlassungsrechtsrechte einräumen,[1136] existiert derzeit keine staatsvertragliche Vereinbarung zwischen der Bundesrepublik Deutschland, aus der in der Schweiz wirksam gegründete und weiterhin existente Gesellschaften die Anerkennung ihrer Rechts- und Parteifähigkeit ungeachtet der ansonsten internationalgesellschaftsrechtlichen Kollisionsnormen ableiten könnten.[1137]

Abs. 4 Kapitalschutzabkommen vom 30. 1. 1965, BGBl. 1966 II S. 873); Tschad (Art. 8 Abs. 4 Kapitalschutzabkommen vom 11. 4. 1967, BGBl. 1968 II S. 221).“

1134 Bamberger/Roth BeckOK-*Mäsch*, Art. 12 EGBG Rn. 48. Gleichwohl bleibt es für Gesellschaften mit effektivem Verwaltungssitz in Deutschland dabei, dass sie nach der Sitztheorie den Anforderungen des deutschen Gesellschaftsrechts genügen müssen; im Übrigen ist die Gründungstheorie maßgeblich.

1135 Das Haager Abkommen über die Anerkennung und Rechtsfähigkeit ausländischer Körperschaften und Stiftungen von 1952/56 (siehe dazu RabelsZ 17 (1952), 279) wurde von der Bundesrepublik nicht ratifiziert. Entwürfe zum IPR der Aktiengesellschaft z.B. durch die International Law Association (ILA) oder durch UNIDROIT RabelsZ 31 (1967), 549 kamen jeweils über ein inoffizielles Entwurfsstadium nicht hinaus.

1136 Vgl. Handelsvertrag vom 27. Januar 1923 zwischen der Schweiz und Italien, in Kraft getreten am 20. Februar 1923, AS 14 456 (SR 0.946.294.541) in Art. 22: „Indem sie sich auch in dieser Hinsicht die Behandlung der meistbegünstigten Nation zusichern und unter Vorbehalt der Ausnahmen und Einschränkungen, die durch die Bestimmungen der beiden Länder festgesetzt sind, erklären die beiden vertragschliessenden Teile, allen anonymen, genossenschaftlichen oder sonstigen Handels-, Industrie-, landwirtschaftlichen oder Finanzgesellschaften (einschliesslich der öffentlichen und privaten Versicherungsinstitute), die nach den Gesetzen des einen der beiden Länder gebildet und ermächtigt sind, gegenseitig die Befugnis einzuräumen, sich auf dem Gebiete des andern Landes oder seiner Besitzungen niederzulassen, dort Zweiggeschäfte zu gründen, ihre wirtschaftliche Tätigkeit und alle ihre Rechte auszuüben sowie vor Gericht, sei es als Kläger oder Beklagte, aufzutreten, unter der einzigen Bedingung, dass sie sich nach den Gesetzen (inbegriffen die Finanzgesetze) dieses Staates und seiner Besitzungen richten.“

1137 *Ebke,* in: Sandrock/Wetzler (Hrsg.) Deutsches Gesellschaftsrecht im Wettbewerb, 2004, S. 101 (113). Im Gegensatz dazu besteht im Verhältnis zu den USA mit dem

Dies war indessen nicht immer der Fall: Mit dem „Handelsvertrag zwischen dem Deutschen Reiche und der Schweiz vom 27. November 1926“[1138] existierte gleichwohl ein ähnlicher Vertrag in der Vergangenheit.[1139] Die Entwicklung des bilateralen Verhältnisses im Hinblick auf die Mobilität von Gesellschaften soll daher nachfolgend beleuchtet werden. Die Schweiz ist zwar Mitglied der EFTA, nicht aber des EWR. Im Verhältnis der EU-Mitgliedstaaten zur Schweiz gilt somit nicht das EWR-Abkommen (EWRA), sondern das Freihandelsabkommen[1140] aus dem Jahr 1972 sowie ein Bündel sektorieller Verträge, die sog. „Bilaterale I und II“.[1141] Auch wenn die Schweiz derzeit nicht am EWR-Abkommen teilnimmt, so wird eine Assoziierung aktuell diskutiert.[1142] Vor diesem Hintergrund soll im Folgenden auf die Bedeutung des EWR-Abkommens gerade auch im Hinblick auf die Niederlassungsfreiheit von Gesellschaften eingegangen werden.

a) Die Bedeutung des EWR-Abkommens

aa) Entstehungsgeschichte

Am 17. Januar 1989 regte der damalige Präsident der Europäischen Kommission *Jacques Delors* den Gedanken einer “neuen strukturierten Partnerschaft” mit den EFTA-Staaten an, die durch globale Verhandlungen über den gesamten Binnenmarktkomplex erreicht werden sollte.[1143] Dies mündete in das am 2. Mai 1992 unterzeichnete EWR-Abkommen ein. Noch im gleichen Monat hinterlegte die Schweiz in Brüssel ihr Gesuch um Aufnahme von Verhandlungen über einen EG-Beitritt.[1144]

Deutsch-amerikanischen Freundschafts-, Handels- und Schifffahrtsvertrag vom 29.10.1954 (BGBl. 1956 II S. 487) eine solche völkervertragliche Regelung. Nach herrschender Meinung enthält dieser in Art. XXV Abs. 5 eine umfassende kollisionsrechtliche Sonderregel dergestalt, dass im Verhältnis zu den USA die Gründungstheorie gilt. Art. XXV Abs. 5 lautet: „Gesellschaften, die gemäß den Gesetzen und sonstigen Vorschriften des einen Vertragsteils in dessen Gebiet errichtet sind, gelten als Gesellschaften dieses Vertragsteils; ihr rechtlicher Status wird in dem Gebiet des anderen Vertragsteils anerkannt.“

1138 Siehe RGBl Nr. 48 Teil II v. 14.12.1926, S. 675 ff.

1139 Siehe RGBl Nr. 48 Teil II v. 14.12.1926, S. 675 ff.

1140 Abkommen vom 22. Juli 1972 zwischen der Schweizerischen Eidgenossenschaft und der Europäischen Wirtschaftsgemeinschaft, AS 1972 3115 (SR 0.632.401)

1141 Siehe dazu sogleich im nächsten Abschnitt.

1142 *Baudenbacher,* Die Schweiz sollte einen zweiten EWR-Anlauf nehmen, NZZ vom 22. Juni 2010, S. 19; *Hummer*, EuZ 2012, 128 (133).

1143 *Streit*, NJW 1994, 555 (556).

1144 *Hummer*, EuZ 2012, 128 (139).

Die Schweiz hat dabei den Beitritt zum EWR nicht bloß in Erwägung gezogen; vielmehr war sie in den EWR-Verhandlungen sogar eine der treibenden Kräfte.[1145] Der Abschluss des Verhandlungsmarathons wurde als Erfolg gewertet.[1146] Gleichwohl führte die dahingehende Volksbefragung vom 6. Dezember 1992 zu einer Ablehnung des EWR-Beitritts,[1147] woraufhin man auch das EG-Beitrittsgesuch sistierte, das aber bis heute nicht zurückgenommen worden ist.[1148] Schließlich steht nach Art. 128 Abs. 1 EWRA jedem EFTA-Staat – und damit auch der Schweiz – weiterhin die Möglichkeit eines EWR-Beitritts offen.[1149]

bb) Rechtsnatur

Bei dem EWR-Abkommen (EWRA) handelt es sich um ein multilaterales Assoziierungsabkommen, das einerseits zwischen den drei EFTA-Staaten Island, Liechtenstein und Norwegen sowie der Europäischen Gemeinschaft und ihren Mitgliedstaaten andererseits geschlossen wurde.[1150]

Welche Bedeutung der Beitritt der Schweiz mit Blick auf die hier interessierende Niederlassungsfreiheit von Gesellschaften gehabt hätte oder in Zukunft haben könnte, wird daran ersichtlich, dass das EWRA[1151] als zwischen der EU und den EFTA-Staaten geschlossener Assoziierungsvertrag dieselben Grund-

1145 *Ziegler*, in: FS Europa-Institut, S. 639 (644).

1146 *Ziegler*, in: FS Europa-Institut, S. 639 (644): Entsprechend war die Enttäuschung groß, als das Schweizer Stimmvolk den EWR-Beitritt mit 50,3 % der Stimmen ablehnte. Es sprachen sich dabei 16 von 23 Kantonen gegen den Beitritt aus.

1147 *Weller* ZGR 2006, 748 (750).

1148 Nachdem der Bundesrat am 2. Mai 1992 den EWR-Vertrag in Porto unterzeichnet hatte, stellte dieser daher am 26. Mai 1992 in Brüssel ein Beitrittsgesuch zur Europäischen Union. Aus schweizerischer Perspekive war der Zeitpunkt günstig, da die Schweiz daraufhin im Jahr 1995 gemeinsam mit den neutralen Staaten Schweden, Österreich und Finnland der EU hätte beitreten können; siehe *Markwalder Bär*, in: Breuss/Cottier/Müller-Graff (Hrsg.), Die Schweiz im europäischen Integrationsprozess, 2008, S. 114 (116). Demgegenüber kam ein anfänglicher Beitritt der Schweiz zur Montanunion nicht in Frage; man beschränkte sich vielmehr auf reine Konsultation; vgl. Konsultationsabkommen zwischen der Schweizerischen Eidgenossenschaft und der Hohen Behörde der Europäischen Gemeinschaft für Kohle und Stahl vom 7. Mai 1956, Amtsbl. Nr. 7 v. 21.2.1957, S. 85-87 = BBl. 1956 II 372.

1149 Siehe zu der Option des sog. „EWR II“ *Hummer*, EuZ 2012 128 (133) sowie *Markwalder Bär*, in: Breuss/Cottier/Müller-Graff (Hrsg.), Die Schweiz im europäischen Integrationsprozess, 2008, S. 114 (122f.).

1150 *Hummer*, EuZ 2012, 128 (132).

1151 Abkommen über den Europäischen Wirtschaftsraum (BGBl 1993 II, 266 ff); ABl. EG L 1 v. 3. 1. 1994, 3 ff. Siehe dazu *Streit*, NJW 1994, 55 (55f.).

freiheiten enthält, die auch im AEUV (*ex*-EG-Vertrag) garantiert werden.[1152] Dass das EWR-Abkommen dem Gemeinschafsrecht weitgehend nachmodelliert worden ist,[1153] kommt bereits in der Zielsetzung zum Ausdruck, das nach Art. 1 EWRA die Schaffung eines „homogenen Europäischen Wirtschaftsraumes" vorsieht. Das EWR-Abkommen knüpft somit unmittelbar an das Binnenmarktkonzept der EG an und dehnt dieses auf die Staaten Liechtenstein, Norwegen und Island aus.[1154] Das EWR-Recht entfaltet weitgehende innerstaatliche Wirkung,[1155] wobei die Auslegung nicht den konservativen Regeln der Wiener Vertragsrechtsübereinkunft (WÜK), sondern den gleichen Maximen wie im EU-Recht folgt.[1156]

Dass die Schweiz im Gegensatz zum Fürstentum Liechtenstein – mit dem die Schweiz durch eine Zollunion[1157] verbunden ist – dabei jedoch nicht vom EWR profitieren sollte, manifestierte sich auch darin, dass Liechtenstein dem EWR am 1. Mai 1995 erst beitreten konnte, nachdem das Fürstentum sichergestellt hatte, dass die Schweizer Unternehmen nicht auf Grundlage der bestehenden Zollunion über den Umweg Liechtenstein ungerechtfertigte Vorteile vom EWR-Binnenmarkt erhielten.[1158]

cc) Erstreckung der Niederlassungsfreiheit auf EWR-Gesellschaften

Das EWR-Abkommen gewährt den nach dem Recht von Liechtenstein, Norwegen und Island gegründeten Gesellschaften in den Art. 31, 34 EWRA die Niederlassungsfreiheit im gleichen Maße, wie dies gemäß Art. 49, 54 AEUV (*ex*-Art. 43, 48 EG) für die nach dem Recht eines EU-Mitgliedstaates gegründe-

1152 *Behrens/Hoffmann*, in: Ulmer/Habersack/Löbbe (Hrsg.) GroßKomm GmbHG, Einl. B. 7.

1153 *Baudenbacher/Buschle*, IPRax 2004, 26 (29); *Weller* ZGR 2006, 748 (754).

1154 Nach Art. 102 Abs. 1 EWRA übernimmt dabei der Gemeinsame EWR-Ausschuss durch Beschluss neues sekundäres Gemeinschaftsrecht alsbald nach Erlass in das EWR-Recht, „damit diese Gemeinschaftsvorschriften und die Änderungen der Anhänge zu diesem Abkommen gleichzeitig angewendet werden können". So hat das Gericht der Europäischen Union dazu in der Rs. T-115/94 – *Opel Austria* EU Slg. 1997, II-39, Rn. 107 festgestellt, das EWRA bringe „eine weitgehende Integration mit sich, deren Ziele über die eines blossen Freihandelsabkommens hinausgehen".

1155 Vgl. EuGH Urt. v. 15.06.1999, C-140/97 – *Rechberger*, Slg. 1999, I-3499, Rn. 39 sowie EFTA-GH Urt. v. 16. 12.1994 Rs. E-1/94 – *Restamark*, Slg. 1994-1995, 15, Rn. 75-81; v. 22.2.2002, Rs. E-1/01 – *Einarsson*, Slg. 2002 1, Rn. 47-55; v. 10.12.1998, Rs. E-9/97 – *Sveinbjörnsdóttir*, Slg. 1998, 95 Rn. 59 u. 60.

1156 *Baudenbacher*, in: FS Weber, S. 821 (827).

1157 Vertrag über den Anschluss des Fürstentums Liechtenstein an das schweizerische Zollgebiet (LR 631 112),LGBl 1923 Nr. 24.

1158 *Jung*, EuZW 2012, 863 (866) unter Hinweis auf die im Zirkular der Eidgenössischen Oberzolldirektion v. 19. 4. 1995 – 17/32.92 genannten Anpassungsmaßnahmen.

ten Gesellschaften der Fall ist.[1159] Der EFTA-Gerichtshof hat in seiner Rechtsprechung zur Niederlassungsfreiheit explizit darauf hingewiesen, dass kein Grund besteht, die entsprechenden Vorschriften des EWR-Abkommens anders auszulegen als diejenigen des AEUV (*ex*-EG-Vertrag).[1160]

In Deutschland kommt den Artt. 31, 34 EWRA – soweit sie das Internationale Gesellschaftsrecht betreffen – über das Gemeinschaftsrecht unmittelbare Wirkung zu:[1161] Seit Inkrafttreten des EWRA sind Art. 31, 34 EWRA damit integrierender Bestandteil des Gemeinschaftsrechts und zugleich über Art. 216 Abs. 2 i.V.m. 218 AEUV (früher *ex*-Art. 300 Abs. 7 *EG*) vom Anwendungsvorrang des Gemeinschaftsrechts gegenüber dem autonomen deutschen Kollisionsrecht umfasst.[1162]

Demnach profitieren Gesellschaften von dem von der Niederlassungsfreiheit geleiteten Anerkennungsprinzip; auch sind die Grundsätze der *Inspire-Art-* und *Überseering*-Rechtsprechung somit auf Gesellschaften aus dem Europäischen Wirtschaftsraum (EWR) zu übertragen: So ist etwa eine im Fürstentum Liechtenstein wirksam gegründete Kapitalgesellschaft hinsichtlich der Ansprüche aus Rechtsgeschäften in Deutschland auch dann rechts- und parteifähig, wenn sie ihren tatsächlichen Verwaltungssitz nicht in Liechtenstein, sondern in der Bundesrepublik Deutschland hat.[1163] Das gilt selbst dann, wenn die betreffende Gesellschaft im Ausland lediglich ihren satzungsmäßigen Sitz hat, während sie von vornherein ihren tatsächlichen Verwaltungssitz in Deutschland nimmt und von dort aus ihre Geschäfte betreibt, wobei sie bewusst die Gründungsvorschriften am Ort ihrer tatsächlichen Geschäftstätigkeit umgeht.[1164]

1159 *Baudenbacher/Buschle*, IPRax 2004, 26 (29).

1160 EFTA-GH Urt. v. 10.12.1998, Rs. E-3/98 – *Rainford-Towning,* Slg. 1998, 205 Rn. 21; Urt. v. 14.6.2001, Rs. E-5/00 – *Mangold*, Slg. 2000-2001, 163 Rn.7; Urt. v. 14.6.2001, Rs. E-6/00 – *Tschannett*, Slg. 2000-2001, 203 Rn. 7; Urt. 14.6.2001, Rs. E-4/00 – *Brändle*, Slg. 2000-2001, 123 Rn. 7.

1161 Diese wird dabei sowohl von der horizontalen völkerrechtlichen Außenkompetenz der Gemeinschaft auf der Grundlage von Art. 217 AEUV (ex- Art. 310 *EG*) als auch von der vertikalen völkerrechtlichen Vertragsschlusskompetenz im Sinne der sog. *AETR*-Doktrin im Sinne von EuGH Urt. v. 31. 3. 1971 – Rs. 22/70 – *AETR*, Slg. 1971, 263 gedeckt; siehe MünchKomm GmbHG-*Weller*, Einl. I. IntGesR, Rn. 367; *Ders.* ZGR 2006, 748 (755 f.)

1162 MünchKomm GmbHG-*Weller*, Einl. I. IntGesR, Einl. Rn. 367; *Weller* ZGR 2006, 748 (762 f.)

1163 BGH, Urt. vom 19. 9. 2005 – II ZR 372/03 = BGHZ 164, 148 = NJW 2005, 3351 = ZIP 2005, 1869 = MDR 2006, 105 = DNotZ 2006, 143 = EuZW 2005, 733 = WM 2005, 2049 = BB 2005, 945 = BB 2005, 2373 = DB 2005, 2345.

1164 BGH, Urt. vom 19. 9. 2005 – II ZR 372/03 = BGH NJW 2005, 3351; siehe dazu ferner *Leible/Hoffmann* RIW 2002, 925 (927); *Meilicke* GmbHR 2003, 793 (798).

Nachdem das EWR-Abkommen sowohl am 1.5.1995 in Liechtenstein als auch in Deutschland[1165] in Kraft getreten ist, gilt in beiden Ländern die Niederlassungsfreiheit nach Art. 31, 34 EWR. Man könnte indessen meinen, dass dies eben nicht die besagte Judikatur des EuGH zum Gesellschaftsrecht seit *Centros*[1166] im Jahre 1999 erfasse, da die Vertragsstaaten in Art 6 EWR ausdrücklich nur die bis zum Zeitpunkt der Unterzeichnung erlassenen Entscheidungen des EuGH der Auslegung des Abkommens zugrunde gelegt haben. Demgegenüber betonen die Präambel des EWR-Abkommens wie auch der EFTA-Gerichtshof in seiner Rechtsprechung[1167] die Notwendigkeit einer einheitlichen Auslegung und Anwendung im Hinblick auf die den Marktteilnehmern gewährten Grundfreiheiten mit denjenigen der Art. 49, 54 AEUV.[1168] Auch der Bundesgerichtshof sieht dies so: Obwohl er insoweit durchaus ein neues Anerkenntnishindernis hätte schaffen können, entschied er sich für die Nichtdiskriminierung liechtensteinischer Gesellschaften: Der BGH setzte sich dabei „elegant über die argumentative Hürde hinweg, dass das EWR-Abkommen nur das Rechtsprechungsrecht des EuGH vor Unterzeichnung des Abkommens als verbindlich für die Auslegung des EG-Rechts ansieht“.[1169] Interessanterweise lässt sich der BGH in seinem Urteil auch nicht auf eine Erörterung des Theorienstreits von Sitz- und Gründungstheorie ein. Die Rechtfertigung liegt in der Entscheidung allein im Europarecht; dies obwohl er das Problem kollisionsrechtlich, also auf der Ebene des nationalen Rechts, entscheidet.[1170] Im Hinblick auf die genannte Entscheidung des BGH wird daher zu Recht die Frage aufgeworfen, „ob nicht der europarechtliche Maßstab der Anerkennung von Gesellschaften für alle ‚befreundeten‘ Drittstaaten gelten sollte.“[1171]

b) Frühere staatsvertragliche Regelung zur Niederlassungsfreiheit

Deutschland hat zahlreiche Staatsverträge geschlossen, welche Regeln über die kollisionsrechtliche Behandlung von Gesellschaften enthalten; diese gehen dem

---

1165 Aufgrund Gesetzes v. 31.3.1993, BGBl II 1993, 266.

1166 EuGH, Urt. v. 9.3.1999, Rs. C-212/97 – *Centros*, Slg. 1999, I-1459.

1167 EFTA-GH Urt. v. 10.12.1998, Rs. E-3/98 – *Rainford-Towning,* Slg. 1998, 205 Rn. 21; Urt. v. 14.6.2001, Rs. E-5/00 – *Mangold*, Slg. 2000-2001, 163 Rn.7; Urt. v. 14.6.2001, Rs. E-6/00 – *Tschannett*, Slg. 2000-2001, 203 Rn. 7; Urt. 14.6.2001, Rs. E-4/00 – *Brändle*, Slg. 2000-2001, 123 Rn. 7.

1168 Siehe zum Homogenitätsprinzip im EWR die Anmerkung zum Urteil des EFTA-Gerichtshofs vom 24. Januar 2003 in der Rs. E-1/02 *EFTA Surveillance Authority v Norway* von *Tobler*, C.M.L.Rev. 41 (2004), 245 (257).

1169 *Schanze*, in: FS Thue, S. 423 (436).

1170 *Schanze*, in: FS Thue, S. 423 (436).

1171 *Schanze*, LMK 2006, 164114.

autonomen nationalen Kollisionsrecht vor.[1172] Eine staatsvertragliche Vereinbarung zwischen der Bundesrepublik Deutschland, aus der in der Schweiz wirksam gegründete und weiterhin existente Gesellschaften die Anerkennung ihrer Rechts- und Parteifähigkeit ungeachtet der ansonsten internationalgesellschaftsrechtlichen Kollisionsnormen[1173] ableiten könnten, gibt es derzeit nicht.[1174] Aus rechtsgeschichtlicher Perspektive kann jedoch gezeigt werden, dass angefangen vom Norddeutschen Bund bis in die Weimarer Zeit hinein stets Freizügigkeits- und Niederlassungsübereinkommen im deutsch-schweizerischen Verhältnis bestanden, die auch im Hinblick auf juristische Personen weitgehende gegenseitige Anerkennungsregelungen vorsahen.

aa) Die Niederlassungsverträge

Bereits Mitte des 19. Jahrhunderts existierte eine völkerrechtliche Vereinbarung, welche die gegenseitige Anerkennung von Gesellschaften im Verhältnis Deutschland – Schweiz garantierte: Es handelt sich um das Übereinkommen mit dem Norddeutschen Bund von 1869 ausgedehnt auf das ganze Reich.[1175] Diese Übereinkunft wurde zwar drei Jahrzehnte später aufgehoben, jedoch wurde bei dieser Gelegenheit ausdrücklich die im Schlussprotokoll zu dem Vertrag vom 13. Mai 1869 abgeschlossene Verabredung in § 1 betreffend die gegenseitige Anerkennung von Aktiengesellschaften und anonymen Gesellschaften ausgenommen.[1176] Die verbleibende Klausel lautete: „Die innerhalb des norddeutschen Bundes, sowie die innerhalb der Schweiz errichteten Aktiengesellschaften oder anonymen Gesellschaften werden gegenseitig als zu Recht bestehend, insbesondere als zum Auftreten vor Gericht befähigt, anerkannt, sofern die Errichtung nach den Gesetzen des Landes, wo die Gesellschaft ihr Domizil hat, gültig erfolgt ist. Ob und inwieweit eine solche Gesellschaft in den Staaten (Kantonen)

1172 *Ebenroth/Bippus*, DB 1988, 842 (842).

1173 Art. 3 Abs.2 Satz 1 EGBGB.

1174 *Ebke,* in: Sandrock/Wetzler (Hrsg.) Deutsches Gesellschaftsrecht im Wettbewerb, 2004, S. 101 (113). Im Gegensatz dazu besteht im Verhältnis zu den USA mit dem Deutsch-amerikanischen Freundschafts-, Handels- und Schifffahrtsvertrag vom 29.10.1954 (BGBl. 1956 II S. 487) eine solche völkervertragliche Regelung. Nach herrschender Meinung enthält dieser in Art. XXV Abs. 5 eine umfassende kollisionsrechtliche Sonderregel dergestalt, dass im Verhältnis zu den USA die Gründungstheorie gilt. Art. XXV Abs. 5 lautet: „Gesellschaften, die gemäß den Gesetzen und sonstigen Vorschriften des einen Vertragsteils in dessen Gebiet errichtet sind, gelten als Gesellschaften dieses Vertragsteils; ihr rechtlicher Status wird in dem Gebiet des anderen Vertragsteils anerkannt."

1175 Siehe die Fundstelle bei *Meili*, Das internationale Civil- und Handelsrecht, Bd. II (1902), § 165 I. 2., S. 245/6: A. Slg. Bd. IX, S. 918 u. 932.

1176 Siehe die Fundstelle bei *Meili*, Das internationale Civil- und Handelsrecht, Bd. II (1902), § 165 I. 2., S. 245/6: A. Slg. N. F. XVII, S. 461.

des anderen Gebietes zum Gewerbe- oder Geschäftsbetriebe zugelassen werden kann, ist ausschliesslich nach den eigenen Gesetzen der Staaten resp. Kantone zu bestimmen."[1177]

Im Hinblick auf natürliche Personen existierte bereits im Jahr 1876 ein „Niederlassungsvertrag zwischen dem Deutschen Reich und der Schweizerischen Eidgenossenschaft", der gegenseitige Niederlassungsfreiheit gewährte.[1178] Der Vertrag räumte auch die Freiheit von Handel und Gewerbetätigkeit ein: So heißt es in Artikel 1: „Jede Art von Gewerbe und Handel, welche den Angehörigen der verschiedenen Kantone erlaubt ist, wird es auf gleiche Weise auch den Deutschen sein, und zwar ohne daß ihnen eine pekuniäre oder sonstige Mehrleistung auferlegt werden darf."[1179]

In der schweizerischen Praxis war es dabei seit dem Jahr 1914 anerkannt, daß die auf natürliche Personen zugeschnittenen Gleichbehandlungsklauseln in den Niederlassungsverträgen auch juristische Personen des Auslandes umfassen.[1180] Diese Auffassung wurde auch vom deutschen Auswärtigen Amt geteilt.[1181]

Infolge von *Bismarcks* Konflikt mit der Schweiz drohte die Errungenschaft beiderseits gewährter Niederlassungsfreiheit in Gefahr zu geraten.[1182] Die Affäre Wohlgemuth löste eine schwere diplomatische Krise aus, die den Niederlassungsvertrag von 1876 zu Fall brachte. Auf Anordnung des Bundesrates[1183] wurde der aus dem damaligen deutschen Elsass-Lothringen entsandte Polizeiinspektor Wohlgemuth ausgewiesen, nachdem dieser emigrierte Sozialisten im deutschen Auftrag in der Schweiz zu bespitzeln und als *agent provocateur* anzu-

1177 Zitiert nach *Meili*, Das internationale Civil- und Handelsrecht, Bd. II (1902), § 165 I. 2., S. 245/6.

1178 Niederlassungsvertrag zwischen dem Deutschen Reich und der Schweizerischen Eidgenossenschaft vom 27. April 1876, RGBl. Nr. 1 1877, Nr. 1, S. 3-7.

1179 Artikel 3 des Niederlassungsvertrages von 1876 legt die Reziprozität für die schweizerische Seite fest: „Die Schweizer werden in Deutschland, unter der im Artikel 2 des gegenwärtigen Vertrages enthaltenen Voraussetzung, die nämlichen Rechte und Vortheile genießen, wie sie der Artikel 1 des gegenwärtigen Vertrages den Deutschen in der Schweiz zusichert"; vgl. RGBl. Nr. 1 1877, Nr. 1, S. 3 (4).

1180 *Stoffel*, Die völkervertraglichen Gleichbehandlungsverpflichtungen der Schweiz gegenüber Ausländern, 1979, S. 213.

1181 Das Auswärtige Amt bejahte in seiner Antwort an den schweizerischen Minister vom 26. Juni 1914 den schweizerischen Standpunkt im Hinblick auf die Gleichbehandlung juristischer Personen. Siehe *Stoffel*, Die völkervertraglichen Gleichbehandlungsverpflichtungen der Schweiz gegenüber Ausländern, 1979, S. 213 in Fn. 11.

1182 Siehe dazu eingehend zum Hintergrund des *Wohlgemuth*-Handels von 1889 die Monographie von *Renk*, Bismarcks Konflikt mit der Schweiz, 1972.

1183 Siehe dazu den Bundesrathsbeschluss vom 30. April 1889 betreffend die Ausweisung des August Wohlgemuth, aus Mühlhausen, BBl. 1889 II, S. 685.

stacheln hatte.[1184] Nach Sanktionsandrohungen gegenüber der Schweiz kündigte die Reichsregierung schließlich im Juli des Jahres 1889 den Niederlassungsvertrag mit der Schweiz.[1185] Erst nach *Bismarcks* Entlassung konnte die Krise beigelegt werden. Es kam im Mai 1890 zwischen dem deutschen Gesandten in Bern und dem Chef des schweizerischen Departements des Auswärtigen ein erneutes Abkommen zustande.[1186] Der neue „Niederlassungsvertrag zwischen dem Deutschen Reich und der Schweizerischen Eidgenossenschaft entspricht dabei im Wesentlichen dem früheren Niederlassungsvertrag;[1187] insbesondere ist die Reziprozität der im Vertrag statuierten Niederlassungsfreiheit auch weiterhin gewährleistet.[1188]

bb) Handelsvertrag von 1926

Die Anerkennung juristischer Personen zwischen Deutschland und der Schweiz wurde dann in der Weimarer Zeit erstmals staatsvertraglich geregelt: In dem zwischen dem Deutschen Reich und die Schweiz geschlossenen Handelsvertrag vom 14. Juli 1926,[1189] der jedoch kaum mehr als fünf Jahre in Kraft war,[1190] fand auch die Anerkennung gesellschaftsrechtlicher Gebilde eine ausdrückliche Regelung. Der Handelsvertrag beruhte auf dem Prinzip der Meistbegünstigung[1191]: In Art. 3 heißt es: „Aktiengesellschaften und sonstige Handelsgesellschaften einschließlich der Industrie-, Finanz-, Versicherungs-, Verkehrs- und Transport-

---

1184 *Müller*, Innere Sicherheit Schweiz, 2009, S. 165.

1185 Aus den Verhandlungen des Schweiz. Bundesrathes (vom 23. Juli 1889), BBl. III, S. 956.

1186 Botschaft des schweizerischen Bundesrathes an die hohe Bundesversammlung betreffend den Niederlassungsvertrag mit Deutschland (vom 5. Juni 1890); BBl. 1890 III, S. 220 – 231.

1187 RGBl. N. 21 1890, S.131 – 135.

1188 So bestimmt Artikel 1 des Niederlassungsvertrages von 1890: „Die Deutschen … können insbesondere in der Schweiz ab- und zugehen und sich daselbst dauernd oder zeitweise aufhalten.“ In Art. 3 desselben Vertrages heißt es: „Die Schweizer werden in Deutschland … die nämlichen Rechte geniessen, wie sie der Art. 1 des gegenwärtigen Vertrags den Deutschen zusichert.“ RGBl. Nr. 21 1890, S. 131.

1189 Siehe dazu das Gesetz über den Handelsvertrag zwischen dem Deutschen Reiche und der Schweiz v. 27.11.1926, RGBl. Nr. 48 II 1926, S. 675 sowie die Bekanntmachung über die Ratifikation des Handelsvertrags zwischen dem Deutschen Reiche und der Schweiz v. 1.12.1926, RGBl. Nr. 48 II 1926, S. 722.

1190 Der Handelsvertrag wurde am 18.12.1931 vom Bundesrat der Schweizerischen Eidgenossenschaft gekündigt und trat mit Ablauf des 4.2.1932 außer Kraft; vgl. Bekanntmachung über die Kündigung des Handelsvertrags zwischen dem Deutschen Reiche und der Schweiz v. 22.12.1931, RGBl. II 740.

1191 RGBl. Nr. 48 II 1926, S. 675; Der Handelsvertrag ist am 18. Dezember 1931 vom Bundesrat der Schweizerischen Eidgenossenschaft gekündigt worden.

gesellschaften, die in dem Gebiete des einen vertragschließenden Teils ihren Sitz haben und nach dessen Gesetzen zu Recht bestehen, werden auch im Gebiete des anderen Teiles als zu Recht bestehend anerkannt. Sie können in diesem Gebiete nach Maßgabe des geltenden gesetzlichen Bestimmungen und Beschränkungen ihre handels- oder gewerbliche Tätigkeit und alle anderen Rechte ausüben. Auf jeden Fall genießen diese Gesellschaften im Gebiete des anderen vertragsschließenden Teils die gleichen Rechte, die gleichartigen Gesellschaften in dieser Beziehung meistbegünstigten Landes zustehen oder zustehen werden."

Dies ist eine bemerkenswerte Regelung, die im Jahre 1926 einen völlig neuen Abschnitt in den deutsch-schweizerischen Wirtschaftsbeziehungen einleitete: Man beurteilte in Überschätzung des *Locarno*-Paktes im Oktober 1925 die politische Lage in Europa derart zuversichtlich, dass sich für den deutsch-schweizerischen Handel seinerzeit ungeahnte Möglichkeiten eröffneten.[1192] Das Jahr 1926 war das erste Jahr ohne Einfuhrbeschränkungen; gleichwohl ließ es einen rechten Aufschwung des deutschen Handelsgeschäftes mit der Schweiz vermissen.[1193] Indessen hatten sich die Verhältnisse auf den Kapitalmärkten völlig verändert: Während sich die schweizerische Finanzwelt bis in den Herbst 1925 gegenüber deutschen Kapitalgesuchen sehr zurückhaltend gezeigt hatte, wendete sich das Blatt nunmehr. Deutschland konnte wieder seine Anleihen in der Schweiz unterbringen.[1194] Ein neuer Geist war auch in der Verkehrspolitik zu spüren: Man erleichterte den Grenzverkehr und begann über die Abschaffung von Sichtvermerken zu verhandeln.[1195] Von dieser liberalen Aufbruchsstimmungen profitierten auch die Gesellschaften beider Staaten, indem man diesen Niederlassungsfreiheit in einem zwischen Deutschland und der Schweiz bis heute nicht mehr erreichten Umfang zubilligte. Aus Sicht des Internationalprivatrechtlers *Paul H. Neuhaus* zeigt sich, dass die anerkennungsfreundlichen Idee eines von *Savigny* geprägten IPR, das „unmittelbar aus dem Nährboden liberaler Ideen gewachsen ist ..., stets dann besonders zu überzeugen vermochte, wenn auch in den außenwirtschaftlichen Beziehungen Freizügigkeit herrschte, wenn also die Intervention der Nationalstaaten in die als gemeineuropäisch verstandene Sphäre von Wirtschaft und Gesellschaft gering war."[1196]

1192 Siehe *v. Napolski*, In: 25 Jahre deutsch-schweizerischer Handel, Deutsche Handelskammer in der Schweiz (Hrsg.), 1938, S. 25 (105).

1193 Siehe *v. Napolski*, In: 25 Jahre deutsch-schweizerischer Handel, Deutsche Handelskammer in der Schweiz (Hrsg.), 1938, S. 25 (108).

1194 Siehe *v. Napolski*, in: 25 Jahre deutsch-schweizerischer Handel, Deutsche Handelskammer in der Schweiz (Hrsg.), 1938, S. 25 (106).

1195 Siehe *v. Napolski*, In: 25 Jahre deutsch-schweizerischer Handel, Deutsche Handelskammer in der Schweiz (Hrsg.), 1938, S. 25 (106).

1196 *Neuhaus*, Savigny und die Rechtsfindung aus der Natur der Sache, RabelsZ 15 (1949/50), 364 (366).

Jedoch sollte diese liberal geprägte Periode in der Beziehung beider Staaten nicht von langer Dauer sein, denn der Handelsvertrag wurde am 18. Dezember 1931 vom Bundesrat der Schweizerischen Eidgenossenschaft gekündigt und trat mit Ablauf des 4. Februar 1932 außer Kraft.[1197] Das unter der Last der Reparationszahlungsverpflichtung stehende Deutsche Reich war auf Exporterlöse dringend angewiesen, was die Schweiz zunehmend mit Sorge erfüllte. Das Volkswirtschaftsdepartement betonte die Notwendigkeit aus Sicht der Schweiz, „die schweizerisch-deutsche Handelsbilanz wesentlich zu verbessern und gleichzeitig gewisse, durch die anormale deutsche Einfuhr bedrohte Zweige unserer Wirtschaft etwas zu schützen“.[1198] Letztlich führten die gescheiterten Verhandlungen über Einfuhrkontingente zur Kündigung des Handelsvertrages.[1199]

c) Die bilateralen Abkommen

aa) Entstehungsgeschichte

Nach dem negativen Volksentscheid zum EWR und gleichzeitiger Aussichtslosigkeit des Beitrittsgesuches zur EU hat die Schweiz einen dritten Weg beschritten, um die Beziehungen zur EU zu regeln:[1200] In der Zeit nach dem 6. Dezember 1992 nahm man sektorielle Verhandlungen auf, „um der möglicherweise drohenden politischen, institutionellen und kulturellen Isolation der Schweiz entgegenzutreten und die Wettbewerbsfähigkeit der Schweizer Wirtschaft und die Qualität des Standortes Schweiz im Verhältnis zum EU-Binnenmarkt zu erhalten“.[1201] Mit einem sektoriellen Ansatz verfolgte die Schweiz mit den Worten

---

1197 Bekanntmachung über die Kündigung des Handelsvertrags zwischen dem Deutschen Reiche und der Schweiz v. 22.12.1931, RGBl. II 740.

1198 Siehe dazu Le Directeur de la Division du Commerce du Département de l'Economie publique, W. Stucki, au Ministre de Suisse à Berlin, H.Rüfenacht, in : *Favez*, Diplomatische Dokumente der Schweiz, Bd. 10, Dokumenten-Nr. 128 v. 14.12.1931, S. 281 (283).

1199 Der schweizerische Delegierte ging dabei „auf das äusserste Minimum der vom Bundesrate festgesetzten Bedingungen zurück, nämlich Kontingentierung von 45 Positionen mit einer jährlichen Einfuhrbeschränkung von ca. 40 Millionen“. In der Plenarsitzung des Reichskabinetts wurden auch diese letzten Forderungen der Schweiz abgelehnt. Es sei in den Kabinettsberatungen geäußert worden, „man hätte sich mit etwa 4-5 Kontingentierungen abfinden können, niemals aber mit 40 oder mehr“. Siehe dazu Le Directeur de la Division du Commerce du Département de l'Economie publique, W. Stucki, au Ministre de Suisse à Berlin, H.Rüfenacht, in : *Favez*, Diplomatische Dokumente der Schweiz, Bd. 10, Dokumenten-Nr. 128 v. 14.12.1931, S. 281 (283) u. (284).

1200 *Ziegler*, in: FS Europa-Institut, S. 639 (646).

1201 *Epiney/Metz/Pirker*, Zur Parallelität der Rechtsentwicklung in der EU und in der Schweiz 2012, S. 112 in Fn. 640. In der Diktion des Bundesrates heißt es dazu im Zwischenbericht zur europäischen Integrationspolitik der Schweiz vom 29. März 1995, BBl 1995 III 191 (209).

des Bundesrats eine doppelte Zielsetzung: „Einerseits um die Wettbewerbsfähigkeit unserer Wirtschaft zu erhalten; andererseits um, zu gegebenem Zeitpunkt, unsere volle und umfassende Beteiligung am europäischen Integrationsprozess zu erleichtern."[1202] Im Jahr 1999 konnten dazu zunächst sieben Abkommen abgeschlossen werden.[1203] Zum diesem ersten Paket der sog. Bilateralen I gehört insbesondere auch das hier interessierende Freizügigkeitsabkommen (FZA).[1204]

Im Juni 2001 einigten sich die Schweiz und die EU auf zehn neue Dossiers, was im Juli 2002 zur Aufnahme entsprechender Verhandlung führte. Bereits im März 2003 mussten jedoch die Verhandlungen im Hinblick auf allgemeine Regelungen zur Dienstleistungsfreiheit sistiert werden, da in diesem Bereich die

---

1202 Zwischenbericht zur europäischen Integrationspolitik der Schweiz vom 29. März 1995, BBl 1995 III 191 (209).

1203 *Ziegler*, FS Europa-Institut Basel, S. 639 (646).

1204 Die Europäische Gemeinschaft und ihre Mitgliedstaaten einerseits und die Schweizerische Eidgenossenschaft andererseits unterzeichneten am 21. Juni 1999 sieben Abkommen, darunter das Abkommen über die Freizügigkeit (FZA). Diese sieben Abkommen wurden mit Beschluss 2002/309/EG, Euratom des Rates und der Kommission vom 4. April 2002 (ABl. L 114, S. 1) im Namen der Europäischen Gemeinschaft gebilligt und traten am 1. Juni 2002 in Kraft: Abkommen vom 21. Juni 1999 zwischen der Schweizerischen Eidgenossenschaft einerseits und der Europäischen Gemeinschaft und ihren Mitgliedstaaten andererseits über die Freizügigkeit (Freizügigkeitsabkommen, FZA)(SR 0.142.112.681) ABl. EG Nr. L 114 v. 30. 4. 2002; Abkommen vom 25. Juni 2007 über wissenschaftlich-technische Zusammenarbeit zwischen der Schweizerischen Eidgenossenschaft einerseits und der Europäischen Gemeinschaft und der Europäischen Atomgemeinschaft andererseits (Forschungsabkommen)(SR 0.420.513.1) ABl. EG Nr. L 114 v. 30. 4. 2002, S. 468; Abkommen vom 21. Juni 1999 zwischen der Schweizerischen Eidgenossenschaft und der Europäischen Gemeinschaft über bestimmte Aspekte des öffentlichen Beschaffungswesens (Abkommen zum öffentlichen Beschaffungswesen)(SR 0.172.052.68) ABl. EG Nr. L 114 v. 30. 4. 2002, S. 430; Abkommen vom 21. Juni 1999 zwischen der Schweizerischen Eidgenossenschaft und der Europäischen Gemeinschaft über die gegenseitige Anerkennung von Konformitätsbewertungen (Abkommen über technische Handelshemmnisse)(SR 0.946.526.81) ABl. EG Nr. L 114 v. 30. 4. 2002, S. 369; Abkommen vom 21. Juni 1999 zwischen der Schweizerischen Eidgenossenschaft und der Europäischen Gemeinschaft über den Handel mit landwirtschaftlichen Erzeugnissen (Landwirtschaftsabkommen)(SR 0.916.026.81) ABl. EG Nr. L 114 v. 30. 4. 2002, S. 132; Abkommen vom 21. Juni 1999 zwischen der Schweizerischen Eidgenossenschaft und der Europäischen Gemeinschaft über den Luftverkehr (Luftverkehrsabkommen)(SR 0.748.127.192.68) ABl. EG Nr. L 114 v. 30. 4. 2002, S. 73; Abkommen vom 21. Juni 1999 zwischen der Schweizerischen Eidgenossenschaft und der Europäischen Gemeinschaft über den Güter- und Personenverkehr auf Schiene und Strasse (Landverkehrsabkommen)(SR 0.740.72) ABl. EG Nr. L 114 v. 30. 4. 2002, S. 91.

generelle Übernahme des EU-Sekundärrechts aus schweizerischer Sicht inakzeptabel erschien.[1205] Für die übrigen neune Verhandlungsdossiers, die sog. Bilateralen II[1206], konnte jedoch am 19. März 2004 auf dem Brüsseler Gipfel eine grundsätzliche Einigung verkündet werden.[1207]

1205 *Ziegler*, in: FS Europa-Institut, S. 639 (646).

1206 Zu den am 26. Oktober 2004 unterzeichneten Bilateralen II gehören dabei das Abkommen vom 26. Oktober 2004 zwischen der Schweizerischen Eidgenossenschaft und der Europäischen Gemeinschaft zur Änderung des Abkommens zwischen der Schweizerischen Eidgenossenschaft und der Europäischen Wirtschaftsgemeinschaft vom 22. Juli 1972 in Bezug auf die Bestimmungen über landwirtschaftliche Verarbeitungserzeugnisse (Verarbeitete Landwirtschaftsprodukte), SR 0.632.401.23; ABl. EU Nr. L 23 v. 26. 1. 2005, S. 19; Abkommen vom 26. Oktober 2004 zwischen der Schweizerischen Eidgenossenschaft und der Europäischen Gemeinschaft über die Zusammenarbeit im Bereich der Statistik (Statistikabkommen), SR 0.431.026.81, ABl. EU Nr. L 90 v. 28. 3. 2006, S. 2; Abkommen vom 26. Oktober 2004 zwischen der Schweizerischen Eidgenossenschaft und der Europäischen Gemeinschaft über die Beteiligung der Schweiz an der Europäischen Umweltagentur und dem Europäischen Umweltinformations- und Umweltbeobachtungsnetz (EIONET) (Umweltabkommen), SR 0.814.092.681, ABl. EU Nr. L 90 v. 28. 3. 2006, S. 37; Abkommen vom 11. Oktober 2007 zwischen der Schweizerischen Eidgenossenschaft und der Europäischen Gemeinschaft im audiovisuellen Bereich zur Festlegung der Voraussetzungen und Bedingungen für die Beteiligung der Schweizerischen Eidgenossenschaft am Gemeinschaftsprogramm MEDIA 2007 (MEDIA), SR 0.784.405.226.8, ABl. EU Nr. L 303 v. 21. 11. 2007, S. 11; Abkommen vom 26. Oktober 2004 zwischen dem Schweizerischen Bundesrat und der Kommission der Europäischen Gemeinschaften zur Vermeidung der Doppelbesteuerung von in der Schweiz ansässigen ehemaligen Beamten der Organe und Agenturen der Europäischen Gemeinschaften (Ruhegehälter), SR 0.672.926.81, ABl. EU Nr. L 90 v. 28. 3. 2006, S. 37; Abkommen zwischen der Schweizerischen Eidgenossenschaft, der Europäischen Union und der Europäischen Gemeinschaft über die Assoziierung dieses Staates bei der Umsetzung, Anwendung und Entwicklung des Schengen-Besitzstands (SAA), SR 0.362.31, vormals: SR 0.360.268.1; ABl. EU Nr. L 53 v. 27. 2. 2008, S. 52; Abkommen zwischen der Schweizerischen Eidgenossenschaft und der Europäischen Gemeinschaft über die Kriterien und Verfahren zur Bestimmung des zuständigen Staates für die Prüfung eines in einem Mitgliedstaat oder in der Schweiz gestellten Asylantrags (DAA), SR 0.142.392.68, ABl. EU Nr. L 53 v. 27. 2. 2008; Abkommen vom 26. Oktober 2004 über die Zusammenarbeit zwischen der Schweizerischen Eidgenossenschaft einerseits und der Europäischen Gemeinschaft und ihren Mitgliedstaaten andererseits zur Bekämpfung von Betrug und sonstigen rechtswidrigen Handlungen, die ihre finanziellen Interessen beeinträchtigen (Betrugsbekämpfungsabkommen), SR 0.351.926.81, ABl. EU Nr. L 385 v. 29. 12. 2004, S. 30; Abkommen vom 26. Oktober 2004 zwischen der Schweizerischen Eidgenossenschaft und der Europäischen Gemeinschaft über Regelungen, die den in der Richtlinie 2003/48/EG des Rates im Bereich der Besteuerung von Zinserträgen festgelegten Regelungen gleichwertig sind, SR 0.641.926.81, und Abkommen vom 26. Oktober 2004

Insgesamt jedoch stellt sich die Handhabung des auf diese Weise geschaffenen institutionellen Rahmens kompliziert dar[1208]: Der *Acquis* Schweiz – EU besteht derzeit aus etwa 20 bilateralen Hauptabkommen und über 100 Sekundärabkommen.[1209] Ob der eingeschlagene Weg auch zukünftig wie bisher beschritten und zu Bilateralen III führen wird, erscheint ungewiss. Die ständige Anpassung und Angleichung der statischen Abkommen an den dynamischen *acquis communitaire* stellt eine immer komplexere Aufgabe dar. Von europäischer Seite wird eine verstärkte Dynamisierung der Rechtsprechung zu den bilateralen Verträgen angestrebt.[1210] Insgesamt aber handelt sich um ein System, das „eindeutig an seine Grenzen stößt“;[1211] der Abschluss neuer bilateraler Verträge wird nunmehr davon abhängig gemacht werden, dass solche Vereinbarungen auf eine neue institutionelle Grundlage gestellt werden.[1212]

bb) Rechtsnatur

Die bilateralen Abkommen sind formal als „klassische“ völkerrechtliche Verträge ausgestaltet.[1213] Nur vereinzelt gehen die Abkommen dabei über ihren staatsvertraglichen Gehalt hinaus: Während das Luftverkehrsabkommen eine „echte“ Integration in den *acquis communitaire* vorsieht, liegt beim Schengen- und beim

in Form eines Briefwechsels zwischen der Schweizerischen Eidgenossenschaft und der Europäischen Gemeinschaft über den Zeitpunkt der Anwendung des Abkommens (Zinsbesteuerungsabkommen), SR 0.641.926.81, ABl. EU Nr. L 385 v. 29. 12. 2004, S. 30.

1207 *Ziegler*, in: FS Europa-Institut, S. 639 (646).

1208 Siehe *Tobler,* in: Breuss/Cottier/Müller-Graff (Hrsg.), Die Schweiz im europäischen Integrationsprozess, 2008, S. 11 (37): „Im Vergleich zu einem Beitritt zur EU oder zum EWR hat die Schweiz mit dem bilateralen Weg aus rein rechtlicher Sicht die komplexestmögliche Lösung gewählt. Der Preis dafür ist ein im Vergleich deutlich größeres Maß an Rechtsunsicherheit.“

1209 *Hummer*, EuZ 2012, 128 (132).

1210 *Baudenbacher*, in: FS Weber, S. 821 (837).

1211 Siehe Schlussfolgerungen des Rates zu den Beziehungen zwischen der EU und den EFTA-Ländern, vom 14. Dezember 2010, S. 11 (Ziff. 48). Dort wird festgestellt, „dass das derzeitige System bilateraler Abkommen zwar in der Vergangenheit gut funktioniert hat, die Herausforderung der kommenden Jahre aber darin bestehen wird, über dieses komplexe System, das Rechtsunsicherheit schafft, schwer zu handhaben ist und eindeutig an seine Grenzen stösst, hinauszugehen“.

1212 *Baudenbacher*, in: FS Weber, S. 821 (822).

1213 Botschaft zur Genehmigung der sektoriellen Abkommen zwischen der Schweiz und der EG vom 23. Juni 1999, BBl 1999, 6128 (6156); *Epiney/Metz/Pirker*, Zur Parallelität der Rechtsentwicklung in der EU und in der Schweiz 2012, S. 96.

Dublin-Abkommen eine partielle Integration in Form einer Assoziierung vor.[1214]

Die schweizerische Rechtsordnung – wie übrigens auch die EU[1215] – ist monistisch geprägt:[1216] Damit gilt das Völkerrecht, an das die Schweiz gebunden ist, ohne weitere Umsetzung als Teil der schweizerischen Rechtordnung. Damit hat das sektorielle Vertragsrecht in seiner Eigenschaft als Völkerrecht grundsätzlich Vorrang vor innerstaatlichem Recht; vgl. Art. 27, 28 WÜK.[1217]

Was die Auslegung der bilateralen Abkommen anbelangt, so richtet sich diese nach den völkerrechtlichen Auslegungsmethoden der Wiener Vertragsrechtskonvention (WVRK).[1218] Während im unionsrechtlichen Kontext eine am Sinn und Zweck sowie *effet utile* ausgerichtete Auslegungsmethode[1219] in den Mittelpunkt rückt, gilt im Völkerrecht die so bedeutsame subjektiv-souveränitätsbezogene Konkretisierungsmethode.[1220]

Mit Blick auf die inhaltliche Ausrichtung der Abkommen kann in dreifacher Hinsicht differenziert werden: Zunächst wird zwischen Kooperationsabkommen, die die Zusammenarbeit in bestimmten Bereichen oder die Teilhabe der Schweiz an bestimmten EU-Programmen betreffen, sowie Liberalisierungs- und Harmonisierungsabkommen, wie sie z.B. in den Bereichen Personen- und Landverkehr vorliegen, unterschieden. Daneben kann auch danach differenziert werden, ob ein (Teil-)Integrationsvertrag, wie im Fall des Luftverkehrsabkommens oder der Schengen/Dublin-Abkommen, vorliegen.[1221]

Relevanz mit Blick auf das Gesellschaftsrecht könnte demnach insbesondere das Freizügigkeitsabkommen (FZA) haben:[1222] Die Schweiz ist aber über die sog. „bilateralen“ Abkommen mit der EG sowie den einzelnen Mitgliedstaaten auf der anderen Seite verbunden.[1223] Die Bezeichnung als „bilateral”, die nach

1214 *Epiney/Metz/Pirker*, Zur Parallelität der Rechtsentwicklung in der EU und in der Schweiz 2012, S. 96/7.

1215 EuGH, EMRK-Gutachten, Gutachten 2/94 v. 28. 3. 1996, Slg. 1996, I-1759.

1216 Bericht des Schweizer Bundesrats zum Verhältnis von Völkerrecht und Landesrecht v. 5. 3. 2010, BBl 2010, 2263 Rn. 8.2; *Breitenmoser/Weyeneth*, EuZW 2012, 854 (855).

1217 *Breitenmoser/Weyeneth*, EuZW 2012, 854 (855).

1218 *Oesch*, SZIER 2011, 583 (605).

1219 Der Grundsatz des effet utile könne auch „als Spielart der teleologischen Interpretation“ angesehen werden; siehe zu dieser Frage sowie insgesamt zum effet utile als Auslegungsgrundsatz *Potacs*, EuR 2009, 465 (469).

1220 *Oppermann/Classen/Nettesheim*, Europarecht 2011, § 9 Rn. 165 ff.

1221 *Epiney/Metz/Pirker*, Zur Parallelität der Rechtsentwicklung in der EU und in der Schweiz 2012, S. 99.

1222 Abl. EG Nr. L 114 vom 30. 4. 2002, S. 6 – 72.

1223 Dabei handelt es sich um völkerrechtliche Verträge, die in der Literatur auch als „gemischte Abkommen“ bezeichnet werden. Der Begriff des „gemischten Abkommens“

völkerrechtlichem Verständnis die Begründung eines rechtlichen Bandes zwischen lediglich zwei Partnern suggeriert, ist dabei jedoch zumindest irreführend, denn neben der EG sind auch die Mitgliedstaaten Vertragsparteien des Freizügigkeitsabkommens.[1224]

cc) Personenfreizügigkeit

Die Vertragsparteien schlossen das Abkommen gemäß seiner Präambel „in der Überzeugung, dass die Freizügigkeit der Personen im Hoheitsgebiet der anderen Vertragspartei wesentlicher Bestandteil einer harmonischen Entwicklung ihrer Beziehungen ist", und erklärten sich „entschlossen, diese Freizügigkeit zwischen ihnen auf der Grundlage der in der Europäischen Gemeinschaft geltenden Bestimmungen zu verwirklichen".[1225] Nach Art. 1 FZA ist es das Ziel des Abkommens, zu Gunsten der Staatsangehörigen der Mitgliedstaaten der Europäischen Gemeinschaft und der Schweiz das Recht auf Einreise, Aufenthalt, Zugang zu unselbständiger Erwerbstätigkeit und selbständiger Niederlassung einzuräumen sowie eine Erleichterung der grenzüberschreitenden Dienstleistungserbringung und Aufenthalts- und Verbleiberechte auch für Nichterwerbstätige zu schaffen.[1226] Insgesamt betrifft das Abkommen somit die Öffnung des Arbeits-,

---

findet sich jedoch nicht im positiven Unionsrecht. In Anlehnung an die Bezeichnung in Art. 218 AEUV für Abkommen der EU greift der EuGH in diesem Zusammenhang vielmehr auf den Terminus „gemischte Übereinkunft" zurück; vgl. EuGH, Urt. v. 30.05.2006, Rs. C-459/03 – *Kommission/Irland*, Slg. 2006, I-4635, Rn. 61; siehe *Kumin/Bittner*, EuR-Beiheft 2-2012, 75 (75). Diese Vertragsform wird für völkerrechtliche Verträge gewählt, wenn die Europäische Union lediglich über eine geteilte Zuständigkeit gemäß Art. 2 Abs. 2 AEUV verfügt und damit auch mitgliedstaatliche Kompetenzen berührt sind; vgl. *König/Haratsch/Pechstein*, Europarecht, 2012, Rn. 72, S. 33/4. Ausführliche Beiträge zu den einzelnen Verträgen finden sich bei *Thürer/Weber/Zäch*, Bilaterale Verträge Schweiz – EG, S. 1 ff.

1224 *Kahil-Wolff/Mosters*, EuZW 2001, 5 (6).

1225 So die Präambel des Abkommens; vgl. Abl. EG Nr. L 114 vom 30. 4. 2002, S. 6. Mit Blick auf die Präambel wurde in Art. 16 Abs. 2 Satz 1 FZA bestimmt, dass die bis zum Zeitpunkt des Abkommensschlusses am 21. 6. 1999 ergangene Rechtsprechung des EuGH für die Auslegung der verwendeten gemeinschaftsrechtlichen Begriffe herangezogen wird. Später ergangene Rechtsprechung ist hingegen nicht automatisch zu berücksichtigen. Grundsätzlich nimmt das Schweizerische Bundesgericht auch auf neuere Urteile des EuGH Bezug – dies aber freilich nur als Auslegungshilfe. Die Schweiz ist über nach dem Stichtag ergangene Judikatur des EuGH zu informieren (Art. 16 Abs. 2 2. Satz FZA). Die Reichweite der „Berücksichtigungspflicht" der Rechtsprechung des EuGH im Rahmen des FZA ist indes weit gefasst. Vgl. dazu *Epiney*, ZBJV 2005, 1 (30). Siehe insgesamt zu der Entwicklung des bilateralen Vertragsverhältnisses zwischen der Schweiz und der EG: *Odendahl*, in: FS 25 Jahre juristische Abschlüsse Univ. St. Gallen, S. 129 (129 ff).

1226 Siehe Art. 1 FZA.

Dienstleistungs- und – freilich nur ganz ausnahmsweise – des Kapitalmarktes, wobei in diesen Bereichen selektiv relevantes Unionsrecht übernommen wird.[1227]

Von Bedeutung im Hinblick auf die Freizügigkeit ist insbesondere Anhang I FZA, in dem die eigentliche Personenfreizügigkeit geregelt wird.[1228] Dort sind die den vom Abkommen Begünstigten jeweils zustehenden Rechte im Einzelnen aufgeführt. Die einschlägigen Regelungen knüpfen dabei an Kategorien des Unionsrechts an, wenn nach Arbeitnehmern, selbständig Erwerbstätigen, Dienstleistungserbringern und -empfängern, Nichterwerbstätigen und Familienangehörigen differenziert wird. Die den genannten begünstigten Personengruppen zustehenden Rechte werden in Anlehnung an den zum Zeitpunkt der Unterzeichnung einschlägigen *acquis communitaire* im Anhang selbst formuliert; jedoch wird dabei eine direkte Bezugnahme auf unionsrechtliche Bestimmungen nur punktuell vorgenommen.[1229]

Die in Art. 49 AEUV statuierte Niederlassungsfreiheit findet dabei im FZA ihr Pendant in Art. 1 lit. a, 3,4, sowie 7 FZA i.V.m. Art. 12 ff. Anhang I FZA. Während nach den Bestimmungen des europäischen Primärrechts über Art. 49 Abs. 2 AEUV klargestellt ist, dass auch „Gesellschaften" in den Genuss der Niederlassungsfreiheit kommen und diese über Art. 54 AEUV den natürlichen Personen gleichgestellt sind,[1230] sind nach dem Wortlaut der genannten Normen des FZA juristische Personen nicht vom Anwendungsbereich des Abkommens erfasst.[1231]

1227 *Tobler*, in: Breuss/Cottier/Müller-Graff/Hatje (Hrsg.), Die Schweiz im europäischen Integrationsprozess, 2008, S. 11 (25).

1228 *Epiney/Metz/Pirker*, Zur Parallelität der Rechtsentwicklung in der EU und in der Schweiz 2012, S. 106.

1229 *Epiney/Metz/Pirker*, Zur Parallelität der Rechtsentwicklung in der EU und in der Schweiz 2012, S. 106.

1230 Calliess/Ruffert, EUV/AEUV-*Bröhmer* 4. Aufl. 2011 AEUV Art. 54 (ex-Art. 48 EGV), Rn 8; *Forsthoff*, in: Grabitz/Hilf/Nettesheim, Das Recht der Europäischen Union, EL 46 Okt. 2011, Art. 54 AEUV Rn. 19 ff.

1231 EuGH Urt. v. 12. 11. 2009 Rs. C-351/08 – *Grimme*, Slg. 2009 I-10777 Rn. 35 sowie zuletzt EuGH Urt. v. 11. 2. 2010, Rs. C-541/08 – *Fokus Invest AG*, Slg. Slg. 2010, I-1025 Rn. 30: "Der Gerichtshof ist zu der Feststellung gelangt, dass dieses Abkommen und sein Anhang mit Ausnahme von Art. 5 Abs. 1 des Abkommens und Art. 18 des Anhangs I des Abkommens, mit denen Gesellschaften ein bestimmtes Recht auf die Erbringung von Dienstleistungen eingeräumt wird, keine Bestimmung enthalten, die juristischen Personen ein Recht gewährte."

3. Der europäische Rahmen

a) Anerkennungsprinzip statt Verweisungstechnik

Auf europäischer Ebene wurde bislang ein spezielles internationales Gesellschaftsrecht nicht kodifiziert.[1232] Während der durch den Vertrag von Lissabon weggefallene *ex*-Art. 293 EG[1233] noch einen Handlungsauftrag an die Mitgliedstaaten stellte, untereinander in Verhandlungen einzutreten, um „die gegenseitige Anerkennung der Gesellschaften,... die Beibehaltung der Rechtspersönlichkeit bei Verlegung des Sitzes von einem Staat in einen anderen und die Möglichkeit der Verschmelzung von Gesellschaften, die den Rechtsvorschriften verschiedener Mitgliedstaaten unterstehen", sicherzustellen, kam es im Hinblick auf die gegenseitige Anerkennung zwar im Jahr 1968 noch zu einem entsprechenden Übereinkommen[1234], welches jedoch mangels Ratifizierung durch die Niederlande nicht in Kraft trat.[1235] Auch von schweizerischer Seite wurde seinerzeit ein Beitritt befürwortet.[1236]

Mit Ausnahme der Insolvenz-Verordnung sind die nationalen Gesellschaftskollisionsrechte in der Europäischen Union bislang nicht harmonisiert oder vereinheitlicht.[1237] Der Vorschlag des deutschen Rates für IPR aus dem Jahre 2006 für eine Regelung des Internationalen Gesellschaftsrechts, der die Statuierung der Gründungstheorie auf europäischer Ebene vorsah, wurde indessen nicht von

---

1232 So sind nach Art. 1 Abs. 2 lit. f Rom I-VO sowie Art. 1 Abs. 2 lit. d Rom II-VO Schuldverhältnisse, die sich aus dem Gesellschaftsrecht, dem Vereinsrecht und dem Recht der juristischen Personen ergeben, von den betreffenden Kollisionsnormen nicht erfasst; Henssler/Strohn, Gesellschaftsrecht, 2011, IntGesR-*Servatius* Rn. 3.

1233 Die Regelung des ex-Art. 293 EG (ex-Art. 220 EWG) wurde weder in den EU-Vertrag (EUV) noch in den Vertrag über die Arbeitsweise der Europäischen Union (AEUV) aufgenommen; eine Nachfolgeregelung findet sich insoweit nicht. Jedoch findet sich in Art. 4 Abs. 3 EUV folgender Hinweis: „Nach dem Grundsatz der loyalen Zusammenarbeit achten und unterstützen sich die Union und die Mitgliedstaaten gegenseitig bei der Erfüllung der Aufgaben, die sich aus den Verträgen ergeben."

1234 Siehe dazu bereits *Nobel*, Europäisierung des Aktienrechtes 1974, S. 91ff.

1235 So ist das 1972 seitens der Bundesrepublik Deutschland ratifizierte „EG Übereinkommen über die gegenseitige Anerkennung von Gesellschaften und juristischen Personen" vom 29.2.1968, BGBl. 1972 II 369 nicht in Kraft getreten und als obsolet zu betrachten. Siehe zum Scheitern *Timmermans*, RabelsZ 48 (1984), 39f. *Drury*, C.L.J 57 (1998), 165 (182) und *Cath*, 6 (1986) Y.B.Eur.L. 247 (252).

1236 Jedoch würde „die Schweiz sich doch eher in einer Defensivposition befinden, die durch ein Anerkennungsabkommen dieser Art nicht verbessert würde." So die Stellungnahme bei *Nobel*, Europäisierung des Aktienrechtes 1974, S. 100.

1237 *Grundmann*, Europäisches Gesellschaftsrecht, 2011, § 6 Rn. 169.

der Kommission aufgegriffen.[1238] Ob es zukünftig zu einem einheitlichen Gesellschaftskollisionsrecht im Sinne einer „Rom VII-VO" kommen wird, bleibt zu hoffen.[1239] Gleichwohl würde auch eine solche gesellschaftsrechtliche Rom-Verordnung nicht alle Probleme aus der Welt schaffen und eine optimale grenzüberschreitende Unternehmensmobilität gewährleisten können, „da insbesondere für eine Ermöglichung grenzüberschreitender Umwandlungen einheitliches Kollisionsrecht nicht ausreichend ist, sondern es Regelungen bedarf, die die nationalen materiellen Gesellschaftsrechte miteinander abstimmen."[1240]

Bereits in ihrem Bericht aus dem Jahr 2011 hat die *Reflection Group* zu einer Debatte über eine Harmonisierung aufgerufen.[1241] Der Aktionsplan der Kommission zur Umsetzung des Stockholmer Programms sieht schließlich für das Jahr 2014 die Vorlage eines Grünbuches zum Gesellschaftskollisionsrecht vor.[1242] Was die Rechtsprechung des EuGH anbelangt, so ist diese in kollisionsrechtlicher Hinsicht von Zurückhaltung geprägt:[1243] Wenn man die deutschen Stellungnahmen zur Entscheidung *Überseering* zugrunde legt, so entsteht dabei oftmals der Eindruck, der EuGH habe die Dichotomie von Sitz- und Gründungstheorie zugrunde gelegt. Jedoch hat der EuGH die vom vorlegenden Gericht erwünschte klare Stellungnahme zugunsten der Gründungstheorie verweigert.[1244] Eine solche konnte dabei auch nicht als Aufgabe des EuGH angesehen werden, denn damit hätte er fremdes Terrain betreten: Kollisionsrecht ist nach wie vor autonomes, nationales Recht.[1245] Dies hat der EuGH zuletzt in der Rechtsache *VALE Építési kft.* klargestellt:[1246] Demnach kann ein Mitgliedstaat „sowohl die Anknüpfung bestimmen, die eine Gesellschaft aufweisen muss, um als nach seinem innerstaatlichen Recht gegründet angesehen werden und damit in den Genuss der Niederlassungsfreiheit gelangen zu können, als auch die Anknüpfung,

---

1238 Siehe dazu Art. 2 EG-VO-E bei *Sonnenberger/Bauer* RIW Beil. zu Heft 4/2006, 1 (2ff.).

1239 Dazu ausführlich *Kieninger*, in: Europäisches Gesellschaftsrecht auf neuen Wegen, Müller-Graff/ Teichmann (Hrsg.) 2010, S. 57 ff. In dieser Hinsicht Zweifel äußernd *Grundmann*, Europäisches Gesellschaftsrecht, 2011, § 22 Rn. 769.

1240 *Leible,* RabelsZ 76 (2012), 374 (395).

1241 Bericht der *Reflection Group*, S. 23 ff.

1242 KOM 2010, 171, S. 26; siehe *Lutter/Bayer/Schmidt*, Europäisches Unternehmens- und Kapitalmarktrecht, 2012, § 6 Rn. 83, S. 113.

1243 *Teichmann*, Binnenmarktkonformes Gesellschaftsrecht, 2006, S. 423; *Rammeloo*, Corporations in International Private Law, 2001, S. 73 spricht von „Absence of ECJ considerations regarding recognition theories.".

1244 *Teichmann*, Binnenmarktkonformes Gesellschaftsrecht, 2006, S. 423.

1245 *Schanze/Jüttner* AG 2003 661 (665).

1246 Siehe das noch nicht in der amtlichen Slg. veröffentlichte EuGH Urt. v. 12.7.2012, Rs. C-378/10 – *VALE Építési kft.*, NJW 2012, 2715.

die erforderlich ist, damit diese Eigenschaft später erhalten bleibt."[1247] Diese Ausführungen verdeutlichen einmal mehr, daß die unionsrechtliche Niederlassungsfreiheit insoweit keinesfalls die Gestaltungsfreiheit der Mitgliedstaaten beschränkt.[1248] Diese haben lediglich die Wahl des Anknüpfungsmerkmals, das der Bestimmung des Gesellschaftsstatuts dienen soll, so zu treffen, dass es mit den Vorgaben des Unionsrechts kompatibel ist.[1249]

Nach der vom EuGH in der *Überseering*-Entscheidung entwickelten Herkunftslandanknüpfung der Rechts- und Parteifähigkeit sind eine pauschale Nichtanerkennung einer Gesellschaft und das damit verbundene Erfordernis, die Gesellschaft in einem anderen Mitgliedsstaat neu zu gründen, als mit der Niederlassungsfreiheit unvereinbar anzusehen.[1250] Aufgrund von Art. 49, 54 AEUV genießt eine in einem anderen Mitgliedstaat wirksam gegründete Gesellschaft, die dort ihren Satzungssitz hat, vielmehr das Recht, als Gesellschaft des Gründungsrechts in anderen Mitgliedstaaten von ihrer Niederlassungsfreiheit Gebrauch zu machen.[1251] Dabei geht diese primärrechtliche Anerkennungspflicht weit über die Frage der bloßen Anerkennung der rechtlichen Existenz der Gesellschaft hinaus. Denn das Gründungsrecht verdrängt vielmehr alle Rechtsvorschriften des „Anerkennungsstaats", die geeignet sind, als Beschränkung der Niederlassungsfreiheit zu wirken.[1252] Dieses mit den Tatbestandselementen „Gründung", „Satzungssitz" und „Existenz" der Gesellschaft in einem Mitgliedstaat verknüpfte Anerkennungsprinzip verfügt mit dem in der kollisionsrechtlichen Diskussion verwendeten Begriff der „Gründungstheorie" kaum mehr über eine Schnittmenge.[1253] In diesem Anerkennungsverständnis wird daher auch ein

1247 Siehe das noch nicht in der amtlichen Slg. veröffentlichte EuGH Urt. v. 12.7.2012, Rs. C-378/10 – *VALE Építési kft.*, NJW 2012, 2715 (2716), Rn. 29 unter Hinweis auf EuGH Urt. v. 16.12.2008 Rs. C-210/06 – *Cartesio*, Slg. 2008, I-9641 Rn. 110 sowie das ebenfalls noch nicht in der amtlichen Slg. veröffentlichte EuGH, Urt. v 29.11.2011, Rs. C-371/10 – *National Grid Indus*, EuZW 2011, 951 (952) Rn. 27 und die dort angeführte Rspr..

1248 *Behrens/Hoffmann*, in: Ulmer/Habersack/Löbbe (Hrsg.) GroßKomm GmbHG, Einl. B. 8.

1249 *Behrens/Hoffmann*, in: Ulmer/Habersack/Löbbe (Hrsg.) GroßKomm GmbHG, Einl. B. 9.

1250 EuGH, Urt. v. 5.11.2002, Rs. C-208/00 – Überseering, Slg. 2002, I- 9919, Rn. 80 ff; 92 ff.; siehe dazu *Schanze/Jüttner* AG 2003 661 (665); *Lutter/Bayer/Schmidt*, Europäisches Unternehmens- und Kapitalmarktrecht, 2012, § 6 Rn. 23 ff.; *Teichmann*, Binnenmarktkonformes Gesellschaftsrecht, 2006, S. 89 ff.; *Grundmann*, Europäisches Gesellschaftsrecht, 2011, § 22 Rn. 6; *Craig/de Búrca* EU Law 2011, S. 783.

1251 *Lutter/Bayer/Schmidt*, Europäisches Unternehmens- und Kapitalmarktrecht, 2012, § 5 Rn. 2.

1252 *Mansel*, RabelsZ 70 (2006) 651 (662).

1253 *Schanze/Jüttner* AG 2003 661 (665).

neues Strukturprinzip des Europäischen internationalen Privatrechts erblickt, das an die Stelle der herkömmlichen Verweisungstechnik tritt;[1254] dieser droht *Horatia Muir Watt* zufolge vielmehr das Schicksal absorbiert oder gänzlich überflüssig zu werden.[1255]

Demnach stellt die Anerkennung ausländischer Gesellschaften nur noch im Hinblick auf drittstaatliche Gesellschaften, die nicht dem europäischen Primärrecht unterfallen, einen dem Internationalen Gesellschaftsrecht zuordenbaren rechtlichen Vorgang dar, und zwar in Form einer Anwendung des kraft traditioneller kollisionsrechtlicher Verweisung berufenen Rechts.[1256] Es finden sich keine europäischen Vorgaben, die eine bestimmte Anknüpfung vorschreiben würden, eingeschränkt werden vielmehr die damit verbundenen Rechtsfolgen.[1257] Keinesfalls bedeutet dies jedoch – wie es in der deutschen Literatur oft genug behauptet wurde[1258] –, das Internationale Gesellschaftsrecht sei „niederlassungsfreiheitsresistent"[1259]. Die Freiheiten des AEUV sehen keine Bereichsausnahme für das Gesellschaftskollisionsrecht vor; sie gewährleisten von ihrem Grundsatz her umfassend die Mobilität von Gesellschaften.[1260] Die in Art. 49, 54 AEUV (*ex*-Art. 43, 48 EG) statuierte Niederlassungsfreiheit stellt somit eine gemeinschaftsrechtliche Schranke für die Ausgestaltung von Kollisionsnormen dar, welche die Niederlassungsfreiheit betreffen.[1261] Beschränkungen bedürfen

---

1254 Siehe dazu die im Titel gestellte Frage des Beitrages von *Mansel*, RabelsZ 70 (2006) 651 (651): „Anerkennung statt Verweisung als neues Strukturprinzip des Europäischen internationalen Privatrechts?"

1255 *Muir Watt*, EdinLR 9 (2005) 6 (15): „However, in this debate, traditional theory seems to be under threat of either redundancy or absorption, rather than a likely candidate for renewal. The survival of the conflict of laws as a distinct discipline in the context of the internal market now depends on its ability to adjust to the changing nature of private law and to fulfil the specifically regulatory function which it has been hitherto denied, at least in the Continental tradition."

1256 *Rieks*, Anerkennung im Internationalen Privatrecht, 2012, S. 78.

1257 Daher ist es auch insoweit missverständlich, wenn von der „europarechtlichen Gründungstheorie" die Rede ist; vgl. *Leible/Hoffmann* RIW 2002, 925 (934).

1258 *Hellwig* ZGR 2013, 216 (227) spricht von „Akzeptanzschwierigkeiten gegenüber der Niederlassungsfreiheit" im deutschen Recht.

1259 So explizit *Klinke*, ZGR 1993, 1 (7): „Das internationale Gesellschaftsrecht der Mitgliedstaaten und in der Folge auch die Sitztheorie sind *niederlassungsfreiheitsresistent* [Hervorhebung im Original]. Internationales Gesellschaftsrecht geht vor Niederlassungsfreiheit". Diesem zustimmend *Kindler*, NJW 1999, 1993 (1999): „Internationales Gesellschaftsrecht geht vor Niederlassungsfreiheit".

1260 *Forsthoff*, in: Grabitz/Hilf/Nettesheim, Das Recht der Europäischen Union, EL 46 Okt. 2011, Art. 54 AEUV Rn. 24.

1261 *Schanze/Jüttner* AG 2003 661 (665).

der Rechtfertigung und müssen dem der *Gebhard*-Entscheidung zugrunde liegenden sog. „Vier-Konditionen-Test“ standhalten.[1262]

b) Gleichstellung von Gesellschaften mit natürlichen Personen

Den bedeutsamsten Wandel hat der EuGH insbesondere dadurch bewirkt, dass er das in Art. 54 AEUV (*ex*-Art. 48 EG) formulierte Gebot der niederlassungsrechtlichen Gleichstellung von Gesellschaften mit natürlichen Personen richterrechtlich konturiert hat.[1263] Darin sei – wie *Christoph Teichmann* es ausdrückt – „kein juristischer ‚Betriebsunfall‘“ zu erblicken, „sondern eine sinvolle Parallele, die sich dogmatisch fruchtbar machen lässt.“[1264] Auf diese Weise erteilte der EuGH nämlich dem Territorialitätsprinzip eine Absage. Dieses Prinzip wurde im Verlauf der Geschichte des Internationalen Privatrechts zunächst für *natürliche* Personen im Familien- und Erbrecht aufgelockert.[1265] In diesem Bereich kristallisierte sich im Anschluss an *Pasquale S. Mancini* die Staatsangehörigkeit als Anknüpfungspunkt heraus. Nach seiner Auffassung besteht die völkerrechtliche Pflicht der Staaten, die zivilen Rechte von Ausländern in gleicher Weise zu achten wie die der Inländer.[1266] Das Abstellen auf die Staatsangehörigkeit kann somit als Ausdruck kultureller Toleranz gewertet werden:[1267] Als allseitige Kollisionsnorm ausgestaltet betrachtete *Mancini* die Staatsangehörigkeit nämlich als kollisionsrechtliches Instrument, das Inländer und Ausländer gleichstellte, ohne indessen den Unterschied der Sachverhalte preiszugeben.[1268] Da der frühere diskriminierende fremdenrechtliche Ansatz[1269] aufgegeben wurde, galten *Mancinis* Ideen geradezu als liberal und kosmopolitisch.[1270] Auf diese Weise wurde eine einheitliche Behandlung der Rechtsverhältnisse über die Grenze hinweg gesichert.[1271] Denn das Staatsangehörigkeitsprinzip ermöglicht natürlichen Personen,

---

1262 EuGH Urt. v. 30.11.1995, Rs. C-55/94 – *Gebhard*, Slg. 1995, I-4165.

1263 *Leible*, ZGR 2004, 531 (532).

1264 *Teichmann*, in: FS Hommelhoff, S. 1213 (1214).

1265 *Weller/Leuering*, Sitzverlegungen von Gesellschaften in Europa 2012, S. 5.

1266 *Jayme*, Internationales Privatrecht: Ideengeschichte, 2009, S. 40. In seiner Turiner Antrittsvorlesung des Jahres 1851 stellt *Mancini* die Leitideen der Freiheit, der Nationalität und der staatlichen Souveränität heraus und führt den Geltungsgrund des Internationalen Privatrechts auf die zentrale Idee der ‘nazionalità’ zurück; *Ranieri* Legal Hist. Rev. 68 (2000), 603 (604) siehe dazu eingehend *Halpérin*, Entre nationalisme juridique et communauté de droit, 1999, S. 79.

1267 *Weller/Leuering*, Sitzverlegungen von Gesellschaften in Europa 2012, S. 5.

1268 *Jayme*, Internationales Privatrecht: Ideengeschichte, 2009, S. 13.

1269 *Jayme*, Internationales Privatrecht: Ideengeschichte, 2009, S. 43.

1270 *Nussbaum,* Colum. L. Rev., 42 (1942), 189 (193): “Thus the Italian theory, despite its emphasis upon nationality, is distinctly liberal and cosmopolitan.”

1271 *Jayme*, Internationales Privatrecht: Ideengeschichte, 2009, S. 13.

„dass ein Ausländer bei der Einreise nach Deutschland sein Heimatrecht ‚mitbringen' kann."[1272]

So wird nach Art. 7 Abs. 1 S. 1 EGBGB die Rechts- und Geschäftsfähigkeit einer natürlichen Person nach den Gesetzen des Staates beurteilt, dem die Person angehört.[1273] Noch klarer bringt dies Art. 11 ZGB zum Ausdruck, in dessen Absatz 1 es heißt: „Rechtsfähig ist jedermann." Dabei spricht das schweizerische Recht den Grundsatz der allgemeinen Rechtsfähigkeit der natürlichen Personen aus, die jedem Menschen voraussetzungslos zusteht, weil er Mensch ist.[1274] Im Hinblick auf die Rechtsfähigkeit von natürlichen Personen sind Bestimmungen in anderen Rechtsordnungen, welche diese einschränken, weitgehend unbekannt.[1275] Wenn eine ausländische Rechtsordnung eine solche Einschränkung vorsähe, würden diese im Inland aufgrund eines Verstoßes gegen den *ordre public*-Vorbehalt nicht angewandt; man kann somit von einer echten „transnationalen Rechtsfähigkeit" des Individuums sprechen.[1276]

Maßgebend ist dabei grundsätzlich das Heimatrecht der Person. Eingebettet in das Wirkungsstatut, die sog. *lex causae*[1277], sind hingegen die besonderen Rechts- und Geschäftsfähigkeiten für bestimmte Sachbereiche, wie z.B. Ehe-

---

1272 *Weller/Leuering*, Sitzverlegungen von Gesellschaften in Europa 2012, S. 5.

1273 Staudinger BGB-*Hausmann*, Art. 7 EGBGB Rn. 3; Palandt BGB-*Heldrich*, Art. 7 EGBGB Rn. 1 ff. Demgegenüber sieht das Schweizer Recht mit der Kollisionsregel in Art 34 Abs 1 IPRG vor, dass die Rechtsfähigkeit einer natürlichen Person stets dem Schweizer Recht unterliegt. Einschränkungen gelten gem Art. 34 Abs 2 IPRG nur für den Beginn und das Ende der Persönlichkeit; sie unterstehen "dem Recht des Rechtsverhältnisses, das die Rechtsfähigkeit voraussetzt", also dem jeweiligen Wirkungsstatut. Es ging dem Schweizer Gesetzgeber insbesondere darum, den in Art. 11 Abs 1 ZGB normierten Grundsatz, dass jedermann rechtsfähig ist, auch in Fällen mit Auslandsberührung durchzusetzen; vgl. dazu Staudinger-*Hausmann* Art 7 EGBGB Rn. 4; ZürchKomm IPRG-*Vischer* Art. 34 Rn. 1.

1274 Siehe HK ZGB-*Schwander*, Art. 11 Rn. 3: „Die allgemeine Rechtsfähigkeit steht jedem Menschen unmittelbar und in gleicher Weise zu. ZGB 11 Abs. 2 lässt diesbezüglich keine Diskriminierungen oder Einschränkungen nach Kriterien wie Alter, Geschlecht, Staatsangehörigkeit, Herkunft usw. zu."

1275 *Lehmann*, AcP 207 (2007), 225 (252/3).

1276 *Lehmann*, AcP 207 (2007), 225 (253).

1277 Siehe dazu *v. Bar/Mankowski*, Internationales Privatrecht Bd. I (2003), § 1 Rn. 21; *Kegel/Schurig*, Internationales Privatrecht, 2004, § 7 III 1 b. Allgemein formuliert *Martin Wolff* im Hinblick auf die Qualifikation nach der *lex causae*: „Sie enthält sich einer unbeholfenen eigenen Kennzeichnung auslandsrechtlicher Gebilde. Indem sie sich der ausländischen Einordnung unterwirft, verhindert sie, daß ausländisches Recht dem Geiste dieses Rechts zuwider angewendet wird"; vgl. *Ders*. Das Internationale Privatrecht Deutschlands 1954, S. 54.

mündigkeit oder die Testier- und Deliktsfähigkeit.[1278] Bei natürlichen Personen gilt somit grundsätzlich das Heimatrecht als Personalstatut. Im Gegensatz zur „Einheitsanknüpfung" bei juristischen Personen ist man bei natürlichen Personen jedoch seit langem gewohnt, einzelne Merkmale zur Anknüpfung herauszugreifen.[1279]

Mit Blick auf juristische Personen lässt sich sagen, daß nur die prinzipiell vollständige rechtliche Gleichstellung mit den natürlichen Personen diesen ermöglicht, unbelastet am Rechtsverkehr teilzunehmen und ihrer sozialen Funktion gerecht zu werden.[1280] Nur eine solche Gleichstellung lässt die juristischen Personen zu vollwertigen Akteuren des gesellschaftlichen und wirtschaftlichen Lebens werden.[1281] Aus diesem Grunde widersprechen Unterscheidungen hinsichtlich des Umfangs der Rechtsfähigkeit dem Sinn und Zweck der Rechtsfigur juristische Person, „es sei denn, sie haben, wie es Art. 53 des Schweizer ZGB ausdrückt, die natürlichen Eigenschaften des Menschen, wie das Geschlecht, das Alter oder die Verwandtschaft, zur notwendigen Voraussetzung".[1282] Ende des 19. Jahrhunderts heißt es dazu mit den Worten von *Gierke*: „Doch hat schon heute das Postulat der Rechtsidee, dass jedes menschliche Individuum als Person anerkannt werde die Kraft eines vom Gesetzgeber thatsächlich unverbrüchlichen Princips erlangt. Den menschlichen Verbänden ist ein gleicher sakrosankter Anspruch auf Persönlichkeit zwar noch nicht zuerkannt. Indessen fehlt es auch dazu nicht an Ansätzen".[1283]

Ganz anders wurde dies bis zu dem durch den EuGH eingeleiteten Wandel in der bisherigen Rechtsprechungspraxis mit Blick auf juristische Personen beurteilt: Deren Heimatrecht wurde von den Sitztheorie-Staaten nicht anerkannt; ebenso wenig die „transnationale Rechtsfähigkeit"[1284], wie sie bei natürlichen Personen gegeben ist. Denn man ging davon aus, dass durch die Eintragung der Kapitalgesellschaften in die Register und die damit verbundene gesetzliche Auflage, alle wesentlichen Veränderungen im Leben der juristischen Personen zur Eintragung zu bringen, der Staat auch die ständige Kontrolle über die juristischen Personen ausüben müsse:[1285] „Sie sind seine eigenen Rechtsschöpfungen, die er von der Gründung bis zu ihrem Untergang unter Aufsicht hält. Insoweit stehen sie nicht vollgeschäftsfähigen natürlichen Personen gleich, die nicht in

1278 *Kropholler*, Internationales Privatrecht, 2006, § 42 I. 1., S. 317.
1279 *Schanze*, in: FS Thue, S. 423 (427).
1280 *Raiser*, AcP 199 (1999), 104 (134).
1281 *Raiser*, AcP 199 (1999), 104 (134).
1282 *Raiser*, AcP 199 (1999), 104 (134).
1283 *v. Gierke*, Die Genossenschaftstheorie und die deutsche Rechtsprechung, 1887, S. 23.
1284 Siehe zum Begriff *Lehmann*, AcP 207 (2007), 225 (253).
1285 *Karl*, AcP 159 (1960/1961), 293 (302).

der Lage sind, das Recht der Freizügigkeit selbständig auszuüben.“[1286] Erst die unionsrechtlichen Vorgaben veranlassten die Sitztheorie-Staaten 150 Jahre nach *Savigny* und *Mancini* zu einem Umschwenken.[1287] Wenn man die Anerkennung fremder Rechtslagen als Grundtopos des Internationalen Privatrechts zugrunde legt, „hätte [man] bereits daraus in der IPR-Doktrin die Lehre ziehen können, dass eine Nichtanerkennungstheorie wie die Sitztheorie einem liberalen IPR fremd sein muss“.[1288]

Während man sich demnach nach hergebrachter deutscher Dogmatik dem Vergleich von juristischen und natürlichen Personen verweigerte, indem man einerseits die natürliche Person hinsichtlich ihrer Rechts- und Geschäftsfähigkeit grundsätzlich nach ihrem Heimatrecht beurteilte, der juristischen Person eben dieses Heimatrecht aber ausdrücklich absprach,[1289] hat der EuGH das in Art. 54 AEUV (*ex*-Art. 48 EG) formulierte Gebot der niederlassungsrechtlichen Gleichstellung von Gesellschaften mit natürlichen Personen hingegen ausdrücklich richterrechtlich konturiert:[1290] So sind auf der Grundlage von Artikel 49 AEUV (*ex*-Art. 43 EG) „Beschränkungen der freien Niederlassung von Staatsangehörigen eines Mitgliedstaats im Hoheitsgebiet eines anderen Mitgliedstaats“ grundsätzlich verboten. In seiner *Gebhard*-Entscheidung[1291] zeigt der Gerichtshof einen sehr weiten Begriff der Niederlassung auf, „der die Möglichkeit für einen Gemeinschaftsangehörigen impliziert, in stabiler und kontinuierlicher Weise am Wirtschaftsleben eines anderen Mitgliedstaats als seines Herkunftsstaats teilzunehmen ...“[1292] Die Gleichstellungsklausel des Artikels 54 (*ex*-Artikel 48 EGV) „stellt … Gesellschaften, die ihren satzungsmäßigen Sitz, ihre Hauptverwaltung oder ihre Hauptniederlassung innerhalb der Gemeinschaften haben, den natürlichen Personen gleich“.[1293] Träger der Grundfreiheit ist dabei vor allem die Ge-

---

1286 *Karl*, AcP 159 (1960/1961), 293 (302).

1287 *Weller*, in: FS Blaurock, S. 497 (500); *Weller/Leuering*, Sitzverlegungen von Gesellschaften in Europa 2012, S. 5.

1288 *Schanze*, FS Thue, S. 423 (437).

1289 *Kegel/Schurig*, Internationales Privatrecht, 2004, § 17 II, S. 572: „Die juristische Person hat kein Heimatrecht“; ausdrücklich von Heimatrecht spricht dagegen auch im Hinblick auf juristische Personen *Flume*, Allgemeiner Teil des Bürgerlichen Rechts, Bd. I, Teil 2 (1983), S. 142: „Eine Verleihung der Rechtsfähigkeit … kommt nur in Frage für ausländische Vereine …, die nach ihrem Heimtrecht nicht juristische Personen sind.“

1290 So ausdrücklich *Leible*, ZGR 2004, 531 (532).

1291 EuGH Urt. v. 30.11.1995, Rs. C-55/94 – *Gebhard*, Slg. 1995, I-4165.

1292 EuGH Urt. v. 30.11.1995, Rs. C-55/94 – *Gebhard*, Slg. 1995, I-4165, Rn. 25; vgl. in diesem Sinne bereits Urt. v. 21.6.1974, Rs. 2/74 – *Reyners*, Slg. 1974, 631, Rn. 21

1293 EuGH, Urt. v. 6.11.1984, Rs. 182/83 – *Fearon*, Slg. 1984, 3677 Rn. 8.

sellschaft selbst.[1294] Im Anwendungsbereich der Niederlassungsfreiheit sind somit Vorgaben für die inhaltliche Ausgestaltung der mitgliedstaatlichen Kollisionsrechte zu entnehmen.[1295] Im Ergebnis lässt sich die unionsrechtliche Sichtweise folgendermaßen zusammenfassen: "Consequently, any company validly formed under the laws of a Member State, and recognized by any one of the Union connecting factors as being an 'EU' company, is to be treated the same way as a natural person for the purposes of exercise of freedom of establishment and as an establishment of any nationals founding it."[1296]

Eine Aussage für die Behandlung von Gesellschaften aus Drittstaaten lässt sich indessen nicht unmittelbar aus der EuGH-Rechtsprechung ableiten.[1297] Zwar hat die EU teilweise Assoziierungsabkommen mit einzelnen Staaten geschlossen, jedoch existiert ein solches Abkommen betreffend juristische Personen aus dem nicht-privilegierten Drittstaat Schweiz bislang nicht. Soweit die EU selbst kein entsprechendes Abkommen geschlossen hat, liegt die kollisionsrechtliche Behandlung von Drittstaatsgesellschaften unter den Voraussetzungen des Art. 351 AEUV (*ex*-Art. 307 EGV)[1298] daher überwiegend in den Händen der betroffenen Mitgliedstaaten. Zwar findet sich unter den sog. Bilateralen I auch ein Freizügigkeitsabkommen, in dem die von Art. 49 AEUV garantierte Niederlassungsfreiheit ihre Parallele in Art. 1 lit. a) 3,4 sowie 7 FZA i.V.m. Art. 12 ff. Anhang I FZA hat. Keine dieser Bestimmungen bezieht jedoch ihrem Wortlaut nach juristische Personen in den Anwendungsbereich des Abkommens ein. Vor diesem Hintergrund hat der EuGH jüngst in seinen zwei kurz aufeinanderfolgenden Entscheidungen in der Rechtsache *Grimme* sowie *Fokus Invest AG*[1299] zu dieser Frage Stellung bezogen und sich gegen die Einbeziehung von juristischen Personen in den Anwendungsbereich der im FZA statuierten Niederlassungsfreiheit ausgesprochen.[1300] Insgesamt sollte vor diesem Hintergrund der dogmatische Ansatz einer prinzipiellen Gleichstellung von Gesellschaften mit natürli-

---

1294 *Grundmann*, Europäisches Gesellschaftsrecht, 2011, § 6 Rn. 178.

1295 *Leible,* in: Michalski, GmbHG, Syst. Darst. 2 IntGesR, Rn. 45

1296 *Armour/Ringe* CMLRev 48 (2011), 124 (132).

1297 *Hübner,* Kollisionsrechtliche Behandlung von Gesellschaften aus 'nicht-privilegierten' Drittstaaten, 2011, S. 24.

1298 Siehe dazu *Bernhardt*, Die Europäische Gemeinschaft als neuer Rechtsträger im Geflecht der traditionellen zwischenstaatlichen Beziehungen, EuR 1983, 199

1299 EuGH Urt. v. 12. 11. 2009 Rs. C-351/08 – *Grimme*, Slg. 2009 I-10777.

1300 EuGH Urt. v. 11. 2. 2010, Rs. C-541/08 – *Fokus Invest AG*, Slg. 2010, I-1025 Rn. 30: „Der Gerichtshof ist zu der Feststellung gelangt, dass dieses Abkommen und sein Anhang mit Ausnahme von Art. 5 Abs. 1 des Abkommens und Art. 18 des Anhangs I des Abkommens, mit denen Gesellschaften ein bestimmtes Recht auf die Erbringung von Dienstleistungen eingeräumt wird, keine Bestimmung enthalten, die juristischen Personen ein Recht gewährte."

chen Personen auch in der Debatte um die kollisionsrechliche Behandlung von schweizerischen Gesellschaften mit dem Ziel der Gewährleistung ihrer „transnationalen Rechtsfähigkeit“[1301] fruchtbar gemacht werden.

4. Rechtslage nach dem Referentenentwurf

Das internationale Gesellschaftsrecht ist in Deutschland nicht kodifiziert. Zwar wurde im Rahmen der Beratungen zum bürgerlichen Gesetzbuch eine solche Kodifizierung zwar diskutiert, jedoch wurde aufgrund von außenpolitischen Bedenken darauf verzichtet.[1302] Bis in die Zeit des Nationalsozialismus legte das Reichsgericht den Satzungssitz als das entscheidende Anknüpfungskriterium zugrunde, womit es eine Variante der Gründungstheorie vertrat. Erst als in der Literatur zunehmend der Schutz nationaler Interessen im Vordergrund stand, schwenkte das Reichsgericht im Jahr 1934 auf die Verwaltungssitzanknüpfung um. Diese Anknüpfungsmethode machte sich der Bundesgerichtshof im Jahr 1970 ebenfalls zu eigen, bis mit den Urteilen des Europäischen Gerichtshofs etwa drei Jahrzehnte später der Umbruch stattfand: Die Urteile in den Rechtssachen *Centros*[1303], *Überseering*[1304] und *Inspire Art*[1305] machten klar, dass die mit der Sitztheorie einhergehenden Rechtsfolgen mit dem europäischen Recht als unvereinbar anzusehen sind.

Das erklärte Ziel des Referentenentwurfes ist es, auf der Seite den europäischen Vorgaben nachzukommen, um „dadurch Unternehmen bei der Gestaltung ihrer gesellschaftsrechtlichen Strukturen eine größere internationale Flexibilität und Mobilität“ zu ermöglichen.[1306] Mit Blick auf sog. nichtprivilegierte Drittstaaten gelten diese Vorgaben nicht, so dass diesen gegenüber bisher die sog. „modifizierte Sitztheorie“ galt. Man ist mit dem Befund eines gespaltenen Gesellschaftskollisionsrechts konfrontiert, das eine unterschiedliche Anknüpfung für Gesellschaften aus EU-Mitgliedstaaten, den staatsvertraglich privilegierten sowie nichtprivilegierten Drittstaaten vorsieht. Der Gesetzgeber hat gerade auch gegenüber Gesellschaften aus sog. nichtprivilegierten Drittstaaten den bestehenden legislatorischen Handlungsbedarf anerkannt: Angesichts der Vielzahl an privilegierenden Staatsverträgen, die eine Anerkennung ausländischer Gesellschaften ausdrücklich vorsehen, erachtet man es als notwendig, einen „Gleichlauf mit derartigen Staatsverträgen“ zu erreichen.[1307]

1301 Siehe dazu *Lehmann*, AcP 207 (2007), 225 (253).

1302 Siehe *Großfeld*, RabelsZ 38 (1974), 344 (365).

1303 EuGH, Urt. v. 9.3.1999, Rs. C-212/97 – *Centros*, Slg. 1999, I-1459.

1304 EuGH, Urt. v. 5.11.2002, Rs. C-208/00 – *Überseering*, Slg. 2002, I-9919.

1305 EuGH, Urt. v. 30. 9. 2003, Rs. C-167/01 – *Inspire Art*, Slg. 2003, I-10155.

1306 RefE zum Internationalen Gesellschaftsrecht, S. 5.

1307 RefE zum Internationalen Gesellschaftsrecht, S. 7.

Vor diesem Hintergrund sah sich der Deutsche Rat für Internationales Privatrecht in Abstimmung mit dem Bundesjustizministerium veranlasst, am 10. September 2003 eine IPR-Kommission mit der Ausarbeitungen eines Gesetzesentwurfes zu beauftragen. Die Kommissionsmitglieder waren sich darin einig, dass es einer aufgrund der „verloren gegangenen Rechtssicherheit" schriftlichen Normierung des Internationalen Gesellschaftsrechts bedürfe.[1308] Die Vorschläge dieser IPR-Kommission sind am 9. Februar 2006 beschlossen und im Anschluss daran veröffentlicht worden.[1309] Gemäß ihrem Auftrag legte die Kommission dabei sowohl einen Vorschlag für eine Regelung auf Europäischer Ebene wie auch auf Ebene des nationalen autonomen Kollisionsrechts vor. Sowohl die Bundesregierung als auch die IPR-Kommission präferierten dabei die Regelung auf europäischer Ebene, was insbesondere im Jahr 2007 während der deutschen Ratspräsidentschaft die Bundesregierung veranlasste, die übrigen Mitgliedstaaten von dem Vorschlag der IPR-Kommission zu überzeugen. Da dieses Vorhaben auf europäischer Ebene erfolglos blieb, veröffentlichte das Bundesjustizministerium auf Grundlage des IPR-Kommissionsentwurfs am 7. Januar 2008 den Referentenentwurf zum Internationalen Gesellschaftsrecht. Gleichwohl befindet sich der Entwurf nach wie vor im Stadium eines Referentenentwurfs, wobei ein Beschluss seitens der Bundesregierung noch offensteht. Ein Grund für die Verzögerung im Gesetzgebungsverfahren ist dabei insbesondere in der Problematik der unternehmerischen Mitbestimmung zu erblicken, die rechtspolitisch außerordentlich umstritten gewesen ist:[1310] Infolge des Widerstandes von Seiten der Gewerkschaften und des Bundesarbeitsministeriums wurde der Referentenentwurf auf Eis gelegt, dies obwohl die umstrittene Frage der unternehmerischen Mitbestimmung im Entwurf bewusst ausgespart worden ist.[1311]

1308 *Sonnenberger/Bauer*, in: Sonnenberger (Hrsg.) Vorschläge und Berichte zur Reform des europäischen und deutschen internationalen Gesellschaftsrechts, 2007, S. 3 (6).

1309 *Sonnenberger* (Hrsg.), Vorschläge und Berichte zur Reform des europäischen und deutschen internationalen Gesellschaftsrechts vorgelegt im Auftrag der 2. Kommission des deutschen Rates für internationales Privatrecht, Spezialkommission internationales Gesellschaftsrecht, 2007. Text und Vorarbeiten bei *Sonnenberger/Bauer* RIW 2006, Beilage zu Heft 4; siehe zur Einsetzung der Spezialkommission *Bauer* IPRax 2004, 275, 277; und zum Vorschlag *Roth* RdW 2007, 206; *ders.,* in: FS Westermann, 2008, S. 1345 (1345 ff.).

1310 *Leible*, in: Michalski, GmbHG, Syst. Darst. 2 IntGesR, Rn. 18.

1311 *Lutter/Bayer/Schmidt*, Europäisches Unternehmens- und Kapitalmarktrecht 2012, § 6 Rn. 53, S. 96. Der Referentenentwurf weist zwar Fragen der Organisationsverfassung dem Gesellschaftsstatut zu, das mittels der Gründungsanknüpfung bestimmt werden soll; vgl. Art. 10 Abs. 2 Nr. 4 EGBGB-RefE. Ausweislich der Begründung des Referentenentwurfs sollen die Fragen der Arbeitnehmermitbestimmung dadurch jedoch

Als Kernpunkt des Entwurfs beabsichtigt der Gesetzgeber, gegenüber sämtlichen ausländischen Gesellschaften – also auch gegenüber nicht privilegierten Drittstaaten wie der Schweiz – den Schritt zur Gründungsanknüpfung zu gehen und dies in Art. 10 Abs.1 EGBGB zu normieren. Die Normierung der Gründungsanknüpfung gewährleistet dabei ein größtmögliches Maß an Rechtssicherheit: Eine einmal erlangte Rechtspersönlichkeit bleibt grundsätzlich bestehen, so dass der Rechtsverkehr auf den Fortbestand der wirksam gegründeten Gesellschaft vertrauen kann. Indem der Gesetzgeber das Internationale Gesellschaftsrecht überhaupt kodifiziert und eine Hinwendung zur Gründungsanknüpfung vollzieht, wagt er somit einen anerkennenswerten Paradigmenwechsel. Ursprünglich war es von Deutscher Seite beabsichtigt, eine europäische Verordnung dieses Inhalts auf den Weg zu bringen, was indessen unter den übrigen Mitgliedstaaten keinen hinreichenden Anklang fand.[1312]

Die schon aus Gründen der Einheitlichkeit und Rechtssicherheit begrüßenswerte Neukonzeption hätte somit unmittelbare Auswirkung mit Blick auf die transnationale Mobilität von Gesellschaften im Verhältnis Deutschlands zur Schweiz, da die im Referentenentwurf vorgesehene Gründungsanknüpfung ausdrücklich auch für Drittstaaten gelten soll.[1313] Dieser Schritt der Hinwendung zur Gründungsanknüpfung erschiene im zuvor geschilderten Kontext eines gespaltenen Gesellschaftskollisionsrechts nur als folgerichtig, „gilt sie doch für den gesamten EU- und EWR-Raum ohnehin, ganz abgesehen davon, dass sie durch völkerrechtliche Verträge und Abkommen in Kraft gesetzt worden ist oder jederzeit eingeführt werden kann“.[1314]

Als allgemeine Anknüpfungsregel dient Art. 10 Abs. 1 EGBGB-RefE: Ähnlich der Kaskadenanknüpfung im schweizerischen IPRG sieht dieser zunächst primär die Anknüpfung an das Recht des Eintragungsortes bei fehlender Eintragung in ein öffentliches Register, sodann subsidiär die Anknüpfung an das Recht der Organisation vor. Sofern auch das Recht der Organisation nicht feststellbar sein sollte, sollen ausweislich der Begründung zum Referentenentwurf die Kollisionsregeln über vertragliche Schuldverhältnisse Anwendung finden.[1315]

---

nicht präjudiziert werden; vgl. Referentenentwurf eines Gesetzes zum Internationalen Privatrecht der Gesellschaften, Vereine und juristischen Personen vom 7.1.2008, S. 8.

1312 *Roth*, in: Potacs/Rebhahn (Hrsg.). Anerkennungs-/Herkunftslandprinzip in Europa, 2010, S. 111 (115).

1313 Siehe die befürwortenden Stimmen aus der Literatur *Goette* DStR 2009, 63; *Zimmer/Naendrup* NJW 2009, 545 (550); *Lieder/Kliebisch* BB 2009, 338 (343); *Sethe/Winzer* WM 2009, 536 (540); *Zimmer/Naendrup* NJW 2009, 545 (550).

1314 *Goette* DStR 2009, 63 (63).

1315 Referentenentwurf eines Gesetzes zum Internationalen Privatrecht der Gesellschaften, Vereine und juristischen Personen vom 7.1.2008, S. 9.

a) *Anknüpfungssystematik*

Die Anknüpfungssystematik des Art. 10 Abs. 1 EGBGB-RefE unterscheidet sich indessen von der Regelung des Art. 154 IPRG insoweit, als die primäre Anknüpfung an das Recht des Staates der Registrierung (Registrierungsrecht) erfolgt. Demgegenüber untersteht nach der schweizerischen Regelung des Art. 154 Abs. 1 IPRG eine Gesellschaft grundsätzlich derjenigen Rechtsordnung, nach deren Normen sie „organisiert" ist. Dieser Umstand wird auch in der deutschen Literatur für kritikwürdig befunden: Der deutsche Regelungsentwurf ist systematisch deshalb fragwürdig, weil er, „obschon Hauptanknüpfung, zwangsläufig für alle diejenigen Gesellschaften von vornherein nicht heranzuziehen ist, also nicht ‚funktioniert', die nicht in ein öffentliches Register eingetragen sind".[1316] Vor dem Hintergrund, dass dem Gesellschaftsstatut in subjektiver Hinsicht ein denkbar weitreichender Anwendungsbereich eingeräumt werden soll, ist das Organisationsrecht gegenüber Registrierung als Hauptanknüpfung zu präferieren; zumal der deutsche Regelungsentwurf auch keine Begriffsbestimmung der in Betracht kommenden „Gesellschaften" bereithält.[1317]

Die Registrierung, namentlich die Eintragung in das Handelsregister, dokumentiert dabei die Kundgabe an den Rechtsverkehr, nach einem bestimmten Recht organisiert bzw. ausgestaltet zu sein.[1318] Keine Bedeutung hat nach dem Referentenentwurf demnach der in der Satzung der Gesellschaft angegebene statuarische Sitz, wie dies von der Judikatur des Reichsgerichts[1319] oder bis zuletzt in der Literatur angenommen wurde. Es kommt allein auf die durch das Handelsregister vermittelte Publizität an, was zu begrüßen ist.[1320] Die im Referentenentwurf vorgesehene Variante der Gründungsanknüpfung am Registerort zeigt, dass diese – zumindest vom Ausgangspunkt betrachtet – als statisch zu verstehen ist.[1321]

Was die Regelung, nach der die Gesellschaften dem Recht des Staates unterliegen, „nach dem sie organisiert sind", anbelangt, bedeutet dies jedoch, dass nicht auf das historische Recht der Gründung oder das Recht des Gründungsortes abgestellt wird, sondern vielmehr auf das Recht, nach dem die Gesellschaft aktuell ausgestaltet ist. Damit wäre das deutsche Gesellschaftskollisionsrecht an

---

1316 *Schneider* BB 2008 566 (569).

1317 Siehe dazu *Wedemann* RabelsZ 75 (2011), 541 (541 ff.).

1318 *Zimmer*, in: Sonnenberger (Hrsg.) Vorschläge und Berichte zur Reform des europäischen und deutschen internationalen Gesellschaftsrechts, 2007, S. 371 (375).

1319 RG. Urt. 19.6.1920 – I 5/20 RGZ 99, 217; Urt. v. 3.6.1927 – II 346/26, RGZ 117, 215 (217).

1320 *Trautrims*, Das Kollisionsrecht der Personengesellschaften, 2009, S. 211.

1321 *Leible*, in: Michalski, GmbHG, Syst. Darst. 2 IntGesR, Rn. 16.

dieser Stelle grundsätzlich offen für einen Statutenwechsel.[1322] Dieses bewegliche Element der Anknüpfung findet sich auch in Art. 10b EGBGB-RefE wieder, wo der Statutenwechsel eine eigenständige kollisionsrechtliche Regelung erfährt. Man hat sich somit im deutschen Referentenentwurf für eine dynamische Variante der Gründungstheorie entschieden. Im Gegensatz dazu gestattet die Gründungstheorie in ihrer statischen Variante, die ausschließlich retrospektiv auf das Recht abstellt, nachdem eine Gesellschaft gegründet wurde, keinen derartigen Statutenwechsel.[1323] Anders als unter Geltung der Sitztheorie, unter deren Geltung ein Statutenwechsel theoretisch auch unbeabsichtigt durch einen rein tatsächlichen Vorgang erfolgen kann,[1324] wird mit der Lösung des Referentenentwurfs eine bewusste Gestaltungsoption in Form eines grenzüberschreitenden Formwechsels zumindest kollisionsrechtlich ermöglicht.

Im Ergebnis hat sich der Gesetzgeber ferner gegen eine subjektive, nur vom Willen der Gesellschafter abhängige Variante der Anknüpfung entschieden und eine Verobjektivierung anhand des Organisationsrechts bzw. der Registerpublizität gewählt. Jedoch bleibt der Wille der Gesellschafter insoweit mittelbar maßgeblich, als diesen anheimgestellt bleibt, die Gesellschaft nach einer von ihnen präferierten Rechtsordnung auszugestalten und dies nach außen hin zu dokumentieren.[1325]

b) Reichweite

Das im Wege der Gründungsanknüpfung ermittelte anwendbare Recht bezieht sich auf das gesamte Gesellschaftsstatut und bestätigt insoweit die herrschende Lehre von der einheitlichen Anknüpfung aller gesellschaftsrechtlichen Sachverhalte (sog. Einheitslehre).[1326]

Der Referentenentwurf hält dabei als einzige Möglichkeit für die Einschränkung des auf Grundlage der Gründungstheorie ermittelten Gesellschaftsstatuts den *ordre public*-Vorbehalt des Art. 6 EGBGB bereit. Sonderanknüpfungen sieht der Referentenentwurf darüber hinaus nicht vor. Es wurde zudem bewusst darauf verzichtet, eine allgemeine Missbrauchsnorm zu kodifizieren, die im Internationalen Privatrecht als ungeschriebene Regel anerkannt ist.[1327] Es soll

---

1322 *Trautrims*, Das Kollisionsrecht der Personengesellschaften, 2009, S. 210.

1323 *Hoffmann*, ZVglRWiss 101 (2002), 283 (284).

1324 Münch. Hdb. GesR VI-*Thölke* § 1 Rn. 92.

1325 *Trautrims*, Das Kollisionsrecht der Personengesellschaften, 2009, S. 210.

1326 *Leible*, in: Michalski, GmbHG, Syst. Darst. 2 IntGesR, Rn. 16; MünchKommBGB-*Kindler*, IntGesR, Rn. 520; *Spahlinger/Wegen*, Internationales Gesellschaftsrecht, 2005, Rn 21; Staudinger-*Großfeld*, IntGesR, Rn 17.

1327 *Sonnenberger/Bauer*, in: Sonnenberger (Hrsg.) Vorschläge und Berichte zur Reform des europäischen und deutschen internationalen Gesellschaftsrechts, 2007, S. 3 (62) sprechen vom Grundsatz des *fraus omnia corrumpit*.

vielmehr der Judikative überlassen werden, im Einzelfall über auftretende Missbrauchsfragen zu entscheiden.[1328]

Hier bedarf es weiterer kodifikatorischer Bemühungen, wobei bereits Ansätze entwickelt worden sind. So erscheint es sinnvoll, zwischen „Subjekteigenschaften“ der Gesellschaft und dem „allgemeinen Verkehrsrecht“ zu unterscheiden.[1329] So wie der EuGH in seiner Rechtsprechung zur Warenverkehrsfreiheit das Herkunftslandprinzip etabliert und dies auf andere Bereiche übertragen hat,[1330] kann zunächst nach dem *Cassis de Dijon*-Prinzip von einer grundsätzlichen Anerkennung der rechtmäßig gegründeten Gesellschaft ausgegangen werden.[1331]

Das Gründungsrecht kann nur für einen eng umrissenen Bereich von Gegenständen gelten, die eine Gesellschaft charakterisieren und ihr in Form von „Subjekteigenschaften“ das typische Gepräge verleihen.[1332] Was die Subjekteigenschaften anbelangt, so ist insbesondere die Rechtspersönlichkeit von Gesellschaften weitgehend unproblematisch, wobei regelmäßig von einer Anerkennung im Rahmen des *ordre public* auszugehen ist.[1333]

Demgegenüber untersteht die Gesellschaft in allen übrigen Belangen – wie die natürliche Person auch – in selbstverständlicher Weise den Verkehrsregeln des Staates ihrer Betätigung. Dieser Gedankengang findet sich in der *Keck*-

---

1328 *Sonnenberger/Bauer*, in: Sonnenberger (Hrsg.) Vorschläge und Berichte zur Reform des europäischen und deutschen internationalen Gesellschaftsrechts, 2007, S. 3 (63).

1329 Siehe dazu *Schanze/Jüttner* AG 2003 663 (666ff.); *Schanze,* in: FS Thue, S. 423 (438); *ders.*, in: Reid/Miller (Hrsg.), A Mixed Legal System in Transition, 2005, S. 293 (300); *Jüttner*, Gesellschaftrecht und Niederlassungsfreiheit, 2005, S. 87-133.

1330 Siehe für die Dienstleistungsfreiheit: EuGH, Urt. v. 17.12.1981, Rs. 279/80 – *Webb*, Slg. 1981, 3305, Rn. 14 ff; für die Arbeitnehmerfreizügigkeit: EuGH, Urt. v. 7.5.1991, Rs. C-340/89 – *Vlassopoulou*, Slg. 1991, I-2357, Rn. 16; für die Niederlassungsfreiheit EuGH, Urt. v. 28.4.1977, Rs. 71/76 – *Thieffry* Slg. 1977, 765, Rn. 19; Urt. v. 05.11.2002, Rs. C-208/00 – *Überseering*, Slg. 2002, I-9919, Rn. 72 ff. Mit Blick auf die Kapital- und Zahlungsverkehrsfreiheit fehlt einschlägige Rechtsprechung; vgl. *Kingreen* in: Calliess/Ruffert, EUV/AEUV, 2011, Art. 36 AEUV Rn. 36 in Fn. 100.

1331 Siehe zum „Herkunftslandprinzip“ im EU-Gesellschaftsrecht nach der „Überseering“-Entscheidung *Straube/Ratka,* ÖZW 2003, 34 (34ff.) sowie eingehend *Roth*, in: Potacs/Rebhahn (Hrsg.) Anerkennungs-/Herkunftslandprinzip in Europa, 2010, S. 111 (111); dazu auch *Lutter/Bayer/Schmidt*, Europäisches Unternehmens- und Kapitalmarktrecht, 2012, § 5 Rn. 49.

1332 *Schanze/Jüttner* AG 2003 663 (667); *Schanze,* in: FS Thue, S. 423 (438); *Jüttner*, Gesellschaftrecht und Niederlassungsfreiheit, 2005, S. 94; *Trautrims*, Das Kollisionsrecht der Personengesellschaften, 2009, S. 205.

1333 *Schanze*, in: FS Thue, S. 423 (438).

Rechtsprechung[1334] des EuGH wieder, die eine Einschränkung des Herkunftslandprinzips vornimmt und betont, dass auch die Regeln des allgemeinen Verkehrsrechts zu beachten sind.[1335] Insbesondere lässt der Referentenentwurf geeignete Sonderanknüpfungen vermissen, welche eine notwendige Einschränkung des Gründungsrechts in Sinne der soeben geschilderten Systematik vornehmen.

c) Kritik

In der Debatte um die Reform des Internationalen Gesellschaftsrechts hat man sich in Deutschland zu Unrecht auf den Standpunkt festgelegt, die europäische Niederlassungsfreiheit zwinge zur Anwendung der Gründungstheorie in „Reinform“ und zum kollisionsrechtlichen Einheitsstatut.[1336]

Der vorgeschlagene Referentenentwurf verweist in seinem Art. 10 EGBGB-RefE im Hinblick auf sämtliche Fragen des Gesellschaftsrechts auf das Recht des Staates, in dem die Gesellschaft in einem öffentlichen Register eingetragen ist: Beginnend mit der Rechts- und Handlungsfähigkeit über die Firma, die Organisations- und Finanzverfassung, die Vertretungsmacht, die mitgliedschaftlichen Rechte und Pflichten bis hin zur Haftung der Organe oder Gesellschafter für Verbindlichkeiten der Gesellschaft; vgl. Art. 10 Abs.2 Nr. 1-8 EGBGB-RefE. Dieser Katalog legt ein derart weites Verständnis von Gesellschaftsrecht zugrunde, das nicht unbedingt als typisch für die Staaten bezeichnet werden kann, die der „Gründungstheorie“ folgen:[1337] Nicht zuletzt zeigt das Beispiel der schweizerischen Regelung, wie der Reichweite der Inkorporationstheorie im Wege der in Art. 156 ff. IPRG statuierten Sonderanknüpfungen zahlreiche Einschränkungen widerfahren.

Wenn der deutsche Gesetzgeber in der Begründung des Referentenentwurfes darauf verweist, dass die Rechtsprechung des EuGH den Schluss nahelege, dass

---

1334 EuGH, Urt. 24.11.1993 Verb. Rs. C-267 u. 268/91 – *Keck und Mithouard*, Slg. 1993, I-6097 Rn. 16: Entgegen der bisherigen Rechtsprechung sei daher „die Anwendung nationaler Bestimmungen, die bestimmte Verkaufsmodalitäten beschränken oder verbieten, auf Erzeugnisse aus anderen Mitgliedstaaten nicht geeignet, den Handel zwischen den Mitgliedstaaten im Sinne des Urteils Dassonville [...] zu behindern, sofern diese Bestimmungen für alle betroffenen Wirtschaftsteilnehmer gelten, die ihre Tätigkeit im Inland ausüben, und sofern sie den Absatz der inländischen Erzeugnisse und der Erzeugnisse aus anderen Mitgliedstaaten rechtlich wie tatsächlich in gleicher Weise berühren.“ Derartige Regelungen seien nämlich „nicht geeignet, den Marktzugang für diese Erzeugnisse zu versperren oder stärker zu behindern, als sie dies für inländische Erzeugnisse tun“.

1335 *Schanze*, in: FS Thue, S. 423 (438).

1336 *Teichmann*, ZGR 2011, 639 (688).

1337 *Teichmann*, ZGR 2011, 639 (684).

„auf Gesellschaften, Vereine und juristische Personen, die in einem Mitgliedstaat der Europäischen Union wirksam gegründet worden sind, das Gründungsrecht anzuwenden“ sei, so ist dieser Aussage zunächst grundsätzlich zuzustimmen.[1338]

Wenn man den Kern der Gründungstheorie in der freien Rechtswahl erblickt, dann lassen sich die Entscheidungen des EuGH zwar in Richtung der Gründungstheorie interpretieren.[1339] So ist es den Gründern nach der *Centros*-Entscheidung[1340] unbenommen, eine Gesellschaft in dem Mitgliedstaat zu errichten, dessen gesellschaftsrechtliche Vorschriften ihnen größtmögliche Freiheiten einräumen.[1341] Nach dem Binnenmarktkonzept darf ein grenzüberschreitendes Element bei der wirtschaftlichen Betätigung nicht mit Zusatzkosten verbunden sein.[1342] Die Grundfreiheiten sind dabei als allgemeine Beschränkungsverbote ausgestaltet. Gleichwohl finden sich immanente Grenzen einerseits in der Eingrenzung der Schutzwirkung des Beschränkungsverbotes auf Marktzugangshindernisse, während andererseits die interne Marktregulierung allein am Maßstab des Diskriminierungsverbots gemessen wird.[1343]

Damit kommt ein derart weites Verständnis der Gründungsanknüpfung, wie es der deutsche Gesetzgeber zugrunde legt, auch nicht in der Judikatur des EuGH zum Ausdruck.[1344] Wenn es in der Entwurfsbegründung vor diesem Hintergrund heißt, dass „Umfang, Ausgestaltung und Grenzen der sog. Gründungstheorie … jedoch im Einzelnen ungeklärt sind“,[1345] so hat sich der deutsche Gesetzgeber wohl „vorschnell und zu Unrecht“[1346] für eine zu weit gefasste Varian-

1338 Referentenentwurf eines Gesetzes zum Internationalen Privatrecht der Gesellschaften, Vereine und juristischen Personen vom 7.1.2008, S. 5.

1339 *Teichmann*, ZGR 2011, 639 (676); siehe zum Gedanken einer Verankerung der Privatautonomie in den Grundfreiheiten *v. Wilmowsky*, RabelsZ 62 (1998), 1 (3 ff.) sowie Allgemein zu weltweiten Anerkennung der Parteiautonomie *Basedow,* RabelsZ 75 (2011), 32 (33f.).

1340 EuGH, Urt. v. 9.3.1999, Rs. C-212/97 – *Centros*, Slg. 1999, I-1459.

1341 EuGH Urt. v. 9. 3. 1999, Rs. C-212/97 – *Centros*, Slg. 1999, I-1459; siehe auch die Schlussanträge Generalanwalt *Niilo Jääskinen* vom 15. Dezember 2011, Rs. C-378/10 – VALE Építési kft. Rn. 68: Demnach „sollte den Gesellschaften im Binnenmarkt das Recht eingeräumt werden, das auf sie anwendbare Gesellschaftsrecht frei zu wählen. Eine solche Wahlfreiheit würde den Gesellschaften ermöglichen, die günstigsten Wirtschaftsbedingungen und das vorteilhafteste gesellschaftsrechtliche System zu wählen.“.

1342 *Teichmann*, ZGR 2011, 639 (649).

1343 *Teichmann*, ZGR 2011, 639 (654/5).

1344 *Teichmann*, ZGR 2011, 639 (684).

1345 Referentenentwurf eines Gesetzes zum Internationalen Privatrecht der Gesellschaften, Vereine und juristischen Personen vom 7.1.2008, S. 5.

1346 So ausdrücklich *Teichmann*, ZGR 2011, 639 (688).

te der Gründungstheorie entschieden, die durch ausdrücklich gesetzlich normierte Sonderanknüpfungen sowie Anpassungen im Sachrecht hätte flankiert werden müssen. Es wird daher wird kritisiert, der Deutsche Rat für IPR trachte danach, „die Gründungstheorie in ideologischem Purismus zu verwirklichen," wobei „das Rechtschutzbedürfnis für alternative Anknüpfungen komplett ignoriert" werde.[1347]

Denn die Überprüfung von Beschränkungen am Maßstab des Beschränkungsverbots führt keineswegs zwingend zur uneingeschränkten Anwendung der Regeln des Herkunftsstaates;[1348] vielmehr unterliegt sie nach dem der *Gebhard*-Entscheidung[1349] zugrundeliegenden „Vier-Stufen-Test" auf Rechtfertigungsebene einem Feinsteuerungsmechanismus, der das Binnenmarktziel des freien Marktzugangs mit der Regelungshoheit der Mitgliedstaaten austariert.[1350]

Die Dogmatik der Grundfreiheiten billigt den Mitgliedstaaten demnach einen weitaus größeren Gestaltungsfreiraum zu, als dies im Referentenentwurf zum Ausdruck kommt. Aus der Sicht der Mitgliedstaaten kommen auf Rechtfertigungsebene nämlich nicht nur die geschriebenen Gründe der öffentlichen Sicherheit und Ordnung in Betracht, sondern vielmehr jeglicher Grund zwingenden Allgemeininteresses.[1351] Im Rahmen dieser zuletzt genannten ungeschriebenen Rechtsfertigungsgründe sind nicht nur einige wenige Belange anerkannt; die Formel öffnet den Mitgliedstaaten vielmehr einen weiten Spielraum zur Definition schützenswerter Belange.[1352]

Obwohl in diesem Rahmen die zentralen Regelungsinteressen des Gesellschaftsrechts, namentlich der Gläubiger-, Gesellschafter- und Arbeitnehmerschutz als Rechtfertigungsgründe vom EuGH anerkannt sind,[1353] so scheint der gesellschaftsrechtliche Diskurs davon geprägt zu sein, dass die Anwendung inländischen Gesellschaftsrechts auf ausländische Gesellschaften schlechterdings nicht zu rechtfertigen und demnach der Gründungsanknüpfung – wie im Referentenentwurf geschehen – entsprechend weiter Spielraum einzuräumen sei.[1354]

1347 *Roth*, in: Potacs/Rebhahn (Hrsg.). Anerkennungs-/Herkunftslandprinzip in Europa, 2010, S. 111 (116).

1348 In diesem Sinne aber *Weller*, ZGR 2010, 679 (697), nach dessen Ansicht aus der EuGH-Rechtsprechung die Lehre vom Einheitsstatut zu entnehmen sei.

1349 EuGH Urt. v. 30.11.1995, Rs. C-55/94 – *Gebhard*, Slg. 1995, I-4165.

1350 *Teichmann*, ZGR 2011, 639 (655).

1351 EuGH Urt. v. 30.11.1995, Rs. C-55/94 – *Gebhard*, Slg. 1995, I-4165 Rn. 37 ff. ; *Teichmann*, ZGR 2011, 639 (667).

1352 *Forsthoff*, in: Grabitz/Hilf/Nettesheim, Das Recht der Europäischen Union, März, 43. EL 2011, Art. 49 AEUV Rn. 122.

1353 Siehe dazu bereits EuGH Urt. v. 5.11.2002, Rs. C-208/00 – *Überseering*, Slg. 2002, I-9919, Rn. 92.

1354 *Teichmann*, ZGR 2011, 639 (668).

Indessen sind nach richtigem Verständnis der EuGH-Judikatur kollisionsrechtliche Sonderanknüpfungen inländischer Schutznormen möglich, soweit sie nicht bereits auf Ebene des Marktzugangs selbst ansetzen.[1355]

Die Frage danach, ob dabei ein Einheitsstatut oder ein gespaltenes Statut zugrunde gelegt wird, ist dabei keine Frage des europäischen Rechts, sondern vielmehr eine Frage der Zweckmäßigkeit, die auf nationaler Ebene zu entscheiden ist. Wenn in diesem Kontext darauf hingewiesen wird, dass „gute Gründe dafür [sprechen], die mit der Aufspaltung verbundene Komplexität des Kollisionsrechts zu vermeiden und eine klare Gründungsanknüpfung vorzuziehen“,[1356] so sollte dennoch eine Aufgliederung des „Gesellschaftsstatuts“ , die den sichtbaren Differenzierungen der relevanten Sachrechtsmaterien entspricht – insbesondere vor der vom EuGH entwickelten Dogmatik – in Betracht gezogen werden. Dabei liegt bereits ein dahingehender Ansatz im Sinne einer „europarechtlich moderierten Kontrolltheorie“ vor,[1357] der zwischen den „Subjekteigenschaften“ der Gesellschaften und dem „allgemeinen Verkehrsrecht“ unterscheidet.[1358]

Aus internationalprivatrechtlicher Sicht ist eine derartige Aufspaltung zudem nicht fremd, sie wird auch mit dem Begriff der *dépeçage* in Verbindung gebracht.[1359] Im Rahmen einer *dépeçage* wird ein Anknüpfungsgegenstand in mehrere Anknüpfungsgegenstände für den konkreten Fall aufgespalten. Dabei weist sie diese einzelnen Anknüpfungsgegenstände nach deren jeweiligem Schwerpunkt verschiedenen Rechtsordnungen zu. Sie teilen dabei dieselbe Einordnung und Qualifikation und werden über dieselbe Norm angeknüpft.[1360] Kritisiert wird, dass dieses Phänomen letztendlich zu einer Zersplitterung ordnungspolitscher Systemzusammenhänge führe.[1361] Dabei wird üblicherweise nicht nur die Beeinträchtigung der Rechtssicherheit moniert, sondern auch die durch die kumulierte Anwendung mehrerer Rechtsordnungen gesteigerte Regu-

---

1355 *Teichmann*, ZGR 2011, 639 (688).

1356 *Teichmann*, ZGR 2011, 639 (684).

1357 *Schanze/Jüttner* AG 2003 663 (665); *Dies.* AG 2003, 30 (36).

1358 *Schanze/Jüttner* AG 2003 663 (663 ff.); *dies.* AG 2003, 30 (36); *Schanze*, in: FS Thue, S. 423 (438); *ders.*, in: Reid/Miller (Hrsg.), A Mixed Legal System in Transition, 2005, S. 293 (300).

1359 Siehe dazu *Siehr*, Y.P.I.L. VII (2005), 17 (37ff.); *Habermeier*, Neue Wege zum Wirtschaftskollisionsrecht, 1997, S. 143.

1360 Im Gegensatz zur Teilfrage wird aber keine unterschiedliche Qualifikation der einzelnen Anknüpfungsgegenstände vorgenommen; vielmehr teilen sie dieselbe Einordnung und Qualifikation; vgl. *Mankowski*, in: v.Bar/Mankowski (Hrsg.), Internationales Privatrecht Bd. I (2003), § 7 Rn. 185.

1361 Siehe nur *Habermeier*, Neue Wege zum Wirtschaftskollisionsrecht, 1997, S. 143.

lierungsintensität, zumindest „wenn nicht nachträglich eine Anpassung erfolgt".[1362]

Zu beachten ist aber, dass die *dépeçage* ein Gerechtigkeitsideal des Internationalen Privatrechts zu verwirklichen erstrebt; ihr Ziel ist es nämlich, kollisionsrechtliche Gerechtigkeit und Anknüpfungsgerechtigkeit zu schaffen: Sie strebt danach, die Suche nach der engsten Verbindung nachgerade in Perfektion umzusetzen, was notwendigerweise mit gesteigerter Komplexität als Kehrseite der Medaille einhergeht.[1363] Denn die voneinander getrennten Teile müssen sich im Ganzen wieder aneinander anpassen lassen; jeder von ihnen muss isoliert gesehen für sich bestehen können und überlebensfähig sein.[1364]

1362 *Habermeier*, Neue Wege zum Wirtschaftskollisionsrecht, 1997, S. 214.

1363 Siehe grundlegend nur *Jayme*, Betrachtungen zur "*dépeçage*" im internationalen Privatrecht, in: FS Kegel, S. 253 (253 ff.); zur *Dépeçage* als Institut und Phänomen *Mankowski*, in FS Spellenberg, S. 261 (262).

1364 *Mankowski*, in FS Spellenberg, S. 261 (262).

Dritter Teil: Transnationale Sitzverlegung

A. Grundlagen

Die grenzüberschreitende Sitzverlegung stellt die Basis für die Untersuchung internationaler Transaktionsformen dar: So wird in den meisten Abhandlungen über die internationale Fusion auf Judikatur und Lehre zur grenzüberscheitenden Sitzverlegung zurückgegriffen.[1365] In der Praxis lässt sich zudem das Ergebnis einer grenzüberschreitenden Fusion oder Spaltung häufig auf rechtlich einfachere Weise dadurch erreichen, dass eine Verlegung des Gründungssitzes der Gesellschaft mit einer Fusion oder Spaltung nach dem jeweiligen Binnenrecht kombiniert wird.[1366]

Aus rechtsökonomischer Sicht weist *Stefan Grundmann* auf die wohlfahrtssteigernde Wirkung der „Sitzverlegung" hin, indem er die Bedeutung der Relokalisierung sowie des Statutenwechsels hervorhebt:[1367] Im Wege der Relokalisierung kann einerseits der Standort nach den günstigsten ökonomischen Rahmenbedingungen neu gewählt werden. Auf der anderen Seite kann mittels Statutenwechsels auch für ein auf die Anforderungen der jeweiligen Gesellschaft besser passend erscheinendes alternativ anwendbares Gesellschaftsrecht optiert werden.[1368]

I. Begriff und Wirkung der Sitzverlegung

Eine Sitzverlegung bedeutet die „Grenzüberschreitung eines Rechtsproduktes", nämlich einer Gesellschaft.[1369] Dies setzt einerseits voraus, dass der Wegzugstaat die Abwanderung toleriert und andererseits der Zuzugstaat das fremde Rechtsprodukt als solches akzeptiert.[1370] Die grenzüberschreitende Verlegung einer Gesellschaft wird oft verkürzt als internationale Sitzverlegung bezeichnet.

1365 So *Bessenich*, Die grenzüberschreitende Fusion nach den Bestimmungen des IPRG und des OR, 1991, S. 6 sowie *Züllig*, Die internationale Fusion im schweizerischen Gesellschaftsrecht, 1975, S. 91 ff. mit weiteren Nachweisen.

1366 *Helbing*, Internationale Sitzverlegungen und Umstrukturierungen, 2010, § 6 Rn. 147; *Beretta*, in: Roland von Büren et al. (Hrsg.) Schweizerisches Privatrecht – Stukturanpassungen, Bd. VIII/8 (2006), Internationale Strukturanpassungsvorgänge, § 6 I. 1., S. 386 f.

1367 *Grundmann*, Europäisches Gesellschaftsrecht, 2011, § 24 Rn. 837, S. 503.

1368 *Grundmann*, Europäisches Gesellschaftsrecht, 2011, § 24 Rn. 837, S. 503. Siehe zu den Motiven der Sitzverlegung auch *Weller*, in: FS Blaurock, S. 497 (505).

1369 *Weller*, in: FS Blaurock, S. 497 (500).

1370 *Weller*, in: FS Blaurock, S. 497 (500).

Diese Bezeichnung ist jedoch ungenau.[1371] So wird in der schweizerischen Lehre betont, das zentrale Element der grenzüberschreitenden Verlegung sei nicht die Verschiebung des satzungsmäßigen oder tatsächlichen Sitzes über die Grenze, sondern vielmehr der Wechsel des Gesellschaftsstatutes. Die Änderung des Sitzes wird dabei allenfalls vorausgesetzt oder ist die Folge des Wechsels des Gesellschaftsstatuts.[1372] Unter einer grenzüberschreitenden Sitzverlegung wird allgemein ein Wechsel des Statuts der Gesellschaft verstanden, also die Unterstellung der Gesellschaft unter ein anderes Gesellschaftsrecht. Die Frage, ob eine Gesellschaft ihr Gesellschaftsstatut wechseln, also ob sie ein- oder auswandern kann, muss von zwei Seiten beleuchtet werden: Zum einen geht es auf Ebene des Kollisionsrechts darum, den auslösenden Faktor für den Wechsel des Gesellschaftsstatuts zu bestimmen.[1373] Zum anderen geht es um die sachrechtlichen Auswirkungen des Statutenwechsels auf die Wahrung von Identität und Rechtsfähigkeit der Gesellschaft.[1374] Der auslösende Faktor eines solchen Statutenwechsels ist dabei die Veränderung des Anknüpfungsmoments im Hinblick auf das Gesellschaftsstatut. Insoweit steht die transnationale Sitzverlegung dabei unmittelbar in Zusammenhang mit dem Streit über das Anknüpfungsmoment im Internationalen Gesellschaftsrecht.[1375] Aus Sicht der Sitztheorie wird durch eine Verlegung des Verwaltungssitzes über die Grenze grundsätzlich ein Statutenwechsel ausgelöst, während eine solche Verlegung der Gründungstheorie kollisionsrechtlich ohne Belang ist.[1376] Demgegenüber wird aus Sicht der Gründungstheorie ein Statutenwechsel durch eine grenzüberschreitende Verlegung des Satzungssitzes herbeigeführt, mit welcher sich zugleich die Registerzuständigkeit ändert.[1377]

1. Identitätswahrende Sitzverlegung

Während die bloße Verwaltungssitzverlegung weder mit einem Wechsel des Gesellschaftsstatuts noch einem Wechsel des Gerichtsstands der Gesellschaft

---

1371 Stämpflis HK FusG-*Courvoisier*, vor Art. 161-164b IPRG, Rn. 5.

1372 Stämpflis HK FusG-*Courvoisier*, vor Art. 161-164b IPRG, Rn. 5.

1373 *Behrens/Hoffmann*, in: Ulmer/Habersack/Löbbe (Hrsg.) GroßKomm GmbHG, Einl. B. 146.

1374 *Behrens/Hoffmann*, in: Ulmer/Habersack/Löbbe (Hrsg.) GroßKomm GmbHG, Einl. B. 146.

1375 *Behrens/Hoffmann*, in: Ulmer/Habersack/Löbbe (Hrsg.) GroßKomm GmbHG, Einl. B. 147.

1376 *Behrens/Hoffmann*, in: Ulmer/Habersack/Löbbe (Hrsg.) GroßKomm GmbHG, Einl. B. 147; sowie *Behrens* RIW 1986, 590 (591).

1377 *Behrens/Hoffmann*, in: Ulmer/Habersack/Löbbe (Hrsg.) GroßKomm GmbHG, Einl. B. 147; sowie *Behrens* RIW 1986, 590 (591).

einhergeht,[1378] ist die sog. identitätswahrende Satzungssitzverlegung im Wege eines Rechtsformwechsels über die Grenze für die Rechtsgestaltungspraxis von großem Interesse: Denn in ihren Rechtswirkungen zeichnet sich eine solche identitätswahrende grenzüberschreitende Sitzverlegung dadurch aus, dass die betreffende Gesellschaft ohne vorhergehende Auflösung im Wegzugsstaat und nachfolgende Neugründung im Zuzugsstaat ihren Sitz in einen anderen Staat verlegt.[1379] Es geht dabei um denselben Rechtsträger; dieser wechselt nur sein Rechtskleid in eine Gesellschaftsform ausländischen Rechts.[1380] Je nachdem, ob die Rechtsform beibehalten wird oder nicht, wird zwischen einem rechtsformkongruenten oder rechtsforminkongruenten transnationalen Formwechsel differenziert.[1381]

Die identitätswahrende Sitzverlegung ist im Vergleich zu einer Liquidation und Neugründung der Gesellschaft in aller Regel vorteilhaft, da sie unter bestimmten Umständen steuerneutral realisiert werden kann und das Gesellschaftsvermögen und die Rechtsverhältnisse der Gesellschaft mit Dritten prinzipiell nicht tangiert werden.[1382] Demnach bleibt die Identität der betreffenden Gesellschaft nach der Verlegung erhalten, d.h., die Gesellschaft wird sowohl im Wegzugs- und Zuzugsstaat als ein dieselbe anerkannt;[1383] es ist daher auch vom Kontinuitätsprinzip die Rede.[1384] Demnach bedarf es vom Grundsatz her betrachtet bei einer identitätswahrenden Sitzverlegung keiner erneuten Kapitalaufbringung sowie einer neuen Satzung, jedenfalls soweit das Gesellschaftsstatut des Ziellandes keine strengeren Regelungen vorsieht. Sichergestellt ist auch die Amtskontinuität,[1385] d.h. eine Neubestellung der Organe wäre ebenso wenig erforderlich.[1386]

Bei der Frage der Wahrung der Identität und Rechtsfähigkeit einer Gesellschaft, die im Rahmen einer Sitzverlegung ihr Gesellschaftsstaut wechselt, han-

---

1378 *Weller/Leuering,* Sitzverlegungen von Gesellschaften in Europa 2012, S. 18.

1379 *Spahlinger/Wegen*, Internationales Gesellschaftsrecht, 2005, Rn. 443.

1380 *Weller/Leuering,* Sitzverlegungen von Gesellschaften in Europa 2012, S. 16.

1381 *Lutter/Bayer/Schmidt*, Europäisches Gesellschafts- und Kapitalmarktrecht, 2012, § 6 Rn. 64, S. 103.

1382 *Spahlinger/Wegen*, Internationales Gesellschaftsrecht, 2005, Rn. 443.

1383 *Spahlinger/Wegen*, Internationales Gesellschaftsrecht, 2005, Rn. 443. Siehe zur identitätswahrenden Sitzverlegung ferner *Zimmer*, Internationales Gesellschaftsrecht, 1996, S. 198; *Behrens*, IPRax 1989, 354 (355); *Weller*, DStR 2004, 1218 (1218).

1384 *Casper*, in: Spindler/Stilz, AktG, Art. 8 SE-VO, Rn. 23 spricht von diesem Prinzip vor dem Hintergrund der Kontinuitätsregelung des Art. 8 Abs 1 Satz 2 SE-VO, wonach die SE bleibt als juristische Person bestehen bleibt; *Weller/Leuering,* Sitzverlegungen von Gesellschaften in Europa 2012, S. 16.

1385 Siehe zu diesem Grundsatz MünchKomm AktG-*Oechsler* Rn. 61.

1386 *Weller/Leuering,* Sitzverlegungen von Gesellschaften in Europa 2012, S. 16.

delt es sich um eine sachrechtliche Frage, über welche das bisherige und das neue Gesellschaftsstatut entscheiden:[1387] Es kommt demnach auf das Zusammenspiel der im Wegzugsstaat und im Zuzugsstaat bestehende Regelungen an.[1388] Denn nur wenn sowohl das alte als auch das neue Gesellschaftsstatut den Fortbestand der Gesellschaft anerkennen, ist eine solche identitätswahrende Sitzverlegung rechtlich gewährleistet.[1389]

Welche genauen Anforderungen an eine solche identitätswahrende Sitzverlegung zu stellen sind, darüber differieren die Stimmen in der Literatur: Als Kennzeichen für eine solche Identität nennt *Otto Sandrock* jedenfalls die Tatsache, „daß Rechtspositionen, vor allem Sicherungsrechte, die zugunsten der betreffenden Gesellschaft im Wegzugsstaat erworben worden sind, auch im Zuzugsstaat als (Sicherungs-) Rechte ein und derselben Person angesehen werden“.[1390]

Eine andere Ansicht will bereits dann von einer identitätswahrenden Sitzverlegung ausgehen, wenn die alte Gesellschaft untergeht, das Gesellschaftsvermögen jedoch im Wege der Universalsukzession auf eine neue Gesellschaft übergeht, ohne dass dabei die alte Gesellschaft als solche aufgelöst wird.[1391] Eine weitere Literaturauffassung will eine identitätswahrende Sitzverlegung nur dann annehmen, wenn der Rechtsträger als solcher fortbesteht, wobei jedoch zugleich eine Änderung der Organisations- und Haftungsstruktur eintreten könne.[1392] Darüber hinaus fordert eine Literaturansicht sogar die Beibehaltung des eigentlichen „Rechtskleides“ der Gesellschaft: so müsse die Rechtsform als Kapitalgesellschaft beibehalten werden.[1393] Differenziert wird in diesem Zusammenhang

1387 *Behrens/Hoffmann*, in: Ulmer/Habersack/Löbbe (Hrsg.) GroßKomm GmbHG, Einl. B. 149.

1388 *Behrens/Hoffmann*, in: Ulmer/Habersack/Löbbe (Hrsg.) GroßKomm GmbHG, Einl. B. 149.

1389 *Behrens/Hoffmann*, in: Ulmer/Habersack/Löbbe (Hrsg.) GroßKomm GmbHG, Einl. B. 149.

1390 „Als Kennzeichen für eine solche Identität kann insbesondere die Tatsache dienen, daß Rechtspositionen, vor allem Sicherungsrechte, die zugunsten der betreffenden Gesellschaft im Wegzugsstaat erworben worden sind, auch im Zuzugsstaat als (Sicherungs-)Rechte ein und derselben Person angesehen werden.“ *Sandrock*, in: Sandrock/Wetzler (Hrsg.), Deutsches Gesellschaftsrecht im Wettbewerb, 2004, S. 33 (78).

1391 *Trost*, Faktische Sitzverlegung unter Sitz- und Gründungstheorie im Vergleich 2003, S. 29 f..

1392 *Bechtel*, Umzug von Kapitalgesellschaften unter der Sitztheorie, 1999, S. 35.

1393 *Frowein,* Grenzüberschreitende Sitzverlegung von Kapitalgesellschaften, 2000, S. 28.

weiterhin danach, ob eine rechtsformkongruente bzw. -inkongruente Sitzverlegung vorliegt.[1394]

Als Gegenstück zur identitätswahrenden Sitzverlegung wird in der Lehre auch der Begriff der „uneigentlichen“[1395] Sitzverlegung verwendet, die teilweise als „unechte“[1396] , faktische“[1397] oder eben als „nicht identitätswahrende“ Sitzverlegung[1398] bezeichnet wird. Bei der „uneigentlichen“ Sitzverlegung wird die juristische Person aufgelöst und im Immigrationsstaat neu gegründet. Die alte Gesellschaft geht folglich unter, ihr gesamtes Vermögen wird dabei von der neuen Gesellschaft, die eine neue Rechtspersönlichkeit hat, übernommen. Von einer eigentlichen Sitzverlegung spricht man dann, wenn eine „juristische Person ihren alten, für ihr Personalstatut maßgeblichen Sitz ohne Liquidation aufgibt und einen neuen Sitz in einem anderen Land ohne Neuinkorporation begründet, unter Wahrung ihrer Identität und Rechtspersönlichkeit“.[1399] Letzten Endes sind diese Differenzierungen indessen eher theoretischer Natur.[1400]

Darüber hinaus differenzieren manche Autoren zudem zwischen der Sitzverlegung im engeren und derjenigen im weiteren Sinne.[1401] Jedoch ist eine einheitliche terminologische Verwendung insoweit nicht feststellbar:[1402] So werden auf

---

1394 *Lutter/Bayer/Schmidt*, Europäisches Unternehmens- und Kapitalmarktrecht, 2012, § 32 Rn. 11, S. 1111.

1395 *Egli,* Die Sitzverlegung juristischer Personen im internationalen Privatrecht, 1975, S. 25 f.; *Luchsinger,* Die Niederlassungsfreiheit der Kapitalgesellschaften in der EG, den USA und der Schweiz, 1992, S. 15.

1396 *Chromek*, Wegzugsfreiheit von Kapitalgesellschaften Wegzugsfreiheit von Kapitalgesellschaften im europäischen Binnenmarkt, 2009, S. 112.

1397 *Frowein,* Grenzüberschreitende Sitzverlegung von Kapitalgesellschaften, 2000, S. 28.

1398 *Chromek*, Wegzugsfreiheit von Kapitalgesellschaften Wegzugsfreiheit von Kapitalgesellschaften im europäischen Binnenmarkt, 2009, S. 112.

1399 *Egli,* Die Sitzverlegung juristischer Personen im internationalen Privatrecht, 1975, S. 25.

1400 *Luchsinger,* Die Niederlassungsfreiheit der Kapitalgesellschaften in der EG, den USA und der Schweiz, 1992, S. 15; *Braun*, Die Wegzugsfreiheit als Teil der Niederlassungsfreiheit, 2010, S. 25; *Ratka*, Grenzüberschreitende Sitzverlegung von Gesellschaften, 2002, S. 25 sowie im Ergebnis ähnlich *Sandrock/Austmann*, RIW 1989, 249 (250).

1401 *Meier-Hayoz,* Sitzverlegungen juristischer Personen von und nach der Schweiz, in: Aubert/Brosset et al. (Hrsg.) Schweizerische Beiträge zum V. internationalen Kongress für Rechtsvergleichung, Brüssel 1958, S. 63 (67ff.). Unter Sitzverlegung im weitesten Sinn versteht *Meier-Hayoz* überdies jegliche Arten (eigentliche, uneigentliche, innerstaatliche usw.) von Sitzverlegungen, während die Sitzverlegung im engeren Sinn nur die eigentliche, statutarische Sitzverlegung ins Ausland umfasst.

1402 *Chromek*, Wegzugsfreiheit von Kapitalgesellschaften Wegzugsfreiheit von Kapitalgesellschaften im europäischen Binnenmarkt, 2009, S. 113.

der einen Seite Sitzverlegungskonstellationen als solche „im weiteren Sinne" bezeichnet, auch wenn es der Liquidation und Neugründung der Gesellschaft bedarf.[1403] Indessen verstehen manche darunter, dass der Verband die Sitzverlegung ohne Untergang des Rechtsträgers übersteht.[1404] Als Sitzverlegung im „engeren Sinne" wird hingegen einerseits die Sitzverlegung unter Wechsel des Gesellschaftsstatuts verstanden;[1405] andererseits wird darunter aber auch eine Sitzverlegung ohne den Verlust der Eigenschaft als Kapitalgesellschaft gefasst.[1406]

Schließlich wird danach unterschieden, ob eine Sitzverlegung unter Satzungsanpassung oder ohne eine solche Anpassung der Statuten erfolgen kann. In diesem Zusammenhang ist auch von „statutenwechselnder Sitzverlegung" die Rede.[1407] Der Grund für diese Betrachtungsweise ist darin zu erblicken, dass zahlreiche Mitgliedstaaten der EU[1408] – wie auch die Schweiz – vorsehen, dass der Zuzug im Rahmen einer Satzungssitzverlegung einer Gesellschaft davon abhängig gemacht wird, dass die Satzung entsprechend der Rechtsordnung des Zuzugsstaates angepasst wird. Für das schweizerische Recht gilt, dass ausländische Gesellschaften ihren Sitz in die Schweiz verlegen und umgekehrt schweizerische Gesellschaften ihren Sitz ins Ausland verlegen können, wobei in beiden Fällen die IPRG-Bestimmungen vorsehen, dass ein solcher Vorgang über die Grenze identitätswahrend vollzogen werden kann.[1409] In der schweizerischen

---

1403 *Kruse*, Sitzverlegung von Kapitalgesellschaften innerhalb der EG 1997, S. 26.

1404 *Kruse*, Sitzverlegung von Kapitalgesellschaften innerhalb der EG 1997, S. 27.

1405 Teilweise wird auch von einer statuswahrenden Sitzverlegung gesprochen; so jedenfalls die Bezeichnung von *Trost*, Faktische Sitzverlegung unter Sitz- und Gründungstheorie im Vergleich 2003, S. 28.

1406 *Trost*, Faktische Sitzverlegung unter Sitz- und Gründungstheorie im Vergleich 2003, S. 28.

1407 *Lutter/Bayer/Schmidt*, Europäisches Unternehmens- und Kapitalmarktrecht, 2012, § 32 Rn. 11, S. 1111.

1408 In Spanien Boletín Oficial del Estado (BOE) No. 82 (2009), S. 31928 (Ley 3/2009, de 3 de abril, sobre modificaciones estructurales de las sociedades mercantiles). In Portugal ist dies in Art. 3 *Código das Sociedades Comerciais* (CSC) kodifiziert; siehe Decreto-Lei 262/86 v. 2.9.1986, Diário da República Série I Nr. 201 v. 2.9.1986, 2293. In Luxemburg ist dies in Art. 159 *Loi concernant les sociétés commerciales,* Gesetz v. 10.8.1915, Mémorial Nr. 90 v. 30.10.1915, 925 geregelt. In Belgien hat sich die Rechtsprechung für eine identitätswahrende grenzüberschreitende Sitzverlegung ausgesprochen; siehe dazu die von der Cour de Cassation entschiedene Rechtssache *Lamot* aus dem Jahr 1965; Cass. 12. 11. 1965 (*Lamot*), Rev. crit. belge 20 (1966) 392 mit Anm. *van Ryn.*Siehe dazu zum Meinungsstand in Frankreich, Belgien, Italien, Luxemburg und Spanien *Bechtel,* Umzug von Kapitalgesellschaften unter der Sitztheorie, 1999, S. 17 ff.

1409 *Altenburger/Calderan/Lederer*, Schweizerisches Umstrukturierungsrecht, 2004, Rn. 1287, S. 307.

Literatur wird die „Sitzverlegung“ daher auch unter dem Gesichtspunkt der Möglichkeit eines Wechsels des Gesellschaftsstatuts über die Grenze diskutiert: Kann die juristische Person das sie beherrschende Recht wechseln?[1410] Die Frage beantwortet Art. 162 IPRG, der einen solchen Wechsel des Gesellschaftsstatuts vorsieht.

Mangels gesetzlicher Grundlage gibt es in Deutschland bislang keine dahingehende gesetzliche Regelung. Zwar wird die Möglichkeit eines Zuzuges unter Satzungsanpassungen im Wege einer formwechselnden Hereinumwandlung in der Literatur begrüßt;[1411] gleichwohl konnte sich die Gestaltungsmöglichkeit einer formwechselnden Hereinumwandlung bislang vor allem in der Rechtsprechung[1412] nicht durchsetzen. Erneut bestätigt wurde dies zuletzt in der Entscheidung des OLG Nürnberg vom 13. Februar 2012, in welcher einer luxemburgischen S.à.r.l. der Zuzug nach Deutschland im Wege eines identitätswahrenden Formwechsels „in“ eine deutsche GmbH verweigert wurde.[1413]

Auch der Referentenentwurf für ein Gesetz zum Internationalen Privatrecht der Gesellschaften, Vereine und juristischen Personen ändert nichts an diesem Befund in Deutschland. Denn die Existenz des Art. 10b EGBGB-RefE zeigt, dass die im Referentenentwurf vorgesehene Variante der Gründungsanknüpfung im Ausgangspunkt als statisch zu verstehen ist.[1414] Die Bezeichnung Sitzverlegung sei vor allen Dingen dort anzutreffen, wo die Unterstellung der juristischen Person unter das Recht ihres Sitzes als selbstverständlich vorausgesetzt wird, was im schweizerischen Recht auf Grundlage der Inkorporationstheorie naturgemäß nicht der Fall sei.[1415]

Vor diesem Hintergrund spricht auch das schweizerische IPRG in den Art. 161–164 lediglich von der Verlegung von Gesellschaften. In der Terminologie des schweizerischen Rechts wird im Zusammenhang mit diesem Wechsel des Gesellschaftsstatuts auch nicht mehr von Sitzverlegung, sondern auch von „Um-

---

1410 *Niederer*, in: Gutzwiller/Niederer (Hrsg.) Beiträge zum Haager Internationalprivatrecht, 1951, S. 153.

1411 Siehe beispielsweise *Behrens*, RIW 1986, 590 (594) sowie ihm folgend mit dem „Lösungsweg: Formwechselnde Umwandlung“ gleichwohl die Fortgeltung der Sitztheorie betonend *Großfeld/Jasper*, RabelsZ 53 (1989), 52 (58ff.).

1412 BGH Urt. v. 21.3.1986 – V ZR 10/85, BGHZ 97, 269 (272) = NJW 1986, 2194 = ZIP 1986, 643; OLG München, Urt. v. 5.6.1986 – 5 U 2562/85 = NJW 1986 2197 (2198).

1413 OLG Nürnberg, Beschl. v. 13.02.2012 – 12 W 2361/11, ZIP 2012, 572 = WM 2012, 993 = DB 2012, 853 = BB 2012, 988 = DStR 2012, 571 = NZG 2012, 468 = BeckRS 2012, 05177 = GWR 2012, 131 m. Anm. *Wöhlert;* IRPrax 2013 (153) m. Anm. *Bartels*

1414 *Leible*, in: Michalski, GmbHG, Syst. Darst. 2 IntGesR, Rn. 16.

1415 *Niederer*, in: Gutzwiller/Niederer (Hrsg.) Beiträge zum Haager Internationalprivatrecht, 1951, S. 153.

Inkorporation“ gesprochen.[1416] Die in Art. 161 ff. IPRG geregelte Verlegung der Gesellschaft meint die Sitzverlegung mit Statutenwechsel. Die Marginalien des Gesetzes sollen dabei zum Ausdruck bringen, dass es im Lichte der Inkorporationstheorie nicht auf die Verlegung des (Verwaltungs-)Sitzes, sondern auf den Wechsel des Gesellschaftsstatuts ankommt.[1417]

2. Die Wechsel des Gesellschaftsstatuts und das „Wesen“ der juristischen Person

Auch wenn die gesellschaftsrechtlichen Grundtheorien der Fiktions- bzw. der Realitätstheorie im rechtswissenschaftlichen Diskurs an Bedeutung verloren zu haben scheinen, so bilden sie gleichsam den Unterbau, auf den die Anknüpfungstheorien wie auch die Sitzverlegung theoretisch gestützt werden können.[1418] Auch finden sich Einsprengsel der Theorien in der Rechtsprechung. Nachdem einleitend bereits die Bedeutung der „Theorien“ im Zusammenhang mit der Anerkennung und Rechtsfähigkeit von juristischen Personen dargestellt wurde, soll ihre Bedeutung nunmehr im Zusammenhang mit der Sitzverlegung skizziert werden.

Wenn man die juristische Person nur als „fiktives Geschöpf“ der einzelstaatlichen Rechtsordnung betrachtet, so bringt die Trennung von dieser Rechtsordnung den Untergang der juristischen Person gleichsam mit sich. Wird also zwischen dem Verband und dem Recht, das ihm Leben einhaucht, die Verbindung zerschnitten, so unterbindet man damit gleichsam dem fingierten Kollektivgeschöpf die lebensnotwendige „normative Luftzufuhr“.[1419] Die herbeigeführte Trennung von der angestammten Rechtsordnung bedeutet nach dieser Ansicht daher notwendigerweise Auflösung und Liquidation. Der Wechsel des Gesellschaftsstatuts der gleichen Gesellschaft ist nicht möglich.[1420] Juristisch möglich sind nur die Auflösung und die Neugründung der Gesellschaft. Auf diese Weise argumentieren diejenigen, die einem solchen Wechsel des Gesellschaftsstatuts im Sinne einer identitätswahrenden Sitzverlegung entgegenstehen.

Ganz in der Fiktionstheorie verhaftet ist die deutsche Rechtsprechung, wenn es dort heißt: „Die von einer bestimmten Staatshoheit erteilte Rechtsfähigkeit“

1416 ZürchKomm IPRG-*Vischer*, vor Art. 161-164b Rn. 1.

1417 *Schnyder*, ZBJV Sonderband 135bis 1999, 60 (62). Die Bestimmungen des IPRG wurden durch den Erlass des Fusionsgesetzes kaum tangiert.

1418 *Luchsinger,* Die Niederlassungsfreiheit der Kapitalgesellschaften in der EG, den USA und der Schweiz, 1992, S. 12

1419 *Niederer*, in: Gutzwiller/Niederer (Hrsg.) Beiträge zum Haager Internationalprivatrecht, 1951, S. 154.

1420 *Niederer*, in: Gutzwiller/Niederer (Hrsg.) Beiträge zum Haager Internationalprivatrecht, 1951, S. 154.

könne „nicht beliebig in ein anderes Land übertragen werden".[1421] Aber auch der Europäische Gerichtshof legt eine solche „Geschöpftheorie"[1422] zugrunde, wenn er in seiner *Daily Mail*-Entscheidung[1423] davon ausgegangen ist, dass außerhalb der Rechtsordnung, in der die Gesellschaft gegründet wurde, dieser keine Realität zukommt. Von diesem Ansatz scheint der Gerichtshof sich jedoch in seiner jüngst ergangenen Entscheidung in der Rechtssache *VALE* zu entfernen.[1424]

Die Betrachtung der juristischen Person als eine solche bloße Fiktion ist abzulehnen. Gerade im Zusammenhang mit der Sitzverlegung erweist sie sich als mobilitätsfeindlich. Man darf indessen bezweifeln, ob dieses radikale Ergebnis überhaupt eine zwingende Folge der Fiktionstheorie sein muss.[1425]

Im Gegensatz dazu ist im Sinne der Realitätstheorie zwischen natürlichen und juristischen Personen kein wesentlicher Unterschied zu sehen; beide sind gleichermaßen als Realitäten des sozialen Lebens anzuerkennen. Bereits *Ernst Rabel* machte diese Gedanken für das Internationale Gesellschaftsrecht fruchtbar, indem er sich gegen die „Geschöpftheorie" und vielmehr für eine prinzipielle Gleichstellung von natürlichen und juristischen Personen aussprach.[1426]

1421 BGH Urt. v. 11.07.1957 – II ZR 318/55, BGHZ 35, 134 (144) = NJW 1957, 1433.

1422 *Rehm*, in: Eidenmüller (Hrsg.), Ausländische Kapitalgesellschaften 2004, § 2 Rn. 61

1423 EuGH, Urt. v. Rs. 81/87 – *Daily Mail* – Slg. 1988 5483 Rn. 19: „Im Gegensatz zu natürlichen Personen werden Gesellschaften aufgrund einer Rechtsordnung, beim gegenwärtigen Stand des Gemeinschaftsrechts aufgrund einer nationalen Rechtsordnung, gegründet. Jenseits der jeweiligen nationalen Rechtsordnung, die ihre Gründung und ihre Existenz regelt, haben sie keine Realität."

1424 EuGH Urt. v. 12.7.2012 – Rs. C-378/10 – *VALE Építési kft.*, NJW 2012, 2715 = ZIP 2012, 1394 = EuZW 2012, 621 = WM 2012, 2154 = DB 2012, 1614.

1425 *Grasmann*, System des internationalen Gesellschaftsrechts, 1970, Rn. 487 f. spricht in diesem Zusammenhang deshalb auch von „Unterstellungen und Trugschlüssen" und weist zudem darauf hin, dass andere Hoheitsakte, die durchaus fiktiven Charakter haben, auch außerhalb ihres Herkunftsstaates Geltung haben und anerkannt werden. In diesem Zusammenhang zeigt *Rudolf Bindschedler* auf, dass auch unter Zugrundelegung dieser Sichtweise ein „nahtloser Wechsel" dennoch möglich erscheint: So gehe zwar die Rechtsfähigkeit im Wegzugsstaat im Zeitpunkt der Sitzverlegung verloren, jedoch folge daraus lediglich der Zwang zur sofortigen Unterwerfung unter das Recht des Zuzugsstaates. Demnach müsste die Verlegung und dazu erforderlichen Satzungsänderungen im selben Gesellschaftsbeschluss untergebracht werden. Da die Gesellschaft nunmehr ihre Rechtsfähigkeit vom Zuzugsstaat zuerkannt bekäme, würde auch den Wegzugsstaat nichts daran hindern, dies anzuerkennen. Siehe *Bindschedler*, Der Nationalitätswechsel der Aktiengesellschaft, 1940, S. 82 f.

1426 Siehe dazu *Drury*, C.L.J. 57 (1998) 165 (176): „They [die Befürworter einer mit der Fiktionstheorie in Verbindung stehenden staatlichen Verleihung der Rechtsfähigkeit im Wege der Konzessionstheorie] have been replaced by what *Rabel* describes as the International Theory based upon the idea that corporations are analogous to individuals, and if created by a competent state they need no particular recognition in

Beide Rechtspersonen werden daher auch von der Rechtsordnung als Träger von Rechten und Pflichten anerkannt. Denn auch die Rechtspersönlichkeit des einzelnen Menschen ist juristisch gesehen nur die Schöpfung einer bestimmten einzelstaatlichen Rechtsordnung: Wechselt die natürliche Person beispielsweise durch Erwerb einer neuen Staatsangehörigkeit und eines neuen Domizils ihr Personalstatut, so geht normativ betrachtet ebenfalls ihre frühere Rechtspersönlichkeit unter, wobei zugleich eine neue Rechtspersönlichkeit unter der Rechtsordnung des neuen Staates geschaffen wird. Es wird dabei jedoch niemandem einfallen, von einem „Untergang der natürlichen Person“ zu sprechen.[1427] Dieselbe Person besteht weiter – sie hat eben nur ihr Personalstatut gewechselt.

Um die Ermöglichung eines solchen Wechsel geht es auch beim Gesellschaftsstatut der juristischen Personen: Denn die Rechtsordnung, die ihr die Rechtspersönlichkeit verleiht, schafft damit nicht bloß eine normative Fiktion, sondern sie erkennt lediglich Tatsachen des sozialen Lebens an. Nicht anders als bei einer natürlichen Person, wird nur eine bereits existierende Realität normativ erfasst, so dass der Übergang dieser Realität als „juristischer Person“ demnach von einer Rechtsordnung zur anderen ohne ihre Zerstörung erfolgen soll.

Bei der Rechtsfähigkeit juristischer Personen muss es sich demnach um einen Rechtszustand handeln, der sich nicht durch eine Sitzverlegung ins Ausland ändern darf, ebenso wenig wie die Geschäftsfähigkeit oder Entmündigung bei natürlichen Personen an den Grenzen des Staates endet.[1428] Auf Grundlage der Realitätstheorie wäre es somit möglich, dass sich eine Gesellschaft aus dem Handelsregister des Wegzugsstaates löschen lässt, noch bevor sie im Zuzugsstaat neu inkorporiert ist. Da die Existenz der Gesellschaft nicht von einer spezifischen Rechtsordnung abhängt, wäre dieser Vorgang auch ohne Auswirkung auf ihren Bestand als juristische Person.[1429] Auf dem Boden der Realitätstheorie muss man demnach die Möglichkeit einer identitätswahrenden Sitzverlegung bejahen.[1430]

---

other states." Unter Berufung auf *Rabel*, The Conflict of Laws: A Comparative Study, Bd. II (1960), S. 132.

1427 *Niederer*, in: Gutzwiller/Niederer (Hrsg.) Beiträge zum Haager Internationalprivatrecht, 1951, S. 154.

1428 *Süss*, in: FS Lewald, S. 603 (607)

1429 *Luchsinger,* Die Niederlassungsfreiheit der Kapitalgesellschaften in der EG, den USA und der Schweiz, 1992, S. 22.

1430 *Egli,* Die Sitzverlegung juristischer Personen im internationalen Privatrecht, 1975, S. 54.

3. Beteiligte Rechtsordnungen

a) *Ausgangslage*

Im Rahmen von grenzüberschreitenden Sitzverlegungen wie auch anderen Formen der transnationalen Umstrukturierung kommt es entscheidend auf das Zusammenspiel von Kollisions- und Sachrechten der Gesellschaftsstatute der jeweils beteiligten Rechtsordnungen an.[1431]

Bei allen internationalen Transaktionen sind immer mindestens zwei Rechtsordnungen involviert, und jede dieser Rechtsordnungen muss zuerst auf Ebene des Kollisionsrechts festlegen, welche Teile der Transaktion von der einen, welche von der anderen Rechtsordnung geregelt werden. Auf der Sachrechtseben muss jede dieser Rechtsordnungen die entsprechende Transaktionsform selber und deren Vollzug in einem grenzüberschreitenden Sachverhalt regeln.[1432]

b) *Kumultationsprinzip*

Will man wissen, ob die juristische Person im neuen Sitzstaat trotz des Wechsels der anwendbaren Gesellschaftsrechtsordnungen rechtlich fortbesteht, ist dies in einer Zwei-Schritte-Prüfung zu ermitteln: Zum einen muss das alte Gesellschaftsstatut den identitätswahrenden Wegzug erlauben (es darf also an die Sitzverlegung nicht etwa die Auflösung der Gesellschaft knüpfen), und zum anderen muss das neue Gesellschaftsstatut einen identitätswahrenden Zuzug anerkennen[1433] Die früher vertretene Anwendung nur einer Rechtsordnung erscheint nicht sachgerecht. Wird entsprechend der Aufnahmetheorie das Immigrationsstatut für maßgebend erklärt, würde der Gesellschafter- und der Gläubigerschutz des bisherigen Gesellschaftsstatuts aufgehoben werden.[1434] Im Hinblick auf den transnationalen Formwechsel im Wege der Satzungssitzverlegung wird daher nach der auf *Günther Beitzke* zurückgehenden besonderen Kollisionsregel in Gestalt der sog. Kombinationslehre[1435] verfahren, die auch in Art. 161 IPRG ihren Niederschlag gefunden hat.[1436]

1431 *Bessenich*, AJP 2004, 851 (852).
1432 *Bessenich*, AJP 2004, 851 (852).
1433 MünchKomm-*Weller*, GmbHG Einl. I. IntGesR, Rn. 324.
1434 *Bessenich*, AJP 2004, 851 (852).
1435 *Beitzke*, in: FS Hallstein, S. 14 (14 ff.).
1436 *Weller/Leuering*, Sitzverlegungen von Gesellschaften in Europa 2012, S. 21.

II. Arten der Sitzverlegung

Nach schweizerischem wie auch deutschem IPR können unter Sitzverlegung sowohl die Verlegung des Satzungs- als auch die des Verwaltungssitzes verstanden werden.[1437] Demnach können unter dem Begriff der Verlegung einer Gesellschaft bzw. der Sitzverlegung folgende Konstellationen[1438] subsumiert werden:

1. Verlegung des statuarischen Sitzes unter Beibehaltung des effektiven Verwaltungssitzes
2. Verlegung des statuarischen Sitzes und gleichzeitige Verlegung des effektiven Verwaltungssitzes
3. Verlegung des effektiven Verwaltungssitzes unter Beibehaltung des statuarischen Sitzes[1439]

Weiterhin wird im Folgenden danach zu differenzieren sein, ob eine Sitzverlegung aus Deutschland in die Schweiz (Immigration) oder aber von der Schweiz nach Deutschland (Emigration) erfolgt. Nur wenn beide beteiligten Rechtsordnungen ineinandergreifen und eine Sitzverlegung zulassen, kann ein Fortbestehen der Gesellschaft angenommen werden.

B. Verlegung des Verwaltungssitzes

I. Europäische Sicht

Vor dem Hintergrund der eingangs geschilderten Bedeutung der grenzüberschreitenden Mobilität von Gesellschaften für die Verwirklichung des Binnenmarktes mag es überraschend erscheinen, dass diesem zentralem Aspekt des europäischen Gesellschaftsrechts von Seiten der Legislativorgane der EU einschließlich der Kommission als Initiativorgan nicht immer die gebührende Aufmerksamkeit gewidmet wurde.[1440]

Auf Ebene des Sekundärrechts hat nach wie vor die Freiheit der Sitzverlegung über die Grenze oberste Priorität: Bereits im 1997 existierte dazu ein erster

---

1437 *Bessenich*, Die grenzüberschreitende Fusion nach den Bestimmungen des IPRG und des OR, 1991, S. 6.

1438 Siehe dazu *Schwander*, Einführung in das internationale Privatrecht; Bd. II BT (1997), § 20 Rn. 818, S. 357.

1439 *Bachmann*, in: Spindler/Stilz, AktG, § 262 Rn. 74 und dort in Fn. 29: Eine solche Differenzierung zwischen der Verlegung des Satzungs- und des Verwaltungssitzes „wird in Rechtsprechung und Lehre oft unterlassen, weshalb die jeweiligen Aussagen nur unter Vorbehalt verwertbar sind".

1440 *Behrens*, EuZW 2013, 121 (122).

Vorentwurf einer Sitzverlegungsrichtlinie,[1441] der bisher vor allem an der deutschen Sorge um die Mitbestimmung als gescheitert angesehen werden muss.[1442] Dies ist bedauerlich, zumal grenzüberschreitende Sitzverlegungen einer zusätzlichen sachrechtlichen Absicherung durch eine Sitzverlegungsrichtlinie bedürfen, um auf rechtssichere Weise realisiert werden zu können.[1443] Inzwischen hat sich jedoch das Europäische Parlament in einem erneuten Anlauf dem Desiderat nach einer Sitzverlegungsrichtlinie angenommen;[1444] man scheint sich nunmehr dem Projekt auf europäischer Ebene jüngst wieder zu widmen.[1445] Auch wenn die Kommission zunächst eine erneute öffentliche Konsultation durchzuführen gedenkt, um auf der Basis dieser Ergebnisse die „Zweckmäßigkeit einer Legislativinitiative zu prüfen“,[1446] wird der Frage der Unternehmensmobilität im Rahmen der Zukunft des Europäischen Gesellschaftsrechts höchste Priorität beigemessen.[1447]

1441 Vorentwurf für eine Vierzehnte Richtlinie des Europäischen Parlaments und des Rates über die Verlegung des Sitzes einer Gesellschaft in einen anderen Mitgliedstaat mit Wechsel des für die Gesellschaft maßgebenden Rechts vom 20.4.1997, nicht offiziell Doc. XV/6002/97-EN REV 2; abgedruckt in ZIP 1997, 1721 (1721-1724); siehe dazu *Grundmann*, Europäisches Gesellschaftsrecht, 2011, § 24 Rn. 1 ff.

1442 *Hopt*, EuZW 2012, 481 (482). So hatte die Kommission noch im Jahre 1997 den Vorentwurf für den Vorschlag einer Vierzehnten Richtlinie betreffend die grenzüberschreitende Sitzverlegung ausgearbeitet, der noch im Rahmen einer öffentlichen Konsultation im Jahre 2006, wobei 79,6 % der Teilnehmer für eine solche Richtlinie votierten. Dagegen erachtete die Kommission in einem Staff Working Document „Impact assessment on the Directive on the cross-border transfer of registered office“ (SEC [2007] 1707). Ein Jahrzehnt später wurde das Projekt durch die Rede 07/441 v. 3.10.2007 des damaligen Binnemarktkommissars *Charles McCreevy* vor dem Rechtsausschuss des Europäischen Parlaments wieder aufgehoben; vgl. *Rammeloo*, MJ 19 (2012), 563 (586) in Fn. 113. Man sah die Richtlinie als nicht mehr erforderlich und stellte die Arbeit daran ein; siehe *Behrens*, EuZW 2013, 121 (122).

1443 *Leible,* RabelsZ 76 (2012), 374 (394/5).

1444 Siehe dazu die Entschließung des Europäischen Parlaments vom 2. Februar 2012 mit Empfehlungen an die Kommission zu einer 14. Gesellschaftsrechtlichen Richtlinie zur grenzüberschreitenden Verlegung von Unternehmenssitzen (2011/2046 (INI))

1445 *Bayer/Schmidt* BB 2013, 3 (14); *Schmidt*, GmbHR 2013, R33 (R34).

1446 Mitteilung der Kommission an das Europäische Parlament, den Rat, den Europäischen Wirtschafts- und Sozialausschuss und den Ausschuss der Regionen. Aktionsplan: Europäisches Gesellschaftsrecht und Corporate Governance – ein moderner Rechtsrahmen für engagiertere Aktionäre und besser überlebensfähige Unternehmen, KOM(2012) 740; 4.1 und Anhang.

1447 Siehe dazu die Antwort der *European Company Law Experts* (ECLE) an die Kommission im Rahmen der Konsultation über die Zukunft des europäischen Gesellschaftsrechts *Böckli/Davies/Ferran/Ferrarini/Garrido/Hopt/Pietrancosta/Pistor /Skog/Soltysinski/ Winter/Wymeersch*, RTDF 2012, 8 (10): „We believe that the Euro-

Wenn auch ein komplettes europäisches Gesellschaftsrecht derzeit nicht gewollt zu sein scheint[1448] und seit dem Aktionsplan „Modernisierung des Gesellschaftsrechts und Verbesserung der Corporate Governance in der Europäischen Union"[1449] nunmehr zehn Jahre vergangen sind, so ist der Bereich des europäischen Gesellschaftsrechts mit einem neuen gesellschaftsrechtlichen Aktionsplan wieder in den Fokus der Aufmerksamkeit gerückt: Es werden dabei weitere Untersuchungen mit Blick auf eine mögliche Initiative zur grenzüberschreitenden Verlegung des Unternehmenssitzes angestrebt.[1450]

Im Hinblick auf die Möglichkeiten der grenzüberschreitenden Sitzverlegung war es bislang jedenfalls der EuGH, der in seiner vielbeachteten Rolle als „Motor der Integration"[1451] mit seinen bekannten Urteilen zur Niederlassungsfreiheit der Gesellschaften die Dinge in Bewegung gebracht hat. Insbesondere nachdem die Kommission im Jahre 1997 ihren Vorentwurf für eine Sitzverlegungsrichtlinie der Öffentlichkeit präsentiert hatte,[1452] folgten die grundlegenden Urteile zur Niederlassungsfreiheit, welche die Gleichstellung von Gesellschaften mit natür-

---

pean Commission should give the highest legislative priority to certain issues with a clear cross-border aspect that can only be solved at EU level. These are (1.) the transfer of seat (fourteenth directive)…"

1448 *Hopt*, EuZW 2012, 481 (482).

1449 KOM 2003, 284 endg.

1450 Die Kommission hat am 12. Dezember 2012 in einer Mitteilung an das Europäische Parlament, den Rat, den Europäischen Wirtschafts- und Sozialausschuss und den Ausschuss der Regionen einen neuen gesellschaftsrechtlichen Aktionsplan mit dem Titel „Europäisches Gesellschaftsrecht und Corporate Governance – ein moderner Rechtsrahmen für engagierte Aktionäre und besser überlebensfähige Unternehmen" vorgelegt vgl. COM [2012] 740/2M; abgedruckt in EuZW 2013, 3 (3). Genannt werden in Abschnitt 3. als Initiativen im Bereich des Gesellschaftsrechts zur Unterstützung europäischer Unternehmen und zur Förderung ihres Wachstums und ihrer Wettbewerbsfähigkeit: Weitere Untersuchungen mit Blick auf eine mögliche Initiative zur grenzübergreifenden Verlegung des Unternehmenssitzes; Erleichterung grenzüberschreitender Verschmelzungen von Unternehmen; klare EU-Vorschriften für grenzüberschreitende Spaltungen von Unternehmen; Follow-up des Vorschlags zum Statut der Europäischen Privatgesellschaft im Hinblick auf die Ausweitung grenzübergreifender Geschäftsmöglichkeiten für KMU; Informationskampagne zum Statut der Europäischen Aktiengesellschaft und zum Statut der Europäischen Genossenschaft; sowie gezielte Maßnahmen für Unternehmensgruppen: Anerkennung des Konzepts des Gruppeninteresses und mehr Transparenz hinsichtlich der Gruppenstruktur.

1451 *Oppermann/Hiermaier*, JuS 1980, 782 (783).

1452 Der nicht offizielle Vorentwurf, Doc. XV/6002/97-EN REV 2, 20 April 1997, wurde ein Jahrzehnt später durch die Rede 07/441 v. 3.10.2007 des damaligen Binnemarktkommissars *Charles McCreevy* vor dem Rechtsausschuss des Europäischen Parlaments wieder aufgehoben; siehe *Rammeloo*, MJ 19 (2012), 563 (586) in Fn. 113.

lichen Personen richterrechtlich konturiert haben.[1453] Eine Sitzverlegung kann rechtlich im Sinne der Grenzüberschreitung eines Rechtsprodukts, der Gesellschaft, erfasst werden. Die Verlegung des Sitzes setzt dabei voraus, dass einerseits der Wegzugsstaat die Abwanderung toleriert und andererseits der Zuzugsstaat das fremde Rechtsprodukt akzeptiert.[1454]

1. Zuzugsituation

Was den „Zuzug" von Gesellschaften anbelangt, so hat der EuGH *de facto* das „Herkunftslandprinzip" etabliert.[1455] Auf das Internationale Gesellschaftsrecht übertragen folgt aus diesem Prinzip, „dass das Herkunftsland der Gesellschaft ihr Gesellschaftsstatut und damit das auf ihre Verfassung in allen wesentlichen Punkten anwendbare Recht bestimmt."[1456] Aus der Entscheidungstrias *Centros*[1457] – *Überseering*[1458] – *Inspire Art*[1459] ergeben sich folgende Grundsätze: Nach der *Überseering*-Entscheidung ist der Zuzugsstaat aufgrund der primärrechtlich in Art. 49, 54 AEUV statuierten Niederlassungsfreiheit verpflichtet, „die Rechtsfähigkeit und damit die Parteifähigkeit zu achten, die diese Gesellschaft nach dem Recht ihres Gründungsstaates besitzt".[1460] Auf Grundlage des Herkunftslandprinzips ist eine mit ihrem Verwaltungssitz zuziehende EU/EWR-Gesellschaft vom Aufnahmestaat somit *tel quel* anzuerkennen, und zwar grundsätzlich genau so, wie diese „nach dem Recht des Gründungsstaates"[1461] ausgestaltet ist.[1462] Die Gewährleistungen der primärrechtlichen Niederlassungsfreiheit umfassen „insoweit nicht nur ein Recht auf identitätswahrende,

1453 *Leible*, ZHR 2004, 531 (532).

1454 *Weller/Leuering*, Sitzverlegungen von Gesellschaften in Europa 2012, S. 3.

1455 *Lutter/Bayer/Schmidt*, Europäisches Unternehmens- und Kapitalmarktrecht, 2012, § 5 Rn. 49, S. 93; siehe zum „Herkunftslandprinzip" im EU-Gesellschaftsrecht nach der „Überseering"-Entscheidung *Straube/Ratka*, ÖZW 2003, 34 (34ff.) sowie *Roth*, in: Potacs/Rebhahn (Hrsg.) Anerkennungs-/Herkunftslandprinzip in Europa, 2010, S. 111 (111); eingehend zum Herkunftslandprinzip insgesamt *Mansel* RabelsZ 70 (2006), 651 (651ff.)

1456 *Roth*, in: Potacs/Rebhahn (Hrsg.) Anerkennungs-/Herkunftslandprinzip in Europa, 2010, S. 111 (111).

1457 EuGH, Urt. v. 9.3.1999, Rs. C-212/97 – *Centros*, Slg. 1999, I-1459.

1458 EuGH, Urt. v. 5.11.2002, Rs. C-208/00 – *Überseering*, Slg. 2002, I-9919.

1459 EuGH, Urt. v. 30. 9. 2003, Rs. C-167/01 – *Inspire Art*, Slg. 2003, I-10155.

1460 EuGH, Urt. v. 5.11.2002, Rs. C-208/00 – *Überseering*, Slg. 2002, I-9919, Rn. 92 f.; siehe zum „Herkunftslandprinzip" im EU-Gesellschaftsrecht nach der „Überseering"-Entscheidung *Straube/Ratka,* ÖZW 2003, 34 (34ff.).

1461 EuGH, Urt. v. 5.11.2002, Rs. C-208/00 – *Überseering*, Slg. 2002, I-9919, Rn. 95.

1462 *Lutter/Bayer/Schmidt*, Europäisches Unternehmens- und Kapitalmarktrecht, 2012, § 5 Rn. 49, S. 93.

sondern darüber hinaus ein Recht auf rechtsformwahrende Verlegung des Verwaltungssitzes.“ [1463]

Jede Anwendung inländischer Schutzvorschriften auf die zuziehende Gesellschaft bedarf dabei der Rechtfertigung durch zwingende Gründe des Allgemeinwohls:[1464] Nach ständiger Rechtsprechung des EuGH können Beschränkungen der Niederlassungsfreiheit dabei nicht nur durch die geschriebenen Rechtfertigungsgründe, sondern auch durch zwingende Gründe des Allgemeinwohls[1465] auf Grundlage der sog. *Gebhard*-Formel[1466] gerechtfertigt werden, sofern die inländische Schutzvorschrift geeignet ist, die Verwirklichung des mit ihr verfolgten Ziels zu gewährleisten, und nicht über das hinausgeht, was zur Erreichung dieses Ziels erforderlich ist, demnach also dem Verhältnismäßigkeitsgrundsatz genügt.[1467] Welche Schutzvorschriften zur Anwendung gebracht werden können, ist vom EuGH bislang dagegen noch nicht weiter konkretisiert worden.[1468]

2. Wegzugssituation

a) Daily Mail als Ausgangspunkt

Im Gegensatz zur Zuzugsituation gab es bislang keine unionsrechtlichen Vorgaben hinsichtlich einer rechtsformwahrenden Verlegung des Verwaltungssitzes in einen anderen Mitgliedstaat der EU. Man ist nach der *Daily Mail*-Entscheidung davon ausgegangen, dass außerhalb der Rechtsordnung, in der die Gesellschaft gegründet wurde, dieser als *creature the law* keine Realität zukommt. Nach dieser – kritisch auch als „Geschöpftheorie“[1469] bezeichneten – Ansicht verbleibt die Regelungszuständigkeit insoweit auf nationalstaatlicher Ebene.[1470] Demnach unterliegt der Wegzug einer Gesellschaft somit – im Gegensatz zum Zuzug – nach wie vor nicht dem Schutz der primärrechtlichen Niederlassungsfreiheit. Demnach haben die Mitgliedstaaten das Recht, „ihre Gesellschaften dadurch

1463 *Mörsdorf*, EuZW 2009, 97 (97).

1464 *Grundmann*, Europäisches Gesellschaftsrecht, 2011, § 22 Rn. 798, S. 67/77.

1465 Siehe dazu grundlegend EuGH Urt. v. 31.3.1993, Rs. C-19/92 – *Kraus*, Slg. 1993 I-1663, Rn. 32, Urt. v. 30.11.1995, Rs. C-55/94 – *Gebhard*, Slg. 1995, I-4165, Rn. 37 sowie EuGH Urt. v. 30.9.2003, Rs. 167/01 – *Inspire Art*, Slg.2003 I-10155, Rn. 133; Urt. v. 13.12.2005 Rs. C-411/03 – *SEVIC*, Slg. 2005, I-10805, Rn. 23.

1466 Siehe dazu EuGH Urt. v. 30.11.1995, Rs. C-55/94 – *Gebhard*, Slg. 1995, I-4165.

1467 *Lutter/Bayer/Schmidt*, Europäisches Unternehmens- und Kapitalmarktrecht, 2012, § 15 Rn.18, S. 187.

1468 *Lutter/Bayer/Schmidt*, Europäisches Unternehmens- und Kapitalmarktrecht, 2012, § 5 Rn. 49, S. 93.

1469 *Rehm*, in: Eidenmüller (Hrsg.), Ausländische Kapitalgesellschaften, § 2 Rn. 61.

1470 Staudinger BGB-*Großfeld*, IntGesR 1998, Rn. 617 stellt dazu gar die Behauptung auf: „Darin sind sich alle Theorien über die juristischen Personen einig.“

quasi ‚einzumauern', dass sie den Versuch des Wegzugs mit der Auflösung sanktionieren".[1471]

In der genannten Entscheidung beabsichtigte die nach englischem Recht gegründete *Daily Mail and General Trust plc*, den Sitz ihrer Geschäftsleitung aus steuerlichen Gründen in die Niederlande zu verlegen.[1472] Hierzu bedurfte es der Zustimmung des britischen Finanzministeriums, da der *Income and Corporation Taxes Act 1970* den steuerlichen Sitz als Sitz der Geschäftsleitung definiert und die Verlegung eine Veränderung des steuerlichen Sitzes – nicht aber der *lex societatis* – mit sich brachte.[1473] Der EuGH sah in diesem Genehmigungserfordernis jedoch keinen Verstoß gegen die Niederlassungsfreiheit, da die Art. Art. 52, 58 EWG (heute: Art. 49, 54 AEUV) „beim derzeitigen Stand des Gemeinschaftsrechts einer Gesellschaft, die nach dem Recht eines Mitgliedstaats gegründet ist und in diesem ihren satzungsmäßigen Sitz hat, nicht das Recht [gewähren], den Sitz ihrer Geschäftsleitung in einen anderen Mitgliedstaat zu verlegen".[1474]

Auch wenn es in der Entscheidung lediglich um die Frage der Gemeinschaftsrechtskonformität steuerrechtlicher Wegzugsbeschränkungen ging, sah man sich gleichwohl nach überwiegender Ansicht in der deutschen Literatur[1475] darin bestätigt, dass der EuGH mit seinem *Daily Mail*-Urteil die Vereinbarkeit der Sitztheorie mit der Niederlassungsfreiheit bestätigt habe.[1476]

Im Gegensatz zu der ansonsten verfolgten Rechtsprechungslinie des EuGH zur Niederlassungsfreiheit hat dieser die zuvor angesprochene Gleichstellung der juristischen mit natürlichen Personen hier nicht vorangebracht: Im Hinblick auf den Wegzug von natürlichen Personen erblickte der Gerichtshof in der Rechtsache *Lasteyrie du Saillant* in einer Wegzugssteuer einen Verstoß gegen die Niederlassungsfreiheit, der nicht damit gerechtfertigt werden könne, einer Steuerflucht vorzubeugen.[1477]

1471 *Lutter/Bayer/Schmidt*, Europäisches Unternehmens- und Kapitalmarktrecht, 2012, § 5 Rn. 54, S. 97.

1472 Siehe dazu *Teichmann*, Binnenmarktkonformes Gesellschaftsrecht, 2006, S. 84 ff.; *Lutter/Bayer/Schmidt*, Europäisches Unternehmens- und Kapitalmarktrecht, 2012, § 5 Rn. 14 ff., S. 74/5; *Grundmann*, Europäisches Gesellschaftsrecht, 2011, § 22 Rn. 776 ff. S. 456 ff.

1473 *Leible*, in: Michalski, GmbHR, Syst. Darst. 2, IntGesR, Rn. 23.

1474 EuGH, Urt. v. Rs. 81/87 – *Daily Mail* – Slg. 1988 5483 Rn. 25.

1475 Siehe Staudinger, IntGesR-*Großfeld*, Rn 123; *Ebenroth/Eyles*, DB 1989, 363 (372); *Behrens*, ZGR 1994, 1 (20 f), Kindler, NJW 1999, 1993 (1997); anderer Ansicht *Knobbe-Keuk*, ZHR 154 (1990), 325 (333).

1476 *Leible*, in: Michalski, GmbHG, Syst. Darst. 2 IntGesR, Rn. 23.

1477 EuGH, Urt. v. 11.3.2004 Rs. C-9/02 –*Lasteyrie du Saillant*, Slg. 2004, I-2409.

In der *Cartesio*-Entscheidung[1478] bekräftigte der EuGH seine bereits seinem *Daily Mail*-Urteil *obiter dictum* ergangene binnenmarktfeindliche Entscheidung, wonach ein Mitgliedstaat den Wegzug einer Gesellschaft aus seinem Rechtsgebiet – im Gegensatz zur Errichtung einer Niederlassung[1479] – unter Beibehaltung der Rechtsform der Gesellschaft verhindern könne.[1480]

Die Ausführungen des EuGH aus dem Jahre 1988 riefen bereits zum damaligen Zeitpunkt Erstaunen hervor: Schließlich stellte sich das gesellschaftsrechtliche Problem einer rechtsformwahrenden Verwaltungssitzverlegung in der Rechtssache *Daily Mail* überhaupt nicht.[1481] Der Entscheidung lag vielmehr die Beantwortung der Frage zugrunde, ob das steuerrechtliche Erfordernis einer Auswanderungsgenehmigung mit der Niederlassungsfreiheit vereinbar ist.[1482] Dagegen gestattet das Vereinigte Königreich den nach seinem Recht gegründeten Gesellschaften die identitätswahrende Verwaltungssitzverlegung – also eine Verlegung der *residence* – unter Mitnahme des heimischen Rechtskleids bereits nach der damaligen Rechtslage.[1483]

1478 EuGH, Urt. v. 16.12.2008, Rs. C-210/06 – *Cartesio*, Slg. 2008, I-9641.

1479 EuGH, Urt. v. 27.9.1988 Rs. 81/87 – *Daily Mail,* Slg. 1988 5483 Rn. 16.

1480 Vor diesem Hintergrund heißt es mit Blick auf die *Cartesio*-Entscheidung bei *Ratka/Wolfbauer*, ZfRV 2009, 57 (57): „Daily Mail: ‚I am not dead yet'".

1481 *Mörsdorf*, EuZW 2012, 296 (298).

1482 So auch Generalanwältin *Kokott* in ihren Schlussanträgen vom 8.9.2011, Rs. C-371/10.28 – *National Grid* Indus in Rn. 28: „Die Vorlagefragen des High Court im Fall Daily Mail waren ausdrücklich auf die steuerlichen Aspekte der Sitzverlegung ausgerichtet. Es war der Gerichtshof, der die Problematik der Sitzverlegung auf eine allgemeinere Ebene hob, indem er aus der ersten Vorlagefrage herauslas, dass es zunächst der Sache nach darum gehe, ob die Niederlassungsfreiheit einer Gesellschaft, die nach dem Recht eines Mitgliedstaats gegründet ist und in diesem ihren satzungsmäßigen Sitz hat, das Recht gewährt, den Sitz ihrer Geschäftsleitung in einen anderen Mitgliedstaat zu verlegen."

1483 Siehe dazu *Ringe*, Die Sitzverlegung der Europäischen Aktiengesellschaft 2006, S. 21/2: Die Inkorporation der Gesellschaft in eine Rechtsordnung begründet nach englischem Gesellschaftsrechtsverständnis das sog. *domicile* (oder *domicil*). Demgegenüber liegt die *residence* in dem Staat, in dem die Hauptverwaltung (*central management and control*) liegt. Grundlegend für das englische Gesellschaftskollisionsrecht ist dabei der Gedanke, dass zwar die *residence* beliebig und ohne Auswirkung auf die *lex societatis* in andere Staaten verlegt werden kann; das *domicile* hingegen nicht. Vgl. Dazu aus der englischen Rechtsprechung *Gasque* v *Commissioners of Inland Revenue* (1940) 2 KB 80 (84) *per Macnaghten.*: *„The domicil of origin, or the domicil of birth, using with respect to a company a familiar metaphor, clings to it throughout its existence."* Sowie aus der englischen Literatur dazu: *Drucker*, Companies in Private International Law, 17 Int'l & Comp. L.Q. (1968), 28 (31).

Anders als noch in *Daily Mail* stellt der EuGH in seiner *Cartesio* Entscheidung[1484] indessen nicht mehr nur auf die Verlegung des Verwaltungssitzes,[1485] sondern auf die Verlegung des Sitzes im Allgemeinen ab.[1486] Plastisch ausgedrückt sind die Mitgliedstaaten somit dazu in Lage, über die nach ihrer Rechtsordnung gegründeten Gesellschaften die „Todesstrafe"[1487] zu verhängen. Oder anders gewendet: „Der Staat gibt es, der Staat nimmt es."[1488] Offenbar legte der EuGH in *Daily Mail* und *Cartesio* die Fiktionstheorie zugrunde, wenn er davon ausgeht, dass jeder Mitgliedstaat autonom über die Existenzbedingungen der eigenen Gesellschaften entscheiden könne.[1489]

b) Die Abkehr von Daily Mail

Jedoch sind nicht alle Wegzugsbeschränkungen europarechtskonform, wie der EuGH jüngst in der Rechtssache *National Grid Indus* betont hat.[1490] In diesem jüngst ergangenen Urteil hat sich der *EuGH* von der Kernaussage des *Daily Mail*-Urteils als solcher verabschiedet.[1491]

Die *National Grid Indus BV*, eine Gesellschaft mit beschränkter Haftung nach niederländischem Recht mit satzungsmäßigem Sitz in den Niederlanden, verlegte ihren tatsächlichen Verwaltungssitz in das Vereinigte Königreich.[1492] Da *National Grid Indus* nach der Verlegung ihres Sitzes gemäß dem einschlägigen Doppelbesteuerungsabkommen (DBA) nur noch im Vereinigten Königreich über eine Betriebsstätte verfügte, fiel die Befugnis zur Besteuerung des Unternehmensgewinns ausschließlich dem Vereinigten Königreich zu. Damit wurden in den Niederlanden keine steuerpflichtigen Gewinne mehr erzielt. Da die Niederlande der Gründungstheorie folgen, verlor die Gesellschaft durch ihren Wegzug nach London auch nicht ihre Eigenschaft als Gesellschaft niederländischen Rechts. Anders als unter der Sitztheorie kam es somit nicht zur Zwangsliquida-

---

1484 EuGH, Urt. v. 16. 12. 2008, C-210/06 – *Cartesio*, Slg. 2008, I-9641.

1485 EuGH, Urt. v. Rs. 81/87 – *Daily Mail*, Slg. 1988 5483 Rn. 24.

1486 EuGH, Urt. v. 16.12.2008, Rs. C-210/06 – *Cartesio*, Slg. 2008, I-9641 Rn. 110.

1487 GA *Maduro* Schlussanträge v. 22. 5. 2008 zu EuGH Rs. C-210/06 – *Cartesio* Slg. *2008*,1-9641 Rn. 31.

1488 *Frobenius*, DStR 2009, 487 (488).

1489 *Weller/Leuering*, Sitzverlegungen von Gesellschaften in Europa 2012, S. 24 sowie *Bohrenkämper*, ELR 2009, 82 (86/7).

1490 Siehe die noch nicht in der offiziellen Slg. veröffentlichte Entscheidung EuGH, Urt. v. 29.11.2011, Rs. C-371/10 – *National Grid Indus*, ZIP 2012, 169 = EuZW 2011, 951.

1491 *Schall/Barth*, NZG 2012, 414 (414) stellen die dahingehende Frage: Stirbt Daily Mail langsam? Demgegenüber gehen *Biermeyer/Elsener/Timba* ECFR 2012, 101 (109), davon aus, daß die *Daily Mail*-Doktrin mit der Entscheidung *National Grid Indus* bereits zu Grabe getragen worden sei, indem sie feststellen: „the judgment at hand clarifies that Daily Mail has finally been brought to its grave."

1492 EuGH, Urt. v. 29.11.2011, Rs. C-371/10 – *National Grid Indus*, in Rn. 47.

tion.[1493] Daher wurde auch keine Liquidationssteuer ausgelöst. Gleichwohl hatte National Grid Indus BV nach den niederländischem Steuerrecht eine Schlussrechnung über die latenten Wertzuwächse zum Zeitpunkt der Verlegung des Sitzes zu erstellen; die Wertzuwächse forderte der niederländische Fiskus ein.[1494]

Während der EuGH in seinem *Daily Mail*-Urteil die Anwendbarkeit der Niederlassungsfreiheit auf Wegzugsbeschränkungen noch verneint hatte, prüfte der *EuGH* im Fall *National Grid Indus* die Wegzugssteuer ausdrücklich am Maßstab der Niederlassungsfreiheit.[1495] Anhand dieses Maßstabes erlaubte er zwar die grundsätzliche Besteuerung nicht realisierter Gewinne; er verwarf aber eine ausnahmslose Fälligkeit dieser Steuer im Wegzugszeitpunkt. Zwar erklärt der EuGH den in *Daily Mail* geschaffenen und von *Cartesio* weiter aufrechterhaltenen „Vorrang" des nationalen Kollisionsrechts vor der Niederlassungsfreiheit auch weiterhin anwendbar:[1496] Ein Mitgliedstaat habe daher die Möglichkeit, „einer nach seiner Rechtsordnung gegründeten Gesellschaft Beschränkungen hinsichtlich der Verlegung ihres tatsächlichen Verwaltungssitzes aus seinem Hoheitsgebiet aufzuerlegen".[1497]

Auf dieser Grundlage hatten die beteiligten Regierungen der Mitgliedstaaten im Verfahren noch *a fortiori* argumentiert:[1498] Wenn es den Mitgliedstaaten unbenommen sei, ihren Gesellschaften den Wegzug gänzlich zu verwehren, dann müssten sie erst recht auch weniger intensive Beschränkungen verhängen dürfen, ohne dass der Schutz der Niederlassungsfreiheit eingreife.[1499] Dieser Argumentation tritt der EuGH entgegen, indem er bereits im 1. Leitsatz der Entscheidung betont, dass sich „eine nach dem Recht eines Mitgliedstaats gegründete Gesellschaft, die ihren tatsächlichen Verwaltungssitz in einen anderen Mitgliedstaat verlegt, ohne dass die Verlegung des Sitzes ihre Eigenschaft als Gesellschaft nach dem Recht des ersten Mitgliedstaats berührt, (...) auf Art. 49 AEUV berufen [könne], um die Rechtmäßigkeit einer ihr von dem ersten Mitgliedstaat anlässlich dieser Sitzverlegung auferlegten Steuer in Frage zu stellen".[1500]

In *Cartesio* hat der EuGH *obiter dictum* festgehalten, dass es ein Verstoß gegen die Niederlassungsfreiheit darstelle, wegziehende Gesellschaften daran zu hin-

---

1493 *Schall/Barth*, NZG 2012, 414 (415).

1494 EuGH, Urt. v. 29.11.2011, Rs. C-371/10 – *National Grid Indus*, in Rn. 47.

1495 EuGH, Urt. v. 29.11.2011, Rs. C-371/10 – *National Grid Indus*, in Rn. 33.

1496 EuGH, Urt. v. 29.11.2011, Rs. C-371/10 – *National Grid Indus*, in Rn. 33

1497 EuGH, Urt. v. 29.11.2011, Rs. C-371/10 – *National Grid Indus*, in Rn. 27 unter Berufung auf Urt. v. 5.11.2002 Rs. C-208/00 – *Überseering*, Slg. 2002, I-9919 Rn 70

1498 EuGH, Urt. v. 29.11.2011, Rs. C-371/10 – *National Grid Indus*, Rn. 29.

1499 EuGH, Urt. v. 29.11.2011, Rs. C-371/10 – *National Grid Indus*, Rn. 29.

1500 EuGH, Urt. v. 29.11.2011, Rs. C-371/10 – *National Grid Indus*, 1. Leitsatz.

dern, „sich in eine Gesellschaft nach dem nationalen Recht dieses anderen Mitgliedstaats umzuwandeln, soweit dies nach diesem Recht möglich ist“.[1501]

Bereits mit dieser Aussage hat sich der Gerichtshof von der „Geschöpftheorie“ entfernt, denn der Gründungsstaat genießt mit Blick auf die Behandlung „seiner“ Gesellschaften bereits keine vollständige Immunität mehr gegenüber der Niederlassungsfreiheit.[1502] Wenn sich Gesellschaften aber gegenüber ihrem Gründungsstaat auf ein Recht zur Verwaltungssitzverlegung berufen können, so ist nicht einzusehen, warum dies nur in Bezug auf rein gesellschaftsrechtliche Hindernisse wie die Verweigerung eines grenzüberschreitenden Formwechsels gelten soll, nicht aber im Hinblick auf Wegzugshindernisse aus anderen Rechtsbereichen wie dem Steuer- oder Umweltrecht.[1503]

In der Rechtssache *National Grid Indus* beschreitet der EuGH genau diesen Weg und beschränkt die „Geschöpftheorie“ auf die Autonomie der Mitgliedstaaten im Hinblick auf die Verleihung ihrer nationalen Rechtsformen. Endgültig ausgedient hat diese „Theorie“ jedoch außerhalb dieses „Restanwendungsbereichs“.[1504] Damit können nicht mehr ganze Regelungsbereiche wie die Besteuerung von Gesellschaften der unionsrechtlichen Kontrolle entzogen werden. Im Ergebnis ist somit nur noch die Verweigerung der *rechtsformwahrenden* Sitzverlegung nicht vom Anwendungsbereich der Niederlassungsfreiheit umfasst.[1505] Damit sind zumindest alle nicht gesellschaftsrechtlichen Wegzugsbeschränkungen an der Niederlassungsfreiheit zu messen und müssen folglich dem vom EuGH streng gehandhabten „Vier-Konditionen-Test“ standhalten.[1506]

Während der EuGH den Anwendungsbereich der „Geschöpftheorie“ in seiner *National Grid-Indus*-Entscheidung hinsichtlich steuerrechtlicher Wegzugshindernisse deutlich beschnitten hatte, wird diese mit dem *VALE*-Urteil wieder ausgeweitet[1507]: Bislang bemühte der Gerichtshof die „Geschöpftheorie“ nämlich nur mit Blick auf die „Vorfrage“, ob sich eine nach dem Recht eines bestimmten Mitgliedstaates gegründete Gesellschaft diesem gegenüber auf die Niederlassungsfreiheit berufen kann.[1508] Nunmehr erstreckt er den Anwendungsbereich der „Geschöpftheorie“ auf das gesamte nationale Gesellschaftsrecht[1509], indem er feststellt, dass, so wie der Herkunftsstaat frei über die An-

1501 EuGH, Urt. 16.12.2008, Rs. C-210/06 – *Cartesio*, Slg. 2008, I-9641Rn. 110, Rn. 112.

1502 *Mörsdorf*, EuZW 2012, 296 (298).

1503 *Mörsdorf*, EuZW 2012, 296 (298).

1504 *Mörsdorf*, EuZW 2012, 296 (298).

1505 *Mörsdorf*, EuZW 2012, 296 (298).

1506 *Weller/Leuering*, Sitzverlegungen von Gesellschaften in Europa 2012, S. 26.

1507 *Mörsdorf/Jopen*, ZIP 2012, 1398, (1400) sprechen von einer „bedeutenden Ausweitung der ‚Geschöpftheorie‘“.

1508 *Mörsdorf/Jopen*, ZIP 2012, 1398, (1400).

1509 *Mörsdorf/Jopen*, ZIP 2012, 1398, (1400).

knüpfungsmerkmale der inländischen Gesellschaften entscheiden könne, auch der Aufnahmestaat seine nationalen Vorschriften anwenden könne, welche „Gründung und die Funktionsweise einer Gesellschaft regeln“ [1510], wenn eine Gesellschaft ausländischen Rechts im Begriff ist, sich in eine nationale Rechtsform „seines“ Gesellschaftsrechts umzuwandeln.[1511]

Insgesamt erscheint die auf den „gegenwärtigen Stand des Gemeinschaftsrechts“ des Jahres 1988[1512] bezogene Differenzierung zwischen Zuzug- und Wegzugsituationen als Ausfluss der „Geschöpftheorie“ bei der Niederlassungsfreiheit damit als dogmatisch verfehlt und überholt: Denn mit Blick auf den europarechtlichen Effektivitätsgrundsatz im Sinne des Art. 4 Abs. 3 EUV ist allein maßgeblich, ob eine mitgliedstaatliche Maßnahme den Binnenmarkt beeinträchtigt. Infolge dieser Differenzierung macht jedoch „der EuGH die Verwirklichung eines zentralen Ausübungsmodus der Niederlassungsfreiheit von der Mitwirkung des nationalen Rechts abhängig.“[1513] Der Binnenmarkt als solcher strebt jedoch als Wirtschaftsraum ohne Grenzen gerade die Verwirklichung der Grundfreiheiten durch Beseitigung derartiger Hemmnisse auf der Ebene der nationalen Rechtsordnungen an; vgl. Art. 26 Abs. 1 u. 2 AEUV.[1514] Ein solcher der Verwirklichung der Niederlassungsfreiheit entgegenstehender nationaler Gesetzgebungsvorbehalt ist dogmatisch inkonsistent, da sich ein solcher Vorbehalt in der Judikatur des EuGH zu den übrigen Grundfreiheiten gerade nicht findet.[1515] Eine Verweigerung der Wegzugsfreiheit stellt vor dem Hintergrund des *effet-utile*-Grundsatzes[1516] sogar eine noch stärkere Beeinträchtigung dar, als wenn lediglich die Zuzugsfreiheit eingeschränkt würde: „Denn es liegt auf der Hand, dass eine ‚eingesperrte‘ Gesellschaft sich nirgendwohin mehr bewegen, während eine nur ‚ausgeschlossene‘ ggf. noch woanders hinziehen kann.“[1517] Im Ergebnis ist festzuhalten, dass die „Zweispurigkeit“ von Zuzug- und Wegzugssituation den übrigen Grundfreiheiten fremd ist und daher auch im Bereich der Niederlassungsfreiheit nicht weiterverfolgt werden sollte.[1518]

1510 EuGH. v. 12.7.2012 – Rs. C-378/10 – *VALE Építési kft.*, NJW 2012, 2715 = ZIP 2012, 1394 Rn. 52.

1511 *Mörsdorf/Jopen*, ZIP 2012, 1398, (1400).

1512 EuGH, Urt. v. Rs. 81/87 – *Daily Mail*, Slg. 1988 5483 Rn. 19.

1513 *Kieninger*, in: Basedow/Wurmnest (Hrsg.) Unternehmen auf offenen Märkten 2011, S. 25 (28).

1514 *Steinrötter*, GPR 2012 119 (123).

1515 Siehe *Mörsdorf*, EuZW 2009, 97 (99); *Kieninger*, in: Basedow/Wurmnest (Hrsg.) Unternehmen auf offenen Märkten 2011, S. 25 (31).

1516 Siehe zum *effet utile* als Auslegungsgrundsatz eingehend *Potacs*, EuR 2009, 465 (469).

1517 *Steinrötter*, GPR 2012 119 (123).

1518 In diesem Sinne ablehend bereits GA *Dámaso Ruiz-Jarabo Colomer* in seinen Schlussanträgen v. 4.12.2001 zu EuGH, Rs. 208/00 – *Überseering*, Slg. I-9922, in Rn.

II. Schweizerische Sicht

1. Grundlagen

Die Schweiz hat bereits im internationalen Vergleich früh mit dem Bundesgesetz über das Internationale Privatrecht (IPRG) vom 18. Dezember 1987 rechtliche Grundlagen geschaffen, um im internationalen Wettbewerb attraktive Rahmenbedingungen zu bieten[1519] Während das geltende IPRG in den Art. 161–164 bereits Bestimmungen zur Sitzverlegung über die Grenze enthält, wurden darüber hinausgehende Möglichkeiten der grenzüberschreitenden Umstrukturierung im früheren IPRG zunächst noch nicht angesprochen; diese sollten erst im mit Inkrafttreten des FusG zum 1. Juli 2004[1520] Eingang in das Gesetz finden.[1521] Für die grenzüberschreitende Sitzverlegung existierte demgegenüber bereits eine gesetzliche Regelung aus dem Jahr 1937 auf Grundlage der Handelsregisterver-

---

26, da insoweit eine „eigenwillige Auslegung" vorliege, die weiter in Rn. 37: zu „künstlichen" Unterscheidungen führe; siehe dazu *Ringe*, No freedom of emigration for companies? EBLR 16 (2005) 639: "..all Treaty freedoms guarantee a 'twofold protection' that comprises outbound and inbound situations"; *Armour/Ringe* CMLRev 48 (2011), 124 (139): "Yet from a policy point of view, a distinction between restrictions imposed by the home State on exit and those imposed by the host State at entry seems hard to rationalize." *Cerioni*, J.B.L. 2010, 311 (320): „The issue seems to arise as… a lack of rationale for any distinction between 'moving in and 'moving out' cases" sowie *Mucciarelli*, EBOR 2008 267 (296 f.) sowie *Wymeersch*, in: Liber Amicorum Ansay, S. 541 (545): "Whether immigration and emigration should be dealt with separately is controversial". Aus der deutschen Literatur gegen eine solche "Zweispurigkeit" argumentierend *Mörsdorf*, EuZW 2009, 97 (98 f.); *Roth*, in: FS Heldrich, S. 973 (985 f.); *Ders.* in: Lutter (Hrsg.) Europäische Auslandsgesellschaften in Deutschland, 2005, S. 379 (384 f.); *Steinrötter*, GPR 2012 119 (123); *Staudinger/Steinrötter*, JA 2012, 241 (244); *Braun*, Die Wegzugsfreiheit als Teil der Niederlassungsfreiheit, 2010, S. 259; *Teichmann*, in: FS Hommelhoff, S. 1213 (1234): „Die Unterscheidung von Zuzugs- und Wegzugsfällen für Gesellschaften ist demnach aufzugeben. Sie beruht auf einem terminologischen Missverständnis.".

1519 *Stauffer*, ST 2005, 58 (58).

1520 Bundesgesetz vom 3. Oktober 2003 über Fusion, Spaltung, Umwandlung und Vermögensübertragung (Fusionsgesetz, FusG), AS 2004 2617 (SR 221.301). BBl. 2003, 6691.

1521 Bundesgesetz vom 3. Oktober 2003 über Fusion, Spaltung, Umwandlung und Vermögensübertragung (Fusionsgesetz, FusG), AS 2004 2617 (SR 221.301); *Altenburger/Calderan/Lederer*, Schweizerisches Umstrukturierungsrecht, 2004, Rn. 1285

ordnung (HRegV)[1522] sowie in den Schlusstiteln des Obligationenrechts (SchlTOR).[1523]

a) Sitzverlegung nach Rechtslage vor Inkrafttreten des IPRG

Anders als transnationale Fusionen oder andere grenzüberschreitende Umstrukturierungstatbestände hat die Verlegung einer schweizerischen Gesellschaft ins Ausland nicht erst im Zusammenhang mit der Schaffung des FusG eine gesetzliche Regelung erfahren: Es fanden sich in Art. 50–51 aHRegV sowie in den Schlusstiteln zum OR Regelungen über die Verlegung des Sitzes einer schweizerischen Gesellschaft ins Ausland bzw. Verlegung des Sitzes einer ausländischen Gesellschaft in die Schweiz.[1524]

Das schweizerische Recht kannte bereits seit dem 1. Juli 1937 mit Art. 14 SchlTOR eine Bestimmung über die Sitzverlegung einer ausländischen Aktiengesellschaft ins Inland. Der umgekehrte Fall einer Sitzverlegung einer schweizerischen Gesellschaft ins Ausland richtete sich nach Art. 51 Abs. 2 der Verordnung über das Handelsregister vom 7. Juni 1937.[1525] Beide Vorschriften weisen bereits auf die Maßgeblichkeit des Gründungsrechts sowie des satzungsmäßigen Sitzes, nicht aber des effektiven Verwaltungssitzes hin: So trat nach Art. 14 SchlTOR ein Wechsel im Gesellschaftsstatut, d.h. die Unterstellung unter das schweizerische Recht für die vorher einer ausländischen Rechtsordnung unterstehende Gesellschaft erst mit der Verlegung des satzungsmäßigen Sitzes in die Schweiz und mit ihrer Eintragung ins Handelsregister ein.[1526] Die Handelsregisterverordnung ging in Art. 51 Abs. 2 noch einen Schritt weiter: Danach geht die Verlegung des Sitzes einer schweizerischen Gesellschaft ins Ausland nicht ohne weiteres mit der Löschung im Handelsregister einher; vielmehr stand die Gesellschaft auch nach der Sitzverlegung ins Ausland noch so lange unter dem schweizerischen Recht, bis diverse gesetzliche Bedingungen für einen „Auszug“ erfüllt worden sind.[1527]

1522 Handelsregisterverordnung (HRegV) vom 7. Juni 1937.

1523 Fassung gemäss BG vom 18. Dez. 1936, in Kraft seit 1. Juli 1937 (AS 53 185; BBl 1928 I 205, 1932 I 217); siehe die Schl- und UeB zu den Tit. XXIV-XXXIII am Schluss des OR.

1524 Stämpflis HK FusG-*Courvoisier*, vor Art. 161-164b IPRG, Rn. 1.

1525 *Niederer*, in: Gutzwiller/Niederer (Hrsg.) Beiträge zum Haager Internationalprivatrecht, 1951, S. 120.

1526 *Niederer*, in: Gutzwiller/Niederer (Hrsg.) Beiträge zum Haager Internationalprivatrecht, 1951, S. 120.

1527 *Niederer*, in: Gutzwiller/Niederer (Hrsg.) Beiträge zum Haager Internationalprivatrecht, 1951, S. 120.

aa) Zuzug in die Schweiz

Als *lex specialis* für Aktiengesellschaften erlaubte die damalige Vorschrift des Art. 14 SchlTOR bereits ausländischen Aktiengesellschaften die Sitzverlegung in die Schweiz, ohne dass dabei eine Liquidation im Emigrationsstaat und eine Neugründung in der Schweiz erforderlich gewesen wären.[1528] Demgemäß bestanden bereits zum damaligen Zeitpunkt von schweizerischer Seite aus die Voraussetzungen für eine „eigentliche“, d.h. identitätswahrende Sitzverlegung einer ausländischen AG in die Schweiz.

Eine solche identitätswahrende Sitzverlegung war möglich, wenn die Gesellschaft den Nachweis über ihre wirksame Rechtspersönlichkeit am bisherigen Sitz erbrachte und das in der letzten genehmigten Bilanz ausgewiesene Grundkapital gedeckt war.[1529] Nach einer Bewilligung des Bundesrates konnte sich die Aktiengesellschaft sodann in das schweizerische Handelsregister eintragen lassen und ihre Satzung dem schweizerischen Recht anpassen.[1530]

Dieser Befund muss als bemerkenswert für die damalige Zeit gelten, obschon die liberal gehaltene Vorschrift auf Aktiengesellschaften beschränkt war.[1531] Betont wurden bei Einführung der Vorschrift insbesondere auch die Interessen des schweizerischen Fiskus.[1532] Jedoch schien die Vorschrift nicht so recht in die damalige Vorkriegszeit zu passen. Es wurde kritisiert, dass die Vorschrift mit dem materiellen schweizerischen Aktienrecht insoweit in Konflikt stand, als „er mit dem auf Fernhaltung ausländischen Einflusses in unser Wirtschaftsleben gerichteten Tenor unseres Aktienrechts ‚nicht ganz in Einklang‘ stehe.“[1533] Dies erklärt auch, dass die Anwendung von Art. 14 SChlTOR von Beginn an mit einer gewissen Zurückhaltung ausgeübt wurde. Besonders während des Zweiten Weltkrieges hat der schweizerische Bundesrat aus politischen Gründen und um einer wirtschaftlichen Überfremdung der Schweiz entgegenzuwirken, seine Bewilligungspraxis entsprechend eingeschränkt.[1534] Während

1528 *Vischer*, in: Gutzwiller (Hrsg.) Schweizerisches Privatrecht – Geschichte und Geltungsbereich, Bd. I (1969), § 52 S. 579; *Egli,* Die Sitzverlegung juristischer Personen im internationalen Privatrecht, 1975, S. 119.

1529 *Vischer/von Planta*, Internationales Privatrecht, 1982, § 15, S. 71; *Moser*, RabelsZ 31 (1967) 670 (696).

1530 *Vischer/von Planta*, Internationales Privatrecht, 1982, § 15, S. 71; *Moser*, RabelsZ 31 (1967) 670 (696).

1531 *Ebenroth/Messer*, ZSR 1989,51 (98)

1532 StenBull Nationalrat 1936, 1489; *Egli,* Die Sitzverlegung juristischer Personen im internationalen Privatrecht, 1975, S. 114 u. 119.

1533 *Egli,* Die Sitzverlegung juristischer Personen im internationalen Privatrecht, 1975, S. 115 f.

1534 So stellte der Bundesrat auf Empfehlung des Eidgenössischen Politischen Departements fest, dass künftig Gesuche um eine Sitzverlegung ausländischer Aktiengesell-

des Zweiten Weltkrieges wurde die Regelung des Art.14 SchlTOR oftmals von Gesellschaften genutzt, die versuchten, vor deutscher Besetzung zu fliehen.[1535]

bb) Wegzug aus der Schweiz

(1) Gesetzliche Regelung

Das schweizerische Obligationenrecht enthielt keine Bestimmung zur Sitzverlegung von juristischen Personen aus der Schweiz ins Ausland. Die Frage wurde dabei jedoch durch die Handelsregisterverordnung und einen Bundesratsbeschluss geregelt: Vor 1990 enthielt die ursprüngliche teilweise an die Sitztheorie angelehnte Handelsregisterverordnung vom 7. Juni 1937 eine Bestimmung, die die Löschung schweizerischer Gesellschaften wegen Sitzverlegung ins Ausland vorsah.[1536]

Unter der nunmehr am 24. März 1947 und 3. Dezember 1954 abgeänderten Vorschrift des Art. 51 HRegV konnte eine Sitzverlegung ins Ausland identitätswahrend, d.h. ohne Liquidation und Neugründung realisiert werden.[1537] Voraussetzung für die identitätswahrende Sitzverlegung ist, dass sie ihre legale Existenz am neuen Ort nachweist und eine Erklärung beibringt, aus der hervorgeht, dass die Gläubiger mit der Löschung einverstanden oder befriedigt worden sind.[1538]

Es lässt sich in der Gesamtschau mit der der zuvor erläuterten Vorschrift des Art. 14 SchlTOR die Tendenz erkennen, den Zuzug ausländischer Aktiengesellschaften in die Schweiz zu erleichtern, die Abwanderung der eigenen schweizerischen Gesellschaften ins Ausland aber eher zu erschweren. Die Übersiedelung einer schweizerischen Gesellschaft ins Ausland wird erst dann vom schweizerischen Recht durch eine Löschung im Handelsregister anerkannt, wenn die Gesellschaftsgläubiger befriedigt sind bzw. der Sitzverlegung zugestimmt haben.[1539]

---

schaften nach Art. 14 SchlTOR nicht nur nach den gesetzlichen Vorgaben sondern auch nach der Opportunität zu prüfen seien; *Egli,* Die Sitzverlegung juristischer Personen im internationalen Privatrecht, 1975, S. 114.

1535 *Egli,* Die Sitzverlegung juristischer Personen im internationalen Privatrecht, 1975, S. 115.

1536 Vgl. dazu Art. 51 der bis zum 31. Dezember 1989 geltenden HRegV.

1537 *Vischer*, in: Gutzwiller (Hrsg.) Schweizerisches Privatrecht – Geschichte und Geltungsbereich, Bd. I (1969), § 52 S. 579; *Egli,* Die Sitzverlegung juristischer Personen im internationalen Privatrecht, 1975, S. 124; *Moser*, RabelsZ 31 (1967) 670 (696).

1538 *Moser*, RabelsZ 31 (1967) 670 (696).

1539 *Niederer*, in: Gutzwiller/Niederer (Hrsg.) Beiträge zum Haager Internationalprivatrecht, 1951, S. 156; *Moser*, RabelsZ 31 (1967) 670 (696 f.).

(2) Sonderregelung zur Sitzverlegung im Krisenfall

Das schweizerische Recht sieht zudem besondere Bestimmungen im Hinblick auf Sitzverlegungen im Falle von internationalen Konflikten vor. Diese sollen in Kriegs- und Notzeiten die vorübergehende Verlegung des Sitzes einer schweizerischen Gesellschaft ins Ausland ermöglichen, wobei es aber, im Gegensatz zur Emigration im Sinne von Art. 163 Abs. 1 IPRG, zu keiner Änderung des Gesellschaftsstatuts kommen soll.[1540] So findet sich dazu in Art. 163 Abs. 3 IPRG folgende Regelung: „Die Bestimmungen über vorsorgliche Schutzmaßnahmen im Falle internationaler Konflikte im Sinne von Artikel 61 des Landesversorgungsgesetzes vom 8. Oktober 1982 sind vorbehalten.“

Ein besonderes Verfahren für die Sitzverlegung schweizerischer juristischer Personen ins Ausland sieht in diesem Zusammenhang der Bundesratsbeschluss vom 12. April 1957 vor,[1541] auf den in Art. 61 Bundesgesetzes über die wirtschaftliche Landesversorgung (LVG) verwiesen[1542] wird.

Demnach soll die juristische Person als vorsorgliche Schutzmaßnahme im Falle der Sitzverlegung ins Ausland aufgrund kriegerischer Ereignisse mit Blick auf ihr Gesellschaftsstatut auch weiterhin dem schweizerischen Recht unterstellt bleiben; sie kann aber ihr ganzes geschäftliches Zentrum ins Ausland verlagern.[1543] Auf dieser Grundlage können juristische Personen des Privat- und des öffentlichen Rechts sowie Personengesellschaften und Einzelfirmen im Falle einer feindlichen Besetzung der Schweiz die Verlegung ihres Sitzes ins Ausland

---

1540 Stämpflis HK FusG-*Gassmann* Art. 163 IPRG Rn. 20.

1541 Bundesratsbeschluss vom 12. April 1957 betreffend vorsorgliche Schutzmassnahmen für juristische Personen, Personengesellschaften und Einzelfirmen, AS 1957, S. 337 ff. (SR 531.54) sowie die entsprechende Vollziehungsverordnung vom 12. April 1957, AS 1957 349 (SR 531.541). Siehe dazu *von Graffenried*, Neue handelsrechtliche Vorschriften für den Fall eines internationalen Konfliktes, ZBJV 94, 1958, 129 (129ff.); sowie *Meier-Hayoz,* Sitzverlegungen juristischer Personen von und nach der Schweiz, in: Aubert/Brosset et al. (Hrsg.) Schweizerische Beiträge zum V. internationalen Kongress für Rechtsvergleichung, Brüssel 1958, S. 63 (74). Aus historischer Sicht geht der Bundesratsbeschluss von 1957 dabei auf den Bundesratsbeschluss über Sitzverlegung von juristischen Personen und Handelsgesellschaften in Kriegszeiten vom 30.10.1939 (AS 1939, 1301) zurück; siehe *Weber*, Weber, in: Grossen/Gutzwiller (Hrsg.) Schweizerisches Privatrecht, Einleitung und Personenrecht, Juristische Personen, Bd. II/4 (1998), § 8 III. B., S. 142 in Fn. 73.

1542 Bundesgesetz über die wirtschaftliche Landesversorgung (Landesversorgungsgesetz, LVG) vom 8. Oktober 1982 (SR 531).

1543 *Vischer*, in: Gutzwiller (Hrsg.) Schweizerisches Privatrecht – Geschichte und Geltungsbereich, Bd. I (1969), § 52 S. 579; *Vischer/von Planta*, Internationales Privatrecht, 1982, § 15, S. 71.

beschließen. In einem solchen Konfliktfall setzt der Bundesrat den Zeitpunkt des Gültigwerdens der Sitzverlegung fest.[1544]

Der Verordnung liegt die Inkorporationstheorie zugrunde, da das schweizerische Recht „in allen konstitutionellen und funktionellen Fragen" trotz Sitzverlegung maßgebend sein soll.[1545] Der Bundesratsbeschluss regelt im Einzelnen dessen Adressaten, die Einzelheiten der Beschlussfassung zur Sitzverlegung, die Registereintragung sowie die Rechtswirkungen am bisherigen und am neuen Sitz.[1546]

Das dort geregelte Sitzverlegungsverfahren ist wesentlich einfacher ausgestaltet als dasjenige des IPRG.[1547] Jedoch ist ein wesentliches Problem darin zu erblicken, dass es sich lediglich um ein „Auswanderungsrecht" der Unternehmen bei kriegerischen Konflikten handelt.[1548] Demzufolge erfährt nur die schweizerische Seite eine Regelung, hingegen bleibt die Frage offen, welche möglichen Voraussetzungen die betroffene ausländische Rechtsordnung stellt und ob die Weitergeltung des schweizerischen Gesellschaftsstatuts überhaupt im besten Unternehmensinteresse liegt.[1549] Diese „eher antiquiert anmutenden" Bestimmungen zur Notsitzverlegung in Kriegszeiten bleiben auch im aktuellen Recht erhalten; vgl. Art. 163 Abs. 3 IPRG.[1550]

b) „Verlegung" des Sitzes

Da dem schweizerischen Internationalen Gesellschaftsrecht nach Art. 154 Abs. 1 IPRG das Inkorporationsprinzip zugrunde liegt, führt eine Verlegung des effektiven Verwaltungssitzes aus schweizerischer Perspektive grundsätzlich zu

---

1544 *Moser*, RabelsZ 31 (1967) 670 (696).

1545 *Moser*, RabelsZ 31 (1967) 670 (699) hebt insbesondere die Vorteile der Inkorporationstheorie im Konfliktfall hervor: „Eine Bestimmung des Personalstatuts nach der Sitztheorie mit einer Lostrennung des Unternehmens von der besetzten Schweiz würde aber nicht mehr die Wahrung, sondern die Aufgabe der schweizerischen Interessen bedeutet haben und einer Fahnenflucht juristischer Personen, Handelsgesellschaften und Einzelpersonen gleichkommen."

1546 *Weber*, in: Grossen/Gutzwiller (Hrsg.) Schweizerisches Privatrecht, Einleitung und Personenrecht, Juristische Personen, Bd. II/4 (1998) § 8 IV. B., S. 145.

1547 *Weber*, in: Grossen/Gutzwiller (Hrsg.) Schweizerisches Privatrecht, Einleitung und Personenrecht, Juristische Personen, Bd. II/4 (1998), § 8 IV. B., S. 145.

1548 *Weber*, in: Grossen/Gutzwiller (Hrsg.) Schweizerisches Privatrecht, Einleitung und Personenrecht, Juristische Personen, Bd. II/4 (1998), § 8 III. B., S. 142; sowie *Kley/Struller* SZIER 1991, 170.

1549 *Bloch*, Die Sitzverlegung von Aktiengesellschaften in das Ausland, SJZ 192, 245 (249f.).

1550 So Nobel, SZW 2004, 162 (164), der noch mit den Worten „es gibt damit keine kriegsrechtliche internationale Fusion" auf das Fehlen einer Parallelvorschrift für die internationalen Fusion hinweist.

keiner Änderung des auf die umziehende Gesellschaft anwendbaren Rechts. Eine Verwaltungssitzverlegung ist deshalb aus Sicht des schweizerischen Internationalen Privatrechts kollisionsrechtlich weitgehend unbeachtlich; dementsprechend sieht das schweizerische IPRG für diesen Sachverhalt auch keine rechtliche Regelung vor.[1551]

2. Verlegung des Verwaltungssitzes aus Deutschland in die Schweiz

Im Rahmen des schweizerischen Internationalen Gesellschaftsrechts ist vielmehr nur die Verlegung der Gesellschaft als solcher im Sinne einer Satzungssitzverlegung und Umwandlung in eine Rechtsform schweizerischen Rechts besonders geregelt.[1552] Wird hingegen lediglich der Verwaltungssitz aus Deutschland heraus in die Schweiz verlegt (sog. Immigration), ist dies für die Anknüpfung an den statuarischen Sitz – dem der Inkorporationstheorie zugrundeliegenden Gründungssitz – unbeachtlich.[1553]

Grundsätzlich wäre es einer deutschen Gesellschaft aus schweizerischer Sicht somit gestattet, ihren Verwaltungssitz in die Schweiz zu verlegen; die schweizerische Rechtsordnung verlangt keine Neugründung.[1554] Aus schweizerischer Sicht könnte eine Gesellschaft ihren Verwaltungssitz daher ohne weiteres in die Schweiz verlegen; die schweizerische Rechtsordnung verlangt keine Neugründung.[1555] Eine Gesellschaft kann ihren Verwaltungssitz jedoch nur dann in die Schweiz verlegen, wenn sie in ihrem Heimatstaat rechtsgültig gegründet wurde. Demnach muss eine staatliche Rechtsordnung der Gesellschaft wirksam die Rechtsfähigkeit verliehen haben.[1556] Aus schweizerischer Sicht müssen dazu die entsprechenden Regeln des Inkorporationsstaates eingehalten worden sein.[1557]

Die Hindernisse bestehen vielmehr auf deutscher Seite, denn als Wegzugsstaat wendet Deutschland mit Blick auf nichtprivilegierte Drittstaaten nach wie vor die Sitztheorie an, so dass die Verlegung des effektiven Verwaltungssitzes in

---

1551 *Helbing*, Internationale Sitzverlegungen und Umstrukturierungen, 2010, § 6, S. 70.

1552 Vgl. Art. 161 IPRG; *Rindisbacher,* Anerkennung gesellschaftsrechtlicher Gebilde im internationalen Privatrecht, 1996, § 5, S. 103.

1553 In gleicher Weise gilt dies auch für die Verlegung des Verwaltungssitzes, wenn die Gesellschaft in einem Staat gegründet wurde, der ebenfalls wie die Schweiz der Inkorporationstheorie folgt.

1554 *Rindisbacher,* Anerkennung gesellschaftsrechtlicher Gebilde im internationalen Privatrecht, 1996, § 5, S. 102.

1555 *Rindisbacher,* Anerkennung gesellschaftsrechtlicher Gebilde im internationalen Privatrecht, 1996, § 5, S. 103.

1556 *Rindisbacher,* Anerkennung gesellschaftsrechtlicher Gebilde im internationalen Privatrecht, 1996, § 5, S. 95.

1557 Art. 154 IPRG.

die Schweiz aus deutscher Perspektive zu einem Statutenwechsel führt. Diesem Wechsel des Gesellschaftsstatuts würde das schweizerische IRPG durchaus Wirkung verleihen: Denn das schweizerische Recht ermöglicht eine solche „Um-Inkorporation“[1558] nach den Vorschriften über die identitätswahrende Sitzverlegung der Art. 161 f. IPRG, ohne dass eine Liquidation und Neugründung erforderlich wären.

Angedeutet werden soll hier lediglich, dass eine vom satzungsmäßigen Sitz getrennte Hauptverwaltung eine Zweigniederlassung darstellt. Nach schweizerischem Sachrecht ist auf der Grundlage der bundesgerichtlichen Rechtsprechung „darunter ein kaufmännischer Betrieb zu verstehen, der zwar rechtlich Teil einer Hauptunternehmung ist, von der er abhängt, der aber in eigenen Räumlichkeiten dauernd eine gleichartige Tätigkeit wie jene ausübt und dabei über eine gewisse wirtschaftliche und geschäftliche Selbständigkeit verfügt“.[1559] Der eigentliche Sinn und gleichzeitig die wichtigste Rechtsfolge des Bestehens einer Zweigniederlassung ist die Begründung eines von dem der Hauptniederlassung abweichenden Gerichtsstandes am „Sitz“ der Zweigniederlassung.[1560]

Zu beachten ist in diesem Zusammenhang, dass schweizerische Zweigniederlassungen ausländischer Gesellschaften gemäß Art. 160 Abs. 1 einseitig dem schweizerischen Recht unterstellt werden. Die maßgeblichen sachrechtlichen Vorschriften sind Art. 935 OR sowie dem 13. Kapitel der HRegV[1561] zu entnehmen, wo auch die Zweigniederlassung einer Rechtseinheit mit Sitz im Ausland geregelt ist. [1562] Die Eintragung des Verwaltungssitzes als Zweigniederlassung im Handelsregister steht unter dem Vorbehalt der rechtlichen Existenz des Hauptunternehmens. So erfordert Art. 126 Abs. 2 lit a HRegV „einen Nachweis des rechtlichen Bestehens der Rechtseinheit im Ausland“. Die Eintragung kann

1558 ZürchKomm IPRG-*Vischer* Art. 161 Rn. 1.

1559 BGE 117 II 85, E. 4a.

1560 Vgl. Art. 5 GestG; Bundesgesetz über den Gerichtsstand in Zivilsachen (Gerichtsstandsgesetz, GestG) vom 24. März 2000 (SR 272): „Art. 5 Niederlassung: Für Klagen aus dem Betrieb einer geschäftlichen oder beruflichen Niederlassung oder einer Zweigniederlassung ist das Gericht am Wohnsitz oder Sitz der beklagten Partei oder am Ort der Niederlassung zuständig.“

1561 Handelsregisterverordnung vom 17. Oktober 2007 (HRegV), AS 2007 4851 (SR 221.411).

1562 Siehe dazu in der aktuellen HRegV: 3. Titel: Rechtsformspezifische Bestimmungen für die Eintragung 13. Kapitel: Zweigniederlassung 2. Abschnitt: Zweigniederlassung einer Rechtseinheit mit Sitz im Ausland Art. 113ff. sowie 4. Titel: Rechtsformübergreifende Bestimmungen für die Eintragung 2. Kapitel: Sitzverlegung 1. Abschnitt: In der Schweiz Art. 122ff.

somit nur erfolgen, wenn das Hauptunternehmen in Deutschland trotz Verlegung des Verwaltungssitzes weiterhin Bestand hat.[1563]

3. Verlegung des Verwaltungssitzes aus der Schweiz nach Deutschland

Eine Verlegung des Verwaltungssitzes aus der Schweiz nach Deutschland (sog. Emigration) ist denkbar, wenn die Geschäftstätigkeit einer nach schweizerischem Recht gegründeten Gesellschaft mit der gesamten Administration nach Deutschland verlagert wird.[1564] Eine solche Verlegung des Verwaltungssitzes ins Ausland ist unter dem Regime der in der Schweiz geltenden Inkorporationstheorie kollisionsrechtlich unbeachtlich: Die Verlegung des effektiven Verwaltungssitzes aus der Schweiz nach Deutschland kann aus schweizerischer Perspektive ohne einen Wechsel des Gesellschaftsstatut vonstattengehen.[1565]

Demgemäß ist aus schweizerischer Sicht eine Verlegung des Verwaltungssitzes einer nach schweizerischem Recht gegründeten Gesellschaft grundsätzlich unproblematisch. Indessen ist zu berücksichtigen, dass Deutschland *de lege lata* auf Gesellschaften nicht-privilegierter Drittstaaten die Sitztheorie anwendet, was mit der Aberkennung der Rechtsfähigkeit der schweizerischen Gesellschaft einhergeht. Zum selben Ergebnis führt es, wenn neben dem effektiven Verwaltungssitz gleichzeitig auch der satzungsmäßige Sitz nach Deutschland transferiert werden soll. Denn die „Um-Inkorporation" ist aus schweizerischer Sicht daran gebunden, dass die Gesellschaft auch nach dem ausländischen – hier also dem deutschem – Recht weiterhin existiert (vgl. Art. 163 Abs. 1 IPRG).[1566] Eben diese identitätswahrende Sitzverlegung lässt Deutschland als „Sitztheoriestaat" derzeit freilich nicht zu.

1563 Erforderlich für eine solche Zweigniederlassung im Sinne des schweizerischen Rechts ist ein Geschäftsbetrieb, der als Teil eines Hauptunternehmens in getrennten Räumen dauernd eine gleichartige Tätigkeit ausübt und dabei eine gewisse wirtschaftliche und geschäftliche Autonomie genießt. Das Personal der Zweigniederlassung muss von demjenigen des Hauptsitzes getrennt sein und zur Verfügung der Zweigniederlassung stehen; dies bedeutet auch, dass das Personal der Niederlassung Geschäfte ohne Mitwirkung des Hauptsitzes abschließen kann, vgl. BGE 108 II 122 E. 3. Zur Problematik der inländischen Zweigniederlassung einer ausländischen Unternehmung nach schweizerischem IPRG siehe insgesamt *Martz*, Die inländische Zweigniederlassung einer ausländischen Unternehmung, S. 1ff.

1564 Beispiel nach *Rindisbacher,* Anerkennung gesellschaftsrechtlicher Gebilde im internationalen Privatrecht, 1996, § 5 S. 106.

1565 *Helbing*, Internationale Sitzverlegungen und Umstrukturierungen, 2010, § 6, Rn. 139.

1566 *Helbing,* Internationale Sitzverlegungen und Umstrukturierungen, 2010, § 6 Rn. 141.

III. Deutsche Sicht

1. Grundlagen

Eine Verlegung des Verwaltungssitzes ist auf verschiedene Art und Weise denkbar: Zum einen ist es denkbar, dass der tatsächlichen Verlegung der Geschäftsleitung ein entsprechender Hauptversammlungs- bzw. Gesellschafterbeschluss zeitlich vorangeht; zum anderen kann eine solche Sitzverlegung auch rein tatsächlich im täglichen operativen Geschäft vonstattengehen, ohne dass dies überhaupt erkannt werden muss. Daher hängt es in der nachfolgenden Untersuchung davon ab, ob bereits der Sitzverlegungsbeschluss Rechtsfolgen mit sich bringt oder erst die tatsächliche Verlegung als Auflösungsgrund gewertet wird.[1567]

Dabei soll genauer beleuchtet werden, an welcher Stelle Hindernisse für auswanderungswillige deutsche Gesellschaften bestehen. Es soll im Verhältnis zur Schweiz untersucht werden, ob sich Deutschland tatsächlich als „Weltmeister in der Verhinderung von Auswanderung" erweist.[1568] Dabei wird sich zeigen, dass nicht die Sitztheorie als das eigentliche Hindernis für Mobilität von Gesellschaften angesehen werden kann, sondern ein im deutschen Sachrecht bislang verwurzeltes „ungeschriebenes Auflösungsdogma".[1569] Denn die herrschende Meinung sah in der Verlegung des Verwaltungssitzes „in ein anderes wirtschaftliches, rechtliches, kulturelles und politisches Umfeld gemäß dem internen, materiellen Gesellschaftsrecht einen zwingenden Grund zur Auflösung und Abwicklung der Gesellschaft".[1570]

2. Verlegung des Verwaltungssitzes aus Deutschland in die Schweiz

a) Bisherige Rechtslage

aa) Kollisionsrechtliche Behandlung

Wie bereits erläutert konnten deutsche Gesellschaften auf Grundlage der traditionellen Sitztheorie ihren tatsächlichen Sitz weder bei der Gründung noch nachträglich in einem anderen Sitztheoriestaat nehmen.[1571] Grundsätzlich verlangt die Sitztheorie aber nicht, dass juristische Personen zwangsläufig ihren Verwaltungssitz im betreffenden Gründungsstaat hat, „auch wenn dies nicht immer klar gesehen wird."[1572]

1567 Siehe *Braun*, Die Wegzugsfreiheit als Teil der Niederlassungsfreiheit, 2010, S. 80.

1568 So jedenfalls die plakative Formulierung von *Lutter* BB 2003, 7 (10).

1569 *Braun*, Die Wegzugsfreiheit als Teil der Niederlassungsfreiheit, 2010, S. 90 u. 100.

1570 Staudinger BGB-*Großfeld*, IntGesR 1998, Rn. 620.

1571 MünchKomm AktG- *Altmeppen/Ego*, , Bd. 7, B. Europäische Niederlassungsfreiheit Rn 176.

1572 So die Einschätzung von *Wesiack*, Europäisches Internationales Vereinsrecht 2011, S. 47.

Die genannten Rechtsfolgen der Sitztheorie treten nämlich aus kollisionsrechtlicher Sicht betrachtet dann nicht ein, wenn nach der Sitztheorie eine Weiter- oder Rückverweisung zu beachten ist. Dies ist in der hier zu untersuchenden Gestaltung der isolierten Verlegung des Verwaltungssitzes der Fall: Vom Standpunkt des deutschen Kollisionsrechts aus wäre eine Verlegung des Verwaltungssitzes in die Schweiz möglich. Denn im Falle einer Verwaltungssitzverlegung verweist das deutsche Kollisionsrecht auf das Recht am jeweiligen Verwaltungssitz, *in casu* auf das schweizerische Recht.[1573] Dieses spricht sich gemäß Art. 161 IPRG nicht gegen eine Verlegung des Verwaltungssitzes aus, sondern lässt eine solche nach Art. 154 IPRG ausdrücklich zu.[1574] Da sich der Satzungs- und der Gründungssitz im Falle einer bloßen Verlegung des Verwaltungssitzes weiterhin in Deutschland befinden, verweist das schweizerische Recht, das nach Art. 154 IPRG an den Inkorporationsort anknüpft, auf das deutsche Recht zurück. Diese Rückverweisung *(renvoi)*[1575] beachtet das deutsche Recht in Art. 4 Abs. 1 S. 2 EGBGB, wobei dies mit einer Abschwächung der Sitztheorie einhergeht: Dabei handelt es sich um eine sog. Gesamtverweisung[1576], die auch zur Geltung des materiellen deutschen Gesellschaftsrechts führt.[1577]

Indem vorliegend die Schweiz als Zuzugsstaat die deutsche Gesellschaft anerkennt, können sich aus dem betreffenden Sachrecht keine Hindernisse für die

---

1573 MünchKomm-*Kindler* Int.GesR Rn. 391.

1574 Art. 161 IPRG bezieht sich auf den statuarischen Sitz; dies wird bereits mit der Regelung in Art. 21 Abs. 2 IPRG zum Ausdruck gebracht.

1575 Siehe dazu *Siehr*, Y.P.I.L. VII (2005), 16 (41ff.).

1576 Diese von der tradierten Sitztheorie ausgesprochene Verweisung nach Art. 4 Abs.1 EGBGB ist also keine bloße Sachnormverweisung, sondern eine Gesamtverweisung. Berufen ist nicht ausländisches Sach-, sondern das Internationale Privatrecht. Ein solcher *Renvoi* (Rückverweisung), d.h. eine Verweisung des ausländischen Rechts auf das deutsche Recht bzw. auch auf das Recht eines dritten Staates (Weiterverweisung), ist daher möglich. Zu befragen ist zunächst das Internationale Privatrecht des Staates, auf dessen Recht verwiesen wird, ob es die Verweisung auch annimmt, auf deutsches (Sach-)Recht zurückverweist oder eine Weiterverweisung auf einen Drittstaat Platz greift. Auch unter Geltung der Sitztheorie ist es daher durchaus möglich, dass Gesellschaften mit Satzungs- und tatsächlichem Verwaltungssitz in verschiedenen ausländischen Staaten als rechtsfähig anerkannt werden. Siehe dazu *Leible,* in: Hirte/Bücker, Grenzüberschreitende Gesellschaften, § 11 Rn. 17. Ein solcher Fall lag OLG Frankfurt Urt. v. 24.4.1990 – 5 U 18/88, NJW 1990, 2204 = DB 1990, 1224 zugrunde: Eine panamaische Gesellschaft mit tatsächlichem Verwaltungssitz in der Schweiz erhob Klage vor deutschen Gerichten. Das deutsche IPR verweist auf das der Inkorporationstheorie folgende schweizerische IPRG und auf das Kollisionsrecht Panamas, das die Verweisung annimmt und ebenfalls auf das Gründungsrecht abstellt. Siehe dazu *Großfeld/König* IPRax 1991, 379.

1577 *Kropholler*, Internationales Privatrecht 2006, § 55 I 3 c), S. 574.

Sitzverlegung ergeben.[1578] In diesem Fall bestehen gegen einen Fortbestand der Gesellschaft – und somit gegen ein dauerhaftes Auseinanderfallen von Satzungs- und Verwaltungssitz – aus kollisionsrechtlicher Sicht keine Einwände.[1579]

Auch wenn insbesondere von den Vertretern der Sitztheorie[1580] dieses kollisionsrechtliche Ergebnis in Abrede gestellt wurde, so ist aus internationalprivatrechtlicher Sicht jedoch nichts anderes als die Zulässigkeit der Verwaltungssitzverlegung vertretbar, wenn der Zuzugsstaat der Gründungstheorie folgt.[1581] Denn die gegenteilige Ansicht missachtet das mit Art. 4 Abs. 1 EGBG verfolgte Ziel des internationalen Entscheidungseinklangs.[1582] Auch folgte dieses Resultat nach damaliger Rechtslage bereits daraus, dass mangels Statutenwechsel kein Anlass für eine Zwangsauflösung bestand. Überdies bleibt es bei der Geltung des deutschen materiellen Gesellschaftsrechts, so dass Gesellschafter, Gläubiger und Arbeitnehmer unter Zugrundelegung der „angestammten" deutschen Rechtsordnung ausreichend geschützt sind.[1583] Aus kollisionsrechtlicher Perspektive ergeben sich daher in einem solchen Fall keine Hindernisse für eine Sitzverlegung, da die Schweiz als neuer Sitzstaat die nach Gründungsrecht erworbene Rechtsfähigkeit anerkennt und keine Neugründung verlangt.[1584] Frei-

---

1578 *Leible*, in: Michalski GmbHG, Syst. Darst. 2 Int GesR Rn. 178

1579 OLG Hamm, Beschl. v. 1.2.2001 – 15 W 390/00, NZG 2001, 562 (563) *obiter dictum*: „Zwar wäre allein die Verlegung des effektiven Verwaltungssitzes der Gesellschaft nach England für den Fortbestand ihres Personalstatuts unschädlich. Denn im englischen Internationalen Privatrecht wird das Personalstatut der Gesellschaft nach der Gründungstheorie beurteilt, also nach dem bei der Gründung bestimmten statutarischen Sitz der Gesellschaft. Dies führt zu einer nach Art. 4 I 2 EGBGB zu beachtenden Rückverweisung auf das deutsche Sachrecht." Siehe *Kieninger*, NZG 2001, 610; *Wenckstern*, in: FS Drobnig, S. 465 (473 ff.); dagegen mit Einschränkung, d.h. nur unter Beibehaltung eines inländischen Betriebes oder sonstiger Geschäftstätigkeit im Inland, *Ebenroth/Auer*, RIW 1992, Beil. 1., 1 (7); *dies.* DNotZ 1993, 191 (193); *von Falkenhausen*, RIW 1987, 818 (819); MünchKomm BGB-*Kindler* Int.GesR Rn. 505; *Kösters*, NZG 1998, 241 (243): „und hinreichendem Inlandsbezug".

1580 Vgl. insbesondere Staudinger-*Großfeld* Int.GesR Rn. 629); *Dötsch* DB 1989, 2296 (2297).

1581 BGH, Urt. v. 6.3.1969 – VII ZR 163/68, BGH WM 1969, 671 (672) für eine oHG mit Auslandssitz; *Leible*, in: Michalski GmbHG, Syst. Darst. 2, IntGesR, Rn .178; Großkomm AktG-*Assmann* Einl. Rn 566 f.; *Kieninger* NZG 2001, 610 (611 f.); *Kösters* NZG 1998, 241 (242 f.); *Wenckstern*, in: FS Drobnig, S. 465 (473 ff.); *Zimmer* Internationales Gesellschaftsrecht, 1996, S. 306 f.

1582 *Kegel/Schurig*, Internationales Privatrecht, 2004, § 10 III 3, S. 396.

1583 *Chromek*, Wegzugsfreiheit von Kapitalgesellschaften Wegzugsfreiheit von Kapitalgesellschaften im europäischen Binnenmarkt, 2009, S. 170.

1584 MünchKomm-*Kindler* Int.GesR Rn. 391; *Weitnauer*, EWS 1992, 165 (166).

lich würde eine wirksame Rückverweisung voraussetzen, dass die Gesellschaft nach deutschem Sachrecht trotz Verlegung ihres tatsächlichen Verwaltungssitzes als solche fortbesteht.[1585] Im Ergebnis steht die Sitztheorie – jedenfalls bei Vorliegen eines *renvoi*[1586] und lediglich aus kollisionsrechtlicher Sicht her betrachtet – einer Verlegung des Verwaltungssitzes ins Ausland nicht so streng gegenüber, wie dies bei einer Verwaltungssitzverlegung ins Inland der Fall ist.[1587]

bb) Behandlung nach bislang geltendem deutschem Sachrecht

Eine gänzlich andere Lage ergibt sich demgegenüber auf der Ebene des deutschen Sachrechts, aufgrund derer man letztendlich die Undurchführbarkeit der Verwaltungssitzverlegung hergeleitet hat.[1588] Denn unabhängig von der Fortgeltung des deutschen Gesellschaftsrechts kraft des oben angesprochenen *renvois* auf das deutsche Gesellschaftsrecht ergab sich der „juristische Todesstoß" für eine wegziehende Gesellschaft aus dem materiellen deutschen Gesellschaftsrecht. Ausgangspunkt für die Argumentation ist zunächst, dass für die deutsche AG bzw. GmbH stets ein inländischer Satzungssitz zwingend vorgeschrieben ist.[1589] Mit Blick auf eine Verlegung des Verwaltungssitzes wird nämlich der zweifelhafte Schluss gezogen, dass dieser aufgrund einer vermuteten „Untrennbarkeit" von Satzungs- und Verwaltungssitz damit ebenso wenig ins Ausland verlegt werden könne.[1590]

Bislang weigerten sich insbesondere die Obergerichte[1591] auf „scheinbar festem Boden"[1592] gefestigter neuerer Rechtsprechung stehend, einen entsprechen-

---

1585 *Spahlinger/Wegen*, Internationales Gesellschaftsrecht, 2005, Rn. 449.

1586 Siehe dazu eingehend *Siehr*, Y.P.I.L. VII (2005), 16 (41ff.).

1587 *Wesiack*, Europäisches Internationales Vereinsrecht 2011, S. 47.

1588 *Wetzler*, in: Sandrock/Wetzler (Hrsg.), Deutsches Gesellschaftsrecht im Wettbewerb, 2004, S. 129 (180).

1589 *Hoffmann*, in: Michalski GmbHG, § 53 Rn. 116. An diesem Befund hat auch das das MoMiG nichts geändert, das nur die Ermöglichung eines tatsächlichen Sitzes im Ausland beabsichtigt, schon wegen der an den Satzungssitz geknüpften Registerzuständigkeit (§ 7 Abs. 1), aber nichts am Erfordernis eines inländischen Satzungssitzes ändern sollte; dazu sogleich.

1590 *Campos Nave,* Die ertragsteuerneutrale und identitätswahrende Sitzverlegung der GmbH in Mitgliedstaaten der Europäischen Union, 2009, S. 74.

1591 Siehe dazu exemplarisch BayObLG, 07.05.1992 – 3Z BR 14/92, BayObLGZ 1992, 113 = NJW-RR 1993, 43 = ZIP 1992, 842 = MDR 1992, 1039 = DNotZ 1993, 187 = EuZW 1992, 548 = WM 1992, 1371 = DB 1992, 1400; OLG Hamm, Beschl. v. 1.2.2001 – 15 W 390/00 = NJW 2001, 2183. m. Anm. *Schwarz*; OLG Düsseldorf Beschl. v. 26.3.2001 – 3 Wx 88/01, NJW 2001, 2184 = NZG 2001, 610 m. Anm. *Kieninger* = BB 2001, 901 m. Anm. *Emde* = WM 2002, 1008 = DB 2001, 1026 = GmbHR

den Sitzverlegungsbeschluss ins deutsche Handelsregister einzutragen; gleichzeitig behauptete eine starke Strömung in der Literatur[1593], dass die Gesellschaft infolge eines Wegzuges aufgelöst wird. Dieses missliche Rechtsfolge wurde in zweifelhafter Weise auf Grundlage der Vorschriften der §§ 5 AktG; 4a Abs. 2 GmbHG a.F. des materiellen Gesellschaftsrechts hergeleitet, die den Wegzug einer Kapitalgesellschaft untersagen und diese Maßnahme noch dazu mit der Zwangsauflösung der Gesellschaft sanktionieren sollten.[1594]

Als Wegzug galt jedoch nicht nur die Verlegung des Satzungssitzes, sondern bereits die bloße Verlegung des Verwaltungssitzes in das Ausland.[1595] Die deutsche Rechtsprechung begründet diese Rechtsfolge mit einem Verweis auf die Sitztheorie, ohne zu begründen, weshalb dieser richterliche Bezug auf die Sitztheorie überhaupt erfolgte; schließlich stützte man die einschneidenden Rechtsfolgen auf die zuvor genannten Vorschriften des materiellen Rechts.[1596] Jedoch wurde die notwendige getrennte Betrachtung von kollisionsrechtlicher und sachrechtlicher Ebene in dieser Rechtsfrage nicht besonders genau genommen.[1597] Die Sitztheorie stellt jedoch lediglich ein Verfahren zur Bestimmung des Personalstatuts einer Gesellschaft dar und ist maßgeblich für die Rechtsordnung, die auf eine Gesellschaft und auf die gesellschaftsrechtlichen Verhältnisse anwendbar ist. Diese auf kollisionsrechtlicher Ebene angesiedelte „Theorie“ zur Bestimmung des Anknüpfungsmoments vermag angesichts ihrer Schwächen deshalb umso weniger auf sachrechtlicher Ebene als sachwidrige Begründungshilfe

2001, 438 = RIW 2001, 463 = ZIP 2001, 790 sowie aus der älteren Rspr. BGH, Urt. v. 11.7.1957 – II ZR 318/55, BGHZ 25, 134 (144) = NJW 1957, 1433.

1592 So ausdrücklich *Kieninger*, NZG 2001, 610 (610).

1593 Siehe nur Baumbach/Hueck-*Fastrich*, § 4 a GmbHG Rn. 9; Staudinger-*Großfeld* IntGesR Rn. 605 ff. m.w.Nachw.

1594 Dass in der (Verwaltungs-)Sitzverlegung keine Verletzung des geschrieben Rechts, insbesondere in Form der §§ 4a Abs. 2 a.F., 5 Abs. 2 AktG a.F., zweifelsfrei feststellt werden konnte, ist eingehend dargelegt bei *Braun*, Die Wegzugsfreiheit als Teil der Niederlassungsfreiheit, 2010, S. 79 ff.

1595 *Campos Nave,* Die ertragsteuerneutrale und identitätswahrende Sitzverlegung der GmbH in Mitgliedstaaten der Europäischen Union, 2009, S. 75.

1596 Siehe dazu exemplarisch OLG Hamm, Beschluss vom 1. 2. 2001 – 15 W 390/00 = NJW 2001, 2183.

1597 Im OLG Hamm, Beschluß vom 1. 2. 2001 – 15 W 390/00 = NJW 2001, 2183 (2183) heißt es dazu: „Die Verlegung des Sitzes einer im Inland gegründeten GmbH führt nach deutschem Recht regelmäßig zu ihrer Auflösung; die Sitzverlegung kann demzufolge nicht in das Handelsregister eingetragen werden. Diese Rechtsfolge ist das Ergebnis der in der Rechtsprechung einheitlich, in der Literatur überwiegend vertretenen Sitztheorie.“ In der Literatur ist ebenfalls eine solche Vermischung zwischen Kollisions- und Sachrechtsebene anzutreffen: Siehe dazu *Horn*, in Liber amicorum Buxbaum, S. 315 (323): „[…] wegen der Sitztheorie nicht möglich.“

herangezogen werden. Im Rahmen der Begründung der Auflösungsfolge wurde indessen nur äußerst selten mit dem geltenden deutschen Sachrecht – geschweige denn konkreten Normverstößen – argumentiert.[1598] Insbesondere konnte man in der bloßen Verwaltungssitzverlegung keine Verletzung des geschrieben Rechts in Form der §§ 4a Abs. 2 a.F., 5 Abs. 2 AktG a.F. zweifelsfrei feststellen.[1599] Um diese dennoch mit Auflösungssanktion belegen zu können, wurde eine ungeschriebene Sachnorm konstruiert, die diese Rechtsfolge befahl. Soweit diese Vorgehensweise überhaupt begründet wurde, verwies man auf die Sitztheorie als „Schutztheorie".[1600]

(1) Sitzverlegungsbeschluss als Auflösungsbeschluss

Nachdem jedenfalls vordergründige Einigkeit über die Rechtsfolge der Verhinderung des Wegzuges bestand, war es nur mehr fraglich, wie dieses Ergebnis rechtstechnisch untermauert werden konnte. Als problematisch galt, ob aus dem Umstand der Sitzverlegung auf die *Nichtigkeit* der Satzungsänderung geschlossen werden könne[1601] oder ob nicht vielmehr der Sitzverlegungsbeschluss als solcher als Auflösungsbeschluss anzusehen sei.[1602] Die herrschende Meinung ging davon aus, dass nach deutschem Sachrecht in der Verlegung des effektiven Verwaltungssitzes einer deutschen Gesellschaft ins Ausland ein zwingender Grund für die Auflösung und Liquidation der Gesellschaft im Sinne des § 262

1598 *Braun*, Die Wegzugsfreiheit als Teil der Niederlassungsfreiheit, 2010, S. 90/91.

1599 *Braun*, Die Wegzugsfreiheit als Teil der Niederlassungsfreiheit, 2010, S. 91.

1600 Vgl. BayOblG Urt. v. 7. 5. 1992 – 3Z BR 14/92 – WM 1992, 1371 = EuZW 1992, 548 m. Anmerk. *Behrens;*sowie *Braun*, Die Wegzugsfreiheit als Teil der Niederlassungsfreiheit, 2010, S. 91.

1601 Siehe *Hüffer*, § 5 AktG Rn 12; *Bechtel*, Umzug von Kapitalgesellschaften unter der Sitztheorie, 1999, S. 52; ferner auch *W.-H. Roth*, in: FS Heldrich, S. 973 (980 ff.).

1602 BGH, Urt. v. 11.7.1957 – II ZR 318/55, BGHZ 25, 134 (144) = NJW 1957, 1433; BayObLG, 07.05.1992 – 3Z BR 14/92, BayObLGZ 1992, 113 = NJW-RR 1993, 43; OLG Hamm, Beschl. v. 1.2.2001 – 15 W 390/00 = NJW 2001, 2183; OLG Düsseldorf Beschl. v. 26.3.2001 – 3 Wx 88/01, NJW 2001, 2184 = NZG 2001, 610 m. Anm. *Kieninger* = BB 2001, 901 m. Anm. *Emde* = WM 2002, 1008. In den diesen Urteilen zugrunde liegenden Sachverhalten ging es jedoch zumeist nicht um eine isolierte Verlegung des Verwaltungssitzes, sondern um Fälle der gleichzeitigen Verlegung von Satzungs- und Verwaltungssitz; Staudinger-*Großfeld*, IntGesR, Rn. 634 ff. MünchKomm-BGB-*Kindler*, 3. Aufl. 1999, IntGesR, Rn 398; *Schwarz*, NZG 2001, 613 Siehe aus dem früheren Schrifttum *Beitzke*, Juristische Personen im Internationalprivatrecht und Fremdenrecht, 1938, § 19, S. 180 f; *Ders. ZHR 127 (1965), 1 (46); Karl* AcP 159 (1960), 293 (306 f.); Siehe jedoch kritisch bereits *Keßler*, Zeitschr. f. ausl. u. intern. Privatrecht, 3 (1929), 758 (774): „Es ist aber gerade fraglich, ob der Beschluß auf Sitzverlegung wie ein Auflösungsbeschluß wirkt."

abs. 1 Nr. 2 AktG; bzw. § 60 Abs. 1 GmbHG[1603] zu erblicken sei.[1604] Dabei wurde der Beschluss der Verlegung des tatsächlichen Sitzes in das Ausland „häufig ungenau als ‚Auflösungsbeschluss' interpretiert",[1605] der zum Eintritt in das Abwicklungsverfahren führen sollte.[1606] Der BGH[1607] hat diese Auffassung indirekt bestätigt, indem er das nachträgliche Auseinanderfallen des Satzungssitzes und des tatsächlichen Sitzes als einen Mangel der Satzung ansah, der zu einem Amtsauflösungsverfahren nach § 399 Abs. 4 FamFG (früher § 144a Abs. 4 FGG) führte.[1608]

Gegen diese einschneidende Rechtsfolge sollte auch eine anders lautende Satzungsbestimmung oder selbst ein entgegenstehender Wille der Gesellschafter nichts ändern.[1609] Nach zutreffender Ansicht konnte jedoch schon vor Inkrafttreten des MoMiG in dem Gesellschafterbeschluss über die nachträgliche Sitzverlegung ins Ausland kein Auflösungsbeschluss erblickt werden.[1610] Eine geschriebene Sachnorm, die dies veranlasst hätte, war überhaupt nicht vorhanden;

1603 Nach anderer Ansicht in der Literatur ist der Beschluss hingegen als nichtiger Satzungsänderungsbeschluss im Sinne von § 241 Nr. 3 AktG zu werten, da er auf eine unmögliche Rechtsfolge gerichtet sei; *Hüffer*, AktG 8. Aufl. 2008, § 5 Rn. 12; *Heider*, in: MünchKomm, AktG, Bd. 1, 3. Aufl. 2008, § 5 Rn. 66. Ferner wird auch die entsprechende Anwendung des Auflösungsverfahrens nach § 144a FGG vertreten; vgl. *Leuering*, ZRP 2008, 73 (77); *Ebert*, NZG 2002, 937 (938ff.). In Abhängigkeit davon, welche Ansicht man vertritt, richtet es sich danach, ob die Gesellschaft bereits mit dem Sitzverlegungsbeschluss oder erst mit der tatsächlichen Verlegung des Verwaltungssitzes ihre Rechtsfähigkeit verliert; siehe *Chromek*, Wegzugsfreiheit von Kapitalgesellschaften Wegzugsfreiheit von Kapitalgesellschaften im europäischen Binnenmarkt, 2009, S. 168.

1604 BGH, Urt. v. 11.7.1957 – II ZR 318/55, BGHZ 25, 134 (144) = NJW 1957, 1433; ; BayObLG, 07.05.1992 – 3Z BR 14/92, BayObLGZ 1992, 113 = WM 1992, 1371; OLG Hamm, Beschl. v. 1.2.2001 – 15 W 390/00 = NJW 2001, 2183 = NZG 2001, 562; MünchKomm-*Kindler* Int.GesR Rn. 393; Staudinger-*Großfeld* Int.GesR Rn. 610.

1605 So *Hoffmann*, in: Michalski GmbHG, § 53 Rn. 117.

1606 Staudinger-*Großfeld*, IntGesR Rn 631; *Schwarz*, NZG 2001, 613; *Ebenroth/Auer*, JZ 1993, 375.

1607 BGH Beschl. v. 2. 6. 2008 – II ZB 1/06, NJW 2008, 2914, 2915 = GmbHR 2008, 990 = ZIP 2008, 1627 = MDR 2008, 1225 = WM 2008, 1653 = DB 2008, 1906.

1608 MünchKomm GmbHG- *Mayer*, 2010, § 4a Rn. 67.

1609 Siehe dazu exemplarisch BayObLG, 7.5.1992 – 3Z BR 14/92, BayObLGZ 1992, 113 = NJW-RR 1993, 43.

1610 *Braun*, Die Wegzugsfreiheit als Teil der Niederlassungsfreiheit, 2010, S. 83 und insbesondere S. 87: „Eine lediglich nachträgliche Verlegung des Verwaltungssitzes führte nicht zur (nachträglichen) Nichtigkeit der Sitzbestimmung. Im Falle des anfänglichen Auseinanderfallens von Verwaltungs- und Satzungssitz stellte sich die Rechtslage anders dar: Hier sprachen zumindest einige gewichtige Punkte für die Nichtigkeit der Satzungsbestimmung, so dass hier von einem Gründungsmangel auszugehen war."

dogmatisch gesehen konnte es sich nur um einen ungeschriebenen, nicht im AktG geregelten sonstigen Auflösungsgrund handeln.[1611] Da an die Verwaltungssitzverlegung die Rechtsfolge der Auflösung zu knüpfen wäre, hätte infolge der Abwicklung der Gesellschaft eine Liquidationsbesteuerung nach § 11 KStG durchgeführt werden müssen.[1612] Allein diese geschilderten drakonischen Rechtsfolgen sprechen gegen die Betrachtung einer bloßen Verwaltungssitzverlegung als Liquidationsbeschluss.

(2) Nichtigkeit des Sitzverlegungsverlegungsbeschlusses

Eine andere Ansicht sprach dem Sitzverlegungsbeschluss hingegen eine rein interne Wirkung zu, infolge derer der Beschluss somit „lediglich" nichtig sein sollte,[1613] was ebenso konstruiert anmutet und keine Grundlage im Gesetz findet. Da die Gesellschaft dann dem deutschen Gesellschaftsstatut entzogen wird und ein Wechsel des hierfür anwendbaren Rechts aus deutscher Sicht nicht ohne Auflösung zugelassen werden kann, kommt es nach dieser Auffassung schließlich mit der tatsächlichen Verlegung des Verwaltungssitzes zur Auflösung der Gesellschaft.[1614]

Als Folge dieses Meinungsstreites war somit nur die Frage nach dem Auflösungszeitpunkt unterschiedlich zu beurteilen, denn zu einer Auflösung der Gesellschaft kam es spätestens im Moment der tatsächlichen Verlegung des Verwaltungssitzes.[1615] In Abhängigkeit davon, welcher Ansicht man folgte, richtete es sich danach, ob die Gesellschaft bereits mit dem Sitzverlegungsbeschluss oder erst mit der tatsächlichen Verlegung des Verwaltungssitzes ihre Rechtsfähigkeit verlor.[1616]

Beachtlich war dabei, dass überhaupt keine geschriebene Sachnorm existierte, auf welche diese gravierenden Rechtsfolge gestützt werden konnte:[1617] Das eigentliche Hindernis für eine Verwaltungssitzverlegung bestand somit – zumindest bis zum Inkrafttreten des MoMiG – „in einem ungeschriebenen Auflösungsdogma des deutschen Sachrechts, das auch unabhängig von der kollisions-

---

1611 *Braun*, Die Wegzugsfreiheit als Teil der Niederlassungsfreiheit, 2010, S. 90 und 99.

1612 *Schaumburg*, GmbHR 1996, 585 (591f.).

1613 Siehe *Bechtel,* Umzug von Kapitalgesellschaften unter der Sitztheorie, 1999, S. 52; *Hüffer*, § 5 AktG Rn 12; sowie *W.-H. Roth*, in: FS Heldrich, S. 973 (980 ff.); *Triebel/von Hase* BB 2003, 2409 (2415 in Fn. 74); *Leible*, in: Michalski, Syst. Darst. 2 IntGesR, Rn. 133; GroßkommAktG-*Brändel* § 5 Rn. 28.

1614 MünchKomm GmbHG- *Mayer*, 2010, § 4a Rn. 67 in Fn. 1.

1615 *Leible*, in: Michalski GmbHG, Syst. Darst. 2 IntGesR, Rn. 177.

1616 *Chromek*, Wegzugsfreiheit von Kapitalgesellschaften Wegzugsfreiheit von Kapitalgesellschaften im europäischen Binnenmarkt, 2009, S. 128.

1617 *Braun*, Wegzugsfreiheit als Teil der Niederlassungsfreiheit, 2010, S. 99.

rechtlichen Lage die zwingende Auflösung der Gesellschaft anordnete".[1618] Dabei argumentierte man – unter Missachtung des Grundsatzes der Parteiautonomie –, dass dieses Ergebnis weder durch eine entgegenstehende Satzungsbestimmung noch durch einen ausdrücklich abweichenden Willen der Gesellschafter verhindert werden könne.[1619] Dabei muss man der insoweit herrschenden Meinung entgegenhalten, dass es „lebensfremd und gekünstelt"[1620] erscheint, den beschlussfassenden Gesellschaftern bei einer Sitzverlegung zu unterstellen, sie meinten bei einem Beschluss über die Sitzverlegung in Wirklichkeit einen Auflösungsbeschluss.[1621] Zu Recht wurde schon vor Erlass des MoMiG dafür plädiert, eine grenzüberschreitende Sitzverlegung durch Satzungsänderung ausdrücklich zuzulassen.[1622] Auch die frühere internationalprivatrechtliche Literatur[1623] spricht sich klar für die Möglichkeit der Sitzverlegung aus, indem *Friedrich Keßler* festzustellt, „daß keine praktische Notwendigkeit besteht, für das deutsche interne Recht anzunehmen, daß ein Sitzwechsel einer deutschen Aktiengesellschaft nach dem Auslande zur Liquidation der Gesellschaft führt".[1624] Auch in den Worten von *Arthur Nußbaum* kommt ein weniger restriktiver Ansatz zum Ausdruck: „Was die tatsächliche Verwaltung der Aktiengesellschaft betrifft, so darf sie jedenfalls nicht so weit in das Ausland verlegt werden, daß der deutschen Staatsgewalt die Erfüllung der staatshoheitlichen Aufgaben, wie

---

1618 *Braun*, Wegzugsfreiheit als Teil der Niederlassungsfreiheit, 2010, S. 99.

1619 *Kegel/Schurig*, Internationales Privatrecht, 2004 § S. 582.; Staudinger-*Großfeld* Int.GesR Rn. 610.

1620 *Spahlinger/Wegen*, Internationales Gesellschaftsrecht, 2005, Rn. 452.

1621 Siehe auch *Triebel/von Hase,* BB 2003, 2409 (2414 f.).

1622 *Knobbe-Keuk* ZHR 154 (1990) 325; *Thönnes* DB 1993, 1021; Kölner Komm-*Kraft* § 45 Rn. 19 ff. Von Seiten der Rechtsprechung wurde dies nunmehr jedenfalls offengelassen: BayObLG Beschl. v. 11. 2. 2004 – 3 Z BR 175/03, BayObLGZ 2004, 24, 27 = NJW-RR 2004, 836; (838): „Ob diese Zweifel [an den Rechtsfolgen der Verlegung allein des tatsächlichen Verwaltungssitzes einer Gesellschaft ins Ausland] berechtigt sind und damit auch der verbreitete Wunsch nach erneuter Befassung des *EuGH* mit der Wegzugsproblematik […], kann jedoch dahinstehen. Im vorliegenden Fall geht es nicht um die Rechtsfolgen einer bloßen Verlegung des effektiven Sitzes, sondern auch um die Verlegung des Satzungssitzes."

1623 Siehe statt vieler *Geiler*, in Düringer/Hachenburg (Hrsg.) Handelsgesetzbuch Bd. I, 1930, Allg. Einleitung C., Anm. 17d, S. 51. Es stehe dem nichts im Wege, „daß ein Staat einer nach seinem Recht entstandenen Körperschaft ausnahmsweise gestattet, den Sitz im Auslande zu nehmen oder dahin zu verlegen und doch Körperschaft seines Rechts zu bleiben." Weiter heißt es: „Wir sehen auch praktisch solche Vorgänge, …" Ausdrücklich befürwortend auch *Keßler*, Zeitschr. f. ausl. u. intern. Privatrecht, 3 (1929), 758 (759); siehe auch *Nußbaum,* Deutsches Internationales Privatrecht, 1932, § 31, S. 205.

1624 *Keßler*, Zeitschr. f. ausl. u. intern. Privatrecht, 3 (1929), 758 (774).

sie hinsichtlich der Handelsgesellschaften besonders dem Registergericht übertragen sind, unmöglich gemacht oder wesentlich erschwert wird."[1625]

Damit ist eine Verwaltungssitzverlegung also grundsätzlich möglich: „Daß Generalversammlungen und sonstige Mitgliederversammlungen außerhalb Deutschlands abgehalten werden, läßt sich nicht ohne weiteres als unzulässig bezeichnen, da ihnen gegenüber unmittelbare Aufgaben der Staatsgewalt nicht bestehen."[1626]

cc) Die Entwicklung der Rechtsprechung

Während sich insbesondere die Obergerichte[1627] in neuer Rechtsprechung auf „scheinbar festem Boden"[1628] gefestigter Rechtsprechung stehend weigerten, einen entsprechenden Sitzverlegungsbeschluss ins deutsche Handelsregister einzutragen, zeigt die frühere Rechtsprechung des Reichsgerichts hingegen ein gänzlich anderes Bild: Zunächst ist festzuhalten, dass die Rechtsprechung sich in den seltensten Fällen überhaupt mit einer isolierten Verlegung des Verwaltungssitzes zu befassen hatte;[1629] vielmehr ging es in den betreffenden Entscheidungen entweder ausschließlich um die Verlegung des satzungsmäßigen Sitzes oder die gleichzeitige Verlegung von Satzungs- und Verwaltungssitz.[1630]

1625 *Nußbaum,* Deutsches Internationales Privatrecht, 1932, § 31, S. 205.

1626 *Nußbaum,* Deutsches Internationales Privatrecht, 1932, § 31, S. 206.

1627 Siehe dazu exemplarisch BayObLG, 07.05.1992 – 3Z BR 14/92, BayObLGZ 1992, 113 = NJW-RR 1993, 43 = ZIP 1992, 842 = MDR 1992, 1039 = DNotZ 1993, 187 = EuZW 1992, 548 = WM 1992, 1371 = DB 1992, 1400; OLG Hamm, Beschl. v. 1.2.2001 – 15 W 390/00 = NJW 2001, 2183. m. Anm. *Schwarz*; OLG Düsseldorf Beschl. v. 26.3.2001 – 3 Wx 88/01, NJW 2001, 2184 = NZG 2001, 610 m. Anm. *Kieninger* = BB 2001, 901 m. Anm. *Emde* = WM 2002, 1008 = DB 2001, 1026 = GmbHR 2001, 438 = RIW 2001, 463 = ZIP 2001, 790 sowie aus der älteren Rspr. BGH, Urt. v. 11.7.1957 – II ZR 318/55, BGHZ 25, 134 (144) = NJW 1957, 1433.

1628 So ausdrücklich *Kieninger*, NJW 2001, 610 (611).

1629 So hat *Wenckstern* in einer ausführlichen Analyse der deutschen Rechtsprechung festgestellt, dass es keine Entscheidung eines deutschen Gerichtes gebe, das einer deutschen Gesellschaft wegen eines Wegzuges aus Deutschland die Rechtsfähigkeit nach deutschem Gesellschaftsrecht aberkannt habe. Siehe *Wenckstern*, in: FS Drobnig 1999, S. 465 (477); ebenso *Knobbe-Keuk*, ZHR 154 (1990), 325 (352). Ferner *Süß* in: Wachter/Süß, Handbuch des Internationalen GmbHR, 2011, § 1 Rn. 48.

1630 BGH Urt. v. 11.7.1957 – II ZR 318/55, BGHZ 25, 134 (144) = NJW 1957, 1433; OLG Brandenburg, Beschl. v. 30.11.2004 – 6 Wx 4/04, ZIP 2005, 489 = BB 2005, 849 = DB 2005, 604 = GmbHR 2005, 484; BayOblG, Beschl. v. 11.2.2004 – 3Z BR 175/03, DNotZ 2004, 725 m. Anm. *Thölke* = GmbHR 2004, 490 = ZIP 2004, 806; die Verlegung des effektiven Verwaltungssitzes einer nach deutschem Recht gegründeten GmbH betreffend OLG Hamm Beschl. v. 30.04.1997 – 15 W 91/97, RIW 1997, 874 = ZIP 1996, 1696= NJW-RR 1998, 615 = EuZW 1998, 31 = MittRhNotK 1997, 365 =

Ganz im Gegenteil spricht die Rechtsprechungsanalyse von *Manfred Wenckstern* sogar dafür, dass in der hier zu untersuchenden Verlegung des tatsächlichen Verwaltungssitzes die Sitztheorie in der von ihm analysierten Rechtsprechungspraxis keine Anwendung fand.[1631] Bemerkenswerterweise wird in zahlreichen Entscheidungen des Reichsgerichts[1632] sowie der früheren Literatur[1633] das Auseinanderfallen von Satzungs- und Verwaltungssitz für unerheblich gehalten.

Die Rechtsfähigkeit der Gesellschaft besteht nach Ansicht des Reichsgerichts und des OLG Hamburg[1634] fort; mit diesen Entscheidungen stand die Rechtsprechung in Wegzugskonstellation nahe der Gründungstheorie.[1635] Eine Liquidation sei nur dann erforderlich, wenn die Gesellschaft sich in eine Gesellschaft ausländischen Rechts umzuwandeln beabsichtige.

Wenn die neuere Rechtsprechung sich indessen von dem Gedanken einer zwingenden Auflösung der Gesellschaft leiten lässt,[1636] so kann redlicherweise nicht von einer lange gefestigten oder gar gewohnheitsrechtlichen Rechtsprechung die Rede sein, die eine zwingende Liquidation bei einer Verwaltungs-

---

IPRax 1998, 348 m. Anm. *Bechtel* = DB 1997, 1865 = EWS 1998, 470 = GmbHR 1997, 848 = ZIP 1997, 1696 m. Anm. *Neye*.

1631 *Wenckstern* reduziert damit die Sitztheorie auf den von ihr beabsichtigten eigentlich Zweck, nämlich die Durchsetzung deutscher Schutzvorschriften auf alle Gesellschaften mit wirtschaftlichem Schwerpunkt in Deutschland; siehe *Wenckstern*, in: FS Drobnig, S. 465 (477).

1632 RG Urt. v. 19.6.1920 – I 5/20, RGZ 99, 217 (218 f.); Urt. v. 3.6.1927 – II 346/26, RGZ 117, 215 (218 f.); 10.7.1934, JW 1934, 2969 = IPRspr. 1934 Nr. 14, 30.

1633 *Geiler*, in Düringer/Hachenburg (Hrsg.) Handelsgesetzbuch Bd. I, 1930, Allg. Einleitung C., Anm. 17d, S. 51. Es stehe dem nichts Wege, „daß ein Staat einer nach seinem Recht entstandenen Körperschaft ausnahmsweise gestattet, den Sitz im Auslande zu nehmen oder dahin zu verlegen und doch Körperschaft seines Rechts zu bleiben." Weiter heißt es: „Wir sehen auch praktisch solche Vorgänge, …" So explizit auch *Keßler*, Zeitschr. f. ausl. u. intern. Privatrecht, 3 (1929), 758 (759): „Nach dem deutschen internen Recht ist es nach der herrschenden Meinung zulässig, statuarisch zum Sitz der Gesellschaft einen Ort zu bestimmen, der mit dem Ort der Geschäftsleitung nicht zusammenfällt."

1634 OLG Hamburg,Urt. v. 28.8.1970 – 11 U 144/69, IPRspr. 1970 Nr. 9 = AWD 1970, 518.

1635 *Braun*, Die Wegzugsfreiheit als Teil der Niederlassungsfreiheit, 2010, S. 99 Fn. 390.

1636 Siehe aus der instanzgerichtlichen Judikatur OLG Düsseldorf, Beschl. v. 26.3.2001 – 3 Wx 88/01, NZG 2001, 506 = NJW 2001, 2184 = ZIP 2001, 790 = WM 2002, 1008 = BB 2001, 463 = DB 2001, 1026; OLG Hamm, Beschl. v. 1.2.2001 – 15 W 390/00, NZG 2001, 562 = NJW 2001, 2183 = ZIP 2001, 791 = BB 2001, 461 = DB 2001, 1084; BayOblG, Beschl. v. 11.2.2004 – 3Z BR 175/03, NJW-RR 2004, 836 = ZIP 2004, 806 = DNotZ 2004, 725 = BB 2004, 570 = DB 2004, 699 = DStR 2004, 1224.

sitzverlegung verlangte. Es erscheint daher kaum verwunderlich, dass es insbesondere Vertreter der Sitztheorie waren, welche die Rechtsprechung in einem „ihnen genehmen Sinn missverstanden“[1637] zu haben scheinen, und dass der Boden für das „ungeschriebene Auflösungsdogma“[1638] im deutschen materiellen Recht bei Verwaltungssitzverlegung bereitet wurde.[1639]

dd) Zwischenergebnis

Die herrschende Auffassung konstruierte eine ungeschriebene Sachnorm, die die Auflösung der wegziehenden Gesellschaft befahl, ohne dies jemals auf eine tragfähige rechtliche Grundlage zu stellen. Von einer insoweit gefestigten Rechtsprechung konnte dabei jedenfalls keine Rede sein; es war vornehmlich die neuere Rechtsprechung der Obergerichte, die im Sinne des in der Literatur vorherrschenden „ungeschriebenen Auflösungsdogmas“ entschied. Das Reichsgericht sah in einer Verwaltungssitzverlegung jedenfalls keinen Auflösungsgrund.

Mit der dogmatisch als notwendig erachteten Trennung von kollisionsrechtlicher und sachrechtlicher Ebene nahm man es nicht besonders genau, indem man die in sich bereits wenig schlüssigen Argumentationstopoi der kollisionsrechtlichen Sitztheorie mit der Ebene des Sachrechts vermengte: So wurde sachrechtliche Auflösung der Gesellschaft dadurch herbei konstruiert, indem man auf pauschal auf die Schutzgedanken der Sitztheorie verwies.

Die Liquidation als Rechtsfolge der Sitzverlegung ist in der Literatur zu Recht erheblicher Kritik ausgesetzt; dies insbesondere unter dem Gesichtspunkt der Verhältnismäßigkeit dieser drakonischen Maßnahme.[1640] Es erscheint insbesondere fraglich, einer Gesellschaft *per se* ohne Prüfung des Einzelfalls stets pauschal die Rechtspersönlichkeit zu entziehen. Dies macht es der Gesellschaft unmöglich, im neuen Sitzstaat an ihre bisherige Geschäftstätigkeit anzuknüpfen: Denkbar ist es, dass eine ganze Reihe von Lieferanten, Kunden und Arbeitnehmern diese unternehmensstrategische Entscheidung billigen und den Kontakt zur Gesellschaft keineswegs abbrechen wollen. Genau dazu zwingt das deutsche Recht indes, indem es die wegziehende Gesellschaft unausweichlich zur Auflösung und Neugründung und damit zu einer höchst mühsamen rechtlichen Rekonstruktion aller Rechtsbeziehungen zwingt.[1641]

1637 *Braun*, Die Wegzugsfreiheit als Teil der Niederlassungsfreiheit, 2010, S. 98.

1638 *Braun*, Die Wegzugsfreiheit als Teil der Niederlassungsfreiheit, 2010, S. 90 u. 100.

1639 So spricht *Meilicke*, GmbHR 2003, 793 (794) in diesem Zusammenhang von „Geschichtsfälschung“.

1640 Siehe dazu statt vieler *Teichmann*, Binnenmarktkonformes Gesellschaftsrecht, 2006, S. 175 ff.

1641 *Teichmann*, Binnenmarktkonformes Gesellschaftsrecht, 2006, S. 176.

Das deutsche Recht verweigert demnach anders gewendet: eine identitätswahrende Sitzverlegung. Für eine solche Verweigerung gibt es auch keine Rechtfertigung, da Drittinteressen durch weitaus weniger einschneidende Maßnahmen geschützt werden können:[1642] So kann das Schutzbedürfnis der Gesellschafter dadurch gewährleistet werden, daß im Hinblick auf den Sitzverlegungsbeschluss Einstimmigkeit oder eine qualifizierte Mehrheit nebst Austrittsrecht von Minderheitsgesellschaftern vorgesehen ist.[1643] Dem Gläubigerschutz kann dadurch Rechnung getragen werden, dass eine Befriedigung oder Sicherstellung ähnlich dem Abwicklungsverfahren verlangt wird.[1644] Daneben kann dem Gläubigerschutzziel auch durch rechtzeitige Information im Wege der Erstellung und Bekanntmachung eines Verlegungsplanes gedient werden.[1645]

1642 *Teichmann*, Binnenmarktkonformes Gesellschaftsrecht, 2006, S. 177.

1643 *Roth*, in Roth/Altmeppen, GmbHG, § 4a Rn. 26; so bereits in Anlehnung an die frühere französische Praxis *Keßler*, Zeitschr. f. ausl. u. intern. Privatrecht, 3 (1929), 758 (774): „Richtig dürfte es sein, wie die französische Praxis das tut, für einen Sitzverlegungsbeschluß Einstimmigkeit zu verlangen, da der Beschluß die Grundlagen des Gesellschafts Vertrages berührt. Interessant ist aber der Ausweg, den in Frankreich Perroud vorschlägt und der auf Grund einer Auslegung der Satzung auch bei uns erwogen werden könrte: daß die Gesellschaft die widersprechenden Aktionäre aus kaufen dürfe. Die widersprechenden Aktionäre dürften nach Treu und Glauben bei einem Rückkauf ihrer Aktien keinesfalls mehr verlangen können als Rückzahlung ihrer Einlage samt einem angemessenen Aufgeld, also insgesamt einen Preis in Höhe der auf sie entfallenden Liquidationsquote. Als Ergebnis ist somit festzustellen, daß keine praktische Notwendigkeit besteht, für das deutsche interne Recht anzunehmen, daß ein Sitzwechsel einer deutschen Aktiengesellschaft nach dem Auslande zur Liquidation der Gesellschaft führt."

1644 *Roth*, in Roth/Altmeppen, GmbHG, § 4a Rn. 26. Siehe insgesamt für eine Darstellung des Schutzes von Drittinteressen mit milderen Mitteln *Roth* ZEuP 1994, 5 (20); *Roth* GesRZ 1995, 1 (8), aus Sicht des Zuzugsstaates sei die vollständige Wahrung der inländischen materiellen und formellen Gründungserfordernisse zu verlangen. Aus der Perspektive des Wegzugsstaates sei im Gläubigerinteresse die Befriedigung oder Sicherstellung wie im Liquidationsfall vorzunehmen. Im Übrigen wird auf die Schutzvorkehrungen der Verordnung (EWG) Nr. 2137/85 des Rates vom 25. Juli 1985 über die Schaffung einer Europäischen wirtschaftlichen Interessenvereinigung (EWIV) Amtsbl. Nr. L 199 v. 31.7.1985 S. 1ff. hingewiesen; *Bechtel*, Umzug von Kapitalgesellschaften unter der Sitztheorie, 1999, S. 146 ff., *Frowein,* Grenzüberschreitende Sitzverlegung von Kapitalgesellschaften, 2000, S. 140, *Kruse*, Sitzverlegung von Kapitalgesellschaften innerhalb der EG 1997, S. 129 sowie *Jaeger*, Grenzüberschreitende Sitzverlegung von Kapitalgesellschaften im MERCOSUR und im EU-Recht, 2003, S. 149 ff.

1645 So *Roth* GesRZ 1995, 1 (8) bezugnehmend auf die Schutzvorkehrungen der Verordnung (EWG) Nr. 2137/85 des Rates vom 25. Juli 1985 über die Schaffung einer Euro-

Nach dem bereits auf die Fiktionstheorie zurückgehenden „Geschöpfgedanken" stellte man fest, dass eine Gesellschaft als juristische Person immer auch ein Produkt ihrer jeweiligen Rechtsordnung sei und daher in deren wirtschaftlichen, kulturellen und politischen Umfeld verwurzelt sei: So argumentiert *Bernhard Großfeld*, dass bei einem tatsächlichen Verwaltungssitz im Ausland die Anwendung des deutschen Rechts, wie z.B. die Mitbestimmung sowie die gesellschaftsrechtlichen Ordnungs- und Schutzbestimmungen, kaum durchsetzbar seien, deswegen sei fraglich, ob „ein so amputiertes, in seiner Anwendung gebremstes Recht noch als ‚deutsches Recht' gelten könne". Denn: „Wir sollten das deutsche Recht – als Aushängeschild unserer Kultur und unseres Ansehens – grundsätzlich nur dort bereitstellen, wo wir seine Beachtung gewährleisten können."[1646] Zu Recht wird dem entgegengehalten: „Solche Worte aus der Feder eines Internationalprivatrechtlers befremden."[1647] Denn das IPR bringt es naturgemäß mit sich, dass Gerichte im In- und Ausland ausländisches Recht zur Anwendung bringen, ohne dass man sich daran stören würde. Selbst wenn man mit den Vertretern der Sitztheorie das ihr zugrunde liegende Gedankengut wider dogmatische Prinzipien von der kollisionsrechtlichen auf die materiell-rechtliche Ebene übertragen wollte, so ist dies im Wegzugsfall jedoch teleologisch verfehlt: Denn die Sitztheorie wurde schließlich für genau den umgekehrten Fall entwickelt, nämlich für den Zuzug einer ausländischen Gesellschaft nach Deutschland.[1648]

Im Wege der Anwendung der Sitztheorie versuchte die neuere deutsche Rechtsprechung seit 1970 in diesen Zuzugskonstellationen die Umgehung deutscher Schutzvorschriften und gesellschaftsrechtlicher Regelungen zu erschweren, die insbesondere den Gläubigerschutz, aber auch die unternehmerische Mitbestimmung bezwecken. Es sei in Erinnerung gerufen, dass die Sitztheorie als eine „Schutztheorie"[1649] gedacht war, die sicherstellen sollte, dass das Recht des jeweiligen Staates durchgesetzt wird, der am meisten von einer Verlegung des Verwaltungssitzes einer Gesellschaft in sein Staatsgebiet betroffen ist.[1650] Dies

---

päischen wirtschaftlichen Interessenvereinigung (EWIV) Amtsbl. Nr. L 199 v. 31.7.1985 S. 1ff.

1646 Vgl. insbesondere Staudinger-*Großfeld* Int.GesR Rn. 86-88.

1647 *Wenckstern,* in: FS Drobnig, S. 465 (473).

1648 *Campos Nave,* Die ertragsteuerneutrale und identitätswahrende Sitzverlegung der GmbH in Mitgliedstaaten der Europäischen Union, 2009, S. 76.

1649 Vgl. BayOblG Urt. v. 7. 5. 1992 – 3Z BR 14/92 – WM 1992, 1371 = EuZW 1992, 548 m. Anmerk. *Behrens;*sowie *Braun*, Die Wegzugsfreiheit als Teil der Niederlassungsfreiheit, 2010, S. 91.

1650 *Kindler*, Niederlassungsfreiheit für Scheinauslandsgesellschaften, NJW 1999, 1993 (1993).

ist regelmäßig der „Aufnahmestaat“ und eben nicht der Wegzugsstaat,[1651] so dass es bereits nach dem Sinn und Zweck der Sitztheorie an der Notwendigkeit der Fortgeltung der Schutzvorschriften des deutschen Sachrechts im Ausland fehlt, der nunmehr sinnwidrigerweise als „betroffen“ angesehen wird. Dieses Konstrukt erscheint jedoch insbesondere dann zweifelhaft, wenn – wie im hier zu untersuchenden Fall der Schweiz – eine Rückverweisung auf das Gründungsrecht stattfindet, so dass es zu einem Statutenwechsel überhaupt gar nicht kommt.[1652]

Die bisher im deutschen Gesellschaftsrecht mit Blick auf sog. nicht privilegierte Drittstaaten vertretene Sitztheorie zeitigt somit immer noch „Ausstrahlungswirkung“ in das interne gesellschaftsrechtliche Sachrecht, woraus die Undurchführbarkeit der Verwaltungssitzverlegung hergeleitet wird.[1653]

b) Rechtsentwicklung nach Inkrafttreten des MoMiG

aa) Ausgangspunkt: Grundsatz der parteiautonomen Sitzwahl

Aus kollisionsrechtlicher Sicht konnte gezeigt werden, dass eine Verwaltungssitzverlegung bereits unter Geltung der Sitztheorie grundsätzlich möglich ist. Gleichwohl wird die Sitzverlegung aufgrund der zwingenden Identität des Satzungssitzes mit dem Ort des Betriebs, der Geschäftsleitung und der Verwaltung immer noch von den zuvor genannten Gerichten und der Schrifttumsmeinung verweigert.[1654] Obwohl sich die Sitztheorie nach richtigem Verständnis auf die Anknüpfung auf kollisionsrechtlicher Ebene erschöpft und von der Ebene des Sachrechts zu trennen ist, scheint sich die Argumentation dennoch um die sachrechtlichen Sitzbestimmungen der Kapitalgesellschaften zu entwickeln.

Nach ursprünglicher Konzeption sind die Regelungen der Sitzwahl im deutschen Recht sowohl für die AG als auch die GmbH liberal gehalten. Die ursprünglich in § 182 Abs. 2 HGB von 1897[1655] vorgesehene gesetzliche Regelung zum Sitz der AG sah vor, dass dieser parteiautonom im Gesellschaftsvertrag zu bestimmen ist. Einschränkende Regelungen erachtete der Gesetzgeber seinerzeit nicht als erforderlich.[1656] Für die Aktiongesellschaft wurde mit der Reform des

---

1651 *Campos Nave,* Die ertragsteuerneutrale und identitätswahrende Sitzverlegung der GmbH in Mitgliedstaaten der Europäischen Union, 2009, S. 78.

1652 Vgl. *Müller*, in: Spindler/Stilz, AktG, IntGesR, Rn. 9.

1653 So spricht *Christoph F. Wetzler* explizit von einer „Ausstrahlungswirkung der Sitztheorie auf das Sachrecht“; siehe *ders.* in: Sandrock/Wetzler (Hrsg.), Deutsches Gesellschaftsrecht im Wettbewerb, 2004, S. 129 (180); siehe dazu auch *Süß* in: Wachter/Süß, Handbuch des Internationalen GmbHR 2. Aufl. 2011, § 1 Rn. 48.

1654 Münch. Hdb. GesR VI-Servatius § 10 Rn. 10 in Fn. 15.

1655 Handelsgesetzbuch vom 10. Mai 1897, RGBl. S. 219.

1656 MünchKomm AktG-*Heider* § 5 AktG Rn. 1.

Aktienrechts des Jahres 1937[1657] die gesetzliche Regelung zum Gesellschaftssitz in § 5 AktG dahingehend ergänzt, dass in der Regel der Ort des Betriebs, der Geschäftsleitung oder der Verwaltung als Sitz zu bestimmen ist.[1658] Diese Voraussetzungen sollten nur „in der Regel" gelten; bei schutzwürdigem Interesse waren daher grundsätzlich Abweichungen möglich. Im Hinblick auf die GmbH wurde eine entsprechende Bestimmung überhaupt erst in das Handelsrechtsreformgesetz mit Wirkung zum 1. Januar 1999[1659] eingefügt.[1660]

Die im Kapitalgesellschaftsrecht gleichlautenden Sitzbestimmungen lauteten bisher „(1) Sitz der Gesellschaft ist der Ort, den die Satzung bestimmt. (2) Die Satzung hat als Sitz in der Regel den Ort, wo die Gesellschaft einen Betrieb hat, oder den Ort zu bestimmen, wo sich die Geschäftsleitung befindet oder die Verwaltung geführt wird."[1661]

bb) Der Hintergrund der Reform durch das MoMiG

Im Zuge des am 1. November 2008 in Kraft getreten Gesetzes zur Modernisierung des GmbH-Rechts und zur Bekämpfung von Missbräuchen (MoMiG)[1662] lautet die Bestimmung – unter Streichung von Abs. 2 – nunmehr wie folgt: „Sitz der Gesellschaft ist der Ort im Inland, den die Satzung bestimmt."[1663]

Die angestrebte Reform im Wege des MoMiG war als Reaktion auf die EuGH-Rechtsprechung zur Niederlassungsfreiheit gedacht. Neben der Streichung von § 4a Abs. 2 GmbHG a.F. sowie der gleichlautenden Parallelnorm des § 5 Abs. 2 AktG a.F. wird zudem ausdrücklich klargestellt, dass sich der Satzungssitz der Kapitalgesellschaft im Inland befinden muss.

Nach der Intention des Gesetzgebers soll eine Divergenz von Satzungs- und Verwaltungssitz ausdrücklich zugelassen werden, wenn es in der Gesetzesbegründung heißt, es soll dadurch „deutschen Gesellschaften ermöglicht werden, einen Verwaltungssitz zu wählen, der nicht notwendig mit dem Satzungssitz übereinstimmt".[1664] Deutsche Kapitalgesellschaften sollen auf diese Weise ihre

---

1657 Gesetz über Aktiengesellschaften und Kommanditgesellschaften auf Aktien (Aktiengesetz) vom 30. Januar 1937; RGBl. I S. 107.

1658 MünchKomm AktG-*Heider* § 5 AktG Rn. 2.

1659 Gesetz zur Neuregelung des Kaufmanns- und Firmenrechts und zur Änderung anderer handels- und gesellschaftsrechtlicher Vorschriften (Handelsrechtsreformgesetz – HRefG) v. 22.06.1998 BGBl. I S. 1474; vgl. dort Art. 28 Abs. 2 HRefG.

1660 MünchKomm GmbHG-*Mayer* § 4a GmbHG Rn. 2.

1661 Am Beispiel der vom 1. Januar 1966-1. November 2008 geltenden Fassung von § 5 AktG.

1662 Gesetz zur Modernisierung des GmbH-Rechts und zur Bekämpfung von Missbräuchen (MoMiG) v. 23.10.2008, BGBl. I S. 2026.

1663 Vgl. §§ 5 AktG; 4a GmbHG.

1664 BT-Drucks. 16/6140, S. 29.

Geschäftstätigkeit im Rahmen einer (Zweig-)Niederlassung ausschließlich außerhalb deutschen Hoheitsgebietes entfalten können, ohne dabei indes ihren Status als deutsche GmbH oder AG zu verlieren.[1665] Beabsichtigt ist damit, ein *level playing field* zu schaffen, also gleiche Ausgangsbedingungen gegenüber vergleichbaren Auslandsgesellschaften, wobei es deutschen AGs und GmbHs – wie einer englischen Ltd. auch – ermöglicht werden soll, ihren Verwaltungssitz in jedes Land der Welt zu verlegen.[1666] Dabei wird ausdrücklich nicht zwischen EU-Mitgliedstaaten und Drittstaaten differenziert.[1667]

cc) Die Streitfrage nach dem sachrechtlichen oder kollisionsrechtlichen Gehalt der Norm

Aufgrund des klaren Wortlautes der neuen gesetzlichen Grundlage kann zunächst festgehalten werden, dass nach geltender Rechtslage die Möglichkeit einer identitätswahrenden Verlegung des *Satzungssitzes* einer Kapitalgesellschaft ins Ausland – auch innerhalb der Europäischen Union – nicht vorgesehen ist.[1668]

Trotz der geschilderten klaren Motive des Gesetzgebers ist die Möglichkeit der Verlegung des Verwaltungssitzes ins Ausland auch weiterhin umstritten: Nach einer verbreiteten Auffassung soll den Vorschriften lediglich ein materiellrechtlicher Aussagegehalt beizumessen sein.[1669] Auf Ebene des Kollisionsrechts verbleibe es demnach nach wie vor bei der uneingeschränkten Anwendung der Sitztheorie. Namentlich *Peter Kindler* wollte einer „stillen Bestattung"[1670] der Sitztheorie durch das MoMiG entgegentreten, indem er die §§ 4a GmbH, 5 AktG lediglich als bloße Definitionsnormen deutet, also als Vorschriften, die

1665 BR-Drucks. 345/07, S. 65. BR-Drucks. 345/07, S. 65: „In Zukunft soll für die deutsche Rechtsform der Aktiengesellschaft und der GmbH durch die Möglichkeit, sich mit der Hauptverwaltung an einem Ort unabhängig von dem in der Satzung oder im Gesellschaftsvertrag gewählten Sitz niederzulassen, ein level playing field, also gleiche Ausgangsbedingungen gegenüber vergleichbaren Auslandsgesellschaften geschaffen werden." Siehe dazu ferner *Hoffmann*, ZIP 2007, 1581 (1582).

1666 RegE BT-Drucks. 16/6140, S. 65.

1667 MünchKomm GmbHG-*Mayer*, § 4a Rn. 68. Dieses gesetzgeberische Absicht findet indessen im Wortlaut der Norm keinen ausdrücklichen Niederschlag. Im Wege einer *historischen,* am Willen des Gesetzgebers orientieren *Auslegung* der Norm ist dabei jedoch von einer Zulässigkeit einer solchen grenzüberschreitenden Divergenz von Verwaltungs- und Satzungssitz auszugehen. Siehe *Leitzen* NZG 2009, 728 (728); *Bormann/König* DNotZ 2008, 652 (658) *Franz/Laeger* BB 2008, 678 (680). Anderer Ansicht ist hingegen *Werner* GmbHR 2009, 191 (194 f.).

1668 Siehe statt vieler *Drescher*, in: Spindler/Stilz, Aktiengesetz, § 5 AktG Rn 10; MünchKomm GmbHG-*Mayer* § 4a GmbHG Rn. 66.

1669 Siehe etwa *Kindler*, NJW 2009, 3249 (3251); KölnerKomm AktG-*Dauner-Lieb* § 5 Rn. 27 f. m.w.N.

1670 So der Titel des Beitrages von *Hoffmann*, ZIP 2007, 1581 (1581 ff.).

eine bestimmte – sachrechtliche oder kollisionsrechtliche – Rechtsfolge anordnen. Gleichwohl räumt er ein, es als „richtig [anzusehen], dass die MoMiG-Materialien für ein kollisionsrechtliches Verständnis der neuen §§4a GmbHG und 5 AktG sprechen."[1671]

Auf der anderen Seite wird argumentiert, dass auf der Grundlage eines kollisionsrechtlichen Verständnisses der Norm in Fällen der Begründung eines ausländischen Verwaltungssitzes bzw. einer nachträglichen Verlegung desselben dorthin nunmehr partiell die Gründungstheorie als Anknüpfungsmoment Anwendung findet.[1672] Dieser Ansicht nach kommt der Norm nicht nur ein materiell-, sondern zugleich auch ein kollisionsrechtlicher Gehalt zu; denn anders ließe sich das vom Gesetzgeber verfolgte Ziel nicht erreichen.[1673] So ist im MoMiG ausdrücklich die Rede davon, den Spielraum deutscher Gesellschaften zu erhöhen.[1674] Dieser Zweck ist im Rahmen der Auslegung des – ohnehin ungeschriebenen – deutschen Gesellschaftskollisionsrechts zu berücksichtigen, da sich die Ziele des Gesetzgebers nur bei einer impliziten Aufgabe der Sitztheorie für die nach deutschem Recht gegründete Kapitalgesellschaften erreichen lassen.[1675]

dd) Stellungnahme

Der geschilderten gesetzgeberischen Zielsetzung wird man am ehesten gerecht, wenn man die neuen Sitzvorschriften als versteckte einseitige Kollisionsnorm

---

1671 *Kindler*, in: Goette/Habersack (Hrsg.) Das MoMiG in Wissenschaft und Praxis, 2009, Rn. 7.41. Er wendet sich dabei insbesondere gegen die Gründung von deutschen Briefkastengesellschaften mit einem von Anfang an gegebenen ausländischen Verwaltungssitz.

1672 Für eine solche kollisionsrechtliche Wirkung der §§ 5 AktG; 4a GmbHG grundlegend *Hoffmann*, ZIP 2007, 1581 (1583); *Grundmann*, Europäisches Gesellschaftsrecht, 2011, § 6 S. 91. Rn. 170; *Däubler/Heuschmidt*, NZG 2009 493 (494), *Wicke* GPR 2010 238 (239), *Herrler,* DNotZ 2009 484 (489). Hingegen sprechen sich gegen eine solche kollisionsrechtliche Bedeutung aus *Lieder/Kliebisch* BB 2009 338 (343) sowie insbesondere *Kindler* IPRax 2009 189 (197f.); *Ders.* in: Goette/Habersack (Hrsg.) Das MoMiG in Wissenschaft und Praxis, 2009, Rn. 7.41.

1673 *Grundmann*, Europäisches Gesellschaftsrecht, 2011 § 6 S. 91/2 Rn. 170; *Leible*, in: Michalski GmbHG, Syst. Darst. 2 IntGesR, Rn. 177.

1674 BR-Drucks. 345/07, S. 65: „In Zukunft soll für die deutsche Rechtsform der Aktiengesellschaft und GmbH durch die Möglichkeit, sich mit der Hauptverwaltung an einem Ort unabhängig von dem in der Satzung oder im Gesellschaftsvertrag gewählten Sitz niederzulassen, ein level playing field, also gleiche Ausgangsbedingungen gegenüber vergleichbaren Auslandsgesellschaften geschaffen werden."

1675 *Hoffmann*, in: Michalski GmbHG, § 53 Rn. 117.

interpretiert, die für die deutsche GmbH bzw. Aktiengesellschaft eine Gründungsanknüpfung vorschreiben.[1676]

Die Neuregelung wird gerade auch damit begründet, dass es einer deutschen Konzernmutter nach bisheriger Rechtslage nicht möglich sei, ihre ausländischen Tochtergesellschaften in der Rechtsform der GmbH zu gründen. Dieses Ziel könnte indessen nur erreicht werden, wenn das „Auflösungsdogma" beim Wegzug ins Ausland konsequent beseitigt würde. Demnach spricht einiges dafür, das nicht nur die Möglichkeit der Verlegung des Verwaltungssitzes ins Ausland unter Wechsel des Gesellschaftsstatut gemeint sein kann, sondern zudem die Möglichkeit eines ausländischen Verwaltungssitzes für eine Gesellschaft, die weiterhin deutschem Recht unterliegt.[1677]

Im Ergebnis ist auf der Grundlage der gesetzgeberischen Zielsetzung ein Auseinanderfallen von Satzungs- und Verwaltungssitz zu erlauben. Insbesondere kann der Verwaltungssitz nunmehr auch im Ausland belegen sein, es bedarf in diesem Falle nur eines Satzungssitzes im Inland.[1678] Was die Frage der Verortung des Sitzes anbelangt, so hat sich das Gesetz nunmehr wieder auf seine ursprünglichen liberalen an der Parteiautonomie orientierten Wurzeln zurückbesonnen: Der Satzungssitz kann dabei nach Belieben gewählt werden, wenn die Gesellschaft und ihr Unternehmen überhaupt keinen tatsächlichen Anknüpfungspunkt im Inland aufweisen.[1679]

Unter Mobilitätsaspekten ist zu kritisieren, dass von der Regelung einseitig nur deutsche Gesellschaften profitieren. Keinesfalls kann in den geänderten Vorschriften ein genereller Übergang zur Gründungsanknüpfung entnommen werden, wie diese im Referentenentwurf vorgesehen ist.

Im Hinblick auf die hier interessierende Konstellation der Verwaltungssitzverlegung in die Schweiz kann der zuvor angedeutete Meinungsstreit dahinstehen. Sowohl nach kollisionsrechtlichem wie auch nach rein materiellrechtlichem Verständnis der Norm wäre der Wegzug in die Schweiz, die nach

---

1676 Siehe *Hoffmann*, in: Michalski GmbHG, § 53 Rn. 117; bei *Roth*, in: Roth/Altmeppen, GmbHG, § 4a Rn. 17 heißt es dazu: „Diesen Überlegungen will der Reformgesetzgeber Rechnung tragen, was auf eine einseitige Anwendung der Gründungstheorie hinausläuft." Ebenso sehen dies *Fingerhuth/Rumpf*, IPRax 2008, 90 (92); *Hoffmann*, ZIP 2007, 1581 (1585 ff.); *Knof/Mock*, GPR 2008, 134 (138); *Koch*, GmbHR 2009, 808 (811); *Körber/Kliebisch*, JuS 2008, 1041 (1044); *Leitzen,* NZG 2009, 728; *Paefgen*, WM 2009, 529 (530 f.); *Tebben*, RNotZ 2008, 441 (447); *Palandt/Thorn*, Anh. zu Art. 12 EGBGB Rn 1. sowie *Leible*, in: Michalski GmbHG, Syst. Darst. 2 IntGesR, Rn. 177.

1677 *Chromek*, Wegzugsfreiheit von Kapitalgesellschaften Wegzugsfreiheit von Kapitalgesellschaften im europäischen Binnenmarkt, 2009, S. 163.

1678 *Roth*, in: Roth/Altmeppen, GmbHG § 4a Rn. 1.

1679 *Roth*, in: Roth/Altmeppen, GmbHG § 4a Rn. 1.

Art. 154 IPRG der Inkorporationstheorie folgt, möglich. Für den Fall, dass man den kollisionsrechtlichen Gehalt der Vorschrift hingegen verneint, könnte deutsches Sachrecht, also die durch das MoMiG beabsichtigte Änderung, nur Kraft *renvoi*[1680] zum Tragen kommen, was bei Sitztheoriestaaten problematisch ist.[1681] Auf dieser Grundlage wären die erhofften Mobilitätseffekte in Frage zu stellen:[1682] Die Wirkungsmacht der Vorschrift wäre nämlich dadurch erheblich eingeschränkt, da der deutsche Gesetzgeber die Verwirklichung seiner Ziele vollständig in die Hand des ausländischen IPR legen würde.[1683]

Da jedoch nach schweizerischem Gesellschaftskollisionsrecht für die Bestimmung des Gesellschaftsstatuts das Inkorporationsprinzip gilt, finden die deutschen Bestimmungen der § 4a GmbHG bzw. § 5 AktG im Wege des *renvoi*[1684] nach Art. 4 Abs. 1 S. 2 EGBGB uneingeschränkt Anwendung. Nach deutschem IPR handelt es sich dabei um eine Sachnormverweisung, so dass deutsches Sachrecht, einschließlich der neuformulierten Sitzbestimmungen, anzuwenden ist. Da nach diesen Bestimmungen nunmehr ein inländischer Verwaltungssitz entbehrlich ist, wäre die Kapitalgesellschaft nicht aufzulösen, sondern existiert mit dem ausländischen Verwaltungssitz weiter.[1685] Demnach ist auch ein identitätswahrender Wegzug in die Schweiz zulässig, wenn nur der Satzungssitz in Deutschland erhalten bleibt.[1686]

Die Diskussion zeigt, dass der Gesetzgeber hier ein höheres Maß an Rechtsicherheit hätte schaffen müssen, indem er die Möglichkeit der Sitzverlegung dazu noch explizit in den Wortlaut mit aufgenommen und auf diese Weise letzte Zweifel zerstreut hätte. Denn bisher lag der eigentliche Grund für die Auflösung

---

1680 Siehe dazu *Siehr*, Y.P.I.L. VII (2005), 16 (41ff.).

1681 MünchKomm GmbHG-*Mayer*, § 4a Rn. 73.

1682 *Wicke*, GmbHR 2011 §4a Rn.13, sieht insbesondere Einschränkungen mit Blick auf eine etwaige Mobilitätssteigerung, wenn man die kollisionsrechtliche Perspektive mit in die Betrachtung einbezieht: Wenn man nämlich nach wie vor von der Sitztheorie ausgeht, so könnte die Verlegung des Verwaltungssitzes in ein Drittland, das – anders als die Schweiz – der Sitztheorie folgt, wie dies z.B. für Japan der Fall ist, sowohl nach deutschem Kollisionsrecht als auch nach dem ausländischen Kollisionsrecht zur Anwendung des dortigen Gesellschaftsrechts kommen, was in der Konsequenz dazu führte, dass §§ 5 AktG; 4 a GmbHG von vornherein nicht zur Anwendung gelangen und stattdessen die betreffende Kapitalgesellschaft zu liquidieren ist. Daher wird im Schrifttum für eine begleitende kollisionsrechtliche Gesetzesvorschrift plädiert; siehe *Eidenmüller* ZGR 2007, 206. Diese soll auch für diese Fälle eine lückenlose Anwendbarkeit der §§ 5AktG; 4 a GmbHG bei ausländischem Verwaltungssitz gewährleisten.

1683 Münch. Hdb. GesR VI-*Kieninger* § 52 Rn. 20.

1684 Siehe dazu *Siehr*, Y.P.I.L. VII (2005), 16 (41ff.).

1685 Münch. Hdb. GesR VI-*Kieninger* § 52 Rn. 22.

1686 MünchKomm GmbHG-*Mayer*, § 4a Rn. 73.

der wegziehenden Gesellschaft nicht in einem durch die Verletzung der §§ 4a Abs. 2 GmbHG a.F.; 5 Abs. AktG a.F. begründeten Satzungsmängeln begründet, sondern war vielmehr in einer ungeschrieben Regel des deutschen Sachrechts als Ausfluss der kollisionsrechtlichen Sitztheorie zu erblicken.[1687]

Will der Gesetzgeber in Zukunft Rechtsunsicherheit mit Blick auf die generelle Zulässigkeit der Verlegung des Verwaltungssitzes ins Ausland schaffen, sollte der Wortlaut Sitzbestimmungen dahingehend ergänzen, dass der tatsächliche Verwaltungssitz nicht mit dem Satzungssitz übereinstimmen muss und der Verwaltungssitz ins Ausland verlegt werden kann.[1688] Damit wäre dem Wortlaut als Auslegungsgrenze Rechnung getragen und es könnte fortan kein „ungeschriebenes Auflösungsdogma“ mehr in das deutsche Sachrecht hineingelesen werden, auf der Grundlage dessen die Sitztheorie den Wegzug bislang verweigert.[1689] Eine solche Regelung würde es Gesellschaften jedenfalls ermöglichen, ihren tatsächlichen Verwaltungssitz in Länder zu verlegen, die der Gründungstheorie folgen bzw. die aufgrund der Rechtsprechung des EuGH dazu verpflichtet sind.

Da jedoch nach derzeitiger Rechtslage eben diese Zulässigkeit einer Divergenz von Verwaltungs- und Satzungssitz nicht explizit geregelt ist,[1690] wird im Schrifttum die Hoffnung geäußert, dass sich vielmehr die Gerichte der Zielsetzung des Gesetzgebers anschließen werden und das rechtliche Risiko eines Amtslöschungsverfahrens bei einem Auseinanderfallen von Verwaltungs- und Satzungssitz sich somit zumindest in Grenzen hält.[1691] Diese Hoffnungen auf Rechtssicherheit hat der BGH im Oktober 2009 – also etwa ein Jahr nach Inkrafttreten der MoMiG-Reform – in einer Entscheidung betreffend den Zuzug einer aus Singapur stammenden „Drittstaatsgesellschaft“ zunichte gemacht, indem er betont, dass er die „Sitztheorie nur für die Bereiche aufgegeben [habe], in denen nach ausländischem Recht gegründete Kapitalgesellschaften im Inland

---

1687 *Braun*, Die Wegzugsfreiheit als Teil der Niederlassungsfreiheit, 2010, S. 193; in dieselbe Richtung argumentiert *Flesner*, NZG 2006, 641 (641).

1688 Siehe dazu den Vorschlag von *Flesner*, NZG 2006, 641 (641).

1689 *Larenz/Canaris*, Methodenlehre der Rechtswissenschaft, 1995, S. 143. Zutreffend sagt *Arthur Meier-Hayoz*: „Der Wortlaut hat danach doppelte Aufgabe: er ist Ausgangspunkt für die richterliche Sinnesermittlung und steckt zugleich die Grenzen seiner Auslegungstätigkeit ab“; so *Meier-Hayoz*, Der Richter als Gesetzgeber, 1951, S. 42. Ihm folgend u.A. *Bydlinski*, Juristische Methodenlehre und Rechtsbegriff, 1991, S. 243; *Neuner*, Die Rechtsfindung contra legem, 2005, S. 90.

1690 Siehe dazu ferner die Kritik von *Behme*, BB 2008, 70(72) und *Kindler*, AG 2007, 721 (722).

1691 Vgl. die dahingehend optimistische Einschätzung von *Otte*, BB 2009, 344 (344) sowie *Franz/Laeger*, BB 2008, 678 (680).

Niederlassungsfreiheit genießen".[1692] Wenn man diese Passage der Urteilsbegründung wörtlich nimmt, lässt sich dieser Aussage auch ein Festhalten an der Sitztheorie für inländische Gesellschaften entnehmen.[1693] Jedoch ist ein solches Verständnis aus den zuvor erläuterten Gründen sowie vor dem Hintergrund der geschilderten gesetzgeberischen Vorstellungen nicht mehr vertretbar.

3. Verlegung des Verwaltungssitzes aus der Schweiz nach Deutschland

a) Ausgangslage

Wenn über die Sitzverlegung nach Deutschland gesprochen wird, so muss man sich an dieser Stelle zunächst die entscheidende Rechtsfolge der *de lege lata* geltenden Sitztheorie vergegenwärtigen: Für den Fall des Auseinanderfallens von Gründungsrecht (Satzungssitz) und Sitzstaat (Verwaltungssitz) wird die betreffende Gesellschaft nämlich grundsätzlich nicht als juristische Person angesehen, da sie nach dieser Ansicht den Gründungsvoraussetzungen des Verwaltungssitzstaates, die zur Erlangung der Rechtsfähigkeit erforderlich sind, nicht gerecht geworden ist.[1694] Demzufolge ist die Gesellschaft „nach dem falschen Recht gegründet"; und mit der Aberkennung der im Gründungsstaat erworbenen Rechtsfähigkeit fehlt ihr dann auch die Parteifähigkeit im Prozess; ggf. entfällt auch das kapitalgesellschaftliche Haftungsprivileg.[1695] Nach traditionellem Verständnis fehlt es demnach an einer nach deutschen Recht rechtsfähigen Gesellschaft; die Gesellschaft wurde – wenn man es bildlich ausdrücken möchte – an der Grenze „totgeschlagen".[1696]

Von der Sitztheorie ist inzwischen jedoch nicht mehr viel übriggeblieben; sie erscheint „erheblich durchlöchert":[1697] Was den Zuzug von Gesellschaften betrifft, die in einem Mitgliedstaat der EU gegründet worden sind, hat der EuGH in seiner *Überseering*-Entscheidung die Sitztheorie in ihren Rechtsfolgen insoweit potenziell europarechtswidrig erklärt;[1698]Entsprechendes gilt für Gesellschaften aus den Mitgliedstaaten des EWR.[1699] Mit dieser Rechtsprechungsent-

---

1692 BGH, Beschl. v. 08.10.2009 – IX ZR 227/06 = ZIP 2009, 2385 = GmbHR 2010, 211.

1693 AnwKomm BGB-*Hoffmann*, Anh. zu Art. 12 EGBGB Rn. 142.

1694 *Behrens/Hoffmann*, in: Ulmer/Habersack/Löbbe (Hrsg.) GroßKomm GmbHG, Einl. B. 20.

1695 *Behrens/Hoffmann*, in: Ulmer/Habersack/Löbbe (Hrsg.) GroßKomm GmbHG, Einl. B. 20.

1696 *Lutter*, BB 2003, 7 (10 f.).

1697 *Grundmann*, Europäisches Gesellschaftsrecht, 2011, § 6 Rn. 170.

1698 *Grundmann*, Europäisches Gesellschaftsrecht, 2011, § 6 Rn. 170 u. 188.

1699 BGH, Urteil v. 19. 9. 2005 – II ZR 372/03 = BGHZ 164, 148 = BGH DNotZ 2006, 144 mit Anm. *Thölke*

wicklung einher geht der Nebeneffekt, „dass damit der bisher national fixierte *numerus clausus* der Gesellschaftsformen aufgebrochen wird“.[1700]

Aus jüngerer Zeit finden sich wiederum vermehrt Urteile, in denen sich der BGH mit der Behandlung von drittstaatlichen Gesellschaften auseinandersetzt, was damit kommentiert wurde, dass die gesellschaftsrechtliche Öffnung nach Europa inzwischen von der Öffnung zur Welt überholt worden sei:[1701] Wenn man bedenkt, dass das Reichsgericht bereits in seiner Entscheidung vom 16. Dezember 1913[1702] in geradezu selbstverständlicher Weise eine solche „Öffnung zur Welt“ vollzogen hatte, indem es eine Gesellschaft aus dem US-Bundesstaat *Wisconsin* anerkannte, da dies den „Bedürfnissen des heutigen Weltverkehres“ geschuldet sei,[1703] erscheint die Entscheidung des BGH aus dem Jahr 2003,[1704] in der dieser erstmals eine in *Florida* gegründete Gesellschaft in Deutschland anerkannte, weitaus zurückhaltender. Ohnehin war man zur Anerkennung der Gesellschaft bereits aufgrund bestehender völkerrechtlicher Verpflichtungen des Freundschafts-, Handels- und Schiffahrtsvertrages vom 29. Oktober 1954[1705] verpflichtet; auch hat es sich der BGH bei dieser Gelegenheit nicht nehmen lassen, im Urteil einleitend nochmals zu betonen, dass „grundsätzlich entsprechend der Sitztheorie das Recht des Staates maßgebend [sei], in dem die juristische Person ihren Verwaltungssitz hat […].“[1706] Im Jahr 2010 hat sich schließlich der V. Strafsenat des BGH dahingehend geäußert, dass auch eine nach dem Recht der *British Virgin Islands* gegründete *Limited* anzuerkennen ist.[1707] Weitere Risse hat das „einstige Bollwerk Sitztheorie“ auch über Nichtdiskriminierungsvorschriften erhalten, wie dies am Beispiel Japan gezeigt werden kann.[1708]

Doch auch in umgekehrter Richtung ist die Sitztheorie vom deutschen Gesetzgeber durch die im Wege des MoMiG neu eingeführten Vorschriften zumin-

---

1700 *Kirchner*, in: FS Raiser, S. 181 (183).

1701 So die Formulierung im Beitrag von *Großfeld* NZG 2005 1 (1).

1702 RG Urt. v. 16.12.1913 – II 523/13, RGZ 83, 367.

1703 RG Urt. v. 16.12.1913 – II 523/13, RGZ 83, 367 (369).

1704 BGH, Urt. v. 29. 1. 2003 – VIII ZR 155/02= BGH NJW 2003, 1607; BB 2004, 1868 m. Anm. *Mellert.*

1705 BGBl. II 1956, 487.

1706 BGH, Urt. v. 29. 1. 2003 – VIII ZR 155/02= BGH NJW 2003, 1607; BB 2004, 1868 m. Anm. *Mellert.*

1707 Eine solche nach dem Recht der *British Virgin Islands* wirksam gegründete *Limited* fällt in den Geltungsbereich der für die überseeischen Gebiete assoziationsrechtlich modifizierten Niederlassungsfreiheit nach Art. 49, 54 AEUV und ist nach der auch insoweit anzuwendenden Gründungstheorie in Deutschland als rechtsfähig anzusehen; BGH, Urt. v. 13. 4. 2010 – 5 StR 428/09 = BGH ZIP 2010, 1233 = DB 2010, 1581= JR 2011, 88 = NStZ 2010, 632.

1708 Siehe *Müller,* Der Zuzug von Kapitalgesellschaften aus Drittstaaten, 2011, S. 263.

dest ansatzweise untergraben worden.[1709] Es ist nunmehr deutschen Kapitalgesellschaften möglich, das deutsche Gesellschaftsstatut beibehalten zu können, auch wenn sie ihre Hauptverwaltung weltweit ins Ausland verlegen.[1710] Auch hatte der BGH die Frage nach einer Anwendung der Sitztheorie auf Drittstaatengesellschaften zuletzt in einem Urteil aus dem Jahr 2004, in welchem er sich mit einer panamaischen Gesellschaft zu befassen hatte, ausdrücklich offengelassen: „Die Frage, ob außerhalb dieses Rechtsraums an der herkömmlichen Sitztheorie festzuhalten ist oder ob dem Gründungsstatut auch bei der Gesellschaftsgründung in Drittstaaten höheres Gewicht zukommt, bedarf im hier zu beurteilenden Fall keiner abschließenden Beantwortung.“ [1711]

Indessen hat der BGH – entgegen der instanzgerichtlichen Rechtsprechung – in seiner *Trabrennbahn*-Entscheidung[1712] einen generellen Abschied von der Sitztheorie abgelehnt und einer schweizerischen Kapitalgesellschaft mit Verwaltungssitz in Deutschland als solcher die Anerkennung der Rechtsfähigkeit versagt; dazu sogleich eingehend. Im Zusammenhang mit der Sitztheorie kann daher weder von einem überkommenen Grundsatz des deutschen Internationalen Gesellschaftsrechts noch von einer zu Gewohnheitsrecht erstarkten Rechtsüberzeugung gesprochen werden – was noch zu zeigen sein wird.[1713]

b) Beurteilung aufgrund der Rechtslage de lege lata

aa) Kollisionsrechtliche Ebene

Den Ausgangspunkt der rechtlichen Analyse bildet erneut die kollisionsrechtliche Ebene. Das IPR ist in ein Mehrebenensystem eingebettet, wobei eine „dreifache Rechtsquellendogmatik“ in Art. 3 EGBGB seinen Niederschlag findet: Danach basiert das Kollisionsrecht auf drei Rechtsquellen: (1.) dem europäischen Kollisionsrecht, (2.) dem völkerrechtlichen Kollisionsrecht und (3.) dem autonomen deutschen Kollisionsrecht.[1714]

Nach dieser Systematik gilt mit Blick auf eine zuziehende schweizerische Gesellschaft, die weder in den Anwendungsbereich des EU- noch des EWR-Vertrages fällt und zudem noch aus einem nichtprivilegierten Drittstaat stammt, für welche kein völkerrechtliches Abkommen besteht, welches – zumindest nach

---

1709 *Grundmann*, Europäisches Gesellschaftsrecht, 2011, § 6 Rn. 170.

1710 *Grundmann*, Europäisches Gesellschaftsrecht, 2011, § 6 Rn. 170.

1711 BGH, Urteil vom 2. 12. 2004 – III ZR 358/03 = NVwZ-RR 2006, 28 (29).

1712 BGH Urt.v. 27.10.2008 – II ZR 158/06, BGHZ 178, 192 = NJW 2009, 289= NZG 2009, 68; DStR 2009, 59 m. Anm. *Goette* = DNotZ 2009, 385 m. Anm. *Thölke* = NJW 2009, 289 m. Anm. *Kieninger* = GmbHR 2009, 138 m. Anm. *Wachter* = RiW 2009, 79 = JR 2009, 507 m. Anm. *Elsing* = ZIP 2008, 2411 = EuZW 2009, 59.

1713 *Trautrims*, ZHR 176 (2012), 435 (454).

1714 *Weller*, in: FS Goette, S. 583 (586); *ders.* IPRax 2009 202 (204).

umstrittener Auffassung keine dauerhafte Niederlassungsfreiheit für juristische Personen vorsieht – , dass sie gemäß Art. 3 letzter Halbs. EGBGB am Maßstab des autonomen deutschen IPR zu beurteilen ist.

Die Verlegung des tatsächlichen Verwaltungssitzes aus dem Ausland nach Deutschland wird dabei von der deutschen Rechtsprechung auf die Frage zurückgeführt, „ob von einer bestimmten Staatshoheit verliehene Rechtsfähigkeit beliebig in ein anderes Land ‚hinübergetragen' werden kann",[1715] denn unter einer eigentlichen Sitzverlegung wird ein Überwechseln in einen anderen Staat unter Wahrung der Identität einer nach ausländischem Recht gegründeten Gesellschaft verstanden.[1716]

Verlegt eine nach schweizerischem Recht gegründete Gesellschaft ihren Verwaltungssitz aus der Schweiz als Gründungsstaat nach Deutschland, so führt dies aus der Sicht der bislang geltenden Sitztheorie auf Grund der damit verbundenen Änderung des für sie maßgeblichen Anknüpfungsmoments zu einem Wechsel des Gesellschaftsstatuts.[1717]

Die Auswirkungen dieses Statutenwechsels auf die Rechtsfähigkeit der zuziehenden schweizerischen Gesellschaft sind problematisch, wie der Vergleich mit dem kodifizierten deutschen Kollisionsrecht betreffend natürliche Personen zeigt: Nach Art. 7 Abs. 2 EGBGB wird die einmal erlangte Rechtsfähigkeit zugunsten von natürlichen Personen bei einem Wechsel der Staatsangehörigkeit – und damit einem Wechsel des Personalstatuts – konserviert.[1718] An eine solche Regel, welche die Rechtsfähigkeit im Sinne der Realitätstheorie bei Grenzüberschreitung einer juristischen Person auch unter Wechsel des Gesellschaftsstatuts aufrechterhielte, fehlt es aber gerade im bislang geltenden autonomen deutschen Kollisionsrecht.[1719]

Die Frage danach, ob sich bei einem solchen Statutenwechsel die in der Schweiz einmal wirksam erworbene Rechtsfähigkeit in Deutschland fortsetzt, hängt nunmehr davon ab, ob die zuziehende Gesellschaft nach ihrem alten Gesellschaftsstatut trotz der Sitzverlegung fortbesteht, also bei ihrem Wegzug aus der Schweiz nicht aufgelöst wird;[1720]es kommt somit auf das Zusammenwirken von altem und neuem Kollisionsrecht an.[1721] Aus schweizerischer Sicht ist dies ist nach Art. 163 Abs. 1 IPRG der Fall, wonach die schweizerische Gesellschaft sich ohne Liquidation und Neugründung dem ausländischen Recht unterstellen

1715 BGH Urt. v. 11.7.1957 – II ZR 318/55, BGHZ 25, 134 (144) = NJW 1957, 1433.
1716 MünchKomm BGB-*Kindler*, IntGesR, 2011, Rn. 519.
1717 *Leible*, in: Michalski GmbHG, Syst. Darst. IntGesR, Rn. 182.
1718 MünchKomm GmbHG-*Weller*, IntGesR, Bd. 1, 2011, Rn. 323.
1719 *v. Hoffmann/Thorn* IPR § 7 Rn. 30.
1720 *Leible*, in: Michalski GmbHG, Syst. Darst. 2 IntGesR, Rn. 183.
1721 MünchKomm BGB-Kindler, IntGesR 2011, Rn. 519.

kann, wenn die Voraussetzungen nach schweizerischem Recht erfüllt sind und sie nach dem ausländischen Recht fortbesteht. Die schweizerische Gesellschaft müsste nach deutschem Recht in ihrer ursprünglichen Identität aufgenommen werden, „denn mit einer solchen Änderung löst sich die Gesellschaft aus dem Rechtskreis, von dem sie ihre Rechtsfähigkeit ableitet, so dass nunmehr deutsches Recht darüber entscheidet, ob sie im Inland die Fähigkeit zu rechtsgeschäftlichem Handeln hat“[1722] – so jedenfalls die Diktion des in der Rechtsprechung anzutreffenden Sitztheorie-Dogmas. Die Beantwortung dieser Frage kann indessen nur über das Sachrecht erfolgen. Denn nur der geltenden deutschen materiellen Rechtslage kann letzten Endes entnommen werden, ob es die Gesellschaft fortbestehen lässt oder aber ihre Neugründung verlangt.

bb) Sachrechtliche Ebene

Wie bereits erläutert wirkt die bislang geltende Sitztheorie in Kombination mit dem deutschen Sachrecht mobilitätshemmend.[1723] Denn für den Fall, dass eine schweizerische Gesellschaft ihren tatsächlichen Verwaltungssitz nach Deutschland verlegt, findet auf sie nach der Sitztheorie – ungeachtet der Erlaubnis der Sitzverlegung durch den Gründungsstaat Schweiz – deutsches Gesellschaftsrecht Anwendung.

Auf der Grundlage des im materiellen Gesellschaftsrecht verankerten *numerus clausus* der Gesellschaftsformen werden ausländische Gesellschaften, auf welche das deutsche Sachrecht infolge der Sitztheorie nunmehr zur Anwendung berufen ist, im Inland nicht anerkannt[1724] – soweit jedenfalls die grundsätzliche, von der traditionellen Sitztheorie angeordnete Rechtsfolge. Indessen mag es angesichts der behaupteten gewohnheitsrechtlichen Verfestigung der Sitztheorie überraschen, „daß die Rechtsfolgen der Sitztheorie durchaus nicht so einheitlich von der Rechtsprechung und der herrschenden Ansicht in der Literatur formuliert werden“, wie die grundsätzliche Rechtsfolge der Nichtanerkennung vermuten ließe.[1725]

1722 BGH Urt. v. 21.3.1986 – V ZR 10/85, BGHZ 97, 269 = NJW 1986, 2194 = ZIP 1986, 643 = MDR 1986, 743 = MDR 1986, 742 = WM 1986, 641 = BB 1986, 2153 = DB 1986, 2019.

1723 MünchKomm GmbHG-*Weller*, IntGesR, Rn. 323; *Leible*, in: Michalski GmbHG, Syst. Darst. 2 IntGesR, Rn. 6.

1724 MünchKomm GmbHG-*Weller*, IntGesR, Rn. 325; siehe zur Wirkungsweise des Rechtsformzwanges *K. Schmidt*, Gesellschaftsrecht, 2002, § 1 II 8, S. 27 sowie § 5 II 3.

1725 *Randelzhofer/Forsthoff*, in: Grabitz/Hilf, Das Recht der Europäischen Union, 2009 Rn. 5.

(1) Die „traditionelle" Sitztheorie

Nach der früheren Herangehensweise der Sitztheorie wurde eine zuziehende schweizerische Gesellschaft in Ermangelung einer Neugründung nach inländischen Normativbestimmungen als rechtlich inexistent – als ein rechtliches *Nullum*[1726] – behandelt.[1727] Demnach sei in derartigen Fallgestaltungen von einer Rechtsformverfehlung auszugehen, nach welcher die deutsche Rechtsordnung die in der Schweiz gewählte Rechtsform des zugewanderten Rechtsträgers nicht anerkennen würde.[1728] Dabei hielt man die „Übertragung" ins deutsche Recht selbst bei übereinstimmenden Rechtsnormen, wie etwa im Falle Österreichs,[1729] für unrealisierbar.[1730]

Einer zuziehenden schweizerischen Gesellschaft wird die materielle Rechtsfähigkeit abgesprochen – mit dem Ziel, ihr die Teilnahme am Rechtsverkehr unmöglich zu machen.[1731] Dies hat dramatische Folgen für den grenzüberschreitenden Rechtsverkehr: Diese Nichtigkeitssanktion führte zur Unwirksamkeit aller vom zugezogenen „Gebilde"[1732] abgeschlossenen Rechtsgeschäfte,[1733] die diesem zustehenden Vermögensgegenstände sind herrenlos.[1734]

Überdies wurde aufgrund der fehlenden Rechtsfähigkeit einer zuziehenden Gesellschaft sodann gemäß § 50 Abs. 1 ZPO auch die prozessuale Parteifähig-

---

1726 In diesem Sinne im zur Nichtanerkennung der Parteifähigkeit einer luxemburgischen Societé Anonyme: OLG München Urt. v. 31.10.1994 – 26 U 2596/94, NJW-RR 1995 S. 703 (704) ("rechtlich inexistent"); LG Aurich, IPRspr. 1968/69 Nr. 14 („nicht existente Rechtsperson"); Staudinger BGB-*Großfeld* IntGesR Rdn. 427 ff siehe dazu ferner *Leible/Hoffmann*, DB 2002, 2203 (2204).

1727 MünchKomm GmbHG-*Weller*, IntGesR, Rn. 325. Nicht einmal eine formwechselnde Umwandlung i.S.d. §§ 190 ff. UmwG analog sollte dabei in Betracht kommen: Befürwortend äußern sich dagegen *Behrens*, ZGR 1994, 1, (9 ff); *ders.*, JBl. 2001, 341 (355); *Kropholler*, Internationales Privatrecht, 2006, § 55 I 2 b, S. 572; *Kruse*, Sitzverlegung von Kapitalgesellschaften innerhalb der EG 1997, S. 130 ff; *Lutter/Lutter*, UmwG, § 1 Rn 19 ff.; *W.-H. Roth*, ZEuP 1994, 5 (21); *Schlenker*, Gestaltungsmodelle der identitätswahrenden Sitzverlegung von Kapitalgesellschaften über die Grenze, S. 34 ff; *Staudinger/Großfeld,* IntGesR, Rn 645; *Großfeld/Jasper*, RabelsZ 53 (1989), 52, 58

1728 *K. Schmidt* ZGR 1999, 20 (24); *ders.* Gesellschaftsrecht, 2002, § 1 II 8. a), S. 27 f.

1729 BGH, 13.7.1959 – II ZR 109/57, NJW 1959, 1873 = WM 1959, 1110.

1730 *Bartels*, ZHR 176 (2012), 412 (416).

1731 MünchKomm GmbHG-*Weller*, IntGesR, Rn. 326.

1732 So die Begriffsverwendung von Staudinger BGB-*Großfeld,* IntGesR Rn. 440.

1733 BGH Urt. v. 30. 1. 1970 – V ZR 139/68, BGHZ 53, 181 ff.; MünchKomm GmbHG-*Weller*, IntGesR, Rn. 326; Staudinger-*Großfeld* IntGesR Rn. 427, 437;

1734 *Lehmann*, AcP 207 (2007), 225 (254) fordert vor diesem Hintergrund: „Daher sollte die Sitztheorie auch im Verhältnis zu Drittstaaten fallen gelassen werden."

keit abgesprochen.[1735] Die fehlende Parteifähigkeit in Aktivprozessen entfaltet dabei regelmäßig enteignungsgleiche Wirkung für die nach ausländischem Recht gegründete Gesellschaft.[1736] Der Sanktionskatalog wurde vervollständigt, indem Rechtsprechung und Teile der Literatur bei Scheinauslandsgesellschaften auf Grundlage der traditionellen Sitztheorie von einer Handelndenhaftung in Analogie des Rechtsgedankens aus §§ 11 Abs. 2 GmbHG, 41 Abs. 1 S. 2 AktG mit einem sehr weit gefassten haftenden Personenkreis[1737] ausgegangen sind.[1738]

Im Wege dieser einschneidenden Rechtsfolgen der Sitztheorie – *Brigitte Knobbe-Keuk* spricht plastisch von der „Erschlagung" der ausländischen Gesellschaft bei ihrem Grenzübertritt[1739] –sollte die Sitztheorie eine sog. Druckfunktion entfalten, über die auf die ausländische Gesellschaft ein mittelbarer Zwang zur Neugründung nach dem einschlägigen deutschen Sitzrecht ausgeübt werden sollte.[1740] Als „Schutztheorie" bezweckt die Sitztheorie mittels der geschilderten Rechtsfolgen präventiv eine derart abschreckende Wirkung zu entfalten, dass ausländische Gesellschaften es von vornherein unterlassen, unter Wahrung ihrer ausländischen Identität im Wege der Verlegung ihres Verwaltungssitzes nach Deutschland zuzuwandern.[1741]

(2) Die „modifizierte" Sitztheorie

Der für das Gesellschaftsrecht originär zuständige II. Zivilsenat des BGH hat die zuvor geschilderten radikalen Rechtsfolgen der traditionellen Sitztheorie abgemildert, indem er eine ausländische Kapitalgesellschaft bei der Verlegung ihres Verwaltungssitzes nach Deutschland als rechtsfähige Personengesellschaft anerkannt hat (sog. modifizierte Sitztheorie).[1742] Die sog. *Jersey*-Entscheidung[1743] des BGH führt nun auf der sachrechtlichen Ebene zu einer Metamorphose der nach ausländischem Recht gegründeten Gesellschaft:[1744] Die Einordnung als

---

1735 MünchKomm GmbHG-*Weller*, IntGesR, Rn. 326.

1736 *Roth*, IPRax, 2003, 117 (123).

1737 Zum haftenden Personenkreis wurden neben den offiziell bestellten auch die faktischen Entscheidungsträger der ausländischen Gesellschaft gerechnet; siehe MünchKomm GmbHG-*Weller*, IntGesR, Rn. 325.

1738 MünchKomm GmbHG-*Weller*, IntGesR, Rn. 327.

1739 *Knobbe-Keuk* ZHR 154 (1990), 325 (335).

1740 MünchKomm GmbHG-*Weller*, IntGesR, Rn. 327; Staudinger-*Großfeld* IntGesR Rn. 443 f.; LG Stuttgart Urt. v. 10. 8. 2001 – 5 KfH O 76/01, NJW-RR 2002, 463(467).

1741 *Knobbe-Keuk* ZHR 154 (1990), 325(336) u. (341). MünchKomm GmbHG-*Weller*, IntGesR, Rn. 325.

1742 MünchKomm GmbHG-*Weller*, IntGesR, Rn. 328.

1743 BGH Urt. v. 1.7.2002 – II ZR 380/00, BGHZ 151, 204 = NJW 2002, 3539.

1744 *Goette* bezeichnet die modifizierte Sitztheorie daher als „Wechselbalgtheorie" siehe *Goette* VGR 13 (2008), 5.

„rechtliches Nullum“ wird ausdrücklich aufgegeben; vielmehr „wandelt sich“ ihre Gestalt. Stattdessen soll es sich nunmehr jedenfalls um eine „rechtsfähige Personengesellschaft“ bzw. einen „nicht rechtsfähigen Verein“ handeln.[1745] Eine ausländische Kapitalgesellschaft, die der Rechtsform einer deutschen GmbH oder AG entspricht, „lebt“ demnach nicht etwa nach inländischem GmbH- oder Aktienrecht fort, sondern wird in eine nicht-inkorporierte inländische Personnengesellschaft umqualifiziert.[1746] Im Ergebnis wandelt sich die Auslandsgesellschaft mithin *ex lege* in eine Personengesellschaft deutschen Rechts um;[1747]dies geht mit einem Statutenwechsel für die ausländische Gesellschaft einher,[1748] obwohl mit einer bloßen Verwaltungssitzverlegung – im Gegensatz zu einer formwechselnden Umwandlung im Wege einer Satzungssitzverlegung – kein Rechtsformwechsel intendiert ist.[1749].

In der Entscheidung ging es dem BGH darum, im Vorfeld der *Überseering*-Entscheidung[1750] die Sitztheorie auf kollisionsrechtlicher Ebene zu „retten“[1751], indem ihre Folgen in Bezug auf die Rechts- und Parteifähigkeit auf sachrechtlicher Ebene abgemildert werden sollten. Indessen ergab die folgene *Inspire-Art*-Entscheidung[1752], daß eine derartige Umqualifizierung einer EU-ausländischen Gesellschaft in eine deutsche Personengesellschaft aufgrund der damit verbundenen Haftung der Gesellschafter als Beschränkung der Niederlassungsfreiheit unionsrechtltlich unzulässig wäre.[1753]

Die Rechtsfolge der Sitztheorie sei demnach lediglich in der Nichtanerkennung der ausländischen Rechtsform sowie der Nichtanwendbarkeit des ausländischen Gesellschaftsstatuts zu erblicken. Jedenfalls sei die zugezogene am inländischen Rechtsverkehr teilnehmende Gesellschaft nunmehr als eine rechtsfähige Personengesellschaft im Sinne des § 14 Abs. 2 BGB anzusehen und damit aktiv und passiv parteifähig.[1754]

1745 *Bartels*, ZHR 176 (2012), 412 (417); *Leible/Hoffmann*, DB 2002, 2203 (2204)

1746 *Behrens/Hoffmann*, in: Ulmer/Habersack/Löbbe (Hrsg.) GroßKomm GmbHG, Einl. B. 20.

1747 *Leible*, in: Michalski GmbHG, Syst. Darst. 2 IntGesR, Rn. 184.

1748 *Kindler*, IPRax 2009, 189 (199).

1749 Münch. Hdb. GesR VI-*Kieninger* § 52 Rn. 12.

1750 EuGH Urt. v. 5.11.2002 Rs C-208/00 – *Überseering,* Slg. 2002, I-9919.

1751 *Henze*, DB 2003, 2159 (2164) betrachtet das *Jersey*-Urteil vor dem besonderen Hintergrund der bevorstehenden Entscheidung des EuGH in der Rs. *Überseering*. Demnach war es die Absicht des II. Zivilsenates, die Sitztheorie vor dem Verdikt der Unvereinbarkeit mit der primärrechtlichen Niederlassungsfreiheit der Art. 49 i.V.m. 54 AEUV (ex Art. 43 i.V.m. 48) zu bewahren.

1752 EuGH, Urt. v. 30. 9. 2003, Rs. C-167/01 – *Inspire Art*, Slg. 2003, I-10155.

1753 *Hellwig*, ZGR 2013 216 (227).

1754 MünchKomm GmbHG-*Weller*, IntGesR, Rn. 328.

Diese „Umqualifizierung" hat insbesondere dann gravierende Folgen, wenn es sich bei der zugezogenen nach schweizerischem Recht gegründeten Gesellschaft ursprünglich um eine Kapitalgesellschaft handelte. Zunächst besteht das Problem einer „Statutenverdopplung", da die Gesellschaft unter ihrem angestammten Statut fortbesteht, jedoch zusätzlich eine Personengesellschaft nach deutschem Recht ins Leben gerufen wurde.[1755] Insbesondere bringt es der Wechsel in die Rechtsform einer deutschen Personengesellschaft mit sich, dass die Gesellschafter der unqualifizierten Auslandsgesellschaft nunmehr persönlich und unbeschränkt für die Gesellschaftsverbindlichkeiten haften.[1756] Gerade in dieser Rechtsfolge wird der sog. modifizierten Sitztheorie erhebliche Kritik zuteil, denn „die vom BGH fortentwickelte Sitztheorie erschlägt nicht nur die zugezogene Gesellschaft [...], sondern gibt jetzt auch deren Gesellschafter zum Abschuss frei".[1757]

c) Beurteilung aufgrund der Rechtslage de lege ferenda

Das Bundesjustizministerium hat im Januar 2008 einen Referentenentwurf eines Gesetzes zum internationalen Privatrecht der Gesellschaften, Vereine und juristischen Personen vorgelegt.[1758] Der Gesetzgeber bezweckt darin, die Sitztheorie mit einem Federstrich zu beseitigen. Es soll nunmehr für sämtliche Gesellschaften, darunter auch für schweizerische Drittstaatengesellschaften, die Gründungstheorie anwendbar sein.[1759] Dieser Regelungsvorschlag des Deutschen Rates für IPR vom Februar 2006 schlägt eine allseitige Anknüpfung an den Registrierungsort vor – auch für Gesellschaften aus Drittstaaten.[1760] Der Referentenentwurf sieht in Art. 10 Abs. 1 EGBGB-RefE vor, die Gründungstheorie im deut-

---

1755 Münch. Hdb. GesR VI-*Kieninger* § 52 Rn. 12.

1756 BGH Urt. v. 27. 10. 2008 – II ZR 156/06, – *Trabrennbahn*, NJW 2009, 289, formuliert dazu in seinem *obiter dictum*: „Wenn diese Gesellschaft in Deutschland am Geschäftsverkehr teilnimmt, wäre es nicht hinnehmbar, ihr nicht die Möglichkeit zu geben, Rechte zu begründen und klageweise geltend zu machen. Als Kehrseite davon haften die Gesellschafter zwar persönlich und unbeschränkt für die Gesellschaftsverbindlichkeiten." Bei der OHG gemäß §§ 128, 130 HGB und bei der GbR gemäß der Akzessorietätstheorie analog § 128 HGB siehe dazu BGH Urt. v. 18. 2. 2002 – II ZR 331/00 – ARGE Weißes Roß, NJW 2002, 1207 sowie *K. Schmidt* NJW 2003, 1897 (1898).

1757 *Heidenhain* NZG 2002, 1141 (1143)

1758 Abrufbar unter http://beck-aktuell.beck.de/sites/default/files/rsw/upload/Beck_Aktuell/Referentenentwurf-IGR.pdf (zuletzt eingesehen am 15.12.2012).

1759 Vgl. dazu auch die vorbereitenden Überlegungen der Expertenkommission in: *Sonnenberger*, Vorschläge und Berichte zur Reform des europäischen und deutschen internationalen Gesellschaftsrechts, 2007 sowie *Sonnenberger/Bauer*, RIW Beilage 1 zu Heft 4/2006.

1760 Art. 10 Abs. 2 EGBGB-E lautet: „Gesellschaften unterliegen dem Recht des Staates, in dem sie in ein öffentliches Register eingetragen sind."

schen Recht zu kodifizieren. Demnach wäre auch für schweizerische Gesellschaften die Gründungstheorie anwendbar.[1761] Auf dieser Grundlage wäre die komplizierte Differenzierung zwischen Zuzugs- und Wegzugsfällen sowie zwischen EU-/EWR-Mitgliedstaaten und Drittstaaten mit und ohne privilegierende staatsvertragliche Regelungen hinfällig und würde in Zukunft zu einer erheblichen Vereinfachung der Rechtsanwendung führen.[1762] Eine bloße Verlegung des Verwaltungssitzes über die Grenze hätte in keinem Fall mehr einen Statutenwechsel oder eine angeordnete Umwandlung zuziehender Gesellschaften in eine Personengesellschaft zur Folge.[1763]

4. Der kurvenreiche Weg zur „Trabrennbahn"-Entscheidung

Wie zuvor erläutert, konnte es in der Rechtsprechung bislang als noch nicht abschließend geklärt angesehen werden, ob auch Gesellschaften aus Drittstaaten anzuerkennen seien:[1764] Unklar war insbesondere, welche Auswirkungen die europarechtliche Gründungstheorie auf Gesellschaften hat, die weder unter die gemeinschaftsrechtliche noch die im EWR-Abkommen garantierte Niederlassungsfreiheit fallen noch durch besondere Staatsverträge mit gesellschaftskollisionsrechtlicher Wirkung mit der Bundesrepublik Deutschland verbunden sind. Insbesondere plädieren inzwischen zahlreiche Vertreter im Schrifttum für eine einheitliche Anwendung der Gründungstheorie – auch mit Blick auf Drittstaatsgesellschaften.[1765]

1761 *Sonnenberger/Bauer*, RIW Beil. 1 zu Heft 4/2006, 1 (4).

1762 Münch. Hdb. GesR VI-*Kieninger* § 52 Rn. 11.

1763 Münch. Hdb. GesR VI-*Kieninger* § 52 Rn. 11.

1764 Offenlassend BGH, Urt. v. 2.12.2004 – III ZR 358/03, BGHZ 161, 224 für eine Aktiengesellschaft mit statuarischem Sitz in Panama und Verwaltungssitz in den Niederlanden.

1765 Siehe dazu statt vieler bereits *Drobnig* ZHR 129 (1967), 93 (115) und *Sandrock*, BB 1999, 1337 (1342); sowie *Balthasar* RIW 2009, 221 (223 ff); *Behrens*, IPRax 2003, 193 (204f.); *Kieninger*, ZEuP 2004, 685 (702 f.); *dies.* NJW 2009, 289 (293); *Koch/Eickmann* AG 2009, 73 (74 f); *Leible/Hoffmann*, RIW 2002, 925 (935 f.); *dies.*, ZIP 2003, 925 (930); *Dubovizkaja,* GmbHR 2003, 694 (695 f.); *Paefgen*, WM 2003, 561,(570) *Eidenmüller*, ZIP 2002, 2233 (2244); *ders.* JZ 2003, 526 (528); *Lehmann*, AcP 207 (2007), 225 (254); *Lieder/Kliebisch,* BB 2009, 338 (343); *Hellgart/Illmer,* NZG 2009, 94 (96); *Bayer/Schmidt,* ZHR 173 (2009) 735, (741); *Teichmann*, 5 (2008) ECL, 189; *Ebke*, in: FS Thode, S. 593 (610 ff.); *Leible*, in: Michalski GmbHG, Syst. Darst. 2 IntGesR, Rn. 46 ff.; *Lutter/Bayer/Schmidt*, Europäisches Gesellschafts- und Kapitalmarktrecht, 2012, § 6 Rn. 53, S. 95 f.; *Lanzius*, Anwendbares Recht und Sonderanknüpfungen unter der Gründungstheorie, 2005, S. 407; *Jüttner*, Gesellschaftsrecht und Niederlassungsfreiheit, 2005, S. 137 f.; *Rehm*, in: Eidenmüller (Hrsg.), Ausländische Kapitalgesellschaften, § 2 Rn 87 ff.

Ein Jahr nach der *Überseering*-Entscheidung des EuGH hat der BGH in einem *obiter dictum* die Frage, ob auch für Gesellschaftsgründungen im Drittstaat Panama die Gründungstheorie anzuwenden sei, ausdrücklich offengelassen[1766]. Für Kapitalgesellschaften aus der Schweiz hat sich das OLG Hamm in seinem Urteil[1767] vom 26. Mai 2006 dafür ausgesprochen, eine Aktiengesellschaft nach Schweizer Recht in Deutschland als rechts- und parteifähig anzuerkennen, wobei dies unter ausdrücklicher Berufung auf die Gründungstheorie – auch im Verhältnis zum Drittstaat Schweiz – geschieht. Diese Entscheidung bedarf jedoch zunächst einer kurzen Einordnung in den Stand zur Rechtsprechung zur Anerkennung von Drittstaatsgesellschaften.

Wie bereits angedeutet, hat der BGH diese Frage ein Jahr nach der *Überseering*-Entscheidung des EuGH in einem *obiter dictum* ausdrücklich offengelassen.[1768] Von dort an bestand Unklarheit in der Rechtsprechung darüber, ob auf Drittstaatsgesellschaften auch die Gründungstheorie Anwendung finden könne. Es kam insbesondere die Frage auf, ob es bei der mit zahlreichen Schwächen behafteten dogmatischen Einordnung des II. Zivilsenats des BGH im *Jersey*-Urteil vom 1. Juli 2002[1769] – und den damit verbundenen Folgen in der Anwendung der sog. modifizierten Sitztheorie – bleiben könne.[1770] Diese wurde lediglich als „Ablenkungsmanöver"[1771] zum Erhalt der Sitztheorie im Geltungsbereich der europarechtlichen Niederlassungsfreiheit gesehen.

Der Entscheidung des OLG Hamm war dabei zunächst die Entscheidung zur Anerkennung von Gesellschaften aus den Mitgliedstaaten des EWR[1772] vorausgegangen. Der BGH hatte entschieden, dass eine in dem EFTA-Staat Fürstentum

---

1766 BGH Urt. v. 02.12.2004 – III ZR 358/03, NVwZ-RR 2006, 28 (29). Das BayObLG hat zwar die Sitztheorie auf eine Drittstaatengesellschaft aus Sambia angewandt, ohne dies aber zu begründen; vgl. BayObLG Beschl. v. 20.2.2003 – 1 Z AR 160/02, DB 2003, 819 = BB 2003, 387.

1767 OLG Hamm Urteil v. 26.5.2006 (30 U 166/05) = AG 2007, 332 (332f.) = BB 2006, 2487 (2489f.) m. Anm. *Wachter.*

1768 BGH, Urteil vom 2. 12. 2004 - III ZR 358/03, NVwZ-RR 2006, 28 (29) – nicht abgedruckt in BGHZ 161, 224. Das BayOblG hat zwar die Sitztheorie auf eine Drittstaatengesellschaft aus Sambia angewandt, ohne dies aber zu begründen; siehe dazu BayObLG, Beschl. v. 20.2.2003 – 1 Z AR 160/02, BB 2003, 387 = DB 2003, 819 = RIW 2003, 387 = IPRspr. 2003 Nr. 155.

1769 BGH Urt. v. 1.7.2002 – II ZR 380/00, BGHZ 151, 204 = NJW 2002, 3539 = ZIP 2002, 1763= MDR 2002, 1382 = DNotZ 2003, 145 = WM 2002, 1929 = BB 2002, 877 = BB 2002, 2031 = DB 2002, 2037 = DB 2002, 2039 = JR 2003, 156.

1770 *Binz/Mayer* BB 2005 2361 (2361).

1771 *Ebke*, FS Thode, S. 593 (611).

1772 BGH, Urt. v. 19. 9. 2005 – II ZR 372/03, BGHZ 164, 148 = DNotZ 2006, 144 m. Anm. *Thölke.*

Liechtenstein wirksam gegründete Kapitalgesellschaft auf Grundlage der im EWR-Abkommen garantierten Niederlassungsfreiheit (Art. 31 EWR) – unabhängig von dem Ort ihres tatsächlichen Verwaltungssitzes – in der Rechtsform anzuerkennen ist, in der sie gegründet wurde.[1773] Die Anerkennung liechtensteinischer Gesellschaften und Rechtspersonen in Form der Anstalt in Deutschland war lange umstritten: So wurden beispielsweise liechtensteinische Gesellschaften in Deutschland bereits nach dem Prinzip der automatischen Anerkennung *ipso iure* als rechts-, prozess- und parteifähig anerkannt, wenn sie ihren tatsächlichen Verwaltungssitz in ihrem Gründungsstaat, dem Fürstentum Liechtenstein, hatten; sie stellten den „ersten großen Testfall“[1774] für die Sitztheorie in Deutschland in der Nachkriegszeit dar, nachdem man sie zuvor unter der nationalsozialistischen Herrschaft erstmals in der Rechtsprechung über kurze Zeit angewandt hatte.[1775] Die bislang vorherrschende „Sitztheorie“ führte jedoch zu Beweisaufnahmen zur Klärung des tatsächlichen Verwaltungssitzes und dann oftmals zur Nichtanerkennung von liechtensteinischen Rechtspersonen.[1776] Der BGH entschied sich, obwohl er insoweit durchaus ein neues Anerkenntnishindernis hätte schaffen können, für die Nichtdiskriminierung liechtensteinischer Gesellschaften: Er setzte sich dabei „elegant über die argumentative Hürde hinweg, dass das EWR-Abkommen nur das Rechtsprechungsrecht des EuGH vor Unterzeichnung des Abkommens als verbindlich für die Auslegung des EG-Rechts ansieht“.[1777] Interessanterweise lässt sich der BGH in seinem Urteil auch nicht auf eine Erörterung des Theorienstreits von Sitz- und Gründungstheorie ein. Die Rechtfertigung liegt in der Entscheidung allein im Europarecht – dies obwohl er das Problem kollisionsrechtlich, also auf der Ebene des nationalen Rechts entscheidet.[1778]

a) Die Ouvertüre des LG Essen und des OLG Hamm

aa) Das Urteil der Ausgangsinstanz

Im Ausgangsrechtsstreit vor dem LG Essen klagte eine in das Handelsregister des Kantons Zürich eingetragene Aktiengesellschaft nach schweizerischem Recht mit drei Aktionären, von denen einer den Verwaltungsrat bildet.[1779] Der Geschäftszweck der schweizerischen AG war nach Art. 2 Abs. 1 der Statuten

---

1773 BGH, Urt. v. 19. 9. 2005 – II ZR 372/03, BGHZ 164, 148 = DNotZ 2006, 144 mit Anm. *Thölke.*

1774 Siehe *Ebke*, ZVglRWiss 110 (2011), 2 (12).

1775 *Trautrims*, ZHR 176 (2012) 435 (449 f.).

1776 *Schanze,* LMK 2006, 164114.

1777 *Schanze*, in: FS Thue, S. 423 (436).

1778 *Schanze*, in: FS Thue, S. 423 (436).

1779 LG Essen, Urt. v. 6.10.2005 – 16 O 221/04, Rn. 11.

der „An- und Verkauf, die Vermietung und Verwaltung von Liegenschaften und Immobiliengesellschaften und die Abwicklung der in diesem Zusammenhang stehenden Rechtsgeschäfte sowie die Organisation und Durchführung von Veranstaltungen jeglicher Art".

Im Streitfall ging es dem Sachverhalt nach um ein Grundstück als Teil eines größeren Geländes, an dem die Stadt Gelsenkirchen dem Trabrennverein Gelsenkirchen e.V. ein Erbbaurecht bestellt hatte. Dieser hatte mit der Beklagten Ende der 1970er Jahre einen „Pachtvertrag" über eine Teilfläche zum Zwecke der Veranstaltung von Trödelmärkten und weiteren Veranstaltungen geschlossen.

Schließlich wurde über das Vermögen des Trabrennvereins das Insolvenzverfahren eröffnet. Im Zuge dessen veräußerte der Insolvenzverwalter die Erbbaurechte des Trabrennvereins an die schweizerische Klägerin. Der Stadtkämmerer der Stadt Gelsenkirchen hatte in Vertretung des Oberbürgermeisters die Zustimmungserklärung zur Veräußerung eines Erbbaurechts abgegeben.[1780] Im September 2004 wurde die Klägerin dann als Erbbauberechtigte in das Grundbuch eingetragen. In der Folge kam es zum Rechtstreit: Die Klägerin verlangt von der deutschen Beklagten Herausgabe von Grundstücksflächen sowie Zahlung einer Nutzungsvergütung.

Im Verfahren selbst war es streitig, ob die Aktiengesellschaft schweizerischen Rechts überhaupt rechtsfähig und damit nach § 50 Abs. 1 ZPO parteifähig ist. Umstritten war dabei, wo der tatsachliche Verwaltungssitz zu lokalisieren sei, d.h., ob sich der „maßgebliche Tätigkeitsort der für das Tagesgeschäft zuständigen Mitglieder des Verwaltungsorgans der Klägerin in ... der Schweiz" oder „in Deutschland befindet, von wo aus mithin die Weisungen hinsichtlich der Geschäftsleitung erteilt und von wo aus das Verwaltungsorgan die Kontrolle über die Gesellschaft ausübt". Die Klägerin behauptet, dass sich der effektive Verwaltungssitz in der Schweiz befinde; ein Verwaltungssitz in Deutschland habe zu keinem Zeitpunkt bestanden.

Das LG Essen stellte ohne Beweisaufnahme fest, dass die Gesellschaft rechts- und damit auch parteifähig sei, indem es ausführt: „Einer weiteren Aufklärung bedarf es in diesem Zusammenhang jedoch nicht, da die Parteifähigkeit der Klägerin unabhängig vom anwendbaren Personalstatut gegeben ist. Befindet sich der effektive Verwaltungssitz, wie die Klägerin behauptet, in der Schweiz,

---

1780 Im letztinstanzlichen Urteil des BGH stellte sich heraus, dass dieser hierzu nicht wirksam bevollmächtigt gewesen sei.

wäre auf die Rechtsverhältnisse der Klägerin schweizerisches Recht anwendbar."[1781]

In dem am 6. Oktober 2005 verkündeten Urteil behandelt die 16. Zivilkammer die aufgeworfene Frage in herkömmlicher Manier als Problem von Sitz- und Gründungstheorie: Die Kammer stellt dazu fest, dass für in der Schweiz – die weder der EU noch dem EWR angehöre – gegründete juristische Personen bei der Sitztheorie bleibe. Da sich der tatsächliche Verwaltungssitz der Klägerin in der Schweiz befinde, wäre auf die Rechtsverhältnisse der Klägerin schweizerisches Recht anwendbar.[1782] Das der Gründungstheorie folgende schweizerische IPR nehme die Verweisung des deutschen autonomen Kollisionsrechts an. Demnach ist die Rechtsfähigkeit der Klägerin nach dem schweizerischen Sachrecht unproblematisch zu bejahen, da sie wirksam nach schweizerischem Recht gegründet wurde. Weiterhin stellt die Kammer fest, dass sich an der Rechts- und Parteifähigkeit der schweizerischen AG nichts ändere, wenn diese ihren tatsächlichen Verwaltungssitz in Deutschland habe und sie somit dem deutschen Sachrecht unterliege. Denn „[d]ie Klägerin wäre danach als – gemäß § 124 HGB teilrechtsfähige – OHG anzusehen, da ihr Zweck auf den Betrieb eines Handelsgewerbes gerichtet ist, § 105 Abs. 1 HGB."[1783] Ganz im Sinne der Rechtsfolgen der modifizierten Sitztheorie stellt die Kammer ferner fest, dass, selbst wenn die Tätigkeit der Klägerin nicht als auf den Betrieb eines Handelsgewerbes gerichtet anzusehen sein sollte, diese jedenfalls als (Außen-)Gesellschaft bürgerlichen Rechts zu behandeln und als solche nach nunmehr herrschender Meinung ebenfalls teilrechtsfähig und damit vor deutschen Gerichten aktiv und passiv prozessfähig sei.[1784] Insgesamt bestehen aus Sicht des Landgerichts somit keine Zweifel an der Rechts- und Parteifähigkeit der schweizerischen AG. Ferner hat das Oberlandesgericht Hamm als Berufungsgericht das Urteil des vorgehenden Rechtszugs im Wesentlichen bestätigt und gleichzeitig wegen der grundsätzlichen Bedeutung der sich bei Erörterung der Parteifähigkeit stellenden Frage

1781 LG Essen, Urt. v. 6.10.2005 – 16 O 221/04, Rn. 43: „Einer weiteren Aufklärung bedarf es in diesem Zusammenhang jedoch nicht, da die Parteifähigkeit der Klägerin unabhängig vom anwendbaren Personalstatut gegeben ist."

1782 LG Essen, Urt. v. 6.10.2005 – 16 O 221/04, Rn. 55/6; deutsches Sachrecht gälte dann, „wenn die Klägerin dagegen ihren tatsächlichen Verwaltungssitz, wie von der Beklagten behauptet, in Deutschland [gehabt hätte]. Nach diesem wäre die Klägerin zwar als körperschaftlich strukturierte Organisation nicht rechtsfähig, da es an der konstitutiven Eintragung in einem deutschen Register fehlt ... Da sie von mehreren Personen (Aktionäre) getragen wird und einen erwerbswirtschaftlichen Zweck verfolgt, wäre sie nach den für Personengesellschaften geltenden Regeln zu beurteilen. ..."

1783 LG Essen, Urt. v. 6.10.2005 – 16 O 221/04, Rn. 56.

1784 LG Essen, Urt. v. 6.10.2006 – 16 O 221/04, Rn. 48.

nach der Anwendbarkeit der Gründungstheorie auf schweizerische Gesellschaften die Revision zum Bundesgerichtshof zugelassen.[1785]

bb) Das Urteil der Berufungsinstanz

Während das LG Essen im Ausgangsverfahren noch die Parteifähigkeit aus den Grundsätzen der sog. modifizierten Sitztheorie herleitet und die zugezogene schweizerische AG als zumindest teilrechtsfähige oHG ansehen wollte (vgl. § 124 HGB),[1786] hat sich das OLG Hamm in seiner Entscheidung vom 26. Mai 2006 damit nicht begnügen wollen und zur Begründung der Parteifähigkeit ausdrücklich auf die Gründungstheorie abgestellt.[1787] So stellt der erkennende Senat in der Urteilsbegründung ausdrücklich fest: „Nach der Gründungstheorie handelt es sich bei der Klägerin um eine rechtsfähige Kapitalgesellschaft nach schweizerischem Recht." Zur Begründung dieses Ergebnisses stellt er einleitend zunächst fest, dass sich die Parteifähigkeit nach der *lex fori*[1788] beurteile und das deutsche Internationale Privatrecht insoweit „keine gesetzliche Regelung" enthalte.[1789]

In aller Ausführlichkeit legt der Senat sodann die Grundsätze der *Überseering*-Entscheidung dar,[1790] in der man die niederländische Klägerin nach deutschem Internationalen Gesellschaftsrecht hinsichtlich ihrer Rechtsfähigkeit dem Recht des Staates unterstellte, in dem sie gegründet worden sei und sie dadurch in die Lage versetzte, nach einer Verlegung ihres Verwaltungssitzes in die Bundesrepublik Deutschland ihre vertraglichen Rechte als niederländische BV geltend machen zu können. Das OLG Hamm geht sogar *en detail* auf den Verfahrensgang ein, um darzulegen, wie der BGH schließlich die europarechtlichen Vorgaben in der Revision umgesetzt und die Sitztheorie in Bezug auf die Rechts- und Parteifähigkeit von Gesellschaften aus anderen Mitgliedstaaten aufgegeben hat.[1791]

1785 OLG Hamm, Urt. v. 26.05.2006 – 30 U 166/05, ZIP 2006, 1822 = BB 2006, 2487 m. Anm. *Wachter*.

1786 LG Essen, Urt. v. 6.10.2006 – 16 O 221/04, Rn. 56.

1787 *Jung*, NZG 2008 681 (681).

1788 Auf alle Verfahrensfragen findet grundsätzlich die Rechtsordnung desjenigen Staates Anwendung, in welchem sich das angerufene Gericht befindet; Verfahrensstaut ist somit die *lex fori*. Dabei handelt es sich um die – jedenfalls in Deutschland ungeschriebene – Verfahrenskollisionsegel. Diese bringt die lex fori zur Anwendung, da es sich bei bei der Prozessführung um „eine der reinsten Formen von Hoheitsausübung" handelt, die einen „Kernbereich staatlicher Souveränität" sicher. Siehe *v. Bar/Mankowski*, Internationales Privatrecht Bd. I (2003), § 5 Rn. 75; dazu auch *Kegel/Schurig*, Internationales Privatrecht, 2004, § 22 III, S. 1055 f.

1789 OLG Hamm, Urt. v. 26.05.2006 – 30 U 166/05 Rn.187, ZIP 2006, 1822.

1790 OLG Hamm, Urt. v. 26.05.2006 – 30 U 166/05, Rn. 191-196, ZIP 2006, 1822.

1791 Inzwischen hat der BGH mit Urt. v. 13.3.2003 – VII ZR 370/ 98, BGHZ 154, 185 = NJW 2003, 1461= ZIP 2003, 718 = MDR 2003, 825 = EuZW 2003, 448 (Ls.) = WM

An und für sich wären diese Rechtsausführungen in dieser Breite hier nicht notwendig, da das OLG Hamm sodann im Ergebnis darauf hinweist, dass die zuvor ausführlich analysierte Entscheidung des BGH allerdings „nur die Zuzugs-, nicht die Wegzugsfälle und nicht Gesellschaften aus Nicht-EU-Ländern (Drittstaaten)" betreffe.[1792] Hier scheint der erkennende Senat bereits argumentativ den Boden zum Durchbruch der Gründungstheorie bereiten zu wollen – insbesondere indem er nochmals die Folge des umfänglich erläuterten BGH-Urteils darlegt, nämlich, „dass die Parteifähigkeit einer ausländischen Gesellschaft, die unter dem Schutz der im EG-Vertrag geschützten Niederlassungsfreiheit steht, nicht mehr mit dem Argument in Frage gestellt werden kann, es habe in Deutschland keine Neugründung stattgefunden. Die Anerkennung der Parteifähigkeit der ausländischen Gesellschaft mit neuem Sitz im Inland setzt nur voraus, dass die Gesellschaft nach dem Recht ihres Gründungsstaates rechtsfähig ist. Es muss nicht einmal Parteifähigkeit nach ausländischem Recht vorliegen."[1793]

Im Fortgang seiner Entscheidung weist das OLG darauf hin, dass nach neuester BGH-Rechtsprechung auch Aktiengesellschaften aus dem Fürstentum Liechtenstein in Deutschland anerkannt würden und daher befugt seien, „ihre vertraglichen Rechte in der Bundesrepublik Deutschland geltend zu machen", um aber sogleich klarzustellen, dass diese Entscheidung jedenfalls „nicht unmittelbar maßgebend" für die Schweiz sei, da sie den EWR-Vertrag nicht ratifiziert habe.[1794] Sodann hebt der erkennende Senat hervor, dass es derzeit noch offen sei, „[o]b der BGH im Falle von Nicht-EU-Staaten und Nicht-EWR-Staaten (Island, Liechtenstein und Norwegen) bei der Sitztheorie bleibt".[1795]

Nun stellt das OLG die Vorzüge der Gründungsanknüpfung heraus, die „im Hinblick auf deren wettbewerbsfördernde Aspekte, mit Hinblick auf Rechtssicherheit und -klarheit und mit Hinblick auf die Einheitlichkeit der Anknüpfung im internationalen Gesellschaftsrecht gefordert werde", und stellt sich damit ausdrücklich gegen die Ansicht, nach welcher für außerhalb der EU gegründete Gesellschaften weiterhin die Sitztheorie gelten solle.[1796]

2003, 835 = BB 2003, 915 = DB 2003, 986, seine frühere Rechtsprechung aufgegeben und die Grundsatzentscheidung des EuGH Urt. v. 5.11.2002 Rs C-208/00 – *Überseering,* Slg. 2002, I-9919 umgesetzt und erkennt nunmehr Gesellschaften aus anderen Mitgliedstaaten an.

1792 OLG Hamm, Urt. v. 26.05.2006 – 30 U 166/05, Rn. 197, ZIP 2006, 1822 (1823).

1793 OLG Hamm, Urt. v. 26.05.2006 – 30 U 166/05, Rn. 196, ZIP 2006, 1822 (1823).

1794 OLG Hamm, Urt. v. 26.05.2006 – 30 U 166/05, Rn. 199, ZIP 2006, 1822 (1823).

1795 OLG Hamm, Urt. v. 26.05.2006 – 30 U 166/05, Rn. 200, ZIP 2006, 1822 (1823).

1796 OLG Hamm, Urt. v. 26.05.2006 – 30 U 166/05, Rn. 174, ZIP 2006, 1822 (1823).

Bemerkenswert ist dabei der Begründungsansatz des erkennenden Senats, der eine angebliche Sonderstellung der Schweiz unter den sog. Drittstaaten hervorhebt: Die Schweiz habe zwar als einziger Vertragsstaat das EWR-Abkommen nicht ratifiziert und die EG-vertragliche Niederlassungsfreiheit sei nicht im Verhältnis zur Schweiz anwendbar – weder über Art. 31 i.V.m. Art. 34 EWR-Abkommen noch über Art. 49 i.V.m. Art. 54 AEUV (*ex*-Art. 43 i.V.m. 48 EGV). Jedoch würden in der Schweiz gegründete Gesellschaften durch das Freizügigkeitsabkommen zwischen der Schweiz und der Europäischen Gemeinschaft und ihren Mitgliedstaaten im Vergleich zu Gesellschaften aus anderen Drittstaaten privilegiert: Jedenfalls seien – so die Urteilsbegründung des OLG Hamm – die Beschränkungen der grenzüberschreitenden Dienstleistungsfreiheit innerhalb von 90 Arbeitstagen nach Art. 5 i.V.m. Anhang I, Art. 17, 18 des Freizügigkeitsabkommens unzulässig. Damit müsse „eine schweizerische Gesellschaft, die sich innerhalb der vom Abkommen vorgegebenen Grenzen in Deutschland betätigt, auch dann als solche anerkannt werden, wenn ihr Verwaltungssitz vorübergehend in Deutschland liegt“.[1797]

Im Anschluss daran folgen Argumente, die eher rechtspolitischer Natur sind, insbesondere als der Senat im Zusammenhang mit der am 1. Mai 2004 erfolgten EU-Osterweiterung auf die „schrittweise Ausdehnung des Personenfreizügigkeitsabkommens auf die neuen Mitgliedstaaten der EU“ hinweist.[1798] Es sei zudem insgesamt eine starke Annäherung der Schweiz an die EU auszumachen, die somit nicht anders zu beurteilen sei als für das Fürstentum Lichtenstein, das sich auch auf die EG-vertragliche Niederlassungsfreiheit berufen könne.[1799] Zum Schluss heißt es in den Nebenentscheidungen, dass der Senat die Revision vor dem BGH zugelassen habe, „da die Rechtssache grundsätzliche Bedeutung hat, soweit es um die Frage der Anwendbarkeit der Gründungstheorie auf die Schweiz geht“.[1800]

Nach alledem lässt die Entscheidung keine Zweifel an der Anerkennung der schweizerischen Gesellschaft vor deutschen Gerichten. Es ist somit anerkennenswert, dass das OLG Hamm in seiner Entscheidung die „Zeichen der Zeit“ zumindest erkannt hat und eine Klärung für die Behandlung von Drittstaatsgesellschaften herbeiführen wollte – die geschilderte Ausgangslage lieferte dabei gewiss „argumentativen Rückenwind“.

1797 OLG Hamm, Urt. v. 26.05.2006 – 30 U 166/05, Rn. 202, ZIP 2006, 1822 (1823).

1798 OLG Hamm, Urt. v. 26.05.2006 – 30 U 166/05, Rn. 203, ZIP 2006, 1822 (1823).

1799 OLG Hamm, Urt. v. 26.05.2006 – 30 U 166/05, Rn. 203, ZIP 2006, 1822 (1823).

1800 OLG Hamm, Urt. v. 26.05.2006 – 30 U 166/05, Rn. 329, ZIP 2006, 1822 (1823).

cc) Würdigung

(1) Kollisionsrechtsdogmatische Kritik

Das Urteilsergebnis, schweizerische Gesellschaften bezüglich Rechts- und Parteifähigkeit anzuerkennen, ist kaum in Frage zu stellen: Man könnte geneigt sein, die Entscheidung auf die Frage nach der Beurteilung der Rechts- und Parteifähigkeit einer wirksam nach schweizerischem Recht gegründeten Aktiengesellschaft, die ihren satzungsmäßigen Sitz in der Schweiz hatte, zu reduzieren. Umstritten war nämlich, ob sich der Sitz der tatsächlichen Verwaltung in Deutschland oder in der Schweiz befand. Das OLG Hamm ließ diese Frage unbeantwortet und stellte – ohne eine dahingehende Beweisaufnahme – fest, dass diese schweizerische Gesellschaft „nach der Gründungstheorie" zu behandeln sei. Hier hat sich das Gericht souverän über Hindernisse hinweggesetzt, die von den Vertretern der „Sitztheorie" geschaffen wurden, die nämlich keineswegs von einer solchen widerlegbaren Vermutung ausgehen wollen.[1801] Dabei wären die Ausführungen zum Streit zwischen Sitz- und Gründungstheorie wohl gar nicht erforderlich gewesen, da die Rechts- und Parteifähigkeit der schweizerischen Aktiengesellschaft nach beiden Auffassungen anzuerkennen ist.[1802]

Methodisch sind die kollisionsrechtlichen Implikationen des Falls im Rahmen der Zulässigkeit der Klage unter der Sachurteilsvoraussetzung „Parteifähigkeit" nach § 50 ZPO zu verorten. Das Problem besteht hier jenseits der bloßen Frage nach der Parteifähigkeit im Prozess. Denn wenn man es im Sinne der zur Warenverkehrsfreiheit ergangenen Grundsatzentscheidung des EuGH *Cassis de Dijon* ausdrücken möchte, so findet mit Blick auf zuziehende schweizerische AG keine Anerkennung der zuziehenden Gesellschaft *tel quel* als Kapitalgesellschaft statt,[1803] vielmehr wird diese lediglich in eine teilrechtsfähige deutsche Personengesellschaft „umqualifiziert." Die aus *Cassis de Dijon* folgenden Grundsätze, die im Unionsrecht über den Anwendungsbereich der Warenverkehrsfreiheit hinaus Bedeutung erlangt haben, nämlich das Herkunftslandprinzip und das Prinzip der gegenseitigen Anerkennung sollten dem Grundsatz nach auch auf Drittstaatsgesellschaften Anwendung finden.[1804] Nebenbei sei an dieser

---

1801 Dagegen äußert sich MünchKomm-*Kindler*, IntGesR, Rn. 499; unter Berufung auf OLG Hamm, Urt. v. 24.4.2002 – 8 U 87/01 = ZIP 2006, 1822 = GmbHR 2003, 302.

1802 OLG Hamm Urteil v. 26.5.2006 (30 U 166/05), = BB 2006, 2487 (2489) m. Anm. *Wachter*.

1803 *Schanze*, in: FS Thue, S. 423 (438).

1804 *Schanze*, FS Thue, S. 423 (438). Anderer Ansicht ist dagegen *Bitter*, in: Tietze/McGuire et al., Europäisches Privatrecht – Über die Verknüpfung von nationalem und Gemeinschaftsrecht, Jb.J.ZivRWiss. 2004, 2005, S. 299 (327): „Man sollte daher einer vollständigen Übertragung des Herkunftslandsprinzips von der Warenverkehrsfreiheit auf die Niederlassungsfreiheit nicht das Wort reden, …" Ausdrücklich abzu-

Stelle angemerkt, dass die Schweiz das besagte *Cassis de Dijon*-Prinzip autonom für den Warenverkehr eingeführt hat.[1805]

Da der schweizerische Gesetzgeber es als nicht realistisch ansah, die Anwendung des *Cassis de Dijon*-Prinzips zwischen der EU und der Schweiz auf einer staatsvertraglichen Grundlage einzuführen, hat er sich dazu entschlossen, dieses Prinzip autonom in Kraft zu setzen.[1806] Wenn man die „Anerkennung" in Sinne dieses Prinzips verstanden wissen will, so wird deutlich, dass „Schlagwörter wie Sitz- und Gründungstheorie" in diesem Diskurs zu kurz greifen.[1807] Die zuvor geschilderte europarechtliche Anerkennungspflicht wird als eigenes Konzept des Gemeinschaftsrechts verstanden.[1808] Es fungiert auf Ebene des Europarechts als Katalysator der Freiheiten der Verträge; das Verhältnis der Anerkennung zum klassischen IPR ist dabei wissenschaftlich umstritten.[1809] In diesem Zusammenhang weist *Erich Schanze* allerdings darauf hin, dass die Anerkennung fremder Sachlagen den Grundtopos des Internationalen Privatrechts bildet.[1810] Denn die *méthode savignienne* drückt sich gerade durch die Abkehr vom lange vorherrschenden Territorialitätsprinzip aus, welches die inländische Rechtsordnung systematisch favorisierte, indem es ausländisches Recht und seine Institutionen an der Grenze abblockte.[1811] *Savigny* geht vielmehr von der Gleichwertigkeit aller in- und ausländischen Personen und Rechtsordnungen aus:[1812] „Man kann diese Gleichstellung [...] als freundliche Zulassung unter souveränen Staaten bezeichnen, nämlich als Zulassung ursprünglich fremder Gesetze unter die Quellen, aus welchen die einheimischen Gerichte die

lehnen ist die Ansicht von *Großfeld/Boin* JZ 1993 370 (372): „Die Sitztheorie wird der Eigenart der juristischen Person gerecht. Sie schützt zudem das Vertrauen auf die Befolgung der Gesetze; das ist eine unverzichtbare Voraussetzung jeder Rechtskultur. Sie entspricht auch dem *Cassis de Dijon*-Prinzip." Siehe eingehend zum Herkunftslandprinzip*Mansel* RabelsZ 70 (2006), 651 (651ff.).

1805 Mit der am 1. Juli 2010 in Kraft getretenen Revision des THG wurde das vom Europäischen Gerichtshof entwickelte *Cassis de Dijon*-Prinzip autonom ins schweizerische Recht eingeführt. Siehe dazu die Botschaft zur Teilrevision des Bundesgesetzes über die technischen Handelshemmnisse vom 25. Juni 2008 (08.054) sowie *Tobler*, SZIER 2005, 567 (567) und eingehend dazu *Herren*, in: Cottier (Hrsg.) Die Europakompatibilität des schweizerischen Wirtschaftsrechts, 2012, S. 59, (59ff.).

1806 Siehe *Oesch*, in: Griller/Müller-Graff (Hrsg.), Kleine Staaten innerhalb und ausserhalb der EU, 2011, S. 22.

1807 *Schanze,* FS Thue, S. 423 (437).

1808 So die Formulierung von *W.H. Roth* IPRax 2006 338 (342).

1809 *Funken*, Anerkennungsprinzip im Internationalen Privatrecht, 2009, S. 47. 217; *Mansel* RabelsZ 70 (2006), 651 (651ff.); *W.H. Roth* IPRax 2006 338 (338 ff.).

1810 *Schanze*, FS Thue, S. 423 (437).

1811 *Weller*, IPRax 2011, 429 (430).

1812 *Savigny*, System des heutigen Römischen Rechts, Bd. VIII (1849), § 348, S. 27 f.

Beurtheilung mancher Rechtsverhältnisse zu schöpfen haben.“[1813] Den Gedanken der Gleichwertigkeit führt er wiederum zurück auf den von der niederländischen Rechtsschule entwickelten Gedanken der *comitas*.[1814] Demnach stehen ausländische Rechtsordnungen auf derselben Stufe wie die inländische Rechtsordnung: „Das heutige Recht […] hat zu […] vollständiger Rechtsgleichheit zwischen Einheimischen und Fremden geführt.“[1815] Allein aufgrund der genannten Wurzeln des Internationalen Privatrechts könne man bereits den Schluss ziehen, dass eine Nichtanerkennungstheorie, wie sie die „Sitztheorie“ darstellt, einem liberal geprägten IPR *per se* fremd sein müsse. In diesem Sinne verstanden bedeute Anerkennung den wohlwollenden Respekt fremder Institutionen. Gleichwohl haben die so anerkannten Institutionen ebenso Respekt vor der sie anerkennenden Rechtsordnung zu bewahren.[1816]

Daß sich das OLG Hamm gegen eine im Hinblick auf einen Einzelfall bezogene BGH-Entscheidung im Fall *Jersey*[1817] und die daraus resultierende diskriminierende Herangehensweise gegenüber Drittstaatsgesellschaften stellt, ist ein mutiger und begrüßenswerter Schritt. Der erkennende 30. Zivilsenat hält die „Gründungstheorie“ für maßgeblich und weist zu Recht darauf hin, dass die Sitztheorie als „Schutztheorie“ als überholt angesehen werden muss. Gerade wenn man bedenkt, dass Gesellschaften mit vermeintlich laxeren drittstaatlichen Rechtsordnung wie Liechtenstein und Delaware in Deutschland bereits frei zirkulieren können, ist diese Entscheidung konsequent.

(2) Die „Sonderstellung“ der Schweiz

Das OLG Hamm rechtfertigt seine Entscheidung zugunsten der Gründungstheorie mit der Begründung einer „Sonderstellung“ der Schweiz gegenüber anderen Drittstaaten und begründet diese wie folgt: „Letztlich hat in vielen Bereichen eine starke Annäherung der Schweiz an die EU stattgefunden, die auch weiter verfolgt wird. Die tatsächlichen und rechtlichen Verhältnisse sind im Zweifel nicht anders zu beurteilen als z.B. im Fürstentum Liechtenstein.“[1818] Wie bereits

---

1813 *Savigny*, System des heutigen Römischen Rechts, Bd. VIII (1849), § 348, S. 28. Im Ganzen heißt es dort: „Man kann diese Gleichstellung […] als freundliche Zulassung unter souveränen Staaten bezeichnen, nämlich als Zulassung ursprünglich fremder Gesetze unter die Quellen, aus welchen die einheimischen Gerichte die Beurtheilung mancher Rechtsverhältnisse zu schöpfen haben.“

1814 *Nussbaum,* Colum. L. Rev., 42 (1942), 189 (190): "…the application of foreign law was merely a matter of *cornitas gentium*, a kind of 'good neighbor' policy undertaken in the expectation of reciprocity."

1815 *Savigny*, System des heutigen Römischen Rechts, Bd. VIII (1849), §348, S. 25.

1816 *Schanze,* Thue, S. 423 (437).

1817 BGH Urt. v. 1.7.2002 – II ZR 380/00, BGHZ 151, 204 = NJW 2002, 3539.

1818 OLG Hamm Urteil v. 26.5.2006 – 30 U 166/05 Rn. 203.

erläutert, kommt der erkennende Senat auch auf dieser Grundlage zu dem Schluss, dass eine schweizerische Aktiengesellschaft jedenfalls dann als solche anzuerkennen sei, wenn sie ihren Verwaltungssitz vorübergehend in Deutschland habe. Im Ergebnis sei eine starke Annäherung der Schweiz an die EU auszumachen, die nicht anders zu beurteilen sei als für das Fürstentum Lichtenstein, das sich auch auf die EG-vertragliche Niederlassungsfreiheit berufen könne.

Im Wege des Vergleichs mit liechtensteinischen Gesellschaften zeigt der erkennende Senat eindrücklich die Wertungsinkonsistenzen auf, die mit der „Zweispurigkeit“ des deutschen Gesellschaftskollisionsrechts für Zuzugsfälle einhergehen: Während für liechtensteinische Gesellschaften eine die Sitzanknüpfung überlagernde europageprägte Gründungstheorie im Sinne einer Metakollisionsnorm[1819] eingreift, findet auf schweizerische Gesellschaften nach wie vor die modifizierte Sitztheorie Anwendung. Die eigentlich als „Schutztheorie“ gedachte „Sitztheorie“ sollte ihrem Zweck nach die deutsche „gepflegte Gesellschaftsrechtslandschaft“ vor eben diesen „Billig-Gesellschaften“[1820] schützen und dem unlauteren Wettbewerb solcher liechtensteinischen Briefkastenfirmen Einhalt gebieten – ein „European Delaware“[1821] wurde heraufbeschworen, obschon die Anerkennung eben dieser aus dem US-Bundesstaat Delaware stammenden Gesellschaften längst gängige Rechtspraxis in Deutschland ist. Warum sollten nun gerade schweizerische Gesellschaften außen vor bleiben? Wenn man den Entwicklungsstand und die Schutzstandards im schweizerischen Gesellschaftsrecht betrachtet, so ist diese gewiss kein „Oasenstaat“, vor deren zuziehender Gesellschaften es einer „Schutztheorie“ bedürfe. Ganz im Gegenteil zeigt der Vergleich mit Liechtenstein, wenn man die Rechtsdurchsetzungsebene mit einbezieht, gar ein positiveres Bild für die Schweiz, so „müsste das Pendel sogar zu Gunsten der Schweiz gegen Liechtenstein ausschlagen, ist doch nur erstere Vertragsstaat des Luganer-Übereinkommens, während sich das Alpenfürstentum einem Beitritt bis heute verweigert hat.“[1822]

Die vorgebrachten Aspekte sprechen somit für eine Anwendung der Gründungstheorie. Teilweise wird vorgebracht, dass „solche pauschalen Ausführungen“ schwerlich die notwendigen Voraussetzungen für einen Analogieschluss schaffen könnten, im Wege dessen schweizerische Gesellschaften mit EU/EWR

1819 So der Begriff von *W.H. Roth*, IPRax 2006, 338 .

1820 So der von K. Schmidt, Gesellschaftsrecht, 2002, § 1 II 8a (27) verwendete Ausdruck; in ähnlicher Weise ist bei *Altmeppen*, NJW 2004 (97) die Rede vom „Scherz- und Schimpfkürzel Billig-GmbH“

1821 Siehe dazu *Charney* Harv. Int'l. L. J. 32 (1991), 423 (423ff.); *Kirchner/Painter/Kaal*, ECFR 2 (2005) 159 (159ff.) sowie *Barnard/Deakin* in: Barnard/Scott, (Hrsg.), Law of the Single European Market 2002, S. 197 (202 ff.)

1822 *Leible*, in: FS Werner, S. 256 (263).

oder aber privilegierten Drittstaaten oder den USA auf eine Stufe gestellt würden und in den „Genuss" der Gründungstheorie kämen. Angesichts der Rechtsangleichung gerade auch mittels des autonomen Nachvollzugs des Gemeinschaftsrechts ist eine solche „vergleichbare Rechtslage" durchaus darstellbar: Der angesprochene Vergleich mit dem EWR-Staat Liechtenstein macht dies deutlich; insbesondere unterscheiden sich die Gesellschaftsrechte von Liechtenstein und der Schweiz nicht wesentlich.[1823] Dass die Schweiz nicht wie Liechtenstein Mitglied im EWR ist, sondern lediglich in der EFTA, mag allenfalls als formales Argument gegen die Annahme einer „vergleichbaren Rechtslage" herhalten.[1824]

Indessen kann der Entscheidung des OLG Hamm aus kollisionsdogmatischer Sicht entgegengehalten werden, dass die Entscheidung auf die Bildung eines Sonderkollisionsrechts speziell für Schweizer Gesellschaften hinauslaufe.[1825] Eine solche Bildung einzelfallbezogener Kollisionsregeln steht im Widerspruch zu der in Art. 3 EGBG zum Ausdruck kommenden Rechtsquellendogmatik des IPR und deren Rangverhältnis.[1826] Hiernach findet grundsätzlich deutsches autonomes Kollisionsrecht Anwendung, soweit nicht Kollisionsregeln des Gemeinschaftsrechts (Art. 3 Nr. 1 EGBG) oder Kollisionsrechte in völkerrechtlichen Vereinbarungen (Art. 3 Nr. 2 EGBG) vorrangig Geltung beanspruchen. Im Verhältnis zur Schweiz komme ein solcher Vorrang jedoch nicht zum Tragen, so dass man zur Kollisionsregel des autonomen deutschen Gesellschaftskollisionsrechts gelangen müsse. Bis zu diesem Punkt sind die Ausführungen nachvollziehbar. Dann wird von *Marc-Phillipe Weller* weiter ausgeführt, dass dies die Sitztheorie sein müsse, denn diese habe „sogar gewohnheitsrechtlichen Status". Da sich die Bindungswirkung des Art. 20 Abs. 3 GG auch auf das Gewohnheitsrecht erstrecke, „können Gerichte nicht einfach deshalb abweichen, weil sie diese rechtspolitisch für verfehlt halten".[1827]

Abgesehen davon, dass das OLG Hamm die Sitztheorie ausweislich der geschilderten Urteilsbegründung nicht pauschal für „rechtspolitisch verfehlt" beurteilt, überzeugt diese Aussage auch in dogmatischer Hinsicht nicht: Denn ob man die „Sitztheorie" angesichts ihres eingeschränkten Anwendungsbereichs überhaupt noch als Gewohnheitsrecht bezeichnen kann, fragt man sich, in welcher Ausprägung dies gelten soll, und man erinnert sich an die vorangegangene historische Rechtsprechungsanalyse, die keineswegs ein klares und stringentes Bild zugunsten der Sitztheorie hat erkennen lassen.

1823 *Leible*, in: FS Werner, S. 256 (263).

1824 *Leible*, in: FS Werner, S. 256 (263).

1825 *Weller*, IPRax 2009, 202 (203).

1826 *Weller*, IPRax 2009, 202 (203).

1827 *Weller*, IPRax 2009, 202 (207).

Gegen diese Einordnung der „Sitztheorie“ als „Gewohnheitsrecht“ sprechen bereits die rechtstheoretischen Voraussetzungen für die Begründung von Gewohnheitsrecht: Die allgemeine Rechtslehre versteht nämlich unter dem Begriff Gewohnheitsrecht solche Rechtsregeln, die nicht von einem Gesetzgeber statuiert sind, bei denen vielmehr die Überzeugung der Mitglieder der Rechtsgemeinschaft von ihrer Geltung unmittelbar in deren Verhalten (Übung, Gewohnheit) zum Ausdruck kommt.[1828] Allenfalls der erste Teilaspekt, nämlich dass es sich bei der Sitztheorie um eine Regel handelt, die nicht vom Gesetzgeber stammt, trifft mangels Kodifizierung des Gesellschaftsrechts zu. Die darüber hinaus erforderlichen Voraussetzungen für die Begründung des Status als Gewohnheitsrecht liegen hingegen nicht vor. Denn auch wenn man zumindest mit dem Gedanken operiert, dass ständige Rechtsprechung (Gerichtsgebrauch, *usus fori*) in Gewohnheitsrecht übergehen könne,[1829] so erscheint auch diese Einordnung nicht vertretbar.[1830] Denn Richterrecht ist ein Phänomen ganz anderer Art;[1831] man könnte die Sitztheorie als „gesetzesvertretendes Richterrecht“[1832] ansehen. Hier erscheint die Abgrenzung von gerichtlich anerkanntem Gewohnheitsrecht zum Richterrecht bisweilen problematisch.[1833] Denn nur soweit eine Regel des Gewohnheitsrechts nachgewiesen werden kann, hat sie normative, also auch die Gerichte gemäß Art. 20 Abs. 3 GG bindende Wirkung.[1834] Richterrecht kann also nach den geschilderten Kriterien zu Gewohnheitsrecht erstarken, wobei aber eine Rechtsprechungsänderung selbstverständlich grundsätzlich zulässig bleibt.[1835] Insbesondere aber ist – wie von *Marc-Phillipe Weller* angemerkt – der Verweis auf Art. 20 Abs. 3 GG nicht geeignet, um über die Formulierung

1828 Siehe Staudinger-*Coing/Honsell*, Einl. BGB Rn. 79: „Nach romanischer Tradition hat Gewohnheitsrecht drei Voraussetzungen: *longa consuetudo* (lange Gewohnheit), *consensus omnium* (allgemeine Überzeugung), *opinio necessitatis* (die Vorstellung, dass es sich um bindendes Recht handelt).“ Das BGB hat die Bildung von Gewohnheitsrecht zwar nicht verboten, erwähnt es aber auch nicht. Anders ist dies in der Schweiz, wo es in Art. 1 Abs. 3 ZGB ausdrückliche Erwähnung findet. Ganz ähnlich lautet die Definition in BVerfG Beschl. v. 28.6.1967 – 2 BvR 143/61, BVerfGE 22, 114 (121): „nicht durch förmliche Setzung, sondern durch längere tatsächliche Übung entstanden sind, die eine dauernde und ständige, gleichmäßige und allgemeine sein muss und von den beteiligten Rechtsgenossen als verbindliche Rechtsnorm anerkannt wird“.

1829 So geschehen z.B. in BGH, 19.06.1962 – I ZB 10/61 , BGHZ 37, 219 (220 ff.) = NJW 1962, 2054 (2055).

1830 Staudinger-*Coing/Honsell*, Einl. BGB Rn.79.

1831 Staudinger-*Coing/Honsell*, Einl. BGB Rn.79.

1832 Siehe zu den verschiedenen Arten von Richterrecht *Ossenbühl,* in: Isensee/Kirchof (Hrsg.) HStR 2007, § 100 Rn. 50-56.

1833 Vgl dazu *Larenz*, Methodenlehre der Rechtswissenschaft, 1991, S. 433.

1834 Vgl dazu *Maunz/Dürig,* Grundgesetz, Art 20 Abs 3 Rn 52.

1835 *Schröder*, Gesetzesbindung des Richters, 2010, S. 59.

„Recht und Gesetz" eine Bindung an Richterrecht herbeizuführen.[1836] Schließlich kennt das deutsche Recht kein dem anglo-amerikanischen Rechtskreis vergleichbares Richterrecht; vielmehr ist das Richterrecht als solches „konstitutionell uneinheitlich".[1837] Die Abkehr von der bisherigen Rechtsprechung ist lediglich zu legitimieren; Präjudizien nehmen demgegenüber im deutschen Rechtssystem keinen Rang als „normative Rechtsgeltungsquelle" ein.[1838] Die Gerichte sind dabei stets, auch im „gesetzesfreien" Bereich, wie es das Internationale Gesellschaftsrecht darstellt, nur zu einer „konkret-individuellen Streitentscheidung" berufen.[1839]

Auch kann es sich bei der „Sitztheorie" als solcher nicht um gerichtlich anerkanntes Gewohnheitsrecht handeln.[1840] Selbst wenn eine Entscheidung Zustimmung in der Wissenschaft findet, was man angesichts der von Beginn an zahlreichen kritischen gegen die Sitztheorie argumentierenden Stimmen in der Literatur nur schwerlich behaupten kann, bleibt das Richterrecht etwas anderes als ein vom Volk selbst ausgeübtes Recht. Spätestens nach der *Überseering*-Entscheidung ist der Rückhalt für die Sitztheorie in der Literatur weiter in erheblichem Ausmaß zurückgegangen.[1841]

Es fehlt somit an der wesentlichen Voraussetzung des *consensus omnium*.[1842] Denn Gewohnheitsrecht setzt voraus, dass die Übung von einer *Rechtsüberzeugung* der beteiligten Rechtsgenossen getragen sein muss, d.h., diese müssen von der Verbindlichkeit der Regelung überzeugt sein (*opinio iuris* oder *necessitatis*).[1843] Auch wenn man – wie *Helmut Coing* und *Heinrich Honsell* es formulieren – „an diese antiquierten Erfordernisse keine zu hohen Anforderungen stellt, wird man kaum Beispiele für Gewohnheitsrecht finden".[1844] Davon ganz abgesehen muss – zumindest nach den Wandlungen zur sog. „modifizierten Sitztheorie" infolge der *Überseering*-Entscheidung – in Frage gestellt werden, ob seit dem Jahr 2002 überhaupt noch die Voraussetzung der „*Übung*" für die Begründung von Gewohnheitsrecht vorliegt. Denn bereits *Fer-*

1836 *Schröder*, Gesetzesbindung des Richters 2010, S. 58.

1837 BVerfG, Beschl. v. 26.04.1988 – 1 BvR 669/87; 1 BvR 686/87; 1 BvR 687/87, BVerfGE 78, 123 (126); *Schröder*, Gesetzesbindung des Richters, 2010, S. 58.

1838 Siehe dazu *Neuner*, in: Kontinuität im Wandel der Rechtsordnung, 2002, S. 83 (102).

1839 Siehe dazu *Neuner*, in: Kontinuität im Wandel der Rechtsordnung, 2002, S. 83 (102).

1840 So im Ergebnis auch *Halbhuber*, Limited Company statt GmbH? Europarechtlicher Rahmen und deutscher Widerstand, 2001, S. 18: „Tatsächlich handelt es sich [bei der Sitztheorie] wohl um eine Praxis, die sich hauptsächlich auf ihre eigene Tradition sowie auf rechtspolitische 'policy' Argumente beruft."

1841 So *Müller*, Zuzug von Kapitalgesellschaften aus Drittstaaten, 2011, S. 263.

1842 Staudinger-*Coing/Honsell*, 2011, Einl. BGB Rn. 79.

1843 Staudinger-*Coing/Honsell*, 2011, Einl. BGB Rn. 79.

1844 Staudinger-*Coing/Honsell*, 2011, Einl. BGB Rn. 79.

dinand Regelsberger definierte in seinem Handbuch zum Pandektenrecht Übung als „die längere Zeit hindurch fortgesetzte gleichförmige Betätigung einer Norm“.[1845] Demnach entstehe ein Gewohnheitsrechtssatz, „indem in bestimmten Lebensverhältnissen eine Norm so lange Zeit gleichförmig in der Überzeugung ihrer Rechtsgültigkeit angewendet wird, daß diese Überzeugung zur herrschenden wird.“[1846] Von einer solchen gleichförmigen Betätigung kann hier jedoch keine Rede sein; schließlich ist schon zum jetzigen Zeitpunkt von der Anwendung der „Sitztheorie“ nicht mehr viel übriggeblieben.[1847] Insgesamt ist das Gewohnheitsrecht für das Privatrecht von geringer Bedeutung;[1848] und gewiss kann das „Gewohnheitsrecht“ auch nicht als Schutzschild vor der „Zerstörung der Sitztheorie“ durch ein Obergericht herangezogen werden.

(3) Bilaterale Verträge und die Niederlassungsfreiheit

Die Entscheidung des OLG Hamm legt die bilateralen Verträge dahingehend aus, dass zwar juristische Personen nicht von der im Freizügigkeitsabkommen zwischen der Schweiz und der Europäischen Gemeinschaft und ihren Mitgliedstaaten statuierten Niederlassungsfreiheit für natürliche Personen erfasst seien; es privilegiere aber Gesellschaften, die nach schweizerischem Recht gegründet wurden und ihre Hauptverwaltung in einem Staat der Europäischen Union haben.[1849]

Eine staatsvertragliche Vereinbarung zwischen der Bundesrepublik Deutschland, aus der in der Schweiz wirksam gegründete und weiterhin existente Gesellschaften die Anerkennung ihrer Rechts- und Parteifähigkeit ungeachtet der ansonsten internationalgesellschaftsrechtlichen Kollisionsnormen[1850] ableiten könnten, gibt es derzeit nicht.[1851] Bekanntlich ist die Schweiz nicht Mitgliedsstaat der Europäischen Gemeinschaft (EG) bzw. der Europäischen Union

---

1845 *Regelsberger*, Pandekten, Bd I (1893), § 20, S. 94.

1846 *Regelsberger*, Pandekten, Bd I (1893), § 20, S. 94.

1847 *Grundmann*, Europäisches Gesellschaftsrecht, 2011, § 6 Rn. 170.

1848 Staudinger-*Coing/Honsell*, Einl. BGB Rn. 79.

1849 OLG Hamm Urteil v. 26.5.2006 – 30 U 166/05, Rn. 202.

1850 Art. 3 Abs. 2 Satz 1 EGBGB.

1851 *Ebke,* in: Sandrock/Wetzler (Hrsg.) Deutsches Gesellschaftsrecht im Wettbewerb, 101 (113). Im Gegensatz dazu besteht im Verhältnis zu den USA mit dem Deutsch-amerikanischen Freundschafts-, Handels- und Schifffahrtsvertrag vom 29.10.1954 (BGBl. 1956 II S. 487) eine solche völkervertragliche Regelung. Nach herrschender Meinung enthält dieser in Art. XXV Abs. 5 eine umfassende kollisionsrechtliche Sonderregel dergestalt, dass im Verhältnis zu den USA die Gründungstheorie gilt. Art. XXV Abs. 5 lautet: „Gesellschaften, die gemäß den Gesetzen und sonstigen Vorschriften des einen Vertragsteils in dessen Gebiet errichtet sind, gelten als Gesellschaften dieses Vertragsteils; ihr rechtlicher Status wird in dem Gebiet des anderen Vertragsteils anerkannt.“

(EU).[1852] Die Schweiz ist zwar Mitglied in der Europäischen Freihandelsassoziation (EFTA), aber – als einziges EFTA-Mitglied – nicht Partei des Abkommens zum Europäischen Wirtschaftsraum (EWR);[1853] anderenfalls könnten in der Schweiz domizilierte juristische Personen von der im EWR-Vertrag über Art. 31 EWR gewährleisteten Niederlassungsfreiheit profitieren,[1854] wie dies beispielsweise für liechtensteinische Gesellschaften der Fall ist.[1855]

Relevanz mit Blick auf das Gesellschaftsrecht könnte demnach insbesondere das Freizügigkeitsabkommen (FZA) haben:[1856] Die im Freizügigkeitsabkommen gewährten Rechte entsprechen weitgehend den Bestimmungen des EG-Vertrags zur Arbeitnehmerfreizügigkeit, Niederlassungsfreiheit und Dienstleistungsfreiheit; im Detail bestehen aber deutliche Einschränkungen gegenüber den EG-Grundfreiheiten. Art. 1 lit. a des Freizügigkeitsabkommens nennt als Ziel des Abkommens die Einräumung des Rechts auf „Niederlassung als Selbständiger". Es soll die Freizügigkeit der Niederlassung garantiert werden. Die Annahme der Gleichartigkeit mit der „freien Niederlassung" gemäß Art. 49 AEUV (*ex*-Art. 43 EG) liegt daher grundsätzlich nahe.[1857] Allerdings findet sich im FZA im Unter-

---

1852 Es liegt zwar liegt seit dem 26.5.1992 ein Beitrittsgesuch der Schweiz in den Schubladen der Brüsseler Behörden. Dieses Beitrittsgesuch „ruht" jedoch seitdem, da es vom Schweizerischen Bundesrat sistiert worden ist. Hintergrund ist, dass die schweizerische Regierung die Beziehungen der Schweiz zur EU intensivieren wollte und dies durch den Beitritt zum Europäischen Wirtschaftsraum (EWR-Abkommen) vorangebracht werden sollte. Allerdings widersetzten sich Volk und Stände diesem Vorhaben. Die Volksbefragung vom 6.12.1992 führte zu einer Ablehnung des EWR-Beitritts; siehe dazu siehe *Markwalder Bär*, in: Breuss/Cottier/Müller-Graff (Hrsg.), Die Schweiz im europäischen Integrationsprozess, 2008, S. 114 (116).

1853 Die Schweiz hat das EWR-Abkommen nicht ratifiziert. Mit der Schweiz sind sieben sog. sektorielle Abkommen abgeschlossen worden, u.a. eines über die Freizügigkeit (BGBl. 2001 II, 810, in Kraft seit dem 1.6.2002, BGBl. 2002 II, 1692). Dieses Abkommen gewährt zwar keine Niederlassungsfreiheit. Es privilegiert aber Gesellschaften, die nach schweizerischem Recht gegründet wurden und ihre Hauptverwaltung in einem Staat der Europäischen Union haben (Art. 5 i.V.m. Anhang I, Art. 17 und 18).

1854 Siehe zu den völkerrechtlichen EG-Assoziierungsabkommen, *Weller,* ZGR 2006, 748 (766).

1855 Während anfangs die Sitztheorie zugrunde gelegt wurde, siehe BGH, Urt. v. 30. 1. 1970 – V ZR 139/68, BGHZ 53, 181 = NJW 1970, 998, erkannte der BGH, Urt. v.19. 9. 2005 – II ZR 372/03, BGHZ 164, 148 = NJW 2005, 3351 eine liechtensteinsche Aktiengesellschafen als solche an; siehe dazu *Schanze*, LMK 2006, 164114.

1856 Abl. EG Nr. L 114 vom 30. 4. 2002, S. 6 – 72.

1857 Im Ergebnis ist eine Vergleichbarkeit in den wesentlichen Punkten jedenfalls gegeben, wobei sich die Freizügigkeit der Niederlassung nach dem FZA aus mehreren Artikeln ergibt: Der Grundsatz aus Art. 1 lit. a und d, das Gebot der Nichtdiskriminierung aus Art. 2, Nebenrechte vor allem aus den Art. 3, 4 und 7.

schied zur gemeinschaftlichen Niederlassungsfreiheit keine Art. 54 AEUV entsprechende Ausweitung des Schutzbereichs auf Gesellschaften.[1858]

Gleiche Rechte wie natürlichen Personen werden Gesellschaften indessen nur im eng abgegrenzten Bereich der Dienstleistungserbringung[1859] eingeräumt.[1860] Das Abkommen erfasst nämlich nur die Dienstleistungsfreiheit bis zu einer maximalen Verweildauer von 90 Tagen, nicht dagegen die primäre und sekundäre Niederlassungsfreiheit von Gesellschaften: Grundsätzlich ist das Recht zur Erbringung von Dienstleistungen im Hoheitsgebiet der jeweils anderen Vertragspartei nach Art 5 Abs. 1 i.V.m. Art 18 des Anhangs I des FZA neben natürlichen Personen somit auch Gesellschaften eröffnet, die nach dem Recht eines Mitgliedstaats der EU oder nach schweizerischem Recht gegründet wurden und ihren satzungsmäßigen Sitz, ihre Hauptverwaltung oder ihre Hauptniederlassung im Gebiet einer Vertragspartei haben. Indessen betrifft das vom Abkommen erfasste Recht zur Dienstleistungserbringung zum einen – nach Art 17 lit. a des Anhangs I – nur grenzüberschreitende Dienstleistungen und zum anderen gemäß Art. 5 Abs. 1 und Art. 17 lit. a des Anhangs I nur solche, die auf 90 tatsächliche Arbeitstage pro Kalenderjahr beschränkt sind. Der Dienstleistungserbringer kann seine Tätigkeit während dieser Zeit nach Maßgabe der Anhänge I bis III des Abkommens unter den gleichen Bedingungen ausüben, wie sie der Aufnahmestaat für seine eigenen Staatsangehörigen vorschreibt; vgl. Art 19 des Anhangs I des FZA. Auch wenn den Vorschriften eine gewisse Privilegierung innewohnt, indem es Gesellschaften ein temporäres Recht zum Verweilen einräumt, ist damit keine Regelung zur Anerkennung von juristischen Personen als solche zu erkennen. Der EuGH ist somit auch in dieser Hinsicht zusammenfassend zu der Feststellung gelangt, „dass dieses Abkommen und sein Anhang mit Ausnahme von Art. 5 Abs. 1 des Abkommens und Art. 18 des Anhangs I des Abkommens, mit denen Gesellschaften ein bestimmtes Recht auf die Erbringung von Dienstleistungen eingeräumt wird, keine Bestimmung enthalten, die juristischen Personen ein Recht gewährte".[1861]

1858 So *Haslehner*, SWI 2007, 221 (221f.).

1859 Die Dienstleistungsfreiheit ist von allen Freiheiten des FZA schon im Vertragstext am deutlichsten eingeschränkt. Insbesondere sollen die Bestimmungen nur auf die „kurzzeitige" Dienstleistungserbringung anwendbar sein. Darunter wird ein Aufenthalt zum Zweck der Dienstleistungserbringung im anderen Vertragsstaat von höchstens 90 Tagen (pro Kalenderjahr) verstanden; vgl. Art. 5 FZA i. V. m. Art. 17 – 23 Anhang I.

1860 Art. 5 Abs. 1 FZA i. V. m. Art. 18 Anhang I.

1861 EuGH Urt. v. 11. 2. 2010, Rs. C-541/08 – *Fokus Invest AG*, Slg. Slg. 2010, I-1025 Rn. 30 unter Hinweis auf EuGH Urt. v. 12. 11. 2009 Rs. C-351/08 – *Grimme*, Slg. 2009 I-10777 Rn. 35.

Es wird ferner vertreten, dass der Schutzbereich der Niederlassungsfreiheit somit insgesamt auch auf juristische Personen ausgedehnt werden könne.[1862] Argumentiert wird, dass mit dem Freizügigkeitsabkommen Bedingungen zwischen den Vertragspartnern hergestellt werden sollen, die möglichst weitgehend dem innergemeinschaftlichen Recht entsprechen.[1863] Folglich erstrecke sich die Niederlassungsfreiheit nicht nur auf natürliche Personen, sondern – wie im Gemeinschaftsrecht auch – auf juristische Personen, „sofern diese nach den Rechtsvorschriften eines Vertragsstaates gegründet wurden und ihren satzungsmäßigen Sitz, ihre Hauptverwaltung oder ihre Hauptniederlassung im Gebiet einer Vertragspartei haben", wobei der Begriff der juristischen Person zudem „weiter auszulegen sei als im deutschen Recht".[1864] Fraglich ist, ob eine solche Auslegung noch mit dem Wortlaut des Freizügigkeitsabkommens in Einklang stünde.[1865]

Zudem wird aufgrund einer teleologischen Betrachtungsweise argumentiert, dass auch Gesellschaften aufgrund der Zielsetzung des Freizügigkeitsabkommens eingeschlossen sein müssten: Für eine solche Ausdehnung spreche Art. 16 FZA,[1866] wonach zwischen den Vertragsstaaten gleichwertige Rechte und Pflich-

---

1862 In der schweizerischen Literatur insbesondere *Vischer*, in: FS Kramer, S. 985 (992f.); *Beretta* GPR 2006, 95 (96); im Ergebnis auch *Epiney*, ZBJV 2005, 1 (1ff.); dagegen sind anderer Auffassung *Girsberger/Rodriguez* SZIER 2004, 559 (574f.); *Trüten*, Mobilität von Gesellschaften in der EG, 2006, S. 251; aus der deutschen Literatur befürwortet *Fehrenbacher*, NVwZ 2002, 1344 (1345) eine solche Auslegung; anderer Auffassung statt vieler *Jung*, NZG 2008, 681 (683).

1863 *Fehrenbacher*, NVwZ 2002, 1344 (1345) unter Berufung auf BT-Drs. 14/6100 v. 17.5.2001. In die gleiche Richtung, wenn auch zurückhaltender, argumentiert auch *Weigell*, IStR 2006, 190 (193): „Die durch Art. 48 EGV vorgenommene Ausweitung der Niederlassungsfreiheit auf Gesellschaften ist demgegenüber im Verhältnis zur Schweiz bisher nur rudimentär für Dienstleistungserbringer insofern geregelt, als auch Gesellschaften gemäss Art. 5 des Freizügigkeitsabkommens i.V.m. Art. 18 des Anhanges I im Rahmen der Dienstleistungserbringung ausdrücklich gleiche Rechte wie natürlichen Personen eingeräumt werden."

1864 *Fehrenbacher*, NVwZ 2002, 1344 (1345).

1865 *Beretta*, GPR 2006, 95 (96) auf die entsprechende Wortwahl von Anh. I Art. 18 FZA mit derjenigen von 54 AEUV (ex-Art. 48 EG) bzw. Art 34 EWR hinweisend.

1866 *Beretta*, GPR 2006, 95 (96). Art. 16 FZA enthält dabei folgende Regelung im Hinblick auf die Bezugnahme auf das Gemeinschaftsrecht in Abs.1: „Zur Erreichung der Ziele dieses Abkommens treffen die Vertragsparteien alle erforderlichen Massnahmen, damit in ihren Beziehungen gleichwertige Rechte und Pflichten wie in den Rechtsakten der Europäischen Gemeinschaft, auf die Bezug genommen wird, Anwendung finden." Sowie in Abs. 2: „Soweit für die Anwendung dieses Abkommens Begriffe des Gemeinschaftsrechts herangezogen werden, wird hierfür die einschlägige Rechtsprechung des Gerichtshofs der Europäischen Gemeinschaften vor dem Zeitpunkt der Unter-

ten wie in der EG zur Anwendung zu bringen sind. Insbesondere habe die Schweiz in Art. 16 Abs. 2 FZA die Verpflichtung übernommen, im Rahmen der Anwendung des europäischen Rechts auch die Rechtsprechung des EuGH zu berücksichtigen sei.[1867]

Hervorgehoben wird dabei, dass die Schweiz die Rechtsfähigkeit ausländischer Gesellschaften bereits vor dem Beschreiten des bilateralen Weges durchaus vergleichbar mit dem der EuGH-Rechtsprechung zur Niederlassungsfreiheit zugrunde liegenden Maßstab beurteilte.[1868] Es müssten demzufolge die Judikate des EuGH in den Rechtssachen *Überseering*[1869] und *Inspire Art*[1870], „deshalb auch für die Schweiz zumindest de facto Geltung haben".[1871] Demgegenüber könnte man auch vermuten, dass zum Unterzeichnungszeitpunkt die besagten Judikate des EuGH zur Niederlassungsfreiheit von juristischen Personen überhaupt noch nicht zur Debatte gestanden haben können, da das Europäische Gesellschaftsrecht zu jener Zeit insgesamt noch unter dem Einfluss der *Daily Mail*-Doktrin stand;[1872] jedoch erscheint dies im Nachhinein nicht überzeugend, da bereits zum damaligen Zeitpunkt aus dem EuGH-Urteil in die Rechtssache *Segers*[1873] entsprechende Schlüsse mit Blick auf die Niederlassungsfreiheit hätten gezogen werden können: In der Rechtssache *Segers* entschied der EuGH zum ersten Mal am 10. Juli 1986[1874] zur Zuzugsfreiheit von Gesellschaften und ließ bereits eine mobilitätsfreundliche Grundtendenz erkennen. So hatte der EuGH Beschränkungen des Zuzugsstaates bereits im weiten Umfang eine Absage erteilt und zugleich den Schutz der Niederlassungsfreiheit im Jahr 1999 mit seiner *Centros*-Entscheidung[1875] auch auf sog. Scheinauslandsgesellschaften erstreckt. Letztendlich geht es in dieser Frage jedoch um die – aufgrund der Betonung von direkter Demokratie und formaler Souveränität ohnehin eingeschränkte – mögliche Reichweite der „Berücksichtigungspflicht" der Rechtsprechung

---

zeichnung berücksichtigt. Über die Rechtsprechung nach dem Zeitpunkt der Unterzeichnung dieses Abkommens wird die Schweiz unterrichtet. Um das ordnungsgemässe Funktionieren dieses Abkommens sicherzustellen, stellt der Gemischte Ausschuss auf Antrag einer Vertragspartei die Auswirkungen dieser Rechtsprechung fest."

1867 *Epiney/Metz/Pirker*, Zur Parallelität der Rechtsentwicklung in der EU und in der Schweiz 2012, S. 220.

1868 *Beretta*, GPR 2006, 95 (96).

1869 EuGH, Urt. v. 5.11.2002, Rs. C-208/00 – *Überseering*, Slg. 2002, I-9919.

1870 EuGH, Urt. v. 30. 9. 2003, Rs. C-167/01 – *Inspire Art*, Slg. 2003, I-10155.

1871 *Vischer*, in: FS Kramer, S. 985 (992).

1872 Diesen Gedanken verwirft auch *Hübner*, Kollisionsrechtliche Behandlung von Gesellschaften aus 'nicht-privilegierten' Drittstaaten, 2011, S. 144.

1873 EuGH Urt. v. 10.6.1986 Rs. 79/85 – *Segers*, Slg. 1986, 2375.

1874 EuGH Urt. v. 10.6.1986 Rs. 79/85 – *Segers*, Slg. 1986, 2375.

1875 EuGH, Urt. v. 9.3.1999, Rs. C-212/97 – *Centros*, Slg. 1999, I-1459.

des EuGH seitens der Schweiz, aus der nicht umgekehrt Rechte für in EU-Mitgliedstaaten zuziehende schweizerische juristische Personen hergeleitet werden können: Denn die in Art. 16 Abs. 2 FZA angesprochene formelle Bindung bezieht sich überhaupt nur auf die vor der Unterzeichnung des Abkommens am 21. Juni 1999 ergangenen Judikate des EuGH mit konkretem Blick auf Begriffe des Unionsrechts, die für die Anwendung der Abkommen herangezogen werden.[1876]

Deutlich wird dabei zunächst, daß es sich bei dem Abkommen grundsätzlich um einen gewöhnlichen völkerrechtlichen Vertrag handelt, der lediglich statisch formulierte Verpflichtungen enthält; gleichwohl verdient das FZA in den Worten von Generalanwalt *Dámaso Ruiz-Jarabo Colomer* eingehendere Betrachtung, „da das Abkommen mit der Schweiz eine Einbeziehung des gemeinschaftlichen Besitzstands umfasst, wie es ebenfalls bei dem Beitritt eines Staates zur Gemeinschaft der Fall ist.“ [1877] Angesichts dieser Tragweite des Abkommens spricht sich namentlich *Astrid Epiney* dafür aus, „dass auf der Grundlage völkerrechtlicher Auslegungsmethoden von einer grundsätzlich dynamischen Teilnahme der Schweiz an dem relevanten Teil des *acquis communitaire* auszugehen ist“.[1878] Sie geht weiterhin davon aus, dass es sich beim Freizügigkeitsabkommen somit um einen „echten Integrationsvertrag“ handele.[1879] Diese weite Auffassung mag auf das dynamische *Schengen*-Abkommen[1880] zutreffen, denn es ist nicht nur eine Einbindung in den zum Zeitpunkt der Unterzeichnung bestehenden *acquis*, sondern darüber hinaus ausdrücklich eine Teilnahme der

---

1876 *Tobler*, in: Breuss/Cottier/Müller-Graff/Hatje (Hrsg.), Die Schweiz im europäischen Integrationsprozess, 2008, S. 11 (20 in Fn. 67).

1877 Schlussanträge des Generalanwalts Ruiz-Jarabo Colomer vom 6. Juni 2006 in der Rs. C-339/05 – *Zentralbetriebsrat der Landeskrankenhäuser Tirols gegen Land Tirol*, Slg. 2006 I-07097; die genannte EuGH Rechtssache wurde jedoch mit Beschl. v. 4.8.2006 im Register des Gerichtshofes gestrichen.

1878 *Epiney*, ZJBV 2005, 1 (31).

1879 In neuerer Zeit scheint *Astrid Epiney* diese Aussage jedoch zu relativieren: „Die Abkommen stellen – im Gegensatz zum EWR – keine ‚Integrationsverträge‘ im Sinn einer echten Einbindung in die Integration der EU-Staaten dar. Vielmehr handelt es sich um ‚klassische‘ völkerrechtliche Instrumente, die auf dem Prinzip der Gleichwertigkeit der Gesetzgebung bzw. Standards beruhen und deren zentrale Organe die aus entscheidenden Gemischten Ausschüsse sind.“ Siehe *Epiney*, in: Epiney/Freiburghaus (Hrsg.) Beziehungen Schweiz – EU, 2010, S. 41 (43).

1880 Abkommen zwischen der Schweizerischen Eidgenossenschaft, der Europäischen Union und der Europäischen Gemeinschaft über die Assoziierung dieses Staates bei der Umsetzung, Anwendung und Entwicklung des Schengen-Besitzstands abgeschlossen am 26. Oktober 2004 (0.362.31); siehe *Epiney*, in: Epiney/Freiburghaus (Hrsg.), Beziehungen Schweiz – EU, 2010, S. 41 (44).

Schweiz an dessen Weiterentwicklung vorgesehen.[1881] Zumindest angedacht werden könnte eine weite Auslegung im Hinblick auf das Luftverkehrsabkommen[1882]; schließlich handelt es um ein partielles Integrationsabkommen, und nicht nur um ein Liberalisierungsabkommen wie das FZA.[1883] Die übrigen sektoriellen und bilateralen Verträge sind demgegenüber statischer Natur, und somit nicht dynamisch als Integrationsverträge ausgestaltet.[1884] Soweit diese primäres Unionsrecht übernehmen oder auf Vorgaben des Sekundärrechts verweisen, handelt es sich lediglich „um eine Momentaufnahme zur Zeit der Unterzeichnung des Abkommens".[1885]

Auf dieser Grundlage bieten diese auch nur beschränkten Raum, um künftige Rechtsentwicklungen auf unionsechtlicher Ebene ohne Vertragsanpassungen einzubeziehen.[1886] Damit kann nicht auf die nach Unterzeichnung ergangenen Judikate des EuGH zur Niederlassungsfreiheit im Rahmen der Auslegung des FZA rekurriert werden.

Auch eine systematische Betrachtung führt zu einer restriktiven Auslegung des Abkommens: Teil des „Paktes" Bilaterale I ist auch das Luftverkehrsabkommen (LVA), bei dem es sich um ein sog. partielles Integrationsabkommen handelt. Anders als bei den übrigen sechs sektoriellen Abkommen der Bilateralen I basiert auch das LVA auf einer vollständigen Integration in den *acquis*. Dies macht deutlich, dass es sich dabei um ein Sonderphänomen handelt, das nicht auf das statisch ausgestaltete Personenfreizügigkeitsabkommen übertragen werden kann. Zudem ist für den Anwendungsbereich des Luftverkehrsabkom-

---

1881 *Kaddous*, in: Breuss/Cottier/Müller-Graff/Hatje (Hrsg.), Die Schweiz im europäischen Integrationsprozess, 2008, S. 153 (161) sieht dies ebenso: « Il est prévu que, dans la mesure où l'application de l'ALCP implique des notions de droit communautaire, doive être prise en compte.»

1882 Abkommen zwischen der Schweizerischen Eidgenossenschaft und der Europäischen Gemeinschaft über den Luftverkehr abgeschlossen am 21. Juni 1999 (SR 0.748.127. 192.68.); siehe *Markwalder Bär*, in: Breuss/Cottier/Müller-Graff/Hatje (Hrsg.), Die Schweiz im europäischen Integrationsprozess, 2008, S. 111 (121)

1883 *Tobler*, in: Breuss/Cottier/Müller-Graff/Hatje (Hrsg.), Die Schweiz im europäischen Integrationsprozess, 2008, S. 11 (27 i.V.m. Fn. 67). Das Luftverkehrsabkommen sieht in Art. 1 Abs. 2 eine formelle Bindung an die Rechtsprechung des EuGH vor. Diese bezieht sich jedoch nur auf die vor der Unterzeichnung des Abkommens am 21. Juni 1999 ergangenen Judikate mit konkretem Blick auf diejenigen Begriffe des Unionsrechts, die für die Anwendung des Abkommens herangezogen werden.

1884 *Cottier/Liechti*, in: Breuss/Cottier/Müller-Graff/Hatje (Hrsg.), Die Schweiz im europäischen Integrationsprozess, 2008, S. 40 (53)

1885 *Tobler*, in: Breuss/Cottier/Müller-Graff/Hatje (Hrsg.), Die Schweiz im europäischen Integrationsprozess, 2008, S. 11 (20).

1886 *Cottier/Liechti*, in: Breuss/Cottier/Müller-Graff/Hatje (Hrsg.), Die Schweiz im europäischen Integrationsprozess, 2008, S. 40 (53).

mens Schweiz-EG (LVA),[1887] die Niederlassungsfreiheit von Gesellschaften über die Gleichstellung mit natürlichen Personen ausdrücklich in einer den Vorschriften der Art. 49 und 54 AEUV (*ex*-Art. 43 und 48) im Gemeinschaftsrecht entsprechenden Weise geregelt (vgl. Art. Artikel 4 und Artikel 5 LVA). Aus der systematischen Betrachtung der Abkommen folgt somit, dass Gesellschaften durch das FZA nicht dieselbe Reichweite der Niederlassungsfreiheit eingeräumt worden ist, wie man dies im LVA getan hat. Denn anders als die vollständige Gleichstellung nach Art. 5 LVA wurden Gesellschaften im Personenfreizügigkeitsabkommen ausdrücklich nur hinsichtlich der Dienstleistungsfreiheit in Art. 5 Abs. 1 FZA und Art. 17f. Anhang I zum FZA den natürlichen Personen gleichgestellt.[1888]

Wohl eher gegen eine Ausdehnung des FZA auf juristische Personen spricht zudem die Präambel des Personenfreizügigkeitsabkommens. Die Präambel gehört zwar nicht zum eigentlichen Regelungstext und ist auch nicht rechtlich bindend; sie kann aber über die Ziele des Staatsvertrages Auskunft geben.[1889] Zwar will das FZA die Personenfreizügigkeit zwischen den Abkommensstaaten „auf der Grundlage der in der Europäischen Gemeinschaft geltenden Bestimmungen" realisieren, was für eine im Einklang mit den europäischen Verträgen stehende Auslegung zu sprechen scheint. Allerdings ist dort lediglich die Rede davon, „dass die Freizügigkeit der Personen im Hoheitsgebiet der anderen Vertragspartei wesentlicher Bestandteil einer harmonischen Entwicklung ihrer Beziehungen ist".[1890] Es fällt somit bereits zu Beginn ins Auge, dass lediglich von „Personen", nicht aber von „Gesellschaften" oder „juristischen Personen" die Rede ist, was bei einer systematisch-teleologischen Auslegung gegen eine Ausdehnung auch auf Letztere spricht. Zugleich ist in der Botschaft der Schweizer Bundesregierung nur von Bürgerinnen und Bürgern, nicht jedoch von Gesellschaften die Rede.[1891]

Gerade weil die Personenfreizügigkeit und die Dienstleistungsfreiheit im Entstehungsprozess höchst umstrittene Verhandlungsmaterie darstellten[1892], ist

---

1887 Abkommen zwischen der Schweizerischen Eidgenossenschaft und der Europäischen Gemeinschaft über den Luftverkehr v. 21. 6. 1999, ABl. EG Nr. L 114 v. 30. 4. 2002, S. 73.

1888 *Jung*, NZG 2008, 681 (683).

1889 So wird die Präambel gemäß Art. 32 Abs. 2 WVK als Hilfsmittel der systematischen Auslegung von Staatsverträgen betrachtet.

1890 Abkommen vom 21. Juni 1999 zwischen der Schweizerischen Eidgenossenschaft einerseits und der Europäischen Gemeinschaft und ihren Mitgliedstaaten andererseits über die Freizügigkeit AS 2002 1529; (0.142.112.681).

1891 Botschaft v. 23. 6. 1999, BBl 1999, 6128.

1892 So klammerte noch das Freihandelsabkommen von 1972 den Dienstleistungshandel vollständig aus; vgl. Botschaft des Bundesrates an die Bundesversammlung vom 16.

davon auszugehen, dass die zuvor genannte Differenzierung innerhalb der Abkommen des Paktes Bilaterale I bewusst gewählt wurde.[1893] Auch war es vor dem Hintergrund des im Jahr 1992 gescheiterten EWR-Beitritts der Schweiz nicht beabsichtigt, die europäischen Grundfreiheiten unbesehen zu übernehmen, so dass man nur über ein insoweit eingeschränktes Verhandlungsmandat verfügte.[1894] Im Ergebnis muss man somit aufgrund des Wortlauts, der Systematik und der Entstehungsgeschichte zum Ergebnis kommen, dass juristische Personen nicht in den Schutzbereich der im FZA statuierten Niederlassungsfreiheit einbezogen sind, wovon auch das OLG Hamm in seiner Entscheidung ausgeht.[1895]

Der in der Schweizer Literatur vertretenen Ansicht, das FZA sei ein partieller Integrationsvertrag,[1896] hat schließlich auch der EuGH in zwei kurz aufeinan-

---

August 1972 über das Abkommen zwischen der Schweizerischen Eidgenossenschaft und den Europäischen Gemeinschaften, BBl 1972 653, 673. Das Verhandlungsziel im Rahmen der bilateralen Vertragspakete von 1999 und 2004 bestand zwar zunächst darin, einen gegenseitigen diskriminierungsfreien Zugang zu den Dienstleistungsmärkten auf der Grundlage des bisherigen *Acquis Communautaire* zu erreichen. Dieses Dossier erwies sich jedoch als zu umstritten, so daß die Verhandlungen im Jahr 2003 unterbrochen wurden mussten und seitdem ruhen. Einstweilen bleibt der Abschluss eines umfassenden Dienstleistungsabkommens Schweiz – EU somit ein *„left-over“*. Siehe *Oesch,* in: Breuss/Cottier/Müller-Graff (Hrsg.), Die Schweiz im europäischen Integrationsprozess, 2008, S. 11 (235).

1893 Inhaltlich ist dies gerade bei Dienstleistungsfreiheit zu spüren, bei denen einen Annäherung weit weniger intensiv erfolgt und zudem nur selektiv erfasst ist. Inhaltlich ist dies gerade bei Dienstleistungsfreiheit zu spüren, bei denen einen Annäherung weit weniger intensiv erfolgt und zudem nur selektiv erfasst ist. *Tobler,* in: Breuss/Cottier/Müller-Graff (Hrsg.), Die Schweiz im europäischen Integrationsprozess, 2008, S. 11 (19).

1894 Botschaft des Bundesrates zur Genehmigung der sektoriellen Abkommen zwischen der Schweiz und der EG vom 23.6.1999, BBl. 1999 I, S. 6309 Rn. 272 (98.028). „Die Ausgangssituation beim Beginn der bilateralen Verhandlungen war entscheidend anders als zu Beginn der Verhandlungen über den EWR. Es ging nicht mehr darum, die Übernahme der vier Freiheiten insgesamt zu verhandeln, um voll und ganz am Binnenmarkt teilzunehmen.“

1895 Siehe nur *Meier-Hayoz*, Der Richter als Gesetzgeber, 1951, S. 42: „Der Wortlaut hat danach doppelte Aufgabe: er ist Ausgangspunkt für die richterliche Sinnesermittlung und steckt zugleich die Grenzen seiner Auslegungstätigkeit ab.“ Eine Deutung, die nicht mehr im Bereich des möglichen Wortsinns liegt, ist nicht mehr Ausdeutung, sondern wäre Umdeutung; siehe *Larenz/Canaris*, Methodenlehre der Rechtswissenschaft, 1995, S. 143; *Bydlinski*, Juristische Methodenlehre und Rechtsbegriff, 1991, S. 243; *Neuner*, Die Rechtsfindung contra legem, 2005, S. 90.

1896 Siehe insbesondere *Epiney*, ZBJV 141 (2005), 1 (11), nach *Astrid Epiney* soll es im FZA darum gehen, „dass die Schweiz für den Bereich der Personenfreizügigkeit in den Rechtsraum der EG ‚integriert‘ wird: Sowohl die Präambel des Abkommens als auch

derfolgenden Entscheidungen aus den Jahren 2009[1897] und 2010[1898] eine Absage erteilt. In seiner *Grimme*-Entscheidung hat der EuGH zu der Grundsatzfrage Stellung genommen, ob Vorschriften des FZA, die mit unionsrechtlichen Bestimmungen inhaltsgleich sind, auch in gleicher Weise auszulegen sind wie das entsprechende Unionsrecht.[1899] Diese Frage verneint der EuGH, indem er darauf hinweist, dass „die den gemeinschaftsrechtlichen Bestimmungen über den Binnenmarkt gegebene Auslegung nicht automatisch auf die Auslegung des Abkommens übertragen werden [könne], sofern dies nicht im Abkommen selbst ausdrücklich vorgesehen ist". Mit dieser Diktion erinnert der EuGH an seine *Polydor*-Entscheidung,[1900] in welcher der Gerichtshof analogen Bestimmungen in Abkommen mit Drittstaaten und dem Unionsrecht unter Umständen eine unterschiedliche Bedeutung und Tragweite zuerkennt, wenn und soweit die beiden Regelwerke unterschiedliche Zielsetzungen verfolgen.[1901]

Art. 16 lassen klar erkennen, dass das in der EU bestehende Regime der Garantie der Personenfreizügigkeit – womit hier die Grundfreiheiten und die Freizügigkeit gewisser Nichterwerbstätiger gemeint sind, nicht die sich aus der Unionsbürgerschaft ergebenden Rechte – auf die Schweiz ausgedehnt werden soll." In neuerer Zeit jedoch relativiert *Epiney* diese Aussage wieder: „Die Abkommen stellen – im Gegensatz zum EWR – keine ‚Integrationsverträge' im Sinn einer echten Einbindung in die Integration der EU-Staaten dar. Vielmehr handelt es sich um ‚klassische' völkerrechtliche Instrumente, die auf dem Prinzip der Gleichwertigkeit der Gesetzgebung bzw. Standards beruhen und deren zentrale Organe die entscheidenden Gemischten Ausschüsse sind." Siehe *Epiney*, in: Epiney/Freiburghaus, Beziehungen Schweiz – EU, 2010, S.41 (43).

1897 EuGH Urt. v. 12. 11. 2009 Rs. C-351/08 – *Grimme*, Slg. 2009 I-10777 Rn. 35; siehe die kritische Anmerkung zu dieser Entscheidung bei *Epiney/Metz/Pirker*, Zur Parallelität der Rechtsentwicklung in der EU und in der Schweiz 2012, S. 219 f., die die Argumentation des Gerichtshofs keineswegs für zwingend erachten und sich gegen den Ausschluss juristischer Personen aus dem Schutz des FZA aussprechen. Gleichwohl weisen sie auf S. 221 darauf hin, dass „ein Grenzfall vorliegen dürfte, ist doch im Wortlaut des Abkommens eine ausdrückliche Abweichung in dieser Frage vom AEUV zu verzeichnen".

1898 EuGH Urt. v. 11. 2. 2010, Rs. C-541/08 – *Fokus Invest AG*, Slg. Slg. 2010, I-1025 Rn. 30: "Der Gerichtshof ist zu der Feststellung gelangt, dass dieses Abkommen und sein Anhang mit Ausnahme von Art. 5 Abs. 1 des Abkommens und Art. 18 des Anhangs I des Abkommens, mit denen Gesellschaften ein bestimmtes Recht auf die Erbringung von Dienstleistungen eingeräumt wird, keine Bestimmung enthalten, die juristischen Personen ein Recht gewährte."

1899 Siehe dazu *Baudenbacher*, ELR 2010, 34 (34).

1900 EuGH Urt. v. 9.2.1982, Rs. 270/80 – *Polydor*, Slg. 1982 329 Rn. 7–21.

1901 *Oesch*, SZIER 2011 583 (607/8): Auch vor diesem Hintergund einer eher „integrationsunfreundlichen Wortwahl" weist *Matthias Oesch* gleichwohl darauf hin, dass im Grundsatz jedenfalls dann von einer Vermutung zugunsten einer parallelen Auslegung wörtlich oder sinngemäß übernommener Bestimmungen durch den Gerichtshof ausge-

Nach alledem können juristische Personen nach dem FZA nicht in den Genuss der Niederlassungsfreiheit kommen.

Das OLG Hamm stützt die uneingeschränkte Anerkennung von Kapitalgesellschafen aus der Schweiz zwar nicht auf die Regelungen zur Freizügigkeit, sondern auf die im Abkommen gewährleistete „partielle Dienstleistungsfreiheit". Aufgrund des Freizügigkeitsabkommens sind Gesellschaften, die nach schweizerischem Recht gegründet wurden und ihre Hauptverwaltung in einem Staat der Europäischen Union haben, grundsätzlich privilegiert. Daraus folgt für den erkennenden Senat, dass „eine schweizerische Gesellschaft, die sich innerhalb der vom Abkommen vorgegebenen Grenzen in Deutschland betätigt, auch dann als solche anerkannt wird, wenn ihr Verwaltungssitz vorübergehend in Deutschland liegt." Gegenüber diesen Gesellschaften sind Beschränkungen grenzüberschreitender Dienstleistungen, deren Dauer 90 tatsächliche Arbeitstage nicht überschreitet, untersagt.[1902]

Eine solche Beschränkung der zuziehenden schweizerischen Gesellschaft ist in jedem Fall darin zu erblicken, dass unter Geltung der Sitztheorie auch eine solche kurzzeitige Verlegung des Verwaltungssitzes zum Statutenwechsel führen würde, mit der Folge, dass der oder die Gesellschafter für die im Rahmen der Dienstleistungserbringung entstandenen Verbindlichkeiten – nach „Umqualifizierung" der Gesellschaft nach der sog. modifizierten Sitztheorie – persönlich haften. Genau in dieser Verschlechterung des Haftungsregimes ist eine nach dem Abkommen untersagte Beschränkung der Dienstleistungsfreiheit zu erblicken.

Damit lässt sich eine Anerkennungspflicht schweizerischer Gesellschaften mit Verwaltungssitz in Deutschland jedenfalls für bestimmte Situationen des grenzüberschreitenden Rechtsverkehrs, wie dies bei der Erbringung von Beratungs- und Bauprojekten denkbar erscheint, feststellen. Auch wird die Erbringung von Dienstleistungen in Deutschland keineswegs in jedem Falle dazu füh-

---

gangen werden könne, sofern die Regelungsinhalte der betreffenden Bestimmungen im Gesamtkontext des Unionsrechts bzw. des FZAs auf derselben *ratio legis* beruhten.

1902 Dabei können sich die Gesellschaften auf die in derartigen Abkommen statuierten Rechte vor deutschen Gerichten unmittelbar berufen, wenn die maßgebliche Bestimmung unter Berücksichtigung ihres Wortlauts und im Hinblick auf Sinn und Zweck des Abkommens eine klare und eindeutige Verpflichtung enthält, deren Erfüllung oder Wirkungen nicht vom Erlass eines weiteren Aktes abhängen – so die st. Rspr. des EuGH: siehe dazu nur Urt. v. 30.9.1987 Rs. C-12/86 – *Demirel*, Slg. 1987, 3719, Rn. 14 und speziell zur Niederlassungsfreiheit, Urt. v. 27.9.2001 Rs. C-63/99; C-257/99; C-235/99 – *Gloszczuk*, Slg. 2001, 6369, Rn. 30.

ren, dass die betreffende Schweizerische Gesellschaft auch ihren Verwaltungssitz nach Deutschland verlegt.[1903]

Denn eine Verwaltungssitzverlegung im Rahmen der Erbringung von Dienstleistung ist allenfalls bei kleineren Gesellschaften denkbar: wenn diese nämlich eine Dienstleistung in Deutschland erbringt und in dieser Zeit auch der Alleingeschäftsführer in Deutschland tätig ist, der die Hauptverwaltung in diesem Fall gleichsam mit sich „herumträgt".[1904] So führt die Sitztheorie vor allem bei ‚mobilen' Gesellschaften mit minimaler organisatorischer Struktur, bei denen sich der Verwaltungssitz praktisch mit dem Aufenthaltsort der dahinter stehenden natürlichen Personen verändert, zu erheblicher Rechtsunsicherheit.[1905]

Genau in diesem Punkt der Lokalisierungs- und Beweisprobleme mit Blick auf den effektiven Verwaltungssitz offenbaren sich die Schwächen der Sitztheorie. Deshalb ist es durchaus berechtigt, die rechtspolitische Frage zu stellen, ob nicht, insgesamt im Verhältnis zur Schweiz zur Gründungstheorie überzugehen sei, „da die aus dem Abkommen folgende Differenzierung der Rechtssicherheit abträglich ist".[1906]

Insgesamt stößt die Entscheidung des OLG Hamm daher aus rechtspolitischer Sicht in eine wünschenswerte Richtung. Jedoch kann der Begründungsweg für die bilateralen Verträge unter dem Gesichtspunkt der Rechtsicherheit nicht über eine Anerkennung der in der Schweiz gegründeten Gesellschaften führen.

In dieser Hinsicht ist die Urteilsbegründung nach der hier vertretenen Ansicht nicht tragfähig genug.[1907] Endgültige Rechtsicherheit vermag deshalb nur der Gesetzgeber selbst zu verschaffen.

b) Das Intermezzo des OLG Hamburg

Nach der schwungvollen Ouvertüre des OLG Hamm folgte eine Entscheidung des OLG Hamburg, die sich mit der möglichen Anerkennung einer auf der Isle

---

1903 OLG Hamm Urteil v. 26.5.2006 (30 U 166/05) = BB 2006, 2487 (2488 Rn. 207) m. Anm. *Wachter*.

1904 So *Thölke*, DNotZ 2006, 143 (147) unter Berufung auf OLG Frankfurt, ZIP 1999, 1710.

1905 AnwKomm BGB-*Hoffmann*, 2012, Anh. zu Art. 12 EGBGB Rn. 148.

1906 *Thölke* DNotZ 2006, 143 (147). Anderer Auffassung ist demgegenüber *Jung*, NZG 2008, 681 (683): Selbst in diesen Sonderfällen, könne man nicht von einer durch das FZA gedeckten Verlegung des tatsächlichen Hauptverwaltungssitzes ausgehen, „da diese entweder nur vorübergehender Natur ist und damit im Interesse einer stabilen Anknüpfung unbeachtlich bleiben sollte oder bei Aufenthalten von mehr als 90 Tagen nicht mehr vom FZA erfasst wird".

1907 Zu diesem Urteil kommt auch Bamberger/Roth-*Mäsch*, EGBGB Anhang Art. 12 IntGesR, Fn. 133, S. 2677 mit Blick auf die Schweiz: „Wohl nur irrtümlich anders OLG Hamm ZIP 2006, 1822, 1823."

of Man gegründeten Drittstaatsgesellschaft auseinandersetzt und aus wenigstens zwei Gründen von Relevanz im hier zu untersuchenden Kontext ist: Zum wird in den Urteilsgründen Bezug auf die OLG Hamm-Entscheidung genommen; auch steht sie im Zeitablauf vor der Revisionsentscheidung des BGH in der Rechtsache *Trabrennbahn* Ende des Jahres 2008.

Demgegenüber hat sich das OLG Hamburg – in Kenntnis der Entscheidung des OLG Hamm – ein Jahr später für die Sitztheorie mit Blick auf eine Gesellschaft aus dem nicht privilegierten Drittstaat *Isle of Man* ausgesprochen und sich in Widerspruch zur OLG Hamm-Entscheidung gestellt.[1908] Der erkennende Senat des OLG Hamburg hat dabei auf die „überkommene Sitztheorie" zurückgegriffen, dies freilich nicht in deren „Reinform", sondern in jener vom BGH – noch unmittelbar vor der *Überseering*-Entscheidung des EuGH – in seinem *Jersey*-Urteil[1909] entwickelten Ausprägung (sog. modifizierte Sitztheorie).

Das Gericht hat insoweit zutreffend dargelegt, dass die nach dem Recht der *Isle of Man* gegründete *Limited* – vergleichbar mit dem Fall der schweizerischen AG – weder in den Genuss der europarechtlichen Niederlassungsfreiheit komme noch staatsvertragliche Regelungen enthalte, welche die Gründungstheorie zur Anwendung bringen könnten. Damit war der Fall ebenso bestens geeignet, um die bis anhin von der Rechtsprechung ungeklärte Frage zur Behandlung von Drittstaaten eindeutig zu beantworten: Wenn auch der erkennende Senat in seiner Urteilsbegründung deutliche Sympathien für die Gründungstheorie offenbart und festlegt, dass bereits zum Zeitpunkt der Entscheidung im Jahr 2007 die meisten Gesellschaftsstatute nach der Gründungstheorie ermittelt würden, so übt er sich sodann in Zurückhaltung, indem er der sog. „Sitztheorie" folgend die Ltd. als deutsche GbR qualifiziert und somit im Ergebnis der *Jersey*-Rechtsprechung[1910] folgt.[1911] Aus diesem Grund wird kritisiert, dass „dem OLG Hamburg allerdings der Mut gefehlt" habe,[1912] die Gelegenheit zu nutzen, und es im Einklang mit der Entscheidung des OLG Hamm ebenfalls die modernere Gründungsanknüpfung zur Begründung hätte heranziehen sollen. Die vom OLG Hamburg vorgenommene Differenzierung, ob die Ltd. nun innerhalb oder außerhalb der EU ihren Gründungssitz habe, sowie die Frage nach bestehenden Staatsverträgen kann als nicht mehr zeitgemäß angesehen werden.[1913] Hervorzuheben ist allerdings die Ausführlichkeit der Urteilsgründe, in welchen das OLG

1908 OLG Hamburg, Urt. v. 30.3.2007 – 11 U 231/04, BB 2007, 1519 = DB 2007, 1245 = NZG 2007, 597 = RNotZ 2007, 419 = ZIP 2007, 1108.

1909 BGH Urt. v. 1.7.2002 – II ZR 380/00, BGHZ 151, 204 = NJW 2002, 3539.

1910 BGH Urt. v. 1.7.2002 – II ZR 380/00, BGHZ 151, 204 = NJW 2002, 3539.

1911 *Ringe*, GmbHR 2007 769 (769).

1912 *Binz/Mayer* BB 2007 1519 (1521).

1913 So im Ergebnis *Ringe*, GmbHR 2007 769 (769).

Hamburg zu einer generellen Hinwendung zur Gründungstheorie tendiert. Angesichts der Tatsache, dass der erkennende Senat unabhängig von Sitz- oder Gründungstheorie zum gleichen Ergebnis gelangt wäre,[1914] hätte die Entscheidung, wie *Wolf-Georg Ringe* meint, eigentlich viel knapper begründet werden können.

Zum Schluss betont das Gericht, dass es sich als „bloßes“ Instanzgericht jedoch nicht dazu berufen sah, insoweit einer einheitlichen Rechtsentwicklung vorzugreifen – und dies, obwohl zu jener Zeit bereits „Vorboten“ einer Hinwendung zur Gründungstheorie am „Horizont“ des Gesetzgebungsverfahrens erkennbar waren. Denn dem erkennenden Senat des OLG Hamburg muss der bereits vorliegende Entwurf des MoMiG bekannt gewesen sein – was im Urteilsgründen jedoch keine direkte Erwähnung findet. Demnach war bereits vorhersehbar, dass für den Wegzug einer GmbH bzw. AG künftig die Gründungstheorie gelten sollte (Streichung von §§ 4 a Abs. 2 GmbHG, 5 Abs. 2 AktG). Es wäre somit durchaus zu vertreten gewesen, dies ebenfalls mit Blick auf Zuzugsfälle anzunehmen: Denn nicht zuletzt im Interesse der Einheit der Rechtsordnung wäre eine generelle Hinwendung zur Gründungstheorie wünschenswert gewesen. Auch existierte zu jener Zeit bereits die Initiative des Deutschen Rates für Internationales Privatrecht, die in noch deutlicherer kollisionsrechtlicher Form den Weg zur Gründungstheorie aufzeigt. Darauf nimmt der Senat auch Bezug, wobei er sich auf den Standpunkt zurückzieht, dass ausweislich der Initiative „zunächst eine einheitliche Regelung auf europäischer Ebene angestrebt werden“ solle, so dass – selbst wenn man das anders sehen und für eine autonome Lösung nach deutschem IPR plädieren wollte – „es doch nicht Aufgabe eines Instanzgerichts [sei], der einheitlichen Rechtsentwicklung insoweit vorzugreifen“.[1915]

Man kann in der Entscheidung des OLG Hamburg allerdings auch eine „elegante Lösung eines Dilemmas“ erblicken[1916]: Zwar hat der Senat seinerseits die „rechtspolitisch spektakuläre“ Hinwendung zur Gründungstheorie mit Blick auf Drittstaatsgesellschaften unterlassen. Da er gleichwohl in den Entscheidungsgründen überaus ausführlich auf die Vorteile der Gründungsanknüpfung

---

1914 Nur bis zum *Jersey*-Urteil des BGH wäre es auf diese Frage in der Entscheidung angekommen, denn lediglich bis zu dieser Entscheidung im Jahre 2002 hätte das Auseinanderfallen von Verwaltungs- und Gründungssitz zur Folge gehabt, dass eine solche Gesellschaft in Deutschland nicht als prozessfähig angesehen wurde (vgl. noch BGH vom 21.03.1986, Az.: V ZR 10/85). Diese "eiserne" Rechtsprechung – so *Ringe* GmBHR 2007, 769 (707) – habe der BGH erst mit seiner Entscheidung vom 01.07.2007 – II ZR 380/00 aufgegeben.

1915 OLG Hamburg, Urt. v. 30.3.2007 – 11 U 231/04, BB 2007, 1519 = NZG 2007, 597 (598).

1916 *Hübner*, Kollisionsrechtliche Behandlung von Gesellschaften aus „nicht-privilegierten“ Drittstaaten, 2011, S. 130: „sehr geschicktes Urteil“.

einging, hätte der BGH in einem etwaigen Revisionsverfahren zu diesen vorgebrachten Aspekten Stellung beziehen müssen.[1917] Insbesondere hätte er über die Richtigkeit seiner in der Entscheidung in der Rechtsache *Jersey*[1918] entwickelten „modifizierten Sitztheorie“ zu entscheiden gehabt. Diese Möglichkeit ist ihm dabei indessen durch den Vergleich der Parteien – vorerst – genommen worden.[1919] Vor diesem Hintergrund kann die Entscheidung des OLG Hamburg somit auch als „sehr geschicktes Urteil“ gewertet werden, indem es sich nicht ausdrücklich gegen die herrschende Meinung des BGH stellte und „zugleich den notwendigen Druck aufbaut, um die für die Praxis wichtige Frage der Anerkennung von Drittstaaten durch eine höchstrichterliche Entscheidung einer Lösung zuzuführen“.[1920]

c) *Das Finale vor dem BGH*

aa) Entscheidung

Der Bundesgerichtshof ist der rechtlichen Würdigung des OLG Hamm in seinem Revisionsurteil nicht gefolgt. Der BGH sah sich nicht darin gehindert, außerhalb staatsvertraglicher Bindungen weiterhin auf der Sitztheorie zu beharren.

Die Aktiengesellschaft schweizerischen Rechts ordnet der BGH zwar als rechtsfähige Personengesellschaft ein. Eine Subsumtionsarbeit dahingehend, ob es sich dabei um eine GbR oder oHG handelt, nimmt der II. Senat insoweit nicht vor.[1921]

Der BGH weist einleitend darauf hin, dass im Verhältnis zur Schweiz keine völkerrechtliche Grundlage bestehe, wonach eine Aktiengesellschaft schweizerischen Rechts mit Verwaltungssitz in Deutschland nach dem Recht ihres Gründungsstaates zu behandeln sei. Die Schweiz sei weder EU-Mitgliedstaat noch Partei des EWR-Abkommens, demnach finde auf sie die Niederlassungsfreiheit keine Anwendung. Auch das Freizügigkeitsabkommen begründe keine – auch nicht zeitlich begrenzte – Niederlassungsfreiheit für Gesellschaften, „denn die Gesellschaften können von der Dienstleistungsfreiheit auch ohne Verlegung ihres Verwaltungssitzes Gebrauch machen“.[1922] Ebenso wenig lasse sich aus anderen völkerrechtlichen Verträgen, wie dem Allgemeinen Übereinkommen über

---

1917 *Hübner*, Kollisionsrechtliche Behandlung von Gesellschaften aus „nicht-privilegierten“ Drittstaaten, 2011, S. 129.

1918 BGH Urt. v. 1.7.2002 – II ZR 380/00, BGHZ 151, 204 = NJW 2002, 3539.

1919 *Hübner*, Kollisionsrechtliche Behandlung von Gesellschaften aus „nicht-privilegierten“ Drittstaaten, 2011, S. 130.

1920 *Hübner*, Kollisionsrechtliche Behandlung von Gesellschaften aus „nicht-privilegierten“ Drittstaaten, 2011, S. 130.

1921 *Bartels*, ZHR 176 (2012), 412 (419).

1922 BGH, Urt. v. 27. 10. 2008 – II ZR 158/06, BGHZ 178 (188)

den Handel mit Dienstleistungen (GATS), eine Pflicht zur Anerkennung schweizerischer Gesellschaften herleiten. Denn eine völkerrechtsfreundliche Auslegung des nationalen Rechts im Sinne einer Gewährleistung auch der Niederlassungsfreiheit für schweizerische Gesellschaften scheitere bereits daran, „dass das Übereinkommen international nicht so verstanden wird“.[1923]

Ebenso wenig lasse sich eine Pflicht zur Anerkennung schweizerischer Gesellschaften aus der EMRK ableiten. Danach genießen juristische Personen zwar Grundrechtsschutz, jedoch gelte dieser Schutz nur für diejenigen juristischen Personen, die nach dem jeweiligen Kollisionsrecht anerkannt seien.[1924] Der BGH führt aus, dass die Rechtsfähigkeit von Gesellschaften, die in einem „Drittstaat“ gegründet worden sind, der weder der Europäischen Union angehört noch aufgrund von Verträgen hinsichtlich der Niederlassung gleichgestellt ist, weiterhin nach der Sitztheorie zu beurteilen sei.

Ob diese Beurteilung bezüglich der Gesellschaften aus Drittstaaten nach wie vor richtig sei, könne entgegen der Auffassung des mit der Berufung befassten OLG Hamm nicht mit der Begründung offengelassen werden, dass man jedenfalls im Verhältnis zur Schweiz von der Gründungstheorie auszugehen habe. Auch aus einer Angleichung des schweizerischen Rechts an die europäische Rechtsordnung könne sich nichts anderes ergeben. Schließlich habe sich die Schweiz bewusst gegen eine Mitgliedschaft in der EU und eine Ratifizierung des EWR-Abkommens entschieden. Es handele sich dabei um eine „bewusste Entscheidung gegen die dort für die EWR-Mitgliedstaaten eröffnete europäische Niederlassungsfreiheit, die von den deutschen Gerichten nicht unbeachtet gelassen werden kann“.[1925]

Schließlich komme eine „nur für die Schweiz geltende Ausnahme von den allgemeinen Regeln des deutschen Internationalen Privatrechts“ zudem „aus Gründen der Rechtssicherheit“ nicht in Betracht.[1926] Im Folgenden stellt der Senat kurz die Meinung der Befürworter einer Ausweitung der „Gründungstheorie“ dar, die sich „vor allem auf die Einheit des deutschen Kollisionsrechts und den durch die ‚Gründungstheorie‘ ausgelösten Wettbewerb der internationalen Gesellschaftsformen“ stütze.

Dieser stellt er sogleich in ausführlicher Weise die Argumente der „Gegenmeinung“ gegenüber: Diese sehe die Gründe für die „ursprünglich umfassende Geltung“ der ‚Sitztheorie’ vor allem im „Schutz der Gläubiger und Minderheitsgesellschafter nach deutschen Standards, Verhinderung einer Flucht in Gesellschaftsrechte mit den geringsten Anforderungen (*race to the bottom*); jedenfalls

---

1923 BGH, Urt. v. 27. 10. 2008 – II ZR 158/06, BGHZ 178 (188).
1924 BGH, Urt. v. 27. 10. 2008 – II ZR 158/06, BGHZ 178 (188).
1925 BGH, Urt. v. 27. 10. 2008 – II ZR 158/06, BGHZ 178 (189).
1926 BGH, Urt. v. 27. 10. 2008 – II ZR 158/06, BGHZ 178 (189).

im „Verhältnis zu den Drittstaaten als nach wie vor gegeben an“ und nehme deshalb ein „gespaltenes“ Kollisionsrecht in Kauf.

Es fällt auf, dass der BGH in der Urteilsbegründung auf Distanz zu der Ansicht geht, die es nach dem Übergang von der ‚Gründungstheorie‘ zur ‚Sitztheorie‘ für Gesellschaften unter dem Regime der europarechtlichen Niederlassungsfreiheit für geboten erachtet, dass diese Entwicklung „einen ebensolchen Schritt für Gesellschaften aus Drittstaaten rechtfertigt oder gar erfordert“;[1927] wesentlich größeren Raum in der Urteilsbegründung nehmen demgegenüber die zuvor genannten Schutzaspekte der Sitztheorie ein.

Obwohl der BGH bis dahin keine materiellen Argumente dafür liefert, ob die dynamische Ausweitung der Gründungsanknüpfung unter dem Regime der europarechtlichen Niederlassungsfreiheit „einen ebensolchen Schritt für Gesellschaften aus Drittstaaten rechtfertigt oder gar erfordert“,[1928] hegt er augenscheinlich keine großen Sympathien für einen solchen Schritt. Seine ablehnende Entscheidung führt er vielmehr darauf zurück, dass der Gesetzgeber dazu bisher noch keine Regelung getroffen habe. So enthalte insbesondere die durch das MoMiG genänderte Fassung des § 4 a GmbHG keine Regelung über die Anerkennung ausländischer Gesellschaften mit Verwaltungssitz im Inland.[1929]

Nachdem der BGH zunächst zurückhaltend die „Rechtsquellendogmatik“ des Internationalen Privatrechts durchschritten hat, verweist der BGH auf den Referentenentwurf eines Gesetzes zum Internationalen Privatrecht der Gesellschaften, Vereine und juristischen Personen, der den Vorschlag enthält, die "Gründungstheorie" im deutschen Recht zu kodifizieren. Sogleich ergänzt der Senat jedoch, dass dieses Gesetzgebungsvorhaben noch nicht abgeschlossen sei, und weist darauf hin, dass „[g]egen die ‚generelle Geltung der Gründungstheorie‘ im politischen Meinungsbildungsprozess Bedenken geäußert worden [seien]“. Vor diesem Hintergrund sei „es schon vom Ansatz her nicht Sache des Senats, der Willensbildung des Gesetzgebers vorzugreifen und die bisherige Rechtsprechung zu ändern“. Schließlich sei ein solches Bedürfnis auch im konkreten Fall nicht ersichtlich, weil die Klägerin nicht daran gehindert werde, ihre Rechte vor deutschen Gerichten geltend zu machen.

bb) Kritik

Mit seinem *Trabrennbahn*-Urteil hat der sich der II. Zivilsenat ausdrücklich zur gespaltenen Anknüpfung im deutschen Internationalen Gesellschaftskollisionsrecht bekannt, wonach zwar im Geltungsbereich der gemeinschaftsrechtlichen Niederlassungsfreiheit in EU und EWR sowie im staatsvertraglich privilegierten

1927 BGH, Urt. v. 27. 10. 2008 – II ZR 158/06, BGHZ 178 (189).

1928 BGH, Urt. v. 27. 10. 2008 – II ZR 158/06, BGHZ 178 (189).

1929 BGH, Urt. v. 27. 10. 2008 – II ZR 158/06, BGHZ 178 (190).

Bereich die Gründungsanknüpfung zur Anwendung gelangt, die „Sitztheorie" jedoch weiterhin für sonstige nichtprivilegierte Drittstaaten Bestand hat. Gegen diese gespaltene Anknüpfung wandte sich das OLG Hamm in der Vorinstanz, jedoch lässt der BGH keines der Argumente aus der instanzgerichtlichen Rechtsprechung gelten; vielmehr spricht er sich in seiner Revisionsentscheidung dezidiert für die Fortgeltung der Sitztheorie für in der Schweiz gegründeten Gesellschaften mit Verwaltungssitz in Deutschland aus.

Der Ausgangspunkt der Kritik muss sein, dass der BGH sich nicht in materieller Hinsicht mit genügender Intensität mit der Frage auseinandergesetzt hat, warum er an der Sitztheorie festzuhalten gedenkt. Lediglich der recht pauschale Hinweis auf ihre Schutzfunktion sowie der „unreflektierte Verweis auf die hergebrachte Rechtsprechungslinie"[1930] ist unzureichend, um die Fortgeltung der Sitztheorie in ihrem aktuellen Entscheidungszeitpunkt zu rechtfertigen. Mit Recht wird kritisiert, der Senat habe es versäumt, in seinem *Trabrennbahn*-Urteil, die Anwendung der Sitztheorie den neuen Rahmenbedingungen entsprechend in grundlegender Weise zu hinterfragen und unter Berücksichtigung der zwischenzeitlich ergangenen Rechtsprechung und Literatur neu zu fundieren.[1931]

Der bloße Verweis auf das im Entwurfsstadium befindliche Gesetz mag deshalb – zumindest nicht in seiner Totalität – zu überzeugen. Vor dem Hintergrund, dass bislang (noch) keine Kodifikation des Gesellschaftskollisionsrechts vorliegt, sind für die Grundsatzfrage nach dem „richtigen" Anknüpfungsmoment auch weiterhin die Rechtsprechung und die Rechtslehre berufen. Die Entscheidung für das Anknüpfungsmoment ist letztlich eine Frage der Rechtspolitik, die typischerweise vom Gesetzgeber zu treffen ist.

Solange der Gesetzgeber sich dagegen einer Regelung enthält, ist derjenigen Ansicht der Vorzug zu geben, die zu einem bestmöglichen Interessenausgleich führt. Das wiederum hat zur Folge, „dass die in rechtspolitischer Hinsicht überzeugende Ansicht zugleich die nach gegenwärtiger Rechtslage zutreffende Auffassung darstellt".[1932] Der BGH hat jedoch lediglich seine Rechtsprechung zur Sitztheorie fortgeschrieben, die aus einer Zeit stammt, in der der primärrechtlichen Niederlassungsfreiheit noch nicht die Bedeutung von der Rechtsprechung eingeräumt wurde, die sie heute innehat. Die Sitztheorie hatte „als wissenschaftliches Dogma" noch „Strahlkraft", heutzutage ist ihr Anwendungsbereich indessen so stark „durchlöchert", dass sie nicht mehr für sich in Anspruch nehmen kann, als umfassende „Schutztheorie" fungieren zu können; zumal sie ihrem geschrumpften Anwendungsbereich nach den weitaus größten Anteil ausländischer Gesellschaften in Deutschland überhaupt nicht mehr erfasst. Hier läuft die letzt-

1930 So die Kritik von *Lieder/Kliebisch* BB 2009, 338 (339).
1931 *Lieder/Kliebisch* BB 2009, 338 (339).
1932 *Lieder/Kliebisch* BB 2009, 338 (339).

endlich vom BGH befürwortete Differenzierung nach Herkunftsstaaten dem Anliegen einer „tragfähigen, in sich widerspruchsfreien Kollisionsnorm“ im Sinne einer einheitlichen Anknüpfung diametral entgegen.[1933] Denn wenn man an der Sitztheorie für sonstige nichtprivilegierte Drittstaaten festhält, so erhöht dies die Komplexität des deutschen Gesellschaftskollisionsrechts durch ein solch willkürliches „Nebeneinander“ – nicht ohne Grund wird bemängelt, das Internationale Gesellschaftsrecht werde immer mehr zu einem „Irrgarten“.[1934] Eine derart hypertrophe Regelung vermindere schließlich die für den internationalen Wirtschaftsverkehr erforderliche Rechtssicherheit erheblich[1935] und steigere die Kosten für grenzüberschreitende Transaktionen in nicht unerheblichem Maße.[1936]

(1) Schutzzweck der „Sitztheorie“ ?

Obwohl der BGH sich in seiner *Trabrennbahn*-Entscheidung nicht auf ein einziges materielles Argument stützt und vielmehr eine Rechtsprechungsänderung unter Hinweis auf das laufende Gesetzgebungsverfahren ablehnt, so stellt er doch die Schutzaspekte der Sitztheorie ausführlich dar. Es sei deshalb an dieser Stelle einer kurzen Überprüfung unterzogen, ob dieser materielle Aspekt der Sitztheorie als „Schutztheorie“ noch umfassende Geltung beanspruchen kann. Denn die „Sitztheorie“ kann nur dann als effizient angesehen werden, wenn ihre vorgebliche „Abschreckungswirkung“ auch tatsächlich greift, um „gesellschaftsrechtlich ‚Herr im eigenen Haus‘ bleiben“[1937] zu können.[1938] Ganz abgesehen von der Notwendigkeit derartiger territorialstaatlicher Sentiments muss an dieser

---

1933 *Lieder/Kliebisch* BB 2009, 338 (340).

1934 Dies konstatieren *Leible/Hoffmann* RIW 2002, 925 (935) unter Hinweis auf den Beitrag von *Fränkel*, RabelsZ 4 (1930), 239 (241); sie geben ferner zu bedenken, dass das vielzitierte Bild des Internationalen Privatrechts von *William L. Prosser* bald Realität zu werden scheint; vgl. *Prosser* Mich. L. Rev. 51 (1953) 959 (971): „a dismal swamp, filled with quaking quagmires, and inhabited by learned but eccentric professors who theorize about mysterious matters in a strange and incomprehensible jargon.“. Schließlich äußerte auch *Konrad Zweigert* den Verdacht, das IPR sei zu kompliziert geworden, weil „die Spezialisten dieses Rechtsgebiet in einem Ausmaß verfeinern und verwickeln, daß der durchschnittliche Richter damit nicht mehr arbeiten kann“ siehe *ders.* RabelsZ 37 (1973), 435 (451).

1935 *Leible*, in: FS Werner 2009, S. 256 (263).

1936 *Lieder/Kliebisch* BB 2009, S. 338 (340).

1937 So die Formulierung bei *Großfeld/Beckmann*, ZVglRWiss 91 (1992), 351 (352f.): „Deutschland liegt in Europas Mitte, es hat keine natürlichen Grenzen. Daher muß Deutschland um die Eigenständigkeit seiner Rechtskultur besonders bemühen, muß eine Überflutung mit ausländischen Rechtsvorstellungen verhindern. Es will und muß gesellschaftsrechtlich ‚Herr im eigenen Haus‘ bleiben…“

1938 Siehe auch *Müller,* Der Zuzug von Kapitalgesellschaften aus Drittstaaten, 2011, S. 261.

Stelle danach gefragt werden, ob die Sitztheorie überhaupt als geeignetes Instrument angesehen werden kann, um deutsche Schutzinteressen durchsetzen zu können. Der Sitztheorie wird nämlich vorgehalten, den Bereich der mit den Mitteln des Internationalen Gesellschaftsrechts zu schützenden Interessen zu überdehnen und die Schutzmöglichkeiten insgesamt zu überschätzen.[1939] Kritisch wird diese „Rechtfertigung“ durch vermeintliche Schutzzwecke der Sitztheorie auch in der Studie von *Harald Halbhuber* hinterfragt, indem er feststellt, daß es den Verteidigern der Sitztheorie in Wahrheit „nicht um einen allgemeinen Schutz von ‚Gläubigern‘, ‚Minderheitsgesellschaften‘ oder ‚Arbeitnehmern‘“ ginge.[1940] Diese Gruppen seien nämlich „zu abstrakt, als daß sie glaubwürdig den spontanen Ausbruch von Solidarität auslösen könnten,...“ Vielmehr stehe dahinter „die Sorge vor einem Verlust der dogmatischen Strukturen, die es der deutschen Gesellschaft über ein Jahrhundert ermöglicht haben, die tragischen Konflikte des kapitalistischen Wirtschaftssystems zu ertragen.“[1941] Die *Trabrennbahn*-Entscheidung macht deutlich, dass der BGH sich künftig mit den Folgen und der Rechtfertigung des gewählten kollisionsrechtlichen Ansatzes weitaus intensiver wird auseinandersetzen müssen.[1942]

(a) Abschreckungswirkung

Zunächst wird die Sitztheorie von ihren Befürwortern als „Schutztheorie“ mit einer erwünschten Abschreckungswirkung aufgefasst.[1943] Die Sitztheorie bezweckt mittels der Anknüpfung an den tatsächlichen Verwaltungssitz, dass regelmäßig das Recht desjenigen Staates zur Geltung kommt, der von den Aktivitäten der Gesellschaften am meisten betroffen ist. Auf diese Weise soll ein *level playing field* geschaffen werden, in dem sie für eine gesellschaftsrechtliche Gleichbehandlung aller schwerpunktmäßig im Inland tätigen Gesellschaften sorgt.[1944] Der Zweck ist darin zu erblicken, dass die Sitztheorie dem Staat, in dem sich der tatsächliche Verwaltungssitz befindet und der zugleich hauptsäch-

---

1939 *Behrens/Hoffmann*, in: Ulmer/Habersack/Löbbe (Hrsg.) GroßKomm GmbHG, Einl. B. Rn. 31.

1940 *Halbhuber*, Limited Company statt GmbH? Europarechtlicher Rahmen und deutscher Widerstand, 2001, S. 229.

1941 *Halbhuber*, Limited Company statt GmbH? Europarechtlicher Rahmen und deutscher Widerstand, 2001, S. 229.

1942 Siehe auch *Müller,* Der Zuzug von Kapitalgesellschaften aus Drittstaaten, 2011, S. 263.

1943 Staudinger-*Großfeld*, IntGesR, 1998, Rn. 34 ff.

1944 Siehe dazu *Ebke*, 36 Int'l Law (2002) 1015 (1027-1028): „The real seat doctrine stresses the importance of uniform treatment [...] by requiring that all corporations having their principal place of business, or real seat, in a particular state be incorporated under that state's law. Thereby, the doctrine creates a level playing field[...]”

lich „betroffen“ ist, mittels seiner zur Anwendung berufenen Gesellschaftsrechtsordnung eine wirksame Kontrolle über die auf seinem Territorium agierenden Gesellschaften ermöglicht.[1945] Dabei setzt die Sitztheorie auf eine „präventive Abschreckung“, um dieses Ziel zu erreichen.[1946] In Wahrheit jedoch führte die traditionelle Sitztheorie nicht zur Anwendung des inländischen Rechts verbunden mit den zugrunde liegenden Schutzstandards, sondern zu einer schlichten Nichtanerkennung der ausländischen Gesellschaft. Demnach hat die Sitztheorie den inländischen Schutzstandards allenfalls indirekt zur Durchsetzung verholfen, indem sie nämlich auf die Abschreckungswirkung setzte und auf der Hoffnung aufbaute, dass sich Inlandsunternehmen nicht nach ausländischem Recht inkorporieren würden.[1947]

In seiner *Trabrennbahn*-Entscheidung hat der BGH mit der modifizierten Sitztheorie die Schweizer AG als Personengesellschaft „umqualifiziert“; ob es sich um eine Gesellschaft bürgerlichen Rechts (GbR) handeln soll oder aber eine oHG, darauf geht der Senat nicht näher ein. Bereits in der Zeit vor dem Urteil ist in der Literatur dafür plädiert worden, vorbehaltlich des ausländischen Gründungsrechts das deutsche Kapitalgesellschaftsrecht auf Kapitalgesellschaften mit Verwaltungssitz im Inland anzuwenden;[1948] es wird dafür plädiert, dass an die Stelle der Subsumtion des ursprünglichen Gründungssachverhalts unter das deutsche Gesellschaftsstatut mit dem Ergebnis einer oHG oder BGB-Gesellschaft vielmehr eine qualifizierte Fortschreibung der ausländischen Rechtsform treten müsse.[1949] Demnach bliebe zwar eine Umqualifizierung nicht aus, jedoch würde nur nach der dem zugezogenen Verband ähnlichsten Rechtsform gesucht. Dieser Ansicht nach blieben juristische Personen so bruchlos juristische Personen, wenngleich deutschen Rechts. Damit wird die „modifizierte Sitztheorie“ nur ein weiteres Mal „modifiziert“; auch diese Überlegungen sind noch weit von der Akzeptanz ausländischer Rechtsprodukte im Sinne *Savignys* entfernt, insbesondere wenn man sich vergegenwärtigt, dass der bisher national fixierte *numerus clausus* des deutschen Gesellschaftsrechts infolge der EuGH-Rechtsprechung zunehmend aufgebrochen worden ist.[1950] Diese unumgängliche Erweiterung des *numerus clausus* ist somit ohnehin fester Bestandteil der rechtlichen Realität. Daher kann es nicht mehr *per se* um die Verhinderung ausländischer

---

1945 *Weller*, FS Goette, S. 583 (590).

1946 *Behrens* IPRax 2003, 193 (194).

1947 *Behrens*, in: Sonnenberger (Hrsg.) Vorschläge und Berichte zur Reform des europäischen und deutschen internationalen Gesellschaftsrechts, 2007, S. 401 (403).

1948 *Altmeppen*, NJW 2004, 97 (98 ff).

1949 *Bartels*, ZHR 176 (2012), 412 (433).

1950 *Kirchner*, FS Raiser, S. 181 (183).

Rechtsformen gehen, sondern nunmehr lediglich um den adäquaten Schutz von Drittinteressen.[1951]
Dem liegt eine „fast neurotisch anmutende Vorstellung" zugrunde, „dass nach fremden Recht gegründete und im Inland agierende Unternehmen vorwiegend aus Gründen des Rechtsmißbrauchs handelten".[1952] Die Worte des Editorials zur *Centros*-Entscheidung:[1953] „Es ist etwas faul im Staate Dänemark" von *Gerhard Kegel* lässt die zugrunde liegende Geisteshaltung offen zu Tage treten: „Wohin kommen wir, wenn bei uns jeder Klempner, Malermeister oder Dachdecker, … nach dem Gesellschaftsrecht von Bophuthatswana agieren darf?"[1954]

Vor dem Hintergrund des durch die Entscheidungstrias *Centros*[1955] – *Überseering*[1956] – *Inspire Art*[1957] eröffneten Wettbewerbs der Rechtsordnungen ist eine von der Furcht vor der „Überflutung mit ausländischen Rechtsvorstellungen"[1958] getragenene „Abschreckungswirkung" nicht nur anachronistisch, sondern europarechtswidrig: Nach der Rechtsprechung des EuGH sind zuziehende EG- bzw. EWR-Auslandsgesellschaften in Deutschland nach ihrem Gründungsrecht anzuerkennen; gleichzeitig bedienen sich deutsche Gründer verstärkt dieser Rechtsformen anstelle der deutschen GmbH. Gerade die Limited mit Verwaltungssitz in Deutschland erlebte einen regelrechten „Boom".[1959]

Im konkret zu entscheidenden Einzelfall ging es um Ansprüche im Zusammenhang mit den auf dem Trabrennbahngelände stattfindenden Veranstaltungen – eine Betätigung fernab von jeglichem Rechtsmissbrauch; es ging namentlich um die Veranstaltung von Trödelmärkten.[1960]

1951 *Kirchner*, FS Raiser, S. 181 (186).

1952 *Trautrims*, Das Kollisionsrecht der Personengesellschaften 2009, S. 35.

1953 EuGH, Urt. v. 9.3.1999, Rs. C-212/97 – *Centros*, Slg. 1999, I-1459.

1954 *Kegel*, EWS 1999, Heft 8 Editorial.

1955 EuGH, Urt. v. 9.3.1999, Rs. C-212/97 – *Centros*, Slg. 1999, I-1459.

1956 EuGH, Urt. v. 5.11.2002, Rs. C-208/00 – *Überseering*, Slg. 2002, I-9919.

1957 EuGH, Urt. v. 30. 9. 2003, Rs. C-167/01 – *Inspire Art*, Slg. 2003, I-10155.

1958 So die Formulierung bei *Großfeld/Beckmann*, ZVglRWiss 91 (1992), 351 (352f).

1959 *Lutter/Bayer/Schmidt*, Europäisches Gesellschafts- und Kapitalmarktrecht, 2012, § 6 Rn. 58, S. 83. Die Zahl dieser englischen Gesellschaften ist in Deutschland jedoch stark zurückgegangen. Die Ursache für diesen Rückgang ist jedoch weniger in der MoMiG-Reform und der damit intendierten gesteigerten Attraktivität der GmbH bzw. der neuen UG (haftungsbeschränkt) zu erblicken, als vielmehr in zusätzlichen Hürden denen sich englische Gesellschaften von Seiten der Rechtsprechung und -praxis in Deutschland ausgesetzt sehen; siehe dazu den Vortrag von *Wolf-Georg Ringe* anlässlich des 7. ECFR Symposiums in Luxemburg am 28 September 2012 abgedruckt in ECFR 2013, 230 (257ff.).

1960 Siehe die Darstellung in OLG Hamm Urteil v. 26.5.2006 (30 U 166/05) = AG 2007, 332 (332f.). Die schweizerische Gesellschaft wurde bereits am 24.9.2004 als Erbbauberechtigte für eine Trabrennbahnteilfläche in das Grundbuch eingetragen; die An-

Anhand der *Trabrennbahn*-Entscheidung wird umso mehr deutlich, wie sehr die rigide Sitztheorie an den wirtschaftlichen Realitäten vorbeigeht. Indem sie die Pathologie des Einzelfalls zum Leitgedanken erhebt, vermag sie „für die europäische und globale Wirklichkeit des 21. Jahrhunderts keine überzeugenden Lösungen [zu] bieten".[1961] Die Frage muss daher lauten, ob die Sitztheorie nicht insgesamt weit über „ihr Ziel hinausschießt, indem sie aus dem Kontrollbedürfnis die gesellschaftliche Grundregel ableitet"[1962] und somit durch eine flexibel handhabbare Geltung des Gründungsrechts im Hinblick auf die „Subjekteigenschaften" der Gesellschaft mit Durchbrechungen zugunsten der örtlichen Erfordernisse des „Verkehrsrechts" zu ersetzen ist.

Wer nach der Sitztheorie seinen tatsächlichen Geschäftssitz in Deutschland nimmt, muss sich aber „in Totalität" nach deutschem Gesellschaftsrecht richten. Solange jedoch nur der Sitz der Verwaltung im Ausland bleibt, kann jede Auslandsgesellschaft in Deutschland tätig werden. Eine Schutzwirkung im Hinblick auf eine Betätigung der Auslandsgesellschaft entfaltet die Sitztheorie damit jedoch nicht.[1963] Vielmehr zielt die Sitztheorie auf die Abwendung von Gefahren ab, die sich aus der bloßen Unterhaltung der Hauptverwaltung einer Auslandsgesellschaft in Deutschland ergeben. Woraus diese genau resultieren, bleibt dabei im Unklaren.[1964]

Soweit jedenfalls die Theorie. Indessen wäre die Umgehung dieses Erfordernisses für eine schweizerische Gesellschaft denkbar einfach: Bekanntlich folgen sowohl die Schweiz als auch England – wenn auch in anderer Ausgestaltung, so zumindest im Grundsatz – der Gründungstheorie. Daher wäre es aus schweizerischer Perspektive lediglich erforderlich, eine Gesellschaft nach englischem Recht zu gründen; diese kann wieder ihren Sitz in Deutschland nehmen, ohne dem deutschen Gesellschaftsrecht unterliegen zu müssen.[1965] Anstelle einer schweizerischen AG mit einem Aktienkapital von 100.000,-- Schweizer Franken würde dann eine nur wenigen britischen Pfund ausgestatte Ltd. unter Fehlen eines festen Nennkapitals und entsprechender strenger Kapitalaufbringungs- und -erhaltungsvorschriften in Deutschland agieren.

---

sprüche scheiterten erst letztinstanzlich daran, dass die hierfür erforderliche Zustimmungserklärung der Stadt von einem dazu nicht wirksam bevollmächtigten Beamten abgegeben worden ist.

1961 *Trautrims*, Das Kollisionsrecht der Personengesellschaften, 2009, S. 35.

1962 *Kropholler*, Internationales Privatrecht 2006, § 55 I 4 a), S. 575.

1963 *Trautrims*, Das Kollisionsrecht der Personengesellschaften, 2009, S. 36.

1964 *Trautrims*, Das Kollisionsrecht der Personengesellschaften, 2009, S. 36; siehe dazu *Meilicke* BB 1995, Beil. 9, 1 (2ff.).

1965 Siehe zu dieser Gestaltungsvariante *Horn*, NJW 2004, 893 (897).

(b) Gläubigerschutz

Mit dem zuletzt Gesagten wird deutlich, dass die Sitztheorie beim vorgeblich bezweckten Gläubigerschutz versagt. Zunächst muss die Überhöhung des Gläubigerschutzziels an sich hinterfragt werden: So hat *Daniel Zimmer* in seiner Habilitationsschrift nachgewiesen, dass die Effizienz des deutschen Systems der Kapitalsicherung im Vergleich mit anderen Rechtsordnungen deutlich überschätzt wird.[1966]

Aus ökonomischer Sicht geht es beim Gläubigerschutz um ein Problem negativer externer Effekte: Dabei ist ein Fall des *Ex-post*-Opportunismus gegeben, dem mit traditionellen Kapitalsicherungssystemen nicht beizukommen ist.[1967] Ein solcher Fall liegt dann vor, wenn es den Gesellschaftern rechtlich gestattet ist, durch nachträgliche Vermögensverschiebungen Kapital zu entziehen, so dass Dritte, die bei ihren Kreditverträgen eine vorteilhaftere Kapitalausstattung zugrunde gelegt haben, sich nunmehr damit abfinden müssen, dass die vormals ausgehandelten Kreditkonditionen es nicht mehr vermögen, das Risiko adäquat widerzuspiegeln.[1968] Diese transaktionskostenerhöhenden Vermögensverschiebungen zu verhindern, kann indessen nicht Sache zwingender Mindestkapitalvorschriften sein, sondern muss vielmehr den gesellschaftsrechtlichen Kapitalerhaltungsvorschriften sowie den Insolvenzanfechtungstatbeständen vorbehalten sein.[1969] Mindestkapitalvorschriften können daher aus ökonomischer Sicht nicht dazu dienen, die geschilderten negativen externen Effekte zu verhindern.[1970] Daher muss die Konzeption des Gläubigerschutzes über Mindestkapitalvorschrif-

---

1966 *Zimmer*, Internationales Gesellschaftsrecht, 1996, S. 326 ff.

1967 *Kirchner*, FS Raiser, S. 181 (196).

1968 *Kirchner*, FS Raiser, S. 181 (196).

1969 *Kirchner*, FS Raiser, S. 181 (196); dazu jedoch kritisch *Wackerbarth*, in: FS Horn, S. 605 (611): „Demgegenüber läßt sich die präventive Wirkung des deutschen Präventivschutzes in Gestalt der Kapitalerhaltung mitsamt ihrem Umgehungsschutz (Stichwort: verdeckte Sacheinlage) mit Fug und Recht bezweifeln: Bis zur Insolvenz nimmt in aller Regel niemand davon Kenntnis, dass die eingezahlte Stammeinlage sofort wieder entnommen wurde. Dementsprechend können die genannten Regeln gerade nicht als Seriösitätsschwelle fungieren, obschon dies immer wieder behauptet wird."

1970 So heißt es bei *Nobel*, AG 1998, 354 (356): „Juristen, die vom Grundkapital als Haftungssubstrat sprechen, bewegen sich noch in der Gedankenwelt des 19. Jahrhunderts." Auch von *Haas* ZIP 2006, 1373 (1382); *ders*, Gutachten E zum 66. DJT; *Eidenmüller* ZGR 2007, 168 (184f.) wird dem gesetzlichen Mindestkapital kein nennenswerter Beitrag zum Gläubigerschutz beigemessen. Ebenso kritisch zur Mindestkapitalkonzeption *Bayer/Lieder*, GmbHR 2006, 1121 (1128f.); *Grunewald/Noack*, GmbHR 2005, 189 (189ff.) sowie *Mülbert*, Der Konzern 2004, 151 (154f.).

ten, welche die Sitztheorie zu schützen bezweckt, als solche grundlegend in Frage gestellt werden.[1971]

Der Nutzen der im deutschen Recht bislang existierenden „ausgefeilten Schutzmechanismen“ steht damit keineswegs außer Zweifel[1972]: Zu nennen ist zunächst die verdeckte Sacheinlage, „neben dem Haftungsdurchgriff über 30 Jahre der ganze Stolz des deutschen BGH,“ von der sich der deutsche Gesetzgeber im Zuge der GmbH-Reform des Jahres 2008 mit einem Federstrich verabschiedet hat.[1973] Zuletzt ist die Kapitalgarantie in Deutschland nachhaltig erschüttert worden, als man von gesetzgeberischer Seite auf den „Boom“ der Ltd. mit Einführung der „UG haftungsbeschränkt“ – als „Kind des Wettbewerbs der Rechtsformen“[1974] – mit einer bloßen Thesaurierungspflicht reagierte:[1975] Befürchtungen vor Kapitalgesellschaften Schweizer Provenienz mit ähnlich dünner Kapitalausstattung sind demgegenüber nicht gerechtfertigt. So betont das Bundesgericht, dass der Schutz des Grundkapitals im schweizerischen Kapitalgesellschaftsrecht „eines der wichtigsten Prinzipien des Aktienrechts“ sei.[1976] In der Schweiz tätigen Unternehmen steht zudem keine Gesellschaftsform zur Verfügung, welche eine Haftungsbeschränkung nach Art der englischen *private limited* vorsieht.[1977] In der Schweiz gilt das System eines festen Grundkapitals basierend auf den drei Säulen des Mindestgrundkapitals, der Kapitalaufbringung und der Kapitalerhaltung.[1978] Was das Schweizer GmbH-Recht betrifft, so ist mit

---

1971 Seit der Fundamentalkritik auf europäischer Ebene durch den sog. *Rickford Report* aus dem Jahre 2004, wurde der bilanzbezogene Kapitalschutz im Gemeinschaftsrecht zur Diskussion gestellt und eine Abschaffung vorgeschlagen. Es handelte sich dabei um einen Bericht der Arbeitsgruppe des britischen Accounting Standards Board und des Company Law Centre am British Institute of International and Comparative Law, unter der Leitung von *Jonathan Rickford.* Siehe Reforming Capital Report of the Interdisciplinary Group on Capital Maintenance EBLR 15 (2004), 919 (966 ff.) sowie (979 ff.). Siehe bereits *Kübler*, in: Hopt/Wymeersch (Hrsg.), Capital Markets and Company Law, 2003, 95 f.

1972 *Roth,* in: Potacs/Rebhahn (Hrsg.). Anerkennungs-/Herkunftslandprinzip in Europa, 2010, S. 111 (116).

1973 *Roth,* in: Potacs/Rebhahn (Hrsg.). Anerkennungs-/Herkunftslandprinzip in Europa, 2010, S. 111 (116); siehe zur Neubewertung aufgrund des MoMiG *Drygala/Staake/Szalai,* Kapitalgesellschaftsrecht, 2012, § 7 Rn. 14.

1974 *Priester*, in: Schröder/Kanzleiter (Hrsg.) 3 Jahre nach dem MoMiG, 2012, S. 53 (53).

1975 *Lutter/Bayer/Schmidt*, Europäisches Gesellschafts- und Kapitalmarktrecht, 2012, § 6 Rn. 58, S. 83; auch sollte die UG „unter wirtschafts- und sozialpolitischen Gesichtspunkten Existenzgründungen erleichtern“; *Priester*, in: Schröder/Kanzleiter (Hrsg.) 3 Jahre nach dem MoMiG, 2012, S. 53 (54).

1976 BGE 132 III 673.

1977 *Herren,* GesKR 2006, 223 (226).

1978 *Meyer*, GesKR 2008, 220(221).

einem Stammkapital von 20.000 CHF nicht nur eine höhere Seriositätsschwelle als bei der deutschen Unternehmergesellschaft nach dem MoMiG vorgesehen; die Summe ist bereits vor der Handelsregisteranmeldung vollständig aufzubringen; vgl. Art. 777c Abs. 1 OR. Daneben ist auch die reale Kapitalaufbringung im Vergleich dazu im Schweizer GmbH-Recht eher gewährleistet.[1979]

Aus der tradierten Sicht deutschen Gläubigerschutzes zeichnet sich damit gewiss kein Schreckensbild ab, was die Nichtanerkennung einer Schweizer AG hätte rechtfertigen können. Ganz im Gegenteil schützt die traditionelle Sitztheorie – jedenfalls in ihrer ursprünglichen Form bis zum *Jersey*-Urteil[1980] – durch den Entzug der Rechts- und Parteifähigkeit weniger die Gläubiger als vielmehr die Gesellschaft als mögliche Schuldnerin. Denn dem Gläubigerschutz kann damit nicht gedient sein, dass ausländische Gesellschaften als Schuldner nicht gerichtlich belangt werden können. Man behalf sich seitens der deutschen Rechtsprechung damit, den zugezogene Gesellschaften trotz fehlender Rechtsfähigkeit zwar keine aktive, wohl aber eine passive Parteifähigkeit zuzuerkennen,[1981] was jedoch mit der geltenden deutschen Zivilprozessordnung nicht in Einklang zu bringen ist: Denn § 50 Abs. 1 ZPO unterscheidet nicht zwischen der aktiven und passiven Parteifähigkeit.[1982] Was die Durchsetzung von Gläubigeransprüchen anbelangt, bestehen im Hinblick auf schweizerische Gesellschaften keine Bedenken, da die Schweiz Vertragsstaat des Luganer-Übereinkommens[1983] ist.[1984]

(c) Schutz von Arbeitnehmerinteressen

Auch was den Schutz von Arbeitnehmerinteressen anbelangt, führt die Sitztheorie zu Inkonsequenzen: Hier muss der Befürchtung entgegengetreten werden, dass im Wege des ausländischen Gründungsstatuts „des Deutschen liebstes Kind“,[1985] sprich die unternehmerische Mitbestimmung, ausgehebelt wird. Der kostspielige deutsche Sonderweg der Arbeitnehmermitbestimmung behält die

1979 *Jung*, NZG 2008, 681 (685).

1980 BGH Urt. v. 1.7.2002 – II ZR 380/00, BGHZ 151, 204 = NJW 2002, 3539.

1981 BGH, Urt. v. 21.3.1986 – V ZR 10/85, BGHZ 97, 269 (271) = NJW 1986, 2194.

1982 Das geltende Prozessrecht beruht vielmehr auf einem Gleichlauf von Rechtsfähigkeit und Parteifähigkeit. So ist nach § 50 Abs. 1 ZPO damit jede rechtsfähige Person parteifähig; sie kann klagen (aktive Parteifähigkeit) und verklagt werden (passive Parteifähigkeit); siehe Musielak ZPO-*Weth,* § 50 Rn 13.

1983 Übereinkommen über die gerichtliche Zuständigkeit und die Anerkennung und Vollstreckung von Entscheidungen in Zivil- und Handelssachen (Lugano-Übereinkommen, LugÜ), abgeschlossen in Lugano am 30. Oktober 2007, für die Schweiz in Kraft getreten am 1. Januar 2011, AS 2010 5601 (SR 0.275.12).

1984 *Leible*, in: FS Werner, S. 256 (263).

1985 *Müller,* Der Zuzug von Kapitalgesellschaften aus Drittstaaten, 2011, S. 259.

Hälfte der Aufsichtsratssitze in allen großen Gesellschaften den Arbeitnehmervertretern vor.[1986] Genau aus diesen Gründen ist auch das Gesetzgebungsverfahren zum Internationalen Privatrecht in Deutschland vorerst zum Stillstand gekommen; man sah die unternehmerische Mitbestimmung als deutscher Sonderweg, der außerhalb Deutschlands in dieser Form von niemandem beschritten wird, in Gefahr. Angesichts des wachsenden Einsatzes sog. Scheinauslandsgesellschaften bestehen Befürchtungen, das deutsche Mitbestimmungsmodell werde systematisch unterlaufen. So wurden jüngst gesetzgeberische Maßnahmen gefordert, das Modell der unternehmerischen Mitbestimmung auf Auslandsgesellschaften zu erstrecken und auch im Inland den Geltungsbereich der paritätischen Mitbestimmung entsprechend auszuweiten.[1987]

Es soll daher im Folgenden untersucht werden, ob eine „Abschreckungswirkung" vor einer zuziehenden schweizerischen AG vor dem Hintergrund der unternehmerischen Mitbestimmung mittels Sitztheorie rechtfertigt werden kann und zumindest die Möglichkeit einer etwaige Ausdehnung der Mitbestimmung besteht. Es zeigt sich, wie problematisch allein der Ansatz ist, die Frage der unternehmerischen Mitbestimmung mit der richtigen kollisionsrechtlichen Anknüpfungsmethode zu verbinden, obwohl es sich dabei mitnichten um eine Frage des (Internationalen) Gesellschaftsrechts handelt und daher einer gesonderten Lösung bedarf.[1988] Wie bereits angedeutet, geht es vielmehr um ein spezifisches Konzept der Verteilungsgerechtigkeit und der Mitwirkung und nicht um den Schutz der Arbeitnehmer im Allgemeinen. Diese Mitwirkungsrechte müssen dabei nicht „notwendige Bestandteile der Unternehmensverfassung sein; vielmehr ist die Aushandlung kollektiver Mitsprachebefugnisse auch im Wege des Instrumentariums des Tarifvertrags möglich, wenngleich diese Möglichkeit positivrechtlich umstritten ist."[1989]

Die Sitztheorie scheint hier zumindest *prima facie* in ihrer originären Form mittels ihrer Nichtanerkennungsstrategie eine Lösung durch die Blockade aus-

---

1986 *Hopt* SZW 2008 235 (241); siehe zur aktuellen rechts- und wirtschaftswissenschaftlichen Kritik insbesondere *Hopt*, FS Westermann, S. 1039 (1046 ff.) sowie *ders.*, ZIP 2005, 461 (473).

1987 Vgl. die Anträge der Fraktion Die Linke v. 21.4.2010 (BT-Drucks. 17/1413) sowie der Fraktion der SPD v. 16.6.2010 (BT-Drucks. 17/2122) zur Ausweitung der Unternehmensmitbestimmung; siehe dazu die Stellungnahme von *Merkt*, ZIP 2011, 1237 (1237ff.).

1988 So auch *Wymeersch*, in: Liber Amicorum Ansay, S. 541 (547) vor dem Hintergurnd der primärrechtlichen Niederlassungsfreiheit: „Some more exceptional features of company law in certain jurisdictions will come under threat: co-determination may have to be separated from company law, and considered part of "enterprise law", at least if it is not scaled down on its own merits."

1989 *Mertens/Kirchner/Schanze*, Wirtschaftsrecht 1980, S. 110/111.

ländischer Rechtsformen an der Grenze herbeigeführt zu haben: So basiert die unternehmerische Mitbestimmung nach dem deutschen Mitbestimmungsgesetz von 1976 auf der dem deutschen dualistischen System immanenten Trennung von Leitungsorgan (Vorstand, §§ 76 AktG) und Aufsichtsorgan (Aufsichtsrat, §§ 95 AktG).[1990] Ausländische monistisch strukturierte Gesellschaftsformen, denen eine strikte Trennung von Leitungs- und Aufsichtsorgan fremd ist, konnte man so außen vor halten. Dies hat sich indes grundlegend gewandelt: Denn durch den Einsatz einer monistisch strukturierten (EU-)Auslandsgesellschaft kann die deutsche unternehmerische Mitbestimmung vermieden werden;[1991] ausländische Gesellschaften, die unter Wahrung ihrer Ausgangsrechtsform in Deutschland agieren können, sind vom sachlichen Anwendungsbereich des MitbestG und des DrittelbG nicht erfasst.[1992] Es gibt zahlreiche Beispiele für deutsche Unternehmen, die in der Zeit nach *Überseering* auf eine englische *limited (Ltd.)* bzw. *public limit company (plc.)* „umgestiegen" sind, um der deutschen Unternehmensmitbestimmung aus dem Wege zu gehen.[1993] Auch besteht bei der Europäischen Gesellschaft (*Societas Europaea*, SE) kraft europarechtlicher Vorgabe Wahlfreiheit zwischen dem monistischen und dem dualistischen System.[1994] Zum anderen wurde sogar in Deutschland von der im Juli 2005 von der Bundesregierung eingesetzten *„Kommission zur Modernisierung der deutschen Unternehmensmitbestimmung"* („II. Biedenkopf-Kommission") die Möglichkeit einer monistisch verfassten deutschen AG vorgeschlagen;[1995] mit Blick auf die monistisch verfasste SE in Deutschland sind noch viele Fragen unbeantwortet.[1996]

1990 Eine solche Trennung von Leitungs- und Aufsichtsorgan ist nur im deutschen und im niederländischen Gesellschaftsrecht bekannt, während die übrigen EU-Mitgliedstaaten ein einheitliches Verwaltungsorgan vorsehen; vgl. *Veit/Wichert* AG 2004, 14 (18).

1991 *Geyrhalter/Gänßler* NZG 2003, 409 (412); *Zimmer* NJW 2003, 3585 (3590).

1992 *Wisskirchen/Bissels//Dannhorn*, DB 2007 2258 (2260). Es ist indessen noch ungeklärt, ob nicht eine Ausdehnung infolge einer analogen Anwendung der deutschen Mitbestimmungsregeln möglich ist; siehe *Müller-Bonanni*, GmbHR 2003 1235 (1237).

1993 Siehe dazu die Beispiele von *Weller*, in: FS Goette, S. 583 (585). Genannt werden in diesem Zusammenhang die in der deutschen Bundeshauptstadt ansässige Fluggesellschaft Air Berlin, welche die Rechtsform einer englischen *public limited company (Plc.)* angenommen hat, sowie die Drogeriemarktkette Müller mit Verwaltungssitz in Ulm, welche als *Limited & Co. KG* organisiert ist.

1994 *Hopt*, SZW 2008 S. 235 (236).

1995 MünchKomm AktG-*Spindler*, Bd. 2, 2008, Vorbem. Rn. 38. Siehe zudem das Plädoyer für ein Wahlrecht für eine monistische Unternehmensverfassung im deutschen Aktienrecht *Fischer*, Monistische Unternehmensverfassung, 2010.

1996 Siehe dazu eingehend *Kepper*, Die mitbestimmte monistische SE deutschen Rechts, 2010.

Denn zweifelsohne ist die Entscheidung, anstelle einer deutschen Gesellschaftsform eine ausländische Rechtsform als Rechtsträger eines in Deutschland agierenden Unternehmens einzusetzen, oftmals die Attraktivität der Leitungsstruktur des ausländischen Gesellschaftsstatuts.[1997] Die in der Entscheidung des BGH – wie insbesondere auch gegen den Referentenentwurf – zum Vorschein kommende ablehnende Haltung gegenüber der Anwendung der Gründungstheorie auf Drittstaatstaatsgesellschaften liegt auch in der „Furcht vor dem Ende“ der deutschen Mitbestimmung begründet.

Es fragt sich indessen, ob die sog. modifizierte Sitztheorie, die als Rechtsfolge die *ex lege*-Umwandlung der ausländischen Kapitalgesellschaft in eine deutsche Personengesellschaft vorsieht, die unternehmerische Mitbestimmung zu „schützen“ gedenkt: Der persönliche Anwendungsbereich der deutsche Mitbestimmungsgesetze setzt aber das Vorliegen einer deutschen Kapitalgesellschaft voraus.[1998] Eine Personengesellschaft unterliegt nicht der unternehmerischen Mitbestimmung; ebenso wenig existieren *de lege lata*-Vorschriften, die eine erleichterte identitätswahrende Umwandlung der zuziehenden ausländischen Kapitalgesellschaft in den Rechtsträger einer deutschen Kapitalgesellschaft ermöglichen; so hielte man die zuziehende Kapitalgesellschaft jedenfalls ihrer Rechtsform nach im Anwendungsbereich der deutschen Mitbestimmungsgesetze. Damit verfehlt die Sitztheorie hier ihren Schutzzweck, da einer zuziehenden Gesellschaft noch nicht einmal eine solche Option in Aussicht gestellt wird. Insgesamt muss die diskriminierende Wirkung dieses deutschen Sonderwegs ohnehin in Frage gestellt werden: „Die Territorialität des deutschen Mitbestimmungsrechts schließt innerhalb ein- und desselben Unternehmens oder Konzerns ausländische Belegschaften von jenen Teilhaberechten aus, die der deutschen Belegschaft zukommen. Damit trennt das Territorialitätsprinzip also die europäischen Belegschaften in Arbeitnehmer erster und zweiter Klasse.“[1999]

Aus europarechtlichen Gründen ist es ohnehin nicht zu rechtfertigen, die deutsche Mitbestimmung auf Gesellschaften der EU-Mitgliedstaaten auszudehnen.[2000] Nach herrschender Ansicht ist Unternehmensmitbestimmung nicht lediglich eine tätigkeitsbezogene Standortbedingung, sondern ein schwerwiegender Eingriff in die innere Organisation und damit in die Niederlassungsfreiheit

---

1997 *Weller*, in: FS Goette, S. 583 (585).

1998 *Müller-Bonanni*, GmbHR 2003 12335 (1237); vgl. § 76 Abs.1, § 77 Abs. 1 BetrVG 1952; § 1 Abs. 1 Nr. 1 MitbestG 1976; § 1 Abs. 2 MontanMitbestG sowie § 1, § 3 Abs. 1 MontanMitbestergG.

1999 Siehe zu der Problematik der Inlandsmitbestimmung als Ausländerdiskriminierung *Rieble/Latzel*, EuZA 2011, 145 (149ff.).

2000 *Eberspächer*, ZIP 2008, 1951 (1951 ff.).

EU-ausländischer Gesellschaften.[2001] Demgegenüber sind die Regeln der betrieblichen Mitbestimmung auch auf zuziehende EU-Auslandsgesellschaften anwendbar.[2002] Dabei ist über die Behandlung der Arbeitnehmermitbestimmung bei drittstaatlichen Gesellschaften damit jedoch noch nichts gesagt.[2003] In der Schweiz hat man sich entschieden, die demokratische Mitwirkung – beim Weltunternehmen genauso wie bei der kleinen Familiengesellschaft – auf die Geldgeber, die „Eigentümer", also auf die Aktionäre, zu beschränken.[2004] Vorschläge, nach deutschem Vorbild die Mitbestimmung der Arbeitnehmer an der Unternehmensspitze einzuführen, blieben in der Schweiz die letzten vierzig Jahre über chancenlos.[2005] Im Gegensatz zur unternehmerischen Mitbestimmung gibt es die betriebliche Mitbestimmung auch in der Schweiz.[2006]

Gleichwohl wird „eine der Auslandsgesellschaft zumutbare Erstreckung deutschen Mitbestimmungsrechts" im unionsrechtlichen Zusammenhang diskutiert, „zumal der nationale Gesetzgeber verpflichtet ist, Auslandsgesellschaften zumindest den Weg einer Verhandlungslösung zu eröffnen".[2007] In der Literatur wird dabei jedoch auf besondere Schwierigkeiten einer Übertragung der Mitbestimmung auf Auslandsgesellschaften, insbesondere auf solche mit monistischer Struktur, gerade auch unter dem Aspekt des Diskriminierungsverbots hingewiesen.[2008] Denn das deutsche Mitbestimmungsmodell erfordert zwingend eine Aufteilung der Leitungsfunktionen in zwei personell getrennte Organe: den Aufsichtsrat als „Landeplatz" der Mitbestimmung der Arbeitnehmer und den Vorstand.[2009] Dem Grundsatz nach ist die schweizerische AG jedoch monistisch verfasst. In einem monistischen System (*one-tier system*) ist die gesamte Unternehmensführung bei einem einzigen Organ konzentriert, das als Verwaltungsrat

---

2001 *Grundmann*, Europäisches Gesellschaftsrecht, 2011, § Rn. 798, S. 477; MünchKomm AktG-*Altmeppen/Ego*, Bd. 7, B. Europäische Niederlassungsfreiheit, Rn. 588; *Eberspächer*, ZIP 2008, 1951 (1952); *Köster*, ZRP 2008 214 (215); *Lieder/Kliebisch* BB 2008 338 (342); *Zimmer,* GS Heinze, 2005, S. 1123 (1130 f.) befürwortend im Hinblick auf eine Erstreckung der Mitbestimmung dagegen *Weiss/Seifert*, ZGR 2009, 542 /547 f.).

2002 *Grundmann*, Europäisches Gesellschaftsrecht, 2011, § Rn. 798, S. 477; *Lieder/Kliebisch* BB 2008 338 (342 m.w.N.).

2003 *Kieninger*, NJW 2009, 291 (292).

2004 *Forstmoser*, SJZ 2008 133 (140).

2005 *Forstmoser*, SJZ 2008 133 (141).

2006 Siehe *Mäsch/Fountoulakis* SZW 2005 49 (55), die dazu ferner bemerken: „Es ist hierzulande nicht vorgesehen, dass die Arbeitnehmer eigene Vertreter im Verwaltungsrat haben."

2007 *Rehm*, in: Eidenmüller (Hrsg.), Ausländische Kapitalgesellschaften, 2004, § 6 Rn 88.

2008 *Eberspächer* ZIP 2008, 1951 (1953 f.).

2009 So die Formulierung von *Böckli*, Schweizer Aktienrecht, 2009, S. 1215 Rn. 125.

oder *board* bezeichnet wird.[2010] Die Einführung eines dualistischen Systems wurde in der Schweiz im Zuge der Aktienrechtsreform 1991 angedacht; jedoch schlussendlich abgelehnt.[2011] Indessen hat in der Schweiz die fast schon der in Deutschland vorzufindenden dualistischen Leitungsstruktur „Aufsichtsrat/Vorstand" entsprechende Organisationsform „Verwaltungsrat/Geschäftsleitung" eine gewisse Verbreitung gefunden[2012] – *Peter Böckli* spricht in diesem Zusammenhang auch von einem „pragmatischen Dualismus"[2013]. Dabei kann das dualistische Leitungssystem in seiner „Reinform" nach Schweizer Recht indessen nicht realisiert werden: So kann das dualistische deutsche System letztlich nur nachempfunden werden, freilich nicht in der Konsequenz eines eigentlichen Aufsichtsratssystems.[2014] Denn es verbleiben dem Verwaltungsrat nach Schweizer Recht stets zwei mit der dualistischen Leitungsstruktur unvereinbare Zuständigkeiten: die Oberleitung mit den übrigen Hauptaufgaben des Art. 716a Abs. 1 OR und das Recht, die Delegation ganz oder teilweise zurückzunehmen.[2015]

2010 Siehe dazu *Hopt/Leyens* ECFR 2004, 135, (149 ff.) sowie *Merkt/Göthel*, US-amerikanisches Gesellschaftsrecht, 2006, Rn 567 ff.

2011 Siehe die Botschaft 1983, 96, Ziff. 215.11. So hatte die Arbeitsgruppe von *Greyerz* diese Möglichkeit noch eingehend diskutiert und für die Publikumsgesellschaften zunächst bevorzugt, jedoch schlussendlich doch verworfen. Der Gesetzesentwurf des Bundesrates vom 21. Dezember 2007 zur Revision des Aktien- und Rechnungslegungsrechts spricht das Thema nicht mehr an; siehe dazu bereits den Begleitbericht EJPD 2005, 19 ff., Ziff. 2.2.7 sowie Botschaft 2007, 1612, Ziff. 1.3.2.2, und 1685 ff., Ziff. 2.1.30.

2012 *Böckli*, Schweizer Aktienrecht, 2009, S. 1757 Rn. 540. Das Schweizer Aktienrecht hat die Leitungsstruktur zunehmend auf Delegation ausgerichtet; vgl. Art. 716b und Art. 627 Ziff. 12 OR 1991; *Forstmoser/Meier-Hayoz/Nobel*, Schweizerisches Aktienrecht, 1996 § 11 Rn. 7 ff; *Böckli*, Schweizer Aktienrecht, 2009, Rn. 519. Nach Art. 716b OR können die Statuten den Verwaltungsrat ermächtigen, „die Geschäftsführung nach Massgabe eines Organisationsreglementes ganz oder zum Teil an einzelne Mitglieder oder an Dritte zu übertragen". Dabei liegt gerade in der Vermeidung einer absoluten und zwingenden Trennung im Sinne eines dualistischen Systems ein Vorzug der Schweizer Lösung begründet, der somit ein relativ offenes System der Leitungsstruktur zugrunde liegt: So erlaubt es das Schweizer Recht, je nach individuellen Bedürfnissen des einzelnen Unternehmens, eine weitgehende Annäherung an die Spielart des zweistufigen "Aufsichtsratssystems", aber umgekehrt auch eine mehr "monistische" Ausprägung des Verwaltungsrates durch eine Personalunion von Präsidium des Verwaltungsrates und Vorsitz der Geschäftsleitung ("Doppelmandat") zu ermöglichen; siehe *Böckli*, Schweizer Aktienrecht, 2009, S. 1732 Rn. 532; *Forstmoser*, in: ZGR-Sonderheft 13 (1997), 254 (259)

2013 *Böckli*, Schweizer Aktienrecht, 2009, S. 1757 Rn. 539.

2014 *Forstmoser*, in: ZGR-Sonderheft 13 (1997), 254 (259).

2015 *Böckli*, Schweizer Aktienrecht, 2009, S. 1757 Rn. 540.

(2) Judicial self-restraint?

Tragender Entscheidungsgrund der *Trabrennbahn*-Entscheidung war bezeichnenderweise kein materielles Argument,[2016] sondern einzig und allein der schlichte Hinweis darauf, dass der Gesetzgeber eine Gesetzesinitiative zum Internationalen Gesellschaftsrecht auf den Weg gebracht hat, wonach künftig positiv-rechtlich die Gründungstheorie kodifiziert werden soll. Der BGH hat in seiner Entscheidung betont, dass dieses Gesetzgebungsvorhaben noch nicht abgeschlossen sei; man wolle nicht der Willensbildung des Gesetzgebers vorgreifen und sehe sich daher nicht imstande, die bisherige Rechtsprechung zu ändern.[2017] Der BGH begründet seine Entscheidung im Ergebnis somit lediglich mit „Zurückhaltung".

In der Literatur wird die Entscheidung unter Berufung auf den Gedanken des *judicial self-restraint* vielfach begrüßt.[2018] Wenn man die aus der US-Verfassungsdoktrin stammenden Schlagworte an dieser Stelle tatsächlich auf die höchstrichterliche Rechtsprechung auf das Zivilrecht übertragen will, so bleiben allerdings Zweifel: So wird als Motiv des Supreme Court für die Anwendung von *judicial self-restraint* die Abwehr der Gefahr genannt, die das Gericht bedrohe, wenn es sich über die politische Realität hinwegsetze und in politisch brisanten Fragen über einen Konsensus hinweg entscheide.[2019] Dennoch erscheint der Terminus aus der Verfassungsgerichtsrechtsprechung hier nicht angemessen: Wenn man überhaupt von *judicial self-restraint* im deutschen Kontext sprechen mag, dann ist die Diskussion mit Blick auf die Gewaltenteilung in der Verfassungsgerichtsbarkeit zu führen. Denn bei der Übertragung auf die ordentliche Gerichtsbarkeit wird übersehen, dass der Gesetzgeber, jedenfalls *pro futuro,* den

2016 *Leible*, in: FS Werner, S. 256 (263); sowie *Frobenius*, DStR 2009, 487 (489) spricht von „(Nicht-)Entscheidung" und „nicht Erwägungen der Sachfrage".

2017 BGH, Urteil vom 27. 10. 2008 – II ZR 158/06, Rn. 28.

2018 Befürwortend *Fleischer/Wedemann*, AcP 209 (2009) 597 (625). „Für eine solche Deutung und die daraus abgeleitete Selbstbeschränkung des II. Zivilsenats sprechen in der Tat gute Gründe"; *Hellgardt/Illmer* NZG 2009, 94 (95 f.): „Zum anderen ist *judicial self restraint* angezeigt, da die Frage auf der Agenda des Gesetzgebers steht"; *Kindler* IPRax 2009, 189, (190); *Mansel/Thorn/Wagner* IPRax 2009, 1 (5): „klare Überschreitung der richterlichen Aufgabe zur Rechtsanwendung und … Rechtsfortbildung" sowie *Weller* IPRax 2009, 202 (208):„Die grundsätzliche Aufgabe der Sitztheorie oder die Entwicklung eines von ihr abweichenden Sonderkollisionsrechts für bestimmte Drittstaaten (z.B. die Gründungstheorie im Hinblick auf die Schweiz) ist dem Gesetzgeber vorbehalten." Zu Recht kritisch dagegen *Balthasar* RIW 2009, 221, (222 und 223 ff.); *Frobenius*, DStR 2009, 487 (489); *Funke*, in: Michalski GmbHG, § 4a Rn. 47; *Kieninger* NJW 2009, 289 (292 f.); *Koch/Eickmann* AG 2009, 73 (74); *Lieder/Kliebisch* BB 2009, 338 (343).

2019 *Hopt*, Die Dritte Gewalt als politischer Faktor, 1969, S. 208.

ordentlichen Richter durch den Erlass neuer Gesetze wiederum binden kann, während das Verfassungsgericht dagegen dem Gesetzgeber ein bestimmtes Verhalten vorschreibt.[2020] Für den Bereich des Privatrechts ist die Lehre vom judicial self-restraint darüber hinaus wegen der „Gefahr einer Kompentenzunterschreitung" abzulehnen.[2021]

Hier zeigt sich, dass die lange Dauer bis zur Urteilsverkündung insofern problematisch gewesen ist, als dass der BGH durchaus ein Revisionsurteil zugunsten der Gründungstheorie hätte fällen können, ohne mit seiner Entscheidung in ein bereits laufendes Gesetzgebungsverfahren „einzufallen"; dieses Zeitfenster ließ der BGH ungenutzt verstreichen. Denn erst am 7. Januar 2008 wurde der Referentenentwurf eines Gesetzes zum Internationalen Privatrecht der Gesellschaften, Vereine und juristischen Personen, der den generellen Übergang zur Gründungstheorie vorsah, erstmals durch die damalige Bundesjustizministerin der Öffentlichkeit vorgestellt.[2022] In der Zeit nach Verkündung des Berufungsurteil des OLG Hamm vom 26. Mai 2006 bzw. ab der Befassung des BGH mit der Sache als Revisionsinstanz[2023] existierte somit überhaupt kein Referentenentwurf, der den BGH zur Zurückhaltung hätte veranlassen können; vielmehr hätte die Judikative in dieser Zeit den Wandel hin zur Anerkennung von Drittstaatsgesellschaften vollziehen können.

Wenn es in der Urteilsanmerkung des Vorsitzenden Richters heißt, dass es sich schon „aus Respekt vor dem nicht abgeschlossenen Meinungsbildungsprozess der an der Gesetzgebung beteiligten Stellen" für den II. Zivilsenat verboten habe, „die Sitztheorie – über die anerkannten Ausnahmefälle hinaus – aufzugeben und stattdessen die Gründungstheorie anzuwenden",[2024] so kann dies allenfalls für die Zeit nach Veröffentlichung des Referentenentwurfs gelten. Der BGH scheint sich jedoch nicht auf eine mögliche Sperrwirkung des Reformgesetzes berufen[2025], sondern macht sich der Sache nach vielmehr ein „Rechtsfortbildungsverbot wegen fehlenden Konsenses" zu eigen, wenn er auf die geäußerten Bedenken im „politischen Meinungsbildungsprozess" hinweist.[2026]

2020 *Doehring*, Staatsrecht, 3. Aufl. 1984, S. 136.

2021 Siehe dazu *Neuner*, in: Kontinuität im Wandel der Rechtsordnung, 2002, S. 83 (99).

2022 Im Anschluss daran gab es eine Fragestunde vom 21.11.2008, die in BT-DRS 16/11004 veröffentlicht wurde.

2023 Nach § 548 ZPO beträgt die Frist für die Einlegung der Revision (Revisionsfrist) einen Monat; sie ist eine Notfrist und beginnt mit der Zustellung des in vollständiger Form abgefassten Berufungsurteils, spätestens aber mit dem Ablauf von fünf Monaten nach der Verkündung.

2024 *Goette*, DStR 2009, 59 (63).

2025 Dazu sogleich im folgenden Abschnitt.

2026 *Fleischer/Wedemann*, AcP 209 (2009) 597 (625).

Jedenfalls ab diesem Zeitpunkt der parlamentarischen Auseinandersetzung erscheint der Hinweis auf eine „Zurückhaltung" von Seiten der Rechtsprechung jedoch nicht ganz fernliegend: Denn die „Zwiesprache zwischen Gesetzgebung und Rechtsprechung"[2027] bringe „im Gesellschaftsrecht ein immerwährendes Wechselspiel von Kodifikation und Derogation richterrechtlicher Regelungen hervor. Diese Dialektik fördert die Rechtsqualität, solange der Dialog … von gegenseitigem Respekt und Verständnis für die spezifische Aufgabe des anderen Gesprächspartners geprägt ist." [2028]

Freilich fehlt es in den Entscheidungsgründen an einer grundlegenden Neubewertung und Fundierung der Rechtslage, aufgrund derer sich ein solcher Dialog hätte entfalten können; vielmehr „kanonisiert" der BGH lediglich seine insoweit überkommene Rechtsmeinung.

Der Bundesgerichtshof hatte sich hingegen noch vor der Veröffentlichung des Referentenentwurfs mit der Revisionssache zu befassen; eine Parlamentsbeteiligung lag zu jenem Zeitpunkt noch in weiter Ferne. Die angestrebte Kodifikation, die eine generelle Hinwendung zur Gründungstheorie vorsah, wurde hingegen insbesondere von Gewerkschaftsseite blockiert,[2029] so dass nunmehr die Befürchtung im Raume steht, dass das Gesetzgebungsverfahren nicht mehr über das Stadium des Referentenentwurfs hinausgelangen und „wohl der Diskontinuität zum Opfer fallen" werde.[2030]

Ganz im Gegenteil dazu hätte aus hypothetischer Sicht eine Grundlage bestanden, auf derer ein Verstoß des BGH im Sinne eines – um im Bild zu bleiben – *judicial activism* durchaus hätte legitimiert werden können[2031]: Schließlich

---

2027 *K. Schmidt*, Die Zukunft der Kodifikationsidee, 1985, S. 73.

2028 *Fleischer/Wedemann*, AcP 209 (2009) 597 (627).

2029 Siehe dazu nur den Beitrag der Justitiarin des Deutschen Gewerkschaftsbundes (DGB) *Seyboth*, AuR 2008, 132 (132 ff.); vgl. ferner *Goette*, DStR 2009, 59 (63): „Den entsprechenden Vorstellungen hat sich der Referentenentwurf eines Gesetzes zum Internationalen Privatrecht der Gesellschaften, Vereine und juristischen Personen geöffnet, ist damit allerdings auf so scharfe Ablehnung vornehmlich aus dem Bereich der Gewerkschaften gestoßen, dass – auch weiterhin – weniger wahrscheinlich ist, dass der deutsche Gesetzgeber den Übergang von der nicht kodifizierten, sondern richterrechtlich entwickelten Sitztheorie zur generell geltenden Gründungstheorie in naher Zukunft vollziehen wird." Siehe ferner *Lutter/Bayer/Schmidt*, Europäisches Gesellschafts- und Kapitalmarktrecht, 2012, § 6 Rn. 53, S. 96.; *Rotheimer* NZG 2008, 181 (182); *Schneider*, BB 2008 (566).

2030 *Nolting*, NotBZ 2009 109 (113).

2031 Diese Bezeichnung eines bereits früher bekannten Phänomens stammt aus einem *Forbes* Artikel aus der Feder von *Arthur M. Schlesinger Jr.* aus dem Jahre 1947. Siehe dazu die Darstellung zum Ursprung und der aktuellen Bedeutung von *judicial activism* bei *Kmiec*, Cal. L. Rev. 92 (2004), S. 1441-1477.

wurde im Anschluss an die EuGH-Entscheidungstrias die Frage der Behandlung von Drittstaatsgesellschaften zumindest offengelassen. Die Gründungsanknüpfung wurde – abgesehen von den 28 EU- und den drei EWR-Mitgliedstaaten – bereits auf zahlreiche drittstaatliche Gesellschaften angewandt. Auch war der Vorschlag des Deutschen Rates für Internationales Privatrecht aus dem Jahr 2006 bereits im Raum, der eine generelle Gründungsanknüpfung auch im Hinblick auf Drittstaaten vorsah. Der MoMiG-Entwurf aus dem Jahr 2007 wies in eine mobilitätsermöglichende Richtung, indem er zumindest die Verwaltungssitzverlegung deutscher Gesellschaften aus Deutschland heraus gestattete. Bereits die Neufassung der §§ 4a GmbHG; 5 AktG, die in der Literatur als Ausdruck einer partiellen Hinwendung der Gründungsanknüpfung interpretiert wurden, hätte der BGH durchaus zum Anlass für eine Neubewertung nehmen können.[2032] Warum sollte nur deutschen Gesellschaften eine Verlagerung ihres Verwaltungssitzes qua Gesetz ausdrücklich gestattet werden, während man umgekehrt den Zuzug von Gesellschaften aus dem Ausland weiterhin blockiert?

Wenn es im Urteil heißt, dass gegen die generelle Geltung der „Gründungstheorie“ im politischen Meinungsbildungsprozess Bedenken geäußert worden seien, dann stellt sich die Frage, unter dem Einfluss welcher „Bedenken“ die Judikative hier gestanden haben könnte. Wenn der BGH als unabhängiges letztinstanzliches Gericht ein anderslautendes Urteil gefällt hätte, dann hätte dies im Nachhinein ohne weiteres durch die Legislative bestätigt, korrigiert oder ganz aufgehoben werden können; jedoch scheint sich der BGH durch sein Zuwarten in der Sache die rechtstatsächlichen Gründe für seine bewusst zurückhaltende Entscheidung selbst geschaffen zu haben. Denn in der Zwischenzeit ist der veröffentlichte Referentenentwurf erheblicher Kritik vor allem von Gewerkschaftsseite ausgesetzt und sodann vollends ins Stocken geraten. Diese Diskussion hat der BGH zum Anlass genommen, nicht von seinem bisherigen Standpunkt abzurücken und an der Sitztheorie festzuhalten.[2033]

Ferner heißt es, es sei „nicht Sache des Senats, der Willensbildung des Gesetzgebers vorzugreifen“. Bezeichnenderweise ergriff der seinerzeit Vorsitzende Richter *Wulf Goette* in einer Urteilsbesprechung Partei und bemerkte, es wäre „schon aus Gründen der Einheitlichkeit und Rechtssicherheit zu begrüßen, wenn die Regeln des Internationalen Privatrechts der Gesellschaften im Sinne des Übergangs zur Gründungstheorie kodifiziert würden, gilt sie doch für den gesamten EU- und EWR-Raum ohnehin, ganz abgesehen davon, dass sie durch

---

2032 AnwKomm BGB-*Hoffmann*, Anh. zu Art. 12 EGBGB Rn. 148; Siehe zur Interpretation der §§4a GmbHG,5 AktG i.S.d. Gründungstheorie grundlegend *Hoffmann* ZIP 2007, 1581 (1586).

2033 *Nolting*, NotBZ 2009 109 (113).

völkerrechtliche Verträge und Abkommen in Kraft gesetzt worden ist oder jederzeit eingeführt werden kann".[2034]

(3) Bedeutung des Referentenentwurfs

Die Hinwendung zur Gründungstheorie war bereits im Referentenentwurf vorgesehen. In rechtsmethodischer Hinsicht muss daher die Frage nach der kaum geklärten Frage[2035] einer möglichen Sperrwirkung bevorstehender Reformgesetze gestellt werden. Im Hinblick auf das Verhältnis von Rechtsprechung und Reformgesetzgeber stellen sich im Vorfeld einer Gesetzesreform insbesondere folgende Fragen: „Muss oder darf der BGH ein ‚Gesetz im Werden' berücksichtigen? Entfaltet ein laufendes Gesetzgebungsverfahren eine Sperrwirkung für richterliche Rechtsfortbildung?" [2036]

Eine solche Sperrwirkung im Hinblick auf eine „schöpferische Rechtsfindung" wird vom Bundesverfassungsgericht jedenfalls dann abgelehnt, wenn das Gesetzesvorhaben noch keine konkrete Gestalt angenommen hat und Gerechtigkeit im Einzelfall ausgeübt werden soll.[2037] Auch das Bundesverwaltungsgericht hat sich bereits vor Verabschiedung des Verwaltungsverfahrensgesetzes von 1976 „Rat aus dem Regierungsentwurf geholt." [2038] Eine rechtswissenschaftliche Fundierung erfährt das Phänomen in der Münchener Habilitationsschrift von *Michael Kloepfer*, in der die Vorwirkung von Gesetzen untersucht wird: Unter diesen Begriff wird grundsätzlich auch die „Voranwendung" eines noch nicht in Kraft getretenen Gesetzes für möglich erachtet, das der Rechtsanwendung zugrunde gelegt wird, als ob es bereits in Kraft wäre.[2039] Zu restriktiv erscheint somit die Auffassung von *Rolf Wank*: „Ein Gericht ist zur Rechtsfortbildung auch dann nicht ermächtigt, wenn es sich inhaltlich bewusst an der mit hoher

---

2034 *Goette*, DStR 2009, 59 (63).

2035 *Fischer,* Topoi verdeckter Rechtsfortbildungen im Zivilrecht, 2007, S. 463: „Eine praktizierbare ausgearbeitete Methode für Rechtsfortbildungen, die immer noch verbreitet als seltene Ausnahmefälle der Rechtsfindung begriffen werden, existiert trotz zahlreicher wertvoller Vorarbeiten nicht."

2036 So die aufgeworfene Fragen von *Fleischer/Wedemann*, AcP 209 (2009) 597 (622).

2037 BVerfG, Beschl. v. 14.2.1973 – 1 BvR 112/65 – *Soraya*, BVerfGE 34, 269 (291 f.); siehe zum Meinungstand zu dieser Frage eingehend *Fleischer/Wedemann*, AcP 209 (2009) 597 (622ff.)

2038 *Schneider*, Gesetzgebung, 2002, § 15 Rn. 529, S. 309.

2039 *Klöpfer,* Vorwirkung von Gesetzen, 1974, S. 94 ff. sowie S. 161: „Schematisch skizziert, bedeutet die Voranwendung eine Anwendung künftigen Rechts als eigenständige Rechtsgrundlage außerhalb bzw. ungeachtet des formell noch gültigen Altrechts, während bei der Vorberücksichtigung das Altrecht die maßgebliche Rechtsgrundlage bleibt; das künftige Recht ist dann nur unselbständige Richtlinie für die Auslegung oder Anwendung des Altrechts."

Wahrscheinlichkeit eintreffenden künftigen Regelung ausrichtet.“[2040] Denn auf der Grundlage des Art. 20 Abs. 3 GG ist der Richter zur Fortbildung des Rechts legitimiert und auch verpflichtet.[2041] Dem Rechtsstaatsprinzip wird darüber hinaus sogar die „Ermächtigung zu gesetzesergänzender kooperativer Rechtsfindung durch Gerichte“ entnommen.[2042] Schließlich bilde Art. 20 Abs. 3 GG „das materiale Korrelat zum rein formalen Justizgewähranspruch, indem die Judikative an das ‚Recht‘ im Sinn von nicht positivierter Gerechtigkeit gebunden wird.“[2043]

Hervorzuheben ist an dieser Stelle jedoch der „grundlegende Unterschied zwischen einem unerledigt gebliebenen Entwurf und dem verbindlichen Gesetzesbeschluss.“[2044] Denn der hier vorliegende Referentenentwurf bezeichnet zunächst lediglich den Vorschlag der Ministerialbürokratie für einen Gesetzesentwurf.[2045] Als Ministerialentwurf wird der Referentenentwurf schließlich abgelöst, indem der zuständige Bundesminister den Entwurf der Bundesregierung als Vorlage zur Beratung und Beschlussfassung unterbreitet; vgl. 15 lit. a GOBReg.[2046] Hier wäre zumindest theoretisch noch gar keine Parlamentsbeteiligung erfolgt; indessen sind die Mehrheitsfraktionen im Bundestag von Beginn an als „Auftraggeber der Regierung“ und am Entstehungsprozess eng beteiligt im Gesetzgebungsverfahren einbezogen.[2047] Der Bundestag ist also bereits vor dem eigentlichen Beginn der parlamentarischen Gesetzesberatungen, die erst mit dem Vorliegen einer formellen Gesetzesinitiative im Sinne des Art. 76 GG beginnen, intensiv an der Entstehung eines Gesetzentwurfes beteiligt.[2048] Im Vergleich zu einem Gesetzesentwurf stellt der Referententwurf eine schwächere Grundlage für eine etwaige Vorwirkung dar, die der BGH in der Enscheidungsfindung hätte berücksichtigen müssen.

2040 *Wank*, Grenzen richterlicher Rechtsfortbildung, 1978, S. 229.

2041 Siehe dazu *Neuner*, in: Kontinuität im Wandel der Rechtsordnung, 2002, S. 83 (99).

2042 *Nickel*, Die Problematik der unechten Unterlassungsdelikte im Hinblick auf den Grundsatz "nullum crimen sine lege" (Art. 103 Abs. 2 GG): eine straf- und verfassungsrechtliche Studie, 1972, S. 148.

2043 *Neuner*, in: Kontinuität im Wandel der Rechtsordnung, 2002, S. 83 (99).

2044 *Schneider*, Gesetzgebung, 2003, § 15 Rn. 529, S. 310.

2045 *Wilms*, Staatsrecht I, 2007, Rn. 856

2046 *Wilms*, Staatsrecht I, 2007, Rn. 856. Die gemeinsame Geschäftsordnung der Bundesministerien, die den Erstellungsprozess eines Gesetzentwurfs regelt, sieht bspw. vor, dass ein Referentenentwurf allen Fraktionen, und damit auch den Oppositionsfraktionen, zur Verfügung gestellt wird. Auch haben alle Abgeordneten zu diesem Zeitpunkt die Möglichkeit, sich einen Referentenentwurf übersenden zu lassen.

2047 *Hadamek*, ZRP 2011, 247 (248).

2048 *Hadamek*, ZRP 2011, 247 (248).

Gleichwohl hätte ein wesentlicher Einwand gegen eine Voranwendung, nämlich die Gesetzesbindung an das bestehende Altrecht, das grundsätzlich bis zu seiner Aufhebung oder Ersetzung in Kraft bleibt[2049], keine Rolle gespielt, da das Gesellschaftskollisionsrecht nicht kodifiziert ist. Die Frage nach der „Loyalität gegenüber dem alten Gesetz“ hätte sich somit nicht gestellt.[2050]

Mit Blick auf die Frage einer „Sperrwirkung“ eines „Gesetzes im Werden“ kann eine mögliche Antwort vielmehr auf der Grundlage des Gedankens der Zweckvereitelung gefunden werden[2051]: Besonderes Augenmerk ist hier auf das besondere Spannungsverhältnis zwischen der Berücksichtigung des bisherigen Präjudiz einerseits und des bevorstehenden „Gesetz im Werden“ anderseits zu richten.[2052] Dabei wäre ein Kompetenzkonflikt im „gesetzesfreien“ Bereich, wie es das Internationale Gesellschaftsrecht darstellt, nur für den Fall denkbar, „wenn ein Urteil geeignet ist, den Zweck des Geseztes zum Zeitpunkt seines geplanten Inkrafttretens zu vereiteln.“[2053] Hätte der BGH einen Übergang zur Gründungsanknüpfung vollzogen, dann wäre der intendierte Regelungszweck des Referentenentwurfs jedoch gerade nicht vereitelt, sondern vielmehr verwirklicht worden.[2054] Hätte der Bundesgerichtshof vom bisherigen Richterrecht abweichen wollen, hätte dies jedenfalls dann unter noch leichteren Umständen erfolgen können, wenn der Referentenentwurf zum Gesetzesentwurf „erstarkt“ wäre. Denn die Richtigkeitsvermutung des bisherigen Präjudizes wäre in diesem Fall noch stärker durch die im Entwurf manifestierte allgemeine Überzeugung in Frage gestellt, womit zugleich das „Präjudiz als Vertrauenstatbestand“ erschüttert worden wäre.[2055] Das Festhalten am bisherigen Präjudiz hätte dann neben Gründen des Vertrauensschutzes, die hier indessen nicht besonders schwerwiegend sein dürften, derart starke Argumente zugunsten der Beibehaltung der bisherigen Rechtsmeinung vorausgesetzt, dass sie die konsenualen Gesichtspunkte überwogen hätten.[2056] Demnach hätte das laufende Gesetzgebungsverfahren auch keine Sperrwirkung für richterliche Rechtsfortbildung entfalten können.

2049 Einen „spezieller Rechtsfortbildungsgrund“ sieht *Kloepfer,* Vorwirkung von Gesetzen, 1974, S. 164 nämlich dann, wenn dem „Gesetz im Werden“ rückwirkende Kraft zukommt. In diesem Fall Hier verdränge die „Loyalität gegenüber dem künftigen Gesetz die Loyalität gegenüber dem alten Gesetz“; siehe *ders.,* Vorwirkung von Gesetzen, S. 116.

2050 Siehe dazu *Kloepfer,* Vorwirkung von Gesetzen, 1974, S. 116.

2051 Siehe dazu *Neuner*, in: Kontinuität im Wandel der Rechtsordnung, 2002, S. 83 (103).

2052 Siehe dazu *Neuner*, in: Kontinuität im Wandel der Rechtsordnung, 2002, S. 83 (103).

2053 Siehe dazu *Neuner*, in: Kontinuität im Wandel der Rechtsordnung, 2002, S. 83 (99).

2054 *Fleischer/Wedemann*, AcP 209 (2009) 597 (624).

2055 Siehe dazu *Neuner*, in: Kontinuität im Wandel der Rechtsordnung, 2002, S. 83 (103/4)

2056 Siehe dazu *Neuner*, in: Kontinuität im Wandel der Rechtsordnung, 2002, S. 83 (103).

(4) Europarechtliche Dimension

Vor dem Hintergrund der bestehenden rechtlichen Zweifel mit Blick auf die Einbeziehung juristischer Personen in den Schutzbereich des FZA hätte der BGH auch einen Antrag auf Vorabentscheidung nach Art. 267 AEUV (*ex*-Art 234 EG) auf Auslegung der betreffenden Vorschriften des FZA in Erwägung ziehen können. Dem EuGH steht für die Verträge der Gemeinschaft bzw. der Union – also auch im Hinblick auf die bilateralen Verträge mit der Schweiz – grundsätzlich die Auslegungskompetenz zu.[2057] Für letztinstanzliche Gerichte besteht nach Art. 267 Abs. 3 AEUV eine Verpflichtung zur Vorlage an den EuGH, deren Verletzung innerstaatlich als Verletzung des Rechts auf den gesetzlichen Richter mit einer Verfassungsbeschwerde gerügt werden kann; vgl. Art. 101 GG Abs. 1 S. 2 GG.[2058]

Der BGH wäre als letztinstanzliches Gericht zwar dann nicht vorlagepflichtig, wenn das Auslegungsergebnis nicht ernsthaft zweifelhaft sein kann, demnach also ein *acte clair*[2059] *ou éclairé*[2060] handelte.[2061] Ob dies zum damaligen

---

2057 *Piekenbrock* EuR 2011, 317 (323). So hatte der BGH mit Beschl. v. 23.11.2007 – BLw 9/07 und BLw 10/07, BGHZ 180, 280 (283) dem EuGH die Frage zur Vorabentscheidung vorgelegt, ob nach Art. 15 Abs. 1 des Anhangs I des FZA nur Selbständigen im Sinne von Art. 12 Abs. 1 des Anhangs I des Abkommens in dem Aufnahmestaat hinsichtlich des Zugangs zu einer selbständigen Erwerbstätigkeit und deren Ausübung eine Behandlung zu gewähren ist, die nicht weniger günstig ist als die den eigenen Staatsangehörigen gewährte Behandlung, oder ob dies auch für selbständige Grenzgänger im Sinne von Art. 13 Abs. 1 des Anhangs I des Abkommens gilt. Im Jahr 2009 hat auch der BGH in einem anderen Zusammenhang vom Instrument des Vorlagebeschlusses an den EuGH im Hinblick auf Bestimmungen des Freizügigkeitsabkommens zwischen der Europäischen Gemeinschaft und der Schweiz Gebrauch gemacht.

2058 *Piekenbrock* EuR 2011, 317 (343).

2059 Nach der „*Acte-Clair*-Doktrin" muss „die richtige Anwendung des Unionsrechts derart offenkundig sein, dass keinerlei Raum für einen vernünftigen Zweifel an der Entscheidung der gestellten Frage bleibt". Siehe EuGH, Urt. v. 6.10.1982 Rs. 283/81 – *CILFIT*, Slg. 1982, 3415 Rn. 16. Siehe dazu *Karpenstein*, in: Grabitz/Hilf/Nettesheim, Das Recht der Europäischen Union, August 2011 EL 45, Art. 267 AEUV, Rn. 57.

2060 Als weitere Ausnahme von der Vorlagepflicht ist im Sinne der *acte éclairé* anerkannt, „wenn die gestellte Frage tatsächlich bereits in einem gleichgelagerten Fall Gegenstand einer Vorabentscheidung gewesen ist". Siehe EuGH Urt. v. 27.3.1963 verb. Rs. 28 bis 30/62 – *Da Costa*, Slg. 1963, 63 (81); Urt. v. 4.11.1997, Rs. C-337/95 – *Parfums Christian Dior*, Slg. 1997, I-6013 Rdnr. 29; Urt. v. 15.9.2005, Rs. C-495/03 – *Intermodal Transports*, Slg. 2005, I-8151 Rn. 33. Siehe dazu *Karpenstein*, in: Grabitz/Hilf/Nettesheim, Das Recht der Europäischen Union, August 2011 EL 45, Art. 267 AEUV, Rn. 56.

2061 *Piekenbrock* EuR 2011, 317 (336).

Zeitpunkt der Fall gewesen ist, kann hier dahinstehen, da der BGH jedenfalls von seinem Vorlage*recht* hätte Gebrauch machen können.[2062]

Diesen Schritt des Vorlageverfahrens hatte jedenfalls einige Monate zuvor das Bundessozialgericht (BSG) in seinem Vorlagebeschluss vom 27. Februar 2008 unternommen[2063], indem es mit der dem EuGH vorgelegten Frage zu klären beabsichtigte, „ob das Freizügigkeitsabkommen ein Niederlassungsrecht nur natürlichen Personen garantiert oder auch Gesellschaften, die nach dem Recht eines Mitgliedstaats der EG oder nach schweizerischem Recht gegründet wurden und ihren satzungsmäßigen Sitz, ihre Hauptverwaltung oder ihre Hauptniederlassung im Gebiet einer der Vertragsparteien haben“.[2064]
Das BSG stellte sich insbesondere „im Hinblick auf die Erwägungsgründe des Freizügigkeitsabkommens“ die Frage, ob nicht „eine integrationsfreundliche Auslegung mit dem Ziel der Schaffung einer parallelen Rechtslage“ veranlasst sein könnte.[2065] Der Vorlageantrag sollte Aufschluss darüber geben, „ob ein im Freizügigkeitsabkommen garantiertes Recht auf Niederlassung von Gesellschaften … den gleichen Gewährleistungsinhalt hat wie die im Gemeinschaftsrecht eröffnete Niederlassungsfreiheit“.[2066]
All diese Fragen, die sich zuvor ein anderes Oberstes Bundesgericht stellte, schienen den BGH im *Trabrennbahn*-Urteil indessen nicht zu interessieren. Angesichts der langen Verfahrensdauer hätte der BGH auch dem BSG zuvorkommen und die Frage dem EuGH zu Klärung vorlegen können.

(5) Völkerrechtliche Dimension I: Unvereinbarkeit mit der EMRK

Der *Trabrennbahn*-Entscheidung muss ferner an Kritik entgegengehalten werden, dass sie die Unvereinbarkeit der Sitztheorie aufgrund völkervertraglicher Vereinbarungen nur am Rande angesprochen und allenfalls kursorisch beleuchtet hat. So heißt es im Urteil: „[A]uch aus Art. 6 Abs. 1, Art. 14 EMRK i. V. m. Art. 1 Abs. 1 und Art. 5 des ersten Zusatzprotokolls ergibt sich keine Pflicht Deutschlands, schweizerische Kapitalgesellschaften mit Verwaltungssitz in Deutschland als rechtsfähig anzuerkennen.“ Unter den Schutz der EMRK fielen „nur für diejenigen juristischen Personen, die nach dem jeweiligen Kollisions-

---

2062 *Piekenbrock* EuR 2011, 317 (323).

2063 BSG Beschl. v. 27.02.2008 – B 12 KR 5/07 R, BeckRS 2008, 55044. Es handelte sich um den der Rechtssache *Grimme* zugrunde liegenden Vorlagebeschluss; vgl. EuGH Urt. v. 12. 11. 2009 Rs. C-351/08 – *Grimme*, Slg. 2009 I-10777. Der Sache nach ging es um die Rentenversicherungspflicht eines Deutschen, der Mitglied im Verwaltungsrat einer AG schweizerischen Rechts ist und eine Zweigniederlassung der AG in Deutschland leitete.

2064 BSG Beschl. v. 27.02.2008 – B 12 KR 5/07 R, BeckRS 2008, 55044, Rn. 31.

2065 BSG Beschl. v. 27.02.2008 – B 12 KR 5/07 R, BeckRS 2008, 55044, Rn. 31.

2066 BSG Beschl. v. 27.02.2008 – B 12 KR 5/07 R, BeckRS 2008, 55044, Rn. 32.

recht anerkannt sind". Angesichts der heftigen Diskussion nach der Vereinbarkeit der Sitztheorie mit der EMRK, die bereits Anfang der 1990er Jahre in Deutschland entfacht und bis zuletzt vom Generalanwalt *Dámaso Ruiz-Jarabo Colomer* vor dem EuGH geführt wurde,[2067] mangelt es dem BGH hier an zureichender Tiefe seiner Entscheidungsgründe. Es soll daher auf die Unvereinbarkeit der Sitztheorie mit der Europäischen Konvention zum Schutz der Menschenrechte und Grundfreiheiten (EMRK) eingegangen werden.

(a) Bedeutung der EMRK im Lichte des nationalen Gesellschaftsrechts

Diskutiert werden in der Literatur vielfach die Auswirkungen der EMRK auf die Anerkennungspraxis in den Vertragsstaaten. Die zentrale Frage dabei lautet, ob sich die aus der Sitztheorie resultierenden Rechtsfolgen an den Vorgaben der EMRK messen lassen müssen.[2068] Diese Frage wurde bislang vom Europäischen Gerichtshof für Menschenrechte (EGMR) noch nicht entschieden.[2069]

Sollte die EMRK die Anerkennung ausländischer Gesellschaften im Inland zwingend vorschreiben, so könnte die Sitztheorie folglich nicht mehr im Verhältnis zu Gesellschaften aus EMRK-Staaten angewandt werden. In der Schweiz hat die EMRK[2070] mit ihrer völkerrechtlichen Verbindlichkeit unmittelbar landesrechtliche Geltung erlangt; vgl. Art. 191 BV.[2071] In der Normenhierarchie steht die EMRK in Deutschland, wie alle völkerrechtlichen Verträge, nach Art. 59 Abs. 2 GG im Range eines einfachen Bundesgesetzes.[2072] Im Unterschied zum deutschen Grundgesetz erstreckt sich der Schutz der EMRK auch auf ausländische juristische Personen.[2073]

Neben den Grundrechten aus dem Grundgesetz sowie den Länderverfassungen wird die EMRK zudem zum nationalen *ordre public* gezählt.[2074] Wenn die in der EMRK verbrieften Rechte dem nationalen *ordre public* angehören, so be-

2067 Schlussanträge von GA *Dámaso Ruiz-Jarabo Colomer* v. 4.12.2001 zu EuGH, Rs. 208/00 – Überseering, Slg. I-9922, in Rn. 57.

2068 Siehe zur Ausstrahlung der Grund- und Menschenrechte auf das Internationale Privatrecht, *Looschelders*, RabelsZ 2001, 463 (463 ff.).

2069 *Giegerich*, in: Grote/Marauhn, EMRK/GG, 2006, Kap. 26 Rn. 71 u. 52: „Die konventionsrechtliche Zulässigkeit der Sitztheorie ist bisher nicht geklärt."

2070 Konvention vom 4. November 1950 zum Schutze der Menschenrechte und Grundfreiheiten (EMRK) vom 4. November 1950, in Kraft getreten am 28. November 1974, AS 1974 2151 (SR 0.101).

2071 Siehe etwa BGE 122 II 234, S. 237 E. 4a; 112 Ib 183, S. 184 E. 2a.

2072 BVerfG, Beschl. v. 26.3.1987 – 2 BvR 589/79, BVerfGE 74 358 (370); BVerfG, Beschl. v. 29. 5.1990 – 2 BvR 254/88; 2 BvR 1343/88, BVerfGE 82, 106 (114). BVerfG, Beschl. v. 2 BvR 1481/04, BVerfGE 111, 307 (315); *Giegerich*, in: Grote/Marauhn, EMRK/GG, 2006, Kap. 2 Rn. 42; *Looschelders*, RabelsZ 2001, 463 (467).

2073 *Hilf/Hörmann* NJW 2003 1 (7); *Meilicke* BB 1995, Beil. 9,1 (8).

2074 Begründung des Regierungsentwurfs vgl. BT-Drucks. 10/504, S. 44.

deutet dies im Umkehrschluss, dass die gewährleisteten Rechte nicht durch die Anwendung des Gesellschaftskollisionsrechtes aus den Angeln gehoben werden dürfen.[2075] Die Auslegung der EMRK durch den EGMR strahlt in das nationale Recht ein;[2076] dessen Entscheidungen sind bindend für die deutschen nationalen Gerichte.[2077] Es stellt sich die Frage, ob ein möglicherweise in Betracht kommender EGMR-Verstoß in den Entscheidungsgründen des *Trabrennbahn*-Urteils insoweit ausreichend gewürdigt wurde.

(b) Das Urteil der französischen Cour de Cassation vom 12.11.1990

Unter Hinweis auf das Urteil der französischen *Cour de Cassation* vom 12.11.1990 wird vor allem von *Wienand Meilicke* die Ansicht vertreten, dass die Anwendung der Sitztheorie nicht mit der EMRK vereinbar sei.[2078] In der Entscheidung der *Cour de Cassation* ging es darum, ob eine liechtensteinische Anstalt vor französischen Gerichten parteifähig sei. Die Ausgangsinstanz hatte angenommen, dass hier die Rechtsfähigkeit nicht anerkannt werden könne, und demzufolge die Parteifähigkeit verneint. Demgegenüber nahm die *Cour de*

2075 Damit sind die nationalen Gesetze EMRK konform auszulegen. Auf europäischer Ebene ist dies unbestritten: Der EuGH weist der EMRK den Charakter gemeinschaftsrechtlicher Grundrechte zu und hebt sie damit auf höherrangiges Gemeinschaftsrechtsniveau (Art. 6 Abs. 2 EU), vgl. EuGH Urt. v. 14.5.1974 Rs. 4/73 – *Nold/Kommission* – Slg. 1974, 507 Rn. 13; Urt. v. 28.3.2000 Rs. C-7/98 – *Krombach/Bamberski* – Slg. 2000, I-1935.

2076 BVerfG Beschl. v. 14.10.2004 – 2 BvR 1481/04, BVerfGE 111, 307 (324): „Das nationale Recht ist unabhängig vom Zeitpunkt seit des Inkrafttretens nach Möglichkeit im Einklang mit dem Völkerrecht auszulegen."

2077 Vgl. hierzu BVerfG Beschl. v. 14.10.2004 – 2 BvR 1481/04, BVerfGE 111, 307 (323): „Verwaltungsbehörden und Gerichte können sich nicht unter Berufung auf eine Entscheidung des Europäischen Gerichtshofes für Menschenrechte von der rechtsstaatlichen Kompetenzordnung und der Bindung an Gesetz und Recht (Art. 20 Abs. 3 GG) lösen. Zur Bindung an Gesetz und Recht gehört aber auch die Berücksichtigung der Gewährleistungen der Europäischen Menschenrechtskonvention und der der Entscheidungen des Gerichtshofs im Rahmen methodisch vertretbaren Gesetzesauslegung." Dabei lässt das BVerfG indes einschränkend verlauten, BVerfGE 111, 307 (324): „Behörden und Gerichte haben sich mit der Entscheidung erkennbar auseinanderzusetzen und ggf. nachvollziehbar zu begründen, warum sie der völkerrechtlichen Rechtsauffasssung gleichwohl nicht folgen. Dabei haben sie die Auswirkungen auf die nationale Rechtsordnung in ihre Rechtsanwendung einzubeziehen." Rn. 57: „Das gilt insbesondere dann, wenn es sich um ein in seinen Rechtsfolgen ausbalanciertes Teilsystem des innerstaatlichen Rechts handelt, das verschiedene Grundrechtspositionen miteinander in Ausgleich bringen will." Kritisch dagegen zu dieser eher restriktiven Haltung des BVerfG *Klein*, JZ 2004, 1176 (1176f.).

2078 *Meilicke* GmbHR 2000, 693 (693 ff.); *Meilicke* BB 1995, Beilage 9, S. 8 ff., *Meilicke*, RIW 1992 578 (578 ff.).

Cassation an, dass jede juristische Person, die behauptet, Opfer einer Rechtsverletzung zu sein, vor französischen Gerichten als parteifähig anzusehen sei, weil anderenfalls insbesondere das Recht auf rechtliches Gehör aus Art. 6 EMRK verletzt sei.[2079] Die Europäische Menschenrechtskonvention (EMRK)[2080], nach deren Art. 6 Abs. 1 „jede Person" ein Recht darauf hat, dass „über Streitigkeiten in Bezug auf ihre zivilrechtlichen Ansprüche und Verpflichtungen [...] von einem unparteiischen, auf Gesetz beruhenden Gericht in einem fairen Verfahren, öffentlich und innerhalb angemessener Frist verhandelt wird", gewährt nicht nur natürlichen, sondern auch juristischen Personen unzweifelhaft ein Recht auf Zugang zu einem Gericht – und zwar „ohne Diskriminierung [...] wegen der nationalen [...] Herkunft[2081]." Ob Art. 6 Abs.1 EMRK darüber hinaus gebietet, die betreffende Gesellschaft auch als rechtsfähig anzuerkennen und die Sitztheorie im Verhältnis zu Gesellschaften aus anderen EMRK-Mitgliedstaaten – hier also mit Blick auf die Schweiz – insoweit durch die Gründungstheorie zu ersetzen, „ist nach wie vor nicht endgültig geklärt".[2082]

Nach der Ansicht von *Werner F. Ebke* spreche dennoch vieles dafür, im Geltungsbereich der EMRK auch die Rechtsfähigkeit der schweizerischen Gesellschaft anzuerkennen,[2083] denn gemäß Art. 6 Abs. 1 EMRK habe sie ein Recht darauf, dass sie vor Gericht über „Streitigkeiten über *ihre* Ansprüche und Verpflichtungen" verhandeln könne. Andernfalls erhielte die schweizerische Gesellschaft „‘Steine statt Brot'".[2084] Einschränkend macht *Ebke* freilich geltend, dass Art. 6 Abs. 1 EMRK es wohl nicht verlangt, dass das angerufene Gericht auch über sämtliche „inneren Angelegenheiten" der ausländischen Gesellschaft nach ihrem Gründungsrecht urteilt; insoweit wäre die Sitztheorie „keineswegs unver-

---

2079 Daneben zog die *Cour de Cassation* noch eine Verletzung des Verbots der Diskriminierung aufgrund der nationalen Herkunft sowie das Recht auf Schutz vor Eigentumsentziehungen gemäß Art. 1 des ersten Zusatzprotokolls in Betracht. Siehe dazu das Urteil der französischen *Cour de Cassation (crim.)* vom 12.11.1990 = Rev. Sociétés 1992, 39 mit Anm. *Roujou de Boubée* = Receuil Dalloz Sirey 1992, 29 mit Anm. *Bouloc* = JZ 1993, 370 mit Anm. *Großfeld/Boin* = ZEuP 1993, 150 mit Anm. *Engel.*

2080 Die EMRK steht in der Schweiz über dem Rang der Verfassung (BGE 125 II 417, 425 – „PKK"). Die in der EMRK garantierten Grundrechte werden von schweizerischen Gerichten direkt angwandt (BGE 114 Ia 54; 111 Ia 243).

2081 Art. 14 EMRK; Art. 1 und 5 des Ersten Zusatzprotokolls.

2082 So *Ebke,* in: Sandrock/Wetzler (Hrsg.), Deutsches Gesellschaftsrecht im Wettbewerb der Rechtsordnungen, S. 101 (103).

2083 *Ebke,* in: Sandrock/Wetzler (Hrsg.), Deutsches Gesellschaftsrecht im Wettbewerb der Rechtsordnungen, S. 101 (114).

2084 *Ebke,* in: Sandrock/Wetzler (Hrsg.), Deutsches Gesellschaftsrecht im Wettbewerb der Rechtsordnungen, S. 101 (115).

einbar“ mit Art. 6 und 14 der EMRK i.V.m. Art. 1 und 5 des Ersten Zusatzprotokolls.[2085]

Ob die Anwendung der Sitztheorie jedoch die Rechte von juristischen Personen verletzt, ist hingegen davon abhängig, wie diese überhaupt von der EMRK erfasst werden, oder ob sich die Beurteilung dieser Frage nicht allein nach nationalem Recht bestimmt. In letzterem Fall würde demnach durch das nationale Kollisionsrecht vorgegeben, was eine „juristische Person“ überhaupt ist, so dass kein Verstoß des nationalen Kollisionsrechts gegen die EMRK angenommen werden könnte; die EMRK würde das nationale Kollisionsrecht voraussetzen.[2086]

Die Gegner eines Schutzes vor den drakonischen Wirkungen der Sitztheorie ziehen sich dabei auf das Argument einer von den Vertragsstaaten geschaffenen „Bereichsausnahme“ zurück. Demnach lasse die EMRK nämlich eine Definition des Begriffs der juristischen Person vermissen. In zirkulärer Weise wird weiterhin argumentiert, die EMRK könne auch nicht vorgeben, was eine solche juristische Person sei; sie setze die Existenz ebendieser voraus. Daher soll die Anwendung der Sitztheorie, die auf „Ebene dieser Vorfrage“ angesiedelt sei, unbedenklich sein.[2087] *Meilicke* wendet gegen dieses Argument jedoch zu Recht ein, dass es sich zwingend um einen autonom definierten Begriff handeln müsse, da es ansonsten Vertragspartnern anheimgestellt sei, nach ihrem Belieben über die Freiheiten der EMRK zu disponieren.[2088]

(c) Die Entscheidungsgründe im Trabrennbahn-Urteil

Wenn man die Gegenargumente beleuchtet, die der vom BGH zitierten aus dem Jahr 1993 stammenden Literatur[2089] zugrunde liegen, dann hätte man sich eine kritischere Auseinandersetzung mit diesen gewünscht: Es ist rechtlich nicht haltbar, wenn *Bernhard Großfeld* und *Kai T. Boin* in ihrer Urteilsanmerkung[2090] argumentieren, dass die Sitztheorie bereits bei Inkrafttreten der EMRK bekannt

---

2085 *Ebke,* in: Sandrock/Wetzler (Hrsg.), Deutsches Gesellschaftsrecht im Wettbewerb der Rechtsordnungen, S. 101 (115).

2086 *Tersteegen*, Kollisionsrechtliche Behandlung ausländischer Kapitalgesellschaften, § 12, S. 259.

2087 *Großfeld/Boin* JZ 1993, 370 (371); vgl. ferner Staudinger BGB-*Großfeld*, IntGesR 1998, Rn. 146.

2088 *Meilicke* BB 1995, Beilage 9, S. 8 ff.

2089 Der BGH stützt sich in seiner Entscheidungsbegründung auf die beiden Urteilsanmerkungen zu *Cour de Cassation (Crim.),* Urteil v. 12. 11. 1990 m. Anm. *Großfeld/Boin*, JZ 1993, 370(370 f.) sowie BayOblG Beschl. v. 7.5.1992 – 3 ZR BR 14/92 m.Anm. *Ebenroth/Auer*, JZ 1993, 374 (374f.).

2090 *Cour de Cassation (Crim.),* Urteil v. 12. 11. 1990 m. Anm. *Großfeld/Boin*, JZ 1993, 370 (370 ff.)

war; somit billige sie diese zumindest konkludent.[2091] Kaum auszudenken, wenn man dieses „Argument" auf gravierende, andauernde Menschenrechtsverstöße übertragen würde, die bereits „vor Erlass der EMRK als bekannt" gegolten haben. Auch erinnert das rechtliche Argumentationsmuster an die Zeit vor *Überseering,* als man hinsichtlich des Gemeinschaftsrechts der Ansicht war, dass es in der primärrechtlichen Niederlassungsfreiheit eine Bereichsausnahme für die Frage der Anerkennung von Gesellschaften gebe: So wurde die Anerkennung einer Gesellschaft als rechtfähig durch das nationale Kollisionsrecht als Voraussetzung dafür erachtet, dass sich diese überhaupt auf die Niederlassungsfreiheit berufen könne.[2092] Die im deutschen Schrifttum geäußerte kühne Behauptung, dass das internationale Gesellschaftsrecht der Mitgliedstaaten und in der Folge auch die Sitztheorie „niederlassungsfreiheitsresistent"[2093] sein müsse, kann jedoch spätestens mit der *Überseering*-Entscheidung als endgültig obsolet betrachtet werden. Jedoch wurde genau dasselbe Argumentationsmuster von den genannten Autoren – die der BGH zur Fundierung seiner Entscheidungsgründe noch im Jahr 2008 herangezogen hatte – auf die Frage der Vereinbarkeit der EMRK mit der Sitztheorie übertragen.[2094]

Bei der anderen Quelle, auf die sich der BGH zur Fundierung seiner *Trabrennbahn*-Entscheidung stützt, handelt es sich um eine im selben Heft der Juristen Zeitung erschienene Entscheidungsanmerkung[2095] von *Carsten T. Ebenroth* und *Thomas Auer*, die gegen einen möglichen EMRK-Verstoß im Wesentlichen anführen, dass das Urteil der *Cour des Cassation* wegen der „Unterschiede hinsichtlich des Begriffs der Anerkennung" in Deutschland und Frankreich nicht für deutsche Gerichte maßgebend sein könne. Schließlich habe die *Cour de Cassation* darüber hinaus auch „zu kollisionsrechtlichen Fragen nicht Stellung genommen, so daß sich eine Unvereinbarkeit der Sitztheorie mit der Europäischen Menschenrechtskonvention aus der Entscheidung nicht herauslesen läßt".[2096] Die Anmerkung schließt mit den Worten, es spreche alles dafür, „daß die Rechtsprechung in der Bundesrepublik Deutschland bei unveränderter Rechtslage in Europa – wobei die Dynamik des Europäischen Gesellschaftsrechts allerdings nicht zu unterschätzen ist – auch künftig die Sitztheorie vertre-

2091 *Großfeld/Boin*, JZ 1993, 370 (371).

2092 *Großfeld/Boin* JZ 1993, 370 (371) unter Berufung auf EuGH, Urt. v. 27.9.1988, Rs. 81/87 – *Daily Mail* – Slg.1988 S. 5483.

2093 So explizit *Klinke*, ZGR 1993, 1 (7); zustimmend *Kindler*, NJW 1999, 1993 (1999): „Internationales Gesellschaftsrecht geht vor Niederlassungsfreiheit."

2094 Siehe *Müller*, Zuzug von Kapitalgesellschaften aus Drittstaaten, 2011, S. 253.

2095 BayOblG Beschl. v. 7.5.1992 – 3 ZR BR 14/92 m. Anm. *Ebenroth/Auer*, JZ 1993 374 (374ff.).

2096 *Ebenroth/Auer*, JZ 1993 374 (376).

ten wird, selbst in Anbetracht der Tatsache, daß sie das Recht der Kapitalgesellschaften auf Wahrnehmung ihres Recht auf Niederlassungsfreiheit faktisch aushöhlt". Das hier offenbarte Verständnis des europäischen Rechts, dem sowohl Vorrang[2097] als auch unmittelbare Wirkung[2098] zukommt, befremdet; in der Tat sind die Verfasser von der „Dynamik des europäischen Gesellschaftsrechts" überholt worden. Es ist bedauerlich, dass der BGH sich dieser „alten Zöpfe" nicht entledigt und mit den genannten neueren Ansichten der Literatur auseinandergesetzt hat. Daran wird wiederum deutlich, dass eine erwünschte grundlegende Neubewertung und Neufundierung der Anwendung der Sitztheorie hier überhaupt nicht stattgefunden hat.

Ebenso wenig überzeugt das – allerdings nicht ausdrücklich vom BGH in seinen Entscheidungsgründen angesprochene – Gegenargument, der EMRK komme als Staatsvertrag nur der Rang eines einfachen Bundesgesetzes[2099] zu; demnach stehe sie der Normenhierarchie mit der Sitztheorie auf einer Stufe. Denn Letztere – so die Behauptung – sei bislang als richterrechtliches Gewohnheitsrecht weiter angewandt worden. Deshalb sei davon auszugehen, dass die Sitztheorie der EMRK nach dem Grundsatz „*lex posterior derogat legi priori*" vorgehe.[2100] Daß die Sitztheorie „gesetzesstellvertretendes Richterrecht" darstellt, steht außer Frage; jedoch handelt es sich bei ihr mitnichten um „Gewohnheitsrecht". Es sollte an dieser Stelle gezeigt werden, dass hier womöglich unbesehen auf überkommene Ansichten Bezug genommen wurde, ohne dass eine argumentative Auseinandersetzung in den Entscheidungsgründen erfolgt wäre.

Es wird inzwischen in der neueren Literatur wieder verstärkt und ganz unabhängig vom Urteil der *Cour de Cassation* die Meinung vertreten, die Sitztheorie verstoße jedenfalls gegen das auch juristischen Personen zustehende Recht aus Art. 6 Abs. 1 EMRK:[2101] So leiten *Werner F. Ebke* und *Guido A. Jestädt* bereits aus dem Wortlaut der Vorschrift die Verpflichtung her, dass die Rechtsfähigkeit einer Gesellschaft für die Zwecke der Parteifähigkeit anzuerkennen sei.[2102] Denn gemäß Art. 6 Abs. 1 EMRK habe sie ein Recht darauf, dass sie vor Gericht über „Streitigkeiten über *ihre* Ansprüche und Verpflichtungen" verhan-

---

2097 EuGH Urt. v. 15.7.1964, Rs. 6/64 – *Costa/E.N.E.L.* – Slg. 1964 S. 1259-1278.

2098 EuGH Urt. v. 5.2.1963, Rs. 26/62 – *van Gend & Loos*, *Slg. 1963*, S. 7-30.

2099 Soweit die Bundesrepublik Deutschland mit einzelnen Staaten bilaterale Verträge über die Inländerbehandlung juristischer Personen abgeschlossen hat, kommt diesen Regelungen über Art. 59 Abs. 2 S. 1 GG nur der Rang einfachen Bundesrechts zu; vgl. statt vieler *v. Mutius*, in: Bonner Kommentar, Art. 19 Abs. 3 GG Rn. 52.

2100 *Bungert*, EWS 1993, 17 (18).

2101 Siehe *Müller*, Zuzug von Kapitalgesellschaften aus Drittstaaten, 2011, S. 250.

2102 *Jestädt*, Niederlassungsfreiheit und Gesellschaftskollisionsrecht, 2005, S. 243; *Ebke,* in: Sandrock/Wetzler (Hrsg.), Deutsches Gesellschaftsrecht im Wettbewerb der Rechtsordnungen, S. 101 (114ff.).

deln könne. Andernfalls erhielte die schweizerische Gesellschaft „‘Steine statt Brot‘“,[2103] denn eben dieses Recht werde der zuziehenden Gesellschaft nach der ebenfalls vom II. Zivilsenat in seinem *Jersey*-Urteil[2104] entwickelten sog. modifizierten Sitztheorie verwehrt. Damit verstößt die Sitztheorie im Ergebnis gegen Art. 6 Abs. 1 sowie Art. 14 EMRK i.V.m. Art. 1 und 5 ZP 1 EMRK (Recht auf Eigentum).

Diese vom BGH in keiner Weise auch nur angedeutete Rechtsansicht – er zitiert in seinen Entscheidungsgründen lediglich den älteren und insoweit grundlegenden Vertreter *Meilicke* – hat zudem im Jahr 2001 Unterstützung auf europäischer Ebene erhalten: In seinen Schlussanträgen zur Rechtssache *Überseering* vertritt Generalanwalt *Dámaso Ruiz-Jarabo Colomer* ebenfalls die Auffassung, dass die Sitztheorie einen nicht zu rechtfertigenden Eingriff in den nach Art. 6 Abs. 1 EMRK geschützten Anspruch auf gerichtlichen Rechtsschutz bedeute: Der Grundsatz des „Vorranges des Rechts“ als Bestandteil des gemeinsamen Erbes der europäischen Länder – auf den sich der Generalanwalt beruft[2105] – mache den Wesensgehalt von Art. 6 EMRK aus, der durch die Sitztheorie verletzt sei.[2106]

(6) Völkerrechtliche Dimension II: Unvereinbarkeit mit GATS

Der BGH erblickt in der verweigerten Anerkennung der schweizerischen AG keinen Verstoß gegen das das unter dem Dach der WTO angesiedelte *General Agreement on Trade in Services* (GATS)[2107]. Er meint, dass dieses Übereinkommen „sich nur an die Mitgliedstaaten“ richte und auch „keine subjektiven Rechte“ begründen könne.[2108] Schließlich scheitere eine „völkerrechtsfreundliche Auslegung des nationalen Rechts im Sinne einer Gewährleistung auch der Niederlassungsfreiheit für Gesellschaften bereits daran, dass das Übereinkom-

---

2103 *Ebke,* in: Sandrock/Wetzler (Hrsg.), Deutsches Gesellschaftsrecht im Wettbewerb der Rechtsordnungen, S. 101 (115); einschränkend macht *Werner F. Ebke* freilich geltend, dass Art. 6 Abs. 1 EMRK es wohl nicht verlangt, dass das angerufene Gericht auch über sämtliche „inneren Angelegenheiten“ der ausländischen Gesellschaft nach ihrem Gründungsrecht urteilt; insoweit wäre die Sitztheorie „keineswegs unvereinbar“ mit Art. 6 und 14 der EMRK i.V.m. Art. 1 und 5 des Ersten Zusatzprotokolls.

2104 BGH Urt. v. 1.7.2002 – II ZR 380/00, BGHZ 151, 204 = NJW 2002, 3539.

2105 Schlussanträge von GA *Dámaso Ruiz-Jarabo Colomer* v. 4.12.2001 zu EuGH, Rs. 208/00 – Überseering, Slg. I-9922, in Rn.57.

2106 Siehe eingehend dazu *Müller*, Zuzug von Kapitalgesellschaften aus Drittstaaten, 2011, S. 247 ff. (255); allerdings im Ergebnis die Frage verneinend, ob ein idenitätswahrender Zuzug einer Drittstaatsgesellschaft durch Verlegung des effektiven Verwaltungssitzes nach Deutschland aufgrund der EMRK geboten sein könne.

2107 GATS, BGBl 1994 II S. 1643; siehe dazu *Dolzer*, in: Graf Vitzthum (Hrsg.), Völkerrecht, 2010, S. 541, Rn. 88f.

2108 BGH Urt. v. 27. 10. 2008 – II ZR 158/06, Rn. 23.

men international nicht so verstanden wird".[2109] Es geht um die Frage, ob auch das GATS[2110] insoweit kollisionsrechtliche Vorgaben macht, als es marktzugangseröffnende Wirkung für fremde Dienstleistungserbringer gewährt und somit auch deren Anerkennung verlangt.[2111] Bei dieser Fragestellung der Vereinbarkeit der Sitztheorie mit den Regeln des Wirtschaftsvölkerrechts handelt es sich um einen neueren Aspekt, der – soweit ersichtlich – erstmals im Jahr 2004 von der deutschen Literatur aufgeworfen wurde.[2112]

Der Zusammenhang zum Gesellschaftskollisionsrecht ergibt sich aus der niederlassungsrechtlichen Bedeutung des Abkommens, welches nach Art. I Abs. 2c GATS auch die Erbringung von Dienstleistungen mittels sog. „kommerzieller Präsenz" (Modus 3) umfasst.[2113] Es sei an dieser Stelle nur darauf hingewiesen, dass neben dem in Art. II Abs. 1 GATS statuierten Meistbegünstigungsprinzip[2114] das Inländerbehandlungsgebot[2115] nach Artikel XVII Abs. 1 GATS gilt, die in ihrem Zusammenspiel die Konturen eines Diskriminierungsverbotes entfaltet, das dem gemeinschaftsrechtlichen Diskriminierungsbegriff nahe-

---

2109 BGH Urt. v. 27. 10. 2008 – II ZR 158/06, Rn. 23.

2110 GATS, BGBl 1994 II S. 1643; siehe dazu *Dolzer*, in: Graf Vitzthum (Hrsg.), Völkerrecht, 2010, S. 541, Rn. 88f.

2111 AnwKomm BGB-*Hoffmann*, 2012, Anh. Art. 12 EGBGB Rn. 154. Die Mitgliedstaaten können unter GATS Liberalisierungsverpflichtungen in vier Modi eingehen; siehe hierzu allgemein: *Hilf/Oeter*, WTO-Recht: Rechtsordnung des Welthandels, 2010, § 20, S. 409 ff. Grundsätzlich dürfen in den Sektoren, für die die Mitgliedsstaaten spezifische Liberalisierungspflichten eingegangen haben, keine Hindernisse des Marktzugangs bestehen; vgl. *Stoll/Schorkopf*, Max Planck Commentaries on World Trade Law: WTO-World Economic Order, World Trade, 2006, Rn. 565: "The GATS does not grant market access to all services as a general right – rather, market access-related rights are subject to specific commitments being made in a specific sector."

2112 Erstmals beschäftigten sich *Leible* ZGR 2004, 531 und *Lehmann* RIW 2004, 816 mit dieser Problematik.

2113 AnwKomm BGB-*Hoffmann*, 2012, Anh. Art. 12 EGBGB Rn. 155.

2114 Nach dem sog. Meistbegünstigungsgrundsatz *(most-favoured-nation clause*) ist der Empfängerstaat dazu verpflichtet, einem ausländischen Marktteilnehmer diejenigen Vorteile zu gewähren, die er auch Marktteilnehmer eines dritten Staats unter gleichen Bedingungen zukommen lässt. Maßstab ist also die günstigste Behandlung, die irgendeinem Staat gewährt wird; siehe *Stoll/Schorkopf*: Max Planck Commentaries on World Trade Law: WTO-World Economic Order, World Trade, 2006 Rn. 121 ff. sowie *Dolzer*, in: Graf Vitzthum (Hrsg.), Völkerrecht, 2010, S. 506 Rn. 19.

2115 Nach dem Gebot der Inländerbehandlung (*national treatment*) als Ausprägung des Diskriminierungsverbotes darf ein ausländischer Markteilnehmer gegenüber Inländern weder *de iure* noch *de facto* schlechter behandelt werden; siehe *Stoll/Schorkopf*: Max Planck Commentaries on World Trade Law: WTO-World Economic Order, World Trade, 2006 Rn. 118 ff; 139ff sowie *Dolzer*, in: Graf Vitzthum (Hrsg.), Völkerrecht, 2010, S. 504, Rn. 16f sowie S. 542 Rn. 88.

kommt.[2116] Diese Gewährungen werden dabei flankiert von Art. XVI GATS, der ein umfassendes Marktzugangsrecht enthält.[2117]

Aus den vorgenannten Vorschriften und den ihnen zugrunde liegenden Prinzipien wird eine grundsätzliche völkerrechtliche Verpflichtung der WTO-Mitgliedstaaten dahingehend abgeleitet, dass Gesellschaften, die unter dem Recht eines anderen WTO-Mitgliedstaats wirksam gegründet wurden und von ihrem Territorium aus im Anwendungsbereich der von ihnen unter dem GATS eingegangenen Gewährungen Dienstleistungen erbringen, als solche anzuerkennen sind.[2118] Diese unmittelbar aus dem Abkommen resultierende Anerkennungspflicht steht einer Versagung der Rechtspersönlichkeit einer ausländischen Gesellschaft als solcher nach der Sitztheorie entgegen. [2119]

Ferner darf im Zusammenhang mit den nach Art. XVI Abs. 1 GATS für bestimmte Dienstleistungen eingegangenen Marktzugangsverpflichtungen (sog. Positiv-Listen-Ansatz) nach Art. XVI Abs. 2 lit. e GATS die Wahl „bestimmter Arten rechtlicher Unternehmensformen" nicht beschränkt werden.[2120] Wenn also im Zuge der sog. modifizierten Sitztheorie eine Einordnung der zuziehenden Gesellschaft als Personengesellschaften erfolgt, so wird nicht nur entgegen der genannten Vorschrift die Rechtsform vorgeschrieben, sondern mangels Identität von inländischer Personalgesellschaft und ausländischer Kapitalgesellschaft werden der „juristischen Person des anderen Mitglieds" zudem die Handelsvorteile vollständig entzogen.[2121]

Angesichts dieser in Betracht kommenden Verstöße bewertet der BGH die Sitztheorie im Lichte des GATS nur sehr spärlich, wenn er meint, dass eine völkerrechtskonforme Auslegung nicht in Betracht komme, da das Übereinkommen „international nicht so verstanden" werde. Es überrascht dabei, „dass der BGH ganze drei Meinungen aus dem deutschsprachigen Schrifttum anführt, um dieses angeblich nicht vorhandene internationale Verständnis des GATS zu bele-

---

2116 *Stoll/Schorkopf*: Max Planck Commentaries on World Trade Law: WTO-World Economic Order, World Trade, 2005 Rn. 540.

2117 *Stoll/Schorkopf*: Max Planck Commentaries on World Trade Law: WTO-World Economic Order, World Trade, 2005 Rn. 565 ff.

2118 *Hamann*, ELR 2009 186 (193).

2119 *Hamann*, ELR 2009 186 (193).

2120 *Jung*, NZG 2008, 681 (683), jedenfalls „sofern es sich – wegen des nach Art. XVI Abs. 2 lit. e GATS, Art. XXVIII lit. m (i) bestehenden Ansässigkeitserfordernisses – nicht um eine reine Briefkastengesellschaft schweizerischen Rechts handelte".

2121 AnwKomm BGB-*Hoffmann*, 2012, Anh. Art. 12 EGBGB Rn. 155; sowie *Kraus*, Die Auswirkungen des Welthandelsrecht auf das internationale Kollisionsrecht, 2008, S. 206ff.

gen".[2122] Von diesen drei genannten Meinungen aus dem Schrifttum spricht sich nur *Peter Kindler* dezidiert gegen einen Einwirkung des GATS auf das deutsche Kollisionsrecht aus, während nach der Auffassung von *Matthias Lehmann* dies nicht ausgeschlossen erscheint. Die in seinem Beitrag aufgeworfene Frage: „Fällt die *Sitztheorie* jetzt auch international?" beantwortet er damit, dass „in naher Zukunft eine Unvereinbarkeit der Sitztheorie mit den Vorschriften des GATS festgestellt werden wird".[2123]

Auch nach Ansicht von *Peter Jung* ist ein GATS Verstoß nicht gänzlich ausgeschlossen. Denn der aus Art. XVI Abs. 2 lit. e GATS resultierenden Verpflichtung, die Wahl „bestimmter Arten rechtlicher Unternehmensformen" nicht zu beschränken, „stünde der durch die Anwendung der Sitztheorie zumindest begründete Zwang zur Gründung einer EWR-Tochtergesellschaft entgegen".[2124]

Dass die Bundesrepublik Deutschland zwar vielleicht nicht in absehbarer Zeit im Rahmen eines Streitbeilegungsverfahrens dazu gezwungen wird, die kollisionsrechtlichen Schlüsse aus ihren Marktzugangsverpflichtungen zu ziehen, mag zutreffend erscheinen. Jedoch ändert dieser Befund nichts daran, dass die deutsche Judikative aufgrund der Völkerrechtsfreundlichkeit der deutschen Rechtsordnung[2125] dazu verpflichtet ist, die Verpflichtungen aus dem GATS bei der innerstaatlichen Rechtsanwendung zu berücksichtigen.[2126]

Der BGH stützt sich vielmehr auf die Auffassung *Peter Kindlers*, welcher bestreitet, dass GATS nur zwischenstaatlich gelte und keine subjektiven Rechte Einzelner begründe.[2127] Indessen kann diese Frage der unmittelbaren Anwendbarkeit keineswegs als eindeutig geklärt angesehen werden; ganz im Gegenteil: sie ist heftig umstritten.[2128] Diese Frage kann hier auch insoweit dahinstehen, als es darauf im zu entscheidenden Fall gar nicht ankommt. Denn die Frage der unmittelbaren Anwendbarkeit ist strikt von der Frage der Verpflichtung zur völker-

---

2122 So die Bewertung von *Hamann*, ELR 2009, 186 (191). Der BGH stützt sich in den Urteilsgründen auf MünchKommBGB-*Kindler*, 4. Aufl. IntGesR Rn. 481 f.; *Lehmann*, RIW 2004, 816 (816 ff.) sowie *Jung*, NZG 2008, 681 (683).

2123 *Lehmann*, RIW 2004, 816 (834).

2124 *Jung*, NZG 2008, 681 (683).

2125 Siehe zur Maxime völkerrechtsfreundlicher Auslegung nationalen Rechts BVerfG Beschl. v. 26. 3.1987 – 2 BvR 589/79, *Unschuldsvermutung*, BVerfGE 74, 358 (370). Die sog. „Völkerrechtsfreundlichkeit" des Grundgesetzes findet dabei im nachhaltigen Bekenntnis zur innerstaatlichen Geltung der allgemeinen Regeln des Völkerrechts ihren prägnanten Niederschlag; siehe dazu etwa BVerfG Urt. v 26. 3.1957 – 2 BvG 1/55, *Reichskonkordat*, BVerfGE 6, 309 (362); sowie BVerfG Beschl. v. 30.6.1964 – 1 BvR 93/64, *Auslieferung I* BVerfGE 8, 112 (121).

2126 AnwKomm BGB-*Hoffmann*, 2012, Anh. Art. 12 EGBGB Rn. 156.

2127 MünchKommBGB-*Kindler*, 4. Aufl. IntGesR Rn. 481 f.

2128 Siehe dazu *Schwartmann*, Private im Wirtschaftsvölkerrecht 2004, S. 238 ff.

rechtsfreundlichen Auslegung des nationalen Rechts zu trennen: Diese zuletzt genannte Verpflichtung resultiert aus dem objektiv-rechtlichen Charakter der Vorschriften des GATS und lässt sich in Deutschland auf die Grundentscheidung des Art. 25 GG zurückführen.[2129] Demnach kommt auch einer nicht unmittelbar anwendbaren Vorschrift eines völkerrechtlichen Vertrages im Inland Gesetzeskraft zu und muss sich im vorliegenden Fall – mangels entgegenstehenden Gesetzesrechts – gegenüber dem in der „Sitztheorie" verkörperten richterrechtlichen Grundsatz durchsetzen. Die „Sitztheorie" ist somit als richterrechtliches Kollisionsrecht der völkerfreundlichen Auslegung voll zugänglich. Man hätte sogar so weit gehen können und eine Rechtspflicht zur Korrektur von völkerrechtswidrigem Richterrecht annehmen können, denn wegen der in Deutschland fehlenden gesetzlichen Regelung füllt die richterrechtliche Sitztheorie lediglich diese Lücke als „gesetzesvertretendes Richterrecht"[2130] aus.[2131] Da die Rechtsprechung damit als Quasigesetzgeber tätig wird, ihr aber im Vergleich zur parlamentarischen Einschätzungsprärogative dabei ein stark reduzierter Ermessensspielraum zukommt, hat die rechtsprechende Gewalt zuvörderst den Grundsatz der Bindung an Recht und Gesetz aus Art. 20 Abs. 3 GG zu beachten. Die Gesetzesbindung besteht auch mit Blick auf das Völkerrecht, insbesondere dann, wenn es wie das GATS nach Art. 59 Abs. 2 GG im Range einem einfachen Bundesgesetz gleichsteht.[2132]

Wenn der BGH meint, dass eine „völkerrechtsfreundliche Auslegung des nationalen Rechts im Sinne einer Gewährleistung auch der Niederlassungsfreiheit für Gesellschaften bereits daran [scheitere], dass das Übereinkommen international nicht so verstanden wird",[2133] so muss nochmals betont werden, dass es auch nicht darum geht, dem GATS eine dem primären Gemeinschaftsrecht vergleichbare umfassende und unmittelbar geltende Niederlassungsfreiheit zu entnehmen. Es geht lediglich darum zu verhindern, dass ein im Rahmen der spezifischen Marktzugangsverpflichtungen zugestandener Handelsvorteil in Modus 3 durch das nationale Gesellschaftskollisionsrecht wieder entzogen wird.[2134] Demnach ist die hier geforderte – und vom BGH in seiner Entscheidung unterlassene – völkerrechtskonforme Auslegung somit nur dann geboten, wenn und soweit eine Gesellschaft in einem derart liberalisierten Sektor tätig ist. Es wäre an und für sich in der *Trabrennbahn*-Entscheidung erforderlich gewesen zu prüfen, ob

---

2129 AnwKomm BGB-*Hoffmann*, 2012, Anh. Art. 12 EGBGB Rn. 156; siehe zum objektiv-rechtlichen Charakter der Vorschriften des GATS Lehmann, RIW 2004 816 (820).

2130 *Ossenbühl,* in: Isensee/Kirchof (Hrsg.) HStR 2007, § 100 Rn. 51.

2131 *Hamann*, ELR 2009 186 (194).

2132 *Hamann*, ELR 2009 186 (195).

2133 BGH Urt. v. 27. 10. 2008 – II ZR 158/06, Rn. 23.

2134 AnwKomm BGB-*Hoffmann*, 2012, Anh. Art. 12 EGBGB Rn. 156.

die schweizerische AG in Deutschland Dienstleistungen erbringt, für die eine spezifische Marktzugangsverpflichtung besteht – nur für diesen Fall wäre eine Gründungsanknüpfung erforderlich.[2135] Aus dem vorinstanzlichen Urteil des OLG Hamm lässt sich auch der Zweck der Gesellschaft ermitteln: Dieser ist nach Art. 2 Abs. 1 der Statuten der „An- und Verkauf, die Vermietung und Verwaltung von Liegenschaften und Immobiliengesellschaften und die Abwicklung der in diesem Zusammenhang stehenden Rechtsgeschäfte, sowie die Organisation und Durchführung von Veranstaltungen jeglicher Art“.[2136] Es wäre sicher nicht fernliegend gewesen, dieses Tätigkeitsfeld in der Liste der sog. *EG commitments*[2137] unter den Bereich *real estate services* (Dienstleistungen über die Verwaltung und Vermittlung von Immobilien) zu subsumieren. Geht man demnach davon aus, dass die klagende Schweizer AG Dienstleistungen erbringt, die als *real estate services* zu klassifizieren wären, so stünden der Anwendung der Sitztheorie und der mit ihr verbundenen „Umqualifizierung“ in eine deutsche Personengesellschaft das Verbot des Art. XVI Abs. 2 Lit e) GATS sowie das Inländerbehandlungsgebot des Art. XVII Abs. 1 GATS klar entgegen.[2138]

(7) Fortbestand der „modifizierten“ Sitztheorie

Im Ergebnis besteht somit für Drittstaatengesellschaften, die ihren Verwaltungssitz nach Deutschland verlegen, in sog. Zuzugsfällen die sog. modifizierte Sitztheorie bzw. „Wechselbalgtheorie“[2139] fort, im Zuge dessen es zu einer Umqualifizierung einer zugezogenen ausländischen Kapitalgesellschaft in eine deutsche Personengesellschaft kommt.[2140]

Wenn es um die persönliche Haftung der Gesellschafter geht, beruft sich die modifizierte Sitztheorie auf die (analoge) Anwendung des § 128 S. 1 HGB bei der rechtsfähigen Personengesellschaft „und überrascht damit alle Beteiligten“[2141]. Denn eine Gesellschaft, „die den Gesellschaftern im Gründungsland noch Schutz bot, muss diesen Dienst jetzt aufgeben“.[2142] Über den ausländischen Gesellschaften schwebt somit auch weiterhin das „Damoklesschwert“ der persönlichen Haftung.[2143] Die Sitztheorie ermöglicht damit einen generellen Haf-

---

2135 AnwKomm BGB-*Hoffmann*, 2012, Anh. Art. 12 EGBGB Rn. 157.

2136 OLG Hamm, Urt. v. 26.5.2006 – 30 U 166/05, Rn.64.

2137 European Communities and their Member States – Schedules of specific commitments (GATS/SC/31).

2138 *Hamann*, ELR 2009 186 (193).

2139 Siehe dazu *Weller*, in: FS Goette, S. 583 (583).

2140 MünchKomm GmbHG-*Weller*, Einl. I. IntGesR Rn. 373.

2141 *Bartels*, ZHR 176 (2012), 412 (431).

2142 *Bartels*, ZHR 176 (2012), 412 (431).

2143 *Lutter/Bayer/Schmidt*, Europäisches Gesellschafts- und Kapitalmarktrecht, 2012, § 6 Rn. 53, S. 95.

tungsdurchgriff außerhalb der etablierten gesellschaftsrechtlich entwickelten Durchgriffstatbestände.[2144]

Es kann dabei nicht ernsthaft davon ausgegangen werden, dass eine schweizerische Publikumsgesellschaft – auch wenn eine solche in der *Trabrennbahn*-Entscheidung nicht in Rede stand – ohne weiteres in eine vom Grundsatz der Selbstorganschaft geprägte deutsche Personengesellschaft umqualifiziert werden kann.[2145] So wäre beispielsweise eine auf der Akzessorietätstheorie basierende persönliche Haftung für Gesellschaftsverbindlichkeiten für Minderheitsaktionäre untragbar.[2146] Schließlich wirft die Umwandlung der schweizerischen Gesellschaft in eine Personengesellschaft deutschen Rechts das Problem der sog. *„hinkenden Rechtsverhältnisse"* auf,[2147] worunter Rechtserscheinungen verstanden werden, die von einem Recht als gültig und von einem anderen als ungültig angesehen werden.[2148] Aus Sicht des schweizerischen Inkorporationsrechts bleibt die Gesellschaft nämlich als solche bestehen; bei genauerem Hinsehen kommt es somit nicht zu einem Statutenwechsel, sondern vielmehr zu einer Statutenverdoppelung, die mit einer Vielzahl an intrikaten Problemen einhergeht.[2149]

Vermeiden ließen sich die mobilitätshemmenden Folgen der Sitztheorie durch entsprechend liberal ausgestaltete Vorschriften, die eine identitätswahrende „Umgründung" der zugezogenen Gesellschaft ermöglichen. An solchen Vorschriften fehlt es derzeit im deutschen Recht noch. Zwar wird die zuziehende Gesellschaft nicht durch die Sitztheorie bei Grenzübertritt ihrer rechtlichen Existenz beraubt, dennoch verliert sie aber auf jeden Fall ihre bisher angestammte Rechtsform.[2150]

Im Hinblick auf die Frage der Gesetzesbindung des Richters besteht im deutschen Recht Einigkeit darüber, dass eine Bindung an gerichtliche Urteile jedenfalls nicht existiert.[2151] Der BGH hätte durchaus eine Kehrtwende zu seiner

---

2144 *Behrens*, RabelsZ 52 (1988), 498 (516).

2145 MünchKomm GmbHG-*Weller*, Einl. I. IntGesR, Rn. 331.

2146 MünchKomm GmbHG-*Weller*, Einl. I. IntGesR, Rn. 331.

2147 MünchKomm GmbHG-*Weller*, Einl. I. IntGesR, Rn. 331.

2148 *Kropholler*, Internationales Privatrecht 2006, § 35 I S. 235.

2149 *Behrens* IPRax 2003, 193 (200); *Lutter/Bayer/Schmidt*, Europäisches Gesellschafts- und Kapitalmarktrecht, 2012, § 6 Rn. 53, S. 95.

2150 *Leible*, in: FS Werner, S. 256 (262).

2151 Abgesehen von den ausdrücklich gesetzlich vorgesehenen Fällen des § 31 BVerfGG sowie § 563 Abs. 2 ZPO, § 358 StPO oder § 144 Abs. 6 VwGO lehnt auch das Bundesverfassungsgericht eine solche Bindung an Richterrecht ausdrücklich ab; vgl. BVerfG, Beschl. v. 11.11.1964 – 1 BvR 488/62, 1 BvR 562/63, 1 BvR 216/64, BVerfGE 18, 224 (240f.); siehe zum Ganzen *Schröder*, Gesetzesbindung des Richters und Rechtsweggarantie im Mehrebenensystem, 2010, S. 56f.

auf einen besonders gelagerten Einzelfall gerichtete *Jersey*-Entscheidung[2152] einleiten und die Hinwendung zur Gründungstheorie vollziehen können. Richterrecht wäre fortan hinfällig, wenn der Gesetzgeber selbst das gänzlich ungeregelte Gebiet des Gesellschaftskollisionsrechts nunmehr selber regelte.[2153] Allerdings gibt es ganze Rechtsgebiete, die zunächst durch gerichtliche Leitentscheidungen und erst später oder eben überhaupt nicht durch Gesetze gestaltet wurden;[2154] hier nutzt die Rechtsprechung seit ehedem ihre Gestaltungspielräume.[2155] Gleichzeitig ist die Judikative verpflichtet, die noch nicht vom Gesetzgeber beantworteten Fragen selbst normativ zu beantworten, „denn sie würden gegen das Rechtsverweigerungsverbot verstoßen, wollten sie einzelne Kläger auf das zukünftige Tätigwerden der Legislative verweisen".[2156] Vor diesem Hintergrund hätte in der Rechtsprechung durchaus eine Abkehr von der sog. modifizierten Sitztheorie vorgenommen werden können; ihren Gestaltungsspielraum hätte sie auch im Rahmen der *Trabrennbahn*-Entscheidung nutzen können.

Da der BGH in seinem *Trabrennbahn*-Urteil lediglich den Status quo der sog. modifizierten Sitztheorie konserviert hat, stellt sich nunmehr die Frage, welche Regelungsoptionen überhaupt noch mit Blick auf das deutsche Internationale Gesellschaftsrecht bestehen: Die derzeitige vom BGH konservierte richterrechtliche Regelung auf der Grundlage des als „Ausweichlösung" konzipierten *Jersey*-Urteils[2157] ist für eine zeitgemäße Behandlung von Gesellschaften aus Drittstaaten aufgrund der aufgezeigten Inkonsistenzen schlechthin nicht mehr tragbar. Für den Fall eines endgültigen Scheiterns des Gesetzgebungsvorhabens stellt sich umso dringlicher die Frage nach der Ausgestaltung des „gesetzesstellvertretenden" Richterrechts im Rahmen der richterlichen Rechtsfortbildung: In diesem Fall jedenfalls käme die Judikative nicht mehr umhin, den bisher vertretenen Ansatz einer grundlegenden Neubewertung zu unterziehen, welche noch anlässlich der *Trabrennbahn*-Entscheidung unterblieb. Dies würde der seit der *Überseering*-Entscheidung stark gewandelten Kollisionsrechtslandschaft endlich Rechnung tragen. Eine zurückhaltende Position der Rechtsprechung kann sich dann jedenfalls nicht mehr auf das zuletzt tragende Entscheidungsargument eines laufenden Gesetzgebungsverfahrens stützen. Die Berufung auf einen *judicial self-restraint* ginge hier fehl und erschiene nicht zuletzt vor dem Hintergrund

---

2152 BGH Urt. v. 1.7.2002 – II ZR 380/00, BGHZ 151, 204 = NJW 2002, 3539.

2153 *Tschentscher*, Demokratische Legitimation der dritten Gewalt, 2006, S. 195.

2154 Zu nennen sind hier das Arbeitsrecht, das Recht der Allgemeinen Geschäftsbedingungen sowie die allgemeinen Verkehrssicherungspflichten; siehe *Tschentscher*, Demokratische Legitimation der dritten Gewalt, 2006, S.

2155 *Tschentscher*, Demokratische Legitimation der dritten Gewalt, 2006, S.

2156 *Tschentscher*, Demokratische Legitimation der dritten Gewalt, 2006, S. 194.

2157 BGH Urt. v. 1.7.2002 – II ZR 380/00, BGHZ 151, 204 = NJW 2002, 3539.

der Dienstleistungsfunktion von Gerichtsentscheidungen gänzlich unangemessen.[2158]

Hervorzuheben ist, dass es sich bei der Anwendung der Sitztheorie im Gesellschaftskollisionsrecht um selbstgeschaffenes Richterrecht handelt, über das die Rechtsprechung grundsätzlich frei disponieren kann.[2159] Da der II. Zivilsenat in der Entscheidung *Trabrennbahn* als wesentlichen Grund für seine (Nicht-) Entscheidung in der Sachfrage den Hinweis auf das derzeit noch nicht abgeschlossene Gesetzgebungsvorhaben offengelegt hat, kann daraus auch kein Vertrauen mehr in einen bestimmten Stand des Rechts für die Zukunft gesetzt werden, sofern es zukünftig nicht zur Verabschiedung des Gesetzes kommen sollte.[2160] Damit wäre der BGH nunmehr frei, seine Rechtsprechung hin zu einer Anwendung der Gründungstheorie auch auf Gesellschaften aus Drittstaaten fortzuentwickeln.[2161] Unter diesen Umständen wäre die Frage mehr als angebracht, ob die Sitztheorie nicht bereits *de lege lata* auch für Gesellschaften aus Drittstaaten zugunsten der Gründungstheorie aufgegeben werden kann und sollte.

C. Verlegung des statuarischen Sitzes

I. Europäische Sicht

1. Wegzugssituation

Bislang war die Möglichkeit eines formwechselnden identitätswahrenden Umzugs mittels einer Verlegung des statuarischen Sitzes umstritten. In der Rechtsache *Cartesio*[2162], der zwar eine Verwaltungssitzverlegung zugrunde lag, hat der EuGH bereits *obiter dictum* festgehalten, dass es einen Verstoß gegen die Niederlassungsfreiheit darstellte, wegziehende Gesellschaften daran zu hindern „sich in eine Gesellschaft nach dem nationalen Recht dieses anderen Mitgliedstaats umzuwandeln, soweit dies nach diesem Recht möglich ist".[2163]

Damit wurde bereits angedeutet, dass die Sitzverlegung unter Wechsel des anwendbaren Rechts in den Schutzbereich der Niederlassungsfreiheit fällt und

---

2158 *Funke*, in: Michalski GmbHG, § 4a Rn. 47.

2159 *Funke*, in: Michalski GmbHG, § 4a Rn. 47 sowie *Langenbucher*, Die Entwicklung und Auslegung von Richterrecht, 1996, S. 126 ff.

2160 *Frobenius*, DStR 2009, 487 (489); *Funke*, in: Michalski GmbHG, § 4a Rn. 47.

2161 *Funke*, in: Michalski GmbHG, § 4a Rn. 47

2162 EuGH, Urt. 16.12.2008, Rs. C-210/06 – *Cartesio*, Slg. 2008, I-964; siehe dazu *Bohrenkämper*, ELR 2009, 82 (82 ff.)

2163 EuGH, Urt. 16.12.2008, Rs. C-210/06 – *Cartesio*, Slg. 2008, I-9641Rn. 110, Rn. 112.

vom Wegzugsstaat nicht pauschal verhindert werden darf.[2164] Indessen verbleibt eine Satzungssitzverlegung in einen Drittstaat weiterhin uneingeschränkt unter nationalstaatlicher Regelungsautonomie und ist damit nicht in den Schutzbereich der Niederlassungsfreiheit des AEU-Vertrages einbezogen.[2165]

Der EuGH geht davon aus, dass es sich bei der Gründung der Gesellschaft um eine „Vorfrage“ handelt, die in Regelungsautonomie des Wegzugsstaates steht.[2166] Wenn dieser die Voraussetzungen bestimmt, unter welchen einer Gesellschaft die Rechtsfähigkeit verliehen wird, und damit überhaupt erst der Anwendungsbereich der Niederlassungsfreiheit eröffnet wird, dann muss der Wegzugsstaat umgekehrt im Sinne eines *actus contrarius* auch Voraussetzungen regeln können, nach denen die wegziehende Gesellschaft aus seinem Einflussbereich „entlassen“ wird.[2167] Jedoch darf das Wegzugstatut dabei nur solche Beschränkungen vorsehen, die nach der Maßgabe der *Gebhard*-Formel[2168] aus zwingenden Gründen des Allgemeininteresses gerechtfertigt sind. Welchen Beschränkungen der Wegzugsstaat die Verlegung des statuarischen Sitzes im Einzelfall unterwerfen darf, hat der EuGH bei dieser Gelegenheit jedoch nicht näher konturiert.[2169] Auszugehen ist jedoch davon, dass das Wegzugsstaatut etwa eine vorrangige Gläubigerbefriedigung vorsehen darf.[2170]

Während *Peter Kindler* noch den Versuch unternahm, unter Verweis auf die rechtliche Unverbindlichkeit von *obiter dicta* den Schutz des rechtsformwechselnden Wegzugs durch die Niederlassungsfreiheit gänzlich zu verneinen,[2171] war es im Übrigen lediglich umstritten, ob dabei auch die „isolierte“ Satzungssitzverlegung in eine andere Rechtsordnung noch als Vorgang der Niederlassung

2164 *Lutter/Bayer/Schmidt*, Europäisches Gesellschafts- und Kapitalmarktrecht, 2012, § 6 Rn. 58, S. 99.

2165 Siehe *Rammeloo*, MJ 4 (2012), 563 (584) in Fn. 106: „There is, in other words, no ground for applying the *Cartesio* rule analogously to expatriation of company to a non-EU legal order.”

2166 Freilich darf die Betrachtung der Gründung als „Vorfrage“ dabei nicht zu dem Fehlschluss verleiten, die Grundfreiheiten seien in dieser Hinsicht nicht einschlägig; so ausdrücklich *Teichmann*, ZGR 2011, 639 (661). Nach Aussage des EuGH besteht „keinesfalls irgendeine Immunität“ der nationalen Gründungsvorschriften gegenüber der Niederlassugsfreiheit EuGH, Urt. 16.12.2008, Rs. C-210/06 – *Cartesio*, Slg. 2008, I-9641Rn. 110, Rn. 112.

2167 *Weller/Leuering*, Sitzverlegungen von Gesellschaften in Europa 2012, S. 29.

2168 EuGH Urt. v. 30.11.1995, C-55/94 – *Gebhard*, Slg. 1995, I-4165.

2169 *Lutter/Bayer/Schmidt*, Europäisches Gesellschafts- und Kapitalmarktrecht, 2012, § 6 Rn. 60, S. 100.

2170 *Weller/Leuering*, Sitzverlegungen von Gesellschaften in Europa 2012, S. 29.

2171 *Kindler*, NZG 2009, 130 (131).: „… ganz zu schweigen von der Unverbindlichkeit von *obiter dicta* des Gerichtshofs.“

zu verstehen sei.[2172] Die Zulässigkeit wurde im Schrifttum eher restriktiv gesehen, da eine solche isolierte Satzungssitzverlegung keine Mobilitätskomponente beinhalte.[2173] Gleichwohl betont Generalanwalt *Niilo Jääskinen* in seinen Schlussanträgen zur Rechtsache *VALE*, es „sollte den Gesellschaften im Binnenmarkt das Recht eingeräumt werden, das auf sie anwendbare Gesellschaftsrecht frei zu wählen. Eine solche Wahlfreiheit würde den Gesellschaften ermöglichen, die günstigsten Wirtschaftsbedingungen und das vorteilhafteste gesellschaftsrechtliche System zu wählen."[2174]

Der Wegzugsstaat darf eine Beteiligung an einer grenzüberschreitenden Satzungssitzverlegung jedenfalls dann nicht untersagen, wenn der Zuzugsstaat die Möglichkeit eine formwechselnden „Hineinumwandlung" vorsieht.[2175] Als Leitlinie gilt für den Wegzugsstaat nach der *Cartesio*-Entscheidung,[2176]dass dieser zwar die Anwendung seines nationalen Rechts durch „Entzug des Gesellschaftsstatuts"[2177] beenden darf, jedoch darf er dabei nicht den Wegzug mit Auflösung und Liquidation bestrafen.[2178] Das *ius vitae necisque* des Wegzugsstaates ist somit erheblich eingeschränkt.[2179] Im Ergebnis kann festgehalten werden, „dass mit Vale zwar Daily Mail noch nicht völlig überwunden ist", aber dennoch „wesentliche Voraussetzungen auch für den freien Wegzug geschaffen" worden sind.[2180]

2172 *Bayer/Schmidt*, ZIP 2012 1481 (1486).

2173 Ablehndend MünchKomm BGB-*Kindler*, IntGesR, Rn. 531; *Leible*, in: Michalski, GmbHG, Syst. Darst. 2, IntGesR, Rn. 35; *ders.* in: FS Roth, S. 447 (454f.); *Mörsdorf*, C. M. L. Rev. 49 (2012) 629 (643) dahingehende Zweifel äußert *Cerioni*, J. B. L. 2010, 311 (328): "By contrast, a transfer of the registered office alone could give rise to some doubts about whether or not there would be genuine economic integration in the intended state of destination if all the business activity, together with the head office, remained concentrated in the Member State of origin." Anderer Ansicht sind dagegen *Lutter/Bayer/Schmidt*, Europäisches Gesellschafts- und Kapitalmarktrecht, 2012, § 6 Rn. 59, S. 99; *Bayer/Schmidt* ZIP 2012, 1481 (1481); *Grundmann*, Europäisches Gesellschaftsrecht, 2011, § 22 Rn. 799, S. 480.

2174 Schlussanträge Generalanwalt *Niilo Jääskinen* vom 15. Dezember 2011, Rs. C-378/10 – *VALE Építési kft.* Rn. 68.

2175 *Weller/Leuering*, Sitzverlegungen von Gesellschaften in Europa 2012, S. 28/9.

2176 EuGH, Urt. 16.12.2008, Rs. C-210/06 – *Cartesio*, Slg. 2008, I-9641Rn. 110, Rn. 111-113.

2177 So die Formulierung von *Leible*, in: Michalski GmbHG, Syst. Darst. 2, IntGesR, Rn. 35.

2178 *Teichmann*, ZGR 2011, 639 (687); *Mörsdorf*, C. M. L. Rev. 49 (2012.) 629 (650)

2179 So die Formulierung mit Blick auf die *Cartesio*-Entscheidung von *Ratka/Rauter,* wbl 2009, 62 (62).

2180 *Hopt* ZGR 2013, 165 (177).

2. Zuzugssituation

In den bisher vom EuGH behandelten Zuzugskonstellationen ging es nicht nur um die Verlegung des tatsächlichen Verwaltungssitzes, wie in *Überseering*, sondern auch um dessen erstmalige Errichtung, wie dies in *Centros* und *Inspire Art* der Fall war.[2181] Diese Entscheidungen betrafen Konstellationen, in denen bereits der Marktzugang versagt worden war, infolge dessen auch die Rechtfertigungsprüfung entsprechend streng ausfiel.[2182] In der *Cartesio*-Entscheidung wurde erstmals der Fall einer Satzungssitzverlegung angesprochen, wobei der Gerichtshof mit der gewählten Formulierung „soweit dies nach diesem Recht möglich ist"[2183] diese transnationale Umstrukturierungsoption einer formwechselnden Sitzverlegung unter den Vorbehalt der Zulässigkeit nach dem Recht des Zuzugsstaates stellte. Diese Formulierung eröffnete indesse Interpretationsspielraum und wurde teilweise gar als eine *carte blanche* des Zuzugsstaats interpretiert, nach der es diesem freistehe, ob und unter welchen Voraussetzungen der Zuzugsstaat einen grenzüberschreitenden Formwechsel als zulässig erachte.[2184] Dieser der Verwirklichung der Niederlassungsfreiheit entgegenstehende nationale Gesetzgebungsvorbehalt, ist jedoch bereits deshalb kritikwürdig, da sich ein solcher Vorbehalt in der Rechtsprechung des EuGH zu den übrigen Grundfreiheiten gerade nicht findet.[2185] Zu Recht wurde angesichts der extensiven Auslegung der Niederlassungsfreiheit im *SEVIC*-Urteil[2186] angenommen, dass ein Mitgliedstaat, wenn und soweit dieser für die eigenen nationalen Rechtsformen einen identitätswahrenden Formwechsel zulässt, dies auch für entsprechende grenzüberschreitende Konstellationen erlauben muss.[2187] Dies folgt bereits *a*

2181 *Kieninger*, in: Basedow/Wurmnest (Hrsg.) Unternehmen auf offenen Märkten 2011, S. 25 (28).

2182 *Teichmann*, DB 2012, 2085 (2085).

2183 EuGH, Urt. 16.12.2008, Rs. C-210/06 – *Cartesio*, Slg. 2008, I-9641, Rn. 112.

2184 Siehe in diesem Sinne offenbar *Korom/Metzinger* ECFR 2009, 125 (156): „In fact, the company's entitlement to the exercise of the European freedom of establishment in the form of the international transformation depends precisely on the choices made autonomously by the national legislators." Siehe in diese Richtung auch *Frenzel*, EWS 2009, 158 (160) sowie *Johnston/Syrpis* E. L. Rev. 34 (2009), 378 (387).

2185 Siehe *Mörsdorf*, EuZW 2009, 97 (99); *Kieninger*, in: Basedow/Wurmnest (Hrsg.) Unternehmen auf offenen Märkten 2011, S. 25 (31).

2186 EuGH Urt. v. 13.12.2005, Rs. C-411/03 – *SEVIC*, Slg. I-10805 Rn. 19: „Grenzüberschreitende Verschmelzungen entsprechen wie andere Gesellschaftsumwandlungen den Zusammenarbeits- und Umgestaltungsbedürfnissen von Gesellschaften mit Sitz in verschiedenen Mitgliedstaaten."

2187 *Cerioni*, J. B. L. 2010, 311 (328): "Accordingly, it can be argued – by reading Cartesio and Überseering – that the state of destination must accept the incoming seat movement ..."; *Kieninger*, in: Basedow/Wurmnest (Hrsg.) Unternehmen auf offenen

fortiori aus der *Überseering*-Entscheidung: Wenn nach dieser Entscheidung zuziehende ausländische Gesellschaften bereits als solche im Zuzugsstaat anerkannt werden müssen, dann ist dieser erst recht dazu verpflichtet, diesen auch die Möglichkeit des grenzüberschreitenden Formwechsels zu gestatten.[2188] Diesen in *SEVIC* entwickelten Gleichbehandlungsgrundsatz wendet der EuGH sodann im Rahmen der *VALE*-Entscheidung auf die statutenwechselnde Satzungssitzverlegung an.[2189]

Es stellte sich dabei die Frage, ob auch ein „isolierter Rechtsformwechsel" möglich sei, oder die Gewährleistungen der Niederlassungsfreiheit nur das Recht auf einen grenzüberschreitenden Formwechsel in Kombination mit der Verlegung des effektiven Verwaltungssitzes umfasse.[2190] Die überwiegende Auffassung[2191] hat sich für die Möglichkeit eines solchen „isolierten Formwechsels" ausgesprochen; auch unter Berufung darauf, daß die Niederlassungsfreiheit nicht nur Wahlfreiheit im Hinblick auf die Auswahl des Wirtschaftsstandortes, sondern darüber hinaus auch eine Wahlfreiheit im Sinne eines Wettbewerbs der Gesellschaftsrechte vorsehe.[2192] Aktuell hervorgehoben wird die Bedeutung der Rechtswahlfreiheit unter Effizienzgesichtspunkten nochmals von den *European*

Märkten 2011, S. 25 (34); *Mörsdorf*, C. M. L. Rev. 49 (2012) 629 (652): "As a consequence of the SEVIC judgment, national measures that totally prevent inbound conversions need justification at least if they treat foreign and domestic companies differently." *Timmermans*, ERPL 3 (2010), 549 (558): "However, it would be difficult to accept a reading of that sentence as granting a discretionary power to the host Member State as to whether or not to allow the conversion."

2188 *Mörsdorf*, C. M. L. Rev. 49 (2012.) 629 (635).

2189 *Behrens/Hoffmann*, in: Ulmer/Habersack/Löbbe (Hrsg.) GroßKomm GmbHG, 2. Aufl. 2013, Einl. B. Rn. B160.

2190 *Mörsdorf/Jopen*, ZIP 2012, 1398, (1399).

2191 *Lutter/Bayer/Schmidt*, Europäisches Gesellschafts- und Kapitalmarktrecht, 2012, § 6 Rn. 59; *Grundmann*, Europäisches Gesellschaftsrecht, 2011, § 22 Rn. 791; *Bayer/Schmidt*, ZIP 2012 1481 (1485 f.); *Behme*, NZG 2012, 936 (939); in diese Richtung auch Entschließung des Europäischen Parlaments vom 10. März 2009 mit Empfehlungen an die Kommission zur grenzüberschreitenden Verlegung von eingetragenen Gesellschaftssitzen (2008/2196(INI)) (P6_TA(2009)0086), lit. G.: „in der Erwägung, dass eine Regel, wonach eine Gesellschaft ihre Hauptniederlassung und ihren eingetragenen Sitz in demselben Mitgliedstaat haben muss, der Rechtsprechung des Gerichtshofs über die Niederlassungsfreiheit zuwiderlaufen" Anderer Auffassung sind demgenüber *Leible*, in: FS Roth, 447 (454 f.); *Mörsdorf*, C. M. L. Rev. 49 (2012), 629 (670), der einen „isolierten Rechtsformwechsel" nicht von den Gewährleistungen der primärrechtlichen Niederlassungsfreiheit als umfasst ansieht und auch keine Kompetenz des europäischen Gesetzgebers für eine dahingehende sekundärrechtliche Regelungen erblicken will.

2192 *Mörsdorf/Jopen*, ZIP 2012, 1398, (1399).

Company Law Experts (ECLE) in ihrer Antwort an die Kommission im Rahmen der Konsultation über die Zukunft des europäischen Gesellschaftsrechts.[2193]

Weiterhin ließ das *obiter dictum* der *Cartesio*-Entscheidung in Zuzugsituationen die Frage unbeantwortet, ob alle EU-Mitgliedstaaten die Möglichkeit einer „Hereinumwandlung“ durch eine formwechselnde Umwandlung für zuziehende Auslandsgesellschaften vorsehen müssten, was derzeit in Deutschland nicht der Fall ist.[2194] Die Antwort auf diese Frage kann bereits der *SEVIC*-Entscheidung entnommen werden: Dort hat der Gerichtshof die Möglichkeit zur grenzüberschreitenden Umwandlung zwar nicht unmittelbar aus der Niederlassungsfreiheit entwickelt, sondern versteht sie vielmehr als Annex zu bereits bestehenden innerstaatlichen Umwandlungsverfahren, von denen ausländische Gesellschaften nicht generell ausgeschlossen werden dürfen.[2195] Insoweit lässt sich der Gedanke verallgemeinern: Wenn für inländische Rechtsträger eine unbestimmte Umwandlungsmaßnahme angeboten wird, dürfen ausländische Rechtsträger davon nicht generell ausgenommen werden. Auf Grundlage des *SEVIC*-Urteils muss diese Frage somit jedenfalls dann bejaht werden, wenn das nationale Recht auch für Inlandsfälle den Umwandlungstyp des Rechtsformwechsels vorsieht, weil andernfalls eine Diskriminierung von EU-Auslandsgesellschaften vorläge.[2196]

Während in der *Cartesio*-Entscheidung[2197] die Einstellung des Zuzugsstaates zur grenzüberschreitenden Umwandlung bereits ins Blickfeld rückte, ohne indessen abschließend geklärt zu werden, folgt der EuGH in seiner jüngsten Entscheidung in der Rechtssache *VALE*[2198] dieser auf den Zuzugsstaat gerichteten Blickrichtung und hat insoweit Klarheit verschafft: Wiederum hatte es Ungarn in diesem Fall als Zuzugsstaat abgelehnt, den Zuzug der bislang italienischem Recht unterliegenden Gesellschaft als identitätswahrenden Formwechsel einzu-

---

2193 Siehe die Antwort der *European Company Law Experts* (ECLE) an die Kommission im Rahmen der Konsultation über die Zukunft des europäischen Gesellschaftsrechts *Böckli/Davies/Ferran/Ferrarini/Garrido/Hopt/Pietrancosta/Pistor/Skog/Soltysinski/Winter/Wymeersch*, RTDF 2012, 8 (8): “Freedom of choice for companies puts pressure on member states to reform their company laws so as to move towards the rule which has shown itself to be most efficient.”

2194 *Weller/Leuering*, Sitzverlegungen von Gesellschaften in Europa 2012, S. 27.

2195 *Teichmann*, ZGR 2011, 639 (687).

2196 *Weller/Leuering*, Sitzverlegungen von Gesellschaften in Europa 2012, S. 27; *Lutter/Bayer/Schmidt*, Europäisches Gesellschafts- und Kapitalmarktrecht, 2012, § 6 Rn. 69, S. 106.

2197 EuGH, Urt. v. 16. 12. 2008, C-210/06 – *Cartesio*, Slg. 2008, I-9641.

2198 Siehe das noch nicht in der offiziellen Slg. veröffentlichte EuGH Urt. v. 12.7.2012 – Rs. C-378/10 – *VALE Építési kft.*, NJW 2012, 2715 = ZIP 2012, 1394 = EuZW 2012, 621 = WM 2012, 2154 = DB 2012, 1614.

tragen.[2199] Der entscheidend neue Ansatzpunkt liegt nunmehr darin, dass die betreffende Gesellschaft die Rechtsordnung verlassen wollte, nach der sie gegründet wurde.[2200] Die italienischem Recht unterstehende Gesellschaft beabsichtigte – ohne Auflösung und Neugründung – identitätswahrend nach ungarischem Gesellschaftsrecht weiter zu existieren. Es ging in der Entscheidung um eine gleichzeitige Verlegung des Satzungs- und Verwaltungssitzes – eine Konstellation, die in der bisherigen Rechtsprechung des EuGH zur Niederlassungsfreiheit bislang noch nicht entscheidungsrelevant gewesen ist.[2201]

Eine Parallele findet sich insoweit in der *SEVIC*-Rechtsprechung, der eine grenzüberschreitende Verschmelzung einer luxemburgischen auf eine deutsche Gesellschaft zugrunde lag.[2202] In seiner *VALE*-Entscheidung hält der EuGH zunächst an dem in *SEVIC* aufgestellten Grundsatz fest, indem er klarstellt, dass Umwandlungen zu den wirtschaftlichen Tätigkeiten gehören, hinsichtlich derer die Mitgliedstaaten die Niederlassungsfreiheit beachten müssen.[2203]

Der Gerichtshof führt aus, daß eine grenzüberschreitende Umwandlung „im Aufnahmemitgliedstaat unstreitig zur Gründung einer Gesellschaft nach dem Recht dieses Mitgliedstaats“ führe. Auf den aus *Daily Mail* stammenden und in Cartesio fortgeführten Gedanken der „Geschöpftheorie“ gestützt heißt es weiter: „Eine aufgrund einer nationalen Rechtsordnung gegründete Gesellschaft existiert aber nur vermittels der nationalen Rechtsvorschriften, die für ihre Gründung und ihre Funktionsweise maßgebend sind.“[2204]

Indem der EuGH feststellt, dass, so wie der Herkunftsstaat frei über die Anknüpfungsmerkmale der inländischen Gesellschaften entscheiden könne, auch der Aufnahmestaat sämtliche nationalen Vorschriften anwenden könne, welche

---

2199 *Teichmann*, DB 2012, 2085 (2086). Im *VALE*-Urteil ging es um einen rechtsformkongruenten Statutenwechsel, der also nicht gleichzeitig auch mit einer Änderung der Rechtsform verbunden war. Sowohl bei der italienischen *VALE Costruzioni* wie auch ungarischen *VALE Építési* handelte es sich jeweils um Gesellschaften mit beschränkter Haftung; vgl. *Rammeloo*, MJ 4 (2012), 563 (582) in Fn. 92.

2200 *Teichmann*, DB 2012, 2085 (2086).

2201 *Böttcher/Kraft*, NJW 2012, 2701 (2701).

2202 EuGH Urt. v. 13.12.2005, Rs. C-411/03 – *SEVIC*, Slg. I-10805.

2203 EuGH Urt. v. 13.12.2005, Rs. C-411/03 – *SEVIC*, Slg. I-10805 Rn. 19; Urt. v. 12.7.2012 – Rs. C-378/10 – *VALE Építési kft.*, Rn. 24; *Teichmann*, DB 2012, 2085 (2086).

2204 Siehe das noch nicht in der offiziellen Slg. veröffentlichte EuGH Urt. v. 12.7.2012 – Rs. C-378/10 – *VALE Építési kft.*, NJW 2012, 2715, Rn. 27 unter Hinweis auf EuGH, Urt. v. 27.9.1988, Rs. 81/87 – *Daily Mail* – Slg.1988 S. 5483 Rn. 19 sowie EuGH, Urt. v. 16. 12. 2008, C-210/06 – *Cartesio*, Slg. 2008, I-9641 Rn. 104.

„Gründung und die Funktionsweise einer Gesellschaft regeln“ [2205], wenn sich eine Gesellschaft ausländischen Rechts in eine nationale Rechtsform seines Gesellschaftsrechts umwandeln möchte, vollzieht er eine „bedeutende Ausweitung der ‚Geschöpftheorie‘“[2206], die er zuvor in seiner *National Grid*-Indus-Entscheidung hinsichtlich steuerrechtlicher Wegzugshindernisse deutlich beschnitten hatte[2207]

Der EuGH stellt nunmehr fest, dass das in *Cartesio* aufgestellte *obiter dictum* nicht dahin verstanden werden könne, „dass damit die Rechtsvorschriften des Aufnahmemitgliedstaats über die Umwandlung von Gesellschaften von vornherein den Regeln des AEU-Vertrags über die Niederlassungsfreiheit entzogen werden sollen“.[2208] Zunächst sind damit nach dem *VALE*-Urteil die Vorschriften über die Niederlassungsfreiheit vielmehr dahin auszulegen, dass diesen eine nationale Regelung dann entgegensteht, wenn zwar für inländische Gesellschaften die Möglichkeit einer formwechselnden Umwandlung vorgesehen ist, aber ausländische Gesellschaften von dieser Möglichkeit des identitätswahrenden Formwechsel ausgeschlossen wären.[2209] Dies liefe im Ergebnis auf eine unionswidrige Ungleichbehandlung hinaus.[2210] Denn für den Fall, dass die Möglichkeit grenzüberschreitender Umwandlungen im nationalen Recht bei gleichzeitiger Zulassung einer solchen in innerstaatlichen Sachverhalten generell verweigert wird, geht dies „über das hinaus, was zur Erreichung der im Schutz der genannten Interessen bestehenden Ziele erforderlich ist“, und stellt somit eine nicht zu rechtfertigende Beschränkung der Niederlassungsfreiheit dar.[2211] Der

---

2205 EuGH. v. 12.7.2012 – Rs. C-378/10 – *VALE Építési kft.*, NJW 2012, 2715 = ZIP 2012, 1394 Rn. 52.

2206 *Mörsdorf/Jopen*, ZIP 2012, 1398, (1400).

2207 *Mörsdorf/Jopen*, ZIP 2012, 1398, (1400).

2208 EuGH. v. 12.7.2012 – Rs. C-378/10 – *VALE Építési kft.*, NJW 2012, 2715 = ZIP 2012, 1394 Rn. 32: „Vielmehr soll damit schlicht die Erwägung zum Ausdruck gebracht werden, dass eine aufgrund einer nationalen Rechtsordnung gegründete Gesellschaft nur vermittels der nationalen Rechtsvorschriften existiert, die somit die Gründung der Gesellschaft ‚ermöglichen‘, wenn die hierfür aufgestellten Bedingungen erfüllt sind.“

2209 EuGH. v. 12.7.2012 – Rs. C-378/10 – *VALE Építési kft.*, NJW 2012, 2715, Rn. 29: „Schließlich kann ein Mitgliedstaat somit unbestreitbar sowohl die Anknüpfung bestimmen, die eine Gesellschaft aufweisen muss, um als nach seinem innerstaatlichen Recht gegründet angesehen werden und damit in den Genuss der Niederlassungsfreiheit gelangen zu können, als auch die Anknüpfung, die erforderlich ist, damit diese Eigenschaft später erhalten bleibt.“

2210 EuGH Urt. v. 12.7.2012 – Rs. C-378/10 – *VALE Építési kft.*, NJW 2012, 2715, Rn. 36 ; *Teichmann*, DB 2012, 2085 (2088).

2211 EuGH Urt. v. 12.7.2012 – Rs. C-378/10 – *VALE Építési kft.* Rn. 40. In Rn. 39 der Entscheidung werden zwingende Gründe des Allgemeininteresses „wie den Schutz der Interessen von Gläubigern, Minderheitsgesellschaftern und Arbeitnehmern sowie der

Gerichtshof betont „die Bedeutung der kontinuierlichen Vermögensträgerschaft“[2212], indem er Gesellschaften einen diskriminierungsfreien Anspruch auf einen grenzüberschreitenden Rechtsformwechsel gewährt und sich insgesamt gegen eine Benachteiligung transnationaler Umstrukturierungen stellt.[2213]

Weiterhin hat der EuGH klargestellt, dass „der Niederlassungsbegriff im Sinne der Bestimmungen des Vertrags über die Niederlassungsfreiheit die tatsächliche Ausübung einer wirtschaftlichen Tätigkeit mittels einer festen Einrichtung im Aufnahmemitgliedstaat auf unbestimmte Zeit impliziert“.[2214] Ob der EuGH damit den im Nachgang von *Cartesio* angestellten Überlegungen, die der Niederlassungsfreiheit auch ein Recht auf eine isolierte Satzungssitzverlegung ohne Verlegung des tatsächlichen Verwaltungssitzes entnehmen wollen, eine Absage erteilen wollte, ist weiterhin unklar.[2215] Denn ob vom EuGH mit der „tatsächlichen Ausübung einer wirtschaftlichen Tätigkeit“ zugleich die Mitnahme der gesamten Geschäftsleitung gemeint ist, erscheint zweifelhaft: [2216] So scheint die deutsche Sprachfassung der *VALE*-Entscheidung, wonach die Rede davon ist, „sich tatsächlich in Ungarn anzusiedeln“[2217], eine Verlegung der Hauptniederlassung nahezulegen.[2218] Demgegenüber lässt die insoweit neutralere französische Sprachfassung, die von „*s'implanter*“ spricht und auch die englische Wendung „*seek to establish itself*“ durchaus eine andere Interpretation zu: Demnach könnte auch die Verlegung eines Teils der geschäftlichen Aktivitäten, etwa in Form einer Zweigniederlassung gemeint sein.[2219] Die *VALE*-Entscheidung ist vielmehr in einer Linie mit der etablierten Rechtsprechung zur Niederlassungsfreiheit zu sehen und widerspricht dieser in keiner Weise.[2220] Dass die

---

Wahrung der Wirksamkeit steuerlicher Kontrollen und der Lauterkeit des Handelsverkehrs“ genannt.

2212 *Schön*, ZGR 2013, 333 (339).

2213 *Schön*, ZGR 2013, 333 (337) u. (345).

2214 EuGH Urt. v. 12.7.2012 – Rs. C-378/10 – *VALE Építési kft.*, Rn. 34 unter Berufung auf EuGH Urt. v. 12.9.2006, Rs. C-196/04 – *Cadbury Schweppes*, Slg. 2006, I-7995, Rn. 54 und die dort angeführte Rechtsprechung.

2215 *Böttcher/Kraft*, NJW 2012 2701 (2701); *Kindler*, EuZW 2012, 888 (891f.) sieht in der *VALE*-Entscheidung hingegen eine „Rückkehr zum realen Niederlassungsbegriff“.

2216 So auch *Rammeloo*, MJ 4 (2012), 563 (583): "There is, however, no hard and fast answer to the question when, alongside the registration office, a company's minimum contacts with the host state are deemed as sufficient to invoke freedom of establishment."

2217 EuGH Urt. v. 12.7.2012 – Rs. C-378/10 – *VALE Építési kft.*, NJW 2012, 2715, Rn. 35.

2218 *Mörsdorf/Jopen*, ZIP 2012, 1398, (1399).

2219 *Mörsdorf/Jopen*, ZIP 2012, 1398, (1399).

2220 *Behrens/Hoffmann*, in: Ulmer/Habersack/Löbbe (Hrsg.) GroßKomm GmbHG, Einl. B. Rn. B 8: „Mit einer Abkehr von den Fällen *Centros*, *Überseering* und *Insprire Art* entwickelten Grundsätzen hat all das nichts zu tun.“

isolierte Verlagerung des Satzungssitzes unter Aufrechterhaltung der wirtschaftlichen Tätigkeit im Gründungsstaat, wie im Anschluss an die Entscheidung teilweise behauptet wurde,[2221] unionsrechtlich unzulässig sein soll, kann der Entscheidung indessen nicht entnommen werden.[2222]

Für den Fall, daß ein transnationaler „isolierter" Formwechsel nicht von der Niederlassungsfreiheit umfasst angesehen werden sollte und nur die „physische und nicht zugleich die rechtliche Mobilität von Gesellschaften im Binnenmarkt" als geschützt angesehen wird[2223], wäre ein solcher „isolierter Formwechsel" gleichwohl von den Gewährleistungen des unionsrechtlichen Gleichbehandlungsgebot erfasst: Wenn nämlich ein Mitgliedstaat, wie dies in Deutschland nach §5 AktG und § 4a GmbHG der Fall ist, für seine eigenen Gesellschaftsgründungen keine Ansiedlung im Inland fordert, kann dies ebenso wenig von einer formwechselnd zuziehenden Auslandsgesellschaft verlangt werden.[2224]

Der Gerichtshof hat sich im Ergebnis dafür ausgesprochen, dass die nach mitgliedstaatlichem Recht gegründeten Gesellschaften ihren Satzungssitz im Wege eines Statutenwechsels über die Grenze unter Beibehaltung des Rechtsträgers verlegen können; ob dies auch im Wege einer „isolierten" Satzungssitzverlegung geschehen kann, muss im Ergebnis weiterhin als ungeklärt angesehen werden.[2225] Abgesehen von zahlreichen verfahrenstechnischen Aspekten blieb weiterhin die Frage offen, ob lediglich der *VALE*-Entscheidung zugrunde liegende rechsformkongruente oder aber auch rechtsforminkongruente statutenwechselnde Sitzverlegungen möglich sind. Nicht zuletzt vor diesem Hintergrund

---

2221 *Mörsdorf/Jopen*, ZIP 2012, 1398, (1399).

2222 *Behrens/Hoffmann*, in: Ulmer/Habersack/Löbbe (Hrsg.) GroßKomm GmbHG, 2. Aufl. 2013, Einl. B. Rn. B 8. So auch die Antwort der *European Company Law Experts* (ECLE) an die Kommission im Rahmen der Konsultation über die Zukunft des europäischen Gesellschaftsrechts von *Böckli/Davies/Ferran/Ferrarini/Garrido/Hopt /Pietrancosta/Pistor/Skog/Soltysinski/Winter/Wymeersch*, RTDF 2012, 8 (11): „the transfer should not imply that the main business activity also be transferred".

2223 *Mörsdorf/Jopen*, ZIP 2012, 1398, (1399).

2224 *Teichmann*, DB 2012 2085 (2088); in diese Richtung argumentiert auch *Grundmann*, Europäisches Gesellschaftsrecht, 2011, § 22 Rn. 799, S. 480, der die isolierte Satzungssitzverlegung jedenfalls dann für zulässig hält, „wenn der Zuzugsstaat die Gründungstheorie vertritt oder aus anderen Gründen zulässt, dass seine Gesellschaftsformen ihren Verwaltungssitz ins Ausland verlegen können". Deshalb geht auch die Annahme fehl, man könne – was Deutschland betrifft – nunmehr strengere Anforderungen an Briefkastengründungen stellen; vgl. *Böttcher/Kraft,* NJW 2012 2701 (2703). Denn in Deutschland wird eine inländische Ansiedlung nach der MoMiG-Reform nicht einmal von den eigenen Gesellschaften verlangt; vgl. § 4a GmbHG sowie *Teichmann*, DB 2012, 2085 (2088 in Fn. 51).

2225 *Rammeloo*, MJ (2012), 563 (588).

werden sich kaum Gesellschaften auf das Wagnis eines solches lediglich primärrechtlich geregelten Unterfangens einer Satzungssitzverlegung einlassen:[2226]

Auf welche Schwierigkeiten zuziehende Gesellschaften vor dem Handelsregister stoßen, dokumentiert die Entscheidung des OLG Nürnbergs vom 13. Februar 2012, in welcher einer luxemburgischen S.à.r.l. der Zuzug nach Deutschland im Wege eines identitätswahrenden Formwechsels in eine deutsche GmbH verweigert wurde.[2227] Angesichts der Schwierigkeiten, die die Koordination zweier nationaler Verfahrensordnungen impliziert, erscheint das rechtspolitische Desiderat nach einer 14. Sitzverlegungsrichtlinie umso dringender:[2228] „Company mobility is a corner stone in the completion of the internal market and in the absence of a specific set of provisions, causes considerable administrative burdens, and creates unnecessary social and tax disadvantages."[2229]

Nachdem im Jahr 1997 bereits ein erster Anlauf gestartet wurde, der jedoch in den Startlöchern stecken blieb,[2230] scheint man sich dem Projekt auf europäischer Ebene jüngst wieder mit neuer Entschlossenheit gewidmet zu haben.[2231]

2226 *Wohlrab*, GPR 2012, 316 (318).

2227 OLG Nürnberg, Beschl. v. 13.02.2012 – 12 W 2361/11, ZIP 2012, 572 = WM 2012, 993 = DB 2012, 853 = BB 2012, 988 = DStR 2012, 571 = NZG 2012, 468 = BeckRS 2012, 05177 = GWR 2012, 131 m. Anm. *Wöhlert;* IRPrax 2013 (153) m. Anm. *Bartels*

2228 Siehe dazu die Antwort der *European Company Law Experts* (ECLE) an die Kommission im Rahmen der Konsultation über die Zukunft des europäischen Gesellschaftsrechts von *Böckli/Davies/Ferran/Ferrarini/Garrido/Hopt/Pietrancosta/Pistor/Skog /Soltysinski/Winter/Wymeersch*, RTDF 2012, 8 (10f.). So auch *Lehne*, KSzW 2010, 3 (4): „Was noch fehlt, ist die Beweglichkeit des Registersitzes, also eine Sitzverlegungsrichtlinie." Im Anschluß an das *VALE*-Urteil betont *Schön*, ZGR 2013, 333 (337) es mache, „das legislatorische Anliegen der Richtlinie jedoch nicht überflüssig: Im Gegenteil!".

2229 *Böckli/Davies/Ferran/Ferrarini/Garrido/Hopt/Pietrancosta/Pistor/Skog/Soltysinski/ Winter/Wymeersch*, RTDF 2012, 8 (11).

2230 Der nicht offizielle Vorentwurf, Doc. XV/6002/97-EN REV 2, 20 April 1997, wurde ein Jahrzehnt später durch die Rede 07/441 v. 3.10.2007 des damaligen Binnemarktkommissars *Charles McCreevy* vor dem Rechtsausschuss des Europäischen Parlaments wieder aufgehoben; siehe *Rammeloo*, MJ 19 (2012), 563 (586) in Fn. 113.

2231 Siehe dazu die Entschließung des Europäischen Parlaments vom 2. Februar 2012 mit Empfehlungen an die Kommission zu einer 14. Gesellschaftsrechtlichen Richtlinie zur grenzüberschreitenden Verlegung von Unternehmenssitzen (2011/2046 (INI)) sowie „Europäisches Gesellschaftsrecht und Corporate Governance – ein moderner Rechtsrahmen für engagierte Aktionäre und besser überlebensfähige Unternehmen" vorgelegt vgl. COM [2012] 740/2M; abgedruckt in EuZW 2013, 3 (3), in dem weitere Untersuchungen mit Blick auf eine mögliche Initiative zur grenzübergreifenden Verlegung des Unternehmenssitzes angekündigt werden.

II. Schweizerische Sicht

1. Verlegung des statuarischen Sitzes aus Deutschland in die Schweiz

a) Die Regelung der Immigration in Art. 161 IPRG

aa) Grundsätzlicher Regelungsgehalt des Art. 161 Abs. 1 IPRG

Art. 161 IPRG ermöglicht die identitätswahrende Sitzverlegung einer Gesellschaft ohne Liquidation und Neugründung vom Ausland in die Schweiz (Immigration). Die zuziehende Gesellschaft muss sich dem Schweizer Recht durch Anpassung ihrer Rechtsform entsprechend dem geltenden *numerus clausus* sowie durch die Wahl eines Schweizer Sitzes unterstellen.[2232] Auf der Grundlage der nach Art. 154 IPRG geltenden *Inkorporationstheorie* ist die Begründung eines Schweizer Sitzes jedoch nicht der Auslöser, sondern lediglich die Folge des Wechsels des Gesellschaftsstatuts.[2233]

Die hier in Rede stehende Verlegung der Gesellschaft geht somit mit einem „Rechtskleidwechsel" einher, indem die Gesellschaft einem anderen Gesellschaftsstatut unterstellt wird. Daher ist in der Schweizer Diktion auch insoweit präziser von einer „Um-Inkorporation" die Rede.[2234] Da eine Gesellschaft nach der in der Schweiz geltenden Inkorporationstheorie grundsätzlich derjenigen Rechtsordnung untersteht, nach der sie „inkorporiert" worden ist, führt eine grenzüberschreitende Verlegung von statutarischem oder Verwaltungssitz allein noch nicht zu einer Verlegung der Gesellschaft als solcher. Beabsichtigt eine Gesellschaft es, ihren Sitz ohne Liquidation und Neugründung in die Schweiz zu verlegen, bedarf es nach schweizerischem Recht vielmehr eines Wechsels der die Gesellschaft bislang beherrschenden Rechtsordnung.[2235]

Freilich darf dabei die in Art. 161 Abs. 1 IPRG geforderte Anpassung ans schweizerische Recht nicht zu einer mit der geltenden Inkorporationstheorie unvereinbaren, rein faktisch bestimmten Liquidation und Neugründung der ausländischen Gesellschaft führen. Aus diesem Grund sind lediglich solche Anpassungen erforderlich, die unbedingt notwendig sind, damit die Gesellschaft in der Schweiz überhaupt eingetragen werden kann.[2236]

2232 *Altenburger/Calderan/Lederer*, Schweizerisches Umstrukturierungsrecht, 2004, Rn. 1332, S. 317.

2233 *Böckli*, Schweizer Aktienrecht 2009, § 1 Rn. 609 in Fn. 1256.

2234 Dagegen war in der bundesrätlichen Botschaft (Nr. 296) noch von „Sitzverlegung" die Rede; Verlegung der Gesellschaft bzw. Um-Inkorporation ist indes die terminologisch und dogmatisch richtigere Bezeichnung, vgl. ZürchKomm IPRG-*Vischer* Art. 161 Rn. 1.

2235 *Vogt*, REPRAX 2-3/2008, 114 (120).

2236 *Altenburger/Calderan/Lederer*, Schweizerisches Umstrukturierungsrecht, 2004, Rn. 1333, S. 317.

bb) Ausnahmeregelung des Art. 161 Abs. 2 IPRG

In Ausnahmefällen kann der Bundesrat gemäß Art. 161 Abs. 2 IPRG die Unterstellung unter schweizerisches Recht auch ohne Berücksichtigung des ausländischen Rechtes (Emigrationsstatut) zulassen, und zwar „insbesondere" dann, wenn dies „erhebliche schweizerische Interessen" erfordern.[2237] Mit dieser Regelung wurde die vor Erlass des IPRG durch Art. 14 SchlT OR bei der Immigration generell vorgeschriebene Bewilligung seitens des Bundesrates auf besondere Ausnahmefälle beschränkt.[2238]

Die Botschaft IPRG erwähnt als Beispiel eine Sitzverlegung, die vorgenommen wird, um einer drohenden Verstaatlichung im Ausland zu entgehen.[2239] Erstaunlich wirkt es deshalb, wenn er in der – soweit ersichtlich – einzigen Entscheidung des Bundesrates zu dieser Bestimmung steuerliche Gründe anführt:[2240] So bezeichnete er das Interesse einer Gesellschaft an der Vermeidung einer im Emigrationsstaat drohenden und als ungerechtfertigt erachteten Doppelbesteuerung als insoweit schützenswert.[2241]

Diese Norm ist jedoch auf politische und wirtschaftliche Krisenzeiten zugeschnitten; sie provoziert geradezu hinkende Rechtsverhältnisse und ist daher nur in äußersten Ausnahmefällen anzuwenden.[2242] Aufgrund dieses „national schweizerischen" Statutenwechsels können Normwidersprüche nämlich dann auftreten, wenn das bisherige Personalstatut der Gesellschaft eine derartig motivierte Uminkorporation nicht zulässt. An die „schweizerischen Interessen" sind

---

2237 Damit wird die bislang in Art. 14 Schl OR bei Immigration in die Schweiz generell vorgeschriebene bundesrätliche Bewilligung auf eng auszulegende Ausnahmefälle beschränkt. Solche „erheblichen schweizerischen Interessen" liegen etwa dann vor, wenn eine Immigration zur Abwendung einer drohenden Konfiskation im Emigrationsstaat vorgenommen wird oder wenn Güter und andere Vermögenswerte einer Gesellschaft konfisziert werden, an denen schweizerische Interessen bestehen. Siehe dazu ZürchKomm IPRG-*Vischer* Art. 161 Rn. 11-12.

2238 *Vogt*, REPRAX 2/1999, 46 (49).

2239 Botschaft IPRG, 446.

2240 *Helbling*, Internationale Sitzverlegungen und Umstrukturierungen, 2010, § 6 Rn. 151.

2241 Ciba-Geigy International Asia B.V., neu: Ciba Pacrim AG; in: SHAB Nr. 252 vom 28.12.1994.

2242 Soweit ersichtlich kam diese Vorschrift in neuerer Zeit zur Vermeidung einer im Emigrationsstatut drohenden Doppelbesteuerung zur Anwendung (Ciba-Geigy International Asia B.V.; neu: Ciba Parim AG; publiziert in SHAB Nr. 252 vom 28.12.1994). Siehe dazu die kritischen Ausführungen in BaslerKomm IPRG-*Girsberger/Rodriguez* Art. 161 IPRG Rn. 14.

daher zu Recht hohe Anforderungen[2243] zu stellen – dies insbesondere vor dem Hintergrund, dass die Anwendung dieser Bestimmung des IPRG Retorsionen des betroffenen ausländischen Staates gegenüber der Schweiz erwarten lässt.[2244]

Insgesamt ist die darin liegende Bevorzugung des Wechsels zum schweizerischen Gesellschaftsstatut gegenüber dem Wechsel zum ausländischen Gesellschaftsstatut sowohl aus dogmatischen Gründen als auch aus der Befürchtung von Retorsionsmaßnahmen gegenüber der Schweiz kritisch zu sehen.[2245]

b) Voraussetzungen

Der gesetzlichen Konzeption nach handelt es sich bei den Bestimmungen zur Immigration weniger um Normen mit Verweisungscharakter; vielmehr weisen diese einen überwiegend materiell-rechtlichen Gehalt auf:[2246] Art. 161 IPRG bestimmt dabei die Voraussetzungen, unter welchen eine Gesellschaft in die Schweiz aus schweizerischer Sicht verlegt werden kann. Kumulativ müssen demnach die folgenden drei Voraussetzungen erfüllt sein:[2247]

1. Das ausländische Recht – hier also die deutsche Rechtsordnung – muss die Verlegung in die Schweiz gestatten,
2. die materiellen Voraussetzungen des ausländischen Rechts für eine solche Verlegung müssen erfüllt sein, und
3. eine Anpassung an eine Rechtsform des schweizerischen Rechts muss möglich sein.

aa) Zulässigkeit nach ausländischem Recht

Zunächst bleibt es bei der im IPRG unausgesprochenen Selbstverständlichkeit, dass eine Rechtseinheit, die ihren Sitz in die Schweiz zu verlegen beabsichtigt, in ihrem ausländischen Herkunftsstaat rechtsgültig bestehen muss, damit sie ihren Sitz überhaupt identitätswahrend in die Schweiz verlegen kann. Die Schweizer Vorschriften des Handelsregisterrechts verlangen daher einen Nachweis des rechtlichen Bestehens der Rechtseinheit im Ausland; vgl. Art. 126 Abs. 2 lit. a HRegV.[2248]

2243 *Schwander* spricht von hohen Anforderungen „im Sinne von gesamtschweizerischen Interessen"; siehe dazu *Ders.* Einführung in das Internationale Privatrecht, Bd. II BT (1997), § 20 Rn. 824, S. 360

2244 *Schwander*, Einführung in das Internationale Privatrecht, Bd. II BT (1997), § 20 Rn. 825, S. 360

2245 Siehe *Nobel*, in: FS Moser, 179 (186f.) sowie *Ebenroth/Messer* ZSR 1989, 51 (99).

2246 *Schwander*, Einführung in das Internationale Privatrecht, Bd. II BT (1997), § 20 Rn. 818, S. 358; ZürchKomm IPRG-*Vischer* Art. 161 Rn. 1.

2247 ZürchKomm IPRG-*Vischer* Art. 161 Rn. 6.

2248 Erforderlich ist danach eine Bestätigung bzw. ein Auszug aus einer dem schweizerischen Handelsregister gleichwertigen Einrichtung, aus der die Firma oder der Name,

Aus registerrechtlicher Sicht ist die Unterstellung der zuziehenden Gesellschaft unter schweizerisches Recht wie eine Neueintragung des entsprechenden Äquivalents der inländischen Rechtsform zu behandeln.[2249] Im Einzelnen haben daher juristische Personen den Nachweis einer rechtsgültigen Beschlussfassung über die Sitzverlegung und der dazu notwendigen Anpassungen von rechtlicher Struktur und Organzusammensetzung sowie über eine ggf. erforderliche Neubestellung der Organe zu erbringen und ein Exemplar der neuen Statuten dem Handelsregister beizubringen.[2250] Da der Sitzverlegungsbeschluss zu einem Zeitpunkt erfolgte, in dem die Gesellschaft noch dem Recht des Heimatstaates unterstellt war, ist auf die Vorgaben der bisherigen ausländischen Rechtsordnung abzustellen.[2251]

bb) Erfüllung der materiellen Voraussetzungen des ausländischen Rechts

Damit nicht zwei verschiedene Rechtsordnungen gleichzeitig auf ein und dieselbe Gesellschaft Anwendung finden,[2252] muss das ausländische Recht eine identitätswahrende Sitzverlegung ebenfalls gestatten; vgl. Art. 161 Abs. 1 IPRG. Aus Sicht der schweizerischen Handelsregisterpraxis ist in diesem Zusammenhang nach Art. 126 Abs. 2 lit. b HRegV[2253] der „Nachweis über die Zulässigkeit der grenzüberschreitenden Sitzverlegung im ausländischen Recht" zu erbringen. Generell war es bislang jedoch problematisch, da eine entsprechende Bescheinigung oftmals nur schwer – wie vom bisherigen Wortlaut der Verordnung gefordert – von der jeweiligen zuständigen ausländischen Behörde erbracht werden konnte. Mitunter war dies in manchen Fällen darauf zurückzuführen, dass „der ausländische Staat dem Wegzug eines Unternehmens nicht freundlich gesinnt war".[2254] Die registerrechtliche Praxis auf kantonaler Ebene hat diesem Umstand Rechnung getragen, indem auf eine Bescheinigung seitens der zuständigen ausländischen Behörde verzichtet wurde und – entgegen dem Wortlaut der Verordnung – ein Zulässigkeitsnachweis des Schweizerischen Instituts für Rechtsvergleichung (SIR) als ausreichend erachtet worden ist.[2255] In der vom schweizeri-

---

die Rechtsform und der Sitz vor Sitzverlegung in die Schweiz sowie die für die Registrierung bisher zuständig gewesene ausländische Behörde entnommen werden kann; siehe dazu *Vogt*, REPRAX 2008, 114 (114).

2249 Vgl. Art. 126 Abs. 1 HRegV.

2250 *Vogt*, REPRAX 2-3/2008, 114 (114).

2251 *Vogt*, REPRAX 2-3/2008, 114 (114).

2252 *Vogt*, REPRAX 2-3/2008, 114 (116).

2253 Handelsregisterverordnung vom 17. Oktober 2007 (HRegV) (SR 221.411).

2254 *Champeaux*, REPRAX 4/2011, 1 (20).

2255 *Champeaux*, REPRAX 4/2011, 1 (20).

schen Bundesrat unlängst verabschiedeten Teilrevision der HRegV[2256] sind daher Vereinfachungen bei den Formalitäten bzw. Modalitäten bezüglich Sitzverlegung einer ausländischen Rechtseinheit in die Schweiz vorgenommen worden: Demnach kann der Nachweis über die Zulässigkeit einer grenzüberschreitenden Sitzverlegung nunmehr abgesehen von einer fachlich befähigten ausländischen Behörde, Institution, Person (Urkundsperson oder Experte) auch vom SIR in Lausanne-Dorigny erbracht werden.[2257]

Im Hinblick auf die Regelung des Art. 161 IPRG ist indessen fraglich, welche Wirkungen das bisherige Recht an einen Sitzwechsel knüpft, damit „die Voraussetzungen des ausländischen Rechts" als „erfüllt" angesehen werden können.[2258] Die Wirkungen der Sitzverlegung, wie sie das schweizerische Recht kennt, brauchen dabei vom ausländischen Recht – hier also der deutschen Rechtsordnung – jedoch nicht ausdrücklich vorgesehen zu sein.

Im Allgemeinen müsste das deutsche Recht jedoch immer dann beachtet werden, wenn bei dessen Missachtung ein Normenkonflikt entstünde und dieser ein hinkendes Rechtsverhältnis zur Folge hätte. Dies gilt für alle Normen, deren zwingende Anwendung das ausländische Recht als Bedingung für eine Wirksamkeit der Sitzverlegung vorsieht. Diese zuletzt genannten Voraussetzungen des ausländischen Rechts sind dabei die materiellen gesellschaftsrechtlichen Normen des deutschen Emigrationsstatutes, vor allem sind die verfahrens- und registerrechtlichen Regelungen sowie Gläubiger- und Minderheitsschutzbestimmungen der bezeichneten Rechtsordnung erfasst.[2259] Dies betrifft hingegen nicht bloße Ordnungsvorschriften, wie beispielsweise die Pflicht zur Entrichtung einer Liquidationssteuer.[2260]

2256 Die im Anhang zur Totalrevision der Grundbuchverordnung enthaltene Teilrevision der HRegV wurde vom Bundesrat am 23. September 2011 zusammen mit der neuen Verordnung über die elektronische öffentliche Beurkundung (EÖBV) verabschiedet; vgl. AS 2011, 4659 ff.

2257 *Champeaux*, REPRAX 4/2011, 1 (20).

2258 BaslerKomm IPRG-*Girsberger/Rodriguez* Art. 161 IPRG Rn. 4.

2259 Nach *Schwander* sind damit jedoch bloße Ordnungsvorschriften nicht gemeint. Siehe dazu *ders.*, Einführung in das Internationale Privatrecht, Bd. II BT (1997), § 20 Rn. 818, S. 358.

2260 BaslerKomm IPRG-*Girsberger/Rodriguez* Art. 161 IPRG Rn. 4. *Vischer* hingegen stellt die Akzeptanz der Gesellschaftsverlegung durch den Emigrationsstaat in den Vordergrund. Öffentlich-rechtliche Bestimmungen wie etwa steuer- oder devisenrechtlicher Art im Emigrationsstaat seien dann zu erfüllen, wenn das ausländische Recht die „Entlassung" der Gesellschaft aus ihrem bisherigen Personalstatut von der Erfüllung dieser Voraussetzungen abhängig macht. Anderenfalls bedürfe eine Nichtbeachtung einer bundesrätlichen Bewilligung gemäß Art. 161 Abs. 2 IPRG. Siehe dazu ZürchKomm IPRG-*Vischer* Art. 161 Rn. 8.

cc) Anpassungsmöglichkeit nach schweizerischem Recht

(1) Geltung des Schweizer *numerus clausus* der Rechtsformen

Weitere Voraussetzung für eine Immigration einer deutschen Gesellschaft in die Schweiz ist, dass diese sich in den *numerus clausus* der schweizerischen Gesellschaftstypen einfügen lässt.[2261] Nach dem Grundsatz der Formenfixierung muss die deutsche Gesellschaft in der Lage sein, sich in eine schweizerische Rechtsform „umwandeln" zu können.[2262] Nicht anpassungsfähig sind dabei etwa eine liechtensteinische Anstalt oder ein Trust angelsächsischer Prägung.[2263] Ein größeres Hindernis stellt sich jedoch im europäischen Kontext: So ist in der gesamten Europäischen Union der Einsatz der *"private limited"* inzwischen möglich geworden. Jedoch steht in der Schweiz tätigen Unternehmen diese Gesellschaftsform englischen Rechts nicht zur Verfügung, die Organisationsfreiheit, Einfachheit und Kostengünstigkeit mit einer Beschränkung der Haftung auf die Einlagen verbindet, während dies den Unternehmern im gesamten europäischen Ausland infolge der Rechtsprechung des EuGH möglich ist.[2264]

Ist eine ausländische Gesellschaft nicht anpassungsfähig, so ist die Verlegung nur durch Neugründung in der Schweiz möglich. Erweist sich eine Inkongruenz der ausländischen Gesellschaftsform mit dem *numerus clausus* der schweizerischen Gesellschaftstypen als unüberwindbar, so kann eine Sitzverlegung nur nach einer vorherigen Umwandlung im Ausland in eine dem schweizerischen Recht bekannte Gesellschaftsform vollzogen werden.[2265]

Die zugezogene Gesellschaft wird erst dann ins Handelsregister eingetragen, wenn die erforderlichen Anpassungen erfolgt sind. Die vor Inkrafttreten des IPRG geltende Konzeption, nach der auch eine provisorische Eintragung der immigrationswilligen Aktiengesellschaft in das Handelsregister zulässig war, ist somit ausdrücklich aufgegeben worden.[2266]

2261 *Schnyder*, ZBJV Sonderband 135bis 1999, 60 (63 Fn. 8); *Altenburger/Calderan/Lederer*, Schweizerisches Umstrukturierungsrecht, 2004, Rn. 1333, S. 317.

2262 *Weber*, in: Grossen/Gutzwiller (Hrsg.) Schweizerisches Privatrecht, Einleitung und Personenrecht, Juristische Personen, Bd. II/4 (1998), § 8 III. B., S. 144.

2263 BGer Urt.vom 3.9.1999, SemJud 2000 I 269 (271). Ebenso ist ein Trust angelsächsischen Rechts nicht anpassungsfähig, dazu ZürchKomm-IPRG-*Vischer* Art. 161 Rn. 9.

2264 *Herren,* GesKR 2006 S. 223 (226).

2265 Siehe *Schnyder*, ZBJV Sonderband 135bis 1999, 60 (63 Fn. 8).

2266 Unter der früheren Geltung der Art. 14 Abs. 3 SchlT OR, verfügte der Bundesrat die Eintragung ins Handelsregister, gleich nachdem er der erforderlichen Bewilligung für die Verlegung der Gesellschaft in die Schweiz erteilt hatte; obschon die Gesellschaft ihrer rechtlichen Struktur und Organzusammensetzung nach noch nicht dem schweizerischen Recht entsprach. Nach der früheren Regelung der SchlT OR hatte die Gesellschaft sodann von der provisorischen Eintragung an sechs Monate Zeit, ihre Statuten

Während nach den früheren Bestimmungen des schweizerischen Registerrechts die Entscheidung darüber, ob eine Bescheinigung erforderlich ist oder nicht, noch dem Registerführer oblag,[2267] muss der Anmeldende dem Handelsregisteramt den Nachweis, dass die Anpassung der zuziehenden ausländischen Rechtsform bzw. Rechtseinheit an eine schweizerische Rechtsform im konkreten Einzelfall möglich ist, nunmehr ausdrücklich in Belegform einreichen; vgl. Art. 126 Abs. 2 lit. c HRegV.[2268]

Maßgebend für eine Prüfung der Äquivalenz und der Anpassungsfähigkeit ist nicht die Bezeichnung der ausländischen Gesellschaft als solche, sondern die konkrete Struktur des Rechtsträgers.[2269] Wesentlich ist dabei zum einen das Verhältnis der Mitglieder zur Gesellschaft: Diese sollen nach dem Statutenwechsel grundsätzlich in gleicher Weise haften wie nach bisherigem deutschen Gesellschaftsstatut. Zum anderen haben auch ihre Stellung innerhalb, sei es Selbstorganschaft oder Teilhaber bei Drittorganschaft, und ihre Vertretungsbefugnis nach außen grundsätzlich unverändert zu bleiben.[2270]

Mit Blick auf Gesellschaften deutscher Rechtsform wird Art. 161 Abs. 1 IPRG kaum ein Hindernis darstellen, denn gefordert ist nach dieser Vorschrift lediglich die Möglichkeit der Anpassung. Es ist deshalb nicht erforderlich, dass die Gesellschaft unter dem bisher für sie geltenden deutschen Recht ihre Statuten bereits dem schweizerischen Recht angepasst hat; dies dürfte auch nicht ohne weiteres möglich sein.[2271] Schließlich ist es einer deutschen Kapitalgesellschaft schon nicht möglich, ihr Gesellschaftskapital in schweizerischer Währung zu halten. Man könnte mit Blick auf die deutsche GmbH darüber hinaus die Frage stellen, ob diese auch in Form einer schweizerischen AG angepasst werden kann. Dies ist jedoch nicht möglich; in diesem Falle müsste eine Neugründung vorgenommen werden. Man ging in den Beratungen der Nationalratskommission davon aus, dass nur Gesellschaftstypen ähnlicher Struktur anpassungsfähig seinen.[2272]

---

der schweizerischen Gesetzgebung anzupassen und ihre Organe neu zu bestellen; siehe dazu *Vogt*, REPRAX 2-3/2008, 114 (119).

2267 Siehe dazu die frühere bis zum 30.6.2004 geltende Fassung von Art. 50a Ziff. 3 aHRegV.

2268 *Vogt*, REPRAX 2/1999, 46 (49).

2269 BaslerKomm IPRG-*Girsberger/Rodriguez* Art. 161 IPRG Rn. 5.

2270 BaslerKomm IPRG-*Girsberger/Rodriguez* Art. 161 IPRG Rn. 6.

2271 ZürcherKomm IPRG-*Vischer* Art. 161 Rn. 10.

2272 *Vischer*, Protokoll der 5. Sitzung der Nationalratskommission vom 27./28. Januar 1986 in Bern, 563.

(2) Maßgeblicher Zeitpunkt

Den Zeitpunkt des Anpassungsvorganges bestimmt dabei Art. 162 Abs. 1 IPRG: Eine Gesellschaft untersteht dem schweizerischen Recht, sobald sie nachweist, dass sie den Mittelpunkt ihrer Geschäftstätigkeit in die Schweiz verlegt und sich dem schweizerischem Recht angepasst hat.[2273]

Noch bevor die Gesellschaft in der Schweiz eintragungsfähig ist, muss sie abhängig davon, ob bei dem entsprechenden schweizerischen Rechtsformäquivalent die Eintragung ins Handelsregister konstitutive Wirkung hat oder nicht, entweder den Mittelpunkt der Geschäftstätigkeit in die Schweiz verlegt haben oder jedenfalls ansonsten hinreichende Beziehung zur Schweiz sowie einen deutlich erkennbaren Willen, dem schweizerischen Recht zu unterstehen, aufweisen.[2274]

In Art. 162 Abs. 2 IPRG findet sich demnach eine „kollisionsrechtliche Besonderheit“[2275]: Auf Grundlage der in der Schweiz vorherrschenden Inkorporationstheorie müssten eigentlich die bloße Anpassung an das schweizerische Recht und die Registrierung in der Schweiz bei Gesellschaften, die eintragungspflichtig sind, ausreichend sein.[2276]

(a) Verlegung des Mittelpunkts der Geschäftstätigkeit in die Schweiz

Indessen wird darüber hinaus eine Verlegung des Mittelpunkts der Tätigkeiten in der Schweiz respektive eine genügende Beziehung zur Schweiz gefordert. Zunächst ist dabei auffallend, dass für die Unterstellung der Gesellschaft unter das Schweizer Recht nicht auf den Handelsregistereintrag abgestellt wird.[2277]

Den Mittelpunkt ihrer Geschäftstätigkeit hat die Gesellschaft demnach erst dann in die Schweiz verlegt, wenn das Unternehmen tatsächlich von der Schweiz aus geleitet wird. Der bloße Wille, sich dem schweizerischen Recht zu unterstellen, reicht dafür jedenfalls nicht aus.[2278].

Dieses Erfordernis ist der an sich in der Schweiz geltenden Inkorporationstheorie wesensfremd; es wird sogar behauptet, dass die Schweiz in Art. 161 Abs. 1 IPRG faktisch normiere, dass sie der Sitztheorie folge.[2279] Es handelt sich um

---

2273 Stämpflis HK FusG-*Courvoisier* Art. 162 IPRG Rn. 5. Für nicht eintragungspflichtige Gesellschaften wird demgegenüber gemäß Art. 162 Abs. 2 IPRG eine „genügende Beziehung zur Schweiz“ als ausreichend erachtet.

2274 *Vogt*, REPRAX 2-3/2008, 114 (119).

2275 So *Bessenich*, AJP 2004, 851 (858).

2276 *Bessenich*, AJP 2004, 851 (858).

2277 *Nobel*, Internationales und Transnationales Aktienrecht, Teil IPR und Grundlagen (2012), S. 89 Rn. 125.

2278 So aber Zürch Komm. IPRG-*Vischer* Art. 162 Rn. 9.

2279 *Stauffer*, ST 2005, 58 (59).

einen „Systembruch“, da die Norm zu „in der Regel unnötigen Abweichungen vom Inkorporationsprinzip“ führt.[2280]

Vielmehr reflektiert der schweizerische Gesetzgeber mit diesem Erfordernis, dass die meisten kontinentaleuropäischen Rechtsordnungen der Sitztheorie folgen und die Sitztheoriestaaten für die Anerkennung zusätzlich die Verlegung des Verwaltungssitzes fordern.[2281] Für den Fall, dass nämlich der Wegzugsstaat wie im Falle Deutschlands der Sitztheorie folgt, fördere die Bestimmung demnach die beiderseitige Anerkennung der Sitzverlegung.[2282] Wenn der betreffende Wegzugsstaat hingegen der Gründungstheorie folgt, so wird dagegen verhindert, „dass die Schweiz bloss als Inkorporationsstaat gewählt wird, ohne dass andere nähere Beziehungen vorliegen“.[2283] Diese Voraussetzung ist dabei zu Recht kritisiert worden, da sie ausländische Gesellschaften im Verhältnis zu schweizerischen ungleich behandele.

(b) Nachweis

Was den nach Art. 126 Abs. 2 lit. d HRegV geforderten Nachweis über die Verlegung des Mittelpunktes der Geschäftstätigkeit der Gesellschaft in die Schweiz anbelangt, so haben diesen nur die von Art. 162 Abs. 1 IPRG umfassten, also nach schweizerischem Recht eintragungspflichtigen Gesellschaften zu erbringen.[2284]

Vor diesem Hintergrund wäre sicherlich eine Klarstellung seitens des Gesetzgebers wünschenswert gewesen, „was unter dem Begriff des ‚Nachweises‘ zu verstehen ist, insbesondere, ob die Anpassung an das schweizerische Recht vor allem auch die Eintragung im Handelsregister umfasst“.[2285] Nach wohl überwiegender Auffassung ist jedoch die Handelsregistereintragung selbst für den maßgeblichen Zeitpunkt der Unterstellung der Gesellschaft unter das Schweizer Recht nicht entscheidend.[2286]

2280 *Nobel*, Internationales und Transnationales Aktienrecht, Teil IPR und Grundlagen (2012), S. 89 Rn. 125.

2281 *Bessenich*, AJP 2004, 851 (858).

2282 *Helbing*, Internationale Sitzverlegungen und Umstrukturierungen, 2010, § 6 Rn. 157, S. 84.

2283 Botschaft IPRG, 296, S.446/7.

2284 *Vogt*, REPRAX 2008, 114 (119).

2285 *Nobel*, Internationales und Transnationales Aktienrecht, Teil IPR und Grundlagen (2012), S. 89 Rn. 125.

2286 ZürchKomm IPRG-*Vischer*, Art. 162 Rn. 3; BaslerKomm IPRG-*Girsberger/Rodriguez*, Art. 162 Rn. 7; *Altenburger/Calderan/Lederer*, Schweizerisches Umstrukturierungsrecht, 2004, Rn. 1369, S. 319; *Nobel*, Internationales und Transnationales Aktienrecht, Teil IPR und Grundlagen (2012), S. 89 Rn. 125.

In der Regel kann dieser Nachweis in Form einer bloßen schriftlichen Bestätigung der die Eintragung anmeldenden Personen erbracht werden.[2287]

dd) Nachweis der Kapitaldeckung durch einen Revisor

Nach der Gläubigerschutzvorschrift des Art. 162 Abs. 3 IPRG hat eine Kapitalgesellschaft vor der Eintragung durch den Bericht eines zugelassenen Revisionsexperten[2288] nachzuweisen, dass ihr Grundkapital nach schweizerischem Recht gedeckt ist.[2289]

Auf diese Weise soll einerseits gewährleistet werden, dass das Grundkapital durch die Vermögenswerte auf der Aktivseite der Bilanz der Gesellschaft gedeckt ist und nicht durch Verluste geschmälert oder gänzlich aufgezehrt wurde und demnach Gesellschaften ohne hinreichendes Haftungssubstrat in der Schweiz agieren könnten.[2290] Auf der anderen Seite soll mit der Vorschrift generell der Zuzug von Gesellschaften mit einem Passivenüberschuss vermieden werden.[2291]

2. Verlegung des Satzungssitzes aus der Schweiz nach Deutschland

Die Verlegung einer Gesellschaft von der Schweiz ins Ausland ist in Art. 163 IPRG geregelt. Auch im Falle einer Emigration soll die Verlegung ohne Verlust der Rechtspersönlichkeit möglich sein.[2292] Dementsprechend kann der Wechsel des Gesellschaftsstatus ohne Liquidation und Neugründung erfolgen.[2293] Demgegenüber findet sich in den Gesellschaftsrechtsordnungen der europäischen Nachbarn ein Verbot eines solchen Statutenwechsels; und zwar unabhängig davon, ob die jeweiligen Staaten der Gründungs- oder Sitztheorie folgen.[2294] Diese Regelung des schweizerischen Gesellschaftskollisionsrechts stellt somit eine Besonderheit im europäischen Kontext dar: Denn unter den Mitgliedstaaten der EU findet sich nicht ein einziger Staat, der die Verlegung des Satzungssitzes ins Ausland unter Wahrung der bisherigen Gesellschaftsform für zulässig erach-

---

2287 *Vogt*, REPRAX 2008, 114 (119).

2288 Im Sinne des Bundesgesetzes vom 16. Dezember 2005 über die Zulassung und Beaufsichtigung der Revisorinnen und Revisoren (Revisionsaufsichtsgesetz, RAG) AS 2007 3971 (SR 221.302).

2289 Vgl. auch Art. 126 Abs. 2 lit. e HRegV.

2290 *Nobel*, Internationales und Transnationales Aktienrecht, Teil IPR und Grundlagen (2012), S. 90 Rn. 127.

2291 *Vogt*, REPRAX 2008, 114 (121).

2292 ZürchKomm IPRG-*Vischer* Art. 163 Rn. 1.

2293 BaslerKomm. IPRG-*Girsberger/Rodriguez* Art. 163 IPRG Rn. 1.

2294 *Schön*, ZGR 2013, 333 (357).

tet.[2295] Ob dabei zugleich der Ort der tatsächlichen Verwaltung der Gesellschaft effektiv ins Ausland verlegt wird und ob Vermögenswerte tatsächlich ins Ausland verschoben werden, ist für die Anwendbarkeit von Art. 163 IPRG unerheblich. Entscheidend ist einzig, dass es aus schweizerischer Sicht zu einer Änderung des Inkorporationsstatutes im Sinne von Art. 154 IPRG kommt.[2296]

Im Rahmen der Emigration erfährt die Inkorporationstheorie – im Gegensatz zu den zuvor erläuterten Bestimmungen zur Immigration in Art. 162 Abs. 1 IPRG – keine Ausnahme: Dass die Gesellschaft bei einer Emigration den Mittelpunkt ihrer Geschäftstätigkeit in entsprechender Weise ins Ausland verlagert, ist nicht erforderlich.[2297] Unerheblich ist ferner, ob es im Rahmen der Emigration lediglich zu einer rechtsformkongruenten Umwandlung der Gesellschaft in die korrespondierende Rechtsform der Rechtsordnung des Zuzugsstaates kommt oder mit der Emigration auch gleichzeitig eine grundlegende Änderung der Rechtsform an sich verbunden ist. Nicht unter Art. 163 IPRG zu subsumieren sind dagegen diejenigen Fälle, in denen es gleichzeitig mit dem Statutenwechsel auch zu einer Fusion, einer Spaltung oder einer Vermögensübertragung kommt.[2298]

Naturgemäß sind jedoch bei einem Wegzug einer schweizerischen Gesellschaft eher als beim Zuzug die Interessen namentlich der Gläubiger stärker zu berücksichtigen und zu schützen.[2299] Angemerkt sei an dieser Stelle bereits, dass der Art. 163 IPRG zugrunde liegende rechtliche Mechanismus auch im Rahmen von Umstrukturierungsmaßnahmen zur Anwendung gelangt, falls bei grenzüberschreitender Fusion, Spaltung oder Vermögensübertragung ein zweistufiges Verfahren gewählt wird, bei welchem in einem ersten Schritt eine Unterstellung der übertragenden Gesellschaft und in einem zweiten Schritt eine reine Binnenfusion gemäß dem gemeinsamen Gesellschaftsstatut erfolgt.[2300]

2295 *Kieninger*, ZEuP 2004, 685 (694); *Roth*, in: FS Heldrich, S. 973 (991f.) *Braun*, Die Wegzugsfreiheit als Teil der Niederlassungsfreiheit, 2010, S. 222, *Luchsinger,* Die Niederlassungsfreiheit der Kapitalgesellschaften in der EG, den USA und der Schweiz, 1992, S. 15.

2296 Stämpflis HK FusG-*Gassmann* Art. 163 IPRG Rn. 1.

2297 BaslerKomm FusG-*Girsberger/Rodriguez* vor Art. 163 IPRG Rn. 5.

2298 Stämpflis HK FusG-*Gassmann* Art. 163 IPRG Rn. 2. In diesen Fällen sind Art. 163b IPRG betreffend Emigrationsfusionen oder aber die in Art. 163d IPRG enthaltenen Bestimmungen betreffend grenzüberschreitender Spaltungen oder Vermögensübertragungen anzuwenden.

2299 BaslerKomm. IPRG-*Girsberger/Rodriguez* Art. 163 IPRG Rn. 2; ZürchKomm. IPRG-*Vischer* Art. 163 Rn. 2.

2300 BaslerKomm IPRG-*Girsberger/Rodriguez* Art. 163 IPRG Rn. 3.

a) Erfüllung der Voraussetzungen des schweizerischen Rechts

Art. 163 IPRG regelt die Verlegung einer schweizerischen Gesellschaft ins Ausland jedoch nicht umfassend: Ähnlich wie Art. 163b IPRG beschränkt sich Art. 163 IPRG im Wesentlichen darauf, gewisse Minimalvoraussetzungen zu statuieren, welche aus schweizerischer Sicht von der emigrationswilligen Gesellschaft erfüllt werden müssen, damit eine Verlegung ins Ausland zugelassen werden kann.[2301] Im Übrigen bleibt es aber dem ausländischen Gesellschaftsstatut, dem sich die emigrationswillige Gesellschaft unterstellen will, überlassen, ob und unter welchen Voraussetzungen eine identitätswahrende Immigration zulässig ist. Anders als bei der Emigrationsfusion, wo Art. 163b Abs. 4 IPRG die Maßgeblichkeit des ausländischen Gesellschaftsstatuts zum Ausdruck bringt, fehlt ein solcher ausdrücklicher Hinweis bei Art. 163 IPRG.

Bislang war umstritten, ob die Anteilseigner einer emigrierenden schweizerischen Gesellschaft ein wohlerworbenes Recht[2302] auf Beibehaltung des schweizerischen Gesellschaftsstatuts haben; dies machte einen einstimmigen Beschluss für den Sitzwechsel notwendig.[2303] Dieser Meinungsstreit dürfte jedoch mit Erlass des FusG und den darin ausdrücklich vorgesehenen Beschlussquoren endgültig im Sinne der herrschenden Lehre entschieden sein, wonach die allgemeinen Bestimmungen des schweizerischen Rechts über die Sitzverlegung der betreffenden Gesellschaft Anwendung finden; dazu sogleich.

b) Fortbestand der Gesellschaft nach ausländischem Recht

Neben der zuvor genannten Erfüllung der Voraussetzungen des schweizerischen Rechts verlangt Art. 163 Abs. 1 IPRG, dass die emigrationswillige Gesellschaft nach erfolgter Emigration gemäß dem Recht des Zuzugsstaates weiterbesteht.[2304]

Dieses Erfordernis soll dabei sicherstellen, dass die Identität der Gesellschaft trotz Wegzugs tatsächlich gewahrt bleibt. Genau wie dies die Voraussetzungen für eine identitätswahrende Immigration in Art. 162 IPRG entsprechend sicherstellen, so soll auch eine Emigration tatsächlich und ohne dass hinkende Rechtsverhältnisse entstehen, realisiert werden.[2305] Aus dem Erfordernis des gül-

---

2301 Stämpflis HK FusG-*Gassmann* Art. 163 IPRG Rn. 6.

2302 Siehe *Wichser*, Begriff des wohlerworbenen Rechts im IPR, 1955, S. 88: „Ein wohlerworbenes Recht im IPR ist ein subjektives Recht, das gemäss allen Bedingungen, die für seinen Erwerb zuständige Rechtsordnung eines Staates vorschreibt, in diesem Staat erworben worden ist, dessen Wirksamkeit jedoch nachträglich aus irgend einem Grunde unter der Herrschaft der mit der ersten Rechtsordnung koexistenten Rechtsordnung eines anderen Staates in Frage gestellt wird.“. Dazu auch *Schwander*, Einführung in das Internationale Privatrecht, Bd. I AT (1992) § 14 Fn. 11, S. 174-5.

2303 BaslerKomm. IPRG-*Girsberger/Rodriguez* Art. 163 IPRG Rn. 11.

2304 Stämpflis HK FusG-*Gassmann* Art. 163 IPRG Rn. 16.

2305 BaslerKomm. IPRG-*Girsberger/Rodriguez* Art. 163 IPRG Rn. 6.

tigen Fortbestandes ergibt sich implizit das Erfordernis einer kumulativen Anwendung der zwingenden Bestimmungen des ausländischen Gesellschaftsstatutes, da bei deren Missachtung die aus deutscher Sicht immigrierte Gesellschaft nicht weiter bestünde.[2306]

In Übereinstimmung mit dem geltenden Inkorporationsprinzip wird daher grundsätzlich nicht die Verlegung des Mittelpunktes der Geschäftstätigkeit in den Zuzugsstaat vorausgesetzt; jedenfalls für den Fall, dass auch der Zuzugsstaat der Inkorporationstheorie folgt.[2307] Etwas anderes ergibt sich indes bei Immigrationsstatuten, die, wie bislang noch das deutsche Recht, der Sitztheorie verpflichtet sind: In diesem Fall ist regelmäßig auch die Verlegung der Verwaltung der Gesellschaft in den Zuzugsstaat erforderlich.[2308]

c) Gläubigerschutz

Wie bereits erwähnt, geht es von Seiten der Schweiz bei der Emigration in erster Linie darum, die Interessen der Gläubiger zu schützen.[2309] Entsprechend sieht Art. 163 Abs. 2 IPRG einen öffentlichen und entsprechend dreimaligen Schuldenruf im Sinne von Art. 742 Abs. OR vor, der eine Aufforderung zur Anmeldung der noch offenen Forderungen beinhaltet. Dabei wird in Art. 45 FusG diese Forderungsanmeldung dahingehend präzisiert, dass die Gläubiger unter Anmeldung ihrer Forderungen Sicherstellung verlangen können.[2310] Die Ankündigung des Wechsels des Gesellschaftsstatuts muss dabei in aller Deutlichkeit vorgenommen werden, so dass auch der juristische Laie versteht, was dieser Wechsel für rechtliche Konsequenzen mit sich bringt.[2311]

Die „Innovation“ der Vorschrift des Art. 163 IPRG ist in dem Verweis auf die sinngemäße Anwendung des Art. 46 FusG zu erblicken:[2312] Bei dieser Norm handelt es sich um eine dem Spaltungsrecht zugeordnete Bestimmung, die vorschreibt, dass die Forderungen der Gläubiger sicherzustellen sind, sofern die Gläubiger innerhalb von zwei Monaten nach dem Schuldenruf eine solche Sicherstellung verlangen. Die Pflicht zur Sicherstellung entfällt dabei nach Art. 46 Abs. 2 FusG, sofern die Gesellschaft nachweist, dass die Erfüllung der Forde-

2306 BaslerKomm. IPRG-*Girsberger/Rodriguez* Art. 163 IPRG Rn. 7.

2307 *Schwander*, Einführung in das internationale Privatrecht, Bd. II BT (1997), § 20 Rn. 828, S. 363.

2308 Stämpflis HK FusG-*Gassmann* Art. 163 IPRG Rn. 16.

2309 *Altenburger/Calderan/Lederer*, Schweizerisches Umstrukturierungsrecht, 2004, Rn. 1343.

2310 Siehe Art. 51 Abs. 2 HRegV.

2311 *Rindisbacher,* Anerkennung gesellschaftsrechtlicher Gebilde im internationalen Privatrecht, 1996, § 5 S. 120.

2312 *Nobel*, Internationales und Transnationales Aktienrecht, Teil IPR und Grundlagen (2012), S. 91 Rn. 131.

rungen durch die Sitzverlegung nicht gefährdet erscheint. Da die wegziehende schweizerische Gesellschaft unmittelbar nach dem bewilligten Wegzug im schweizerischen Handelsregister gelöscht wird, kommt sie oftmals nicht umhin, gleichzeitig die Forderungen sämtlicher Gläubiger abzulösen oder sicherzustellen.[2313] Dem Sinn und Zweck dient die Regelung der Gewährleistung eines kohärenten Schutzes der Gläubiger in den über Staatsgrenzen hinauswachsenden Beziehungen.[2314]

Jedoch kann die Löschung einer im Handelsregister eingetragen Gesellschaft erst dann erfolgen, wenn mittels des Berichts eines besonders befähigten Revisors nachgewiesen wird, dass die Forderungen sämtlicher Gläubiger entweder sichergestellt oder erfüllt worden sind oder dass die Gläubiger auch ohnedies der Löschung zustimmen; vgl. Art. 164 Abs. 1 IPRG. Die Löschung des Handelsregistereintrages bildet dabei aus schweizerischer Sicht den Schlusspunkt der Verlegung der Gesellschaft.[2315]

Auch wird ein besonderes Augenmerk auf die Interessen des schweizerischen Fiskus als Steuergläubiger im Falle der „Abwanderung des Steuersubstrates" gerichtet: So ist nämlich das Handelsregisteramt verpflichtet, den Steuerbehörden des Bundes und des Kantons die Anmeldung der Sitzverlegung anzuzeigen. Die Handelsregisterlöschung erfolgt nach Art. 127 Abs. 2 HRegV erst dann, wenn diese der Sitzverlegung zugestimmt haben.

Mit der Löschung der Gesellschaft aus dem Handelsregister wird das schweizerische Gesellschaftsstatut sodann abgelöst durch dasjenige des Zuzugsstaates.[2316] Sofern nicht die gesamte Geschäftstätigkeit ins Ausland verlagert wird, verbleibt in der Schweiz bei Vorliegen der entsprechenden Voraussetzung eine Zweigniederlassung, was über Art. 160 IPRG zu einer beschränkten Sonderanknüpfung von Fragen des Register-, Firmen- und Vertretungsrechts an das schweizerische Zweigniederlassungsstatut führt.

d) Ergebnis

Es bleibt letztlich dem ausländischen, hier also dem deutschen Gesellschaftsstatut, überlassen, darüber zu entscheiden, ob und unter welchen Bedingungen eine identitätswahrende Sitzverlegung zulässig ist; lässt sie diese nicht zu, so kann sie

---

2313 *Altenburger/Calderan/Lederer*, Schweizerisches Umstrukturierungsrecht, 2004, Rn. 1344.

2314 Botschaft vom 13. Juni 2000 zum Bundesgesetz über Fusion, Spaltung, Umwandlung und Vermögensübertragung (Fusionsgesetz, FusG), BBl 2000 4337 (4498), *Nobel*, Internationales und Transnationales Aktienrecht, Teil IPR und Grundlagen (2012), S. 91 Rn. 131.

2315 *Nobel*, Internationales und Transnationales Aktienrecht, Teil IPR und Grundlagen (2012), S. 91 Rn. 131.

2316 *Helbing*, Internationale Sitzverlegungen und Umstrukturierungen, 2010, § 6 Rn. 162.

damit auch aus schweizerischer Sicht nicht realisiert werden.[2317] Die deutsche Sichtweise zu dieser Problematik einer grenzüberschreitenden Sitzverlegung soll deshalb Gegenstand der folgenden Ausführungen sein. In exemplarischer Deutlichkeit kann anhand der Verlegung des Satzungssitzes die mobilitätsfreundliche Haltung des schweizerischen IPRG dargelegt werden. Das schweizerische Gesellschaftskollisionsrecht basiert gemäß Art. 154 IPRG grundsätzlich auf der Gründungs- bzw. Inkorporationstheorie. Jedoch zeigt sich am Beispiel der Möglichkeit der Satzungssitzverlegung der Unterschied zur Gründungsanknüpfung angelsächsischer Prägung: So wird nach englischem Recht an den Staat, nach dessen Recht die betreffende Gesellschaft gegründet wurde, angeknüpft.[2318] Der Satzungssitz *(domicil)* muss sich dabei zwingend im Staat der Gründung befinden. Demzufolge liegt bei einer in England gegründeten Gesellschaft das *domicil* stets in England; es kann nicht mehr geändert werden.[2319] Die Gründungstheorie englischer Prägung verweist auf das Recht des Gründungsstaats. Da nach englischem Gesellschaftsrecht eine Gesellschaft nur einmal gegründet werden kann, wäre nach englischem Gesellschaftsrecht eine statutenwechselnde Sitzverlegung unter Wahrung der Identität der Gesellschaft ausgeschlossen; Mobilität gewährt die englische Gründungstheorie nur dadurch, dass die Verlegung des Verwaltungssitzes ohne Statutenwechsel möglich ist.[2320] Dieser rechtvergleichende Hinweis sollte aufzeigen, dass die schweizerische Inkorporationstheorie auch mit Blick auf die Mobilität von Gesellschaften zwar den fundamentalen Grundsatz bildet, auf welchen das schweizerische Gesellschaftskollisionsrecht aufbaut. Darüber hinaus erfährt er an zahlreichen Stellen des Gesetzes jedoch Anpassungen und Änderungen; so auch hier in der Ermöglichung der Satzungssitzverlegung, die eigentlich von der Gründungstheorie in ihrer ursprünglichen „angelsächsischen Reinform" nicht gestattet wird.

2317 BaslerKomm. IPRG-*Girsberger/Rodriguez* Art. 163 IPRG Rn. 5.

2318 *Gasque v. Commissioners* of Inland Revenue [1940] 2 KB 80 (84) per Macnaghten. J.: "It is not disputed that a company, formed under the Companies Acts…"; *Dicey, Morris & Collins* on the Conflict of Laws, Vol. 2, 13. Aufl. 2000, S. 1102f. sowie *Drury*, Eur. L.Rev. 24 (1999), 354 (358); *Drucker*, ICLQ (1968), 17, 28 (28ff.). Siehe dazu ferner bereits in der älteren deutschen Literatur *Beitzke*, Juristische Personen im Internationalprivatrecht und Fremdenrecht, 1938, § 19, S. 187 sowie aus der schweizerischen Literatur *Bindschedler*, Der Nationalitätswechsel der Aktiengesellschaft, 1940, S. 47.

2319 *Wymeersch*, Liber Amicorum Buxbaum, S. 629 (645 ff.); *Gasque v. Commissioners* of Inland Revenue [1940] 2 KB 80 (84).

2320 *Müller-Driver*, Grenzüberschreitende Restrukturierungen, 2000, S. 213.

III. Deutsche Sicht

1. Verlegung des Satzungssitzes aus Deutschland in die Schweiz

a) *Rechtliche Einordnung*

Die Verlegung des Satzungssitzes einer Gesellschaft impliziert stets die Löschung der Gesellschaft im Register des Wegzugsstaates und ihre Eintragung ins Register des Zuzugsstaates. Damit geht unvermeidlich ein Wechsel des Gesellschaftsstatuts einher. Aus einer Gesellschaft des Wegzugsstaates wird somit eine Gesellschaft des Zuzugsstaates.[2321] Unabhängig davon, ob es dabei um eine Satzungssitzverlegung mit oder ohne gleichzeitige Verlegung des Verwaltungssitz geht, handelt es sich von vornherein nicht um einen statuswahrenden Vorgang.[2322] Daher geht es in beiden Alternativen der Sache nach um eine grenzüberschreitende formwechselnde Umwandlung, die zumindest theoretisch einen Formwechsel in eine ausländische Gesellschaftsform nach sich zieht.[2323]

Nicht anders als in innerstaatlichen Sachverhalten besteht auch im grenzüberschreitenden Rechtsverkehr ein unbestreitbares Interesse daran, Gesellschaften nachträglich in eine andere Rechtsform umwandeln zu können. Auf diese Weise soll es der Gesellschaft im Wege eines geordneten Statutenwechsels unter Beibehaltung der „Identität" ermöglicht werden, sich dem Gesellschaftsrecht eines anderen Staates zu unterstellen.[2324] Bei einer gleichzeitigen Verlegung von Satzungs- wie auch Verwaltungssitz ist die Behauptung, die Gesellschaft verlasse den Rechtsraum, in dem sie „verwurzelt" ist, nunmehr zutreffend.

b) *Verlegung des Satzungssitzes unter Beibehaltung des Verwaltungssitzes*

Als einfachste denkbare Variante eines „Wegzuges" einer Kapitalgesellschaft kommt der Vollzug einer formalrechtlichen Sitzverlegung – also die Verlegung des Satzungssitzes der Gesellschaft in die Schweiz – in Betracht.[2325] Auch eine solche Verlegung des statuarischen Sitzes ist dabei wiederum sowohl aus kollisionsrechtlicher wie auch sachrechtlicher Sicht zu betrachten.[2326] Der Satzungs-

---

2321 *Behrens*, in: Dauses (Hrsg.), Hdb. EU-WirtschaftsR, 29. Ergänzungslieferung 2011, E. III. Gesellschaftsrecht, Rn. 141.

2322 *Braun*, Die Wegzugsfreiheit als Teil der Niederlassungsfreiheit, 2010, S. 222.

2323 *Behrens*, in: Dauses (Hrsg.), Hdb. EU-WirtschaftsR, 29. Ergänzungslieferung 2011, E. III. Gesellschaftsrecht, Rn. 141.

2324 MünchKomm AktG-Altmeppen/Ego, 2012, Bd. 7, B. Europäische Niederlassungsfreiheit, Rn. 333.

2325 *Campos Nave,* Die ertragsteuerneutrale und identitätswahrende Sitzverlegung der GmbH in Mitgliedstaaten der Europäischen Union, 2009, S. 72.

2326 *Spahlinger/Wegen*, Internationales Gesellschaftsrecht, 2005, Rn. 453.

sitz einer GmbH wird allein durch den Ort bestimmt, den die Gesellschafter also solchen bestimmt und in der Satzung der Gesellschaft festgeschrieben haben.

aa) Kollisionsrechtliche Betrachtung

Die isolierte Verlegung des Satzungssitzes in die Schweiz bereitet allein aus internationalprivatrechtlicher Sicht im Grundsatz keine Probleme: Sofern die Gesellschaft lediglich ihren Satzungssitz und nicht den tatsächlichen Verwaltungssitz zu verlegen gedenkt, gelangen nämlich alle einschlägigen Theorien zum Anknüpfungsmoment zur Anwendung des Gesellschaftsrechts des jeweiligen Herkunftsstaates.[2327] Folgt dieser, wie dies für Deutschland der Fall ist, der Sitztheorie, so bleibt dessen Recht anwendbar, weil sich dort weiterhin der tatsächliche Verwaltungssitz befindet.[2328] Unter Geltung der Sitztheorie führt die Verlegung des Satzungssitzes demnach zu keiner Änderung des Anknüpfungsmoments und somit auch zu keinem Statutenwechsel.[2329] Da vorliegend die Schweiz als Aufnahmestaat der Gründungstheorie folgt, gelangt man ebenfalls zum Recht des Herkunftsstaates Deutschland. Denn für die Frage, wie die Satzungsänderung rechtlich zu beurteilen ist, ist die Gesellschaft noch als im Herkunftsstaat gegründete Gesellschaft anzusehen.[2330] Für den Beschluss über die Verlegung des Satzungssitzes in die Schweiz kann somit im Grunde genommen keine Auflösung der Gesellschaft hergeleitet werden, da mit der Verlegung des Satzungssitzes in die Schweiz nach deutschem Recht überhaupt kein Wechsel des Gesellschaftsstatuts verbunden ist. Demnach kann also einem entsprechenden Beschluss der Gesellschafter auch nicht unterstellt werden, dass er gegen der Bestand der Gesellschaft als solcher gerichtet sei, da diese von der Satzungssitzänderung gänzlich unberührt bliebe.

bb) Sachrechtliche Beurteilung

Die bislang herrschende Ansicht in der deutschen Literatur[2331] und in der Rechtsprechung[2332] lehnt die Verlegung des Satzungssitzes einer Kapitalgesellschaft

2327 *Herrler/Schneider*, in: Süß/Wachter (Hrsg.) Handbuch des internationalen GmbH-Rechts, 2011, Rn. 51.

2328 *Herrler/Schneider*, in: Süß/Wachter (Hrsg.) Handbuch des internationalen GmbH-Rechts, 2011, Rn. 51.

2329 *Leible*, in: Michalski GmbHG, Syst. Darst. 2 IntGesR, Rn. 179.

2330 *Herrler/Schneider*, in: Süß/Wachter (Hrsg.) Handbuch des internationalen GmbH-Rechts, 2011, Rn. 51.

2331 Siehe dazu stellvertretend für diese Meinung *Roth*, Die Wegzugsfreiheit für Gesellschaften, in: Lutter, Europäische Auslandsgesellschaften in Deutschland, 2004, S. 395 m.w.N. So bereits *Nußbaum,* Deutsches Internationales Privatrecht, 1932, § 31, S. 204, der zwar nicht die Rechtsfolge der Auflösung und Liquidation an diesen Beschluss knüpfen will, sondern lediglich von der Nichtigkeit ausgeht.

aus Deutschland hinaus in die Schweiz bzw. generell ins Ausland unter Bezugnahme auf die *de lege lata* geltende materielle Rechtslage ab. Dies geschieht dabei unabhängig davon, ob man die Satzungssitzverlegung rechtlich als grenzüberschreitenden Rechtsformwechsel begreift oder indem man auf die Bedeutung der Satzungssitzverlegung als satzungsändernder Beschluss abstellt.[2333]

(1) Grenzüberschreitender Rechtsformwechsel

Wie zuvor erläutert, kann die grenzüberschreitende Satzungssitzverlegung rechtlich als grenzüberschreitender Rechtsformwechsel erfasst werden. Es findet sich zwar in den §§ 1 Abs. 1 Nr. 4, 191 UmwG der Formwechsel als Umwandlungsmöglichkeit für bestimmte Rechtsträger mit Sitz im Inland. Jedoch ist eine ausländische Gesellschaftsform dabei nicht ausdrücklich als in Frage kommende Zielgesellschaft erwähnt. Allein dieser Umstand soll nach geltender Rechtslage dazu führen, daß eine analoge Anwendung des Rechtsgedankens der Vorschriften über den Formwechsel auf einen grenzüberschreitenden Sachverhalt ausgeschlossen sein soll.

Dagegen hat der deutsche Gesetzgeber inzwischen die grenzüberschreitende Verschmelzung gesetzlich geregelt. In den §§ 122a bis 122l UmwG wurde die Verschmelzungsrichtlinie umgesetzt, womit nunmehr grenzüberschreitende Verschmelzungen in dem dort näher geregelten Verfahren möglich sind.[2334] Jedoch ist – abgesehen von der grenzüberschreitenden Verschmelzung anderer Rechts-

2332 OLG Zweibrücken Beschl. v. 27.9.2005 – 3 W 170/05, DNotZ 2006, 220 = NZG 2005, 1019 = DB 2005, 2293, verweigerte die Eintragung eines französischen Idealvereins in deutsches Vereinsregister; gemäß OLG München, Beschl. v. 4.10.2007 – 31 Wx 36/07, NZG 2007, 915 = WM 2007, 2292 kann die Verlegung des Satzungssitzes einer nach deutschem Recht gegründeten GmbH nach Portugal nicht in das deutsche Handelsregister eingetragen werden; ebenso ablehnend mit Blick eine Verlegung von Satzungs- und Verwaltungssitz einer nach deutschem Recht gegründeten GmbH nach Italien OLG Brandenburg, Beschl. v. 30.11.2004 – 6 Wx 4/04, ZIP 2005, 489 = BB 2005, 849 = DB 2005, 604 = GmbHR 2005, 484. Anders dagegen die Beurteilung der Rechtslage im Hinblick auf eine sudetendeutsche GmbH durch OLG Nürnberg, Beschl. v. 7. 9. 1951 – 3 W 363/50, NJW 1952, 109 (109): „Es wird zwar von Rechtslehre und Rspr. die Auffassung vertreten, daß die Verlegung des Sitzes einer Gesellschaft in das Ausland, die Auflösung der Gesellschaft zur Folge hat. Die für diesen Fall herausgebildeten Grundsätze lassen sich aber nicht auf den Fall anwenden, daß sich der Wechsel der Staatszugehörigkeit des Ortes des Gesellschaftssitzes unabhängig vom Willen der Gesellschaftsorgane vollzieht."

2333 So die von *Braun*, Die Wegzugsfreiheit als Teil der Niederlassungsfreiheit, 2010, S. 224 ff. vorgenommene Differenzierung.

2334 Richtlinie 2005/56/EG des Europäischen Parlaments und des Rates vom 26.10.2005 über die Verschmelzung von Kapitalgesellschaften aus verschiedenen Mitgliedstaaten, ABl EU Nr L 310 S 1. Siehe dazu näher *Heckschen* DNotZ 2007, 444 (453ff.).

träger als Kapitalgesellschaften sowie der grenzüberschreitenden Spaltung – auch der hier interessierende grenzüberschreitende Formwechsel bislang ungeregelt geblieben.[2335] Damit gelten diese alternativen Umwandlungsarten zwar nicht als ausgeschlossen;[2336] es herrscht jedoch die Tendenz vor, den Anwendungsbereich des UmwG für grenzüberschreitende Umwandlungen möglichst zu beschränken: Zwar ist die frühere auf der Formulierung des § 1 Abs. 1 UmwG beruhende Ansicht insoweit überholt, das UmwG klammere grenzüberschreitende Umwandlungen generell aus und verlange, dass alle an der Umwandlung beteiligten Rechtsträger ihren Sitz im Inland haben.[2337] Nach Einführung der §§ 122 a ff. zur grenzüberschreitenden Verschmelzung unter Beteiligung von in der EU/EWR ansässigen Kapitalgesellschaften wird diese Ansicht jedoch für die von diesen Vorschriften nicht erfassten grenzüberschreitenden Umwandlungen vertreten.[2338]

Dies erscheint im Hinblick auf einen grenzüberschreitenden Formwechsel bei gleichzeitiger Verwaltungssitzverlegung problematisch, da diese Bewertung der Rechtslage nicht primärrechtskonform ist, wie sich aus der *Cartesio*-Entscheidung des EuGH ergibt.[2339] Freilich kann die Rechtsprechung des Europäischen Gerichtshofs in dieser Frage nicht maßgebend sein, wenn es um eine

---

2335 Dennoch gelten sie damit nicht als ausgeschlossen. Aus dem *SEVIC*-Urteil des *EuGH* wird geschlossen, dass es zumindest auf die Spaltung Anwendung finde. Strittig ist, ob dieses Urteil auch für den grenzüberschreitenden Formwechsel herangezogen werden kann; siehe hierzu im Einzelnen: *Limmer,* Hdb. der Unternehmensumwandlung, 3. Aufl. 2007 Rn. 3036 ff. Nach dem *obiter dictum* in der *Cartesio*-Entscheidung findet die primärrechtliche Niederlassungsfreiheit auch auf den grenzüberschreitenden Formwechsel gegenüber dem jeweiligen Gründungsstaat Anwendung und hindert diesen daran, diese Wechselabsicht mit Auflösung und Liquidation zu sanktionieren. Diese soll indessen nur gelten, „soweit" diese grenzüberschreitende Umwandlung nach der Rechtsordnung des jeweiligen Zuzugsstaates „möglich ist". Siehe EuGH Urt. v. Rs. C-210/06 – *Cartesio* – Slg. 2008 I-9641 Rn. 112. Mit *Cartesio* tritt neben die primärrechtlich garantierte Gründungsfreiheit somit zugleich eine Reinkorporationsfreiheit; siehe *Grundmann*, Europäisches Gesellschaftsrecht, 2011 Rn. 791.

2336 *Zimmermann*, in: Brambring/Jerschke (Hrsg.) Beck'sches Notar-Handbuch, 2009, Rn. 189.

2337 Staudinger-*Großfeld*, IntGesR, Rn. 699; MünchKommBGB-*Kindler* IntGesR Rn. 906; Schmitt/Hörtnagl/Stratz- *Stratz* 3. Aufl. 2001, § 1 Rn. 3; *Jaensch* EWS 2007, 97 (98); *Schaumburg* GmbHR 1996, 501 (502); *Lutter* ZGR 1994, 87, (88 Fn. 3); diese Ansicht zwischenzeitlich aber ausdrücklich aufgegeben in *Lutter/Drygala* Rn 6 Fn 2; *Kloster,* Grenzüberschreitende Unternehmenszusammenschlüsse, 2004, S. 303.

2338 So Kölner Komm. UmwG-*Dauner-Lieb* § 1 Rn. 29; Kölner Komm. UmwG - *Simon/Rubner* Vor §§ 122 a ff. Rn. 40; *Thiermann*, Grenzüberschreitende Verschmelzung deutscher Gesellschaften, Hamburg 2010, S. 225.

2339 *Leible*, in: Michalski, GmbHG, Syst. Darst. 2 IntGesR, Rn. 216.

formwechselnde Umwandlung im Verhältnis zum Drittstaat Schweiz geht. Im Ergebnis muss somit *de lege lata* davon ausgegangen werden, dass eine solche formwechselnde Umwandlung im Verhältnis zum Drittstaat Schweiz einstweilen rechtlich nicht durchführbar ist.

(2) Auflösungsbeschluss oder nichtige Satzungsänderung

Die bislang herrschende Ansicht in der deutschen Literatur[2340] und in der Rechtsprechung[2341] lehnt die Verlegung des Satzungssitzes einer Kapitalgesellschaft ins Ausland jedoch unter Bezugnahme auf die *de lege lata* geltende materielle Rechtslage ab: Denn nach bislang vorherrschender Ansicht ist eine Verlegung des Satzungssitzes ins Ausland nicht möglich, da nach den Vorschriften der §§ 5 Abs. 2 Akt. G und § 4a GmbH der Satzungssitz im Inland liegen müsse.[2342] Als Grund hierfür heißt es, das deutsche Normativsystem setze voraus, dass das materielle Gesellschaftsrecht auch prozessual abgesichert und durch Behörden und Gerichte durchgesetzt wird, wofür wiederum ein *inländischer* Satzungssitz unabdingbar sei.[2343]

Mit Blick auf die Möglichkeit der Rechtsdurchsetzung ist jedoch darauf hinzuweisen, dass die Schweiz Vertragsstaat des Luganer Übereinkommens ist und somit grundsätzlich Rechtssicherheit bestünde.[2344] Anders als die Verlegung des Verwaltungssitzes, welche der Autonomie der Gesellschafter unterliegt, bedarf eine Änderung des Satzungssitzes zudem der Eintragung ins Handelsregister.

2340 Siehe dazu stellvertretend für diese Meinung *Roth*, in: Lutter et al. (Hrsg.), Europäische Auslandsgesellschaften in Deutschland, 2005, S. 379 (395) m.w.N.

2341 OLG Zweibrücken Beschl. v. 27.9.2005 – 3 W 170/05, DNotZ 2006, 220 = NZG 2005, 1019 = DB 2005, 2293, OLG München, Beschl. v. 4.10.2007 – 31 Wx 36/07, NZG 2007, 915 = WM 2007, 2292; OLG Brandenburg, Beschl. v. 30.11.2004 – 6 Wx 4/04, ZIP 2005, 489 = BB 2005, 849 = DB 2005, 604 = GmbHR 2005, 484.

2342 BGH, Beschl. v. 21.11.1955 – II ARZ 3/5, BGHZ 19, 102 (105f.) = NJW 1956, 183; BGH Urt. v. 19.2. 1959 – II ZR 22/58, BGHZ 29, 320 (328) = NJW 1959, 1126 sowie RG v 29.6.1923 – II 552/22, RGZ 107, 94 (97) siehe dazu *Priester*, DNotZ 1998, 691 (708).

2343 *Lutter/Bayer*, in: Lutter/Hommelhoff, GmbHG, 16. Aufl. 2004, § 4a Rn. 4; Staudinger-*Großfeld*, IntGesR, Rn. 88 ff., 241 ff., sowie 651 ff.. Nach Ansicht der Rechtsprechung sei „unabhängig davon, welcher Meinung man folgt, in jedem Fall die Anmeldung der Sitzverlegung zurückzuweisen"; siehe BayObLG , Beschl. v 7. 5. 1992 – 3Z BR 14/92, BayObLGZ 1992, 113 (116) = NJW-RR 1993, 43 (44).

2344 Übereinkommen über die gerichtliche Zuständigkeit und die Vollstreckung gerichtlicher Entscheidungen in Zivil- und Handelssachen – geschlossen in Lugano am 16.9.1988, BGBl. 1994 II, S. 2660 = ABl. EG 1988 L 319/9 sowie das Nachfolgeabkommen, das für die Schweiz am 1.1.2011 in kraft getreten ist: Lugano-Übereinkommen vom 30.10.2007, LugÜ; SR 0.275.12; dazu *Leible*, in: FS Werner, S. 256 (263).

Daher wird – insbesondere von den Vertretern der Sitztheorie im Schrifttum – verlangt, dass der Beschluss, den Satzungssitz ins Ausland zu verlegen, als Auflösungsbeschluss gewertet werden soll. Begründet wird dies mit der Bedeutung des Satzungssitzes, der maßgeblich für die örtliche und internationale Zuständigkeit deutscher Gerichte und Behörden sei, durch welche die Kontrolle und Durchsetzung des deutschen Gesellschaftsrechts sichergestellt werden soll.[2345]

Demgegenüber wird einer anderen Ansicht zufolge in einer solchen Liquidation eine Überreaktion gesehen; es „genüge" vielmehr, den dahingehenden Beschluss, da er auf etwas Unmögliches gerichtet sei, als nichtig zu betrachten.[2346] Unmöglich sei ein solcher Beschluss deshalb, da die Bestimmung eines ausländischen Ortes nicht möglich sei. Damit führe der Beschluss zwar nicht zur Auflösung der Gesellschaft, sondern wäre gemäß § 241 Nr. 3 AktG (analog) nichtig.[2347] Nach dieser Ansicht wäre die wegziehende Gesellschaft zwar nicht aufgelöst, sondern würde lediglich durch Nichteintragung bzw. Löschung des Beschlusses nach § 398 FamFG[2348] an der Verlegung ihres Satzungssitzes gehindert. Diese Rechtslage macht deutlich, dass überzeugende Gründe für eine Auflösung der Gesellschaft nicht bestehen, da die berührten Verkehrsschutzinteressen bereits durch die soeben dargestellte Registerkontrolle hinreichend geschützt werden.[2349]

Die Auflösung der Gesellschaft als Sanktion für den „Versuch, sich von der deutschen Gerichts- und Behördenzuständigkeit zu lösen",[2350] erscheint unangemessen, schließlich findet die Auflösung auch bei anderen Satzungsmängeln nur als *ultima ratio*-Anwendung.[2351]

Schließlich sollte für eine Auflösung ein Beschluss verlangt werden, dessen Inhalt eindeutig erkennen lässt, dass sich die Gesellschafter über seine rechtliche Konsequenz im Klaren waren. Denn es muss „lebensfremd und gekünstelt"[2352] erscheinen, den beschlussfassenden Gesellschaftern bei einer Sitzverlegung zu

---

2345 Staudinger-*Großfeld*, IntGesR, Rn. 600; *Ebenroth Auer*, RIW-Beilage 1/ 92, 1 (7); *Kruse*, Sitzverlegung von Kapitalgesellschaften innerhalb der EG 1997, S. 46.

2346 *Wiedemann,* Gesellschaftsrecht, Bd. I, (1980), S. 870; *Bechtel*, Umzug von Kapitalgesellschaften unter der Sitztheorie, 1999, S. 52; *Kieninger*, Wettbewerb der Privatrechtsordnungen im Europäischen Binnenmarkt, 2002, S. 149.

2347 MünchKomm AktG-*Hüffer*, AktG, Bd. 4; § 262 Rn. 36; *Kieninger*, Wettbewerb der Privatrechtsordnungen im Europäischen Binnenmarkt, 2002, S. 149.

2348 Bis zum 31. 8. 2009 war dies in § 144 Abs. 2 FGG geregelt.

2349 *Leible*, in: Michalski, GmbHG, Syst. Darst. 2 IntGesR, Rn. 116.

2350 So Staudinger-*Großfeld*, IntGesR, Rn 656.

2351 Dies ergebe sich aus dem Erfordernis der Fristsetzung zur Anpassung der Satzung in § 399 FamFG (bis zum 31. 8. 2009 in § 144 a FGG geregelt). Siehe *Hoffmann*, in: Michalski GmbHG, § 53 Rn. 116.

2352 *Spahlinger/Wegen*, Internationales Gesellschaftsrecht, 2005, Rn. 452.

unterstellen, sie meinten bei einem Beschluss über die Sitzverlegung in Wirklichkeit einen Auflösungsbeschluss.[2353]

Im Ergebnis ändert die Abmilderung in der Rechtsfolge – bei Annahme der Nichtigkeit des Sitzverlegungsbeschlusses – indessen nicht, dass auch nach dieser Ansicht einer deutschen Gesellschaft die Verlegung des Satzungssitzes aus Deutschland heraus nicht ermöglicht wird.[2354]

Es wird insoweit zutreffend hervorgehoben, dass der Sitzverlegungsbeschluss nicht automatisch als Auflösungsbeschluss unqualifiziert könne, denn damit würden gleichzeitig Existenz und Parteifähigkeit der Gesellschaft in Frage gestellt. Eine Eintragung einer solchen Verlegung des Satzungssitzes in die Schweiz wäre damit ausgeschlossen.[2355]

Dieser herrschenden mobilitätsfeindlichen Auffassung muss jedoch entgegengehalten werden, dass der Wegzugsbeschluss der Gesellschaft nicht einfach als Auflösungsbeschluss uminterpretiert werden kann, da ein dahingehender Wille bei einer beabsichtigten Satzungssitzverlegung kaum jemals vorgelegen hat und deshalb auch nicht gegen den Willen der Gesellschafter unterstellt werden darf. Das bisweilen vorgebrachte Gegenargument, dass sich die Gesellschafter dem Rechtskreis entziehen wollten, dem die Gesellschaft ihre Gründung verdankt, vermag bei einer theoretisch angestrebten Satzungssitzverlegung in die Schweiz nicht zu überzeugen: Denn eine isolierte Verlegung des Satzungssitzes hat aus deutscher Perspektive überhaupt keinen Wechsel des Gesellschaftsstatuts zur Folge. Zudem verfügt die Schweiz in Art. 161 IPRG über eine ausdifferenzierte gesetzliche Lösung, welche die genauen Voraussetzungen regelt, unter welchen eine Gesellschaft in die Schweiz verlegt werden kann.[2356] Es kann somit nicht behauptet werden, dass ohne einen satzungsmäßigen Sitz im Inland die Gesellschaft praktisch „in der Luft hinge".[2357]

Die soeben genannte Vorschrift des schweizerischen Rechts ist dabei zwar im Internationalen Gesellschaftsrecht angesiedelt, weist aber einen überwiegend materiell-rechtlichen Charakter auf.[2358] An einer eben solchen materiell-

---

2353 Siehe auch *Triebel/von Hase,* BB 2003, 2409 (2414 f.).

2354 *Kieninger*, Wettbewerb der Privatrechtsordnungen im Europäischen Binnenmarkt, 2002, S. 149.

2355 Die Begründung dazu variiert je nach vertretener Ansicht: Der herrschenden Meinung zufolge ist eines solche Verlegung als Auflösungsbeschluss zu deuten; so statt vieler: BayOblG NJW-RR 1993; Bamberger/Roth BGB-*Mäsch* Anh. Art. 12 EGBGB Rn. 51;Staudinger-*Großfeld*, IntGesR, Rn. 654 ff. Andere stellen auf eine Nichtigkeit des Beschlusses nach § 241 Nr. 3 AktG ab; MünchKomm-*Kindler*, IntGesR, Rn. 510.

2356 ZürchKomm-IPRG-*Vischer* Art. 161 Rn. 6.

2357 So jedenfalls die Formulierung von *Triebel/von Hase*, BB 2003, 2409 (2412).

2358 *Schwander*, Einführung in das Internationale Privatrecht, Bd. II BT (1997) § 20 Rn. 818, S. 358; ZürchKomm IPRG-*Vischer* Art. 161 Rn. 1.

rechtlichen „Ermöglichungsnorm" fehlt es demgegenüber im deutschen Internationalen Gesellschaftsrecht; ganz im Gegenteil hat der Gesetzgeber mit seiner jüngsten Reform im Wege des MoMiG diese sogar ausdrücklich ausgeschlossen. Aus rechtspolitischer Sicht kann auch kein Grund dafür erblickt werden, warum ein Beschluss, den Sitz ins Ausland zu verlegen, nicht wirksam sein soll, wenn alle deutschen gesetzlichen Gründungsvoraussetzungen beachtet worden sind.[2359]

Die fehlende Möglichkeit einer Satzungssitzverlegung im deutschen Recht war bereits in früherer Zeit Kritik ausgesetzt, die sich auf die bis zum Jahr 2009 geltende Fassung von § 23 BGB stützte:[2360] In seiner ursprünglichen Fassung lautete dieser: „Einem Vereine, der seinen Sitz nicht in einem Bundesstaate hat, kann in Ermangelung besonderer reichsgesetzlicher Vorschriften Rechtsfähigkeit durch Beschluß des Bundesraths verliehen werden."

Aus dieser materiell-rechtlichen Vorschrift leitete *Theodor Süss* in seinem Festschriftenbeitrag aus dem Jahre 1953 im Wege eines *argumentum a fortiori* her, dass eine Gesellschaft anlässlich einer Sitzverlegung ins Ausland ihre Rechtspersönlichkeit nicht verlieren könne.[2361] Wenn es nach dieser Vorschrift bereits möglich sei, einen rechtsfähigen Verein mit Sitz im Ausland zu gründen, so muss erst recht ein bereits im Inland nach deutschen Vorschriften wirksam gegründeter rechtsfähiger Verein seinen Sitz ins Ausland verlegen können, ohne die Rechtsfähigkeit zu verlieren. Was demnach für zivilrechtliche Vereine gelte, müsse umso mehr auch für Kapitalgesellschaften gelten, denn Grundform der privatrechtlichen Körperschaften ist der eingetragene Verein des bürgerlichen Rechts;[2362] zumal Kapitalgesellschaften strengeren Gründungsvorschriften unterliegen.[2363] Bisher jedenfalls war es zudem an keiner Stelle ausdrücklich gesetzlich geregelt, dass sich der Sitz einer AG oder GmbH im Inland befinden müsse.

2359 *Süss*, in: FS Lewald, S. 603 (608).

2360 Die Vorschrift war vom 1. Januar 1900 bis zum 30. September 2009 rechtsgültig und lautete in seiner ursprünglichen Fassung: „§ 23. Ausländischer Verein. Einem Vereine, der seinen Sitz nicht in einem Bundesstaate hat, kann in Ermangelung besonderer reichsgesetzlicher Vorschriften Rechtsfähigkeit durch Beschluß des Bundesraths verliehen werden."

2361 *Süss*, in: FS Lewald, S. 603 (604f.).

2362 MünchKommGmbHG-*Fleischer*, 2010, Bd. 1, Einl. Rn. 152.

2363 Denn Grundform der privatrechtlichen Körperschaften ist der eingetragene Verein des bürgerlichen Rechts, der rechtsfähige Verein ist Grundform für alle Körperschaften. Der eingetragene Verein ist rechtsfähiger „Verband". Der eingetragene Verein die Grundform des Verbandes. Siehe *K. Schmidt*, Gesellschaftsrecht, 2002, § 7 I. 1.

cc) Rechtslage aufgrund der Gesetzesreform

(1) Kollisionsrechtliche Ebene

Zunächst ist aus kollisionsrechtlicher Sicht anzumerken, dass auch eine Kodifizierung von Art. 10 EGBGB-RefE an dem zuvor dargestellten Befund unmittelbar nichts ändern würde. Zwar sieht der Referentenentwurf einen vollumfänglichen und weltweiten Übergang zur Gründungstheorie vor, doch ist die Anknüpfung an das Registrierungs- bzw. Organisationsrecht vorbehaltlich Art. 10b EGBGB-RefE statisch ausgestaltet.[2364] Damit bleibt es durchgehend bei der Geltung des deutschen materiellen Rechts. Die im Referentenentwurf vorgesehene Norm des Art. 10 b EGBGB-RefE regelt indessen nur den einen Fall der Satzungssitzverlegung, und zwar eine solche mit Statutenwechsel. [2365] Der Sache nach handelt es sich bei dem in Art. 10b EGBGB-E angesprochenen Wechsel des anwendbaren Rechts um einen grenzüberschreitenden Rechtsformwechsel,[2366] wobei diese Gestattung aber lediglich eine kollisionsrechtliche Wirkung entfaltet.[2367] Demgegenüber sah der Vorschlag der Kommission „Internationales Gesellschaftsrecht" jedenfalls für den erweiterten europäischen Binnenmarkt noch eine ausdrücklich mobilitätsgestattende Regelung vor. In dem Vorschlag heißt es dazu zunächst, dass „[e]ine bloße Kollisionsnorm über den Wechsel des anwendbaren Rechts keinen Sinn ergibt".[2368] Es sei vielmehr überhaupt erst einmal festzustellen, dass ein solcher Wechsel, der eine internationale Umwandlung zur Folge habe, auch zulässig sei. Der Vorschlag sieht dabei eine Regelung vor, nach welcher „eine in Deutschland registrierte und nach deutschem Recht gegründete Gesellschaft ihr Gesellschaftsstatut durch eine grenzüberschreitende Verlegung des maßgeblichen Registrierungsortes in einen anderen Mitgliedstaat der EU oder des EWR wechseln [kann], ohne dass es einer Verlegung des tat-

---

2364 *Leible*, in: Michalski, GmbHG, Syst. Darst. 2 IntGesR, Rn. 16 u. 179

2365 *Leible*, in: Michalski GmbHG, Syst. Darst. 2 IntGesR, Rn. 179. Siehe dazu auch *Frenzel,* EWS 2008, 130 (134); sowie *Campos Nave,* BB 2008, 1410 (1411).

2366 *Leuering*, ZRP 2008, 73 (76). Das Bundesjustizministerium erläutert dies in einer Pressemitteilung anhand des folgendes Beispiels: „Eine deutsche GmbH kann unter bestimmten Voraussetzungen ihren Sitz nach Frankreich verlegen, indem sie sich als ‚Société à responsabilité limitée' (S.A.R.L.) in das französische Register eintragen und im deutschen Handelsregister löschen lässt." Siehe die Pressemitteilung des BMJ „Regelung zum Internationalen Gesellschaftsrecht auf den Weg gebracht" vom 7. 1.2008, abrufbar unter: www.bmj.de.

2367 *Leible*, in: Michalski GmbHG, Syst. Darst. 2 IntGesR, Rn. 179. Siehe dazu auch *Frenzel,* EWS 2008, 130 (134); sowie *Campos Nave,* BB 2008, 1410 (1411).

2368 *Sonnenberger/Bauer*, RIW Beilage 1 zu Heft 4, 2006, 1 (21).

sächlichen Sitzes bedarf".[2369] Auch wenn nach diesem Vorschlag die formwechselnde Sitzverlegung in die Schweiz als Drittstaat nach wie vor nicht möglich wäre, so ist es bemerkenswert, dass man sich bei den Gedanken über eine „Ermöglichungsnorm" ausdrücklich an den Vorschriften des schweizerischen IPRG orientiert hat: „Diese Zulassung wird durch eine auf ein kollisionsrechtliches Ergebnis gerichtete in Anlehnung an Art. 161 Abs. 1, 163 Abs. 1 schweizerisches IPRG formulierte internationalprivatrechtliche Sachnorm normiert."[2370]

Der deutsche Gesetzgeber hat sich demgegenüber in Zurückhaltung geübt; eine entsprechende Regelung mit „Ermöglichungscharakter" hat keinen Eingang in den Referentenentwurf gefunden. Damit sieht die geplante Vorschrift keine materiell-rechtliche Gestattung einer Satzungssitzverlegung vor.[2371] Vor diesem Hintergrund muss somit rechtlich in Frage gestellt werden, ob ein solcher grenzüberschreitender Formwechsel nach deutschem materiellen Recht tatsächlich möglich ist – dazu sogleich im nächsten Abschnitt. Denn Art. 10b EGBGB-RefE stellt seiner rechtlichen Konstruktion nach keine „Ermöglichungsnorm" dar.

Im Gegensatz dazu gestattet die geplante deutsche Norm den grenzüberschreitenden Formwechsel nicht, sondern knüpft lediglich an die sachrechtliche Ebene an, denn am Ende der Vorschrift des Art. 10b EGBGB-Ref lautet es: „... wenn das bisherige und das neue Recht einen Wechsel ohne Auflösung und Neugründung zulassen und die Voraussetzungen beider Rechte hierfür vorliegen". Damit sieht die geplante Vorschrift keine materiell-rechtliche Gestattung einer Satzungssitzverlegung vor, sondern setzt diese vielmehr voraus, was mobilitätshemmende Wirkung zeitigen wird.[2372]

An einer materiell-rechtlichen „Ermöglichungsnorm" mit einem solchen Regelungsgehalt fehlt es indessen. Ganz im Gegenteil sehen die §§ 5 AktG; 4a GmbHG diese Möglichkeit gerade nicht vor. Auf Grundlage des geltenden materiellen Gesellschaftsrechts nach der MoMiG-Reform wird allenfalls die Verlegung des Verwaltungssitzes, nicht aber die Verlegung des Satzungssitzes ermöglicht. Demzufolge kann auch auf der Grundlage von Art. 10b EGBGB-RefE eine Satzungssitzverlegung nicht stattfinden, da beim Wegzug aus Deutschland die Sitzverlegung ins Ausland auch weiterhin nicht realisiert werden kann.

2369 So der Wortlaut von Art. 10d EGBGB nach dem Vorschlag der Spezialkommission, abgedruckt bei *Sonnenberger* (Hrsg.) Vorschläge und Berichte zur Reform des europäischen und deutschen internationalen Gesellschaftsrechts, 2007, S. 13f.

2370 *Sonnenberger/Bauer*, RIW Beilage 1 zu Heft 4, 2006, 1 (21).

2371 *Leible*, in: Michalski GmbHG, Syst. Darst. 2 IntGesR, Rn. 179. Siehe dazu auch *Frenzel,* EWS 2008, 130 (134); sowie *Campos Nave,* BB 2008, 1410 (1411).

2372 *Leible*, in: Michalski GmbHG, Syst. Darst. 2 IntGesR, Rn. 179. Siehe dazu auch *Frenzel,* EWS 2008, 130 (134); sowie *Campos Nave,* BB 2008, 1410 (1411).

(2) Sachrechtsebene

Wie bereits angedeutet, ist eine Satzungssitzverlegung nicht möglich, da das deutsche materielle Gesellschaftsrecht für die deutsche AG und GmbH zwingend einen inländischen statuarischen Sitz verlangt.[2373] Dies stellen nunmehr auch die durch das MoMiG geänderten §§ 5AktG; 4a GmbHG ausdrücklich klar:[2374] Während der Wortlaut der bisherigen Fassung der §§ 5 AktG; 4 a Abs. 1 GmbHG a.F. den Sitz der Gesellschaft noch als denjenigen Ort definierte, den der Gesellschaftsvertrag bestimmt, bezieht sich § 4 a Abs. 1 GmbHG n.F. in der durch das MoMiG geänderten Fassung nunmehr sogar ausdrücklich auf den entsprechenden Ort im Inland.[2375]

Hier ist eine mangelnde gesetzestechnische Abstimmung zwischen dem Referentenentwurf und dem MoMiG erkennbar: Während man sich auf der einen Seite die Einführung der Gründungstheorie mit weltweiter Erstreckung zum gesetzgeberisches Ziel auserkoren hat, sollen deutsche Gesellschaften über einen zwingend im Inland befindlichen Satzungssitz in gleichwohl fest in Deutschland „verankert" bleiben.

Dies hat im konkreten Fall zur Folge, dass der ausländische – sprich: in der Schweiz befindliche – Sitzort nicht eintragungsfähig ist und die Registereintragung somit abzulehnen wäre.[2376] Wenn dieser gleichwohl eingetragen wird, so kann er nach § 398 FamFG gelöscht werden.[2377] Durch diese nunmehr in Gesetzesform gegossene Beschränkung der Satzungsautonomie soll insbesondere bei Aktiengesellschaften gewährleistet werden, dass diese auch bei Verzicht auf eine tatsächliche Nähebeziehung durch Aufhebung des § 5 Abs. 2 a.F. AktG[2378] eine wenigstens „juristisch-virtuelle" Anbindung der Gesellschaft an deutsches Recht sicherstellen.[2379] Auch wenn europarechtliche Bedenken gegenüber derlei

---

2373 BayOblG, Beschl. v. 11.2.2004 – 3Z BR 175/03, DNotZ 2004, 725 m. Anm. Thölke = GmbHR 2004, 490 = ZIP 2004, 806; OLG München, Beschl. v. 4. 10. 2007 – 31 Wx 36/07, NZG 2007 915 = ZIP 2007, 2124 = DNotZ 2008, 397 = WM 2007, 2292 = BB 2007, 2247; Staudinger-*Großfeld*, IntGesR, Rn 652; *Bayer,* in: Lutter/Hommelhoff/Bayer, GmbH-Gesetz, § 4 a Rn 17.

2374 Gesetz zur Modernisierung des GmbH-Rechts und zur Bekämpfung von Missbräuchen (MoMiG) vom 23. Oktober 2008 (MoMiG) BGBl. I 2008, 2026 ff.

2375 *Leible*, in: Michalski GmbHG, Bd. I Syst. Darst. 2 IntGesR, Rn. 179 in Fn. 3.

2376 *Hüffer*, AktG § 5 Rn. 12.

2377 MünchKomm AktG-*Hüffer,* § 241 Rn. 1 sowie § 262 Rn. 36; *Leible*, in: Michalski GmbHG, Syst. Darst. 2 IntGesR, Rn. 179; *Hüffer*, AktG § 5 Rn. 12.

2378 Die bis zum 31.10.2008 geltende Norm des § 5 AktG lautete wie folgt: „(1) Sitz der Gesellschaft ist der Ort, den die Satzung bestimmt. (2) Die Satzung hat als Sitz in der Regel den Ort, wo die Gesellschaft einen Betrieb hat, oder den Ort zu bestimmen, wo sich die Geschäftsleitung befindet oder die Verwaltung geführt wird."

2379 *Preuß*, GmbHR 2007, 57 (58).

nationalstaatlicher „Rechtfertigungsversuchen" im Verhältnis zum Drittstaat Schweiz nicht greifen können, sei dennoch darauf hingewiesen, dass nach *Cartesio* bei einem Umzug von einem Mitgliedstaat in einen anderen das „bisherige" Recht die Auflösung nicht mehr vorsehen darf, da der EuGH in *Cartesio* den aus dem Primärrecht abgeleiteten Anspruch der Gesellschaft, sich identitätswahrend, aber formwechselnd in einem anderen Mitgliedstaat niederzulassen, hergeleitet hat.[2380]

Auf sachrechtlicher Ebene könnte dieser Richterspruch jedoch in Konflikt mit § 4a GmbHG n.F. geraten, der für die GmbH gerade einen Satzungssitz im Inland fordert. Sollte dies demnach so zu verstehen sein, dass die Gesellschaft ihren Satzungssitz selbst bei einem Formwechsel nicht ins Ausland verlegen kann, ohne als aufgelöst zu gelten, so würde dies den identitätswahrenden Formwechsel in Frage stellen und wäre nach *Cartesio*[2381] nicht mit der Niederlassungsfreiheit vereinbar; nach dem zuvor Gesagten läuft es genau auf diesen Verstoß gegen europäisches Recht hinaus.[2382] Anders als der Vorschlag des Deutschen Rates für Internationales Privatrecht sieht der Referentenentwurf lediglich eine reine Kollisionsnorm über den Wechsel des anwendbaren Rechts und somit keine explizite Erlaubnisnorm vor.[2383] Da das inländische Sachrecht bisher einen Wechsel ohne Auflösung und Neugründung nicht explizit zulässt und die Verlegung des Satzungssitzes nach überwiegender Auffassung gegen zwingendes Recht verstößt, bliebe somit eine Satzungssitzverlegung einer deutschen Gesellschaft auch nach Umsetzung des geplanten Gesetzgebungsverfahrens zukünftig ausgeschlossen.[2384] Der bestehende Wertungswiderspruch des deutschen Gesetzgebers sowohl zum eigenen Reformvorhaben wie auch zur

---

2380 EuGH Urt. v. Rs. C-210/06 – *Cartesio* – Slg. 2008 I-9641; siehe dazu die herrschende Meinung *Zimmer/Naendrup*, NJW 2009, 545 (548) sowie *Bayer/Schmidt,* ZHR 2009, 735 (754); anderer Auffassung ist *Kindler*, IPRax 2009, 189 (191).

2381 EuGH, Urt. v. 16. 12. 2008, C-210/06 – *Cartesio*, Slg. 2008, I-9641.

2382 *Zimmer/Naendrup*, NJW 2009, 545 (549).

2383 Siehe *Sonnenberger/Bauer*, Vorschlag des Deutschen Rates für Internationales Privatrecht für eine Regelung des Internationalen Gesellschaftsrechts auf europäischer/nationale Ebene, RIW 2006, Beilage 1 zu Heft 4, 1 (22).

2384 Die geplanten Änderungen von § 4a GmbHG und § 5 AktG würden hieran nichts ändern, weil nach gegenwärtigem Stand weiterhin ein satzungsmäßiger Sitz im Inland erforderlich sein wird; durch die geplante Ermöglichung der Verlegung des Verwaltungssitzes ins Ausland würde daher lediglich die Wegzugsfreiheit unter Wahrung von Form und Identität der Gesellschaft gewährleistet; siehe dazu die Stellungnahme des Deutschen Anwaltvereins durch den Ausschuss Internationaler Rechtsverkehr zum Referentenentwurf eines Gesetzes zum Internationalen Privatrecht der Gesellschaften, Vereine und juristischen Personen, Fn. 7, Berlin im März 2008 Stellungnahme Nr. 13/2008 im Internet abrufbar unter www.anwaltverein.de

Rechtsprechung des Europäischen Gerichtshofs mag dabei befremden; zumal der Gesetzgeber den Anspruch erhebt, mit seinem Reformvorhaben „den Vorgaben des EuGH" Rechnung zu tragen, indem „die grundsätzliche Anwendung des Gründungsrechts im deutschen Recht verankert" werde.[2385] Möglicherweise ist das Bundesjustizministerium der insoweit irrigen Annahme gefolgt, es reiche für die Mobilität der Gesellschaften die schlichte Verlegung des Verwaltungssitzes aus.[2386]

Gleichwohl scheint der Gesetzgeber die steuerpolitischen Konsequenzen zu erahnen, die mit einem vollständigen Wegzug von Kapitalgesellschaften aus Deutschland verbunden wären: So wird zu Recht die Vermutung geäußert, dass eine Liberalisierung und Flexibilisierung im internationalen Gesellschaftsrecht „durch die Hintertür" mit der Festschreibung des Sitzerfordernisses im Inland in §§ 5 AktG; 4a GmbHG wieder beseitigt werden soll, um eine Abwanderung des Steuersubstrats aus Deutschland zu verhindern.[2387] Überdies sei es auffällig, dass die vom Gesetzgeber genannten Argumente, die aus seiner Sicht gegen die Möglichkeit einer Verlegung des Satzungssitzes sprechen, auf rein formalen Erwägungen beruhten.[2388] Insbesondere erscheint es dabei fragwürdig, weshalb die im Falle einer Sitzverlegung entfallende Registerzuständigkeit ein derart gewichtiger Belang sein kann, obschon dadurch die Gefahr einer Vereitelung der europäischen Niederlassungsfreiheit besteht.[2389] Im Ergebnis ist es daher sowohl *de lege lata* wie auch *de lege ferenda* nicht möglich, den Satzungssitz einer deutschen Gesellschaft in die Schweiz oder in einen anderen EU-Mitgliedstaat zu verlegen.[2390]

c) Gleichzeitige Verlegung von Satzungs- und Verwaltungssitz

Bei der gleichzeitigen Verlegung von Verwaltungs- und Satzungssitz geht es um diejenige Konstellation, die oftmals in Zusammenhang mit der alleinigen Verlegung des Verwaltungssitzes als „Umzug von Gesellschaften" bezeichnet wird.[2391] Mit der gleichzeitigen Verlegung von Verwaltungs- und Satzungssitz

---

2385 RefE eines Gesetzes zum Internationalen Privatrecht der Gesellschaften, Vereine und juristischen Personen vom 7. 1. 2008, S. 5.

2386 *Campos Nave,* Die ertragsteuerneutrale und identitätswahrende Sitzverlegung der GmbH in Mitgliedstaaten der Europäischen Union, 2009, S. 112 in Fn. 359.

2387 *Campos Nave,* Die ertragsteuerneutrale und identitätswahrende Sitzverlegung der GmbH in Mitgliedstaaten der Europäischen Union, 2009, S. 112.

2388 *Campos Nave,* Die ertragsteuerneutrale und identitätswahrende Sitzverlegung der GmbH in Mitgliedstaaten der Europäischen Union, 2009, S. 112.

2389 *Campos Nave,* Die ertragsteuerneutrale und identitätswahrende Sitzverlegung der GmbH in Mitgliedstaaten der Europäischen Union, 2009, S. 112.

2390 *Campos Nave*, BB 2008, 1410 (1411).

2391 *Braun*, Die Wegzugsfreiheit als Teil der Niederlassungsfreiheit, 2010, S. 227.

zielt die betreffende Gesellschaft darauf ab, ihre hauptsächliche Tätigkeit ins Ausland zu verlagern, wobei sie innerhalb eines einheitlichen gesellschaftsrechtlichen Reorganisationsaktes eine dortige ausländische Rechtsform anzunehmen beabsichtigt.[2392] Vor dem geschilderten Hintergrund ist es einer deutschen Kapitalgesellschaft nach neuer Rechtlage möglich, ihren tatsächlichen Sitz ohne einen Statutenwechsel in die Schweiz zu verlegen. Wenn dies bereits zulässig ist, so sollte sie zugleich auch ihren Satzungssitz verlegen können, und zwar ebenfalls ohne Statutenwechsel.[2393] Dadurch würde gewissermaßen die rechtliche Sitzlage mit der tatsächlichen in Einklang gebracht; ein Auseinanderfallen der Gesellschaftssitze könnte vermieden werden. Die bloße Verlegung des Verwaltungssitzes reicht indessen nicht aus, um einer Gesellschaft das vollständige Ausscheiden aus dem Wegzugssaat zu ermöglichen und diese in den neuen Zuzugsstaat hinüberzuwechseln zu lassen. Im Falle der schlichten Verlegung des Verwaltungssitzes verbliebe nämlich eine Gesellschaftshülle, die im Wegzugsstaat Deutschland hinreichend sein kann, um damit steuerrechtliche Pflichten nach § 1 KStG zu verbinden.[2394] Gerade eine solche steuerrechtliche Anknüpfungsmöglichkeit soll dabei jedoch im Wege einer zugleich realisierten Satzungssitzverlegung ausgeschlossen werden.[2395]

aa) Kollisionsrechtliche Ebene

Für den Fall, dass sowohl der Satzungs- als auch der Verwaltungssitz in das Ausland verlegt werden, führt dies aus kollisionsrechtlicher Sicht stets zu einem Statutenwechsel, und zwar unabhängig davon, ob der Zuzugsstaat der Sitz- oder der Gründungstheorie folgt.[2396] Auf die wegziehende Gesellschaft findet nunmehr das Recht des Zuzugsstaates Anwendung[2397] – hiernach also das schweizerische Recht. Wenn man die Worte des EuGH zugrunde legt, so verliert die Gesellschaft demnach die „Eigenschaft als Gesellschaft des nationalen Rechts des Mitgliedstaats, nach dessen Recht sie gegründet wurde."[2398]

Im Unterschied zur alleinigen Verlegung des Verwaltungssitzes scheidet bei einem solchen „Umzug" in die Schweiz als Gründungstheoriestaat wegen der

2392 *Braun*, Die Wegzugsfreiheit als Teil der Niederlassungsfreiheit, 2010, S. 227.

2393 So das ausdrückliche Desiderat von *Eidenmüller*, JZ 2004, 24 (32).

2394 *Campos Nave*, BB 1410 (1410).

2395 *Campos Nave*, BB 1410 (1410).

2396 *Leible*, in: Michalski GmbHG, Syst. Darst. 2 IntGesR, Rn. 180; *ders.* in FS Roth, S. 447 (452); siehe dazu *Ebenroth/Eyles*, DB 1988, Beil. 2, 1 (7); *Kruse*, Sitzverlegung von Kapitalgesellschaften, 1997, S. 49.

2397 *Leible,* in FS Roth, 447 (452).

2398 EuGH, Urt.v. Rs. C-210/06 – *Cartesio*, Slg. 2008, I-9641 Rn. 124.

gleichzeitigen Verlegung des Satzungssitzes eine Anwendbarkeit der Rückverweisung des Art. 4 Abs. 2 EGBGB *(renvoi)*[2399] nunmehr aus.[2400]

Dies würde auch dann gelten, wenn man § 4a GmbHG – wie hier vertreten – kollisionsrechtlichen Gehalt beimisst, da es sich bei dieser Norm jedenfalls um keine allseitige Kollisionsnorm handelt und es mithin im Zuge einer gleichzeitigen Satzungssitzverlegung an der Anwendungsvoraussetzung des inländischen Satzungssitzes fehlt.[2401]

bb) Sachrechtliche Ebene

Vom Standpunkt des deutschen Sachrechts betrachtet, gilt grundsätzlich nichts anderes als bei alleiniger Verlegung des Satzungssitzes, da die gleichzeitige Verlegung von Verwaltungs- und Satzungssitz notwendigerweise immer eine Verlegung des Satzungssitzes mit einschließt.[2402] Demzufolge hat die gleichzeitige Verlegung des Satzungs- und des Verwaltungssitzes nach umstrittener bisheriger Rechtslage zwingend die Liquidation der Gesellschaft zur Folge; ein entsprechender Gesellschaftsbeschluss ist nichtig.[2403]

Logisch zwingend ist ein solches allein aus dem *petitum* des inländischen Satzungssitzes abgeleitetes faktisches Verbot der identitätswahrenden Sitzverlegung einer deutschen Kapitalgesellschaft ins Ausland indessen nicht: Denn sobald die Gesellschaft sowohl ihren Satzungs- als auch ihren Verwaltungssitz rechtswirksam ins Ausland verlegt, kommt es zu einem Statutenwechsel, d.h. einem Wechsel des auf die Gesellschaft anwendbaren materiellen Gesellschaftsrechts.[2404] Dies würde konkret bedeuten, dass nach ihrem Wegzug auf eine von Deutschland in die Schweiz wegziehende Gesellschaft – nunmehr schweizerisches Recht Anwendung fände mit der Folge, dass die Anforderungen des

2399 Siehe dazu *Siehr*, Y.P.I.L. VII (2005), 16 (41ff.).

2400 *Leible*, in: Michalski GmbHG, Syst. Darst. 2 IntGesR, Rn. 180; *Behrens,* IPRax 1999, 323(330); *ders.,* IPRax 2000, 384(388).

2401 *Leible*, in: Michalski GmbHG, Syst. Darst. 2 IntGesR, Rn. 180.

2402 *Spahlinger/Wegen*, Internationales Gesellschaftsrecht, 2005, Rn. 459.

2403 Nach bislang herrschender Meinung soll ein Gesellschafterbeschluss über die Verlegung des Verwaltungs- bzw. des Satzungssitzes sogar als Auflösungsbeschluss anzusehen sein; BGH, Urt. v. 11.7.1957 – II ZR 318/55, BGHZ 25, 134 (144) = NJW 1957, 1433; BayObLG, 07.05.1992 – 3Z BR 14/92, BayObLGZ 1992, 113 = NJW-RR 1993, 43; OLG Hamm, Beschl. v. 1.2.2001 – 15 W 390/00 = NJW 2001, 2183; OLG Düsseldorf Beschl. v. 26.3.2001 – 3 Wx 88/01, NJW 2001, 2184; OLG München, Beschl. v. 4. 10. 2007 – 31 Wx 36/07, NZG 2007 915 = ZIP 2007, 2124 = DNotZ 2008, 397 = WM 2007, 2292 = BB 2007, 2247; Staudinger-*Großfeld*, IntGesR, Rn 634 u. 655 ff.; MünchKomm BGB-*Kindler*, Int.GesR Rn. 498 ff. *Ebenroth/Auer*, Beil. 1 zu RIW 1992, 1, 7; *dies.*, JZ 1993, 374, (375); 18; (246); siehe dazu kritisch *Roth*, in: FS Heldrich, S. 973 (980 ff.).

2404 *Weller*, DStR 2004, 1218 (1219).

schweizerischen Normativsystems durch die schweizerischen Gerichte und Behörden durchgesetzt würden.

Die umziehende Gesellschaft bestünde im Zuzugsland nach einer entsprechenden Satzungsänderung im Kleid einer neuen Rechtsform fort. Aus einer deutschen GmbH würde im Wege eines transnationalen Rechtsformwechsels sodann eine GmbH schweizerischen Rechts. Dass Letztere keinen Satzungssitz in Deutschland zu haben braucht, ist dabei selbstverständlich.

Nach derzeitiger Rechtslage sprechen indessen materiell-rechtliche Erwägungen gegen die Zulässigkeit eines identitätswahrenden transnationalen Rechtsformwechsels. Da nämlich jeder Rechtsformwechsel – und erst recht ein transnationaler – einen gewissen Mindestschutz bestimmter Personengruppen erfordert, muss dieser auf sachrechtlicher Ebene im deutschen Recht ergänzt werden. Denn die Sicherung der durch Wegzug im Rahmen eines identitätswahrenden transnationalen Rechtsformwechsels der Gesellschaft potenziell betroffenen Interessen der Gläubiger, Minderheitsgesellschafter und des Fiskus ist *de lege lata* im deutschen Recht noch nicht gewährleistet.[2405]

cc) Zukünftige Rechtslage

(1) Kollisionsrechtliche Ebene

Während bislang eine gleichzeitige Verlegung sowohl des Satzungs- als auch Verwaltungssitzes ins Ausland kollisionsrechtlich stets mit einem Statutenwechsel verbunden ist, ergäbe sich ein anderes Bild, wenn Art. 10 EGBGB-RefE im Rahmen der IPR-Reform Gesetz werden sollte: Die Verlegung des Verwaltungssitzes wäre dann kollisionsrechtlich irrelevant, die Verlegung des Satzungssitzes vorbehaltlich Art. 10b EGBGB-RefE ebenfalls, sodass es auf den ersten Blick durchgängig bei der Anwendbarkeit deutschen Sachrechts bliebe.[2406]

Die identitätswahrende grenzüberschreitende Verlegung des Satzungssitzes bleibt jedoch nach wie vor unzulässig: Zwar handelt es sich somit bei dem in Art. 10b EGBGB-RefE angesprochenen Wechsel des anwendbaren Rechts um einen grenzüberschreitenden Rechtsformwechsel, jedoch erlaubt Art. 10b EGBGB-Ref diesen grenzüberschreitenden Formwechsel nicht,[2407] sondern knüpft an das Sachrecht an, wenn es am Ende der Vorschrift Norm heißt: „... wenn das bisherige und das neue Recht einen Wechsel ohne Auflösung und Neugründung zulassen und die Voraussetzungen beider Rechte hierfür vorlie-

2405 *Weller*, DStR 2004, 1218 (1219).

2406 *Leible*, in: Michalski GmbHG, Bd.I Syst. Darst. 2 IntGesR, Rn. 180.

2407 *Leuering*, ZRP 2008, 73 (76).

gen". Dies ist jedoch nach dem deutschen Recht, auch und gerade nach der Fassung des § 4a durch das MoMiG, auch weiterhin nicht der Fall.[2408]

Nach der Konzeption des Art. 10b EGBGB-RefE ist zudem rechtlich nicht die Möglichkeit einer identitätswahrenden Sitzverlegung vorgesehen. Die Vorschrift soll vielmehr lediglich einen identitätswahrenden Rechtsformwechsel ermöglichen.[2409] In diesem Punkt steht der Referentenentwurf somit dem Vorschlag der Kommission „Internationales Gesellschaftsrecht", auf den der Entwurf letztlich zurückgeht, nach. Denn der Deutsche Rat für Internationales Privatrecht hatte zuvor einen entsprechenden Vorschlag vorgelegt, der allerdings nur EU-Mitgliedstaaten und nicht mit Blick auf Drittstaaten die Möglichkeit einer grenzüberschreitenden Verlegung des Satzungssitzes einer in einem Mitgliedsstaat gegründeten Gesellschaft in einen anderen EU-Mitgliedsstaat vorsah.[2410]

(2) Sachrechtliche Ebene

Die Durchführbarkeit einer gleichzeitigen Verlegung des Satzungs- wie auch des tatsächlichen Verwaltungssitzes, also ein vollständiger Umzug über die Grenze mit „Wechsel der Nationalität der Gesellschaft" durch Neueintragung im Zuzugsstaat, ist somit als solche keine Frage des Kollisionsrechts, sondern des materiellen Gesellschaftsrechts der beteiligten Staaten, wobei die Interessen der Gesellschaft auf eine identitätswahrende Sitzverlegung gerichtet sind.[2411]

Wie zuvor erläutert, ist eine gleichzeitige Verlegung des Satzungssitzes ins Ausland sowohl *de lege lata* wie auch *de lege ferenda* nach dem Referentenentwurf eines Gesetzes zum Internationalen Privatrecht der Gesellschaften, Vereine und juristischen Personen nicht möglich. Aus der Sicht des deutschen Sachrechts gilt nichts anderes als bei alleiniger Verlegung des Satzungssitzes, denn eine gleichzeitige Verlegung von Verwaltungs- und statuarischem Sitz schließt naturgemäß immer auch eine Verlegung des statuarischen Sitzes mit ein. Dies hat nach geltender deutscher Rechtslage die Auflösung der Gesellschaft zur Folge.[2412]

2408 MünchKomm GmbHG-*Mayer* § 4a Rn. 66.

2409 *Leuering*, ZRP 2008, 73 (76).

2410 Vgl. dazu Art. 10d EGBGB-E der von Spezialkommission vorgesehenen Regelung, *Sonnenberger/Bauer*, Vorschlag zur Neuregelung des Internationalen Gesellschaftsrechts, RIW Beilage 1 zu Heft 4/2006, 1 (21); *Dies.*, in: Sonnenberger (Hrsg.) Vorschläge und Berichte zur Reform des europäischen und deutschen internationalen Gesellschaftsrecht, 2007, S. 3 (13).

2411 *Roth* in: Roth/Altmeppen, GmbHG, § 4a Rn. 22.

2412 MünchKomm BGB-*Kindler*, IntGesR, Rn. 511; *Spahlinger/Wegen*, Internationales Gesellschaftsrecht, 2005, Rn. 459.

2. Verlegung des Satzungssitzes aus der Schweiz nach Deutschland

Nach derzeitiger Rechtslage ist die Verlegung des statuarischen Sitzes einer ausländischen Kapitalgesellschaft nach Deutschland ausgeschlossen.[2413] Grundvoraussetzung für eine solche Satzungssitzverlegung wäre zunächst, dass das bisherige Gesellschaftsstatut diese zulässt – also die schweizerische Gesellschaft aus ihrem bisherigen Gesellschaftsstatut „entlässt". Die Schweiz ist in diesem Zusammenhang „relativ großzügig".[2414] Jedoch müsste Deutschland als Zuzugsstaat die Fortsetzung der Gesellschaft unter Beibehaltung ihrer Identität ermöglichen, insbesondere diese in das Handelsregister eintragen. Genau dies ist in Deutschland indes nicht der Fall, da hier nach bislang herrschender Meinung eine Kapitalgesellschaft nur durch Neugründung bzw. durch die im UmwG vorgesehenen Umwandlungsvorgänge gebildet werden kann, nicht aber durch Sitzverlegung einer ausländischen Gesellschaft, selbst wenn diese sich den gesetzlichen Gründungsvoraussetzungen des GmbH bzw. AktG anpasst.[2415]

3. Ergebnis

Lediglich mit Blick auf einige EU-Sachverhalte ist die identitätswahrende Sitzverlegung derzeit verfahrensmäßig gesichert. Ermöglicht wird dies nur auf Grundlage der Statute für supranationale Rechtsformen:[2416] Entsprechende „europaweite" Mobilität wird dabei auf Grundlage der EWIV-Verordnung[2417] wie auch der SE-Verordnung[2418] sowie der SCE-Verordnung[2419] gewährleistet; auch

2413 *Süß*, in: Süß/Wachter, Handbuch des internationalen GmbH-Rechts, § 1 Rn. 37.

2414 *Süß*, in: Süß/Wachter, Handbuch des internationalen GmbH-Rechts, § 1 Rn. 37.

2415 Dies wurde selbst für Gesellschaften aus anderen EU-Mitgliedstaaten lange Zeit angenommen. *Süß*, in: Süß/Wachter, Handbuch des internationalen GmbH-Rechts, § 1 Rn. 38.

2416 *Grundmann*, Europäisches Gesellschaftsrecht, 2011, § 22 Rn. 801.

2417 Vgl. Art. 14 Verordnung (EWG) Nr. 2137/85 des Rates vom 25. Juli 1985 über die Schaffung einer Europäischen wirtschaftlichen Interessenvereinigung (EWIV) Amtsbl. EG Nr. L 199 v. 31.7.1985 S. 1-9; siehe dazu *Lutter/Bayer/Schmidt*, Europäisches Gesellschafts- und Kapitalmarktrecht, 2012, § 40 Rn. 24; sowie *Habersack/Verse*, Europäisches Gesellschaftsrecht 2011, § 12, S. 407ff..

2418 Vgl. Art. 8 Verordnung (EG) Nr. 2157/2001 des Rates vom 8. Oktober 2001 über das Statut der Europäischen Gesellschaft (SE) über das Statut der Europäischen Gesellschaft (SE), Amtsbl. EG L 294 v. 10.11.2001, S. 1; siehe dazu *Lutter/Bayer/Schmidt*, Europäisches Gesellschafts- und Kapitalmarktrecht, 2012, § 41 Rn. 170 ff. sowie *Habersack/Verse*, Europäisches Gesellschaftsrecht 2011, § 13, S. 424ff..

2419 Vgl. Verordnung (EG) Nr. 1435/2003 des Rates vom 22. Juli 2003 über das Statut der Europäischen Genossenschaft (SCE) Amtsbl. EG Nr. L 207 v. 18.08.2003 S. 1 – 24; siehe dazu *Lutter/Bayer/Schmidt*, Europäisches Gesellschafts- und Kapitalmarktrecht,

für die geplante SPE[2420] ist Entsprechendes vorgesehen.[2421] Die für diese supranationalen Rechtsformen im „europäischen Modell für Strukturmaßnahmen"[2422] vorgesehene Möglichkeit einer verfahrensmäßig gesicherten identitätswahrenden Sitzverlegung erstreckt sich nur auf den Europäischen Binnenmarkt; gleichwohl sollte das Modell im Verhältnis zur Schweiz als Analogiegrundlage fruchtbar gemacht werden.

An der geplanten Neuregelung des Art. 10b EGBGB Ref-E wird noch einmal deutlich, „dass die kollisionsrechtliche Perspektive des Entwurfs immer nur die ‚halbe Wahrheit' zeigen kann, die stets noch aus sachrechtlicher Perspektive vervollständigt werden muss".[2423] Für deutsche Gesellschaften wird diese kollisionsrechtliche Regel daher aus heutiger Sicht ohne Bedeutung bleiben, da sie an den nach wie vor bestehenden sachrechtlichen Wegzugsbeschränkungen nichts zu ändern vermag. Die identitätswahrende Verlegung des Satzungssitzes in das Ausland wird ebenso wenig durch das MoMiG erlaubt.[2424] Denn auch die Änderungen des materiellen Kapitalgesellschaftsrechts im Zuge der MoMiG-Reform haben an der sachrechtlichen Voraussetzung eines inländischen Satzungssitzes und der daraus folgenden Unzulässigkeit einer Satzungssitzverlegung ins Ausland nichts geändert.[2425]

Hier ist der deutsche Gesetzgeber gefragt, die Voraussetzungen für einen geordneten Wegzug in Form geeigneter rechtlicher Schutzmaßnahmen zu erarbeiten. Dabei besteht ein solches Bedürfnis bereits jetzt im Verhältnis zu EU/EWR Staaten angesichts des vom EuGH in seiner *Cartesio*-Entscheidung postulierten „Rechts auf Herausumwandlung".[2426] Der deutsche Gesetzgeber ist somit aufgefordert, entsprechende Regelungen zu schaffen, die den bei einem

---

2012, § 42 Rn. 107 sowie *Habersack/Verse*, Europäisches Gesellschaftsrecht 2011, § 14, S. 511ff..

2420 Im Jahr 2008 veröffentlichte die Kommission einen Vorschlag für eine Verordnung des Rates über das Statut der Europäischen Privatgesellschaft (SPE), KOM(2008) 396. Siehe dazu *Lutter/Bayer/Schmidt*, Europäisches Gesellschafts- und Kapitalmarktrecht, 2012, § 43 Rn. 161 ff. sowie *Habersack/Verse*, Europäisches Gesellschaftsrecht 2011, § 15, S. 518ff..

2421 *Lutter/Bayer/Schmidt*, Europäisches Gesellschafts- und Kapitalmarktrecht, 2012, § 6 Rn. 12, S. 74.

2422 *Lutter/Bayer/Schmidt*, Europäisches Unternehmens- und Kapitalmarktrecht, 2012, § 21 Rn. 3, S. 588.

2423 *Knof/Mock*, GmbHR 2008, R65 (R65).

2424 *König/Bormann* DNotZ 2008, 652 (658).

2425 *Knof/Mock*, GmbHR 2008, R65 (R65).

2426 EuGH Urt. v. Rs. C-210/06 – *Cartesio* – Slg. 2008 I-9641 Rn. 112.

grenzüberschreitenden Formwechsel berührten Drittinteressen im Wegzugsstaat Rechnung tragen.[2427]

Andere EU-Mitgliedstaaten haben einen solchen Weg bereits beschritten: In der spanischen *Ley 3/2009 sobre modificaciones estructurales de las sociedades mercantiles*[2428] finden sich unter Titel V unter der Überschrift *„Del traslado internacional del domicilio social"* eine Regelung zur formwechselnden grenzüberschreitenden Umwandlung; dies sowohl für die Heraus- wie auch für die Hereinumwandlung. Bemerkenswert ist dabei, dass die spanische Regelung auch eine explizite Regelung für „Drittstaatsfälle" enthält: Von einer zuziehenden Kapitalgesellschaft, die außerhalb der EU/EWR gegründet wurde, fordert das Gesetz – ähnlich der schweizerischen Vorschrift des Art. 162 Abs. 3 IPRG – den Nachweis eines unabhängigen Revisionsexperten darüber, dass den spanischen Kapitalaufbringungs- und -erhaltungsvorschriften Rechnung getragen wurde.[2429] Daneben lässt auch Art. 3 des portugiesischen *Código das Sociedades comerciais*[2430] und auch das luxemburgische Recht in Art. 159 *Loi concernant les sociétés commerciales*[2431] ausdrücklich einen formwechselnden Zuzug zu. In Belgien hat sich die Rechtsprechung für die Zulässigkeit einer identitätswahrenden Sitzverlegung über die Grenze ausgesprochen.[2432]

Was den formwechselnden Zuzug betrifft, so sind abgesehen von Schutzvorschriften darüber hinaus weitere Maßnahmen des Gesetzgebers erforderlich: Aufgrund der mangelnden „Einpassung" der zuziehenden Gesellschaft in den *numerus clausus* der in Deutschland bestehenden Rechtsformen forderte die frühere herrschende Meinung noch bis ins Jahr 2002 bei einer Sitzverlegung stets

---

2427 *Leible*, in: FS Roth, S. 447 (453).

2428 Boletín Oficial del Estado (BOE) No. 82 (2009), S. 31928 (Ley 3/2009, de 3 de abril, sobre modificaciones estructurales de las sociedades mercantiles.)

2429 Siehe Art. 94 Abs. 2. Der Ley 3/2009: «La misma regla se aplicará al traslado a España del domicilio de sociedades constituidas conforme a la ley de otros Estados, si su ley personal lo permite con mantenimiento de la personalidad jurídica.»

2430 Decreto-Lei 262/86 v. 2.9.1986, Diário da República Série I Nr. 201 v. 2.9.1986, 2293.

2431 Gesetz v. 10.8.1915, Mémorial Nr. 90 v. 30.10.1915, 925.

2432 Siehe dazu die von der Cour de Cassation entschiedene Rechtssache *Lamot* aus dem Jahr 1965; Cass. 12. 11. 1965 (*Lamot*), Rev. crit. belge 20 (1966) 392 m. Anm. *van Ryn* sowie die Regelung in Art. 112 der Loi du 16 juillet 2004 portant le Code de Droit International Privé, M.B., 27 juillet 2004, p. 57344: «Le transfert de l'établissement principal d'une personne morale d'un Etat à un autre n'a lieu sans interruption de la personnalité qu'aux conditions auxquelles le permet le droit de ces Etats.» Siehe dazu ferner *Wymeersch*, Liber Amicorum Buxbaum, S. 629 (645 ff.) ; *Großfeld/Jasper* RabelsZ 53 (1989), 52 (58).

eine Neugründung.[2433] Es sollte nicht einmal die Möglichkeit einer formwechselnde Umwandlung gemäß §§ 190 ff. UmwG analog[2434] bestehen.[2435] Es besteht demnach keine direkte Möglichkeit der formwechselnden Umwandlung direkt in eine deutsche GmbH oder AG als Rechtsträger:[2436] Die zuziehende Gesellschaft kann somit nach bislang herrschender Ansicht nicht als Vorgründungsgesellschaft identitätswahrend zur Vorgesellschaft und sodann zur AG bzw. GmbH werden.[2437]

Dies wäre aber erforderlich, um das Haftungsprivileg der im Ausland gegründeten Kapitalgesellschaft aufrecht erhalten zu können. Die zuziehende schweizerische Kapitalgesellschaft könnte sich zwar als eine infolge der sog. modifizierten Sitztheorie umqualifizierte deutsche oHG bzw. GbR unmittelbar im Anschluss der Sitzverlegung nach §§ 190 ff. UmwG wiederum in eine Kapitalgesellschaft umwandeln,[2438] jedoch würde dies nichts an der persönlichen Haftung der Gesellschafter für die bisher entstandenen Verbindlichkeiten ändern; vgl. § 224 UmwG.[2439] Über den ausländischen Gesellschaften schwebt somit auch weiterhin das „Damoklesschwert" der persönlichen Haftung.[2440] Dies ist insoweit bedauerlich, als die potentiellen Wohlfahrtsgewinne, die mit einer Ermöglichung von Statuten- und Standortwechseln verbunden sind, nicht realisiert werden können. Denn der identitätswahrenden Sitzverlegung unter Wechsel des anwendbaren Gesellschaftsstatuts werden insbesondere zwei Vorteile zugeschrieben:[2441] Zum einen kann der Standort nach den jeweils günstigsten

2433 Dies sollte selbst dann der Fall sein, wenn das deutsche und ausländische Recht inhaltlich übereinstimmen bzw. die Kapitalausstattung der Gesellschaft an das deutsche Recht angepasst und die Gesellschaft in das deutsche Handelsregister eingetragen wurde; siehe dazu *Leible*, in: Michalski GmbHG, Syst. Darst. 2 IntGesR, Rn. 184.

2434 So vorgeschlagen von *Behrens*, ZGR 1994, 1, 9 ff.; *ders.*, JBl. 2001, 341, 355; *W.-H. Roth*, ZEuP 1994, 5 (21) sowie *Kropholler*, Internationales Privatrecht, 2006, § 55 I 2 b, S. 572.

2435 *Leible*, in: Michalski GmbHG, Syst. Darst. 2 IntGesR, Rn. 184.

2436 *Leible,* in: FS Roth, S. 447 (453).

2437 *Roth*, in Roth/Altmeppen, GmbHG, § 4a Rn. 26. Für die GmbH gilt bspw., dass sie insbesondere eine Satzung mit dem nach § 3 Abs. 1 GmbHG vorgeschriebenen Mindestinhalt vorweisen muss, das geforderte Mindeststammkapital ausweisen und seine Deckung durch Aktivvermögen in Höhe der Mindestleistungen nach § 7 GmbHG nachweisen muss.

2438 So die von *Roth*, in Roth/Altmeppen, GmbHG, 6. Aufl. 2009, § 4a Rn. 25 vorgeschlagene Lösung.

2439 *Leible,* in: FS Roth, S. 447 (453); siehe dazu ferner ausführlich *Teichmann* ZIP 2009, 393 (402).

2440 *Lutter/Bayer/Schmidt*, Europäisches Gesellschafts- und Kapitalmarktrecht, 2012, § 6 Rn. 53, S. 95.

2441 *Grundmann*, Europäisches Gesellschaftsrecht, 2011, Rn. 837.

ökonomischen Rahmenbedingung gewählt werden; es kann somit auf den Wechsel derselben reagiert werden.[2442] Zum anderen kann auf diesem Wege für ein anderes anwendbares Gesellschaftsecht optiert werden, das auf die Anforderungen der betreffenden Gesellschaft besser zugeschnitten erscheint.[2443]

Dieses legitime Bedürfnis nach Ermöglichung einer existenz- und identitätswahrenden Sitzverlegung über die Grenze ist daher auch vom Gesetzgeber anzuerkennen. Wie bereits angedeutet, wäre ein solcher transnationaler Rechtsformwechsel auf Grundlage der bestehenden Vorschriften realisierbar, wenn man die Regelungen der §§ 190 ff. UmwG alternativ oder kumulativ heranzöge.[2444] Eine Orientierungshilfe mit Blick auf erforderliche verfahrensrechtliche Begleitnormen könnten zudem die bestehenden Regelungen zur grenzüberschreitenden Verschmelzung der §§ 122a ff. UmwG sowie darüber hinaus das für supranationale Rechtsformen vorgesehene „europäische Modell für Strukturmaßnahmen“[2445] liefern.[2446] Wenn die zuziehende schweizerische Gesellschaft sich auf dieser Grundlage formwechselnd in eine deutscher Zielrechtsform umwandeln könnte, vermag der vorgebliche Schutz des nationalen *numerus clausus* nicht überzeugen, denn das staatliche Regulierungsinteresse „ist ausschließlich darauf gerichtet, dass die aus dem Umwandlungsvorgang entstehende Gesellschaft seiner materiellen Regelungshoheit unterliegt.“[2447] Der Zuzug mittels der genannten „Analogielösung“ stünde einem territorialen Geltungs- und Regelungsanspruch des deutschen Gesellschaftsrechts somit nicht entgegen.

In analoger Anwendung des Rechtsgedankens aus § 197 UmwG wären auf den Formwechsel die für die neue Rechtsform geltenden Gründungsvorschriften

---

2442 *Grundmann*, Europäisches Gesellschaftsrecht, 2011, Rn. 837.

2443 *Grundmann*, Europäisches Gesellschaftsrecht, 2011, Rn. 837.

2444 *Schön*, ZGR 2013, 333 (361/2), siehe dazu eingehend *Behrens/Hoffmann*, in: Ulmer/Habersack/Löbbe (Hrsg.) GroßKomm GmbHG, 2. Aufl. 2013, Bd. I, Einl. B. Rn. B 164.

2445 Siehe dazu *Lutter/Bayer/Schmidt*, Europäisches Unternehmens- und Kapitalmarktrecht, 2012, § 21 Rn. 3, S. 588.

2446 *Schön*, ZGR 2013, 333 (361); zweifelnd mit Blick auf die Rechtssicherheit einer solchen Vorgehesnweise äussert sich dagegen *Kieninger*, in: Basedow/Wurmnest (Hrsg.) Unternehmen auf offenen Märkten 2011, S. 25 (37): „Die Analogielösung ist also mit erheblicher Rechtsunsicherheit behaftet, die auch nicht dadurch geringer wird, dass man, …, Regelungen über die grenzüberschreitende Fusion (Fusionsrichtlinie, umgesetzt in §§ 122a ff. UmwG) und die Sitzerverlegung einer SE (Art. 8 SE-VO) hinzunimmt. Für die Praxis wäre daher eine explizite Regelung des grenzüberschreitenden Rechtsformwechsels höchst wünschenswert.“.

2447 *Schön*, ZGR 2013, 333 (344).

anzuwenden.[2448] Damit muss die zuziehende schweizerische Gesellschaft bereits alle materiellen Eintragungsvoraussetzungen des deutschen Rechts erfüllen.[2449] Die Publizität wäre somit gewährleistet, da zuziehende schweizerische Gesellschaft – gegebenenfalls unter Anpassung ihrer Statuten an deutsche Vorgaben – in das Handelsregister eingetragen wird.[2450] Im Hinblick auf die Registereintragung wäre § 198 Abs. 2 S. 5 UmwG zu beachten, infolgedessen es insoweit einer Koordinierung des Eintragungsverfahrens mit dem entsprechenden kantonalen Handelsregisteramt in der Schweiz bedürfte, die durch die analoge Anwendung des Rechtsgedankens der §§ 122k und 122l UmwG zu gewährleisten wäre.[2451]

Der mit den deutschen Gründungsvorschriften verfolgte Zweck des Gläubigerschutzes wird im Hinblick auf schweizerische Gesellschaften hinreichend verwirklicht, da die schweizerischen Kapitalausstattungsanforderungen dem deutschen Niveau mindestens entsprechen, wenn nicht gar übersteigen.[2452]

Der Referentenentwurf zum Internationalen Gesellschaftsrecht wird diesbezüglich an der bislang geltenden Rechtslage nichts ändern: Ausweislich des Wortlauts von Art. 10b EGBGB-RefE ist ein grenzüberschreitender Wechsel des statuarischen Sitzes nur möglich, wenn das bisherige und ebenso das neue Recht einen Wechsel ohne Auflösung und Neugründung zulassen. Gemäß Art. 10b EGBGB-RefE wechselt das Gesellschaftsstatut, wenn eine Gesellschaft in einem anderen Staat in ein öffentliches Register eingetragen oder deren Organisation nach außen erkennbar dem Recht eines anderen Staates unterstellt wird, sofern das bisherige und das neue Recht einen Wechsel ohne Auflösung und Neugründung zulassen und die Voraussetzungen beider Rechte hierfür vorliegen.[2453]

Genau diese materiell-rechtlichen Zulässigkeitsvoraussetzungen fehlen im deutschen Recht bislang jedoch. Wie bereits erläutert, wird in problematischer Weise der Beschluss einer Gesellschaft deutschen Rechts über die Verlegung ihres Satzungssitzes in die Schweiz als Auflösungsbeschluss bewertet.[2454] Dem folgend tragen deutsche Registergerichte Sitzverlegungsbeschlüsse ins Ausland

---

2448 *Schön*, ZGR 2013, 333 (360); siehe dazu *Behrens/Hoffmann*, in: Ulmer/Habersack/Löbbe (Hrsg.) GroßKomm GmbHG, 2. Aufl. 2013, Bd. I, Einl. B. Rn. B 164.

2449 *Roth*, in Roth/Altmeppen, GmbHG, § 4a Rn. 26.

2450 *Behrens/Hoffmann*, in: Ulmer/Habersack/Löbbe (Hrsg.) GroßKomm GmbHG, Einl. B. Rn. 155 u. 164; *Roth*, in Roth/Altmeppen, GmbHG, § 4a Rn. 26.

2451 *Behrens/Hoffmann*, in: Ulmer/Habersack/Löbbe (Hrsg.) GroßKomm GmbHG, Einl. B. Rn. B 164.

2452 Siehe dazu die vorherige Diskussion zum Gläubigerschutz in Teil 3 B. III. 4. c) bb) (1) (d).

2453 *Rotheimer*, NZG 2008 181 (181).

2454 BayOblG, Beschl. v. 11.2.2004 – 3Z BR 175/03, DNotZ 2004, 725 m. Anm. *Thölke* = GmbHR 2004, 490 = ZIP 2004, 806 = NJW-RR 2004, 836 (837) m.w. N.

als solche nicht ins Handelsregister ein. Im Zuzugsfall fehlen materiellrechtliche Bestimmungen zum Statutenwechsel und zur Eintragung ins Handelsregister. Grenzüberschreitende Sitzverlegungen werden daher von den Registergerichten nicht ins Handelsregister eingetragen. Solange das deutsche materielle Recht für eine grenzüberschreitende Satzungssitzverlegung fehlt, wird Art. 10b EGBGB-E demnach keine praktische Bedeutung erlangen.[2455]

Anders als der Vorschlag des Deutschen Rates für Internationales Privatrecht[2456] sieht der Referentenentwurf lediglich eine reine Kollisionsnorm über den Wechsel des anwendbaren Rechts und keine explizite Erlaubnisnorm vor. Da das inländische Sachrecht bisher einen Wechsel ohne Auflösung und Neugründung nicht explizit zulässt und die Verlegung des Satzungssitzes nach überwiegender Auffassung gegen zwingendes Recht verstößt, bliebe somit ein Statutenwechsel einer deutschen Gesellschaft auch nach Umsetzung des geplanten Gesetzgebungsverfahrens zukünftig ausgeschlossen.[2457]

Werden sowohl Satzungs- als auch Verwaltungssitz in das Ausland verlegt, führt dies kollisionsrechtlich stets zu einem Statutenwechsel, und zwar unabhängig davon, ob der Zuzugsstaat der Sitz- oder der Gründungstheorie folgt; denn anders als bei der alleinigen Verlegung des Verwaltungssitzes kommt bei einem Umzug in Gründungstheoriestaaten aufgrund der gleichzeitigen Verlegung des Satzungssitzes ein *renvoi*[2458] nunmehr nicht in Betracht. Die identitätswahrende Verlegung des Satzungssitzes in das Ausland wird ebenso wenig durch das MoMiG[2459] wie durch den Referentenentwurf erlaubt; es hätte hier einer sachrechtlichen „Ermöglichungsnorm" bedurft. Im Zentrum der Debatte müssten darüber hinaus die bestehenden materiellen Schutznormen des nationalen Umwandlungsrechts stehen, die ihrem Rechtsgedanken nach in analoger

---

2455 Kritisch dazu auch *Kieninger*, in: Basedow/Wurmnest (Hrsg.) Unternehmen auf offenen Märkten 2011, S. 25 (37/8).

2456 Siehe *Sonnenberger/Bauer*, Vorschlag des Deutschen Rates für Internationales Privatrecht für eine Regelung des Internationalen Gesellschaftsrechts auf europäischer/nationaler Ebene, RIW 2006, Beilage 1 zu Heft 4, 1 (22).

2457 Die geplanten Änderungen von § 4a GmbHG und § 5 AktG würden hieran nichts ändern, weil nach gegenwärtigem Stand weiterhin ein satzungsmäßiger Sitz im Inland erforderlich sein wird; durch die geplante Ermöglichung der Verlegung des Verwaltungssitzes ins Ausland würde daher lediglich die Wegzugsfreiheit unter Wahrung von Form und Identität der Gesellschaft gewährleistet; siehe dazu die Stellungnahme des Deutschen Anwaltvereins durch den Ausschuss Internationaler Rechtsverkehr zum Referentenentwurf eines Gesetzes zum Internationalen Privatrecht der Gesellschaften, Vereine und juristischen Personen, Fn. 7, Berlin im März 2008 Stellungnahme Nr. 13/2008 im Internet abrufbar unter www.anwaltverein.de.

2458 Siehe dazu *Siehr*, Y.P.I.L. VII (2005), 16 (41ff.).

2459 *König/Bormann* DNotZ 2008, 652 (658).

Weise Anwendung finden müssten.[2460] Es wird nochmals deutlich, dass die kollisionsrechtliche Perspektive des Entwurfs immer nur die „halbe Wahrheit" zeigen kann, die noch aus sachrechtlicher Perspektive vervollständigt werden muss.[2461]

D. Folgerungen

I. Zuzugssituation

1. Allgemeines

a) Ordre Public

Der Referentenentwurf beabsichtigt, den mit dem Übergang zur Gründungsanknüpfung entstehenden Problemen für den Rechtsverkehr mit dem *ordre public* zu begegnen.[2462] Sowohl in der Schweiz als auch in Deutschland hat die Rechtspraxis indessen nur höchst selten einen Verstoß gegen die Vorbehaltsklausel des Art. 17 IPRG bzw. den *ordre public* gemäß Art. 6 EGBGB feststellen können. In Deutschland bildet die aufgrund des EWR-Abkommens inzwischen obsolete Rechtsprechung zu Gründungen liechtensteinischer Rechtsformen dazu in der Vergangenheit zumindest in der instanzgerichtlichen Rechtsprechung den „klassischen" Anwendungsfall;[2463] jedoch musste diese Praxis als rechtswidrig angesehen werden, da sie gegen das EWR-Abkommen verstößt.[2464]

2460 *Schön*, ZGR 2013, 333 (362 f.).

2461 *Knof/Mock*, GmbHR 2008, R65 (R65).

2462 Referentenentwurf eines Gesetzes zum Internationalen Privatrecht der Gesellschaften, Vereine und juristischen Personen vom 7.1.2008, S. 7.

2463 AG Hamburg Urt. v. 31.7. 1964 – 66 AR 1183/63, MDR 1964, 1190: „Schon ein Blick auf die etwa vergleichbaren Bestimmungen des deutschen GmbH-Gesetzes" mache deutlich, dass das liechtensteinische Treuunternehmens- und Anstaltsrecht weit hinter dem zurückbleibe, was im deutschen Gesellschaftsrecht rechtliche Gestalt gewonnen habe: „Außer dem Stück Papier, auf welchem das Gründungsstatut niedergeschrieben ist, und dem Auszug aus dem Öffentlichkeitsregister, das das Bestehen der Treuhand bescheinigt, braucht irgendein Wert, eine Organisation oder ein Vermögen nicht vorhanden sein"; siehe zur Problematik grundlegend *Serick* RabelsZ 23 (1958), 624, 634 f.; *Schönle*, NJW 1965, 1112 (1112 ff.); Staudinger IntGesR-*Großfeld* Rn. 168 ff. Indessen hat der BGH hat – soweit ersichtlich – bislang in keinem Fall eines liechtensteinischen Treuunternehmens oder Einpersonenanstalt die Anerkennung wegen Verstoßes gegen den *ordre public* versagt; vgl. BGH, Urt. v. 5.11.1980 – VIII ZR 230/79 = BGHZ 78, 318 = NJW 1981, 522 = ZIP 1981, 31 = MDR 1981, 314; BGH, Urt. v. 21.03.1986 – V ZR 10/85 = NJW 1986, 2194 = ZIP 1986, 643 = MDR 1986, 743 = WM 1986, 641 = BB 1986, 2153 = DB 1986, 2019 = BGHZ 97, 269; BGH, Urt. v. 23.3.1979 – V ZR 81/77 = WM 1979, 692 ff.; BGH, Urt. v. 28. 2. 1980 – III ZR 165/7

Diese Rechtsprechung kann aber nicht als Maßstab für die Vereinbarkeit drittstaatlichen Gesellschaftsrechts mit dem deutschen *ordre public* genügen. Unter dem Gesichtspunkt der Rechtssicherheit wäre es nicht förderlich, wenn im Rahmen des Referentenentwurfs die Problematik von der Anknüpfung im Internationalen Gesellschaftsrecht hin zu einem Problem des Allgemeinen Teils des IPR verlagert werden würde.[2465]

Der *ordre public*-Vorbehalt passt eher in andere Bereiche des Internationalen Privatrechts, wie beispielsweise das Internationale Familienrecht. Zu bedenken ist zudem, dass der *ordre public* nur dann als Korrektiv in Betracht käme, wenn es zu schlechthin unerträglichen Abweichungen von deutschen Standards kommt.[2466] Auch unterliefe ein übermäßiger Einsatz des *ordre public* die Kodifikation der Gründungstheorie und stünde im Widerspruch zur Funktion des *ordre public* als „Notbremse“[2467].[2468] In der Unbestimmtheit und seiner Ausfüllungsbedürftigkeit sind wesentliche Schwächen im Hinblick auf die Rechtssicherheit zu erblicken,[2469] die diesen Weg nicht als gangbar erscheinen lassen.

b) Sonderanknüpfungen

Auch nach einem Übergang zur Gründungstheorie kann diese nicht ohne Einschränkungen gelten; einer schrankenlosen Geltung der Gründungstheorie redet

---

= NJW 1980, 1567 = JZ 1980, 649 m. Anm. *Ebke/Neumann* sowie BGH, Urt. v. 2.2.1995 – IX ZR 147/93 = NJW-RR 1995, 766 = IPRspr. 1995 Nr. 201. Freilich hielt es den BGH nicht davon ab, im Falle der Sitzverlegung einer liechtensteinischen Anstalt die Neugründung als GmbH in Deutschland zu fordern; siehe BGH Urt. v. 21.3.1986 V ZR 10/85 = BGHZ 97 269 = NJW 1986, 2194 = BB 1986, 2153 = JZ 1986, 651 = MDR 1986, 743 = ZIP 1986, 643 = JuS 1986 1001 m. Anm. *Hohloch.*

2464 Im Zuge der jüngsten Steuerhinterziehungsaffäre wurde der *ordre public*-Vorbehalt jedoch wieder von der deutschen Rechtsprechung gegenüber einer liechtensteinischen Stiftung zum Einsatz gebracht: Besteht der Hauptzweck der Gründung einer liechtensteinischen Stiftung in einer beabsichtigten Steuerhinterziehung, ist der Stiftung wegen Verstoßes gegen den *ordre public* im Sinne des Art. 6 EGBGB in Deutschland die Anerkennung zu versagen; vgl. OLG Düsseldorf, Teilurt. v. 30.04.2010 – I-22 U 126/06, 22 U 126/06 = ZEV 2010, 528 m. Anm. *Stucke/Wachter* = BeckRS 2010, 19771 = LSK 2010, 380507 = GWR 2010, 427 = IStR 2011, 475 m. Anm. *Lennert/Blum.*

2465 *Hübner*, Kollisionsrechtliche Behandlung von Gesellschaften aus 'nicht-privilegierten' Drittstaaten, 2011, § 4 A., S. 299.

2466 *Hübner*, Kollisionsrechtliche Behandlung von Gesellschaften aus 'nicht-privilegierten' Drittstaaten, 2011, § 4 A., S. 299.

2467 *Kieninger*, NJW 2009, 292 (293).

2468 *Hübner*, Kollisionsrechtliche Behandlung von Gesellschaften aus 'nicht-privilegierten' Drittstaaten, 2011, § 4 B., S. 301.

2469 *Hübner*, Kollisionsrechtliche Behandlung von Gesellschaften aus 'nicht-privilegierten' Drittstaaten, 2011, § 4 A., S. 299.

dabei niemand das Wort. Im Zentrum der Diskussion sollten an und für sich nicht das Anknüpfungsmoment, sondern die Zulässigkeit und die Reichweite des Gründungsstatuts von möglichen Sonderanknüpfungen stehen, welche die Gründungsanknüpfung erforderlichenfalls durchbrechen.[2470] Der Referentenentwurf berücksichtigt diese Frage nicht, so dass Grundsätze für Sonderanknüpfungen zum Gesellschaftsstatus für die Zeit nach einem Inkrafttreten einer Kodifikation zum Internationalen Gesellschaftsrecht von der Lehre und Rechtsprechung herauszuarbeiten wären.[2471]

Als Grundlage für die weitere Diskussion mag auch der infolge der Rechtsprechung des EuGH entwickelte Ansatz im Sinne einer „europarechtlich moderierten Kontrolltheorie“ dienen.[2472] Demnach werden ausländische Gesellschaften grundsätzlich als solche anerkannt. Eine Einschränkung der Geltung des Gründungsrechts erfolgt dabei, indem zwischen den „Subjekteigenschaften“, die stets dem Heimatecht der Gesellschaft unterliegen, und solchen „Eigenschaften“ der Gesellschaften unterschieden wird, die dem „allgemeinen Verkehrsrecht“ des jeweiligen Zuzugsstaats unterliegen.[2473]

2. Mitbestimmung

a) *Erstreckung auf Schweizerische Gesellschaften?*

Die Frage der unternehmerischen Mitbestimmung ist von besonderer Relevanz für die hier zu untersuchende Thematik, nicht zuletzt deshalb, weil der Referentenentwurf zum Internationalen Gesellschaftsrecht an Einwänden des Arbeitnehmerschutzes zu scheitern droht. Gerade mit Blick auf Gesellschaften aus Drittstaaten mit Verwaltungssitz in Deutschland ist dies eine umstrittene Frage, denn hier besteht die Möglichkeit, die deutschen Mitbestimmungsregelungen zu umgehen, wobei zugleich das europäische Richtlinienrecht nicht anwendbar ist.[2474] Dazu wird einerseits im politischen Raum unter dem Schlagwort „Mitbestimmungserstreckungsgesetz“[2475] diskutiert, wie man die deutschen Mitbestimmungsregelungen auf Auslandsgesellschaften ausdehnen könnte. Anderer-

---

2470 Siehe dazu eingehend *Behrens/Hoffmann*, in: Ulmer/Habersack/Löbbe (Hrsg.) GroßKomm GmbHG, Einl. B. Rn. B 63 ff.; AnwKomm BGB-*Hoffmann*, 2012, Anh. Art. 12 EGBGB Rn. 149.

2471 AnwKomm BGB-*Hoffmann*, 2012, Anh. Art. 12 EGBGB Rn. 149.

2472 *Schanze/Jüttner* AG 2003 663 (665); *Dies.* AG 2003, 30 (36).

2473 *Schanze/Jüttner* AG 2003 663 (663 ff.); *Dies.* AG 2003, 30 (36) *Schanze* FS Thue, S. 423 (438); *ders.*, in: Reid/Miller (Hrsg.), A Mixed Legal System in Transition, 2005, S. 293 (300).

2474 *Hübner*, Kollisionsrechtliche Behandlung von Gesellschaften aus nicht-privilegierten Drittstaaten, 2011, S. 239.

2475 Siehe dazu *Seyboth*, AuR 2008, 132 (135).

seits werden in der rechtswissenschaftlichen Literatur theoretische Überlegungen dahingehend angestellt, ob eine Ausdehnung der Mitbestimmung auf eine ausländische Gesellschaft im Statusverfahren nach § 6 Abs. 2 MitBestG i.V.m. § 98 AktG möglich sei.[2476] Zu Recht wird demgegenüber argumentiert, dass die Anwendung der Mitbestimmungsregelungen auf monistisch strukturierte Gesellschaften problematisch erscheine, da diese keinen Aufsichtsrat haben – was einer Unternehmensmitbestimmung nach deutschem dualistischem Vorbild im Wege stünde.[2477]

Während eine solche Ausdehnung der deutschen Mitbestimmungsregeln auf Gesellschaften aus anderen EU-Mitgliedstaaten europarechtswidrig wäre, da sie einen nicht gerechtfertigten Eingriff in die von Art. 49, 54 AEUV garantierte Niederlassungsfreiheit darstellt,[2478] sind die Vorgaben des Gemeinschaftsrechts gegenüber Gesellschaften aus Drittstaaten dagegen nicht maßgebend. Nach herkömmlicher Ansicht wird die unternehmerische Mitbestimmung als Teil des Gesellschaftsrechts gesehen und unterliegt demzufolge dem Gesellschaftsstatut der jeweiligen Kapitalgesellschaft, deren Organe von der Mitbestimmung betroffen sind.[2479]

Im Referentenentwurf zum Internationalen Gesellschaftsrecht wurde die umstrittene Frage der unternehmerischen Mitbestimmung im Entwurf bewusst

2476 Staudinger BGB-*Großfeld*, IntGesR 1998, Rn. 133.

2477 *Merkt,* ZIP 2007 1237 (1241).

2478 So die wohl überwiegende Meinung *Merkt*, ZIP 2011 1237 (1241); *Seibt*, in: Henssler/Willemsen/Kalb, Arbeitsrecht-Kommentar, 4. Aufl. 2010, § 1 MitbesG Rn 9; *Hübner*, Kollisionsrechtliche Behandlung von Gesellschaften aus nicht-privilegierten Drittstaaten, 2011, S. 247; *Binz/Mayer* GmbHR 2003, 249 (257); *Eidenmüller* ZIP 2003 2233 (2242), *Müller-Bonanni*, GmbHR 2003, 1235 (1237); *Ulmer* JZ 1999, 662 (663); *Paefgen,* DB 2003 487 (491); *Ziemons,* ZIP 2003, 1913 (1918); anderer Ansicht ist dagegen Kindler NJW 2003, 1073 (1078).

2479 BGH Urt. v. 16.11.1981 – II ZR 150/80, BGHZ 82, 188 (189), NJW 1982, 933 (934); OLG Stuttgart Beschl. v. 30.3.1995 – 8 W 355/93, NJW-RR 1995, 1067 (1069); *Behrens/Hoffmann*, in: Ulmer/Habersack/Löbbe (Hrsg.) GroßKomm GmbHG, Einl. B. Rn. 12; MünchKomm BGB-*Kindler* Bd. 11, 2010, IntGesR, Rn. 510; AnwKomm-BGB-*Hoffmann*, Anh zu Art. 12 EGBGB, Rn 23; *Leible*, in: Michalski GmbHG, Syst. Darst. 2 IntGesR, Bd. I, Rn. 134; *Spahlinger/Wegen*, Internationales Gesellschaftsrecht, 2005, Rn 300; Staudinger-*Großfeld*, IntGesR, Rn 510; *Horn* NJW 2004, 894 (900); *Wachter,* GmbHR 2004 88 (92). Dagegen finden sich in Art. 30 EGBGB Regelungen zum deutschen Internationalen Arbeitsrecht, die allerdings nicht für die Unternehmensmitbestimmung gelten, da diese nach überwiegender Auffassung nicht dem Arbeitsstatut, sondern dem Gesellschaftsstatut zugerechnet wird; siehe *Rehberg*, in: Eidenmüller (Hrsg.) Ausländische Kapitalgesellschaften im deutschen Recht, 2004, § 6 Rn. 66ff; *Henssler*, in: GS Heinze, 2005, S. 333 (354); *Bayer*, BB 2003, 2357 (2365).

ausgespart.[2480] Die Einordnung dieser Frage im Hinblick auf das Gesellschaftsstatuts ist somit noch nicht geklärt.[2481] Es wird dafür plädiert, die Arbeitnehmerbeteiligung unter die Organisationsverfassung in Art. 10 Abs. 2 Nr. 4 EGBGB-RefE zu fassen.[2482] Überlegenswert erscheint es vielmehr, die unternehmerische Mitbestimmung nicht weiter als eine genuin gesellschaftsrechtliche Frage zu betrachten und diese daher nicht unter das Gesellschaftsstatuts zu subsumieren.

Ungeachtet der Vorgaben dieser Norm sollen dabei jedoch nach den Vorstellungen des Bundesjustizministeriums hinsichtlich der Beteiligung der Arbeitnehmer auf Unternehmensebene „für grenzüberschreitende Sachverhalte [...] insoweit die entsprechenden EG-Richtlinien [...]"[2483] herangezogen werden. Im Ergebnis führt dies zu einer Einführung der Mitbestimmung im Wege des Vorrangs der Verhandlungslösung:[2484] Es ist somit ein besonderes Verhandlungsgremium zu bilden, das die Aufgabe hat, mit der Unternehmensleitung eine Vereinbarung über die Mitbestimmung der Arbeitnehmer abzuschließen.[2485] Jedoch ist diese Vorgehensweise mit Blick auf eine zuziehende schweizerische Gesellschaft nicht unproblematisch, denn ohne einen entsprechenden völkerrechtlichen Vertrag mit der Schweiz können die EG-Richtlinien, deren Geltung sich auf die Europäische Union beschränkt, nicht ohne weiteres auf eine zuziehende Gesellschaft aus einem Drittstaat wie die Schweiz angewandt werden.

So wird in der Literatur die Frage danach gestellt,[2486] welche Regelungen hier stattdessen gelten sollten: Nach zutreffender Ansicht dürften hier – um nicht das Kernanliegen des Referentenentwurfs, nämlich die generelle Hinwendung zur Gründungstheorie in Frage zu stellen – gar keine Regelungen vorgeschrieben werden. Allein maßgeblich bleiben vielmehr die Regelungen der Gründungsrechtsordnung. Denn anzuknüpfen ist die Unternehmensmitbestimmung in

---

2480 *Lutter/Bayer/Schmidt*, Europäisches Unternehmens- und Kapitalmarktrecht 2012, § 6 Rn. 53, S. 96. Der Referentenentwurf weist zwar Fragen der Organisationsverfassung dem Gesellschaftsstatut zu, das mittels der Gründungsanknüpfung bestimmt werden soll; vgl. Art. 10 Abs. 2 Nr. 4 EGBGB-RefE. Ausweislich der Begründung des Referentenentwurfs sollen die Fragen der Arbeitnehmermitbestimmung dadurch jedoch nicht präjudiziert werden; vgl. Referentenentwurf eines Gesetzes zum Internationalen Privatrecht der Gesellschaften, Vereine und juristischen Personen vom 7.1.2008, S. 8.

2481 *Leible*, in: Michalski GmbHG, Bd 1, Syst. Darst. IntGesR Rn. 154.

2482 So jedenfalls *Stehle*, JURA 2009, 8 (11); *Eberspächer*, ZIP 2008, 1951.

2483 Referentenentwurf eines Gesetzes zum Internationalen Privatrecht der Gesellschaften, Vereine und juristischen Personen vom 7.1.2008, S. 7 f.

2484 *Kösters*, ZRP 2008, 214 (215).

2485 vgl. § 6 MgVG bzw. § 4 SEBG.

2486 *Köster* ZRP 2008, 214 (216).

akzessorischer Weise an das Gesellschaftsstatut des Unternehmensträgers: [2487] „Die Anwendbarkeit des deutschen Mitbestimmungsrechts setzt somit die Anwendbarkeit des deutschen Gesellschaftsrechts voraus, während eine Gesellschaft mit ausländischem Gesellschaftsstatut auch mitbestimmungsrechtlich allein dem ausländischen Recht unterliegt.“[2488] Sofern dieses ausländische Recht – wie es nach schweizerischem Recht der Fall ist – keine Mitbestimmung auf Leitungsebene vorsieht, bleibt die Gesellschaft mitbestimmungsfrei.[2489] Dies gilt aber nur für solche Gesellschaften, die sich auf einen Staatsvertrag berufen können. Denn nach Art. 3 Abs. 2 EGBGB, der durch den Referentenentwurf unberührt bleibt, gehen völkerrechtliche Regelungen den Regelungen des EGBGB vor. Für Gesellschaften aus einem nicht völkerrechtlich privilegierten Drittstaat wie der Schweiz bleibt es damit bei der bereits völkerrechtlich problematischen Anwendung der Mitbestimmungsregelungen der EG-Richtlinien.[2490]

Im Ergebnis heißt dies für eine zuziehende schweizerische Gesellschaft, die ihren Verwaltungssitz nach Deutschland zu verlegen gedenkt, dass sie zunächst vorweisen müsste, ein besonderes Verhandlungsgremium eingerichtet zu haben, das mit der Unternehmensleitung Verhandlungen über die Beteiligung der Arbeitnehmer aufnimmt, obwohl die Schweizer Rechtsordnung gar keine Arbeitnehmerbeteiligung auf Unternehmensebene vorsieht. Damit wäre die im Referentenentwurf vorgesehene uneingeschränkte Geltung der Gründungstheorie bereits durchbrochen.[2491]

Im Übrigen dürfte eine solche zwingende Mitbestimmungslösung gegenüber dem deutschen Markt zunächst offen eingestellten Gesellschaften einen Abschreckungseffekt auslösen, der als Rückfall in die „Ägide der Sitztheorie“ gewertet werden muss. Eine solche – vorbehaltlich des Vorrangs eines Staatsvertrags – uneingeschränkte Anwendung der Mitbestimmungsregelungen der SE-RL sowie der Verschmelzungs-Richtlinie führt hingegen nicht zum gewünschten Ziel der Rechtssicherheit, da diese Lösung im Hinblick auf die Schweiz mit einem Völkerrechtsverstoß verbunden wäre.[2492] Wenn man dennoch nicht auf die Anwendung der Mitbestimmung nach Vorbild der genannten EG-Richtlinien verzichtet möchte, bleibt bei *de lege ferenda* grundsätzlich geltender Gründungstheorie nur die Möglichkeit, im Wege einer Sonderanknüpfung an den tat-

2487 *Behrens/Hoffmann*, in: Ulmer/Habersack/Löbbe (Hrsg.) GroßKomm GmbHG, Einl. B. Rn. B 121.

2488 *Behrens/Hoffmann*, in: Ulmer/Habersack/Löbbe (Hrsg.) GroßKomm GmbHG, Einl. B. Rn. B 121.

2489 *Köster* ZRP 2008, 214 (216).

2490 *Köster* ZRP 2008, 214 (216).

2491 *Köster* ZRP 2008, 214 (216).

2492 *Köster* ZRP 2008, 214 (216/7).

sächlichen Verwaltungssitz der Gesellschaft eine solche Verhandlungslösung zu fordern.[2493] Auch dieser Weg erscheint problematisch, da die Bestimmungen des MitbestG auf die der deutschen Unternehmensverfassung zugrundeliegenden Strukturen ausgerichtet sind und sich gerade mit Blick auf ein Gesellschaftsstatut mit monistischer Unternehmensverfassung schwerlich übertragen ließe.[2494] Wenn dennoch vorgeschlagen wird[2495], monistisch strukturierten Gesellschaften die Einführung eines Aufsichtsrates vorzuschreiben, käme dies letztlich einem gesetzlichen Verbot der monistischen Unternehmensverfassung für mitbestimmte Gesellschaften gleich.[2496]

b) Unternehmerische Mitbestimmung als Frage des Gesellschaftsstatuts?

Man hätte im Zuge des Entstehungsprozesses des Referentenentwurfs durchaus darüber nachdenken können, die Frage des Mitbestimmungsrechtes nicht – wie dies traditionell geschieht – mit der Frage des Gesellschaftsstatuts und damit der gesellschaftskollisionsrechtlichen Anknüpfung zu verbinden. Gegen eine solche Verbindung spricht, dass die Mitbestimmung gänzlich andere Interessen als das sonstige nach dem Gesellschaftsstatut angeknüpfte Organisationsrecht schützt:[2497] Nach Ansicht seiner Befürworter standen bei der Schaffung des Mitbestimmungsgesetzes 1976 nämlich drei Aspekte im Vordergrund:[2498] Erstens sollten unternehmerische Entscheidungen demokratisch legitimiert und kontrolliert werden („Demokratisierung"). Zweitens sollten die Arbeitnehmer gleichgewichtigen Einfluss auf die Entscheidungen im Unternehmen ausüben können, da sie direkt betroffen seien („Selbstbestimmung"). Drittens sollten „wirtschaftliche und politische Macht des Eigentums an Produktionsmitteln" – so das gängige Schlagwort der damaligen Zeit – „gebunden" werden („Machtkontrolle").[2499]

Es stehen somit sowohl Interessen aus dem bipolaren Verhältnis Arbeitsvertrag[2500] als auch sozialordnungspolitische Allgemeininteressen in Rede.[2501] Eine ganz andere Zielrichtung hat hingegen der vom Gesellschaftsrecht bezweckte

---

2493 *Köster* ZRP 2008, 214 (217).

2494 *Behrens/Hoffmann*, in: Ulmer/Habersack/Löbbe (Hrsg.) GroßKomm GmbHG, Einl. B. Rn. B 121.

2495 So beispielsweise *Weiss/Seifert* ZGR 2009, 542 (562).

2496 *Behrens/Hoffmann*, in: Ulmer/Habersack/Löbbe (Hrsg.) GroßKomm GmbHG, Einl. B. Rn. B 122 in Fn. 382.

2497 *Nienerza*, Unternehmerische Mitbestimmung in internationalen Konzernen, 2005, S. 42.

2498 Siehe *Junker* NJW 2004, 728 (728).

2499 *Junker* NJW 2004, 728 (728).

2500 *Zimmer*, Internationales Gesellschaftsrecht, 1996, S. 146 f.

2501 Staudinger BGB-*Großfeld*, IntGesR Rn. 510.

Interessenausgleich: Das vom Gesellschaftsstatut berufene Gesellschaftsrecht dient allein der koordinativen Ordnung von Interessen im Dreieck von Gesellschaft, Gesellschaftern und Gläubigern.[2502] Darin finden auch Arbeitnehmer Berücksichtigung, jedoch allein in ihrer Rolle als Vertragspartei des Arbeitsvertrages, d.h. durch Gläubigerschutz als (Lohn-)Gläubiger der Gesellschaft.[2503] Nicht erfasst ist vom klassischen gesellschaftsrechtlichen Interessenausgleich dagegen ein angestrebter sozialpolitischer Ausgleich eines Ungleichgewichtes von Kapital und Arbeit und dessen Auswirkungen auf das Arbeitsverhältnis und das Allgemeinwohl. Demzufolge könnte die Anknüpfung des Rechtes, das diesen Interessenkonflikt löst, am Gesellschaftsstatut zu einer „systemwidrigen Verquickung eines privatrechtlichen Interessenausgleiches […] mit Schutznormen für Dritte führen".[2504]

Demzufolge sind nach dem deutschen Internationalen Privatrecht – wenn man für den Zuzugsfall einer schweizerischen Gesellschaft *de lege ferenda* von der Gründungsanknüpfung ausgeht – grundsätzlich nicht die Vorschriften der deutschen unternehmerischen Mitbestimmung, sondern die entsprechenden Regelungen des Gründungsstaats auf ausländische Gesellschaften anzuwenden; dies gilt selbst dann, wenn diese ihren Verwaltungssitz in Deutschland haben und ausschließlich in Deutschland tätig sind.[2505]

c) *Deutsche unternehmerische Mitbestimmung analog?*

Eine analoge Anwendung des deutschen MitbestG ist hingegen ausgeschlossen, da der insoweit eindeutige Wortlaut des § 1 Abs. 1 MitbestG ausdrücklich die Rechtsformen der AG, der KGaA, der GmbH und der Erwerbs- und Wirtschaftsgenossenschaft benennt. Nach ganz überwiegender Ansicht[2506] ist diese

---

2502 *Zimmer*, Internationales Gesellschaftsrecht, 1996, S. 148 ff.

2503 *Nienerza*, Unternehmerische Mitbestimmung in internationalen Konzernen, 2005, S. 42.

2504 *Nienerza*, Unternehmerische Mitbestimmung in internationalen Konzernen, 2005, S. 42. Jedoch geht *ders.* sodann auf S. 43 davon aus, „daß es für eine Anknüpfung der Mitbestimmung nach dem Personalstatut systematisch unschädlich ist, daß die Mitbestimmung sozialordnungspolitisch und ideologisch motiviert ist. Wegen der Installation der Mitbestimmung durch Modifikation der inneren Gesellschaftsorganisation ist die Anknüpfung der Mitbestimmung am Personalstatut funktional systemgerecht."

2505 Palandt BGB-*Thorn*, 70.Aufl. 2011, Anh. zu Art. 12 EGBGB Rn. 6.

2506 OLG Stuttgart Beschl. v. 30.3.1995 – 8 W 355/93, = NJW-RR 1995, 1067 = BB 1996, 153 = ZIP 1995, 1004 m. Anm. *Mankowski* im Zusammenhang mit der Pflicht der deutschen Zwischen-Holding einer schweizerischen AG zur Bildung eines mitbestimmten Aufsichtsrats; siehe ferner *Junker*, NJW 2004 728 (729); *Thüsing* ZIP 2004 381 (382). Diese grammatikalische Auslegung, die für eine Beschränkung auf die aufgezählten deutschen Gesellschaftsformen spricht, wird dabei gestützt durch die Mate-

Aufzählung als abschließend anzusehen; demnach kommt die Anwendung des MitbestG auf die darin nicht erwähnten schweizerischen Gesellschaftsformen nicht in Frage.

Zu Recht wird eine analoge Anwendung der Vorschrift auf ausländische Gesellschaften abgelehnt, da es angesichts des insoweit abschließenden Wortlauts an einer planwidrigen Regelungslücke fehlt.[2507] Vor diesem Hintergrund müsste demnach der deutsche Gesetzgeber tätig werden, um eine schweizerische Gesellschaft der unternehmensbezogenen Mitbestimmung unterwerfen zu können.[2508] Im Ergebnis scheidet damit eine mögliche Erfassung einer schweizerischen Kapitalgesellschaft unter dem Gesichtspunkt einer analogen Anwendung der Mitbestimmungsregelungen aus.

d) Ordre Public und unternehmerische Mitbestimmung

Der Gesetzgeber könnte für zuziehende schweizerische Gesellschaften im Wege einer Sonderanknüpfung oder aber des *ordre public*-Vorbehalts des Art. 6 EGBGB in das Gründungsstatut eingreifen und die schweizerische Gesellschaft den deutschen Mitbestimmungsregeln unterwerfen.

Vorgeschlagen wird daher, die Regelungen der unternehmerischen Mitbestimmung *de lege ferenda* durch eine Sonderanknüpfung zur Anwendung zu bringen. Dabei kämen als rechtstechnische Durchsetzungsmöglichkeit neben einer analogen Anwendung des MitbestG der *ordre public* gemäß Art. 6 EGBGB sowie eine Sonderanknüpfung als Eingriffsrecht im Sinne von Art. 9 Abs. 1 Rom I-VO in Betracht.[2509]

In der Praxis geht es vor allem um die Anwendbarkeit des deutschen Rechts, dessen „Umgehung“ durch die Nutzung einer ausländischen Rechtsform in Deutschland möglichst ausgeschlossen werden soll. Daher wird diskutiert, die Mitbestimmung zum *ordre public* im Sinn des § 6 EGBGB zu erheben.[2510] Aber selbst wenn man annähme, die Unternehmensmitbestimmung und insbesondere die paritätische Besetzung des Aufsichtsrat sei vom deutschen *ordre public* umfasst, was angesichts der hohen Anforderungen, die das Internationale Privatecht insoweit aufstellt, kaum begründbar erscheint, würde das *de lege lata* nicht wei-

---

rialien zum MitbestG, wonach ausländische Gesellschaften nicht erfasst sind; siehe BT-Drucks. 7/4845, S. 4.

2507 *Merkt*, Stellungnahme v. 3.5.2011 zu den Anträgen der Fraktion Die Linke v. 21.4.2010 und der Fraktion der SPD v. 16. Juni 2010 zur Ausweitung der Unternehmensmitbestimmung – Ausschuss für Arbeit und Soziales, 17. Wahlperiode, Ausschussdrucks. 17 (11) 514, S. 28 ff. = ZIP 2011 1237 (1239).

2508 *Merkt*, ZIP 2011 1237 (1239).

2509 *Seyboth* AuR 2008, 132 (134); *Hübner*, Kollisionsrechtliche Behandlung von Gesellschaften aus nicht-privilegierten Drittstaaten 2011, S. 241.

2510 Insbesondere wird dies propagiert von Staudinger-*Großfeld*, IntGesR Rn. 510.

terhelfen: Da die Mitbestimmungsgesetze rechtsformspezifisch an bestimmte Gesellschaftstypen des deutschen Rechts anknüpfen, läuft die Anwendung des deutschen Mitbestimmungsrechts auf fremde Gesellschaftsformen ins Leere.

II. Wegzugsituation

1. Materielles Gesellschaftsrecht

Im Rahmen der Reform der §§ 4a; GmbHG 5 AktG durch das MoMiG hat es der Gesetzgeber versäumt, die Mobilität der Kapitalgesellschaft umfassend europakonform zu regeln. Darüber hinaus hat er Personengesellschaften gänzlich ausgeklammert. Der deutsche Gesetzgeber hat nicht die Verlegung des Satzungssitzes ermöglicht, sondern es dabei belassen, die Verlegung des Verwaltungssitzes im Lichte der bisherigen Rechtsprechung des EuGH in das Kapitalgesellschaftsrecht zu integrieren.

Indessen hat der deutsche Gesetzgeber hier jedoch keine neuen Möglichkeiten der Mobilität geschaffen, sondern passte lediglich das deutsche Recht dem vorrangigen und bereits geltenden europäischen Recht an.[2511] Wie bereits erläutert, führt die alleinige Verlegung des Verwaltungssitzes hingegen nicht zu den umfassenden rechtlichen Wirkungen, wie dies durch die Satzungssitzverlegung erreicht wird.[2512]

2. Gläubigerschutz

Das bis zur MoMiG-Reform bestehende generelle Verbot der (Verwaltungs-)Sitzverlegung wurde unter der Geltung der „Sitztheorie" damit gerechtfertigt, dass der transnationalen Mobilität der Gesellschaft Gläubigerschutzgesichtspunkte im Wege stünden. Die Rechtfertigung der drakonischen Rechtsfolge der Auflösung bei Verlegung des Verwaltungssitzes ließ dabei indessen schon früh rechtliche Zweifel aufkommen, ob nicht weniger einschneidende Maßnahmen zur Verfügung stünden, als die Gesellschaft im Inland um ihrer Gläubiger willen „einzusperren". Es besteht zudem Anpassungsbedarf auf Sachrechtsebene hinsichtlich des Gläubigerschutzes. Dazu sind in der Vergangenheit in Rechtsprechung und Lehre zahlreiche Gedanken entstanden: So wurde bereits Ende des 19. Jahrhunderts von Seiten des Reichsgerichts darauf hingewiesen, man könne in Wegzugssituationen den Gläubigerschutz auf Grundlage der bestehenden Regelungen zum Arrest in §§ 916 ff. ZPO hinreichend ge-

---

2511 *Campos Nave,* Die ertragsteuerneutrale und identitätswahrende Sitzverlegung der GmbH in Mitgliedstaaten der Europäischen Union, 2009, S. 108.

2512 *Campos Nave,* Die ertragsteuerneutrale und identitätswahrende Sitzverlegung der GmbH in Mitgliedstaaten der Europäischen Union, 2009, S. 108.

währleisten.[2513] Dieser Gedanke ist von der Literatur aufgegriffen[2514] und entsprechend ausdifferenziert worden.[2515]

Vor diesem Hintergrund erscheint es zweifelhaft, wenn der Gläubigerschutz derart überhöht wird, dass eine Verwaltungssitzverlegung ins Ausland allein schon deshalb zu untersagen sei, da diese den Gläubigern „Nachteile und Unannehmlichkeiten bereite“;[2516] insbesondere jedoch werde die Durchsetzung von Forderungen erschwert.[2517] Hier jedoch kann mit entsprechenden Regelungen zur Information der Gläubiger gegengesteuert werden. Der pauschale Hinweis auf eine „erschwerte Durchsetzung“ von Forderungen ist in dieser Form jedenfalls im Verhältnis zur Schweiz auch nicht angebracht. Denn mit Blick auf die Möglichkeit der Rechtsdurchsetzung ist darauf hinzuweisen, dass die Schweiz Vertragsstaat des Luganer Übereinkommens ist.[2518]

2513 Siehe bereits RG Urt. v. 5.6.1882 – I 291/82, RGZ 7, 68 (72): „Sie [die Gläubiger] mögen, wenn durch die Verlegung des Gesellschaftsitzes in das Ausland die Besorgnis entsteht, daß die Verfolgung ihrer Forderungen gegen die Gesellschaft vereitelt oder wesentlich erschwert werden würde, Sicherungsmaßregeln nach § 797 und 814 Z.P.O erwirken.“

2514 Siehe *Keßler*, Zeitschr. f. ausl. u. intern. Privatrecht, 3 (1929), 758 (773): „Da im Gesetz der Fall einer Sitzverlegung nicht vorgesehen ist, so ist zu untersuchen, ob es einem praktischen Bedürfnis entspricht, daß eine deutsche Aktiengesellschaft, die ihren Sitz ins Ausland verlegt, damit der Liquidation anheimfällt. Das dürfte zu verneinen sein. Die Entscheidung hängt davon ab, in welchem Maße die von einer Sitzverlegung Betroffenen, das sind die Gläubiger der Gesellschaft und die Aktionäre, nach geltendem Recht gegen etwaige Nachteile gesichert sind. Was die Interessen der Gläubiger anlangt, so dürften die Gläubiger hinreichend durch die Vorschriften der ZPO (§§ 916 ff.) geschützt sein, nach denen Gläubiger, deren Forderungen durch Verzug des Schuldners ins Ausland gefährdet sind, einen dinglichen Arrest beantragen können (so wohl auch RGZ 7, 72).“

2515 Siehe aus aktuellerer Zeit *Roth* GesRZ 1995, 1 (8) darauf hinweisend, dass aus der Perspektive des Wegzugsstaates im Gläubigerinteresse die Befriedigung oder Sicherstellung wie im Liquidationsfall vorzunehmen sei. Im Übrigen wird auf die Schutzvorkehrungen der Verordnung (EWG) Nr. 2137/85 des Rates vom 25. Juli 1985 über die Schaffung einer Europäischen wirtschaftlichen Interessenvereinigung (EWIV) Amtsbl. Nr. L 199 v. 31.7.1985 S. 1ff. hingewiesen. Siehe dazu auch KölnerKomm AktG-*Kraft*, 2. Aufl. 1988, § 45, Rn. 23

2516 So ausdrücklich Staudinger-*Großfeld*, IntGesR 1998, Rn. 622 u. 666f.

2517 Staudinger-*Großfeld*, IntGesR 1998, Rn. 622 u. 666f.

2518 Übereinkommen über die gerichtliche Zuständigkeit und die Vollstreckung gerichtlicher Entscheidungen in Zivil- und Handelssachen – geschlossen in Lugano am 16.9.1988, BGBL. 1994 II, S. 2660 = ABl. EG 1988 L 319/9 sowie das Nachfolgeabkommen, das für die Schweiz am 1.1.2011 in Kraft getreten ist: Lugano-Übereinkommen vom 30.10.2007, LugÜ; SR 0.275.12; siehe auch *Leible*, in: FS Werner, S. 256 (263).

Es sollte ein Verfahren angestrebt werden, das mit Art. 163 Abs. 2 IPRG betreffend Emigrationen im Schweizer Recht vergleichbar ist, um einen generell hohen Schutzstandard in Wegzugsituationen zu gewährleisten. Dabei erscheint insbesondere die Information der Gläubiger dadurch sichergestellt, dass die emigrationswillige Gesellschaft ihre Gläubiger nach Art. 163 Abs. 2 IPRG unter Hinweis auf die bevorstehende Änderung des Gesellschaftsstatuts öffentlich im Wege des Schuldenrufs zur Anmeldung ihrer Forderungen auffordern muss. Der Schuldenruf hat dabei durch dreimalige Publikation im Schweizerischen Handelsamtsblatt (SHAB) mit dem Hinweis auf die geplante Emigration der Gesellschaft sowie die Möglichkeit der Sicherstellung zu erfolgen. Der Schutz der Gläubiger wird zudem durch die Beteiligung eines zugelassenen Revisionsexperten gewährleistet, der die Gesellschaft erst dann ziehen lässt, wenn er bestätigt, dass die Forderungen der Gläubiger gemäß Art. 46 FusG sichergestellt worden sind oder dass die Gläubiger mit der Löschung einverstanden sind. Für ein solches Zustimmungsstimmungserfordernis der Gläubiger finden sich auch im deutschen Recht Befürworter.[2519] Alles in allem handelt es sich bei der schweizerischen Regelung um ein überlegenswertes Modell, das auch im deutschen Recht Anwendung finden könnte.

3. Unternehmerische Mitbestimmung

a) Anwendungsbereich

Das deutsche Verbot des Wegzuges des Verwaltungssitzes wurde mit dem Schutz von Arbeitnehmerinteressen gerechtfertigt. Im Wege eines vollständigen Verbotes sollte die unternehmerische Mitbestimmung sichergestellt werden, denn diese greift nicht bei Auslandsgesellschaften, auch wenn sich deren Verwaltungssitz in Deutschland befinden sollte. Die Befürchtung ist indessen nur dann gerechtfertigt, wenn eine Gesellschaft infolge der Verwaltungssitzverlegung einem Statutenwechsel unterliegt, dann finden nämlich die Regelungen der deutschen unternehmerischen Mitbestimmung keine Anwendung, da es sich insoweit um eine Auslandsgesellschaft handelt.[2520] Ein solcher Wechsel des Ge-

---

2519 Staudinger-*Großfeld*, IntGesR 1998, Rn. 620 u. 666.

2520 *Merkt*, ZIP 2011, 1237 (1239); *Kamp* BB 2004, 1496 (1498f.); *Meilicke* GmbHR 2000 693 (696*); Müller-Bonanni* GmbHR 2003, 1235 (1239); *Lanzius*, Anwendbares Rech und Sonderanknüpfungen unter der Gründungstheorie, S. 238 f.; *Schinköth*, Grenzüberschreitende Sitzverlegung von Kapitalgesellschaften, S. 134; andere Ansicht ist *Grothe*, Die ausländische Kapitalgesellschaft & Co., 1989, S. 321. Allerdings haben weder der EuGH noch der BGH ausdrücklich bestätigt, dass eine ausländische Gesellschaft nicht in analoger Anwendung unter das Mitbestimmungsrecht fällt. Insoweit besteht eine gewisse Rechtsunsicherheit; siehe zur Vermeidung der unternehmerischen

sellschaftsstatuts kommt indessen nur dann in Betracht, wenn das Gesellschaftsstatut im Wege der Sitztheorie bestimmt wird und das Gesellschaftskollisionsrecht des Staates, in dem der Verwaltungssitz aus Deutschland heraus verlagert wird, nicht auf deutsches Recht zurückverweist. Wenn aber das Gesellschaftsstatut – wie dies im Verhältnis zur Schweiz der Fall ist – im Wege der Inkorporationstheorie bestimmt wird und auf deutsches Recht zurückverwiesen wird, so bliebe der Statutenwechsel anlässlich der Sitzverlegung aus; die Kapitalgesellschaft befände sich somit auch weiterhin im Anwendungsbereich der Mitbestimmungsregeln.[2521]

So wurde ausdrücklich im Gesetzgebungsverfahren zur MoMiG-Reform betont, dass die eine Verlegung des Verwaltungssitzes ermöglichende Neuregelung der §§ 4aGmbHG; 5 AktG „mitbestimmungsrechtlich neutral“ seien.[2522] Deshalb erstaunt es, wenn für den Fall eines Wegzuges des Verwaltungssitzes aus Deutschland generell argumentiert wird, dass mit der „Sitztheorie“ einer „Flucht aus der Mitbestimmung“ entgegengewirkt werden solle.[2523]

b) *Rechtfertigung der Sitztheorie durch die Mitbestimmung*

Die Rechtfertigung der „Sitztheorie“ bei Verlegung des Verwaltungssitzes in die Schweiz vor dem Hintergrund der Mitbestimmungsregelungen ist allerdings unabhängig von der MoMiG-Reform in Frage zu stellen: Denn auch die von der früher herrschenden Meinung als Rechtsfolge der Verwaltungssitzverlegung geforderte Auflösung der Gesellschaft stellt diesen Rechtsfertigungsansatz der „Sitztheorie“ in Frage. Schließlich findet im Falle der Auflösung und Neugründung der Gesellschaft im neuen Verwaltungssitzstaat die unternehmerische Mitbestimmung keine Anwendung mehr. Das bisherige Verbot des Wegzuges wurde auch mit dem Schutz der Arbeitnehmer gerechtfertigt. Dabei geht es von

---

Mitbestimmung aus arbeitsrechtlicher Sicht *Wisskirchen/Bissels/Dannhorn* DB 2007 2258 (2261).

2521 Diese Frage war auch Gegenstand im Gesetzgebungsverfahren des MoMiG; siehe dazu die Beschlussempfehlung des Rechtsausschusses (6.Ausschuss) v. 24.6.2008, Entwurf eines Gesetzes zur Modernisierung des GmbH-Rechts und zur Bekämpfung von Missbräuchen (MoMiG), BT-Drucks. 16/9737, Bericht der Abgeordneten Andreas Schmidt (Vorsitzender), Dr. Jürgen Gehb, Klaus Uwe Benneter, Mechthild Dyckmans, Ulrich Maurer, Jerzy Montag, S. 54 Zu Art. 1 zu Nr. 4 (§4a): „Der Rechtsausschuss hat ausführlich die Frage der möglichen Auswirkungen dieser Regelung auf die deutsche Mitbestimmung erörtert. Er konnte sich im Ergebnis davon überzeugen, dass die Ermöglichung einer Verlagerung des Verwaltungssitzes ins Ausland nicht zu einer ‚Flucht aus der Mitbestimmung‘ dienen kann.“

2522 Beschlussempfehlung des Rechtsausschusses (6.Ausschuss) v. 24.6.2008, Entwurf eines Gesetzes zur Modernisierung des GmbH-Rechts und zur Bekämpfung von Missbräuchen (MoMiG), BT-Drucks. 16/9737, S. 55 zu Art. 1 zu Nr. 4 (§4a).

2523 Staudinger-*Großfeld,* IntGesR 1998, Rn. 133.

deutscher Seite aus insbesondere um den Aspekt der unternehmerischen Mitbestimmung, die sogar in Wegzugsfällen als ausschlaggebendes Argument für eine Beibehaltung der Sitztheorie maßgebend sein soll.[2524]

Die Problematik der „Flucht aus der Mitbestimmung" war bei Änderung der Vorschriften der §§ 4 a GmbHG; 5 AktG Gegenstand intensiver Erörterungen im Vorfeld der MoMiG Reform. So wird betont, dass die Änderungen keine solche Folge haben werden, da die unternehmerische Mitbestimmung an die beiden Parameter des deutschen Satzungssitzes der Gesellschaft und der Anzahl der Arbeitnehmer im Inland anknüpft, die jeweils von einer Verlegung des Verwaltungssitzes unberührt bleiben.[2525]

Generell muss bezweifelt werden, ob die Sanktion der Sitztheorie, die infolge der Verwaltungssitzsitzverlegung die Auflösung der Gesellschaft vorsieht, überhaupt als geeignetes Mittel erscheint, um die unternehmerischen Mitbestimmung abzusichern.[2526] Denn im Falle einer Auflösung und Neugründung in der Schweiz fände die deutsche unternehmerische Mitbestimmung überhaupt keine Anwendung mehr. Man könnte sie nur dann beibehalten, wenn das Gesellschaftsstatut bei Sitzverlegung unverändert bliebe.[2527]

Sofern man die Beibehaltung des Gesellschaftsstatus dabei jedoch nicht vom Gesellschaftskollisionsrecht desjenigen Staates abhängig machen will, in dem sich nunmehr der Verwaltungssitz befindet und dieses auf deutsches Recht zurückverweist,[2528] so muss die Anknüpfung auf Grundlage der Gründungstheorie erfolgen.[2529] Auf diese Weise würde der Schutz der Arbeitnehmerinteressen ebenso effektiv erreicht; zugleich aber die betroffene Kapitalgesellschaft in ihrer Rechtstellung weitaus weniger eingeschränkt als durch das totale Verbot des Wegzuges im Wege der Verwaltungssitzverlegung.[2530]

Es kann insoweit sogar behauptet werden, dass der Anwendungsbereich des deutschen Mitbestimmungsrechts durch die Ermöglichung der Verwaltungssitzverlegung sogar erweitert wird:[2531] Die betreffenden Unternehmen sind trotz des Verwaltungssitzes im Ausland weiterhin deutsche Kapitalgesellschaften. Da sich

2524 Staudinger-*Großfeld*, IntGesR 1998, Rn. 32 u. 133.

2525 BT-Drucks. 16/9737 S. 94.

2526 *Chromek*, Wegzugsfreiheit von Kapitalgesellschaften im europäischen Binnenmarkt, 2009, S. 222.

2527 *Chromek*, Wegzugsfreiheit von Kapitalgesellschaften im europäischen Binnenmarkt, 2009, S. 222.

2528 Vgl. Art. 4 Abs. 1 Abs. 1 S. 2 EGBGB wonach dieser *renvoi* auch angenommen wird.

2529 *Chromek*, Wegzugsfreiheit von Kapitalgesellschaften im europäischen Binnenmarkt, 2009, S. 223.

2530 *Chromek*, Wegzugsfreiheit von Kapitalgesellschaften im europäischen Binnenmarkt, 2009, S. 223.

2531 MünchKomm GmbHG-*Mayer*, § 4a GmbHG Rn. 70.

die unternehmerische Mitbestimmung grundsätzlich nach dem Gesellschaftsstatut richtet, kann dadurch der letztendlich verbreiteten Tendenz entgegengewirkt werden, durch die Wahl ausländischer Rechtsformen das deutsche Mitbestimmungsrecht auf legale Weise zu unterwandern.[2532]

Dadurch würde der Zweck des Arbeitnehmerschutzes mindestens ebenso effektiv sichergestellt; zugleich griffe man weniger intensiv in die rechtlichen Interessen der wegziehenden Kapitalgesellschaft ein, als dies durch das bislang bestehende vollständige Verbot der Verwaltungssitzverlegung der Fall ist.[2533]

2532 MünchKomm GmbHG-*Mayer*, § 4a GmbHG Rn. 70.

2533 *Chromek*, Wegzugsfreiheit von Kapitalgesellschaften, 2009, S. 221.

Vierter Teil: Grenzüberschreitende Typenvermischung

A. Grundlagen

I. Die GmbH & Co. KG

1. Deutschland

Die GmbH & Co. KG hat in Deutschland erhebliche praktische Bedeutung. Dagegen ist sie im Ausland – mit Ausnahme von Österreich – kaum bekannt.[2534] Insbesondere mittelständische Unternehmen wählen die Unternehmensform der GmbH & Co. KG, da sie gerade für kleinere und mittlere Betriebe mit überschaubarem, regelmäßig familiär verbundenen Gesellschafterkreis gut geeignet ist.[2535] Die Besonderheit besteht darin, dass die Stellung des persönlich haftenden Gesellschafters nicht von einer natürlichen Person, sondern von einer Kapitalgesellschaft eingenommen wird. Damit ist die GmbH & Co. KG ein „hybrides Gebilde“ in Gestalt der KG als operativer Einheit und der Komplementär-GmbH als Lenkungseinheit.[2536] Im Rahmen dieser Verbindung der beiden Rechtsformen bleibt die Selbständigkeit beider Gesellschaften aufrechterhalten: Damit handelt es sich handels- wie steuerrechtlich auch weiterhin um eine Personenhandelsgesellschaft, an der eine Kapitalgesellschaft als Gesellschafter beteiligt ist. Bereits im Jahr 1912 wurde die GmbH & Co. KG von der obergerichtlichen Rechtsprechung anerkannt.[2537] Zehn Jahre später verwarf das Reichsgericht im Fall „Hanseatische Motoren-Gesellschaft m.b.H. & Co.“ die Bedenken des Hamburger Registergerichts gegen die Eintragung einer GmbH als persönlich haftende Gesellschafterin einer KG und ebnete damit der Entstehung der GmbH & Co. KG den Weg.[2538]

Abgesehen vom haftungsrechtlichen ist noch ein weiterer Aspekt entscheidend: Die Frage, ob und unter welchen Voraussetzungen eine ausländische juristische Person (alleiniger) persönlich haftender Gesellschafter einer KG sein kann, ist insbesondere für größere Gesellschaften mit mehr als 2000 inländi-

---

2534 *Hopt*, in: Baumbach/Hopt HGB, Einleitung zu § 105, Rn. 17.

2535 *Liebscher*, in: Sudhoff, GmbH & Co. KG, § 2, Rn. 2.

2536 *K. Schmidt*, GS Heinze, S. 775 (776). Das Reichsgericht hat bereits in seinem Beschluss vom 4.7.1922 der GmbH & Co. KG die uneingeschränkte handelsrechtliche Anerkennung gewährt, vgl. RG Beschl. v. 4.7.1922 – IIb 2/22, RGZ 105, 101. Der BGH hat sich der Rechtsprechung des RG schon früh angeschlossen, vgl. BGH Urt. v. 17.3.1966 – II ZR 282/63, BGHZ 45, 204 (207) = NJW 1966, 1309.

2537 BayObLG Beschl. v. 16. 2. 1912 – III 12/12, OLGZ 27, 331 = GmbHR 1914, 9.

2538 RG Beschl. v. 4.7.1922 – IIb 2/22, RGZ 105, 101 (102 ff.); siehe zur Entwicklung der GmbH & Co. *K. Schmidt,* Gesellschaftsrecht, 2002, § 56 I 2.

schen Arbeitnehmern von Bedeutung, da eine Kapitalgesellschaft & Co. KG mit ausländischer Komplementärgesellschaft nicht der Mitbestimmungspflicht gemäß § 4 Abs. 1 MitbestG unterliegt.[2539] Die Kommanditgesellschaft, die bei dieser Gestaltung den Geschäftsbetrieb trägt, ist qua Rechtsform mitbestimmungsfrei. Die Wahl einer schweizerischen Komplementärin könnte somit den Zweck verfolgen, auch die Komplementärgesellschaft mitbestimmungsfrei zu halten.[2540]

2. Schweiz

Das schweizerische Recht orientiert sich traditionell sehr stark am *numerus clausus,* der seit dem 19. Jahrhundert geradezu ein „steinernes Fundament des schweizerischen Gesellschaftsrechts" darstellt.[2541] Flexibilisierungen begegnete man bislang eher mit Zurückhaltung:[2542] So wurde seit der Vereinheitlichung des schweizerischen Gesellschaftsrechts auf Bundesebene mit dem OR 1883 im Obligationenrecht überhaupt nur eine einzige neue Gesellschaftsform eingeführt, und zwar die GmbH im Jahre 1936.[2543] Überhaupt ist die Schweiz das „Land der Aktiengesellschaften"; jedoch hat sich die GmbH seit der Aktienrechtsrevision von 1991 inzwischen stärker durchsetzen können.[2544]

2539 *Binz/Sorg*, GmbH & Co. KG, § 14, Rn. 18ff. Besonderes Augenmerk ist bei Konzernstrukturen darauf zu richten, ob eine nach § 4 MitbestG zu verneinende Mitbestimmung nicht über § 5 MitbestG (sog. Konzernmitbestimmung), also gewissermaßen durch die Hintertür, wieder auflebt, wie der durch das OLG Stuttgart Beschl. v. 30.3.1995 – 8 W 355/93, ZIP 1995, 1004 (1006) entschiedene Fall der schweizerischen *C. Vögele Holding AG* zeigt: Betroffen war deren Konzerngesellschaft *Dyckhoff* GmbH & Co. KG, die eine schweizerische GmbH als Komplementärin hatte. Das Gericht hat sie auch als Vollhafterin anerkannt, weshalb § 4 MitbestG nicht Platz griff. Nach Ansicht des OLG Stuttgart waren die Mitarbeiter der *Dyckhoff* GmbH & Co. KG jedoch nach § 5 Abs. 3 MitbestG einer deutschen GmbH zuzurechnen, die als bloße Zwischenholding zwischen der Dyckhoff GmbH & Co. KG und der C. Vögele Holding AG als Konzernobergesellschaft fungierte. Demnach war der deutsche Teil des Vögele-Konzerns über diese Zwischenholding der Mitbestimmung unterworfen – nach *Binz/Mayer*, GmbHR 2003, 249 (250) ein „offensichtlicher Kunstfehler".

2540 *Müller-Bonanni*, GmbHR 2003, 1235 (1238).

2541 *Forstmoser,* in: FS Nobel, S. 78.

2542 *Kunz*, SJZ 2008, 557 (559).

2543 *Kunz*, SJZ 2008,557 (559f.); *ders.*, Grosse GmbH-Reform als Chance und Herausforderung für schweizerische Unternehmungen, Jusletter vom 30. April 2007, Rn. 1 ff

2544 Es existieren in der Schweiz ca. 180 000 Aktiengesellschaften. Während die Zahl der GmbHs sich jahrzehntelang um 3000 bewegt hat, hat sie sich den 1990er Jahren stark erhöht; so bezifferte man im 2001 ihre Anzahl bereits auf mehr als 110 000; siehe *Böckli*, Schweizer Aktienrecht 2009, § 1 Rn. 29.

Die kombinierte Gesellschaftsform einer GmbH & Co. KG ist bisher in der Schweiz indessen gesetzlich nicht vorgesehen und als solche nicht zulässig.[2545] Dies resultiert zwar nicht aus dem Recht der GmbH, sondern vielmehr aus einer „schweizspezifischen Ausnahme“[2546] in Art. 594 Abs. 2 OR.[2547] Diese Bestimmung macht den Eintritt einer juristischen Person als unbeschränkt haftender Gesellschafter in eine Kommanditgesellschaft grundsätzlich unmöglich.[2548] Dieses Beharren des schweizerischen Rechts auf eine natürliche Person ist zwar dogmatisch mit Wesen der personalistisch strukturierten Kommanditgesellschaft begründbar, jedoch vermag es nicht zu überzeugen, da eine Beschränkung des Haftungsrisikos für die natürliche Person durch den Einsatz der Ein-Personen-AG bzw. -GmbH ohne weiteres erzielbar wäre.[2549]

Dieser Befund wurde zudem im Jahr 1997 im Rahmen der von *Hansueli Raggenbass* eingebrachten parlamentarischen Motion in Frage gestellt, mit welcher der Vorschlag unterbreitet wurde, das schweizerische Obligationenrecht derart zu ändern, „dass auch eine juristische Person (z.B. AG, GmbH usw.) unbeschränkt haftende Gesellschafterin einer Personengesellschaft (Kollektivgesellschaft, Kommanditgesellschaft) werden kann“.[2550] Der schweizerische Gesetzgeber ist diesem Ansinnen indessen nicht gefolgt, da er die „Verbindung einer Kommanditgesellschaft mit einer GmbH“ als „ein ausserordentlich kompliziertes juristisches Konstrukt“ ansah, welches mangels einfacher und klarer Regelung gerade für kleinere Unternehmen als ungeeignet erachtet wurde.[2551]

Als Alternative mit ähnlicher Wirkung befürwortete man von Seiten der schweizerischen „*Groupe de réflexion* Gesellschaftsrecht“[2552] die Einführung einer „Personengesellschaft mit beschränkter Haftung“, einer Art Kommanditgesellschaft, bei der alle Gesellschafter nur beschränkt mit einer im Handelsre-

2545 ZürchKomm OR-*Handschin/Chou* Art. 552-619 OR Rn. 19.

2546 *Meier-Hayoz/Forstmoser*, Schweizerisches Gesellschaftsrecht, 2010, § 10 Rn. 169.

2547 *Meier-Hayoz/Forstmoser*, Schweizerisches Gesellschaftsrecht, 2012, § 18 Rn. 64.

2548 *Böckli*, Schweizerisches Aktienrecht 2009, § 1 Rn. 29.

2549 *Meier-Hayoz/Forstmoser*, Schweizerisches Gesellschaftsrecht, 2012, § 14 Rn. 15.

2550 Motion Juristische Person als unbeschränkt haftende Gesellschafterin einer Personengesellschaft, eingereicht von *Hansueli Raggenbass* am 20.3.1997 (97.3142)

2551 Botschaft zur Revision des Obligationenrechts (GmbH-Recht sowie Anpassungen im Aktien-, Genossenschafts-, Handelsregister- und Firmenrecht) vom 19. Dezember 2001 (01.082), BBl. 2002, 3148 (3168).

2552 Die vom Bundesamt für Justiz beauftragte Arbeitsgruppe, die mit der Vorbereitung einer Totalrevision des Rechts der GmbH beauftragt war, legte am 29.11.1996 einen Expertenentwurf vor; siehe *Böckli/ Forstmoser/Rapp*, Reform des GmbH-Rechts, Expertenentwurf vom 29. November 1996 für eine Reform des Rechts der Gesellschaft mit beschränkter Haftung, 1997.

gister eingetragenen Kommanditsumme haften würden.[2553] Dieser Vorschlag wurde ebenso vom Bundesrat abgelehnt; auch sind derzeit in der Schweiz keine politischen Vorstöße in diese oder in vergleichbare Richtungen ersichtlich.[2554]

In der schweizerischen Lehre wird dafür plädiert, den Wettbewerbsnachteil von Personengesellschaften mit persönlicher Gesellschafterhaftung gegenüber Kapitalgesellschaften durch eine „kleine" Revision des Obligationenrechts zu korrigieren, im Zuge derer Art. 594 Abs. 2 OR ersatzlos gestrichen würde.[2555] Dadurch ließe man faktisch nach deutschem Vorbild eine „Schweizer GmbH & Co. KG" zu.[2556] Als Alternative dazu wird die Ergänzung des gesellschaftsrechtlichen *numerus clausus* durch eine neue Gesellschaftsform, die sog. Partnerschaft mit beschränkter Haftung (PmbH), erwogen[2557]

Eine Ausnahme zu dem in Art. 594 Abs. 2 OR statuierten Grundsatz findet sich bereits im neuen Bundesgesetz über die kollektiven Kapitalanlagen (KAG).[2558] Dort ist die Einführung einer Kommanditgesellschaft für kollektive Kapitalanlagen in Nachbildung der vor allem im angelsächsischen Rechtskreis verbreiteten *Limited Partnership* vorgesehen, jedoch begrenzt auf Anlagen in Risikokapital (*Private Equity*), Bau- und Immobilienprojekte und alternative Anlagen, möglich.[2559] Demnach muss es sich nach Art. 98 Abs. 2 KAG bei den Komplementären um schweizerische Aktiengesellschaften handeln – im Gegensatz zur bisherigen Rechtslage, wonach grundsätzlich nur natürliche Personen Komplementäre einer Kommanditgesellschaft sein können. Im einschlägigen KAG wird dabei jedoch ausdrücklich vorgeschrieben, daß es sich bei den Komplementären, um „Aktiengesellschaften mit Sitz in der Schweiz" handeln

---

2553 *Meier-Hayoz/Forstmoser*, Schweizerisches Gesellschaftsrecht, 2012, § 14 Rn. 15.

2554 Botschaft vom 19. Dezember 2001 (01.082), BBl. 2002, 3148 (3168 f.); *Meier-Hayoz/Forstmoser*, Schweizerisches Gesellschaftsrecht, 2012, § 14 Rn. 15.

2555 *Kunz*, SJZ 2008 S. 557 (560); sowie *ders.,* Aktualitäten im schweizerischen Personengesellschaftsrecht, in: Entwicklungen im Gesellschaftsrecht II (2007), S. 156 f.; siehe zu Möglichkeiten der Kodifizierung im Schweizerischen Recht *Hössli*, Die schweizerische juristische Person & Co, 2008, S. 189.

2556 *Kunz*, SJZ 2008, 557 (560).

2557 Dieser Vorstoß geht dabei zurück auf *Böckli*, Partnerschaft mit beschränkter Haftung – ein Vorschlag de lege ferenda, in: Wirtschaftsrecht zu Beginn des 21. Jahrhunderts, FS Nobel 2005, S. 17 ff. sowie 50 ff. (Entwurf eines Gesetzestextes); befürwortend auch *Kunz*, SJZ 2008, 557 (560) sowie *Herren-Senn,* SZW 2008, 269 ff.

2558 Bundesgesetz vom 23. Juni 2006 über die kollektiven Kapitalanlagen (Kollektivanlagengesetz, KAG); (SR-Nr. 951.31) in Kraft getreten am 1. Januar 2007.

2559 *Kunz,* Recht der KMU: Personengesellschafts- und GmbH-Recht, Entwicklungen 2007, 2008, S. 20 ff.; *Nobel*, SZW 2007, 391 (393).

muss.[2560] Der neu eingeführten KAG wird daher auch eine „Modellfunktion" im Hinblick auf eine mögliche schweizerische GmbH & Co. KG beigemessen.[2561] In Anbetracht dieser neu geschaffenen Möglichkeit, auch juristische Person als Kollektivgesellschafter einzusetzen, wird gefordert, dass *de lege ferenda* das Verbot der juristischen Person als Komplementärin generell aufzuheben ist. Dies müsse nunmehr als „eine aus systematischen Gründen zwingende Konsequenz aus der allfälligen Aufhebung des Verbotes juristischer Personen" betrachtet werden.[2562]

II. Zulässigkeit der grenzüberschreitenden Typenvermischung

Auch wenn das Phänomen der Auslandskapitalgesellschaft & Co. KG bereits intensiv in der rechtswissenschaftlichen Literatur untersucht wurde und die grundsätzliche Zulässigkeit nunmehr unbestritten ist,[2563] so sei an dieser Stelle der Diskurs um die grenzüberschreitender Typenvermischungen auch mit Bezug zur Schweiz skizziert. Auch in der Beurteilung dieser Frage ist wiederum eine Trennung von der Ebene des Sach- und des Kollisionsrecht angezeigt. Denn bei der Frage, ob eine Auslands-Kapitalgesellschaft als Komplementärin einer deutschen Kommanditgesellschaft taugt, handelt es sich um kein ausschließlich kollisionsrechtliches Problem.[2564]

Zunächst stellt sich jedoch die Frage der Beurteilung der grenzüberschreitenden Typenvermischung nach gesellschaftskollisionsrechtlichen Grundsätzen. Neben der Zulässigkeit geht es auf Ebene des Kollisionsrechts um die Frage des auf die ausländische Kapitalgesellschaft & Co. anwendbaren Gesellschaftsstatuts. Dabei wird mitunter ausschließlich auf diejenige Rechtsordnung abgestellt, an der die Beteiligung erfolgen soll. Andererseits wird für die kumulative Feststellung der Beteiligungsfähigkeit plädiert.

Was die sachrechtliche Ebene anbelangt, so schließt sich einerseits die Frage an, ob eine juristische Person Komplementär (bzw. Gesellschafter) einer Perso-

2560 Vgl. Art. 98 Abs. 2 KAG; siehe dazu *Meier-Hayoz/Forstmoser*, Schweizerisches Gesellschaftsrecht, 2012, § 22 Rn. 125.

2561 *Kunz,* Recht der KMU: Personengesellschafts- und GmbH-Recht, Entwicklungen 2007, 2008, S. 20.

2562 ZürchKomm OR-*Handschin/Chou* Art. 552-619 OR Rn. 19.

2563 Siehe statt vieler Münch. Hdb. GesR II-*Gummert,* § 49 Rn. 16; MünchKomm BGB-*Ulmer/Schäfer,* § 705 Rn. 76; *Hopt*, in: Baumbach/Hopt HGB, Anh. § 177 a Rn. 11; *v. Bar,* JZ 1989, 186 (186 ff.); *Binz/Mayer* GmbHR 2003, 249 (249 ff.); *Bokelmann* DB 1972, 1426 (1426 ff.); *Grothe*, Ausländische Kapitalgesellschaft & Co., 1989, S. 332; *Rehm* in: Eidenmüller (Hrsg.) Ausländische Kapitalgesellschaft 2004, § 4 Rn. 51 ff..

2564 *K. Schmidt,* Gesellschaftsrecht, 2002, § 1 II 8. b), S. 29.

nengesellschaft werden darf, zum anderen geht es darum zu klären, ob es auch der Personengesellschaft gestattet ist, eine juristische Person als Komplementär aufzunehmen.[2565] Denn nur wenn beide Rechtsordnungen ihren Gesellschaften diese „besondere Rechtsfähigkeit" zugestehen, können sie wirksam verbunden werden.[2566]

1. Kollisionsrechtliche Ebene

a) Einwände aufgrund des Gesellschaftskollisionsrechts?

Früher wurde die Frage nach der Zulässigkeit der ausländischen juristischen Person & Co. KG zumeist als Problem des Kollisionsrechts gewertet und bereits einzig aus kollisionsrechtlichen Erwägungen auf Grundlage der Sitztheorie verneint.[2567] Man sah – wenn überhaupt – nur eine sehr beschränkte Einsatzmöglichkeit, die Fallgestaltungen betraf, in denen zwei verschiedene Gesellschaftssitze bestanden.[2568] Denn unter Geltung der Sitztheorie konnte eine Beteiligung einer ausländischen Gesellschaft überhaupt nur dann in Betracht kommen, wenn diese ihren tatsächlichen Verwaltungssitz im Ausland hatte: Wenn die betreffende Gesellschaft neben ihrer Komplementärfunktion keine weitere Geschäftstätigkeit entfaltete, wurde dies jedoch verneint, und man ging davon aus, dass sich der Verwaltungssitz im Inland befand – mit der prekären Folge der Nichtanerkennung.[2569] Da die ausländische Komplementärin somit nicht mehr als Rechtssubjekt in Betracht kam, lag auch eine wirksame ausländische juristische Person & Co. KG nicht mehr vor.[2570] Anders als die Rechtsprechung schien es einer Strömung in der Literatur schlicht darum zu gehen, als wolle man diese Gestaltungsvariante um jeden Preis verhindern: Denn für den Fall eines tatsächlich im Ausland befindlichen Verwaltungssitzes der Kapitalgesellschaft, schloss man daraus wiederum, dass sich die Organe und somit auch der effektive Sitz im Ausland befanden. Da allerdings in diesem Fall nach dem Verständnis der Sitztheorie keine deutsche KG mehr vorlag, hatte man das „Problem" tatsächlich bereits auf der Ebene des Kollisionsrechts „gelöst".[2571] Derartige inkonsistente Gedanken hat sich die Rechtsprechung dagegen nicht zu eigen gemacht, sondern

---

2565 *Schaper*, Selektion und Kombination von Gesellschaftsformen im institutionellen Wettbewerb, 2012, S. 209.

2566 *Schaper*, Selektion und Kombination von Gesellschaftsformen im institutionellen Wettbewerb, 2012, S. 209.

2567 *Duys*, Auslandskapitalgesellschaft & Co. KG, 2001, S. 6 ff.

2568 *Höhne*, Die Limited & Co. KG, 2011, S. 93; *Duys*, Auslandskapitalgesellschaft & Co. KG, 2001, S. 6 ff.

2569 Staudinger-*Großfeld*, IntGesR, 1998 Rn. 544.

2570 *Duys*, Auslandskapitalgesellschaft & Co. KG, 2001, S. 12.

2571 *Höhne*, Die Limited & Co. KG, 2011, S. 93.

bejahrt vielmehr ausdrücklich die Möglichkeit einer grenzüberschreitenden Typenvermischung.[2572]

b) Einwände aufgrund des Postulates des „Einheitsstatuts" ?

Nach früherer Ansicht in der Literatur wollte man in der ausländischen juristischen Person & Co. KG darüber hinaus einen Verstoß gegen den postulierten Gedanken des „Einheitsstatuts" erblicken:[2573] Abgesehen von den oben genannten Nichtanerkennungsfolgen wollte man der Sitztheorie darüber hinaus noch ein „Aufspaltungsverbot" entnehmen, das gemeinsam mit dem Grundsatz der Einheitlichkeit des Gesellschaftsstatuts eine kollisionsrechtliche Aufspaltung eines einheitlichen Sachverhaltes verbiete:[2574] Eine solche „Aufspaltung" sei im Falle einer ausländischen juristischen Person & Co. KG nämlich gegeben, wenn bei einer KG mit der Komplementärin das wesensbestimmende Element dieses Konstrukts ausländischem Recht unterliege und somit eine einheitliche Anknüpfung sämtlicher die KG betreffenden Rechtsverhältnisse demnach nicht mehr gegeben sei.[2575] Dass dieser Ansatz nicht haltbar sein kann, folgt bereits daraus, dass der Gedanke der einheitlichen Anknüpfung nur das Ergebnis der Qualifikation von verschiedenen Rechtsverhältnissen und nicht dagegen dessen eigentlicher Ausgangspunkt sein kann. Die zugrunde liegende kritikwürdige Annahme, dass dem Gesellschaftsstatut alle gesellschaftsrechtlichen Beziehungen zuzuordnen seien, sagt wenig über die entscheidende Frage aus, was überhaupt als gesellschaftsrechtlich zu qualifizieren ist. Demnach steht auch bei juristischen Per-

---

2572 BayOblG v. 21.3.1986 – 3 Z 148/85; BayObLGZ 1986, 61 = NJW 1986, 3029; OLG Stuttgart, Beschl. v. 30. 3. 1995 – 8 W 355/93, ZIP 1995, 1004 m. Anm. *Mankowski* = JZ 1995, 795 mit Anm. *Großfeld* = IPRax 1995 397 m. Anm. *Kronke* sowie die Vorinstanz LG Stuttgart, Beschl. v. 11.05.1993 – 2 AktE 1/92 = ZIP 1993, 1406 = EWiR 1993, 917 = IPRax 1994, 293 m. Anm. *Großfeld/Johannemann;* OLG Saarbrücken Beschl. v. 21.4.1989 – 5 W 60/88, DB 1989, 1076 = GmbHR 1990, 348; DNotZ 1990, 194 = NJW 1990, 647; = JZ 1989, 904 m. Anm. *Ebenroth/Hopp* 883 = IPRax 1990, 324 m. Anm. *Großfeld/Strotmann* 298 = RIW 1990, 831 m. Anm. *Kronke* = DNotZ 1990, 194 m. Anm. *Ebenroth/Auer* 139; OLG Stuttgart WM 1995, 928, 930 = IPRax 1995, 397 m. Anm. *Kronke* = JZ 1995, 795 m. Anm. *Großfeld/Johannemann* = ZIP 1995, 1004 m. Anm. *Mankowski;* siehe dazu auch *Michalski,* NZG 1998, 762 (763). Anders dagegen nur die vereinzelt gebliebene Entscheidung des AG Bad Oeynhausen, Beschl. v. 15.03.2005 – 16 AR 15/0, GmbHR 2005, 692 = GmbHR 2005, 1045 m. krit. Anm. *Kowalski/Bormann* = EWiR 2005, 541 m. Anm. *Wachter.*

2573 MünchKomm BGB-*Kindler*, IntGesR, Rn. 576; Staudinger-*Großfeld*, IntGesR, Rn. 544; *Ebenroth/Eyles,* BB 1988, Beil. 2, 1 (16); siehe zur Kritik an diesem Gedanken bereits oben Zweiter Teil A. IV. 2.

2574 MünchKomm BGB-*Kindler*, IntGesR, Rn. 576.

2575 Staudinger-*Großfeld*, IntGesR, Rn. 544; MünchKomm-*Kindler*, IntGesR, 576. *Kieser*, Die Typenvermischung über die Grenze, 1988, S. 180f.

sonen immer nur das konkret betrachtete Rechtsverhältnis im Mittelpunkt der Qualifikation.[2576]

Auch wenn man den insoweit bereits abzulehnenden Maßstab der „Einheitstheorie“ anlegen wollte, so muss festgehalten werden, dass dieser nicht greifen kann: Problematisch könnte es allenfalls dann sein, wenn man davon ausginge, dass über die gesellschaftsrechtlichen Verhältnisse der ausländischen juristischen Person & Co. KG mehrere Statuten zu entscheiden hätten, was indessen nicht der Fall ist.[2577] Denn die Rechtsverhältnisse der KG unterstehen ausschließlich dem deutschen Sachrecht; dazu gehört auch die Frage, wer als Komplementär in Frage kommt.

Dieser früher vertretenen Ansicht, die eine ausländische juristische Person & Co. KG bereits allein aufgrund der Gedanken der auf kollisionsrechtlicher Ebene angesiedelten Sitztheorie scheitern lassen will, muss zudem entgegengehalten werden, dass es sich bei der Sitztheorie lediglich um eine Methode zur Bestimmung der Anknüpfung des Gesellschaftsstatuts handelt und damit lediglich Rechtsanwendungsrecht ist, das nicht dazu berufen sein kann, über die Sache selbst zu entscheiden.[2578] Wie bereits im Zusammenhang der Wegzugskonstellationen dargestellt[2579], zeitigt die – lediglich als Methode zur Ermittlung des anwendbaren Gesellschaftsstatuts gedachte – Sitztheorie auch hier „Ausstrahlungswirkung“ jenseits ihres angedachten dogmatischen Zweckes, indem sie anlässlich der Beantwortung der grundsätzlichen Frage der Zulässigkeit einer Typenvermischung über die Grenze herangezogen wird.

2. Sachrechtliche Ebene

Nachdem die kollisionsrechtlichen Bedenken auf Grundlage der Sitztheorie bzw. des Postulats des „Einheitsstatuts“ nicht gegen eine grenzüberschreitende Typenvermischung sprechen können, ist die Ebene des deutschen Sachrechts nach möglichen „Stolpersteinen“ zu untersuchen: Die Beurteilung der Zulässigkeit einer Auslandskapitalgesellschaft & Co. KG hat nach denselben Maßstäben zu erfolgen, wie dies bei einer inländischen Kapitalgesellschaft & Co. KG der Fall ist.

2576 Siehe *Schanze*, FS Thue, S. 423 (434); *Trautrims*, Das Kollisionsrecht der Personengesellschaften, 2009, S. 126; *Schaper*, Selektion und Kombination von Gesellschaftsformen institutionellen Wettbewerb, 2012, S. 139.

2577 *Höhne*, Die Limited & Co. KG, 2011, S. 94.

2578 Siehe *Höhne*, Die Limited & Co. KG, 2011, S. 94; *Duys*, Auslandskapitalgesellschaft & Co. KG, 2001, S. 16 sowie ferner *Kropholler*, Internationales Privatrecht, 2006, § 3 I 3; *Mankowski*, in: v. Bar/Mankowski (Hrsg.) Internationales Privatrecht, Bd. I (2003), § 4 Rn. 1f.

2579 Siehe dazu Dritter Teil B. III 2. a) dd).

Wie bereits angedeutet, ist Österreich das einzige Land, das ebenfalls die Rechtsform der GmbH & Co. KG vorsieht. Aus rechtsvergleichender Perspektive kann gesagt werden, dass die österreichische herrschende Meinung großzügiger mit der Frage zu verfahren scheint, was die grundsätzliche Zulässigkeit einer ausländischen Kapitalgesellschaft als Komplementärin einer KG betrifft.[2580] Während die deutsche Rechtsprechung diese Gestaltungsmöglichkeit ausdrücklich anerkennt,[2581] stehen Teile des deutschen Schrifttums der grenzüberschreitenden Typenvermischung hingegen eher ablehnend gegenüber: Teilweise will man diese Gestaltung unter Hinweis auf die eigenständige Rechtsformqualität der GmbH & Co. KG schlechthin ausschließen.[2582] Andere wollen zumindest Kapitalschutzgarantien fordern, die denjenigen des deutschen GmbH-Rechts vergleichbar sind.[2583]

Die Debatte betraf früher noch die Zulässigkeit der GmbH & Co. KG im Allgemeinen sowie die sog. Beteiligtenfähigkeit im Besonderen. Dabei stellt

---

2580 So der Befund von *Roth*, GesRZ 1995, 1 (6).

2581 Siehe bereits BayOblG v. 21.3.1986 – 3 Z 148/85; BayObLGZ 1986, 61 = NJW 1986, 3029 = DB 1986, 1325 = GmbHR 1986, 305 = IPRax 1986, 368 ff. = WM 1986, 968. Siehe OLG Saarbrücken Beschl. v. 21.4.1989 – 5 W 60/88, DB 1989, 1076 = GmbHR 1990, 348; DNotZ 1990, 194 = NJW 1990, 647; = JZ 1989, 904 m. Anm. *Ebenroth/Hopp* 883 = IPRax 1990, 324 m. Anm. *Großfeld/Strotmann* 298 = RIW 1990, 831 m. Anm. *Kronke* = DNotZ 1990, 194 m. Anm. *Ebenroth/Auer* 139. Siehe OLG Stuttgart, Beschl. v. 30. 3. 1995 – 8 W 355/93, ZIP 1995, 1004 m. Anm. *Mankowski* = JZ 1995, 795 mit Anm. *Großfeld* = IPRax 1995 397 m. Anm. *Kronke* sowie die Vorinstanz LG Stuttgart, Beschl. v. 11.05.1993 – 2 AktE 1/92 = ZIP 1993, 1406 = EWiR 1993, 917 = IPRax 1994, 293 m. Anm. *Großfeld/Johannemann.* Anders dagegen nur die vereinzelt gebliebene Entscheidung des AG Bad Oeynhausen, Beschl. v. 15.03.2005 – 16 AR 15/0, GmbHR 2005, 692 = GmbHR 2005, 1045 m. Anm. *Kowalski/Bormann* = EWiR 2005, 541 m. Anm. *Wachter,* das die Beteiligung einer ausländischen juristischen Person als einzige persönlich haftende Gesellschafterin an einer inländischen KG als nicht mit der Haftungsstruktur der einheitlich zu betrachtenden „juristischen Person & Co. KG“ vereinbar und daher im Handelsregister als nicht eintragungsfähig ansah.

2582 So jungst ausdrücklich noch MünchKommBGB-*Kindler* IntGesR Rn. 576: „Die Zulässigkeit einer solchen Kombination ist daher abzulehnen.“ Staudinger, IntGesR-*Großfeld* Rn. 536 ff.; *ders.*, Internationales und Europäisches Unternehmensrecht, 1995, E. § 1 II, S. 93; *Ebenroth/Eyles* DB 1988 Beil. 2, 1 (15 f.); *ders./Hopp* JZ 1989, 883 (889); *Ebke* ZGR 1987, 245 (245 ff.).

2583 In diesem Sinne den Kapitalerhaltungsschutz entsprechend der §§ 30 f .GmbHG für erforderlich haltend *K. Schmidt*, Gesellschaftsrecht, 2002, § 56 VII 2 sowie ferner *Duys*, Auslands-Kapitalgesellschaft & Co. KG, 2001, S. 88 ff.; *Haidinger*, Die „ausländische Kapitalgesellschaft & Co. KG“, 1990, S. 114 ff. Anderer Ansicht sind dagegen *Hopt*, in: Baumbach/Hopt HGB Anh § 177 a Rn. 11; *Wachter* GmbHR 2006, 79 (79); *Schlichte* DB 2006, 87 (88 ff.).

sich die Frage, ob bei einer ausländischen juristischen Person & Co. KG die Komplementärfähigkeit nach deutschem materiellem Gesellschaftsrecht davon abhängt, ob die Beteiligung auch nach dem betreffenden Heimatrecht, also dem schweizerischen Obligationenrecht, zulässig ist. Seitens des materiellen Gesellschaftsrechts soll zudem auf die gestellten Anforderungen an die Eigenschaften des Komplementärs eingegangen werden und die Frage der Unternehmensmitbestimmung skizziert werden.

a) Zulässigkeit der juristischen Person & Co. KG als solche

Bereits um das Jahr 1910 kam es infolge der nunmehr im deutschen Gesellschaftsrecht herrschenden Gründungsfreiheit fortwährend zu Gründungen von KGs mit einer GmbH als einzig persönlich haftendem Gesellschafter.[2584] Kurz darauf entschied zunächst das BayObLG[2585] und im Anschluss daran auch das Reichsgericht[2586] im Jahr 1922 für die Zulässigkeit einer solchen Personengesellschaft mit beschränkter Haftung.[2587] In den Beschlüssen der beiden Gerichte wird darauf hingewiesen, dass die Beteiligung einer GmbH als persönlich haftender Gesellschafter durch keine positive Norm ausgeschlossen sei und weder gegen das Gemeinwohl noch gegen Recht und Gesetz verstoße. Zwar ziele die Errichtung einer GmbH & Co. KG auf eine Steuervermeidung ab, gleichwohl sprechen nach Auffassung des Reichsgerichts für diese Gesellschaftsform „offensichtlich auch wichtige, rein wirtschaftliche Interessen."[2588] Es bestehe insoweit auch „kein Anlaß, diese neuere Entwicklung des Gesellschaftswesens als eine ungesunde oder auch nur bedenkliche anzusehen."[2589] Auch führe die Rechtsnatur der Personenhandelsgesellschaften von oHG und KG nicht zu einer Unzulässigkeit der Beteiligung juristischer Personen; ebenso wenig könne ein solcher Schluss aus der Struktur und Wesen der GmbH gezogen werden.[2590]

Bemerkenswerterweise bezogen sich ablehnende Stimmen[2591] im Wesentlichen nicht auf Argumente des Personengesellschaftsrechts, sondern vielmehr auf Einwände aus dem zugrunde liegenden Recht der als Komplementärin fun-

2584 *Schmoeckel*, Rechtsgeschichte der Wirtschaft, 2008, S. 182.

2585 BayObLG, Beschl. v. 16.2.1912 – III 12/12, OLGZ 27, 331 = GmbHR 1914, 9; siehe zur Entwicklungsgeschichte auch *K. Schmidt*, GmbHR 1984, 272 (273).

2586 RG, Beschl. v. 4.7.1922 – II B 2/22, RGZ 105, 101.

2587 *Schmoeckel*, Rechtsgeschichte der Wirtschaft, 2008, S. 182.

2588 RG, Beschl. v. 4.7.1922 – II B 2/22, RGZ 105, 101 (103).

2589 RG, Beschl. v. 4.7.1922 – II B 2/22, RGZ 105, 101 (103).

2590 BayObLG, Beschl. v. 16.2.1912 – III 12/12, OLGZ 27, 331 (332); RG, Beschl. v. 4.7.1922 – II B 2/22, RGZ 105, 101 (104f.).

2591 Siehe dazu *Boesebeck*, Die „Kapitalistische" Kommanditgesellschaft, 1938, S. 74 ff.

gierenden AG oder GmbH.[2592] Demnach sollte eine Beteiligung mit dem Wesen der juristischen Person selbst nicht vereinbar sein.[2593]

Nachdem die GmbH & Co. KG auch seitens der Rechtsprechung des BGH[2594] ausdrücklich anerkannt worden ist, besteht darüber hinaus vielmehr weitgehend Einigkeit darüber, dass grundsätzlich alle inländischen juristischen Personen als Gesellschafter einer oHG oder KG in Frage kommen.[2595] Auch hat der deutsche Gesetzgeber die juristische Person & Co. KG – indessen erst im Jahr 1976 – ausdrücklich anerkannt und diese in zahlreichen Sondervorschriften einer gesetzlichen Regelung unterworfen.[2596]

Nach herrschender Ansicht im deutschen Gesellschaftsrecht können sich neben der GmbH und der AG also auch die KGaA[2597] sowie die eG[2598], der e.V.[2599] die Stiftung[2600] oder die juristische Person des öffentlichen Rechts[2601] Gesellschafter einer oHG oder KG und somit auch einziger Komplementär sein.

Anerkannt ist zudem seit langem, dass sich die juristische Person & Co. KG von der als Personengesellschaft konzipierten KG in systematischer Hinsicht weit entfernt hat: So hat das Bundesverfassungsgericht die GmbH & Co. KG als „rechtlich und wirtschaftlich in die Nähe einer Kapitalgesellschaft“ gerückt angesehen.[2602] Auch der BGH erkennt in ihr lediglich in formaler Hinsicht eine

2592 Siehe dazu bereits *Zielinski,* Grundtypenvermischung und Handelsgesellschaftsrecht, 1925, S. 99.

2593 So bereits *Zielinski,* Grundtypenvermischung und Handelsgesellschaftsrecht, 1925, S. 121 ff.

2594 BGH Urt. v. 28.9.1955 – VI ZR 28/53, WM 1956, 61 (63).

2595 Siehe nur MünchKomm HGB-*K. Schmidt*, § 105 Rn. 84 u. 93 m.w.N; Baumbach/Hopt HGB-*Hopt*, § 105 Rn. 28; *K. Schmidt*, Gesellschaftsrecht, 2002, § 56 I 2; *Kübler/Assmann*, Gesellschaftsrecht, 2006, § 22 II 4.

2596 Siehe *Schmoeckel*, Rechtsgeschichte der Wirtschaft, 2008, S. 182. So wurden im Jahr 1976 die §§ 1300a, 130b sowie 177a GmbH mit dem Gesetz zur Bekämpfung der Wirtschaftskriminalität v. 29. Juli 1976, BGBl. I. S. 2038 ins HGB eingefügt; ferner erfolgte im Rahmen der GmbH-Novelle im Jahr 1980 mit Gesetz vom 4.7.1980, BGBl. I S. 836 firmenrechtliche Regelungen sowie Vorschriften zur sog. Einheitsgesellschaft, der Geschäftsbriefpublizität und eigenkapitalersetzenden Darlehen.

2597 BGH Beschl. v. 24.2.1997 – II ZB 11/96, BGHZ 134, 392.

2598 MünchKomm HGB-*K. Schmidt*, § 105 Rn. 85

2599 Siehe aus der Rechtsprechung LSG Nordrhein-Westfalen MünchKomm HGB-*K. Schmidt*, § 105 Rn. 87.

2600 MünchKomm HGB-*K. Schmidt*, § 105 Rn. 88; *Nietzer/Stadie,* NJW 2000, 3457 (3460); *Delp*, Stiftung & Co. KG, S. 24 m.w.N.

2601 Siehe dazu bereits RG, Urt. v. 1.4.1940 – V 174/39, RGZ 163, 142; MünchKomm HGB-*K. Schmidt*, § 105 Rn. 90.

2602 BVerfG, Beschl. v. 2.10.1968 – 1 BvF 3/65 – Gesellschaftssteuer, BVerfGE 24, 174 (182).

Personengesellschaft, in sachlicher Hinsicht sieht er die GmbH & Co. dagegen vielmehr als „eine Gesellschaft mit beschränkter Haftung, die der GmbH oder der AG näher steht als einer normalen OHG oder KG".[2603] In der Literatur spricht man sich darüber hinaus dafür aus, die juristische Person & Co. KG als eigenständige Rechtsform dem Kapitalgesellschaftsrecht zu unterstellen.[2604]

b) Unzulässige „Rechtsnormenvermischung"?

Neben der bereits existenten Grundtypenvermischung[2605] ist das Phänomen der Ausländischen juristischen Person & Co. zugleich der Natur der Sache nach zusätzlich mit einer „Rechtsnormenmischung"[2606] verbunden. Diejenigen Stimmen in der deutschen Literatur, die einer Ausländischen juristischen Person & Co. *per se* ablehnend gegenüberstehen, greifen diese Rechtstatsache heraus und führen dabei das Vertrauen eines – vorgeblich nur in einer nationalen Vorstellungswelt verhafteten – Rechtsverkehrs an, das sich vermeintlich ausschließlich auf den Gedanken einer einheitlichen Konstruktion der juristischen Person & Co. nach den deutschen gesellschaftsrechtlichen Vorstellungen stütze.[2607] Man risse das Geflecht aus Organisations- und Haftungseinheit sowie den Regelungszusammenhang bestehender dem Schutz des Rechtsverkehrs dienender Spezialvorschriften auseinander, wenn nun gerade der Komplementär als das wesensbestimmende Element einer KG einer anderen Rechtsordnung unterläge als die KG selbst.[2608] Die Kritik findet ihren Höhepunkt darin, dass Gegner in der ausländischen juristischen Person & Co. eine „juristische Missgeburt"[2609] erkennen wollen, die aufgrund ihrer Undurchschaubarkeit für den Rechtsverkehr die „Schwelle zur Unzumutbarkeit"[2610] überschritten habe.

Einer solchen überzogen anmutenden Kritik ist aus namentlich in zweierlei Hinsicht entgegenzutreten: Angesichts der gestaltungsoffenen Haltung, die die deutsche Rechtsprechung bislang in der Frage der zulässigen Rechtsformkombinationen eingenommen hat, mag diese ablehnende Auffassung nicht zu überzeugen. Die Zulässigkeit der Typenvermischung beruht auf den allgemeinen Grund-

---

2603 BGH Urt. v. 18.3.1974 – II ZR 167/72, BGHZ 62, 216 (227).

2604 Befürwortend insbesondere *Raiser/Veil*, Recht der Kapitalgesellschaften, 2010, § 42 Rn. 3; *Kübler/Assmann*, Gesellschaftsrecht, 2006, § 22 III, anderer Ansicht dagegen *K. Schmidt*, Gesellschaftsrecht, 2002, § 56 I 2 c).

2605 *Zielinski* hat diese Bezeichnung in seiner Monographie „Grundtypenvermischung und Handelsgesellschaftsrecht" bereits 1938 in die Literatur eingeführt.

2606 Staudinger-*Großfeld*, IntGesR, Rn. 541.

2607 Staudinger-*Großfeld*, IntGesR, Rn. 542; *Ebke*, ZGR 1987, 244 (267).

2608 MünchKomm BGB-*Kindler*, IntGesR, Rn. 576.

2609 *Ebenroth/Eyles,* DB 1988 Beil. 2, 1 (16).

2610 Staudinger-*Großfeld*, IntGesR, 1998, Rn. 541 ff.

sätzen zur Vertrags- und Gestaltungsfreiheit im Gesellschaftsrecht.[2611] Insbesondere hat die Rechtsprechung dabei einen irgendwie gearteten Typenzwang des dispositiven Rechts stets abgelehnt. Dies hat der BGH bereits in seinem als *Rektor*-Fall bekannten Urteil[2612] betont, in dem er ausgeführt hat, dass dispositiven Regelungen keine zwingenden Grundsätze entnommen werden könnten, die bei andersartig gelagerten gesellschaftsvertraglichen Gestaltungen stets beachtet werden müssten. Die gesetzlich normierte Typenregelung der verschiedenen durch den *numerus clausus* vorgegeben Gesellschaftsformen lasse vielmehr „der Parteidisposition in weitem Umfang freie Hand“[2613]. Der BGH hat klargestellt, dass selbst eine völlig vermögenslose Person einziger Komplementär einer KG sein kann – dies selbst für den Fall, dass die Person nur vorgeschoben wird, damit derjenige, der in Wahrheit die Geschäfte betreibt, dies unter beschränkter Haftung als Kommanditist tun kann.[2614] In dogmatischer Hinsicht folgt aus dieser Entscheidung, dass bei Personenhandelsgesellschaften die Rechtsfigur der materiellen Unterkapitalisierung und der mit dieser korrespondierende Haftungsdurchgriff nicht existieren können.[2615] Im Ergebnis kommt den Gesellschaftern – abgesehen von der Mindestkommanditeinlage von 1,– € – somit „*völlige* Finanzierungsfreiheit“ zu.[2616]

Gerade wenn man Gesellschaften als Netzwerk freiwilliger Vertragsbeziehungen im Sinne eines *nexus of contracts* begreift,[2617] in welchem unterschiedliche Beteiligte wie Kapitalgeber, Manager, Mitarbeiter, Lieferanten usw. mit dem Ziel verknüpft sind, Synergieeffekte zu erzielen, kann eine Typenvermischung über Landesgrenzen hinaus zu ökonomisch effizienter Gestaltung eines solchen Netzwerkes genutzt werden. Über längere Zeit hinweg existierte jedoch

---

2611 *Höhne*, Die Limited & Co. KG, 2011, S. 100.

2612 BGH Urt. v. 17.3.1966 – II ZR 282/63, BGHZ 45, 204 (205f) = NJW 1966, 1309 (1309): „Die gesetzliche Typenregelung der genannten Gesellschaftsformen läßt der Parteidisposition in weitem Umfang freie Hand und gibt den Vertragschließenden auch die Möglichkeit, den dispositiv zugrunde gelegten Zusammenhang zwischen Handlungsbefugnis und Haftung in mehr oder weniger starkem Umfang aufzulösen.“

2613 BGH Urt. v. 17.3.1966 – II ZR 282/63, BGHZ 45, 204 (205f) = NJW 1966, 1309 (1309).

2614 BGH Urt. v. 17.3.1966 – II ZR 282/63, BGHZ 45, 204 (207).

2615 *Servatius,* Gläubigereinfluss durch Covenants, 2008, S. 573; im Ergebnis heißt dies, „dass das Wirtschaften ohne eigene Haftung und Kapitaleinsatz für sich genommen nicht haftungsbegründend sein kann.“ Siehe Henssler/Strohn, Gesellschaftsrecht, 2011, IntGesR-*Servatius* Rn. 117.

2616 *Servatius,* Gläubigereinfluss durch Covenants, 2008, S. 573 [Hervorhebung im Original].

2617 *Jensen/Meckling*, J. Fin. Econ. 3 (1976) 305 (311): „The private corporation is simply one form of legal fiction which serves as a nexus for contracting relationships.”

in Deutschland kein derartiger durch gesellschaftsrechtliche Gestaltungsmöglichkeiten ermöglichter Wettbewerb über Landesgrenzen hinweg:[2618] Der Wettbewerb im Gesellschaftsrecht konnte sich nur zwischen einzelnen Gesellschafsformen abspielen, wenngleich die Typenvermischung und Typendehnung geduldet waren.[2619] Dieser Befund veranlasste *Herbert Wiedemann* zu der prägnanten Feststellung: „Unser Delaware heißt GmbH & Co."[2620]

Indessen entfaltet sich der Wettbewerb im Gesellschaftsrecht inzwischen über die Landesgrenzen hinweg: Das Auftreten von ausländischen Gesellschaftsformen im Europäischen Binnenmarkt ist längst eine weitverbreite Realität, denn neben der mit *Centros*[2621], *Überseering*[2622] und *Inspire Art*[2623] gewährleisteten Gründungsfreiheit ist durch die *Cartesio*-Entscheidung im europäischen Kontext auch eine Reinkorporationsfreiheit dergestalt anerkannt, „dass eine bereits bestehende Gesellschaft das auf sie anwendbare Recht nachträglich durch grenzüberschreitenden Formwechsel frei verändern kann".[2624] Vor diesem Hintergrund vermag eine Abwehrhaltung gegenüber einer ausländischen Komplementärin einer deutschen KG & Co. nurmehr Befremden auszulösen.

Die Schwierigkeiten, welche die Gegner dieser Gestaltungsmöglichkeit zu erblicken meinen, sind keineswegs ein spezielles Problem der ausländischen juristischen Person & Co., die man deshalb *per se* untersagen müsse.[2625] Vielmehr liegt die gesteigerte Komplexität in der Natur der Sache, sobald eine ausländische Person als solche am inländischen Rechtsverkehr teilnimmt und auch vor dem Hintergrund der verbreiteten Komplementärstellung ausländischer natürlicher Personen längst zur „rechtlichen Normalität" des internationalen Wirtschaftslebens geworden ist.[2626] Hervorzuheben ist in diesem Zusammenhang, dass es sich bei der KG, auch wenn die Komplementärin eine ausländische ist, immer noch um eine deutsche Gesellschaft handelt, die der Regelungszuständigkeit des deutschen Rechts unterstellt ist. Damit wäre allenfalls der deutsche Gesellschaftsrechtsgesetzgeber gefragt, um punktuell – soweit erforderlich – etwaigen Schutzdefiziten zu begegnen.[2627]

2618 *Wiedemann*, in: ZGR Sonderheft 13 (1998), 1 (14).

2619 *Wiedemann*, in: ZGR Sonderheft 13 (1998), 1 (14).

2620 *Wiedemann*, in: ZGR Sonderheft 13 (1998), 1 (14).

2621 EuGH, Urt. v. 9.3.1999, Rs. C-212/97 – *Centros*, Slg. 1999, I-1459.

2622 EuGH, Urt. v. 5.11.2002, Rs. C-208/00 – *Überseering*, Slg. 2002, I-9919.

2623 EuGH, Urt. v. 30. 9. 2003, Rs. C-167/01 – *Inspire Art*, Slg. 2003, I-10155.

2624 *Grundmann*, Europäisches Gesellschaftsrecht, 2011, § 22 Rn. 791.

2625 *Höhne*, Die Limited & Co. KG, 2011, S. 120.

2626 In diese Richtung auch OLG Saarbrücken Beschl. v. 21.4.1989 – 5 W 60/88 = NJW 1990, 647 (648).

2627 So auch *Höhne*, Die Limited & Co. KG, 2011, S. 120.

c) *Anerkennung der schweizerischen Kapitalgesellschaft & Co. GmbH durch die Rechtsprechung*

Entgegen der teilweise in der Literatur vertretenen Ansicht[2628] hat das BayObLG[2629] bereits im Jahr 1986 die grundsätzliche Zulässigkeit einer Typenvermischung über die Grenze in der Sache *Landshuter Druckhaus* bejaht:[2630] Voraussetzung ist es danach lediglich, dass die Rechtsfähigkeit der ausländischen Gesellschaft im Inland anzuerkennen ist und die Rechtsordnung der Gesellschaft, welche die Beteiligung einzugehen gedenkt, ihr dies nicht untersagt.[2631]

Was die schweizerische Kapitalgesellschaft & Co. KG anbelangt, so wurde die Beteiligung einer schweizerischen Aktiengesellschaft als Komplementärin an einer deutschen KG in den Beschlüssen des *OLG Stuttgart*[2632] vom 30. März 1995 sowie des *OLG Saarbrücken*[2633] vom 21. April 1989 ausdrücklich für zu-

---

2628 So jungst ausdrücklich noch MünchKommBGB-*Kindler* IntGesR Rn. 576: „Die Zulässigkeit einer solchen Kombination ist daher abzulehnen." Staudinger, IntGesR-*Großfeld* Rn. 536 ff.; *ders.*, Internationales und Europäisches Unternehmensrecht, 1995, E. § 1 II, S. 93; *Ebenroth/Eyles* DB 1988 Beil. 2, 1 (15 f.); *ders./Hopp* JZ 1989, 883 (889); *Ebke* ZGR 1987, 245 (245 ff.).

2629 BayOblG v. 21.3.1986 – 3 Z 148/85; BayObLGZ 1986, 61 = NJW 1986, 3029 = DB 1986, 1325 = GmbHR 1986, 305 ff IPRax 1986, 368 ff. = WM 1986, 968. Das Gericht hatte darüber zu entscheiden, ob eine Kommanditgesellschaft mit einer englischen *limited company* (Ltd.) als Komplementärin unter der Firma „Landshuter Druckhaus Ltd. & Co. KG" in das Handelsregister einzutragen war.

2630 Mit seiner Entscheidung vom 24.02.1997 hat der BGH bestätigt, dass vergleichbare Möglichkeiten auch für das Recht der KGaA gelten. Nach dieser höchstrichterlichen Grundsatzentscheidung ist es zulässig, die Position des persönlich haftenden Gesellschafters durch eine juristische Person zu ersetzen. Vgl. BGHZ 134, 392 ff. Zuvor bereits: OLG Hamburg, NJW 1969, 1030 ff.

2631 BayOblG, Beschl. vom 21.03.1986 – 3Z 148/85, GmbHR 305 (307).

2632 OLG Stuttgart, Beschl. v. 30. 3. 1995 – 8 W 355/93, ZIP 1995, 1004 m. Anm. *Mankowski* = JZ 1995, 795 mit Anm. *Großfeld* = IPRax 1995 397 m. Anm. *Kronke* sowie die Vorinstanz LG Stuttgart, Beschl. v. 11.05.1993 – 2 AktE 1/92 = ZIP 1993, 1406 = EWiR 1993, 917 = IPRax 1994, 293 m. Anm. *Großfeld/Johannemann.* Der Sache nach ging es in der Entscheidung um die Pflicht der deutschen Zwischen-Holding einer schweizerischen AG zur Bildung eines mitbestimmten Aufsichtsrats.

2633 OLG Saarbrücken Beschl. v. 21.4.1989 – 5 W 60/88, DB 1989, 1076 = GmbHR 1990, 348; DNotZ 1990, 194 = NJW 1990, 647; = JZ 1989, 904 m. Anm. *Ebenroth/Hopp* 883 = IPRax 1990, 324 m. Anm. *Großfeld/Strotmann* 298 = RIW 1990, 831 m. Anm. *Kronke* = DNotZ 1990, 194 m. Anm. *Ebenroth/Auer* 139; OLG Stuttgart WM 1995, 928, 930 = IPRax 1995, 397 m. Anm. *Kronke* = JZ 1995, 795 m. Anm. *Großfeld/Johannemann* = ZIP 1995, 1004 m. Anm. *Mankowski;* siehe dazu auch *Michalski,* NZG 1998, 762 (763); allerdings erfordert der notwendige Firmenzusatz einen klarstellenden Hinweis auf die besondere Rechtslage der Komplementärin. Die Firma ei-

lässig erachtet.[2634] Während in der Entscheidung des *OLG Stuttgart* insbesondere die Frage der unternehmerischen Mitbestimmung eine Rolle spielte, wurde die Frage des Schutzes des Rechtsverkehrs in der Entscheidung des *OLG Saarbrücken* intensiver erörtert.

Der erkennende 8. Zivilsenat des *OLG Stuttgart* stellt klar, „daß eine ausländische, und zwar auch eine schweizerische juristische Person Komplementärin einer deutschen KG sein kann". Im Hinblick auf die Problematik der unternehmerischen Mitbestimmung sind dabei die Ausführungen der Vorinstanz besonders aufschlussreich. Denn das *LG Stuttgart*[2635] erachtete bereits in der Eingangsinstanz die Beteiligung der schweizerischen GmbH an den deutschen KGs ausdrücklich auch „unter Hinnahme der Folge, daß die deutsche Mitbestimmung insoweit nicht ‚greift', für zulässig".[2636] Denn „die zunehmende wirtschaftliche Verflechtung über die Grenzen des Nationalstaats hinweg" sei bereits bei der Erarbeitung des MitbestG aus dem Jahre 1976 „eine ganz verbreitete Erscheinung" gewesen, so dass nicht angenommen werden könne, „daß der Gesetzgeber insoweit das Problem nicht gesehen haben soll, weshalb diese ‚Lücke' durch die Rechtsprechung zugunsten eines Schutzes der deutschen Mitbestimmung zu schließen sei".[2637] Beachtenswert sind zudem die Ausführungen des Gerichts mit Blick auf die Schweizer Komplementärgesellschaft: Die Kammer weist darauf hin, dass die Errichtung von Beschränkungen für eine konkrete Beteiligung „im Widerspruch mit der zunehmenden internationalen wirtschaftlichen Verflechtung und auch mit den Zielen des EWG-Vertrages" stehe: „Wenn auch der EWG-Vertrag im Verhältnis zur Schweiz gegenwärtig keine unmittelbaren rechtlichen Wirkungen entfaltet, so kann seine mittelbare Wirkung doch nicht außer Betracht bleiben; denn die hier zu beurteilende Rechtsfrage kann nicht unterschiedlich beantwortet werden je nachdem, ob die ausländische Kapitalge-

---

ner ausländischen Kapitalgesellschaft & Co. KG dürfe demnach nicht etwa einfach „XY Vermögensverwaltung AG & Co. KG" heißen, sondern sie muss heißen „XY Vermögensverwaltung AG schweizerischen Rechts & Co. KG" siehe dazu *K. Schmidt*, Gesellschaftsrecht, 2002, § 56 VII 2.

2634 Anderer Ansicht ist aus der Rechtsprechung soweit ersichtlich lediglich in seiner europarechtlich unhaltbaren Entscheidung betreffend eine Ltd. & Co. KG das AG Bad Oeynhausen Beschl. v 15.03.2005 – 16 AR 15/05GmbHR 2005, 692 = EWiR 2005, 541 m. abl. Komm. *Wachter; Ebenroth/Hopp,* JZ 1989, 883 (889); (aufgehoben durch LG Bielefeld, Beschluss vom 11.08.2005 – 24 T 19/05, GmbHR 2006, 89 = NZG 2006, 504.

2635 LG Stuttgart, Beschl. v. 11.05.1993 – 2 AktE 1/92 = BB 1993, 1541 = ZIP 1993, 1406 = EWiR 1993, 917 = IPRax 1994, 293 m. Anm. *Großfeld/Johannemann.*

2636 LG Stuttgart, Beschl. v. 11.05.1993 – 2 AktE 1/92 = BB 1993, 1541 (1543).

2637 LG Stuttgart, Beschl. v. 11.05.1993 – 2 AktE 1/92 = BB 1993, 1541 (1543).

sellschaft ihren Sitz in einem EG-Staat oder einem Drittstaat hat."[2638] Das erstinstanzliche Urteil des *LG Stuttgart* aus dem Jahr 1993 weist damit eine bedeutend liberalere Tendenz gegenüber Drittstaatengesellschaften auf, als dies in der *Trabrennbahn*-Entscheidung des BGH[2639] aus dem Jahr 2008 der Fall gewesen ist.

Das *OLG Saarbrücken* weist in seinem Beschluss zudem darauf hin, dass die Typenvermischung bereits durch die Entscheidung des deutschen Gesetzgebers für die Zulässigkeit eines letztlich beschränkt haftenden Komplementärs eingeleitet worden sei und die Zulassung des schweizerischen Komplementärs sich daher im Wesentlichen nur noch unter dem Gesichtspunkt der Rechtsnormmischung, also der Anwendbarkeit verschiedenen Rechts auf Komplementär und KG, auswirke.[2640] Dies sei jedoch kein spezifisches Problem der Beteiligung einer ausländischen juristischen Person als Komplementär einer deutschen KG. Dabei nimmt das OLG Saarbrücken zwar den Einwand auf, dass allgemeine Rechtsdurchsetzungsprobleme bei gleichwie gearteter Auslandsberührung stets möglich seien, diese jedoch „auch bei der – unstreitig zulässigen – Komplementärbeteiligung einer natürlichen Person mit ausländischem Wohnsitz auftreten" könnten.[2641] Gleichwohl könne diesem Problem jedoch begegnet werden, indem der „Rechtsverkehr durch die Aufnahme der ausländischen Gesellschaftsbezeichnung der Komplementärin bzw. einen klarstellenden Zusatz vorgewarnt" werde,[2642] wobei der erkennende Senat in der voliegenden Entscheidung den Firmenzusatz „AG schweizerischen Rechts & Co. KG" vorschlägt.[2643]

d) Entsprechende Anwendung der deutschen Kapitalschutzvorschriften?

In der Literatur wird zudem die Frage gestellt, ob die Kapitalschutzvorschriften der §§ 30, 31 GmbHG ihrem Rechtsgedanken nach analog auch auf eine Auslandsgesellschaft & Co. deutschen KG-Rechts angewendet werden sollten.[2644] Dies für möglich zu halten, liegt daber in der Konsequenz der insbesondere von

---

2638 LG Stuttgart, Beschl. v. 11.05.1993 – 2 AktE 1/92 = BB 1993, 1541 (1543).

2639 BGH Urt. v. 27. 10. 2008 – II ZR 156/06 – *Trabrennbahn*, BGHZ 178, 192 = NJW 2009, 289.

2640 OLG Saarbrücken Beschl. v. 21.4.1989 – 5 W 60/88 = NJW 1990, 647 (647).

2641 OLG Saarbrücken Beschl. v. 21.4.1989 – 5 W 60/88 = NJW 1990, 647 (648).

2642 OLG Saarbrücken Beschl. v. 21.4.1989 – 5 W 60/88 = NJW 1990, 647 (648).

2643 OLG Saarbrücken Beschl. v. 21.4.1989 – 5 W 60/88 = NJW 1990, 647 (648).

2644 In diesem Sinne MünchKomm HGB-*K. Schmidt*, § 172 Rn. 129; *K. Schmidt*, Gesellschaftsrecht, 2002, § 56 VII 2 sowie ferner *Duys*, Auslands-Kapitalgesellschaft & Co. KG, 2001, S. 88 ff.; *Haidinger*, Die „ausländische Kapitalgesellschaft & Co. KG", 1990, S. 114 ff. Anderer Ansicht sind dagegen *Hopt*, in: Baumbach/Hopt HGB Anh § 177 a Rn. 11; *Wachter* GmbHR 2006, 79 (79); *Schlichte* DB 2006, 87 (88 ff.).

Karsten Schmidt vertretenen Ansicht zum Kapitalschutz für die KG ohne natürlichen Komplementär.[2645]

Indessen wird man bei schweizerischen Kapitalgesellschaften im Hinblick auf den Gläubigerschutz kaum gravierende Bedenken hegen können, wenn man sich im Falle der schweizerischen AG das Aktienkapital nach Art. 621 OR von mindestens CHF 100.000[2646] oder das nach Art. 773 OR geforderte Stammkapital einer schweizerischen GmbH von CHF 20.000 vergegenwärtigt. Nach wie vor dominiert in der Schweiz das traditionelle System eines festen Grundkapitals basierend auf den drei Säulen des Mindestgrundkapitals, der Kapitalaufbringung und der Kapitalerhaltung.[2647] Aushöhlungstendenzen, wie sie in Deutschland vorherrschend sind, zeichnen sich in der Schweiz bislang nur in vergleichsweise geringerem Ausmaß ab, wenngleich das Mindestkapitalkonzept als „sinkender Stern"[2648] in der Diskussion steht.[2649] Insgesamt wird dem Kapitalschutz im schweizerischen Kapitalgesellschaftsrecht jedoch ein sehr hoher Stellenwert eingeräumt: Das Bundesgericht bezeichnet diesen als „eines der wichtigsten Prinzipien des Aktienrechts".[2650]

2645 MünchKomm HGB-*K. Schmidt*, § 172 Rn. 129; *K. Schmidt*, Gesellschaftsrecht, 2002, § 56 VII 2.

2646 Was die Mindestlibrierung betrifft, so müssen gemäß Art. 632 OR Abs. 1 mindestens 20 % jeder Aktie und gemäß Abs. 2 insgesamt mindestens CHF 50.000 bei der Gründung eingezahlt worden sein.

2647 In der Schweiz gilt das System eines festen Grundkapitals basierend auf den drei Säulen des Mindestgrundkapitals, der Kapitalaufbringung und der Kapitalerhaltung, vgl. *Meyer*, GesKR 2008, 220(221).

2648 So die Formulierung bei *Meyer,* GesKR 2008, 220 (220).

2649 Das Recht der Kapitalerhaltung erfährt in der Schweiz mit dem bundesrätlichen Entwurf eines Gesetzes zur Revision des Aktien- und Rechnungslegungsrechts tiefgreifende Änderungen. Beabsichtigt ist die Flexibilisierung der Kapitalstrukturen, die primär über das neu zu schaffende Rechtsinstitut des Kapitalbandes realisiert werden soll. Das neue Rechtsinstitut soll dem Verwaltungsrat einen größeren Spielraum bei der Festsetzung des Aktienkapitals und damit bei der Eigenfinanzierung der Gesellschaft einräumen. Botschaft zur Änderung des Obligationenrechts (Aktienrecht und Rechnungslegungsrecht sowie Anpassungen im Recht der Kollektiv- und der Kommanditgesellschaft, im GmbH-Recht, Genossenschafts-, Handelsregister- sowie Firmenrecht) vom 21. Dezember 2007, BBl 2008 1589 (1615 ff) u. (1643 ff.). Siehe zur Kapitalerhaltung im Entwurf des OR *Meyer,* GesKR 2008, 220 (228) sowie zum Kapitalband, *Büchler*, Das Kapitalband 2012, S. 5 ff. Die Frage, ob das Nennkapitalsystem des schweizerischen Aktienrechts den heutigen ökonomischen und sozialen Herausforderungen gewachsen ist, wurde schon seit längerem diskutiert; siehe dazu bereits *Stoffel*, SJZ 2001, 533 (533 ff.).

2650 BGE 132 III 673; *Böckli*, Schweizer Aktienrecht, 2004, § 1 Rn. 101a, spricht von einem „Fundamentalprinzip".

Was die hier in Rede sehende Kapitalerhaltung betrifft, verfügt das Schweizer Aktienrecht über ein ausdifferenziertes System, in dessen Zentrum das Verbot der Einlagerückgewähr nach Art. 680 Abs. 2 OR steht.[2651] Daneben verbietet Art. 675 Abs. 1 OR, Zinsen auf das Aktienkapital zu leisten, wobei sämtliche Formen einer festen Ausschüttungsverpflichtung erfasst werden.[2652] Ergänzend dazu legt Art. 675 Abs. 2 OR fest, dass alle Ausschüttungen an die Aktionäre aus Gewinnen oder freien Reserven stammen müssen. Darüber hinaus stärken Vorschriften über die Bildung von Reserven die Kapitalbasis, indem sie die Gesellschaft zwingen, zusätzliche Vermögenswerte dem geschützten Kapital zuzuordnen.[2653] Ferner dient die Rückerstattungsklage nach Art. 678 OR als spezifische Handhabe zur Rückforderung ungerechtfertigter Leistungen der Gesellschaft an Aktionäre, Verwaltungsräte und diesen nahestehende Personen.[2654] Im Rahmen der konstitutiven Kapitalherabsetzung sind weitgehende Schutzvorschriften zu beachten.[2655] In wirtschaftlicher Hinsicht müssen darüber hinaus auch die Bestimmungen über den Erwerb eigener Aktien zu den Kapitalschutzbestimmungen gezählt werden:[2656] Gemäß Art. 659 Abs. 1 OR darf die Gesell-

2651 An dieser Stelle soll das schweizerische System der Kapitalerhaltung lediglich skizziert werden, um das (mindestens) mit dem deutschen Gesellschaftssrecht vergleichbare Schutzniveau aufzeigen zu können; siehe dazu eingehend die Darstellungen bei *Meyer*, Gläubigerschutz durch Kapitalschutz, 2009, S. 70 ff. *Büchler*, Das Kapitalband 2012, S. 5 ff.

2652 BaslerKomm OR II-*Kurer*, Art. 675 OR Rn. 9.

2653 *Forstmoser/Meier-Hayoz/Nobel*, Schweizerisches Aktienrecht, 1996, § 50 Rn. 5; *Meyer*, Gläubigerschutz durch Kapitalschutz, 2009, S. 72 ff. Als gesetzliche Reserven in Betracht kommt die allgemeine Reserve; vgl. Art. 671 OR, eine Reserve für eigene Aktien; vgl. Art. 671a OR; Art. 659a Abs. 2 OR sowie eine Aufwertungsreserve; vgl. Art. 671b OR. Abgesehen von diesen gesetzlichen Reserven können statutarisch weitere Reserven auf der Grundlage von Art. 672 OR eingeführt werden, die eine höhere Reservenzuweisung als fünf Prozent des Jahresgewinns bzw. zwanzig Prozent des einbezahlten Aktienkapitals erfordern oder mit einer besonderen Zweckbestimmung versehen werden.

2654 BaslerKomm OR II-*Kurer*, Art. 678 OR Rn. 1; *Forstmoser/Meier-Hayoz/Nobel*, Schweizerisches Aktienrecht, 1996, § 50 Rn. 113; *Meyer*, Gläubigerschutz durch Kapitalschutz, 2009, S. 75.

2655 BaslerKomm OR II-*Küng*, vor Art. 732-735 Rn. 2 ff. *Forstmoser/Meier-Hayoz/Nobel*, Schweizerisches Aktienrecht, 1996, § 53 Rn. 26 f. *Meyer*, Gläubigerschutz durch Kapitalschutz, 2009, S. 80. Nach Art. 732 Abs. 2 OR hat der Verwaltungsrat zunächst einen Prüfungsbericht eines zugelassenen Revisionsexperten einzuholen, der bestätigen muss, dass die Forderungen der Gläubiger trotz der Kapitalherabsetzung voll gedeckt sind. Das Mindestkapital von CHF 100.000 darf keinesfalls unterschritten werden, vgl. Art. 732 Abs. 5 OR.

2656 *Büchler*, Das Kapitalband 2012, S. 9; *Meyer*, Gläubigerschutz durch Kapitalschutz, 2009, S. 82 f.

schaft aus freiem Kapital maximal zehn Prozent des eigenen Aktienkapitals erwerben, wenn frei verwendbares Eigenkapital in Höhe der für den Erwerb aufzuwendenden Mittel vorhanden ist.[2657] Die „Alarmglocke"[2658] des Art. 725 Abs. 1 OR sieht im Falle eines fortgesetzten Vermögenszerfalls Verhaltenspflichten für den Verwaltungsrat vor, die den Schutz des gebundenen Vermögens und damit die Erhaltung eines bestimmten, minimalen Eigenkapitals der AG bezwecken.[2659] Falls die letzte Jahresbilanz zeigt, dass die Hälfte des Aktienkapitals und der gesetzlichen Reserven nicht mehr gedeckt sind, muss der Verwaltungsrat unverzüglich eine Generalversammlung einberufen, in der dieser entsprechende Sanierungsmaßnahmen zu beantragen hat. Die Kapitalerhaltungsvorschriften des revidierten Schweizer GmbH-Rechts entsprechen dabei weitgehend denjenigen des Aktienrechts.[2660]

Flankiert werden die soeben skizzierten Regelungen zur Kapitalerhaltung dabei von Rechnungslegungs- und Revisionsvorschriften: Wie die deutschen Rechnungslegungsvorschriften im 3. Buch des HGB[2661] sieht das schweizerische Aktienrecht zum Schutz der Gläubiger ebenfalls nach Art. 662a Abs. 2 Ziff. 3 OR ausdrücklich die Einhaltung des Vorsichtsprinzips vor.[2662] Schließlich schützt die Revisionspflicht im Rahmen des Kapitalschutzsystems vor unerlaubten Kapitalentnahmen und stellt die Durchsetzung der Verhaltenspflichten des Verwaltungsrates nach Art. 725 Abs. 1 und Abs. 2 OR sicher.[2663]

Insbesondere wenn man bedenkt, dass die Kapitalgarantie in Deutschland mit Einführung der Rechtsform der „UG haftungsbeschränkt" nachhaltig erschüttert wurde,[2664] ergibt die entsprechende Anwendung der deutschen Kapitalschutzvorschriften auf schweizerische Komplementärkapitalgesellschaften vor diesem Hintergrund nur wenig Sinn.[2665] Denn die „UG (haftungsbeschränkt)" kann bereits mit einem Mindeststammkapital von 1 € ins Leben gerufen werden,

---

2657 *Meyer*, Gläubigerschutz durch Kapitalschutz, 2009, S. 82. Nach Art. 659 Abs. 2 OR darf die Zehn-Prozent-Grenze ausnahmsweise im Zusammenhang mit einer Übertragbarkeitsbeschränkung bis zu einem Maximum von zwanzig Prozent ausgedehnt werden, wobei diese zusätzlichen Aktien jedoch binnen zwei Jahren wieder zu veräußern oder durch Kapitalherabsetzung zu vernichten sind.

2658 *Meyer*, Gläubigerschutz durch Kapitalschutz, 2009, S. 83.

2659 *Meyer*, Gläubigerschutz durch Kapitalschutz, 2009, S. 93.

2660 *Meyer*, Gläubigerschutz durch Kapitalschutz, 2009, S. 90.

2661 Vgl. § 252 I Nr. 4 HGB.

2662 *Forstmoser/Meier-Hayoz/Nobel*, Schweizerisches Aktienrecht, 1996, § 51 Rn. 42; *Meyer*, Gläubigerschutz durch Kapitalschutz, 2009, S. 87 ff.

2663 *Meyer*, Gläubigerschutz durch Kapitalschutz, 2009, S. 89.

2664 *Lutter/Bayer/Schmidt*, Europäisches Gesellschafts- und Kapitalmarktrecht, 2012, § 6 Rn. 58, S. 83.

2665 In diese Richtung auch Münch. Hdb. GesR II-*Gummert,* § 49 Rn. 16.

wenn sie nur einen Gründer hat.[2666] Schlagwortartig bezeichnet, handelt es sich bei der „UG haftungsbeschränkt“ um eine GmbH ohne Mindeststammkapital.[2667] Dass diesem überhaupt noch eine Gläubigerschutzfunktion zukommt, muss allein wegen seiner geringen Höhe grundlegend bezweifelt werden. Die Regeln der Kapitalaufbringung sowie des Ausschüttungsverbots des § 30 GmbHG greifen zwar theoretisch bei solch niedrigen Beträgen, jedoch wird ein effektiver Gläubigerschutz dabei auch durch die Zwangsrücklage verbunden mit dem Warnhinweis in der Firma ebenso wenig erreicht werden können.[2668]

Da die „UG haftungsbeschränkt“ nichts anderes als eine neue Erscheinungsform der GmbH ist,[2669] können die gleichen Ziele, die bisher mit einer GmbH & Co. KG verfolgt wurden, auch mit einer „UG (haftungsbeschränkt) & Co. KG“ erreicht werden: Die Beteiligung als Komplementärin ist zulässig.[2670] Dass auf diese Weise die persönliche Haftung des Komplementärs unter Umständen auf eine „reine Formalie“ zurückgestuft wird, steht diesem Befund nicht entgegen.[2671]

Im Hinblick auf die „UG (haftungsbeschränkt) & Co. KG“ muss es gleichwohl einstweilen noch als umstritten angesehen werden, ob die UG auch dann als Komplementärin fungieren kann, wenn sie keine Kapital- und Gewinnbeteiligung in der KG unterhält.[2672] Denn für „anfängliche Befreiung von der Min-

---

2666 *Heckschen,* DStR 2009, 166 (169); Münch. Hdb. GesR II- *Levedag* § 57 Rn.

2667 *Schäfer*, in: Henssler/Strohn, Gesellschaftsrecht, 2011, § 5a GmbHG Rn. 4; *Seibert/Decker* ZIP 2008, 1208.

2668 *Goette* WPg 2008, 231 (236); *Fastrich*, in: Baumbach/Hueck, GmbHG, § 5a Rn. 5; *Schäfer*, in: Henssler/Strohn, Gesellschaftsrecht, 2011, § 5a GmbHG Rn. 5.

2669 So wird die UG in der BegrRegE, BT-Drucks. 16/6140, S. 31 ausdrücklich als Variante der GmbH verstanden. Die UG wird im Sinne einer „transitorischen Rechtsform-Variante“ als Übergangsstadium zur ordentlichen GmbH aufgefasst; *Schäfer*, in: Henssler/Strohn, Gesellschaftsrecht, 2011, § 5a GmbHG Rn. 6.

2670 *Fastrich*, in: Baumbach/Hueck, GmbHG, § 5a Rn. 36; *Miras*, in: Michalski, GmbHG, § 5a Rn 98; *Roth,* in: Roth/Altmeppen, GmbHG, § 5a Rn. 13; *Schäfer*, in: Henssler/Strohn, Gesellschaftsrecht, 2011, § 5a GmbHG Rn. 8; *Bormann* GmbHR 2007, 897; *Waldenberger/Sieber* GmbHR 2009, 114 (121). Dabei ist die Firma der Personenhandelsgesellschaft „... GmbH & Co. ...” jedoch unzulässig, wenn allein Unternehmergesellschaften im Sinne von § 5a Absatz 1 GmbHG persönlich haften; siehe KG, Beschl. v. 8.9.2009 – 1 W 244/09 = DStR 2009, 2114 = GWR 2010, 14 m. Anm. *Miras* = NZG 2009, 1159 = NJW-Spezial 2009, 673. Mit dem Hinweis „haftungsbeschränkt“ soll eine deutliche Warnfunktion gegenüber dem Rechtsverkehr erreicht werden. Firmenrechtlich nicht zulässig ist mithin das Weglassen, Umformulieren oder Abkürzen dieses Hinweises; vgl. RegE MoMiG, BT-Drs. 16/6140, S. 71.

2671 *Fastrich*, in: Baumbach/Hueck, GmbHG, § 5a Rn. 36.

2672 Siehe für die dahingehenden Bedenken *Hopt*, in: Baumbach/Hopt HGB Anh § 177 a Rn. 11, der den Ausschluss der UG von der Gewinnbeteiligung wegen § 5a III

dest-Kapitalausstattung“, ist neben dem Warnhinweis in der Firma ein zusätzlicher Preis in Form einer Dotierungspflicht zu zahlen[2673]: Den gesetzgeberischen Vorstellungen nach soll damit sichergestellt werden, dass sich das bei der Gründung unterhalb des Mindestkapitals liegende Eigenkapital der „UG haftungsbeschränkt“ jedenfalls allmählich dem Stammkapital der „regulären“ GmbH angleicht.[2674]

Freilich läuft diese Thesaurierungsverpflichtung bei einer solchermaßen ausgestalteten Unternehmergesellschaft faktisch ins Leere, da der KG-Gesellschaftsvertrag regelmäßig vorsieht, dass der Gewinn nur bei den Kommanditisten, aber nicht bei der Komplementär-Gesellschaft anfällt.[2675] Das Kapitalaufholungskonzept ist damit faktisch ausgehebelt.[2676] Gleichwohl wird auch diese Gestaltungsvariante einer „Unternehmergesellschaft (haftungsbeschränkt) & Co. KG“ ohne Gewinnbeteiligung der persönlich haftenden Unternehmergesellschaft von der wohl überwiegenden Ansicht – namentlich auch von den Registergerichten – für zulässig erachtet.[2677] Vor diesem Hintergrund erscheinen

---

GmbHG als „sehr problematisch“ bezeichnet, sowie insbesondere *Veil* GmbHR 2007, 1080 (1084); *Wicke,* GmbHR 2011, § 5 a Rn 19; siehe zu dieser Frage auch *Priester*, in: Schröder/Kanzleiter (Hrsg.) 3 Jahre nach dem MoMiG, 2012, S. 53 (71), der für den Fall, daß der KG-Vertrag eine solche Gewinnbeteiligung der Kompelmentärin nicht vorsieht, nicht von einer Unwirksamkeit ausgehen will, sondern für eine ergänzende Vertragsauslegung plädiert; dezidiert anderer Auffassung ist demgegenüber *Stenzel*, NZG 2009, 168 (170f.).

2673 Gemäß § 5a Abs. 3 S. 1 GmbHG ist die UG (haftungsbeschränkt) verpflichtet, in der Bilanz des nach §§ 242, 264 HGB aufzustellenden Jahresabschlusses eine gesetzliche Rücklage zu bilden. Diese ist mit einem Viertel des um einen Verlustvotrag aus den Vorjahren geminderten Jahresüberschuß zu dotieren; siehe *Priester*, in: Schröder/Kanzleiter (Hrsg.) 3 Jahre nach dem MoMiG, 2012, S. 53 (67) u. (71).

2674 So darf aufgrund der Bestimmung des § 5 a Abs. 3 S. 1 GmbHG der erwirtschaftete Gewinn entgegen § 46 Nr. 1 GmbHG nicht beliebig verwendet werden; vielmehr muss in der Bilanz eine gesetzliche Rücklage gebildet werden, in die jeweils ein Viertel des (um einen Verlustvortrag aus dem Vorjahr geminderten) Jahresüberschusses einzustellen ist; siehe *Miras*, in: Michalski, GmbHG, § 5a Rn. 68.

2675 *Binz/Sorg,* Die GmbH & Co. KG § 1 Rn 25; *Miras*, in: Michalski, GmbHG, § 5a Rn 99.

2676 *Fastrich*, in: Baumbach/Hueck, GmbHG, § 5a Rn. 36.

2677 Nach wohl überwiegender Ansicht kann § 5a Abs. 3 GmbHG lediglich die Verpflichtung, einen Teil des Jahresüberschusses zu thesaurieren, aber keine generelle Verpflichtung, überhaupt Überschüsse zu erwirtschaften, entnommen werden. Nach MünchKomm HGB-*Grunewald* § 161 Rn 101 enthält § 5 Abs. 3 GmbHG insbesondere kein Verbotsgesetz – gerichtet auf ein Verbot eines KG-Gesellschaftsvertrags mit einer UG (haftungsbeschränkt) als Komplementärin, falls kein angemessener Jahresüberschuss für die UG (haftungsbeschränkt) erzielbar ist. In dieselbe Richtung argumentieren Münch. Hdb. GesR II- *Levedag* § 57 Rn. 29; *Miras*, in: Michalski, GmbHG,

Befürchtungen vor dem Einsatz einer schweizerischen Kapitalgesellschaft als Komplementärin, die noch von der traditionellen Gläubigerschutzkonzeption der Kapitalaufbringung und -erhaltung geprägt ist, kaum gerechtfertigt.[2678]

III. Kumulative Feststellung der Beteiligtenfähigkeit an der KG

1. Deutsche Sicht

Aus deutscher Sicht kommt es für die Beteiligung einer juristischen Person an einer KG nicht nur darauf an, ob das Recht der KG dies gestattet, also ob sog. Beteiligtenfähigkeit vorliegt. Es stellt sich vielmehr auch die Frage, ob das für die jeweilige juristische Person geltende Recht auch eine solche Beteiligung zulässt. Demnach wäre zu prüfen, ob nach schweizerischem Recht die Beteiligungsfähigkeit besteht.[2679] Es ist demzufolge zwischen dem KG-rechtlichen „Können" und dem „Dürfen" nach eigenem Recht zu unterscheiden. Klärungsbedürftig ist in diesem Zusammenhang, ob die Beteiligtenfähigkeit an der KG nur dann zulässig sein soll, wenn auch das Recht der Komplementärin, hier also das schweizerische Obligationenrecht, diese gestattet und anerkennt.

Zunächst stellt sich die parallele Fragestellung auch im deutschen Recht: Wie zuvor skizziert, gingen die gesetzgeberischen Vorstellungen noch davon aus, dass die Rolle des Komplementärs einer KG durch eine natürliche Person wahrgenommen werden sollte, die Beteiligtenfähigkeit war zunächst auf die GmbH beschränkt und wurde sodann grundsätzlich auf die gesamte Bandbreite inländischer juristische Personen ausgeweitet.[2680] Hierbei entstehen zum Teil rechtliche Hindernisse, da beispielsweise öffentliche-rechtliche Vorschriften juristische Personen des öffentlichen Rechts eine Beteiligung an der KG untersagen können.[2681] Ähnliche Konflikte entstehen bei einer Stiftung, sofern bei einer Beteiligung an einer KG als ausschließlicher Tätigkeit noch ein zulässiger Stif-

§ 5a Rn 99; *Stenzel* NZG 2009, 168 (168), *Kock/Vater/Mraz* BB 2009, 848 (848 ff.), Diskutiert wird jedoch, ob aus § 5a Abs. 3 GmbHG die Notwendigkeit einer Mindestgewinnbeteiligung abzuleiten sei. Demgemäß plädieren *Römermann/Passarge* ZIP 2009, 1497 (1503) für eine analoge Anwendung des Rechtsgedankens aus § 300 AktG.

2678 In der Schweiz gilt das System eines festen Grundkapitals basierend auf den drei Säulen des Mindestgrundkapitals, der Kapitalaufbringung und der Kapitalerhaltung, vgl. *Meyer*, GesKR 2008, 220 (221).

2679 *Höhne*, Die Limited & Co. KG, 2011, S. 134 stellt deshalb die Frage danach, „ob die Beteiligtenfähigkeit von der Beteiligungsfähigkeit abhängig ist".

2680 Siehe nur MünchKomm HGB-*K. Schmidt*, § 105 Rn. 84 u. 92; Baumbach/Hopt HGB-*Hopt*, § 105 Rn. 28.

2681 Siehe nur MünchKomm HGB-*K. Schmidt*, § 105 Rn. 90.

tungszweck vorliegt.[2682] Nach weit verbreiteter Literaturansicht[2683] steht ein Zuwiderlaufen mit dem Stiftungszweck oder aber eine öffentlich-rechtliche Verbotsnorm jedoch einer gesellschaftsrechtlich wirksamen Beteiligung an einer KG nicht entgegen. Im Ergebnis wäre somit die Beteiligtenfähigkeit unabhängig von der Beteiligungsfähigkeit und wäre selbst dann gegeben, wenn Letztere nicht besteht.[2684] Was bedeutet dies mit Blick auf die Komplementärfähigkeit einer schweizerischen juristischen Person? Bereits auf dieser Grundlage könnte man gestützt auf das Gleichbehandlungsgebot für ausländische juristische Personen nicht anders entscheiden: Die Zulässigkeitsfrage würde sich damit ausschließlich nach deutschem Gesellschaftsrecht richten, und eine Zulässigkeit nach schweizerischem Recht wäre somit entbehrlich.[2685]

Gleichwohl geht die überwiegende Auffassung bei ausländischen juristischen Personen & Co. KG davon aus, dass die Komplementärfähigkeit nach deutschem Gesellschaftsrecht davon abhängt, dass eine Beteiligung der juristischen Person auch nach ihrem Heimatrecht zulässig ist:[2686] Eine fehlende Beteiligungsfähigkeit kann bei der Frage der Beteiligtenfähigkeit somit nicht außer Acht gelassen werden.[2687] Im Ergebnis unterliegt die Frage der gesellschaftsrechtlichen Typenvermischung, insbesondere die Fähigkeit einer ausländischen Kapitalgesellschaft, sich an einer deutschen Personengesellschaft zu beteiligen, somit sowohl dem Gesellschaftsstatut der ausländischen als auch demjenigen der deutschen Gesellschaft.[2688]

Dies wird zunächst angesichts internationalprivatrechtlicher Dogmatik damit begründet, dass sich besondere Rechtsfähigkeiten, wie der Erwerb von Grund-

---

2682 Siehe *K. Schmidt*, Gesellschaftsrecht, 2002, § 56 VII 3; MünchKomm HGB-*Reuter* §§ 80, 81 Rn. 103.

2683 Anders aber die Rechtsprechung mit Blick auf juristische Personen des öffentlichen Rechts: BayObLG Beschl. v. 5.10.1989 – 3 Z 114/89, NJW-RR 1990, 476; befürwortend aber Staub, GroßkommHGB-*Schäfer,* § 105 HGB Rn. 94.

2684 *Höhne*, Die Limited & Co. KG, 2011, S. 134.

2685 Baumbach/Hopt HGB-*Hopt*, Anh. § 177a Rn. 11; MünchKomm HGB-*K. Schmidt*, § 105 Rn. 89; *Ebenroth/Eyles,* DB 1988, Beil. 2, 1 (18); *Bokelmann,* BB 1972, 1426 (1427); *Grothe*, Ausländische Kapitalgesellschaft & Co., 1989, S. 204 f.

2686 BayOblG v. 21.3.1986 – 3 Z 148/85; BayObLGZ 1986, 61 ff. = NJW 1986, 3029 ff = DB 1986, 1325 ff. = GmbHR 1986, 305 ff IPRax 1986, 368 ff. = WM 1986, 968 ff.; OLG Saarbrücken Beschl. v. 21.4.1989 – 5 W 60/88, DB 1989, 1076 = GmbHR 1990, 348; DNotZ 1990, 194 = NJW 1990, 647; *Behrens/Hoffmann*, in: Ulmer/Habersack/Löbbe (Hrsg.) GroßKomm GmbHG, Einl. B. Rn. 95; *Höhne*, Die Limited & Co. KG, 2011, S. 136.

2687 *Höhne*, Die Limited & Co. KG, 2011, S. 136.

2688 *Behrens/Hoffmann*, in: Ulmer/Habersack/Löbbe (Hrsg.) GroßKomm GmbHG, Einl. B. Rn. 95.

stücken, Beteiligung an Gesellschaften, aber eben auch die Eingehung der Komplementärstellung grundsätzlich nach dem jeweiligen Gesellschaftsstatut richten. Jedoch sind solche „besonderen Rechtsfähigkeiten“ darüber hinaus auch „aus der Sicht des auf das jeweils in Frage stehende Rechtsverhältnis anwendbaren Rechts (Wirkungsstatut) zu beurteilen“.[2689] Vor diesem Hintergrund argumentiert auch die Rechtsprechung, es seien durch die Einhegung der Komplementärbeteiligung sowohl die Rechtsordnung der ausländischen Kapitalgesellschaft als auch der inländischen Personengesellschaft gleichermaßen betroffen und daher auch beide entsprechend zu berücksichtigen.[2690]

Hingewiesen wird in der Literatur[2691] zudem auf die Gefahr einer möglichen Vereitelung der Haftung nach §§ 161 Abs. 2, 128 HGB für den Fall einer Nichtanerkennung der Beteiligung nach dem Recht des jeweiligen Heimatstaates, da der ausländische *ordre public* einer Vollstreckung entgegenstehen könnte. Jedoch kann diese Gefahr mit Blick auf die Schweiz nicht ausschlaggebend sein: Denn was die Anerkennung und Vollstreckung ausländischer Urteile anbelangt, so gilt im schweizerischen Internationalen Privatrecht der Grundsatz des Verbots der sachlichen Nachprüfung eines Urteils (sog. Verbot der *révision au fond*); vgl. Art. 27 Abs. 3 IPRG.[2692] Einzige Ausnahmen von diesem Rechtsgrundsatz ist der *ordre public*-Vorbehalt. Jedoch ist die Vorbehaltsklausel des Art. 17 IPRG „ein Ausnahmebehelf, der zurückhaltende Anwendung erfordert“.[2693] Insbesondere mit Blick auf die Anerkennung und Vollstreckung ausländischer Urteile ist somit eine besonders zurückhaltende Anwendung der Ausnahmeklausel geboten; es ist dabei in der Rechtsprechung des Bundesgerichts in Anlehnung an die französische Doktrin vom sog. *ordre public atténué de la reconnaissance* die Rede.[2694] Somit dürfte die Verurteilung einer schweizerischen Komplementärin auf der Grundlage der §§ 161, Abs. 2, 128 HGB auch bei Bestehen eines Beteiligungsverbotes somit kaum einen hinreichenden Ver-

---

2689 *Behrens/Hoffmann*, in: Ulmer/Habersack/Löbbe (Hrsg.) GroßKomm GmbHG, Einl. B. Rn. 95. In begrifflicher Hinsicht ist der seit *Zitelmann* übliche Ausdruck des „Wirkungsstatuts“ für das jeweilige anwendbare Recht indessen zu eng, weil mitunter gar nicht die Wirkung, sondern Voraussetzungen bestimmt werden; siehe *Kropholler*, Internationales Privatrecht, 1996, § 15 II. 3.

2690 BayOblG v. 21.3.1986 – 3 Z 148/85 = GmbHR 1986, 305 (307); OLG Saarbrücken Beschl. v. 21.4.1989 – 5 W 60/88, = GmbHR 1990, 348.

2691 *Ebenroth/Hopp,* JZ 1989, 883 (890); *Ebenroth/Auer,* DNotz 1990 139 (163).

2692 Ebenso wie in Art. 29, 34 Abs. 3 Lugano-Übereinkommen geregelt, dürfen ausländische Entscheidung inhaltlich nicht nachgeprüft werden. Der Anerkennungsrichter darf lediglich das Ergebnis der Anerkennung am inländischen *ordre public* messen; siehe ZürchKomm IPRG-*Siehr* Art. 84 Rn. 20.

2693 ZürchKomm-*Vischer,* IPRG Art. 17, Rn. 4.

2694 BGE 126 III 534.

stoß gegen den *ordre public* darstellen; dies sieht das Bundesgericht erst dann als gegeben an, „wenn sonst das einheimische Rechtsgefühl in unerträglicher Weise verletzt würde“.[2695] Vor allem aber trägt das Argument insoweit nicht, als die Schweiz zu den Signatarstaaten des Lugano-Übereinkommens gehört, so dass kaum mehr zusätzliche Risiken mit Blick auf eine Vollstreckung in der Schweiz bestehen.[2696]

Im Ergebnis spielt die Frage nach der Abhängigkeit der Komplementärfähigkeit von der Zulässigkeit der Beteiligung der juristischen Person nach ihrem Heimatrecht hier keine Rolle, da das Schweizer Recht diese gestattet; dazu sogleich.

2. Schweizerische Sicht

Wie zuvor erläutert, richtet sich die Frage der gesellschaftsrechtlichen Typenvermischung, insbesondere die Fähigkeit einer ausländischen Kapitalgesellschaft, sich an einer deutschen Personengesellschaft zu beteiligen, somit sowohl nach dem Gesellschaftsstatut der ausländischen als auch demjenigen der deutschen Gesellschaft.[2697] In diesem Zusammenhang könnte man auf den ersten Blick ein Hindernis in dem bereits angesprochenen Beteiligungsverbot der Art. 552 Abs. 1, 594 Abs. 2 des schweizerischen Obligationenrechts erblicken. Es ist jedoch genau zu differenzieren, worauf sich ein etwaiges Beteiligungsverbot hier beziehen könnte: Den Ausgangspunkt bilden die Bestimmungen des Personengesellschaftsrechts im schweizerischen Obligationenrecht. Das Gesetz kennt zwei Arten von Personenhandelsgesellschaften: Bei der in Art. 552 ff. OR geregelten Kollektiv- bzw. der Kommanditgesellschaft nach in Art. 594 ff. OR handelt es sich um Personengesellschaften, die durch den Abschluss eines formfreien Gesellschaftsvertrags zwischen zwei oder mehreren Gesellschaftern entstehen und bei denen die Persönlichkeit der Gesellschafter für das Erreichen des Gesellschaftszwecks im Mittelpunkt steht.[2698] Diese Gesellschaftsformen haben als Rechtsgemeinschaften keine eigene Rechtspersönlichkeit, weil die Träger der Rechte und Pflichten die Gesellschafter sind.[2699] Die Kollektivgesellschaft

---

2695 BGE 64 II 98; 76 I 129; 81 I 139, 145.

2696 So trat am 1. Januar 2011 für die Schweiz das revidierte Lugano-Übereinkommen über die gerichtliche Zuständigkeit und die Anerkennung und Vollstreckung von Entscheidungen in Zivil- und Handelssachen (Lugano-Übereinkommen, LugÜ) in Kraft (SN 0.275.12); abgeschlossen in Lugano am 30. Oktober 2007, womit nunmehr Parallelität mit der Verordnung (EG) Nr. 44/2001 (EuGVVO; die EuGVVO ersetzte die EuGVÜ oder "Brüsseler-Übereinkommen") besteht.

2697 *Behrens/Hoffmann*, in: Ulmer/Habersack/Löbbe (Hrsg.) GroßKomm GmbHG, Einl. B. Rn. 95.

2698 BernerKomm OR-*Fellmann/Müller*, Bd. VI/2/8, Art. 530-544 OR Rn. 22ff.

2699 BGE 116 II 652 E. 2 und BGE 114 IV 14 E. 2d.

ist demnach „eine personenbezogene, nach aussen hin verselbständigte Gesamthandsgemeinschaft von natürlichen Personen, die (...) ein kaufmännisches Unternehmen betreibt".[2700] Die Kommanditgesellschaft qualifiziert sich somit als „eine Abart der Kollektivgesellschaft (...), eine Kollektivgesellschaft, die dadurch ergänzt wird, dass sie neben unbeschränkt haftenden auch beschränkt haftende Mitglieder aufweist".[2701] Wesensmerkmal ist eine stark personenbezogene Ausgestaltung, welche auf der Verbindung von Arbeitskraft, Kapital und Kredit aller Gesellschafter beruht; dieser Einsatz erfordert das Vorhandensein eines besonderen Vertrauensverhältnisses der Gesellschafter untereinander.[2702] Im Ergebnis ist dabei festzuhalten, dass nur natürliche Personen Komplementäre bzw. Gesellschafter einer Kollektivgesellschaft werden können.[2703] Demgegenüber können als Kommanditäre sowohl natürliche als auch juristische Personen auftreten, ebenso Kollektivgesellschaften und andere Kommanditgesellschaften; vgl. Art. 594 Abs. 2 OR.

Auf dieser Grundlage des Obligationenrechts muss die Bildung einer GmbH & Co. KG in der Schweiz als unzulässig angesehen werden. Was die Zulässigkeit einer Typenvermischung über die Grenze anbelangt, so muss danach unterschieden werden, ob sich eine deutsche Kapitalgesellschaft an einer schweizerischen Personengesellschaft beteiligen oder eine schweizerische Kapitalgesellschaft in eine deutsche Persongesellschaft eintreten möchte. Nur im erstgenannten Fall verstößt die Rechtsformkombination gegen das in den Artt. 552 Abs. 1, 594 Abs. 2 OR statuierte Beteiligungsverbot. Im deutschen Schrifttum wird diesem Ergebnis allerdings teilweise mit einer Abwehrhaltung begegnet: Die geäu-

---

2700 *Meier-Hayoz/Forstmoser*, Schweizerisches Gesellschaftsrecht 2012, § 13 Rn. 2.

2701 *Meier-Hayoz/Forstmoser*, Schweizerisches Gesellschaftsrecht 2012, § 14 Rn. 3.

2702 *Meier-Hayoz/Forstmoser*, Schweizerisches Gesellschaftsrecht 2012, § 13 Rn. 3 u. § 14 Rn. 4.

2703 Dies war jedoch im früheren Schweizer Recht nicht durchgängig der Fall, wie die Ausführungen des Bundesgerichts in BGE 84 II 381, Erw. 1.a. verdeutlichen: „Art. 552 OR gestattet die Kollektivgesellschaft nur als Vereinigung natürlicher Personen. Als diese Bestimmung erlassen wurde, war man sich bewusst, dass unter dem alten Recht auch Aktiengesellschaften als Mitglieder von Kollektivgesellschaften in das Handelsregister eingetragen wurden. Der Ständerat (StenBull StR 1931 151 ff.) wollte im Gegensatz zum Nationalrat (StenBull NatR 1934 229 f). daran festhalten, doch stimmte er schließlich der Auffassung des Nationalrates bei, obschon er sich von dessen Überlegungen ‚nicht restlos überzeugt' erklärte (StenBull StR 1935 79). Das Bundesgericht hat denn auch schon entschieden, dass eine Verbindung, der Aktiengesellschaften angehören, nicht als Kollektivgesellschaft eingetragen werden kann (nicht veröffentlichte Erw. 3 des Urteils im Sinne Grossi vom 3. März 1953)."

ßerte Gegenauffassung[2704] ist jedoch angesichts des insoweit eindeutigen Wortlautes der Bestimmungen des OR nicht haltbar; ein etwaiges Beteiligungsverbot einer schweizerischen Kapitalgesellschaft an einer (deutschen) Personengesellschaft findet keine Stütze im Wortlaut.

Darüber hinaus existiert Ablehnung gegenüber dem Konstrukt, die ihre scheinbare Rechtfertigung darin finden soll, dass sich die Schweiz mit Art. 552, 594 OR nur „eben zuerst selbst“ vor verschachtelten Personengesellschaften schützen wolle.[2705] Diese Argumentation vermag lediglich zu befremden, nicht jedoch zu überzeugen: Denn der insoweit klare Wortlaut der Artt. 552 Abs. 1, 594 Abs. 2 OR beschränkt das Beteiligungsverbot nicht auf inländische Kapitalgesellschaften; auch im Ausland ist es den schweizerischen Kollektiv- und Kommanditgesellschaften aufgrund ihrer personalen Ausprägung verwehrt, Kapitalgesellschaften – zumindest als unbeschränkt haftende Gesellschafter – aufzunehmen.[2706] Aus der systematischen Stellung der Bestimmungen folgt zudem, dass die Artt. 552 Abs. 1, 594 Abs. 2 OR lediglich die innere Struktur von Kollektiv- und Kommanditgesellschaften vor dem Hintergrund der zuvor erläuterten besonderen personalen Ausprägung zu regeln beabsichtigt.[2707]

IV. Grenzen der Mobilitäts- und Gestaltungsfreiheit

Die grenzüberschreitende Typenvermischung verlangt nach der Koordination zweier Verwaltungssitze, was die ohnehin bereits schwierige Frage der Lokalisierung des tatsächlichen Verwaltungssitzes zusätzlich kompliziert gestaltet.[2708] Dabei spielen auch die Besonderheiten des schweizerischen Aktienrechts eine Rolle, die im Folgenden beleuchtet werden sollen. Untersucht werden soll, inwieweit die Komplexität einer schweizerischen Kapitalgesellschaft & Co. möglicherweise Grenzen im Hinblick auf die Mobilitäts- und Gestaltungsfreiheit bedingt – dies auch vor dem Hintergrund der im Wege des MoMiG ergangenen Änderungen im deutschen Kapitalgesellschaftsrecht.

2704 Staudinger BGB-*Großfeld*, IntGesR, 1998, Rn. 541 ff.; *Ebenroth/Auer,* DNotZ 1990, 139 (166); *Ebenroth/Hopp* JZ 1989, 883 (890); *Grothe*, Die ausländische Kapitalgesellschaft & Co., 1989, S. 201.

2705 *Großfeld*, Internationales und Europäisches Unternehmensrecht, 1995, S. 93 f.

2706 *Schaper*, Selektion und Kombination von Gesellschaftsformen im institutionellen Wettbewerb, 2012, S. 210.

2707 Siehe *Straub*, IPRax 1997, 58 (58ff.).

2708 *Schaper*, Selektion und Kombination von Gesellschaftsformen im institutionellen Wettbewerb, 2012, S. 215.

1. Grenzen mit Blick auf die schweizerische Kapitalgesellschaft

a) Haftungsproblematik aufgrund der „modifizierten" Sitztheorie

Mit Blick auf eine schweizerische Kapitalgesellschaft, die eine Komplementärstellung bei einer deutschen KG innehat, ist nach wie vor die sog. modifizierte Sitztheorie anwendbar, so dass es haftungsrechtliche Konsequenzen mit sich bringt, falls die schweizerische Komplementär-Kapitalgesellschaft ihren tatsächlichen Verwaltungssitz in Deutschland hat – eine benachteiligende Rechtsfolge, die der BGH in seiner *Trabrennbahn*-Entscheidung bestätigt hat.[2709]

Danach gelten die vom II. Zivilsenat des BGH[2710] in seiner *Jersey*-Entscheidung aufgestellten Grundsätze fort, wonach die schweizerische am Rechtsverkehr in Deutschland teilnehmende Komplementär-Kapitalgesellschaft gemäß dem nach der Sitztheorie berufenen Sachrecht unter Berücksichtigung der *ARGE-Weißes-Roß*-Entscheidung[2711] lediglich als eine rechtsfähige Personengesellschaft im Sinne des § 14 Abs. 2 BGB zu behandeln sei.[2712]

Da die schweizerische Komplementärin aus deutscher Sicht nicht mehr als juristische Person anerkannt wird, kann sie die ihr als Komplementärin zugedachte Funktion der Haftungsabschirmung nicht mehr erfüllen. Hier stellen sich zudem Folgeprobleme, da es nunmehr auf die Komplementärfähigkeit der infolge der modifizierten Sitztheorie als oHG bzw. BGB-Gesellschaft „umqualifizierten" einstigen Komplementär-Kapitalgesellschaft ankommt: Sofern nämlich hinter der schweizerischen Komplementärin mehrere natürliche Personen als Gesellschafter stehen, führt dies dazu, dass dieser Verband infolge der zuvor geschilderten Grundsätze entweder als BGB-Gesellschaft und, sofern ein in kaufmännischer Weise eingerichteter Betrieb vorliegt, als eine oHG zu qualifizieren wäre.[2713]

Wenn die „Wechselbalg"-Theorie[2714] eine oHG hervorbringt, so ist die Komplementärfähigkeit der oHG jedenfalls unstreitig zu bejahen.[2715] Damit einher geht aber zugleich die unbeschränkte persönliche Haftung des Alleingesell-

---

2709 BGH Urt. v. 27. 10. 2008 – II ZR 156/06 – *Trabrennbahn*, BGHZ 178, 192 = NJW 2009, 289.

2710 BGH Urt. v. 1. 7. 2002 – II ZR 380/00 – *Jersey*, BGHZ 151, 204 = NJW 2002, 3539; bestätigt durch BGH Urt. v. 27. 10. 2008 – II ZR 156/06 – *Trabrennbahn*, BGHZ 178, 192 = NJW 2009, 289.

2711 BGH Urt. v. 18. 2. 2002 – II ZR 331/00 – *ARGE Weißes Roß*, *BGHZ* 146, 341 = NJW 2002, 1207.

2712 MünchKomm GmbHG-*Weller*, Ein. IntGesR, Rn. 328.

2713 *Zimmer* BB 2000, 1361 (1363); *Roth* ZIP 2000 1

2714 Siehe dazu *Weller*, in: FS Goette, S. 583 (583).

2715 Baumbach/Hopt-*Hopt*, HGB, 35. Aufl. 2012 § 161 HGB, Rn. 3; MünchKomm HGB-*K. Schmidt*, 3. Aufl. 2011, Rn. 99

schafters bzw. die nicht gewollte und oftmals nicht bewusste persönliche Haftung der hinter der schweizerischen Kapitalgesellschaft stehenden natürlichen Personen.[2716] Demgegenüber bliebe die beschränkte Haftung der Kommanditisten – sofern jedenfalls keine Gesellschafteridentität besteht – von den Rechtsfolgen der Sitztheorie unberührt.[2717]

Wenn dagegen die schweizerische Kapitalgesellschaft in eine GbR „umqualifiziert" werden sollte und es dann um ihre Komplementärfähigkeit geht, muss die rechtliche Bewertung in diesem Falle mit der Feststellung von *Karsten Schmidt* beginnen, „dass die Rechtslage schwierig, die gesetzliche Situation unklar und die rechtspolitische Situation in jedem Fall zweifelhaft ist".[2718] Man könne durchaus vertreten, dass der Gesetzgeber den Bedürfnissen der Praxis hinreichend entgegengekommen ist, indem er im Wege der Einführung der §§ 105 Abs. 2, 161 Abs. 1 Satz 2 HGB die Möglichkeit einer Kommanditistenstellung der GbR eingeführt habe, ohne dabei jedoch die BGB-Gesellschaft als Komplementärin zuzulassen.[2719] Früher wurde die Fähigkeit der Gesellschaft bürgerlichen Rechts, unbeschränkt haftende Gesellschafterin zu sein, von der herrschenden Ansicht abgelehnt,[2720] so dass noch Rechtsunsicherheit besteht. Über die Fähigkeit der GbR, persönlich haftende Gesellschafterin einer OHG oder KG zu werden, wurde auch noch nicht höchstrichterlich entschieden.[2721] Die instanzgerichtliche Rechtsprechung bejaht indessen inzwischen die Frage nach der Komplementärfähigkeit der GbR: So haben sich das *LG Berlin*[2722] und

---

2716 Auf die Gefahr dieser Rechtsfolge hinweisend Münch. Hdb. GesR II-*Gummert,* § 49 Rn. 19.

2717 *Binz/Mayer* GmbHR 2003 249 (253).

2718 MünchKomm HGB-*K. Schmidt*, 3. Aufl. 2011, Rn. 99; *Ders.* Gesellschaftsrecht § 45 I 2 g).

2719 Gleichwohl befürwortet *K. Schmidt*, ausdrücklich, dass die Außengesellschaft bürgerlichen Rechts Gesellschafterin einer oHG oder KG sein könne, „und zwar nicht nur als Kommanditistin (vgl. § 162 Abs. 1 Satz 2), sondern auch als Komplementärin"; MünchKomm HGB-*K. Schmidt*, 3. Aufl. 2011, Rn. 99; *ders.* Gesellschaftsrecht, 2002, § 45 I 2 g; befürwortend auch *Brodersen,* Die Beteiligung der BGB-Gesellschaft an den Personenhandelsgesellschaften, 1988, S. 98 ff.; *Steinbeck,* DStR 2001, 1162 (1164) f.; *Weipert,* in: FS Bezzenberger, 2000, S. 439 ff. Im Gegensatz zur vorherigen Auffassung nunmehr befürwortend Ebenroth/Boujong/Joost/Strohn HGB-*Wertenbruch,* § 105 HGB Rn. 97; Koller/Roth/Morck, HGB-*Koller*, 7. Aufl. 2011, § 105, Rn. 19.

2720 Siehe MünchKommBGB-*Ulmer,* § 705 Rn. 317; *Ulmer,* ZIP 2001, 1715; Koller/Roth/Morck HGB-*Koller,* 6. Aufl. 2007, § 105 HGB, Rn. 19; Staub, GroßkommHGB-*Ulmer,* § 105 Rn. 96.

2721 MünchKommBGB-*Ulmer* § 705 BGB Rn. 317.

2722 OLG Celle, Beschl. v. 27.03.2012 - 9 W 37/12, ZIP 2012, 766 = MDR 2012, 594.

zuletzt das *OLG Celle*[2723] jedenfalls ausdrücklich dafür ausgesprochen, dass eine GbR als Komplementärin einer KG in das Handelsregister eingetragen werden kann. Die fehlende Registerpublizität der GbR werde dadurch ausgeglichen, dass – wie im Falle der Eintragung als Kommanditistin – zugleich die einzelnen Gesellschafter der GbR in das Handelsregister einzutragen sind.[2724] Damit würde zwar die Typenvermischung in Form einer GbR & Co. KG aufrechthalten; ganz abgesehen von der Frage, dass den Gesellschaftern wider Willen die volle Haftung über die „Umqualifizierung" aufgedrängt wird, handelt es sich dabei um keine zweckmäßige gesellschaftsrechtliche Gestaltung.[2725] Dennoch verbleibt es insoweit an der geschilderten Rechtsunsicherheit.

Im Ergebnis muss in beiden Konstellationen, sowohl bei „Umqualifizierung" der schweizerischen Kapitalgesellschaft in eine oHG als auch in eine GbR, mit der ungewollten Folge einer Gesellschafterhaftung (analog) § 128 HGB gerechnet werden; zudem richten sich auch die Vertretungsmacht sowie sonstige Rechtsverhältnisse nach dem Recht der deutschen Personengesellschaft.[2726]

b) Problem der Lokalisierung des Verwaltungssitzes

Mit Blick auf eine schweizerische Kapitalgesellschaft stellt sich die Frage, wo bei der Bestimmung des Verwaltungssitzes im Sinne der Sitztheorie überhaupt anzuknüpfen ist. Dies ist deshalb von Bedeutung, da sich eine schweizerische Komplementärgesellschaft mit einem Verwaltungssitz in Deutschland gravierenden Haftungsproblemen ausgesetzt sähe, wenn die Nichtanerkennungsfolgen aufgrund der Sitztheorie zum Tragen kämen.

Was die Lokalisierung des Verwaltungssitzes anbelangt, so kann in zweifacher Hinsicht differenziert werden: Denkbar wäre es zunächst, allein auf den Ort abzustellen, wo die geschäftsführenden Maßnahmen in Bezug auf die ausländische Kapitalgesellschaft als solche getätigt werden.[2727] Andererseits käme auch der Ort der Ausübung der geschäftsleitenden Maßnahmen in Bezug auf die deutsche KG in Betracht, die der schweizerischen AG hier kraft ihrer Komplemen-

---

2723 LG Berlin, Beschl. v. 8. 4. 2003 – 102 T 6/03 = ZIP 2003, 1201 = BB 2003, 1351= NZG 2003, 580; siehe dazu *Schmidt/Bierly,* NJW 2004, 1210 ff.; *Wertenbruch,* NZG 2006, 408 (413).

2724 Dazu auch *Wertenbruch,* NZG 2006, 408 (413).

2725 Siehe zu diesem Ergebnis auch Oetker, HGB-*Weitemeyer,* 2. Auflage 2011, § 105 Rn. 35; MünchKomm HGB-*K. Schmidt*, 3. Aufl. 2011, Rn. 99.

2726 Siehe dazu BGH, Urt. v. 27.10.2008 – II ZR 158/06, BGHZ 178, 192 = NJW 2009, 289= ZIP 2008, 2411 (2412) mit dem entsprechende Hinweis, es sei „eine Frage des Innenrechts der betreffenden Gesellschaften …, [d]ie Rechtsfolgen dieser Haftung zu regeln".

2727 *Binz/Mayer,* GmbHR 2003, 249 (252).

tärstellung obliegt.[2728] Beides kann durchaus an verschiedenen Orten stattfinden: So kann beispielsweise bei einer schweizerischen AG der Verwaltungsrat als oberstes Verwaltungsorgan in der Schweiz tätig sein und sich um die wesentlichen Belange der AG als solcher kümmern. Unter praktischen Gesichtspunkten erweist es sich jedoch als überaus schwierig, die Aufgaben dieser geschäftsführenden schweizerischen Komplementärgesellschaft einer in Deutschland ansässigen KG effektiv aus der Schweiz heraus wahrzunehmen.[2729] Denn je nachdem, in welchem Umfang Geschäftsführungsmaßnahmen im Inland wahrgenommen wurden, besteht stets die latente Gefahr, den tatsächlichen Verwaltungssitz der ausländischen Komplementärgesellschaft unwillentlich nach Deutschland zu verlegen. Demgegenüber ermöglichen es die weitreichenden Bestimmungen zur Aufgabendelegation des Verwaltungsrates nach Schweizer Aktienrecht, die Ausübung der Geschäftsleitung betreffend die deutsche KG als eigentliches operatives Tagesgeschäft der AG einem in Deutschland tätigen Direktorium zu übertragen.[2730]

Sofern es sich bei der schweizerischen AG um eine typische Komplementär-Gesellschaft handelt, ist auf hingegen auf Folgendes hinzuweisen: Da diese Gesellschaft über keinen eigenen Geschäftsbetrieb verfügt, sondern einzig und allein die Komplementärfunktion ausübt, reduzieren sich die Aufgaben des Verwaltungsrates in Bezug auf die bei jeder Gesellschaft notwendigen förmlichen Mindestanforderungen. Damit steht zu befürchten, dass sich der Verwaltungssitz im Sinne der Sitztheorie nach dem Tätigkeitsort des in Deutschland angesiedelten Direktoriums und nicht des schweizerischen Verwaltungsrats richtet, da Letzterem faktisch nur noch eine Aufsichtsfunktion zukäme.[2731]

Diese Situation würde die zuvor geschilderten Haftungsrisiken auslösen. Die schweizerische Kapitalgesellschaft würde demnach ein „juristisches Doppelleben“[2732] führen: Die Schweiz als Wegzugsstaat behandelte sie als Kapitalgesellschaft und der Zuzugsstaat Deutschland als Personengesellschaft; dies brächte nicht nur Probleme beim Handeln im Geschäftsverkehr mit sich, sondern könnte auch zu schwierigen Problemen des internationalen Prozess- und Vollstreckungsrechts führen.[2733] Die schweizerische Kapitalgesellschaft käme somit nicht mehr der ureigenen ihr zugedachten Funktion, nämlich der Abschottung der Haftung, nach.

2728 *Binz/Mayer,* GmbHR 2003, 249 (252).
2729 *Müller-Bonanni*, GmbHR 2003, 1235 (1238).
2730 *Binz/Mayer* GmbHR 2003, 249 (252).
2731 *Binz/Mayer* GmbHR 2003, 249 (252).
2732 *Binz/Sorg*, GmbH & Co. KG, § 25, Rn. 107.
2733 *Ebke*, JZ 2003, 927 (928) m.w.N.

Diesem misslichen Befund könnte jedoch entgegengesteuert werden, wenn die schweizerische Komplementär-Kapitalgesellschaft neben ihrer Funktion als Vollhafterin noch andere unternehmerische Tätigkeiten von nicht nur untergeordneter Bedeutung über den in der Schweiz ansässigen Verwaltungsrat ausüben würde.[2734] In diesem Falle wäre das Risiko der „Umqualifizierung" der schweizerischen Kapitalgesellschaft" nach der sog. modifizierten Sitztheorie zwar geringer, jedoch wäre in Kauf zu nehmen, dass sich durch eine solche Tätigkeit die Haftungsmasse der Komplementär-AG zugunsten der Gläubiger der KG nicht unerheblich erweitern kann und somit das Ziel einer Haftungsvermeidung vereitelt wird.[2735]

Eine Verringerung der insoweit bestehenden Rechtsunsicherheiten brächte erst die im Referentenentwurf angedachte Gesetzesänderung mit sich: Nach dem Referentenentwurf, der in 10d EGBGB-RefE auch für eine nach schweizerischem Recht gegründete Gesellschaft die Gründungsanknüpfung vorsieht, könnte man die erheblichen Rechtsunsicherheiten mit Blick auf den tatsächlichen Verwaltungssitz sowie die aus der modifizierten Sitztheorie resultierenden Haftungsrisiken beseitigen. Damit würde im Interesse eines institutionellen Wettbewerbs die Selektion und Kombination von Gesellschaftsformen über den Rechtsraum der EU hinaus gefördert werden.[2736]

2. Grenzen mit Blick auf die deutsche Personengesellschaft

a) Sitzverlegungsmöglichkeit in die Schweiz

Im Rahmen der grenzüberschreitenden Typenvermischung einer schweizerischen Kapitalgesellschaft & Co. KG schließen sich zudem Fragen im Hinblick auf das Schicksal der deutschen KG an. So stellt sich die Frage, was es für Rechtsfolgen im Hinblick auf die wirksam entstandene deutsche Personengesellschaft mit sich bringt, wenn diese anschließend etwa durch den Austausch des deutschen persönlich haftenden Gesellschafters mit einer nach schweizerischem Recht gegründeten Kapitalgesellschaft mit Verwaltungssitz in der Schweiz ihren tatsächlichen Verwaltungssitz in die Schweiz verlegt.

Dem Grundsatz nach stellt sich die kollisionsrechtliche Anknüpfung für die Auslandskapitalgesellschaft schweizerischen Rechts & Co. wie folgt dar: Während auf die schweizerische Kapitalgesellschaft, die Gesellschafterin der deutschen Personengesellschaft ist, das schweizerische Recht als Recht ihres Grün-

---

2734 *Binz/Mayer,* GmbHR 2003, 249 (252).

2735 Siehe zum Ganzen *Binz/Mayer*, GmbHR 2003, 249 (252).

2736 Siehe dazu *Schaper*, Selektion und Kombination von Gesellschaftsformen institutionellen Wettbewerb, 2012, S. 176.

dungsstaates Anwendung findet, bestimmt sich das Gesellschaftsstatut der deutschen Gesellschaft demgegenüber nach ihrem tatsächlichen Verwaltungssitz.[2737]

Verlegt die deutsche Personengesellschaft ihren tatsächlichen Verwaltungssitz aus Deutschland heraus in die Schweiz, bleibt das deutsche Gesellschaftsstatut anwendbar, da die Schweiz in Art. 154 IPRG die Gründungsanknüpfung zugrunde legt und die Verweisung des deutschen Internationalen Privatrechts auf das Schweizer Kollisions- und Sachrecht nicht angenommen wird. Es findet eine Rückverweisung *(renvoi)*[2738] auf deutsches Recht statt; diese wird auch vom deutschen Recht angenommen; vgl. Art. 4 Abs. 1 S. 2 EGBGB. Damit bleibt vollumfänglich das deutsche Sachrecht anwendbar.[2739]

Nach der bisher herrschenden Ansicht müssen Personengesellschaften nach deutschem Recht ihre Hauptverwaltung im Inland haben.[2740] Anders liegen die Dinge nach der MoMiG-Reform nur bei deutschen Kapitalgesellschaften. Für GmbH und AG fordert das deutsche Recht nur einen satzungsmäßigen Sitz im Inland; vgl. §§ 4 a GmbHG, 5 AktG. Wie bereits erläutert, ist es deutschen Kapitalgesellschaften nunmehr möglich, ihre Hauptverwaltung über Grenzen hinweg in andere Staaten zu verlegen, ohne dabei ihre Eigenschaft als Gesellschaft deutschen Rechts zu verlieren.[2741] Nach richtiger Auffassung muss auch die Praxis deutscher Gerichte als europarechtswidrig angesehen werden, die im Fall der grenzüberschreitenden Satzungssitzverlegung eine Auflösung der Gesellschaft erblicken will.[2742] Zumindest mit Blick auf die Mitgliedstaaten der EU werden künftig deutsche Handelsregister ihre Kapitalgesellschaften ziehen lassen müssen, ohne diese mit Auflösung und Liquidation zu bedrohen.[2743]

Im Vergleich zur fortentwickelten Mobilitätsfreiheit der Kapitalgesellschaften hat sich bisher nichts an der grundsätzlichen Geltung der Sitztheorie im Falle des Wegzuges von Personengesellschaften verändert. Dies ist bedauerlich, zumal die traditionelle Dichotomie von Personengesellschaft und Körperschaft im deutschen Recht zunehmender Kritik ausgesetzt ist und aus rechtsdogmatischer Sicht vielmehr die Einbeziehung der rechtsfähigen Personengesellschaften in den Kreis der juristischen Personen gefordert wird.[2744]

2737 *Thiermann,* ZIP 2011, 988 (992).

2738 Siehe dazu *Siehr*, Y.P.I.L. VII (2005), 16 (41ff.).

2739 *Leible/Hoffmann,* BB 2009 58 (61); *Paefgen,* WM 2009, 529 (531).

2740 Baumbach/Hopt, HGB-*Hopt*, 35. Aufl. 2012, § 106 Rn. 8.

2741 *Teichmann,* LMK 2009, 275584.

2742 Siehe nur OLG München, Beschl. v. 4.10.2007 – 31 Wx 36/07, NZG 2007, 915 = WM 2007, 2292 = DB 2007, 2530.

2743 *Teichmann,* LMK 2009, 275584.

2744 *Raiser*, AcP 194 (1994), 495 (504) : „Die übliche Formel, sie seien den juristischen Personen nur angenähert, entpuppt sich als Verlegenheitsauskunft, um nicht zu sagen als Notlüge, um die vorgegebene erstarrte Dogmatik zu retten, wonach sie eben nur

Der Sitz der Personengesellschaft bestimmt sich nicht nach der Satzung, sondern ist der Ort, von dem aus tatsächlich die Geschäfte geleitet werden und wo sich der Schwerpunkt der unternehmerischen Betätigung befindet.[2745] Im Gegensatz zur herrschenden Ansicht im Recht der Kapitalgesellschaften soll eine Personengesellschaft nach herkömmlicher Auffassung auch keinen Doppelsitz haben können.[2746] Diese Sichtweise erscheint noch sehr durch die Sitztheorie geprägt, die eine privatautonome Sitzwahl ausschließt und ausschließlich auf den Verwaltungssitz abstellt;[2747] dies bedarf einer Neubewertung.

Denn nachdem das MoMiG Kapitalgesellschaften nunmehr die freie Verwaltungssitzwahl erlaubt, muss dies auch mit Blick auf Personenhandelsgesellschaften gelten.[2748] Mit den Änderungen zur Sitzverlegungsfreiheit ist auch die Rechtfertigung entfallen, Personengesellschaften bei der Sitzwahl strenger zu behandeln als Kapitalgesellschaften.[2749] Wenn man bedenkt, dass man die Anwendung der Rechtsfolgen der Sitztheorie nach früherer Ansicht in Wegzugskonstellationen gerade auf die Gleichbehandlung von Personengesellschaften mit Kapitalgesellschaften stützte,[2750] so müsste nunmehr erst recht Gleichheit mit Blick auf eine freie Sitzwahl zu bejahen sein: Denn bei Kapitalgesellschaften wird eine Satzungssitzverlegung noch immer als zwingender Auflösungsgrund gewertet; der Satzungssitz muss sich in der durch das MoMiG geänderten Fassung der §§ 4a, 5 AktG explizit im Inland befinden.

aa) Kollisionsrechtliche Ebene

Teilweise wird auch bei Personengesellschaften das Verbot eines ausländischen Verwaltungssitzes als unmittelbare Folge der Sitztheorie gesehen.[2751] Diese

---

Gesamthandsgesellschaften, nicht juristische Personen sein dürfen." Siehe dazu auch *Kircher*, in: FS Raiser, 181 (199f.).

2745 BGH v. 27. 5. 1957 WM 1957, 999 (1000); v. 9. 1. 1969 LM Nr. 1; MünchKomm HGB-*Langhein,* § 106, Rn. 28.

2746 Baumbach/Hopt, HGB-*Hopt*, 35. Aufl. 2012, § 106, Rn. 9; Ebenroth/Boujong/Joost/Strohn HGB-*Märtens*, § 106 Rn.13; Heidel/Schall, HGB-*Heidel*, 1. Aufl. 2011, § 106 Rn. 6; MünchKomm HGB-*Langhein,* § 106 Rn. 27, will, indessen Ausnahmen zulassen, „[s]ofern indes ein berechtigtes Interesse an einem Doppelsitz besteht, insbesondere bei Verschmelzungen …".

2747 Heidel/Schall, HGB-*Heidel*, 1. Aufl. 2011 § 106 Rn. 6.

2748 Staub, GroßkommHGB-*Schäfer*, 5. Aufl. 2009, § 106 Rn. 19; *Koch,* ZHR 173 (2009), 101 ff.; Heidel/Schall-*Heidel*,HGB, 1. Aufl. 2011 § 106 Rn. 6; wohl auch Baumbach/Hopt, HGB-*Hopt*, 35. Aufl. 2012, § 106 Rn. 8.

2749 Heidel/Schall-*Heidel*, HGB, 1. Aufl. 2011 § 106 Rn. 6.

2750 Siehe dazu *Saenger*, in: FS Pöllath, 2008, 295 (302).

2751 OLG Hamm Beschl. v. 30.04.1997 – 15 W 91/97, RIW 1997, 874 = ZIP 1996, 1696= NJW-RR 1998, 615 = EuZW 1998, 31 = MittRhNotK 1997, 365 = IPRax 1998, 348

Sichtweise ist bereits im Ansatz abzulehnen, da es sich bei der Sitztheorie um eine kollisionsrechtliche Methode zur Bestimmung des Anknüpfungsmoments, mithin des Gesellschaftsstatuts, handelt.[2752] Mit der Sitztheorie ist somit lediglich das anwendbare Recht zu bestimmen; ihr kommt demzufolge kein materiellrechtlicher Regelungsgehalt zu. Demgegenüber kann ein Verbot eines ausländischen tatsächlichen Verwaltungssitzes bei einer deutschen Personengesellschaft jedoch als rein materiell-rechtliche Regelung ausgestaltet werden.

bb) Sachrechtliche Ebene

Gleichwohl geht die bislang herrschende Ansicht davon aus, dass die Rechtsfolgen einer Verlegung des tatsächlichen Verwaltungssitzes einer deutschen Personengesellschaft ins Ausland als „materiellrechtlicher Ausfluss der Sitztheorie" die zwangsweise Auflösung mit sich bringe.[2753] Dabei stützt man sich sowohl in der Rechtsfolge der Auflösung selbst wie auch mit Blick auf deren Rechtsgrundlage mittels eines schlichten Verweises auf die frühere Rechtslage zur grenzüberschreitenden Verwaltungssitzverlegung einer GmbH vor Inkrafttreten des MoMiG.[2754] Wie zuvor dargestellt, wurde die Auflösung dabei teils im Beschluss zur tatsächlichen Sitzverlegung selbst[2755] oder in der faktischen Verlegung des Verwaltungssitzes gesehen.[2756] Zuletzt wurde vertreten, dass man differenzieren müsse, ob eine faktische Sitzverlegung oder eine solche auf Grundlage eines Gesellschafterbeschlusses vorliege.[2757] Alle Ansätze haben schon beim Wegzug von Kapitalgesellschaften nicht zu überzeugen vermocht: Schließlich existierte nirgendwo eine materiell-rechtliche Grundlage für die Rechtsfolge der Auflösung; vielmehr musste man schon nach damaliger Auffassung dieses von der Sitztheorie postulierte Ergebnis auf sachrechtlicher Ebene in dogmatisch wenig überzeugender Weise über einen ungeschriebenen Auflösungsgrund „herbeikonstruieren".

Die Übertragung dieser dogmatisch unhaltbaren Konstruktion auf Personengesellschaften erscheint noch um ein weiteres Maß prekärer: Zunächst weist das Personengesellschaftsrecht selbst keine Rechtsgrundlage auf, die bei einer Verwaltungssitzverlegung über die Grenze zu einer Auflösung führen könnte. Im materiellen Personengesellschaftsrecht findet sich lediglich ein grundsätzlich

---

m. Anm. *Bechtel* = DB 1997, 1865 = EWS 1998, 470 = GmbHR 1997, 848 = ZIP 1997, 1696 m Anm. *Neye*; so wohl im Ergebnis auch *Görk*, MittBayNot, 566 (567).

2752 *Thiermann,* ZIP 2011, 988 (989); *Höhne*, Die Limited & Co. KG, 2011, S. 94.

2753 *Thiermann*, ZIP 2011, 988 (990).

2754 *Thiermann,* ZIP 2011, 988 (990).

2755 OLG Hamm ZIP 2001, 791; BayObLGZ 1992 113 (116).

2756 BGH, Beschl. v. 2.6.2008 – II ZB 1/06, ZIP 2008, 1627 = NJW 2008, 2914 = MDR 2008, 1225 = NZI 2008, 636 = WM 2008, 1653 = DB 2008, 1906.

2757 MünchKomm BGB-*Kindler*, IntGesR 5. Aufl. 2010, Rn. 502 ff.

abschließend geregelter Kanon an Auflösungsgründen, die jedoch keineswegs die Verwaltungssitzverlegung betreffen.[2758] Auch was die Rechtsfolge der Auflösung anbelangt, die bei Kapitalgesellschaften nach § 399 Abs. 4 FamFG (früher § 144a Abs. 4 FGG a.F.) erfolgte, ist eine Übertragung auf Personengesellschaften unmöglich. Dem ausdrücklichen Wortlaut dieser Vorschrift nach sind Personengesellschaften nicht erfasst. Auch scheidet eine analoge Anwendung mangels planwidriger Regelungslücke aus.[2759]

Ebenso kommt eine Anwendung von § 395 Abs. 1 FamFG, der zwar auch auf Personengesellschaften Anwendung findet, nicht in Betracht. Demnach könnte auf Grundlage dieser Norm allenfalls eine im Handelsregister unzulässig eingetragene Personengesellschaft gelöscht werden. Gleichwohl wird es durch § 395 Abs. 1 FamFG hingegen nicht ermöglicht, die Unzulässigkeit oder die Nichtigkeit als solche selbst herbeizuführen.[2760]

Mit Blick auf eine Personengesellschaft kommt es zudem – noch weniger als dies schon bei Kapitalgesellschaften gilt – in Betracht, den Beschluss über die Verwaltungssitzverlegung als Auflösungsbeschluss umzudeuten. Ganz abgesehen davon, dass in einem ausdrücklich auf eine Sitzverlegung abzielenden Willen schwerlich zugleich der Wunsch nach einer Auflösung erblickt werden kann, überzeugt die Parallele gerade im Vergleich zur AG und GmbH schon deshalb nicht, weil mit Blick auf Beschlüsse im Gegensatz dazu bei Personengesellschaften keine zwingenden Vorschriften einzuhalten sind; vielmehr sind Beschlüsse gänzlich ohne Einhaltung von Formvorschriften und sogar konkludent möglich. Dies gilt bei Personengesellschaften auch im Hinblick auf Auflösungsbeschlüsse.[2761]

Weiterhin ist darauf hinzuweisen, dass das Personengesellschaftsrecht – weder vor noch nach den Änderungen durch das MoMiG – Bestimmungen enthält, die mit §§ 4a, 5 AktG vergleichbar wären. Nunmehr heißt es dort mit Blick auf Kapitalgesellschaften sogar ausdrücklich, dass es sich bei dem Satzungssitz um einen „Ort im Inland“ handeln muss. Im Unterschied zu Kapitalgesellschaften verfügen Personengesellschaften jedoch über keinen satzungsmäßigen Sitz.[2762] Dem Grundsatz nach setzt ihre Existenz auch keine Eintragung ins Handelsregister voraus. So ist eine GbR von vornherein nicht eintragungspflichtig. Eine oHG ist zwar eintragungspflichtig, jedoch kommt der Eintragung lediglich deklaratorische Wirkung zu; ein Versäumnis wird allenfalls durch ordnungsrecht-

2758 Vgl. betreffend oHG und KG § 131 HGB sowie §§ 726 ff. bei der GbR.
2759 *Thiermann,* ZIP 2011, 988 (990).
2760 *Thiermann,* ZIP 2011, 988 (990).
2761 *Thiermann,* ZIP 2011, 988 (990).
2762 *Saenger*, in: FS Pöllath, 2008, 295 (302).

liche Maßnahmen sanktioniert.[2763] Etwas anderes gilt zwar für die KG, bei welcher die Beschränkung der Haftung des Kommanditisten auf die erbrachte Einlage von einer Handelsregistereintragung abhängig gemacht wird.[2764] Allerdings handelt es sich auch bei einer nicht eingetragenen KG um kein rechtliches *Nullum*;[2765] vielmehr erfolgt eine Gleichstellung mit der oHG, da sämtliche Gesellschafter nach § 176 Abs. 1 HGB als persönlich Haftende behandelt werden.[2766] Damit entfallen weitergehende Beschränkungen, die mit denen des Kapitalgesellschaftsrechts vergleichbar wären.[2767] Im Ergebnis kann die formale und mit dogmatischen Schwächen behaftete Argumentationslinie, die bei Kapitalgesellschaften gegen einen identitätswahrenden Wegzug vorgebracht wird, somit erst recht nicht auf Personengesellschaften übertragen werden.[2768]

Etwas anderes ergibt sich auch nicht aus der durch Art. 3 MoMiG geänderten Vorschrift des § 106 Abs. 2 Nr. 2 HGB, welche mit Wirkung vom 1. November 2008 um den Zusatz ergänzt worden ist, dass bei der Handelsregistereintragung einer Personengesellschaft auch der „Ort, an dem sie ihren Sitz hat, und die inländische Geschäftsadresse" anzumelden ist.[2769] Ausweislich der Regierungsbegründung soll mit dieser Änderung bei in Deutschland tätigen, im Ausland gegründeten und nach der Geltung der nunmehr im Inland nach dem ausländischen Personalstatut anzuerkennenden Gesellschaften gewährleistet werden, dass eine Geschäftsadresse im Inland bekannt ist.[2770] Wenn der Gesetzgeber im Zuge der MoMiG-Reform einen zwingenden inländischen Verwaltungssitz für Personengesellschaften hätte vorschreiben wollen, dann hätte er dem Wortlaut nach vielmehr statuieren müssen, dass bei der Handelsregisteranmeldung „der Ort im Inland, an dem sie ihren Sitz hat", anzugeben sei.

b) Gründungsmöglichkeit in der Schweiz

Etwas anderes könnte sich mit Blick auf die schweizerische Kapitalgesellschaft & Co. KG ergeben, wenn diese bereits bei Gründung eine schweizerische Kapitalgesellschaft als persönlich haftende Gesellschafterin hat und aufgrund dessen

---

2763 *Saenger*, in: FS Pöllath, 2008, 295 (302).

2764 So haftet der Kommanditist nach § 176 HGB unbeschränkt, wenn seine Haftungsbeschränkung nicht im Handelsregister eingetragen und dem Gesellschaftsgläubiger auch nicht bekannt ist; vgl. Ebenroth/Boujong/Joost/Strohn HGB-*Strohn* § 171 Rn. 2.

2765 *Saenger*, in: FS Pöllath, 2008, 295 (302).

2766 *Saenger*, in: FS Pöllath, 2008, 295 (302).

2767 *Saenger*, in: FS Pöllath, 2008, 295 (302).

2768 *Saenger*, in: FS Pöllath, 2008, 295 (302).

2769 Oetker, HGB-*Weitemeyer*, 2. Auflage 2011 § 106 Rn. 24.

2770 Begr. RegE, BT-Drucks. 16/6140 S. 49.

zu keinem Zeitpunkt ein tatsächlicher Verwaltungssitz in Deutschland bestand.[2771]

Was die Möglichkeit der Gründung einer Gesellschaft mit Verwaltungssitz im Ausland anbelangt, so wird diese Möglichkeit vor allem im Hinblick auf Kapitalgesellschaften diskutiert, wobei überwiegend die Auffassung vertreten wird, eine Gesellschaft könne nur dann deutschem Recht unterliegen, wenn sie auch ihren Sitz in Deutschland habe.[2772] Begründet wurde dies vor allem mit der mangelnden Zuständigkeit für ein erforderliches Registerverfahren.[2773] An dieser Stelle bedarf es deshalb einer Klärung des in der Gründungsphase der Gesellschaft anwendbaren Gesellschaftsstatuts: Wenn der betreffende Gründungsstaat – wie die Schweiz dies über Art. 154 IPRG tut – kollisionsrechtlich die Gründungstheorie zugrunde legt, so ist darin eine verbindliche Rückverweisung nach Art. 4 Abs. 1 S. 1 EGBGB zu sehen, so dass eine nach deutschem Recht gegründete Gesellschaft trotz ihres ausländischen Verwaltungssitzes auch in Deutschland zunächst als wirksam gegründet anzusehen ist.[2774]

Was Kapitalgesellschaften betrifft, führt dieser *renvoi* zu §§ 4a GmbHG; 5 AktG, wonach auf der Grundlage des MoMiG ein inländischer Verwaltungssitz sachrechtlich nicht erforderlich ist.[2775] Demnach muss eine Kapitalgesellschaft auch im Falle eines ausländischen Verwaltungssitzes nach deutschem Sachrecht wirksam errichtet im Sinne der §§ 9c GmbHG; 38 AktG gelten.[2776]

Mit Blick auf die Gründung einer Personengesellschaft kommt es ebenfalls wiederum zu einem *renvoi*, so dass aus kollisionsrechtlicher Sicht auch eine nach deutschem Recht gegründete Personengesellschaft trotz ihres ausländischen Verwaltungssitzes in Deutschland zunächst als wirksam gegründet anzusehen ist.[2777] Jedoch scheitert nunmehr die wirksame Gründung der Personengesellschaft aufgrund des anwendbaren deutschen Sachrechts: Im Gegensatz zu

2771 Siehe zu dieser Differenzierung *Thiermann*, ZIP 2011, 988 (993).

2772 So insbesondere Staudinger BGB-*Großfeld,* IntGesR 1998, Rn. 86 ff.; anderer Auffassung sind *Leible/Hoffmann,* EuZW 2003, 677 (683). Siehe zur Problematik *Saenger*, in: FS Pöllath, 2008, 295 (306).

2773 *Saenger*, in: FS Pöllath, 2008, 295 (306).

2774 MünchKomm BGB-*Kindler*, IntGesR, 5. Aufl. 2010, Rn. 516. Anderer Auffassung ist demgegenüber *Thiermann*, ZIP 2011, 988 (993): „Dass zumindest für die Gründung einer deutschen Gesellschaft deutsches Recht anwendbar sein muss, wird nicht bezweifelt werden können. Ein international-privatrechtlicher Rückverweis auf deutsches Recht auf Basis der Gründungstheorie scheidet von vornherein aus, da die Gesellschaft vor der Gründung nicht existent ist."

2775 MünchKomm BGB-*Kindler*, IntGesR 5. Aufl. 2010, Rn. 516; Anders demgegenüber noch *ders.,* Der Konzern 2006, 811(815f.).

2776 Münchkomm BGB-*Kindler*, IntGesR 5. Aufl. 2010, Rn. 516.

2777 Münchkomm BGB-*Kindler*, IntGesR 5. Aufl. 2010, Rn. 516.

den für Kapitalgesellschaften nunmehr geltenden §§ 4a GmbHG, 5 AktG – ist bei Personengesellschaften keine freie Sitzwahl möglich.[2778] Überdies scheitert eine Handelsregistereintragung im Inland am Fehlen eines international und örtlich zuständigen Gerichts. Denn die Zuständigkeit ist an den „Sitz" geknüpft,[2779] womit nach § 106 Abs. 2 Nr. 2 HGB der Verwaltungssitz gemeint ist.

Beide Gründe vermögen jeodch nicht zu überzeugen: Erstens ist es nunmehr überfällig, auch Personengesellschaften im Zuge des MoMiG ausdrücklich eine freie Sitzwahl einzuräumen.[2780] Zweitens kann das handelsregisterrechtliche Argument mit Blick auf Personengesellschaften nicht die durchschlagende Kraft haben, denn falls die Registereintragung überhaupt erforderlich sein sollte, kommt ihr allenfalls deklaratorische, nicht aber konstitutive Wirkung zu. Wie bereits erläutert, verdankt die Personengesellschaft letztendlich ihre Existenz nicht dem Handelsregistereintrag.[2781] Dies muss nach derzeitiger Rechtslage im Ergebnis auch mit Blick auf die Auslandsgründung bei einer „ausländischen Kapitalgesellschaft und Co. KG" gelten.[2782]

Auf Grundlage der geltenden modifizierten Sitztheorie können die deutschen gesellschaftsrechtlichen Gründungsbestimmungen hingegen nur dann berufen sein, wenn sich bei der Gründung der tatsächliche Verwaltungssitz in Deutschland befindet.[2783] Mit Blick auf den Gründungsvorgang lässt sich sagen, dass dieser sich über einen gewissen Zeitraum erstreckt und erst mit Eintragung ins Handelsregister oder Aufnahme der Geschäftstätigkeit abgeschlossen ist; vgl. § 123 HGB. Wenn sich dagegen der tatsächliche Verwaltungssitz aufgrund einer geschäftsführenden schweizerischen Kapitalgesellschaft als persönlich haftende Gesellschafterin in der Schweiz befindet, dann ist auf Grundlage der „modifizierten Sitztheorie" vielmehr bereits das schweizerische Recht anwendbar.

2778 So jedenfalls die wohl noch herrschende Ansicht in Rechtsprechung BGH Urt. v. 27.5.1957 – II ZR 317/55, WM 1957; 999 = BB 1957, 799; Beschl. v. 9.1.1969 – IX ZB 567/66, WM 1969, 293 = MDR 1969, 662 = BB 1969, 329 = DB 1969, 343 und Lehre: MünchKommHGB-*Langhein,* § 106 Rn. 28; Ebenroth/Boujong/Jost/Strohn HGB-*Märtens* § 106, Rn. 13; Siehe dazu aber die zurecht kritisch *Koch,* ZHR 173 (2009), 101 (101ff.).

2779 Vgl. § 106 Abs. 1 HGB, § 105 FamFG.

2780 Für eine freie Verwaltungssitzwahl auch für Personengesellschaften plädieren auch *Hopt*, in: Baumbach/Hopt HGB § 106 Rn. 8, Ebenroth/Boujong/Jost/Strohn HGB-*Wertenbruch* § 105, Rn. 213; *von Gerkan/Haas*, in: Röhricht/Graf von Westphalen HGB § 106 Rn. 11; *Fingerhut/Rumpf* IPRax 2008 90 (93f.); *Koch,* ZHR 173 (2009), 101 (101ff.); *Zimmer/Naendrup*, NJW 2009, 545 (548).

2781 *Saenger*, in: FS Pöllath, 2008, 295 (302) u. (306).

2782 Münchkomm BGB-*Kindler*, IntGesR 5. Aufl. 2010, Rn. 516; *Ebenroth/Hopp*, JZ 1989, 883 (887 f).

2783 *Thiermann*, ZIP 2011, 988 (993).

Eine Rückverweisung auf deutsches Recht scheidet in diesem Fall von vornherein aus, da die Gesellschaft vor ihrer Gründung noch keine Existenz erlangt hat.[2784] Vor dem Hintergrund, dass zumindest für die Gründung einer deutschen Gesellschaft deutsches Recht anwendbar sein muss, ist die wirksame Entstehung einer schweizerischen Kapitalgesellschaft somit ausgeschlossen.[2785]

Im Ergebnis hat die Sitztheorie mit ihrer Einstrahlungswirkung ins materielle Recht zur Folge, dass die wirksame Entstehung einer deutsche Personalgesellschaft bei Gründung im Ausland verhindert wird, was erhebliche Rechtsunsicherheit und negativ Auswirkungen bei den Gesellschaftern zeitigt. Abgesehen von der nicht zu rechtfertigenden Ungleichbehandlung gegenüber Kapitalgesellschaften, verhindert dies im Ergebnis die wirksame Entstehung einer ausländischen Kapitalgesellschaft & Co. KG und damit die wirtschaftliche Tätigkeit einer slchen Gesellschaft im deutschen Rechtsraum.[2786]

2784 *Thiermann*, ZIP 2011, 988 (993).

2785 *Thiermann*, ZIP 2011, 988 (993).

2786 So im Ergebnis auch *Thiermann*, ZIP 2011, 988 (994).

V. Ergebnis

Die haftungsrechtlichen Vorteile einer GmbH & Co. KG lassen sich grundsätzlich auch durch eine Typenverbindung in der Form der „ausländischen juristischen Person & Co. KG“ erreichen. Die Rolle der Komplementär-GmbH übernimmt bei dieser Gestaltungsvariante eine ausländische Kapitalgesellschaft.[2787] Bereits im Jahr 1986 hat das BayObLG[2788] die grundsätzliche Zulässigkeit einer solchen Gestaltungsform in der Sache *Landshuter Druckhaus* bejaht:[2789] Voraussetzung ist es danach lediglich, dass die Rechtsfähigkeit der ausländischen Gesellschaft im Inland anzuerkennen ist und die Rechtsordnung der Gesellschaft, welche die Beteiligung einzugehen gedenkt, ihr dies nicht untersagt.[2790] Im Hinblick auf die schweizerische Kapitalgesellschaft & Co. KG hat die obergerichtliche Rechtsprechung des *OLG Stuttgart*[2791] sowie des *OLG Saarbrücken*[2792] die

---

2787 *Lüke*, in: Handbuch GmbH & Co. KG, § 4, Rn. 34.

2788 BayOblG v. 21.3.1986 – 3 Z 148/85; BayObLGZ 1986, 61 ff. = NJW 1986, 3029 ff = DB 1986, 1325 ff = GmbHR 1986, 305 ff IPRax 1986, 368 ff. = WM 1986, 968 ff. Das Gericht hatte darüber zu entscheiden, ob eine Kommanditgesellschaft mit einer englischen *limited company* (Ltd.) als Komplementärin unter der Firma „Landshuter Druckhaus Ltd. & Co. KG“ in das Handelsregister einzutragen war.

2789 Mit seiner Entscheidung vom 24.02.1997 hat der BGH bestätigt, dass vergleichbare Möglichkeiten auch für das Recht der KGaA gelten. Nach dieser höchstrichterlichen Grundsatzentscheidung ist es zulässig, die Position des persönlich haftenden Gesellschafters durch eine juristische Person zu ersetzen. Vgl. BGHZ 134, 392 ff. Zuvor bereits: OLG Hamburg, NJW 1969, 1030 ff.

2790 BayOblG, Beschl. vom 21.03.1986 – 3Z 148/85, GmbHR 305 (307).

2791 OLG Stuttgart, Beschl. v. 30. 3. 1995 – 8 W 355/93, ZIP 1995, 1004 m. Anm. *Mankowski* = JZ 1995, 795 mit Anm. *Großfeld* = IPRax 1995 397 m. Anm. *Kronke* sowie die Vorinstanz LG Stuttgart, Beschl. v. 11.05.1993 – 2 AktE 1/92 = ZIP 1993, 1406 = EWiR 1993, 917 = IPRax 1994, 293 m. Anm. *Großfeld/Johannemann*. Der Sache nach ging es in der Entscheidung um die Pflicht der deutschen Zwischen-Holding einer schweizerischen AG zur Bildung eines mitbestimmten Aufsichtsrats.

2792 OLG Saarbrücken Beschl. v. 21.4.1989 – 5 W 60/88, DB 1989, 1076 = GmbHR 1990, 348; DNotZ 1990, 194 = NJW 1990, 647; = JZ 1989, 904 m. Anm. *Ebenroth/Hopp* 883 = IPRax 1990, 324 m. Anm. *Großfeld/Strotmann* 298 = RIW 1990, 831 m. Anm. *Kronke* 799 = DNotZ 1990, 194 m. Anm. *Ebenroth/Auer* 139; OLG Stuttgart WM 1995, 928, 930 = IPRax 1995, 397 m. Anm. *Kronke* 377 = JZ 1995, 795 m. Anm. *Großfeld/Johannemann* = ZIP 1995, 1004 m. Anm. *Mankowski;* siehe dazu auch *Michalski,* NZG 1998, 762 (763); allerdings erfordert der notwendige Firmenzusatz einen klarstellenden Hinweis auf die besondere Rechtslage der Komplementärin. Die Firma einer ausländischen Kapitalgesellschaft & Co. KG dürfe demnach nicht etwa einfach „XY Vermögensverwaltung AG & Co. KG“, sondern müsse „XY Vermögensverwaltung AG schweizerischen Rechts & Co. KG“ heißen; siehe dazu *K. Schmidt*, Gesellschaftsrecht, 2002, § 56 VII 2.

Beteiligung einer schweizerischen Aktiengesellschaft als Komplementärin an einer deutschen KG ausdrücklich für zulässig erachtet.[2793] Auch im deutschen Schrifttum wird die Auslandskapitalgesellschaft & Co. KG einhellig anerkannt.[2794] Dies gilt nach der Rechtsprechung dann, wenn der ausländischen Gesellschaft nach ihrem Gesellschaftsstatut die Beteiligung an einer KG gestattet ist. Als Hauptgrund wird angeführt, dass eine ausländische Gesellschaft als solche auch in Deutschland grundsätzlich als rechtsfähig anerkannt werden könne, wenn diese wirksam errichtet worden ist. Probleme der Rechtsnormenvermischung könnten schließlich auch dann auftreten, wenn es um die unstreitig zulässige Beteiligung einer ausländischen natürlichen Person als Komplementärin einer deutschen KG geht.[2795] Vor dem Hintergrund des durchweg gewährleisteten hohen Schutzniveaus des schweizerischen Kapitalschutzsystems ist die entsprechende Anwendung der deutschen Kapitalschutzvorschriften auf die schweizerische Komplementärin abzulehnen.

2793 Anderer Ansicht ist aus der Rechtsprechung soweit ersichtlich lediglich das in seiner europarechtlich unhaltbaren Entscheidung betreffend eine Ltd. & Co. KG das AG Bad Oeynhausen Beschl. v 15.03.2005 – 16 AR 15/05GmbHR 2005, 692 = EWiR 2005, 541 m. abl. Komm. *Wachter;* aufgehoben durch LG Bielefeld, Beschl. v. 11.08.2005 – 24 T 19/05, GmbHR 2006, 89 = NZG 2006, 504.

2794 Siehe für die Zulässigkeit statt vieler etwa Baumbach/Hopt HGB-*Hopt* § 177 a HGB Anh. Rn. 11; MünchKomm BGB-*Ulmer*, 5. Aufl. 2009, § 705 BGB Rn. 76; Staub, GroßKomm HBG-*Ulmer* § 105 HGB Rn. 92; *Bokelmann,* DB 1972, 1426 (1426); *Grothe*, Ausländische Kapitalgesellschaft & Co. 1989, S. 332; *v. Bar,* JZ 1989, 186 (186f.); *Rehm* in: Eidenmüller (Hrsg.) Ausländische Kapitalgesellschaft 2004, § 4 Rn. 51 ff.; *Binz/Mayer*, GmbHR 2003, 249 (249f.); *Thiermann*, ZIP 2011, 988 (988f.). Anderer Ansicht sind demgegenüber Staudinger-*Großfeld*, IntGesR, Rn. 536 ff.; *Kieser,* Typenvermischung über die Grenze, 1988, S. 112 ff; *Ebke,* ZGR 1987, 245 (245 ff.); *Ebenroth/Wilken* JZ 1991, 1014 (1020f.).

2795 OLG Saarbrücken Beschl. v. 21.4.1989 – 5 W 60/88, DB 1989, 1076 = NJW 1990, 647 (647f.).

Fünfter Teil: Transnationale Umstrukturierungen

A. Grundlagen

I. Europäische Sicht

In den römischen Verträgen war bereits die Schaffung einer gemeinsamen europäischen Rechtsgrundlage für grenzüberschreitende Verschmelzungen angelegt:[2796] Nach Art. 295 EWG-Vertag war die Einleitung von Verhandlungen zur Sicherstellung „der Möglichkeit der Verschmelzung von Gesellschaften, die den Rechtsvorschriften verschiedener Mitgliedstaaten unterstehen", bereits im Jahr 1958 vorgesehen. Da angesichts der Komplexität der Frage der Weg über eine Harmonisierung ungeeignet erschien, sah man in den Verträgen die Kompetenz zum Abschluss eines völkerrechtlichen Vertrages vor.[2797] Schließlich wurde die gesetzgeberische Intervention für keine andere Umstrukturierungsmaßnahme als so vordringlich eingestuft,[2798] was sich bereits früh in der rechtswissenschaftlichen Debatte widerspiegelte:[2799] So wurde im Jahr 1965 die grenzüberschreitende Umstrukturierung zum primären Harmonisierungsprojekt auserkoren. Neben der Fusion sollten ursprünglich auch die Spaltung sowie damit vergleichbare Maßnahmen in einem einzigen europäischen Rechtsakt geregelt werden.[2800] Vor dem Hintergrund, dass noch nicht einmal alle damaligen Mitgliedstaaten ein Verschmelzungsrecht kannten, rückte man jedoch wieder von diesem Vorhaben ab und entschloss sich für eine nationale Lösung. Auf diese Weise erhoffte man sich, auch die bereits im Gange befindlichen Verhandlungen zu internationalen

---

2796 *Grundmann/Möslein*, in: Bayer/Habersack (Hrsg.) Aktienrecht im Wandel, 2007, S. 31 (72 Rn. 56); *Großfeld*, Internationales und Europäisches Unternehmensrecht, 1995, E. § 3 I, S. 100; *Lutter/Bayer/Schmidt*, Europäisches Gesellschafts- und Kapitalmarktrecht, 2012, § 23 Rn. 1.

2797 *Grundmann/Möslein*, in: Bayer/Habersack (Hrsg.) Aktienrecht im Wandel, 2007, S. 31 (72 Rn. 56).

2798 *Grundmann/Möslein*, in: Bayer/Habersack (Hrsg.) Aktienrecht im Wandel, 2007, S. 31 (72 Rn. 56).

2799 Siehe dazu das Plädoyer für die Zulässigkeit transnationaler Verschmelzungen anlässlich des VI. Internationalen Kongreß für Rechtsvergleichung von *Houin*, La Fusion de sociétés, in: Limpens (Hrsg.) Rapport Généraux au VIe Congrès international de droit comparé, 1964, S. 555 (562) : « Il n'en demeure pas moins qu'il est souhaitable, au sein du Marché commun, de permettre des fusions de sociétés dans un but d'integration économique et de progrès,… »

2800 *Nobel*, Internationales und Transnationales Aktienrecht, Bd. 2: Teil Europarecht (2012), Rn. 97, S. 194.

Verschmelzungen voranzutreiben.[2801] Aus diesem Grunde trennte man die Normierung der Spaltung ab, als diese sich als zunehmend komplex erwies.[2802] Es kam in der Folge zunächst die sog. Fusionsrichtlinie[2803] zustande, die stark von Einflüssen des romanischen Rechtskreises geprägt war.[2804] Mit dieser Richtlinie verfolgte man ein doppeltes Harmonisierungsziel: Einerseits werden die Mitgliedstaaten verpflichtet, in den jeweiligen nationalen Rechtsordnungen für Aktiengesellschaften das Rechtsinstitut der Verschmelzung zu verankern.[2805] Zugleich sollte andererseits im Interesse des Aktionärs- und Drittschutz die Regelungen über das Verschmelzungsverfahren harmonisiert werden.[2806]

Das in den Art. 5 ff. der Richtlinie konzipierte Verfahrensinstrumentarium wird inzwischen als „europäisches Modell für Strukturmaßnahmen"[2807] oder als „Basisrechtsakt für ein Europäisches Recht der Strukturmaßnahmen"[2808] betrachtet. Damit wurde mit der Verabschiedung der Richtlinie im Jahr 1978 aus heutiger Sicht das wesentliche Fundament für das europäische Recht der Umstrukturierungen gelegt:[2809] Darauf bauen neben der 10. Richtlinie betreffend die grenzüberschreitende Verschmelzung[2810] sowie die Verschmelzungsvorschriften

2801 *Nobel*, Internationales und Transnationales Aktienrecht, Bd. 2: Teil Europarecht (2012), Rn. 99, S. 194.

2802 *Grundmann*, Europäisches Gesellschaftsrecht, 2011, § 25 Rn. 874, S. 522/3.

2803 Dritte Richtlinie 78/855/EWG des Rates vom 9. Oktober 1978 gemäß Artikel 54 Absatz 3 Buchstabe g) des Vertrages betreffend die Verschmelzung von Aktiengesellschaften ABl. EG L 295 v. 20.10.1978, S. 36–43.

2804 *Lutter/Bayer/Schmidt*, Europäisches Unternehmens- und Kapitalmarktrecht, 2012, § 21 Rn. 2, S. 587.

2805 Die Beschränkung auf Aktiengesellschaften war umstritten; zumal eine Parallelregelung für die GmbH angedacht war; siehe *Grundmann*, Europäisches Gesellschaftsrecht, 2011, § 25 Rn. 876, S. 524.

2806 *Lutter/Bayer/Schmidt*, Europäisches Unternehmens- und Kapitalmarktrecht, 2012, § 21 Rn. 2, S. 587/8.

2807 *Lutter/Bayer/Schmidt*, Europäisches Unternehmens- und Kapitalmarktrecht, 2012, § 21 Rn. 3, S. 588.

2808 Siehe den gleichnamigen von *Karl Riesenhuber* anlässlich der 2. Erlanger Europarechtstage am 20. Juni 2003 gehaltenen Vortrag; abgedruckt in NZG 2004, 15 (15) sowie ihm folgend *Grundmann*, Europäisches Gesellschaftsrecht, 2011, § 25 Rn. 868, S. 520.

2809 *Lutter/Bayer/Schmidt*, Europäisches Unternehmens- und Kapitalmarktrecht, 2012, § 21 Rn. 3, S. 588.

2810 Richtlinie 2005/56/EG des Europäischen Parlaments und des Rates vom 26. Oktober 2005 über die Verschmelzung von Kapitalgesellschaften aus verschiedenen Mitgliedstaaten; ABl. L 310 vom 25.11.2005, S. 1–9.

der SE-VO[2811] auch die 6. Spaltungsrichtlinie[2812] auf, die schließlich im Jahr 1986 in Kraft trat.[2813] Die Spaltungsrichtlinie bezieht sich jedoch allein auf binnenrechtliche Spaltungsvorgänge.[2814] Im Gegensatz zur 3. Fusionsrichtlinie sieht die Spaltungsrichtlinie auch keine Verpflichtung der Mitgliedstaaten zur Regelung des Rechtsinstituts der Spaltung im jeweiligen nationalen Recht vor.[2815]

Während in der darauffolgenden Zeit grenzüberschreitende Umstrukturierungsvorgänge nicht auf der Agenda des europäischen Gesetzgebers standen, sahen sich Parlament und Rat schließlich veranlasst „unter dem Damoklesschwert des bevorstehenden *SEVIC*-Urteils",[2816] im Jahr 2005 die Verschmelzungsrichtlinie[2817] zu erlassen.[2818] Mit der 10. Richtlinie (sog. Verschmelzungsrichtlinie)[2819] konnte mit Blick auf grenzüberschreitende Verschmelzung von Kapitalgesellschaften aus verschiedenen EU-/EWR-Mitgliedstaaten auf europäischer Ebene inzwischen ein klarer Rechtsrahmen geschaffen werden.

Nach der Schilderung des bisherigen Stands soll nun der Blick auf die Perspektiven des Europäischen Gesellschaftsrechts gewendet werden:[2820] Der am 12. Dezember 2012 vorgestellte Aktionsplan „Europäisches Gesellschaftsrecht

---

2811 Siehe Art. 17–31 der Verordnung (EG) Nr. 2157/2001 des Rates vom 8. Oktober 2001 über das Statut der Europäischen Gesellschaft (SE); ABl. EG Nr. L 294 S. 1.

2812 Sechste Richtlinie 82/891/EWG des Rates vom 17. Dezember 1982 gemäß Artikel 54 Absatz 3 Buchstabe g) des Vertrages betreffend die Spaltung von Aktiengesellschaften, ABl. L 378 vom 31. 12. 1982 S. 47 ff.

2813 Richtlinie 2005/56/EG des Europäischen Parlaments und des Rates vom 26. Oktober 2005 über die Verschmelzung von Kapitalgesellschaften aus verschiedenen Mitgliedstaaten; ABl. L 310 vom 25.11.2005, S. 1–9.

2814 *Weller*, Handels- und Gesellschaftsrecht, in: Gebauer/Wiedemann (Hrsg.) Zivilrecht unter europäischem Einfluss, Stuttgart 2010, S. 993 Rn. 52.

2815 *Lutter/Bayer/Schmidt*, Europäisches Gesellschafts- und Kapitalmarktrecht, 2012, § 22 Rn. 3, S.657.

2816 So die Formulierung von *Behrens*, EuZW 2013, 121 (122); vgl. EuGH, Urt. v. 13.12.2005 – C-411/03, *SEVIC*, Slg. I-10805

2817 Richtlinie 2005/56/EG des Europäischen Parlaments und des Rates vom 26. Oktober 2005 über die Verschmelzung von Kapitalgesellschaften aus verschiedenen Mitgliedstaaten ABl. EU Nr L 310/1 v 25.11.2005; siehe dazu *Habersack/Verse*, Europäisches Gesellschaftsrecht 2011, § 8, S. 262 ff..

2818 *Behrens*, EuZW 2013, 121 (122).

2819 Richtlinie 2005/56/EG des Europäischen Parlaments und des Rates vom 26. Oktober 2005 über die Verschmelzung von Kapitalgesellschaften aus verschiedenen Mitgliedstaaten, Amtsbl. EG L 310 vom 25.11.2005.

2820 Siehe zu Stand und Perspektiven des Europäischen Gesellschaftsrechts *Habersack/Verse*, Europäisches Gesellschaftsrecht 2011, § 4, S. 61ff.

und Corporate Governance"[2821] sieht neben einer Überarbeitung der 10. Richtlinie[2822] auch die Schaffung eines Rechtsrahmens für grenzüberschreitende Spaltungen vor.[2823] Gesetzestechnisch ist es angedacht, die grenzüberschreitende Spaltung in die 10. Richtlinie zu integrieren.[2824] Geplant ist zudem, die Kodifizierung der wichtigsten gesellschaftsrechtlichen Richtlinien als „veritables Mamutprojekt" in einem einzigen Regelungsinstrument zusammenzufassen.[2825]

Im Europäischen Umstrukturierungsrecht finden sich drei geregelte Maßnahmen:[2826] Zu ersten Kategorie gehören Maßnahmen, die gemäß Richtlinien in nationales Recht umzusetzen sind. Die zweite Kategorie umfasst solche Maßnahmen, die einen gewissen Mindestschutz vorsehen, falls sich die Mitgliedstaaten entscheiden, diese in den jeweiligen nationalen Rechtsordnungen zu normieren. In diese Kategorie fällt überraschenderweise auch die Spaltung: Zwar sind die Mitgliedstaaten nicht verpflichtet, das Rechtsinstitut der Spaltung in ihre nationalen Rechtsordnungen zu übernehmen; gleichwohl greifen die Schutzmechanismen der Spaltungsrichtlinie, wenn sie sich dafür entscheiden.[2827] Zur dritten Kategorie zählen schließlich Fusionen und Spaltungen im wirtschaftlichen Sinne, die weder unter die 3. oder 6. Richtlinie fallen, jedoch Gegenstand anderer Maßnahmen sind.[2828]

2821 Mitteilung der Kommission vom 12.12.2012 an das Europäische Parlament, den Rat, den Europäischen Wirtschafts- und Sozialausschuss und den Ausschuss der Regionen. Aktionsplan: Europäisches Gesellschaftsrecht und Corporate Governance – ein moderner Rechtsrahmen für engagiertere Aktionäre und besser überlebensfähige Unternehmen, KOM(2012) 740; 4.2. und Anhang. Siehe dazu *Hopt* ZGR 2013, 165 (194ff.); *Behrens*, EuZW 2013, 121 (121ff.); *Bayer/Schmidt* BB 2013, 3 (3ff.); *Schmidt*, GmbHR 2013, R33 (R33f.)

2822 Mitteilung der Kommission, KOM(2012) 740; 4.2. und Anhang.

2823 Mitteilung der Kommission, KOM(2012) 740; 4.3. und Anhang.

2824 *Bayer/Schmidt* BB 2013, 3 (15).

2825 *Schmidt*, GmbHR 2013, R33 (R34) ein dahingehender Vorschlag soll im Jahr 2013 unterbreitet werden.

2826 Siehe dazu die Kategorisierung bei *Nobel*, Internationales und Transnationales Aktienrecht, Bd. 2: Teil Europarecht (2012), Rn. 105-112, S. 196-8.

2827 *Nobel*, Internationales und Transnationales Aktienrecht, Bd. 2: Teil Europarecht (2012), Rn. 110, S. 197.

2828 Zum Beispiel Maßnahmen, die in den Anwendungsbereich der Richtlinie 2009/133/EG des Rates vom 19. Oktober 2009 über das gemeinsame Steuersystem für Fusionen, Spaltungen, Abspaltungen, die Einbringung von Unternehmensteilen und den Austausch von Anteilen, die Gesellschaften verschiedener Mitgliedstaaten betreffen, sowie für die Verlegung des Sitzes einer Europäischen Gesellschaft oder einer Europäischen Genossenschaft von einem Mitgliedstaat in einen anderen Mitgliedstaat ABl. EG L 310 vom 25.11.2009, S. 34–46 (sog. Fusionsbesteuerungs-Richtlinie) oder Verordnung. (EG) Nr. 139/2004 des Rates vom 20. Januar 2004 über die Kontrolle von Un-

II. Schweizerische Sicht

Der schweizerische Gesetzgeber hat die grenzüberschreitende Verlegung einer Gesellschaft ohne Liquidation und Neugründung unter gleichzeitigem Statutenwechsel im Sinne einer „Um-Inkorporation“ bereits im Jahr 1989 im IPRG gesetzlich geregelt.[2829] Bis zum Inkrafttreten des Fusionsgesetzes im Jahr 2004 waren dies die einzigen gesetzlich geregelten grenzüberschreitenden Umstrukturierungstatbestände.[2830] Die schweizerische IPRG-Kodifikation hat damit auf dem europäischen Kontinent eine Vorreiterrolle hinsichtlich der Normierung grenzüberschreitender Strukturänderungen im Internationalen Privatrecht eingenommen,[2831] während im internationalen Umfeld demgegenüber Bestimmungen zur transnationalen Sitzverlegungs- und Umstrukturierungsvorgängen eher die Ausnahme bildeten.[2832]

Das so reformierte IPRG unterscheidet – wie bei der schon bisher geltenden Regelung der Sitzverlegung – nun auch bei Fusion und Spaltung primär danach, ob ein Rechtsträger immigriert oder emigriert.[2833] Der Grund für diese Differenzierung liegt darin begründet, dass der schweizerische Gesetzgeber sich mit seiner Regelung zunächst darauf beschränken wollte, was mit bestehenden oder neuen schweizerischen Rechtsträgern zu geschehen hat, bevor oder nachdem sie einem ausländischen Gesellschaftsstatut unterstehen; dabei überlässt dieser es aber „im Übrigen“ dem ausländischen Gesellschaftsrecht,[2834] was mit seinen (bisherigen oder neuen) Rechtsträgern zu geschehen hat.[2835]

Zentrales Merkmal grenzüberschreitender Umstrukturierungstatbestände ist, dass dabei mindestens zwei Gesellschaftsstatute zu berücksichtigen sind.[2836] Über die bereits existierenden Bestimmungen zur Sitzverlegungsverlegung hinaus regelt das schweizerische Fusionsgesetz vom 3. Oktober 2003 nunmehr ausdrücklich auch die transnationale Fusion, Spaltung und die Vermögensübertra-

---

ternehmenszusammenschlüssen, Abl. EG L 24/1 v. 29.1.2004, S. 1 (sog. Fusionskontrollverordnung) fallen.

2829 Nämlich die Immigration in den Art. 161-162 IPRG, sowie die Emigration in den Art. 163-164 IPRG; BaslerKomm FusG-*Girsberger/Rodriguez* vor Art. 161-164b IPRG Rn. 2 sowie *dies.*, SZW 2004, S. 259 (259).

2830 Bundesgesetz vom 3. Oktober 2003 über Fusion, Spaltung, Umwandlung und Vermögensübertragung (Fusionsgesetz, FusG) (*SR* 221.301).

2831 BaslerKomm FusG-*Girsberger/Rodriguez* vor Art. 161-164b IPRG Rn. 22.

2832 BaslerKomm FusG-*Girsberger/Rodriguez* vor Art. 161-164b IPRG Rn. 21.

2833 *Girsberger/Rodriguez,* SZW 2004, S. 259 (263).

2834 vgl. z.B. Art. 163b Abs. 4 IPRG.

2835 BaslerKomm FusG-*Girsberger/Rodriguez* vor Art. 161-164b IPRG Rn. 8.

2836 Stämpflis HK FusG-*Courvoisier*, vor Art. 161-164b IPRG, Rn. 3.

gung.[2837] Die transnationale Fusion bildet im schweizerischen IPRG den Grundtatbestand der grenzüberschreitenden Umstrukturierungen; innerhalb der Vorschriften der Spaltung und der Vermögensübertragung wird weitgehend auf die kollisionsrechtlichen Bestimmungen zur Fusion verwiesen.[2838] Demgegenüber hält das Gesetz keine besondere Regelung für die grenzüberschreitende Umwandlung bereit. Im Unterschied zur deutschen Rechtsterminologie ist dieser Begriff nicht als Obergriff für sämtliche vom UmwG erfassten grundsätzlich rechtsträgerübergreifend stattfindende Umstrukturierungen zu verstehen,[2839] sondern erfasst werden nach schweizerischem Verständnis die „Änderungen der Rechtsform einer Gesellschaft unter Fortbestand aller vermögens- und mitgliedschaftlichen Beziehungen".[2840] Im deutschen Recht ist demgegenüber in terminologischer Hinsicht der Formwechsel begrifflich an die Stelle des alten Wortes der Umwandlung getreten.[2841]

Während Art. 53 FusG die Umwandlung allgemein regelt, fehlt im schweizerischen IPRG eine besondere Regelung der grenzüberschreitenden Umwandlung. Der Grund ist darin zu sehen, dass eine grenzüberschreitende Umwandlung nichts anderes als eine grenzüberschreitende Verlegung der Gesellschaft mit anschließender Umwandlung der innerstaatlichen Rechtsform beschreibt.[2842] Für eine solche formwechselnde grenzüberschreitende Sitzverlegung findet sich bereits in Art. 161–163 IPRG eine Regelung, diese wurde im Zusammenhang mit der grenzüberschreitenden Verlegung des Satzungssitzes angesprochen.

Diese einzelnen Strukturanpassungsmaßnahmen sollen im Folgenden zunächst erläutert werden, um danach aus internationalprivatrechtlicher Sicht zu bewerten, ob diese im Verhältnis Deutschland – Schweiz realisiert werden können. Die angesprochenen Strukturmaßnahmen sollen dabei zunächst definiert werden, um eine erste rechtliche Einordnung vornehmen zu können. Im Rahmen dieses Kapitels wird zunächst die grenzüberschreitende bzw. transnationale Fusion dargestellt; sie bildet im IPRG gesetzessystematisch den Grundtatbestand der grenzüberschreitenden Umstrukturierung:[2843] Unter einer Fusion wird dabei im Grundsatz die Verbindung zweier Gesellschaften zu einer einzigen *uno actu* unter Zusammenführung oder Abgeltung der Gesellschafter unter Zusammenführung der Vermögen der beteiligten Gesellschaften unter Ausschluss der Sin-

2837 Vgl. Art. 163a, 163b, 163d IPRG.
2838 BaslerKomm FusG-*Girsberger/Rodriguez* vor Art. 161-164b IPRG Rn. 3.
2839 *Semler/Stengel*, UmwG, Einl. A 3.
2840 Botschaft, S. 4357.
2841 KölnerKomm-*Petersen*, § 190 UmwG Rn. 1.
2842 BaslerKomm FusG-*Girsberger/Rodriguez* vor Art. 161-164b IPRG Rn. 6.
2843 BaslerKomm FusG-*Girsberger/Rodriguez* vor Art. 161-164b IPRG Rn. 3.

gularsukzession verstanden.[2844] Von einer Fusion unterscheidet sich demgegenüber die Spaltung dadurch, dass bei dieser das Vermögen der übertragenden Gesellschaft aufgeteilt und zumindest ein Teil auf eine neue oder bestehende Gesellschaft übertragen wird.[2845] Im Gegensatz zu Fusion und Spaltung wird bei der Vermögensübertragung lediglich das gesamte oder ein Teil des Vermögens einer Gesellschaft auf eine andere übertragen, während die Gesellschafterstellung unberührt bleibt.[2846] Das Institut der Vermögensübertragung existierte bislang nicht; es ist eine innovative Schöpfung des Fusionsgesetzes.[2847]

Nicht erfasst von den Bestimmungen der Art. 163a ff. IPRG – ebenso wenig wie vom FusG – sind insbesondere die grenzüberschreitenden fusionsähnlichen Zusammenschlüsse, was Anlass zur Kritik bietet.[2848] Diese wurden durch die Rechtspraxis für die Fälle entwickelt, in denen eine echte Fusion nicht möglich war.[2849] In Betracht kommen zunächst die sog. Quasi-Fusionen: Dabei handelt es sich um Tauschgeschäfte, „durch die eine Gesellschaft gegen Hingabe eigener Beteiligungsrechte die Mehrheitsbeteiligung einer anderen Gesellschaft erwirbt“.[2850] Die übernommene Gesellschaft bleibt nach einem solchen Anteilstausch weiter bestehen und wird zumeist als Tochtergesellschaft der erwerbenden Kapitalgesellschaft weitergeführt. Die kollisionsrechtliche Beurteilung einer solchen grenzüberschreitenden Quasi-Fusion richtet sich nach den traditionellen Anknüpfungen des Vertrags- und des Sachenrechts.[2851]

Auch die grenzüberschreitende „unechte“ Fusion bzw. *asset deal* ist weder vom IPRG noch dem FusG erfasst.[2852] Im Rahmen einer „unechten“ Fusion werden sämtliche Aktiven und Passiven der übertragenden Gesellschaft im We-

---

2844 Die Frage danach, ob dieser Vorgang als Vermögensübergang im Wege der Universalsukzession erfolgt, betrifft lediglich die dogmatische Konstruktion; für den Begriff der Fusion bliebt dies ohne Bedeutung; siehe Stämpflis HK FusG-*Courvoisier*, vor Art. 161-164b IPRG, Rn. 6.Stämpflis HK FusG-*Courvoisier*, vor Art. 161-164b IPRG, Rn. 3.

2845 Stämpflis HK FusG-*Courvoisier*, vor Art. 161-164b IPRG, Rn. 7.

2846 Siehe Botschaft, 4362; siehe zur Abgrenzung von Spaltung und Vermögensübertragung *Wälti*, Der Anwendungsbereich der Vermögensübertragung, 2013, S. 113 ff

2847 *Tschäni*, ZSR 2004, 83 (83); siehe eingehend zur Entstehungsgeschichte des Rechtsinstitutes der Vermögensübertragung *Wälti*, Der Anwendungsbereich der Vermögensübertragung, 2013, S. 71 ff.

2848 Siehe kritisch zur Nichteinbeziehung von Quasifusionen in das FusG, *Nobel*, ZSR 117 (1998), 355 (356).

2849 *Böckli,* Schweizer Aktienrecht, 2009, S. 338 Rn. 3.

2850 Botschaft, S. 4508.

2851 BaslerKomm FusG-*Girsberger/Rodriguez* vor Art. 161-164b IPRG Rn. 3; ZürchKomm IPRG-*Vischer* vor Art. 161-164b IPRG Rn. 6.

2852 BaslerKomm FusG-*Girsberger/Rodriguez* vor Art. 161-164b IPRG Rn. 3

ge einer Sacheinlage in die andere Gesellschaft eingebracht. Im Anschluss daran wird die übertragende Gesellschaft aufgelöst und liquidiert. Die der übertragenden Gesellschaft als Gegenleistung für die Sacheinlage gewährten Anteilsrechte an der aufnehmenden Gesellschaft werden sodann im Zuge der Liquidation als Liquidationserlös an die Anteilseigner der übertragenden Gesellschaft ausgekehrt.[2853] Im Ergebnis führt die unechte Fusion letztendlich zum selben Resultat wie eine echte im Rahmen des FusG geregelte Fusion, ohne dass dabei jedoch die dort vorgesehenen Schutzvorschriften zum Schutz der Gesellschafter der übertragenden Gesellschaft einzuhalten wären; vgl. Art. 3 ff. FusG.[2854] Daraus wird in der Literatur der Schluss gezogen, dass die „unechte" Fusion mit Inkrafttreten aus schweizerischer Sicht nicht mehr zulässig sei, da diese die Schutzbestimmungen des FusG verletze.[2855] Auch handelt es sich um ein recht kompliziertes Verfahren, was in der Praxis selten gewählt werden dürfte, da die Einlage in die übernehmende Gesellschaft nämlich – im Unterschied zur echten Fusion – im Wege der Singularsukzession erfolgt.[2856]

1. Nationale Strukturanpassungen im früheren schweizerischen Recht

Bevor auf die internationalen Strukturanpassungsvorgänge eingegangen wird, soll kurz die vorherige Rechtslage in der Schweiz mit Blick auf nationale Unternehmensumstrukturierungen beleuchtet werden. Erst wenn diese rechtliche Grundlage gelegt ist, erschließt sich die gesetzgeberische Entwicklung in der Schweiz, die insbesondere auch dem Verständnis internationaler Sachverhalte dienlich ist.

Das frühere schweizerische Recht stand unternehmerischen Strukturanpassungen zunächst wenig aufgeschlossen gegenüber: Ursprünglich ging es von der Idee aus, eine Gesellschaft habe grundsätzlich „von der Wiege bis zur Bahre" das gleiche Rechtskleid zu tragen.[2857] Änderungen sollten im Prinzip nur auf dem Weg über die Liquidation und anschließender Neugründung möglich sein.[2858] Von diesem Grundsatz gab es indes Ausnahmen: So waren die Fusion

---

2853 *Helbing*, Internationale Sitzverlegungen und Umstrukturierungen, 2010, § 6 Rn. 166; *Tschäni*, M&A-Transaktionen nach Schweizer Recht, 2003, S. 267 Rn. 100.

2854 *Helbing*, Internationale Sitzverlegungen und Umstrukturierungen, 2010,§ 6 Rn. 166.

2855 So die Auffassung von; *Beretta*, in: von Büren (Hrsg.) Schweizerisches Privatrecht – Stukturanpassungen Bd. VIII/8 (2006), Numerus Clausus § 5 II 2. b), S. 50 f.; *Helbing*, Internationale Sitzverlegungen und Umstrukturierungen, 2010, § 6 Rn. 166; anderer Ansicht ist dagegen BaslerKomm FusG-*Morscher* Art. 4 FusG Rn. 11.

2856 *Tschäni*, M&A-Transaktionen nach Schweizer Recht, 2003, S. 267 Rn. 100.

2857 *Meier-Hayoz/Forstmoser*, Schweizerisches Gesellschaftsrecht 2012, § 25 Rn. 9.

2858 *Meier-Hayoz/Forstmoser*, Schweizerisches Gesellschaftsrecht 2012, § 25 Rn. 9.

von AGs (nicht aber zweier GmbHs[2859]), die Umwandlung einer AG in eine GmbH (nicht aber umgekehrt) und die Übernahme des Vermögens einer AG oder Genossenschaft durch eine Körperschaft des öffentlichen Rechts zulässig.[2860]

In der Lehre wurde hingegen immer wieder die Frage aufgeworfen, ob diese gesetzliche Ordnung als abschließend zu betrachten und nicht vielmehr auch Fusionen bei anderen juristischen Personen zulässig seien.[2861] Diesem legitimen Bedürfnis wurde durch eine liberale Praxis der Registerbehörden und des Bundesgerichts[2862] beispielsweise mit Blick auf die vom Gesetzgeber nicht geregelten Fälle der Fusion von Stiftungen und Vereinen Rechnung getragen – dies insbesondere, weil man keinerlei schützenswerte Interessen gefährdet sah.[2863] Eine solche Lückenfüllung *praeter legem* stieß jedoch insbesondere bei rechtsformübergreifenden Fusionen an ihre Grenzen: Zwar sind wenige Ausnahmefälle[2864]

2859 ZürchKomm-FusG-*Vischer,* Einleitung Rn. 2. Gerade mit Blick auf das GmbH-Recht konnte eine teils widersprüchliche Rechtslage konstatiert werden: Die herrschende Literatur schloss nämlich aufgrund eines Schweigens des Gesetzgebers auf die Unzulässigkeit der Fusion zwischen zwei GmbHs. Demgegenüber wurde jedoch die Fusion mit einer Körperschaft des öffentlichen Rechts durchweg befürwortet.

2860 Im Sinne einer „Verstaatlichung". Demgegenüber war die Privatisierung staatlicher Institutionen gesetzlich nicht vorgesehen, vgl. *Meier-Hayoz/Forstmoser*, Schweizerisches Gesellschaftsrecht, 2012, § 25 Rn. 10.

2861 Das Obligationenrecht kannte eine ganze Anzahl von (Ausnahme-)Vorschriften, die auch Regelungen zu einer sog. rechtsformübergreifenden Fusion enthielten. So sanktionierten Art. 750 und 770 Abs. 3 OR die Fusion zwischen einer Aktiengesellschaft und einer Kommanditaktiengesellschaft. Das Genossenschaftsrecht diffenzierte zwischen zwei Genossenschaftstypen, wobei Art. 914 OR eine Fusion dieser verschiedenen Genosschenschaftstypne nicht entgegenstand. Sodann gestattete Art. 751 und 915 OR die liquidationslose Übernahme von Aktiengesellschaften und Genossenschaften durch Körperschaften des öffentlichen Rechts. Siehe zum Ganzen *Vischer*, SZW/RSDA 1993, 1 (4).

2862 Siehe zur Umwandlung einer GmbH in eine AG etwa BGE 125 III, 18 ff. Nach damaliger Rechtslage war indessen nur der Wechsel von einer AG in eine GmbH, nicht aber umgekehrt vorgesehen; vgl. die früheren Art. 824–826 OR. Im Bereich des Vereinsrechts hat das Bundesgericht bereits früh mit dem Entscheid 57 II 1 ff. die Fusion zwischen zwei Vereinen im Wege der Absorption als zulässig erachtet. Zum Stiftungsrecht ist das Bundesgericht in seinem Entscheid 115 II 415 zu einem im Resultat gleichen Schluss gelangt: Eine Fusion von Stiftungen durch Absorption ist demnach ebenfalls zulässig.

2863 *Meier-Hayoz/Forstmoser*, Schweizerisches Gesellschaftsrecht 2012, § 25 Rn. 13 spricht von „heiklen Gradwanderungen".

2864 Gemäß Art. 750 OR und Art. 770 Abs. 3 OR war lediglich zwischen Aktiengesellschaften und Kommanditaktiengesellschaften eine rechtsformübergreifenden Fusion gesetzlich vorgesehen; siehe *Wälti*, Der Anwendungsbereich der Vermögensübertra-

einer solchen Lückenfüllung bekannt; die schweizerische Literatur[2865] lehnte aber fast einhellig die rechtsformübergreifende Fusion ab.

Zusammenfassend bleibt demnach festzuhalten, dass die schweizerische Doktrin von einer durchweg positivistischen Auffassung geprägt war. Sie ging fast einmütig davon aus, dass die wenigen gesetzlichen Regelungen des OR abschließend seien und keine Lücken enthalten und dementsprechend auch keine Erweiterung zulasse.[2866]

2. Internationale Strukturanpassungen im früheren schweizerischen Recht

Vor dem Hintergrund dieser lückenhaften und wenig Rechtssicherheit bietenden materiellen Rechtslage in Hinblick auf Strukturanpassungsvorgänge erscheint es kaum verwunderlich, dass Sitzverlegungen, Fusionen und Spaltungen gar über die Grenzen der Rechtsordnungen hinweg bis auf weiteres kaum Berücksichtigung im Schrifttum fanden.[2867] Allenfalls sporadisch kamen internationale Aspekte zur Sprache: Bereits im Jahr 1917 befasste sich jedoch ein englisches Gericht mit einer grenzüberschreitenden Fusion mit Bezug zur Schweiz: In der Rechtssache *Aramayo Francke Mines Ltd.*[2868] versuchte eine in England inkorporierte Gesellschaft mit einer neu in Genf errichteten Aktiengesellschaft zu fusionieren, „upon the basis of an exchange of shares of equal values and the assumption by the Swiss company of the liabilities and engagements of this company".[2869] Der in der Sache entscheidende *Court of Appeals* ging hingegen nicht auf die Frage der juristischen Zulässigkeit einer solchen grenzüberschrei-

---

gung, 2013, S. 18. Bereits im Jahr 1948 hat jedoch der Solothurner Regierungsrat die Aufhebung einer Personalfürsorgestiftung und ihre Verschmelzung mit einer genossenschaftlichen Pensionskasse der gleichen Firma bewilligt – dies, nachdem jedoch alle Destinatäre der Stifterfirma und die Genossenschaft zugestimmt hatten; vgl. BernerK-*Riemer,* Bd., I/3.3, Art. 88/89 ZGB Rn. 77ff. Ende 1990 schließlich hat das Handelsregister des Kantons Zürich eine Fusion zwischen einer Aktiengesellschaf und einer GmbH eingetragen. *Küng* hat sich ausdrücklich für die Zulässigkeit einer rechtsformübergreifenden Fusion ausgesprochen hat vgl. *Ders.,* SZW 1991, 245 (245ff.).

2865 Siehe bereits *Wieland*, Handelsrecht Bd. II (1931), S. 363.

2866 ZürchKomm-FusG-*Vischer,* Einleitung Rn. 2.

2867 *Bessenich*, AJP 2004, 851 (851).

2868 In re *Aramayo Francke Mines Ltd.* 1 Ch. 451 (1917) – C.A. 23. Januar 1917. Siehe dazu *Rabel*, The Conflict of Laws: A Comparative Study, Bd. II (1947), S. 55 in Fn. 92; sowie den Bericht von *Langford Lewis*, 61 Solic. J. & Wkly. Rep. 225 (1916-1917), 232 (232f.).

2869 In re *Aramayo Francke Mines Ltd.* 1 Ch. 451 (1917) – C.A. 23. Januar 1917. Siehe dazu *Rabel*, The Conflict of Laws: A Comparative Study, Bd. II (1947), S. 55 in Fn. 92 sowie den Bericht von *Langford Lewis*, 61 Solic. J. & Wkly. Rep. 225 (1916-1917), 232 (232f.).

tenden Fusion ein, da der Gesellschaft die Hinausverschmelzung allein schon auf Grundlage des *Trading with the Enemy Act* von 1914 verweigert wurde.[2870] Obwohl es der gesellschaftsrechtlichen Struktur nach um eine grenzüberschreitende Fusion ging, standen in der Entscheidung somit allein die Vermeidung der Kriegsteuer sowie die Gefahr in Rede, dass die fusionierte Gesellschaft in der Schweiz als kriegswichtiger Lieferant der Munitionsindustrie unter feindlichen deutschen bzw. österreichischen Einfluss zu geraten drohe.[2871]

Die ältere schweizerische Lehre stützte sich im Wesentlichen auf den Beitrag von *Arthur Meier-Hayoz* zum fünften internationalen Kongress für Rechtsvergleichung in Brüssel 1958 „Sitzverlegung juristischer Personen von und nach der Schweiz".[2872] Die Lehre ging von einem absolut wohlerworbenen Recht des Gesellschafters auf Beibehaltung des schweizerischen Gesellschaftsstatuts aus. Erst Ende der 1960er Jahre kam es mit Blick auf grenzüberschreitende Umstrukturierungen zu weiteren Auseinandersetzungen im schweizerischen Schrifttum.[2873]

Als einziger Vorgang mit internationalem Bezug war bereits die grenzüberschreitende Verlegung einer Gesellschaft in den Artikeln 161 bis 164 IPRG gesetzlich geregelt.[2874] Art. 161 IPRG regelt die Verlegung einer Gesellschaft vom Ausland in die Schweiz, Art. 163 IPRG die Verlegung der Gesellschaft aus der Schweiz ins Ausland. Damit war bereits eine wesentliche Voraussetzung für eine internationale Fusion geschaffen. Das IPRG gestattete nämlich bereits in der Zeit vor Inkrafttreten des FusG, dass eine ausländische Gesellschaft ohne Liquidation und Neugründung, also identitätswahrend, dem schweizerischen Recht und umgekehrt eine schweizerische Gesellschaft wiederum ohne Liquidation

2870 Trading with the Enemy Act, 1914 (4 & 5 Geo. 5, c. 37), sec. 11; Trading with the Enemy Amendment Act,, 1914 (5 Geo. 5, c. 12), sec. 3.

2871 In re *Aramayo Francke Mines Ltd.* 1 Ch. 451 (1917) – C.A. 23. Januar 1917. Siehe dazu *Rabel*, The Conflict of Laws: A Comparative Study, Bd. II (1947), S. 55 in Fn. 92. sowie den Bericht von *Langford Lewis,* 61 Solic. J. & Wkly. Rep. 225 (1916-1917), 232 (232f.)

2872 *Meier-Hayoz*, Die Sitzverlegung juristischer Personen von und nach der Schweiz, in: Aubert/Brosset et al. (Hrsg.) Schweizerische Beiträge zum V. internationalen Kongress für Rechtsvergleichung, Brüssel 1958, S. 63 (74).

2873 Siehe die Genfer und Basler Dissertationen von *Bener*, La fusion des société anonymes en droit international privé, 1965 sowie *Züllig*, Die internationale Fusion im schweizerischen Gesellschaftsrecht, 1975, der auch das deutsche und italienische Recht berücksichtigt.

2874 BaslerKomm FusG-*Girsberger/Rodriguez* vor Art. 161-164b IPRG Rn. 2. Dabei handelt es sich genauer besehen um eine Um-Inkorporation, einen Wechsel des Personalstatutes der Gesellschaft, vgl. *Vischer*, Zürcher Kommentar IPRG-*Vischer* vor Art. 161-164b IPRG Rn. 1.

und Neugründung sich dem ausländischen Recht unterstellen konnte (sog. Um-Inkorporation).[2875] Darauf aufbauend forderte man im schweizerischen Schrifttum, gestützt auf diese Bestimmungen, auch internationale Fusionen zuzulassen.[2876]

Insgesamt waren die gesetzlichen Regelungen zu Umstrukturierungsvorgängen nur „rudimentär und lückenhaft".[2877] Bis zum Inkrafttreten des Fusionsgesetzes bestand daher in der Schweiz unter dem Gesichtspunkt der Rechtssicherheit von internationalen Strukturanpassungsvorgänge eine insgesamt eher unbefriedigende Rechtslage, die *Henry Peter* insoweit treffend zusammenfasst: „Ce qui frappe *de lege lata* en Suisse, c'est l'absence totale globale du problème de la restructuration des entreprises"[2878].

Die gesetzlichen Regelungen der Fusion und Umwandlung von Gesellschaften basierten auf den seit Inkrafttreten im Jahre 1937 bestehenden Bestimmungen des Obligationenrechts; auch die Aktienrechtsrevision aus dem Jahre 1991 ließ diese unberührt.[2879] Die grenzüberschreitende Fusion regelte das schweizerische Recht nicht. Die ältere Lehre ging von einem sog. qualifizierten Schweigen[2880] des Gesetzgebers aus und lehnte deshalb eine Ergänzung des Gesetzes im Wege der Lückenfüllung strikt ab. Das Schweigen könne nur dahingehend verstanden werden, dass eine Universalsukzession im Wege einer Fusion nur unter schweizerischen Gesellschaften möglich sei. Zwischenzeitlich wurde die gesetzliche Lücke durch eine liberale Praxis der Handelsregisterbehörden gefüllt, die auch ihre Bestätigung durch das Bundesgericht fand.[2881]

Zahlreiche Stimmen in der neueren Literatur sprachen sich zudem für eine grundsätzliche Zulässigkeit einer grenzüberschreitenden[2882] sowie rechtsform-

2875 Jedoch war die Zulässigkeit eines solchen Vorgehens bis zum Erlass des IPRG nicht unumstritten; siehe dazu ZürchKomm IPRG-*Vischer* Art. 161 Rn. 1.

2876 Siehe zur vorherigen Rechtslage *Girsberger*, in: Kommentar zum schweizerischen Privatrecht, Internationales Privatrecht, Basel/Frankfurt a.M. 1996, Ergänzung zu Art. 164, Rn. 1ff.

2877 Basler Komm FusG-*Morscher* Art.1 Rn.7.

2878 *Peter*, SJ 1999, 101 (104).

2879 Siehe *Kläy/Turin*, REPRAX 2001, 1 (2), Fn. 11; Bundesgesetz vom 4.10.1991, in Kraft seit 1.7.1992; AS 1992, 733.

2880 *Vischer*, BJM 1999, 289 (291).

2881 Siehe beispielsweise BGE 57 II 1; 115; II 415;125 III 18 sowie Botschaft zum Bundesgesetz über Fusion, Spaltung, Umwandlung und Vermögensübertragung (Fusionsgesetz: FusG) vom 13. Juni 2000(00.052) BBl. 4337 (4344).

2882 Siehe beispielsweise *Bessenich*, Die grenzüberschreitende Fusion nach den Bestimmungen des IPRG und des OR, 1991, S. 37 ff. sowie *Vischer*, SZW 1993, 1 (7).

übergreifenden[2883] Fusion aus. Teilweise wurde auch vor dem Hintergrund der fehlenden gesetzlichen Grundlage die rechtsformübergreifende Fusion juristischer Personen mit anderen Rechtsformen für zulässig erachtet.[2884]

Im Rahmen der Verhandlungen zum Vertrag über den Europäischen Wirtschaftsraum (EWR) Anfang der 1990er Jahre erkannte man hingegen den Anpassungsbedarf des schweizerischen Gesellschaftsrechts an die europäische Rechtsordnung:[2885] Wäre der Beitritt Ende 1992 beschlossen worden, hätte die Schweiz binnen drei Jahren ihr Gesellschaftsrecht an den *acquis communitaire* anpassen müssen.[2886] Im Zuge der damit verbundenen rechtsvergleichenden Untersuchungen stellte das Bundesamt für Justiz (BJ) fest, dass die schweizerische Regelung der Fusion wichtige Fragen ungeklärt ließe und dass in der Schweiz die Möglichkeit einer Spaltung von Rechtsträgern gänzlich fehle.[2887] Insgesamt lässt sich festhalten, daß der „vorfusionsgesetzliche" Rahmen des Umstrukturierungsrechts „bestenfalls rudimentär"[2888] ausgestaltet war und den Bedürfnissen der Praxis nach flexiblen Möglichkeiten der Strukturanpassung nicht genügen konnte.

Im Oktober 1992 beauftragte das Bundesamt für Justiz (BJ) schließlich den Gesellschaftsrechtler *Frank Vischer* mit der Stellungnahme zu Fragen der Zulässigkeit der grenzüberschreitenden Fusion.[2889] Unabhängig davon gelangte die vom Eidgenössischen Justiz- und Polizeidepartement (EJPD) eingesetzte «*Groupe de réflexion*» in ihrem Schlussbericht[2890] im Jahr 1993 zum Ergebnis, dass in diesem Bereich Handlungsbedarf bestehe, wobei die zivilrechtlichen Zielsetzungen nicht durch das Steuerrecht vereitelt werden dürften.[2891] Zu diesem Zweck wurde die Arbeitsgruppe Steuern bei Umstrukturierungen unter dem Vorsitz von *Conrad Stockar*[2892] eingesetzt, welche die im Anhang zum Fusions-

2883 Auch vor dem Hintergrund der fehlenden gesetzlichen Grundlage wurde auch die rechtsformübergreifende Fusion juristischer Personen mit andern Rechtsformen bereits für zulässig erachtet; siehe *Küng*, SZW 1991, 245 (245ff.).

2884 *Küng*, SZW 1991, 245 (245ff.).

2885 Botschaft FusG vom 13. Juni 2000, BBl. 4337 (4345).

2886 *Meier-Hayoz/Forstmoser*, Schweizerisches Gesellschaftsrecht, 2012, § 10 Rn. 193.

2887 Botschaft FusG vom 13. Juni 2000, BBl. 4337 (4345).

2888 So die Einschätzung von *Wälti*, Der Anwendungsbereich der Vermögensübertragung, 2013, S. 21.

2889 Das Gutachten wurde bei *Vischer*, SZW 1993, 1 (1ff.).

2890 Schlussbericht des «*Groupe de réflexion*», S.67 f. und 81.

2891 *v. Büren/Kindler*, SZW 1998, 1 (3).

2892 Siehe dazu den Bericht der Arbeitsgruppe Steuern bei Umstrukturierungen, aktualisierte Fassung August 1997. Die Arbeitsgruppe hat ihren Bericht bereits im Juni 1996 abgeliefert und in aktualisierter Form zusammen mit dem Vorentwurf zum Fusionsgesetz in die Vernehmlassung gegeben. Die im Vernehmlassungsverfahren geübte harsche

gesetz genannten steuerrechtlichen Änderungen ausarbeitete.[2893] Die Diskussion über die Zulässigkeit der grenzüberschreitenden Fusion und auch anderer, gesetzlich nicht ausdrücklich normierter Transaktionsformen mündete schließlich in den Entwurf[2894] eines Fusionsgesetzes.[2895]

3. Aktuelle Rechtslage auf Grundlage des IPRG

Am 1. Juli 2004 ist in der Schweiz das neue Fusionsgesetz in Kraft getreten. Mit dem Fusionsgesetz soll eine erhöhte Flexibilität bei der rechtlichen Gestaltung von Umstrukturierungen eingeführt werde. Das Kürzel für das Gesetz hieß ursprünglich – was insoweit „sachlich richtiger"[2896] gewesen wäre – „Strukturanpassungsgesetz".[2897] Bereits der Vorentwurf wurde als „bisheriger ‚Höhepunkt' in der Fortschreibung des schweizerischen Gesellschaftsrechts im Lichte europäischer Entwicklungen"[2898] gelobt. Auf das europäische Recht ist nicht nur im Wege des „autonomen Nachvollzuges"[2899] Bezug genommen worden; vielmehr

---

Kritik führte zu einer grundlegenden Überarbeitung der Vorlage. Siehe dazu die Ergebnisse des Vernehmlassungsverfahrens betreffend den Bericht der Arbeitsgruppe Steuern bei Umstrukturierungen, Separatdruck, Hrsg. vom Eidgenössischen Finanzdepartement, Bern 1999. Zur geäußerten Kritik insbesondere *Böckli*, ASA 1999, 1 (1ff.); *Reich* ST 1998, 263 (263 ff.).

2893 ZürchKomm-FusG-*Vischer* Einleitung Rn. 5. Vom ursprünglichen Vorhaben, ein FusG zu erlassen, das sowohl die privatrechtlichen als auch die steuerrechtlichen Umstrukturierungsbestimmungen enthält, wurde dagegen abgesehen, obwohl dies der Transparenz zuträglich gewesen wäre. Anderer Ansicht Widmann/Mayer-*Reich,* Anhang 3 Rn. CH 327, der dies gesetzgebungstechnisch für zu aufwändig und auch systematisch fragwürdig hält. Steuerprobleme seien für jede Steuerart im jeweils systematischen Kontext einer Lösung zuzuführen.

2894 Siehe dazu im Einzelnen *Vischer*, BJM 1999, 289 (310).

2895 *Bessenich*, AJP 2004, 851 (851). Der Entwurf und der ergänzende Begleitbericht zum Vorentwurf zu einem Bundesgesetz über die Fusion, die Spaltung und die Umwandlung von Rechtsträgern (Fusionsgesetz) von November 1997 wurden Anfang Dezember 1997 zusammen mit entsprechenden Vorschlägen zu den steuerrechtlichen Anpassungen in die Vernehmlassung gegeben; vgl. *von Büren/Kindler*, SZW 1998, 1 (3).

2896 *Vischer*, ZBJV 1999, 9 (10); *ders.*, BJM 1999, 289 (289-290).

2897 *Vischer*, BJM 1999, 289 (290). Der Sprachendienst des Departements verwarf den Titel „Strukturanpassungsgesetz", da er zu Verwechslungen mit strukturpolitischen Erlassen führe, vgl. Botschaft 00.052 zum Bundesgesetz über Fusion, Spaltung, Umwandlung und Vermögensübertragung (Fusionsgesetz;FusG) vom 13. Juni 2000, 4364.

2898 *Schnyder*, in: FS Drobnig, S. 155 (160).

2899 Der politische Begriff des „autonomen Nachvollzuges" bezeichnet „die freiwillige einseitige Übernahme von Europarecht in das schweizerische Recht"; siehe *Kux*, in: Breuss/Cottier/Müller-Graff/Hatje (Hrsg.), Die Schweiz im europäischen Integrationsprozess, 2008, S. 169 (173). Erfasst wird die eigentliche „Rezeption" des Unionsrechts in der Schweiz durch Judikative und Legislative: Sofern der schweizerische Gesetzge-

wirkte es als „Katalysator“ für ein „überschiessendes“ genuines Produkt der schweizerischen Gesetzgebung.[2900]

Man hat teilweise „sogar einen ‚Vorgriff‘ auf das europäische Gesellschaftsrecht gewagt“:[2901] So hat man sich im Hinblick auf die Fusionsvorschriften am Entwurf für eine Verschmelzungsrichtlinie (10. Richtlinie)[2902], die 2007 auch in Deutschland umgesetzt wurde,[2903] und zum anderen an der zum jetzigen Zeitpunkt immer noch nicht in Kraft getretenen 14. Sitzverlegungsrichtlinie[2904] orientiert.[2905]

---

ber eine Anpassung nationalen Rechts an europäische Vorgaben anstrebt, legt das Bundesgericht die Vorgaben des Unionsrechts regelmäßig als Auslegungshilfe in seiner Rechtsprechung zugrunde; vgl. BGE 129 III 335 E. 6: „Wird aber die schweizerische Ordnung einer ausländischen – hier der europäischen – angeglichen, ist die Harmonisierung nicht nur in der Rechtssetzung, sondern namentlich auch in der Auslegung und Anwendung des Rechts anzustreben, soweit die binnenstaatlich zu beachtende Methodologie eine solche Angleichung zulässt.“ Abgesehen von der Übernahme von unionsrechtlichen Bestimmungen findet auf Ebene der Legislative bei der Erarbeitung neuer Rechtsvorschriften schließlich eine kontinuierliche Überprüfung auf ihre Kompatibilität mit dem Europarecht statt; *Koller*, GPR 2006, 1. Siehe auch *Meier-Hayoz/Forstmoser*, Schweizerisches Gesellschaftsrecht, 2012, § 10 Rn. 193: „Jedes neue Gesetz wird auf seine Europakompatibiliät hin geprüft.“ Das Ziel besteht insbesondere bei Rechtsvorlagen mit grenzüberschreitenden Auswirkungen – was insbesondere im Wirtschaftsrecht der Fall sein dürfte – darin, jeweils zu prüfen, „wieweit das geplante schweizerische Recht mit dem europäischen Recht vereinbar ist. Es geht bei diesem Streben nach Parallelität nicht darum, zu verhindern, dass ungewollt und unnötigerweise neue Rechtsunterschiede geschaffen werden, welche die grundsätzlich angestrebte gegenseitige Anerkennung der Rechtsvorschriften auf europäischer Ebene behindern“; Bundesrat, BBl 1998 III, 380. Beweggrund für diese gesetzgeberische Entscheidung ist die Harmonisierung des schweizerischen Rechts; dies auch, um einen späteren Beitritt nicht zusätzlich zu erschweren. Siehe zum Ganzen auch *Ziegler*, ZEuS 2007, 248 (256).

2900 *Schnyder*, in: FS Drobnig, S. 155 (160)

2901 *Meier-Schatz*, ZBJV 135bis (1999), 6 (7).

2902 Richtlinie 2005/56/EG des Europäischen Parlaments und des Rates vom 26. Oktober 2005 über die Verschmelzung von Kapitalgesellschaften aus verschiedenen Mitgliedstaaten, ABl. Nr. L 310 S. 1, ber. ABl. 2008 Nr. L 28 S. 40. Zuletzt geändert durch Art. 2 ÄndRL 2012/17/EU vom 13. 6. 2012, ABl. Nr. L 156 S. 1; siehe dazu *Lutter/Bayer/Schmidt*, Europäisches Unternehmens- und Kapitalmarktrecht, 2012, § 23 sowie *Habersack/Verse*, Europäisches Gesellschaftsrecht 2011, § 8, S. 262 ff..

2903 Zweites Gesetz zur Änderung des Umwandlungsgesetzes vom 19. April 2007, BGBl. I 542.

2904 Siehe dazu *Lutter/Bayer/Schmidt*, Europäisches Unternehmens- und Kapitalmarktrecht, 2012, § 32.

2905 *Meier-Schatz*, ZBJV 135bis (1999), 6 (7).

Im Gesetzgebungsprozess wurde eine möglichst hohe „Europakompatibilität“ angestrebt[2906], insbesondere mit Blick auch die 3. Fusions-[2907] und 6. Spaltungsrichtlinien[2908]. Nach Einschätzung von *Christian Meier-Schatz* stellt die Einführung der Spaltung in das Schweizer Recht das praktisch wichtigste Importgut dar.[2909] Die mit dem FusG im Jahr 2004 neu in das IPRG eingefügten Bestimmungen bilden dabei die wichtigsten Neuerungen im schweizerischen internationalen Gesellschaftsrecht seit dem Inkrafttreten des IPRG.[2910]

Insgesamt stellt das Fusionsgesetz für die Schweiz die erste umfassende Regelung der Strukturanpassungsvorgänge Fusion und Umwandlung dar. Diese waren im schweizerischen Obligationenrecht (OR) nur für ganz wenige Konstellationen vorgesehen. Außerdem enthält das Fusionsgesetz auch für die Schweiz neue Rechtsinstitute: die Spaltung, die sich an die europäischen Vorgaben anlehnt, sowie die Vermögensübertragung, die eine „helvetische Neuschöpfung“ darstellt.[2911] Die Fusionsgesetzgebung hat indessen nicht nur Regelungen für rein schweizerische Strukturanpassungen geschaffen, vielmehr wurde das Bundesgesetz über das Internationale Privatrecht (IPRG) im Rahmen der Gesetzgebungsarbeiten für das Fusionsgesetz ebenfalls angepasst. Darin sind Regelungen für die in dieser Arbeit eingehend zu untersuchenden internationalen Strukturanpassungsvorgänge, d.h. grenzüberschreitende Fusionen, Spaltungen, Umwandlungen und Vermögensübertragungen enthalten.

Im Ergebnis ist durch das seit Mitte 2004 in Kraft stehende Fusionsgesetz die bisherige „bruchstückhafte, im Gesetz verstreute und durch die Praxis kasuistisch erweiterte Ordnung“[2912] durch eine kohärente, systematische Regelung, die für alle Rechtsformen Gültigkeit hat, ersetzt worden. Umgesetzt wurde zu-

---

2906 Siehe dazu eingehend *Wälti,* Der Anwendungsbereich der Vermögensübertragung, 2013, S. 38 f.

2907 Richtlinie 90/434/EWG des Rates vom 23. Juli 1990 über das gemeinsame Steuersystem für Fusionen, Spaltungen, die Einbringung von Unternehmensteilen und den Austausch von Anteilen, die Gesellschaften verschiedener Mitgliedstaaten betreffen, ABl. L 225 v. 20.8.1990, S. 1. Zuletzt geändert durch Art. 17 ÄndRL 2009/133/EG vom 19. 10. 2009 (ABl. Nr. L 310 S. 34) (sog. Fusionsrichtlinie) siehe dazu *Lutter/Bayer/Schmidt*, Europäisches Unternehmens- und Kapitalmarktrecht, 2012, § 21.

2908 Sechste Richtlinie 82/891/EWG des Rates vom 17. Dezember 1982 gemäß Artikel 54 Absatz 3 Buchstabe g) des Vertrages betreffend die Spaltung von Aktiengesellschaften, ABl. Nr. L 378 S. 47 (sog. Spaltungsrichtlinie); siehe dazu *Lutter/Bayer/Schmidt*, Europäisches Unternehmens- und Kapitalmarktrecht, 2012, § 22.

2909 *Meier-Schatz*, ZBJV 135bis (1999), 6 (7).

2910 BaslerKomm FusG-*Girsberger/Rodriguez* vor Art. 161-164b IPRG Rn. 2.

2911 Siehe zur Entstehungsgeschichte der Vermögensübertragung *Wälti*, Der Anwendungsbereich der Vermögensübertragung, 2013, S. 71.

2912 *Meier-Hayoz/Forstmoser*, Schweizerisches Gesellschaftsrecht, 2012, § 25 Rn. 14.

dem die bei Umstrukturierungen im modernen Wirtschaftsrecht zu beobachtende Tendenz zu rechtsformübergreifenden Regelungen, mit denen wirtschaftlich Gleiches durch gleiche Regelungen erfasst werden soll.[2913]

III. Deutsche Sicht

1. Die Problematik des § 1 UmwG

Als zentrales Hemmnis musste bislang in der Regelung der § 1 Abs. 1 UmwG gesehen werden: Aus dieser Vorschrift folgt, dass an einer Umwandlung nur Rechtsträger mit *Sitz im Inland* beteiligt werden können.

Die Auslegung des deutschen § 1 UmwG ist dabei jedoch umstritten: Die Unklarheiten sind bereits im Wortlaut angelegt. Denn unter den Sitzbegriff lassen sich sowohl der effektive Verwaltungssitz als auch der Satzungssitz subsumieren. Der Unterscheidung zwischen Verwaltungs- und Satzungssitz hat der Gesetzgeber seinerzeit indessen keine große Bedeutung beigemessen, da es nach dem vermeintlich traditionellen Verständnis der Sitztheorie zu keinem Auseinanderfallen von Satzungs- und Verwaltungssitz kommen konnte.[2914] Darüber hinaus hat der historische Wille des Gesetzgebers zu Unklarheiten im Hinblick auf den kollisionsrechtlichen Gehalt dieser Beschränkung geführt.

Man könnte daraus den Schluss ziehen, dass das deutsche UmwG für grenzüberschreitende Vorgänge demnach nicht zur Verfügung stehe; gleichzeitig müsse das deutsche Recht eine Mitwirkung daran verweigern.[2915] Zwingend war eine solche Auslegung dennoch nie gewesen; sie erschließt sich vielmehr überhaupt erst aus der Gesetzgebungsgeschichte des UmwG von 1994: Denn bis 1994 war die transnationale Umstrukturierung von Unternehmen im deutschen Recht nicht ausdrücklich geregelt.[2916] Nach den Vorgängerbestimmungen erwähnten lediglich § 1 Abs. 2 UmwG 1969[2917] sowie § 319 AktG a.F.[2918], dass

---

2913 *Meier-Hayoz/Forstmoser*, Schweizerisches Gesellschaftsrecht, 2012, § 25 Rn. 16.

2914 *Triebel/v. Hase*, BB 2003, 2409 (2416); *Paefgen* GmbHR 2004, 463 (463).

2915 AnwKomm-Hoffmann Anh. zu Art. 12 EGBGB Rn. 188.

2916 MünchKomm BGB-*Kindler*, IntGesR 2010, Rn. 904.

2917 Siehe dazu Umwandlungsgesetz i.d.F. vom 6. 11. 1969, BGBl. 1969, 2081 (2082). § 1 Abs. 2 UmwG 1969 lautete: „Die Umwandlung ist nicht zulässig, wenn an der Gesellschaft, in die die Kapitalgesellschaft oder bergrechtliche Gewerkschaft umgewandelt wird, eine Kapitalgesellschaft als Gesellschafter beteiligt ist. Die Umwandlung auf einen Aktionär (Gesellschafter, Gewerken), der eine juristische Person ist, ist nur zulässig, wenn dieser die Rechsform einer Aktiengesellschaft oder einer Kommanditgesellschaft auf Aktien mit Sitz im Inland oder dieselbe Rechtsform wie das umwandelnde Unternehmen hat, oder wenn er von Aktiengesellschaft oder einer Kommanditgesellschaft auf Aktien mit Sitz im Inland beherrscht wird."

die dort ausdrücklich genannten Rechtsträger ihren „Sitz im Inland“ haben mussten.[2919] Im Gegenschluss konnte somit davon ausgegangen werden, dass in allen übrigen Fällen die Umwandlung einer inländischen in eine ausländische Gesellschaft stets und der umgekehrte Fall der Umwandlung einer ausländischen in eine inländische jedenfalls dann zulässig sei, wenn das ausländische Recht dies gestatte.

Nach dem Willen des historischen Gesetzgebers des Jahres 1994 ging es ihm ausdrücklich um eine Beschränkung der Umwandlungsmöglichkeiten auf „Rechtsträger mit Sitz im Inland“, um politische wie rechtstechnische Problem zu vermeiden; insbesondere jedoch sollte den europäischen Harmonisierungsbemühungen nicht vorgegriffen werden.[2920] Dieser Begründungsansatz mit dem Verweis des deutschen Gesetzgebers auf die europäische Ebene erinnert dabei stark an die bislang unterbliebene gesetzliche Regelung zum Internationalen Gesellschaftsrecht: Bereits in der IPR-Reform aus dem Jahr 1986 hieß es dazu ebenfalls, man habe den Bemühungen um Vereinheitlichung auf europäischer Ebene nicht vorgreifen wollen.[2921] So ist auch seitens der Wissenschaft im Rahmen der Vorarbeiten zum UmwG 1994 angeregt worden, das neue Umwandlungsrecht durch die Streichung des Merkmals „mit Sitz im Inland“ in § 1 Abs. 1 UmwG auch für transnationale Umwandlungen anwendbar zu machen.[2922] Seinerzeit jedoch hatte im Gesetzgebungsverfahren der Rechtsausschuss die Anregung von *Marcus Lutter*[2923] und *Herbert Kronke*[2924], die Beschränkung auf Rechtsträger mit Sitz im Inland zu streichen, nicht aufgegrif-

2918 § 319 Abs. 1 a.F. lautete: „Die Hauptversammlung einer Aktiengesellschaft kann die Eingliederung der Gesellschaft in eine andere Aktiengesellschaft mit Sitz im Inland (Hauptgesellschaft) beschließen, wenn sich alle Aktien der Gesellschaft in der Hand der zukünftigen Hauptgesellschaft befinden. Auf den Beschluß sind die Bestimmungen des Gesetzes und der Satzung über Satzungsänderungen nicht anzuwenden.“

2919 MünchKomm BGB-*Kindler*, IntGesR 2010, Rn. 904; *Großfeld/Jasper* RabelsZ 53 (1989), 52, 63 ff. ; vgl. auch *Rixen/Böttcher* GmbHR 1993, 572.

2920 RegBegr. BT-Drucks. 12/6699 S. 80; dort heißt es wörtlich: „Die Beschränkung der Umwandlungsmöglichkeiten auf Rechtsträger mit Sitz im Inland entspricht in fast allen Fällen dem geltenden Recht. Angesichts der Bemühungen der Europäischen Gemeinschaften um eine Regelung grenzüberschreitender Vorgänge, insbesondere der internationalen Fusion, sollte eine Regelung dieses Komplexes zurückgestellt werden. Überdies würde die Ausdehnung des Gesetzes auf internationale Fälle politisch wie rechtstechnisch erhebliche Probleme aufwerfen.“

2921 BT Drucks. 10/503, S. 21 (44); siehe dazu kritisch *Sandrock,* RIW 1986, 841 (841) sowie *ders.* RIW 1989, 249 (251).

2922 Vgl. *Neye* ZIP 1994, 917 (919 f.).

2923 *Lutter*, ZGR 1990, 392 (413).

2924 *Kronke* ZGR 1994, 26 (36).

fen,[2925] vielmehr wurde angesichts der Probleme, die die transnationalen Umstrukturierungsvorgänge auf die Mitbestimmung zu haben schienen, auf Drängen der Gewerkschaften im Gesetzgebungsprozess von einer solchen Möglichkeit Abstand genommen.[2926]

Die vorherigen Bestimmungen des UmwG von 1969[2927] enthielten dagegen keine derartige ausdrückliche Festlegung des Gesetzgebers auf „Rechtsträger mit Sitz im Inland".[2928] Die Frage war somit ausschließlich nach dem deutschen Internationalen Gesellschaftsrecht zu beantworten.[2929] Die Problematik der gesellschaftskollisionsrechtlichen Anknüpfung ist dabei jedoch bis in den heutigen Tag hinein umstritten; zumal sich bis heute keine gesetzliche Regelung dieser Problematik angenommen hat.

In Umsetzung der Verschmelzungsrichtlinie[2930] hat der Gesetzgeber nunmehr Kapitalgesellschaften grenzüberschreitende Verschmelzungen ermöglicht; vgl. §§ 122a–122l UmwG. Nach der Definition des § 122 a Abs. 1 UmwG liegt eine grenzüberschreitende Verschmelzung vor, wenn mindestens eine der beteiligten Gesellschaften dem Recht eines anderen Mitgliedstaates der Europäischen Union (EU) oder eines anderen Vertragsstaates des Abkommens über den Europäischen Wirtschaftsraum (EWR). Damit sind Verschmelzungen oder Verschmelzungen mit Kapitalgesellschaften aus Drittstaaten nicht erfasst, was zu Recht kritisiert wird.[2931] Nicht umgesetzt worden sind ferner die Umwandlung unter Beteiligung von Personengesellschaften und die ausdrückliche Regelung einer grenzüberschreitenden Spaltung.[2932]

Umstritten ist dabei zum einen das Verhältnis der Norm des § 1 UmwG zum Internationalen Gesellschaftskollisionsrecht. Nicht eindeutig beantwortet werden kann zum anderen die Frage, ob es sich nach dem Wortlaut der Bestimmung um den Verwaltungs- oder den Satzungssitz des Unternehmens handelt.

2925 *Neye*, ZIP 1994, 26 (36).

2926 Widmann/Mayer-*Schwarz*, EinfUmwG Rn. 1.4 und 1.5; sowie BegrUmwG, 17.

2927 So etwa §§ 339 ff AktG aF, §§ 19 ff KapErhG.

2928 Schmitt/Hörtnagl/Stratz, UmwG-*Hörtnagel*, § 1 Rn. 23.

2929 Schmitt/Hörtnagl/Stratz, UmwG-*Hörtnagel*, § 1 Rn. 23.

2930 Richtlinie 2005/56/EG des Europäischen Parlaments und des Rates vom 26. Oktober 2005 über die Verschmelzung von Kapitalgesellschaften aus verschiedenen Mitgliedstaaten, ABl. Nr. L 310 S. 1, ber. ABl. 2008 Nr. L 28 S. 40. Zuletzt geändert durch Art. 2 ÄndRL 2012/17/EU vom 13. 6. 2012, ABl. Nr. L 156 S. 1; siehe dazu *Lutter/Bayer/Schmidt*, Europäisches Unternehmens- und Kapitalmarktrecht, 2012, § 23 sowie *Habersack/Verse*, Europäisches Gesellschaftsrecht 2011, § 8, S. 262 ff..

2931 Siehe dazu die Kritik des Handelsrechtsausschuss des Deutschen Anwaltsverein, NZG 2006, 737 (740) sowie *Müller* NZG 2006, 286 (286).

2932 *Lutz*, BWNotZ 2010, 23 (24).

a) Einordnung als Sach- oder spezielle Kollisionsnorm?

Die Einordnung der in § 1 UmwG genannten Einschränkung und ihre konkreten Auswirkungen bereiteten von Anfang an Schwierigkeiten: Im Zentrum der Auseinandersetzung steht dabei die Frage nach dem Verhältnis der Norm zu den Grundsätzen des Internationalen Gesellschaftsrechts, namentlich ihre Einordnung als Sach- bzw. spezielle Kollisionsnorm.[2933]

Die bis zuletzt wohl herrschende Meinung erblickte in der Norm ein Verbot der grenzüberschreitenden Umwandlung:[2934] Nach diesem Verständnis enthält § 1 Abs. 1 UmwG die Aussage, Rechtsträger mit Sitz im Inland können an einer grenzüberschreitenden Verschmelzung nicht beteiligt sein. Es wurde nach dieser Ansicht verlangt, dass *alle* an der Umwandlung beteiligten Rechtsträger ihren Sitz im Inland haben.[2935] Begründet wird diese Ansicht mit dem Willen des Gesetzgebers, der seinerzeit den Anwendungsbereich des UmwG auf Inlandsfälle beschränkt habe, um einer zukünftigen Regelung grenzüberschreitender Umwandlungen auf europäischer Ebene nicht vorzugreifen.[2936] Aus dieser nationalen Orientierung des deutschen Umwandlungsgesetzes folgerte man, dass Hereinverschmelzungen als unzulässig und Hinausverschmelzungen als Auflösung zu qualifizieren seien.[2937] Auch wurde auf den zur Tradition des Umwandlungsrecht gehörenden *numerus clausus* verwiesen[2938], der als übertragende, übernehmende und neue bei Verschmelzungen in Betracht kommenende Rechtsträger nur nach deutschem Recht errichtete Gesellschaftsformen nennt.[2939] Nach Einführung der §§ 122 a bis l, die ausdrücklich eine grenzüberschreitende Verschmelzung von Kapitalgesellschaften – jedenfalls mit Bezug zur EU bzw. EWR – zulassen, ist diese Meinung jedoch hinfällig. Jedoch wird sie noch im

---

2933 *Weng*, Zulässigkeit und Durchführung grenzüberschreitender Verschmelzungen, 2008, S. 59.

2934 Vgl etwa *Kallmeyer,* ZIP 1994, 1746 (1752); der seine ablehnende Meinung allerdings später ausdrücklich geändert hat: *ders.,* ZIP 1996, 535 (536); *Lutter,* ZGR 1994, 87 (88 Fn 3); ebenfalls zwischenzeitlich ausdrücklich aufgegeben in *Lutter/Drygala,* Rn. 6, Fn. 2; *Schaumburg,* GmbHR 1996, 501 (502); *Kloster,* Grenzüberschreitende Unternehmenszusammenschlüsse, 2004, S. 303.

2935 Staudinger-*Großfeld*, IntGesR, Rn. 699; *Kindler,* in: MünchKommBGB IntGesR Rn. 906; *Stratz,* in Schmitt/Hörtnagl/Stratz, § 1 Rn. 3.

2936 RegBegr. BT-Drucks. 12/6699 S. 80.

2937 *Schaumburg,* GmbHR 1996, 501(502).

2938 Siehe dazu *K. Schmidt,* Gesellschaftsrecht, 2002, § 13 I 3 a).

2939 Siehe *Schaumburg,* GmbHR 1996, 501 (502).

Hinblick auf die von diesen Vorschriften nicht erfassten sonstigen grenzüberschreitenden Umwandlungen vertreten.[2940]

Andere Stimmen in der Literatur argumentieren mit dem in § 1 Abs. 2 UmwG verankerten Analogieverbot für ein Verbot grenzüberschreitender Umwandlungen.[2941] Jedoch muss ein solches Normverständnis auf Bedenken stoßen, da ein solches Analogieverbot – wie *Karsten Schmidt* es ausgedrückt hat – einem „gesetzlichen Denkverbot" gleichkäme.[2942] Wenn man in § 1 Abs. 2 UmwG demnach die Festsetzung eines gesetzlich vorgegebenen Analogieverbotes erblickte[2943], wäre die Weiterentwicklung des Umwandlungsgesetztes im Wege der Rechtsfortbildung versperrt.[2944] Dem Sinn und Zweck nach ist die Vorschrift nicht dazu bestimmt, *per se* grenzüberschreitende Umwandlungsvorgänge zu verbieten. Das Analogieverbot des § 1 Abs. 2 UmwG bezieht sich im Ergebnis nur auf die dort bezeichneten Umwandlungsarten, nicht aber auf die Nationalität der beteiligten Rechtsträger.[2945]

Wenn es dagegen heißt, eine Ausweitung der in Form des *numerus clausus* zulässiger Umwandlungsarten gesetzlich festgelegten Umwandlungsarten[2946] im Wege einer durch die Registergerichte sinnvoll kontrollierbaren Analogiebildung [2947] solle unterbunden werden,[2948] dann erinnert dies an „Untugenden der Kodifikationsverfasser der Aufklärungszeit und ist rechtspolitisch nicht zu rechtfertigen."[2949] Vielmehr müsse der künftige Umgang mit dem Analogieverbot des § 1 Abs. 2 UmwG nach Ansicht von *Karsten Schmidt* von der Annahme geleitet sein, „daß der Wille des Gesetzgebers eindeutig und eine bloße Beschränkung der Vertragsfreiheit nicht gewollt ist."[2950] Das Analogieverbot des § 1 Abs. 2 UmwG muss auch vor dem Hintergrund der europäischen Rechtsentwicklung

---

2940 *Dauner-Lieb,* in Kölner Komm. § 1 Rn. 29; *Simon/Rubner* in Kölner Komm. Vor §§ 122 a ff. Rn. 40; *Thiermann,* Grenzüberschreitende Verschmelzung deutscher Gesellschaften, 2010, S. 225.

2941 *Kruse*, Sitzverlegung von Kapitalgesellschaften innerhalb der EG, 1997, S. 138.

2942 *K. Schmidt*, in: FS Kropff, S. 261 (261).

2943 Siehe dazu nur Semler/Stengel UmwG-*Stengel*, § 1 Rn. 68.; *Schnorbus* DB 2001, 1654 (1658).

2944 *Flume*, Vermögenstransfer und Haftung 2008, S. 35.

2945 *Triebel/von Hase,* BB 2003, 2409 (2416 f.).

2946 Vgl. § 1 Abs. 1 Nr. 1-4 UmwG; siehe dazu *K. Schmidt*, Gesellschaftsrecht, 2002, § 13 I 3 a).

2947 *K. Schmidt,* Gesellschaftsrecht, 2002, § 13 I 3 b).

2948 *K. Schmidt*, in: FS Kropff, S. 261 (263) erblickt in dieser Norm insoweit ein Rechtsfortbildungsverbot; vgl. dazu *Ders.* Gesellschaftsrecht, 2002, § 13 I 3 c).

2949 *K. Schmidt,* Gesellschaftsrecht, 2002, § 13 I 3 b).

2950 *K. Schmidt,* Gesellschaftsrecht, 2002, § 13 I 3 a).

grundlegend in Frage gestellt werden:[2951] Denn in seiner *VALE*-Entscheidung[2952] hat der EuGH auf Grundlage der Niederlassungsfreiheit mit Blick auf eine transnationale formwechselnde „Herein"-Umwandlung die Verpflichtung abgeleitet, daß auf Grundlage des unionsrechtlichen Gleichbehandlungsgebot das für binnenrechtliche Konstellationen geltende Umwandlungsrecht gleichermaßen auch für EU bzw. EWR-Gesellschaften bereitzustellen ist. Auch insoweit kommt eine Geltendmachung des Analogieverbotes nicht mehr in Betracht.[2953]

Man erblickte in § 1 Abs. 1 UmwG darüber hinaus eine spezielle Kollisionsnorm.[2954] Diese sollte gegenüber den kollisionsrechtlichen Grundsätzen des Internationalen Gesellschaftsrechts einen eigenständigen kollisionsrechtlichen Anwendungsbefehl enthalten. Nach diesem Ansatz soll es sich bei § 1 Abs. 1 UmwG um eine spezielle Kollisionsnorm handeln, nach der alle an der Umwandlung beteiligten Gesellschaften ihren Sitz im Inland haben müssen.[2955] Demnach war im Ergebnis eine transnationale Verschmelzung unzulässig.

Zu einem insoweit gegenteiligen Ergebnis kommt dagegen eine ebenfalls aus kollisionsrechtlicher Sicht argumentierende Auffassung, der zufolge es sich bei § 1 UmwG um eine halbseitige Kollisionsnorm handeln soll, aus der indessen kein Verbot grenzüberschreitender Verschmelzungen herauszulesen sei.[2956] Diese folge daraus, dass der Gesetzgeber Auslandssachverhalte überhaupt nicht habe regeln wollen; und diese somit aus dem Anwendungsbereich des § 1 UmwG „ausgeklammert" seien. Aus einer solchen halbseitigen Kollisionsnorm, lasse sich somit kein Verbot grenzüberschreitender Verschmelzungen herauslesen.[2957] Aus dem Charakter der Vorschrift als sog. halbseitige Verweisung ergebe sich nicht mehr, als dass das Gesetz nur Inlandssachverhalte regelt und nach ihr kein ausländisches Recht Anwendung finden kann.[2958] Bei der Vorschrift des § 1 UmwG handele sich nach Internationalprivatrechtlicher Dogmatik somit um

---

2951 Siehe dazu *Behrens/Hoffmann*, in: Ulmer/Habersack/Löbbe (Hrsg.) GroßKomm GmbHG, Einl. B. 152.

2952 Siehe das noch nicht in der offiziellen Slg. veröffentlichte EuGH. Urt. v. 12.7.2012 – Rs. C-378/10 – *VALE Építési kft.*, NJW 2012, 2715 = ZIP 2012, 1394 = EuZW 2012, 621 = WM 2012, 2154 = DB 2012, 1614.

2953 *Behrens/Hoffmann*, in: Ulmer/Habersack/Löbbe (Hrsg.) GroßKomm GmbHG, Einl. B. 152.

2954 *Kloster,* Grenzüberschreitende Unternehmenszusammenschlüsse 2004, S. 301 u. 303 ff.

2955 *Kloster*, Grenzüberschreitende Unternehmenszusammenschlüsse 2004, S. 307.

2956 *Kuntz*, EuZW 2005, 524 (526).

2957 *Kuntz*, EuZW 2005, 524 (526).

2958 *Kuntz*, EuZW 2005, 524 (526).

eine Norm mit Doppelcharakter,[2959] der sowohl sach- als auch kollisionsrechtlicher Gehalt zukomme.[2960] Aufgrund dessen wird der Schluss gezogen, dass sich aus § 1 UmwG aufgrund des Charakters als halbseitiger Kollisionsnorm jedenfalls kein Hindernis für grenzüberschreitende Umwandlungen ergeben könne.[2961] Hemmnisse für transnationale Umwandlungsvorgänge ergeben sich vielmehr aus der das Internationale Gesellschaftsrecht lange Zeit beherrschenden Sitztheorie und den Schlussfolgerungen, die man aus dieser kollisionsrechtlichen Grundlage gezogen hat.[2962]

Nach einer weiteren vormals von *Harald Kallmeyer* vertretenen Auffassung soll die Vorschrift des § 1 Abs. 1 UmwG dagegen im Sinne eines Verweises auf die kollisionsrechtlichen Grundsätze des Internationalen Gesellschaftsrechts verstanden werden.[2963] Demzufolge bringe die Vorschrift lediglich zum Ausdruck, „dass das Gesetz auf Rechtsträger mit Sitz im Ausland keine Anwendung findet.“[2964] Dies führe im Falle einer transnationalen Verschmelzung dazu, dass der daran beteiligte inländische Rechtsträger dem deutschen Umwandlungsrecht unterliegt, während für den ausländischen Rechtsträger das Recht seines Sitzstaates maßgeblich sei.[2965]

Demgegenüber sehen andere in § 1 Abs. 1 UmwG eine sog. „autolimitierende oder selbstbeschränkte“ Sachnorm, die lediglich ihren räumlich-persönlichen Anwendungsbereich eigenständig festlegt.[2966] Es handelt sich bei § 1 UmwG nicht um eine Kollisionsnorm, vielmehr setze die Vorschrift die kollisionsrechtlich bestimmte Anwendbarkeit deutschen Rechts voraus.[2967] Danach solle § 1

2959 Siehe dazu *Mankowski*, in: v. Bar/Mankowski (Hrsg.), Internationales Privatrecht, Bd. I, (2003), § 4 Rn. 7ff.

2960 *Kuntz*, EuZW 2005, 524 (526).

2961 *Kuntz*, EuZW 2005, 524 (526).

2962 Insofern sei es auch irreführend, im Zusammenhang mit § 1 UmwG von einer „autolimitierten" Sachnorm zu sprechen; denn zwischen Kollisions- und Sachnormen verbleibe kein Raum für eine dritte Art von Normen; siehe dazu auch m.w.N. *Mankowski*, in: v. Bar/Mankowski (Hrsg.) Internationales Privatrecht, Bd. I (2003), § 4 Rn. 7ff.

2963 *Kallmeyer*, in: Kallmeyer, UmwG (2001), § 1 Rn. 12; siehe aus neuerer Zeit auch *Kraft/Bron*, RIW 2005, 641 (641), die die Meinung vertreten, „dass die Vorschrift des § 1 UmwG lediglich auf die kollisionsrechtliche Sitztheorie Bezug nimmt.“ Jedoch hat *Harald Kallmeyer* diese ehemals von ihm vertretene Auffassung ausdrücklich aufgegeben, vgl. *Kallmeyer*, in: Kallmeyer, UmwG 2006, § 1 Rn. 10.

2964 *Kraft/Bron*, RIW 2005, 641 (641).

2965 *Kallmeyer*, in: Kallmeyer, UmwG (2001), § 1 Rn. 12 ff.

2966 So bspw. von MünchKomm BGB-*Kindler*, IntGesR 2010, Bd. 5, Rn. 866; *Spahlinger/Wegen*, NZG 2006, 721 (721); *dies.*, Internationales Gesellschaftsrecht in der Praxis, 2005, Rn. 504; *von Busekist*, GmbHR 2004, 650(651 in Fn. 22); *Kronke*, ZGR 1994, 26 (35).

2967 MünchKomm BGB-*Kindler*, IntGesR 2010, Bd. 5, Rn. 866

UmwG nur klarstellen, dass das deutsche UmwG bei einer transnationalen Verschmelzung nur mit Blick auf den deutschen Rechtsträger angewandt werde. Demnach sei zunächst in einem ersten Schritt zu bestimmen, ob das allgemeine Kollisionsrecht zur Anwendbarkeit deutschen Sachrechts führe. Erst im Falle der Anwendbarkeit deutschen Sachrechts und damit auch des UmwG stellt sich sodann in einem zweiten Schritt die Frage, inwieweit das Sachrecht des § 1 Abs. 1 UmwG grenzüberschreitende Verschmelzungen zulässt:[2968] Hier wurde vertreten, dass sich ein deutscher Rechtsträger ohne weiteres auf einen ausländischen Rechtsträger umwandeln könne, da nur der deutsche Rechtsträger selbst umgewandelt werde; die Vorschrift wurde somit lediglich als Beschränkung des Anwendungsbereichs des Gesetzes auf den inländischen Sachverhaltsteil gesehen.[2969]

Schließlich lässt sich aus dem Wortlaut auch der Schluss ziehen, dass das Gesetz grenzüberschreitende Versschmelzungen oder Spaltungen überhaupt nicht geregelt habe, sie damit auch nicht verboten hat.[2970] Es handelt sich bei der Vorschrift lediglich eine „kodifikatorische Teilregelung“[2971], die grenzüberschreitende Umwandlungen unter Beteiligung deutscher Unternehmen überhaupt nicht regelt, sie damit aber auch nicht verboten hat. Geregelt werde durch sie nur, dass Rechtsträger mit Sitz im Inland umgewandelt werden können; eine Aussage über die Zulässigkeit transnationaler Verschmelzungen lässt sich daraus nicht ableiten.[2972]

2968 Andere wollten in der Vorschrift des § 1 UmwG eine sachrechtliche Selbstbeschränkung auf reine Inlandssachverhalte erblicken; legte man diese Sichtweise zugrunde, dann wären transnationale Verschmelzungen aus deutscher Sicht unzulässig. Siehe dazu *Spahlinger/Wegen*, Internationales Gesellschaftsrecht in der Praxis, 2005, Rn. 509; *Kallmeyer*, in: Kallmeyer, UmwG (2006), § 1 Rn. 10; *Engert*, in: Eidenmüller (Hrsg.), Ausländische Kapitalgesellschaften im deutschen Recht, 2004, § 4 Rn. 79; *Semler/Stengel*, in: Semler/Stengel, UmwG (2003), Einleitung A, Rn. 110;MünchKomm BGB-*Kindler*, IntGesR (2006), Rn. 681, 683; *Lennerz*, Die internationale Verschmelzung und Spaltung unter Beteiligung deutscher Gesellschaften, 2001, S. 64ff.

2969 Schmitt/Hörtnagl/Stratz-*Hörtnagl*, UmwG/UmwStG (2006), § 1 UmwG Rn. 23

2970 *Behrens,* ZGR 1994, 1 (14); *Bungert* AG 1995, 489 (501); *Lutter* in: Lutter (Hrsg.) Umwandlungsgesetz, 2000, § 1 UmwG, Rn. 6; Semler/Stengel, Umwandlungsgesetz, 2003, Einl. A Rn. 110.

2971 *Leible*, in: Michalski, GmbHG, Syst. Darst. 2 IntGesR, Bd. I, Rn. 212.

2972 So etwa *Behrens*, JBl. 2001, 341 (353 f); *Bungert*, AG 1995, 489 (502); *Kallmeyer*, ZIP 1996, (535); anders dagegen noch *ders.*, ZIP 1994, 1746 (1752); *Kronke*, ZGR 1994, 26 (35); Lutter/Lutter, UmwG, § 1 Rn 6 anders noch dagegen *Lutter*, ZGR 1994, 87, (91); *Picot/Land*, DB 1998, 1601 (1606); im Ergbnis aus rechtspolitischer Sicht zustimmend, aber skeptisch hinsichtlich des gesetzgeberischen Willens *Leible*, in: Michalski GmbHG, Syst. Darst. 2 IntGesR, Bd. 1, Rn. 212.

Die Norm des § 1 Abs. 1 UmwG wird dahingehend interpretiert, dass sie zwar kein Verbot grenzüberschreitender Umwandlungsvorgänge enthalte, jedoch den Anwendungsbereich des Gesetzes auf Rechtsträger mit Sitz im Inland beschränke. Damit sei weder eine positive noch negative Normierung transnationaler Vorgänge verbunden.[2973] Dann komme auch das allein durch höherrangiges Recht überwindbare Analogieverbot des § 1 Abs. 2 UmwG nicht zum Tragen.[2974] Nach diesem Analogieverbot können Umwandlungen in Deutschland außer in den ausdrücklich genannten Fällen grundsätzlich nicht im Wege der Rechtsfortbildung begründet werden.[2975] Vor dem Hintergrund des gesetzgeberischen Willens aus dem Jahre 1994 wurde nämlich insoweit eine Anwendung des deutschen UmwG auf transnationale Sachverhalte als unzulässiges *contra legem*-Judizieren gewertet.[2976] Diese Bedenken vermögen indes nicht zu überzeugen, denn jedenfalls für den Bereich der primärrechtskonformen Rechtsfortbildung ist diese Sichtweise aufgrund des Anwendungsvorrangs der Grundfreiheiten nicht mehr haltbar.[2977] Damit wären grenzüberschreitende Verschmelzungen nach wie vor zulässig.

Nach diesem Verständnis könnten grenzüberschreitende Umwandlungsvorgänge somit außerhalb des deutschen Umwandlungsgesetzes stattfinden. Dagegen wird wiederum mit dem sachenrechtlichen Spezialitätsgrundsatz argumentiert, der eine ausdrückliche gesetzliche Gestattung der Universalsukzession verlangt, so dass letztlich eine bewusste Nichtregelung zu einem faktischen Verbot der grenzüberschreitenden Umwandlung führe.[2978]

b) Die Bedeutung des „Sitzes“

Von Anfang an war es zudem umstritten, welcher Sitz – Satzungssitz oder der tatsächliche Verwaltungssitz – der Norm des § 1 Abs. 1 UmwG zugrunde liegt. Diese Frage hat Einfluss auf die Beteiligtenfähigkeit von Rechtsträgern, also auf die Frage, welche Rechtsträger eine Umwandlung nach dem UmwG durchführen können:[2979]

2973 Lutter, UmwG-*Lutter/Drygala*, § 1 UmwG, Rn. 6.

2974 Siehe dazu *K. Schmidt*, Gesellschaftsrecht, 2002, § 13 I 3 c).

2975 Siehe *K. Schmidt*, in: FS Kropff, S. 259 (263).

2976 *Kruse*, Sitzverlegung von Kapitalgesellschaften innerhalb der EG 1997, S. 138.

2977 Siehe dazu, *Neuner*, Rechtsfortbildung contra legem, S. 47 ff; *Leible/Domröse*, in: Riesenhuber, Europäische Methodenlehre, § 9 Rn 57: „Bedenkt man, daß die mitgliedstaatlichen Gerichte gemeinschaftsrechtlich befugt und verpflichtet sind, nationale Normen unangewendet zu lassen, die Gemeinschaftsrecht widersprechen, dann erscheint es folgerichtig, daß sie sich über die *lex lata* hinwegsetzen können.“

2978 *Jung*, GPR 2003, 87 (87f.).

2979 Semler/Stengel-*Drinhausen*,Umwandlungsgesetz, 2012, Einl. C Rn. 6.

Die Befürworter einer Anknüpfung des § 1 Abs. 1 UmwG an den Verwaltungssitz[2980] der verschmelzungswilligen Gesellschaften stützen ihre Argumentation dabei in erster Linie auf die vermeintlich „traditionelle" kollisionsrechtliche Sitztheorie: Denn am tatsächlichen Verwaltungssitz orientiert sich das Gesellschaftsstatut, also das auf den Rechtsträger anwendbare Gesellschafsrecht. Demnach musste davon ausgegangen werden, dass sich der Verwaltungssitz eines Unternehmens mit Satzungssitz in Deutschland ebenfalls in Deutschland befindet, zumal ein Auseinanderfallen von Satzungs- und Verwaltungssitz automatisch zur Auflösung der Gesellschaft führen sollte.[2981] Insbesondere *Bernhard Großfeld* argumentiert, dass nur eine solche Verwaltungssitzanknüpfung „ein Wegtauchen ins Ausland zu verhindern" könne und eine abweichende Ansicht die „ordnungspolitische Aufgabe des Gesellschaftsrechts und der Mitbestimmung" verkenne.[2982] Diese Aussage ist allein schon deshalb zweifelhaft, weil sie das aus Sicht der Sitztheorie gleichermaßen postulierte Verbot von Hineinverschmelzungen widersprüchlich erscheinen lässt. Denn in diesem Fall gelangt ja gerade mit Blick auf den aufnehmenden oder neu entstehenden Rechtsträger nach vollzogener Verschmelzung deutsches Gesellschafts-, insbesondere auch Mitbestimmungsrecht zur Anwendung.[2983]

Es sprechen vielmehr die überzeugenderen Gründe dafür, den Satzungssitzbegriff in § 1 Abs. 1 UmwG zugrunde zu legen,[2984] da sich dies gesetzessystematisch mit der einheitlichen Verwendung des Sitzbegriffes im gesamten UmwG begründen lässt.[2985] Ferner wird das Satzungssitzerfordernis damit begründet, dass das Wirksamwerden einer Umwandlung von einer Handelsregis-

---

2980 Diese Ansicht vertreten neben Staudinger-*Großfeld*, IntGesR, 1998, Rn. 699 zudem Widmann/Mayer UmwR-*Schwarz*, Einf. UmwG, Rn. 1.10; *Paefgen* GmbHR 2004, 463 (464).

2981 *Paefgen* GmbHR 2004, 463 (465).

2982 Staudinger-*Großfeld*, IntGesR, Rn. 699.

2983 *Weng*, Zulässigkeit und Durchführung grenzüberschreitender Verschmelzungen, 2008, S. 76.

2984 So etwa Semler/Stengel-*Drinhausen*, UmwG, Einl. C Rn. 20; Lutter UmwG-*Lutter/Drygala*, § 1 UmwG Rn. 7; Kallmeyer UmwG-*Kallmeyer*, § 1 UmwG Rn. 11; *Dötsch* BB 1998, 1029 (1030); *Triebel/von Hase*, BB 2003, 2409 (2415), *Bron*, Grenzüberschreitende Verschmelzung von Kapitalgesellschaften in der EG, S. 17.

2985 MünchKomm BGB-*Kindler*, IntGesR 2010, Rn. 912: So werde der Sitz einer Gesellschaft an anderer Stelle im Gesetz vielfach als zuständigkeitsbegründendes Merkmal herangezogen und dabei stets im Sinne des Satzungssitzes verstanden; vgl. §§ 16, 19 Abs. 1, 26 Abs. 1, 306 Abs. 1 UmwG.

tereintragung abhängig sei.[2986] Dies setze wiederum voraus, dass die beteiligten Gesellschaften aufgrund eines im Inland befindlichen satzungsmäßigen Sitzes im Inland über die notwendige Eintragungsfähigkeit verfügen.[2987]

Zudem wird argumentiert, dass die kollisionsrechtliche Sitztheorie nicht für die Konkretisierung einer Sachnorm, die lediglich eine Aussage zur Anwendbarkeit des deutschen Umwandlungsgesetztes trifft, herangezogen werden könne: Denn ihrem Sinn und Zweck zufolge fungiert die Sitztheorie als „Schutztheorie“[2988], die den Schutz der Interessen des durch das Wirken der Gesellschaft am meisten betroffenen Staates anstrebe, wohingegen § 1 Abs. 1 UmwG lediglich den räumlich-persönlichen Anwendungsbereich festlege.[2989]

Insbesondere jedoch muss im Hinblick auf die durch das MoMiG eingeführte Möglichkeit eines ausländischen Verwaltungssitzes unter Beibehaltung des deutschen Gesellschaftsstatuts die Vorschrift des § 1 Abs. 1 UmwG so zu interpretieren sein, dass mit dem dort genannten „Sitz“ ausschließlich der satzungsmäßige Sitz gemeint ist. Denn nur auf diese Weise wird gewährleistet, dass das UmwG auf alle Gesellschaften mit deutschem Gesellschaftsstatut anwendbar ist.[2990]

2. Bewertung

§ 1 UmwG ergänzt die Schutzmechanismen der kollisionsrechtlichen Sitztheorie, die der deutsche Gesetzgeber mit dem Umwandlungsgesetz nicht aufgeben wollte, und petrifiziert zugleich den *numerus clausus* des deutschen Gesellschaftsrechts.[2991] Auch hier bestätigt sich wieder der Befund, dass die kollisionsrechtliche Sitztheorie in systemwidriger Weise an zahlreichen Stellen des materiellen Gesellschaftsrechts ihren Niederschlag gefunden hat.

2986 Vgl. §§ 19, 20 UmwG für die Verschmelzung, §§ 130, 137 UmwG für die Spaltung, § 176 Abs. 3 UmwG für die Vermögensübertragung sowie nach §§ 198 ff. UmwG für den Formwechsel.

2987 So die frühere Auflage Semler/Stengel-*Semler*, UmwG (2003), § 1 Rn. 53.

2988 Vgl. BayOblG Urt. v. 7. 5. 1992 – 3Z BR 14/92 – WM 1992, 1371 = EuZW 1992, 548 m. Anmerk. *Behrens;*sowie *Braun*, Die Wegzugsfreiheit als Teil der Niederlassungsfreiheit, 2010, S. 91.

2989 *Kronke*, ZGR 1994, 26 (35).

2990 AnwKomm BGB-*Hoffmann*, Anh. zu Art. 12 EBGBG Rn. 188. Vor diesem Hintergrund geht auch die Argumentation *Kindlers* fehl, wenn er meint, dass „Gesellschaften mit effektivem Verwaltungssitz im Ausland schon kollisionsrechtlich nicht dem UmwG [unterliegen] und ... sich deshalb auch nicht durch Begründung eines Satzungssitzes im Inland die Gestaltungsmöglichkeiten des UmwG erschleichen [können]“. Siehe MünchKomm BGB-*Kindler*, IntGesR 2010, Rn. 913.

2991 *Sonntag*, Zulässigkeit und Auswirkungen grenzüberschreitender Verschmelzungen, 2004, S. 22.

In Anbetracht der zuvor aufgezeigten Interpretationsspielräume erscheint die erst zum 1. Januar 1995 eingeführte[2992] Norm des § 1 Abs. 1 UmwG bereits aus gesetzestechnischer Sicht in keinem guten Licht. In sachlicher Hinsicht lässt es den Gedanken der Ermöglichungsfunktion vermissen, da ein Verbot grenzüberschreitender Umwandlungen an dem unbestrittenermaßen bestehenden Mobilitätsbedürfnis von Gesellschaften vorbeigeht. Vor diesem Hintergrund ist es nur plausibel, dass die Vorschrift des § 1 Abs. 1 UmwG – unabhängig von einer möglichen Überlagerung durch europäisches Gemeinschaftsrecht – kein Verbot einer transnationalen Umwandlung für Rechtsträger mit Sitz im Inland statuiert.[2993]

Die früher herrschende sich insbesondere auf die Regierungsbegründung stützende Ansicht, die § 1 Abs. 1 UmwG zugleich ein gänzliches Verbot grenzüberschreitender Umwandlungen entnehmen will, ist spätestens mit der europarechtlichen Überlagerung des deutschen Umwandlungsgesetzes obsolet geworden. Diese Auffassung steht im klaren Widerspruch zu den Vorschriften der §§ 122a ff. UmwG, die nunmehr eine ausdrückliche Regelung im Hinblick auf die grenzüberschreitende Verschmelzung vorsehen.[2994] Zugleich musste die aktive und passive Umwandlungsfähigkeit deutscher Rechtsträger vor dem Hintergrund der geschilderten Rechtsprechung des EuGH neu bewertet werden, insbesondere ist vor dem Hintergrund der primärrechtlichen Niederlassungsfreiheit eine europarechtskonforme Auslegung der Bestimmung des § 1 UmwG geboten.[2995] Auch vor dem Hintergrund der im europäischen Sekundärrecht vorgesehenen Umwandlungsmöglichkeiten zur Gründung einer SE oder SCE passt § 1 UmwG nicht mehr in die aktuelle Landschaft des Gesellschaftsrechts.[2996]

Wenn man davon ausgeht, dass die Norm des § 1 UmwG bereits einer transnationalen Verschmelzung innerhalb der EU nicht entgegensteht, so schließt sich die Frage an, ob die Bestimmung mit Blick auf Verschmelzungen mit Drittstaatenbezug anders auszulegen ist: Dies wäre allenfalls dann der Fall, wenn das Ergebnis nur aufgrund einer europarechtskonformen Auslegung zu begründen wäre.[2997] Davon kann jedoch nicht ausgegangen werden, da der gesetzgeberische Wille heutzutage dahingehend zu interpretieren ist, grenzüberschreitende Verschmelzung einer kollisionsrechtlichen Regelung zuzuführen, was letztlich die

2992 Umwandlungsgesetz vom 28. Oktober 1994 (BGBl. I S. 3210; 1995 I S. 428), das zuletzt durch Artikel 2 Absatz 48 des Gesetzes vom 22. Dezember 2011 (BGBl. I S. 3044) geändert worden ist.

2993 Schmitt/Hörtnagl/Stratz, UmwG-*Hörtnagel*, § 1 Rn. 23.

2994 KölnerKomm-*Dauner-Lieb,* § 1 Rn. 27.

2995 KölnerKomm-*Dauner-Lieb,* § 1 Rn. 28.

2996 KölnerKomm-*Dauner-Lieb,* § 1 Rn. 27.

2997 Münch. Hdb. GesR VI-*Hoffmann* § 53 Rn. 124.

Kodifikation der Vereinigungslehre meint.[2998] Denn wie bereits erläutert, beruht die Ansicht, dass § 1 UmwG einen generellen Ausschluss grenzüberschreitender Umwandlung vorsehe, lediglich auf einer historischen Auslegung des gesetzgeberischen Willens von 1994. Inzwischen hat jedoch der deutsche Gesetzgeber mit der Einführung der Bestimmungen zur grenzüberschreitenden Verschmelzung in den §§ 122a ff. UmwG deutlich gemacht, dass ein solcher genereller Ausschluss nicht bezweckt ist, sondern das deutsche UmwG auch in diesen Fällen zur Anwendung gebracht werden soll.[2999] Aus den Gesetzgebungsmaterialien tritt dabei klar zu Tage, dass dies nicht auf den Anwendungsbereich der neu eingeführten Vorschriften beschränkt werden sollte; vielmehr ist eine kollisionsrechtliche Lösung im Sinne der Vereinigungs- bzw. Kombinationslehre beabsichtigt.[3000] Allein vor diesem Hintergrund muss § 1 UmwG so interpretiert werden, dass die Norm einer Anwendung des UmwG auf deutsche Gesellschaften in dem Fall nicht entgegensteht, wenn an dem Vorgang *generell* Rechtsträger ausländischen Rechts beteiligt sind.[3001] In Anbetracht dieser kollisionsrechtlichen Auslegung ließen sich somit auch Drittstaatengesellschaften in den Anwendungsbereich einbeziehen. Dass man darüber hinaus aufgrund des Gebotes einer europarechtskonformen Auslegung auch ausländische Rechtsträger aus der EU bzw. EWR-Mitgliedstaaten als vom Anwendungsbereich des UmwG erfasst ansehen muss, steht diesem Ergebnis nicht im Wege: Denn es besteht keine rechtliche Notwendigkeit dafür, insoweit zwischen Sachverhalten „innerhalb und außerhalb" des Anwendungsbereichs der primärrechtlichen Niederlassungsfreiheit zu unterscheiden.[3002] Im Ergebnis ist somit davon auszugehen, dass § 1 UmwG auch im Falle der Beteiligung von Drittstaatsgesellschaften nur noch zum Ausdruck bringt, dass das deutsche UmwG auf den Sachverhalt Anwendung findet, soweit das deutsche Gesellschaftsstatut den Vorgang beherrscht.[3003]

Hervorzuheben ist in diesem Zusammenhang, dass die hier postulierte ersatzlose Streichung von § 1 Abs. 1 UmwG allein jedoch nicht imstande ist, Rechtsunsicherheiten im Hinblick auf die Ermöglichung transnationaler Umstrukturierungsvorgänge zu beseitigen. Zunächst wäre es erstrebenswert und auch rechtlich machbar, den Anwendungsbereich möglicher transnationaler Um-

---

2998 Münch. Hdb. GesR VI-*Hoffmann* § 53 Rn. 10.

2999 Münch. Hdb. GesR VI-*Hoffmann* § 53 Rn. 10.

3000 BR-Drucks. 548/06 v. 11.08.2006, Gesetzentwurf der Bundesregierung: Entwurf eines Zweiten Gesetzes zur Änderung des Umwandlungsgesetzes, S. 20; Münch. Hdb. GesR VI-*Hoffmann* § 53 Rn. 10.

3001 Münch. Hdb. GesR VI-*Hoffmann* § 53 Rn. 10.

3002 Münch. Hdb. GesR VI-*Hoffmann* § 53 Rn. 124.

3003 Münch. Hdb. GesR VI-*Hoffmann* § 53 Rn. 124.

strukturierungsvorgänge auch mit Blick zur Schweiz hin zu öffnen.[3004] Wenn man *de lege ferenda* der Gründungstheorie nach § 10 EGBGB-RefE folgte, würde es jedoch weiterhin an der Beteiligtenfähigkeit fehlen: Ein nach schweizerischem Recht gegründeter Rechtsträger mit tatsächlichem Verwaltungssitz in Deutschland wäre jedenfalls nicht ohne weiteres beteiligtenfähig, da diese nicht von den Vorschriften der §§ 3, 124, 175, 191 UmwG als umfasst angesehen werden können.

Behandelte man Drittstaaten-Fälle demgegenüber auch weiterhin nach der Sitztheorie, wäre ein schweizerischer Rechtsträger im Wege der modifizierten Sitztheorie als Personengesellschaft zwar grundsätzlich partei- und rechtsfähig,[3005] jedoch wäre er dann mangels Eintragung im Handelsregister wie eine GbR zu behandeln. Zwar kann auch ohne Handelsregistereintragung eine oHG entstehen; vgl. § 105 Abs. 1 HGB. Demgegenüber setzt die Umwandlungsfähigkeit setzt die tatsächliche Eintragung im Handelsregister voraus.[3006] Daher könnte die oHG erst nach Verlegung des Satzungssitzes ins Inland und Eintragung ins Handelsregister als in Frage kommender beteiligtenfähiger Rechtsträger eine Umwandlung nach dem UmwG durchführen.[3007] Demgegenüber wäre die zugezogene nach schweizerischem Recht gegründete Gesellschaft als GbR aber – mit Ausnahme als Zielrechtsform beim Formwechsel – nach dem UmwG nicht beteiligtenfähig.[3008]

Insgesamt muss daher festgehalten werden, dass die Vorschrift des § 1 UmwG genauer besehen nicht das einzige sachrechtliche Hindernis darstellt, vielmehr liegt auch in den Vorschriften zur Beteiligtenfähigkeit nach UmwG eine Vereitelung transnationaler Umstrukturierungsvorgänge begründet.[3009] Die genannten Vorschrift sollten an die aktuellen Rahmenbedingungen angepasst werden: Eine „Entrümpelung und Flexibilisierung des deutschen Gesellschaftsrechts“[3010] wäre auch in diesem Punkt durchaus wünschenswert.

3004 Ausdrücklich für die Zulässigkeit transnationaler Verschmelzungen und Spaltungen auch im Verhältnis zu Drittstaaten plädieren jüngst auch *Behrens/Hoffmann*, in: Ulmer/Habersack/Löbbe (Hrsg.) GroßKomm GmbHG, Einl. B. Rn. 185.

3005 BGH Urt. v. 1. 7. 2002 – II ZR 380/00 – *Jersey*, BGHZ 151, 204 = NJW 2002, 3539; bestätigt durch BGH Urt. v. 27. 10. 2008 – II ZR 156/06, – *Trabrennbahn*, BGHZ 178, 192 = NJW 2009, 289.

3006 Schmitt/Hörtnagl/Stratz-*Hörtnagel*,UmwG/UmwStG, § 1 UmwG Rn. 36.

3007 *Meilicke*, GmbHR 2003, 793 (800f.).

3008 Schmitt/Hörtnagl/Stratz-*Hörtnagel*,UmwG/UmwStG, § 1 UmwG Rn. 36.

3009 Schmitt/Hörtnagl/Stratz-*Hörtnagel*,UmwG/UmwStG, § 1 UmwG Rn. 27.

3010 So der gleichlautende Titel des Beitrages von *Haarmann*, Die Überseering-Entscheidung – ein Anstoß zur Entrümpelung und Flexibilisierung des deutschen Gesellschaftsrechts?, BB 2003, Heft 16, „Die erste Seite“.

B. Verschmelzung

I. Europäische Sicht

1. Die primärrechtliche Verschmelzungsfreiheit

Der EuGH hat im Zuge der Rechtssache *SEVIC* „das Tor für die Verschmelzung von Gesellschaften unterschiedlicher Provenienz innerhalb der EU weit aufgestoßen“.[3011] Der Gerichtshof sah es als unvereinbar mit der primärrechtlichen Niederlassungsfreiheit an, dass ein Registergericht eines Mitgliedstaates generell die Möglichkeit der Eintragung einer Hineinverschmelzung zur Aufnahme mit dem Hinweis darauf verweigert, dass der übertragende Rechtsträger ein solcher mit Sitz im EU-Ausland ist. Im Ergebnis verstößt die Beschränkung des deutschen Umwandlungsrechts auf Rechtsträger mit Sitz im Inland gegen die europäische Niederlassungsfreiheit.[3012]

Darauf abbauend stellt sich die Frage, in welche Richtung die Verschmelzung auf der Grundlage der europarechtlichen Vorgaben zulässig ist: Denn eine Verschmelzung kann als sog. Hinausverschmelzung aus einer Rechtsordnung „hinaus“ realisiert werden. Zum anderen kann sie als Hereinverschmelzung in die jeweilige Rechtsordnung „herein“ durchgeführt werden. Es kommt dabei auf den Blickwinkel der jeweiligen Rechtsordnung an: So bedeutet dies aus der Sicht des deutschen UmwG, dass der Fall eine Verschmelzung einer ausländischen Gesellschaft auf eine oder zu einer deutschen Gesellschaft als „Hereinverschmelzung“ von einer „Hinausverschmelzung“ zu differenzieren ist, bei welcher eine deutsche Gesellschaft aus der deutschen Rechtsordnung „hinaus“ auf eine oder zu einer ausländischen Gesellschaft verschmilzt.[3013]

a) Hereinverschmelzung

Für den europäischen Rechtsraum bedeutet dies, dass transnationale Verschmelzungen nicht mehr gegenüber rein nationalen Verschmelzungssachverhalten diskriminiert werden dürfen.[3014] Dies gilt für den Fall der Hereinverschmelzung sogar in absoluter Hinsicht: Da nämlich die aufnehmende Gesellschaft ihre Rechtsform behält, sind die Interessen der Gesellschafter, Gläubiger und Arbeitnehmer dieser Gesellschaft nicht stärker betroffen, als dies bei einem nationalen

---

3011 *Weng*, Zulässigkeit und Durchführung grenzüberschreitender Verschmelzungen, 2008, S. 33.

3012 *Wachter*, GmbHR 2007 R161.

3013 *Thiermann*, Grenzüberschreitende Verschmelzung deutscher Gesellschaften, 2010, S. 94.

3014 *Grundmann*, Europäisches Gesellschaftsrecht, 2011, § 25 Rn. 807.

Verschmelzungsvorgang der Fall wäre.[3015] Den dahingehenden Schutz der Niederlassungsfreiheit hat der EuGH in seiner *VALE*-Entscheidung jüngst im Hinblick auf eine rechtsformkongruente formwechselnde „Hineinumwandlung" erneut bestätigt.[3016]

b) Hinausverschmelzung

Nach der bisher geltenden Sitztheorie führte die Verschmelzung einer deutschen auf eine ausländische Gesellschaft ebenso zu einer Liquidation wie eine Sitzverlegung ins Ausland.[3017]

Unter Bezugnahme auf die Rechtsprechung des EuGH zu den sog. Wegzugsfällen, wurde in Teilen des Schrifttums[3018] sowie der Rechtsprechung[3019] vertreten, auch Hinausverschmelzungen fielen nicht in den Anwendungsbereich der Niederlassungsfreiheit. Etwas anderes hat sich inzwischen für die Hinausverschmelzung auf eine EU/EWR Gesellschaft aufgrund der Rechtsprechung des EuGH ergeben: Während der Generalanwalt *Antonio Tizzano* in seinen Schlussanträgen bereits betonte, dass „sowohl Beschränkungen des ‚Zugangs' zum nationalen Hoheitsgebiet als auch Beschränkungen des ‚Weggangs' aus diesem Gebiet verboten" seien,[3020] konnte es nach Verkündung des *SEVIC*-Urteils noch nicht als geklärt angesehen werden, ob die Wegzugsvarianten also eine Hinausverschmelzung oder Herausspaltung ebenfalls dem Schutz der Niederlassungsfreiheit unterliegen. Die überwiegende Meinung hat jedoch sogleich zu Recht dafür plädiert, auch die Hinausverschmelzung von der Niederlassungsfreiheit zu schützen,[3021] denn eine unterschiedliche Behandlung von

---

3015 *Grundmann*, Europäisches Gesellschaftsrecht, 2011, § 25 Rn. 807.

3016 Siehe das noch nicht in der offiziellen Slg. veröffentlichte EuGH. Urt. v. 12.7.2012 – Rs. C-378/10 – *VALE Építési kft.*, NJW 2012, 2715 = ZIP 2012, 1394 = EuZW 2012, 621 = WM 2012, 2154 = DB 2012, 1614.

3017 *Picot/Land*, DB 1998, 1601 (1607).

3018 Siehe aus dem Schrifttum nur MünchKomm BGB-*Kindler*, IntGesR Rn. 896 ff.

3019 Siehe aus der Rechtsprechung nur OLG München, Beschl. v. 2. 5. 2006 – 31 Wx 9/06, ZIP 2006, 1049 = DNotZ 2006, 783 = BB 2006, 1185 = DB 2006, 1148, indem es der Verschmelzung einer GmbH auf eine Private Limited Company im Register der Zweigniederlassung die Eintragung verweigerte.

3020 Generalanwalt *Antonio Tizzano*, Schlussanträge v. 7.7.2005 Rs. C-411/03 – SEVIC –, Slg. 2005, I-10817, Rn. 45.

3021 Semler/Stengel-*Drinhausen* Einl C Rn. 30; Schmitt/Hörtnagl/Stratz-*Hörtnagl*, UmwG, UmwStG, § 1 UmwG Rn. 54; *Bayer/Schmidt* ZIP 2006, 210 (211); *dies.* ZHR 173 (2009), 735 (768); *Bungert* BB 2006, 53 (56); *Geyrhalter/Weber* DStR 2006, 146 (149 f); *Meilicke/Rabback* GmbHR 2006, 123 (125);*Teichmann* ZIP 2006, 355 (358); *Spahlinger/Wegen* NZG 2006, 721,(724); *Wackerbarth*, in: FS Horn, S. 605 (605); zweifelnd äußern sich indessen *Leible/Hoffmann* RIW 2006, 161 (166), wobei *Jochen Hoffmann* nach dem *Cartesio*-Urteil in Münch. Hdb. GesR VI-*Hoffmann* § 56 Rn. 18

Hinaus- und Hereinverschmelzung sei in der Entscheidung „noch nicht einmal angedeutet."[3022] In der Folge hat der Gerichtshof in seinem *Cartesio*-Urteil *obiter dictum* hervorgehoben, dass die Sitzverlegung unter gleichzeitiger Umwandlung in eine dem Recht des Zuzugsstaates unterliegende Gesellschaftsform von der Niederlassungsfreiheit erfasst werde.[3023]

Die Grundsätze über die Hereinverschmelzung sind dabei ohne weiteres auf die Hinausverschmelzung übertragbar, da auch insoweit die verschmelzungswillige Gesellschaft eine wirtschaftliche Tätigkeit in einem anderen Mitgliedstaat als dem Sitzstaat ausüben möchte.[3024] Es kann nicht als Zufall angesehen werden, dass der EuGH die bei der Sitzverlegung oftmals kritisierte Differenzierung zwischen Zuzugs- und Wegzugssituationen in dieser Entscheidung nicht thematisierte, sondern[3025] in seinem *SEVIC*-Urteil vielmehr ganz allgemein vom „Schutz grenzüberschreitender Verschmelzungen" sprach.[3026] Darin wurde ganz allgemein bereits die Aufgabe der *Daily Mail*-Doktrin erblickt.[3027]

Zu Recht müssen Hinein- und Hinausverschmelzung als „zwei Seiten einer Medaille" betrachtet werden, da die Zuzugsfreiheit ohne garantierte Wegzugsfreiheit faktisch ins Leere liefe.[3028] Insbesondere kann sich eine Untersagung nicht aus der *Daily Mail*-Doktrin ergeben: Denn anders als bei einer reinen Sitzverlegung ist an einer grenzüberschreitenden Verschmelzung, zwangsläufig ein weiteres ausländisches Rechtssubjekt beteiligt, in dessen von der Niederlassungsfreiheit geschütztes Recht auf Gründung einer deutschen Zweigniederlassung eingegriffen würde, wenn man der deutschen Gesellschaft die beabsichtigte Hinausverschmelzung untersagte.[3029] Damit stehen eben gerade nicht nur die Beziehungen des Staates zu „seiner" Gesellschaft im Sinne der ohnehin fraglichen „Geschöpftheorie" im Raum; gleichzeitig kommt durch die Hinderung an

---

nunmehr davon ausgeht, „dass auch die Hinausumwandlung grundsätzlich von der Niederlassungsfreiheit eröffnet wird".

3022 *Wackerbarth*, in: FS Horn, S. 605 (605).

3023 EuGH, Urt. v. 16.12.2008, Rs. C-210/06 – *Cartesio*, Slg. 2008, I-9641 Rn. 111.

3024 *Kulenkamp*, Die grenzüberschreitende Verschmelzung von Kapitalgesellschaften in der EU, 2009, S. 99.

3025 Münch. Hdb. GesR VI-*Hoffmann* § 56 Rn. 5; MünchKomm BGB-*Kindler*, IntGesR Rn. 856.

3026 EuGH, Urt. v. 13.12.2005, Rs. C-411/03 – *SEVIC*, Slg. I-10805, Rn. 26 u. 32.

3027 *Drygala*, EWiR 2006, 25 (26); siehe auch *Frenzel*, S. 58 ff. sowie *Sedemund* BB 2006 519 (521).

3028 *Grundmann*, Europäisches Gesellschaftsrecht, 2011, §22 Rn.787.

3029 *Geyrhalter/Weber*, DStR 2006, 146 (150) in Anlehnung an *Engert*, in Eidenmüller (Hrsg.), Ausländische Kapitalgesellschaften im deutschen Recht, 2004, S. 115f.; sowie *Drygala*, ZIP 2005, 1995 (1997f.).

einer Hinausverschmelzung vielmehr auch eine Verletzung der Grundfreiheiten des ausländischen Rechtsträgers in Betracht.[3030]

So hat jüngst das *Kantongerecht Amsterdam* in Anlehnung an die *SEVIC*-Rechtsprechung entschieden, dass die vom EuGH aufgestellten Grundsätze nicht nur für die Herein-, sondern gleichermaßen auch für Hinausverschmelzungen gelten müssen:[3031] Die Entscheidung betraf dabei eine Hinausverschmelzung einer niederländischen auf eine deutsche Kapitalgesellschaft und hat einen durchaus verallgemeinerungsfähigen Charakter:[3032] Das niederländische Gericht betont, „dass die Art. 43, 48 AEUV bei jeder Maßnahme betroffen [sei], die den Zugang zu einem anderen Mitgliedstaat als dem der Niederlassung und die Ausübung einer wirtschaftlichen Tätigkeit in diesem Mitgliedstaat ermöglicht oder nur vereinfacht, indem die Marktteilnehmer aus anderen Mitgliedstaaten in die Lage versetzt werden, tatsächlich am Wirtschaftsleben in jedem Mitgliedstaat unter den gleichen Bedingungen wie denen teilzunehmen, die für die nationalen Teilnehmer gelten“.[3033] Dabei gehört ebenso die Herein- wie auch die Herausverschmelzung zu den Tätigkeiten, durch die am Wirtschaftsleben teilgenommen wird.[3034] Diese mobilitätsfreundliche Entscheidung des Gerichts ist insbesondere deshalb bemerkenswert, weil zum Entscheidungszeitpunkt in den Niederlanden die Verschmelzungs-Richtlinie noch nicht umgesetzt war.[3035]

Spätestens seit der *Cartesio*-Entscheidung[3036] muss nunmehr nach der hier vertretenen Auffassung auch die Hinausverschmelzung als von der Niederlassungsfreiheit geschützt angesehen werden.[3037] Mit dieser Entscheidung tritt ne-

---

3030 *Geyrhalter/Weber*, DStR 2006, 146 (150).

3031 AG (Kantongerecht) Amsterdam, Urt. v. 29.1.2007 = DB 2007, 677.

3032 Siehe zum insoweit grundlegenden Charakter der Entscheidung des niederländischen Gerichts auch für die in Deutschland stattfindende Diskussion über das Ausmaß der grundfreiheitlichen Gewährleistung grenzüberschreitender Verschmelzung *Gesell/Krömker*, DB 2007, 679 (679) sowie *Kulenkamp*, Die grenzüberschreitende Verschmelzung von Kapitalgesellschaften in der EU, 2009, S. 100.

3033 AG (Kantongerecht) Amsterdam, Urt. v. 29.1.2007 = DB 2007, 677 (678) Rn. 12.

3034 AG (Kantongerecht) Amsterdam, Urt. v. 29.1.2007 = DB 2007, 677 (678) Rn. 13.

3035 *Wachter*, GmbHR 2007 R161.

3036 EuGH, Urt. v. 16.12.2008, Rs. C-210/06 – *Cartesio*, Slg. 2008, I-9641.

3037 *Grundmann*, Europäisches Gesellschaftsrecht, 2011, §22 Rn. 807 Fn.163: „Ist es einem Mitgliedstaat nach *Cartesio* nicht mehr möglich, eine wegzugswillige Gesellschaft am Wegzug zu hindern, so muss dies auch für die sich hinausverschmelzende Gesellschaft gelten.“ Siehe in diesem befürwortenden Sinne auch *Frenzel*, EWS 2009, 158 (163); *Bohrenkämper*, ELR 2009, 82 (86f.); *Herrler*, DNotZ 2009 484 (488), *Schmidt-Kessel* GPR 2009 26 (29); *Sethe/Winzer* WM 2009 536 (539); *Beutel*, Der neue rechtliche Rahmen grenzüberschreitender Verschmelzungen in der EU, 2008, S. 86f. Zurückhaltender äußern sich zwar *Engert*, in: Eidenmüller (Hrsg.), Ausländische Kapitalgesellschaften, § 4 Rn. 87; *Louven/Dettmeier/Pöschke/Weng* BB-Special

ben die mit *Centros*[3038], *Überseering*[3039] und *Inspire Art*[3040] gewährleistete Gründungsfreiheit nunmehr im europäischen Kontext daneben auch eine Reinkorporationsfreiheit dergestalt, „dass eine bereits bestehende Gesellschaft das auf sie anwendbare Recht nachträglich (durch grenzüberschreitenden Formwechsel) frei verändern kann“.[3041]

c) Die Bedeutung der Kapitalverkehrsfreiheit

Während noch der Generalanwalt in seinen Schlussanträgen einen Verstoß gegen die Kapitalverkehrsfreiheit von Art. 63 AEUV (*ex*-Art. 56 EG) als gegeben ansah,[3042] geht der Gerichtshof in seinem *SEVIC*-Urteil auf diese Problematik mit keinem Wort ein. Dies erscheint erstaunlich, zumal die Kapitalverkehrsfreiheit auch in Erwägungsgrund Nr. 3 der Verschmelzungs-Richtlinie ausdrücklich angesprochen wird.[3043]

Gerade diese Frage ist hier jedoch von Bedeutung, da die Kapitalverkehrs- im Gegensatz zur Niederlassungsfreiheit auch im Verhältnis zu Drittstaaten ge-

---

3/2006, 1 (5) sowie *Gottschalk* EuZW 2006 83 (84) sehen jedoch im Fall der Hinausverschmelzung jedenfalls die Niederlassungsfreiheit der übernehmenden Rechtsträgerin als betroffen an. Aus der notariellen Praxis wird ebenfalls von der grundsätzlichen Zulässigkeit einer Hinausverschmelzung ausgegangen; gleichwohl wird auf bestehende Rechtsunsicherheit nach der *Cartesio*-Entscheidung hingewiesen. Siehe dazu *Lutz*: BWNotZ 2010, 23 (24): „Die EU-Niederlassungsfreiheit (Art. EGV Artikel 43 EG und EGV Artikel 48 EG) steht Rechtsvorschriften eines Mitgliedstaats nicht entgegen, die es einer nach dem nationalen Recht dieses Mitgliedstaats gegründeten Gesellschaft verwehren, ihren Sitz in einen anderen Mitgliedstaat zu verlegen und dabei ihre Eigenschaft als Gesellschaft nach dem Recht ihres Herkunftsstaates zu behalten. Dies stellte der Europäische Gerichtshof (EuGH) in seiner Entscheidung vom 16.12.2008 in der *Rechtssache C 210/06 – Cartesio* fest. Es bleibt damit weiterhin kritisch abzuwarten, ob dies nun auch für die sog. Hinausverschmelzung möglich ist, somit der deutsche Gesetzgeber eine Hinausverschmelzung unterbinden kann.“

3038 EuGH, Urt. v. 9.3.1999, Rs. C-212/97 – *Centros*, Slg. 1999, I-1459.

3039 EuGH, Urt. v. 5.11.2002, Rs. C-208/00 – *Überseering*, Slg. 2002, I-9919.

3040 EuGH, Urt. v. 30. 9. 2003, Rs. C-167/01 – *Inspire Art*, Slg. 2003, I-10155.

3041 *Grundmann*, Europäisches Gesellschaftsrecht, 2011, § 22 Rn. 791.

3042 Generalanwalt *Antonio Tizzano*, Schlussanträge v. 7.7.2005 Rs. C-411/03 – SEVIC –, Slg. 2005, I-10805, Rn. 71-78.

3043 Es heißt dort: „(3) Um grenzüberschreitende Verschmelzungen zu erleichtern, sollte vorgesehen werden, dass für jede an einer grenzüberschreitenden Verschmelzung beteiligte Gesellschaft und jeden beteiligten Dritten weiterhin die Vorschriften und Formalitäten des innerstaatlichen Rechts gelten, das im Falle einer innerstaatlichen Verschmelzung anwendbar wäre, sofern diese Richtlinie nichts anderes bestimmt. Die Vorschriften und Formalitäten des innerstaatlichen Rechts, auf die in dieser Richtlinie Bezug genommen wird, sollten keine Beschränkungen der Niederlassungsfreiheit oder des freien Kapitalverkehrs einführen (…).“

währleistet wird. Denn ausweislich des unmissverständlichen Wortlauts von Art. 63 Abs. 1 AEUV (*ex*-Art. 56 Abs. 1 EG) entfaltet nur dieser eine Ausweitung des grundfreiheitlichen Schutzes auf Akteure aus Drittstaaten im Wege seiner räumlich-universellen sog. *erga omnes*-Wirkung: Diese Norm stellt klar, dass „alle Beschränkungen des Kapitalverkehrs [...] zwischen Mitgliedstaaten und dritten Ländern verboten sind". Art. 63 AEUV entfaltet somit seine Liberalisierungswirkung weltweit.[3044]

2. Vorgaben des Sekundärrechts

Während die 3. Fusionsrichtlinie[3045] lediglich binnenrechtliche Sachverhalte harmonisierte, standen über lange Zeit grenzüberschreitende Verschmelzungsvorgänge nicht auf der Agenda des europäischen Gesetzgebers. Erst unter dem „Damoklesschwert des bevorstehenden *SEVIC*-Urteils" sahen sich Parlament und Rat schließlich veranlasst,[3046] im Jahr 2005 die Verschmelzungsrichtlinie[3047] zu erlassen.

Damit konnte mit Blick auf grenzüberschreitende Verschmelzung von Kapitalgesellschaften aus verschiedenen EU-/EWR-Mitgliedstaaten auf europäischer Ebene inzwischen ein Rechtsrahmen geschaffen werden. Auf der Grundlage des europäischen Sekundärrechts sind sowohl die Herein- als auch die Hinausverschmelzung jedenfalls mit Blick auf EU/EWR Staaten vorgesehen.[3048] Infolge der Umsetzung der Verschmelzungsrichtlinie[3049] besteht in allen Mitgliedstaaten einheitlich zumindest die Möglichkeit der Verschmelzung von Aktiengesellschaften bzw. vergleichbaren Rechtsformen ausländischen Rechts.[3050] Auch wenn der europäische Gesetzgeber insoweit die Mitgliedstaaten nicht dazu verpflichtet hat, grenzüberschreitende Verschmelzungen *per se* zwischen sämtlichen Arten von Kapitalgesellschaften oder gar rechtsformübergreifend zu ermöglichen, so wird gleichwohl die Diskriminierung grenzüberschreitender Ver-

---

3044 *Grundmann*, Europäisches Gesellschaftsrecht, 2011, § 18 Rn. 644.

3045 Dritte Richtlinie 78/855/EWG des Rates vom 9. Oktober 1978 gemäß Artikel 54 Absatz 3 Buchstabe g) des Vertrages betreffend die Verschmelzung von Aktiengesellschaften ABl. EG L 295 v. 20.10.1978, S. 36–43.

3046 So die Formulierung von *Behrens*, EuZW 2013, 121 (122); vgl. EuGH, Urt. v. 13.12.2005, Rs. C-411/03, *SEVIC* Slg. I-10805.

3047 Richtlinie 2005/56/EG des Europäischen Parlaments und des Rates vom 26. Oktober 2005 über die Verschmelzung von Kapitalgesellschaften aus verschiedenen Mitgliedstaaten ABl. EU Nr L 310/1 v 25.11.2005.

3048 KölnerKomm-*Simon/Rubner* Vor §§ 122a ff. UmwG.

3049 Richtlinie 2005/56/EG des Europäischen Parlaments und des Rates vom 26. Oktober 2005 über die Verschmelzung von Kapitalgesellschaften aus verschiedenen Mitgliedstaaten, Amtsbl. EG L 310 vom 25.11.2005.

3050 Sagasser/Bula/Brünger-*Gutkès*, Umwandlungen, 2011, § 13 Rn 24.

schmelzungen gegenüber innerstaatlichen Sachverhalten unterbunden.[3051] Demgegenüber sind Personengesellschaften nicht von der Verschmelzungsrichtlinie erfasst. Diese kommen aber auf der Grundlage der *SEVIC*-Entscheidung ebenfalls in den Genuss der aus den Art. 49, 54 AEUV abgeleiteten „Verschmelzungsfreiheit“.[3052] Schließlich ermöglichen die europäischen Rechtsformen im Rahmen der SE-VO[3053] und SCE-VO[3054] grenzüberschreitende Verschmelzungen basierend auf dem in Art. 5 ff. der Verschmelzungsrichtlinie entwickelten[3055] „europäischen Modell für Strukturmaßnahmen“.[3056]

II. Schweizerische Sicht

1. Grundlagen

a) Zum Begriff der grenzüberschreitenden Fusion

Das FusG verzichtet zumindest formal auf eine Definition des Fusionsbegriffs.[3057] Indessen setzt Art. 3 FusG gleichsam ein entsprechendes Vorverständnis voraus: Die Norm gibt hinreichende Anhaltspunkte vor, anhand derer eine Begriffsbestimmung erfolgen kann.[3058] Bereits vor Inkrafttreten des FusG haben die schweizerische Rechtsprechung und Lehre Begriffsmerkmale entwickelt, die

---

3051 Sagasser/Bula/Brünger-*Gutkès*, Umwandlungen, 2011, § 13 Rn 23.

3052 *Lutter/Bayer/Schmidt*, Europäisches Unternehmens- und Kapitalmarktrecht, 2012, § 6 Rn. 72, S. 107.

3053 Siehe dazu *Lutter/Bayer/Schmidt*, Europäisches Unternehmens- und Kapitalmarktrecht, 2012, § 41 Rn. 50.

3054 Siehe dazu *Lutter/Bayer/Schmidt*, Europäisches Unternehmens- und Kapitalmarktrecht, 2012, § 42 Rn. 22.

3055 Richtlinie 2005/56/EG des Europäischen Parlaments und des Rates vom 26. Oktober 2005 über die Verschmelzung von Kapitalgesellschaften aus verschiedenen Mitgliedstaaten; ABl. L 310 vom 25.11.2005, S. 1–9. Die Verschmelzungsrichtlinie wird dabei als „Basisrechtsakt für ein Europäisches Recht der Strukturmaßnahmen” angesehen; siehe den gleichnamigen von *Karl Riesenhuber* anlässlich der 2. Erlanger Europarechtstage am 20. Juni 2003 gehaltenen Vortrag; abgedruckt in *Riesenhuber*, NZG 2004, 15 (15) sowie ihm folgend *Grundmann*, Europäisches Gesellschaftsrecht, 2011, § 25 Rn. 868, S. 520.

3056 *Lutter/Bayer/Schmidt*, Europäisches Unternehmens- und Kapitalmarktrecht, 2012, § 21 Rn. 3, 2; § 22 Rn. 2, 23; § 23 Rn. 3, 26.

3057 ZürchKomm, FusG-Albrecht vor Art. 3-28 FusG Rn. 1. Es wird der Rechtslehre und Praxis überlassen, den Gehalt des Rechtsbegriffs der Fusion „mit Leben zu erfüllen“ und eine geeignete dogmatische Ordnung zu finden. Es kann hier von einem sog. funktionsbestimmten Rechtsbegriff gesprochen werden; vgl. *Larenz/Canaris*, Methodenlehre der Rechtswissenschaft 1995, S. 310 f.

3058 Siehe *Juchli*, Die Verantwortlichkeit bei Umstrukturierungen nach Art. 108 FusG, 2011, S. 39.

eine Fusion im Kern ausmachen: So wird nach der Definition von *Manfred Küng* unter einer Fusion ein „Vorgang verstanden, durch den eine oder mehrere juristische Personen ihr gesamtes Aktiv- und Passivvermögen im Wege der Auflösung ohne Liquidation auf eine andere juristische Person übertragen und zwar dergestalt, dass die bisherigen Mitglieder der aufgelösten juristischen Person *ipso iure* und ohne weiteres Mitglieder der übernehmenden juristischen Person werden".[3059]

Der schweizerische Gesetzgeber definiert die Fusion als „rechtliche Vereinigung von zwei oder mehreren Gesellschaften durch Vermögensübernahme ohne Liquidation, wobei in der Regel den Gesellschafterinnen und Gesellschaftern der übertragenden Gesellschaft Anteils- oder Mitgliedschaftsrechte am übernehmenden Rechtsträger eingeräumt werden. Die übertragende Gesellschaft wird aufgelöst und die Gesamtheit ihrer Aktiven und Passiven gehen durch Universalsukzession auf die übernehmende Gesellschaft über."[3060]

Aus den obigen Definitionsansätzen zum Fusionsbegriff lassen sich Strukturmerkmale einer Fusion herausarbeiten, die neben einer vertraglichen Grundlage, der mitgliedschaftlichen Kontinuität, der Übertragung der Aktiven und Passiven qua Universalsukzession schließlich die Auflösung der übertragenden Gesellschaft ohne Liquidation umfasst.[3061] Während im Rahmen einer Absorptionsfusion ein bereits bestehender Rechtsträger einen anderen übernimmt, schließen sich bei einer Kombinationsfusion zwei Rechtsträger zu einem erst im Zuge der Fusion neu gegründeten Rechtsträger zusammen.[3062]

Das schweizerische Recht orientiert sich in wesentlichen Bereichen an den europäischen Vorgaben, jedoch weicht es teilweise auch davon ab[3063]: Besonderheiten betreffen dabei die Kontinuität der Mitgliedschaft[3064] und Erleichterungen für Fusionen in Konzernverhältnissen[3065] sowie für kleine und mittlere

3059 *Küng*, SZW 1991, 245 (245).

3060 Botschaft, FusG, 4391.

3061 Siehe *Schneller*, Die Organe der Aktiengesellschaft bei einer ordentlichen Fusion, 2006, S. 7.

3062 *Beretta*, in: Roland von Büren et al. (Hrsg.) Schweizerisches Privatrecht – Stukturanpassungen Bd. VIII/8 (2006) Gegenstand und Ziele des FusG, § 1 II, S. 4.

3063 *Beretta*, in: Roland von Büren et al. (Hrsg.) Schweizerisches Privatrecht – Stukturanpassungen, Bd. VIII/8 (2006) Gegenstand und Ziele des FusG, § 2 II., S. 8.

3064 Siehe dazu *Beretta*, in: Roland von Büren et al. (Hrsg.) Schweizerisches Privatrecht – Stukturanpassungen, Bd. VIII/8 (2006), Grundsatz der Kontinuität der Mitgliedschaft, § 2 II.1.a., S. 112ff.

3065 Siehe dazu *Beretta*, in: Roland von Büren et al. (Hrsg.) Schweizerisches Privatrecht– Stukturanpassungen, Bd. VIII/8 (2006), Verfahrenserleichterungen in Konzernverbindungen, § 3, S. 351 ff..

Unternehmen (KMU)[3066]. Anders als im deutschen oder französischen Recht ist die Aufnahmeverschmelzung einer Kapital- auf eine Personengesellschaft im Fusionsgesetz nicht vorgesehen.[3067] In rechtsvergleichender Sicht mag dieser Befund überraschend erscheinen: Während das deutsche Umwandlungsrecht aufgrund der dogmatischen Fixierung auf die Lehre von der Gesamthandsgemeinschaft[3068] anfangs noch durch „Schwerfälligkeit"[3069] im Verhältnis zwischen Kapital- und Personengesellschaften geprägt war, ist nunmehr die Verschmelzung einer Kapitalgesellschaft auf eine Personenhandelsgesellschaft durch Aufnahme oder durch Neugründung möglich.[3070] Demgegenüber ließ der schweizerische Gesetzgeber mit Blick auf eine dogmatische Einordnung der Personengesellschaft – wie *Eugen Huber* im Jahr 1920 betont – die Frage ihrer „Existenz als juristische Person"[3071] ursprünglich bewußt offen und war in dieser Hinsicht bestrebt „zum mindesten der Doktrin und der Praxis nicht vorzugreifen"[3072]. Im Rahmen des Fusionsgesetzes scheint sich der schweizerische Ge-

3066 Siehe dazu *Beretta*, in: Roland von Büren et al. (Hrsg.) Schweizerisches Privatrecht– Stukturanpassungen, Bd. VIII/8 (2006), Verfahrenserleichterungen für KMU, § 1, S. 325 ff..

3067 Vgl. zu den Fusionsmöglichkeiten von Kollektiv- und Kommanditgesellschaften Art. 4 Abs. 2 FusG; siehe dazu kritisch *Nobel*, ZSR 1998, 355 (363). Der umgekehrte Fall einer Fusion zwischen einer übertragenden Personengesellschaft und einer (absorbierenden) Kapitalgesellschaft ist gemäss Art. 4 Abs. 2 lit. b FusG zulässig.

3068 Zurückgehend auf die von *Werner Flume* entwickelte Lehre von der Gesamthandsgemeinschaft wird die Personengesellschaft in der deutschen Literatur als eine von den juristischen Personen grundlegend zu unterscheidende rechtsfähige Gruppe betrachtet; siehe dazu *Ulmer,* AcP 198 (1998), 113 (113 ff.). Insbesondere *Thomas Raiser* stellt jedoch die Rechtsfigur der „Gesamthandsgemeinschaft" indessen grundsätzlich in Frage und zählt auch die Personengesellschaften zu den juristischen Personen; siehe *Raiser*, AcP 194 (1994), 495 (495 ff.). Siehe aus rechtsökonomischer Perspektive zur „Anerkennung" der Personengesellschaft als „juristische Person" *Kirchner*, in: FS Raiser, S. 181 (183 ff.).

3069 So die Formulierung von *K. Schmidt*, in: FS Ulmer, S. 557 (561).

3070 Vgl. §§ 2 Nr. 1 und 2 i.V.m. 3 Abs. 1 Nr. 1 u. 2 UmwG. Mit dem Umwandlungsgesetz vom 28. Oktober 1994, BGBl. I S. 3210; 1995 I S. 428 ging in Deutschland vielmehr eine bedeutende Erweiterung des Kreises der verschmelzungsfähigen Rechtsträger einher; vgl. Schmitt/Hörtnagl/Stratz, UmwG, UmwStG-*Stratz*, § 3 UmwG Rn. 1.

3071 *Huber*, Bericht über die Revision der Titel 24 bis 33 des schweizerischen Obligationenrechts, 1920, S. 10.

3072 *Huber*, Bericht über die Revision der Titel 24 bis 33 des schweizerischen Obligationenrechts, 1920, S. 11.

setzgeber demgegenüber an der besagten Gesamthandslehre orientiert zu haben.[3073]

Das schweizerische Recht sieht in Art. 163a ff. IPRG eine ausdrückliche Regelung für grenzüberschreitende Fusionen vor. Im Rahmen einer solchen grenzüberschreitenden, internationalen oder insoweit klarer transnationalen Fusion sind stets mindestens zwei Rechtsordnungen als Gesellschaftsstatut der Beteiligten involviert.[3074] Das schweizerische Recht lässt transnationale Fusionen in jede Richtung zu: Art. 163a IPRG erlaubt zum einen die sog. Immigrationsfusion, eine dem ausländischen Recht unterstehende übertragende Gesellschaft mit einer dem schweizerischen Recht unterstehenden Gesellschaft als aufnehmendem Rechtsträger.[3075] Zum anderen regelt Art. 163b IPRG Emigrationsfusionen, im Zuge derer eine schweizerische Gesellschaft als übertragende Gesellschaft mit einer im Ausland befindlichen übernehmenden Gesellschaft verschmilzt.[3076]

b) Anwendbares Recht

Das schweizerische IPRG basiert auf dem Grundsatz, Sachverhalte mit Auslandsberührung wenn immer möglich derjenigen Rechtsordnung zur Regelung zuzuweisen, zu der sie den engsten Sachzusammenhang aufweisen. Diesem Grundsatz kann jedoch im Bereich der transnationalen Strukturanpassungsvorgängen nicht vollständig Rechnung getragen werden:[3077] Denn im Gegensatz zur Anknüpfung im Rahmen rein vertragsrechtlicher Fragen kann das schweizerische IPR im Bereich grenzüberschreitender Umstrukturierungstatbestände das anwendbare Recht nicht ohne Rücksicht auf das ausländische Kollisionsrecht bestimmen.[3078]

Der Schutz des Rechtsverkehrs macht es dem Kollisionsrecht vielmehr zur Aufgabe, dass das Zustandekommen und die Rechtsbeständigkeit von Umstrukturierungen aus Sicht verschiedener Rechtsordnungen nicht unterschiedlich beurteilt werden dürfen. Das Ziel ist daher weitestgehender internationaler Entscheidungseinklang. Um auf eine solche internationale Übereinstimmung hinwirken zu können, muss ein jeder Fall einzeln für sich betrachtet werden: Je

3073 In diesem Sinne *Nobel*, ZSR 1998, 355 (363), der dazu kritisch anmerkt: „Hier wird die unter dem Dache deutschen Eichenlaubs gepflegte Gesamthandsideologie nochmals aufpoliert."

3074 *Bessenich*, Die grenzüberschreitende Fusion nach den Bestimmungen des IPRG und des OR, 1991, S. 3.

3075 ZürchKomm-*Vischer* 163a IPRG Rn. 1.

3076 BaslerKomm, FusG-*Girsberger/Rodriguez* Art. 163b IPRG Rn. 1.

3077 *Beretta*, in: Roland von Büren et al. (Hrsg.) Schweizerisches Privatrecht – Stukturanpassungen, Bd. VIII/8 (2006), Internationale Strukturanpassungsvorgänge, § 1 I., S. 359.

3078 Stämpflis HK FusG-*Courvoisier*, vor Art. 161-164 IPRG Rn. 9.

nach Interessenlage und Betroffenheitsgrad muss dabei entschieden werden, ob lediglich schweizerisches bzw. ausländisches Recht oder jeweils beide Rechtsordnungen gemeinsam berücksichtigt werden müssen.[3079]

Denn die meisten ausländischen Rechtsordnungen lassen grenzüberschreitende Vorgänge überhaupt nur dann zu, wenn zunächst die jeweiligen Voraussetzungen – insbesondere im Hinblick auf den Schutz von Gesellschaftern, Gläubigern und Arbeitnehmern – der eigenen Rechtsordnung gewahrt wurden.[3080] Das schweizerische Recht kann auf diese Regeln indessen nicht einwirken. Demnach hat der schweizerische Gesetzgeber im IPRG die nach schweizerischem Internationalen Privatrecht zu beachtenden Voraussetzungen und Rechtsfolgen für grenzüberschreitende Strukturanpassungsvorgänge festgelegt, während er gleichzeitig den ausländischen Rechtsordnungen durch allgemein gehaltene Verweisungen Raum belässt.[3081]

Im Ergebnis sind damit grundsätzlich die Rechtsordnungen sämtlicher beteiligter Rechtsträger kumulativ im Sinne der Vereinigungstheorie anzuwenden. Auf diese Weise sollen grenzüberschreitende Strukturanpassungsvorgänge ermöglicht werden; zugleich internationaler Entscheidungseinklang hergestellt werden und hinkende Rechtsverhältnisse vermieden werden.[3082] Die Durchführung einer grenzüberschreitenden Fusion ist dabei auf Grundlage der Vereinigungstheorie jedoch nur möglich, wenn eine solche Möglichkeit auch von der auf die ausländische Gesellschaft anwendbaren Rechtsordnung vorgesehen ist.[3083] Mit den Worten *Bessenichs* kommt es auf Folgendes an: „Eine grenzüberschreitende Transaktion ist nur dann möglich, wenn sowohl das Emigrations- wie auch das Immigrationsstatut diese Transaktion und die damit konkret verbundenen Rechtsfolgen insbesondere für die Gesellschafter und die Gläubiger zulassen."[3084]

3079 *Beretta*, in: Roland von Büren et al. (Hrsg.) Schweizerisches Privatrecht – Stukturanpassungen, Bd. VIII/8 (2006), Internationale Strukturanpassungsvorgänge, § 1 I., S. 359f.

3080 Botschaft, FusG. 2.2.3.

3081 *Beretta*, in: Roland von Büren et al. (Hrsg.) Schweizerisches Privatrecht – Stukturanpassungen, Bd. VIII/8, Internationale Strukturanpassungsvorgänge (2006), § 1 I., S. 359.

3082 *Beretta*, in: Roland von Büren et al. (Hrsg.) Schweizerisches Privatrecht – Stukturanpassungen, Bd. VIII/8, Internationale Strukturanpassungsvorgänge (2006), § 1 I., S. 359.

3083 *von der Crone* et al. (Hrsg.), Das Fusionsgesetz, 2004, § 7 III. Rn. 1131.

3084 *Bessenich*, AJP 2004, 851 (854).

2. Immigrationsfusion

a) Grundsätzliche Erlaubnis

Die genaue Begriffsbestimmung ist hier vor allen Dingen deshalb bedeutsam, da die jeweils andere Rechtsordnung einen solchen Vorgang über die Grenze hinaus ebenfalls zulassen muss.[3085] Dies ist nach herrschender Ansicht dann der Fall, wenn die folgenden wesentlichen Begriffsmerkmale einer Fusion erfüllt sind. Es wird dabei als ausreichend erachtet, wenn die ausländische Rechtsordnung die auf die Herbeiführung der Fusion gerichteten Rechtsfolgen duldet und deren Wirkung anerkennt: Mit der Fusion ist zunächst die Auflösung ohne Liquidation der übertragenen Gesellschaft verbunden.[3086] Die übertragende Gesellschaft wird somit nicht liquidiert, sondern in eine andere überführt. Sodann muss das ausländische Recht den Vermögensübergang im Wege der Universalsukzession kennen; andernfalls wäre die Möglichkeit der transnationalen Fusion nach schweizerischem IPRG ausgeschlossen.[3087] Ferner muss die mitgliedschaftliche Kontinuität der neuen Gesellschaft gewährleistet sein.

Da im schweizerischen Recht gemäß Art. 8 Abs. 2 FusG grundsätzlich der Ausschluss von Gesellschaftern gegen Abfindung zulässig ist, wirkt die Kontinuität indessen nur insofern, als die Gesellschafter der übertragenden Gesellschaft entweder Gesellschafter der übernehmenden Gesellschaft werden oder durch diese abgefunden werden.[3088] Wenn hingegen das ausländische Recht nur eine Leistung an die übertragende Gesellschaft zulassen sollte, so würde dem ausländischen Recht der Grundsatz der mitgliedschaftliche Kontinuität fehlen.[3089] Dann würde die Fusion aus schweizerischer Sicht auch nicht gestattet werden.

Weniger streng sind die Anforderungen an die Übereinstimmung bezüglich der Rechtsfolge der liquidationslosen Auflösung. Denn das ausländische Recht muss eine Auflösung ohne Liquidation nicht vorsehen; vielmehr ist ausreichend, wenn das ausländische Recht die Übertragung des Vermögens als Gesellschaftsvermögen vorsieht.[3090] Es entspräche am ehesten der schweizerischen Vorstellung der Fusion, wenn das ausländische Recht die Auflösung und den Untergang der ausländischen Gesellschaft vorschriebe.[3091] Gleichwohl wird es als ausreichend angesehen, dass eine möglicherweise fortbestehende ausländische Gesell-

---

3085 BaslerKomm FusG-*Girsberger/Rodriguez* Art. 163a IPRG Rn. 6.
3086 BaslerKomm FusG-*Girsberger/Rodriguez* Art. 163a IPRG Rn. 7.
3087 BaslerKomm FusG-*Girsberger/Rodriguez* Art. 163a IPRG Rn. 8.
3088 Stämpflis HK FusG-*Courvoisier*, Art. 163a IPRG Rn. 12.
3089 Stämpflis HK FusG-*Courvoisier*, Art. 163a IPRG Rn. 12.
3090 Stämpflis HK FusG-*Courvoisier*, Art. 163a IPRG Rn. 15.
3091 Stämpflis HK FusG-*Courvoisier*, Art. 163a IPRG Rn. 15.

schaft keine Auswirkungen für die übrigen zuvor erwähnten erforderlichen Elemente der Fusion zeitigt, also den Vermögensübergang im Wege der Universalsukzession und mitgliedschaftliche Kontinuität. Nur für den Fall, dass dies nicht gewährleistet werden kann, wird die Fusion im Sinne von Art. 163a Abs. 1 IPRG nicht gestattet. Schließlich basiert die Fusion auf einer vertraglichen Vereinbarung. Dieser Fusionsvertrag ist darauf gerichtet, die Wirkungen der Fusion herbeizuführen.[3092]

b) Anwendbares Recht

Die Fusion einer dem ausländischen Recht unterstehenden übertragenden Gesellschaft mit einer der schweizerischen Rechtsordnung unterstehenden aufnehmenden Gesellschaft wird als Immigrationsfusion bezeichnet; vgl. Art. 163a IPRG. Die Fusion kann dabei als Immigrationskombination vollzogen werden, im Zuge derer sich eine ausländische Gesellschaft mit einer schweizerischen zu einer neuen schweizerischen Gesellschaft zusammenschließt.[3093] Wird hingegen eine ausländische Gesellschaft von einer schweizerischen übernommen, spricht man von einer sog. Immigrationsabsorption.[3094] Vom Wortlaut der Vorschrift des Art. 163a IPRG ist darüber hinaus auch der Zusammenschluss zweier ausländischer Gesellschaften zu einer neuen schweizerischen Gesellschaft erfasst.[3095]

Die Vorschrift des Art. 163a IPRG ist als Kollisionsnorm ausgestaltet, hat aber hinsichtlich des Erlaubniserfordernisses der Fusion durch das ausländische Recht zugleich Sachnormcharakter.[3096] Denn Art. 163a Abs. 1 IPRG verlangt, dass das ausländische Gesellschaftsstatut eine solche Fusion über die Grenze überhaupt zulässt. Wenn dies nicht der Fall ist, so ist die grenzüberschreitende Fusion von vornherein ausgeschlossen.[3097] Der schweizerische Gesetzgeber verlangt dabei keine ausdrückliche Gestattung in Gesetzesform; vielmehr wird auch eine stillschweigende Zulassung der grenzüberschreitenden Fusion durch die betreffende ausländische Rechtsordnung als ausreichend erachtet.[3098] Dabei sind

---

3092 BaslerKomm FusG-*Girsberger/Rodriguez* Art. 163b IPRG Rn. 10; siehe ferner Küng, Fusionsbegriff, S. 249.

3093 ZürchKomm-*Vischer* 163a IPRG Rn. 1; *von der Crone* et al. (Hrsg.) Das Fusionsgesetz, 2004, § 7 III. A. Rn. 1133.

3094 ZürchKomm-*Vischer* 163a IPRG Rn. 1; *von der Crone* et al. (Hrsg.), Das Fusionsgesetz, 2004, § 7 III. A. Rn. 1133.

3095 Botschaft, FusG, 4499; BaslerKomm FusG-*Girsberger/Rodriguez* Art. 163a IPRG Rn. 1; Stämpflis HK FusG-*Courvoisier*, Art. 163a- IPRG Rn. 1.

3096 Stämpflis HK FusG-*Courvoisier*, Art. 163a IPRG Rn. 1.

3097 Stämpflis HK FusG-*Courvoisier*, Art. 163a IPRG Rn. 5.

3098 Botschaft FusG, 2.2.3.2, art. 163a E-IPRG; ZürchKomm FusG-*Müller*, Art. 2 FusG, Rn. 24.

nicht nur solche Regelungen des ausländischen Rechts betreffend die grenzüberschreitende Fusion zu beachten, vielmehr sind sämtliche Vorschriften, welche für die Zulässigkeit und die Voraussetzungen der Fusion maßgebend sind, zu berücksichtigen.[3099]

Mit dem Ziel des Gesetzgebers, sog. hinkende Rechtsverhältnisse zu verhindern, ist das schweizerische IPRG darauf ausgerichtet, dem jeweiligen ausländischen Recht – wie auch bei der Sitzverlegung in die Schweiz nach Art. 161 Abs. 1 IPRG – zur Anwendung zu verhelfen.[3100] Nach dem der Vereinigungstheorie zugrunde liegenden Gedanken sind die Rechtsordnungen sämtlicher beteiligter Gesellschaften grundsätzlich kumulativ anzuwenden.[3101] Daneben erklärt Art. 163a Abs. 2 IPRG das schweizerische Recht „im Übrigen" für anwendbar. Jedoch ist diese Vorschrift nicht so zu verstehen, dass grundsätzlich die ausländische Rechtsordnung auf die Fusion anwendbar und das schweizerische Recht lediglich dazu berufen sei, die vom ausländischen Recht ungeregelten und somit offengebliebenen Fragen zu regeln.[3102] Die Vorgehensweise ist eine andere: Art. 163a IPRG gebietet nämlich zunächst eine kumulative Anwendung der Bestimmungen des ausländischen wie des schweizerischen Rechts, welche die Gültigkeit der Immigrationsfusion erfassen.[3103] Erst wenn die Reichweite dieser Bestimmungen feststeht, kommt für die übrigen Fragen sodann alleinig das schweizerische Recht zur Anwendung; vgl. Art. 163a Abs. 2 IPRG.

Aus schweizerischer Sicht sind abschließend drei für die Immigrationsfusion erforderliche Voraussetzungen zu nennen:[3104] Zunächst müssen das ausländische Recht sowie das schweizerische Recht die Immigrationsfusion in die Schweiz zulassen. Weiterhin müssen die hierfür vom ausländischen Gesellschaftsstatut gestellten Voraussetzungen erfüllt werden. Schließlich muss die Anwendung schweizerischen Rechts auf die fusionierte Gesellschaft mit der Einhaltung der zuvor vom ausländischen Recht benannten Voraussetzungen vereinbar sein.[3105]

3099 Dazu zählen bspw. das Devisen, Investitions-, Ausländer- und Grundstücksrecht; siehe ZürchKomm FusG-*Müller*, Art. 2 FusG, Rn. 26. Steuerrechtliche Vorschriften, so z.B. die Zahlungspflicht einer Wegzugssteuer, hindern dagegen die Fusion im Falle der Nichteinhaltung nur dann, wenn es sich nicht um bloße Ordnungsvorschriften, sondern um solche Vorschriften handelt, von denen der Emigrationsstaat die Wirksamkeit der Fusion abhängig macht; siehe *Helbing*, Internationale Sitzverlegungen und Umstrukturierungen, 2010, § 6 Rn. 171.

3100 BaslerKomm FusG-*Girsberger/Rodriguez* Art. 163a IPRG Rn. 3.

3101 BaslerKomm FusG-*Girsberger/Rodriguez* Art. 163a IPRG Rn. 20.

3102 BaslerKomm FusG-*Girsberger/Rodriguez* Art. 163a IPRG Rn. 20.

3103 BaslerKomm FusG-*Girsberger/Rodriguez* Art. 163a IPRG Rn. 20.

3104 Siehe dazu BaslerKomm FusG-*Girsberger/Rodriguez* Art. 163a IPRG Rn. 4.

3105 BaslerKomm FusG-*Girsberger/Rodriguez* Art. 163a IPRG Rn. 4.

Sofern die entsprechenden Voraussetzungen im Hinblick auf die Immigrationsfusion erfüllt sind, bildet das schweizerische Recht als Recht der übernehmenden Gesellschaft gemäß Art. 163a Abs. 2 IPRG das Fusionsstatut. Demnach sind alle für einen übernehmenden Rechtsträger zwingenden gesellschaftsrechtlichen Vorschriften des FusG zu beachten; eine Möglichkeit der Rechtswahl besteht diesbezüglich nicht.[3106] Zu diesen zwingend zu beachtenden Normen gehört insbesondere der *numerus clausus* der zulässigen Fusionskonstellationen;[3107] als ausländische Fusionsparteien sind aus schweizerischer Sicht vergleichbare Gesellschaften zuzulassen.[3108] Gleichwohl ist bei der Anwendung der zwingenden schweizerischen Bestimmungen eine gewisse Zurückhaltung zu üben, damit die transnationalen Fusionen „nicht gänzlich verunmöglicht werden".[3109] Dabei hat das schweizerische Recht indessen dem ausländischen Gesellschaftsstatut immer dort den Vorrang zu lassen, „wo keine schweizerischen Interessen berührt sind".[3110] Im Hinblick auf Vorschriften des Gläubigerschutzes, des Schutzes von Mitgliedschaftsrechten, aber auch auf alle anderen zwingend anwendbaren Vorschriften findet das ausländische Recht Anwendung.[3111]

c) *Fusionsvertrag*

aa) Rechtsnatur

Die Grundlage der transnationalen Fusion – sowohl in formeller als auch in materieller Hinsicht – bildet der zwischen den beteiligten Gesellschaften geschlossene Fusionsvertrag, der die rechtsgeschäftliche *causa* einer jeden Fusion darstellt.[3112] Diesem Fusionsvertrag kommt dabei eine Doppelnatur zu:[3113] Einer-

---

3106 *Beretta*, in: Roland von Büren et al. (Hrsg.) Schweizerisches Privatrecht – Stukturanpassungen, Bd. VIII/8, Internationale Strukturanpassungsvorgänge (2006), § 2 II.1.a) S. 364.

3107 *Beretta*, in: Roland von Büren et al. (Hrsg.) Schweizerisches Privatrecht – Stukturanpassungen, Bd. VIII/8, Internationale Strukturanpassungsvorgänge (2006), §2 II.1.a) S. 364.

3108 ZürchKomm FusG-*Müller*, vor Art. 2-28 FusG Rn. 11.

3109 *Beretta*, in: Roland von Büren et al. (Hrsg.) Schweizerisches Privatrecht – Stukturanpassungen, Bd. VIII/8, Internationale Strukturanpassungsvorgänge (2006), § 2 II.1.a) S. 364.

3110 Botschaft, FusG, 4499.

3111 ZürchKomm IPRG-*Vischer*, Art. 163a Rn. 9; BaslerKomm FusG-*Girsberger/Rodriguez* Art. 163a IPRG Rn. 25; *Beretta*, in: Roland von Büren et al. (Hrsg.) Schweizerisches Privatrecht – Stukturanpassungen, Bd. VIII/8, Internationale Strukturanpassungsvorgänge (2006), § 2 II.1.a) S. 364/5.

3112 Siehe *Böckli*, Schweizer Aktienrecht 2009, § 3 Rn. 53, der den Fusionsvertrag als „entscheidende Grundlage und Plan für das ganze Geschehen" beschreibt.

seits handelt es sich um einen obligationenrechtlichen Vertrag, der die Rechte und Pflichten der beteiligten Gesellschaften zum Gegenstand hat. Andererseits wirkt der Fusionsvertrag auf gesellschaftsrechtliche Strukturen ein und zeitigt darüber hinaus Wirkung mit Blick auf Gesellschafter, Gläubiger und Arbeitnehmer, die nicht selbst Vertragsparteien sind.[3114] Die strenge Sonderanknüpfung des Art. 163c IPRG, die sowohl für Immigrations- als auch Emigrationsfusion gilt, trägt dieser Doppelnatur des Fusionsvertrages Rechnung:[3115] Hinsichtlich der gesellschaftsrechtlichen Elemente und Formvorschriften muss der Fusionsvertrag im Sinne der Vereinigungstheorie kumulativ den zwingenden gesellschaftsrechtlichen Vorschriften sämtlicher auf die an der Fusion beteiligten Rechtsträger anwendbaren Rechtsordnungen genügen; vgl. Art. 163c Abs. 1 IPRG. Hierbei ist eine Rechtswahl nicht zulässig.[3116] Infolge des Kumulationsprinzips muss der Fusionsvertrag den strengsten der in Betracht kommenden Formvorschriften genügen.[3117]

Im Gegensatz dazu kann für obligationenrechtliche Fragen – sofern die beteiligten Rechtsordnungen Raum für parteiautonome Regelungen belassen – eine Rechtswahl getroffen werden, vgl. Art. 163c Abs. 2 IPRG.[3118] Dazu zählen in erster Linie Fragestellungen des allgemeinen Vertragsrechts wie das Zustandekommen des Vertrages, Willensmängel, Erfüllung und Vertragsverletzung.[3119] Als weitere vertragsrechtliche Inhalte des Fusionsvertrages kommen auch Bestimmungen über die Einzelheiten des Aktientausches oder eines Spitzenausgleichs, Abfindung sowie die Besetzung der Organe der fusionierten Gesellschaften in Frage.[3120]

3113 *Bessenich*, Die grenzüberschreitende Fusion nach den Bestimmungen des IPRG und des OR, 1991, S. 71 ff.; ZürchKomm IPRG-*Vischer*, Art. 163c Rn. 2f.; BaslerKomm FusG-*Girsberger/Rodriguez* Art. 163c IPRG Rn. 2.

3114 *Helbing*, Internationale Sitzverlegungen und Umstrukturierungen, 2010, § 6 Rn. 173.

3115 Botschaft FusG, 2.2.3.2.

3116 *Beretta*, in: Roland von Büren et al. (Hrsg.) Schweizerisches Privatrecht – Stukturanpassungen, Bd. VIII/8, Internationale Strukturanpassungsvorgänge (2006), § 2 II.1.b) S. 365; BaslerKomm FusG-*Girsberger/Rodriguez* Art. 163c IPRG Rn. 9.

3117 BaslerKomm FusG-*Girsberger/Rodriguez* Art. 163c IPRG Rn. 6.

3118 Dies entspricht der Regelung der Art. 116 f. IPRG; jedoch ist der Spielraum für eine Rechtswahl faktisch eher beschränkt; siehe *Beretta*, in: Roland von Büren et al. (Hrsg.) Schweizerisches Privatrecht – Stukturanpassungen, Bd. VIII/8 (2006), Internationale Strukturanpassungsvorgänge, § 2 II.1.b) S. S. 366.

3119 BaslerKomm FusG-*Girsberger/Rodriguez* Art. 163c IPRG Rn. 9.

3120 BaslerKomm FusG-*Girsberger/Rodriguez* Art. 163c IPRG Rn. 9.

bb) Form

Der Fusionsvertrag bedarf gemäß ausdrücklicher Vorschrift in Art. 12 Abs. 2 FusG der einfachen Schriftform.[3121] Hingegen war die Einhaltung der Schriftform vor Inkrafttreten des Fusionsgesetzes nicht für die Gültigkeit des Fusionsvertrags erforderlich.[3122]

Auch wenn Vermögenswerte betroffen sind, die im Falle einer Singularsukzession nur auf Grundlage eines öffentlich beurkundeten Vertrags übertragen werden können, bleibt es bei der einfachen Schriftform.[3123] Demnach können im schweizerischen Recht im Rahmen einer Fusion Grundstücke von der übertragenden auf die übernehmende Gesellschaft im Wege der der Universalsukzession übergehen, ohne dass dieser Transaktion ein öffentlich beurkundeter Vertrag zugrunde läge.[3124] Jedoch gibt es in der Schweiz auch Stimmen, die sich für eine öffentliche Beurkundung des Fusionsvertrags aussprechen: Dies sei vor dem Hintergrund der bisherigen Handelsregisterpraxis erforderlich, die gezeigt habe, dass Fusionsverträge teils rudimentär, teils mangelhaft abgefasst worden seien.[3125] Allerdings bezieht sich die in der Vernehmlassung geäußerte Kritik[3126] auf die vor Inkrafttreten des Fusionsgesetzes bestehende Praxis. Inzwischen werden in Art. 13 FusG für den Fusionsvertrag insoweit neue und klare Kriterien hinsichtlich seines Inhalts formuliert, was dazu führen dürfte, dass solche nur rudimentär abgefassten Fusionsverträge zukünftig eher die Ausnahme bilden werden.[3127]

d) Rechtswirksamkeit

Damit die Immigrationsfusion aus schweizerischer Sicht rechtswirksam wird, ist die Immigrationsfusion beim schweizerischen Handelsregisteramt anzumelden;

3121 Stämpflis HK FusG-*Schenker* Art. 12 FusG Rn. 14; *Beretta*, in: Roland von Büren et al. (Hrsg.) Schweizerisches Privatrecht – Stukturanpassungen, Bd. VIII/8, Internationale Strukturanpassungsvorgänge, § 2 II. 1.b. S. 365.

3122 *Forstmoser/Meier-Hayor/Nobel* Schweizerisches Aktienrecht, 1996 § 57 Rn. 81; *Züllig*, Die internationale Fusion im schweizerischen Gesellschaftsrecht, 1975, S. 48.

3123 Siehe statt vieler Stämpflis HK FusG-*Schenker* Art. 12 FusG Rn. 15.

3124 Botschaft FusG, 4407; Stämpflis HK FusG-*Schenker* Art. 12 FusG Rn. 15.

3125 *Schneller*, Die Organe der Aktiengesellschaft bei einer ordentlichen Fusion, 2006, S. 69.

3126 So plädierte etwa der Verband Schweizerischer Grundbuchverwalter (VSGV) in Vernehmlassung, S. 128, dafür dass insbesondere dann eine öffentliche Beurkundung des Fusionsvertrags erforderlich sei, wenn im Zuge der Fusion Grundstücke übertragen werden.

3127 *Schneller*, Die Organe der Aktiengesellschaft bei einer ordentlichen Fusion, 2006, S. 69.

vgl. Art. 21 f. FusG.[3128] Der Eintragung einer Fusion ins Handelsregister kommt nach Maßgabe von Art. 22 Abs. 1 FusG konstitutive Wirkung zu.[3129] Eine Ausnahme besteht im Hinblick auf die Rechtswirksamkeit von Fusionen zwischen nicht im Handelsregister eingetragenen Vereinen, die gemäß Art. 21 Abs. 4 FusG keiner Eintragungspflicht unterliegen; somit kann nicht an einen Handelsregistereintrag angeknüpft werden. Aufgrund dessen bestimmt Art. 22 Abs. 2 FusG, dass solche Fusionen bereits mit dem Vorliegen des Fusionsbeschlusses aller beteiligten Vereine rechtswirksam werden.[3130]

In allen übrigen Fällen wird die Immigrationsfusion aus schweizerischer Sicht mit der Eintragung ins schweizerische Handelsregister wirksam; vgl. Art. 22 FusG. Die Eintragung in das Handelsregister führt gleichzeitig zur Universalsukzession alle Aktiven und Passiven.[3131] Diese Rechtswirkung tritt indessen erst dann ein, wenn die ausländischen Voraussetzungen der Fusion erfüllt sind, da das schweizerische Handelsregister erst dann die Fusion einträgt.[3132] Sieht das anwendbare ausländische Recht hingegen einen späteren Zeitpunkt für die Rechtswirksamkeit vor, so kann dies zu Problemen führen:[3133] Bei einer grenzüberschreitenden Fusion muss es nämlich nach beiden Rechtsordnungen möglich sein, zu einem einheitlichen Zeitpunkt die Universalsukzession eintreten zu lassen;[3134] können diese für den Eintritt der Rechtswirksamkeit maßgeblichen Zeitpunkte indessen nicht koordiniert werden, so scheitert die Immigrationsfusion.[3135]

Abgesehen von den für eine Binnenfusion erforderlichen Belegen,[3136] ist dazu der Ausweis über den rechtlichen Bestand des ausländischen Rechtsträgers

---

3128 Eine Ausnahme besteht einzig für die Fusion zwischen Vereinen; vgl. Art. 22 Abs. 2 FusG.

3129 Stämpflis HK FusG-*Passadelis,* Art. 22 Rn. 1.

3130 Stämpflis HK FusG-*Passadelis,* Art. 22 Rn. 4.

3131 BaslerKomm FusG-*Girsberger/Rodriguez* Art. 163a IPRG Rn. 15; *Beretta*, in: Roland von Büren et al. (Hrsg.) Schweizerisches Privatrecht – Stukturanpassungen, Bd. VIII/8 (2006), Internationale Strukturanpassungsvorgänge, § 2 III 1.d), S. 372.

3132 ZürchKomm FusG-*Müller*, Art. 2 FusG Rn. 55.

3133 *Bessenich* AJP 2004 851 (855).

3134 Siehe dazu eingehend, *Bessenich*, Die grenzüberschreitende *Fusion* nach den Bestimmungen des IPRG und des OR, 1991, S. 122 ff.

3135 *Beretta*, in: Roland von Büren et al. (Hrsg.) Schweizerisches Privatrecht – Stukturanpassungen, Bd. VIII/8 (2006), Internationale Strukturanpassungsvorgänge, § 2 III 1.d), S. 372.

3136 Vgl. 131 HRegV; zusätzlich zu den allgemeinen Angaben wird gemäß Art. HRegV im Handelsregister ausdrücklich erwähnt, dass es sich um eine Fusion nach dem IPRG handelt.

im Ausland zu erbringen.[3137] Erforderlich sind ferner eine Bescheinigung der zuständigen ausländischen Behörde über die Zulässigkeit der grenzüberschreitenden Fusion nach dem anwendbaren ausländischen Recht[3138] sowie ein Nachweis über die Kompatibilität der beteiligten Rechtsträger; vgl. Art. 146 Abs. 1 HRegV.[3139] Die formellen registerrechtlichen Anforderungen sind – wie bereits im Zusammenhang mit der grenzüberschreitenden Sitzverlegung dargestellt – im Zuge der Teilrevision der HRegV[3140] auch bei grenzüberschreitenden Umstrukturierungen vereinfacht worden. Den Nachweis der Zulässigkeit nach der jeweiligen ausländischen Rechtsordnung können neben der fachlich befähigten ausländischen Behörde nunmehr auch Institution oder Person (Urkundsperson oder Experte) sowie das Schweizerische Institut für Rechtsvergleichung (SIR) erbringen.[3141]

3. Emigrationsfusion

Die in Art. 163b IPRG geregelte Emigrationsfusion erfasst eine Fusion, bei der eine schweizerische Gesellschaft sich als übertragende Gesellschaft mit einer im Ausland befindlichen aufnehmenden Gesellschaft vereinigt.[3142] Wie im Falle der Immigrationsfusion auch, sind dabei sowohl Kombinations- als auch Absorptionsfusion ins Ausland mit jeweils denselben Voraussetzungen und Rechtsfolgen geregelt.[3143]

Im Vergleich zur Immigrationsfusion ist der Emigrationstatbestand des Art. 163b IPRG indessen detaillierter geregelt: Dies lässt sich mit dem Schutzbedürfnis der schweizerischen Gesellschafter und Gläubiger begründen, denen durch eine Emigrationsfusion das Haftungssubstrat entzogen wird.[3144] Entsprechend der Regelung zur Immigrationsfusion wird trotz des insoweit enger gefassten Wortlautes auch die Konstellation erfasst, dass sich mehrere schweizerische Gesellschaften zu einer ausländischen zusammenschließen.[3145] Was den Begriff der Fusion anbelangt, so entspricht dieser vollumfänglich demjenigen

---

3137 ZürchKomm FusG-*Müller*, Art. 2 FusG Rn. 55.

3138 ZürchKomm FusG-*Müller*, Art. 2 FusG Rn. 55; BaslerKomm FusG-*Girsberger/Rodriguez* Art. 163a IPRG Rn. 30.

3139 ZürchKomm FusG-*Müller*, Art. 2 FusG Rn. 55; BaslerKomm FusG-*Girsberger/Rodriguez* Art. 163a IPRG Rn. 33.

3140 Die durch der Bundesrat am 23. September 2011 verabschiedeten Modifikationen der HRegV sind am 1. Januar 2012 in Kraft getreten; vgl. AS 2011, 4659 ff.

3141 *Champeaux*, REPRAX 4/2011, 1 (20).

3142 BaslerKomm FusG-*Girsberger/Rodriguez* Art. 163b IPRG Rn. 1.

3143 BaslerKomm FusG-*Girsberger/Rodriguez* Art. 163b IPRG Rn. 1.

3144 BaslerKomm FusG-*Girsberger/Rodriguez* Art. 163b IPRG Rn. 2.

3145 Stämpflis HK FusG-*Gassmann*, Art. 163b IPRG Rn. 1; ZürchKomm FusG-*Müller*, Art. 2 FusG Rn. 68;

des Art. 163a IPRG.[3146] Der eigentlich „rechtlich kritische Vorgang"[3147] liegt dabei in den jeweiligen Emigrationstatbeständen. Im Rahmen der Kodifikation ging es bei diesen Gestaltungen insbesondere auch um die Frage der „Wahrung schweizerischer Interessen": Der Gesetzgeber bezweckte vor allen Dingen, die Rechte der Gesellschafter, Gläubiger und Arbeitnehmer der schweizerischen Gesellschaft vor möglichen Rechtsverlusten oder faktischen Nachteilen schützen. Ein Interesse an Schutzmechanismen besteht gerade bei diesen Emigrationstatbeständen, weil diese regelmäßig zu einer Verminderung des Haftungssubstrats in der Schweiz führen.[3148]

Zudem hatte der schweizerische Gesetzgeber eine Verschlechterung der Rechtsdurchsetzungsmöglichkeiten der an der wegziehenden Gesellschaft beteiligten *Share-* und *Stakeholder* im Blick:[3149] Er wollte auf die mit der Emigration einhergehende Auflösung des schweizerischen Rechtsträgers adäquat reagieren und insbesondere den negativen Folgen des Wegfalls eines schweizerischen Gerichtsstandes oder Betreibungsortes entgegenwirken.[3150] Den Schutz der genannten Interessen regelt das schweizerische Recht gerade im Rahmen der Emigrationstatbestände daher mittels zwingend anwendbarer IPR-Sachnormen.[3151] Darunter werden jene Rechtssätze gefasst, „welche den internationalprivatrechtlichen Sachverhalt ganz oder teilweise direkt regeln und sich also nicht damit begnügen, die eine oder andere Rechtsordnung für anwendbar zu erklären".[3152]

a) Kollisionsrecht

Trotz seiner systematischen Stellung ist die kollisionsrechtliche Grundnorm der Emigrationsfusion in Art. 163b Abs. 4 IPRG geregelt, wonach die Emigrationsfusion dem ausländischen Recht der übernehmenden Gesellschaft untersteht. Das ausländische Fusionsstatut umfasst – vorbehaltlich der in Art. 163b Abs. 1 und 3 IPRG vorgesehenen IPR-Sachnormen – sämtliche mit der Fusion in Zusammenhang stehenden Fragen, namentlich die Voraussetzungen, Wirkungen

---

3146 Stämpflis HK FusG-*Gassmann*, Art. 163b IPRG Rn. 4.

3147 *Böckli*, Schweizer Aktienrecht, 2009, S. 422 Rn. 245.

3148 Botschaft des Bundesrates vom 13. Juni 2000 für ein Bundesgesetz über die Fusion, die Spaltung und die Umwandlung von Rechtsträgern (Fusionsgesetz), BBl 2000 4337 ff, 4499 f.; Begleitbericht zum Vorentwurf FusG, 78.

3149 Girsberger/Rodriguez SZW 2004 S. 259 (263).

3150 Girsberger/Rodriguez SZW 2004 S. 259 (263).

3151 BaslerKomm FusG-Girsberger/Rodriguez vor Art. 161-164b IPRG Rn. 12.

3152 *Schwander*, Lois d'application immédiate, Sonderanknüpfung, IPR-Sachnormen und andere Ausnahmen von der gewöhnlichen Anknüpfung im internationalen Privatrecht, 1975, § 14 I S. 377.

und das Verfahren der Emigrationsfusion.[3153] Hinsichtlich des Verweisungsumfangs sind ebenso die Rück- und Weiterweisungen des ausländischen Rechts zu beachten.[3154] Da Deutschland bislang der Sitztheorie folgt, kommt es zur Rückverweisung (*renvoi*) auf das schweizerische Recht. Diese Rückverweisung auf das schweizerische Emigrationsstatut der zu übernehmenden Gesellschaft ist dabei zu beachten und erweitert den Anwendungsbereich des schweizerischen Rechts entsprechend.[3155]

Auf Grundlage der Sonderanknüpfung des Art. 163b Abs. 2 IPRG gestattet das schweizerische Recht die Emigrationsfusion jedoch nur dann, wenn der schweizerische Rechtsträger alle Vorschriften des schweizerischen Rechts erfüllt, die für den übertragenden Rechtsträger gelten, und die Rechte der Gläubiger angemessen gewahrt sind. Im Hinblick auf die Voraussetzung und Wirksamkeit der Fusion kommt es zu einer kumulativen Rechtsanwendung zwischen dem schweizerischen und dem ausländischen Recht einschließlich der in Art. 163b Abs. 1 und 3 geregelten Sachnormen[3156].

Was die Voraussetzungen und das Verfahren der Fusion aus Sicht der ausländischen bzw. der deutschen übernehmende Gesellschaft betrifft, so kommt dem schweizerischen Gesellschaftsrecht gemäß Art. 163b IPRG nur eine untergeordnete Bedeutung zu.[3157] Denn abgesehen von den in Art. 163b Abs. 1 IPRG statuierten „absoluten Minimalanforderungen", welche aus schweizerischer Sicht einzuhalten sind, um eine Emigrationsfusion überhaupt zu gestatten, sowie im Zusammenhang des Gläubigerschutzes[3158] und des Fusionsvertrags[3159] unterlässt es der schweizerische Gesetzgeber vielmehr, der übernehmenden Gesellschaft die Einhaltung von Vorschriften des schweizerischen Gesellschaftsrechts vorzuschreiben.[3160]

Im Ergebnis sind die materiell-rechtlichen Bestimmungen des schweizerischen Fusionsrechts somit für die ausländische Gesellschaft grundsätzlich nur

---

3153 BaslerKomm FusG-*Girsberger/Rodriguez* Art. 163b IPRG Rn. 5; Stämpflis HK FusG-*Gassmann*, Art. 163b IPRG Rn. 8.

3154 BaslerKomm FusG-*Girsberger/Rodriguez* Art. 163b IPRG Rn. 9.

3155 Ferner ist bei jeder Rückverweisung auf das schweizerische Recht zu beachten, dass zum berufenen schweizerischen Recht neben den Bestimmungen des FusG auch die Sachnormen des Art. 163b Abs. 1 u. 3 IPRG zu rechnen sind; siehe BaslerKomm FusG-*Girsberger/Rodriguez* Art. 163b IPRG Rn. 9.

3156 Siehe zum Begriff der IPR-Sachnorm *Schwander*, Lois d'application immédiate, Sonderanknüpfung, IPR-Sachnormen und andere Ausnahmen von der gewöhnlichen Anknüpfung im internationalen Privatrecht, 1975, § 14 I S. 377.

3157 Stämpflis HK FusG-*Gassmann*, Art. 163b IPRG Rn. 9.

3158 Vgl. Art. 163b Abs. 3 IPRG.

3159 Vgl. Art. 163c Abs. 1 IPRG.

3160 Stämpflis HK FusG-*Gassmann*, Art. 163b IPRG Rn. 9.

dann maßgebend, wenn das Fusionsstatut im Sinne von Art. 163b Abs. 4 IPRG dies ausdrücklich anordnet.[3161]

b) Grundvoraussetzung der Emigrationsfusion

Für die Zulassung einer Fusion ins Ausland ist zunächst erforderlich, dass zwei Grunderfordernisse erfüllt werden, die in der Sachnorm des Art. 163b Abs. 1 IPRG statuiert werden:[3162] Verlangt wird zum einen, dass im Rahmen der Fusion die Aktiven und Passiven der schweizerischen Gesellschaft auf die ausländische Gesellschaft übergehen; vgl. Art. 163b Abs. 1 lit. a IPRG. Zum anderen müssen die Anteils- oder Mitgliedschaftsrechte in der ausländischen Gesellschaft angemessen gewahrt bleiben; vgl. Art. 163b Abs. 1 lit. b IPRG. Die Vereinigungstheorie kommt somit vorliegend in „abgeschwächter Form" zur Anwendung.[3163] Aus schweizerischer Sicht wird überdies nicht die vollständige Anwendung des ausländischen Rechts überprüft; vielmehr beschränkt sie sich inhaltlich auf die insoweit grundlegenden Fragen der Fusion, d.h. auf den Übergang des Gesellschaftsvermögens und die angemessene Wahrung der Anteils- und Mitgliedschaftsrechte.[3164]

c) Erfüllung der Vorgaben des schweizerischen Rechts

Die Sonderanknüpfung des Art. 163b Abs. 2 IPRG statuiert ausdrücklich, dass die durch Emigrationsfusion aufzulösende schweizerische Gesellschaft sämtliche Vorschriften des schweizerischen Rechts zu erfüllen hat, die für die Fusion entsprechender Gesellschaften gelten.[3165] Zu diesen zwingenden Vorschriften des schweizerischen Rechts gehören grundsätzlich auch öffentlich-rechtliche Vorschriften des Kartell- und Steuerrechts.[3166]

aa) Schutz der Gesellschafter

Im Hinblick auf den Schutz der Gesellschafter ist auf die Vorschriften der Art. 7 bzw. 78 FusG hinzuweisen, wonach die Gesellschafter der übertragenden Gesellschaft Anspruch auf Anteils- und Mitgliedschaftsrechte an der übernehmenden Gesellschaften haben.

3161 Stämpflis HK FusG-*Gassmann*, Art. 163b IPRG Rn. 9.

3162 *Beretta*, in: Roland von Büren et al. (Hrsg.) Schweizerisches Privatrecht – Stukturanpassungen, Bd. VIII/8 (2006), Internationale Strukturanpassungsvorgänge, § 2 II.2.a, S. 368.

3163 ZürchKomm FusG-*Müller*, Art. 2 FusG Rn. 72.

3164 ZürchKomm FusG-*Müller*, Art. 2 FusG Rn. 72.

3165 Stämpflis HK FusG-*Gassmann*, Art. 163b IPRG Rn. 9; BaslerKomm FusG-*Girsberger/Rodriguez* Art. 163b IPRG Rn. 2 u. 6.

3166 Stämpflis HK FusG-*Gassmann*, Art. 163b IPRG Rn. 9.

Durch die IPR-Sachnormen[3167] der Art. 163b Abs. 1 lit. b IPRG bzw. Art. 163c Abs. 1 IPRG wird die umfassende Geltung des materiellen Fusionsrechts abgesichert. Demgemäß finden insbesondere auch die genannten materiellrechtlichen Bestimmungen der Art. 7 f. bzw. 78 FusG Anwendung, die auf den Schutz der Kontinuität der Mitgliedschaft abzielen. Diese Vorschriften setzen im Rahmen der Emigrationsfusion den Minimalstandard.[3168]

Darüber hinaus sind die einschlägigen Bestimmungen des FusG hinsichtlich der Erstellung und Prüfung des Fusionsberichts sowie der Informations- und Einsichtsrechte der Gesellschafter (sog. Einsichtsverfahren) zu beachten:[3169] Demnach müssen die Gesellschafter anlässlich einer Emigrationsfusion der übertragenden schweizerischen Gesellschaft nicht nur in die Lage versetzt werden, Kenntnisse im Hinblick auf ihre eigene Gesellschaft, sondern auch auf die ausländischen Fusionspartei zu erlangen.[3170] Im Schweizer Recht ermöglicht die Klage nach Art. 105 FusG eine gerichtliche Überprüfung der Angemessenheit des Umtauschverhältnisses bzw. der Abfindung. Diese Möglichkeit, eine Verletzung des der Fusion zugrunde liegenden Prinzips der Kontinuität der Mitgliedschaft geltend zu machen,[3171] steht den Gesellschaftern auch im Rahmen der Emigrationsfusion offen.[3172] Das Rechtsschutzziel dieser neu eingeführten Zivilklage ist auf die Festsetzung einer angemessenen Ausgleichszahlung gerichtet, wobei die Überprüfungsklage insbesondere Minderheitsgesellschaftern, die sich in der Festlegung des Umtauschverhältnisses bzw. der Abfindung benachteiligt fühlen, einen Anspruch auf Ausgleich in Geld verschaffen soll.[3173] Indessen

---

3167 Siehe zum Begriff der IPR-Sachnorm *Schwander*, Lois d'application immédiate, Sonderanknüpfung, IPR-Sachnormen und andere Ausnahmen von der gewöhnlichen Anknüpfung im internationalen Privatrecht, 1975, § 14 I S. 377.

3168 Stämpflis HK FusG-*Gassmann*, Art. 163b IPRG Rn. 22.

3169 Stämpflis HK FusG-*Gassmann*, Art. 163b IPRG Rn. 22.

3170 *Hirsiger*, Der Schutz der Gesellschafter, Gläubiger und Arbeitnehmer bei der Fusion von Kapitalgesellschaften nach schweizerischem und europäischem Fusionsrecht, 2006, S. 190.

3171 Stämpflis HK FusG-*Bürgi/Glanzmann*, Art. 105 FusG Rn. 1.

3172 Aufgrund der Vorschriften der Art. 163b Abs. 1 lit. b und Abs. 2 IPRG gilt das Erfordernis der angemessenen Wahrung der Anteils- oder Mitgliedschaftsrechte im Sinne von Art. 7 f. FusG auch bei der Emigrationsfusion; siehe Begleitbericht, S. 78; BaslerKomm FusG-*Girsberger/Rodriguez*, Art. 164a IPRG Rn. 3; ZürchKomm-IPRG-*Vischer,* Art. 164a IPRG Rn 4; *Hirsiger,* Der Schutz der Gesellschafter, Gläubiger und Arbeitnehmer bei der Fusion von Kapitalgesellschaften nach schweizerischem und europäischem Fusionsrecht, 2006, S. 388.

3173 Siehe *Böckli*, Schweizer Aktienrecht, 2009, § 3 Rn. 188 u. 255, darauf hinweisend, dass diese Klagemöglichkeit umso wirkungsvoller ausgestaltet ist, als ein von einem Einzel- oder Minderheitsaktionär erstrittenes Urteil Wirkung für alle Aktionäre gleicher Rechtsstellung hat.

führt diese Klage nicht zu einer Vernichtung oder Hemmung der Rechtswirksamkeit des Fusions-, des Spaltungs- oder des Umwandlungsbeschlusses; vgl. Art. 105 Abs. 4 FusG.[3174] Es ist somit möglich, eine Verletzung des Grundsatzes der Kontinuität der Mitgliedschaft geltend zu machen, ohne die aus der Umstrukturierung resultierenden Beteiligungsverhältnisse in Frage zu stellen.[3175]

Im deutschen Recht steht dem Anteilsinhaber bei einer innerstaatlichen Verschmelzung das Spruchverfahren als Rechtsschutzmöglichkeit zur Überprüfung der Umtauschrelation zur Verfügung – mit dem Ziel, eine Ausgleichszahlung zu erhalten; vgl. § 15 i.V.m. § 1 Nr. 4 SpruchG.[3176] § 122h Abs. 1 regelt die Anwendbarkeit der genannten Vorschriften des SpruchG auf Anteilsinhaber der an einer grenzüberschreitenden Verschmelzung als übertragender Rechtsträger beteiligten deutschen Gesellschaft.[3177] Das Spruchverfahren ist für die Anteilsinhaber der deutschen übertragenden Gesellschaft dann statthaft, wenn auch die ausländische Rechtsordnung ein Spruchverfahren vorsieht. In diesem Zusammenhang bedeutet „vorsehen" nicht nur, dass die jeweilige Rechtsordnung ein Spruchverfahren überhaupt kennt; vielmehr muss dieses auch im konkreten Fall der grenzüberschreitenden Verschmelzung statthaft sein.[3178] Das Gesellschaftsstatut des ausländischen Verschmelzungspartners muss demnach ein Verfahren zur Kontrolle und Änderung des Umtauschverhältnisses vorsehen.[3179] Die Durchführung des Spruchverfahrens ist für die unmittelbare Sicherung der Rechte der Gesellschafter der deutschen übertragenden Gesellschaft bedeutsam; anderenfalls verbliebe es nämlich bei der weniger vorteilhaften „Alles-oder-

---

3174 *Glanzmann*, AJP 2004, 139 (153).

3175 BaslerKomm FusG-*Girsberger/Rodriguez*, Art. 164a IPRG Rn. 4 f.; ZürchKomm-IPRG *Vischer*, Art. 164a IPRG Rn 4; Stämpflis HK-*Gassmann*, Art. 164a IPRG Rn. 3. Es stellen sich dabei Probleme, da die dem IPRG zugrunde liegende Zuständigkeitsordnung im Anwendungsbereich des Lugano-Übereinkommens keine direkte Anwendung findet; siehe dazu *Hirsiger,* Der Schutz der Gesellschafter, Gläubiger und Arbeitnehmer bei der Fusion von Kapitalgesellschaften nach schweizerischem und europäischem Fusionsrecht, 2006, S. 390.

3176 KölnerKomm-*Simon/Rubner* § 122 h, Rn. 1.

3177 Entsprechend einer innerstaatlichen Verschmelzung ist auch bei der grenzüberschreitenden Verschmelzung für Anteilsinhaber einer übernehmenden deutschen Gesellschaft ein Spruchverfahren nicht vorgesehen; siehe kritisch zu dieser Rechtsmittelasymetrie und eine Ausdehnung *de lege ferenda* befürwortend Schmitt/Stratz/Hörtnagel, UmwG,UmwStG-*Stratz*, § 14 Rn. 20; KölnerKomm-*Simon* § 14 Rn. 46; *Zöllner* AG 2000 145 (151); *Hoffmann-Becking* ZGR 1990 482 (484).

3178 KölnerKomm-*Simon/Rubner* § 122h Rn. 6.

3179 Vgl. Begr. RegE zu § 122h Abs. 1 UmwG, BT-Drucks. 15/3405, S. 32.

nichts-Lösung" der kassatorischen Anfechtungsklage.[3180] Wie zuvor erläutert, hält das schweizerische Recht mit der Überprüfungsklage nach Art. 105 FusG ein vergleichbares Rechtsmittel bereit. Somit könnte, wenn man das deutsche Recht für eine Hinausverschmelzung in die Schweiz öffnete, dem Anteilseigner des deutschen übertragenden Rechtsträgers die Durchführung eines Spruchverfahrens gesichert werden.

Ferner haben widersprechende Aktionäre nach § 122i UmwG ein Austrittsrecht gegen angemessene Barabfindung. Dem liegt der Gedanke zugrunde, dass kein Anteilinhaber gezwungen werden soll, die mit dem Wechsel in eine ausländische Rechtsform einhergehende Änderung seiner Rechte und Pflichten hinzunehmen.[3181] Abgesehen von der wirtschaftlichen Bedeutung kann dieses Abfindungsrecht bei der Herausverschmelzung Abstriche bei der Transaktionssicherheit bedingen: Die Anfechtung mit der Bewertungsrüge auf Ebene der übertragenden inländischen Gesellschaft gemäß § 14 Abs. 2 UmwG wäre indessen nur dann ausgeschlossen, wenn den Anteilsinhabern dieser übertragenen Gesellschaft das Spruchverfahren eröffnet ist. Im grenzüberschreitenden Kontext setzt dies aber gemäß § 122h Abs. 1 UmwG Reziprozität voraus; an einer solchen Gegenseitigkeit mangelt es jedenfalls in der EU weitgehend. Das schweizerische Recht hält mit der Überprüfungsklage des Art. 105 FusG ein vergleichbares Rechtsschutzinstrument bereit. Aufgrund dieser Reziprozität könnte eine grenzüberschreitende Fusion mit Bezug zur Schweiz – wenn man sie denn zuließe – somit, auch was den Rechtsschutz betrifft, auf sicheren Boden gestellt werden.

Schwierigkeiten rühren von deutscher Seite vielmehr daher, dass nur durch ein vorgeschaltetes freiwilliges Umtauschangebot, im Zuge dessen die Anteilsinhaber der deutschen Gesellschaft freiwillig – nach den Regeln des Kapitalmarktes – ihre Aktien eintauschen, das Risiko des ungewissen Spruchverfahrens volumenmäßig begrenzt werden kann; auf diese Weise limitiert, mag das rechtliche Risiko sodann für die Hauptversammlung des ausländischen Fusionspartners überhaupt erst akzeptabel sein.[3182] Aufgrund dieser Sachlage könnte man geneigt sein, „diese Schwierigkeiten bei der Herausverschmelzung mit einer bewussten Entscheidung des [deutschen] Gesetzgebers zu erklären, inländische Gesellschaften im Lande zu halten".[3183]

3180 *Kulenkamp*, Die grenzüberschreitende Verschmelzung in der EU, 2009, S. 345; siehe zu den Vorteilen des Spruchverfahrens gegenüber der Anfechtungsklage *Vetter*, ZHR 168 (2004), 8 (12).

3181 Vgl. Begr. RegE zu § 122h Abs. 1 UmwG, BT-Drucks. 15/3405, S. 34.

3182 *Krause*, in: VGR (Hrsg.), Gesellschaftsrecht in der Diskussion, 2006, VGR Bd. 12 (2007), S. 39 (50).

3183 So die Schlussfolgerung von *Krause*, in: VGR (Hrsg.), Gesellschaftsrecht in der Diskussion, 2006, VGR Bd. 12 (2007), S. 39 (50).

bb) Arbeitnehmerschutz

Wie bereits bei der Immigrationsfusion aufgezeigt, ist auch bei der Emigrationsfusion mit Blick auf die Arbeitnehmer der übernehmenden ausländischen Gesellschaft das ausländische Gesellschaftsstatut und für die Arbeitnehmer der übertragenden schweizerischen Gesellschaft das schweizerische Gesellschaftsstatut anwendbar; vgl. Art. 163b Abs. 2 und 4 IPRG.

In diesem Rahmen bestimmt Art. 163b Abs. 2 IPRG ausdrücklich, dass die schweizerische Gesellschaft alle Vorschriften des schweizerischen Rechts zu erfüllen hat, die für die übertragende Gesellschaft gelten. Diese auf die übertragende schweizerische Gesellschaft beschränkte Verweisung bringt Art. 27 FusG im internationalen Verhältnis somit nur für die übertragendende Gesellschaft zur Anwendung, auch wenn der Wortlaut insoweit auch einen anderen Schluss zuließe.[3184] Sinn und Zweck ist der Schutz der Arbeitnehmer in der Schweiz, unabhängig vom Sitz des Arbeitgebers.[3185] Nach Art. 27 Abs. 1 FusG i.V.m. Art. 333 OR steht den Arbeitnehmern der übertragenden schweizerischen Gesellschaft das Recht zu, den Übergang der Arbeitsverhältnisse auf die übernehmende ausländische Gesellschaft abzulehnen.[3186]

Zu beachten ist ferner, dass den Arbeitnehmern nach Art. 27 Abs. 2 FusG zugleich eine Stellung als Gläubiger zukommt. Daher haben sie einen Anspruch auf Sicherstellung ihrer Forderungen entsprechend den Gläubigerschutzvorschriften des FusG. Dieser richtet sich indessen nicht nach Art. 25 FusG, sondern verwiesen wird über Art. 163b Abs. 3 IPRG darin vielmehr auf Art. 46 FusG und damit auf eine Bestimmung des Spaltungsrechts. Der Gläubigerschutz bedarf im Rahmen der Emigrationsfusion einer eingehenderen Diskussion und wird daher im nächsten Abschnitt intensiver beleuchtet.

In Deutschland hat nach § 22 UmwG im Rahmen von binnenrechtlichen Verschmelzungen der übernehmende Rechtsträger den Gläubigern der an einer Verschmelzung beteiligten Rechtsträger unter bestimmten Voraussetzungen Sicherheit zu leisten. Jedoch müssen die zu sichernden Ansprüche zur Zeit der Eintragung der Verschmelzung in das Handelsregister bereits entstanden sein, nicht aber dürfen sie bereits fällig sein. Damit haben Arbeitnehmer keinen Anspruch auf Sicherheitsleistung wegen ihrer laufenden Lohn- und Gehaltsforde-

---

3184 Botschaft, FusG, 4500; BaslerKomm FusG-*Girsberger/Rodriguez* Art. 163b IPRG Rn. 12.

3185 BaslerKomm FusG-*Girsberger/Rodriguez* Art. 163b IPRG Rn. 13.

3186 *Hirsiger*, Der Schutz der Gesellschafter, Gläubiger und Arbeitnehmer bei der Fusion von Kapitalgesellschaften nach schweizerischem und europäischem Fusionsrecht, 2006, S. 295.

rungen.[3187] Jedoch sind bei transnationalen Verschmelzungen die Arbeitnehmer als (Lohn-)Gläubiger über die Spezialvorschrift des § 122j UmwG geschützt, denn nach dieser Vorschrift wird der Zeitpunkt des Entstehens des Anspruchs vorverlagert und die übertragende Gesellschaft in die Pflicht genommen, um so einen hinreichenden Gläubigerschutz auch bei grenzüberschreitenden Verschmelzungen zu gewährleisten.[3188]

Gleichwohl steht den Gläubigern der übertragenden deutschen Gesellschaft gemäß § 122j Abs. 1 S. 2 UmwG das Recht auf Sicherheitsleistung nur zu, wenn sie binnen zwei Monaten nach dem Tag, an dem der Verschmelzungsplan oder sein Entwurf bekannt gemacht worden ist, ihren Anspruch nach Grund und Höhe schriftlich anmelden und glaubhaft machen, dass durch die Verschmelzung die Erfüllung ihrer Forderung gefährdet wird.[3189] Die Vorverlagerung soll es Gläubigern erleichtern, ihre Forderung noch gegenüber der deutschen Gesellschaft geltend machen zu können. Die Zwei-Monats-Frist dient dazu, das Verschmelzungsverfahren nicht zu verzögern.[3190] Im Gegensatz dazu sieht der „reguläre“ nachgelagerte Gläubigerschutz für binnenrechtliche Sachverhalte nach § 22 UmwG eine längere Sechs-Monats-Frist vor, auf die sich die Gläubiger bei Verstreichenlassen der Frist des § 122j UmwG indessen nicht berufen können, da § 22 UmwG insoweit vollständig verdrängt wird.[3191] Wie auch im Rahmen von § 22 müssen die Gläubiger glaubhaft machen, dass die Erfüllung ihrer Forderung durch die Verschmelzung gefährdet wird. Jedoch genügt es dazu nicht, dass mit der Verschmelzung über die Grenze eine Verlagerung des Gerichtsstandes ins Ausland einhergeht. Während in den Mitgliedstaaten der EU durch die EuGVVO[3192] eine Durchsetzung und Vollstreckung von Forderungen ermög-

---

3187 Sagasser/Bula/Brünger-*Schmidt*, Umwandlungen, 2011, § 6 Rn 34. Auch für Ansprüche aus betrieblicher Altersversorgung kann nur zum Teil Sicherheit verlangt werden: Denn bei fälligen Versorgungsansprüchen müssen Arbeitnehmer ihren Anspruch unmittelbar auf Zahlung richten, vgl. § 22 UmwG.

3188 Für eine Vorverlagerung des Gläubigerschutzes argumentierend *Lennerz*, *Lennerz,* Die internationale Verschmelzung und Spaltung unter Beteiligung deutscher Gesellschaften 2001, S. 227 f.

3189 KölnerKomm-*Simon/Rubner* § 122j UmwG Rn. 10.

3190 KölnerKomm-*Simon/Rubner* § 122j UmwG Rn. 10.

3191 KölnerKomm-*Simon/Rubner* § 122j UmwG Rn. 10.

3192 Siehe die auch als „Brüssel I-Verordnung“ bezeichnete Verordnung (EG) Nr. 44/2001 des Rates vom 22. Dezember 2000 über die gerichtliche Zuständigkeit und die Anerkennung und Vollstreckung von Entscheidungen in Zivil- und Handelssachen, Amtsbl. EG Nr. L 012 vom 16.1.2001, S. 1-23.

licht wird, wird dies im Hinblick auf die Schweiz durch das Luganer-Übereinkommen[3193] gewährleistet.[3194]

Weiterhin wird der Schutz der Arbeitnehmer nach Schweizer Recht dadurch gewährleistet, dass Art. 27 Abs. 3 FusG eine persönliche Haftung der Gesellschafter der übertragenden schweizerischen Gesellschaft statuiert: Diese haften persönlich in zeitlicher beschränkter Dauer gegenüber den Arbeitnehmern der emigrierenden Gesellschaft für diejenigen Verbindlichkeiten, für die sie auch schon vor der Fusion in Haftung genommen werden konnten.[3195]

Mit Blick auf die Informations- und Konsultationspflichten im schweizerischen Recht gilt Folgendes: Zwar geht der Fusionsbericht nicht an die Arbeitnehmer; gleichwohl entfaltet die gesetzliche Pflicht des Verwaltungsrates, sich zu den Auswirkungen der Fusion zu äußern, auch eine Schutzwirkung mit Blick auf die Arbeitnehmer. Denn einerseits muss sich der Verwaltungsrat mit dem Thema befassen, und andererseits hat der Fusionsprüfer nach Art. 15 Abs. 1 FusG diesbezüglich den Fusionsbericht zu prüfen.[3196]

Ferner besteht die Pflicht zur Konsultation der Arbeitnehmer gemäß Art. 28 Abs. 1 FusG und des darüber berufenen Art. 333a OR.[3197] Im Rahmen des Konsultationsrechts der Belegschaft sieht Art. 28 Abs. 4 FusG eine besondere Kollisionsnorm im Hinblick auf Art. 333a OR vor, welche an sich im IPRG hätte geregelt werden sollen.[3198] Demnach findet Art. 333a OR auch mit Blick auf die übernehmende ausländische Gesellschaft Anwendung, so dass auch die Arbeitnehmer in Betrieben im Ausland erfasst werden.[3199] Im Ergebnis kommt dem Konsultationsrecht die Wirkung einer arbeitsrechtlichen *loi d'application immédiate* im Sinne von Art. 18 IPRG zu, was zu einer extraterritorialen Wirkung dieser Bestimmung des schweizerischen Rechts führt.[3200] Diese extraterri-

3193 Übereinkommen über die gerichtliche Zuständigkeit und die Anerkennung und Vollstreckung von Entscheidungen in Zivil- und Handelssachen (Lugano-Übereinkommen, LugÜ) Abgeschlossen in Lugano am 30. Oktober 2007 für die Schweiz in Kraft getreten am 1. Januar 2011, AS 2010 5601 (SR 0.275.12).

3194 *Leible*, in: FS Werner, S. 256 (263).

3195 *Hirsiger*, Der Schutz der Gesellschafter, Gläubiger und Arbeitnehmer bei der Fusion von Kapitalgesellschaften nach schweizerischem und europäischem Fusionsrecht, 2006, S. 296.

3196 *Böckli*, Schweizer Aktienrecht, 2009, § 3 Rn. 174a. *Leible*, in: FS Werner, S. 256 (263).

3197 Siehe dazu eingehend *Zimmerli*, AJP 2005, 771 (778 ff.).

3198 BaslerKomm FusG-*Girsberger/Rodriguez* Art. 163b IPRG Rn. 15; *Zimmerli*, AJP 2005, 771 (778).

3199 *Zimmerli*, AJP 2005, 771 (779).

3200 Art. 77 FusG beschränkt die Anwendung des Art. 333a OR indessen auf die übernehmende ausländische Gesellschaft, eine übertragende ausländische Gesellschaft ist so-

toriale Anwendung dürfte indessen im Verhältnis zum deutschen Recht keine Schwierigkeiten bereiten: Der Bereich des Arbeitnehmerschutzes bei Umstrukturierungen ist weitgehend harmonisiert, so dass Bestimmungen über den Vertragsübergang und die Konsultation der Arbeitnehmervertretungen existieren, die jenen der Art. 333 f. OR zumindest gleichwertig sind.[3201] Dies ist dabei nicht zuletzt dem Umstand geschuldet, dass die schweizerischen Arbeitnehmerschutzvorschriften im Rahmen des „autonomen Nachvollzuges“ des europäischen Richtlinienrechts Eingang in das Obligationenrecht fanden.[3202]

In Deutschland ist der Betriebsrat rechtzeitig und umfassend über Betriebsänderungen zu unterrichten. Zu diesen gehören auch der Zusammenschluss mit anderen Betrieben oder die Spaltung; vgl. § 111 Nr. 3 BetrVG.[3203] Bei grenzüberschreitenden Verschmelzungen ist der Verschmelzungsbericht den jeweils örtlichen Betriebsräten zugänglich zu machen.[3204] Für grenzüberschreitende Verschmelzungen verlangt § 122e S. 1 UmwG zudem, dass Angaben über die „Auswirkung der grenzüberschreitenden Verschmelzung auf die Arbeitnehmer der an der Verschmelzung beteiligten Gesellschaften” in den Verschmelzungsbericht aufgenommen werden müssen.[3205] In diesem Zusammenhang ist darauf hinzuweisen, dass im Falle einer Verletzung der Informations- und Konsultationsrechte nicht nur die Arbeitnehmer der schweizerischen, sondern auch diejenigen der ausländischen Gesellschaft nach Art. 28 Abs. 3 FusG gerichtlich die in

---

mit von der extraterritorialen Anwendung ausgenommen; siehe BaslerKomm FusG-*Girsberger/Rodriguez* Art. 163b IPRG Rn. 18 sowie *Zimmerli*, AJP 2005, 771 (782).

3201 BaslerKomm FusG-*Girsberger/Rodriguez* Art. 163b IPRG Rn. 16.

3202 Richtlinie 2001/23/EG des Rates vom 12. März 2001 zur Angleichung der Rechtsvorschriften der Mitgliedstaaten über die Wahrung von Ansprüchen der Arbeitnehmer beim Übergang von Unternehmen, Betrieben oder Unternehmens- oder Betriebsteilen, Abl.EG L 82/16 v. 22.3.2001; siehe in diesem Zusammenhang auch BGE 129 III 335, E. 6, S. 350.

3203 Schaub, ArbRHdb-*Koch*, § 116 Rn. 32.

3204 Schaub, ArbRHdb-*Koch*, § 116 Rn 33; *Dzida* GmbHR 2009, 459 (459ff.).

3205 Hingegen sind nach deutschem Recht im Verschmelzungsplan bei grenzüberschreitenden Verschmelzungen lediglich folgende Angaben erforderlich: So verlangt § 122c Abs. 2 Nr. 4 UmwG Angaben über die voraussichtlichen Auswirkungen der Verschmelzung auf die Beschäftigung und gemäß § 122c Abs. 2 Nr. 10 UmwG sind bestimmte Angaben zum Verfahren erforderlich, nach dem die Mitbestimmung der Arbeitnehmer in der aus der grenzüberschreitenden Verschmelzung hervorgehenden Gesellschaft geregelt wird. Darüber hinaus sind keine weiteren arbeitsrechtlichen Angaben im Verschmelzungsplan erforderlich, der sich insoweit vom innerstaatlichen Verschmelzungsvertrag des § 5 Abs. 1 UmwG unterscheidet; siehe dazu *Dzida/Schramm,* NZG 2008, 521 (525).

der Schweiz erforderliche Handelsregistereintragung und damit die Fusion als solche untersagen können.[3206]

cc) Gläubigerschutz der untergehenden schweizerischen Gesellschaft

Gerade weil bei einer Emigrationsfusion den Gläubigern das Haftungssubstrat in der Schweiz entzogen wird, sieht das IPRG im Rahmen der Emigrationstatbestände zwingend anwendbare IPR-Sachnormen[3207] vor. So hat die schweizerische Gesellschaft zum Schutz der Gläubiger neben Sicherstellung der Forderungen nach Art. 163b Abs. 3 IPRG über Art. 163b Abs. 2 IPRG alle Vorschriften des schweizerischen Rechts zu erfüllen, die für sie als übertragende Gesellschaft gelten. Der Gläubigerschutz wird durch weitere Sachnormen ergänzt: So sehen Art. 164 IPRG die Löschung der übertragenden Gesellschaft im Handelsregister und Art. 164a Abs. 2 IPRG die Beibehaltung des Betreibungsortes und des Gerichtsstandes in der Schweiz vor.[3208]

(1) Sicherstellung der Forderungen, Art. 163b Abs. 3 IPRG

Aus Sicht der Gläubiger besteht im Rahmen der Emigrationsfusion ein Schutzbedürfnis, da diese einer Auflösung oder „Abwanderung“ des Haftungssubstrates ausgesetzt sind. Die Gläubiger müssen sich somit an die übernehmende Gesellschaft halten, was mit Problemen der Rechtsdurchsetzung einhergehen kann, da sich diese Gesellschaft bei einer Emigrationsfusion nunmehr im Ausland befindet und einzelne Vermögenswerte aus schweizerischer Sicht allein aufgrund des mit der Fusion eintretenden Vermögensübergangs kraft Universalsukzession als im Ausland belegen zu betrachten sind.[3209]

Der Schutz der Gläubiger vor einer Auflösung oder „Abwanderung“ des Haftungssubstrates wird durch die Vorschrift des Art. 163b Abs. 3 IPRG gewährleistet, der für die Sicherstellung der Gläubiger der übertragenden schweizerischen Gesellschaft das Verfahren des Art. 46 FusG aus dem Spaltungsrecht

---

3206 BaslerKomm FusG-*Baumgartner*, vor Art. 27 FusG Rn. 63 sowie Art. 28 FusG Rn. 12; *Hirsiger*, Der Schutz der Gesellschafter, Gläubiger und Arbeitnehmer bei der Fusion von Kapitalgesellschaften nach schweizerischem und europäischem Fusionsrecht, 2006, S. 297.

3207 Siehe zum Begriff der IPR-Sachnorm *Schwander*, Lois d'application immédiate, Sonderanknüpfung, IPR-Sachnormen und andere Ausnahmen von der gewöhnlichen Anknüpfung im internationalen Privatrecht, 1975, § 14 I S. 377.

3208 *Beretta*, in: Roland von Büren et al. (Hrsg.) Schweizerisches Privatrecht – Stukturanpassungen, Bd. VIII/8 (2006), Internationale Strukturanpassungsvorgänge, § 2 II. 2.a. S. 368f.

3209 Stämpflis HK FusG-*Gassmann*, Art. 163b IPRG Rn. 32; *Beretta*, in: Roland von Büren et al. (Hrsg.) Schweizerisches Privatrecht – Stukturanpassungen, Bd. VIII/8 (2006), Internationale Strukturanpassungsvorgänge, § 2 II. 2.a. S. 368f.

für anwendbar erklärt.[3210] Zunächst müssen die Gläubiger der übertragenden schweizerischen Gesellschaft im Wege eines Schuldenrufs unter Hinweis auf die bevorstehende Fusion in der Schweiz öffentlich zur Anmeldung ihrer Ansprüche durch die übertragende schweizerische Gesellschaft aufgefordert werden.[3211] Der schweizerische Gesetzgeber wollte dabei ein hohes Schutzniveau mit Blick auf die Emigrationsfusion schaffen, indem er sich auf den Grundsatz des präventiven Gläubigerschutzes aus Spaltungsrecht stützt[3212]: Während bei einer binnenrechtlichen Fusion der Gläubigerschutz gemäß Art. 25 FusG erst nach vollzogener Fusion eingreift, sind bei einer Spaltung die beteiligten Gesellschaften nämlich verpflichtet, die angemeldeten Forderungen noch vor dem Zeitpunkt des Spaltungsbeschlusses anzumelden.[3213]

Indessen wird in Frage gestellt, ob sich daraus eine Besserstellung der Gläubiger der übertragenden Gesellschaft gegenüber einer reinen Binnenfusion ergibt. Dies war ausdrückliches gesetzgeberisches Anliegen, denn dieser sah ein konkretes Bedürfnis, den Gläubigern der schweizerischen übertragenden Gesellschaft einen gegenüber Art. 25 FusG erhöhten Schutz angedeihen zu lassen.[3214] Denn dem Wortlaut des Art. 163b Abs. 3 IPRG zufolge verweist dieser lediglich auf Art. 46 FusG. Nach dieser spaltungsrechtlichen Vorschrift müssen solche Forderungen sichergestellt werden, wenn die Gläubiger dies innerhalb von zwei Monaten seit dem Schuldenruf verlangen. Zugleich ist jedoch kein ausdrücklicher Verweis auf die ergänzende Vorschrift des Art. 43 FusG enthalten, wonach die Gesellschafter über die Transaktion erst nach Abschluss des Sicherstellungsverfahrens beschließen können, also bevor das schweizerische Haftungssubstrat an die ausländische übernehmende Gesellschaft übergeht.[3215] Ebenso wenig verlangt Art. 163b Abs. 3 IPRG, dass eine Sicherstellung vor Eintragung des Fusionsbeschlusses bereits beschlossen und eingetragen sein muss. Auf dieser Grundlage könnte eine Emigrationsfusion bereits beschlossen und eingetragen werden, sobald der Schuldenruf erfolgt ist. Im Ergebnis unterschiede sich das Gläubigerschutzniveau entgegen der gesetzgeberischen Zielsetzung demnach nicht wesentlich von der Situation einer Binnenfusion.[3216]

3210 BaslerKomm FusG-*Girsberger/Rodriguez* Art. 163b IPRG Rn. 37.

3211 *von der Crone* et al. (Hrsg.) Das Fusionsgesetz, 2004, § 7 III. B. 2. Rn. 1142.

3212 Siehe zur Sicherstellung im Rahmen der Spaltung *Zimmerli*, AJP 2005, 771 (776).

3213 BaslerKomm FusG-*Girsberger/Rodriguez,* Art. 163b IPRG Rn. 39; *Zimmerli*, AJP 2005, 771 (776).

3214 Botschaft, 4500; Begleitbericht, 78.

3215 *von der Crone* et al. (Hrsg.) Das Fusionsgesetz, 2004, § 7 III. B. 2 Rn. 1144; *Hirsiger*, Der Schutz der Gesellschafter, Gläubiger und Arbeitnehmer bei der Fusion von Kapitalgesellschaften nach schweizerischem und europäischem Fusionsrecht, 2006, S. 254.

3216 Siehe dazu kritisch Stämpflis HK FusG-*Gassmann*, Art. 163b IPRG Rn. 32 ff.

Nach dem Sinn und Zweck der der Gläubigerschutzvorschriften muss jedoch der Schuldenruf und Sicherstellung dem Vollzug der Emigrationsfusion vorgelagert sein. Dieses Ergebnis kann nur erzielt werden, wenn die Verweisung des Art. 163b Abs. 3 IPRG dahingehend teleologisch auslegt wird, dass diese den gesamten anlässlich der Binnenspaltung maßgebenden Gläubigerschutzmechanismus umfasst und somit die Norm des Art. 43 FusG mit hineingelesen werden muss.[3217]

(2) Löschung der übertragenden Gesellschaft im Handelsregister, Art. 164 IPRG

Der Gläubigerschutz wird bei der Emigrationsfusion ferner durch die in Art. 164 IPRG statuierten Löschungsvoraussetzungen ergänzt. Nach Art. 164 Abs. 1 IPRG kann die Löschung der übertragenden schweizerischen Gesellschaft im schweizerischen Handelsregister erst dann vorgenommen werden, wenn ein besonders befähigter Revisor im Sinne des Art. 727b OR bestätigt, dass die Forderungen der Gläubiger im Sinne von Art. 46 FusG sichergestellt oder erfüllt worden sind oder aber dass die Gläubiger mit der Löschung einverstanden sind.[3218] In der früheren Fassung des Art. 164 Abs. 1 IPRG a.F. war eine solche Bestätigung hingegen nicht vorgesehen: Das IPRG begnügte sich mit der Glaubhaftmachung seitens der Gesellschaft.[3219]

Schließlich ergänzt der in Art. 164 Abs. 2 lit. a IPRG geforderte Nachweis der Rechtsgültigkeit der Fusion den Gläubigerschutz. Denn bei der Emigrationsfusion besteht die Gefahr, dass die übertragende Gesellschaft ihre Rechtspersönlichkeit im Wegzugsstaat verliert, bevor sie im Staat der aufnehmenden Gesellschaft Rechtspersönlichkeit erlangt hat.[3220] Dieser Gefahr wird dabei mit der

---

3217 *von der Crone* et al. (Hrsg.) Das Fusionsgesetz, 2004, § 7 III. B. 2 Rn. 1144. Nach BaslerKomm FusG-*Girsberger/Rodriguez* Art. 163b IPRG Rn. 42 muss im Gegensatz zur Spaltung die Sicherstellung der Forderungen jedoch nicht schon vor der Beschlussfassung erfolgen; so aber Stämpflis HK FusG-*Gassmann*, Art. 163b IPRG Rn. 37. Um den Zweck von Art. 163b Abs. 3 IPRG, mithin den Schutz vor Abwanderung des Haftungssubstrats ins Ausland, zu erfüllen, ist es vielmehr hinreichend, wenn die Sicherstellung vor dem Eintrag der Fusion ins Handelsregister und somit vor der Rechtswirksamkeit und dem Eintritt der Universalsukzession erfolgt; siehe dazu *Hirsiger*, Der Schutz der Gesellschafter, Gläubiger und Arbeitnehmer bei der Fusion von Kapitalgesellschaften nach schweizerischem und europäischem Fusionsrecht, 2006, S. 254.

3218 *von der Crone* et al. (Hrsg.) Das Fusionsgesetz, 2004, § 7 III. B. 2. Rn. 1145.

3219 ZürchKomm IPRG-*Vischer*, Art. 164 Rn. 3.

3220 *Hirsiger*, Der Schutz der Gesellschafter, Gläubiger und Arbeitnehmer bei der Fusion von Kapitalgesellschaften nach schweizerischem und europäischem Fusionsrecht, 2006, S. 255.

Sachnorm[3221] des Art. 164 Abs. 2 lit. a IPRG begegnet, nach welcher nachgewiesen werden muss, dass die Fusion gemäß dem auf die ausländische Gesellschaft anwendbaren Recht rechtsgültig geworden ist, bevor der schweizerische Rechtsträger gelöscht werden kann. Auf diese Weise soll vermieden werden, dass eine schweizerische Gesellschaft im Handelsregister gelöscht wird, ohne dass eine Rechtsnachfolgerin im Ausland rechtsgültig Existenz erlangt hat.[3222]

(3) Beibehaltung des ursprünglichen Betreibungsortes und Gerichtsstandes, Art. 164a Abs. 2 IPRG

Eine weitere Ergänzung erfährt der Gläubigerschutz durch die Vorschrift von Art. 164a Abs. 2 IPRG, die den Gerichtsstand perpetuiert:[3223] Nach dieser Bestimmung bleiben der bisherige Betreibungsort und der Gerichtsstand in der Schweiz bestehen, bis die Forderungen der Gläubiger sichergestellt oder befriedigt worden sind. Diese Perpetuierung des bisherigen schweizerischen Gerichtsstands schützt die Gläubiger bei einer Emigrationsfusion davor, ihre Forderungen gegenüber der übertragenden Gesellschaft nunmehr plötzlich im Ausland geltend machen zu müssen.[3224] Dieser in Art. 164a Abs. 2 IPRG niedergelegte Perpetuierungsgrundsatz gilt nicht nur für die Emigrationsfusion und die Emigrationsspaltung, sondern seiner systematischen Stellung nach auch für die Verlegung einer schweizerischen Gesellschaft ins Ausland.[3225] Da im Zuge der Emigrationsfusion die Aktiven und Passiven der übertragenden Gesellschaft im Zeitpunkt der Handelsregistereintragung auf die übernehmende Gesellschaft übergegangen sind, wird im Ergebnis über Art. 164a Abs. 2 IPRG ein Betreibungsort und ein Gerichtsstand in der Schweiz für Forderungen gegenüber der übernehmenden ausländischen Gesellschaft geschaffen.[3226]

III. Deutsche Sicht

1. Grundlagen

a) Begriff und Abgrenzung

Unter Verschmelzung versteht man die Vereinigung der Vermögensmassen von zwei oder mehr Kapitalgesellschaften, bei der mindestens eine der beteiligten

---

3221 Siehe zum Begriff der IPR-Sachnorm *Schwander*, Lois d'application immédiate, Sonderanknüpfung, IPR-Sachnormen und andere Ausnahmen von der gewöhnlichen Anknüpfung im internationalen Privatrecht, 1975, § 14 I S. 377.

3222 BaslerKomm FusG-*Girsberger/Rodriguez* Art. 164 IPRG Rn. 14.

3223 So ZürchKomm IPRG-*Vischer*, Art. 164a Rn. 7.

3224 *von der Crone* et al. (Hrsg.) Das Fusionsgesetz, 2004, § 7 VI C.. Rn. 1187.

3225 *von der Crone* et al. (Hrsg.) Das Fusionsgesetz, 2004, § 7 VI. C. Rn. 1186.

3226 ZürchKomm IPRG-*Vischer*, Art. 164a Rn. 7.

Gesellschaften ihre Existenz aufgibt, ohne jedoch abgewickelt zu werden.[3227] Den Anteilsinhabern der übertragenden Rechtsträger wird dabei im Wege des Anteilstauschs eine Beteiligung am übernehmenden Rechtsträger gewährt.[3228] Im deutschen Umwandlungsgesetz stellte die Verschmelzung den Grundtatbestand der im UmwG geregelten Umwandlungsarten dar.[3229]

Zu differenzieren ist bei der Verschmelzung zwischen der Verschmelzung durch Aufnahme, bei der eine bereits bestehende Gesellschaft eine oder mehrere übertragende Gesellschaften aufnimmt, und der Verschmelzung durch Neugründung, bei welcher mehrere (mindestens zwei) untergehende Gesellschaften ihr Vermögen auf eine gleichzeitig mit der Wirksamkeit der Verschmelzung entstehende neu gegründete Gesellschaft übertragen.[3230]

Nicht im Gesetz geregelt, aber gleichwohl häufig anzutreffender Fall ist die Verschmelzung unter Beteiligung einer sog. *NewCo*.[3231] Es werden dabei zwei Gesellschaften in der Weise miteinander verschmolzen, dass vorab – außerhalb des UmwG – eine neue Gesellschaft (sog. *New Company*) gegründet wird, wobei häufig auf Vorratsgesellschaften zurückgegriffen wird. Diese NewCo dient sodann als aufnehmende Gesellschaft im Rahmen der Fusion der beiden beteiligten Gesellschaften.[3232] Darüber hinaus können neben den ausdrücklich im UmwG erwähnten Verschmelzungsarten auch Sonderformen von Verschmelzungen sowohl auf nationaler Ebene als auch grenzüberschreitend realisiert werden.[3233]

Im Internationalen Gesellschaftsrecht werden dabei wie in der Terminologie des nationalen Gesellschaftsrechts auch die Begriffe Verschmelzung und Fusion synonym verwendet.[3234] Von einer internationalen oder transnationalen Verschmelzung spricht man, wenn mindestens zwei der beteiligten Gesellschaften in verschiedenen Staaten situiert sind.[3235] Bei einer solchen „Fusion über die

---

3227 MünchKomm BGB-*Kindler* IntGesR, Rn. 854, *Leible*, in: Michalski GmbHG, Bd. I, Syst. Darst. 2 IntGesR Rn. 202.

3228 Semler/Stengel, UmwG-*Stengel*, § 2 Rn. 2; MünchKomm BGB-*Kindler* 2010, Rn. 854.

3229 Semler/Stengel, UmwG-*Stengel*, § 2 Rn. 2.

3230 Beck'sches Notar-Handbuch-*Heckschen,* D IV. Umwandlung, Rn. 18.

3231 *Drygala/Staake/Szalai,* Kapitalgesellschaftsrecht, 2012, § 35 Rn. 12.

3232 *Drygala/Staake/Szalai,* Kapitalgesellschaftsrecht, 2012, § 35 Rn. 2.

3233 In Betracht kommen hier sog. *up-stream, down-stream* und *side-stream-mergers*; siehe dazu ausführlich *Thiermann*, Grenzüberschreitende Verschmelzung deutscher Gesellschaften, 2010, S. 90-94.

3234 MünchKomm BGB-*Kindler* IntGesR, Rn. 854

3235 *Leible*, in: Michalski, GmbHG, Bd. I, Syst. Darst. 2, IntGesR, Rn. 202. In diesem Zusammenhang ist es verständlicher, wenn man von einer *transnationalen* statt von einer internationalen Verschmelzung spricht, da auf diese Weise die Zielrichtung der Ver-

Grenze“[3236] lässt sich zwischen der Hinein- und der Hinausverschmelzung differenzieren. Aus deutscher Sicht handelt es sich dann um eine *Hineinverschmelzung*, sofern sich die aufnehmende Gesellschaft in Deutschland befindet. Von einer *Hinausverschmelzung* wird hingegen dann gesprochen, wenn das übertragende Unternehmen seinen Sitz in Deutschland hat.[3237]

Verschmelzung und Spaltung werfen internationalprivatrechtlich ähnliche Probleme auf wie die Sitzverlegung: Denn auch im Rahmen der *Fusion über die Grenze* „verlegt“ die untergehende Gesellschaft ihren Sitz; ebenso muss die Verschmelzung unterschiedlichen Rechts unterliegenden Gesellschaften nach beider Gesellschaftsstatut möglich sein.[3238] Im Gegensatz zur Sitzverlegung kommt es bei einer transnationalen Verschmelzung für die Anteilseigner der übernommenen Gesellschaft zu einem Statutenwechsel, nicht jedoch zu einem Wechsel des Gesellschaftsstatuts der übernehmenden Gesellschaft. Die übernommene Gesellschaft geht hingegen als solche unter.[3239]

b) Wesensmerkmale der Verschmelzung

Die Struktur der Verschmelzung wird durch drei Wesensmerkmale bestimmt: Dies ist zunächst die Übertragung des Vermögen als Ganzes im Wege der Gesamtrechtsnachfolge. Unter dem Gesichtspunkt der Mitgliedschaftsperpetuierung ist die Verschmelzung sodann mit der Gewährung von Anteilen oder Mitgliedschaftsrechten des übernehmenden Rechtsträgers verbunden.[3240]

Eine der zentralen Weichenstellungen des deutschen Umwandlungsrechts zur Erleichterung von Umstrukturierungen, die auch bei grenzüberschreitenden Sachverhalten von Nutzen sein könnte, ist es, keine Art- und Funktionsgleichheit der neuen und der alten Mitgliedschaftsrechte anzuordnen. Indem das deutsche Umwandlungsrecht somit allein auf die Wertäquivalenz der neuen Mitgliedschaft abstellt, werden etwa Mischverschmelzungen oder Verschmelzung unter Egalisierung etwaiger Sonderrechte einzelner Anteilseigner erst ermöglicht.[3241] Aus der Mitgliedschaftsperpetuierung folgt zudem der Grundsatz der

schmelzung besser zum Ausdruck kommt; siehe MünchKomm BGB-*Kindler* IntGesR, Rn. 855.

3236 *Beitzke* RIW/AWD 1961, 288 (288).

3237 *Leible*, in: Michalski GmbHG, Bd. I, Syst. Darst. 2, IntGesR, Rn. 202

3238 *Klinke*, in: Heidel, Aktienrecht und Kapitelmarktrecht, 2011, Europäisches Gesellschaftsrecht, Rn. 80.

3239 *Klinke*, in: Heidel, Aktienrecht und Kapitelmarktrecht, 2011, Europäisches Gesellschaftsrecht, Rn. 80.

3240 Siehe dazu eingehend *Simon*, Der Konzern 2004, 191 (193).

3241 KölnerKomm-*Simon*, §2 UmwG Rn. 80.

Mitgliederidentität:[3242] Dem Grundsatz nach werden die Anteilseigner des übernehmenden Rechtsträgers infolge der Verschmelzung zu Anteilseignern des übertragenden Rechtsträgers.[3243] Demnach sollen alle Anteilseigner sämtlicher beteiligten Rechtsträger auch an dem aus der Verschmelzung hervorgegangenen Rechtsträger beteiligt sein können; allerdings auch nur diese und nicht etwa zusätzliche Dritte,[3244] denn die Möglichkeit der „Fusion gegen Geld"[3245] ist grundsätzlich auf die in §§ 174 ff. UmwG geregelte Vermögensübertragung beschränkt.[3246]

Zunächst kann der Kontinuitätsgrundsatz in beiden Rechtsordnungen als prägendes Element der Verschmelzung gesehen werden. Im Schweizer Recht wird dabei vom Prinzip der Kontinuität der Mitgliedschaft gesprochen, das in Art. 7 Abs. 1 FusG normiert ist;[3247] demgegenüber ist nach deutscher Rechtsterminologie von Mitgliedschaftsperpetuierung die Rede.[3248]

Mit Blick auf das prägende Wesensmerkmal der Mitgliedschaftsperpetuierung spielt bei der Gewährung von Mitgliedschaftsrechten auch eine Rolle, ob diese überhaupt in der jeweiligen Rechtsordnung existieren: Kompatibilitätsprobleme können bei der Fusion mit den fundamentalen Elementen der schweizerischen sowie der deutschen Aktiengesellschaft entstehen, wie etwa besondere Aktiengattungen des schweizerischen Rechts wie Höchststimmrechte oder sog. unechte Stimmrechtsaktien.[3249]

Grundsätzlich gilt im schweizerischen Aktienrecht das Prinzip *„one share one vote"*.[3250] Die Stimmkraft der einzelnen Aktionäre bemisst sich anhand der Nennwerte der ihnen zustehenden Aktien; vgl. Art. 692 Abs. 1 OR. Jedoch eröffnet das schweizerische Obligationenrecht verschiedene Möglichkeiten, um vom Nennwertprinzip abzuweichen.[3251] Auf diese Weise kann – vergleichbar mit der Vinkulierung – die Aktiengesellschaft personalistisch ausgestaltet wer-

3242 Dieser Grundsatz der Mitgliederidentität ist indessen nicht unumstritten, siehe dazu *Priester* DB 1997, 560 (562 ff.) sowie *Haritz/Bärwaldt,* in: BeckHdb. Personengesellschaften § 9 Rn. 265 m.w.N.

3243 KölnerKomm-*Simon*, §2 UmwG Rn. 87.

3244 KölnerKomm-*Simon*, §2 UmwG Rn. 87; Semler/Stengel, UmwG-*Schröer*, § 5 UmwG, Rn. 11.

3245 So die Formulierung von *Ihrig,* ZHR 160 (1996) 317 (319).

3246 Semler/Stengel, UmwG-*Schröer*, § 5 UmwG, Rn. 11.

3247 Siehe dazu *Meier*, Barabgeltung bei Fusionen, in: Festschrift Peter Forstmoser Zürich 1993, S. 141 ff.

3248 KölnerKomm-*Simon*, §2 UmwG Rn. 80.

3249 *Bessenich,* AJP 2004, 851 (856).

3250 Siehe dazu *Amstutz,* Macht und Ohnmacht des Aktionärs, 2007, S. 94 ff.

3251 Siehe dazu im folgenden BGE 132 III 707 mit Bermerk. von *Huguenin/Grob,* SZW 2007 S. 90 (94).

den.[3252] Wenn danach die Stimmrechtsmacht konzentriert werden soll, kann nach Art. 656a Abs. 1 OR stimmrechtsloses Partizipations- oder stimmrechtsprivilegiertes Stimmrechtskapital gemäß Art. 693 Abs. 1 OR geschaffen werden.[3253]

Umgekehrt bietet das schweizerische Obligationenrecht zur Dekonzentration von Stimmrechtsmacht ein Höchststimmrecht an; vgl. Art. 692 Abs. 2 OR.[3254] Dabei wird eine Streuung der Stimmrechte dadurch bewirkt, dass der Einfluss der in einer Hand vereinigten oder aufeinander abgestimmten Stimmen zahlenmäßig beschränkt wird.[3255]

Im Hinblick auf die Stimmrechtsaktien werden die Stimmen anstelle des Nennwertes nach der Anzahl der Aktien bemessen. Denn nach Art. 693 Abs. 1 OR ist es möglich, Aktien von verschiedenem Nennwert gleiche Stimmrechte zu verleihen, so dass auf jede Aktie eine Stimme entfällt (sog. unechte Stimmrechtsaktien).[3256] Demgegenüber sind echte Stimmrechtsaktien, die zwar über den gleichen Nennwert wie die Stammaktien, aber über mehr Stimmrechte verfügen, in der Schweiz verboten.[3257]

Im deutschen Aktienrecht wendet sich die Vorschrift des § 12 Abs. 2 AktG gegen Mehrstimmrechte.[3258] Während unter dem Einfluss der Aktienrechtsno-

---

3252 *Meier-Hayoz/Forstmoser*, Schweizerisches Gesellschaftsrecht, 2012, § 3 Rn. 58 ff.

3253 *Huguenin/Grob,* SZW 2007, 90 (94).

3254 Während das frühere schweizerische Aktienrecht in der Vorschrift von Art. 640 Abs. 2 aOR Höchststimmlimite von 20% sogar noch von Gesetzes wegen forderte, sieht demgegenüber die aktuelle Vorschrift des Art. 692 Abs. 2 lediglich noch die Möglichkeit einer statutarischen Einführung vor; siehe *Mayer-Schatz*, SJZ 1991 S. 57 (62).

3255 *Huguenin/Grob,* SZW 2007 S. 90 (94).

3256 *Huguenin/Grob,* SZW 2007 S. 90 (94). Ein Bedürfnis für diese Aktiengattung besteht oftmals in Familienholdinggesellschaften. Es soll denjenigen Familienmitgliedern, welche sich stärker im Unternehmen engagieren, einen größeren Einfluss einzuräumen. Die passiven Aktionäre verfügen zwar über dieselben Vermögensrechte, nicht jedoch über die gleiche Kraft ihres Stimmrechts. Auf diese Weise werden „Führungsschwergewichte" geschaffen, die den im Unternehmen aktiven Familienaktionären ihre Aufgabe erleichtern sollen. Nicht zulässig sind in der Schweiz dagegen sog. *echte Stimmrechtsaktien*, die zwar den gleichen Nennwert wie die Stammaktien innehaben, dafür aber über ein stärkeres Stimmrecht verfügen; siehe *Baumann*, Die Familienholding, 2005, S. 134.

3257 Vgl. Art. 693 Abs. 1 OR *e contrario*. Siehe auch *Forstmoser/Meier-Hayoz/Nobel*, Schweizerisches Aktienrecht, 1996, § 24 S. 237 Rn. 101.

3258 Die frühere Ausnahmeregelung in § 12 Abs. 2 S. 2 aAktG, nach welcher Mehrstimmrechte mit ministerieller Genehmigung begründet werden konnten, soweit das zur Wahrung überwiegender gesamtwirtschaftlicher Belange erforderlich war, ist durch Art. 1 Nr 3 KonTraG aufgehoben worden; siehe *Hüffer*, § 12 AktG Rn. 8. Siehe zur früheren Bedeutung von Mehr- und Höchststimmrechten im deutschen Aktienrecht

velle des Jahres 1937 noch der Überfremdungsschutz im Vordergrund stand und dieser nunmehr nicht länger als Sachgrund angesehen wurde,[3259] wollte man im Zuge der KonTraG-Reform eine Übereinstimmung von Kapitaleinsatz und Stimmrechtseinfluss herstellen und dementsprechend die „Eigentümerkontrolle“ verbessern;[3260] für Mehrstimmrechte wurde kein Raum mehr gesehen.[3261] Demnach sind nach geltender deutscher Rechtslage unechte Stimmrechtsaktien schweizerischer Prägung unzulässig.[3262] Gleichzeitig sind seit dem KonTraG auch die sog. Höchststimmrechte in börsennotierten Gesellschaften unzulässig.[3263] Um diesen Kompatibilitätsfragen im Verschmelzungsprozess zu begegnen, schlägt *Balthasar Bessenich* vor, in solchen Fällen die Beschlussfassung über die Transaktion als solche zu verbinden mit den Beschlüssen, die die Herstellung der Kompatibilität bezwecken.[3264]

In der Schweiz ist zudem die Vinkulierung ein verbreitetes Phänomen.[3265] Man könnte meinen, dass dieser Umstand beim Erwerb durch Fusion oder Spaltung Probleme bereiten könnte. Im deutschen Recht herrscht die Ansicht vor, dass die Reichweite der Universalsukzession nicht der Parteidisposition anheim-

---

Adams Höchststimmrechte, Mehrfachstimmrechte und sonstige wundersame Hindernisse auf dem Markt für Unternehmenskontrolle, AG 1990, 63; *Baums* Höchststimmrechte, AG 1990, 221; *Hölters* DB 1975, 917 (917ff.).

3259 *Hüffer*, § 12 AktG Rn. 8.

3260 RegBegr BT-Drucks. 13/9712 S. 12.

3261 Gemäß § 5 Abs. 1 S. 1, 1. HS EGAktG sind Mehrstimmrechte am 1. 6. 2003 im deutschen Recht erloschen. Einstweilen behielten Altgenehmigungen jedoch noch ihre Bedeutung, da durch sie geschaffene (oder gem § 5 Abs. 1 EGAktG aF gültig bestehende) Mehrstimmrechte gemäß § 5 Abs. 1I EGAktG n.F. noch bis 30. 5. 2003 Bestand haben sollten; siehe Hüffer-AktG-*Hüffer*, § 12 AktG Rn. 9.

3262 Die Stimmkraft richtet sich bei Nennbetragsaktien (vgl. § 8 Abs. 2 AktG) nach Nennbeträgen; nur bei Stückaktien (vgl. § 8 Abs. 3 AktG) richtet sich die Stimmkraft hingegen nach ihrer Zahl (vgl. § 134 Abs. 1 Satz 1 AktG; siehe auch Hüffer-AktG-*Hüffer*, § 134 AktG Rn. 2). Stückaktien haben keinen Nennbetrag (Nennwert in schweizerischer Terminologie); da diese Anteile am Grundkapital sind, entfällt auf sie auch ein anteiliger Betrag; siehe Hüffer-AktG-*Hüffer*, § 8 AktG Rn. 20. Mittels der Stückaktie wird der Grundsatz verwirklicht, dass jede Aktie eine Stimme gibt, indem auf die Aktienzahl abgestellt wird; Hüffer-AktG-*Hüffer*, § 134 AktG Rn. 2. Damit sind unechte Stimmrechtsaktien nach schweizerischem Konstrukt nicht realisierbar.

3263 Durch Art. 1 Nr 20 KonTraG wurden Höchststimmrechte bei börsennotierten Gesellschaften abgeschafft; § 134 Abs. 1 S. 2 AktG gestattet diese nur noch bei nicht börsennotierten Gesellschaften; soweit bei börsennotierten Gesellschaften vor dem 1. 5. 1998 Höchststimmrechte begründet worden sind, bestanden sie jedoch nach der Übergangsvorschrift des § 5 Abs. 8 EGAktG bis zum 1. 6. 2000 fort; siehe Hüffer-AktG-*Hüffer*, § 134 AktG Rn. 4.

3264 *Bessenich* AJP 2004, 851 (856).

3265 *Meier-Hayoz/Forstmoser*, Schweizerisches Gesellschaftsrecht, 2012 § 3 Rn. 63.

gestellt werden darf.[3266] Einhellige Meinung ist es, dass sich die Gesamtrechtsnachfolge auch gegenüber Vinkulierungsklauseln in Gesellschaftsverträgen durchsetzt.[3267]

Entsprechendes gilt auch im Schweizer Recht: So fällt der Erwerb von vinkulierten Anteilen im Wege der Fusion oder Spaltung, jedenfalls wenn sie börsennotiert sind, nicht unter das Ablehnungsrecht der Gesellschaft.[3268] Auch die bundesgerichtliche Rechtsprechung[3269] erkennt den gesetzlichen Rechtsübergang im Rahmen der Universalsukzession ebenso an wie die herrschende Lehre in der Schweiz; vgl. Art. 685d Abs. 3 OR.[3270] Im Gegensatz dazu verbleiben die Anteilseigner des übernehmenden Rechtsträger bei diesem; sie können nicht durch die Verschmelzung austreten.[3271] Schließlich ist sie mit einer Auflösung des übertragenden Rechtsträgers ohne Abwicklung verbunden.[3272]

In systematischer Hinsicht bildet die Gesamtrechtsnachfolge das „Herzstück der Verschmelzung“:[3273] Sie ermöglicht erst in Abweichung vom sachenrechtlichen Spezialitätsgrundsatz eine Übertragung des Vermögens als Ganzes ohne sonst erforderliche Mitwirkung Dritter. Zugleich erweitert sie den Kanon der übertragungsfähigen Gegenstände im Vergleich zur Singularsukzession erheblich.[3274] Dieses wesentliche Strukturmerkmal muss auch bei der Verschmelzung über die Grenze in anderen Rechtsordnungen verwirklicht sein.

Im schweizerischen Recht wird die Immigrationsfusion mit Anmeldung beim schweizerischen Handelsregisteramt rechtswirksam; vgl. 21f FusG.[3275] Mit Blick auf das Verschmelzungsverfahren sind insbesondere der Verschmelzungsvertrag, die Verschmelzungsbeschlüsse und die Registeranmeldung zu nennen.[3276]

3266 KölnerKomm-*Simon*, §2 UmwG Rn. 87.

3267 KölnerKomm-*Simon*, §2 UmwG Rn. 55.

3268 Vgl. Art. 685d Abs. 3 OR 1991 analog; siehe *Böckli*, Schweizer Aktienrecht, 2009, § 6 Rn. 114a.

3269 BGE 109 II 130 und Urteil 4C.242/2001 vom 5. März 2003, Erw. 2.2, wobei der Entscheid allerdings nicht kotierte vinkulierte Namenaktien betrifft. Anderer Ansicht BaslerKomm-*Oertle/du Pasquier* Art. 685d Rn. 12 a.E., die die Regelung für nicht kotierte Namenaktien analog anwenden wollen.

3270 *Böckli*, Schweizer Aktienrecht, 2009, § 6 Rn. 114a.

3271 KölnerKomm-*Simon*, § 2 UmwG Rn. 87.

3272 KölnerKomm-*Simon*, § 2 UmwG Rn. 20.

3273 *K. Schmidt*, AcP (1991), 495 (504).

3274 KölnerKomm-*Simon*, § 20 UmwG Rn. 2.

3275 Eine Ausnahme besteht insoweit lediglich im Hinblick auf die Fusion zwischen Vereinen; vgl. Art. 22 Abs. 2 FusG.

3276 Siehe eingehend zum Vefahren KölnerKomm-*Simon*, §2 UmwG Rn. 26 ff.

2. Kollisionsrechtliche Ebene

Bei Umwandlungsvorgängen über Rechtsgrenzen hinweg lautet die erste Frage, nach welcher Rechtsordnung bzw. welchen Rechtsordnungen der Vorgang zu beurteilen ist.[3277] Auch bei der rechtlichen Bewertung einer transnationalen Verschmelzung ist die kollisionsrechtliche Ebene streng von der Ebene des materiellen Rechts zu trennen. Das Haupthindernis für grenzüberschreitende Verschmelzungen stellt nach wie vor die Beschränkung des § 1 Abs. 1 UmwG auf „Rechtsträger mit Sitz im Inland" dar, die nach herrschender Ansicht zutreffend als sachrechtliche und nicht kollisionsrechtliche Frage aufgefasst wird.[3278] Denn die übertragende Gesellschaft unterstellt sich im Wege der transnationalen Verschmelzung nicht einem neuen Gesellschaftsstatut, sondern löst sich auf. Insgesamt bereitet eine transnationale Verschmelzung jedenfalls aus kollisionsrechtlicher Sicht keine unüberwindbaren Hindernisse.[3279] Die verbleibenden Schwierigkeiten auf kollisionsrechtlicher Ebene liegen darin begründet, dass die Verschmelzung die Beachtung und Koordinierung mindestens zweier nationaler Verschmelzungsrechte erfordert: Es stellt sich dabei die Frage, welches Recht für die beteiligten Gesellschaften mit Blick auf die einzelnen Abschnitte des Verschmelzungsprozesses jeweils maßgeblich ist.[3280] Im deutschen Recht war die kollisionsrechtliche Anknüpfung bislang nicht gesetzlich geregelt. Im Rahmen der kollisionsrechtlichen Behandlung transnationaler Verschmelzungen werden mehrere Möglichkeiten diskutiert, nach denen eine Anknüpfung vorgenommen werden kann: Da an einer transnationalen Verschmelzung Gesellschaften verschiedener Rechtsordnungen – sowohl Deutschlands als auch der Schweiz – beteiligt sind, ist es theoretisch denkbar, das Gesellschaftsstatut der übertragenden Gesellschaft oder das der übernehmenden Gesellschaft allein über das anwendbare Recht bestimmen zu lassen oder aber beide Rechtsordnungen in koordinierter Weise zur Anwendung zu bringen.[3281] Dazu sind in Literatur in der Vergangenheit verschiedene Lösungsansätze entwickelt worden, die im Folgen-

---

3277 *Engert*, in: Eidenmüller (Hrsg.) Ausländische Kapitalgesellschaften im Deutschen Recht, 2004, § 4 Rn. 67.

3278 *Engert*, in: Eidenmüller (Hrsg.) Ausländische Kapitalgesellschaften im Deutschen Recht, 2004, § 4 Rn. 67.

3279 So betonen jüngst auch *Behrens/Hoffmann*, in: Ulmer/Habersack/Löbbe (Hrsg.) GroßKomm GmbHG, Einl. B. Rn. 185, daß das Kollisionsrecht der Durchführbarkeit transnationaler Verschmelzungen und Spaltungen auch im Verhältnis zu Drittstaaten grundsätzlich nicht entgegensteht.

3280 *Weng*, Zulässigkeit und Durchführung grenzüberschreitender Verschmelzungen, 2008, S. 34

3281 *Weng*, Zulässigkeit und Durchführung grenzüberschreitender Verschmelzungen, 2008, S. 361.

den kurz dargestellt werden sollen. Darunter bietet die sog. modifizierte Vereinigungstheorie inzwischen eine interessengerechte Vorgehensweise an, die es ermöglicht, im Verschmelzungsprozess die nationalen Rechte auf die diesen jeweils unterliegenden Gesellschaften zu einer weitgehenden Anwendung zu bringen.[3282]

a) Anknüpfungstheorien

Da bei einer grenzüberschreitenden Verschmelzung mindestens zwei Rechtsordnungen betroffen sind, ist für die Voraussetzungen, Verfahrensschritte und die Wirkung der Verschmelzung jeweils das maßgebliche Recht zu bestimmen. Einigkeit besteht insoweit darüber, dass der gesamte Vorgang der transnationalen Verschmelzung einheitlich dem Gesellschaftsstatut – und nicht etwa die Rechtsnatur des Fusionsvertrags[3283] – untersteht,[3284] da mit der Verschmelzung eine Änderung der Unternehmensstruktur verbunden ist.

aa) Einzeltheorien

Nach früherem Verständnis sollte bei einer transnationalen Verschmelzung entweder das Recht der aufnehmenden oder der übertragenden Gesellschaft anzuwenden sein (sog. Einzeltheorien). Dabei bestimmte im Rahmen der sog. Übertragungstheorie ausschließlich das Gesellschaftsstatut der übertragenden Gesellschaft das auf die Verschmelzung anwendbare Sachrecht. Nach diesem Ansatz bleibt das Recht der aufnehmenden oder neu zu gründenden Gesellschaft unberücksichtigt. Im Ergebnis finden nach der Übertragungstheorie insbesondere die Interessen der hinter der übertragenden Gesellschaft stehenden Gesellschafter und Gläubiger Berücksichtigung.

In neuerer Zeit gab es Versuche,[3285] der Übertragungstheorie zu einem Durchbruch zu verhelfen: So ist der österreichische OGH in Wien im Rahmen einer übertragenden Umwandlung einer österreichischen GmbH auf deren deutsche Mutter-GmbH davon ausgegangen, dass im Sinn der Übertragungstheorie

---

3282 *Weng*, Zulässigkeit und Durchführung grenzüberschreitender Verschmelzungen, 2008, S. 34.

3283 So insbesondere die Ansicht von *Züllig,* Die internationale Fusion im schweizerischen Gesellschaftsrecht unter Berücksichtigung des deutschen und italienischen Rechts, 1975, S. 105 f.

3284 MünchKomm BGB-*Kindler*, IntGesR, Rn. 869; Staudinger BGB-*Großfeld*, IntGesR Rn. 683; vgl. auch *Beitzke*, in: FS Hallstein, 1966, S. 14 (20); *Koppensteiner*, Internationale Unternehmen im deutschen Gesellschaftsrecht, 1971, S. 156 sowie *Westermann* ZGR 1975, 68 (83).

3285 Aus dem deutschen Schrifttum argumentieren in diesem Sinne *Meilicke/Rabback,* GmbHR 2006, 123, 124.

allein das österreichische Umwandlungsrecht berufen sei.[3286] Wenn auch die Entscheidung des OGH, in der für den Sitztheoriestaat Österreich die Zulässigkeit einer grenzüberschreitenden verschmelzenden Umwandlung bestätigt wurde, im Grundsatz zu begrüßen ist,[3287] ist dennoch die gewählte Vorgehensweise abzulehnen, da Stake- und Shareholderinteressen in der aufnehmenden Gesellschaft auf diesem Wege keine Berücksichtigung finden.[3288]

Im Gegensatz dazu knüpft die sog. Aufnahmetheorie allein an das Recht der neu zu bildenden oder aufnehmenden Gesellschaft an, da mit der Verschmelzung die Neugründung einer Gesellschaft oder die Erweiterung einer bestehenden Gesellschaft bezweckt wird.[3289] Jedoch kann auf diese Weise keine interessengerechte Durchführung einer Verschmelzung sichergesellt werden kann. Denn weder die alleinige Berufung des Rechts des übertragenden Rechtsträgers noch diejenige des aufnehmenden Rechtsträgers werden den Belangen der jeweils anderen Gesellschaft einschließlich der mit ihr in Beziehung stehenden Gläubiger, Gesellschafter und Arbeitnehmer gerecht.[3290] Im Ergebnis können beide Ansichten somit nicht mehr in Betracht gezogen werden.

bb) Vereinigungstheorie

(1) Die „reine“ Vereinigungstheorie

Die zuvor genannten Schwächen der sog. Einzeltheorien führten alsbald zu der Einsicht, dass eine interessengerechte Durchführung transnationaler Verschmelzungen nur durch Berücksichtigung der Rechtsordnungen sämtlicher beteiligter Gesellschaften zu gewährleisten ist.[3291] Die Anknüpfung, die das Recht aller an der transnationalen Verschmelzung beteiligten Unternehmen berücksichtigt,

---

3286 OHG Beschl. v. 20.03.2003 – 6 OB 283/02i = RdW 2003, 378 = ZIP 2003, 1086 = IPRax 2004, 128 (132) m.Anm. *Paefgen* = GesRZ 2003, 161 mit Anm. *Bittner* = wbl 2003 390 = ecolex 2003, 689 mit Anm. G. *Nowotny* = GeS 2003, 246 mit Anm. *Birkner* = ÖJZ = EWiR 2003, 595 = ZfRV 2003, 194. In der Entscheidung ging es um die Durchführung und Eintragung einer grenzüberschreitenden verschmelzenden Umwandlung nach §§ 2ff. öUmwG einer österreichischen Tochter-GmbH auf ihre 100%ige deutsche Mutter-GmbH unter gleichzeitiger Errichtung einer österreichischen Zweigniederlassung; siehe *Doralt*, NZG 2004, 396 (396).

3287 Vgl. auch *Ott*, in: Sandrock/Wetzler (Hrsg.) Deutsches Gesellschaftsrecht im Wettbewerb der Rechtsordnungen, 2004, S. 199 (201).

3288 *Weng*, Zulässigkeit und Durchführung grenzüberschreitender Verschmelzungen, 2008, S. 362.

3289 MünchKomm BGB-*Kindler*, IntGesR, 2010, Bd. 5, Rn. 869.

3290 *Beutel*, Der neue rechtliche Rahmen grenzüberschreitender Verschmelzungen in der EU 2008, S. 16.

3291 Siehe zur Abkehr von der Einzelanknüpfung MünchKomm BGB-*Kindler*, IntGesR, Rn. 873.

wird als sog. Vereinigungstheorie bezeichnet;[3292] jedoch wurde auch diese in ihrer reinen Form nicht vertreten. Ziel der Vereinigungslehre ist keine bloße Kumulierung der Verschmelzungserfordernisse der verschiedenen Rechtsordnungen; vielmehr greifen die Rechtsordnungen der sich verschmelzenden Unternehmen dergestalt ineinander, dass für gemeinsame Erfordernisse grundsätzlich das strengste Recht zur Anwendung gelangt.[3293] Indessen bleibt nach der Vereinigungslehre in ihrer reinen Form die Frage ungeklärt, wann derartige gemeinsame Erfordernisse vorliegen sollen und welche Kriterien bei der Ermittlung des strengeren Rechts zugrunde zu legen sind.[3294] Eine transnationale Verschmelzung oder Spaltung könnte damit im Einzelfall mit unnötigen wirtschaftlichen Lasten verbunden sein.[3295]

Eine „reine" Vereinigungstheorie ist wegen dieser Unbestimmtheiten jedoch nicht vertreten worden, wobei ihr der funktionale Ansatz von *Robert E. Züllig*[3296] wohl noch am nächsten kommt: Vor dem Hintergrund, dass „die autonome Wirkungsweise der einzelnen Akte ihre autonome Wertung erfordert", kommt er zu dem Schluss, dass die Verschmelzung in ihre Einzelteile aufzugliedern und für jeden Schritt gesondert anzuknüpfen sei.[3297] Nach seiner Ansicht spreche hierfür, dass in jedem der Verschmelzungsschritte unterschiedliche Interessen berührt sein könnten, die nur bei einer gesonderten Anknüpfung hinreichend gewürdigt werden könnten.[3298] Entsprechend einer undifferenzierten Anwendung der Vereinigungstheorie kann dem funktionalen Ansatz von *Züllig* entgegengehalten werden, dass dieser mit einer erheblichen Rechtsunsicherheit

3292 Diese Anknüpfung geht zurück auf *von Spindler,* Wanderungen gewerblicher Körperschaften von Staat zu Staat als Problem des internationalen Privatrechts, 1932, S. 78 ff. Der Ansatz wurde sodann von *Beitzke* weiter konkretisiert; siehe *Beitzke,* in: FS Hallstein, 1966, S. 14 (14ff.).

3293 MünchKomm BGB-*Kindler*, IntGesR, 2010, Bd. 5, Rn. 874; sowie *Beitzke,* in: FS Hallstein, 1966, S. 14 (23); *Koppensteiner,* Internationale Unternehmen im deutschen Gesellschaftsrecht, 1971, S. 269; *Wiedemann* Gesellschaftsrecht Bd. I (1980) § 15 III 2, S. 871.

3294 *Weng*, Zulässigkeit und Durchführung grenzüberschreitender Verschmelzungen, 2008, S. 363.

3295 *Veil,* Der Konzern 2007 98 (104).

3296 *Züllig*, Die internationale Fusion im schweizerischen Gesellschaftsrecht unter Berücksichtigung des deutschen und italienischen Rechts,1975, S. 100ff.

3297 *Züllig*, Die internationale Fusion im schweizerischen Gesellschaftsrecht unter Berücksichtigung des deutschen und italienischen Rechts,1975, S. 100ff.

3298 *Züllig*, Die internationale Fusion im schweizerischen Gesellschaftsrecht unter Berücksichtigung des deutschen und italienischen Rechts,1975, S. 100ff.

verbunden wäre und letztendlich „zu einer zusätzlichen Erschwernis wirtschaftlich sinnvoller transnationaler Verschmelzungen“ führt.[3299]

(2) Die „modifizierte“ Vereinigungstheorie

In ihrer reinen Form ist die Vereinigungstheorie deshalb auch nie vertreten worden; vielmehr wird ein differenzierter Ansatz zugrunde gelegt: Dieser als sog. modifizierte Vereinigungstheorie bezeichnete Ansatz spaltet einen transnationalen Verschmelzungsvorgang in jeweils drei Teilfragen[3300] auf, an die jeweils gesondert anzuknüpfen ist: die *Voraussetzungen,* das *Verfahren* und die *Wirkungen* der transnationalen Verschmelzung.

Mit Blick auf die Voraussetzung der Verschmelzung gilt, dass jeweils das Gesellschaftsstatut einer jeden Gesellschaft maßgeblich im Sinne einer distributiven Rechtanwendung sein soll.[3301] Insbesondere ist im Rahmen der Verschmelzungsvoraussetzungen zu prüfen, ob den beteiligten Rechtsordnungen das Institut der Verschmelzung als solche bekannt ist, die Gesellschaft im Allgemeinen verschmelzungsfähig ist und auch konkret zu einer Verschmelzung mit dem betreffenden Verschmelzungspartner zugelassen ist (sog. aktive und passive Verschmelzungsfähigkeit).[3302]

Auch hinsichtlich des Verschmelzungsverfahrens gilt im Grundsatz ebenfalls die Anknüpfung am Gesellschaftsstatut: Das Verschmelzungsverfahren umfasst dabei die Beschlussfassung, den Abschluss und die Prüfung des Verschmelzungsvertrages, die Erstellung des Verschmelzungsberichts sowie die Offenlegung der Verschmelzung.[3303]

Sofern einzelne Verfahrensschritte das gemeinsame Tätigwerden aller Verschmelzungspartner erforderlich machen, sind die Rechtsordnungen zu kumulieren.[3304] Eine solche Anknüpfung bringt letztendlich die strengste Rechtsordnung

---

3299 MünchKomm BGB-Kindler, IntGesR, 2010, Bd. 5, Rn. 877.

3300 Siehe hierzu allgemein *Kropholler*, Internationales Privatrecht, 2006, § 18 I.

3301 Dieses Vorgehen ist vergleichbar mit dem internationalen Eheschließungsrecht; siehe *Beitzke*, in: FS Hallstein, 1966, S. 14 (20); siehe zur gekoppelten bzw. distributiven Rechtsanwendung allgemein *Kropholler*, Internationales Privatrecht, 2006, § 20 V.

3302 MünchKomm BGB-*Kindler*, IntGesR, 2010, Bd. 5, Rn. 880.

3303 Siehe dazu die Aufzählungen bei MünchKomm BGB-*Kindler*, IntGesR, 2010, Bd. 5, Rn. 880; *Großfeld,* in: Staudinger – IntGesR (1998), Rn. 687; *Beitzke*, in: FS Hallstein, S. 14 (20).

3304 MünchKomm BGB-*Kindler*, IntGesR, 2010, Bd. 5, Rn. 882; Staudinger-*Großfeld*, IntGesR, Rn. 683; *Weng*, Zulässigkeit und Durchführung grenzüberschreitender Verschmelzungen, 2008, S. 365.

zur Durchsetzung.[3305] Etwaige Normwidersprüche sind dabei im Wege der Anpassung zu lösen.[3306] Die Wirkung der transnationalen Verschmelzung bezieht sich zunächst im Vermögensübergang der übertragenden Gesellschaft auf die aufnehmende oder neu zu bildende Gesellschaft im Wege der Gesamtrechtsnachfolge. Was die kollisionsrechtliche Wirkung der Verschmelzung anbelangt, so ist dem Grundsatz nach ebenfalls eine Kumulierung der beteiligten Rechtsordnungen vorzunehmen.

Grundlegend dabei ist, dass die Rechtsordnungen aller beteiligten Gesellschaften das Rechtsinstitut der Gesamtrechtsnachfolge kennen.[3307] Im Einzelnen ist jedoch vieles umstritten: Als problematisch gilt dabei Vermögen, das außerhalb des Geltungsbereichs der durch das Gesellschaftsstatut berufenen Rechtsordnung belegen ist. Hier stellt sich die Frage, ob das Belegenheitsrecht als Einzelstatut zu berücksichtigen ist und insofern eine solche Gesamtrechtsnachfolge als Rechtserwerbstatbestand ebenfalls anerkennt. [3308] Auch mit Blick auf den Zeitpunkt des Wirksamwerdens der Verschmelzung ist die kollisionsrechtliche Behandlung umstritten: Während die wohl herrschende Meinung[3309] davon ausgeht, dass alle beteiligten Rechtsordnungen kumulativ über den Eintritt der Verschmelzungswirkungen entscheiden, wollen andere diejenige Rechtsordnung zugrunde legen, die diese Wirkung am spätesten eintreten lässt.[3310]

Mit Eintritt der Verschmelzungswirkung, also dem Erlöschen des übertragenden Rechtsträgers, wird das Gesellschaftsstatut der aufnehmenden Gesellschaft maßgeblich.

3305 MünchKomm BGB-*Kindler*, IntGesR, 2010, Bd. 5, Rn. 882; Staudinger-*Großfeld*, IntGesR, Rn. 683; *Weng*, Zulässigkeit und Durchführung grenzüberschreitender Verschmelzungen, 2008, S. 365.

3306 MünchKomm BGB-*Kindler*, IntGesR, 2010, Bd. 5, Rn. 882; *Ott*, in: Sandrock/Wetzler (Hrsg.) Deutsches Gesellschaftsrecht im Wettbewerb der Rechtsordnungen, 2004, S. 199 (204); *Koppensteiner*, Internationale Unternehmen im deutschen Gesellschaftsrecht, 1971, S. 269; *Beitzke*, in: FS Hallstein, S. 14 (23); *Wiedemann*, Gesellschaftsrecht, Bd. I, (1980) § 15 III 2, S. 871.

3307 *Beutel*, Der neue rechtliche Rahmen grenzüberschreitender Verschmelzungen in der EU, 2008, S. 18; *Engert*, in: Eidenmüller (Hrsg.) Ausländische Kapitalgesellschaften 2004, § 4 Rn. 107.

3308 MünchKomm BGB-Kindler, IntGesR, 2010, Bd. 5, Rn. 887; *Beutel*, Der neue rechtliche Rahmen grenzüberschreitender Verschmelzungen in der EU, 2008, S. 18.

3309 Siehe *Beutel*, Der neue rechtliche Rahmen grenzüberschreitender Verschmelzungen in der EU 2008, S. 19 sowie *Bessenich*, Die grenzüberschreitende Fusion nach den Bestimmungen des IPRG und des OR, 1991, S. 123;

3310 So *Lennerz,* Die internationale Verschmelzung und Spaltung unter Beteiligung deutscher Gesellschaften 2001, S. 263.

Damit erlöschen indessen auch die Rechtspositionen von Mitgliedern und Organen, von Arbeitnehmern und Gläubigern, soweit sie im Recht der aufnehmenden Gesellschaft nicht vorgesehen sind. Demnach ist es erforderlich, die Wirkungen der Verschmelzung – insbesondere das Erlöschen des übertragenden Rechtsträgers – erst dann eintreten zu lassen, wenn die kumulierten Anforderungen aller beteiligten Rechtsordnungen berücksichtigt wurden.[3311] Dies bedeutet zugleich, dass diese den Regeln über die Verschmelzung weitgehend inhaltlich entsprechen müssen.[3312] Dabei wiederum ist die Art des Vermögensübergangs (Universalsukzession, Gesamterwerb *uno actu* oder Einzelübertragung) untrennbar mit dem jeweiligen System des Gläubigerschutzes (automatischer Schuldnerübergang, Weiterhaftung des Vermögens der übertragenden Gesellschaft, Mithaftung der aufnehmenden Gesellschaft oder vorherige Befriedigung bzw. Sicherheitsleistung) verbunden.[3313] Im Sinne der Vereinigungstheorie lässt sich somit festhalten, dass eine transnationale Verschmelzung jedenfalls dann möglich ist, wenn die beteiligten Rechtsordnungen sie zulassen; aber auch nur dann, wenn sie sich entsprechen bzw. die Regelungen ineinandergreifen.[3314]

Der bedeutsamste Unterschied zur Sitzverlegung ist jedoch der ausbleibende Statutenwechsel bei einer transnationalen Verschmelzung.[3315] Das aufnehmende Unternehmen wird in seiner gesellschaftsrechtlichen Existenz überhaupt nicht tangiert; das Gesellschaftsstatut ändert sich nicht. Der übertragende Rechtsträger verliert zwar seinen bisherigen Geschäftssitz und unterstellt sich der Leitung des aufnehmenden Unternehmens im Ausland. Damit ist aber – anders als bei der Sitzverlegung – gerade kein Statutenwechsel verbunden:[3316] Die übertragende Gesellschaft löst sich auf, und ihre Gesellschafter werden unmittelbar Mitglieder der aufnehmenden, in unserem Falle schweizerischen Gesellschaft. Nach alledem bleibt festzuhalten, dass die Probleme der grenzüberschreitenden Verschmelzung auf der materiell-rechtlichen Ebene liegen.

3311 *Behrens/Hoffmann*, in: Ulmer/Habersack/Löbbe (Hrsg.) GroßKomm GmbHG, Einl. B. Rn. 167; MünchKomm BGB-*Kindler*, IntGesR, Rn. 889; *Weng*, Zulässigkeit und Durchführung grenzüberschreitender Verschmelzungen, 2008, S. 365.

3312 *Behrens/Hoffmann*, in: Ulmer/Habersack/Löbbe (Hrsg.) GroßKomm GmbHG, Einl. B. Rn. 167; MünchKomm BGB-*Kindler*, IntGesR, 2010, Bd. 5, Rn. 889; *Großfeld/Jasper* RabelsZ 53 (1989), 52, 64.

3313 *Behrens/Hoffmann*, in: Ulmer/Habersack/Löbbe (Hrsg.) GroßKomm GmbHG, Einl. B. Rn. 167.

3314 *Behrens/Hoffmann*, in: Ulmer/Habersack/Löbbe (Hrsg.) GroßKomm GmbHG, Einl. B. Rn. 167.

3315 *Behrens*, ZGR 1994, 1 (13).

3316 *Behrens*, ZGR 1994, 1 (13).

b) Das geltende deutsche Verschmelzungskollisionsrecht

Mit der Umsetzung der Richtlinie über grenzüberschreitende Verschmelzungen mit den §§ 122a ff. UmwG wird die Vereinigungstheorie positiv-rechtlich im deutschen Umwandlungsrecht verankert.[3317] Nach der in Deutschland bisher im autonomen IPR herrschenden sog. modifizierten Vereinigungstheorie sind dem Grundsatz nach im Falle einer Verschmelzung über die Grenze die Rechte der betroffenen Staaten kumulativ anzuwenden und ist im Falle etwaiger Widersprüchlichkeit das jeweils strengere Recht zur Anwendung gelangt.[3318] Es ist zwischen den einzelnen Phasen der Verschmelzung zu differenzieren:

aa) Voraussetzungen

Die Voraussetzungen, insbesondere die Verschmelzungsfähigkeit, sind dabei für jede der beteiligten Gesellschaften getrennt zu beurteilen und unterliegen jeweils ihrem Gesellschaftsstatut. So richten sich insbesondere die Abhaltung der über die Verschmelzung beschließenden Gesellschafterversammlung, das Registerverfahren sowie etwaige Rechtsbehelfe gegen die Verschmelzung nach dem jeweiligen nationalen Recht.[3319]

bb) Verfahrensnormen

Was das Verfahren anbelangt, so richtet sich ebenfalls grundsätzlich jede der beteiligten Gesellschaften nach dem jeweiligen Gesellschaftsstatut. Soweit jedoch ein gemeinsames Tätigwerden erforderlich ist, müssen beide Rechtsordnungen kumuliert werden. Dies gilt insbesondere im Hinblick auf den Verschmelzungsvertrag und den Verschmelzungsbericht.[3320] Im Rahmen der Kumulation werden abweichende nationale Rechtsvorschriften im Wege der Anpassung angeglichen, wobei sich die jeweils strengste Rechtsordnung durchsetzt.[3321]

Im Gegensatz dazu genügt es, mit Blick auf die Beschlussfassung über die Verschmelzung, ihre Offenlegung und ggf. erforderliche Genehmigung das Gesellschaftsstatut der jeweils betroffenen Gesellschaft anzuwenden.[3322]

Hier sind insbesondere die Formvorschriften von Interesse: Im Rahmen der Kumulation werden abweichende nationale Rechtsvorschriften im Wege der

---

3317 *Leible/Hoffmann*, RIW 2006, 161 (167); *Simon/Rubner*, Der Konzern 2006, 835 (836); *Teichmann*, ZIP 2006, 355 (361); KölnerKomm-*Simon/Rubner* § 122a UmG Rn. 3; Kallmeyer UmwG-*Marsch-Barner*, § 122a UmwG Rn. 2.

3318 KölnerKomm-*Simon/Rubner* § 122a UmwG Rn. 3.

3319 KölnerKomm-*Simon/Rubner* § 122a UmwG Rn. 3.

3320 *Kieninger*, in: Sonnenberger (Hrsg.), Vorschläge und Berichte zur Reform des europäischen und deutschen internationalen Gesellschaftsrechts, 2007, S. 581 (599).

3321 *Dorr/Sukenborg*, DB 2003, 647 (648).

3322 *Kieninger*, in: Sonnenberger (Hrsg.), Vorschläge und Berichte zur Reform des europäischen und deutschen internationalen Gesellschaftsrechts, 2007, S. 581 (599).

Anpassung angeglichen.[3323] Dabei setzt sich die jeweils strengste Rechtsordnung durch. Dies ist mit Blick auf das schweizerische Recht insoweit von Relevanz, als es für den Fusionsvertrag lediglich nach Art. 12 FusG die einfache Schriftform vorsieht. Demgegenüber schreibt das deutsche Recht im Einklang mit § 311b Abs. 3 BGB in § 6 UmwG die notarielle Beurkundung des Verschmelzungsvertrages vor.[3324] Von der Beurkundungspflicht sind sowohl der Verschmelzungsvertrag als auch alle Nebenabreden, die nach dem Willen der Parteien ein „untrennbares Ganzes" bilden, betroffen.[3325] Das Erfordernis der notariellen Beurkundung gilt auch unabhängig von der Ortsform nach Art. 11 EGBGB, wonach die Möglichkeit einer Anknüpfung an das Recht des Vornahmeortes vorgesehen ist.[3326] Indessen genügt die Wahrung der Ortsform, also diejenigen Formvorschriften, die an dem Ort gelten, an dem die Beurkundung vorgenommen wird, nicht für statuarisch wirkende Geschäfte eines Rechtsträgers mit Sitz in Deutschland.[3327] Denn Geschäfte, die auch Drittinteressen berühren, sollen gerade nicht vom internationalprivatrechtlichen Grundsatz des *favor validatis*, mithin einer möglichst weitgehenden Wirksamkeitsgewähr, umfasst sein, sondern sich vielmehr zwingend nach dem Recht richten, welches für das betreffende Geschäft gilt.[3328]

Im Ergebnis richtet sich die Form eines Verschmelzungsvertrages somit zwingend nach der Formvorschrift des § 6 UmwG, der eine notarielle Beurkundung erfordert. Auch der Referentenentwurf bestätigt diese Herangehensweise in Art. 10a EBGBG-RefE.

Eine andere Frage ist es, ob erwogen werden kann, den Verschmelzungsvertrag sodann in der Schweiz beurkunden zu lassen, um die mit der Beurkundung zusammenhängenden Kosten zu reduzieren. Ausgehend von der BGH-Rechtsprechung aus dem Jahr 1981 wurde die Zulässigkeit der notariellen Beurkundung einer GmbH-Satzungsänderung in der Schweiz für zulässig erachtet, wenn diese mit der deutschen Form vergleichbar war.[3329] Jedoch ist die Rechtslage in dieser Frage umstritten:[3330] Insbesondere haben sich infolge der sog. *Su-*

3323 *Dorr/Stukenborg*, DB 2003, 647 (648).

3324 KölnerKomm-*Simon*, § 6 UmwG Rn. 1.

3325 KölnerKomm-*Simon*, § 6 UmwG Rn. 2; Lutter UmwG-*Drygalla*, § 6 UmwG Rn. 3; Schmitt/Stratz/Hörtnagel UmwG-*Stratz*, § 6 Rn. 3 UmwG; Semler/Stengel UmwG-*Schröer*, § 6 UmwG Rn. 3.

3326 KölnerKomm-*Simon*, § 6 UmwG Rn. 9.

3327 KölnerKomm-*Simon*, § 6 UmwG Rn. 9.

3328 KölnerKomm-*Simon*, § 6 UmwG Rn. 9.

3329 Siehe BGH, Beschl. v. 16.2.1981 – II ZB 8/80, BGHZ 80, 76 = NJW 1981, 1160 = ZIP 1981, 402 = MDR 1981, 650 = DNotZ 1981, 451 (Ls.).

3330 Diskutiert wurde in der jüngern Vergangenheit in diesem Zusammenhang insbesondere die Auswirkung der Änderungen des deutschen MoMiG; siehe dazu *Böttcher*,

permarkt-Entscheidung des BGH[3331] Zweifel ergeben, da der notariellen Beurkundung auch der Zweck einer im öffentlichen Interesse stehenden „materiellen Richtigkeitsgewähr"[3332] beigemessen wurde.[3333] Dieses Erfordernis stellt indessen an eine nichtdeutsche Beurkundungsperson eine hohe fachliche Hürde, da diese regelmäßig nicht so vertraut mit dem deutschen Gesellschaftsrecht wie ein inländischer Notar ist.[3334] Vor dem Hintergrund dieser bestehenden Rechtsunsicherheit sollte eine geplante Beurkundung vor einem Schweizer Notar vorab mit den zuständigen Registerrichtern abgesprochen werden, da aufgrund von § 20 Abs. 1 Nr. 4 UmwG ein etwaiger Formmangel des Verschmelzungsvertrages mit der Eintragung geheilt werden kann.[3335]

cc) Wirksamkeitsnormen

Die Wirkungen der Verschmelzung beziehen sich insbesondere auf das Erlöschen der übertragenden Gesellschaft sowie den Vermögensübergang auf die aufnehmende oder neu zu gründende Gesellschaft.[3336] Schließlich werden die Gesellschafter der übertragenden Gesellschaft solche der aufnehmenden oder neuen Gesellschaft.

ZNotP 2010, 6. Zum anderen beschäftigt sich die Literatur mit den Auswirkungen der Revision des schweizerischen Obligationenrechts, das für die Abtretung von Geschäftsanteilen und die zugrunde liegende schuldrechtliche Verpflichtung gemäß Art. 785 Abs. 1 OR nur noch die Schriftform vorschreibt; siehe dazu *Böttcher/Blasche*, NZG 2006, 766. Von Seiten der deutschen Rechtsprechung hat sich das LG Frankfurt a. M. in seinem Urteil vom 7.11.2009 *obiter dictum* unter der Geltung des MoMiG gegen die fortbestehende Möglichkeit der Beurkundung von GmbH-Anteilsübertragungen in der Schweiz ausgesprochen; siehe GWR 2009, 424 mit Anmerk. *Schneider*. Dem hat indessen das OLG Düsseldorf mit Beschluss vom 2. 3.2011 widersprochen, indem es die notarielle Beurkundung der Übertragung von Geschäftsanteilen einer deutschen GmbH durch einen in Basel ansässigen Notar als wirksam erachtete; siehe dazu *Götze/Mörtel* NZG 2011, 727 (727 ff.) sowie *Hermanns*, RNotZ 2011, 224 (224 ff.).

3331 BGH, Beschl. v. 24.10.1988 – II ZB 7/88, BGHZ 105, 324 = NJW 1989, 295 = ZIP 1989, 29 = MDR 1989, 234 = DNotZ 1989, 102 = WM 1988, 1819 = BB 1989, 19 = BB 1989, 95 = DB 1988, 262.

3332 Siehe dazu im Zusammenhang der Auslandsbeurkundung Staudinger-*Winkler/v. Mohrenfels*, § 11 EGBGB, Rn. 319 ff.

3333 KölnerKomm-*Simon*, § 6 UmwG Rn. 11.

3334 Lutter UmwG-*Drygalla*, § 6 UmwG Rn. 8; Semler/Stengel UmwG-*Schröer*, § 6 UmwG Rn. 13.; zurückhaltender äußert sich dagegen *Goette,* DStR 1996, 709 (713). Anderer Ansicht ist demgegenüber Kallmeyer UmwG-*Zimmermann* § 6 Rn. 11.

3335 KölnerKomm-*Simon*, § 6 UmwG Rn. 12.

3336 *Kieninger*, in: Sonnenberger (Hrsg.) Vorschläge und Berichte zur Reform des europäischen und deutschen internationalen Gesellschaftsrechts, 2007, S. 581 (600).

Somit betrifft dieser Vorgang die Interessen der Gesellschaft, Gläubiger und Arbeitnehmer sowohl bezüglich der übertragenden als auch der übernehmenden, aufnehmenden oder neuen Gesellschaft. Diese betroffenen Interessen müssen daher auch kollisionsrechtlich Beachtung finden.[3337]

Der Vermögensübergang im Wege der Gesamtrechtsnachfolge beurteilt sich grundsätzlich nach dem Statut der übertragenden Gesellschaft.[3338] Vor dem Hintergrund des Arbeitnehmerschutzes ist der gesetzliche Vertragsübergang gemäß § 613a BGB ausgenommen, der nach herrschender Meinung auch bei der umwandlungsrechtlichen Gesamtrechtsnachfolge eintritt.[3339] Als Bestandteil des Arbeitsvertragsstatuts findet die Norm des § 613a BGB schließlich auch dann Anwendung, wenn die übertragende Gesellschaft nicht deutschem Recht unterliegt.[3340]

Im Ergebnis sind im Hinblick auf die angesprochenen Fragen die beteiligten Gesellschaftsstatute zu kumulieren, was dazu führt, dass sich die jeweils strengste Rechtsordnung durchsetzt.[3341] Daraus folgt, dass die Wirkungen der transnationalen Verschmelzung nur eintreten können, wenn dem Recht jeder an der Verschmelzung beteiligten Gesellschaft Rechnung getragen wird.[3342] Dies bedeutet aber zugleich, dass diese sich weitgehend inhaltlich entsprechen müssen.[3343] Bei Inkompatibilität führt diese Vorgehensweise ansonsten zu Schwierigkeiten, darunter insbesondere Normhäufungen oder -lücken.[3344] Ab dem Zeitpunkt des Wirksamwerdens der Verschmelzung untersteht die aus der Fusion hervorgegangene Gesellschaft sodann ihrem Gesellschaftsstatut.[3345]

In der Literatur werden noch weitere Ansätze vertreten: Nach der insbesondere von *Bernhard Großfeld* vertretenen Ansicht sollen im Falle einer Verschmelzung die zwingenden Rechtsnormen einer deutschen übertragenden Gesellschaft zum Schutz betroffener Arbeitnehmer- und Gläubigerinteressen auf

---

3337 *Kieninger*, in: Sonnenberger (Hrsg.) Vorschläge und Berichte zur Reform des europäischen und deutschen internationalen Gesellschaftsrechts, 2007, S. 581 (600).

3338 MünchKomm BGB-*Kindler*, IntGesR 2010 Rn. 886; *Koppensteiner,* Internationale Unternehmen im deutschen Gesellschaftsrecht, 1971, S. 219.

3339 MünchKomm BGB-*Müller-Glöge*, § 613 a BGB Rn. 217 ff.

3340 MünchKomm BGB-*Martiny*, 2010, Art. 8 Rom I-VO Rn 88.

3341 MünchKomm BGB-*Kindler*, IntGesR Rn. 884.

3342 MünchKomm BGB-*Kindler*, IntGesR 2010 Rn. 889.

3343 *Behrens/Hoffmann*, in: Ulmer/Habersack/Löbbe (Hrsg.) GroßKomm GmbHG, Einl. B. Rn. 167.

3344 *Kieninger*, in: Sonnenberger (Hrsg.) Vorschläge und Berichte zur Reform des europäischen und deutschen internationalen Gesellschaftsrechts, 2007, S. 581 (606).

3345 *Kieninger*, in: Sonnenberger (Hrsg.) Vorschläge und Berichte zur Reform des europäischen und deutschen internationalen Gesellschaftsrechts, 2007, S. 581 (607).

die verschmolzene Gesellschaft ausländischen Rechts anwendbar sein.[3346] Diese Überlegungen müssen indessen nicht nur vor dem Hintergrund der EuGH-Entscheidungen zur Niederlassungsfreiheit fallengelassen werden. Vielmehr muss stattdessen zu Recht Frage danach gestellt werden, „wem es nutzt, die Fahne des deutschen Mitbestimmungsrechts oder der deutschen Kapitalerhaltungsgrundsätze im Rahmen einer Verschmelzung hochzuhalten, wenn am gleichen Ort eine ausländische Gesellschaft betrieben werden kann, für die diese Normen nicht gelten“.[3347]

Einen differenzierenden Ansatz folgt *Ursula Lennerz*, die eine Aufteilung der Regelungsmaterien insbesondere nach den geschützten Bezugsgruppen für vorzugswürdig erachtet:[3348] Demnach gilt, dass, wer sich als Gläubiger, Arbeitnehmer oder Gesellschafter auf eine bestimmte Rechtsform eingelassen hat, auch nicht bei Rechtsgrenzen überschreitenden Umwandlungen mehr als den Schutz dieses von ihm mittelbar gewählten Statutes erwarten könne. Im Ergebnis führt diese Herangehensweise jedoch zu einer „vergleichsweise hoch differenzierten Kollisionsnorm“.[3349]

3. Sachrechtliche Betrachtung

a) Ausgangslage

aa) Deutsche Ausgangslage

Der wohl überwiegende Teil der Lehre geht von der grundsätzlichen Zulässigkeit von transnationalen Verschmelzungen aus:[3350] Bereits in früher Zeit entwickelte *Joachim v. Spindler*[3351] einen Lösungsansatz, der die Grundlage für den

---

3346 Staudinger-*Großfeld*, IntGesR, Rn. 688.

3347 *Ott*, in: Sandrock/Wetzler (Hrsg.) Deutsches Gesellschaftsrecht im Wettbewerb der Rechtsordnungen, 2004, S. 199 (206).

3348 Siehe dazu den Vorschlag bei *Lennerz,* Die internationale Verschmelzung und Spaltung unter Beteiligung deutscher Gesellschaften, 2001, S. 264 f.

3349 *Engert*, in: Eidenmüller (Hrsg.) Ausländische Kapitalgesellschaften im deutschen Recht, 2001, § 4 Rn. 71.

3350 Siehe insbesondere *Beitzke*, in: FS Hallstein, S. 14 (34); *Behrens*, ZGR 1994, 1 (13); *Kronke*, ZGR 1994, 26 (30) *Bungert*, AG 1995, 489 (502); *Lutter*, ZGR 1994, 87 (89); *Weitnauer*, EWS 1992, 165 (171); Vgl. *Kraft*, in: KölnKomm-AktG, Band 3 (1985), § 339 Rn. 27; *Schilling*, in: Großkomm AktG, 4. Band (1975), § 339 Anm. 15 sowie *Koppensteiner*, Internationale Unternehmen im deutschen Gesellschaftsrecht, 1971, 255 ff., 268 ff. Soergel BGB-*Lüderitz*, Anh. Art. 10 EGBGB, Rn. 53.

3351 *v. Spindler*, Wanderungen gewerblicher Körperschaften von Staat zu Staat als Problem des internationalen Privatrechts, 1932, S. 78 ff.

1966 erschienen Beitrag von *Günther Beitzke*[3352] lieferte, in welchem die maßgebenden Grundsätze zur grenzüberschreitenden Fusion dargelegt wurden.[3353]

Hinsichtlich der Zulässigkeit möglicher grenzüberschreitender Verschmelzung wurde oftmals zwischen Herein- und Hinausverschmelzungen unterschieden: Während man die Hereinverschmelzung grundsätzlich für zulässig erachtete,[3354] stand man der Hinausverschmelzung reservierter gegenüber.[3355] Begründet wurde dies mit dem Hinweis darauf, dass eine Hereinverschmelzung die schutzwürdigen Interessen von Gläubigern der aufnehmenden Gesellschaft nicht in anderer Weise betreffe, als dies bei der Aufnahme einer deutschen Gesellschaft der Fall sei.[3356]

Gleichwohl trug gerade auch die europäische Rechtsentwicklung, namentlich die Angleichung des materiellen Verschmelzungsrechts durch die Umsetzung der sog. Verschmelzungsrichtlinie,[3357] dazu bei, dass eine klare Möglichkeit für transnationale Verschmelzungen gesehen wurde. Denn durch die Anpassung der Gesellschaftsrechtsordnungen könne der Schutz der vom Verschmelzungsvorgang betroffenen Interessen ohne weiteres gewährleistet werden.[3358] Der Bereich der Verschmelzung wurde bereits sehr früh – bereits im Jahr 1965 – als Harmonisierungsgegenstand ausgewählt. Es wurde im Jahr 1970 die Richtlinie für nationale Fusionen vorgeschlagen[3359] und sodann nach zwei Änderun-

3352 *Beitzke*, FS Hallstein, S. 14 (14ff.).

3353 MünchKomm BGB-*Kindler*, IntGesR, Rn. 874.

3354 *Koppensteiner*, Internationale Unternehmen im deutschen Gesellschaftsrecht, 1971, S. 268 f. *Beitzke*, in: FS Hallstein, 1966, S. 14 (20); KölnKomm-*Kraft*, 1. Aufl., §339 Rn. 36 ff.

3355 Was Hinausverschmelzungen anbelangt, hatte bereits im Jahr 1901 das Kammergericht über eine transnationale Hinausverschmelzung einer deutschen auf eine luxemburgische Aktiengesellschaft zu entscheiden und sah diese als unzulässig an: KG Beschl. v. 18.2.1901 – 1 Y 61/01, Jahrbuch für Entscheidungen des Kammergerichts in Sachen der freiwilligen Gerichtsbarkeit, in Kosten-, Stempel- und Strafsachen 1901, A294; siehe *Beutel*, Der neue rechtliche Rahmen grenzüberschreitender Verschmelzungen in der EU, 2008, S. 1; *Mertens*, Umwandlung und Universalsukzession, 1993, S. 324, 328; *Eyles*, Das Niederlassungsrecht der Kapitalgesellschaften in der Europäischen Gemeinschaft, 1990, S. 459 ff.

3356 Großkomm AktG-*Schilling*, 3. Aufl. 1975, § 339 Rn. 16.

3357 Dritte Richtlinie 78/855/EWG des Rates vom 9. Oktober 1978 gemäß Artikel 54 Absatz 3 Buchstabe g) des Vertrages betreffend die Verschmelzung von Aktiengesellschaften (sog. „Verschmelzungsrichtlinie“), Amtsbl.EG Nr. L 295 v. 20.10.1978 S. 36-43.

3358 *Weng*, Zulässigkeit und Durchführung grenzüberschreitender Verschmelzungen, 2008, S. 33.

3359 Vorschlag v. 16.6.1970, ABl. 1970, C 89/20.

gen[3360] im Jahr 1978 verabschiedet.[3361] Zugleich könne man den Interessenschutz bei einer transnationalen Verschmelzung zudem – wie bei einem Binnensachverhalt auch – durch Anwendung des Umwandlungsgesetztes gewährleisten.[3362]

Erst das Inkrafttreten des UmwG am 1. Januar 1995 brachte einen Stimmungswandel mit sich: Bedingt durch die Einführung des § 1 Abs. 1 UmwG, der lediglich die Umwandlungsfähigkeit von Rechtsträgern mit Sitz im Inland vorsah, wurden vermehrt Bedenken gegen die Zulässigkeit grenzüberschreitender Verschmelzung geäußert.[3363]

In der Folge schwenkte die Rechtsprechung jedoch wieder um, und es wurden – bereits lange Zeit vor der *SEVIC*-Entscheidung des EuGH – vermehrt Beispiele für erfolgreich realisierte grenzüberschreitende Verschmelzungen gemeldet: Was die grenzüberschreitenden Hereinverschmelzungen anbelangt, wurde im Jahr 1993 von einer erfolgreichen Handelsregistereintragung der Verschmelzung einer französischen *Société Anonyme* (S.A.) auf eine deutsche GmbH berichtet.[3364] Zehn Jahre darauf wurde dies erfolgreich wiederholt; auch wurde die Eintragung der Verschmelzung einer italienischen *Società a Responsabilità Limitata* (S.r.l.) auf eine deutsche GmbH als ihre alleinige Gesellschafterin vom OLG Düsseldorf für zulässig erachtet.[3365] Ein Jahr später, im Jahr 2004, bejahte der österreichische Oberste Gerichtshof[3366] die Zulässigkeit der verschmelzenden Umwandlung auf den deutschen Hauptgesellschafter.[3367] Ferner lässt sich den Berichten der anwaltlichen Praxis im Jahre 2006 die Eintragung der Verschmelzung einer niederländischen B.V. auf ihre deutsche Mutter-GmbH im

---

3360 Erster Geänderter Vorschlag v. 4.1.1973, KOM (72) 1668 endg.; Zweiter geänderter Vorschlag v. 22.12.1975, KOM (75) 671 endg.

3361 Siehe zur Entstehungsgeschichte *Grundmann*, Europäisches Gesellschaftsrecht, 2011, §25 Rn. 874 ff.

3362 *Kallmeyer,* ZIP 1996, 535 (536).

3363 *Weng*, Zulässigkeit und Durchführung grenzüberschreitender Verschmelzungen, 2008, S. 33.

3364 *Rixen/Böttcher* GmbHR 1993, 572 (572 ff.).

3365 *Dorr/Stukenborg*, DB 2003, 647 (648).

3366 OHG Beschl. v. 20.03.2003 – 6 OB 283/02i = RdW 2003, 378 = ZIP 2003, 1086 = IPRax 2004, 128 (132) m.Anm. *Paefgen* = GesRZ 2003, 161 mit Anm. *Bittner* = wbl 2003 390 = ecolex 2003, 689 mit Anm. G. *Nowotny* = GeS 2003, 246 mit Anm. *Birkner* = EWiR 2003, 595 = ZfRV 2003, 194. In der Entscheidung ging es um die Durchführung und Eintragung einer grenzüberschreitenden verschmelzenden Umwandlung nach §§ 2ff. öUmwG einer österreichischen Tochter-GmbH auf ihre 100%ige deutsche Mutter-GmbH unter gleichzeitiger Errichtung einer österreichischen Zweigniederlassung; siehe dazu *Doralt*, NZG 2004, 396 (396).

3367 *Doralt,* NZG 2004, 396 (396).

Handelsregister entnehmen.[3368] Mit Blick auf grenzüberschreitende Herausverschmelzungen wurde im Jahr 2004 die erfolgreiche Verschmelzung durch Aufnahme einer nach deutschem Recht gegründeten GmbH mit Sitz in Deutschland auf eine österreichische Ges. mbH mit Sitz in Österreich gemeldet.[3369]

bb) Der europäische Einfluss

In Anbetracht der primärrechtlichen Niederlassungsfreiheit der Art. 43, 54 AEUV muss die Zulässigkeit transnationaler Verschmelzungen infolge der *SEVIC*-Entscheidung[3370] des EuGH vom 13. Dezember 2005 jedenfalls im Gebiet der EU bzw. des EWR als europarechtlich geboten angesehen werden.[3371]

Angesichts dieser europarechtlichen Vorgaben ist die bislang als herrschend angesehene Auslegung des § 1 UmwG, wonach diese Norm grenzüberschreitende Umwandlungen generell verbietet, nicht mehr haltbar.[3372] Die Vorschrift ist vielmehr europarechtskonform dahingehend auszulegen, dass sie die Niederlassungsfreiheit nicht verletzt: Vor diesem Hintergrund ist die Bestimmung somit bereits *de lege lata* dahingehend zu interpretieren, dass sich „Rechtsträger mit Sitz im Inland“ nicht nur an innerstaatlichen Umwandlungsvorgängen, sondern auch an transnationalen Umwandlungsvorgaben beteiligen können, jedenfalls dann, wenn dies durch europarechtliche Vorgaben zwingend ermöglicht werden muss.[3373]

Für alle übrigen Fälle transnationaler Umwandlungen, insbesondere solche, an denen Rechtsträger außerhalb von EU/EWR beteiligt sind, bleibt es nach derzeit herrschender Ansicht in den deutschen Kommentierungen[3374] jedenfalls bislang bei der Auslegung, dass sich „Sitzträger im Inland“ nicht an außereuropäischen Umwandlungsvorgängen beteiligen können.

3368 *Gesell/Krömker*, DB 2006, 2558 (2558ff.).

3369 Eintragung der Verschmelzung in das für den übernehmenden österreichischen Rechtsträger zuständige Register („Firmenbuch“) am 5.11.2003 auf Beschl. des Landesgericht Ried im Innkreis/Österreich vom 4. 11. 2003 (Firmenbuch-Nr. FN 111702 v); im Anschluss folgte die Löschung der übertragenden Gesellschaft im deutschen Handelsregister AG Singen, HRB 1998, am 7. 11. 2003; siehe *Wenglorz*, BB 2004, 1061 (1061) in Fn. 13.

3370 EuGH, Urt. v. 13.12.2005 Rs. C-411/03 – *SEVIC*, Slg. 2005, I-10805.

3371 Siehe dazu statt vieler nur *Beul,* IStR 2003, 737 (737 f.); *Wenglorz*, BB 2004, 1061, (1063) sowie für die Hineinverschmelzung *Drygala*, ZEuP 2004, 337 (353).

3372 Siehe statt vieler *Decker*, in: Henssler/Strohn, Gesellschaftsrecht, 2011, § 1 Rn. 10; *Bayer/Schmidt,* ZIP 2006, 210 (212); *Bungert*, BB 2006, 53 (54f.); *Drygala*, EWiR 2006, 25 (26); *Spahlinger* NZG 2006, 721 (724).

3373 KölnerKomm-*Simon/Rubner* vor §§ 122a ff. Rn. 39.

3374 KölnerKomm-*Simon/Rubner* vor §§ 122a ff. Rn. 39; Semler/Stengel UmwG-*Drinhausen*, Einl. C. Rn. 26.

An dieser gespaltenen Auslegung der sachrechtlichen Norm des § 1 UmwG wird sich auch durch eine Kodifizierung des Referentenentwurfs nichts ändern: Während sich die geplanten Vorschriften des § 10a EGBGB-RefE lediglich auf die kollisionsrechtliche Anknüpfung beziehen, handelt es sich bei der Vorschrift des § 1 UmwG um eine sog. selbstbeschränkte Sachnorm, die die Anwendung deutschen Rechts voraussetzt.[3375] Diese sachrechtliche Vorschrift bestimmt mithin für die nach kollisionsrechtlichen Grundsätzen dem deutschen Recht unterstehenden Gesellschaften, ob und wieweit sich diese Rechtsträger an Umwandlungsvorgängen beteiligen können.[3376]

b) *Anwendungsbereich der neuen §§ 122a ff. UmwG*

Die grenzüberschreitende Fusion war die erste Umstrukturierungsmaßnahme, welche der europäische Gesetzgeber in den Blick nahm:[3377]

Nachdem zu grenzüberschreitenden Verschmelzungen bereits seit längerer Zeit ein Richtlinienvorschlag auf europäischer Ebene vorlag,[3378] wurde dieser insbesondere aufgrund der Besorgnis der „Flucht aus der Mitbestimmung" blockiert.[3379] Erst mit der SE-Richtlinie[3380] konnte in der Frage der unternehmerischen Mitbestimmung eine Kompromisslösung erzielt werden.[3381] In der Folge nahm die Europäische Kommission den Erlass einer Richtlinie zu grenzüber-

---

3375 KölnerKomm-*Simon/Rubner* vor §§ 122a ff. Rn. 45.

3376 KölnerKomm-*Simon/Rubner* vor §§ 122a ff. Rn. 45.

3377 So wurde bereits mit den zum 1. Januar 1958 in Kraft getretenen römischen Verträgen über ex-Art. 220 EG die Kompetenz zum Abschluss eines dahingehenden völkerrechtlichen Vertrages eingeführt; diese ist durch den Lissabon-Vertrag inzwischen aufgehoben worden. Siehe *Grundmann*, Europäisches Gesellschaftsrecht, 2011, § 26 Rn. 918. Sodann wurde die Verabschiedung eines entsprechenden Übereinkommens zur grenzüberschreitenden Fusion angedacht; siehe den Entwurf eines Übereinkommens über die internationale Verschmelzung von Aktiengesellschaften sowie den Bericht zu diesem Entwurf vom 27. 9. 1972, DOK 529/XIV/72, Beil. 13/73, Bull.EG Beil 13/73; abgedruckt in RabelsZ 39 (1975), 539.

3378 Vorschlag einer Zehnten Richtlinie des Rates über die grenzüberschreitende Verschmelzung von Aktiengesellschaften vom 14. 1. 1985, KOM (84) 727 endg., Abl.EG Nr. C 23 vom 25. 1. 1985.

3379 *Casper*, in: Spindler/Stilz, AktG Bd. II, vor Art 1. Einleitung, Rn. 16.

3380 Richtlinie 2001/86/EG des Rates vom 8. Oktober 2001 zur Ergänzung des Statuts der Europäischen Gesellschaft hinsichtlich der Beteiligung der Arbeitnehmer ABl. EG L 294 vom 10.11.2001.

3381 Die in der Mitbestimmungsfrage – insbesondere auf spanischer Seite – wurzelenden Widerstände konnten erst nach Jahren auf dem Gipfel von Nizza am 7./8. November 2000 ausgeräumt werden; vgl. *Casper*, in: Spindler/Stilz AktG, Bd. II, Vor Art 1. Einleitung, Rn. 15. *Heribert Hirte* bezeichnete diesen überraschenden Durchbruch deshalb auch als „Wunder von Nizza"; siehe *ders.* NZG 2002, 1 (5).

schreitenden Verschmelzungen unter die dringlichen Maßnahmen in ihren Aktionsplan 2003 auf, was in die Verabschiedung der Richtlinie über die Verschmelzung von Kapitalgesellschaften Ende des Jahres 2006 mündete.[3382]

Im Zuge der Umsetzung wurden in Deutschland die §§ 122a–122l in das Umwandlungsgesetz eingefügt.[3383] Freilich wurde kein eigenständiges Recht der grenzüberschreitenden Verschmelzung geschaffen.[3384] Der Gesetzgeber hat sich vielmehr darauf beschränkt, die Besonderheiten transnationaler Umwandlungsvorgänge in enger Anlehnung an den Wortlaut der 10. Richtlinie zu regeln, im Übrigen aber die dem Umwandlungsgesetz zugrunde liegende Verweisungstechnik beizubehalten.

Während sich der deutsche Gesetzgeber des Jahres 1994 aus der Diskussion um die Niederlassungsfreiheit ausländischer Gesellschaften herauszuhalten bezweckte und insbesondere bewusst davon absah, für eine Verschmelzung unter Beteiligung ausländischer Gesellschaften besondere Regeln zu kodifizieren,[3385] ermöglicht das deutsche UmwG nach der Umsetzung der europäischen Vorgaben nunmehr die grenzüberschreitende Verschmelzung. Gleichwohl wäre es sinnvoll gewesen, wenn zugleich die ihrem Wortlaut nach entgegenstehende Aussage in § 1 UmwG, wonach ausdrücklich nur Rechtsträger mit Sitz im Inland für beteiligungsfähig erklärt werden, gestrichen worden wäre.[3386] Dies ändert freilich nichts daran, dass die Verschmelzung unter Beteiligung der in § 122b UmwG bezeichneten Gesellschaften zulässig ist.

aa) Sachlicher Anwendungsbereich

Der sachliche Anwendungsbereich grenzüberschreitender Verschmelzungen ist § 122a Abs. 1 UmwG zu entnehmen. Dieser enthält eine Legaldefinition des Begriffs der „grenzüberschreitenden Verschmelzung“. Darunter wird eine solche Verschmelzung verstanden, „bei der mindestens eine der beteiligten Gesellschaften dem Recht eines anderen Mitgliedstaats der Europäischen Union oder

---

3382 Richtlinie 2005/56/EG des Europäischen Parlaments und des Rates vom 26. Oktober 2005 über die Verschmelzung von Kapitalgesellschaften aus verschiedenen Mitgliedstaaten, Amtsbl. EG L 310 vom 25.11.2005.

3383 Zweites Gesetz zur Änderung des Umwandlungsgesetzes (2. UmwGÄndG) v. 19.04.2007 BGBl. I 2007, S. 542.

3384 *Simon/Rubner*, Die Umsetzung der Richtlinie über grenzüberschreitende Verschmelzungen ins deutsche Recht, Cahn/Baums (Hrsg.) Working Paper Series No. 53; Institute For Law And Finance, Johann Wolfgang Goethe-Universität, S. 1; abrufbar unter: http://www.ilf-frankfurt.de/uploads/media/ILF_WP_053.pdf (zuletzt eingesehen am 5.2.2013).

3385 BT-Drucks. 12/6699, S. 80.

3386 *Drygala/Staake/Szalai,* Kapitalgesellschaftsrecht, 2012, § 35 Rn. 12.

eines anderen Vertragsstaats des Abkommens über den Europäischen Wirtschaftsraum unterliegt".[3387]

Der sachliche Anwendungsbereich des Zehnten Abschnitts ist somit auf grenzüberschreitende Umwandlungen in Form der Verschmelzung begrenzt.[3388] Der Vorschrift des § 122a UmwG lässt sich dabei keine Konkretisierung entnehmen, welche Arten von Verschmelzungen vom sachlichen Anwendungsbereich erfasst sind.[3389] Jedoch ist § 122b Abs. 1 UmwG der Hinweis zu entnehmen, dass an einer grenzüberschreitenden Verschmelzung Kapitalgesellschaften als übertragende, übernehmende oder neue Gesellschaften beteiligt sein können.[3390] Demzufolge sind sowohl die Verschmelzung zur Aufnahme nach § 2 Nr. 1 UmwG als auch die Verschmelzung zur Neugründung nach § 2 Nr. 2 UmwG erfasst und können somit grundsätzlich über Rechtsgrenzen hinweg durchgeführt werden.[3391]

(1) Verschmelzungsrichtung

Bei grenzüberschreitenden Verschmelzungen ist ferner nach der Verschmelzungsrichtung zu differenzieren: Auf diese Frage des sachlichen Anwendungsbereiches ist § 122a UmwG wiederum keine Aussage zu entnehmen. Indessen lässt sich auf den Wortlaut des § 122b UmwG die Zulässigkeit sowohl der Hinaus- als auch einer Hereinverschmelzung stützen.[3392]

Gerade die Frage der Herausverschmelzung musste dabei zunächst als umstritten angesehen werden.[3393] Jedoch ergibt die Formulierung der Vorschrift des

3387 Vgl. § 122a Abs. 1 UmwG.

3388 Semler/Stengel-*Drinhausen*, UmwG, § 122a Rn. 6.

3389 *Thiermann*, Grenzüberschreitende Verschmelzung deutscher Gesellschaften, 2010, S. 91.

3390 *Thiermann*, Grenzüberschreitende Verschmelzung deutscher Gesellschaften, 2010, S. 91.

3391 Schmitt/Hörtnagl/Stratz- *Hörtnagl*, UmwG, UmwStG, § 122a UmwG Rn. 6; Widmann/Meyer-*Heckschen*, Umwandlungsrecht, Vor. §§122a fff. UmwG Rn. 75; *Thiermann*, Grenzüberschreitende Verschmelzung deutscher Gesellschaften, 2010, S. 91.

3392 *Thiermann*, Grenzüberschreitende Verschmelzung deutscher Gesellschaften, 2010, S. 94-5.

3393 Für die Zulässigkeit der Herausverschmelzung *Bayer/Schmidt*, ZIP 2005, 210(211); *Bungert,* BB 2006, 53 (56): *Drygala*, EWiR 2006, 25 (26); *Geyrhalter/Weber*, DStR 2006, 146 (149 f.); *Gottschalk*, EuZW 2006, 83 (84); *Kallmeyer/Kappes*, AG 2006, 224 (226); *Klein*, RNotZ 2007, 565 (570); *Krause/Kulpa*, ZHR 171 (2007), 38 (45); *Lutter/Drygala*, JZ 2006, 770 (771 f.); *Meilicke/Rabback*, GmbHR 2006, 123 (125 f.); *Sedemund*, BB 2006, 519 (520 f.); *Siems,* EuZW 2006, 135 (138 f.); *Wachter*, GmbHR 2006, 601 (602); Entgegen der Schlussanträge des Generalanwaltes *AntonioTizzano* in der Rs. SEVIC v. 7. 7. 2005, Rs. C-411/03 – SEVIC, Slg 2005, I-10808 Rn. 45 hielten

§ 122 i Abs. 1 UmwG in der es heißt: „Unterliegt die übernehmende oder neue Gesellschaft nicht dem deutschen Recht […]“ nur dann einen Sinn, wenn der deutsche Gesetzgeber bereits *de lege lata* von der grundsätzlichen Zulässigkeit einer Hinausverschmelzung ausgeht.[3394]

Auch sprechen die Änderungen der §§ 4a GmbHG; 5 AktG im Zuge der MoMiG-Reform ihrer Tendenz nach für die Zulässigkeit auch der Hinausverschmelzung – nicht zuletzt vor dem Hintergrund, dass es dadurch deutschen Kapitalgesellschaften ermöglicht werden sollte, ihren tatsächlichen Verwaltungssitz auch im Ausland nehmen zu dürfen.[3395]

Im Ergebnis muss somit auch die Hinausverschmelzung jedenfalls mit Bezug zur Europäischen Union bzw. dem EWR als zulässig erachtet werden.[3396]

(2) Grenzüberschreitendes Element

Weiterhin kommt es im hier zu untersuchenden Verhältnis zur Schweiz entscheidend auf das Merkmal der „Grenzüberschreitung“ an: Grenzüberschreitend ist eine Verschmelzung dann, wenn mindestens eine der beteiligten Gesellschaft dem Recht eines anderen EU-/EWR-Mitgliedstaats unterliegt.[3397] Die Vorgaben der 10. Richtlinie Verschmelzungs-Richtlinie[3398] setzen in Art. 1 lediglich die Gemeinschaftszugehörigkeit voraus. Eine Beteiligungsfähigkeit von Nicht-EU-Gesellschaften sieht die Richtlinie somit nicht vor,[3399] wodurch dem nationalen

---

zuletzt nur die Hereinverschmelzung für zulässig: *Leible/Hoffmann*, RIW 2006, 161 (165 f.); *Ringe*, DB 2005, 2805 (2806); *Schmidt/Maul*, BB 2006, 13 (14).

3394 *Lutz*, BWNotZ 2010, 23 (24).

3395 *Lutz*, BWNotZ 2010, 23 (25).

3396 *Kallmeyer*, in: Kallmeyer (Hrsg.) UmwG, § 1 Rn. 13; Münch. Hdb. GesR VI-*Hoffmann* § 53 Rn. 17.

3397 Münch. Hdb. GesR VI-*Hoffmann* § 53 Rn. 21.

3398 Richtlinie 2005/56/EG des Europäischen Parlaments und des Rates vom 26. Oktober 2005 über die Verschmelzung von Kapitalgesellschaften aus verschiedenen Mitgliedstaaten, Amtsbl. EG Nr. L 310 v. 25.11.2005 S.1- 9; im Folgenden wird auf die Internationale Verschmelzungs-Richtlinie als IntVRL bzw. IntVRL 2005/56/EG Bezug genommen.

3399 Eine generelle Einbeziehung von Drittstaaten in die Richtlinie wurde dagegen in der Literatur als regelungstechnisch problematisch angesehen, da die Harmonisierung der grenzüberschreitenden Verschmelzung es erfordert, Bestimmungen erlassen zu können, die in die jeweiligen nationalen Rechtsordnungen eingreifen; siehe *Kulenkamp*, Die grenzüberschreitende Verschmelzung von Kapitalgesellschaften in der EU, 2009, S. 117.

Gesetzgeber der Umsetzungsspielraum einer Erstreckung auf Drittstaatensachverhalte verblieben wäre.[3400]

Über den Wortlaut der Verschmelzungsrichtlinie[3401] hinaus hat der deutsche Gesetzgeber die Definition der grenzüberschreitenden Verschmelzung auch auf Verschmelzungen erstreckt, bei denen eine der beteiligten Gesellschaften dem Recht eines Vertragsstaats des Abkommens über den Europäischen Wirtschaftsraum (EWR) unterliegt.[3402] In diesem Zusammenhang hätte die von zahlreichen Stimmen der Literatur[3403] geforderte Erstreckung auf Drittstaaten ebenso vorgenommen werden können.

Nach dieser Begriffsbestimmung wird somit zunächst stillschweigend unterstellt, dass die Verschmelzung unter Beteiligung mindestens einer dem deutschem Recht unterliegenden Gesellschaft erfolgt.[3404] Denn nur in diesem Fall kann es überhaupt zur Anwendbarkeit des deutschen UmwG und damit der §§ 122a–122l UmwG kommen.[3405] Es müssen mindestens zwei der beteiligten Gesellschaften unterschiedlichen Jurisdiktionen unterliegen, wobei auf das *anzuwendende Recht* abgestellt wird, nicht dagegen auf den Sitz der Gesellschaft.[3406]

Der internationale Bezug dient dabei lediglich zur Abgrenzung von rein nationalen Verschmelzungen, die den allgemeinen Vorschriften unterliegen sowie von Verschmelzung unter Beteiligung drittstaatlicher Gesellschaften, die jedenfalls nicht ausdrücklich im UmwG geregelt sind.[3407] Aufgrund des insoweit of-

---

3400 Siehe Erwägungsgrund 1 der Richtlinie 2005/56/EG des Europäischen Parlaments und des Rates vom 26. Oktober 2005 über die Verschmelzung von Kapitalgesellschaften aus verschiedenen Mitgliedstaaten, Amtsbl. EG Nr. L 310 v. 25.11.2005 S.1-

3401 Richtlinie 2005/56/EG des Europäischen Parlaments und des Rates vom 26. Oktober 2005 über die Verschmelzung von Kapitalgesellschaften aus verschiedenen Mitgliedstaaten, Amtsbl. EG Nr. L 310 v. 25.11.2005 S. 1–9. Die Vorgaben der Verschmelzungsrichtlinie setzen in Art. 1 lediglich die Gemeinschaftszugehörigkeit voraus. Eine Beteiligungsfähigkeit von Nicht-EU-Gesellschaften sieht die Richtlinie somit nicht vor. Ihrer Zielsetzung nach bezweckt die Richtlinie die Beschränkungen zum Europäischen Binnenmarkt, namentlich den „zahlreichen der grenzüberschreitenden Verschmelzung im Wege stehenden rechtlichen und administrativen Schwierigkeiten“ zu begegnen.

3402 Semler/Stengel UmwG-*Drinhausen* § 122 a Rn. 12.

3403 Münch. Hdb. GesR VI-*Hoffmann* § 53 Rn. 124. *Haritz,* GmbHR 2006 143 (144); *Bayer/Schmidt*, NJW 2006, 401 (401); *Kallmeyer*, GmbHR 2007, 754 (754f.).

3404 Semler/Stengel-*Drinhausen*, UmwG, § 122a Rn. 8; Schmitt/Hörtnagl/Stratz- *Hörtnagl*, UmwG, UmwStG, § 122a UmwG Rn. 7.

3405 Semler/Stengel-*Drinhausen*, UmwG, § 122a Rn. 8.

3406 Semler/Stengel-*Drinhausen*, UmwG, § 122a Rn. 10; Schmitt/Hörtnagl/Stratz-*Hörtnagl*, UmwG, UmwStG, § 122a UmwG Rn. 7.

3407 Münch. Hdb. GesR VI-*Hoffmann* § 53 Rn. 21.

fenen Gesetzeswortlautes („mindestens“) ist die Beteiligung von Gesellschaften, die dem Recht von Staaten unterliegen, die weder der EU noch dem EWR angehören, durch § 122a Abs. 1 UmwG nicht ausgeschlossen.[3408] Für die Verschmelzung einer deutschem Recht unterliegenden Kapitalgesellschaft mit einer solchen Drittstaatsgesellschaft wie der Schweiz ist jedenfalls in direkter Anwendung der Voraussetzungen von § 122b Abs. 1 UmwG der persönliche Anwendungsbereich der §§ 122a bis 1 nicht eröffnet.[3409] Wenn im Ergebnis auch die direkte Anwendung der §§ 122a ff. UmwG bei Verschmelzungen mit Drittstaatenbezug ausscheidet, so bleibt für eine analoge Anwendung dieser Bestimmung ausdrücklich Raum.[3410]

bb) Persönlicher Anwendungsbereich

Die Frage danach, ob sich eine Gesellschaft an einer grenzüberschreitenden Verschmelzung im Sinne der §§ 122a UmwG beteiligen kann, ist in § 122b UmwG geregelt. Die Norm ist insoweit bemerkenswert, als nicht nur geregelt wird, welche Gesellschaften deutschen Rechts grenzüberschreitend verschmelzungsfähig sind, sondern darüber hinaus auch die Anforderungen regelt, die eine Auslandsgesellschaft erfüllen muss, damit sich eine deutsche Gesellschaft mit ihr verschmelzen kann.[3411] Dabei kann nach deutschem Umwandlungsrecht zwar nicht die Verschmelzungsfähigkeit ausländischer Gesellschaften unmittelbar geregelt werden; gleichwohl finden die Bestimmungen der §§ 122a ff. UmwG auf eine Beteiligung deutscher Gesellschaften nur Anwendung, soweit auch die ausländischen beteiligten Gesellschaften den Anforderungen des § 122b UmwG genügen.[3412] Auf diese Weise soll gewährleistet werden, „dass die Möglichkeiten grenzüberschreitender Verschmelzungen nicht durch eine überobligationsmäßige Umsetzung … durch einen anderen Mitgliedstaat erweitert werden“.[3413]

(1) Gesellschaft versus Rechtsträger

Die Regelung des § 122b UmwG ist mit „Verschmelzungsfähige Gesellschaften“ betitelt. Demnach ist im Zehnten Abschnitt des UmwG – entgegen der sonst im Umwandlungsrecht üblichen Terminologie – nicht von „Rechtsträ-

---

3408 Semler/Stengel-*Drinhausen*, UmwG, § 122a Rn. 11.

3409 Semler/Stengel-*Drinhausen*, UmwG, § 122a Rn. 11. Der Wortlaut „mindestens“ bedeutet dabei, dass auch mehrere Gesellschaften, die dem Recht desselben Staates unterliegen, an der Verschmelzung beteiligt sein können, wenn „mindestens“ eine Gesellschaft dem Recht eines anderen Staates untersteht; vgl. Schmitt/Hörtnagl/Stratz-*Hörtnagl*, UmwG, UmwStG, § 122a UmwG Rn. 8.

3410 Münch. Hdb. GesR VI-*Hoffmann* § 53 Rn. 125.

3411 Münch. Hdb. GesR VI-*Hoffmann* § 53 Rn. 25.

3412 Münch. Hdb. GesR VI-*Hoffmann* § 53 Rn. 25.

3413 Münch. Hdb. GesR VI-*Hoffmann* § 53 Rn. 25.

gern“, sondern von „Gesellschaften“ die Rede. Während dem in § 1 UmwG genannten Begriff des „Rechtsträger“ ein sehr weites Verständnis zugrunde liegt und dieser grundsätzlich jede im Rechtsverkehr auftretende Einheit erfasst, soweit sie die Fähigkeit hat, Träger von Rechten und Pflichten zu sein,[3414] ist der persönliche Anwendungsbereich mit Blick auf grenzüberschreitende Verschmelzungen sehr viel enger gefasst. Nach § 122b Abs. 1, 1. Halbs. UmwG können nämlich an einer solchen grenzüberschreitenden Verschmelzung „nur Kapitalgesellschaften im Sinne des Artikels 2 Nr. 1 der Richtlinie 2005/56/EG des Europäischen Parlaments und des Rates vom 26. Oktober 2005 über die Verschmelzung von Kapitalgesellschaften aus verschiedenen Mitgliedstaaten (ABl. EU Nr. L 310 S. 1) beteiligt sein“. Von deutscher Seite aus sind unstrittig die AG, die GmbH und die KGaA als beteiligungsfähige Kapitalgesellschaften im Sinne des § 122b Abs.1 UmwG subsumierbar.[3415] Aber auch die SE mit Sitz im Inland ist beteiligungsfähig, da sie einer inländischen AG gleichgestellt ist.[3416]

(2) Ausländische versus inländische Kapitalgesellschaft

Weiterhin müssen alle an einer grenzüberschreitenden Verschmelzung beteiligten Gesellschaften nach dem Recht eines EU- bzw. EWR-Mitgliedstaats gegründet worden sein und entweder ihren satzungsmäßigen Sitz oder ihre Hauptverwaltung/Hauptniederlassung in einem *EU-* bzw. *EWR-Mitgliedstaat* haben.[3417] Aus der Gesetzesbegründung kann indessen nicht abgeleitet werden, dass Satzungssitz und Hauptverwaltung/Hauptniederlassung innerhalb der EU bzw. des EWR gelegen sein müssen. Demzufolge ist auch eine Kapitalgesellschaft vom persönlichen Anwendungsbereich umfasst, die nach dem Recht eines EU-/EWR-Mitgliedstaats gegründet worden ist und unverändert ihren Satzungssitz in diesem Staat oder einem anderen Mitgliedstaat hat, selbst wenn sich die

---

3414 Semler/Stengel-*Stengel*, UmwG, § 1 Rn. 20; Schmitt/Hörtnagl/Stratz- *Hörtnagl*, UmwG, UmwStG, § 1 UmwG Rn. 2.

3415 Semler/Stengel-*Drinhausen*, UmwG, § 122b Rn. 4; Schmitt/Hörtnagl/Stratz- *Hörtnagl*, UmwG, UmwStG, § 122b UmwG Rn. 5; *Thiermann*, Grenzüberschreitende Verschmelzung deutscher Gesellschaften, 2010, S. 108; *Klein*, RNotZ 2007, 565 (573); *Frenzel* RIW 2008 12 (14).

3416 Vgl. Art 10 SE-VO sowie Semler/Stengel-*Drinhausen*, UmwG, § 122a Rn. 14; Schmitt/Hörtnagl/Stratz- *Hörtnagl*, UmwG, UmwStG, § 122a UmwG Rn. 16.

3417 Die genannten Voraussetzungen müssen dabei *nicht kumulativ* erfüllt sein; siehe Schmitt/Hörtnagl/Stratz- *Hörtnagl*, UmwG, UmwStG, § 122b UmwG Rn. 12; ebenso Widmann/Mayer-*Heckschen* UmwG, § 122b UmwG Rn 91. Dagegen anderer Ansicht Semler/Stengel-*Drinhausen*, UmwG, § 122b Rn. 7.

Hauptverwaltung/Hauptniederlassung in einem Drittstaat befinden sollte.[3418] Dies ist insbesondere relevant, nachdem es der deutsche Gesetzgeber Kapitalgesellschaften im Zuge der MoMiG-Reform ermöglicht hat, weltweit ihren Verwaltungssitz zu nehmen. Demnach könnte eine deutsche Kapitalgesellschaft ihren Verwaltungssitz in die Schweiz verlegen und dennoch, jedenfalls mit Blick auf EU/EWR-Gesellschaften, beteiligungsfähig für grenzüberschreitende Verschmelzungen bleiben.

Gleichfalls soll eine grenzüberschreitende Verschmelzung unter Beteiligung von Gesellschaften, die zwar nach dem Recht eines EU- bzw. EWR-Mitgliedstaats gegründet, jedoch ihren Satzungs- oder Verwaltungssitz nach dem Recht dieses Staates identitätswahrend in einen Drittstaat verlegt haben, ausgeschlossen werden.[3419]

Diese Anforderungen zeitigen somit unmittelbar Wirkung für schweizerische Gesellschaften:

Denn nach dem Willen des Gesetzgebers soll mit der Aufnahme dieser Kriterien eben die Beteiligung jener Gesellschaften an der grenzüberschreitenden Verschmelzung ausgeschlossen werden, die nach dem Recht eines Drittstaates gegründet und anschließend unter Beibehaltung ihrer Gründungsrechtsform, also identitätswahrend, ihren Sitz in einen EU- bzw. EWR-Mitgliedstaat verlegt haben.[3420] Eine solche Konstellation könnte dann eintreten, wenn eine Drittstaatengesellschaft ihren Verwaltungssitz in einen EU-Mitgliedstaat verlegt, der der Gründungstheorie folgt. In diesem Fall unterliegt die Gesellschaft trotz Sitzes in einem EU-Mitgliedstaat nicht dem Recht dieses Staates, sondern weiterhin dem Recht ihres Gründungsstaates.[3421] Dies wäre denkbar, wenn eine nach schweizerischem Recht gegründete Gesellschaft nach England wegziehen würde. Wenn jedoch eine ursprünglich nach schweizerischem Recht gegründete Gesellschaft ihren Sitz in einen EU- bzw. EWR-Mitgliedstaat verlegt und dabei zugleich eine verschmelzungsfähige Rechtsform des dortigen nationalen Rechts angenommen hat, dann könnte sie sich gemeinschaftsweit verschmelzen. Denn nach Vollzug

3418 Eine solche Gesellschaft erfüllt im Übrigen auch die Voraussetzungen von § 122 a Abs. 1 UmwG (anwendbares Gesellschaftsstatut).

3419 Vgl. BegrRegE zu § 122 b Abs. 1, BT-Drucks. 16/2919 S. 14; Semler/Stengel-*Drinhausen*, UmwG, § 122b Rn. 7. Eine solche identitätswahrende Verlegung des Satzungssitzes ins Ausland erlaubt etwa das luxemburgische Recht für die S. A., siehe dazu *Schmidt* DB 2006, 2221 (2222).

3420 Vgl. Begr. zu § 122 b Abs. 1, BT-Drucks. 16/2919 S. 14 sowie Widmann/Mayer-*Heckschen* UmwG, § 122b UmwG Rn. 11; Schmitt/Hörtnagl/Stratz-*Hörtnagl*, UmwG, UmwStG, § 122b UmwG, Rn. 10; *Thiermann*, Grenzüberschreitende Verschmelzung deutscher Gesellschaften, 2010, S. 102 f. .

3421 Siehe dazu *Krause/Kulpa* ZHR 171 (2007) 38 (54 f.) sowie Semler/Stengel-*Drinhausen*, UmwG, § 122b Rn. 7 in Fn. 22.

einer Sitzverlegung unter gleichzeitigem „grenzüberschreitenden Rechtsformwechsel", wie ihn Art. 161 IPRG vorsieht, wird man eine solche Gesellschaft nicht mehr als schweizerisch, sondern vielmehr als eine nach dem Recht des Zuzugsstaates gegründete Gesellschaft ansehen.[3422] Gleichfalls soll eine grenzüberschreitende Verschmelzung unter Beteiligung von Gesellschaften, die zwar nach dem Recht eines EU- bzw. EWR-Mitgliedstaats gegründet, jedoch ihren Satzungs- oder Verwaltungssitz nach dem Recht dieses Staates identitätswahrend in einen Drittstaat verlegt haben, ausgeschlossen werden.[3423]

Im Ergebnis sind daher Gesellschaften jeglicher Rechtsordnungen ausdrücklich vom Anwendungsbereich ausgeschlossen, die außerhalb der EU und des EWR-Abkommens angesiedelt sind.[3424] Im Wege der Vorschrift des § 122 Abs. 1 2. Halbs. UmwG soll somit erreicht werden, dass die Bestimmungen betreffend grenzüberschreitende Verschmelzungen ausschließlich Gesellschaften offenstehen, die rechtlich und faktisch als „europäische" Gesellschaften zu qualifizieren sind.[3425] Auch ist eine Einbeziehung von Drittstaaten-Gesellschaften aufgrund staatsvertraglicher Vereinbarungen nach dem klaren Wortlaut von § 122b Abs. 1 UmwG nicht möglich.[3426]

Damit sind Kapitalgesellschaften aus Drittstaaten in direkter Anwendung des § 122b UmwG nicht verschmelzungsfähig, da sie nicht in den persönlichen Anwendungsbereich dieser Norm fallen;[3427] der deutsche Gesetzgeber hat in dieser Frage einem in der Literatur geäußerten Desiderat, auch diese einzubeziehen,[3428] nicht entsprochen. Gleichwohl kommt eine analoge Anwendung der §§ 122a ff. im Hinblick auf Drittstaatsgesellschaften in Betracht.[3429]

3422 Semler/Stengel-*Drinhausen*, UmwG, § 122b Rn. 7 sowie *Kulenkamp,* Die grenzüberschreitende Verschmelzung in der EU, 2009, S. 118.

3423 Vgl. BegrRegE zu § 122b Abs. 1, BT-Drucks. 16/2919 S. 14; Semler/Stengel-*Drinhausen*, UmwG, § 122b Rn. 7. Eine solche identitätswahrende Verlegung des Satzungssitzes ins Ausland erlaubt etwa das luxemburgische Recht für die S. A., vgl. dazu *Schmidt* DB 2006, 2221 (2222).

3424 *Thiermann*, Grenzüberschreitende Verschmelzung deutscher Gesellschaften, 2010, S. 95.

3425 *Thiermann*, Grenzüberschreitende Verschmelzung deutscher Gesellschaften, 2010, S. 103 sowie *Klein* RNotZ 2007 565 (574).

3426 Semler/Stengel-*Drinhausen*, § 122b Rn 9; Schmitt/Hörtnagl/Stratz-*Hörtnagl,* UmwG, UmwStG, § 122b UmwG, Rn. 8; *Winter*, Der Konzern 2007, 24 (28); anderer Ansicht ist demgegnüber *Kiem* WM 2006, 1091 (1093).

3427 Münch. Hdb. GesR VI-*Hoffmann* § 53 Rn. 121.

3428 *Haritz,* GmbHR 2006 143 (144); *Bayer/Schmidt*, NJW 2006, 401 (401); Münch. Hdb. GesR VI-*Hoffmann* § 53 Rn. 26 u. 121 ff; *Kallmeyer*, GmbHR 2007, 754 (754f.).

3429 Münch. Hdb. GesR VI-*Hoffmann* § 53 Rn. 26 u. 121 ff.

c) *Kapitalverkehrsfreiheit*

aa) Gewährleistungsgehalt

Die Kapitalverkehrsfreiheit entwickelt sich zunehmend zur eigentlichen Magna Charta des Europäischen Gesellschaftsrechts.[3430] Aus dem Blickwinkel der Kapitalverkehrsfreiheit als Postulat der Marktoffenheit[3431] bedarf deshalb die transnationale Verschmelzung im Verhältnis zum Drittstaat Schweiz einer gesonderten Betrachtung: Es soll an dieser Stelle beleuchtet werden, inwieweit eine grenzüberschreitende Verschmelzung mit Drittstaatenbezug zwischen einer schweizerischen und einer deutschen Gesellschaft durch die europarechtliche Kapitalverkehrsfreiheit im AEUV gewährleistet sein könnte.[3432]

Ausweislich des unmissverständlichen Wortlauts von Art. 63 Abs. 1 AEUV (*ex*-Art. 56 Abs. 1 EG) entfaltet dieser eine Ausweitung des grundfreiheitlichen Schutzes auf Akteure aus Drittstaaten im Wege seiner räumlich-universellen sog. *erga omnes*-Wirkung:[3433] Diese Norm stellt klar, dass „alle Beschränkungen des Kapitalverkehrs […] zwischen Mitgliedstaaten und dritten Ländern verboten sind". Somit liegt der Kapitalverkehrsfreiheit in Art. 63 AEUV nicht eine markt- bzw. unionsbürger-, sondern vielmehr eine verkehrsorientierte Betrachtungsweise zugrunde:[3434] Als Verkehrsfreiheit schützt Art. 63 AEUV somit die Bewegung, nicht das Halten von Kapital.[3435]

Im Zusammenhang mit der Kapitalverkehrsfreiheit ist das Universalitätsprinzip in personeller und geographischer Hinsicht maßgebend: Dementsprechend ist auch eine Kapitalverschiebung innerhalb der EU seitens außerhalb der EU ansässiger natürlicher oder juristischer Personen von der Liberalisierungs-

---

3430 *Grundmann/Möslein*, in: Bayer/Habersack (Hrsg.) Aktienrecht im Wandel, 2007, S. 31 (45 Rn. 17).

3431 *Grundmann/Möslein*, in: Bayer/Habersack (Hrsg.) Aktienrecht im Wandel, 2007, S. 31 (45).

3432 Münch. Hdb. GesR VI-*Hoffmann* § 53 Rn. 121 ff.

3433 Grabitz/Hilf/Nettesheim-*Ress/Ukrow*, Das Recht der Europäischen Union, 46. EL 2011, Art. 63 AEUV Rn. 102; Von der Groeben/Schwarze-*Kiemel*, EUV/EGV (2003), Art. 56 EG Rn. 26; vgl. auch die Schlussanträge des GA *Geelhoed* in der Rs. C-452/01 – *Ospelt u. Schlössle Weissenberg* –, Slg. 2003, I-9743 Rn. 33 sowie *Hindelang*, The Free Movement of Capital and Foreign Direct Investment. The Scope of Protection in EU Law, 2009, S. 24 ff.; *Hohenwarter/Plansky*, SWI 2007, 346 (347); *Schön*, in: FS Wassermeyer, S. 495 (489).

3434 Grabitz/Hilf/Nettesheim-*Ress/Ukrow*, Das Recht der Europäischen Union, 46. EL 2011, Art. 63 AEUV Rn. 102.

3435 *Grundmann/Möslein*, in: Bayer/Habersack (Hrsg.) Aktienrecht im Wandel, 2007, S. 31 (47 Rn. 18).

wirkung erfasst.[3436] Im Hinblick auf Vorgänge, welche die gesellschaftsrechtliche Niederlassungsfreiheit berühren, steht es zu befürchten, dass der EuGH den Aspekt des Kapitalverkehrs ebenso als zweitrangig gegenüber der Niederlassungsfreiheit einstufen wird.[3437]

Was die Reichweite des Beschränkungsverbotes in Art. 63 AEUV anbelangt, so ist diese weit zu verstehen: Es wird in der Literatur sogar von einem „absoluten Beschränkungsverbot"[3438] gesprochen.[3439] Die Rechtsprechung des EuGH spricht sich ebenso für ein weites, an der *Dassonville*-Formel orientiertes Verständnis des Begriffs der Beschränkungen im Rahmen der Kapitalverkehrsfreiheit aus.[3440] Die Kapitalverkehrsfreiheit schützt dabei potentielle Investoren vor Behinderungen des Kapitalerwerbs: So hat der EuGH in Bezug auf Direkt- und Portfolioinvestitionen festgestellt, dass nationale Regelungen als „Beschränkungen" im Sinne von Art. 63 Abs. 1 AEUV anzusehen sind, „wenn sie geeignet sind, den Erwerb von Aktien der betreffenden Unternehmen zu verhindern oder zu beschränken oder aber Investoren anderer Mitgliedstaaten davon abzuschrecken, in das Kapital dieser Unternehmen zu investieren".[3441]

Mit Blick auf die Anwendung der Kapitalverkehrsfreiheit in Bezug zu Drittstaatenfällen war der Europäische Gerichtshof indessen in der Vergangenheit eher zurückhaltend: So wurde die *erga omnes* wirkende Kapitalverkehrsfreiheit einer als Darlehensgeberin fungierenden schweizerischen Kapitalgesellschaft im Zusammenhang mit der Frage der steuerrechtlichen verdeckten Gewinnausschüttung verwehrt; man ordnete den Vorgang der Niederlassungsfreiheit zu.[3442]

3436 Grabitz/Hilf/Nettesheim-*Ress/Ukrow*, Das Recht der Europäischen Union, 46. EL 2011, Art. 63 AEUV Rn. 102; siehe auch *Kessler/Eicker/Obser,* IStR 2004, 325 (327).

3437 Münch. Hdb. GesR VI-*Hoffmann* § 53 Rn. 123; siehe in diesem Sinne auch *Germelmann*, EuZW 2008 (596).

3438 *Müller,* Kapitalverkehrsfreiheit in der Europäischen Union, 2000, S. 162.

3439 Vgl. EuGH, Urt. v. 18.12.2007, Rs. C-101/05 – *Skatteverket/A* – Slg. 2007 I-11531, Rn. 40: „Zu den Maßnahmen, die durch Art. 56 Abs. 1 EG als Beschränkungen des Kapitalverkehrs verboten sind, gehören solche, die geeignet sind, Gebietsfremde von Investitionen in einem Mitgliedstaat oder die dort Ansässigen von Investitionen in anderen Mitgliedstaaten abzuhalten."

3440 Grabitz/Hilf/Nettesheim-*Ress/Ukrow*, Das Recht der Europäischen Union, 46. EL 2011, Art. 63 AEUV Rn. 102.

3441 EuGH Urt. v. 28.9.2006 verb. Rs. C-282/04 u. C 283/04 – *Kommission / Niederlande*, Slg. 2006, I-9141.

3442 EuGH Beschl. v. 10.5.2007, Rs. C-492/04 – *Lasertec*, Slg. 2007 I-0377. Der Gerichtshof formuliert dazu sehr allgemein gehalten in Rn. 25: „Sollte die fragliche nationale Maßnahme,... zu Beschränkungen des freien Kapitalverkehrs führen, wären derartige Auswirkungen,... die unvermeidliche Konsequenz der Beschränkung der Niederlassungsfreiheit und rechtfertigten keine Prüfung dieser Maßnahme im Hinblick auf die Art. 56 EG bis 58 EG."

Noch problematischer urteilte der EuGH in der Rechtssache *Fidium Finanz AG*[3443], indem er die Anwendung der universellen Kapitalverkehrsfreiheit am Vorrang der Dienstleistungsfreiheit scheitern ließ. Es ging im zugrunde liegenden Sachverhalt um die grenzüberschreitende Vergabe von Krediten durch eine in der Schweiz ansässige Kapitalgesellschaft.[3444]

Diese „Unterordnung" der Kapitalverkehrsfreiheit in der Rechtsprechung des EuGH hat keine Zustimmung verdient: Zu Recht kann man darin die Gefahr eines „Grundfreiheitenvakuums"[3445] in Bezug auf Drittstaatenkonstellationen erblicken. Entgegen der bezweckten Liberalisierungswirkung gegenüber Drittstaaten wären gerade besonders sensible Bereiche ungerechtfertigten Diskriminierungen oder Beschränkungen der Mitgliedstaaten preisgegeben.[3446] Gerade in der parallelen Anwendung der Grundfreiheiten ist eine „Verdichtung des grundfreiheitlichen Schutzes"[3447] erreicht, die einer Aushöhlung dieses Telos entgegenwirkt.

Mit Blick auf die hier in Rede stehenden grenzüberschreitenden Verschmelzungen wird teilweise zurückhaltend argumentiert, dass die Kapitalverkehrsfreiheit zwar weniger für Umwandlungen, sondern zuvörderst bei Unternehmensübernahmen einschlägig sei, da Umwandlungen als solche „nicht zwingend mit Kapitalerwerbsvorgängen einhergehen".[3448] Gleichwohl hat Generalanwalt *Antonio Tizzano* in seinen Schlussanträgen in der Rechtssache *SEVIC* im Zusammenhang mit einer Verschmelzung einen Verstoß gegen die Kapitalverkehrsfreiheit gerügt.[3449]

Um klären zu können, ob der Verschmelzungsvorgang von der Kapitalverkehrsfreiheit erfasst ist, muss diese unter den Kapitalverkehrsbegriff subsumiert

---

3443 EuGH, Urteil v. 3. 10. 2006, Rs. C-452/04 – *Fidium Finanz*, Slg. 2006, I-9521. = EuZW 2006, S. 689 m. Anm. *Ohler*.

3444 Diese Betrachtungsweise kehrt die systematische Stellung der Dienstleistungsfreiheit in den Verträgen um, nach der sie als Auffangfreiheit verstanden werden muss. Sie erfasst nämlich ausweislich ihres Wortlauts alle Transaktionen, die noch nicht unter die Warenverkehrs- und die Kapitalverkehrsfreiheit fallen; vgl. Art. AEUV

3445 *Martini*, DÖV 2008, 314 (318).

3446 *Heinemann*, Ökonomischer Patriotismus in Zeiten regionaler und und internationaler Integration 2011, S. 57.

3447 *Hindelang*, in: Knahr/Reinisch, Aktuelle Probleme und Entwicklungen im Internationalen Investitionsrecht, 2008, S. 96 (101).

3448 *Möslein*, JA 2007, 833 (836); siehe in diese Richtung auch *Heckschen*, NotBZ 2005, 315. Ferner halten die Kapitalverkehrsfreiheit bei grenzüberschreitenden Verschmelzungen für berührt *Koppensteiner*, Der Konzern 2006, 40 (42); *Paefgen*, GmbHR 2004, 463 (472).

3449 Generalanwalt *Antonio Tizzano*, Schlussanträge v. 7.7.2005 Rs. C-411/03 – SEVIC, Slg. 2005, I-10805, Rn. 71-78.

werden können. Dieser wird indessen auf primärrechtlicher Ebene nicht definiert. Sowohl EuGH als auch die Kommission entnehmen der EG-Kapitalverkehrsrichtlinie von 1988[3450] zumindest Hinweischarakter:[3451] Diese enthält in ihrem Anhang eine Nomenklatur des Begriffs des Kapitalverkehrs. Nach Abschnitt I des Abhangs I dieser Nomenklatur werden dort auch „Direktinvestitionen"[3452] vom Begriff des Kapitalverkehrs erfasst. Diese können unter anderem nach Nr. 1 des Abschnitts I in Form der Gründung und Erweiterung von Zweigniederlassungen oder neuer Unternehmen, die ausschließlich dem Geldgeber gehören sowie der vollständigen Übernahme bestehender Unternehmen als Ausübungsmöglichkeit der Kapitalverkehrsfreiheit in Betracht kommen.[3453] Zudem nennt Nr. 2 die Beteiligung an neuen oder bereits bestehenden Unternehmen.[3454]

Die Zusammenführung von Gesellschaften im Wege einer Verschmelzung stellt sich für die Gesellschafter der aus der Verschmelzung hervorgehenden Gesellschaft ebenfalls als eine solche Direktinvestition dar: Was die Gesellschafter der übertragenden Gesellschaften anbelangt, so erhalten diese im Wege der mit der Verschmelzung eintretenden Universalsukzession nach § 20 Abs. 1 Nr. 3 UmwG Anteile an der entstehenden Gesellschaft. Dafür „investieren" diese an Stelle dessen ihre Anteile an der nach § 20 Abs. 1 Nr. 2 UmwG erloschenen Gesellschaft.[3455]

Aber auch für die Gesellschafter einer aufnehmenden Gesellschaft ist die Verschmelzung in aller Regel mit einer solchen Direktinvestition verbunden, denn die aufnehmende Gesellschaft gründet durch die Verschmelzung regelmäßig eine Zweigniederlassung im Ausland; sie macht dann von ihrer sekundären

---

3450 Richtlinie 88/361/EWG des Rates vom 24. Juni 1988 zur Durchführung von Artikel 67 des Vertrages, ABl. Nr. L 178 v. 8.7.1988, S. 5 ff..

3451 EuGH Urt. v. 16.3.1999, Rs. C222/97 – *Trummer und Mayer*, Slg. 1999 I-1661, Rn.20; Urt. 4.6.2002, Rs. C-503/99 – *Goldene Aktien III* –, Slg. 2002 I-4809, Rn. 37.

3452 Eine Definition des Begriffs findet sich in Anhang I, XIII, F. der Richtlinie 88/361/EWG des Rates vom 24. Juni 1988 zur Durchführung von Artikel 67 des Vertrages. Demnach handelt es sich bei Direktinvestitionen um „Investitionen jeder Art durch natürliche Personen, Handels-, Industrie- oder Finanzunternehmen zur Schaffung oder Aufrechterhaltung dauerhafter und direkter Beziehungen zwischen denjenigen, die die Mittel bereitstellen, und den Unternehmern oder Unternehmen, für die die Mittel zum Zwecke einer wirtschaftlichen Tätigkeit bestimmt sind".

3453 Richtlinie 88/361/EWG des Rates vom 24. Juni 1988 zur Durchführung von Art. 67 des Vertrages, ABl. 1988, L 178/5, Anhang I, Nomenklatur I, Nr. 1.

3454 Richtlinie 88/361/EWG des Rates vom 24. Juni 1988 zur Durchführung von Art. 67 des Vertrages, ABl. 1988, L 178/5, Anhang I, Nomenklatur I, Nr. 2.

3455 *Weng*, Zulässigkeit und Durchführung grenzüberschreitender Verschmelzungen, 2008, S. 85-6.

Niederlassungsfreiheit Gebrauch.[3456] Überdies ist eine Prüfung der Kapitalverkehrsfreiheit auch bei der aufnehmenden Gesellschaft bei Durchführung der Verschmelzung aufgrund der bei Wirksamwerden der Verschmelzung eintretenden Kapitalbewegungen angezeigt: Da im Zuge der Verschmelzung das Vermögen des übertragenden Rechtsträgers auf die aufnehmende Gesellschaft übertragen wird, kommt es in jedem Fall zu einer grenzüberschreitenden Wertübertragung von Geldkapital.[3457] Im Ergebnis ist die Verschmelzung durch Aufnahme des ausländischen Rechtsträgers aus der Sicht der aufnehmenden Gesellschaft somit „untrennbar mit einem Vorgang des Kapitalverkehrs … verbunden“[3458] und der Anwendungsbereich der Kapitalverkehrsfreiheit gemäß Art. 63 AEUV für die Verschmelzung eröffnet.

Im Rahmen einer grenzüberschreitenden Verschmelzung kann die Kapitalverkehrsfreiheit insbesondere bei der infolge der Universalsukzession eintretenden Kapitalbewegung relevant werden: Der einschlägigen Literatur zufolge umfasst der Kapitalverkehr alle finanziellen Transaktionen, die nicht direkt durch den Waren- oder Dienstleistungsverkehr bedingt sind; diese können dabei Sachkapital oder Geldkapital betreffen.[3459] Zu beachten ist, dass die Kapitalverkehrsfreiheit Vorgaben zu der Frage macht, wie in den beteiligten Rechtsträgern über Umwandlungsmaßnahmen zu entscheiden ist.[3460] Insofern können beispielsweise umwandlungsrechtliche Vorschriften gegen die Kapitalverkehrsfreiheit verstoßen, die bestimmte Aktiengattungen bei Verschmelzungen diskriminieren und dadurch potentielle Investoren vom Kapitalerwerb abschrecken.[3461]

Bei einer transnationalen Verschmelzung sind regelmäßig beide Grundfreiheiten berührt, sowohl die Niederlassungs- als auch die Kapitalverkehrsfreiheit. Mit Blick auf die Schweiz ist jedoch aufgrund ihrer *erga omnes*-Wirkung nur die Kapitalverkehrsfreiheit relevant, so dass die Schutzbereiche beider Grundfreiheiten geklärt werden müssen: Dass Niederlassung und Kapitalverkehr dabei kein Gegensatzpaar bilden, sondern sich vielmehr einander ergänzen, zeigt sich

---

3456 Die Gründung einer Zweigniederlassung ist nach I Nr. 1 der Nomenklatur von Anhang I der Kapitalverkehrsrichtlinie 88/361/EWG zugleich als Ausübungsform der Kapitalverkehrsfreiheit vorgesehen. *Weng*, Zulässigkeit und Durchführung grenzüberschreitender Verschmelzungen, 2008, S. 143.

3457 *Kulenkamp*, Die grenzüberschreitende Verschmelzung von Kapitalgesellschaften in der EU, 2009, S. 96.

3458 Siehe *EuGH* Urt. v. 16.3.1999, Rs. C222/97 – *Trummer und Mayer*, Slg. 1999 I-1661, Rn. 24, worauf GA *Tizzano* in seinen Schlussanträgen hinweist: Generalanwalt *Tizzano*, Schlussanträge v. 7.7.2005 Rs. C-411/03 – *SEVIC*, Slg. 2005, I-10805, Rn. 76.

3459 von der Groeben/Schwarze-*Kiemel*, EUV/EGV (2003), Art. 56 EG Rn. 1.

3460 *Möslein*, JA 833 (836).

3461 Siehe dazu zusammenfassend *Möslein*, ZIP 2007, 208 (210 f.).

insbesondere bei Direktinvestitionen, die fast immer mit einer Niederlassung verbunden sind. Man spricht bei Investitionen im Ausland von sog. Portfolio- oder Finanzinvestitionen, wenn der Anleger sie als ein rein passiver Geldgeber betreibt; sie sind keine Niederlassungen und werden allein von der Kapitalverkehrsfreiheit geschützt.[3462]

Demgegenüber handelt es sich bei einer Direktinvestition sowohl um einen den freien Kapitalverkehr als auch die Niederlassungsfreiheit berührenden Vorgang: Sofern es darum geht, die Kontrolle über ein Unternehmen zu erwerben[3463] oder jedenfalls eine dauerhafte Verbindung damit zu schaffen, ist dieser Vorgang zugleich von der Niederlassungsfreiheit geschützt.[3464]

An dieser Stelle wird für eine parallele Anwendung der Grundfreiheiten plädiert, da Kapitalverkehr und Niederlassung im Hinblick auf Direktinvestitionen untrennbar miteinander verwoben sind.[3465] Eine verdrängende Spezialität der Niederlassungs- zur Kapitalverkehrsfreiheit kann allenfalls insoweit angenommen werden, als sich persönlicher und sachlicher Schutzbereich beider Grundfreiheiten decken.[3466] Wenn dies nicht der Fall ist – wie bei der Beteiligung von Drittstaatsinvestoren – bleibt die Kapitalverkehrsfreiheit anwendbar, auch wenn zugleich der sachliche Schutzbereich der Niederlassungsfreiheit eröffnet ist. Andernfalls würde gerade in den „sensibelsten Fällen" wie dem Kontrollerwerb bei Unternehmensübernahmen in der EU die Kapitalverkehrsfreiheit ihrer *erga omnes*-Wirkung beraubt. Damit würde der Schutzbereich der Kapitalverkehrsfreiheit im Verhältnis zu Drittstaaten auf reine Portfolioinvestitionen ver-

---

3462 von der Groeben/Schwarze-*Troberg/Tiedje*, EUV/EGV (2003), Art. 43 EG Rn. 26; *Schön*, RabelsZ, 2000, 1 (12) weist darauf hin, daß die Kapitalverkehrsfreiheit „sich damit als die zentrale Grundfreiheit im Bereich der Portfolio-Investitionen" erweise.

3463 EuGH, Rs. C-251/98 – Baars – Slg. 2000, I-2787; siehe dazu die Urteile zu sog. *golden shares* – EuGH – Kommission/Frankreich, C-483/99 – Slg. 2002, I-4781 sowie EuGH – Kommission/Belgien, C-503/99 – Slg. 2002, I-4809 sowie betreffend Privatisierungen von öffentlichen Unternehmen – EuGH – Kommission/Portugal, C-367/98 – Slg. 2002, I-4731.

3464 Von der Groeben/Schwarze-*Troberg/Tiedje*, EUV/EGV (2003), Art. 43 EG Rn. 26; *Schön*, RabelsZ, 64 (2000), 1 (11 u. 12) formuliert dazu prägnant: Geschützt von der Kapitalverkehrsfreiheit ist der „Anleger- Gesellschafter" nicht jedoch der „Unternehmer-Gesellschafter".

3465 Siehe statt vieler nur *Kiemel*, in: von der Groeben/Schwarze (Hrsg.), Kommentar zum Vertrag über die Europäische Union und zur Gründung der Europäischen Gemeinschaft, Bd. 1, 2003, Art. 56 EG Rn. 19; *v. Wilmowsky,* Freiheit des Kapital- und Zahlungsverkehrs, in: in: Ehlers (Hrsg.), Europäische Grundrechte und Grundfreiheiten, 2009, § 12 Rn. 3.; *Glöckner*, EuR 2000, 592 (608); *Sedlaczek*, in: Lechner/Staringer/Tumpel (Hrsg.) Kapitalverkehrsfreiheit und Steuerrecht, 2000, S. 27 (46).

3466 *Heinemann*, 'Ökonomischer Patriotismus' in Zeiten regionaler und internationaler Integration 2011, S. 57.

kürzt.[3467] Dies würde im Ergebnis bedeuten, dass das „bislang zumindest noch halb geöffnete grundfreiheitliche Türchen zum Rest der Welt bis auf einen kleinen Spalt" geschlossen werden könnte.[3468]

Im Folgenden soll gezeigt werden, dass nach hier für richtig befundener Ansicht[3469] aus Sicht des deutschen Rechts auch Verschmelzungen mit Drittstaatengesellschaften sehr weitgehend von der Kapitalverkehrsfreiheit geschützt werden. Es steht nunmehr aus, einen Blick darauf zu werfen, ob die grenzüberschreitende Verschmelzung nach dem zuvor Gesagten zwischen einer deutschen EU-Gesellschaft und einer schweizerischen Drittstaatengesellschaft durch die primärrechtlich garantierte Kapitalverkehrsfreiheit gewährleistet ist. Inwieweit bei Durchführung einer grenzüberschreitenden Verschmelzung der Schutz der Kapitalverkehrsfreiheit in Anspruch genommen werden kann, bedarf einer differenzierten Beurteilung: Demnach ist zwischen der übertragenden und der aufnehmenden sowie der im Wege der Verschmelzung zur Neugründung entstehenden Gesellschaft zu unterscheiden.[3470]

bb) Hinausverschmelzung aus Deutschland in die Schweiz

Für die übertragende deutsche Gesellschaft fällt die Hinausverschmelzung in den einen Drittstaat Schweiz nicht unter die Kapitalverkehrsfreiheit.[3471] Ebenso

3467 *Heinemann*,'Ökonomischer Patriotismus' in Zeiten regionaler und internationaler Integration 2011, S. 58.

3468 *Cordewener*, EG-rechtlicher Grundfreiheitsschutz in der Praxis – Auswirkungen der Kapitalverkehrsfreiheit auf Sachverhalte mit Drittstaatsberührung, IWB 2009/10, Fach 11 Grp 2, 995 (999).

3469 Siehe *Weng*, Zulässigkeit und Durchführung grenzüberschreitender Verschmelzungen, 2008, S. 146 ff..

3470 Ferner kann auf der Ebene der Gesellschafter weiterhin danach unterschieden werden, ob Gesellschafter Einfluss auf die aus der Verschmelzung hervorgehende Gesellschaft nehmen können oder ob sie lediglich zu Minderheitsgesellschaftern werden. Im Grundsatz gilt, dass sich der Gesellschafter mit seinem Beitritt zur Gesellschaft auch dem Gesellschaftsstatut unterwirft; die durch seine Gesellschafterstellung vermittelten Rechte können dann nicht weiter gehen als die der Gesellschaft. Im Wesentlichen können sich die Gesellschafter dann auf die Kapitalverkehrsfreiheit stützen, wenn diese für seine Gesellschaft einschlägig ist und sich für ihn aus seiner Sicht eine Renditechance im Ausland eröffnet. Neben dem beherrschenden Gesellschafter kann sich auch der eine reine Portfolioinvestition tätigende Drittstaatengesellschafter ohne Einflussnahmemöglichkeit bzw. der EU-Gesellschafter für die Verschmelzung über die Grenzen der EU hinweg in den Fällen auf die Kapitalverkehrsfreiheit berufen, in denen seine Gesellschaft die Kapitalverkehrsfreiheit ausübt; siehe dazu eingehend *Weng*, Zulässigkeit und Durchführung grenzüberschreitender Verschmelzungen, 2008, S. 150-153.

3471 *Weng*, Zulässigkeit und Durchführung grenzüberschreitender Verschmelzungen, 2008, S. 147.

wenig greifen die kapitalverkehrsfreiheitlichen Gewährleistungen bei der Hinausverschmelzung zur Neugründung für die übertragende schweizerische Drittstaatengesellschaft. Im Ergebnis lässt sich die Hinausverschmelzung aus der EU in die Schweiz zur Neugründung einer drittstaatlichen Gesellschaft nicht auf die Kapitalverkehrsfreiheit stützen.[3472]

Ein anderes Bild ergibt sich dagegen bei Hinausverschmelzungen einer deutschen Gesellschaft zur Aufnahme in eine Drittstaatengesellschaft. Dabei kann sich Letztere auf die Kapitalverkehrsfreiheit berufen. Denn in diesem Kontext gründet die Drittstaatengesellschaft bei Aufnahme der deutschen Gesellschaft regelmäßig eine Zweigniederlassung innerhalb der EU und tätigt somit eine der Kapitalverkehrsfreiheit unterfallende Direktinvestition.[3473]

De lege lata stellt die Verschmelzung zur Aufnahme aus der EU hinaus in die Schweiz eine von den Mitgliedstaaten zu gewährleistende Ausübung der Kapitalverkehrsfreiheit von Drittstaatengesellschaften dar, die jedoch grundsätzlich gemeinschaftsrechtlich beschränkbar ist.[3474]

cc) Hereinverschmelzung aus der Schweiz nach Deutschland

Demgegenüber lässt sich aus Sicht einer schweizerischen Gesellschaft die zwingende Zulässigkeit einer Hineinverschmelzung in den EU-Mitgliedstaat Deutschland jedenfalls nicht auf die Vorgaben der europäischen Kapitalverkehrsfreiheit stützen.[3475] Denn für eine übertragende Gesellschaft kann sich die grenzüberschreitende Verschmelzung nicht als eine von der Kapitalverkehrsfreiheit geschützte Handlung darstellen: In einer grenzüberschreitenden Hinausverschmelzung wird man wohl kaum eine Direktinvestition der übertra-

---

3472 *Weng*, Zulässigkeit und Durchführung grenzüberschreitender Verschmelzungen, 2008, S. 147.

3473 *Weng*, Zulässigkeit und Durchführung grenzüberschreitender Verschmelzungen, 2008, S. 148.

3474 *Weng*, Zulässigkeit und Durchführung grenzüberschreitender Verschmelzungen, 2008, S. 149. Denn dem weiten geographischen Anwendungsbereich der Kapitalverkehrsfreiheit mit ihrer *erga omnes*-Wirkung stehen dabei wiederum besondere Beschränkungsmöglichkeiten gegenüber Drittstaaten zu: So können nach der sog. *grandfather clause* in Art. 64 Abs. 1 AEUV Beschränkungen von Direktinvestitionen im Verhältnis zu Drittstaaten aufrechterhalten werden, soweit sie bereits Ende 1993 existierten. Schließlich können gemäß Art. 64 Abs. AEUV drittstaatenbezogene Maßnahmen mit Blick auf Direktinvestitionen vom Europäischen Parlament und vom Europäischen Rat im ordentlichen Gesetzgebungsverfahren beschlossen werden. Wenn es sich dabei um einen Liberalisierungsrückschritt handeln sollte, bedarf es nach Art. 64 Abs. 3 AEUV eines einstimmigen Ratsbeschlusses. Siehe dazu *Heinemann*, ‚Ökonomischer Patriotismus' in Zeiten regionaler und internationaler Integration 2011, S. 62.

3475 *Weng*, Zulässigkeit und Durchführung grenzüberschreitender Verschmelzungen, 2008, S. 142.

genden Gesellschaft erblicken können. Eine sich auflösende Gesellschaft kann weder unternehmerischen Einfluss auf die aus der Verschmelzung hervorgehende Gesellschaft noch aus der Verschmelzung Kapitalerträge ziehen.[3476] Vielmehr können die mit einer Direktinvestition bezweckten Wirkungen – sei es die Vermittlung unternehmerischen Einflusses, sei es die Erzielung von Kapitalerträgen – erst in der Zukunft eintreten, wenn die übertragende Gesellschaft bereits nicht mehr existiert.[3477] Im Ergebnis muss dies dazu führen, dass eine solche „Investition zur Erzielung eigener Erträge über den Tod hinaus jedenfalls nicht als Kapitalverkehr denkbar" erscheint.[3478]

d) Ergebnis

Zunächst ist davon auszugehen, daß die Norm des § 1 UmwG auch unter Beteiligung drittstaatlicher Gesellschaften lediglich zum Ausdruck bringt, dass das deutsche UmwG auf den Sachverhalt lediglich für den Fall Anwendung findet, soweit der Vorgang dem deutschen Gesellschaftsstatut unterworfen ist. Damit steht die Bestimmung einer grenzüberschreitenden Verschmelzung mit Drittstaatenbezug auch nicht im Wege.[3479] *De lege ferenda* sollte deshalb erwogen werden, die Beschränkung des § 1 UmwG auf „Rechtsträger mit Sitz im Inland" ganz zu streichen und schweizerische Gesellschaften insoweit in den Regelungsbereich der §§ 122a ff. UmwG einzubeziehen. Denn das schweizerische Fusionsgesetz hat, wie bereits erläutert, die Vorgaben der Dritten[3480] und Sechsten[3481] Gesellschaftsrechtlichen Richtlinie übernommen. Hinzu kommt die generell weitreichende Harmonisierung des schweizerischen Gesellschaftsrechts mit den Vorgaben des europäischen Rechts.[3482] Angesichts dieser Erkenntnis lässt sich kein sachlicher Grund erkennen, warum eine schweizerische Gesellschaft

---

3476 *Weng*, Zulässigkeit und Durchführung grenzüberschreitender Verschmelzungen, 2008, S. 142.

3477 *Weng*, Zulässigkeit und Durchführung grenzüberschreitender Verschmelzungen, 2008, S. 142.

3478 *Weng*, Zulässigkeit und Durchführung grenzüberschreitender Verschmelzungen, 2008, S. 143.

3479 Münch. Hdb. GesR VI-*Hoffmann* § 53 Rn. 125.

3480 Dritte Richtlinie 78/855/EWG des Rates vom 9. Oktober 1978 gemäß Artikel 54 Absatz 3 Buchstabe g) des Vertrages betreffend die Verschmelzung von Aktiengesellschaften. ABl. EG L 295 vom 20.10.1978.

3481 Sechste Richtlinie 82/891/EWG des Rates vom 17. Dezember 1982 gemäß Artikel 54 Absatz 3 Buchstabe g) des Vertrages betreffend die Spaltung von Aktiengesellschaften, ABl. L 378 vom 31. 12. 1982 S. 47 ff.

3482 Siehe dazu *Forstmoser/Meier-Hayoz/Nobel*, Schweizerisches Aktienrecht, 1996, § 68, Rn. 55 f..

anders als eine Gesellschaft aus dem EU-Ausland aufgrund der territorialen Beschränkung der §§ 1 bzw. 122a ff. UmwG ausgeschlossen wird.

Eine solche territoriale Beschränkung kann, jedenfalls im Hinblick auf Hinausverschmelzungen in die Schweiz auch unter dem Aspekt der unionsrechtlichen Vorgaben der Kapitalverkehrsfreiheit des Art. 63 AEUV, keinen Bestand haben. Da die ökonomischen Interessen umwandlungswilliger Rechtsträger nicht auf das Gebiet der Mitgliedstaaten der Europäischen Union oder des Europäischen Wirtschaftsraumes beschränkt sind, spricht angesichts der engen wirtschaftlichen Verflechtung der Schweiz mit der Europäischen Union vieles dafür, eine Ermöglichung sowohl für Herein- wie auch Hinausverschmelzungen im Verhältnis zur Schweiz zuzulassen.[3483]

Es sprechen keine sachlichen Gründe dafür eine Verschmelzung mit Drittstaatenbezug dann zu verweigern, wenn das ausländische Recht den Vorgang zulässt und die beteiligten Rechtsordnungen insoweit auch eine hinreichende Übereinstimmung aufweisen, um einen solchen Vorgang auch zu ermöglichen.[3484] Im Hinblick auf die konkrete Realisierung wird man insoweit für die an einer transnationalen Verschmelzung auf deutscher Seite beteiligten Rechtsträger nach der modifizierten Vereinigungstheorie verfahren können, wobei eine punktuelle Ergänzung durch eine analoge Anwendung der Rechtsgedanken der §§ 122a ff. UmwG erfolgen könnte.[3485] Im Ergebnis hätten die §§ 122a ff nur im Hinblick auf Verschmelzungen von Kapitalgesellschaften[3486] mit Bezug zur EU bzw. dem EWR Vorrang.[3487] Da gerade das schweizerische Recht grenzüberschreitende Verschmelzungen gestattet, ist im Folgenden zu untersuchen, ob eine wesensmäßige Vergleichbarkeit der Rechtsinstitute besteht und ob im Zusammenspiel der beiden Rechtsordnungen dem Schutz von Gläubigern, Anteilseignern und Arbeitnehmern Rechnung getragen werden kann.

4. Rechtslage nach dem Referentenentwurf

Der Referentenentwurf unterstellt die Verschmelzung zwar für jede der beteiligten Gesellschaften ihrem Gesellschaftsstatut. Über die Zulassung von Verschmelzungen unter Beteiligung von Drittstaaten ist damit jedoch nicht präjudi-

---

3483 Allgemein die Zulassung von Drittstaaten-Kapitalgesellschaften befürwortend *Günes*, Grenzüberschreitende Verschmelzung unter Beteiligung von EU/EWR- und Drittstaaten-Kapitalgesellschaften, 2012, S. 190.

3484 Münch. Hdb. GesR VI-*Hoffmann* § 53 Rn. 125.

3485 Münch. Hdb. GesR VI-*Hoffmann* § 53 Rn. 125.

3486 Für eine analoge Anwendung der §§ 122a ff. auf transnationale Fusionen unter Beteiligung von Personengesellschafen plädieren *Thümmel/Hack*, Der Konzern 2009, 1 (3ff.).

3487 KölnerKomm-*Simon/Rubner* vor §§ 122a ff. UmwG Rn. 52.

ziert, sondern dem jeweiligen nationalen Recht – in Deutschland dem UmwG – überlassen.[3488]

Die Regelung des Artikel 10a RefE ist mit „Umwandlung“ betitelt und regelt in Abs. 1: „Die Voraussetzungen, das Verfahren und die Wirkungen einer Umwandlung im Wege der Verschmelzung, Spaltung, Vermögensübertragung oder des Formwechsels unterliegen für jede der beteiligten Gesellschaften, Vereine oder juristischen Personen dem nach Artikel 10 anzuwendenden Recht.“ In Ergänzung dazu sieht Art. 10a Abs. 2 EGBGB-RefE einen Beispielkatalog für die wesentlichen Verfahrensschritte und Wirkungen von Umwandlungen vor. Der Zeitpunkt des Wirksamwerdens der Umwandlung soll sich nach Art. 10a Abs. 3 EGBGB-RefE nach dem jeweiligen Personalstatut der aufnehmenden Gesellschaft richten.

Der Referentenentwurf stellt demnach zunächst in Art. 10a EBGB-RefE klar, dass bei grenzüberschreitenden Verschmelzungen die jeweiligen Gesellschaftsstatute aller beteiligten Rechtsträger kumulativ zur Anwendung gelangen. Auf den ersten Blick erscheint mit der Verabschiedung eines entsprechenden Gesetzes damit für die Praxis geklärt, dass grenzüberschreitende Verschmelzungen in Zukunft generell zulässig sein sollen, sofern das jeweilige Sachrecht entsprechende Möglichkeiten eröffnet. Da der Anwendungsbereich nicht auf den Bereich von EU/EWR beschränkt ist, könnte somit von der Zulässigkeit von Verschmelzungen mit Drittstaatenbezug ausgegangen werden.[3489]

Dies wäre ein erheblicher Fortschritt im Vergleich zur gegenwärtigen Rechtslage, in der allein für grenzüberschreitende Verschmelzungen von Kapitalgesellschaften innerhalb der Europäischen Union bzw. des Europäischen Wirtschaftsraums aufgrund der speziellen Regelungen in §§ 122a ff. UmwG die für die Praxis erforderliche Rechtssicherheit besteht. Die Neuregelung würde international agierenden Unternehmen die dringend erforderliche Gestaltungsfreiheit bei internationalen Zusammenschlüssen einräumen.[3490]

Indessen ist die Vorschrift des Art. 10a Abs. 1 EGBG allenfalls als „allgemeine Anknüpfungsregel“[3491] zu verstehen: Mit dieser Bestimmung wird lediglich die kollisionsrechtliche Vereinigungstheorie für anwendbar erklärt, nach

3488 *Rauscher*, Internationales Privatrecht, 2009, § 7 Rn. 653.

3489 In dieser Hinsicht bejahend *Kußmaul/Richter/Heyd*, IStR 2010, 73 (78); Schmitt/Hörtnagel/Stratz, UmwG/UmwStG-*Hörtnagel*, § 1 UmwG Rn. 61.

3490 In diese Richtung vgl. die Stellungnahme des Deutschen Anwaltvereins durch den Ausschuss Internationaler Rechtsverkehr zum Referentenentwurf eines Gesetzes zum Internationalen Privatrecht der Gesellschaften, Vereine und juristischen Personen, Berlin im März 2008 Stellungnahme Nr. 13/2008 im Internet abrufbar unter www.anwaltverein.de (zuletzt eingesehen am 5.2.2013).

3491 *Wagner/Timm*, IPRax 2008, 81 (88).

welcher die grenzüberschreitende Verschmelzung hinsichtlich Voraussetzungen, Verfahren und Wirkungen für jeden der beteiligten Rechtsträger jeweils nach dem für diesen anwendbaren Recht zu beurteilen ist.[3492] Es wird nochmals deutlich, dass die kollisionsrechtliche Perspektive des Entwurfs immer nur die „halbe Wahrheit“[3493] zeigen kann, die stets noch auf sachrechtlicher Ebene vervollständigt werden muss.

An dieser Stelle sei darauf hingewiesen, dass der schweizerische Gesetzgeber sich entschieden hat, das IPRG auch mit sachrechtlichen Vorschriften zu versehen, welche die Zulässigkeit einer grenzüberschreitenden Fusion oder Spaltung regeln.[3494] Die Spezialkommission des Deutschen Rates für IPR hat hierzu indessen keine Aussagen getroffen.[3495] Schließlich hat auch der Gesetzgeber im Referentenentwurf die erforderlichen sachrechtlichen Regelungen nicht vorgesehen. Solange solche Regelungen fehlen, ist jedoch auch für den Fall, dass Art. 10a EGBGB-Ref in der vorgeschlagenen Fassung in Gesetzesform gegossen werden sollte, davon auszugehen, dass grenzüberschreitende Verschmelzungen mit Drittstaatenbezug nicht möglich sind.[3496]

IV. Die Verschmelzung in der Gesamtschau beider Rechtsordnungen

1. Allgemeines

Zwingendes Erfordernis für die Zulässigkeit einer grenzüberschreitenden Verschmelzung ist die Übereinstimmung der Rechtsinstitute in den beteiligten Rechtsordnungen in ihren zentralen Wesensmerkmalen: Nach der vorstehend dargelegten Definition des Fusionsbegriffes lassen sich – wenn auch mit anderen Rechtsbegriffen – sowohl im deutschen wie auch im schweizerischen Recht weitgehend die identischen Wesensmerkmale einer Fusion ausmachen: Dazu zählen die Orientierung an einem Verschmelzungsvertrag bzw. -plan, der Vermögensübergang im Wege der Gesamtrechtsnachfolge, die mitgliedschaftliche Kontinuität sowie die Auflösung des übertragenden Rechtsträgers ohne Abwicklung. Nachfolgend sollen die Gemeinsamkeiten und Unterschiede zum schweizerischen Recht aufgezeigt werden. Zudem soll gezeigt werden, ob für den

3492 *Günes*, Grenzüberschreitende Verschmelzung unter Beteiligung von EU/EWR- und Drittstaaten-Kapitalgesellschaften, 2012, S. 195, *Schneider*, BB 2008, 566 (576); *Veil*, Der Konzern 2007, 98 (107); *Vetter* AG 2006, 613 (616).

3493 *Knof/Mock*, GmbHR im Blickpunkt 5/2008, R65.

3494 *Veil*, Der Konzern 2007, 98 (103) u. (102).

3495 *Veil*, Der Konzern 2007, 98 (104) zugleich anmerkend, dass diese „Zurückhaltung bei Vertretern des Kollisionsrechts“ nicht ungewöhnlich sei.

3496 *Günes*, Grenzüberschreitende Verschmelzung unter Beteiligung von EU/EWR- und Drittstaaten-Kapitalgesellschaften, 2012, S. 195/6; *Leuering*, ZRP 2008, 73 (76).

Schutz der von der Fusion betroffenen Drittinteressen in beiden Rechtsordnungen vergleichbare Schutzmechanismen bestehen.

2. Vergleichbarkeit der Wesensmerkmale der Fusion

a) *Vertrags- bzw. Planmäßigkeit der Fusion*

Mit Blick auf die grenzüberschreitende Verschmelzung erfordert § 122c UmwG in Übereinstimmung mit Art. 5 VRL die Aufstellung eines Verschmelzungsplans. Der Verschmelzungsplan entspricht dem Verschmelzungsvertrag bei innerstaatlichen Verschmelzungsvorgängen.[3497] Wie der Verschmelzungsvertrag nach § 4 UmwG wirkt auch der Verschmelzungsplan seinem Schwerpunkt nach organisationsrechtlich. Durch ihn wird die Struktur der beteiligten Rechtsträger neu geordnet, auch wenn der dingliche Vollzug der Verschmelzung erst mit der Wirksamkeit, also mit der Eintragung einhergeht; vgl. § 122a Abs. 2 i.V.m. § 20 UmwG. Nach deutschen Recht bedarf der Verschmelzungsvertrag nach § 122c Abs. 4 UmwG einer notariellen Beurkundung. Dies gilt ausweislich des Wortlautes sowohl dann, wenn es sich bei der deutschen Gesellschaft im Falle der Hereinverschmelzung um den übernehmenden Rechtsträger handelt, als auch dann, wenn diese im Rahmen einer Hinausverschmelzung übertragende Rechtsträgerin ist.[3498] Die zukünftige Regelung des Art. 10a Abs. 1 EGBGB-Ref sieht vor, dass das deutsche Gesellschaftsstatut insbesondere auch die Aufstellung eines Umwandlungsplans einschließlich dessen Form, Mindestinhalt und Offenlegung sowie Prüfungs- und Berichtspflichten regeln soll.

Vor dem Hintergrund, dass auch die europäischen Vorgaben der 3. GesellschaftsrechtlichenRichtlinie[3499] in Art. 16 Abs. 1 eine öffentliche Beurkundung des Verschmelzungsvertrages vorsehen, könnte man auf den ersten Blick annehmen, dass die schweizerische Regelung, die in Art. 12 Abs. 2 FusG lediglich die Schriftlichkeit des Fusionsvertrages voraussetzt, im Widerspruch zu den europarechtlichen Vorgaben des Europarechts steht. Dem ist indessen nicht so, denn eine öffentliche Beurkundung ist nur erforderlich, sofern die Rechtsvorschriften eines Mitgliedstaates für Verschmelzungen keine vorbeugende gerichtliche oder verwaltungsmäßige Kontrolle vorsehen.[3500] Jedoch liegt

---

3497 KölnerKomm-*Simon/Ruber* § 122c UmwG Rn. 2.

3498 KölnerKomm-*Simon/Ruber* § 122c UmwG Rn. 35. Demgegenüber vertritt *Kallmeyer,* AG 2007 472 (475), die Ansicht, dass im Falle der Hinausverschmelzung eine notarielle Beurkundung nach deutschem Recht nicht verlangt werden können.

3499 Dritte Richtlinie 78/855/EWG des Rates vom 9. Oktober 1978 gemäß Artikel 54 Absatz 3 Buchstabe g) des Vertrages betreffend die Verschmelzung von Aktiengesellschaften. ABl. EG L 295 vom 20.10.1978.

3500 Siehe Art. 16 Abs.1 der 3. Gesellschaftsrechtlichen Richtlinie 78/855/EWG; *Brauchli,* AJP 2005 1509 (1510).

das Fusionsgesetz mit dem Erfordernis der Schriftlichkeit ganz auf der Linie der EG-Richtlinie über nationale Fusionen:[3501] Auf die qualifizierte Form der öffentlichen Beurkundung des Fusionsvertrages hat der Schweizer Gesetzgeber bewusst verzichtet, da dem Schweizer Recht die verwaltungsmäßige Kontrolle der Verschmelzung inhärent ist, da das Handelsregister formelle und materielle Zulässigkeitsprüfung der angemeldeten Fusion vornimmt.[3502]

b) Gesamtrechtsnachfolge

Was die Realisierbarkeit einer transnationalen Fusion anbelangt, so ist es erforderlich, dass insbesondere ein Gleichlauf hinsichtlich der Regelungen über die Wirksamkeit der Verschmelzung besteht oder zumindest hergestellt werden kann; andernfalls bliebe die Verschmelzung in einem rechtlichen Schwebezustand.[3503]

Die (partielle) Gesamtrechtsnachfolge ist das zentrale Wesensmerkmal einer jeden Verschmelzung, Spaltung oder Vermögensübertragung im Sinne des deutschen Umwandlungsrechts; dazu sogleich im nächsten Abschnitt; vgl. § 20 Abs. 1 Nr. 1 UmwG.[3504] Aus deutscher Sicht ist somit stets zu prüfen, ob die Wirkungen der verschmelzungsbedingten Universalsukzession mit all ihren Konsequenzen auch uneingeschränkt von der ausländischen Rechtsordnung akzeptiert werden.[3505] Die europäischen Vorgaben regeln den Zeitpunkt und die Wirkung der Verschmelzung in Art. 12 und 14 der Verschmelzungsrichtlinie. Die Normen belassen es im Hinblick auf die Bestimmung des Wirksamwerdens der Verschmelzung zunächst bei einer kollisionsrechtlichen Regelung, nach der allein die betreffende mitgliedstaatliche Rechtsordnung, dem die übernehmende bzw. neue Gesellschaft unterliegt, maßgeblich ist.[3506] Der deutsche Gesetzgeber hat im Zuge der Umsetzung der Verschmelzungsrichtlinie keinen Umsetzungsbedarf gesehen und es insoweit über § 122a UmwG bei der Anwendung des § 20 UmwG belassen.[3507] Nach der Vorschrift des § 20 UmwG wird die Verschmelzung mit der Eintragung in das Register des übernehmenden Rechtsträgers wirksam.[3508] Art. 19 Abs. 1 UmwG gibt dabei die Reihenfolge der Registereintra-

3501 *Brauchli*, AJP 2005 1509 (1510).

3502 Siehe Art. 940 OR sowie Art. 111 HRegV i.V.m. mit Art. 21 HRegV.

3503 *Ott*, in: Sandrock/Wetzler (Hrsg.), Deutsches Gesellschaftsrecht im Wettbewerb, 2004, S. 199 (216).

3504 Vgl. §§ 197, 219 UmwG.

3505 KölnerKomm-*Simon* § 2 Rn. 72.

3506 Vgl. Art. 12 Satz 1 Richtlinie 2005/56 EG; *Beutel*, Der neue rechtliche Rahmen grenzüberschreitender Verschmelzungen in der EU, 2008, S. 218.

3507 *Beutel,* Der neue rechtliche Rahmen grenzüberschreitender Verschmelzungen in der EU, 2008, S. 220.

3508 KölnerKomm-*Simon*, § 20 Rn. 1.

gung bei den beteiligten Rechtsträger zwingend vor:[3509] Die Verschmelzung darf nach deutschem Recht erst in das Register des übernehmenden Rechtsträgers eingetragen werden, nachdem sie einen Eintrag im Register des übertragenden Rechtsträgers erfahren hat. Dazu wird im Register des übertragenden Rechtsträgers ein Vorläufigkeitsvermerk eingetragen.[3510] Dabei soll der Hinweis, dass die Verschmelzung erst mit Eintragung im Register des übernehmenden Rechtsträgers wirksam wird, den Rechtsverkehr darüber informieren, dass die Fusion noch nicht vollzogen ist.[3511] Sodann wird nach Eintragung in das Register des übernehmenden Rechtsträgers der Eintritt der Wirksamkeit nach § 19 Abs.1 S. 2 UmwG von Amts wegen in das Register des übertragenden Rechtsträgers vermerkt.[3512]

Auch im schweizerischen Recht ist der Handelsregistereintrag das zentrale Wirksamkeitserfordernis:[3513] Die Bestimmung des Art. 22 Abs. 1 FusG sieht eine mit dem deutschen Umwandlungsgesetz kompatible Lösung vor, indem die Wirkungen einer Fusion mit der Eintragung in das Register des übernehmenden bzw. neu zu gründenden Rechtsträgers eintreten.[3514] Denn mit Ausnahme der Fusion zwischen nicht im Handelsregister eingetragenen Vereinen, die bereits mit dem Vorliegen des Fusionsbeschlusses aller beteiligten Vereine rechtswirksam werden,[3515] bestimmt sich das Eintreten der Rechtswirksamkeit und damit der Eintritt der Universalsukzession im schweizerischen Recht ebenso nach dem Handelsregistereintrag. Die Eintragung der Fusion ins Handelsregister bewirkt den Übergang aller Aktiven und Passiven der übertragenden Gesellschaft auf die übernehmende Gesellschaft auf dem Wege der Universalsukzession.[3516] Allenfalls in diesem Sonderfall wäre somit ein zweistufiges Prüfungsverfahren der beiden Register womöglich nicht gewährleistet, so dass die zwingend erforderli-

3509 KölnerKomm-*Simon*, § 19 Rn. 17.

3510 KölnerKomm-*Simon*, § 19 Rn. 22.

3511 KölnerKomm-*Simon*, § 19 Rn. 22.

3512 KölnerKomm-*Simon*, § 19 Rn. 23. Indessen bestehen bei grenzüberschreitenden Verschmelzungen noch zahlreiche ungeklärte Fragen zum Verschmelzungsstichtag und zur Bilanz; siehe dazu *Bormann/Trautmann*, KsZW 2013, 70 (70ff.).

3513 *Beretta*, in: Roland von Büren et al. (Hrsg.) Schweizerisches Privatrecht – Stukturanpassungen, Bd. VIII/8 (2006), Internationale Strukturanpassungsvorgänge, § 2 III 1.

3514 So im Ergebnis auch die dahingehende rechtsvergleichende Untersuchung von *Schneller*, Die Organe der Aktiengesellschaft bei einer ordentlichen Fusion, 2006, S. 33.

3515 Stämpflis HK FusG-*Passadelis,* Art. 22 Rn. 4.

3516 BGE 108 Ib 454.

che Mindestübereinstimmung der Verschmelzungsrechte für eine grenzüberschreitende Verschmelzung bei Vereinen problematisch sein könnte.[3517]

In den übrigen Konstellationen legt das Schweizer Recht nach Art. 22 Abs. 1 S. 1 FusG den Zeitpunkt des Eintritts der Rechtswirksamkeit der Fusion auf den Eintrag im Handelsregister zugrunde.[3518] Als Rechtsfolge des Handelsregistereintrags ordnet Art. 22 FusG den Vermögensübergang vom übertragenden auf den übernehmenden Rechtsträger qua gesetzlich angeordneter Universalsukzession.[3519] Der genaue Zeitpunkt, in welchem der Registereintrag die Wirkungen der Fusion eintreten lässt, bestimmt sich dabei nach den allgemeinen Regeln des OR: Danach ist gemäß Art. 932 Abs. 1 OR für den Eintrag das Einschreiben der Anmeldung im Tagebuch maßgebend. Anschließend bedarf der Handelsregistereintrag der Genehmigung durch das Eidgenössische Handelsregisteramt; vgl. Art. 32 HRegV.[3520] Mit Erteilung der Genehmigung wird die Eintragung sodann rückwirkend auf den Zeitpunkt des Tagebucheintrags zwischen den beteiligten Gesellschaften wirksam; vgl. Art. 34 HRegV.[3521] Die Wirksamkeit der Eintragung der Fusion gegenüber Dritten richtet sich demgegenüber erst nach der Veröffentlichung der Fusion im SHAB,[3522] was im Hinblick auf den Gläubigerschutz nach Art. 25 FusG maßgeblich ist.[3523]

3517 Münch. Hdb. GesR VI-*Hoffmann* § 53 Rn. 125 definiert ein zweistufiges Prüfverfahren der beiden Register als zwingendes Element, um die erforderliche Mindestübereinstimmung der Verschmelzungsrechte auch im Hinblick auf transnationale Verschmelzungen mit Drittstaatsbezug zu gewährleisten. Siehe zur grenzüberschreitenden Umwandlung von Vereinen aus deutscher Sicht unter dem Einfluss des Unionsrechts *Wesiack*, Europäisches Internationales Vereinsrecht 2011, S. 197 ff.

3518 *Beretta*, in: Roland von Büren et al. (Hrsg.) Schweizerisches Privatrecht – Stukturanpassungen, Bd. VIII/8 (2006), Internationale Strukturanpassungsvorgänge, § 2 III 1; ZürchKomm FusG-*Gelzer*, Art. 22 Rn. 4.

3519 Botschaft FusG, Ziff. 1.3.2.1; ZürchKomm FusG-*Gelzer*, Art. 22 Rn. 3.

3520 ZürchKomm FusG-*Gelzer*, Art. 22 Rn. 4; BaslerKomm FusG-*Tschäni/Meinhardt/Papa*, Art. 22 Rn. 1 ff..

3521 ZürchKomm FusG-*Gelzer*, Art. 22 Rn. 4; BaslerKomm OR II-*Eckert*,Art. 932 Rn. 18 f..

3522 Maßgebend ist der nächste Werktag, der auf das Erscheinungsdatum derjenigen Ausgabe des SHAB folgt, in der die Eintragung der Fusion publiziert ist; vgl. Art. 932 Abs. 2 OR.

3523 ZürchKomm FusG-*Gelzer*, Art. 22 Rn. 4; BaslerKomm FusG-*Tschäni/Meinhardt/Papa*, Art 22 Rn. 4; *Böckli*, Schweizer Aktienrecht, 2009, § 3 Rn. 147.

In der Gesamtschau beider Rechtsordnungen ist somit ein zweistufiges Prüfverfahren der beiden Register möglich, so dass die zwingend erforderliche Mindestübereinstimmung der Verschmelzungsrechte gewährleistet ist.[3524]

c) *Mitgliedschaftliche Kontinuität*

Das Prinzip der Kontinuität der Mitgliedschaft gehört zu den begriffswesentlichen Merkmalen der Fusion; im schweizerischen Recht ist dies in Art. 7 Abs. 1 FusG normiert.[3525] Demnach sind den Gesellschaftern der übertragenden Gesellschaft von Rechts wegen Anteils- oder Mitgliedschaftsrechte an der übernehmenden Gesellschaft zuzuweisen, die im Wesentlichen ihren bisherigen Anteils- oder Mitgliedschaftsrechten entsprechen.[3526] Vereinfacht ausgedrückt haben die Gesellschafter der übertragenden Gesellschaft einen Anspruch darauf, dass ihre Mitgliedschaft in der übernehmenden Gesellschaft fortgesetzt wird.[3527]

Weiterhin dürfen den Gesellschaftern der übertragenden Gesellschaft infolge dieses Grundsatzes grundsätzlich keine zusätzlichen finanziellen oder sonstigen Pflichten auferlegt werden, bloß weil ihre Gesellschaft fusioniert.[3528] Ebenso wie die gesellschaftsrechtliche Fusionsrichtlinie[3529] in Art. 3 Abs. 1 und entsprechend das schweizerische Fusionsgesetz in Art. 7 FusG sieht auch das deutsche Umwandlungsrecht in § 2 UmwG zwingend den Grundsatz der Kontinuität der Mitgliedschaft vor.[3530]

Die Verschmelzung „gegen Gewährung von Anteilen oder Mitgliedschaften“ im Sinne des § 2 UmwG setzt begriffsnotwendig voraus, dass überdies

---

3524 Münch. Hdb. GesR VI-*Hoffmann* § 53 Rn. 125 definiert dies ausdrücklich als Mindestübereinstimmung im Hinblick auf transnationale Verschmelzungen mit Drittstaatsbezug.

3525 Siehe dazu eingehend *Meier,* Barabgeltung bei Fusionen, in: FS Forstmoser 1993, S. 141 ff..

3526 Botschaft FusG BBl 2000 4393.

3527 *Champeaux*, REPRAX 2011 51 (51).

3528 *Champeaux*, REPRAX 2011 51 (51) weist zudem in Fn. 3 darauf hin, dass den Gesellschaftern der übertragenden Gesellschaften im Zuge der Fusion nur dann zusätzliche Pflichten auferlegt werden dürfen, wenn diese mit der Rechtsform der übernehmenden Gesellschaft vereinbar sind *und* zugleich die zwingenden Beschlussquoren bzw. Zustimmungserfordernisse der Vorschrift des Art. 18 FusG vollumfänglich eingehalten werden.

3529 Dritte Richtlinie 78/855/EWG des Rates vom 9. Oktober 1978 gemäß Artikel 54 Absatz 3 Buchstabe g) des Vertrages betreffend die Verschmelzung von Aktiengesellschaften. ABl. EG L 295 vom 20.10.1978.

3530 KölnerKomm-*Simon*. § 2 Rn. 78 ff. spricht von „Mitgliedschaftsperpetuierung“; dies meint aber das Gleiche; siehe hierzu auch *Priester,* DB 1997, 560 (562 ff.), der jedoch die Notwendigkeit der Identität des Gesellschafterkreises ablehnt.

grundsätzlich keine anderen Gegenleistungen gewährt werden.[3531] Gleichwohl kommt in Fällen von Mischverschmelzungen oder bei Vinkulierung der zu gewährenden Anteile neben der Anteilsgewährung ausnahmsweise auch die Gewährung einer Barabfindung[3532] in Betracht, denn es soll nicht zu einem „Auskauf" der Anteilseigner des übertragenden Rechtsträgers kommen.[3533]

In partieller Durchbrechung des Grundsatzes der mitgliedschaftlichen Kontinuität kann jedoch gemäß Art. 3 Abs. 1 der europäischen Fusionsrichtlinie[3534] nach § 5 Abs. 1 Ziff. 3 UmwG den Anteilsinhabern zum Ausgleich von Unbilligkeiten eine bare Zuzahlung[3535] in Höhe von maximal zehn Prozent[3536] des Gesamtnennbetrags gewährt werden, wenn es sich bei dem übertragenden Rechtsträger um eine Kapitalgesellschaft handelt.[3537]

Zwar sieht auch das schweizerische Umstrukturierungsrecht in Art. 7 Abs. 2 FusG explizit die Möglichkeit eines Spitzenausgleichs in der Höhe von zehn Prozent vor, gleichwohl wird im schweizerischen Recht als Referenzgröße für Ausgleichszahlungen der wirkliche Wert der gewährten Anteile zugrunde gelegt und nicht etwa der Nennwert, wie dies das deutsche sowie das europäische Recht[3538] vorsehen.[3539]

Auch mit Blick auf das Prinzip der Kontinuität der Mitgliedschaft besteht eine weitgehende Übereinstimmung in den Verschmelzungsrechten der beiden Rechtsordnungen.

d) *Auflösung ohne Abwicklung*

Der Vorteil einer verschmelzungsbedingten Auflösung des übertragenden Rechtsträgers im Rahmen der Fusion liegt darin begründet, dass eine Abwicklung entbehrlich ist. Auf diese Weise werden oft langwierige und formalienreiche Abwicklungsprozesse vermieden, wie dies bei vergleichbaren im Wege der Singularsukzession durchgeführten Vorgängen der Fall ist.[3540]

In gleichzeitiger Übereinstimmung der Rechtslage nach dem schweizerischen Fusionsgesetz sowie nach den gemeinschaftsrechtlichen Vorgaben be-

3531 KölnerKomm-*Simon*. § 2 Rn. 127; Semler/Stengel-*Stengel*, UmwG § 2 UmwG Rn. 41.

3532 Vgl. § 29 UmwG; siehe *Götz* DB 2000, 1165 (1165).

3533 Siehe zur Dogmengeschichte insoweit KölnerKomm-*Flume* Einl. B Rn. 37 ff.

3534 Dritte Richtlinie 78/855/EWG des Rates vom 9. Oktober 1978 gemäß Artikel 54 Absatz 3 Buchstabe g) des Vertrages betreffend die Verschmelzung von Aktiengesellschaften. ABl. EG L 295 vom 20.10.1978.

3535 Vgl. §§ 15, 36 UmwG.

3536 KölnerKomm-*Simon*. § 2 Rn. 127.

3537 KölnerKomm-*Simon*. § 2 Rn. 127; Semler/Stengel-*Stengel*, UmwG § 2 UmwG Rn. 41.

3538 Art. 3 Abs. 1 der 3. EG-RL zum Gesellschaftsrecht (78/855/EWG).

3539 *Glanzmann*, AJP 2004 139 (146).

3540 KölnerKomm UmwG-*Dauner-Lieb* § Einl. A. Rn. 51.

wirkt eine Verschmelzung auch nach deutschem Umwandlungsrecht stets die Auflösung der übertragenden Gesellschaft ohne Liquidation im Zeitpunkt der Eintragung der Verschmelzung ins Handelsregister der übernehmenden Gesellschaft[3541]

Da das Vermögen der übertragenden Rechtsträger vollständig auf den übernehmenden übergeht, ist – in Umsetzung der europäischen Fusionsrichtlinie[3542] – gemäß § 2 UmwG bzw. § 20 Abs. 1 Ziff. 2 UmwG das Ausbleiben der Abwicklung des erlöschenden Rechtsträgers ein zwingendes Merkmal jeder Verschmelzung.

3. Verwirklichung der Schutzziele

a) *Schutz der Gesellschafter*

Das Hauptanliegen des Fusionsgesetzes ist darin zu sehen, den Gesellschaften im Interesse der Unternehmenskontinuität Umstrukturierungen zu erleichtern.[3543] Im Zuge dessen werden jedoch auch die Interessen der Gesellschafter und der Minderheitsaktionäre gefährdet.

Diesem Interessenkonflikt tragen im schweizerischen Sachrecht insbesondere die Schutzvorschriften des Fusionsgesetzes Rechnung: Nach Art. 1 Abs. 2 FusG sollen die Bestimmungen des Fusionsgesetzes zum einen Rechtsicherheit und Transparenz gewährleisten und zum anderen Gläubiger, Arbeitnehmer und Personen mit Minderheitsbeteiligungen schützen. Die Rechtsstellung der Gesellschafter soll durch die Fusion nicht beeinträchtigt werden.

Auch das IPRG nimmt den Schutz der Gesellschafter in den Blick, denn Art. 163a IPRG erfordert für die Immigrationsfusion, dass das ausländische Recht nicht nur die Fusion über die Grenze ermöglicht, sondern verlangt darüber hinaus auch Kompatibilität des schweizerischen und des ausländischen Rechts.

Zu den wesentlichen Elementen des Schweizer Rechts gehören dabei insbesondere der Grundsatz der Kontinuität der Mitgliedschaft, das Einsichtsrecht sowie weitere Schutzmaßnahmen betreffend die Beschlussfassung, Kapitalerhöhung, Transparenz durch Fusionsbericht und Fusionsprüfung.[3544] Das deutsche Verschmelzungsrecht ist in vergleichbarer Weise auf den Schutz der Anleger

---

3541 KölnerKomm UmwG-*Simon* § 2 Rn. 74 ff.

3542 Dritte Richtlinie 78/855/EWG des Rates vom 9. Oktober 1978 gemäß Artikel 54 Absatz 3 Buchstabe g) des Vertrages betreffend die Verschmelzung von Aktiengesellschaften. ABl. EG L 295 vom 20.10.1978.

3543 Stämpflis HK FusG-*Reich*, Art. 1 FusG Rn. 4.

3544 *Hirsiger*, Der Schutz der Gesellschafter, Gläubiger und Arbeitnehmer bei der Fusion von Kapitalgesellschaften nach schweizerischem und europäischem Fusionsrecht, 2006, S. 179.

ausgerichtet:[3545] Das Ziel des Umwandlungsgesetzes ist der verstärkte Schutz der Anteilsinhaber durch verbesserte Informationsrechte vor und bei der Beschlussfassung, durch die Prüfung des Anteilstauschs bzw. der Anteilsveränderung durch unabhängige Sachverständige – und zwar auch nachträglich im Gerichtsverfahren – und durch ein Austrittsrecht gegen Barabfindung sowie durch die Haftung der Organmitglieder.[3546]

Während bis in die 1980er Jahre in der Schweizer Lehre, Rechtsprechung und Praxis der Handelsregisterbehörden der Grundsatz der mitgliedschaftlichen Kontinuität unangetastet blieb, sind mit Inkrafttreten des Fusionsgesetzes am 1. Juli 2004 nunmehr Durchbrechungen zulässig.[3547] Auf zwei Fallgruppen soll im Folgenden in einer rechtsvergleichenden Skizze eingegangen werden:

aa) Wahlrecht einer Abfindung und „Spitzenausgleich“

Gerade dem Grundsatz der mitgliedschaftlichen Kontinuität muss das ausländische Recht Rechnung tragen, jedoch sieht auch das schweizerische Recht Durchbrechungen vom Grundsatz der Kontinuität der Mitgliedschaft vor[3548]: Zu nennen ist zunächst das in Art. 8 Abs. 1 FusG statuierte Wahlrecht. Demnach können die Gesellschafter der übertragenden Gesellschaft entweder Gesellschafter der übernehmenden werden oder ganz oder teilweise gegen Abfindung aus der Gesellschaft ausscheiden.[3549] Das ausländische Recht muss dabei Entsprechendes vorsehen. Die Fusion wäre nicht durchführbar, wenn nach der ausländischen Rechtsordnung die Barabfindung an die übertragende Gesellschaft und nicht an die Gesellschafter geleistet werden sollte. Ebenso wäre die Fusion unzulässig, wenn das ausländische Recht keine vollständige Bargeldabfindung vorsähe.[3550]

3545 Siehe dazu nur *Martens*, Kontinuität und Diskontinuiät, AG 1986, 57 (57ff.).

3546 Schmitt/Hörtnagl/Stratz-*Stratz*,UmwG,UmwStG, Einführung zum UmwG, Rn 22.

3547 Siehe *Beretta*, in: Roland von Büren et al. (Hrsg.) Schweizerisches Privatrecht – Stukturanpassungen, Bd. VIII/8 (2006), Grundsatz der Kontinuität der Mitgliedschaft, § 2 II.1.a., S. 112; *Tschäni*, in: Rudolf Tschäni (Hrsg.), Mergers & Acquisitions XII, 2010, S. 40 (51).

3548 *Beretta*, in: Roland von Büren et al. (Hrsg.) Schweizerisches Privatrecht – Stukturanpassungen, Bd. VIII/8 (2006), Grundsatz der Kontinuität der Mitgliedschaft, § 2 II.1.a., S. 113.

3549 Siehe dazu *Beretta*, in: Roland von Büren et al. (Hrsg.) Schweizerisches Privatrecht – Stukturanpassungen, Bd. VIII/8 (2006), Grundsatz der Kontinuität der Mitgliedschaft, § 2 II.1.b., S. 115 ff..

3550 *Bessenich*, AJP 2004 851 (854).

Wenn eine ausländische Rechtsordnung hingegen den Spitzenausgleich anders als dies nach Art. 7 Abs. 2 FusG in der Schweiz der Fall ist[3551], auf mehr als zehn Prozent oder gar nicht limitiert, schadet dies im Rahmen einer Immigrationsfusion indessen nicht, wenn trotz mangelnder Kongruenz die Vorgaben eines jeden Gesellschaftsstatuts eingehalten werden können.[3552]

Auch das deutsche Umwandlungsrecht lässt in § 68 Abs. 3 UmwG zur Ermöglichung eines Spitzenausgleichs die Möglichkeit zu, bare Zuzahlungen bis zur Höhe von zehn Prozent des anteiligen Betrags der gewährten Aktien an die Anteilsinhaber des übertragenden Rechtsträgers zu leisten.[3553] Der Anteilsinhaber kann nach deutschem Recht – wie auch im Schweizer Recht – eine insoweit beschränkte Barabfindung in Anspruch nehmen.[3554] Der Anteilswert oder die Barabfindung können im Rahmen eines Spruchverfahrens überprüft werden.[3555]

bb) Möglichkeit eines Squeeze-out

Das schweizerische Recht sieht neben dem börsenrechtlichen *Squeeze-out* (sog. Kraftloserklärung)[3556] mit dem neuen Fusionsgesetz erstmals auch einen fusionsrechtlichen *Squeeze-out* (sog. Abfindungsfusion)[3557] vor. Mit Inkrafttreten des Fusionsgesetzes am 1. Juli 2004 ist es nach Art. 8 Abs. 2 i.V.m. Art. 18 Abs. 5 FusG den an der Fusion beteiligten Gesellschaften möglich, im Fusionsvertrag

3551 Diese Bestimmung gestattet, daß bei Fusionen zusätzlich zur Ausgabe von Anteilsrechten Ausgleichszahlungen in begrenzter Höhe entrichtet werden dürfen. Diese auch als „Spitzenausgleich“ bezeichneten Ausgleichszahlungen haben dabei jedoch nichts mit den Abfindungszahlungen gemäß Art. 8 FusG zu tun: Denn der „Spitzenausgleich“ dient lediglich einer erleichterten Zuteilung der Anteile, wenn aufgrund des festgelgten Umtauschverhältnisses ansonsten Bruchteilsanteile zugewiesen werden müssten; siehe *Beretta*, in: Roland von Büren et al. (Hrsg.) Schweizerisches Privatrecht – Stukturanpassungen, Bd. VIII/8 (2006), Grundsatz der Kontinuität der Mitgliedschaft, § 3 III.4., S. 143.

3552 *Bessenich*, AJP 2004 851 (854).

3553 Vgl. § 68 Abs. 3 UmwG siehe dazu Stratz/Schmitt/Hörtnagl-*Stratz*, UmwG, UmwStG § 68 UmwG Rn. 4.

3554 Vgl. §§ 15, 196 UmwG.

3555 *Semler/Stengel*, Umwandlungsgesetz, Einl. A, Rn. 25.

3556 Siehe *Tschäni*, in: Rudolf Tschäni (Hrsg.), Mergers & Acquisitions XII, 2010, S. 40 (40-50).

3557 Siehe *Tschäni*, in: Rudolf Tschäni (Hrsg.), Mergers & Acquisitions XII, 2010, S. 40 (51-77); dazu auch *Beretta*, in: Roland von Büren et al. (Hrsg.) Schweizerisches Privatrecht – Stukturanpassungen, Bd. VIII/8 (2006), Grundsatz der Kontinuität der Mitgliedschaft, § 2 II.1.c., S. 120 ff; *Mauerhofer*, Squeeze-Out Merger: Die zwangsweise Abfindungsfusion nach Art. 8 Abs. 2 Fusionsgesetz, 2009, S. 63 ff. sowie aus praktischer Sicht *Vischer/Gnos* AJP 2011, 402 (407); *von Planta/Zarb*, SZW 2004, 203 (203ff.).

zu bestimmen, dass nur eine Abfindung eingeräumt wird; und wenn es „90 Prozent der stimmberechtigten Gesellschafterinnen und Gesellschafter" beschließen,[3558] kann bei einer Fusion sogar ganz auf die Fortführung der Mitgliedschaftsrechte aller Gesellschafter und Gesellschafterinnen der übertragenden Gesellschaft verzichtet werden.[3559] Da durch einen solchen zwangsweisen Ausschluss der Grundsatz der mitgliedschaftlichen Kontinuität durchbrochen wird und dieser letzten Endes einer privatrechtlichen Enteignung gleichkommt, ist er auf 10 Prozent der Anteilsrechte beschränkt.[3560] Dabei kann die Abfindung, wie diejenige des Art. 8 Abs. 1 FusG, in Geld oder anderen Vermögenswerten bestehen; auch Anteils- oder Mitgliedschaftsrechte an einem dritten Rechtsträger kommen als Abfindung in Betracht.[3561]

In Deutschland ist mit Inkrafttreten des Dritten Gesetzes zur Änderung des UmwG am 15. Juli 2011 ebenfalls die Möglichkeit eines „verschmelzungsrechtlichen *Squeeze-outs*" geschaffen worden.[3562] In Abkehr von den bisher bekannten aktien- und übernahmerechtlichen Schwellenwerten ist demnach nur noch 90 Prozent des Grundkapitals in der Hand der übernehmenden Gesellschaft für einen solchen *Squeeze-out* erforderlich.[3563] Das in § 62 Abs. 5 Satz 1 UmwG vor-

---

3558 Der Gesetzeswortlaut lässt dabei Raum für Streitfragen, die sich im Wesentlichen auf drei Problemkreise beziehen: So weisen *Trautmann/von der Crone*, SZW 2012, 163 (167) zunächst darauf hin, daß eine Auslegung der Formulierung „90 Prozent der Gesellschafterinnen und Gesellschafter" im Sinne eines Kopfstimmenprinzips abzulehnen sei; erforderlich sei vielmehr eine rechtsformspezifische Auslegung des Gesetzeswortlauts, so daß es im Hinblick auf die Aktiengesellschaft heißen müsse: „90 Prozent der stimmrechtsvermittelnden Aktienanteile". Umstritten sei ferner, ob sich das Quorum auf die Gesamtheit aller Stimmrechte oder auf die anlässlich der Generalversammlung vertretenen Stimmen beziehe und ob darüber hinaus eine bestimmte Kapitalmehrheit zu fordern sei; *Trautmann/von der Crone*, SZW 2012, 163 (168) Siehe zum Quorum sowie zur Berechnung der 90 Prozent Schwelle sowie zum Streitstand insgesamt *Mauerhofer*, Squeeze-Out Merger: Die zwangsweise Abfindungsfusion nach Art. 8 Abs. 2 Fusionsgesetz, 2009, S. 143 ff. und 149 ff..

3559 Siehe dazu *Tschäni*, in: Rudolf Tschäni (Hrsg.), Mergers & Acquisitions XII, 2010, S. 40 (51) sowie *Beretta*, in: Roland von Büren et al. (Hrsg.) Schweizerisches Privatrecht – Stukturanpassungen, Bd. VIII/8 (2006), Grundsatz der Kontinuität der Mitgliedschaft, § 2 II.1.c., S. 114.

3560 Vgl. Art. 18 Abs. 5 FusG; *Trautmann/von der Crone*, SZW 2012, 163 (168).

3561 Siehe dazu *Tschäni*, in: Rudolf Tschäni (Hrsg.), Mergers & Acquisitions XII, 2010, S. 40 (62/3) sowie *Beretta*, in: Roland von Büren et al. (Hrsg.) Schweizerisches Privatrecht – Stukturanpassungen, Bd. VIII/8 (2006), Grundsatz der Kontinuität der Mitgliedschaft, § 2 II.1.c., S. 122.

3562 Drittes Gesetz zur Änderung des Umwandlungsgesetzes (3. UmwGÄndG) v. 11.07.2011, BGBl. I 1338.

3563 Siehe dazu *Breschendorf/Wallner* GWR 2011, 511 (511).

gesehene Quorum einer Beteiligung des Hauptaktionärs an der übertragenden Gesellschaft ist dabei verfassungsrechtlich nicht zu beanstanden.[3564] Als Hauptaktionär kann jedoch nur eine AG, KGaA oder SE in Betracht kommen, wobei die Ausklammerung der häufig anzutreffenden GmbH-Töchter dabei „merkwürdig“ erscheint.[3565] Der *Squeeze-out* kann nur bei einer *Upstream*-Verschmelzung von Rechtsträgern der vorgenannten Rechtsform auf ein herrschendes Unternehmen Anwendung finden.[3566] Als zweiaktig ausgestalteter Vorgang bewirkt dieser sowohl ein Ausscheiden der Minderheitsaktionäre als auch eine „Einschmelzung“ auf den Hauptaktionär.[3567] Der Anwendungsbereich des deutschen „verschmelzungsrechtlichen *Squeeze-outs*“ bezieht sich dabei nur auf Konzernverschmelzungen.[3568]

b) Gewährleistung des Gläubigerschutzes

Eine transnationale Verschmelzung setzt die Gläubiger Risiken aus: Die Auflösung der übertragenden bzw. emigrierenden Gesellschaft sowie die Universalsukzession führen dazu, dass die Gläubiger ihren bisherigen Schuldner verlieren, ihnen wird vielmehr ein neuer Schuldner aufgezwungen, den sie sich nicht ausgesucht haben und dessen Bonität nicht gewiss ist.[3569] Dies verstößt gegen die in beiden Rechtsordnungen existierende Vorstellung, dass eine Schuldnersubstitution nicht ohne Genehmigung des Gläubigers erfolgen darf.[3570]

Der Gläubigerschutz für die Gläubiger der übernehmenden schweizerischen Gesellschaft richtet sich aufgrund Art. 163a Abs. 2 IPRG nach den einschlägigen Bestimmungen des Fusionsgesetzes. Die Gläubiger der übertragenden ausländischen Gesellschaft werden gemäß Art. 163a Abs. 1 IPRG – als Ausnahme zum Grundsatz der Vereinigungstheorie – nach dem auf die ausländische Gesellschaft anwendbaren Recht geschützt.[3571]

3564 OLG Hamburg Beschl. v. 14.06.2012 - 11 AktG 1/12 BeckRS 2012, 14529 = ZIP 2012, 1347 = WM 2012, 1961.

3565 So die Einschätzung von Hüffer-AktG-*Hüffer*, § 327a Rn. 1b.

3566 Hüffer-AktG-*Hüffer*, § 327a Rn. 1b.

3567 *Rottnauer,* NZG 2012, 339 (340).

3568 Siehe dazu *Breschendorf/Wallner* GWR 2011, 511 (511).

3569 Sagasser/Bula/Brünger, UmwG-*Sagasser* C. Rn. 30; *Kulenkamp*, Die grenzüberschreitende Verschmelzung von Kapitalgesellschaften in der EU, 2009, S. 309

3570 Vgl. § 415 BGB im deutschen Recht; sowie Art. 175 Abs. 1 OR zur Zustimmung des Gläubigers im Schweizer Recht; siehe dazu *von Tuhr/Escher* Allgemeiner Teil des Schweizerischen Obligationenrechts, 1974 Bd. 2, S. 384 Rn. 31.

3571 *Hirsiger*, Der Schutz der Gesellschafter, Gläubiger und Arbeitnehmer bei der Fusion von Kapitalgesellschaften nach schweizerischem und europäischem Fusionsrecht, 2006, S. 248.

Das schweizerische Konzept des Gläubigerschutzes stimmt – im Gegensatz zu den früheren Vorschriften des OR – nunmehr mit der der Fusionsrichtlinie[3572] überein.[3573] Denn das frühere Recht geht noch „als späte Frucht vom Regelungsgedanken des 19. Jahrhunderts“ [3574] bei Fusionen vom Grundsatz eines vorausgehenden Gläubigerschutzes nach dem Prinzip der getrennten Vermögensverwaltung aus: Demnach war im früheren Schweizer Aktien- und Genossenschaftsrecht die Verpflichtung vorgesehen, die Vermögen der fusionierten Gesellschaften für die Zeit von mindestens einem Jahr bzw. bis zur Befriedigung oder Sicherstellung aller Gläubiger getrennt zu verwalten; vgl. Art. 748 Ziffer 2-7 sowie Art. 914 Ziffer 1-10 OR a.F.[3575] Dieses seit 1881 und bis zum Inkrafttreten des Fusionsgesetzes am 1. Juli 2004 beibehaltene Prinzip der getrennten Vermögensverwaltung hatte sich jedoch nicht bewährt: „Es stand geradezu im Widerspruch zum Wesen der Fusion und zeigte im Grunde nichts anderes, als dass der Gesetzgeber des 19. Jahrhunderts dem Rechtsinstitut der Fusion zutiefst misstrauisch gegenüberstand.“[3576]

Daher ist man mit dem Fusionsgesetz dazu übergegangen, die spezifischen Maßnahmen des Gläubigerschutzes im Fall der Fusion auf die Zeit nach dem Vollzug zu verlagern.[3577] Denn im Gegensatz zur Spaltung sollte grundsätzlich bei einer Fusion die Bedeutung des Gläubigerschutzes in den Fusionen nicht überbetont werden.[3578] Ein Sicherstellungsbegehren der Gläubiger wird überdies nur dann aktuell, wenn ihre Forderungen als gefährdet erscheinen.[3579] Die spezifischen Maßnahmen des Gläubigerschutzes werden im Fall der Immigrationsfusion aus Deutschland in die Schweiz somit auf die Zeit *nach* dem Vollzug verschoben. Diese Regelung findet jedoch im umgekehrten Fall einer Emigrationsfusion eines schweizerischen Rechtsträgers nach Deutschland keine Anwendung, da in diesem Fall vielmehr die präventiven Gläubigerschutzregelung der Spaltung nach Art. 46 FusG sinngemäß für anwendbar erklärt werden; vgl. Art. 163b Abs. 3 IPRG.

Als bedeutsamstes Schutzinstrument für die Interessen der schweizerischen übernehmenden Gesellschaft behält Art. 25 FusG die Sicherstellung der Forderungen bereit. Demnach muss die schweizerische übernehmende Gesellschaft

---

3572 Dritte Richtlinie des Rates vom 9. Oktober 1978 gemäß Artikel 54 Absatz 3 Buchstabe g) des Vertrages betreffend die Verschmelzung von Aktiengesellschaften (78/855/EWG); ABl. EG L 295 v. 20.10.1978, S. 36.

3573 *Böckli,* Schweizer Aktienrecht, 2009, Teil 1 § 3, S. 389 Rn. 158.

3574 *Böckli,* Schweizer Aktienrecht, 2009, Teil 1 § 3, S. 389 Rn. 154.

3575 ZürchKomm FusG-*Albrecht*, Art. 25 FusG, Rn. 2.

3576 ZürchKomm FusG-*Albrecht*, Art. 25 FusG, Rn. 2.

3577 *Böckli,* Schweizer Aktienrecht, 2009, Teil 1 § 3, S. 390 Rn. 156.

3578 Botschaft 2000, 4425, Ziff. 2.1.2.7 (Fusion) gegenüber 4441, Ziff. 2.1.3.6 (Spaltung).

3579 *Böckli,* Schweizer Aktienrecht, 2009, Teil 1 § 3, S. 390 Rn. 156.

die Forderungen der Gläubiger der an der Fusion beteiligten Gesellschaften sicherstellen. Dabei muss sie ihre Gläubiger im Schweizerischen Handelsamtsblatt (SHAB) dreimal auf ihre Rechte hinweisen. Im internationalen Verhältnis wird diese Bestimmung aber so auszulegen sein, dass die übernehmende schweizerische Gesellschaft diese Publikation im SHAB, die übertragende deutsche Gesellschaft die Veröffentlichung im entsprechenden Publikationsorgan, in Deutschland beispielsweise im Bundesanzeiger, vornimmt.[3580]

Den Schutz der Gläubiger der übertragenden ausländischen Gesellschaft gewährleisten dabei – in Abweichung von der Vereinigungstheorie – die ausländischen Gläubigerschutzbestimmungen. Sofern diese strenger sein sollten, finden diese nur für deren Gläubiger Anwendung: Das hier berufene deutsche Umwandlungsrecht hat in der Begründung des Regierungsentwurfs des UmwG den Gläubigerschutz ebenfalls als gesetzgeberisches Leitziel festgehalten. Der Schutz der Gläubiger wird dabei über verschiedene Instrumente sichergestellt:[3581] Wesentlich ist zunächst das Recht der Gläubiger, eine Sicherheitsleistung zu verlangen.[3582] Dieses Recht wird bei der Spaltung ergänzt durch eine gesamtschuldnerische Haftung der beteiligten Rechtsträger.[3583] Beim Formwechsel in eine Kapitalgesellschaft werden die Gläubiger überdies nach den Grundsätzen der Gründerhaftung geschützt.[3584] Der Gläubigerschutz wird darüber hinaus haftungsrechtlich abgesichert durch eine Ersatzpflicht bei umwandlungsbedingter Schadensverursachung durch einen Verwaltungsträger.[3585]

Wenn man die grenzüberschreitende Fusion im Verhältnis Deutschland – Schweiz für zulässig erachtete, könnten im Falle einer grenzüberschreitenden Herausverschmelzung aus Deutschland in die Schweiz die Gläubigerschutzvorschrift des § 122j UmwG in analoger Weise zur Anwendung gelangen.[3586] Diese Vorschrift lehnt sich sprachlich an die allgemeine für innerstaatliche Sachver-

---

3580 ZürchKomm FusG-*Müller*, Anhang zu Art. 3-28 (Grenzüberschreitende Fusion) Rn. 67.

3581 Siehe dazu *Semler/Stengel*, Umwandlungsgesetz, Einl. A, Rn. 24. Siehe ferner zum Gläubigerschutz bei der Verschmelzung aus rechtsvergleichender Perspektive *Kalss* ZGR 2009, 74 (74ff.).

3582 Vgl. §§ 22, 125 Satz 1 iVm. 22, §204 iVm. 22 UmwG; siehe *Semler/Stengel*, Umwandlungsgesetz, Einl. A, Rn. 24.

3583 Vgl. § 133 UmwG; siehe *Semler/Stengel*, UmwG, Einl. A, Rn. 24.

3584 Vgl. §§ 197, 219 UmwG; siehe *Semler/Stengel*, UmwG, Einl. A, Rn. 24.

3585 § 25, § 125 iVm. § 25, § 205 iVm. § 25; siehe *Semler/Stengel*, UmwG, Einl. A, Rn. 24. sowie ferner *Raiser/Veil*, Recht der Kapitalgesellschaften, 2010, § 46 Rn. 81.

3586 Verstärkt wird der durch § 122j UmwG gewährte Gläubigerschutz durch die Regelung in § 314a UmwG, der die Abgabe einer *falschen Versicherung* über die Erbringung angemessener Sicherheitsleistungen unter Strafe stellt; siehe dazu kritisch *Haritz/v.Wolff* GmbHR 2006, 340 (343).

halte geltende Gläubigerschutznorm des § 22 UmwG an, der jedoch einen nachgeordneten Gläubigerschutz gewährt, so dass die Sicherheitsleistung erst nach Eintragung der Verschmelzung verlangt werden kann.[3587] Im Gegensatz dazu regelt § 122j UmwG als lex specialis für die grenzüberschreitende Verschmelzung einen Anspruch auf Sicherheitsleistung, der bereits vor Vollzug der Verschmelzung verlangt werden kann und die Erfüllung des Anspruchs Voraussetzung des registergerichtlichen Vollzuges ist; vgl. § 122k Abs. 1 S. 2 UmwG.[3588]

Im Gegensatz dazu könnte der Anspruch für binnenrechtliche Sachverhalte gemäß § 22 UmwG erst nach Eintragung der Umwandlung geltend gemacht werden, so dass im Falle einer grenzüberschreitenden Verschmelzung der Anspruch gegen den ausländischen übernehmenden Rechtsträger nach Maßgabe des deutschen Rechts im Ausland durchgesetzt werden müsste. Demnach schützt die Sonderregelung des § 122j UmwG anlässlich grenzüberschreitender Verschmelzungen die Gläubiger der deutschen Gesellschaft davor, ihre Rechte im Ausland verfolgen zu müssen,[3589] was jedoch im Verhältnis zur Schweiz nicht allzu problematisch erscheint, da die Schweiz Vertragsstaat des Luganer-Übereinkommens[3590] ist. In rechtspolitischer Hinsicht ist die Regelung darüber hinaus umstritten,[3591] da im Zusammenhang mit der Registerreintragung ein Erpressungspotential für „räuberische Gläubiger" erblickt wird, da diese anlässlich einer Hinausverschmelzung unangemessene Sicherheitsleistungen verlangen könnten.[3592] Auch könne die von § 122j UmwG geforderte Gefährdung der

3587 Semler/Stengel-*Drinhausen*, UmwG, § 122j UmwG Rn. 1.

3588 Münch. Hdb. GesR VI-*Hoffmann* § 53 Rn. 88; Kallmeyer UmwG-*Marsch-Barner* § 122 j Rn. 1; KölnKomm UmwG-*Simon/Rubner* § 122 j Rn. 1; Semler/Stengel-*Drinhausen*, UmwG, § 122j UmwG Rn. 1 ff.; *Kulenkamp*, Die grenzüberschreitende Verschmelzung von Kapitalgesellschaften in der EU, 2009, S. 311.

3589 Vgl. BT-Drucks. 16/2919, S. 17; Münch. Hdb. GesR VI-*Hoffmann* § 53 Rn. 88.

3590 Übereinkommen über die gerichtliche Zuständigkeit und die Anerkennung und Vollstreckung von Entscheidungen in Zivil- und Handelssachen (Lugano-Übereinkommen, LugÜ) Abgeschlossen in Lugano am 30. Oktober 2007 für die Schweiz in Kraft getreten am 1. Januar 2011, AS 2010 5601 (SR 0.275.12).

3591 In der Literatur ist umstritten, ob die Regelung des § 122j UmwG aufgrund ihrer beschränkenden Wirkung noch als richtlinienkonform angesehen werden kann, da in der Vermelzungsrichtlinie 2005/56/EG eine Sicherheitsleistung nicht explizit vorgesehen ist. Siehe die Argumente gegen eine Richtlinienkonformiät bei *Bayer/Schmidt*, NJW 2006, 401 (405); *Beutel*, Der neue rechtliche Rahmen grenzüberschreitender Verschmelzungen in der EU, 2008, S. 275 f.; Kallmeyer UmwG-*Marsch-Barner* § 122 j Rn. 1. Für eine Richtlinienkonformität sprechen sich aus *Frenzel*, S. 358; ; KölnKomm UmwG-*Simon/Rubner* § 122 j Rn. 17 ff. *Krause/Kulpa,* 171 ZHR (2007), 38 (75); Münch. Hdb. GesR VI-*Hoffmann* § 53 Rn. 89.

3592 Münch. Hdb. GesR VI-*Hoffmann* § 53 Rn. 88; Kallmeyer UmwG-*Marsch-Barner* § 122 j Rn. 2; KölnKomm UmwG-*Simon/Rubner* § 122 j Rn. 17.

Gläubigerforderungen jedenfalls nicht allein aus dem grenzüberschreitenden Charakter der Verschmelzung resultieren; dies kann insbesondere dann angenommen werden, wenn die Kapital- und die Liquiditätssituation der übernehmenden Gesellschaft auch unter Berücksichtigung des hinzukommenden Vermögens einen Forderungsausfall erwarten lassen.[3593]

In ähnlicher Weise wird auch an den schweizerischen Gläubigerschutzvorschriften des Fusionsgesetzes Kritik geübt, da es der Gesetzgeber unterlassen habe, den Gläubigerschutz auf das erforderliche Maß zu beschränken:[3594] So zwinge insbesondere der allgemeine Anspruch auf Sicherstellung jeglicher Forderungen die Gesellschaft faktisch dazu, auf Begehren der Gläubiger eine Art Kollokationsverfahren durchzuführen.[3595] Angebracht wäre es stattdessen, den Gläubigerschutz auf die Voraussetzung der Nichtüberschuldung der Fusionspartner zu beschränken.[3596]

Nach § 122 j UmwG ist den Gläubigern der übertragenden Gesellschaft Sicherheit zu leisten, soweit sie nicht Befriedigung verlangen können. Ein solches Recht steht den Gläubigern jedoch nur zu, wenn sie binnen zwei Monaten nach dem Tag, an dem der Verschmelzungsplan oder sein Entwurf bekannt gemacht worden ist, ihren Anspruch nach Grund und Höhe schriftlich anmelden und glaubhaft machen, dass durch die Verschmelzung die Erfüllung ihrer Forderung gefährdet wird.[3597]

Im Gegensatz dazu schreibt Art. 25 FusG eine Frist von drei Monaten nach der Rechtswirksamkeit der Fusion vor. Die Gläubiger müssen jedoch nach deutschem Recht zur Geltendmachung ihrer Ansprüche glaubhaft machen, dass sie durch die Verschmelzung in der Erfüllung ihrer Forderung gefährdet sind.[3598] Nach Art. 25 Abs. 3 FusG obliegt es der Gesellschaft nachzuweisen, dass die

---

3593 *Beutel*, Der neue rechtliche Rahmen grenzüberschreitender Verschmelzungen in der EU, 2008, S. 275.

3594 ZürchKomm FusG-*Albrecht*, Art. 25 FusG, Rn. 2.

3595 ZürchKomm FusG-*Albrecht*, Art. 25 FusG, Rn. 2.

3596 ZürchKomm FusG-*Albrecht*, Art. 25 FusG, Rn. 2 u. 9.

3597 Die Gläubigerschutzvorschrift des § 22 UmwG gilt unmittelbar für alle Verschmelzungsfälle; ausgenommen ist jedoch die grenzüberschreitende Verschmelzungen auf eine ausländische Gesellschaft, für welche § 122j UmwG die geschützten Gläubiger anders abgrenzt. Gleichwohl ist der Umfang der von § 122j UmwG geschützten Gläubigerrechte identisch mit § 22 UmwG. Siehe Semler/Stengel-*Maier-Reimer/Seulen*, UmwG, § 22 UmwG Rn. 2 sowie Semler/Stengel-*Drinhausen*, UmwG, § 122j UmwG Rn. 9.

3598 Siehe Semler/Stengel-*Maier-Reimer/Seulen*, UmwG, § 22 UmwG Rn. 35; *Grunewald*, Der Konzern 2007, 106(107) äußert die Befürchtung, dass eine Gefährdung somit relativ einfach dargetan werden kann, und sieht hierin gar ein Einfallstor für „räuberische Gläubiger“.

Erfüllung der Forderung durch die Fusion nicht gefährdet ist, damit die Pflicht zur Sicherstellung entfällt.

c) Arbeitnehmerschutz

Das Fusionsgesetz strebt neben Rechtssicherheit und Transparenz auch den Schutz der in die Gesellschaft involvierten Interessen und damit auch der Arbeitnehmer an.[3599] Das Fusionsgesetz trägt der Interessenlage der Arbeitnehmer mit Bestimmungen zum Übergang der Arbeitsverhältnisse, zum Haftungs- und Bestandsschutz von Arbeitsverhältnissen, zu den außerordentlichen Kündigungsmodalitäten sowie zur Information und Konsultation der Arbeitnehmervertreter Rechnung.[3600]

Der Schutz der Arbeitnehmer hat insbesondere im Rahmen des Gesetzgebungsprozess des FusG einen hohen Standard erhalten:[3601] Während der in Vernehmlassung gegebene Vorentwurf zum FusG[3602] noch keine spezifischen Normen zum Schutz der Arbeitnehmer vorsah, wurde im anschließenden Vernehmlassungsverfahren die Einführung von Schutzvorschriften zur Milderung der wirtschaftlichen und sozialen Folgen von Umstrukturierungen gefordert.[3603] Die Botschaft des Bundesrates[3604] ging auf diese Forderung mit der Ein-

---

3599 Vgl. Art. 1 Abs. 2 FusG.

3600 Siehe dazu im Einzelnen Stämpflis HK FusG-*Reinert*, Art. 27 FusG Rn. 1 ff.; .*Zimmerli*, AJP 2005, 771 (772-73) sowie *Hirsiger*, Der Schutz der Gesellschafter, Gläubiger und Arbeitnehmer bei der Fusion von Kapitalgesellschaften nach schweizerischem und europäischem Fusionsrecht, 2006, S. 267 ff.

3601 Siehe dazu *Zimmerli*, AJP 2005, 771 (772) sowie *Winkler*, SJZ 97 (2001), 477 (477 ff.); *Meier-Schatz*, Das neue Fusionsgesetz, 2000, S. 52.

3602 Vorentwurf zu einem Bundesgesetz über die Fusion, Spaltung und Umwandlung von Rechtsträgern (Fusionsgesetz), November 1997. Vgl. auch den Begleitbericht zum Vorentwurf für ein Bundesgesetz über die Fusion, Spaltung und die Umwandlung von Rechtsträgern (Fusionsgesetz), November 1997.

3603 *Zimmerli*, AJP 2005, 771 (772) weist darauf hin, dass diese Forderungen insbesondere von Seiten einzelner Kantone, von der Sozialdemokratischen Partei der Schweiz sowie von diversen Arbeitnehmerorganisationen gestellt wurden. Siehe dazu die Zusammenstellung der Vernehmlassungen zum Bundesgesetz über die Fusion, Spaltung und Umwandlung von Rechtsträgern (Fusionsgesetz), Bern 1999, 63 ff.; siehe zum Arbeitnehmerschutz nach dem Entwurf zum neuen Fusionsgesetz *Winkler*, , SJZ 97 (2001), 477 (477 ff.).

3604 Botschaft des Bundesrates zum Bundesgesetz über die Fusion, Spaltung, Umwandlung und Vermögensübertragung (Fusionsgesetz) vom 13.6.2000 (BBl 2000 V 4337 ff.). Der Entwurf wurde zwischen 2001 und 2003 vom Parlament behandelt. Beratungen des Nationalrates zum Fusionsgesetz, Amtl Bull NR 2003, 227 ff., Amtl Bull NR 2003, 1034 ff. (Differenzbereinigungsverfahren I). Beratungen des Ständerates zum Fusionsgesetz, Amtl Bull SR 2001, 142 ff.; Amtl Bull SR 2003, 488 ff. (Differenzbe-

führung verschiedener Schutznormen ein.[3605] Das Schweizer Fusionsgesetz formuliert den Arbeitnehmerschutz nunmehr als sein Kernanliegen und ist somit bei der Auslegung der Bestimmungen des FusG zu berücksichtigen.[3606]

Der Schutz der Arbeitnehmer der übernehmenden schweizerischen Gesellschaft bildet für die übertragende ausländische Gesellschaft keine Voraussetzung für die Immigrationsfusion, weshalb dieses Sachverhaltselement allein nach dem schweizerischen Gesellschaftsstatut zu bewerten ist. Umgekehrt ist der Arbeitnehmerschutz mit Blick auf die übertragende ausländische Gesellschaft entsprechend nur nach dem ausländischen Gesellschaftsstatut zu beurteilen; vgl. Art. 163a Abs. 1 IPRG.[3607]

Im Ergebnis führt Art. 163a IPRG somit auch im Zusammenhang mit dem Schutz von Arbeitnehmern dazu, dass sowohl Schutznormen des ausländischen als auch jene des schweizerischen Rechts zu berücksichtigen sind. Für die schweizerische übernehmende Gesellschaft sind somit aufgrund von Art. 163a Abs. 2 IPRG die Arbeitnehmerschutzbestimmungen der Art. 27 ff. FusG maßgebend: Der Schutz der Arbeitnehmer wird dabei insbesondere gewährleistet durch den Übergang der Arbeitsverhältnisse und ein Ablehnungsrecht des Übergangs; vgl. Art. 27 Abs. 1 FusG i.V.m. Art. 333 OR.

Als Gläubiger verfügen die Arbeitnehmer der an der Fusion beteiligten Gesellschaften über den bereits erläuterten allgemeinen fusionsgesetzlichen Gläubigerschutz der Art. 25 ff. FusG. Deshalb können sie von der Schuldnergesellschaft die Sicherstellung ihrer Forderungen aus dem Arbeitsvertrag verlangen. Im Rahmen dieses in Art. 27 Abs. 2 FusG statuierten Sicherstellungsrechts für Arbeitnehmerforderungen wird der Kreis der geschützten Forderungen durch das Fusionsgesetz zugunsten der Arbeitnehmer erweitert: Geschützt sind demnach nicht nur bereits bestehende, sondern auch zukünftige Forderungen aus dem Arbeitsvertrag, sofern diese vor dem Zeitpunkt entstehen, auf welchen das

reinigungsverfahren I). Das Gesetz wurde am 3.10.2003 von der Bundesversammlung verabschiedet.

3605 Da der Arbeitnehmerschutz als Zielvorgabe in das Gesetz aufgenommen wurde, kommt diesem bei Auslegungsfragen grundsätzliche Bedeutung zu; vgl. BBl 2000 V 4387; *Meier-Schatz*, Das neue Fusionsgesetz, 2000, S. 52. *Zimmerli*, AJP 2005, 771 (772) weist in Fn. 13 indessen darauf hin, dass es sich richtigerweise vielmehr um einen Grundsatz und kein eigenständiges legislatorisches Ziel handelt.

3606 Vgl. BBl 2000 V 4387; *Zimmerli*, AJP 2005, 771 (772); *Meier-Schatz*, Das neue Fusionsgesetz, 2000, S. 52 sowie *Winkler*, SJZ 97 (2001), 477 (478).

3607 *Hirsiger*, Der Schutz der Gesellschafter, Gläubiger und Arbeitnehmer bei der Fusion von Kapitalgesellschaften nach schweizerischem und europäischem Fusionsrecht, 2006, S. 267; siehe zu nur ausnahmsweise erfolgenden ausschließlichen Anwendung des ausländischen Rechts BaslerKomm FusG-*Girsberger/Rodriguez* Art. 163a IPRG Rn. 25.

Arbeitsverhältnis nach der Rechtswirksamkeit der Fusion ordentlicherweise beendet werden könnte oder – bei Ablehnung des Übergangs durch den Arbeitnehmer gemäß Art. 27 Abs. 1 FusG in Verbindung mit Art. 333 Abs. 1 OR – tatsächlich beendigt wird.[3608] An dieser Stelle sei angemerkt, dass dieser Schutz weiter geht als die entsprechende deutsche Regelung.

Ferner wird der Schutz der Arbeitnehmer mit einem Weiterbestehen der persönlichen Haftung der Gesellschafter der übertragenden Gesellschaft gewährleistet; vgl. Art. 27 Abs. 3 FusG. Diese Kontinuität der persönlichen Haftung der Gesellschafter der übertragenden Gesellschaft führt dazu, dass die persönlich haftenden Gesellschafter der übertragenden Gesellschaft für alle Verbindlichkeiten aus dem Arbeitsvertrag auch weiterhin haftbar gemacht werden können, sofern diese bis zum Zeitpunkt entstehen, auf den das Arbeitsverhältnis ordentlicherweise beendigt werden könnte oder, bei Ablehnung des Übergangs, vom Arbeitnehmer beendigt wird.[3609]

Schließlich haben die Arbeitnehmer das Recht, über die Fusion informiert bzw. konsultiert zu werden; vgl. Art. 28 FusG i.V.m. Art. 333a OR.[3610] Im Rahmen der Informationspflicht des Arbeitgebers sind transaktionsbeteiligte Gesellschaften bzw. Rechtsträger dazu verpflichtet, ihre Arbeitnehmer über die Gründe der Fusion sowie über deren rechtliche, wirtschaftliche und soziale Folgen zu informieren.[3611] Mit der Information der Arbeitnehmervertretung oder, falls es diese nicht gibt, der einzelnen Arbeitnehmer[3612] soll sichergestellt werden, dass die Arbeitnehmer in Kenntnis aller relevanten Umstände entscheiden können, ob sie von ihrem Recht zur Ablehnung des Übergangs ihres Arbeitsverhältnisses Gebrauch machen wollen oder nicht.[3613]

Das Konsultationsrecht stellt in beschränktem Maße eine Form der Mitwirkung der Arbeitnehmer dar. Die Arbeitnehmervertretung soll bei mit der Transaktion in Zusammenhang stehenden Maßnahmen, welche die Arbeitnehmer direkt betreffen, nicht bloß informiert, sondern vor einer Entscheidung konsultiert werden.[3614] Die Konsultation umfasst dabei einerseits das Recht der Arbeitnehmer, angehört zu werden, und andererseits die Verpflichtung des Arbeitgebers, die Meinung der Arbeitnehmervertretung bzw. der Arbeitnehmer einzuholen.

3608 *Zimmerli*, AJP 2005, 771 (775).

3609 *Zimmerli*, AJP 2005, 771 (776).

3610 *Hirsiger* Der Schutz der Gesellschafter, Gläubiger und Arbeitnehmer bei der Fusion von Kapitalgesellschaften nach schweizerischem und europäischem Fusionsrecht, 2006, S. 267.

3611 Vgl. Art. 28 Abs. 1 FusG i.V.m. Art. 333a OR sowie für die Spaltung Art. 50 FusG verweisend auf Art. 28 FusG.

3612 Botschaft FusG, 4428.

3613 *Zimmerli*, AJP 2005, 771 (778).

3614 Vgl. Art. 333a Abs. 2 OR; dazu *Zimmerli*, AJP 2005, 771 (778).

Jedoch ist das Anhörungsrecht indessen kein Mitspracherecht, und der Arbeitgeber ist nicht an die Meinungen der Arbeitnehmer gebunden.[3615]

Im deutschen Umwandlungsrecht steht der Arbeitnehmerschutz – wenn auch nicht ausdrücklich als Gesetzesziel erwähnt – im Mittelpunkt des gesetzgeberischen Interesses.[3616] Aus Sicht der Arbeitnehmer geht es auch um die bestehende unternehmerische Mitbestimmung. Nach zutreffender Ansicht sind die dazu einschlägigen gesetzlichen Regelungen – insbesondere das MitbestG und das DrittelbG – nicht auf eine Auslandsgesellschaft anzuwenden.[3617] In der Konsequenz führt die Hinausumwandlung einer deutschen mitbestimmten Gesellschaft daher zu einem Verlust der Mitbestimmung, sofern nicht ausnahmsweise das ausländische Gesellschaftsstatut eine gleichwertige unternehmerische Mitbestimmung vorsieht, was mit Blick auf die Schweiz nicht der Fall ist.[3618]

Eine solche drohende Einbuße ließe sich zwar theoretisch verhindern, wenn man von deutscher Seite aus in Erwägung zöge, die Mitbestimmungsregeln zwingend auf Auslandsgesellschaften auszuweiten. Bislang hat man sich für ein gänzliches Verbot derartiger grenzüberschreitender Umstrukturierungsvorgänge entschieden, wobei eine solche Ausweitung demgegenüber sicherlich auch kein „milderes Mittel“ darstellen würde.[3619]

3615 Streitig ist in diesem Zusammenhang, ob mit der Konsultation der Arbeitnehmer auch ein Recht auf Beratung mit dem Arbeitgeber und ein Recht auf Begründung, falls Gegenvorschläge abgewiesen werden, verbunden sind. *Zimmerli*, AJP 2005, 771 (779) weist dabei zu Recht darauf hin, dass der Arbeitgeber verpflichtet ist, den Arbeitnehmern zumindest ein Recht auf Beratung zuzugestehen, da nur auf diese Weise das Anhörungsrecht auch materiell gewahrt und die Konsultation den in Art. 333a Abs. 2 OR angestrebten Schutzzweck erfüllen könne. Anderer Ansicht ist demgegenüber Stämpflis HK FusG-*Reinert*, FusG, Art. 28 FusG Rn. 7.

3616 Semler/Stengel-*Semler/Stengel*, UmwG, Einl. A, Rn. 27.

3617 *Eidenmüller*, in: Eidenmüller (Hrsg.), Ausländische Kapitalgesellschaften, 2004, § 4 Rn. 118.

3618 Anders die Regelung des § 122c Abs. 2 Nr. 10 UmwG, der mit Blick auf die unternehmerische Mitbestimmung einer aus einer grenzüberschreitenden Verschmelzung hervorgehenden Gesellschaft weitgehend auf das sog. SE-Modell verweist. Dort ist ein Verhandlungsverfahren zwischen der an der grenzüberschreitenden Verschmelzung beteiligten Geschäftsleitungen einerseits und dem auf Arbeitnehmerseite gebildeten sog. besonderen Verhandlungsgremium andererseits vorgesehen. Diese Regelung wurde im Wege des Gesetzes über die Mitbestimmung der Arbeitnehmer bei einer grenzüberschreitenden Verschmelzung (MgVG) BGBl. I 2006, 3332. umgesetzt. Siehe KölnerKomm-*Simon/Rubner* § 122c UmwG Rn. 21; vgl. hierzu ferner *Habersack* ZHR 171 (2007), 613 (613ff.).

3619 *Eidenmüller*, in: Eidenmüller (Hrsg.), Ausländische Kapitalgesellschaften, 2004, § 4 Rn. 118.

Die Bestimmungen des Gesetzes über die Mitbestimmung der Arbeitnehmer bei einer grenzüberschreitenden Verschmelzung (MgVG)[3620] sehen dabei ein Verfahren zur Aushandlung der Mitbestimmung in der Zielgesellschaft vor, das sich im Wesentlichen an dem hierfür geltenden Verfahren im Rahmen der Gründung einer Europäischen Aktiengesellschaft (SE) orientiert. Aus deutscher Sicht kann jedoch im Falle einer grenzüberschreitenden Herausverschmelzung lediglich von einem partiellen Erhalt der Mitbestimmung ausgegangen werden.[3621] Denn gerade bei monistisch verfassten Gesellschaften, zu denen grundsätzlich auch Schweizer Aktiengesellschaften gezählt werden können, sieht Art. 16 Abs. 4 lit. c) S. 1 der Verschmelzungsrichtlinie eine gesetzliche Auffangregelung vor: Demnach muss der Sitzstaat der aufnehmenden Gesellschaft bei fehlender Verhandlungslösung zwar grundsätzlich die unternehmerische Mitbestimmung ermöglichen, kann dabei jedoch eine Beschränkung der Anzahl der Arbeitnehmervertreter vornehmen. Auch ist der Ausstieg aus dem Mitbestimmungsmodell nach drei Jahren über Art. 16 Abs. 7 der Verschmelzungsrichtlinie möglich. Wenn *de lege ferenda* diese Grundsätze auch für Schweizer Kapitalgesellschaften gelten sollten, wird deutlich, dass der Erhalt der Mitbestimmung jedenfalls auf einen überschaubaren Zeitraum begrenzt wäre.[3622] Bereits jetzt ist deutschen Gesellschaften auf dieser Grundlage eine legale Flucht aus der Mitbestimmung in zeitlich getreckter Weise möglich, wenn sich es sich bei der aufnehmenden Gesellschaft um eine englische Gesellschaft handelt.[3623]

Nach § 5 Abs.1 Nr. 9 UmwG müssen die „Folgen der Verschmelzung für die Arbeitnehmer und ihre Vertretungen" im Verschmelzungsvertrag beschrieben werden.[3624] Demgegenüber sollen bei einer grenzüberschreitenden Ver-

---

3620 Gesetz über die Mitbestimmung der Arbeitnehmer bei einer grenzüberschreitenden Verschmelzung (MgVG) v. 21.12.2006; BGBl. I S. 3332; zuletzt geändert durch Artikel 11 G. v. 30.07.2009 BGBl. I S. 2479.

3621 *Günes*, Grenzüberschreitende Verschmelzung unter Beteiligung von EU/EWR- und Drittstaaten-Kapitalgesellschaften, 2012, S. 186.

3622 *Günes*, Grenzüberschreitende Verschmelzung unter Beteiligung von EU/EWR- und Drittstaaten-Kapitalgesellschaften, 2012, S. 186.

3623 Siehe dazu Part 4 Employee Participation gemäß *The Companies (Cross-Border Mergers) Regulations* 2007 No. 2974; *Günes*, Grenzüberschreitende Verschmelzung unter Beteiligung von EU/EWR- und Drittstaaten-Kapitalgesellschaften, 2012, S. 185 u. 186.

3624 So müssen im Verschmelzungsvertrag im Rahmen von innerstaatlichen Verschmelzungen Angaben über die Folgen der Umwandlung für die Arbeitnehmer und ihre Vertretungen enthalten sein. Vgl. §§ 5 Abs. 1 Nr. 9, 126 Abs. 1 Nr. 11, 194 Abs. 1 Nr. 7 UmwG. Ferner ist der Umwandlungsvertrag oder sein Entwurf dem Betriebsrat zuzuleiten, was bei der Anmeldung auch nachzuweisen ist. Vgl. §§ 5 Abs. 3, 17 Abs. 2, 126

schmelzung die voraussichtlichen „Auswirkungen der grenzüberschreitenden Verschmelzung auf die Beschäftigung“ beschrieben werden; vgl. § 122c Abs. 2 Nr. 4. Hier stellt sich die Frage, ob die „Folgen für die Arbeitnehmer“ und die „Auswirkungen auf die Beschäftigung“ ein und dasselbe meinen.[3625] Im letzten Fall sind die Informationen nicht dem Betriebsrat zuzuleiten, so dass diese sich nur an die Anteilseigner richtet. Jedoch dürfen nach deutschem Recht bei der grenzüberschreitenden Verschmelzungen die Informationen zu den arbeitnehmerbezogenen Auswirkungen den Arbeitnehmern nicht vorenthalten werden; ausführliche Informationen hierzu enthält der Verschmelzungsbericht, der – anders als bei einer binnenrechtlichen Verschmelzung – dem Betriebsrat oder falls dieser fehlt, direkt den Arbeitnehmern zuzuleiten ist.[3626]

Mit Blick auf den Übergang der Arbeitsverhältnisse ist auf die Regelung des § 324 UmwG hinzuweisen, der in den Fällen der Verschmelzung, Spaltung und Vermögensübertragung § 613a Abs. 1 und 4 bis 6 BGB für ausdrücklich anwendbar erklärt. Der von der Umwandlung betroffene Arbeitnehmer behält seine kündigungsrechtliche Stellung für die Dauer von zwei Jahren; vgl. § 323 UmwG.[3627] Weiterhin ist die Mitbestimmungsbeibehaltung bei Abspaltungen und Ausgliederungen nach § 325 UmwG zu nennen, die in der insoweit mitbestimmungsneutralen Umwandlungsgesetzgebung einen Sonderfall darstellt.[3628]

C. Vermögensübertragung

I. Schweizerische Sicht

1. Wesen und Hintergrund der Vermögensübertragung

a) Begriff und Einsatzmöglichkeiten

Bei der Vermögensübertragung handelt es sich um eine neu im Rahmen des FusG eingeführte Übertragungsform für Aktiva und Passiva von einem auf den anderen Rechtsträger.[3629] Von anderen Strukturanpassungsvorgängen unter-

---

Abs. 3, 194 Abs. 2 UmwG; Semler/Stengel-*Semler/Stengel*, UmwG, Einl. A, Rn. 27; siehe dazu ferner *Nießen*, Der Konzern 2009, 321 (321 ff.).

3625 *Krause*, in: VGR (Hrsg.), Gesellschaftsrecht in der Diskussion 2006, VGR Bd. 12 (2007), S. 39 (47).

3626 Insoweit erfüllt der Verschmelzungsbericht die Funktion, die bei einer innnerstaatlichen Verschmelzung dem Verschmelzungsvertrag zukommt; siehe KölnKomm-*Simon/Rubner* § 122e Rn. 3.

3627 Semler/Stengel-*Semler/Stengel*, UmwG, Einl. A, Rn. 28.

3628 Semler/Stengel-*Semler/Stengel*, UmwG, Einl. A, Rn. 28.

3629 Vgl. Art. 69-77, Art. 86 f., Art. 98 und Art. 99-101 FusG; BaslerKomm FusG-*Girsberger/Rodriguez* Art. 163d IPRG Rn. 29.

scheidet sich die Vermögensübertragung dadurch, dass es sich nicht um ein gesellschaftsrechtlich geprägtes Rechtsinstitut, sondern um einen Vorgang vertragsrechtlicher Natur handelt.[3630]

Die Vermögensübertragung kann dabei als eine „partielle Universalsukzession" gesehen werden, mit der Rechtsträger ihr Vermögen ganz oder teilweise nach Maßgeblichkeit eines Inventars *uno actu* kraft Eintragung ins Handelsregister auf andere Rechtsträger übertragen, ohne dass die für die Einzelübertragung geltenden Form- und Publizitätsvorschriften erfüllt werden müssen.[3631] Die partielle Universalsukzession ist dabei als neues Prinzip im Schweizerischen Recht anzusehen.[3632]

Die zentrale Funktion der Vermögensübertragung ist es, den Übergang von den im Inventar genannten Vermögensteilen „als Gesamtheit" von einem Rechtsträger auf einen anderen Rechtsträger zu ermöglichen.[3633] In diesem Zusammenhang wird von „partieller Universalsukzession" bzw. „partieller Gesamtrechtsnachfolge" gesprochen,[3634] weil entsprechend dem Erbgang[3635] oder der Fusion[3636] alle Aktiven und Passiven vom übertragenden Rechtsträger auf den übernehmenden Rechtsträger übergehen.[3637] Als „partiell" ist die Universalsukzession bzw. die Gesamtrechtsnachfolge im Rahmen einer Vermögensübertragung deshalb anzusehen, da sie ihrem Umfang nach durch ein Inventar beschränkt wird, das in der Umschreibung als „Übertragung gemäss Inventar"[3638] seinen Ausdruck findet. Die Vermögensübertragung kann dabei gegen eine allfällige Gegenleistung[3639] erfolgen, ohne dass mit ihr jedoch die Auflösung des

---

3630 *Helbing*, Internationale Sitzverlegungen und Umstrukturierungen, 2010, § 6 Rn. 194.

3631 ZürchKomm FusG-*Beretta*, Vor Art. 69-77 FusG, Rn. 4 u. 5; Stämplis HK FusG-*Frick*, Vorbem. zu Art. 69–72 FusG, Rn. 2.

3632 *Beretta*, in: Roland von Büren et al. (Hrsg.) Schweizerisches Privatrecht – Stukturanpassungen, Bd. VIII/8 (2006), Grundsatz der vermögensrechtlichen Kontinuität, § 2 III.1. S. 237. Ob hier indessen noch ein internationales Verhältnis vorliege, müsse im Einzelfall beantwortet werden; siehe BaslerKomm FusG-*Girsberger/Rodriguez* Art. 163d IPRG Rn. 31.

3633 ZürchKomm FusG-*Beretta*, Vor Art. 69-77 FusG, Rn. 4;

3634 Während in der schweizerischen Doktrin zumeist der Begriff „Universalsukzession" Verwendung findet, ist im deutschen Schrifttum wohl häufiger von „Gesamtrechtsnachfolge" die Rede; beide Begriffe identischen Bedeutungsgehalt.

3635 Vgl. Art. 560 Abs. 1 ZGB.

3636 Vgl. Art. 22 FusG.

3637 Vgl. Art. 73 Abs. 2 FusG i.V.m. Art. 71 Abs. 1 lit. b FusG; ZürchKomm FusG-*Beretta*, Vor Art. 69–77 FusG, Rn. 4.

3638 Botschaft FusG, 2.1.5.3, S. 4465; siehe auch *Turin*, Le transfert de patrimoine selon le projet de loi sur la fusion, 2003, S. 57 f. sowie *Schumacher*, Die Vermögensübertragung nach dem Fusionsgesetz, 2005, § 1, S. 5.

3639 Vgl. Art. 71 Abs. 1 lit. d FusG.

übertragenden Rechtsträgers einhergeht.[3640] Im Rahmen einer Vermögensübertragung ist eine Gegenleistung somit nicht zwingend erforderlich und muss auch nicht nach Maßgabe des FusG „angemessen" sein.[3641] Im Gegensatz zur Fusion oder Spaltung kommt die Gegenleistung im Rahmen der Vermögensübertragung nicht den jeweiligen Gesellschaftern, sondern vielmehr der übertragenden Gesellschaft selbst zu.[3642] In der Praxis wird die Attraktivität der Vermögensübertragung indessen dadurch geschmälert, daß nach Art. 71 lit. d) FusG der Übertragungsvertrag Angaben zur Gegenleistung enthalten muss. Unter Vertraulichkeitsgesichtspunkten wird die im Handelsregistereintrag separat offenzulegende Angabe zur Höhe der Gegenleistung von den Parteien als unerwünscht anzusehen sein.[3643]

Vor dem Hintergrund ihres weiten Anwendungsbereichs[3644] ist die Vermögensübertragung nicht nur als „eine Art Auffanginstitut" zu verstehen; sie stellt vielmehr „funktional eine Generalklausel" dar, die für sämtliche Vorgänge eingesetzt werden kann, für die eine Fusion, Spaltung oder Umwandlung nicht geeignet ist.[3645]

Das Institut der Vermögensübertragung stellt eine allgemein gefasste Ergänzung zum *numerus clausus* der Transaktionsformen der Fusion, Spaltung und

---

3640 So lässt sich Vermögensübertagung anhand von fünf begriffsbestimmenden Merkmalen umschreiben: Eine Vermögensübertragung liegt demnach vor, „wenn die an ihr beteiligten Rechtsträger 1. aufgrund eines Übertragungsvertrages 2. die Übertragung von Vermögen oder Vermögensteilen des übertragenden Rechtsträgers auf einen übernehmenden Rechtsträger 3. mittels partieller Universalsukzession 4. gegen eine allfällige Gegenleistung 5. ohne Auflösung des übertragenden Rechtsträgers vereinbaren und vollziehen". *Schumacher*, Die Vermögensübertragung nach dem Fusionsgesetz, 2005, § 1, S. 5 u.6.

3641 BaslerKomm FusG-*Malacrida*, Art. 71 Rn. 9; *von der Crone* et al. (Hrsg.), Das Fusionsgesetz, 2004, § 5 Rn. 835 u. 854; stets zu beachten gilt dabei jedoch das Verbot der Einlagenrückgewähr; vgl. Art. 680 Abs. 2 OR, der verdeckten Gewinnausschüttung; vgl. Art. 678 Abs. 2 OR sowie der paulianischen Anfechtung; vgl. Art. 285 ff. SchKG; siehe *Gnos/Vischer* AJP 2011 S. 402 (419).

3642 *Gnos/Vischer* AJP 2011 S. 402 (419); *von der Crone* et al. (Hrsg.) Das Fusionsgesetz, 2004, § 5 Rn. 850.

3643 *Beretta*, in: Roland von Büren et al. (Hrsg.) Schweizerisches Privatrecht – Stukturanpassungen, Bd. VIII/8 (2006), Vermögensübertragung, § 1 S. 471/2.

3644 Siehe dazu *Aebersold*, Umstrukturierung von Unternehmen durch Vermögensübertragung, BN 2004, 147 (163), welcher die Vermögensübertragung bildhaft als "Mehrzweckwaffe" bezeichnet.

3645 *Kläy/Turin,* REPRAX 2001, 1 (33 u. (39); vor diesem Hintergrund wird eine Einschränkung des Anwendungsbereichs der Vermögensübertragung gefortert; vgl. *Beretta*, in: Roland von Büren et al. (Hrsg.) Schweizerisches Privatrecht – Stukturanpassungen, Bd. VIII/8 (2006), Vermögensübertragung, § 1 S. 469f..

Umwandlung dar.[3646] Aufgrund der Gestaltungsreichweite wird indessen betont, dass nach Einführung des Rechtsinstituts der Vermögensübertragung kein eigentlicher *numerus clausus* mehr im Fusionsrecht bestehe,[3647] da die gewünschten Umstrukturierungsziele fast immer durch Vermögensübertragung verwirklicht werden könnten.[3648] Im Rahmen des Fusionsgesetzes wird das fünfte Kapitel mit dem Institut der Vermögensübertragung auch als das „innovativste Element" des neuen FusG bezeichnet.[3649]

Eine Vermögensübertragung kann je nach Ausgestaltung des Übertragungsvertrages dabei sowohl mit als auch ohne Gegenleistung erfolgen.[3650] Die beteiligten Rechtsträger können die Gegenleistung frei wählen, sofern die Gesellschafter des übertragenden Rechtsträgers jedenfalls keine Anteils- oder Mitgliedschaftsrechte des übernehmenden Rechtsträgers als Gegenleistung für die Vermögensübertragung erhalten.[3651] Die Vermögensübertragung unterscheidet sich von der -spaltung dadurch, dass es im Rahmen der Vermögensübertragung der übertragende Rechtsträger selbst ist, der eine etwaige Gegenleistung erhält und nicht dessen Gesellschafter.[3652] Jedoch ist die Vermögensübertragung nur dann zulässig, wenn das Inventar einen Aktivenüberschuss aufweist; vgl. Art. 71 Abs. 2 FusG.[3653] Dieses Erfordernis soll dabei die Gläubiger des übernehmenden Rechtsträgers davor schützen, dass deren Haftungssubstrat beim übernehmenden Rechtsträger infolge der Transaktion verringert wird.[3654] Was das Verfahren betrifft, so ist dies im Vergleich zu Fusion und Spaltung einfach ausgestaltet: Die Vermögensübertragung basiert auf einem Übertragungsvertrag und der Eintragung ins Handelsregister. Eine Zustimmung oder vorgängige Information der Gesellschafterinnen und Gesellschafter ist grundsätzlich nicht notwendig.[3655]

3646 *Meier-Schatz*, Das neue Fusionsgesetz, 2000, S. 43

3647 *Kläy/Turin*, REPRAX 2001, 1 (33); Botschaft, 4362 f. und 4394.

3648 *Meer*, Recht 2005, 153 (154).

3649 Vgl. Votum *Schweiger* zu FusG 69, AmtlBull 2001 SR, 158.

3650 Vgl. Art. 71 Abs. 1 lit. d FusG sowie Botschaft FusG, 4459; ZürchKomm FusG-*Beretta*, Vor Art. 69–77 FusG, Rn. 6; siehe ferner *Schumacher*, Die Vermögensübertragung nach dem Fusionsgesetz, 2005, § 1, S. 8 sowie *Beretta*, in: Roland von Büren et al. (Hrsg.) Schweizerisches Privatrecht – Stukturanpassungen, Bd. VIII/8 (2006), Vermögensübertragung, § 1 II S. 474.

3651 Andernfalls wäre nämlich nicht mehr das Recht der Vermögensübertragung nach Art. 69 ff. FusG, sondern vielmehr das Spaltungsrecht nach Art. 29 ff. FusG anwendbar; siehe *Schumacher*, Die Vermögensübertragung nach dem Fusionsgesetz, 2005, § 1, S. 8.

3652 BaslerKomm FusG-*Girsberger/Rodriguez* Art. 163d IPRG Rn. 29.

3653 Botschaft FusG, 4460.

3654 Botschaft FusG, 4463.

3655 ZürchKomm FusG-*Beretta*, Vor Art. 69-77 FusG, Rn. 7.

Der Vermögensübertragung werden vielfältige Verwendungsmöglichkeiten vorhergesagt:[3656] Funktional stellt sie ein Alternative zu Fusion, Spaltung und Umwandlung dar und ist immer dann angezeigt, wenn keine Anteils- oder Mitgliedschaftsrechts und die Gesellschafter des übertragenden Rechtsträgers übergehen sollen.[3657] Die Einsatzmöglichkeiten reichen dabei von der Gründung von Tochtergesellschaften im Rahmen einer Vermögensübertragung als Sacheinlage nach Art. 628 Abs. 1 OR und Art. 634 OR über die Vereinfachung der Liquidation einer Gesellschaft bis zur Veräußerung eines Unternehmensteils im Wege des „Asset Deal" oder allgemein zur Strukturanpassung, falls Fusion, Spaltung oder Umwandlung nicht in Frage kommen.[3658] Ferner findet die Vermögensübertragung auch als Übertragungsmechanismus für die gleichzeitige Veräußerung von mehreren Grundstücken Anwendung.[3659] Gerade im Verhältnis zur Spaltung kann konstatiert werden, dass Vermögensübertragungen nicht selten als Spaltungsersatz gewählt werden, selbst wenn die Spaltung als Gestaltungsoption eigentlich zur Verfügung stünde.[3660] Im Lichte des fusionsgesetzlich garantierten Schutzstandards betrachtet, eröffnet sich dabei Mißbrauchspotential, das in drei Fallgruppen erblickt wird:[3661] In Betracht kommt der Mißbrauch des Rechtsinstituts der Vermögensübertragung „als Mittel zur Entledigung ungewollter Vermögensbestandteile" [3662] sowie „zur Egalisierung der Singularsukzession (und umgekehrt)" [3663] oder „als missbräuchliches Surrogat anderer FusG-Transaktionen"[3664].

3656 Stämplis HK FusG-*Frick*, Vorbem. zu Art. 69-72 FusG, Rn. 2.

3657 Zürchkomm FusG-*Beretta*, Vor Art. 69–77 FusG, Rn. 9; Stämplis HK FusG-*Frick*, Vorbem. zu Art. 69–72 FusG, Rn. 3; *Turin*, Le transfert de patrimoine selon le projet de loi sur la fusion, 2003, S. 54 f.

3658 Botschaft, 4362; *Tschäni,* M&A Transaktionen nach Schweizer Recht, 2003, S. 93 Rn. 107, *Meier-Schatz*, Fusionsgesetz, 2000, S. 47.

3659 *Tschäni,* GesKR 2007, 170 (170); siehe zur Handänderung von Immobilien durch Vermögensübertragung nach Fusionsgesetz *Rampini,* ST 2006, 164 (166).

3660 *Tschäni,* GesKR 2007, 170 (171); siehe zur Abgrenzung dieser beiden Rechtsinsitute voneinander *Wälti*, Der Anwendungsbereich der Vermögensübertragung, 2013, S. 113 ff.

3661 Siehe dazu *Wälti*, Der Anwendungsbereich der Vermögensübertragung, 2013, S. 84 ff.; siehe zu den Lösungsansätzen zur Einschränkung des Mißbrauchspontials, *ders.*, Der Anwendungsbereich der Vermögensübertragung, 2013, S. 153 f.

3662 *Wälti*, Der Anwendungsbereich der Vermögensübertragung, 2013, S. 84.

3663 *Wälti*, Der Anwendungsbereich der Vermögensübertragung, 2013, S. 85.

3664 *Wälti*, Der Anwendungsbereich der Vermögensübertragung, 2013, S. 94.

b) Geltung der partiellen Universalsukzession bei der Übertragung von Verträgen?

Da diese privilegierte Form der Übertragung kraft Inventar nicht auf die Übertragung von Betrieben oder Betriebsteilen beschränkt worden ist, sondern auch einzelne Vermögensgegenstände übertragen werden können, besteht indessen die Gefahr, dass die für die Singularsukzession geltenden Übertragungserfordernisse wie Formvorschriften, Zustimmung des Vertragspartners oder Übertragungshindernisse wie Abtretungsverbote, Vinkulierung, Übertragung umgangen werden können.[3665] Als Kern der Diskussion um die Vermögensübertragung ist daher auch der „Kompromiss zwischen Strukturanpassungsfreiheit und Vertragsschutz" zu sehen.[3666]

Dabei ist es sowohl bei Spaltung als auch Vermögensübertragung problematisch, ob abgesehen von den gesetzlich ausdrücklich geregelten Fällen[3667] Vertragsverhältnisse generell von der übertragenden Gesellschaft auf die übernehmende Gesellschaft übertragen werden können.[3668] Mit Blick auf die Vermögensübertragung wurde diese Frage im Parlament eingehend diskutiert.[3669] In diesen Fragen kommt es zu Rechtsunsicherheiten aufgrund des Widerspruchs zwischen der Zielsetzung des Fusionsgesetzes und der parlamentarischen Meinung: Vor dem Hintergrund der durch das FusG bezweckten Erleichterung der Übertragung und der Anpassung der Rechtsformen von Unternehmen bei veränderten Bedürfnissen[3670] wäre es teleologisch sinnvoll, der Vermögensübertragung weitestgehend die Privilegierung der Universalsukzession zukommen zu lassen. Mit den gesetzgeberischen Zielen erscheint es somit besser vereinbar, dass Übertragungshindernisse grundsätzlich einer Vermögensübertragung nicht im Wege stehen und dass darüber hinaus auch keine Zustimmung des Vertragspartners für den Übergang des Vertragsverhältnisses erforderlich wäre.[3671]

Wenn umgekehrt, wie es offenbar dem Willen des Nationalrates entspricht,[3672] für die Übertragung jedes einzelnen Vertrages immer die Zustim-

---

3665 Stämpflis HK FusG-*Frick* Art. 69 FusG Rn. 18.

3666 Siehe den gleichnamigen Beitrag von *Loser-Krogh*, AJP/PJA 2000, 1095 (1095 ff.).

3667 Vgl. z.B. Art. 333 OR für den Arbeitsvertrag sowie Art. 261 und 263 OR für den Mietvertrag.

3668 *Glanzmann*, AJP 2004, 815 (822).

3669 *Glanzmann*, AJP 2004, 815 (822).

3670 Botschaft, 4354.

3671 Stämpflis HK FusG-*Frick* Art. 69 FusG Rn. 20. Siehe zur Problematik eingehend *Schumacher*, Die Vermögensübertragung nach dem Fusionsgesetz, 2005, S. 147.

3672 So nahm Bundesrätin *Ruth Metzler* zum Minderheitsantrag *Ménétrey-Savary* et al. Amtl. Bull. NR 2003, 243, der die Übertragung von Verträgen in Art. 71 Abs. 1 FusG verankert sehen wollte, wie folgt Stellung: „Die Vermögensübertragung bringt lediglich eine Vereinfachung hinsichtlich der Formvorschriften. Das materielle Recht, ein-

mung aller Vertragsparteien eingeholt wird, so würde das Rechtsinstitut der Vermögensübertragung eines seiner attraktivsten Merkmale beraubt und sich in Widerspruch zu den klassischen Fällen der Universalsukzession setzen.[3673] Zudem werden von schweizerischer Seite auch rechtsvergleichende Bedenken geäußert, man nähme einen Widerspruch zu dem auch das deutsche Spaltungsrecht prägenden Gedanken der partiellen Universalsukzession in Kauf, wenn man nicht grundsätzlich für einen Vertragsübergang plädierte.[3674]

Insgesamt muss die Frage der Übertragung von Verträgen in der schweizerischen Literatur[3675] und Rechtsprechung[3676] als noch nicht abschließend geklärt angesehen werden. Der Gesetzgeber hat es insoweit versäumt, durch eine klare Regelung Rechtssicherheit zu schaffen, was durchaus als Mangel des Fusionsgesetzes betrachtet werden kann.[3677]

c) *Entstehungsgeschichte und internationale Verbreitung*

Aufgrund ihrer Entstehungsgeschichte wird der Vermögensübertragung der „Ruf als Findelkind“[3678] zuteil: Zwar existierte bereits in der früheren Fassung des Art. 181 OR im Schweizer Recht bereits der „halbfertige“ Prototyp der heutigen Vermögensübertragung.[3679] Die frühere Vermögens- oder Geschäftsübernahme nach der alten Fassung des Art. 181 f. OR sah bereits eine partielle Uni-

---

schliesslich der Übertragungsbeschränkungen, darf dadurch nicht berührt werden, wenn es nicht aus den Angeln gehoben werden soll.“ Amtl. Bull. NR 2003, 244, Votum Bundesrätin *Ruth Metzler*.

3673 Stämpflis HK FusG-*Frick* Art. 69 FusG Rn. 20.

3674 Siehe Stämpflis HK FusG-*Frick* Art. 69 FusG Rn. 20 unter Hinweis auf die herrschende Meinung in der deutschen Lehre dargestellt in Lutter-*Teichmann*, UmwG, § 132 UmwG Rn 4 ff. m.w.N.

3675 Es werden dazu drei Ansichten vertreten: Während die Zustimmungstheorie davon ausgeht, dass für einen Vertragsübergang grundsätzlich für jeden Fall eine Zustimmung eingeholt werden muss, geht demgegenüber die wohl überwiegende Universalsukzessionstheorie im Grundsatz davon aus, dass Vertragsverhältnisse durch die Vermögensübertragung automatisch auf den übernehmenden Rechtsträger übergehen. Insoweit restriktiver bejahen die Anhänger der Betriebsübergangstheorie einen automatischen Vertragsübergang im Rahmen der partiellen Universalsukzession nur dann, wenn der übertragene Vertrag mit den anderen übertragenen Vermögensgegenständen zusammenhängt und insgesamt ein Betrieb oder ein Teilbetrieb übertragen wird. Siehe zur Darstellung dieses Meinungsstreits eingehend *Vogel/Günter* AJP 2012 S. 592 (601 ff).

3676 In BGer 4C 385/2005 vom 31. Januar 2006, E. 1.1.2. hat sich das Bundesgericht lediglich mit Blick auf eine Spaltung geäußert.

3677 *Vogel/Günter* AJP 2012 S. 592 (596).

3678 *Vogel/Günter* AJP 2012 S. 592 (593).

3679 *Vogel/Günter* AJP 2012 S. 592 (593 in Fn. 7)

versalsukzession vor, wenn diese auch auf die Passivseite beschränkt war:[3680] Demnach konnten lediglich die Schulden bei entsprechender Bekanntgabe automatisch und *uno actu* auf den Erwerber übergehen, während umgekehrt die übertragende Partei nach Ablauf von zwei Jahren automatisch ohne weitere Zustimmung der Gläubiger aus dem Schuldverhältnis ausschied.[3681]

Gleichwohl war die Vermögensübertragung als Strukturmaßnahme im 1997 zur Vernehmlassung unterbreiteten Vorentwurf zum Fusionsgesetz zunächst nicht vorgesehen und wurde erst in der Botschaft zum Fusionsgesetz in den Gesetzesvorschlag integriert.[3682] Anfangs wurden zunächst lediglich verschiedene Varianten der Spaltung diskutiert: So war im Entwurf lediglich die Übernahme von Vermögenswerten mit Gegenleistung an den übertragenden Rechtsträger als „Ausgliederung" im Rahmen der Spaltung geregelt.[3683] Da das Spaltungsrecht für diesen Vorgang ein aufwändiges Verfahren, so z.B. mit Schuldenruf an die Gläubiger, vorsah, verzichtete der Gesetzgeber – nicht zuletzt aufgrund der im Vernehmlassungsverfahren geäußerten Kritik[3684] – auf die Spaltung zur Ausgliederung und ersetzte sie vielmehr durch das verhältnismäßig einfachere Verfahren der Vermögensübertragung.[3685] Mit Inkrafttreten der Art. 69 ff. FusG am 1. Juli 2004 war das neue Rechtsinstitut der Vermögensübertragung schließlich im schweizerischen Recht eingeführt.[3686] Bezweckt war „eine funktionale Einbettung der Vermögensübertragung als Alternative" zu den drei übrigen im FusG vorgesehenen Rechtsintituten.[3687] Zugleich wurde auch das IPRG entspre-

3680 Nach der aktuellen Fassung des Art. 181 OR ist eine Beschränkung auf nicht im Handelsregister eingetragene Vermögensträger vorgesehen. Die Vermögensübertragung nach Art. 69 ff. FusG verlangt im Unterschied zu Art. 181 OR nicht, dass die Vermögensübertragung einen organisch in sich geschlossenen Vermögens- oder Betriebsteil umfasst; *Vogel/Günter* AJP 2012 S. 592 (593 in Fn. 7) u. (595).

3681 Der aktuelle Art. 181 OR sieht eine Beschränkung auf nicht im Handelsregister eingetragene Vermögensträger vor; *Vogel/Günter* AJP 2012 S. 592 (593 in Fn. 7).

3682 Stämplis HK FusG-*Frick*, Vorbem. zu Art. 69–72 FusG, Rn. 2; *Vogel/Günter* AJP 2012 S. 592 (593)

3683 Im Vorentwurf war noch die sog. Ausgliederung als dritte Form der Spaltung; vgl. Art. 39 lit. c VE-FusG – nämlich einer sog. horizontalen Spaltung – wie sie etwa auch das deutsche Umwandlungsrecht in § 123 Abs. 3 UmwG kennt – vorgesehen; siehe *Vogel/Günter* AJP 2012 S. 592 (593 in Fn. 4).

3684 Vernehmlassung, 222 ff.

3685 Siehe zur Entstehungsgeschichte des Rechtsinstituts der Vermögensübertragung *Wälti*, Der Anwendungsbereich der Vermögensübertragung, 2013, S. 71 ff.

3686 Bundesgesetz vom 3. Oktober 2003 über Fusion, Spaltung, Umwandlung und Vermögensübertragung (Fusionsgesetz, FusG, SR 221.301).

3687 *Wälti*, Der Anwendungsbereich der Vermögensübertragung, 2013, S. 73.

chend geändert, um auch eine grenzüberschreitende Vermögensübertragung zu ermöglichen.[3688]

Gesetzgeberisches Ziel war es, mit dem Institut der Vermögensübertragung eine effiziente und vereinfachte Durchführung von Umstrukturierungsvorgängen zu ermöglichen. So ist im Unterschied zu Fusion und Spaltung eine Zustimmung oder vorgängige Information der Gesellschafterinnen und Gesellschafter grundsätzlich nicht notwendig. In Anbetracht der Zahlen der Handelsregistereintragungen kann auf nationaler Ebene durchaus von einem Erfolg des neuen Rechtsinstituts der Vermögensübertragung gesprochen werden, zumal dieses lediglich als subsidiär zur Anwendung kommende Gestaltungsoption konzipiert war.[3689]

Auf internationaler Ebene war das Institut der Vermögensübertragung dagegen zu Anfang noch unbekannt. Jedoch haben das französische, belgische und das luxemburgische Recht sich vom Schweizer Recht inspirieren lassen und das insoweit vergleichbare Rechtsinstitut des *transfert du patrimoine professionnel* eingeführt.[3690] Insbesondere das luxemburgische Recht ist hier von Interesse, da die dortige Regelung als Vermögensübertragung nach schweizerischem Verständnis qualifiziert werden kann.[3691] Im Gegensatz zum schweizerischen Recht setzt das luxemburgische Pendant des *transfert du patrimoine professionnel* indessen voraus, dass dem schweizerischen übertragenden Rechtsträger als Gegenleistung keine Anteilsrechte am übernehmenden Rechtsträger zukommen.[3692] Im Ergebnis werden daher transnationale Vermögensübertragungen eher selten realisiert.[3693] Das luxemburgische Recht gestattet bereits jetzt nach Art. 257 *de la loi du 10 août 1915* grenzüberschreitende Fusionen und Spaltungen mit Dritt-

3688 Bundesgesetz vom 18. Dezember 1987 über das Internationale Privatrecht (IPRG, SR 291).

3689 *Vischer/Gnos* AJP 2011, 402 (402): So wurden im Zeitraum von Januar 2007 und November 2010 etwa 2409 Vermögensübertragungen nach FusG durchgeführt. Verglichen mit dem Zeitraum Juli 2004 bis Februar 2006 kann festgehalten werden, dass sich die Fusionen mit 39,7% aller Transaktionen stabil gehalten haben. Auch die Umwandlungen haben sich mit einem Anteil von 32,9% ebenfalls kaum verändert. Während Spaltungen mit 2,9% der Transaktionen an Bedeutung verloren hat, hat im Gegensatz dazu die Vermögensübertragung mit 24,3% an Gewicht gewonnen.

3690 Siehe den Titel des Beitrags *«Le transfert de patrimoine professionnel. Une contribution helvétique au droit des sociétés luxembourgeois»* von *Bahar*, in: Prüm (Hrsg.) Le Nouveau Droit Luxembourgeois des Sociétés, 2008, S. 107 (107 ff.) ; siehe ferner *Spang*, in: Prüm (Hrsg.) Le Nouveau Droit Luxembourgeois des Sociétés, 2008, S. 75 (100).

3691 *Turin*, Le transfert de patrimoine selon le projet de loi sur la fusion, 2003, S. 75; ZürchKomm FusG-*Müller*, Art. 5 FusG, Rn. 16.

3692 Siehe dazu im Detail *Theus Simoni*, Die internationale Vermögensübertragung im Verhältnis zu Luxemburg und Deutschland, 2010, S.10.

3693 *Kleiner,* SZW 2008, 376 (376).

staaten, wobei dieselben Möglichkeiten auch für Vermögensübertragungen gelten sollen.[3694] Grundsätzlich wäre es demnach bereits jetzt denkbar, zumindest zwischen dem Drittstaat Schweiz und dem EU-Mitgliedstaat Luxemburg grenzüberschreitende Vermögensübertragungen zu realisieren – und zwar in beide Richtungen: Ein Vermögensexport aus der Schweiz nach Luxemburg soll grundsätzlich möglich sein, jedenfalls dann, wenn man davon ausgeht, dass man den Rechtsgedanken der für grenzüberschreitende Fusionen geltenden Bestimmungen analog auch für transnationale *transfert du patrimoine professionnel* heranziehen könnte.[3695] Problematischer erscheint demgegenüber die Möglichkeit eines Vermögensimports in die Schweiz aus Luxemburg, insbesondere da Rechtsunsicherheit mit Blick auf den Verfahrensablauf nach luxemburgischem Recht sowie das rechtliche Wirksamwerden der Vermögensübertragung über die Grenze besteht.[3696]

2. Transnationale Vermögensübertragung

Die transnationale Vermögensübertragung hat in Art. 163d IPRG mit dem FusG eine gesetzliche Regelung gefunden. Das Gesetz enthält jedoch keine Definition der grenzüberschreitenden Vermögensübertragung. Jedoch weist die Botschaft darauf hin, dass es sich wie im Binnenverhältnis um die Übertragung eines Vermögens mit Aktiven und Passiven durch partielle Universalsukzession handelt.[3697] Das transnationale Element folgt daraus, dass der übertragende und der übernehmende Rechtsträger nicht demselben Gesellschaftsstatut unterstehen.[3698] Eine Vermögensübertragung über Grenzen hinweg kann in zwei Konstellationen auftreten: Zunächst kann ein schweizerischer Rechtsträger sein Vermögen auf einen ausländischen Rechtsträger übertragen. Bei einer solchen Vermögensüber-

---

3694 Vgl. Art. 257 Abs.3 und 285 Abs. 3 du Lois 10 août 1915 sowie Projet de loi N° 4992, modifiant la loi modifiée du 10 août 1915 concernant les sociétés commerciales, S. 34/5: «L'alinéa 3 entend ouvrir les mêmes perspectives de réaliser des opérations de transfert de patrimoine professionnel avec des sociétés, groupements d'intérêt économique ou personnes physiques étrangers que celles qui sont ouvertes par les art. 257 et 285 du présent projet pour toutes les autres opérations de restructuration d'entreprises envisagées (fusion, scission et, par renvoi, transfert d'actifs, de branche d'activités et d'universalité)».

3695 Siehe dazu eingehend die Untersuchung von *Theus Simoni*, Die Internationale Vermögensübertragung im Verhältnis zu Luxemburg und Deutschland, 2011, S. 17.

3696 *Theus Simoni*, Die Internationale Vermögensübertragung im Verhältnis zu Luxemburg und Deutschland, 2011, S. 32.

3697 Botschaft, FusG, 2.2.3.3

3698 BBl. 2000, 4503.

tragung ins Ausland wird auch von einem Vermögensexport gesprochen.[3699] Umgekehrt kann auch ein ausländischer Rechtsträger sein Vermögen auf einen schweizerischen Rechtsträger übertragen, wobei eine solche Vermögensübertragung aus dem Ausland in die Schweiz auch als „Vermögensimport" bezeichnet wird.[3700]

a) Vermögensimport

Zunächst sei der Blick auf eine Vermögensübertragung aus Deutschland in die Schweiz gerichtet: Bei der Vermögensübertragung aus Deutschland in die Schweiz kommt es zur Übertragung des gesamten oder eines Teils des Vermögens des deutschen Rechtsträgers durch partielle Universalsukzession auf einen bestehenden schweizerischen Rechtsträger.[3701] Ein solcher Vermögensimport ist selbst dann möglich, wenn die Übertragung auf eine Zweigniederlassung ausländischen Rechtsträgers erfolgt, die sich in der Schweiz befindet.[3702]

Soweit eine Gegenleistung erfolgt, muss diese an die deutsche Gesellschaft selbst geleistet werden.[3703] Grundvoraussetzung für einen solchen Vermögensimport ist es aus schweizerischer Sicht zunächst, dass das auf die ausländische Gesellschaft anwendbare Recht die grenzüberschreitende Vermögensübertragung überhaupt zulässt. Nach dem der Vereinigungstheorie zugrunde liegenden Kumulationsprinzip muss auch die deutsche Rechtsordnung die begriffsnotwendigen Elemente der Vermögensübertragung kennen und diese zumindest stillschweigend erlauben.[3704] Insbesondere muss die betreffende ausländische Rechtsordnung die Rechtswirkung der partiellen Universalsukzession anerkennen.[3705]

Demnach muss es auch im deutschen Recht zulässig sein, dass Vermögensteile der ihr unterstehenden Gesellschaft *uno actu* auf die schweizerische Gesell-

---

3699 ZürchKomm FusG-*Müller*, Art. 5 FusG, Rn. 2; Stämplis HK FusG-*Frick*, Vorbem. zu Art. 69-72 FusG, Rn. 2.

3700 ZürchKomm FusG-*Müller*, Art. 5 FusG, Rn. 2; Stämplis HK FusG-*Frick*, Vorbem. zu Art. 69-72 FusG, Rn. 2.

3701 Stämplis HK FusG-*Courvoisier,* Art. 163d IPRG Rn. 38.

3702 *Beretta*, in: Roland von Büren et al. (Hrsg.) Schweizerisches Privatrecht – Stukturanpassungen, Bd. VIII/8 (2006), Internationale Strukturanpassungsvorgänge, § 5 I.1. S. 382. Ob hier indessen noch ein internationales Verhältnis vorliege, müsse im Einzelfall beantwortet werden; siehe BaslerKomm FusG-*Girsberger/Rodriguez* Art. 163d IPRG Rn. 31.

3703 Stämplis HK FusG-*Courvoisier,* Art. 163d IPRG Rn. 38.

3704 ZürchKomm FusG-*Müller*, Art. 5 FusG, Rn. 18; *Helbing*, Internationale Sitzverlegungen und Umstrukturierungen, 2010, § 6 Rn. 198.

3705 Botschaft FusG, 2.2.3.3; BaslerKomm FusG-*Girsberger/Rodriguez* Art. 163d IPRG Rn. 35; *Helbing*, Internationale Sitzverlegungen und Umstrukturierungen, 2010, § 6 Rn. 198.

schaft übergehen bzw. dass im umgekehrten Fall Vermögensteile der übertragenden schweizerischen Gesellschaft durch Universalsukzession auf die ausländische übergehen.[3706]

Nicht gänzlich geklärt ist hingegen das Zusammenspiel zwischen dem schweizerischen und dem ausländischen Recht: Während bei der Immigrationsfusion „im Übrigen“ schweizerisches Recht Anwendung findet (vgl. Art. 163a Abs. 2 IPRG), gilt beim Vermögensimport „im Übrigen“ das Recht der ausländischen Gesellschaft (vgl. Art. 163d Abs. 2 IPRG).[3707] Das schweizerische Recht ist nur insoweit maßgeblich, als die schweizerische Gesellschaft Vorschriften über den Schutz ihrer Gesellschafter, Gläubiger und des sie betreffenden Rechtsverkehrs einzuhalten hat. Überdies findet schweizerisches Recht für gesellschaftsinterne Vorgänge Anwendung, was ohnehin nur die schweizerische Gesellschaft selbst betrifft.[3708]

Aus schweizerischer Sicht bestehen nur wenige zwingende Schutzvorschriften, da der schweizerischen Gesellschaft im Zuge eines Vermögensimportes zusätzliches Haftungssubstrat zugeführt wird.[3709] Es kommen allein die Bestimmungen des Art. 71 FusG über den Inhalt des Vermögensübertragungsvertrags als zwingende Vorschriften in Betracht; diese finden deshalb auch beim Vermögensimport Anwendung (vgl. Art. 163c Abs. 1 IPRG).[3710] Dementsprechend muss etwa zum Schutz der Gläubiger und Gesellschafter der schweizerischen Gesellschaft das Inventar nach Schweizer Rechnungslegungsvorschriften gemäß Art. 71 Abs. 2 FusG einen Aktivenüberschuss aufweisen.[3711]

3706 ZürchKomm FusG-*Müller*, Art. 5 FusG, Rn. 14.

3707 ZürchKomm FusG-*Müller*, Art. 5 FusG, Rn. 21. Die Botschaft erwähnt demgegenüber, dass die zwingenden Vorschriften der beteiligten Gesellschaftsstatute zur Anwendung kommen: Botschaft FusG, 2.2.3.3.

3708 Stämplis HK FusG-*Courvoisier,* Art. 163d IPRG Rn. 41.

3709 BaslerKomm FusG-*Girsberger/Rodriguez* Art. 163d IPRG Rn. 35. *Helbing*, Internationale Sitzverlegungen und Umstrukturierungen, 2010, § 6 Rn. 199.

3710 ZürchKomm FusG-*Müller*, Art. 5 FusG, Rn. 28; ebenso Stämplis HK FusG-*Courvoisier,* Art. 163d IPRG Rn. 43.

3711 BaslerKomm FusG-*Girsberger/Rodriguez* Art. 163d IPRG Rn. 34; *Beretta*, in: Roland von Büren et al. (Hrsg.) Schweizerisches Privatrecht – Stukturanpassungen, Bd. VIII/8 (2006), Internationale Strukturanpassungsvorgänge, 2006, § 5 II.1.a, S. 383. Siehe Stämplis HK FusG-*Courvoisier,* Art. 163d IPRG Rn. 41: Hingegen untersteht die Frage nach der Zuordnung einzelner Gegenstände des Aktivvermögens bei Fehlen einer eindeutigen Zuordnung gemäss Art. 163d Abs. 2 IPRG dem ausländischen Recht. Entsprechendes gilt für den Schutz der Gläubiger der übertragenden ausländischen Gesellschaft, sodass von der Schweizer Gesellschaft keine Sicherstellung im Sinne von Art. 75 Abs. 3 FusG verlangt werden kann. Vgl. ferner zu den einzelnen Bestimmungen ZürchKomm FusG-*Müller*, Art. 5 FusG, Rn. 24 ff.

Rechtswirksam wird ein Vermögensimport in die Schweiz dann, wenn dieser beim übertragenden Rechtsträger ins Handelsregister eingetragen wurde.[3712] Im Falle einer Vermögensübertragung aus Deutschland in die Schweiz würde dies bedeuten, dass die Regelung einer entsprechenden Handelsregistereintragung dem deutschen Recht überantwortet wird.[3713]

b) Vermögensexport

Im Rahmen eines Vermögensexportes kommt es zur Übertragung eines Teils oder des gesamten Vermögens eines schweizerischen Rechtsträgers durch partielle Universalsukzession auf einen ausländischen Rechtsträger. Dabei ist die schweizerische Gesellschaft Empfängerin einer etwaigen Gegenleistung.[3714]

Auf die transnationale Vermögensübertragung finden die kollisionsrechtlichen Vorschriften über die Fusion entsprechende Anwendung; vgl. Art. 163d Abs. 1 IPRG. Für die Voraussetzungen und die Gültigkeit von Vermögensübertragungen von der Schweiz nach Deutschland kommen das schweizerische und das deutsche Recht kumulativ zur Anwendung.[3715] Zunächst muss das auf den übernehmenden Rechtsträger anwendbare Recht der ausländischen Rechtsordnung – hier also der deutschen – die Vermögensübertragung über die Grenze gestatten. Insbesondere muss es ein Rechtsinstitut kennen, das es gestattet, einen inventarisierten Komplex von Aktiven und Passiven *uno actu* kraft Handelsregistereintragung auf den übernehmenden Rechtsträger zu übertragen.[3716] Häufig wird es an dieser Voraussetzung am internationalen Kontext mangeln, so dass eine Vermögensübertragung über die Grenze zum Scheitern verurteilt ist.[3717]

Wie bei anderen Emigrationstatbeständen auch führt die Vermögensübertragung von der Schweiz ins Ausland grundsätzlich zu einer umfassenden Anwen-

---

3712 Art. 73 Abs. 1 ist beim Vermögensimport nicht anwendbar, da die Pflicht zur Anmeldung der Vermögensübertragung nur die übertragende Partei trifft; diese Frage ist indessen vom ausländischen Recht zu regeln; siehe ZürchKomm FusG-*Müller*, Art. 5 FusG, Rn. 30.

3713 *Beretta*, in: Roland von Büren et al. (Hrsg.) Schweizerisches Privatrecht – Stukturanpassungen, Bd. VIII/8 (2006), Internationale Strukturanpassungsvorgänge, § 5 III.1. S. 385.

3714 Stämplis HK FusG-*Courvoisier,* Art. 163d IPRG Rn. 46.

3715 *Beretta*, in: Roland von Büren et al. (Hrsg.) Schweizerisches Privatrecht – Stukturanpassungen, Bd. VIII/8 (2006), Internationale Strukturanpassungsvorgäng, § 5 II.2.a S. 384.

3716 Stämplis HK FusG-*Courvoisier,* Art. 163d IPRG Rn. 47.

3717 *Helbing*, Internationale Sitzverlegungen und Umstrukturierungen, 2010, § 6 IV.1. Rn. 200.

dung des schweizerischen Rechts.[3718] Dieses hat sich allenfalls dann zurückzunehmen, wenn es um Voraussetzungen des ausländischen Rechts geht und schweizerische Interessen nicht betroffen sind.[3719] Es kommt immer dort zur kumulativen Anwendung ausländischen Rechts, wo dieses zwingende Voraussetzungen für die Gültigkeit der Vermögensübertragung aufstellt. Sofern Widersprüche auftreten, die nicht im Wege der Anpassung[3720] beseitigt werden können, scheitert der Vermögensexport.[3721]

Da der Vermögensexport aufgrund der Bestimmung des Art. 163d Abs. 2 IPRG „im Übrigen" dem schweizerischen Recht untersteht, sind für binnenrechtliche Vorgänge maßgebende Art. 69 ff. FusG anwendbar:[3722] Die zu beachtenden zwingenden Vorschriften des schweizerischen Rechts bei der Übertragung des Vermögens auf eine ausländische Gesellschaft betreffen dabei insbesondere die Bestimmung über den Gläubigerschutz nach Art. 75 FusG[3723] sowie ferner den Arbeitnehmerschutz[3724] nach Art. 76 f. FusG und die Information der Gesellschafter nach Art. 74 FusG).[3725] Es kann in diesem Zusammenhang auf die zur transnationalen Fusion gemachten Ausführungen verwiesen werden. Im

3718 So verweist Art. 163d Abs. 1 IPRG auf die sinngemäße Anwendung der Fusionsbestimmung von Art. 163b IPRG; siehe BaslerKomm FusG-*Girsberger/Rodriguez* Art. 163d IPRG Rn. 38.

3719 Dies folgt nach Stämplis HK FusG-*Courvoisier,* Art. 163d IPRG Rn. 50 aus einer analogen Anwendung von Art. 163a IPRG.

3720 Siehe dazu *Kropholler*, Internationales Privatrecht, 2006 § 34, S. 234 ff. sowie umfassend zur Einordnung in die allgemeinen Lehren des IPR *Looschelders*, Die Anpassung im internationalen Privatrecht, 1995.

3721 BaslerKomm FusG-*Girsberger/Rodriguez* Art. 163d IPRG Rn. 38.

3722 ZürchKomm FusG-*Müller*, Art. 5 FusG, Rn. 40.

3723 Stämplis HK FusG-*Courvoisier,* Art. 163d IPRG Rn. 51, plädiert wohl versehentlich dafür, den präventiven Gläubigerschutz gemäß Art. 46 FusG beim Vermögensexport anzuwenden. Indessen bleibt es bei der Möglichkeit einer Sicherstellung des Art. 75 Abs. 3 FusG, welche gerade bei einem Vermögensexport Bedeutung erlangen kann; siehe BaslerKomm FusG-*Girsberger/Rodriguez* Art. 163d IPRG Rn. 39.

3724 Hier kann auf die zur transnationalen Fusion gemachten Ausführungen verwiesen werden: Denn für die von der Vermögensübertragung betroffenen Arbeitsverhältnisse in der Schweiz kommt zum einen die Regelung zum Übergang des Arbeitsverhältnisses in Art. 333 OR zur Anwendung; vgl. Art. 76 Abs.1 FusG. Überdies wird in Art. 77 Abs. 1 FusG ausdrücklich die Anwendbarkeit der Konsultationsregelung des Art. 333a OR bestätigt; siehe BaslerKomm FusG-*Girsberger/Rodriguez* Art. 163d IPRG Rn. 40. Dass diese Vorschrift extraterritoriale Wirkung entfaltet und auch von der ausländischen übernehmenden Gesellschaft einzuhalten ist, entspricht dabei offenbar dem Willen des schweizerischen Gesetzgebers; so Stämplis HK FusG-*Courvoisier,* Art. 163d IPRG Rn. 54.

3725 ZürchKomm IPRG-*Vischer*, Art. 163d Rn. 8.

Unterschied zu anderen Emigrationstatbeständen wird hingegen auf einen präventiven Gläubigerschutz verzichtet. Dies wird damit begründet, dass der Vorbehalt der Vorschriften des schweizerischen Rechts über den Kapitalschutz und die Liquidation nach Art. 69 Abs. 2 FusG sowie die Solidarhaftung des Art. 75 FusG auch bei einer Vermögensübertragung von der Schweiz ins Ausland Anwendung finden. Die zwingende Anwendung dieser Vorschriften im Rahmen eines Vermögensexportes rechtfertige es dabei, auf einen Schuldenruf und die Sicherstellung der Forderungen im Sinne des Art. 46 FusG zu verzichten.[3726]

Was die Rechtswirksamkeit anbelangt, so sind Vermögensübertragungen von der Schweiz ins Ausland beim schweizerischen Handelsregisteramt anzumelden. Nach Art. 73 Abs. 2 FusG wird die Vermögensübertragung demnach mit der Eintragung im Handelsregister rechtswirksam. In diesem Zeitpunkt gehen sämtliche im Inventar aufgeführten Vermögensgegenstände von Gesetzes wegen auf den übernehmenden schweizerischen Rechtsträger über.[3727] Der Handelsregistereintrag hat somit konstitutive Wirkung; die Vermögensübertragung wird nur ins Handelsregister des übertragenden Rechtsträgers eingetragen.[3728]

Neben anderen Belegen ist zudem ein Nachweis über die Zulässigkeit der grenzüberschreitenden Vermögensübertragung nach der betreffenden ausländischen Rechtsordnung zu erbringen.[3729] Dem Erfordernis einer Bescheinigung über die Zulässigkeit der Transaktion kommt bei Vermögensübertragungen – anders als etwa für den Fall einer Fusion oder Spaltung – hingegen nicht die gleiche Bedeutung zu, denn bei einem Vermögensexport wird keine Gesellschaft aufgelöst, weshalb dahingehend keine unmittelbare Gefahr für den Rechtsver-

---

3726 ZürchKomm IPRG-*Vischer*, Art. 163d Rn. 9. Stämplis HK FusG-*Courvoisier,* Art. 163d IPRG Rn. 51 plädiert wohl versehentlich dafür den präventiven Gläubigerschutz gemäß Art. 46 FusG beim Vermögensexport anzuwenden. Ausweislich der ausdrücklichen Regelung des Art. 163d Abs. 1 IPRG kommt die Sicherstellung nach Art. 46 i.V.m. Art. 163b Abs. 3 IPRG hingegen nicht zur Anwendung; siehe ZürchKomm FusG-*Müller*, Art. 5 FusG, Rn. 53. Indessen bleibt es bei der Möglichkeit einer Sicherstellung des Art. 75 Abs. 3 FusG, welche gerade bei einem Vermögensexport Bedeutung erlangen kann; siehe BaslerKomm FusG-*Girsberger/Rodriguez* Art. 163d IPRG Rn. 39.

3727 *Gnos/Vischer*, AJP 2011 S. 402 (416).

3728 Die Parteien können dabei vertraglich vereinbaren, dass der Wirkungszeitpunkt (sog. Stichtag) abweichend von demjenigen der Rechtswirksamkeit der Umstrukturierung mit dem Zeitpunkt der Handelsregistereintragung festgelegt wird, wobei Dritten gegenüber stets nur der Zeitpunkt der Handelsregistereintragung gilt; siehe *Gnos/Vischer*, AJP 2011 S. 402 (416).

3729 Vgl. Art. 146 Abs. 2 lit. b) i.V.m. 147 HRegV.

kehr besteht.[3730] Auch dürfte die Unzulässigkeit der Vermögensübertragung aufgrund der relativ offen gehaltenen Definition des Art. 69 FusG in den meisten Rechtsordnungen die Ausnahme bilden.[3731]

II. Deutsche Sicht

Wie bereits erläutert, käme aus schweizerischer Sicht eine Vermögensübertragung von einem schweizerischen übertragenden Rechtsträger auf einen deutschen übernehmenden Rechtsträger nur dann in Betracht, wenn der schweizerischen Vermögensübertragung auf deutscher Seite ein vergleichbares Rechtsinstitut gegenüberstünde: In Betracht kommt auf deutscher Seite zunächst eine ausgliedernde Vermögensübertragung im Sinne von § 174 Abs. 2 Nr. 3 UmwG.[3732] Weiterhin ist zu untersuchen, ob auch weitere Rechtsinstitute wie die Ausgliederung nach § 123 Abs. 3 UmwG[3733] auf deutscher Seite als Vermögensübertragung im Sinne des schweizerischen Verständnisses in Betracht kämen.

1. Vermögensübertragung im deutschen Umwandlungsrecht

a) Arten der Vermögensübertragung

Im vierten Buch des deutschen UmwG ist in den §§ 174–189 die Vermögensübertragung geregelt, bei der ein Rechtsträger sein Vermögen als Ganzes (Vollübertragung) oder nunmehr auch Teile seines Vermögens (Teilübertragung)[3734]

3730 BaslerKomm FusG-*Girsberger/Rodriguez* Art. 163d IPRG Rn. 51; anderer Auffassung ist demgegenüber, *Beretta*, in: Roland von Büren et al. (Hrsg.) Schweizerisches Privatrecht – Stukturanpassungen, Bd. VIII/8 (2006), Internationale Strukturanpassungsvorgänge, § 5 III.2.a S. 385: Sie geht davon aus, dass dieser Nachweis dann schwierig zu erbringen sein werde, wenn dem ausländischen Recht das Rechtsinstitut einer Vermögensübertragung mit partieller Universalsukzession unbekannt ist, „was in den meisten ausländischen Rechtsordnungen der Fall ist".

3731 BaslerKomm FusG-*Girsberger/Rodriguez* Art. 163d IPRG Rn. 51.

3732 Siehe zu den Arten der Vermögensübertragung Heidelberger Komm UmwG-*Peus,* § 174 Rn 1 ff..

3733 Siehe zu den Spaltungsarten Heidelberger Komm UmwG-*Raible,* § 123 Rn 13 ff..

3734 Im früheren Recht war das Rechtsinstitut der Vermögensübertragung lediglich in der Form der Vollübertragung bekannt; vgl. die §§ 359, 360 AktG a. F., §§ 445, 44 c, 53 a VAG a. F. siehe RegEBegr. Entwurf eines Gesetzes zur Bereinigung des Umwandlungsrechts (UmwBerG) v. 4.2.1994, BR-Drucks. 75/94 S. 133; sowie Sagasser/Bula/Brünger-*Sagasser*, Umwandlungen, 2011, § 21 Rn. 1. Im Gefolge der Einführung der Spaltung hat der Umwandlungsgesetzgeber sodann den Weg der Teilübertragung eröffnet, wobei dieser austauschbar neben die Einzelübertragung tritt; siehe Semler/Stengel-*Fonk*, UmwG, § 174 Rn 9.

durch Gesamt- oder Sonderrechtsnachfolge[3735] auf einen anderen bestehenden Rechtsträger überträgt.[3736]

Bei der Vollübertragung kann ein übertragender Rechtsträger in Anlehnung an die Verschmelzung unter Auflösung ohne Abwicklung sein Vermögen als Ganzes auf einen bestehenden Rechtsträger im Wege der Gesamtrechtsnachfolge[3737] gegen Gewährung einer Gegenleistung an die Anteilsinhaber des übertragenden Rechtsträgers, die nicht in Anteilen oder Mitgliedschaften besteht, übertragen; vgl. § 174 Abs. 1 UmwG.[3738]

Demgegenüber kann ein übertragender Rechtsträger im Rahmen einer Teilübertragung, ähnlich wie bei der Spaltung, sein Vermögen im Wege einer Sonderrechtsnachfolge[3739] aufspalten, abspalten oder ausgliedern, wobei auch bei der Teilübertragung – anders als bei der Spaltung[3740] – keine Anteile oder Mitgliedschaften an dem übernehmenden Rechtsträger gewährt werden dürfen, sondern eine andere Gegenleistung; vgl. § 174 Abs. 2 UmwG.[3741]

b) Funktionsweise

Ausweislich der gesetzgeberischen Zielsetzung sollen die §§ 174 ff. UmwG „eine Gleichstellung bei den Möglichkeiten der Umwandlung schaffen“[3742]. Demnach soll auch denjenigen Rechtsträgern, bei denen strukturell bedingt ein An-

---

3735 Dabei handelt es sich um eine besondere Ausgestaltung der Gesamtrechtsnachfolge. Die Besonderheit dieser Form der Gesamtrechtsnachfolge besteht darin, dass nicht – wie etwa bei der Verschmelzung – das gesamte Vermögen eines Rechtsträgers, sondern nur die im Vermögensübertragsvertrag festgelegten Teile am Vermögensübergang teilnehmen; siehe Schmitt/Hörtnagl/Stratz, UmwG, UmwStG-*Hörtnagl*, § 131 Rn. 4.

3736 Schmitt/Hörtnagl/Stratz, UmwG, UmwStG-*Stratz*, Vorbem. zu §§ 174–189, Rn 1.

3737 So sind gemäß § 176 Abs. 1 UmwG die Vorschriften über die Verschmelzung im 2. Buch des UmwG auf die Vollübertragung nach § 174 Abs. 1 UmwG anwendbar, soweit sich aus den Vorschriften des 4. Buches nichts anderes ergibt; siehe Sagasser/Bula/Brünger-*Sagasser*, Umwandlungen, 2011, § 21 Rn. 2 sowie § 22 Rn. 1 sowie *Decker*, in: Henssler/Strohn, Gesellschaftsrecht, 2011, § 174 UmwG Rn. 1

3738 Siehe dazu Heidelberger Komm UmwG-*Findeisen,* § 174 Rn. 1 ff.

3739 Gemäß § 177 Abs. 1 UmwG sind auf die Teilübertragung die Vorschriften über die Spaltung des 3. Buches anwendbar, soweit sich aus den Vorschriften des 4. Buches nicht etwas anderes ergibt; Sagasser/Bula/Brünger-*Sagasser*, Umwandlungen, 2011, § 21 Rn. 2 sowie § 22 Rn. 1 sowie *Decker*, in: Henssler/Strohn, Gesellschaftsrecht, 2011, § 174 UmwG Rn. 1.

3740 In der Art der Gegenleistung ist damit der wesentliche Unterschied zu § 123 Abs. 1 Nr. 1 UmwG zu erblicken; siehe Heidelberger Komm UmwG-*Findeisen,* § 174 Rn. 27.

3741 Siehe zur Teilübertragung Heidelberger Komm UmwG-*Findeisen,* § 174 Rn. 15 ff.

3742 RegEBegr. Entwurf eines Gesetzes zur Bereinigung des Umwandlungsrechts (UmwBerG) v. 4.2.1994, BR-Drucks. 75/94 S. 133

teilstausch und damit eine Verschmelzung oder Spaltung ausscheidet, die Möglichkeit einer Umwandlung im Wege der Gesamt- oder Sonderrechtsnachfolge eröffnet werden; die Vermögensübertragung hat damit den „Charakter eines Auffangtatbestands“.[3743]

Gerade die in § 174 Abs. 2 Nr. 3 UmwG genannte Übertragung durch Ausgliederung eines Vermögensteils unter Fortbestand des übertragenden Rechtsträgers kann wohl als die interessanteste Möglichkeit der Teilübertragung angesehen werden, da sie dem Verkauf eines Teilunternehmens entspricht,[3744] „weil an die Stelle der Anteile eine Gegenleistung tritt, die in der Regel in Geld bestehen wird.“[3745] Der Vorteil dieser ausgliedernden Vermögensübertragung kann darin erblickt werden, daß diese einen weniger aufwendigen Vermögensübergang im Wege der Gesamtsrechtsnachfolge ermöglicht.[3746] Im Unterschied dazu hätte ein zivilrechtlich als Sachkauf abgewickelter Unternehmenskauf *(asset deal)* im Wege der Einzelrechtsnachfolge zu erfolgen.

Der nur teilweise Vermögensübergang im Rahmen der Sonderrechtsnachfolge lässt sich am ehesten als eine partielle Universalsukzession umschreiben: Die zu übertragenden Vermögensteile gehen dabei als Ganzes, also ohne Einzelrechtsübertragung, auf den oder die übernehmenden Rechtsträger über.[3747] Welche Vermögensgegenstände vom Übertragungsvorgang erfasst sein sollen, muss im Umwandlungsvertrag genau bestimmt werden. Die Vermögensübertragung selbst erfolgt dabei nach Eintragung in das Handelsregister des übertragenden Rechtsträgers kraft Gesetzes *uno actu.*[3748]

Als nachteilig kann es sich erweisen, dass aus aktienrechtlicher Sicht die Zustimmung der Anteilseigner erforderlich sein kann, denn in der *Holzmüller-*

3743 *Decker*, in: Henssler/Strohn, Gesellschaftsrecht, 2011, § 174 UmwG Rn. 1 sowie RegEBegr. Entwurf eines Gesetzes zur Bereinigung des Umwandlungsrechts (UmwBerG) v. 4.2.1994, BR-Drucks. 75/94 S. 133.

3744 Sagasser/Bula/Brünger-*Sagasser*, Umwandlungen, 2011, § 21 Rn. 2 sowie § 22 Rn. 6.

3745 RegEBegr. Entwurf eines Gesetzes zur Bereinigung des Umwandlungsrechts (UmwBerG) v. 4.2.1994, BR-Drucks. 75/94 S. 133

3746 RegEBegr. Entwurf eines Gesetzes zur Bereinigung des Umwandlungsrechts (UmwBerG) v. 4.2.1994, BR-Drucks. 75/94 S. 133; Schmitt/Hörtnagl/Stratz, UmwG, UmwStG-*Stratz*, § 174 UmwG, Rn. 1; Sagasser/Bula/Brünger-*Sagasser*, Umwandlungen, 2011, § 22 Rn. 6; dazu auch *Zöllner* ZGR 1993, 334 (339).

3747 Schmitt/Hörtnagl/Stratz, UmwG, UmwStG-*Stratz,* § 174 UmwG Rn. 12.

3748 Schmitt/Hörtnagl/Stratz, UmwG, UmwStG-*Stratz,* § 174 UmwG Rn. 12. Besondere Probleme können im Rahmen der Sonderrechtsnachfolge dabei versehentlich vergessene Vermögensgegenstände bereiten; siehe dazu Schmitt/Hörtnagl/Stratz, UmwG, UmwStG-*Hörtnagel*, § 131 UmwG Rn 107 ff.

Entscheidung[3749] hat der BGH dahingehende ungeschriebene Mitwirkungsbefugnisse der Hauptversammlung begründet, die durch die Folgerechtsprechung konkretisiert und teilweise noch ausgeweitet wurden[3750]: Im Anschluss daran bedarf die Übertragung wesentlicher Betriebsteile somit einer Zustimmung der Anteilseigner.[3751] Nach überwiegender Ansicht ist jedoch die Übertragung des gesamten Vermögens auf einen oder mehrere Rechtsträger im Wege einer „ausgliedernden Total-Vermögensübertragung"[3752] grundsätzlich zulässig, wie auch nach § 123 UmwG eine Ausgliederung des gesamten Vermögens durch Übertragung auf einen oder mehrere Rechtsträger zulässigerweise in Betracht kommt.[3753] Die Vollübertragung unterscheidet sich dabei von der Verschmelzung insbesondere durch den bereits erläuterten „wesentlich kleineren Kreis der zulässigerweise beteiligten Rechtsträger"[3754]. Gleichwohl darf auch eine Vollübertragung begriffsnotwendig nicht dazu führen, dass der übertragende Rechtsträger erlischt; seine Fortexistenz wäre im Falle der Vermögensübertragung indessen durch den Zufluss einer angemessenen Gegenleistung sichergestellt.[3755]

3749 BGH, Urt. v. 25. 2. 1982 – II ZR 174/80, *Holzmüller*, BGHZ 83, 122 = NJW 1982, 1703 = MittBayNot 1982, 83 = ZIP 1982, 568 = MDR 1982, 554 = WM 1982, 388 = BB 1982, 827 = DB 1982, 795.

3750 BGH, Urt. v. 26. 4. 2004 – II ZR 155/02, *Gelatine*, BGHZ 159, 30 = NJW 2004, 1860 = NJW-RR 2004, 1619 = BB 2004, 1182 = DNotZ 2004, 872 = DStR 2004, 922 m. Anm. *Goette* = NZG 2004, 571; siehe zur Entwicklungslinie *Holzmüller* zu *Gelatine* sowie zur These der Mediatisierung der Aktionärsrechte *Hoffmann-Becking*, ZHR 172 (2008) 231 (231ff.).

3751 BGH, Urt. v. 25. 2. 1982 – II ZR 174/80, *Holzmüller*, NJW 1982, 1703 (1705) betraf dabei „den wertvollsten Betriebszweig und änderte die Unternehmensstruktur von Grund auf. Damit ging sie über den gewöhnlichen Rahmen von Handlungen der Geschäftsführung, zu denen gemeinhin auch die Gründung oder der Erwerb einer Tochtergesellschaft und deren Ausstattung mit dem notwendigen Kapital gerechnet werden, weit hinaus."

3752 So die Formulierung bei Sagasser/Bula/Brünger-*Sagasser*, Umwandlungen, 2011, § 22 Rn. 6.

3753 Sagasser/Bula/Brünger-*Sagasser*, Umwandlungen, 2011, § 22 Rn. 6; Lutter UmwG-*Karollus,* § 152 Rn. 42; siehe zur Totalausgliederung nach § 123 Abs. 3 UmwG *Schmidt*, AG 2005, 26 (26ff.).

3754 Semler/Stengel-*Fonk*, UmwG, § 174 Rn. 11; davon abgesehen darf die Gegenleistung bei einer Vermögensübertragung im Gegensatz zur Verschmelzung nicht in Anteilen oder Mitgliedschaften bestehen; auch sind lediglich bestehende Rechtsträger zugelassen.

3755 Sagasser/Bula/Brünger-*Sagasser*, Umwandlungen, 2011, § 22 Rn. 6; erforderlich ist insbesondere die Angemessenheit der Gegenleistung, die den vollen Verkehrswert der untergegangenen Beteiligung am übertragenden Rechtsträger widerzuspiegeln hat; siehe KölnerKomm UmwG-*Leuering* § 174 Rn. 10.

c) *Beteiligungsfähige Rechtsträger*

Die Vermögensübertragung spielt in der Praxis bisher nur eine untergeordnete Rolle, was jedoch darauf zurückzuführen ist, dass der Kreis der beteiligten Rechtsträger gemäß § 175 UmwG sehr beschränkt ist:[3756] Beteiligungsfähig sind demnach nur die öffentliche Hand[3757] sowie Versicherungsunternehmen[3758]. Auf diese Weise soll es in § 175 UmwG abschließend genannten Rechtsträgern die Möglichkeit der Übernahme von Vermögen im Wege der Gesamtrechtsnachfolge im Sinne von § 174 Abs. 1 UmwG oder der Sonderrechtsnachfolge im Sinne des § 174 Abs. 2 UmwG eröffnet werden.[3759]

Dies geschah insbesondere mit Blick auf die öffentliche Hand, wie beispielsweise die Kommunen oder öffentlich-rechtlichen Versicherungsunternehmen, die sich der Umwandlungsmöglichkeiten außerhalb des Vierten Buches nicht bedienen können. Denn aufgrund ihrer rechtlichen Struktur ist es diesen Rechtsträgern nicht möglich oder verwehrt, einen Austausch von Anteilen oder Mitgliedschaften vorzunehmen, so dass Verschmelzung oder Spaltung für sie nicht in Betracht kommen.[3760] Mit der Vermögensübertragung wurde deshalb im deutschen Umwandlungsrecht ein „Ersatzrechtsinstitut" für solche Vorgänge geschaffen, die mit der Verschmelzung einerseits und der Spaltung andererseits vergleichbar sind.[3761]

d) *Verfahren*

Die ausgliedernde Teilübertragung nach § 174 Abs. 2 Nr. 3 UmwG kommt der Vermögensübertragung nach schweizerischem Verständnis im Sinne der Art. 69 ff. FusG am nächsten. Das Verfahren einer solchen Vermögensübertragung setzt nach deutschem Verständnis zunächst den Abschluss eines Übertragungsvertrages sowie die Erstellung eines schriftlichen Übertragungsberichtes voraus. Sodann ist eine Beschlussfassung durch die Hauptversammlung der Aktiengesell-

---

3756 Saenger /Aderhold /Lenkaitis/Speckmann-*Thoma*, Handels- und Gesellschaftsrecht, 2011, § 10 Rn. 283; Semler/Stengel-*Fonk*, UmwG, § 174 Rn. 11.

3757 Vgl. § 175 Nr. 1 UmwG, wonach die Vermögensübertragung nur für die Fälle vorgesehen ist, in denen der übernehmende Rechtsträger der Bund, die Länder, eine Gebietskörperschaft oder ein Zusammenschluss von Gebietskörperschaften ist.

3758 Vgl. § 175 Nr. 2 UmwG, wonach ausschließlich ein Versicherungsverein auf Gegenseitigkeit, ein öffentlich-rechtliches Versicherungsunternehmen oder eine Versicherungs-AG beteiligungsfähig sind; dazu *Entzian/Schleifenbaum,* Bestandsübertragung und neues Umwandlungsgesetz, ZVersWiss 1996, 521 (521ff.); sowie eingehend zur Vermögensübertragung bei Versicherungsunternehmen *Schmid*, Bestandsübertragung und Umwandlung von Versicherungsunternehmen, 2010, S. 571 ff..

3759 Sagasser/Bula/Brünger-*Sagasser*, Umwandlungen, 2011, § 21 Rn. 2.

3760 Sagasser/Bula/Brünger-*Sagasser*, Umwandlungen, 2011, § 21 Rn. 2.

3761 Sagasser/Bula/Brünger-*Sagasser*, Umwandlungen, 2011, § 21 Rn. 2.

schaft, der Versammlung der obersten Vertretung des Versicherungsvereins auf Gegenseitigkeit oder des für ein öffentlich-rechtliches Versicherungsunternehmen zuständige Gremium. Zu beachten ist in Abhängigkeit vom Rechtsträger, dass die Zustimmung der Anteilseigner nach den *Holzmüller*-Grundsätzen[3762] erforderlich sein kann[3763].

Gerade mit Blick auf die Versicherungsunternehmen ist überdies eine Genehmigung durch die entsprechende Aufsichtsbehörde einzuholen.[3764] Sodann ist durch jeden an der Vermögensübertragung beteiligten Rechtsträger bei dem jeweils für ihn zuständigen Handelsregister eine Anmeldung zu erwirken.[3765] Im Hinblick auf nicht im Handelsregister eingetragene öffentlich-rechtliche Versicherungen sowie kleinere VVaGs macht die zuständige Aufsichtsbehörde die Erteilung der Genehmigung der Vermögensübertragung im Bundesanzeiger bekannt; diese Bekanntmachung ersetzt dabei die Registereintragung und deren Bekanntmachung; vgl. § 187 UmwG.[3766]

e) *Bewertung*

Verglichen mit dem schweizerischen Recht fällt der Anwendungsbereich der deutschen Vermögensübertragung somit deutlich beschränkter aus. Zwar kommt der Vermögensübertragung nach schweizerischem Recht ebenfalls ein subsidiärer Charakter zu, jedoch hat diese sich in der Praxis ein viel größeres Anwendungsspektrum erschlossen.

Der deutsche Gesetzgeber hat mit den Vorschriften zur Vermögensübertragung die „Bedürfnisse der Praxis zumindest nach derzeitigem Kenntnisstand falsch eingeschätzt":[3767] Was die Vermögensübertragung von einer Kapitalgesellschaft auf Betriebsformen des öffentlichen Rechts anbelangt, so sollte sie nach den Vorstellungen des Gesetzgebers die steuerfreie Rückumwandlung nach

---

3762 BGH, Urt. v. 25. 2. 1982 – II ZR 174/80, *Holzmüller*, BGHZ 83, 122 = NJW 1982, 1703 = MittBayNot 1982, 83 = ZIP 1982, 568 = MDR 1982, 554 = WM 1982, 388 = BB 1982, 827 = DB 1982, 795.

3763 Der hat der BGH hat darin ungeschriebene Mitwirkungsbefugnisse der Hauptversammlung begründet, die durch die Folgerechtsprechung konkretisiert und teilweise noch ausgeweitet wurden; siehe BGH, Urt. v. 26. 4. 2004 – II ZR 155/02, *Gelatine*, BGHZ 159, 30 = NJW 2004, 1860 = NJW-RR 2004, 1619 = BB 2004, 1182 = DNotZ 2004, 872 = DStR 2004, 922 m. Anm. *Goette* = NZG 2004, 571; sowie zur Entwicklungslinie *Holzmüller* zu *Gelatine* sowie zur These der Mediatisierung der Aktionärsrechte *Hoffmann-Becking*, ZHR 172 (2008) 231 (231ff.).

3764 *Schmid*, Bestandsübertragung und Umwandlung von Versicherungsunternehmen, 2010, S. 587f.

3765 Siehe zur Eintragung im Register und Wirkungen der Eintragung *Schmid*, Bestandsübertragung und Umwandlung von Versicherungsunternehmen, 2010, S. 588 ff.

3766 Siehe dazu Heidelberger Komm UmwG-*Findeisen,* § 187 Rn. 1 f..

3767 So ausdrücklich Semler/Stengel-*Fonk*, UmwG, § 174 Rn 10.

vorangegangener „Privatisierung“ ermöglichen. Jedoch ist unter Geltung des Gesetzes von dieser Möglichkeit in keinem Fall Gebrauch gemacht worden.

Ebenso wenig mag die Bilanz im Hinblick auf Versicherungsgesellschaften überzeugen: Da die dem Versicherungsaufsichtsgesetz (VAG) unterstehenden Rechtsträger regelmäßig auf das spezialgesetzlich geregelte Rechtsinstitut der Bestandsübertragung[3768] zurückgreifen können, was deutlich flexibler ausgestaltet ist und mit geringeren Formvorschriften einhergeht, sind diese insoweit nicht auf die Vermögensübertragung angewiesen.[3769]

2. Ausgliederung nach § 123 Abs. 3 UmwG

a) Arten der Ausgliederung

Neben der soeben geschilderten ausgliedernden Vermögensübertragung kommt auch eine Ausgliederung nach § 123 Abs. 3 UmwG als Rechtsinstitut in Betracht.[3770] Bei der Ausgliederung handelt es sich neben der Aufspaltung und Abspaltung um eine weitere Form der Spaltung.[3771] Denkbar sind zwei Varianten der Ausgliederung: Bei der Ausgliederung zur Aufnahme erfolgt die Übertragung des Vermögensteils auf einen bereits bestehenden Rechtsträger, wohingegen bei der Ausgliederung zur Neugründung der übernehmende Rechtsträger

---

3768 So stellte die in den §§ 14 ff. VAG geregelte Bestandsübertragung bereits vor Inkrafttreten des UmwG eine spezialgesetzliche Regelung der Umstrukturierung von Versicherungsunternehmen zur Verfügung. Dieses Rechtsinstitut ist flexibler als die im UmwG geregelten Umstrukturierungsoptionen und hat auch keine Einschränkung ihrer Anwendbarkeit durch den *numerus clausus* des § 1 Abs.2 UmwG erfahren; siehe Sagasser/Bula/Brünger-*Sagasser*, Umwandlungen, 2011, § 21 Rn. 5 sowie eingehend dazu *Schmid*, Bestandsübertragung und Umwandlung von Versicherungsunternehmen, 2010, S. 107 ff..

3769 Dies kann als Grund dafür angesehen werden, warum die im Gesetz geregelte Vermögensübertragung in Rechtsprechung und Literatur ein „Schattendasein“ führt. Dies erklärt ferner den Nichtgebrauch der Vermögensübertragung: So kann den Veröffentlichungen der seit Mai 2002 auch für den Versicherungssektor zuständigen Bundesanstalt für Finanzdienstleistungsaufsicht (BaFin) nicht eine einzige Vermögensübertragung entnommen werden. In dem genannten Zeitraum haben das Bundesaufsichtsamt für das Versicherungswesen (BAV) und die BaFin dagegen 542 Bestandsübertragungen sowie 158 Verschmelzungen genehmigt. Dies ist auch Grund dafür, warum die im Gesetz geregelte Vermögensübertragung in Rechtsprechung und Literatur ein „Schattendasein“ führt; siehe Semler/Stengel-*Fonk*, UmwG, § 174 Rn 10.

3770 Die Ausgliederung ist kein von der Sechsten Richtlinie 82/891/EWG des Rates vom 17. Dezember 1982 gemäß Artikel 54 Absatz 3 Buchstabe g) des Vertrages betreffend die Spaltung von Aktiengesellschaften ABl. EG Nr L 378, 47 erfasster Fall einer Umwandlung.

3771 Heidelberger Komm UmwG-*Raible,* § 123 Rn. 20 ff..

erst durch die Spaltung gegründet wird.[3772] Den zuletzt genannten Fall bezeichnet man auch als „Ausgründung".[3773] Die Ausgliederung unterscheidet sich dabei von der Auf- und Abspaltung durch die Anteilsgewährung an den übertragenden Rechtsträger selbst.[3774]

Oftmals wird die Spaltung als „Spiegelbild der Verschmelzung"[3775] oder als „Gegenstück zur Verschmelzung"[3776] bezeichnet. Während diese vereinfachte Bezeichnung der Spaltung als spiegelbildliche Verschmelzung für die Aufspaltung[3777] und für die Abspaltung[3778] zutreffend sein mag, ist die hier in Rede stehende Ausgliederung kein Gegenstück der Verschmelzung, da die Anteile am übernehmenden Rechtsträger nicht den Anteilsinhabern des übertragenden Rechtsträgers gewährt werden; vgl. § 123 Abs. 3 UmwG.

b) Funktionsweise

Im Rahmen einer Ausgliederung werden durch den übertragenden Rechtsträger ein Teil oder mehrere Teile seines Vermögens im Wege der Sonderrechtsnachfolge *uno actu* auf einen oder mehrere übernehmende Rechtsträger übertragen.[3779]

Mit der Eintragung in das Register des übertragenden Rechtsträgers geht demnach in „partieller" Universalsukzession das Vermögen über.[3780] Dieser in § 131 Abs. 1 Nr. 1 UmwG angeordnete Vermögensübergang ist demnach eine besondere Ausgestaltung der Gesamtrechtsnachfolge,[3781] im Zuge derer einzelne Vermögensteile als Ganzes, also *uno actu* ohne gesonderte dingliche Übertragung eines jeden einzelnen Gegenstandes, auf den oder die Rechtsträger übergehen.[3782] Als „partiell" wird diese deshalb bezeichnet, weil bei der Spaltung im

3772 Schmitt/Hörtnagl/Stratz, UmwG, UmwStG-*Hörtnagl*, § 123 Rn. 12.

3773 KölnerKomm UmwG-*Simon* § 123, Rn. 25; Semler/Stengel-*Stengel*, UmwG, § 123 Rn. 15

3774 Kallmeyer UmwG-*Kallmeyer/Sickinger*, § 123 Rn. 11.

3775 RegEBegr BR-Drs. 75/94 zu § 123.

3776 *Kallmeyer* ZIP 1994, 1746 (1748).

3777 Als Spiegelbild einer Verschmelzung zur Neugründung; Schmitt/Hörtnagl/Stratz-*Hörtnagl*, UmwG, UmwStG, § 123 UmwG Rn. 4.

3778 Als Spiegelbild einer Verschmelzung zur Aufnahme; vgl. Schmitt/Hörtnagl/Stratz, UmwG, UmwStG-*Hörtnagl*, § 123 UmwG Rn. 4.

3779 Schmitt/Hörtnagl/Stratz, UmwG, UmwStG-*Hörtnagl*, § 123 UmwG Rn. 11.

3780 Es wird dabei auf diesen Zeitpunkt abgestellt, weil an Spaltungen immer nur ein übertragender, zumeist aber mehrere übernehmende Rechtsträger beteiligt sind. Dann ist es – anders als bei der Verschmelzung – sinnvoll, auf die Eintragung in das für den übertragenden Rechtsträger zuständige Register abzustellen. Siehe zur Eintragungsreihenfolge Schmitt/Hörtnagl/Stratz- *Hörtnagl* UmwG, UmwStG, § 130 UmwG Rn. 4 ff.

3781 Schmitt/Hörtnagl/Stratz- *Hörtnagl*, UmwG, UmwStG, § 131 UmwG Rn. 4.

3782 Schmitt/Hörtnagl/Stratz- *Hörtnagl*, UmwG, UmwStG, § 131 UmwG Rn. 4.

Unterschied zur Verschmelzung nicht zwingend das gesamte Vermögen, sondern nur ein im Spaltungs- und Übernahmevertrag bestimmter Teil übertragen wird.[3783] Aus diesem Grund beinhaltet der Wortlaut von § 123 UmwG auch die Formulierung „als Gesamtheit", während in § 2 UmwG von der Übertragung des Vermögens „als Ganzes" die Rede ist.[3784]

Wie bei allen übrigen Spaltungsformen wird auch bei der Ausgliederung als Gegenleistung für die Vermögensübertragung eine Beteiligung am übernehmenden Rechtsträger gewährt.[3785] Während bei der hier zu untersuchenden Ausgliederung der übertragende Rechtsträger selbst den neuen Anteil erhält; vgl. 123 Abs. 3 UmwG, sind bei der Auf- und bei der Abspaltung die Anteilsinhaber des übertragenden Rechtsträgers die Empfänger dieser Beteiligung.[3786]

Anders als bei der Auf- und Abspaltung wird bei der Ausgliederung nicht den Anteilsinhabern des übertragenden Rechtsträgers, sondern dem übertragenden Rechtsträger selbst eine Beteiligung an dem übernehmenden Rechtsträger als Gegenleistung gewährt; vgl. 123 Abs. 3 UmwG. Diese Anteilsgewährung ist bei der Ausgliederung zwingend; gesetzliche Ausnahmen oder Verzichtsmöglichkeiten bestehen insoweit nicht.[3787] Demnach ist die Ausgliederung auch nicht mit einem Vermögensverlust beim übertragenden Rechtsträger verbunden, sondern lediglich mit einer „Umschichtung des Vermögens von direkter Inhaberschaft hin zu Beteiligungsbesitz".[3788]

Die zu übertragenden Gegenstände müssen dabei keinen bestimmten positiven Wert aufweisen; es können auch nur Vermögensteile mit einem negativen Wert oder lediglich Verbindlichkeiten übertragen werden.[3789] Jedoch kommt für diesen Fall auf Seiten des übernehmenden Rechtsträgers indessen keine Kapitalgesellschaft in Betracht, es sei denn, es werden keine Anteile als Gegenleistung

---

3783 Kölner Komm. UmwG-*Simon*, § 123 UmwG Rn. 7 ff.; Kallmeyer UmwG-*Kallmeyer/Sickinger*, § 123 UmwG, Rn. 2; Semler/Stengel UmwG-*Stengel*, § 123 UmwG Rn. 6.

3784 Semler/Stengel UmwG-*Stengel*, § 123 UmwG Rn. 6 in Fn. 9.

3785 Schmitt/Hörtnagl/Stratz, UmwG, UmwStG-*Hörtnagl*, § 123 UmwG Rn. 5.

3786 Schmitt/Hörtnagl/Stratz, UmwG, UmwStG-*Hörtnagl*, § 123 UmwG Rn. 5.

3787 Kölner Komm. UmwG-*Simon*, § 123 UmwG Rn. 15; siehe dazu eingehend *Simon*, in: FS Schaumburg 2009, S. 1341 ff.

3788 Kölner Komm. UmwG-*Simon*, § 123 UmwG Rn. 26; Lutter, UmwG-*Teichmann*, § 123 UmwG Rn. 23.

3789 Kölner Komm. UmwG-*Simon*, § 123 UmwG Rn. 10; Kallmeyer UmwG-*Kallmeyer/Sickinger*, § 123 UmwG, Rn. 1; Semler/Stengel UmwG-*Stengel*, § 123 UmwG Rn. 6; siehe dazu aus der Rechtsprechung auch LAG Düsseldorf DB 2004, 196 (196) sowie darauffolgend BAG NZA 2005, 639 (639).

gewährt; andernfalls läge eine Unterpari-Emission vor.[3790] Grundsätzlich entfallen etwaige Zustimmungserfordernisse.[3791]

Nach einhelliger Meinung ist es auch nur bei der Ausgliederung, nicht aber bei der Abspaltung möglich, das gesamte Vermögen des übertragenden Rechtsträgers im Wege der Gesamtrechtsnachfolge zu übertragen.[3792] Dabei spricht man von einer sog. Totalausgliederung, nach welcher das Vermögen des übertragenden Rechtsträgers nur noch aus den Anteilen des oder der übernehmenden oder neuen Rechtsträger besteht;[3793] infolgedessen wird der übertragende Rechtsträger zu einer reinen Holdinggesellschaft.[3794] Sofern auf diese Weise das gesamte Vermögen des übertragenden Rechtsträgers übergehen soll, liegt nicht nur eine partielle, sondern eine umfassende Gesamtrechtsnachfolge vor.[3795]

Darüber hinaus ist die Zulässigkeit der Ausgliederung im Wege der Einzelrechtsnachfolge nach allgemeinem Recht auch nach Inkrafttreten des UmwG möglich: Neben der Ausgliederung nach UmwG besteht somit alternativ die Möglichkeit der Ausgliederung im Wege der Singularsukzession, beispielsweise im Rahmen einer Sachgründung oder Sachkapitalerhöhung. Gleichwohl ist dabei jedoch umstritten, inwieweit die Ausgliederung durch Einzelrechtsübertragung den verfahrensmäßigen und formalen Anforderungen an eine Ausgliederung nach dem UmwG in analoger Anwendung der Vorschriften des UmwG unterliegt.[3796]

3790 Kallmeyer UmwG- *Kallmeyer/Sickinger*, § 123 UmwG, Rn. 1; Schmitt/Hörtnagl/Stratz, UmwG, UmwStG-*Hörtnagl*, § 123 Rn. 6.

3791 Semler/Stengel UmwG-*Stengel*, § 123 UmwG Rn. 4.

3792 Kölner Komm. UmwG-*Simon*, § 123 UmwG Rn. 27; Kallmeyer UmwG-*Kallmeyer/Sickinger*, § 123 UmwG, Rn. 12; Semler/Stengel UmwG-*Stengel*, § 123 UmwG Rn. 17; siehe dazu auch *Schmidt,* AG 2005, 26 (26); anderer Ansicht sind demgegenüber *Mayer* DB 1995, 861 (862); *Geck* DStR 1995, 416 (417).

3793 Schmitt/Hörtnagl/Stratz, UmwG, UmwStG-*Hörtnagl*, § 123 Rn. 22. Nicht einheitlich beantwortet wird indessen die Frage, ob eine solche Totalausgliederung auf nur einen Rechtsträger möglich ist. Dies bejahen Lutter UmwG-*Teichmann* § 123 Rn. 25 Schmitt/Hörtnagl/Stratz UmwG, UmwStG-*Hörtnagl* § 123 Rn. 22; Semler/Stengel UmwG-*Stengel*, § 123 UmwG Rn. 17 sowie Widmann/Mayer-*Schwarz* UmwR, § 123, Rn. 7.3. Dagegen äußert sich Kallmeyer UmwG-*Kallmeyer/Sickinger* § 123 Rn. 12.

3794 Kölner Komm. UmwG-*Simon*, § 123 UmwG Rn. 27.

3795 Kölner Komm. UmwG-*Simon*, § 123 UmwG Rn. 27; Semler/Stengel UmwG-*Stengel*, § 123 UmwG Rn. 6 u. 17.

3796 In einzelnen Gerichtsentscheidungen wurde eine analoge Anwendung einzelner Bestimmungen der §§ 123 ff. zum Schutz der Minderheitsgesellschafter und der Gläubiger bei Ausgliederungen im Wege der Einzelrechtsübertragung befürwortet: LG Karlsruhe Beschl. v. 6.11.1997 – O 43/97 KfH I, ZIP 1998, 385 = NJW-RR 1999, 182 – *Badenwerk AG*; LG Frankfurt Urt. v. 29.07.1997 – 3/5 O 162/95, ZIP 1997, 1698 = NJW-RR 1997, 1464 = BB 1998, 179 – *Altana/Milupa*; anderer Auffassung sind dage-

Da die Ausgliederung nach dem UmwG zu einer fünfjährigen gesamtschuldnerischen Nachhaftung des übertragenden Rechtsträgers für die übergehenden Verbindlichkeiten führt,[3797] kann die Einzelrechtsübertragung zum Zwecke der Haftungsbegrenzung, ferner im Rahmen einer Sachgründung oder Sachkapitalerhöhung geboten sein.[3798] Ein wichtiger Anwendungsbereich der Singularsukzession ist überdies bei Übertragung von Vermögenswerten auf Drittstaatsgesellschaften gegeben.[3799] Das deutsche UmwG sieht derzeit nur eine Beteiligung von Kapitalgesellschaften aus der EU und dem EWR vor – dies grundsätzlich nur für Verschmelzungen. Wie bereits erläutert, fehlt es hingegen mit Blick auf Spaltungen bzw. Ausgliederungen im deutschen Recht *de lege lata* an einer gesetzlichen Regelung.

c) Beteiligte

Im deutschen Recht ist der Kreis der spaltungsfähigen Rechtsträger abschließend in der Vorschrift des § 124 UmwG geregelt:[3800] Der Kreis der beteiligungsfähigen Rechtsträger wird von § 124 Abs. 1 UmwG bedeutend weiter gefasst, als dies im Rahmen der zuvor erläuterten Vermögensübertragung der Fall ist. Der Kreis der ausgliederungsfähigen Rechtsträger ist aber auch im Vergleich zur Auf- und Abspaltung größer:[3801] So können bei der Ausgliederung als spaltungsfähige Rechtsträger nach §§ 124 Abs. 1 i.V.m. § 3 Abs. 1 UmwG Personenhandelsgesellschaften, Partnerschaftsgesellschaften, Kapitalgesellschaften, e.G., e.V., genossenschaftliche Prüfungsverbände und VVaG als übertragende, übernehmende oder neue Rechtsträger an einer Ausgliederung beteiligt sein.[3802] Als übertragende Rechtsträger können sich neben wirtschaftlichen Vereinen, die sich als übertragende Rechtsträger auch auf- und abspalten können, Einzelkaufleute, Stiftungen sowie Gebietskörperschaften und Zusammenschlüsse von Gebietskörperschaften, die selbst keine Gebietskörperschaften sind, beteiligen.[3803]

---

gen OLG Stuttgart Urt. v. 21. 12. 1993 – 10 U 48/93, ZIP 1995, 1515 = DB 1994, 205 – *Moto-Meter*; LG Hamburg, Urt. v. 21.1.1997 – 402 O 122/96, AG 1997, 238 – *Wünsche AG*; LG München I, Urt. v. 8.6.2006 – 5 HK O 5025/06, NZG 2006, 873 = ZIP 2006, 2036 = BB 2006, 1928.

3797 Vgl. § 133 Abs. 1 Satz 1, Abs. 3.

3798 Kölner Komm. UmwG-*Simon*, § 123 UmwG Rn. 17.

3799 Siehe *Theus Simoni*, REPRAX 2010, 1 (3) in Fn. 14.

3800 Kölner Komm. UmwG-*Simon*, § 123 UmwG Rn. 1.

3801 Schmitt/Hörtnagl/Stratz, UmwG, UmwStG-*Hörtnagl,* § 123 Rn 27.

3802 Schmitt/Hörtnagl/Stratz, UmwG, UmwStG-*Hörtnagl*, § 123 Rn 22.

3803 Als übertragender Rechtsträger käme aus deutscher Sicht für Ausgliederung in Betracht: oHG/EWIV,KG,PartG,GmbH,AG/SE,KGaA,eG/SCE,e. V., gen.Prüfungsverband, VVaG, wirtschaftlicher Verein, Einzelkaufmann, Stiftung, Gebietskörperschaft,

d) Verfahren

Das Ausgliederungsverfahren nach Maßgabe des deutschen UmwG ist aufwändiger gestaltet als das schweizerische Vermögensübertragungsverfahren nach Art. 69 ff. FusG.[3804] Wie bereits erläutert, hat man in der Botschaft des Bundesrates zum Fusionsgesetz das mit der Ausgliederung vergleichbare Rechtsinstitut fallengelassen und mit der schweizerischen Vermögensübertragung ein Surrogat entwickelt, das sich nicht nach den strengeren Vorschriften des Spaltungsverfahren richtet.[3805]

Demgegenüber folgt das deutsche Recht der Ausgliederung als Form der Spaltung den allgemeinen Normen des Spaltungsrechts. In verfahrensrechtlicher Sicht ist zunächst ein Ausgliederungsvertrag oder -plan nach den §§ 126, 136 UmwG zu erstellen.[3806] Nach § 127 UmwG ist für den Ausgliederungsfall sowohl für den übertragenden als auch den übernehmenden Rechtsträger ein Bericht zu fertigen, der jedoch auch gemeinsam von den Vertretungsorganen der beteiligten Rechtsträger erstellt werden kann.[3807] Eine Prüfung ist im Rahmen der Ausgliederung nach § 125 Satz 2 UmwG nicht erforderlich.[3808]

Wie zuvor anhand der Rechtsprechungslinie *Holzmüller*[3809] bis *Gelantine*[3810] erläutert, stellt die Überantwortung der Kompetenz zur Entscheidung über eine Unternehmensumstrukturierung an die Anteilsinhaber der beteiligten Rechtsträger ein zentrales Element des Umwandlungsrechts dar: Aufgrund dessen müssen die Anteilsinhaber des übertragenden Rechtsträgers jeder Ausgliederung durch Ausgliederungsbeschluss, unabhängig davon mit einer Dreiviertelmehrheit zustimmen, ob ein Betrieb oder zumindest ein wesentlicher Betriebsteil ausgegliedert werden soll; vgl. §§ 125 i.V.m. 13 Abs. 1 UmwG.[3811]

e) Bewertung

Aus dogmatischer Sicht ist die Ausgliederung der „wohl interessanteste Teilbereich des Spaltungsrechts“:[3812] Diese „Ausnahmestellung“ liegt darin begründet, dass eine Ausgliederung im Gegensatz zu Auf- und Abspaltung nicht mit einem

---

Zusammenschluss von Gebietskörperschaften; siehe Semler/Stengel UmwG-*Stengel*, § 124 UmwG Rn. 3.

3804 *Theus Simoni*, REPRAX 2010, 1 (19).

3805 Stämplis HK FusG-*Frick*, Vorbem. zu Art. 69-72 FusG, Rn. 2; *Vogel/Günter* AJP 2012 S. 592 (593).

3806 Sagasser/Bula/Brünger-*Sagasser/Bultmann*, Umwandlungen, 2011, § 18 Rn. 177.

3807 Sagasser/Bula/Brünger-*Sagasser/Bultmann*, Umwandlungen, 2011, § 18 Rn. 179.

3808 Sagasser/Bula/Brünger-*Sagasser/Bultmann*, Umwandlungen, 2011, § 18 Rn. 181.

3809 BGH, Urt. v. 25. 2. 1982 – II ZR 174/80, *Holzmüller,* BGHZ 83, 122.

3810 BGH, Urt. v. 26. 4. 2004 – II ZR 155/02, *Gelatine,* BGHZ 159, 30.

3811 Sagasser/Bula/Brünger-*Sagasser/Bultmann*, Umwandlungen, 2011, § 18 Rn. 182.

3812 Sagasser/Bula/Brünger-*Sagasser/Bultmann*, Umwandlungen, 2011, § 18 Rn. 175.

Anteilstausch bei den beteiligten Gesellschaftern, sondern lediglich mit einem Aktivtausch in der Bilanz des spaltenden Rechtsträgers verbunden ist.[3813]

Im Kanon der zulässigen Umwandlungsarten des deutschen UmwG kommt der Ausgliederung eine gesteigerte Bedeutung deshalb zu, da sie nicht nur allen spaltungsfähigen Rechtsträgern als alternative Spaltungsform zur Verfügung steht, sondern darüber hinaus auch bei den Rechtsformen etwa des Einzelkaufmanns, der Stiftung oder kommunalen Gebietskörperschaft als einzige Spaltungsform zugelassen ist.[3814]

Die Einsatzmöglichkeiten der Ausgliederung reichen von der Isolierung von Haftungsrisiken über die Umstrukturierung in eine reine Holdinggesellschaft bis hin zur Veräußerung von Einzel- oder Teilbetrieben.[3815] Im Wege der Ausgliederung kann ein *Carve-out* realisiert werden, im Zuge dessen ein Geschäftsbereich aus einem Unternehmen herausgelöst und unabhängig aufgestellt wird.[3816]

3. Vermögensübertragung aus der Schweiz nach Deutschland

a) Zulässigkeit de lege lata

Aus deutscher Sicht erlaubt es nach derzeit herrschender Auslegung § 1 Abs. 1 UmwG einer deutschen Gesellschaft nicht, sich an einer Vermögensübertragung von Seiten einer schweizerischen Gesellschaft auf sie zu beteiligen.[3817] Die Beteiligungsfähigkeit eines Rechtsträgers für die verschiedenen Umwandlungsmöglichkeiten folgt dabei nach deutschem Umwandlungsrecht indessen nicht aus der Norm des § 1 Abs. 1 UmwG.[3818] Diesbezüglich enthält das UmwG vielmehr besondere Vorschriften, die die Beteiligtenfähigkeit der Rechtsträger verschiedener Rechtsformen regeln.[3819] Dabei sind als beteiligtenfähig grundsätzlich nur solche Gesellschaften anzusehen, die dem deutschen Gesellschaftsstatut unterstehen.[3820] So wäre eine schweizerische Gesellschaft mit tatsächlichem Verwaltungssitz in Deutschland nach den Grundsätzen des deutschen UmwG

3813 Sagasser/Bula/Brünger-*Sagasser/Bultmann*, Umwandlungen, 2011, § 18 Rn. 175.

3814 Sagasser/Bula/Brünger-*Sagasser/Bultmann*, Umwandlungen, 2011, § 18 Rn. 176.

3815 Kölner Komm. UmwG-*Simon*, § 123 UmwG Rn. 16.

3816 *Schreier/Leicht*, NZG 2011, 121 (123).

3817 Siehe *Theus Simoni*, Die Internationale Vermögensübertragung im Verhältnis zu Luxemburg und Deutschland, 2011, S. 19.

3818 Schmitt/Hörtnagl/Stratz, UmwG, UmwStG-*Hörtnagl*, § 1 Rn 32.

3819 Vgl. die §§ 3 Abs.1 u. 2, 124 Abs. 1, 175 sowie 191 UmwG.

3820 Auch stellt § 122b UmwG nur eine scheinbare Ausnahme von diesem Grundsatz dar, denn § 122 b UmwG ist keine Regelung, der eine Beteiligtenfähigkeit für ausländische Gesellschaften herstellt, sondern lediglich eine Tatbestandsvoraussetzung für die Anwendung der §§ 122a ff. UmwG auf die an der Verschmelzung mit EU-/EWR-Kapitalgesellschaft beteiligten inländischen Gesellschaften; siehe Schmitt/Hörtnagl/Stratz-*Hörtnagl*, UmwG, UmwStG § 1 UmwG Rn 34.

nicht beteiligtenfähig: Denn wenn man mit der Rechtsprechung mit Blick auf Drittstaatengesellschaften auch weiterhin die Sitztheorie zugrunde legt, so ist ein derartiger Rechtsträger zwar rechts- und parteifähig,[3821] jedoch ist er als Personengesellschaft und mangels Eintragung im Handelsregister wie eine GbR zu behandeln.[3822] Als GbR ist er aber nach dem UmwG grundsätzlich nicht beteiligtenfähig.[3823] Freilich kann auch ohne Handelsregistereintragung eine oHG entstehen; vgl. § 105 Abs. 1 HGB; jedoch erfordert die Umwandlungsfähigkeit wiederum eine tatsächliche Eintragung ins Handelsregister.[3824] Allenfalls nach Verlegung des Satzungssitzes nach Deutschland und Eintragung ins Handelsregister könnte die vormals schweizerische Gesellschaft dann zwar grundsätzlich eine Umwandlung nach dem deutschen Umwandlungsgesetz realisieren;[3825] indessen scheidet eine Vermögensübertragung für eine nach der sog. modifizierten Sitztheorie entstandene oHG hier aufgrund des sehr eingeschränkten Beteiligtenkreises nach § 175 UmwG aus.

b) Zulässigkeit de lege ferenda

Etwas anderes ergäbe sich dagegen *de lege ferenda* auf kollisionsrechtlicher Ebene unter Geltung des derzeit nur in Form eines Referentenentwurfs vorliegenden Gesetzes zum Internationalen Privatrecht der Gesellschaften, Vereine und juristischen Personen. Denn nach Artikel 10a-RefE unterlägen die Voraussetzungen, das Verfahren und die Wirkungen einer Vermögensübertragung für jede der beteiligten Gesellschaften dem in Artikel 10-RefE anzuwendenden Recht, das sich nach der Gründungstheorie bestimmt. Nach der Begründung des Referentenentwurfs richten sich die Voraussetzungen, das Verfahren und die Wirkungen einer solchen Vermögensübertragung für jede der beteiligten Gesellschaften nach ihrem Gesellschaftsstatut, was einer Kumulation der beteiligten Rechtsordnungen entspricht.[3826] Damit folgt der Entwurf insoweit der sog. Vereinigungstheorie, die bereits bisher überwiegend zur Anknüpfung von Umwand-

---

3821 BGH, Urt. v. 1.07.2002 – II ZR 380/00 = BGHZ 151, 204 = NJW 2002, 3539= DStR 2002, 1678 m. Anm. *Goette* = DNotZ 2003, 144 = JuS 2003, 88 m. Anm. *Hohloch* = BB 2002, 2031 m.Anm. *Gronstedt* = WM 2002, 1929 = NZG 2002, 1009 = DNotZ 2003, 144. = LMK 2003, 46 m. Anm. *Wilhelm* = DB 2002, 2039 = GmbHR 2002, 1021= IPRax 2003, 62 = JR 2003, 156 = MDR 2002, 1382 m.Anm. *Haack* = RiW 2002, 877 = ZIP 2002, 1763 = NotBZ 2002, 373 = AG 2003, 39.

3822 Schmitt/Hörtnagl/Stratz, UmwG, UmwStG-*Hörtnagl*, § 1 Rn 36.

3823 Vgl. § 191 Abs. 2 Nr. 1 UmwG; nach dieser Ausnahme kommt die Rechtsform der GbR als Zielrechtsform beim Formwechsel in Betracht.

3824 Schmitt/Hörtnagl/Stratz, UmwG, UmwStG-*Hörtnagl,* § 1Rn 36.

3825 *Meilicke,* GmbHR 2003, 793 (800 f.).

3826 Referentenentwurf vom 7.1.2008 eines Gesetzes zum Internationalen Privatrecht der Gesellschaften, Vereine und juristischen Personen, S. 13.

lungsmaßnahmen, insbesondere im Rahmen von transnationalen Verschmelzungen, vertreten wurde.[3827]

Das Gesellschaftsstatut soll dabei insbesondere die Aufstellung eines Umwandlungsplans einschließlich dessen Form, Mindestinhalt und Offenlegung sowie Prüfungs- und Berichtspflichten, ferner das die Umwandlung betreffende Verfahren der Beschlussfassung sowie den Schutz der Gläubiger der sich umwandelnden Rechtsträger und dissentierender Anteilseigner im Rahmen der Umwandlung regeln.[3828] Nach Art. 10a Abs. 2 Nr. 5-RefE unterliegt dabei insbesondere auch die Übertragung von Vermögensgegenständen dem jeweiligen Gesellschaftsstatut.[3829]

c) *Ineinandergreifen der Rechtsordnungen*

Mit Blick auf die im schweizerischen Handelsregister eingetragene Gesellschaft wäre dann das Schweizer Recht das maßgebende Gesellschaftsstatut. Aus deutscher Sicht wären auf die übertragende schweizerische Gesellschaft grundsätzlich die Art. 69 ff. FusG anwendbar.[3830] Indessen könnten nur diejenigen entsprechenden schweizerischen Rechtsträger im Sinne von Art. 69 Abs. 1 FusG für eine Vermögensübertragung in Betracht kommen, die auch im Rahmen einer ausgliedernden Vermögensübertragung nach § 174 UmwG beteiligungsfähig sind.

Das schweizerische Recht ist an dieser Stelle viel weiter gefasst als die entsprechende deutsche Regelung: Die schweizerische Regelung hat ihren Anwendungsbereich der für eine Vermögensübertragung in Betracht kommenden übertragenden Rechtsträger grundsätzlich auf die im Handelsregister eingetragenen Gesellschaften und Einzelfirmen[3831] erstreckt.[3832] Dieses Rechtsinstitut kann somit bei einem Vermögensexport von Kapitalgesellschaften[3833], Genossenschaften, eingetragenen Personengesellschaften[3834] und Vereinen sowie im Handelsregister eingetragenen Einzelunternehmen[3835] genutzt werden.[3836] Darüber

3827 MünchenerKomm AktG- *Altmeppen/Ego*, 2012, Bd. 7, B. Europäische Niederlassungsfreiheit, Rn 331.

3828 Vgl. Art. 10 a Abs. 1 RefE.

3829 Referentenentwurf vom 7.1.2008 eines Gesetzes zum Internationalen Privatrecht der Gesellschaften, Vereine und juristischen Personen, S. 13.

3830 Vgl. Art. 10a Abs. 1 EGBGB-RefE.

3831 Vgl. Art. 69 FusG i.V.m. Art. 2 lit. a FusG.

3832 Stämplis HK FusG-*Frick,* Art. 69 FusG Rn. 3.

3833 Vgl. Art. 2 lit. c FusG; somit kommen in Betracht die AG, Kommandit-AG sowie die GmbH.

3834 In Frage kommen Kollektiv- und Kommanditgesellschaften.

3835 Vgl. Art. 934 OR.

3836 Stämplis HK FusG-*Frick,* Art. 69 FusG Rn. 3.

hinaus steht die Vermögensübertragung überdies auch Stiftungen, Vorsorgeeinrichtungen sowie Instituten des öffentlichen Rechts[3837] offen. Was den übernehmenden Rechtsträger betrifft, so bestehen keinerlei Einschränkungen.[3838]

Aus deutscher Sicht wäre indessen die oben genannte Bandbreite an beteiligungsfähigen Rechtsträgern wesentlich beschränkter. Zu beachten wäre bei einem Vermögensübertragung von Seiten einer im schweizerischen Handelsregister eingetragenen Gesellschaft auf eine deutsche Gesellschaft der nach der deutschen Vorschrift des § 175 UmwG entsprechend beschränkte Kreis an beteiligungsfähigen Rechtsträgern:[3839] Beteiligungsfähig sind im Rahmen einer Vermögensübertragung demnach nämlich nur die öffentliche Hand[3840] sowie Versicherungsunternehmen[3841]. Da in der Schweiz die besondere Rechtsform eines Versicherungsvereins auf Gegenseitigkeit nicht existiert, könnte allenfalls eine Versicherungs-AG sowie ein öffentlich-rechtliches Versicherungsunternehmen beteiligungsfähig sein; vgl. § 175 Nr. 2 UmwG. Sofern von schweizerischer Seite ein übertragender Rechtsträger gewählt wurde, der nicht in diesen Kreis an aus deutscher Sicht für beteiligungsfähig erachteten Rechtsträger fällt, müsste auf deutscher Seite sodann ein anderes Rechtsinstitut, nämlich die Ausgliederung nach § 123 Abs. 3 UmwG, geprüft werden.[3842]

Mit Blick auf den deutschen übernehmenden Rechtsträger wäre nach Art. 10 EGBGB-RefE das deutsche Gesellschaftsstatut zugrunde zu legen. Nach Art. 10a Abs.1 u. 2 EBGBG-RefE wäre somit hinsichtlich der Voraussetzungen, des Verfahrens und der Wirkungen der Vermögensübertragung das deutsche Recht relevant.

Nach bisherigem Verständnis eröffnet das UmwG die Umstrukturierung bei Vermögensübertragungen im Zeitpunkt der Handelsregistereintragung *uno actu*,

3837 Die Vermögensübertragung von Instituten des öffentlichen Rechts richtet sich dabei nach Art. 99 Abs. 2 FusG.

3838 Stämplis HK FusG-*Frick,* Art. 69 FusG Rn. 3.

3839 Siehe *Schmid*, Bestandsübertragung und Umwandlung von Versicherungsunternehmen, 2010, S. 572f.; Saenger /Aderhold /Lenkaitis/Speckmann-*Thoma*, Handels- und Gesellschaftsrecht, 2011, § 10 Rn. 283.

3840 Vgl. § 175 Nr. 1 UmwG, wonach die Vermögensübertragung nur für die Fälle vorgesehen ist, in denen der übernehmende Rechtsträger der Bund, die Länder, eine Gebietskörperschaft oder ein Zusammenschluss von Gebietskörperschaften ist.

3841 Vgl. § 175 Nr. 2 UmwG, wonach ausschließlich ein Versicherungsverein auf Gegenseitigkeit, ein öffentlich-rechtliches Versicherungsunternehmen oder eine Versicherungs-AG beteiligungsfähig ist; siehe zur versicherungsrechtlichen Diskussion *Entzian/Schleifenbaum,* Bestandsübertragung und neues Umwandlungsgesetz, ZVersWiss 1996, 521 (521).

3842 So *Theus Simoni*, Die Internationale Vermögensübertragung im Verhältnis zu Luxemburg und Deutschland, 2011, S. 19.

also in einem Rechtsakt, und zwar gemäß § 20 Abs. 1 Nr. 1 UmwG im Wege der Gesamtrechtsnachfolge.

Mit Blick auf den Zeitpunkt der Rechtswirksamkeit der Vermögensübertragung wird nach der Formulierung in Art. 10 Abs. 3 EGBGB-RefE auf das Recht abgestellt, „dem die aus der Umwandlung hervorgehende Gesellschaft, der Verein oder die juristische Person nach Artikel 10 unterliegt“. Dies wäre für die Vermögensübertragung dahingehend auszulegen, dass auf den Zeitpunkt des Eintritts der Sonderrechtsnachfolge abzustellen ist. Der Vermögensübergang im Wege der Sonderrechtsnachfolge meint hier die Übertragung eines Teilvermögens als Gesamtheit im Sinne einer partiellen Universalsukzession.[3843] Wie bereits angesprochen ist aus schweizerischer Sicht unabdingbar, dass die ausländische Rechtsordnung die wesentlichen Elemente der Vermögensübertragung, insbesondere den Gedanken der partiellen Universalsukzession, kennen muss.[3844] Diesem grundlegenden Erfordernis wird somit die hier im deutschen Umwandlungsrecht vorgesehene ausgliedernde Vermögensübertragung gerecht.

Ein praktisches Problem könnte hier jedoch mit Blick auf vinkulierte Aktien[3845] entstehen. Das Fusionsgesetz äußert sich nämlich nicht ausdrücklich zur Frage, ob im Einzelfall bestehende rechtsgeschäftliche Übertragungshindernisse, wie Vinkulierung, einer Vermögensübertragung entgegenstehen und ob der Übergang von Vertragsverhältnissen die Zustimmung des Vertragspartners erfordert. Hier besteht auf schweizerischer Seite nach wie vor Rechtsunsicherheit.

Im Rahmen einer Vermögensübertragung sind vinkulierte Namensaktien im Rahmen einer Universalsukzession nicht unbeschränkt übertragbar: Hier kommt das entsprechende gesellschaftsrechtliche Übertragungsverbot – anders als im Falle der Fusion oder Spaltung – einem gesetzlichen Übertragungsverbot gleich.[3846]

Nach dem vorher Gesagten führt demgegenüber die Vermögensübertragung von der Schweiz ins Ausland grundsätzlich zu einer umfassenden Anwendung des schweizerischen Rechts für den schweizerischen übertragenden Rechtsträ-

---

3843 Schmitt/Hörtnagl/Stratz, UmwG, UmwStG-*Stratz*, § 174 UmwG Rn 3.

3844 Stämplis HK FusG-*Courvoisier,* Art. 163d IPRG Rn. 48; ZürchKomm FusG-*Müller*, Art. 5 FusG, Rn. 15.

3845 Siehe zur Vinkulierung allgemein *Meier-Hayoz/Forstmoser*, Schweizerisches Gesellschaftsrecht, 2012, § 3 Rn. 63 ff..

3846 ZürchKomm FusG-*Beretta*, Art. 5 FusG, Rn. 15, wobei das beschränkte Ablehnungsrecht gemäß Art. 685b Abs. 4 und 685d Abs. 3 OR auch für Universalsukzessionen im Rahmen einer Vermögensübertragung gelten muss; so *Turin*, Le transfert de patrimoine selon le projet de loi sur la fusion, 2003, S. 112 ff..

ger.[3847] Die Rechtswirksamkeit der Vermögensübertragung bestimmt sich nach dem Zeitpunkt der Eintragung ins schweizerische Handelsregister.[3848] Probleme könnten sich demnach ergeben, wenn das ausländische Recht einen anderen Zeitpunkt der Rechtswirksamkeit festlegt.[3849] Zwar ist hier eine den internationalen Verhältnissen angemessene Flexibilität zu zeigen, gleichwohl kann ein im Ausland früherer maßgeblicher Zeitpunkt der Zulässigkeit eines Vermögensexports im Weg stehen.[3850] Nach deutschem Umwandlungsrecht geschieht die Vermögensübertragung dabei nach Eintragung in das Handelsregister des übertragenden Rechtsträgers kraft Gesetzes *uno actu*.[3851] Die geltenden deutschen Bestimmungen zur Vermögensübertragung wären im Ergebnis mit der Anforderung des schweizerischen Rechts vereinbar, da auf den Zeitpunkt der Eintragung der übertragenden Gesellschaft abgestellt wird.

4. Vermögensimport aus Deutschland in die Schweiz

a) Zulässigkeit

Wie bereits dargelegt, ist im schweizerischen Recht Grundvoraussetzung im Sinne des Art. 163a IPRG, dass die ausländische Rechtsordnung die grenzüberschreitende Vermögensübertragung überhaupt zulässt.[3852] Nach derzeitiger Rechtslage ist es gemäß herrschender Auslegung von § 1 Abs. 1 UmwG nicht möglich, sich an einer Vermögensübertragung auf eine schweizerische Gesellschaft zu beteiligen. Was die kollisionsrechtliche Zulässigkeit einer solchen transnationalen Vermögensübertagung anbelangt, so wäre diese nach dem Referentenentwurf grundsätzlich möglich.

3847 So verweist Art. 163d Abs. 1 IPRG auf die sinngemäße Anwendung der Fusionsbestimmung von Art. 163b IPRG; siehe BaslerKomm FusG-*Girsberger/Rodriguez* Art. 163d IPRG Rn. 38.

3848 Vgl. Art. 73 FusG; siehe auch *Beretta*, in: Roland von Büren et al. (Hrsg.) Schweizerisches Privatrecht – Stukturanpassungen, Bd. VIII/8 (2006), Internationale Strukturanpassungsvorgänge, § 6 III.2.a, S. 385.

3849 ZürchKomm FusG-*Müller*, Art. 5 FusG Rn. 50.

3850 ZürchKomm FusG-*Müller*, Art. 5 FusG Rn. 50; ähnlich Stämplis HK FusG-*Courvoisier,* Art. 163d IPRG Rn. 48, der aber zwingend das Scheitern der Vermögensübertragung postuliert, wenn das Ausland zwingend einen früheren Zeitpunkt verlangt.

3851 Schmitt/Hörtnagl/Stratz, UmwG, UmwStG-*Stratz,* § 174 UmwG, Rn. 12. Besondere Probleme können im Rahmen der Sonderrechtsnachfolge dabei versehentlich vergessene Vermögensgegenstände bereiten; siehe dazu Schmitt/Hörtnagl/Stratz, UmwG, UmwStG-*Hörtnagel*, § 131 UmwG Rn 107 ff.

3852 ZürchKomm FusG-*Müller*, Art. 5 FusG Rn. 18.

b) Voraussetzung

Die Zulässigkeit einer Vermögensübertragung aus Deutschland in die Schweiz hängt davon ab, ob diese nach deutschem Umwandlungsrecht im schweizerischen Recht dem Art. 69 FusG bzw. Art. 163d IPRG zugrunde gelegten Verständnis der Vermögensübertragung entspricht. Denn grundlegendes Merkmal der Vermögensübertragung ist der Vermögensübergang im Wege der partiellen Universalsukzession. Von diesem Grundsatz sind sowohl die schweizerische als auch die Vermögensübertragung nach deutschem Umwandlungsrecht geprägt. Im Folgenden soll untersucht werden, welche Rechtsinstitute im deutschen Umwandlungsrecht als Vermögensübertragung nach schweizerischem Verständnis qualifiziert werden können, da sie sich in den grundlegenden Merkmalen entsprechen. In Betracht kommen die ausgliedernde Vermögensübertragung nach § 174 Abs. 2 Nr. 3 UmwG sowie die Ausgliederung nach § 123 UmwG.

c) Ausgliedernde Vermögensübertragung nach § 174 Abs. 2 Nr. 3 UmwG

Das deutsche Umwandlungsrecht differenziert mit Blick auf die Vermögensübertragung in § 174 UmwG danach, ob eine Voll- oder Teilübertragung vorgenommen wird; ob demnach also das Vermögen als Ganzes im Rahmen einer Vollübertragung oder nurmehr Teile seines Vermögens im Rahmen einer Teilübertragung[3853] durch Gesamt- oder Sonderrechtsnachfolge[3854] auf einen anderen bestehenden Rechtsträger übertragen werden.[3855]

Eine Vollübertragung setzt voraus, dass das Vermögen im Wege der Gesamtrechtsnachfolge als Ganzes auf den übernehmenden Rechtsträger übertragen wird. Nur dann kann der übertragende Rechtsträger ohne Abwicklung erlöschen. Bei der Vollübertragung kann ein übertragender Rechtsträger in Anlehnung an die Verschmelzung unter Auflösung ohne Abwicklung sein Vermögen als Ganzes auf einen bestehenden Rechtsträger im Wege der Gesamtrechtsnach-

---

3853 Im früheren Recht war das Rechtsinstitut der Vermögensübertragung lediglich in der Form der Vollübertragung bekannt; vgl. die §§ 359, 360 AktG a. F., §§ 445, 44 c, 53 a VAG a. F. siehe Sagasser/Bula/Brünger-*Sagasser*, Umwandlungen, 2011, § 21 Rn. 1. Im Gefolge der Einführung der Spaltung hat der Umwandlungsgesetzgeber sodann den Weg der Teilübertragung eröffnet, wobei dieser austauschbar neben die Einzelübertragung tritt; siehe Semler/Stengel-*Fonk*, UmwG, § 174 Rn 9.

3854 Dabei handelt es sich um eine besondere Ausgestaltung der Gesamtrechtsnachfolge. Die Besonderheit dieser Form der Gesamtrechtsnachfolge besteht darin, dass nicht – wie etwa bei der Verschmelzung – das gesamte Vermögen eines Rechtsträgers, sondern nur die im Übertragungsvertrag festgelegten Teile am Vermögensübergang teilnehmen; siehe Schmitt/Hörtnagl/Stratz, UmwG, UmwStG-*Hörtnagl*, § 131 Rn. 4.

3855 Schmitt/Hörtnagl/Stratz, UmwG, UmwStG- *Stratz*, Vorbem. zu §§ 174–189 Rn 1.

folge[3856] gegen Gewährung einer Gegenleistung an die Anteilsinhaber des übertragenden Rechtsträgers, die nicht in Anteilen oder Mitgliedschaften besteht, übertragen; vgl. § 174 Abs. 1 UmwG.

Demgegenüber kann ein übertragender Rechtsträger im Rahmen einer Teilübertragung – ähnlich wie bei der Spaltung – sein Vermögen im Wege einer Sonderrechtsnachfolge[3857] aufspalten, abspalten oder ausgliedern, wobei auch bei der Teilübertragung anders als bei der Spaltung keine Anteile oder Mitgliedschaften an dem übernehmenden Rechtsträger gewährt werden dürfen, sondern eine andere Gegenleistung; vgl. § 174 Abs. 2 UmwG.

Voraussetzung für eine Vermögensübertragung über die Grenze ist, dass in beiden beteiligten Gesellschaftsrechtsordnungen im Wesentlichen vergleichbare Rechtsinstitute zur Verfügung stehen. Hier bestehen Unterschiede zwischen dem deutschen und dem schweizerischen Recht: Während dieses den Fortbestand des übertragenden Rechtsträger vorsieht,[3858] führen in jenem jedenfalls die Vollübertragung nach § 174 Abs. 2 Nr. 1 UmwG sowie die aufspaltende Teilübertragung zur Löschung des übertragenden Rechtsträgers ohne Abwicklung.[3859] Dies ist der Grund, warum die Vermögensübertragung „umwandlungsrechtlich aus dem Rahmen fällt".[3860] Denn die einzige gesellschaftsrechtliche Rechtsfolge ist dabei, dass sich der übertragende Rechtsträger abwicklungslos auflöst. Eine solche Auflösung lässt sich indessen nur schwerlich als „Umwandlung" erfassen, da diese begrifflich voraussetzt, dass etwas Bestehendes in lediglich veränderter Gestalt fortbesteht.[3861] Dies ist jedoch bei der geschilderten Vollübertragung nach § 174 Abs. 2 Nr. 1 UmwG sowie der aufspaltenden Teilübertragung nicht der Fall. Diese Varianten der Vermögensübertragung des deutschen UmwG

3856 So sind gemäß § 176 Abs. 1 UmwG die Vorschriften über die Verschmelzung im 2. Buch des UmwG auf die Vollübertragung nach § 174 Abs. 1 UmwG anwendbar, soweit sich aus den Vorschriften des 4. Buches nichts anderes ergibt; siehe Sagasser/Bula/Brünger-*Sagasser*, Umwandlungen, 2011, § 21 Rn. 2 sowie § 22 Rn. 1.

3857 Gemäß § 177 Abs. 1 UmwG sind auf die Teilübertragung die Vorschriften über die Spaltung des 3. Buches anwendbar, soweit sich aus den Vorschriften des 4. Buches nicht etwas anderes ergibt; Sagasser/Bula/Brünger-*Sagasser*, Umwandlungen, 2011, § 21 Rn. 2 sowie § 22 Rn. 1.

3858 Stämplis HK FusG-*Frick,* Art. 69 FusG Rn. 2.

3859 Siehe Semler/Stengel-*Fonk*, UmwG, § 174 Rn. 12 für die Löschung bei der Vollübertragung sowie unter Rn. 16 für dieselbe Rechtsfolge bei einer aufspaltenden Teilübertragung. Die Aufspaltung im Rahmen der aufspaltenden Teilübertragung kann dabei als Spiegelbild der Verschmelzung bezeichnet werden: Ein Rechtsträger teilt unter Auflösung ohne Abwicklung sein *gesamtes Vermögen* auf; siehe *Ganske* WM 1993, 1117 (1118).

3860 *Beuthien/Helios*, NZG 2006 389 (370).

3861 *Beuthien/Helios*, NZG 2006 389 (370).

kommen somit nicht als Vermögensübertragung nach schweizerischem Verständnis im Sinne des Art. 69 FusG in Betracht.[3862]

Es besteht zudem ein Unterschied zum schweizerischen Recht nach den von § 174 Abs. 1 sowie § 174 Abs. 2 Nr. 1 u. 2 UmwG erfassten Vermögensübertragungen in Bezug auf die Gegenleistung, und zwar in zweierlei Hinsicht:

Zunächst stellt sich die Frage, worin eine Gegenleistung zu bestehen hat. Nach deutschem Verständnis verlangt die Vermögensübertragung die Gewährung einer Gegenleistung, die nicht in Anteilen oder Mitgliedschaften besteht.[3863] Dies gilt auch für den Fall der ausgliedernden Teilübertagung gemäß § 174 Abs. 2 Nr. 3 UmwG, welche der schweizerischen Vermögensübertragung am nächsten kommt.

Sodann bestehen Unterschiede in der Frage, an wen die Gegenleistung zu erbringen ist: Wenn nach schweizerischem Recht eine Gegenleistung im Rahmen einer Vermögensübertragung anfällt, dann ist diese an den übertragenden Rechtsträger und nicht an die beteiligten Gesellschafter zu entrichten.[3864] Auch im deutschen Recht sind die beteiligten Rechtsträger und nicht die Anteilsinhaber Parteien des Übertragungsvertrags, so dass der Anspruch auf die Gegenleistung daher zunächst dem übertragenden Rechtsträger zusteht.[3865] Jedoch ist dieser Gegenleistungsanspruch nicht auf die Leistung an die Anteilsinhaber gerichtet; vielmehr ist der Übertragungsvertrag nach allgemeiner Ansicht als Vertrag zugunsten Dritter anzusehen.[3866] Im Ergebnis erwerben somit die Anteilsinhaber einen unmittelbaren Anspruch gegenüber dem übernehmenden Rechtsträger auf Gewährung der Gegenleistung.[3867]

Teilweise wird in der schweizerischen Literatur[3868] argumentiert, die im deutschen Umwandlungsrecht in den §§ 174 ff. UmwG normierte Vermögensübertragung entspreche schon deshalb nicht ihrem schweizerischen Pendant in Art. 69 FusG, weil nach deutschem Recht überhaupt nur ein sehr beschränkter

3862 So *Theus Simoni*, Die Internationale Vermögensübertragung im Verhältnis zu Luxemburg und Deutschland, 2011, S. 33.

3863 Semler/Stengel-*Fonk*, UmwG, § 174 Rn. 1.

3864 ZürchKomm FusG-*Beretta* Vor Art. 69-77 Rn. 26; Stämplis HK FusG-*Frick*, Art. 69 FusG Rn. 6. Zwar ist es auch nach schweizerischem Recht denkbar, dass die Gegenleistung anstelle des übertragenden Rechtsträgers auch an eine Drittpartei erbracht wird. Gleichwohl soll es sich dabei nicht um die Anteilseigner des übertragenden Rechtsträgers handeln; siehe *Theus Simoni*, Die Internationale Vermögensübertragung im Verhältnis zu Luxemburg und Deutschland, 2011, S. 33 in Fn. 183.

3865 Semler/Stengel-*Fonk*, UmwG, § 174 Rn. 28.

3866 Vgl. § 328 BGB; siehe Semler/Stengel-*Fonk*, UmwG, § 174 Rn. 28.

3867 Semler/Stengel-*Fonk*, UmwG, § 174 Rn. 28.

3868 *Beretta*, in: Roland von Büren et al. (Hrsg.) Schweizerisches Privatrecht – Stukturanpassungen, Bd. VIII/8 (2006), Gegenstand und Ziele des FusG § 1 I, S. 19.

Kreis beteiligungsfähiger Rechtsträger in Betracht komme. Dass die Vermögensübertragung in § 175 Nr. 2 UmwG auf Versicherungsunternehmen beschränkt ist, steht einer Qualifikation der Transaktion als Vermögensübertragung nach schweizerischem Verständnis hingegen nicht im Wege, sondern schränkt allenfalls die Möglichkeiten ein, unter denen eine Vermögensübertragung über die Grenze überhaupt zulässig wäre.[3869] In der Schweiz ist die Ausübung der Geschäftstätigkeit als Versicherungsunternehmen an das Vorliegen einer Bewilligung gebunden und wird nur an Versicherungsunternehmen erteilt, welche die Rechtsform einer AG oder Genossenschaft aufweisen.[3870]Eine solche Versicherungs-AG ist vom Anwendungsbereich des Fusionsgesetzes als im Handelsregister eingetragene Kapitalgesellschaften im Sinne von Art. 69 FusG i.V.m. Art. 2 lit. c FusG ebenso vom Anwendungsbereich erfasst, wie von deutscher Seite eine Versicherungs-AG[3871] nach den §§ 175 ff. UmwG beteiligtenfähig ist.

In gleicher Weise geht auch der Hinweis fehl, dass der Zweite Teil des Vierten Buches des deutschen Umwandlungsgesetzes sich mit der Vermögensübertragung einer Kapitalgesellschaft auf die öffentliche Hand im Sinne einer „Verstaatlichung“[3872] befasst. Im Gegensatz dazu ist der Anwendungsbereich des schweizerischen Fusionsgesetzes auf die „Privatisierung“ von Instituten des öffentlichen Rechts beschränkt, wobei der umgekehrte Vorgang der „Verstaatlichung“ vom Anwendungsbereich ausgeschlossen ist;[3873] das Gesetz ist insoweit als „Einbahnstrasse“ konzipiert.[3874] Demnach soll es sich in rechtsvergleichender Hinsicht bei der deutschen Vermögensübertragung um ein anderes als das in Art. 69 FusG geregelte Rechtsinstitut handeln.[3875]

3869 So *Theus Simoni*, Die Internationale Vermögensübertragung im Verhältnis zu Luxemburg und Deutschland, 2011, S. 35 in Fn. 193.

3870 Vgl. § 7 des schweizerischen VAG; siehe Bundesgesetz vom 17. Dezember 2004 betreffend die Aufsicht über Versicherungsunternehmen (Versicherungsaufsichtsgesetz, VAG) (SR 961.01).

3871 Diese AG erhält ihre spezielle Ausprägung durch den satzungsmäßiger Unternehmensgegenstand, vgl § 9 VAG und dazu *Prölss* VAG § 9 Rn 2 sowie Lutter UmwG-*Schmidt* § 175 UmwG Rn 7.

3872 Im Sinne des § 253 AktG 1937.

3873 *Schumacher*, Die Vermögensübertragung nach dem Fusionsgesetz, 2005, S. 221.

3874 HK OR-*Pfeiffer*, Art. 915 Rn. 1.

3875 *Beretta*, in: Roland von Büren et al. (Hrsg.) Schweizerisches Privatrecht – Stukturanpassungen, Bd. VIII/8 (2006), Internationale Strukturanpassungsvorgänge, § 1 I, S. 18f.. Demgegenüber erachtet *Beretta* eine Ausgliederung im Sinne von § 123 Abs. 3 UmwG als am ehesten mit einer Vermögensübertragung nach schweizerischem Recht vergleichbar; siehe ZürchKomm FusG-*Beretta* Vor Art. 69–77 Rn. 79.

Jedoch ist die Übernahme von Vermögen durch eine Körperschaft des öffentlichen Rechts für die Aktiengesellschaft im Sinne von Art. 751 OR und die Genossenschaft im Sinne von Art. 915 OR bereits vor Inkraftreten des Fusionsgesetzes auch im schweizerischen Recht geregelt worden.[3876] Die Regelung zur Vermögensübertragung im deutschen Recht geht zwar auf die vormals spezialgesetzlich in § 253 AktG 1937 mit „Verstaatlichung" betitelte Norm zurück[3877]; gleichwohl umschreibt sie einen Sachverhalt, der im Ergebnis den genannten schweizerischen Bestimmungen außerhalb des Fusionsgesetzes in Art. 751 und Art. 915 OR entspricht. Vor diesem rechtsvergleichenden Hintergrund kann nichts dagegen sprechen, auch eine ausgliedernde Vermögensübertragung nach § 174 Abs. 2 Nr. 3 UmwG als ein dem schweizerischen Recht vergleichbaren Rechtsinstitut zu verstehen.[3878]

d) *Qualifikation der Ausgliederung nach § 123 UmwG*

In der schweizerischen Lehre wird die Spaltungsform der Ausgliederung nach § 123 Abs. 3 UmwG als am ehesten vergleichbar mit der schweizerischen Vermögensübertragung erachtet.[3879]

Zunächst spricht die Entstehungsgeschichte der schweizerischen Vermögensübertragung im Rahmen des FusG für eine Kompatibilität mit der deutschen Ausgliederung: Aus der Botschaft zum Fusionsgesetz geht nämlich hervor, dass die schweizerische Vermögensübertragung ein Surrogat einer ursprünglich zuerst vorgeschlagenen Ausgliederung darstellt.[3880] So sah der Vorentwurf neben der Aufspaltung und der Abspaltung ausdrücklich unter eben dieser Bezeichnung die Ausgliederung als eine dritte Form der Spaltung vor, mittels derer Kapitalgesellschaften und Genossenschaften Teile ihres Vermögens auf andere Rechtsträger übertragen können, wobei der übertragende Rechtsträger als Gegenleistung Anteilsrechte am übernehmenden Rechtsträger zugeteilt oder eine Abfindung erhalten sollte.[3881]

Im Unterschied zur Abspaltung erhalten bei der Ausgliederung die Gesellschafter des übertragenden Rechtsträgers indessen keine Gegenleistung des übernehmenden Rechtsträgers. Auf Seiten des übertragenden Rechtsträgers findet auch keine Vermögensreduktion statt; vielmehr werden Sachwerte in An-

3876 Botschaft FusG, Ziff. 1.3.2.5., S. 4363

3877 Die Nachfolgevorschrift des § 369 AktG 1965 war überschrieben mit „Vermögensübertragung auf die öffentliche Hand". Die Vorschrift wurde aufgehoben durch Gesetz vom 28. 10. 1994, BGBl. I S. 3210.

3878 Siehe *Theus Simoni*, Die Internationale Vermögensübertragung im Verhältnis zu Luxemburg und Deutschland, 2011, S. 35.

3879 Siehe ZürchKomm FusG-*Beretta* Vor Art. 69-77 Rn. 79.

3880 Botschaft FusG, BBl. 2000, Ziff. 1.3.2.4.2, S. 4362.

3881 Botschaft FusG, BBl. 2000, Ziff. 1.3.2.4.2, S. 4360.

teils- oder Mitgliedschaftsrechte des übernehmenden Rechtsträgers umgewandelt.[3882] Die Ausgliederung hat somit keinen Einfluss auf die Rechtsstellung der Gesellschafter des übertragenden Rechtsträgers.[3883] Vor diesem Hintergrund wurde in der Vernehmlassung kritisiert, die Ausgliederung zwingend den strengen Verfahrensvorschriften der Spaltung zu unterwerfen, insbesondere nicht in den Fällen, in denen die zu übertragenden Anteile für die beteiligten Gesellschaften von geringer wirtschaftlicher Bedeutung sind.[3884] Diese in der Vernehmlassung geäußerte Kritik an der Anwendung der Bestimmungen des Spaltungsrechts auf die Ausgliederung nahm die Botschaft auf, die darin eine „überschiessende Regelung“ sieht.[3885] Auch in der deutschen Literatur wird kritisiert, dass die Ausgliederung unter die Regeln der Spaltung gefasst wird.[3886] Der schweizerische Gesetzgeber entschloss sich daher dazu, das Rechtsinstitut der Ausgliederung zugunsten des neu geschaffenen Rechtsinstituts der Vermögensübertragung mit einem weiter gefassten Anwendungsbereich fallen zu lassen.[3887] Dies ist insofern bedeutsam, als damit einfache Übertragungen „nicht in das starre Korsett der Spaltung gezwängt worden sind“.[3888]

Im Wege der Ausgliederung nach § 123 UmwG kann der übertragende Rechtsträger einen oder mehrere Teile seines Vermögens im Wege der partiellen Universalsukzession in einem Vorgang übertragen. Dieser in § 131 Abs. 1 Nr. 1 UmwG angeordnete Vermögensübergang ist eine besondere Ausgestaltung der Gesamtrechtsnachfolge. Ebenso findet im schweizerischen Recht im Rahmen der Vermögensübertagung nach Art. 69 FusG eine „Übertragung gemäss Inventar“[3889] statt; so liegt die Besonderheit der Gesamtrechtsnachfolge bei der Ausgliederung ebenso darin, dass nicht – wie bei der Verschmelzung – das gesamte Vermögen eines Rechtsträgers, sondern nur die im Spaltungs- bzw. Übertragungsvertrag festgelegten Teile am Vermögensübergang teilnehmen.[3890] In diesem Wesensmerkmal unterscheidet sich das deutsche Recht nicht von der schweizerischen Vermögensübertragung, die auf demselben Wege das Vermö-

3882 Kölner Komm-*Simon*, § 123 UmwG Rn. 26; Semler/Stengel-*Stengel* UmwG, § 123 UmwG Rn. 16; Lutter UmwG-*Teichmann* § 123 UmwG Rn. 26.

3883 Begleitbericht, 43

3884 Botschaft, Ziff. 1.3.2.4.2, S. 4362; Begleitbericht, 43.

3885 Botschaft, Ziff. 1.3.2.4.2, S. 4362.

3886 Siehe *Schnorbus*, Gestaltungsfreiheit im Umwandlungsrecht, 2001, S. 41.

3887 Botschaft FusG, BBl. 2000, 1.3.2.4.2, S. 4360.

3888 ZürchKomm FusG-*Meier/Pfeifer*, Vor Art. 29 FusG, Rn. 7.

3889 Botschaft FusG, 2.1.5.3, S. 4465; siehe auch *Turin*, Le transfert de patrimoine selon le projet de loi sur la fusion, 2003, S. 57 f. sowie *Schumacher*, Die Vermögensübertragung nach dem Fusionsgesetz, 2005, § 1, S. 5.

3890 Schmitt/Hörtnagl/Stratz, UmwG, UmwStG-*Hörtnagel*, § 131 Rn 4.

gen „als Gesamtheit“[3891] übergehen lässt.[3892] Maßgebender Zeitpunkt für den Eintritt dieser Rechtswirkung ist dabei sowohl im deutschen[3893] als auch im schweizerischen Recht die Eintragung ins Handelsregister des übertragenden Rechtsträgers.[3894] Wie die Vermögensübertragung nach Art. 69 ff. FusG geht zudem die Ausgliederung nach § 123 Abs. 3 UmwG nicht zwingend mit dem Untergang des übertragenden Rechtsträgers einher.[3895]

Ein Unterschied besteht hingegen im Hinblick auf die Gegenleistung: Während im schweizerischen Recht nach Art. 71 Abs. 1 lit. d FusG lediglich eine „allfällig vereinbarte Gegenleistung“ im Übertragungsvertrag erwähnt werden muss und die Vereinbarung einer Gegenleistung damit nicht zwingend erforderlich ist,[3896] ist im deutschen Recht allen Spaltungsformen gemeinsam, dass als Gegenleistung eine Beteiligung am übernehmenden Rechtsträger gewährt werden muss.[3897] Aus diesem Grund ist nach *Piera Beretta* damit auch „der funktionale Anwendungsbereich der deutschen Ausgliederung im Vergleich zur schweizerischen Vermögensübertragung nach Art. 69 FusG wesentlich eingeschränkt“.[3898] Das mögliche Ausbleiben einer Gegenleistung kann indessen einer Qualifikation einer deutschen Ausgliederung im Sinne von § 123 UmwG als Vermögensübertragung nach schweizerischen Verständnis nicht entgegenstehen.[3899] Entscheidend ist vielmehr, dass der Empfänger der Gegenleistung in beiden Rechtsordnungen derselbe ist: Sowohl bei der Ausgliederung nach deutschem UmwG als im Rahmen der schweizerischen Vermögensübertragung nach Art. 69 FusG hat die Gegenleistung nämlich an den übertragenden Rechtsträger – und nicht an dessen Anteilsinhaber – zu erfolgen.[3900]

In der schweizerischen Literatur wird zudem aufgrund bestehender Funktionsunterschiede die Ausgliederung nach deutschem UmwG teilweise im Vergleich zur schweizerischen Vermögensübertragung als ein gänzlich verschiedenes Rechtsinstitut angesehen.[3901] Nach Ansicht von *Nicholas Turin* besteht die

3891 ZürchKomm FusG-*Beretta*, Vor Art. 69-77 FusG, Rn. 4; siehe auch *Turin*, Le transfert de patrimoine selon le projet de loi sur la fusion, 2003, S. 66.

3892 Vgl. Art. 73 Abs. 2 FusG i.V.m. Art. 71 Abs. 1 lit. b FusG; ZürchKomm FusG-*Beretta*, Vor Art. 69–77 FusG, Rn. 4.

3893 Vgl. § 131 Abs. 1 UmwG.

3894 Vgl. § 131 Abs. 1 UmwG.

3895 *Theus Simoni*, REPRAX 2010, 1 (19).

3896 *Theus Simoni*, REPRAX 2010, 1 (18) weist darauf hin, dass in den meisten Fällen eine Gegenleistung gleichwohl aus Gründen des Kapitalschutzes vereinbart wird.

3897 Schmitt/Hörtnagl/Stratz, UmwG, UmwStG-*Hörtnagel,* § 123 Rn 5.

3898 Siehe ZürchKomm FusG-*Beretta* Vor Art. 69-77 Rn. 79.

3899 *Theus Simoni*, REPRAX 2010, 1 (18).

3900 *Theus Simoni*, REPRAX 2010, 1 (19).

3901 *Turin*, Le transfert de patrimoine selon le projet de loi sur la fusion, 2003, S. 66.

Funktion der deutschen Ausgliederung nämlich vielmehr in der Gründung von Tochtergesellschaften und der Umwandlung von Einzelunternehmen in juristische Personen und ist deshalb in funktionaler Hinsicht nicht mit der schweizerischen Vermögensübertragung vergleichbar.[3902] Zu Recht wird dagegen eingewandt, dass auch die schweizerische Vermögensübertragung ebenfalls diese rechtliche Funktion erfüllen kann:[3903] Auch nach schweizerischem Verständnis ist die Gründung einer Tochtergesellschaft mittels Vermögensübertragung vorgesehen.[3904]

Was den erforderlichen Umfang und Wert der Vermögensteile anbelangt, so enthält das deutsche Umwandlungsgesetz keine ausdrückliche Bestimmung.[3905] Es ist jedoch allgemein anerkannt, dass die zu übertragenden Gegenstände keinen bestimmten positiven Wert aufweisen müssen; es können somit auch nur Vermögensteile mit einem negativen Wert oder lediglich Verbindlichkeiten übertragen werden.[3906] Dass die Vermögenswerte demnach – anders als dies nach Art. 71 Abs. 2 FusG für die schweizerische Vermögensübertragung gilt – nicht zwingend einen Aktivenüberschuss aufweisen müssen, kann indessen nicht *per se* zu einer Versagung grenzüberschreitender Vermögensübertragungen führen.[3907] Dies könnte allenfalls dann der Fall sein, wenn kein Aktivenüberschuss besteht und damit unter Berufung auf zwingendes schweizerisches Recht die Anerkennung einer grenzüberschreitenden Vermögensübertragung im konkreten Fall versagt werden müsste.[3908]

3902 *Turin*, Le transfert de patrimoine selon le projet de loi sur la fusion, 2003, S. 66.

3903 *Theus Simoni*, REPRAX 2010, 1 (19) in Fn. 143.

3904 Botschaft FusG BBl 2000, 1.3.2.4.4, S. 4362: „Die Vermögensübertragung kann für eine Vielzahl verschiedener Restrukturierungsvorhaben verwendet werden, so etwa für die folgenden: – Die Gründung einer Tochtergesellschaft: Durch Vermögensübertragung kann eine Gesellschaft einen Teil ihres Vermögens als Sacheinlage (Art. 628 Abs. 1, Art. 634 OR) auf eine neu zu gründende Gesellschaft übertragen, wobei sie als Gegenleistung eine Beteiligung an der Tochtergesellschaft erhält." Siehe auch Schumacher, S. 33f. *Theus Simoni*, REPRAX 2010, 1 (19) weist zudem in Fn. 143 darauf hin, dass auch in in der schweizerischen Praxis die Umwandlung von Einzelunternehmen in juristische Personen ein häufiger Anwendungsfall der Vermögensübertragung sei.

3905 Semler/Stengel UmwG-*Stengel*, § 123 UmwG Rn. 6.

3906 Kölner Komm. UmwG-*Simon*, § 123 UmwG Rn. 10; Kallmeyer UmwG-*Kallmeyer/Sickinger*, § 123 UmwG, Rn. 1; Semler/Stengel UmwG-*Stengel*, § 123 UmwG Rn. 6; siehe dazu aus der Rechtsprechung auch LAG Düsseldorf DB 2004, 196 (196) sowie darauffolgend BAG NZA 2005, 639 (639).

3907 *Theus Simoni*, REPRAX 2010, 1 (18);

3908 *Theus Simoni*, REPRAX 2010, 1 (18), Stämplis HK FusG-*Courvoisier,* Art. 163d IPRG Rn. 103; ZürchKomm FusG-Müller, Art. 5 FusG, Rn. 28; Basler Kommentar FusG-*Girsberger/Rodriguez* Art. 163d IPRG Rn. 35.

Im Ergebnis kann somit festgehalten werden, dass die Ausgliederung nach deutschem UmwG als eine Vermögensübertragung nach schweizerischem Verständnis zu qualifizieren ist.[3909]

e) Verfahren

Nunmehr gilt es zu untersuchen, ob auch das Verfahren und der Eintritt der Rechtswirkungen nach beiden Rechtsordnungen in hinreichender Weise koordiniert werden können, um einen Vermögensimport im Wege einer Ausgliederung nach § 123 UmwG aus Deutschland in die Schweiz realisieren zu können.

Vorab ist dazu festzuhalten, dass das Ausgliederungsverfahren nach deutschem UmwG aufwändiger ist als das schweizerische Vermögensübertragungsverfahren nach Art. 69 ff. FusG. So hat man im Entstehungsprozess des FusG die Ausgliederung, die im Spaltungsverfahren hätte vollzogen werden müssen, durch eine insoweit einfacher ausgestaltete Vermögensübertragung ersetzt.[3910] Dass die Vermögensübertragung nach schweizerischem Recht verfahrensmäßig einfacher ausgestaltet ist als das deutsche Ausgliederungsverfahren, steht indessen einer Qualifikation der deutschen Ausgliederung nach UmwG als Vermögensübertragung nach schweizerischem Verständnis nicht entgegen, zumal die Verfahren beider Rechtsordnungen neben einer solidarische Nachhaftung und der Möglichkeit der Gläubiger, Sicherstellung zu verlangen, auch die Einbeziehung der Arbeitnehmer in das Verfahren vorsehen.[3911]

Aufgrund der derzeitigen Rechtslage in Deutschland ist ein grenzüberschreitender Vermögensimport im Verhältnis zur Schweiz rechtlich nicht durchführbar. Wenn man die Rechtslage nach Inkrafttreten des Referentenentwurfs in Deutschland zugrunde legte, könnte das Verfahren einer grenzüberschreitenden Vermögensübertragung folgendermaßen aussehen:[3912] Was die beteiligtenfähigen Rechtsträger anbelangt, so wäre der Kreis der möglichen übertragenden deutschen Rechtsträger bei der Ausgliederung nach UmwG ebenso weit gefasst wie im Rahmen einer Vermögensübertragung nach schweizerischem Recht[3913]

3909 So im Ergebnis *Theus Simoni*, REPRAX 2010, 1 (19).

3910 Botschaft FusG, BBl. 2000, 1.3.2.4.2, S. 4360.

3911 Vgl. für das schweizerische Recht die Art. 75-77 FusG; siehe dazu *Theus Simoni*, REPRAX 2010, 1 (19).

3912 In Anlehung an *Theus Simoni*, REPRAX 2010, 1 (19ff.).

3913 In Betracht als übernehmende schweizerische Rechtsträger kommen Aktiengesellschaften, Kommanditaktiengesellschaften, Gesellschaften mit beschränkter Haftung, Kollektiv- und Kommanditgesellschaften, Vereine und Genossenschaften, Vorsorgeeinrichtungen gemäß Art. 2 lit. i FusG, Stiftungen, ins Handelsregister eingetragene Einzelunternehmen, Kommanditgesellschaften für kollektive Kapitalanlagen, Investmentgesellschaften mit variablem Kapital und Institute des öffentlichen Rechts; vgl.

Zunächst müsste der Übertragungsvertrag den deutschen Vorschriften über den Ausgliederungsvertrag sowie den schweizerischen Bestimmungen der Art. 70 und Art. 71 FusG genügen. Auf Seiten des übernehmenden schweizerischen Rechtsträgers müsste der Vertrag vom obersten Leitungs- oder Verwaltungsorgan abgeschlossen werden; vgl. Art. 70 Abs. 1 FusG. Das deutsche Recht regelt, dass auf Seiten des übertragenden deutschen Rechtsträgers der Spaltungs- und Übernahmevertrag wegen seiner besonderen Bedeutung für die beteiligten Rechtsträger als Grundlagengeschäft wirksam nur von deren statutarisch vertretungsberechtigten Organen geschlossen werden kann.[3914]

Was den Schutz der Arbeitnehmer anbelangt, so würde die Information und Konsultation der Arbeitnehmer für den deutschen Rechtsträger nach deutschem und für die in der Schweiz tätigen Arbeitnehmer des schweizerischen Rechtsträgers nach Schweizer Recht erfolgen. Dazu müsste von Seiten des deutschen Rechtsträgers zunächst der Ausgliederungs- und Übernahmevertrag oder sein Entwurf an den zuständigen Betriebsrat jedes beteiligten Rechtsträgers zugeleitet werden.[3915]

Weiterhin soll es mittels eines Ausgliederungsberichts des Vertretungsorgans den Anteilsinhabern ebenso wie durch einen Verschmelzungsbericht ermöglicht werden, sich im Vorfeld der Beschlussfassung mit den wesentlichen Grundlagen der Transaktion vertraut zu machen.

Gemäß Art. 10a Abs. 2 Nr. 2 EGBGB-RefE wäre für die übernehmende schweizerische Gesellschaft die Erstellung eines solchen Ausgliederungsberichts mit entsprechender Beschlussfassung nicht erforderlich. Da im Grundsatz für jede der an der Ausgliederung beteiligten Gesellschaften ihr eigenes Gesellschaftsstatut zugrunde zu legen ist und im schweizerischen Recht der Vermögensübertragung der Art. 69 ff. FusG ein solcher Bericht und die Beschlussfassung nicht vorgesehen sind, ist er somit entbehrlich.[3916]

Was den Handelsregistereintrag anbelangt, so hätte der übertragende deutsche Rechtsträger die Ausgliederung beim Register seines Sitzes anzumelden.[3917] Hingegen ist ein Handelsregistereintrag mit Blick auf den übernehmenden Rechtsträger in der Schweiz grundsätzlich entbehrlich.[3918]

Nach § 130 UmwG müsste nach deutschem Recht sowohl am Sitz des übertragenden als auch am Sitz des übernehmenden Rechtsträgers ein Handelsregis-

---

nach den Artt. 69 Abs. 1, 86 Abs. 1, 98 Abs. 1 sowie Artt. 99 Abs. 2 i.V.m. Art. 2 FusG; siehe *Theus Simoni*, REPRAX 2010, 1 (19).

3914 Semler/Stengel, UmwG-*Schröer,* § 126 UmwG Rn. 7.

3915 Semler/Stengel, UmwG-*Gehling,* § 127 UmwG Rn. 1.

3916 *Theus Simoni*, REPRAX 2010, 1 (21).

3917 *Theus Simoni*, REPRAX 2010, 1 (21).

3918 Vgl. Dazu *e contrario* Art. 73 Abs. 1 FusG.

tereintrag erfolgen.[3919] Die Wirksamkeit ist jedoch nach deutschem Recht an die konstitutive Registereintragung im Register des übertragenden Rechtsträgers gebunden; demnach bestimmt die Handelsregistereintragung in der Schweiz den Wirksamkeitszeitpunkt nach deutschem Recht,[3920] was im Ergebnis nicht mit den deutschen Vorstellungen einer konstitutiven inländischen Registereintragung in Einklang zu bringen ist.[3921] Es scheint daher sinnvoll, die speziell für die grenzüberschreitende Verschmelzung vorgesehenen Eintragungsverfahren der § 122k und l UmwG analog auch auf die grenzüberschreitende Spaltung anzuwenden[3922]

Die kollisionsrechtliche Vorschrift des Art. 10a Abs. 1 EGBGB-RefE sieht vor, dass sich das Verfahren für jede der beteiligten Gesellschaften nach ihrem Gesellschaftsstatut richtet. Wenn das Schweizer Recht als Gesellschaftsstatut zugrunde gelegt wird, so bedarf es am Sitz des übernehmenden Rechtsträgers keines Handelsregistereintrages.[3923] Was den für den Eintritt der Rechtswirkung der partiellen Universalsukzession maßgeblichen Zeitpunkt der Registereintragung betrifft, so würde sich nach Art. 10a Abs. 3 EGBGB-RefE der Zeitpunkt des Wirksamwerdens der Vermögensübertragung nach schweizerischem Recht richten, wobei Rück- und Weiterverweisungen zu beachten wären.[3924] Damit müsste auch die Rückverweisung des schweizerischen Rechts auf das deutsche Recht berücksichtigt werden.[3925] Im Ergebnis wäre damit der Handelsregistereintrag am Sitz des übertragenden Rechtsträgers in Deutschland für den Eintritt der Rechtswirkung maßgebend. Das deutsche Registergericht würde die Eintragung der Ausgliederung sodann bekanntmachen.[3926]

Im Ergebnis könnten somit das Verfahren sowie der Eintritt der Rechtswirkung unter beiden Rechtsordnungen koordiniert werden, so dass ein Vermögensimport mittels Ausgliederung nach § 123 Abs. 3 UmwG aus Deutschland heraus in die Schweiz denkbar ist.[3927]

3919 Jedoch darf die Ausgliederung erst in das Register der übertragenden Gesellschaft eingetragen werden, nachdem diese bei allen übernehmenden Rechtsträgern eingetragen worden ist; siehe Semler/Stengel, UmwG-*Gehling,* § 127 UmwG Rn. 1.

3920 Münch. Hdb. GesR VI-*Hoffmann* § 56 Rn. 59.

3921 Münch. Hdb. GesR VI-*Hoffmann* § 56 Rn. 59.

3922 Münch. Hdb. GesR VI-*Hoffmann* § 56 Rn. 54.

3923 *Theus Simoni*, REPRAX 2010, 1 (21).

3924 *Theus Simoni*, REPRAX 2010, 1 (21).

3925 *Theus Simoni*, REPRAX 2010, 1 (21).

3926 Vgl. die §§ 125, 19 Abs. 3 UmwG wonach jede Eintragung einer Spaltung von Amts wegen nach § 10 HGB mit ihrem ganzen Inhalt bekannt zu machen ist; vgl. Schmitt/Hörtnagl/Stratz, UmwG, UmwStG-*Hörtnagel*, § 130 Rn 26.

3927 *Theus Simoni*, REPRAX 2010, 1 (21).

f) Ergebnis

Zurzeit ist eine Vermögensübertragung zwischen einem schweizerischen und einem deutschen Rechtsträger aufgrund der deutschen Rechtslage nicht möglich. Dies würde sich erst ändern, wenn der Referentenentwurf eines Gesetzes zum Internationalen Privatrecht der Gesellschaften, Vereine und juristischen Personen in Kraft träte. Dann wäre ein Vermögensimport in die Schweiz mittels einer Ausgliederung nach § 123 Abs. 3 UmwG grundsätzlich möglich. [3928] Überdies könnte ein Vermögensimport aus Deutschland hinaus in die Schweiz nicht nur mittels der oben geschilderten Ausgliederung nach § 123 Abs. 3 UmwG erfolgen, sondern auch im Wege einer ausgliedernden Vermögensübertragung gemäß § 174 Abs. 2 Nr. 3 UmwG.

Im Hinblick auf die Rechtsicherheit erscheint es aus Schweizer Sicht problematisch, dass es bei einem Vermögensimport in die Schweiz normalerweise nicht zu einem Handelsregistereintrag kommt.[3929] Demgemäß würde sich die Wirksamkeit des Vermögensimports mittels Ausgliederung „nur vorfrageweise stellen und wäre daher für beide Parteien mit einer gewissen Rechtsunsicherheit verbunden“,[3930] – dies jedenfalls, solange dazu keine Klärung durch die Rechtsprechung erfolgt. Unter dem Gesichtspunkt der Rechtssicherheit wird in der Lehre daher eine dahingehende Änderung von Art. 163d IPRG sowie darauf aufbauend auch der Handelsregisterverordnung befürwortet.[3931]

Indessen liegt es in den Händen des deutschen Gesetzgebers, ergänzende sachrechtliche Normen bereitzustellen, um die genannten grenzüberschreitenden Umstrukturierungsgestaltungen realisierbar zu machen. Dazu bedarf es neben der ausdrücklichen gesetzlichen Zulassung dieser Gestaltungsmöglichkeiten weiterer flankierender verfahrensrechtlicher Sachnormen[3932], insbesondere was das Eintragungsverfahren im Zusammenspiel mit internationalen Registerstellen anbelangt. Diese Bestimmungen könnten sich an den speziell für die grenzüberschreitende Verschmelzung vorgesehenen Eintragungsverfahren der § 122k und l UmwG orientieren.[3933]

3928 *Theus Simoni*, REPRAX 2010, 1 (21).

3929 *Theus Simoni*, REPRAX 2010, 1 (22)

3930 *Theus Simoni*, REPRAX 2010, 1 (22).

3931 *Theus Simoni*, REPRAX 2010, 1 (22).

3932 Siehe zum Begriff der IPR-Sachnorm *Schwander*, Lois d'application immédiate, Sonderanknüpfung, IPR-Sachnormen und andere Ausnahmen von der gewöhnlichen Anknüpfung im internationalen Privatrecht, 1975, § 14 I S. 377.

3933 Siehe in diese Richtung auch Münch. Hdb. GesR VI-*Hoffmann* § 56 Rn. 54.

D. Spaltung

I. Grundlagen

Die Spaltung findet als Umstrukturierungsinstrument in der Unternehmenspraxis vielseitige Verwendung. Aus betriebswirtschaftlicher Sicht kann die Spaltung einer höheren Flexibilität dienen, indem kleinere, überschaubarere Einheiten geschaffen werden.[3934] Einerseits kann sie im Rahmen der Veräußerung von Einzel- sowie Teilbetrieben eingesetzt werden, eine Isolierung von Haftungsrisiken ermöglichen und zur Umsetzung von Entflechtungsmaßnahmen eingesetzt werden; denkbar ist auch die Nutzung der Spaltung für die Umstrukturierung in eine reine *Holding*-Gesellschaft.[3935] Gerade der letzte Aspekt ist nicht zuletzt von rechtspolitischer Brisanz, denn die Attraktivität der Schweiz als *Holding*-Standort ist bekannt und hat zu einem bislang ungelösten „Steuerstreit" zwischen der Schweiz und der EU geführt.[3936] Auf der Grundlage von kantonalen Holdingprivilegien verschafft sich die Schweiz nämlich eine günstige Stellung im internationalen Standortwettbewerb:[3937] Auf diese Weise kommen insbesondere Holdinggesellschaften, Verwaltungsgesellschaften ohne Geschäftstätigkeit

---

3934 Heidelberger Komm UmwG-*Raible,* § 123 Rn 4.

3935 KölnerKomm-*Simon*, § 123 UmwG Rn. 16; Heidelberger Komm UmwG-*Raible,* § 123 Rn 4; eingehend zu möglichen Beweggründen für eine Spaltung auch *Teichmann*, in: Lutter (Hrsg.) Kölner Umwandlungsrechtstage, 1995, S. 90 (92 f.).

3936 Am 13. Februar 2007 stellte die Europäische Kommission dazu in einer Entscheidung fest, dass bestimmte Unternehmenssteuerregelungen der schweizerischen Kantone zugunsten von Holding-, Gemischten und Verwaltungsgesellschaften (Steuerprivilegien) eine Form der staatlichen Beihilfe darstellen würden, welche mit Art. 87 Abs. 1 des Freihandelsabkommens zwischen der Schweiz und der Europäischen Wirtschaftsgemeinschaft von 1972 (FHA) nicht vereinbar seien, da sie den Wettbewerb verfälschten und den Warenhandel in einer mit dem Freihandelsabkommen nicht zu vereinbarenden Weise beeinträchtigten. Siehe dazu die Entscheidung der Kommission vom 13. 2. 2007 über die Unvereinbarkeit bestimmter schweizerischer Körperschaftssteuerregelungen mit dem Freihandelsabkommen (Abkommen vom 22. 7. 1972 zwischen der Schweizerischen Eidgenossenschaft und der Europäischen Wirtschaftsgemeinschaft, SR 0.632.401); sowie die Pressemitteilung IP/07/176 zum Entscheid der Kommission vom 13. 2. 2007. Siehe dazu *Tobler*, in: Breuss/Cottier/Müller-Graff (Hrsg.), Die Schweiz im europäischen Integrationsprozess, 2008, S. 11 (27ff.) sowie *Roth*, ST 2010, 721 (721 ff.).

3937 Siehe dazu grundlegend *Waldburger*, Holding- und Domizilprivileg im Steuerharmonisierungsgesetz, Zürich 1996. Fälschlicherweise wird der Beteiligungsabzug mitunter auch als *„Beteiligungsprivileg"* bezeichnet. Der Beteiligungsabzug hat dabei mit einer Vergünstigung nichts gemein. Gleiches gilt dem Grundsatz auch für das Holdingprivileg, indessen nur insoweit, als es auf die Entlastung der auf Gesellschaftsebene bereits gewinnbesteuerten Erträgnisse abzielt; siehe *Reich*, Steuerrecht, 2009, § 23 Rn. 19.

in der Schweiz, sowie Gesellschaften mit überwiegend auslands- und nur untergeordnet inlandbezogener Geschäftstätigkeit auf Ebene der Kantone und der Gemeinden in den Genuss weitreichender Steuerprivilegien: Im Schweizer Steuerrecht ist das Beteiligungsabzugssystem zwar harmonisiert, so dass grundsätzlich auch die Kantone Beteiligungsgesellschaften einen Beteiligungsabzug einräumen müssen, der technisch gleich ausgestaltet ist wie der Beteiligungsabzug[3938] bei der direkten Bundessteuer; vgl. Art. 28 Abs. 1 StHG.[3939]

Indessen ist der Einbezug der Kapitalgewinne dabei den Kantonen jedoch freigestellt.[3940] Vom Einsatz des kantonalen Holdingprivilegs[3941] machen sämtliche Kantone aus Gründen der Standortattraktivität Gebrauch. Diese partielle Abkehr von der Doppelbelastung von in juristischen Personen erzielten Gewinnen lässt sich dabei in erster Linie standortpolitisch rechtfertigen.[3942] In der Problematik einer möglichen Abwanderung des Steuersubstrates kann daher auch ein Grund für die *de lege lata* mobilitätshemmende Ausrichtung des deutschen Internationalen Gesellschaftsrechts im Verhältnis zur Schweiz gesehen werden.

II. Europäische Sicht

1. Die primärrechtliche „Spaltungsfreiheit“

Schon früh wurde deutlich, daß Spaltungsvorgänge – wie auch transnationale Verschmelzungen – nicht auf den nationalen Rahmen beschränkt bleiben würden.[3943] Während es nach wie vor an sekundärrechtlichen Vorgaben für die grenzüberschreitende Spaltung mangelt,[3944] sieht die Rechtsprechung des EuGH die grenzüberschreitende Spaltung von der primärrechtlichen Niederlassungs-

---

3938 Siehe dazu *Greter*, Der Beteiligungsabzug im harmonisierten Gewinnsteuerrecht, Zürich 2000.

3939 *Reich*, Steuerrecht, 2009, § 23 Rn. 13.

3940 *Reich*, Steuerrecht, 2009, § 23 Rn. 13.

3941 Nach 28 Abs. 2 StHG haben Kapitalgesellschaften und Genossenschaften dann keine Gewinnsteuer zu entrichten, wenn ihr statutarischer Zweck zur Hauptsache in der dauernden Verwaltung von Beteiligungen besteht, in der Schweiz keine Geschäftstätigkeit ausgeübt wird und die Beteiligungen oder die Erträge aus Beteiligungen längerfristig mindestens zwei Drittel der gesamten Aktiven oder Erträge ausmachen.

3942 *Reich*, Steuerrecht, 2009, § 23 Rn. 13.

3943 *Teichmann*, in: Lutter (Hrsg.) Kölner Umwandlungsrechtstage, 1995, S. 90 (91).

3944 Sagasser/Bula/Brünger-*Sagasser,*Umwandlungen, 2011, § 17 Rn. 117; Schmitt/Hörtnagl/Stratz, UmwG, UmwStG- *Hörtnagel,* Vorbemerk. zu §§ 123-173 Rn 18.

freiheit als geschützt an: In der Rechtssache *VALE*[3945] hat der EuGH nunmehr klargestellt, dass auch die grenzüberschreitende rechtsformwechselnde Umwandlung der Niederlassungsfreiheit unterfällt. Die Entscheidung untermauert damit den Schluss, dass auch grenzüberschreitende Spaltungen vom Anwendungsbereich der Niederlassungsfreiheit umfasst sind und daher unter Beachtung des vom EuGH in der Rechtsache *VALE* herausgearbeiteten Äquivalenzgrundsatzes und des Effektivitätsgrundsatzes ermöglicht werden müssen.[3946]

Vor diesem Hintergrund können auch die Ausführungen in *SEVIC*, nach welchen ausdrücklich auch „andere Gesellschaftsumwandlungen“[3947] als Annex von der Niederlassungsfreiheit geschützt werden,[3948] schwerlich anders zu verstehen sein, als dass nicht nur grenzüberschreitende Formwechsel, sondern auch grenzüberschreitende Spaltungen von der Niederlassungsfreiheit erfasst sind.[3949] Nach inzwischen herrschender Ansicht ergibt sich die grundsätzliche Zulässigkeit grenzüberschreitender Spaltungen für Kapital- wie auch Personengesellschaften, in beide Richtungen sowohl in Form der Hinein- als auch der Herausspaltung „angesichts der extensiven Diktion des Gerichtshofs“ im *SEVIC*-Urteil bereits unmittelbar aus den Art. 49, 54 AEUV.[3950]

Im Gegensatz zur grenzüberschreitenden Verschmelzung ist die grenzüberschreitende Spaltung bis heute nicht harmonisiert.[3951] Die sog. „Spaltungsrichtlinie“[3952] bezieht sich allein auf binnenrechtliche Spaltungsvorgänge.[3953] Im Hinblick auf die grenzüberschreitende Spaltung existiert bislang keine Richtlinie.[3954]

3945 Siehe das noch nicht in der offiziellen Slg. veröffentlichte EuGH. Urt. v. 12.7.2012 – Rs. C-378/10 – *VALE Építési kft.*, NJW 2012, 2715 = ZIP 2012, 1394 = EuZW 2012, 621 = WM 2012, 2154 = DB 2012, 1614.

3946 *Ege/Klett,* DStR 2012, 2442 (2446).

3947 EuGH Urt. v. 13.12.2005, Rs. C-411/03 – *SEVIC*, Slg. I-10805 Rn. 19: „Grenzüberschreitende Verschmelzungen entsprechen wie andere Gesellschaftsumwandlungen den Zusammenarbeits-und Umgestaltungsbedürfnissen von Gesellschaften mit Sitz in verschiedenen Mitgliedstaaten.“

3948 *Teichmann*, ZGR 2011, 639 (687).

3949 *Wöhlert/Degen* GPR 2012, 432 (432).

3950 *Lutter/Bayer/Schmidt*, Europäisches Gesellschafts- und Kapitalmarktrecht, 2012, § 6 Rn. 76, S. 110.

3951 *Grundmann*, Europäisches Gesellschaftsrecht, 2011, § 25 Rn. 874; Schmitt/Hörtnagl/Stratz, UmwG, UmwStG-*Hörtnagel,* Vorbemerk. zu §§ 123-173 Rn 18.

3952 Sechste Richtlinie 82/891/EWG des Rates vom 17. Dezember 1982 gemäß Artikel 54 Absatz 3 Buchstabe g) des Vertrages betreffend die Spaltung von Aktiengesellschaften, ABl. L 378 vom 31. 12. 1982 S. 47 ff.

3953 *Weller*, Handels- und Gesellschaftsrecht, in: Gebauer/Wiedemann (Hrsg.) Zivilrecht unter europäischem Einfluss, Stuttgart 2010, S. 993 Rn. 52.

3954 Sagasser/Bula/Brünger-*Sagasser,*Umwandlungen, 2011, § 17 Rn. 117; Schmitt/Hörtnagl/Stratz, UmwG, UmwStG-*Hörtnagel* Vorbemerk. zu §§ 123-173 Rn 18.

Damit fehlt bislang ein spezieller Rechtsrahmen für grenzüberschreitende Spaltungen auf europäischer Ebene.[3955] Gerade vor dem Hintergrund der mangelnden Konturierung der verfahrensrechtlichen Besonderheiten der grenzüberschreitenden Spaltung durch den Gerichtshof oder auf Ebene des Sekundärrechts ist die Realisierung grenzüberschreitender Spaltungen einstweilen erheblichen Unsicherheiten ausgesetzt.[3956]

2. Vorgaben des Sekundärrechts

Der Ausgangspunkt für die Entwicklung des Spaltungsrechts war das französische Gesetz über Handelsgesellschaften von 1966, das in Art. 371 ff. die *scission* kodifizierte.[3957] Diese französische Regelung zur Spaltung fand seinerzeit auch ihren Widerhall in der deutschen rechtswissenschaftlichen Debatte[3958] und Eingang in den Gesetzgebungsprozess zum Umwandlungsgesetz[3959] sowie in die 6. Gesellschaftsrechtsrichtlinie der Europäischen Union betreffend die Spaltung von Aktiengesellschaften („Spaltungsrichtlinie“)[3960], wobei entsprechend der französischen Regelung in dieser Richtlinie nur die Aufspaltung geregelt ist. Denn die erwähnten Regelungen des französischen Rechts sahen ebenso nur die Spaltung unter Erlöschen des bisherigen Rechtsträgers vor. Für die

3955 *Lutter/Bayer/Schmidt*, Europäisches Gesellschafts- und Kapitalmarktrecht, 2012, § 6 Rn. 76, S. 110.

3956 *Lutter/Bayer/Schmidt*, Europäisches Gesellschafts- und Kapitalmarktrecht, 2012, § 6 Rn. 76, S. 110.

3957 Vgl. Art. 371 ff. der Loi N° 66–537 du 24 juillet 1966 sur les sociétés commerciales in Journal Officiel (JO du 26 juillet 1966); siehe dazu *Lutter* ZGR 1990, 392 (403); *Teichmann,* AG 1980 85 (85ff.); *Hahn* GmbHR 1991 242 (242ff.) ; *Duden/Schilling* AG 1974, 202 (204 f.).

3958 *Bärmann,* ZVglRW 81 (1982), 251; *Teichmann,* AG 1980 85 (85); *Duden/Schilling* AG 1974, 202.

3959 So stellte bereits im Jahr 1972 der Rechtsausschuss des Deutschen Bundestages in seiner Stellungnahme zu Art. 21 der vorgeschlagenen 3. Richtlinie über die interne Fusion von Aktiengesellschaften fest, dass man die Spaltung „im Auge behalten müsse“; siehe BT-Drucks. 6/3071. Indessen bestanden Bedenken dahingehend, die Spaltungsvorgänge dem Fusionsrecht zu unterwerfen, zumal Erfahrungen mit dem oben genannten französischen Rechtsinstitut der *scission* noch nicht existierten; siehe *Duden/Schilling* AG 1974 S. 202 (204). Siehe dazu Diskussionsentwurf für ein Gesetz zur Bereinigung des Umwandlungsrechts vom 3. 8. 1988 (Beilage Nr. 214a zum BAnz vom 15. 11. 1988).

3960 Sechste Richtlinie 82/891/EWG des Rates vom 17. Dezember 1982 gemäß Artikel 54 Absatz 3 Buchstabe g) des Vertrages betreffend die Spaltung von Aktiengesellschaften, ABl. L 378 vom 31. 12. 1982 S. 47 ff.

grenzüberschreitende Spaltung existiert weiterhin keine Richtlinie;[3961] die Spaltungsrichtlinie bezieht sich allein auf binnenrechtliche Spaltungsvorgänge.[3962] Im Gegensatz zur 3. Fusionsrichtlinie sieht die Spaltungsrichtlinie auch keine Verpflichtung der Mitgliedstaaten zur Regelung des Rechtsinstituts der Spaltung im jeweiligen nationalen Recht vor.[3963]

Gleichwohl stellt die Spaltungsrichtlinie einen wichtigen Schritt auf dem Weg zu den heutigen spaltungsrechtlichen Bestimmungen im deutschen Umwandlungsrecht dar. Sie folgt im Wesentlichen der Verschmelzungsrichtlinie, denn rechtstechnisch erscheint die Spaltung als eine der Verschmelzung gleichgestellte Strukturmaßnahme.[3964] Im Gegensatz zur grenzüberschreitenden Verschmelzung ist die grenzüberschreitende Spaltung bis heute nicht harmonisiert.[3965] Bei der Spaltung greifen zwar die Schutzinstrumente der Verschmelzungsrichtlinie ein, jedoch nur wenn der nationale Gesetzgeber die Maßnahme einführt; wozu er indessen nicht gezwungen ist.[3966] Selbst die Einführung innerstaatlicher Spaltungsmöglichkeiten ist somit nach dem geltenden Sekundärrecht nicht zwingend vorgesehen.[3967] Der europäische Richtliniengeber, stützt sich dabei – wie auch in der Spaltungsrichtlinie – auf das sog. Informationsmodell: Grundidee ist es, dass Anteilseigener in die Lage versetzt werden, sich auf Grundlage von Informationen, die auf inhaltliche und methodische Richtigkeit geprüft sind, ein fundiertes Urteil über eine anstehende Strukturänderung bilden zu können.[3968]

Nur untergeordnet setzt der Richtliniengeber demgegenüber auf die staatliche Leitung des Verfahrens, wie dies in Deutschland in stärker ausgeprägtem

---

3961 Sagasser/Bula/Brünger-*Sagasser,*Umwandlungen, 2011, § 17 Rn. 117; Schmitt/Hörtnagl/Stratz, UmwG, UmwStG- *Hörtnagel,* Vorbemerk. zu §§ 123-173 Rn 18.

3962 *Weller*, Handels- und Gesellschaftsrecht, in: Gebauer/Wiedemann (Hrsg.) Zivilrecht unter europäischem Einfluss, Stuttgart 2010, S. 993 Rn. 52.

3963 *Lutter/Bayer/Schmidt*, Europäisches Gesellschafts- und Kapitalmarktrecht, 2012, § 22 Rn. 3, S.657.

3964 Siehe *Grundmann*, Europäisches Gesellschaftsrecht, 2011, § 25 Rn. 874; *Hommelhoff/Riesenhuber*, in: Grundmann (Hrsg.) Systembildung und Systemlücken in Kerngebieten des Europäischen Privatrechts, 2000, S. 259 (266); *Werlauff*, EC Company Law, 1993, S. 390.

3965 *Grundmann*, Europäisches Gesellschaftsrecht, 2011, § 25 Rn. 874; Schmitt/Hörtnagl/Stratz, UmwG, UmwStG- *Hörtnagel,* Vorbemerk. zu §§ 123-173 Rn 18.

3966 *Grundmann*, Europäisches Gesellschaftsrecht, 2011, § 25 Rn. 884.

3967 MünchenerKomm AktG-*Altmeppen/Ego*, Bd. 7, B. Europäische Niederlassungsfreiheit, Rn 330.

3968 Siehe dazu kritisch *Hommelhoff/Riesenhuber*, in: Grundmann (Hrsg.) Systembildung und Systemlücken in Kerngebieten des Europäischen Privatrechts, 2000, S. 259 (278).

Maße der Fall ist.[3969] Im Überblick lässt sich sagen, dass man auf europäischer Ebene weniger dem deutschen Modell, das ohnehin nur die Fusion kannte, als dem französischen Vorbild gefolgt ist, welches „zudem der angelsächsischen Vorliebe für informationsgestützte Schutzinstrumente entgegenkam".[3970]

Im Ergebnis enthält die Spaltungsrichtlinie lediglich Anpassungen, die aufgrund verbleibender sachlicher Unterschiede zur Fusion notwendig erschienen, insbesondere musste ein mit der Aufteilung von Vermögen, Aktionären und Gläubigern entstehendes zusätzliches Gefährdungspotential der Spaltung berücksichtigt werden.[3971] Was das Spaltungsverfahren, Schutzmechanismen und die Wirksamkeit betrifft, so sind diese Aspekte weitestgehend wie in den Parallelnormen zur Verschmelzung geregelt.[3972]

III. Schweizerische Sicht

1. Die Spaltung im schweizerischen Gesellschaftsrecht

a) *Frühere Rechtslage*

Das schweizerische Obligationenrecht in der Fassung 1936/91 sah keine Regelung für die Spaltung von Gesellschaften vor;[3973] das Rechtsinstitut der Spaltung war dem schweizerischen Recht vor Inkraftreten des Fusionsgesetzes somit gänzlich unbekannt.[3974] Der damalige Befund lautete: „Zivilrechtlich ist der Vorgang der Teilung in der Schweiz, wie auch in fast allen anderen Rechtsordnungen, bis anhin noch nicht geregelt."[3975] Die Spaltung galt vielmehr als unzulässig, sofern sie zugleich in eine Teilung und Minderung des Haftungssubstrats der Gesellschaft zur Folge hatte.[3976] In der Rechtspraxis bestand freilich von Anfang an das Bedürfnis, den „einheitlichen Vermögenskomplex einer Gesellschaft auf zwei Gesellschaften aufzuteilen", um wirtschaftlich motivierte Umgruppierungen und Restrukturierungen zu ermöglichen.[3977]

Jedoch konnte vor dem Inkrafttreten des Fusionsgesetzes die Spaltung, sofern sie in der Schweiz überhaupt als zulässig angesehen wurde, nur in zwei

---

3969 *Grundmann*, Europäisches Gesellschaftsrecht, 2011, § 25 Rn. 888.
3970 *Grundmann*, Europäisches Gesellschaftsrecht, 2011, § 25 Rn. 888.
3971 *Grundmann*, Europäisches Gesellschaftsrecht, 2011, § 25 Rn. 909.
3972 *Grundmann*, Europäisches Gesellschaftsrecht, 2011, § 25 Rn. 909.
3973 *Böckli*, Schweizer Aktienrecht, 2009, S. 434 Rn. 278.
3974 *Wälti,* Der Anwendungsbereich der Vermögensübertragung, 2013, S. 20.
3975 *Hammer*, Die Teilung der Aktiengesellschaft unter Berücksichtigung der steuerlichen Folgen, 1978, S. 2.
3976 *Wälti,* Der Anwendungsbereich der Vermögensübertragung, 2013, S. 20.
3977 *Böckli*, Schweizer Aktienrecht, 2009, S. 435 Rn. 278.

Teilschritten durchgeführt werden:[3978] In einem ersten Schritt waren die Aktiven und Passiven nach den Regeln der Singularsukzession zu übertragen; teilweise konnte dies vereinfacht im Wege der Regelung des früheren Art. 181 OR geschehen. Sodann mussten in einem zweiten Schritt[3979] die Anteils- oder Mitgliedschaftsrechte den Gesellschaftern zugeteilt werden.[3980]

Aus der Sicht der Inhaber der Beteiligungsrechte, waren insbesondere die mangelnde Information und die Gewährleistung der Kontinuität der Rechtsstellung problematisch. Was im früheren schweizerischen Recht vollständig fehlte, war – abgesehen von einer Rechtsgrundlage für eine Spaltung – die gesetzlich eingeräumte Möglichkeit eines ausgewogenen Rechtsschutzes, einer Rechtskontrolle sowie die Bereitstellung flankierender Schutznormen.[3981] Dies ließ das Bedürfnis nach einer Spaltungsmöglichkeit „in einem Schritt" mittels Universalsukzession entstehen.[3982]

b) Geltende Rechtslage nach dem Fusionsgesetz

Das Rechtsinstitut der Spaltung existierte in der Schweiz bis zum Inkrafttreten des Fusionsgesetzes zum 1. Juli 2004 nicht; sie ist ein für die Schweiz neues Rechtsinstitut.[3983] Im Begleitbericht zum damaligen Gesetzesvorhaben heißt es dazu: „Das Fehlen des Rechtsinstituts der Spaltung im schweizerischen Recht weist rechtsvergleichend auf einen Nachteil gegenüber der Rechtsordnung der EU-Staaten hin." [3984] Nach Ansicht von *Christian J. Meier-Schatz* stellt die Einführung der Spaltung in das Schweizer Recht das „praktisch wichtigste Importgut" dar.[3985]

3978 *Büchi*, Spin-off, Rechtliche Aspekte von Abspaltungen bei Publikumsgesellschaften, 2001, S. 67; ablehnend Botschaft, Ziff. 1.1.1

3979 Dieser für eine Spaltung ausserhalb des Fusionsgesetzes notwendige zweite Schritt wird von *Nobel* ZSR 117 (1998), 355 (361) als „Hinunterstossen" bezeichnet. *Behnisch*, Die Umstrukturierung von Kapitalgesellschaften, 1996 S. 241 spricht von „Ausstossen".

3980 ZürchKomm FusG- *Meier/Pfeifer,* Vor Art. 29-52 Rn. 3; *Böckli*, Schweizer Aktienrecht, 2009, S. 435 Rn. 280.

3981 Botschaft 2000, 4355 ff., Ziff. 1.3.2.2.; *Böckli*, Schweizer Aktienrecht, 2009, S. 435 Rn. 281.

3982 *Böckli*, Schweizer Aktienrecht, 2009, S. 434 Rn. 278; siehe zur Einführung der Spaltung im schweizerischen Aktienrecht ferner *Bessenich,* SZW 1992, 157 (157ff.).

3983 *Beretta*, in: Roland von Büren et al. (Hrsg.) Schweizerisches Privatrecht – Stukturanpassungen, Bd. VIII/8 (2006), Spaltung, § 1 S. 435.

3984 Begleitbericht zum Vorentwurf zu einem Bundesgesetz über die Fusion, die Spaltung und die Umwandlung von Rechtsträgern (Fusionsgesetz) November 1997, S. 15.

3985 *Meier-Schatz*, ZBJV 135bis (1999), 6 (7); *Büchi,* Spin-off, Rechtliche Aspekte von Abspaltungen bei Publikumsgesellschaften, 2001, S. 114ff. weist daraufhin, daß die Regelung des Fusionsgesetzes jedoch nur teilweise geprägt sei durch die Vorgaben der

Mit der Spaltung führt das Fusionsgesetz ein neues gesellschaftsrechtliches Rechtsinstitut mit dem Ziel ein, die Umstrukturierung von Kapitalgesellschaften und Genossenschaften zu erleichtern.[3986] Zugleich wurde mit dem durch das Fusionsgesetz eingeführten Art. 163d IPRG eine Regelung der internationalen Spaltung mit schweizerischem Bezug eingeführt und deren Voraussetzungen festgelegt.[3987]

Kritisiert wird dabei, dass es aus regelungstechnischer Sicht durchaus denkbar gewesen wäre, die Spaltung mit der Fusion zusammen „in einem Aufwasch"[3988] und lediglich die Besonderheiten der Spaltung im Anschluss daran gesondert zu regeln. Die Spaltung nach Fusionsgesetz sieht *Peter Böckli* dabei als „böses Beispiel übertriebener Zwangsnormen".[3989] Er kritisiert, dass diese Zwangsvorschriften[3990] der Spaltung dem „ursprünglich hoffnungsfroh eingeführten neuen Rechtsinstitut praktisch den Gar aus gemacht" hätten.[3991] Die Ursache dafür sei in den folgenden zwei Umständen zu erblicken: Zunächst ist die zeitlich unbegrenzte Mit- und Nachhaftung bei Spaltungsvorgängen zu nennen.[3992] Überdies bestehe ein Hindernis in dem vom Bundesrat verneinten Übergang der bestehenden Verträge auf das „Abspaltungsprodukt", was dazu geführt habe, dass der Spaltung in der Rechtsgestaltungspraxis ausgewichen werde.[3993] In der schweizerischen Literatur wird deshalb auch die Frage gestellt: „Die Spaltung nach Fusionsgesetz als Mauerblümchen der Praxis?"[3994]

2. Begriff und Rechtsnatur

a) Grundsätzliches

Die *Spaltung* erscheint auf den ersten Blick als eine umgekehrt ablaufende Fusion, jedoch ist diese im Vergleich dazu mit zahlreichen Zusatzproblemen ver-

---

Sechsten Sechste Richtlinie 82/891/EWG des Rates vom 17. Dezember 1982 gemäß Artikel 54 Absatz 3 Buchstabe g) des Vertrages betreffend die Spaltung von Aktiengesellschaften, ABl. L 378 vom 31. 12. 1982 S. 47 ff.; vielmehr sei die gesetzliche Regelungstechnik sowohl im Hinblick auf Systematik wie auch auf die Einzelheiten der Durchführung dem bestehenden Regelungsmodell der Fusion im Schweizer Recht entlehnt; siehe auch *Böckli*, Schweizer Aktienrecht, 2009, S. 435 Rn. 282.

3986 ZürchKomm FusG-*Meier/Pfeifer,* Vor Art. 29-52 Rn. 1.

3987 ZürchKomm FusG-*Müller,* Art. 3 Rn. 1.

3988 *Böckli*, Schweizer Aktienrecht, 2009, S. 436 Rn. 282.

3989 *Böckli,* GesKR 2011, 8 (12).

3990 Vgl. die Art. 71, Art. 73, Art. 74 Abs. 2, Art. 75 Abs. 3 FusG.

3991 *Böckli,* GesKR 2011, 8 (12).

3992 Art. 47 FusG 2003; *Watter/Büchi* GesKR 2007, 164 (167).

3993 *Böckli,* GesKR 2011, 8 (12).

3994 So der gleichnamige Titel des Beitrages von *Watter/Büchi* GesKR 2/2007, 164 (164 ff.).

bunden:[3995] Da nämlich das Vermögen einer Gesellschaft aufgeteilt wird, erweist sich die Spaltung unter dem Blickwinkel des Gläubigerschutzes sowie des Schutzes der Gesellschafter als weitaus „heikler als die Fusion".[3996] Nicht zu Unrecht bezeichnet *Peter Böckli* den präventiven Gläubigerschutz und die Ausfallhaftung als „die Crux der Spaltung".[3997]

Eine Spaltung ist die *uno actu* im Wege der Universalsukzession vollzogene Übertragung von Vermögensteilen und zugehörigen Verbindlichkeiten einer Gesellschaft auf eine oder mehrere andere unter Gewährung von Anteilsrechten der „übernehmenden Gesellschaft" an die Gesellschafter der „übertragenden Gesellschaft".[3998] Während die partielle Universalsukzession vor dem Inkrafttreten des FusG allgemein als nicht zulässig angesehen wurde,[3999] bricht das FusG mit dem Dogma, dass die Universalsukzession den Untergang des bisherigen Rechtsinhabers voraussetzt.[4000] Diese gesetzliche Rechtsnachfolge ist dabei jedenfalls im Falle einer Abspaltung zwar keine umfassende Gesamtrechtsnachfolge, wohl aber eine „sachlich abgegrenzte, partielle Universalsukzession".[4001] Dass die Spaltung eine solche partielle Universalsukzession bewirkt und damit infolge der Eintragung ins Handelsregister alle im Inventar aufgeführten Aktiven und Passiven von Gesetzes wegen auf die übernehmende Gesellschaft übergehen, ist einhellige Meinung in der schweizerischen Literatur.[4002] Gleichwohl bedurfte es mit Blick auf dieses im Wege des FusG neu einführte Konstrukt noch einer bundesgerichtlichen Klärung,[4003] dass es sich in qualitativer Hinsicht um eine vollwertige Universalsukzession handelt, die lediglich quantitativ auf die im Inven-

3995 *Böckli*, Schweizer Aktienrecht, 2009, S. 434 Rn. 277.

3996 So ZürchKomm FusG- *Meier/Pfeifer,* Vor Art. 29-52 Rn. 2; siehe Botschaft, Ziff. 1.3.2.2 sowie *Büchi,* Spin-off, Rechtliche Aspekte von Abspaltungen bei Publikumsgesellschaften, 2001, S. 67.

3997 *Böckli*, Schweizer Aktienrecht, 2009, S. 434 Rn. 277.

3998 Botschaft 2000, 4355, Ziff. 1.3.2.2.; *Böckli*, Schweizer Aktienrecht, 2009, S. 434 Rn. 277.

3999 *Böckli*, Schweizer Aktienrecht, 2009, S. 435 Rn. 280; a.M. BaslerKomm-*Küng*, Vorbem. zu Art. 732-735 OR, Rn. 19.

4000 ZürchKomm FusG- *Meier/Pfeifer,* Vor Art. 29-52 Rn.11.

4001 *Böckli*, Schweizer Aktienrecht, 2009, S. 456 Rn. 338.

4002 *Böckli*, Schweizer Aktienrecht, 2009, S. 456 Rn. 338; BaslerKomm FusG-*Watter/Büchi*, Art. 52 FusG, Rn. 4 ff; *Glanzmann*, Umstrukturierungen: Eine systematische Darstellung des schweizerischen Fusionsgesetzes, Bern 2006, S. 254, Rn. 658 ; Anderer Ansicht ist *Kläy,* BN 2004, 185 (234).

4003 Siehe dazu das unveröffentlichte Urteil des Bundesgerichts I. Zivilabteilung 4P.299/2005 vom 31. Januar 2006, Erw. 2.2.2.

tar genannten Vermögenswerte beschränkt ist: „‚partiell' bezieht sich mithin nur auf den Umfang der Universalsukzession, nicht auf deren Rechtswirkungen."[4004]

Zu Unklarheiten hat zudem die Formulierung der Botschaft mit Blick auf den Übergang von Verträgen geführt, in der es heißt, dass Verträge nicht ohne weiteres übergehen, denn: „Für den Wechsel einer Vertragspartei ist grundsätzlich das Einverständnis aller Vertragsparteien erforderlich."[4005]

Nach zutreffender Ansicht[4006] muss jedoch von einem Übergang der Verträge *uno actu et ipso iure* ausgegangen werden. Somit gehen alle von der Spaltung betroffenen Verträge auf das „Spaltungsprodukt", dem sie zugeordnet sind, in einem Akt und von Gesetzes wegen über.[4007] Ausgeschlossen sind lediglich jene Verträge, die höchst persönlich oder inhärent unübertragbar sind oder die ein Verbot der Übertragung enthalten.[4008]

Wenn man dies mit der in der Botschaft angedeuteten Auffassung anders beurteilte,[4009] wäre das schweizerische Rechtsinstitut der Spaltung von Beginn an mit einer unerträglichen Rechtsunsicherheit und konzeptionellen Schwächen belastet, diese Rechtsunsicherheit erwies sich zugleich als „eigentlicher Geburtsmangel des Schweizer Instituts der Spaltung",[4010] welche die praktische Handhabe des Spaltungsverfahrens in vielen Fällen erschwere, wenn nicht gar unmöglich mache.[4011]

b) Spaltungsarten

Mit dem Fusionsgesetz sind zwei Grundformen der Spaltung kodifiziert worden:[4012] die Aufspaltung und die Abspaltung.[4013] Während der Vorentwurf darü-

---

4004 Urteil des Bundesgerichts I. Zivilabteilung 4P.299/2005 vom 31. Januar 2006, Erw. 2.2.2..

4005 Botschaft FusG 2000, 4445, Ziff. 2.1.3.7..

4006 Siehe statt vieler nur *Eberhard*, La scission de la société anonyme en droits allemand, américain et suisse, 1999, S. 228/29; ZürchKomm FusG-*Pfeifer/Meier*, 2004, vor Art. 29-52 Rn. 9 ff.; BaslerKomm FusG-*Watter/Büchi* Art. 52 Rn. 12; *von der Crone* et al. (Hrsg.), Das Fusionsgesetz, 2004, § 3 III. F. Rn. 583; *Böckli*, Schweizer Aktienrecht, 2009, § 3 Rn. 338, S. 456 m.w.N.

4007 Siehe dazu bereits die vorherigen Ausführungen zur Paralellprobelematik im Rahmen der Vermögensübertragung nach Ar.t 69 FusG.

4008 *Böckli*, Schweizer Aktienrecht, 2009, § 3 Rn. 338a, S. 457.

4009 Siehe statt vieler *Turin,* Le transfert de patrimoine selon le projet de loi sur la fusion, 2003, S. 114 ff..

4010 *Böckli*, Schweizer Aktienrecht, 2009, §3 Rn. 23, S. 343.

4011 *Böckli*, Schweizer Aktienrecht, 2009, §3 Rn. 338, S. 456.

4012 Vgl. Art. 29 FusG, Botschaft, Ziff. 7.2; sowie *Kläy/Turin*, Entwurf Fusionsgesetz, Ziff. 3.2..

4013 *Beretta*, in: Roland von Büren et al. (Hrsg.) Schweizerisches Privatrecht – Stukturanpassungen, Bd. VIII/8 (2006), Spaltung, § 1 S. 435.

ber hinaus auch noch die Spaltung per Ausgliederung vorsah, wie sie auch das deutsche Recht in § 123 UmwG kennt, wurde dieses Rechtsinstitut zugunsten der vom Anwendungsbereich her weiter gefassten Vermögensübertragung sodann wieder fallen gelassen.[4014]

Im Rahmen der Aufspaltung wird eine Gesellschaft aufgelöst, wobei ihr gesamtes Vermögen sodann in Teilen auf zwei oder mehrere andere Gesellschaften übergeht. Die Gesellschafter des aufgespaltenen Rechtsträgers erhalten Anteils- oder Mitgliedschaftsrechte an den übernehmenden Gesellschaften.[4015] Bei einer Abspaltung werden ein oder mehrere Teile des Vermögens einer Gesellschaft auf andere Gesellschaften übertragen, wobei die übertragende Gesellschaft, im Unterschied zur Aufspaltung, bestehen bleibt. Die Gesellschafter der übertragenden Gesellschaft erhalten Anteils- oder Mitgliedschaftsrechte an den übernehmenden Gesellschaften.[4016]

In beiden Spaltungsformen können Vermögensteile der übertragenden Gesellschaft auf eine bereits bestehende oder eine neu zu gründende Gesellschaft übertragen werden: Dabei wird die Spaltung mit Übertragung auf neu zu gründende Gesellschaften als Spaltung zur Neugründung oder auch als Ausgründung[4017] bezeichnet.[4018] Wenn die Übertragung auf bereits bestehende Gesellschaften erfolgt, so wird von einer Spaltung zur Übernahme gesprochen.[4019] Man kann in dieser Form der Abspaltung eine „Fusion“ des abgespaltenen Vermögenskomplexes auf die übernehmende Gesellschaft erblicken.[4020] Diese Möglichkeit einer solchen im Wege der Universalsukzession ablaufenden „Spaltungsfusion“[4021] stellt dabei eine „echte Neuerung des Fusionsgesetzes“ dar.[4022]

4014 ZürchKomm FusG- *Müller,* Art. 3 Rn. 2; Im Vorentwurf war die *"Ausgliederung"* als dritte Spaltungsart in Art. 39 lit. c) VE-FusG 1997 vorgesehen; siehe Begleitbericht, 43.

4015 ZürchKomm FusG- *Meier/Pfeifer,* Vor Art. 29-52 Rn. 5; *Böckli*, Schweizer Aktienrecht, 2009, S. 436 Rn. 283.

4016 ZürchKomm FusG- *Meier/Pfeifer,* Vor Art. 29-52 Rn. 5; *Böckli*, Schweizer Aktienrecht, 2009, S. 436 Rn. 284.

4017 So *Böckli*, Schweizer Aktienrecht, 2009, S. 436 Rn. 285.

4018 ZürchKomm FusG- *Meier/Pfeifer,* Vor Art. 29-52 Rn. 6.

4019 ZürchKomm FusG- *Meier/Pfeifer,* Vor Art. 29-52 Rn. 6.

4020 Botschaft 2000, 4356, Ziff. 1.3.2.2.; ZürchKomm FusG- *Meier/Pfeifer,* Vor Art. 29-52 Rn. 6.

4021 *Kläy/Turin* REPRAX 2001, 1 (20).

4022 So *Böckli*, Schweizer Aktienrecht, 2009, S. 436 Rn. 285.

3. Grenzüberschreitende Spaltung

a) Anwendungsbereich

Mit der im Wege des Fusionsgesetzes eingeführten Bestimmung des Art. 163d IPRG wurde die internationale Spaltung mit schweizerischem Bezug geregelt: Die Bestimmungen über die internationale Spaltung finden Anwendung, wenn am Spaltungsvorgang neben einer schweizerischen auch eine ausländische Gesellschaft beteiligt ist. Was eine schweizerische Gesellschaft ist, bestimmt sich nach Art. 154 IPRG; danach wird grundsätzlich an das Recht des Inkorporationsorts angeknüpft.[4023] Eine internationale Spaltung liegt nur vor, sofern auf die an der Spaltung beteiligten Gesellschaften jeweils verschiedene Gesellschaftsstatute anwendbar sind.[4024]

Was die in Betracht kommenden spaltungsfähigen Rechtsträger anbelangt, so ist nach dem Wortlaut des Art. 163d Abs. 1 IPRG zunächst die Rede davon, dass die Parteien einer Spaltung Gesellschaften sind. Wie bei der internationalen Fusion auch handelt es sich dabei um eine Verweisung auf die Gesellschaftsdefinition von Art. 150 Abs. 1 IPRG, die jedoch durch die Bestimmungen des Fusionsgesetzes als *lex specialis* teilweise eingeschränkt wird.[4025] Mit Blick auf die Spaltung kommt hier namentlich Art. 30 FusG als *lex specialis* in Betracht. Diese Bestimmung schränkt den Kreis der spaltungsfähigen Rechtsträger insoweit ein, als nur Kapitalgesellschaften im Sinne von Art. 2 lit. c) FusG und Genossenschaften sich in Kapitalgesellschaften und Genossenschaften spalten können.[4026]

Auf die grenzüberschreitende Spaltung sind im Wesentlichen die Bestimmungen über die internationale Fusion[4027] sinngemäß anzuwenden.[4028] Im Unterschied dazu gilt als Spaltungsstatut jedoch nicht, wie bei der Fusion, das Recht der übernehmenden, sondern vielmehr das Recht der übertragenden Gesellschaft.[4029]

4023 ZürchKomm FusG-*Müller,* Art. 3 Rn. 4.

4024 *Helbing*, Internationale Sitzverlegungen und Umstrukturierungen, 2010, § 6 Rn. 181.

4025 ZürchKomm FusG-*Müller,* Art. 3 Rn. 9.

4026 ZürchKomm FusG-*Müller,* Art. 3 Rn. 10.

4027 Vgl. Art. 163a-163c IPRG.

4028 *Böckli*, Schweizer Aktienrecht, 2009, S. 459 Rn. 342; Art. 163d IPRG dazu Botschaft 2000, 4502/03, Ziff. 2.2.3.3.; siehe eingehend ZürchKomm-FusG-*Müller*, Art. 52 Rn. 3 ff..

4029 *Böckli*, Schweizer Aktienrecht, 2009, S. 459 Rn. 342.

b) Immigrationsspaltung

aa) Begriff

Unter den Begriff der Immigrationsspaltung können die beiden folgenden Konstellationen gefasst werden: Im Rahmen einer Immigrationsabspaltung überträgt eine ausländische Gesellschaft einen oder mehrere Teile ihres Vermögens auf eine schweizerische Gesellschaft und besteht danach weiter.[4030] Ferner wird mittels einer Immigrationsaufspaltung eine ausländische Gesellschaft aufgelöst; sie teilt ihr ganzes Vermögen auf. Im Zuge dessen überträgt sie dieses auf mindestens zwei Gesellschaften, wovon eine eine schweizerische Gesellschaft ist.[4031]

bb) Anwendbares Recht

Aufgrund des Verweises auf die Bestimmungen zur grenzüberschreitenden Fusion ist eine Immigrationsabspaltung aus schweizerischer Sicht nur dann zulässig, wenn auch die ausländische Rechtsordnung diesen Vorgang ebenfalls gestattet und zugleich dessen Voraussetzungen vollständig erfüllt sind; vgl. Art. 163a Abs. 1 IPRG. Das schweizerische Recht legt besonderen Wert darauf, dass die wesentlichen Rechtsfolgen der Spaltung in beiden Rechten dieselben sind:[4032] Demnach muss die betreffende ausländische Rechtsordnung ein Rechtsinstitut kennen, mit welchem ein Rechtsträger sein Vermögen ganz oder teilweise ohne Liquidation im Rahmen einer partiellen Universalsukzession auf einen oder mehrere Rechtsträger übertragen kann, wobei seine Gesellschafter im Rahmen dieses Vorgangs unter Wahrung ihrer Anteils- und Mitgliedschaftsrechte Mitglieder derjenigen Rechtsträger werden, die das Vermögen erhalten.[4033] Als Spaltungsstatut gilt dabei nicht, wie bei der Fusion, das Recht der übernehmenden, sondern das Recht der übertragenden Gesellschaft; vgl. Art. 163d Abs. 2 IPRG. Im Unterschied zur Fusion wird hier von der Annahme ausgegangen, das Recht der sich spaltenden Gesellschaft weise den engsten Bezug zum Sachverhalt auf.[4034]

cc) Spaltungsverfahren

Was den Spaltungsvertrag betrifft, so hat dieser den zwingenden gesellschaftsrechtlichen Vorschriften der beteiligten Gesellschaftsrechtsstatute einschließlich

---

4030 ZürchKomm FusG-*Müller,* Art. 3 Rn. 3.

4031 ZürchKomm FusG-*Müller,* Art. 3 Rn. 3.

4032 Stämpflis HK FusG-*Courvoisier,* Art. 163b IPRG Rn. 8.

4033 *Beretta*, in: Roland von Büren et al. (Hrsg.) Schweizerisches Privatrecht – Stukturanpassungen, Bd. VIII/8 (2006), Internationale Strukturanpassungsvorgänge, § 3.I.1. S. 375.

4034 ZürchKomm IPRG-*Vischer,* Art. 163d Rn. 6; *Helbing*, Internationale Sitzverlegungen und Umstrukturierungen, 2010, § 6 Rn. 186.

der jeweiligen Formvorschriften zu entsprechen.[4035] Jedoch sieht das schweizerische Fusionsgesetz insoweit „eine bemerkenswerte Kombination“ vor:[4036] Soweit Raum für parteiautonome Regelungen besteht, ist bei Fehlen einer Rechtswahl – wiederum im Unterschied zur Fusion – nach der widerlegbaren gesetzlichen Vermutung des Art. 163d Abs. 3 i.V.m. Art. 163c IPRG das Recht der sich spaltenden Gesellschaft maßgebend.[4037]

Ein Spaltungsplan ist dann zu erstellen, wenn Vermögensteile auf eine neu zu gründende Gesellschaft übergehen; vgl. Art. 36 Abs. 2 FusG. Mit Blick auf den Spaltungsplan gilt, dass sich das anwendbare Recht nach dem auch für den Spaltungsvertrag maßgebenden Spaltungsstatut richtet.[4038]

dd) Rechtswirksamkeit

Die Immigrationsspaltung ist nach Art. 51 FusG beim schweizerischen Handelsregisteramt anzumelden. Neben den für eine binnenrechtliche Spaltung zu erbringenden Belegen, ist der Ausweis über den rechtlichen Bestand des übertragenden ausländischen Rechtsträgers sowie der Nachweis über die Kompatibilität der an der Spaltung beteiligten Rechtsträger zu erbringen.[4039] Insbesondere ist jedoch auch eine Bescheinigung der zuständigen ausländischen Behörden über die Zulässigkeit der grenzüberschreitenden Spaltung nach dem jeweiligen anwendbaren ausländischen Recht erforderlich.[4040]

c) Emigrationsspaltung

aa) Begriff

Grenzüberschreitende Spaltungen unter Beteiligung eines schweizerischen Rechtsträgers als des übertragenden und eines ausländischen als des übernehmenden Rechtsträgers sind in folgender Konstellation denkbar: Zunächst kann eine schweizerische Gesellschaft im Wege einer Emigrationsabspaltung einen oder mehrere Teile ihres Vermögens auf eine ausländische Gesellschaft übertragen, wobei sie danach fortbesteht.[4041] Auch kann eine schweizerische Gesellschaft sich im Zuge einer Emigrationsaufspaltung auflösen, ihr ganzes Vermö-

---

4035 ZürchKomm IPRG-*Vischer,* Art. 163d Rn. 6.

4036 So *Prüm*, Die grenzüberschreitende Spaltung, 2006, S. 80.

4037 ZürchKomm IPRG-*Vischer,* Art. 163d Rn. 6.

4038 ZürchKomm IPRG-*Vischer,* Art. 163d Rn. 6.

4039 *Beretta*, in: Roland von Büren et al. (Hrsg.) Schweizerisches Privatrecht – Stukturanpassungen, Bd. VIII/8 (2006), Internationale Strukturanpassungsvorgänge, § 3.III.1.a, S. 379.

4040 *Beretta*, in: Roland von Büren et al. (Hrsg.) Schweizerisches Privatrecht – Stukturanpassungen, Bd. VIII/8 (2006), Internationale Strukturanpassungsvorgänge, § 3.III.1.a, S. 379.

4041 ZürchKomm FusG-*Müller,* Art. 3 Rn. 3.

gen aufteilen und dieses auf mindestens zwei Gesellschaften übertragen, wovon eine im Ausland ansässig ist.[4042]

Wie bei anderen Emigrationstatbeständen auch, kommt es bei der Emigrationsspaltung von der Schweiz ins Ausland grundsätzlich zu einer umfassenden Anwendung des schweizerischen Rechts:[4043] Aus schweizerischer Sicht stellen sich im Zusammenhang mit der Emigrationsaufspaltung die gleichen Probleme, wie dies bei der Emigrationsfusion der Fall ist, da der schweizerische Rechtsträger und mit ihm das Haftungssubstrat untergeht.[4044] Vor diesem Hintergrund ist auch die Vorschrift des Art. 164 Abs. 2 lit. b IPRG zu sehen, nach welcher die schweizerische Gesellschaft nach erfolgter Emigrationsspaltung erst dann aus dem schweizerischen Handelsregister gelöscht werden darf, nachdem ein Revisionsexperte bestätigt hat, dass die Anteils- oder Mitgliedschaftsrechte der Gesellschafter der schweizerischen Gesellschaft eingeräumt und eine allfällige Ausgleichszahlung geleistet worden ist.

Im Zuge einer Emigrationsabspaltung bleibt hingegen der schweizerische Rechtsträger bestehen; gleichwohl wird den Gläubigern auch in diesem Fall ein Teil ihres Haftungssubstrates entzogen.[4045] Dasselbe gilt auch dann, wenn sich ein Schweizer Rechtsträger zugleich in zwei Rechtsträger aufspaltet, nämlich einen schweizerischen und einen ausländischen und somit den Gläubigern zumindest noch ein Teil des Haftungssubstrates in der Schweiz erhalten bleibt.[4046]

Die Emigrationsspaltung untersteht grundsätzlich dem schweizerischen Recht, es sei denn, die gemäß Art. 163d Abs. 1 IPRG anwendbaren Bestimmungen des IPRG zur grenzüberschreitenden Emigrationsfusion sehen die Anwendung einer anderen Rechtsordnung vor.[4047]

bb) Rechtswirkung

Um die Rechtswirkungen der Emigrationsspaltung herbeizuführen, ist sie beim schweizerischen Handelsregister anzumelden; vgl. Art. 51 FusG. Neben den für die Binnenspaltung erforderlichen Dokumenten ist der Nachweis über den recht-

---

4042 ZürchKomm FusG-*Müller,* Art. 3 Rn. 3.

4043 BaslerKomm FusG-*Girsberger/Rodriguez* Art. 163d IPRG Rn. 38.

4044 *Beretta*, in: Roland von Büren et al. (Hrsg.) Schweizerisches Privatrecht – Stukturanpassungen, Bd. VIII/8 (2006), Internationale Strukturanpassungsvorgänge, § 3.I.2. S. 375.

4045 *Beretta*, in: Roland von Büren et al. (Hrsg.) Schweizerisches Privatrecht – Stukturanpassungen, Bd. VIII/8 (2006), Internationale Strukturanpassungsvorgänge, § 3.I.2. S. 375.

4046 *Beretta*, in: Roland von Büren et al. (Hrsg.) Schweizerisches Privatrecht – Stukturanpassungen, Bd. VIII/8 (2006), Internationale Strukturanpassungsvorgänge, § 3.I.2. S. 375.

4047 *von der Crone*, et al. (Hrsg.) Das Fusionsgesetz, 2004, § 7 IV. Rn. 1158.

lichen Bestand des übernehmenden ausländischen Rechtsträgers zu erbringen.[4048] Schwierig wird sich dabei regelmäßig der Bestandsnachweis einer ausländischen Gesellschaft gestalten, die erst nach der Ab- oder Aufspaltung einer schweizerischen Gesellschaft entsteht.[4049] Insbesondere ist jedoch eine Bescheinigung der zuständigen ausländischen Behörden über die Zulässigkeit der grenzüberschreitenden Spaltung nach dem jeweiligen anwendbaren ausländischen Recht erforderlich.[4050] Vor dem Hintergrund der bislang geltenden Rechtslage in Deutschland, die eine grenzüberschreitende Spaltung jedenfalls in Bezug zu Drittstaaten untersagt, ist es unmöglich, eine solche Bescheinigung dem schweizerischen Handelsregisteramt vorzulegen.

Im Gegensatz zum einstufigen Verfahren[4051] im Rahmen der binnenrechtlichen Spaltung ist das Eintragungsverfahren bei der Emigrationsspaltung wie auch der Emigrationsfusion zweistufig ausgestaltet: Zunächst wird in einem ersten Schritt die Emigrationsspaltung eingetragen, ohne dass der schweizerische Rechtsträger gelöscht wird. Erst wenn der Nachweis erbracht werden kann, dass die Emigrationsspaltung nach allen anwendbaren Rechtsordnungen gültig geworden ist, kann eine Löschung im schweizerischen Handelsregister nach Art. 164 IPRG vollzogen werden.[4052]

Im Rahmen der Aufspaltung ist dabei zusätzlich der Nachweis zu erbringen, dass die Spaltung gemäß dem auf die ausländische Gesellschaft anwendbaren Recht rechtsgültig geworden ist; vgl. Art. 164 Abs. 2 lit. a IPRG, was regelmäßig durch Vorlage des deutschen Handelsregisterauszugs geschehen kann.[4053]

4048 *Beretta*, in: Roland von Büren et al. (Hrsg.) Schweizerisches Privatrecht – Stukturanpassungen, Bd. VIII/8 (2006), Internationale Strukturanpassungsvorgänge, § 3.III.2.a, S. 380.

4049 BaslerKomm FusG-*Girsberger/Rodriguez* Art. 163d IPRG Rn. 46.

4050 Vgl. Art. 147 i.V.m. Art. 146 Abs. 2 lit. a) u. b) HRegV; siehe ferner *Beretta*, in: Roland von Büren et al. (Hrsg.) Schweizerisches Privatrecht – Stukturanpassungen, Bd. VIII/8 (2006), Internationale Strukturanpassungsvorgänge, § 3.III.2.a, S. 380.

4051 Vgl. Art. 51 Abs. 3 FusG, betreffend den Fall einer Binnenaufspaltung, infolge derer die übertragende Gesellschaft unmittelbar mit der Eintragung der Spaltung im Handelsregister gelöscht wird.

4052 Die genannten Voraussetzungen zur Eintragung der Löschung der übertragenden und emigrierenden schweizerischen Gesellschaft werden nach Art. 146 Abs. 2 HRegV konkretisiert, der gemäß Art. 147 HRegV auch auf die grenzüberschreitende Spaltung anwendbar ist. Danach sind mit der Anmeldung dem zuständigen schweizerischen Handelsregister ein Ausweis über den rechtlichen Bestand der übernehmenden Gesellschaft im Ausland, eine Bescheinigung der zuständigen ausländischen Behörde über die Zulässigkeit der grenzüberschreitenden Spaltung nach dem ausländischen Recht sowie der Bericht, der Nachweis und die Bestätigung nach Art. 164 IPRG einzureichen; siehe ZürchKomm FusG-*Müller*, Anhang zu Art. 29-52, Rn. 65.

4053 ZürchKomm FusG-*Müller*, Anhang zu Art. 29-52, Rn. 63.

Daneben muss ein nach schweizerischem Recht zugelassener Revisionsexperte bestätigen, dass die deutsche Gesellschaft den anspruchsberechtigten Gesellschaftern der schweizerischen Gesellschaft Anteils- oder Mitgliedschaftsrechte eingeräumt oder ggf. eine Ausgleichszahlung oder Abfindung ausgezahlt hat vgl. Art. 164 Abs. 2 lit. b IPRG und die Gläubigerschutzbestimmungen im Sinne von Art. 164 Abs. 1 IPRG erfüllt sind.[4054]

IV. Deutsche Sicht

1. Grundlagen

a) Fehlende „Spaltungsfreiheit" im früheren Recht

Vor Inkrafttreten des Umwandlungsgesetzes am 1. Janunar 1995 war die Spaltung als eigenständiges Rechtsinstitut in Deutschland nicht gesetzlich, sondern nur „für Einzelfälle"[4055] bei bestimmten Rechtsträgern[4056] oder in Spezialgesetzen kodifiziert, die vom Gesetzgeber im Zuge der Transformation der DDR-Wirtschaft durch die Treuhandanstalt verabschiedet wurden.[4057] Dabei war jedoch die „Spaltung" von Kapitalgesellschaften vor Inkrafttreten des Umwand-

---

4054 ZürchKomm FusG-*Müller*, Anhang zu Art. 29-52, Rn. 64.

4055 Heidelberger Komm UmwG-*Maulbetsch,* Einl. Rn. 23.

4056 In geringem Umfang waren Bestimmungen für vergleichbare Vorgänge vorgesehen: so die Umwandlung von einzelkaufmännischen Unternehmen oder Unternehmen der öffentlichen Hand gemäß §§ 50 ff, 57 f. UmwG; siehe Heidelberger Komm UmwG-*Raible,* § 123 Rn. 1.

4057 Es handelt es dabei zum einen um das sog. „kleine Spaltungsgesetz", das Gesetz über die Spaltung der von der Treuhandanstalt verwalteten Unternehmen (SpTrUG) vom 5. 4. 1991, BGBl. I S. 854. Es gilt auch nach Inkrafttreten des UmwG weiter, jedoch nur für Kapitalgesellschaften, die sich noch unmittelbar oder mittelbar zu 100% in der Hand der Treuhandanstalt bzw. ab 1. 1. 1995 der Bundesanstalt für vereinigungsbedingte Sonderaufgaben (BVS) befinden; siehe Sagasser/Bula/Brünger-*Sagasser,* Umwandlungen, 2011, § 17 Rn. 11. Zum anderen ging es um das Gesetz über die strukturelle Anpassung der Landwirtschaft an die soziale und ökologische Marktwirtschaft in der Deutschen Demokratischen Republik (LAnpG) in der Fassung der Bekanntmachung vom 3. 7. 1991, BGBl. I S. 1418, mit dem der Gesetzgeber die Teilung der sog. landwirtschaftlichen Produktionsgenossenschaften (LPG) im Wege der Sonderrechtsnachfolge zugelassen hat; siehe Semler/Stengel, UmwG-*Stengel,* § 123 UmwG Rn. 8. Das diesen beiden Gesetzen zugrunde liegende Spaltungsverfahren entspricht dabei im Wesentlichen dem des aktuellen UmwG, denn Vorlage für beide Gesetze war der Diskussionsentwurf für ein Gesetz zur Bereinigung des UmwR vom 3. 8. 1988 (Beilage Nr 214 a zum BAnz vom 15. 11. 1988); siehe Schmitt/Hörtnagl/Stratz, UmwG, UmwStG-*Hörtnagel,* Vorbemerk. zu §§ 123-173 Rn 14 sowie Heidelberger Komm UmwG-*Raible,* § 123 Rn 1 sowie *Neye*, in: Lutter (Hrsg.), Kölner Umwandlungsrechtstage, 1995, S. 1 (2 ff.).

lungsgesetzes mit erheblichen zivil- und steuerrechtlichen Schwierigkeiten verbunden:[4058] So war diese nur im Wege der Singularsukzession über einen mehrstufigen Vorgang durch Einbringung, Liquidation bzw. Kapitalherabsetzung realisierbar.[4059] Was die Aufspaltung betraf, so musste in einem ersten Schritt zunächst das gesamte Vermögen der Kapitalgesellschaft in mehrere neu gegründete Gesellschaften gegen Gewährung von Anteilen eingebracht werden. Im Anschluss daran war die ursprüngliche Gesellschaft zu liquidieren. Im Falle der Abspaltung eines Unternehmensteiles musste schließlich bei der ursprünglichen übertragenden Kapitalgesellschaft noch eine Kapitalherabsetzung stattfinden.[4060]

b) Spaltung nach geltender Rechtslage

aa) Spaltungsfähige Rechtsträger

Der deutsche Gesetzgeber hat im Rahmen der Umsetzung der Spaltungsrichtlinie den Kreis der aktiv und passiv spaltungsfähigen Rechtsträger beträchtlich erweitert.[4061] Während sich die Spaltungsrichtlinie allein auf die Aktiengesellschaft beschränkt, können nach § 3 UmwG an Auf- und Abspaltungen Personenhandelsgesellschaften, Partnerschaftsgesellschaften, Kapitalgesellschaften, eingetragene Genossenschaften (eG), eingetragener Vereine (eV), Genossenschaftliche Prüfungsverbände sowie Versicherungsvereine auf Gegenseitigkeit sowohl als übertragender als auch als übernehmender bzw. neuer Rechtsträger beteiligt sein;[4062] wirtschaftliche Vereine hingegen nur als übertragende Rechtsträger.[4063]

Während nach schweizerischem Recht Kapitalgesellschaften und Genossenschaften als spaltungsfähige Rechtsträger in Betracht kommen, lässt das deutsche Umwandlungsrecht Spaltungen von Rechtsträgern fast aller Gesellschaftsformen mit Ausnahme der Gesellschaft bürgerlichen Rechts (GbR) und der stillen Gesellschaft zu. Letzteren mangelt es an der erforderlichen Publizität, da sie keiner Handelsregistereintragung bedürfen.[4064]

4058 Siehe dazu nur *Hörger/v. Gronau,* DStR 1992 S. 93 (93 ff.) *Mayer,* GmbHR 1992 (129 ff); *Herzig,* DB 1986 S. (1401 ff) ; *Ott* DStR 1989 S.(755 ff).

4059 Sagasser/Bula/Brünger-*Sagasser,* Umwandlungen, 2011, § 17 Rn. 9.

4060 Sagasser/Bula/Brünger-*Sagasser,* Umwandlungen, 2011, § 17 Rn. 9.

4061 *Prüm*, Die grenzüberschreitende Spaltung, 2006, S. 7.

4062 Schmitt/Hörtnagl/Stratz, UmwG, UmwStG-*Hörtnagel,* § 124 Rn. 2.

4063 Heidelberger Komm UmwG-*Raible,* § 124 Rn 3: Dies reflektiert die rechtspolitische Entscheidung, „dass keine weiteren wirtschaftlichen Vereine entstehen sollen, indem diese nur als übertragender, nicht aber als übernehmender oder neuer Rechtsträger einer Spaltung zugelassen sind."

4064 Kallmeyer, UmwG-*Marsch-Barner,* § 3 Rn. 5; *Prüm*, Die grenzüberschreitende Spaltung, 2006, S. 55.

Aufgrund dieser beträchtlichen Bandbreite an beteiligungsfähigen Rechtsträgern mit einer Vielzahl an Kombinationsmöglichkeiten haben sich zumindest die binnenrechtlichen Umstrukturierungsmöglichkeiten für deutsche Unternehmen vervielfacht.[4065]

bb) Arten der Spaltung

Vereinfacht ausgedrückt, kann man in der Spaltung das „Gegenstück zur Verschmelzung"[4066] oder einen „spiegelbildlichen Vorgang"[4067] zur Verschmelzung erblicken. Die Spaltung ist nach deutschem Umwandlungsrecht in drei Formen zulässig: als Aufspaltung, als Abspaltung sowie als Ausgliederung.[4068] Wie bereits angedeutet existieren im schweizerischen Recht nur die beiden ersten Varianten.

Von einer Aufspaltung ist die Rede, wenn ein übertragender Rechtsträger sein gesamtes Vermögen durch gleichzeitige Übertragung der Vermögensteile jeweils im Ganzen auf mindestens zwei andere Rechtsträger überführt und dadurch ohne Liquidation erlischt; vgl. § 123 Abs. 1 UmwG. Als Gegenleistung für die Vermögensübertragung erhalten die Anteilsinhaber des übertragenden Rechtsträgers Anteile an dem übernehmenden Rechtsträger.[4069]

Dagegen erlischt der übertragende Rechtsträger bei der Abspaltung nicht, da ein Teil des Vermögens bei diesem verbleibt.[4070] Denn übertragen werden lediglich ein oder mehrere Teile seines Vermögens jeweils im Ganzen auf mindestens einen anderen Rechtsträger; vgl. § 123 Abs. 2 UmwG. Aufspaltung und Abspaltung erfolgen gegen Gewährung von Anteilsrechten oder Mitgliedschaften am aufnehmenden Rechtsträger an die Gesellschaft des übertragenden Rechtsträgers; vgl. § 123 Abs. 1 u. 2 UmwG. Auch bei der Abspaltung erhalten die Anteilsinhaber des übertragenden Rechtsträgers als Ausgleich für die Übertragung der Teilvermögen Anteile am übernehmenden Rechtsträger.[4071]

Eine Ausgliederung liegt vor, wenn der übertragende Rechtsträger „statt der Einzelübertragung verschiedener Vermögensgegenstände eine allein durch den Parteiwillen zusammengefasste Summe von Vermögensgegenständen in einem

---

4065 So entfallen von den 75 durch die Reform des Umwandlungsrechts geschaffenen neuen Umwandlungsmöglichkeiten allein 34 auf die Spaltung; vgl. Widmann/Mayer-*Schwarz*, EinfUmwG 5.2.2..

4066 *Kallmeyer,* ZIP 1994, 1746 (1748).

4067 KölnKomm UmwG-*Simon*, § 125 Rn. 1; Widmann/Mayer UmwG-*Fronhöfer*, § 125 Rn. 1; Semler/Stengel UmwG-*Stengel*, § 125 Rn. 1.

4068 Schmitt/Hörtnagl/Stratz, UmwG, UmwStG-*Hörtnagel,* Vorbemerk. zu §§ 123-173 Rn 1.

4069 Schmitt/Hörtnagl/Stratz, UmwG, UmwStG-*Hörtnagel,* § 123 Rn. 6.

4070 Schmitt/Hörtnagl/Stratz, UmwG, UmwStG-*Hörtnagel,* § 123 Rn. 9.

4071 Schmitt/Hörtnagl/Stratz, UmwG, UmwStG-*Hörtnagel,* § 123 Rn. 11.

Akt"[4072] im Wege der Sonderrechtsnachfolge auf mindestens einen anderen Rechtsträger überträgt.[4073] Insoweit besteht zunächst kein Unterschied zur Abspaltung. Jedoch wird als Gegenleistung bei der Ausgliederung nicht den Anteilsinhabern des übertragenden Rechtsträgers, sondern dem übertragenden Rechtsträger selbst ein Mitgliedschaftsrecht an dem übernehmenden Rechtsträger gewährt; vgl. § 123 Abs. 3 UmwG.[4074] Insofern nimmt die Ausgliederung im Bereich der Spaltung eine Sonderstellung ein, da sie aus bilanzieller Sicht lediglich zu einem Aktivtausch auf Seiten des spaltenden Rechtsträgers führt.[4075]

Allen drei Spaltungsvarianten ist wiederum gemeinsam, dass sie im Wege der Aufnahme, d.h. durch Übertragung der Teilvermögen auf mindestens einen bestehenden Rechtsträger, und im Wege der Neugründung, d.h. durch Übertragung der Teilvermögen auf neu gegründete Rechtsträger, realisierbar sind.[4076] Ebenso ist es Aufspaltung, Abspaltung und Ausgliederung gemeinsam, dass Realvermögen einer Teilung bei Überführung des gespaltenen Vermögens im Wege der Gesamtrechtsnachfolge zugeführt wird.[4077] Im Ergebnis liegt das Gemeinsame der drei genannten Rechtsinstitute somit „phänomenologisch in der Übertragung der Vermögensmassen vom übertragenden Rechtsträger auf den übernehmenden Rechtsträger."[4078]

cc) Wesen der Spaltung

Dem Sinn und Zweck der Spaltung entsprechend, soll diese dem „Bedürfnis des Rechtsverkehrs nach einer Möglichkeit zu einer rechtsgeschäftlichen Übertragung einer Sachgesamtheit" regelmäßig bestehend aus „mehreren allein durch Parteilwillen zusammengefassten Vermögensgegenständen" Rechnung tragen.[4079] Zusammenfassend lässt sich das Wesen der Spaltung dabei in der Übertragung von Vermögensteilen „als Gesamtheit", also im Wege der partiellen Gesamtrechtsnachfolge gegen Gewährung von Anteilsrechten an dem übernehmenden Rechtsträger erblicken; vgl. § 131 Abs. 1 Nr. 1 UmwG.[4080]

Die wesentliche Neuerung des im Jahr 1995 in Kraft getretenen Umwandlungsgesetzes bestand jedoch nicht allein in der technischen Vereinfachung des Spaltungsvorgangs durch die partielle Universalsukzession; im Gegenteil wird

4072 OLG Dresden, Beschl. v. 28.4.2008 – 8 U 65/08, NJOZ 2008, 2689 (2691).

4073 BGH, Urt. v. 6.12. 2000 – XII ZR 219/98, NJW 2001, 1217 (1218); Schmitt/Hörtnagl/Stratz, UmwG, UmwStG-*Hörtnagel,* § 123 Rn. 11.

4074 Schmitt/Hörtnagl/Stratz, UmwG, UmwStG-*Hörtnagel,* § 123 Rn. 11.

4075 Sagasser/Bula/Brünger-*Sagasser/Bultmann,* Umwandlungen, 2011, § 18 Rn. 175.

4076 MünchKomm BGB-*Kindler*, IntGesR Rn. 856.

4077 *K. Schmidt*, Gesellschaftsrecht, 2002, § 13 IV.6.

4078 *Teichmann*, in: Lutter (Hrsg.) Kölner Umwandlungsrechtstage, 1995, S. 90 (94).

4079 Heidelberger Komm UmwG-*Raible,* § 123 Rn 1.

4080 Heidelberger Komm UmwG-*Raible,* § 131 Rn. 3.

bis heute vom Umwandlungsgesetzgeber eine Bezeichnung der übergehenden Vermögensgegenstände in einem Umfang gefordert, der dem einer im Wege der Singularsukzession realisierten Spaltung durchaus entspricht.[4081] Jedoch ist der entscheidende Vorteil der Gesamtrechtsnachfolge vielmehr darin zu erblicken, dass Verbindlichkeiten grundsätzlich ohne Zustimmung der Gläubiger auf einen anderen Rechtsträger übertragen werden können.[4082] Auf diese Weise konnte das nach vorheriger Rechtslage bestehende bedeutendste Hindernis für Spaltungen beseitigt werden.[4083]

c) Das systematische Verhältnis der Spaltung zu den Regeln der Verschmelzung

Eine „der zentralen Vorschriften des Spaltungsrechts" bildet die Vorschrift des § 125 UmwG:[4084] Über diese Norm werden die Verschmelzungsvorschriften mit wenigen Ausnahmen für die Spaltung für entsprechend anwendbar erklärt.[4085] Erst darauf folgen zusätzliche oder abweichende Bestimmungen für die Spaltungsvorgänge selbst.[4086]

In dieser Verweisung kommt die wesentliche Gemeinsamkeit von Verschmelzung und Spaltung zum Ausdruck, die konzeptionell in der vertraglich vereinbarten Gesamtrechtsnachfolge besteht,[4087] die zur Privilegierung des Umstrukturierungsvorgangs führt. Ob als Ausgliederung, Auf- oder Abspaltung realisiert, lässt sich die Spaltung stets durch eine Verschmelzung wieder rückgängig machen; jeder Spaltung enthält ihrerseits auch Elemente einer Verschmelzung.[4088] Deshalb könnte man auch in der Aufspaltung eines Rechtsträgers einen Vorgang zweier Verschmelzungen der Teilrechtsträger sehen.[4089] Demgegenüber könnte in der Aufspaltung zur Neugründung wiederum der spiegelbildliche Vorgang einer Verschmelzung von Rechtsträgern zur Neugründung erblickt werden.[4090] Es erscheint somit sachgerecht, die Spaltung weitestgehend den Ver-

4081 Sagasser/Bula/Brünger-*Sagasser,* Umwandlungen, 2011, § 17 Rn. 13.

4082 Ein wesentliches vom Umwandlungsgetzgeber verfolgtes Ziel, war es das Eingreifen der Zustimmungserfordernisse nach §§ 414, 415 BGB zu verhindern; siehe dazu die Regierungsbegründung zum UmwBerG, BT-Dr 12/6699, S. 74f.; BAGE 114, 1 = NJW 2005, 3371 (3373); OLG Dresden, Beschl. v. 28.4.2008 – 8 U 65/08, NJOZ 2008, 2689 (2692); Sagasser/Bula/Brünger-*Sagasser,* Umwandlungen, 2011, § 17 Rn. 13

4083 Sagasser/Bula/Brünger-*Sagasser,* Umwandlungen, 2011, § 17 Rn. 13.

4084 Semler/Stengel UmwG-*Stengel*, § 125 Rn. 2.

4085 Sagasser/Bula/Brünger-*Sagasser/Bultmann,* Umwandlungen, 2011, § 18 Rn. 1.

4086 *Teichmann*, in: Lutter (Hrsg.) Kölner Umwandlungsrechtstage, 1995, S. 90 (98).

4087 Sagasser/Bula/Brünger-*Sagasser/Bultmann,* Umwandlungen, 2011, § 18 Rn. 25.

4088 Siehe *Eyles*, Das Niederlassungsrecht der Kapitalgesellschaften in der Europäischen Gemeinschaft, 1990, S. 123.

4089 Sagasser/Bula/Brünger-*Sagasser/Bultmann,* Umwandlungen, 2011, § 18 Rn. 25.

4090 Sagasser/Bula/Brünger-*Sagasser/Bultmann,* Umwandlungen, 2011, § 18 Rn. 25.

schmelzungsregelungen zu unterstellen, da es sich im Ergebnis um gleichartige Rechtsinstitute handelt, die insofern auch dogmatisch in gleicher Weise zu behandeln sind.

Der grundlegende Unterschied zur Verschmelzung ist bei der Spaltung hingegen darin zu erblicken, dass vertraglich anzuordnen ist, welche Vermögensgegenstände und welche Verbindlichkeiten auf die jeweiligen übernehmenden Rechtsträger im Wege der Universalsukzession transferiert werden sollen.[4091] Der vollständigen Gesamtrechtsnachfolge bei der Verschmelzung im Wege des § 20 Abs. 1 Nr. 1 UmwG steht im Fall der Spaltung demnach die in § 131 Abs. 1 Nr. 1 Satz 1 UmwG normierte partielle Gesamtrechtsnachfolge gegenüber: Während bei der Verschmelzung notwendigerweise das gesamte Vermögen auf den übernehmenden Rechtsträger übergehen muss, ist im Spaltungsrecht die Übertragung des Vermögens eines Rechtsträgers auf andere Rechtsträger im Wege der partiellen Gesamtrechtsnachfolge – ein im deutschen Recht bisher „völlig neuer Vorgang“[4092] – vorgesehen.[4093] Es liegt somit eine lediglich gegenständlich beschränkte Form der Universalzukzession vor, die kraft parteiautonomer Gestaltung grundsätzlich dem Willen der Parteien des Spaltungsvertrages untersteht.[4094] Grundlegende Voraussetzung für den Vermögensübergang im Wege einer solchen partiellen Gesamtrechtsnachfolge ist die Erfüllung des Bestimmtheitsgrundsatzes im Rahmen des Spaltungsplanes.[4095]

Die darüber hinaus bestehenden Unterschiede zwischen beiden Rechtsinstituten hat der Umwandlungsgesetzgeber inzwischen weitestgehend beseitigt: Insbesondere wurde die auch als „Spaltungsbremse“[4096] bezeichnete Vorschrift des § 132 UmwG gestrichen.[4097] Die prinzipiell gewährte „Spaltungsfreiheit“ wurde nämlich durch diese Bestimmung insoweit eingeschränkt, als sie einen Vorbehalt mit Blick auf Übertragungshindernisse des allgemeinen Zivilrechts

---

4091 Sagasser/Bula/Brünger-*Sagasser/Bultmann*,Umwandlungen, 2011, § 18 Rn. 26.

4092 *Teichmann*, in: Lutter (Hrsg.) Kölner Umwandlungsrechtstage, 1995, S. 90 (97).

4093 *Teichmann*, in: Lutter (Hrsg.) Kölner Umwandlungsrechtstage, 1995, S. 90 (97).

4094 Lutter UmwG-*Teichmann* § 123 UmwG Rn. 11; *Teichmann*, in: Lutter (Hrsg.) Kölner Umwandlungsrechtstage, 1995, S. 90 (97); Semler/Stengel UmwG-*Schröder,* § 131 Rn. 18; sowie eingehend zum Spaltungsvertrag Heidelberger Komm UmwG-*Raible,* § 126 Rn 21 f..

4095 Lutter UmwG-*Teichmann* § 123 UmwG Rn. 11; Sagasser/Bula/Brünger-*Sagasser/Bultmann*,Umwandlungen, 2011, § 18 Rn. 26.

4096 *Heidenhain*, ZHR 168 (2004), 468 (468 ff.).

4097 Zweites Gesetz zur Änderung des Umwandlungsgesetzes vom 19.04.2007, BGBl. I S. 542; siehe Heidelberger Komm UmwG-*Raible,* § 131 Rn. 1; *Lutter/Bayer/Schmidt*, Europäisches Unternehmens- und Kapitalmarktrecht, 2012, § 22 Rn. 75.

statuierte.[4098] Dies erinnert an die im Zusammenhang der Vermögensübertragung nach schweizerischem Recht diskutierte Problematik der Übertragung von Verträgen.[4099]

Die Aufhebung hat der Gesetzgeber dabei „mit den beträchtlichen Schwierigkeiten und Rechtsunsicherheiten bei der praktischen Anwendung der Vorschrift und dem Ziel der Angleichung an die Rechtslage bei der Verschmelzung begründet“[4100]. Im Ergebnis gelten nunmehr mit Blick auf die Gesamtrechtsnachfolge bei Verschmelzung und Spaltung dieselben Grundsätze;[4101] lediglich höchstpersönliche Rechte und Pflichten bleiben von der Rechtsnachfolge ausgeschlossen.[4102]

Auch wenn es noch vereinzelte Beschränkungen im Hinblick auf die partielle Gesamtrechtsnachfolge geben mag, erscheint es gleichwohl sachgerecht, die Spaltung weitestgehend den Verschmelzungsregelungen zu unterstellen, weil es sich im Ergebnis um vergleichbare Rechtsinstitute handelt, die insofern auch dogmatisch in gleicher Weise zu behandeln sind. Dieser Gedanke sollte auch mit Blick auf grenzüberschreitende Spaltungen fruchtbar gemacht werden, wie es nachfolgend aufzuzeigen gilt.

4098 *Lutter/Bayer/Schmidt*, Europäisches Unternehmens- und Kapitalmarktrecht, 2012, § 22 Rn. 75. § 132 UmwG a.F. lautete in der bis zum 25.4.2007 geltenden Fassung: „Allgemeine Vorschriften, welche die Übertragbarkeit eines bestimmten Gegenstandes ausschließen oder an bestimmte Voraussetzungen knüpfen oder nach denen die Übertragung eines bestimmten Gegenstandes einer staatlichen Genehmigung bedarf, bleiben durch die Wirkungen der Eintragung nach § 131 unberührt. § 399 des Bürgerlichen Gesetzbuchs steht der Aufspaltung nicht entgegen.“ Siehe zur *ratio legis* des § 132 UmwG a.F. RegEBegr Entwurf eines Zweiten Gesetzes zur Änderung des Umwandlungsgesetzes v. 12.10.2006, BT-Drs. 16/2919, 19: „Eine gewisse Rolle spielte dabei auch die latente Befürchtung, Spaltungen könnten dazu missbraucht werden, die bei einer Einzelrechtsübertragung bestehenden Beschränkungen zu umgehen“

4099 Siehe dazu die zuvor gemachten Ausführungen im fünften Teil unter C.I.1.b).

4100 OLG Dresden, Beschl. v. 28.4.2008 – 8 U 65/08, NJOZ 2008, 2689 (2693); RegEBegr Entwurf eines Zweiten Gesetzes zur Änderung des Umwandlungsgesetzes v. 12.10.2006, BT-Drs. 16/2919, 19: „Es wird daher vorgeschlagen, § 132 aufzuheben und damit die Gesamt rechtsnachfolge bei Verschmelzung und Spaltung künftig denselben Grundsätzen zu unterwerfen.“.

4101 RegEBegr Entwurf eines Zweiten Gesetzes zur Änderung des Umwandlungsgesetzes v. 12.10.2006, BT-Drs. 16/2919, 19; Schmitt/Hörtnagl/Stratz, UmwG, UmwStG-*Hörtnagel,* § 131 Rn. 11.

4102 Heidelberger Komm UmwG-*Raible,* § 131 Rn. 5; RegEBegr Entwurf eines Zweiten Gesetzes zur Änderung des Umwandlungsgesetzes v. 12.10.2006, BT-Drs. 16/2919, 19; siehe dazu kritisch *Mayer/Weiler* DB 2007, 1291 (1291 ff.).

2. Grenzüberschreitende Spaltung

Eine grenzüberschreitende Spaltung liegt vor, wenn übertragender und mindestens einer der aufnehmenden Rechtsträger in verschiedenen Staaten situiert sind;[4103] genauer: wenn der übertragende und mindestens ein übernehmender Rechtsträger unterschiedlichen Gesellschaftsstatuten unterstellt sind.[4104] Aus deutscher Sicht kommt dabei sowohl die Hinein- als auch die Herausspaltung in Betracht: Im Falle der Hineinspaltung unterliegt der übernehmende deutsche Rechtsträger dem deutschen und der übertragende schweizerische Rechtsträger dem schweizerischen Recht. Im Falle der Herausspaltung unterliegt hingegen der übertragende Rechtsträger dem deutschen und der schweizerische übernehmende Rechtsträger dem schweizerischen Recht. Beide Varianten sind in Form der Auf- wie auch der Abspaltung möglich.[4105] Während im Rahmen der Hinaus-Abspaltung zumindest gewährleistet ist, dass der übertragende Rechtsträger in Deutschland verbleibt, kann die Hinaus-Aufspaltung dazu führen, dass kein inländischer deutscher Rechtsträger aus dem Spaltungsvorgang hervorgeht und somit sämtliche übernehmende Rechtsträger dem ausländischen Recht unterliegen.[4106] Speziell die zuletzt genannte Spaltungsform kann somit dazu genutzt werden, eine aus deutscher Sicht inländische Gesellschaft dem Zugriff des deutschen Rechts zu entziehen.[4107] Im Rahmen einer Hinaus-Aufspaltung eines deutschen Rechtsträgers zur Neugründung auf zwei schweizerische Gesellschaften, welche sich anschließend nach dem schweizerischen Fusionsgesetz wieder fusionieren, könnte die grenzüberschreitende Spaltung auch dazu genutzt werden, um das Ergebnis eines grenzüberschreitenden Formwechsels zu erzielen.[4108]

a) *Kollisionsrechtliche Behandlung*

Zum Kollisionsrecht der Spaltungen finden sich in der deutschen Literatur kaum Ausführungen.[4109] Zunächst werden im Rahmen der Spaltung Vermögensgegenstände im Wege der partiellen Universalsukzession übertragen, was aus internationalprivatrechtlicher Sicht bedeutet, dass die Belegenheit der betroffenen

4103 Michalski GmbHG-*Leible*, Syst. Darst. 2 IntGesR, Bd. I, Rn. 203.

4104 Münch. Hdb. GesR VI-*Hoffmann* § 56 Rn. 4.

4105 MünchKomm BGB-*Kindler*, IntGesR Rn. 856.

4106 Münch. Hdb. GesR VI-*Hoffmann* § 56 Rn. 5; MünchKomm BGB-*Kindler*, IntGesR Rn. 856.

4107 Münch. Hdb. GesR VI-*Hoffmann* § 56 Rn. 5.

4108 Münch. Hdb. GesR VI-*Hoffmann* § 56 Rn. 5.

4109 Auf diesen Umstand weisen die insoweit grundlegenden Werke von *Lennerz*, Internationale Verschmelzung und Spaltung, 2001, S. 193, und *Prüm*, Die grenzüberschreitende Spaltung, 2006, S. 59 hin. Ferner findet sich eine kollisionsrechtliche Untersuchung grenzüberschreitender Spaltungen bei *Ebenroth/Offenloch*, RIW 1997, 1 (1ff.).

Vermögensgegenstände für die kollisionsrechtliche Anknüpfung des Spaltungsgeschehens irrelevant ist.[4110]

Im Allgemeinen wird bei der Anknüpfung der grenzüberschreitenden Spaltung einschließlich der Vermögensübertragung auf die gleichen Grundsätze wie die grenzüberschreitende Verschmelzung verwiesen.[4111] So wird die im Zusammenhang mit der grenzüberschreitenden Verschmelzung diskutierte Vereinigungstheorie regelmäßig auch für Spaltungsvorgänge herangezogen.[4112] In der Tat liegt es nahe, diese ursprünglich im Zusammenhang mit der grenzüberschreitenden Verschmelzung entwickelten Überlegungen der Vereinigungstheorie aufgrund der rechtstechnischen Verwandtschaft auch auf grenzüberschreitende Spaltungen zu übertragen.[4113] Demnach ist bezüglich Zulässigkeit, Voraussetzungen und Verfahren der grenzüberschreitenden Spaltung das jeweilige Gesellschaftsstatut der beteiligten Rechtsträger anzuwenden.[4114] Für jede der an der Spaltung beteiligten Gesellschaften ist somit getrennt zu bestimmen, welche Voraussetzungen für die Durchführung zu erfüllen sind, welche Schutznormen im Hinblick auf Gesellschafter, Gläubiger und Arbeitnehmer zu beachten sind und ob der Spaltungsvorgang überhaupt als solcher gestattet wird.[4115] Nach den geschilderten Grundsätzen der Vereinigungstheorie ist somit ein Zusammenwirken sämtlicher beteiligten Rechtsordnungen erforderlich, wobei der Spaltungsvorgang nur dann gelingen kann, wenn dieser auf beiden Seiten auch sachrechtlich zugelassen wird, entsprechende Vorschriften bereitgestellt werden und sich diese nicht als inkompatibel zueinander erweisen. Demnach bedarf es zumindest auf der Rechtsfolgenseite einer Mindestübereinstimmung der involvierten Rechtsordnungen.[4116]

Insgesamt zeigt das Ergebnis der kollisionsrechtlichen Ebene, dass „die entstehende gesellschaftsrechtliche Gemengelage nicht gegen die Durchführbarkeit spricht, sofern anwendbare Umwandlungsvorschriften zur Spaltung überhaupt bestehen und der Vorgang nicht gezielt von einem der Rechte unterbunden wird".[4117] Eine solche Inkompatibilität der beteiligten Spaltungsrechte müsste jedoch im Einzelfall festgestellt werden, wobei eine Harmonisierung des natio-

---

4110 Münch. Hdb. GesR VI-*Hoffmann* § 56 Rn. 7.

4111 *Leible*, in: Michalski GmbHG, Syst. Darst. 2 IntGesR, Bd. I Rn. 203; *Reik*, Grenzüberschreitende Restrukturierungen von Unternehmen, 2002, S. 300 f..

4112 *Engert*, in: Eidenmüller (Hrsg.) Ausländische Kapitalgesellschaften im deutschen Recht, § 4 Rn. 100f.; *Reik*, Grenzüberschreitende Restrukturierungen von Unternehmen, 2002, S. 300f;

4113 *Prüm*, Die grenzüberschreitende Spaltung, 2006, S. 62.

4114 Münch. Hdb. GesR VI-*Hoffmann* § 56 Rn. 11.

4115 Münch. Hdb. GesR VI-*Hoffmann* § 56 Rn. 11.

4116 Münch. Hdb. GesR VI-*Hoffmann* § 56 Rn. 11.

4117 Münch. Hdb. GesR VI-*Hoffmann* § 56 Rn. 11.

nalen Sachrechts durch die Spaltungsrichtlinie[4118] – wie dies sowohl im schweizerischen Recht *de facto* durch eine weitgehende Übernahme der europäischen Vorgaben im Rahmen des Fusionsgesetzes[4119] wie auch der deutschen Rechtsordnung durch das „kleine Spaltungsgesetz" wie auch das Umwandlungsgesetz[4120] geschehen ist – eine solche Situation grundsätzlich nicht entstehen lässt.[4121]

b) Grundsätzliche sachrechtliche Zulässigkeit der grenzüberschreitenden Spaltung

Auch auf sachrechtlicher Ebene ist die derzeitige rechtliche Situation mit der Verschmelzung über Drittstaatsgrenzen aus deutscher Sicht vergleichbar: Da jedoch der Wortlaut des § 1 Abs. 1 UmwG keinesfalls gebietet, grenzüberschreitende Umwandlungen als unzulässig zu betrachten, und die grenzüberschreitende Spaltung aufgrund des Gebots der europarechtskonformen Auslegung zuzulassen ist, sind Spaltungsvorgängen innerhalb der Europäischen Union sowie des Europäischen Wirtschaftsraumes bereits jetzt rechtlich zu ermöglichen.[4122] Auf dieser Grundlage besteht bereits heute „breiter Raum für grenzüberschreitende Spaltungen."[4123] Denn soweit Spaltungen für Gesellschaften aus Mitgliedstaaten der EU- bzw. des EWR nach jeweiligem Binnenrecht zulässig sind, darf infolge der aufgezeigten unionsrechtlichen Prinzipien, „weder der Staat, in dem die aufnehmende oder neue Gesellschaft ansässig ist, noch der Staat in dem die über-

4118 Sechste Richtlinie 82/891/EWG des Rates vom 17. Dezember 1982 gemäß Artikel 54 Absatz 3 Buchstabe g) des Vertrages betreffend die Spaltung von Aktiengesellschaften, ABl. L 378 vom 31. 12. 1982 S. 47 ff..

4119 Bereits im Begleitbericht zum Vorentwurf für ein Bundesgesetz über die Fusion, die Spaltung und die Umwandlung von Rechtsträgern (Fusionsgesetz) November 1997, heißt es in Ziff. 1.9.2: „Der Vorentwurf erfüllt grundsätzlich die Vorgaben der 3. und 6. EG-Richtlinie.".

4120 Erstmals haben die Vorgaben der Spaltungsrichtlinie in Deutschland Bedeutung im Zusammenhang mit dem sog. „kleinen Spaltungsgesetz" erlangt, dem Gesetz über die Spaltung der von der Treuhandanstalt verwalteten Unternehmen (SpTrUG) vom 5. 4. 1991, BGBl. I S. 854; siehe dazu Sagasser/Bula/Brünger-*Sagasser*, Umwandlungen, 2011, § 17 Rn. 11. Allgemeine Bedeutung über diesen Bereich hinaus erlangte die Richtlinie mit dem Umwandlungsgesetz vom 28. Oktober 1994 BGBl. I S. 3210; 1995 I S. 428, das zuletzt durch Artikel 2 Absatz 48 des Gesetzes vom 22. Dezember 2011 (BGBl. I S. 3044) geändert worden ist.

4121 Münch. Hdb. GesR VI-*Hoffmann* § 56 Rn. 11.

4122 *Behrens/Hoffmann*, in: Ulmer/Habersack/Löbbe (Hrsg.) GroßKomm GmbHG, Einl. B. Rn. 169; Münch. Hdb. GesR VI-*Hoffmann* § 56 Rn. 13.

4123 *Behrens/Hoffmann*, in: Ulmer/Habersack/Löbbe (Hrsg.) GroßKomm GmbHG, Einl. B. Rn. 183.

tragende Gesellschaft ansässig ist, die grenzüberschreitende Spaltung untersagen."[4124]

Ebenso wie dies anhand der Verschmelzung erläutert worden ist, sprechen auch gegen eine Spaltung mit Drittstaatenbezug keine sachlichen Erwägungen: Es ist davon auszugehen, dass Spaltungen grundsätzlich als Vorgang des Kapitalverkehrs aufzufassen sind: Als Verkehrsfreiheit schützt diese die Bewegung von Kapital.[4125] Da es im Rahmen der Spaltung insbesondere auch zu einer Übertragung von Vermögensgegenständen, aber regelmäßig auch von Anteilen an den beteiligten Gesellschaften zwischen in unterschiedlichen Staaten ansässigen Rechtsträgern kommt,[4126] entfaltet die Kapitalverkehrsfreiheit ihre liberalisierende *erga omnes*-Wirkung auch im Hinblick auf den Drittstaat Schweiz.[4127]

Aus gesellschaftsrechtlicher Sicht sind grenzüberschreitende Spaltungen zwar mit erheblichen Gefahren für Gläubiger und Minderheitsgesellschafter verbunden und bedürfen eines gezielt darauf abgestimmten Regelungsrahmens. Dies stellt besondere Anforderungen an die materiell-rechtlichen Rahmenbedingungen, so dass im Hinblick auf grenzüberschreitende Spaltungen eine Mindestübereinstimmung der Rechtsordnungen, insbesondere auf der Rechtsfolgenseite, vorausgesetzt werden muss.

Aus diesem Erfordernis können sich gerade mit Blick auf Drittstaatensachverhalte Probleme ergeben, da im Gegensatz zur Europäischen Union, in welcher die Mindestübereinstimmung über die Spaltungsrichtlinie zumindest für Aktiengesellschaften gewährleistet ist, keine derartige Mindestharmonisierung gewährleistet ist. Diese Bedenken treffen jedoch nicht auf die Schweiz zu, da das schweizerische Fusionsgesetz – wie bereits erläutert – auch die Vorgaben der Sechsten Gesellschaftsrechtlichen Richtlinie (Spaltungsrichtlinie)[4128] übernommen hat.[4129]

4124 *Behrens/Hoffmann*, in: Ulmer/Habersack/Löbbe (Hrsg.) GroßKomm GmbHG, Einl. B. Rn. 183.

4125 *Grundmann/Möslein*, in: Bayer/Habersack (Hrsg.) Aktienrecht im Wandel, 2007, S. 31 (47 Rn. 18).

4126 Münch. Hdb. GesR VI-*Hoffmann* § 56 Rn. 33.

4127 *Grundmann*, Europäisches Gesellschaftsrecht, 2011, § 18 Rn. 644.

4128 Sechste Richtlinie 82/891/EWG des Rates vom 17. Dezember 1982 gemäß Artikel 54 Absatz 3 Buchstabe g) des Vertrages betreffend die Spaltung von Aktiengesellschaften, ABl. L 378 vom 31. 12. 1982 S. 47 ff.; siehe dazu *Lutter/Bayer/Schmidt*, Europäisches Unternehmens- und Kapitalmarktrecht, 2012, § 22 sowie *Habersack/Verse*, Europäisches Gesellschaftsrecht 2011, § 8, S. 251 ff..

4129 Bereits im Begleitbericht zum Vorentwurf für ein Bundesgesetz über die Fusion, die Spaltung und die Umwandlung von Rechtsträgern (Fusionsgesetz) November 1997 heißt es in Ziff. 1.9.2: „Der Vorentwurf erfüllt grundsätzlich die Vorgaben der 3. und 6. EG-Richtlinie." Hinzu kommt die generell weitreichende Harmonisierung des

Das deutsche UmwG sollte infolgedessen so angewandt werden, dass dessen Bestimmungen effektiv die Durchführung der grenzüberschreitenden Spaltung im Zusammenspiel mit dem schweizerischen IPRG ermöglichen.

c) Frage der analogen Anwendbarkeit der §§ 122a ff. UmwG

Mit Blick auf eine Zulässigkeit einer „Spaltung über die Grenze" muss überdies gefragt werden, ob die Einfügung der §§ 122a–122l in den Zehnten Abschnitt des Zweiten Buches des UmwG im Zuge der Umsetzung der Verschmelzungsrichtlinie[4130] eine Veränderung der Rechtslage mit Blick auf Spaltungen mit sich bringt. Dazu ist kritisch anzumerken, dass bedauernswerterweise „selbst bei ausschließlicher Beteiligung von Kapitalgesellschaften" *de lege lata* keine Spezialvorschriften im deutschen Umwandlungsrecht mit Blick auf transnationale Spaltungen existieren.[4131]

Hier könnte die zentrale Verweisungsnorm des § 125 UmwG, welche die Vorschriften des Verschmelzungsrechts im Ersten bis Neunten Abschnitt des Zweiten Buches mit wenigen Ausnahmen auf die Spaltung für entsprechend anwendbar erklärt, die entscheidende Rolle zukommen: Diese Bestimmung nimmt jedoch die im Zehnten Abschnitt normierten §§ 122a–122l UmwG, welche die grenzüberschreitende Verschmelzung zum Gegenstand haben, dem Wortlaut nach von der genannten entsprechenden Anwendung aus.[4132] Damit hat der Gesetzgeber im Wege der Änderung des § 125 UmwG, der nun ausdrücklich nur noch auf die Vorschriften des Ersten bis Neunten Abschnitts des Zweiten Buches verweist, klargestellt, dass die Vorschriften des Zehnten Abschnitts jedenfalls nicht über § 125 UmwG „entsprechende" Anwendung auf die Spaltung finden sollen.[4133] Mit diesem Wortlaut ist jedoch nicht gemeint, dass die genannten Vorschriften etwa analog angewendet werden; vielmehr gelten die Verschmelzungsregelungen über § 125 unmittelbar auch für die Spaltung, allerdings in einer „entsprechenden" auf das Rechtsinstitut der Spaltung bezogenen Terminologie.[4134] Der Gesetzesbegründung lässt sich zwar nicht unmittelbar der ausdrückliche Wille des Gesetzgebers entnehmen, auch andere Umwandlungsarten, die nicht in den Geltungsbereich der Vorschriften des Zehnten Abschnitts fallen, zu

schweizerischen Gesellschaftsrechts mit den Vorgaben des europäischen Rechts; siehe dazu *Forstmoser/Meier-Hayoz/Nobel*, Schweizerisches Aktienrecht, 1996, § 68, Rn. 55 f..

4130 Zweites Gesetz zur Änderung des Umwandlungsgesetzes (2. UmwGÄndG) v. 19.04.2007 BGBl. I, 542.

4131 KölnerKomm-*Simon/Rubner* Vor §§ 122a ff. Rn. 54.

4132 Sagasser/Bula/Brünger-*Sagasser/Bultmann*,Umwandlungen, 2011, § 18 Rn. 195.

4133 Semler/Stengel-*Drinhausen*, UmwG, § 122a Rn. 6.

4134 Semler/Stengel-*Drinhausen*, UmwG, § 125 Rn. 3.

erfassen,[4135] so dass argumentiert wird, dass die Vorschriften des Zehnten Abschnitts somit nicht auf den Fall einer grenzüberschreitenden Spaltung anwendbar seien.[4136] Indessen sollte bereits vor dem Hintergrund der europäischen Vorgaben, denen zufolge auch die grenzüberschreitende Spaltung von der Niederlassungsfreiheit erfasst ist, der den §§ 122a ff. UmwG zugrundeliegende Rechtsgedanke analog auch auf grenzüberschreitende Spaltungen zur Anwendung gebracht werden.[4137]

d) Rechtswirksamkeit

Aus kollisionsrechtlicher Sicht stellt sich die Frage nach welcher Rechtsordnung der Wirksamkeitszeitpunkt einer grenzüberschreitenden Spaltung zu bestimmen wäre. Unter Beteiligung mehrerer Rechtsordnungen kann dieser Zeitpunkt nur einheitlich festgelegt werden.[4138] Nach der Vereinigungstheorie wäre davon auszugehen, dass die grenzüberschreitende Spaltung erst dann rechtlich wirksam wird, wenn die Wirksamkeit nach allen am Spaltungsgeschehen beteiligten Rechtsordnungen eingetreten ist.[4139] Im Ergebnis setzt sich damit diejenige Rechtsordnung durch, welche den spätesten Wirksamkeitszeitpunkt bestimmt.[4140]

Was den Zeitpunkt des Wirksamwerdens der Spaltung anbelangt, so wird im Gegensatz zur Verschmelzung über § 130 UmwG die Eintragungsreihenfolge im Verfahren für binnenrechtliche Spaltungen umgekehrt.[4141] Während die Verschmelzung dann rechtswirksam wird, wenn sie im Register des übernehmenden Rechtsträgers eingetragen ist, wird die Spaltung erst mit ihrer Eintragung im Register des übertragenden Rechtsträgers wirksam.[4142]

Der Grund ist darin zu erblicken, dass an einer Verschmelzung mehrere übertragende Rechtsträger beteiligt sein können, während es immer nur einen

---

4135 Gesetzentwurf der Bundesregierung vom 12.10.2006 zum Entwurf eines Zweiten Gesetzes zur Änderung des Umwandlungsgesetzes, BT-Drucks. 16/2919, S. 11.

4136 Semler/Stengel-*Drinhausen*, UmwG, § 122a Rn. 6.

4137 Insbesondere für die analoge Anwendung von § 122j UmwG mit Blick auf die Sicherheitsleistung sowie des Eintragungsverfahrens nach § 122k und l UmwG analog im Rahmen der grenzüberschreitenden Spaltung plädiert Münch. Hdb. GesR VI-*Hoffmann* § 56 Rn. 52 u. 54.

4138 Münch. Hdb. GesR VI-*Hoffmann* § 56 Rn. 58.

4139 Münch. Hdb. GesR VI-*Hoffmann* § 56 Rn. 58.

4140 Münch. Hdb. GesR VI-*Hoffmann* § 56 Rn. 58.

4141 Heidelberger Komm UmwG-*Raible,* § 130 Rn 2; Kallmeyer UmwG-*Zimmermann*, § 130 Rn. 8.

4142 Heidelberger Komm UmwG-*Raible,* § 130 Rn 2; Kallmeyer UmwG-*Zimmermann*, § 130 Rn. 8.

übernehmenden Rechtsträger geben kann.[4143] Bei der Spaltung ist dies genau umgekehrt: Während die Spaltung mit der Eintragung in das Register des einzigen übertragenden Rechtsträgers rechtlich wirksam wird, ist dies bei der Verschmelzung mit der Eintragung in das Register des einzigen übernehmenden Rechtsträgers der Fall. Deshalb wird nach § 130 Abs. 1 UmwG die Reihenfolge der Eintragungen im Vergleich zur Verschmelzung umgekehrt.[4144] Auf diese Weise wird sichergestellt, dass die konstitutive Eintragung als letzte vorgenommen wird und der Zeitpunkt für das Wirksamwerden der Umwandlung somit einheitlich festgelegt werden kann.[4145]

Im Falle der grenzüberschreitenden Spaltung erscheint das geschilderte Eintragungsverfahren jedoch nur bedingt geeignet, denn es muss gewährleistet werden, dass die Reihenfolge der deklaratorischen und konstitutiven Eintragung im Sinne des § 130 Abs. 1 UmwG eingehalten wird:[4146] So hat die Eintragung der Spaltung bei der übernehmenden Gesellschaft nur deklaratorische Bedeutung. Mit konstitutiver Wirkung erfolgt sie im Register der übertragenden Gesellschaft,[4147] was nicht nur eine Informationsmöglichkeit über die Voreintragung voraussetzt, sondern auch, dass alle eintragenden Gerichte bzw. registerführenden Stellen dasselbe Recht anwenden.

Wenn demnach im Rahmen der Spaltung eine deutsche Gesellschaft aufnehmender Rechtsträger ist, wird somit der nach deutschem Recht relevante Wirksamkeitszeitpunkt nicht durch die Eintragung im deutschen Handelsregister bestimmt, sondern es käme nach § 130 UmwG auf die Eintragung im Register des übernehmenden schweizerischen Rechtsträgers an.[4148] Da in diesem Fall die Eintragung in der Schweiz den Wirksamkeitszeitpunkt nach deutschem Recht bestimmt, wäre diese Rechtslage jedoch im Ergebnis nicht mit den deutschen Vorstellungen einer konstitutiven inländischen Registereintragung in Einklang zu bringen.[4149]

Es scheint daher sinnvoll, das speziell für die grenzüberschreitende Verschmelzung vorgesehene Eintragungsverfahren der §§ 122k und 122l UmwG analog auch auf die grenzüberschreitende Spaltung anzuwenden.[4150] Auf diese Weise kann gewährleistet werden, dass eine formalisierte „Spaltungsbescheinigung" die grenzüberschreitende Information sicherstellt. Schließlich ist es nur

---

4143 Semler/Stengel-*Schwanna*, UmwG, § 130 Rn. 8.
4144 Semler/Stengel-*Schwanna*, UmwG, § 130 Rn. 8.
4145 Semler/Stengel-*Schwanna*, UmwG, § 130 Rn. 8.
4146 Münch. Hdb. GesR VI-*Hoffmann* § 56 Rn. 54.
4147 Kallmeyer UmwG-*Zimmermann*, § 130 Rn. 8.
4148 Münch. Hdb. GesR VI-*Hoffmann* § 56 Rn. 59.
4149 Münch. Hdb. GesR VI-*Hoffmann* § 56 Rn. 59.
4150 Münch. Hdb. GesR VI-*Hoffmann* § 56 Rn. 54.

im Wege einer analogen Anwendung des § 122k Abs. 1 S. 3 UmwG möglich, die Sicherheitsleistung im Vorfeld der Spaltung analog § 122j UmwG rechtlich abzusichern.[4151]

V. Die Spaltung in der Gesamtschau beider Rechtsordnungen

1. Spaltung als bestehendes Rechtsinstitut in beiden Rechtsordnungen

Grundvoraussetzung ist, dass alle beteiligten Gesellschaftsstatute zunächst die abstrakte Möglichkeit einer grenzüberschreitenden Spaltung vorsehen.[4152] Im schweizerischen Recht ist die Möglichkeit sowohl der Immigrations- als auch der Emigrationsspaltung in Art. 163d IPRG ausdrücklich vorgesehen.

Angesichts der detaillierten Regelung, welche die Spaltung – verknüpft mit zahlreichen Verweisungen auf das Recht der Verschmelzung – in dem auch als „Baukastensystem"[4153] bezeichneten Aufbau des Umwandlungsgesetzes erfahren hat, ist es bedauernswert, dass *de lege lata* die grenzüberschreitende Spaltung im deutschen Recht nicht im Anschluss an die Kodifizierung der grenzüberschreitenden Verschmelzung mitgeregelt wurde. Indessen sieht die kollisionsrechtliche Vorschrift des Art. 10 lit. a) Abs. 1 EGBGB-RefE die grenzüberschreitende Spaltung vor; demnach wäre die abstrakte Möglichkeit zukünftig auch nach deutschem Kollisionsrecht geschaffen.

Wie bereits ausgeführt, sollte hingegen bereits jetzt vor dem Hintergrund der europäischen Vorgaben, denen zufolge auch die grenzüberschreitende Spaltung von der Niederlassungsfreiheit erfasst ist, die analoge Anwendung der §§ 122a ff. UmwG auf grenzüberschreitende Spaltungen erwogen werden.[4154]

Sodann wäre es für eine grenzüberschreitende Spaltung sowohl nach schweizerischer als auch deutscher Rechtsordnung erforderlich, dass die Gesellschaftsstatute aller beteiligten Rechtsträger das Rechtsinstitut der Spaltung in seiner jeweils konkreten Ausprägung kennen. Während das deutsche Sachrecht in § 123 UmwG drei Formen der Spaltung zulässt, nämlich die Aufspaltung, Abspaltung und die Ausgliederung, ist demgegenüber im Wortlaut der kollisi-

---

4151 Münch. Hdb. GesR VI-*Hoffmann* § 56 Rn. 54.

4152 Siehe aus der schweizerischen Literatur statt vieler nur *Bessenich*, Die grenzüberschreitende Fusion nach den Bestimmungen des IPRG und des OR, 1991, S. 16; sowie aus dem deutschen Schrifttum statt vieler *Steiger*, Grenzüberschreitende Fusion und Sitzverlegung, 1997, S. 66.

4153 So die Bezeichnung von *Neye* ZIP 1994, 165 (166).

4154 Insbesondere für die analoge Anwendung von § 122j UmwG mit Blick auf die Sicherheitsleistung sowie des Eintragungsverfahrens nach §§ 122k und 122l UmwG analog im Rahmen der grenzüberschreitenden Spaltung plädiert Münch. Hdb. GesR VI-*Hoffmann* § 56 Rn. 52 u. 54.

onsrechtlichen Vorschrift des Art. 10 lit. a) Abs. 1 EGBGB-RefE zwar das Rechtsinstitut der Spaltung erwähnt, zugleich dabei offengelassen, welche Ausprägung in Betracht kommt. Ausweislich der Begründung des Referentenentwurfs wird jedoch in Übereinstimmung mit der sachrechtlichen Norm die Spaltung eines Rechtsträgers ebenso in Form der Aufspaltung, Abspaltung und Ausgliederung erwähnt.[4155]

Demgegenüber ist im schweizerischen Recht die letzte Form der Ausgliederung nicht in den spaltungsrechtlichen Bestimmungen geregelt. Diese Variante wurde bewusst nicht dem Spaltungsregime unterstellt, sondern anstelle dessen wurde vielmehr das weiter gefasste Rechtsinstitut der Vermögensübertragung geschaffen. In diesem Zusammenhang müsste geklärt werden, ob die deutsche Spaltungsvariante der Ausgliederung nach § 123 Abs. 3 UmwG grundsätzlich als Vermögensübertragung nach schweizerischem Verständnis qualifiziert werden könnte, was im folgenden Teil dieser Studie näher untersucht wird.

Auch müssten die zentralen Wesensmerkmale einer Spaltung in beiden Rechtsordnungen vergleichbar sein. Wie zuvor dargelegt, entspricht die Spaltung ihrem Wesen nach einer Übertragung von Vermögensteilen im Wege der partiellen Universalsukzession gegen Gewährung von Mitgliedschaftsrechten am übernehmenden Rechtsträger. Ob die prägenden Wesensmerkmale in beiden Rechtsordnungen erfüllt sind, ist im Folgenden zu untersuchen.

Sachrechtliche Probleme bei der Anwendung des deutschen Umwandlungsgesetzes auf ausländische Sachverhalte treten insbesondere bei Spaltungen auf, da bei diesen die Reichweite der Gesamtrechtsnachfolge beschränkt ist.[4156] Im deutschen Recht hat man inzwischen die sog. „Spaltungssperre“ des § 132 UmwG zwar beseitigt; gleichwohl bestehen teilweise noch Rechtsunsicherheiten: So sollte § 132 UmwG Dritte davor schützen, dass Gegenstände im Wege einer partiellen Universalsukzession übertragen werden, indem Dritt- oder Allgemeininteressen schützenden Vorschriften Vorrang eingeräumt wurde.[4157] Auch wenn es noch weitere Beschränkungen der partiellen Gesamtrechtsnachfolge geben mag, so ist die Spaltung zu Recht bereits *de lege lata* weitestgehend an die Verschmelzungsregelungen angeglichen worden, ohne dass diese jedoch speziell mit Blick auf das grenzüberschreitende Spaltung ergänzt worden wären.[4158]

Auf schweizerischer Seite bestehen dem Wortlaut der Botschaft nach sowohl bei Spaltungen als auch bei Vermögensübertragungen rechtliche Zweifel

4155 Begründung RefE, S. 13.

4156 *Prüm*, Die grenzüberschreitende Spaltung, 2006, S. 92.

4157 § 132 UmwG wurde durch das 2. Gesetz zur Änderung des UmwG vom 19. 4. 2007 abgeschafft.

4158 Sagasser/Bula/Brünger-*Sagasser*, Umwandlungen, 4. Aufl. 2011, § 17 Rn 14.

im Hinblick auf den Übergang der Verträge im Zuge der partiellen Gesamtrechtsnachfolge. Aber auch im deutschen Spaltungsrecht können insoweit Probleme entstehen, die zu weiterer Rechtsunsicherheit führen könnten: So könnte die Verweisung des § 125 UmwG auf die Vorschrift des § 21 UmwG die Möglichkeit zur Kündigung eines gegenseitigen Vertrages auf Seiten des übernehmenden Rechtsträger schaffen, jedenfalls dann, wenn diesem vom spaltenden Rechtsträger Verpflichtungen zugewiesen werden, deren weitere Erfüllung durch den übernehmenden Rechtsträger zu unbilligen Belastungen führte.[4159] Gleichwohl muss die partielle Universalsukzession im Ergebnis als das bestimmende Kernmerkmal der Spaltung in beiden Rechtsordnungen als anerkannt angesehen werden.

2. Spaltungsfähige Rechtsträger

Zunächst müsste die deutsche wie auch die schweizerische Gesellschaft spaltungsfähig sein, wobei sich die Spaltungsfähigkeit der an der Spaltung beteiligten Gesellschaften jeweils nach ihrem Gesellschaftsstatut bestimmt.

Auf deutscher Seite stünde fast die gesamte Bandbreite sowohl an Personen- als auch an Kapitalgesellschaften mit Ausnahme der nicht im Register geführten stillen Gesellschaft sowie der Gesellschaft bürgerlichen Rechts als mögliche an einer Spaltung beteiligte Rechtsträger zur Verfügung.[4160] Wenn man die Spaltungsfähigkeit nach den Vorschriften des § 124 UmwG bestimmt, ist zu beachten, dass aus deutscher Sicht nur eine der zulässigen Inlandsspaltung vergleichbare grenzüberschreitende Spaltung zuzulassen wäre.[4161]

Demgegenüber sehen die Bestimmungen des schweizerischen Spaltungsrechts einen eingeschränkteren Kreis an spaltungsfähigen Rechtsträgern vor: Grundsätzlich betrachtet Art. 163d Abs. 1 IPRG zwar die „Gesellschaft" als zulässige Partei einer grenzüberschreitenden Spaltung, worunter nach schweizerischem internationalprivatrechtlichen Verständnis grundsätzlich jede organisierte Vermögenseinheit nach Art. 150 Abs. 1 IPRG zu subsumieren wäre.[4162] Gleichwohl sind lediglich Kapitalgesellschaften und Genossenschaften spaltungsfähig; vgl. Art. 30 FusG.[4163] Ausgeschlossen ist nach schweizerischem Recht die Spal-

---

4159 Sagasser/Bula/Brünger-*Sagasser/Bultmannn,*Umwandlungen, 2011, § 18 Rn. 53.

4160 Sagasser/Bula/Brünger, Umwandlungen-*Sagasser/Bultmann*, 2011 § 18 Rn. 27-33.

4161 Münch. Hdb. GesR VI-*Hoffmann* § 56 Rn. 46.

4162 Unter den Anknüpfungsgegenstand „Gesellschaften" werden daher „alle Assoziations- und Anstaltsformen ziviler, handels- oder öffentlichrechtlicher Art, mit oder ohne juristische Persönlichkeit" subsumiert; siehe ZürchKomm IPRG-*Vischer* zu Art. 150 IPRG Rn. 1.

4163 ZürchKomm FusG-*Müller*, Anhang zu Art. 29-52, Rn. 10 u. 67.

tung von Stiftungen gemäß Art. 78 FusG ff.[4164] sowie Vorsorgeeinrichtungen nach Art. 88 ff. FusG, da das Fusionsgesetz als *lex specialis* die Spaltung bei diesen Rechtsträgern nicht vorsieht.[4165]

Aus schweizerischer Sicht kann daher als Spaltungspartei nur ein deutscher Rechtsträger mit den nach schweizerischem Recht spaltungsfähigen Rechtsträgern in vergleichbarer Rechtsform zugelassen werden.[4166] Ausgeschlossen wären somit namentlich die mit der schweizerischen einfachen Gesellschaft vergleichbaren Gesellschaften, darunter insbesondere solche, die nicht im Handelsregister eingetragen sind. Dieser Ausschluss gilt selbst dann, wenn die betreffende Gesellschaft noch als „organisiert" im Sinne von Art. 150 Abs. 1 IPRG anzusehen ist.[4167] Indessen stellt sich die Problematik im Hinblick auf vergleichbare Rechtsformen auf deutscher Seite nur in wenigen Fällen, da die BGB-Gesellschaft, auch wenn sie einen Gewerbebetrieb unterhält, ohnehin nicht als übertragender oder übernehmender Rechtsträger der Spaltung anerkannt ist; ein einzelkaufmännisches Unternehmen kann lediglich an einer Ausgliederung als übertragender Rechtsträger beteiligt sein.[4168]

Anhand von § 124 UmwG ist zu prüfen, ob der schweizerische Rechtsträger eine Rechtsform besitzt, die eine Beteiligung an dem Spaltungsvorgang ermöglichen würde, wenn es sich um eine deutsche Gesellschaft handelte. Es geht dabei nicht um die Anwendung des deutschen UmwG auf den schweizerischen Rechtsträger, sondern vielmehr um die Frage der Zulässigkeit der Beteiligung des deutschen Rechtsträgers an dem konkreten Spaltungsvorgang. Aus deutscher Sicht wird dies angesichts der weiten Regelung der Spaltungsfähigkeit regelmäßig unproblematisch sein,[4169] aber das schweizerische Recht weist mit Kapitalgesellschaften und Genossenschaften hinreichende Überschneidungsbreite an spaltungsfähigen Rechtsträgern auf. Was die Problematik der in Frage kommenden spaltungsfähigen Rechtsträger in beiden Rechtsordnungen anbelangt, so stünde jedenfalls eine ausreichende Palette an spaltungsfähigen Rechtsträgern zur Verfügung.

4164 ZürchKomm FusG-*Müller*, Anhang zu Art. 29-52, Rn. 11.

4165 ZürchKomm FusG-*Müller*, Anhang zu Art. 29-52, Rn. 11.

4166 ZürchKomm FusG-*Müller*, Anhang zu Art. 29-52, Rn. 11.

4167 ZürchKomm FusG-*Müller*, Anhang zu Art. 29-52, Rn. 10.

4168 OLG Karlsruhe Urt. v. 19.8.2008 – 1 U 108/08, NJW-RR 2008, 1698 = DStR 2008, 2175 = NZG 2009, 315 = DB 2008, 2241= GmbHR 2008, 1219; Semler/Stengel-*Stengel*, UmwG, § 124 Rn. 6.

4169 Münch. Hdb. GesR VI-*Hoffmann* § 56 Rn. 46.

3. Verfahrensrechtlicher Schutz der Gesellschafter

Welche Gegenstände im Rahmen der Spaltung übergehen und wie sie aufgeteilt werden, muss im Spaltungsplan bzw. nach deutscher Rechtsterminologie des § 126 UmwG im „Spaltungs- und Übernahmevertrag" genau geregelt werden.[4170] Inhaltlich ist die Zuweisung grundsätzlich frei gestaltbar. Das gesellschaftsinterne Verfahren der Spaltung sieht eine Berichtspflicht nach § 127 UmwG, eine Prüfungspflicht nach §§ 125, 9 ff. UmwG, die Information der Arbeitnehmervertretung nach § 126 Abs. 3 UmwG sowie die Beschlussfassung der Anteilseigner nach §§ 128, 13 UmwG vor. Hier sind sowohl das schweizerische als auch das deutsche Recht im Sinne der Vereinigungstheorie kombiniert anzuwenden, so dass sämtliche Anforderungen beider Rechte kumuliert erfüllt werden, wobei sich im Ergebnis das jeweils strengere Recht durchsetzt.[4171]

In gleicher Weise sieht das schweizerische Recht im Falle eine Emigrationsfusion die Pflicht zum Abschluss eines Spaltungsvertrags bzw. -plans im Sinne des Art. 36 FusG vor.[4172] Nach Art. 163b Abs. 2 IPRG finden die Vorschriften von Art. 37 FusG über den Inhalt des Spaltungsvertrags und des Spaltungsplans auch bei Emigrationsspaltung Anwendung. Daneben muss der Spaltungsbericht gemäß Art. 163b Abs. 2 IPRG die von Art. 39 FusG geforderten Angaben enthalten.[4173] In Art. 40 FusG ist die Prüfung des Spaltungsvertrags bzw. -plans sowie des Spaltungsberichts vorgesehen. Insbesondere mit Blick auf die grenzüberschreitende Spaltung ist hervorzuheben, dass das vollständige Einsichtsrecht nach Art. 41 FusG am Sitz aller an der Spaltung beteiligten Gesellschaften auch tatsächlich ausübbar sein muss. Demnach müssen nicht nur der Spaltungsvertrag oder -plan und der Spaltungsbericht, sondern auch die Jahresrechnungen und -berichte der letzten drei Geschäftsjahre bzw. Zwischenberichte aller an der Spaltung beteiligten Gesellschaften an allen Gesellschaftssitzen einsehbar sein.[4174]

Der Schutz der Gesellschafter der schweizerischen übertragenden Gesellschaft bestimmt sich grundsätzlich nach schweizerischem Recht; vgl. Art. 163d IPRG i.V.m. Art. 163b Abs. 1 u .2 IPRG. Insbesondere ist dabei den Anforderungen des Art. 31 FusG Rechnung zu tragen, der im Hinblick auf die Wahrung von Anteils- und Mitgliedschaftsrechten auf Art. 7 FusG verweist.[4175] Nach dieser Bestimmung haben die Gesellschafter der übertragenden Gesellschaft Anspruch auf Anteils- oder Mitgliedschaftsrechte an der übernehmenden Gesell-

---

4170 Vgl. § 126 Abs. 1 Nr. 9 UmwG; siehe dazu eingehend *Priester*, in: Lutter (Hrsg.) Kölner Umwandlungsrechtstage, 1995, S. 99 (99ff.).

4171 Münch. Hdb. GesR VI-*Hoffmann* § 56 Rn. 40.

4172 ZürchKomm FusG-*Müller*, Anhang zu Art. 29-52, Rn. 74.

4173 ZürchKomm FusG-*Müller*, Anhang zu Art. 29-52, Rn. 74.

4174 ZürchKomm FusG-*Müller*, Anhang zu Art. 29-52, Rn. 79.

4175 *von der Crone* et al. (Hrsg.) Das Fusionsgesetz 2004, § 7 IV. Rn. 1159.

schaft, „die unter Berücksichtigung des Vermögens der beteiligten Gesellschaften, der Verteilung der Stimmrechte sowie aller anderen relevanten Umstände ihren bisherigen Anteils- oder Mitgliedschaftsrechten entsprechen.“

4. Gewährleistung des Gläubigerschutzes

Bei der Spaltung steht der Schutz der Gläubiger des übertragenden Rechtsträgers im Mittelpunkt. Wenn dieser dem deutschen Recht untersteht, tritt auch bei der grenzüberschreitenden Verschmelzung die gesamtschuldnerische Haftung nach § 133 UmwG ein, darüber hinaus kann bei Gefährdung der Erfüllung grundsätzlich Sicherheitsleistung verlangt werden.[4176] Aus deutscher Sicht ist lediglich fraglich, ob die Sicherheitsleistung nach den allgemeinen Vorschriften der §§ 125, 22 UmwG oder in analoger Anwendung des Rechtsgedankens des § 122j UmwG zu fordern ist.[4177] Wie im Zusammenhang mit der Verschmelzung bereits erläutert, regelt die Norm des § 122j als *lex specialis* einen Anspruch auf Sicherheitsleistung, der bereits vor dem Vollzug der grenzüberschreitenden Umwandlung geltend gemacht werden kann. Demgegenüber kann der Anspruch gemäß § 22 UmwG erst nach Eintragung der Umwandlung geltend gemacht werden, so dass der Anspruch erforderlichenfalls gegen den übernehmenden schweizerischen Rechtsträger durchgesetzt werden müsste. Dem Sinn und Zweck nach ist die Vorschrift des § 122j UmwG analog auch bei der Spaltung heranzuziehen, so dass daraus der Anspruch auf Sicherheitsleistung für Verbindlichkeiten einer übertragenden deutschen Gesellschaft begründet werden kann, während es in den übrigen Fällen, also bei einem deutschen übernehmenden Rechtsträger, bei den allgemeinen Regelungen der §§ 125, 22 UmwG bleibt.[4178]

Was den Gläubigerschutz bei der deutschen übertragenden Gesellschaft betrifft, erscheint insbesondere der Schutz der Inhaber von stimmrechtslosen Sonderrechten im Sinne der §§ 125, 23 UmwG problematisch,[4179] denn es entsteht im Zuge der Spaltung ein Anspruch auf Begründung „gleichwertiger Rechte in dem übernehmenden Rechtsträger“. Wie bereits im Rahmen der grenzüberschreitenden Verschmelzung angedeutet, kann es Schwierigkeiten bei der Gewährung „gleichwertiger Rechte“ mit sich bringen, soweit in den verschiedenen Gesellschaftsrechtsordnungen die Gewährung bestimmter Rechte ausgeschlossen sein sollte. Freilich kann dieses Problem auch bei binnenrechtlichen Sachverhalten unter Beteiligung unterschiedlicher Rechtsformen auftreten:[4180] So ist im deutschen GmbH-Recht die Möglichkeit einer bedingten Kapitalerhöhung

4176 Münch. Hdb. GesR VI-*Hoffmann* § 56 Rn. 52.
4177 Münch. Hdb. GesR VI-*Hoffmann* § 56 Rn. 52.
4178 Münch. Hdb. GesR VI-*Hoffmann* § 56 Rn. 52.
4179 Münch. Hdb. GesR VI-*Hoffmann* § 56 Rn. 53.
4180 Münch. Hdb. GesR VI-*Hoffmann* § 56 Rn. 53.

nicht vorgesehen, über welche Bezugs- oder Umtauschrechte bedient werden könnten, wie sie in § 221 AktG vorgesehen sind. Indem Inhabern von derartigen Sonderrechten jedoch eine angemessene Abfindung analog § 29 UmwG angeboten wird, könnte dieses Problem sowohl im binnenrechtlichen als auch im internationalen Kontext aus der Welt geschafft werden.[4181]

In rechtsvergleichender Hinsicht zeigt sich, dass die Rechtstellung von Inhabern von Wandel- und Optionsrechten nicht ausdrücklich im schweizerischen Fusionsgesetz geregelt ist.[4182] Die Berechtigten derartiger Sonderrechte werden ebenso wenig als Gesellschafter, sondern als Gläubiger betrachtet. Indessen wird angemerkt, dass sie eine qualifizierte Rechtsstellung einnehmen und daher die bloße Stellung als Gläubiger nicht völlig sachgerecht erscheint.[4183] Es könnte daher auf die Bestimmung des Art. 7 Abs. 5 FusG Bezug genommen werden, welche eine Regelung für abgeltungspflichtige Sonderrechte vorsieht.[4184] In Übereinstimmung mit der in der deutschen Literatur vorgeschlagenen Lösung können auf Grundlage dieser Norm Inhabern von Wandel- oder Optionsrechten im Spaltungsfall ebenfalls gleichwertige Rechte gewährt werden oder ihre Rechte zum wirklichen Wert abgekauft werden.[4185]

Der schweizerische Gesetzgeber hat ein vergleichbar hohes Gläubigerschutzniveau im Rahmen der Emigrationsspaltung geschaffen, indem er den im schweizerischen Spaltungsrecht verankerten Grundsatz des präventiven Gläubigerschutzes gerade auch in der grenzüberschreitenden Konstellation zur Anwendung bringt; vgl. Art. 163d Abs. 2 IPRG.[4186]

Damit kommen die Bestimmungen der Art. 45 ff. FusG betreffend das Sicherstellungsverfahren, die subsidiäre Solidarhaftung der an der Spaltung beteiligten Gesellschaften sowie die persönliche fortbestehende Haftung der Gesellschafter unmittelbar zur Anwendung.[4187]

Nach Art. 163a Abs. 1 IPRG werden die Gläubiger der *übernehmenden deutschen Gesellschaft* nach den zuvor genannten Grundsätzen des auf sie anwendbaren Rechts geschützt.[4188] Das deutsche Gläubigerschutzregime wäre jedoch auch für die Rechtsstellung der schweizerischen Gläubiger maßgebend,

---

4181 Münch. Hdb. GesR VI-*Hoffmann* § 56 Rn. 53.

4182 *Gnos/Vischer* AJP 2011 S. 402.

4183 *Gnos/Vischer* AJP 2011 S. 402.

4184 *Gnos/Vischer* AJP 2011 S. 402.

4185 Siehe zu dieser Lösung, indessen auf den Fall einer Fusion bezogen, insgesamt *Gnos/Vischer* AJP 2011 S. 402.

4186 BaslerKomm FusG-*Girsberger/Rodriguez,* Art. 163b IPRG Rn. 39.

4187 *von der Crone* et al. (Hrsg.) Das Fusionsgesetz 2004, § 7 IV. Rn. 1162.

4188 *von der Crone* et al. (Hrsg.) Das Fusionsgesetz 2004, § 7 IV. Rn. 1163.

sofern es im Einzelfall zwingende strengere Anforderungen als das schweizerische Fusionsgesetz aufstellt,[4189] was hier indessen nicht ersichtlich ist.

5. Einbeziehung der Arbeitnehmer

Als wesentliche Beschränkung der Zuordnungsfreiheit im Rahmen des Spaltungsgeschehens findet die arbeitnehmerschützende Bestimmung des § 613a BGB Anwendung: Die Vorschrift führt dazu, dass Arbeitsverhältnisse nicht beliebig den beteiligten Rechtsträgern zugewiesen werden können, sondern bei Übergang eines Betriebes oder Teilbetriebes zwingend auf den neuen Rechtsträger übergeleitet werden, ohne dass es einer Zuweisung bedürfte bzw. diese überhaupt möglich wäre.[4190]

Im Hinblick auf den Schutz der Arbeitnehmer finden gestützt auf Art. 163b Abs. 2 IPRG anlässlich der grenzüberschreitenden Emigrationsspaltung die Bestimmungen des Art. 49 Abs. 1 FusG i.V.m. Art. 333 Abs. 1 OR Anwendung:[4191] Demnach können Arbeitnehmer, die mit dem Übergang des Arbeitsverhältnisses nicht einverstanden sind, den Vertragsübergang ablehnen.[4192]

In beiden Rechtsordnungen bestehen zudem weitere Informations- und Konsultationspflichten; zu weiteren Einzelheiten sei auf die anlässlich der grenzüberschreitenden Verschmelzung gemachten Ausführungen verwiesen. Im Hinblick auf den Arbeitnehmerschutz ist in beiden Rechtsordnungen ein vergleichbares Schutzniveau gewährleistet.

E. Umwandlung

Während es bei der Fusion regelmäßig darum geht, externes Unternehmenswachstum zu schaffen, will man mit der Spaltung eine Konzentration auf Kernbereiche umsetzen. Im Rahmen der Umwandlung – nach deutscher Rechtsterminologie als Formwechsel bezeichnet – geht es hingegen darum, ein unpassend gewordenes Rechtskleid durch ein anderes zu ersetzen.[4193]

4189 *von der Crone* et al. (Hrsg.) Das Fusionsgesetz 2004, § 7 IV. Rn. 1163

4190 *Haas/Durchlaub,* in: FS Widmann, S. 23 (24 ff.).

4191 Im Rahmen der Revision des OR von 1993 wurde Art. 333 OR an die europäischen Vorgaben der damaligen Richtlinie 77/187/EWG des Rates vom 14. Februar 1977 zur Angleichung der Rechtsvorschriften der Mitgliedstaaten über die Wahrung von Ansprüchen der Arbeitnehmer beim Übergang von Unternehmen, Betrieben oder Unternehmens- oder Betriebsteilen angepasst, ABl. Nr. L 61 S. 26; zuletzt geändert durch Art. 12 RL 2001/23/EG vom 12. 3. 2001 ABl. Nr. L 82 S. 16; vgl. BGE 129 III 335, E. 6, S. 350.

4192 ZürchKomm FusG-*Hubschmid*, Art. 29, Rn. 3.

4193 *Wamister*, ZSR 2004, 83 (83).

I. Deutsche Sicht

1. Grundlagen

Im deutschen Recht ist der Formwechsel begrifflich an die Stelle der ursprünglichen Bezeichnung der Umwandlung getreten, die nunmehr als Oberbegriff für die Verschmelzung, Spaltung und Formwechsel fungiert.[4194] Dem Formwechsel liegt die gesetzgeberische Annahme zugrunde, dass der Rechtsträger vor und nach der Umwandlung identisch ist.[4195] Unter Beibehaltung seiner juristischen Identität und des mitgliedschaftlichen und vermögensrechtlichen Bestands ändert diese lediglich sein „Rechtskleid“.[4196] Daher bedarf es auch keiner Gesamtrechtsnachfolge, da die Rechtszuständigkeit des identitätswahrenden Unternehmens beibehalten wird und lediglich ein einziges Unternehmen beteiligt ist;[4197] aus diesem Grund bezeichnet man den Formwechsel auch als „transaktionslose Rechtsträgertransformation“.[4198]

2. Grenzüberschreitender Formwechsel

Dem grenzüberschreitenden Formwechsel entspricht – wie bereits dargelegt – die grenzüberschreitende Satzungssitzverlegung, soweit sie mit einer identitätswahrenden Statutenänderung einhergeht; für deutsche Gesellschaften ist dieser *de lege lata* grundsätzlich unmöglich.[4199] Ein solcher identitätswahrender Zuzug oder Wegzug unter Verlegung des Satzungssitzes ist aus deutscher Sicht jedoch lediglich für die SE und SCE möglich.[4200] Bedauerlicherweise sieht der Referentenentwurf – anders als noch der vom Deutschen Rates für Internationales Privatrecht vorgeschlagene Art. 10d Abs. 1 EGBGB – nicht mehr die sachrechtliche Zulässigkeit der Satzungssitzverlegung einer deutschen Gesellschaft ins

---

4194 KölnerKomm-*Petersen*, § 190 UmwG Rn. 1.

4195 KölnerKomm-*Petersen*, § 202 UmwG Rn. 2.

4196 *K. Schmidt*, Gesellschaftsrecht, 2002, § 13 II 1 a).

4197 *K. Schmidt*, Gesellschaftsrecht, 2002, § 13 II 1 a).

4198 *Beuthien/Helios*, NZG 2006, 369 (374).

4199 Siehe zuletzt OLG München Beschl. v. 4.10.2007 – 31 Wx 036/07, BB 2007, 2247 = DNotZ 2008, 397= MittBayNot 2008, 142 = DStR 2007, 1925; demnach kann die Verlegung des Satzungssitzes einer deutschen GmbH ins EU-Ausland nicht ins Handelsregister eingetragen werden.

4200 So kann eine SE nach Art. 2 IV SE-VO iVm Art. 37 SE-VO SE-VO (Verordnung EG Nr. 2157/2001 des Rates vom 8. 10. 2001 über das Statut der Europäischen Gesellschaft (SE) ABl. EG L 294 v. 10. 11. 2001 S. 1) durch den Formwechsel einer Aktiengesellschaft in eine SE errichtet werden, die ihren Sitz und ihre Hauptverwaltung in einem EU-Mitgliedstaat hat und seit mindestens zwei Jahren eine Tochtergesellschaft hält, welche dem Recht eines anderen Mitgliedstaates unterliegt; siehe Sagasser/Bula/Brünger-*Sagasser*, Umwandlungen, 2011 § 25 Rn. 13.

Ausland vor.[4201] Denn mit Art. 10b EGBGB-Ref-E liegt nunmehr lediglich eine Kollisionsnorm über den Wechsel des anwendbaren Rechts vor, die den grenzüberschreitenden Formwechsel nicht erlaubt, sondern vielmehr an das Sachrecht anknüpft, wenn es am Ende der Vorschrift heißt: „... wenn das bisherige und das neue Recht einen Wechsel ohne Auflösung und Neugründung zulassen und die Voraussetzungen beider Rechte hierfür vorliegen".[4202] Im Vorschlag des Rates heißt es dazu treffend: „Eine bloße Kollisionsnorm über den Wechsel des anwendbaren Rechte ergibt keinen Sinn."[4203] Die verfahrensmäßige Abwicklung, insbesondere die Berücksichtigung der Interessen von Gläubigern, Gesellschaftern und Arbeitnehmern, ist vielmehr durch entsprechende sachrechtliche Regelungen zu gewährleisten.[4204]

II. Schweizerische Sicht

Was die binnenrechtliche Rechtslage zur Umwandlung betrifft, heißt es in Art. 53 FusG: „Eine Gesellschaft kann ihre Rechtsform ändern (Umwandlung). Ihre Rechtsverhältnisse werden dadurch nicht verändert." Erfasst sind demnach „Änderungen der Rechtsform einer Gesellschaft unter Fortbestand aller vermögens- und mitgliedschaftlichen Beziehungen."[4205] Das Fusionsgesetz stellt mit seinen Regelungen zur Umwandlung eine große Palette denkbarer Änderungen der Rechtsform im Wege eines sog. Rechtskleidwechsels[4206] zur Verfügung.[4207]

4201 Nach dem Vorschlag des Deutschen Rates für Internationales Privatrecht kann „[e]ine in Deutschland registrierte und nach deutschem Recht gegründete Gesellschaft ihr Gesellschaftsstatut durch eine grenzüberschreitende Verlegung des [...] maßgeblichen Registrierungsortes in einen anderen Mitgliedstaat der EU oder des EWR wechseln, ohne dass es einer Verlegung des tatsächlichen Sitzes bedarf"; siehe *Sonnenberger/Bauer*, in: Sonnenger (Hrsg.), Vorschläge und Berichte zur Reform des europäischen und deutschen internationalen Gesellschaftsrechts, 2007, S. 581 (610) sowie *Dies.* RIW 2006 1 (21). Dass dies dennoch zulässig sein könnte, kann allenfalls einer Pressemitteilung zum RefE entnommen werden, siehe *Kindler* DB 2008, Beil. Status:Recht 2/2008 68 (69); *Leuering* ZRP 2008 73 (76). So bringt das Bundesjustizministerium in seiner Pressemitteilung das folgende Beispiel: „Eine deutsche GmbH kann unter bestimmten Voraussetzungen ihren Sitz nach Frankreich verlegen, indem sie sich als ‚Société à responsabilité limitée' (S.A.R.L.) in das französische Register eintragen und im deutschen Handelsregister löschen lässt"; Pressemitteilung des BMJ „Regelung zum Internationalen Gesellschaftsrecht auf den Weg gebracht" v. 7. 1. 2008.

4202 Siehe *Leuering,* ZRP 2008, 73 (76).

4203 *Sonnenberger/Bauer* RIW 2006, 1 (21).

4204 *Kieninger*, in: Sonnenberger (Hrsg.), Vorschläge und Berichte zur Reform des europäischen und deutschen internationalen Gesellschaftsrechts, 2007, S. 581 (590).

4205 Botschaft, S. 4357.

4206 Botschaft FusG, S. 4446, Ziff. 2.1.4.1.

Dem Rechtsträger wird es ermöglicht, unter Beibehaltung der juristischen Identität und des mitgliedschaftlichen und vermögensrechtlichen Bestands seine Rechtsform zu ändern.[4208] Es finden weitgehend Verweisungen auf das Recht der Fusion statt:[4209] Dies betrifft sowohl die Frage des Gläubiger- und Arbeitnehmerschutzes[4210] als auch der Klagerechte im Zusammenhang mit einer Umwandlung, die den allgemeinen Regelung des Fusionsgesetzes entsprechen.[4211]

Das schweizerische IPRG sieht jedoch keine Regel für transnationale Umwandlungen vor, da eine solche nach schweizerischen Recht begrifflich nicht denkbar ist: Denn jede Umwandlung stellt nach Vorstellung des schweizerischen Rechts einen Vorgang dar, der sich allein in einer Rechtsordnung abspielt und an dem lediglich ein Rechtsträger beteiligt ist, der nach dem Recht eines einzigen Staates inkorporiert ist.[4212] Eine Umwandlung über die Grenze ist im Ergebnis nichts anderes als eine grenzüberschreitende Verlegung der Gesellschaft mit anschließender oder vorangegangener Umwandlung der innerstaatlichen Rechtsform.[4213] Es sei daher auf die Ausführung zu Verlegung des Satzungssitzes verwiesen, wo dieser nach schweizerischer Rechtsterminologie als „Verlegung der Gesellschaft“ bzw. „Um-Inkorporation“ bezeichnete Vorgang dargestellt ist.

F. Ergebnis und Folgerungen

1. Wider die „These der Undurchführbarkeit“ transnationaler Umstrukturierungen

Aus Sicht des deutschen Schrifttums begegnete man grenzüberschreitenden Verschmelzungen, insbesondere infolge der im Jahr 1994 eingeführten Beschränkungen in § 1 Abs. 1 UmwG auf Rechtsträger im Inland, mit der „These von der Undurchführbarkeit“:[4214] Es fehle demnach an korrespondierenden Vorschriften in den übrigen Rechtsordnungen, die sicherstellten, dass die durch den deutschen Gesetzgeber etwaig noch zu erlassenden Vorschriften zu grenzüberschrei-

4207 *Böckli*, Schweizer Aktienrecht 2009, § 3 Rn. 343.

4208 *Böckli*, Schweizer Aktienrecht 2009, § 3 Rn. 343.

4209 *Böckli*, Schweizer Aktienrecht 2009, § 3 Rn. 369.

4210 Vgl. Art. 65 FusG.

4211 Vgl. Art. 105, Art. 106 und Art. 108 FusG.

4212 *Beretta*, in: Roland von Büren et al. (Hrsg.) Schweizerisches Privatrecht – Stukturanpassungen, Bd. VIII/8 (2006), Internationale Strukturanpassungsvorgänge, § 4, S. 381.

4213 *Girsberger/Rodriguez* SZW 2004 259 (264).

4214 *Günes*, Grenzüberschreitende Verschmelzung unter Beteiligung von EU/EWR- und Drittstaaten-Kapitalgesellschaften, 2012, S. 186.

tenden Verschmelzungen nicht „in der Luft hängen".[4215] Dass sich diese Gefahr keinesfalls realisiert, haben die zahlreichen Berichte aus der anwaltlichen Praxis bewiesen, die noch vor der *SEVIC*-Entscheidung des EuGH wie auch der Umsetzung der Verschmelzungsrichtlinie eine Bandbreite an erfolgreich realisierten transnationalen Verschmelzungen dokumentieren. In Kooperation mit den Registergerichten konnten unter Zugrundelegung der Vereinigungstheorie die Unterschiede der verschiedenen an der Verschmelzung beteiligten Rechtsordnungen überwunden werden.[4216]

Zu Recht wirft *Eddy Wymeersch* daher die rhetorische Frage auf: „why should a cross border merger be more difficult than a national one ?"[4217] Gegen die „These von der Undurchführbarkeit"[4218] sprechen zudem die Aussagen von Generalanwalt *Antonio Tizzano*, der in seinen Schlussanträgen in der Rechtssache *SEVIC* vom 7. Juli 2005 darauf hinweist, dass grenzüberschreitende Verschmelzungen „bereits nach spanischem, portugiesischem, italienischem, französischem und belgischem Recht zulässig" seien.[4219] Aus rechtspolitischer Perspektive liegt die restrikive Haltung mit Blick transnationale Verschmelzungen auch in der Problematik der deutschen unternehmerischen Mitbestimmung begründet.[4220]

Was die Offenheit mit Blick auf Drittstaaten-Konstellationen anbelangt, zeigen die untersuchten Bestimmungen des Schweizer IPRG, dass transnationale Umstrukturierungsvorgänge, die im Kollisionsrecht geregelt sind und ergänzend mit sachrechtlichen Regelungen sog. IPR-Sachnormen versehen sind[4221], rechtsicher durchführbar wären. In rechtsvergleichender Hinsicht ist darüber hinaus ein Blick auf das luxemburgische Recht erhellend: Denn dieser Mitgliedstaat der Europäischen Union gestattet bereits jetzt in Art. 257 de la loi du 10 août 1915

4215 *Neye*, ZIP 1994, 917 (919).

4216 Siehe die Berichte von *Dorr/Stukenborg*, DB 2003, 647 (647 ff.); *Rixen/Böttcher* GmbHR 1993, 572 (572 ff.); *Wenglorz,* BB 2004, 1061 (1061 ff.).

4217 *Wymeersch*, in: Liber Amicorum Ansay, S. 541 (542).

4218 *Günes*, Grenzüberschreitende Verschmelzung unter Beteiligung von EU/EWR- und Drittstaaten-Kapitalgesellschaften, 2012, S. 186.

4219 Generalanwalt *Antonio Tizzano*, Schlussanträge v. 7.7.2005 Rs. C-411/03 – SEVIC, Slg. 2005, I-10821, Rn. 62 in Fn. 23.

4220 Siehe *Wymeersch*, in: Liber Amicorum Ansay, S. 541 (542/3): "At first sight, the topic seems quite parochial: why should a cross border merger be more difficult than a national one? However, the political importance in some member states (esp. Germany) of the codetermination issue has prevented a solution for so long a time."

4221 Siehe zum Begriff der IPR-Sachnorm *Schwander*, Lois d'application immédiate, Sonderanknüpfung, IPR-Sachnormen und andere Ausnahmen von der gewöhnlichen Anknüpfung im internationalen Privatrecht, 1975, § 14 I S. 377.

grenzüberschreitende Fusionen und Spaltungen mit Drittstaatenbezug,[4222] wobei dieselben Möglichkeiten auch für Vermögensübertragungen gelten sollen.[4223]

Die „These von der Undurchführbarkeit"[4224] transnationaler Umstrukturierungsvorgängen muss somit nicht nur mit Blick auf die Europäische Union und den Europäischen Wirtschaftsraum, sondern vielmehr auch auf die Beteiligung von drittstaatlichen Rechtsordnungen als widerlegt angesehen werden:[4225] Dass der deutsche Gesetzgeber inzwischen die innereuropäische Verschmelzung einer Kapitalgesellschaft als bislang einzigen explizit im deutschen UmwG geregelten Fall einer transnationalen Umstrukturierungsmöglichkeit vorsieht, kann deshalb lediglich als Ausgangspunkt einer weiteren Internationalisierung des deutschen Umwandlungsgesetzes angesehen werden.[4226] Darüber hinaus muss abgesehen von der grenzüberschreitenden Verschmelzung *de lege lata* auch bereits die grenzüberschreitende Spaltung aufgrund der unionsrechtlichen Vorgaben ermöglicht werden, jedenfalls sofern sich alle beteiligten Gesellschaften innerhalb der Europäischen Union oder des Europäischen Wirtschaftsraumes befinden.[4227]

Wie zuvor dargelegt, hat man es im deutschen Recht im Gegensatz zum schweizerischen Recht bislang unterlassen, die entsprechenden nationalen Vorschriften für den Fall einer transnationalen Umstrukturierung bereitzuhalten: Gelangt man beispielsweise zu der Frage, ob und in welchem Verfahren die Gesellschafterversammlung einer deutschen Gesellschaft zustimmen muss, sagen

4222 *Ruppert*, in : Prüm (Hrsg.) Le Nouveau Droit Luxembourgeois des Sociétés, 2008, S. 75 (171): «Il est également important de relever que les fusions sont non seulement possibles avec des sociétés relevant de pays de l'Union europèene, mais également de pays tiers.».

4223 Vgl. Art. 257 Abs.3 und 285 Abs. 3 du Lois 10 août 1915 sowie Projet de loi N° 4992, modifiant la loi modifiée du 10 août 1915 concernant les sociétés commerciales, S. 34/5: «L'alinéa 3 entend ouvrir les mêmes perspectives de réaliser des opérations de transfert de patrimoine professionnel avec des sociétés, groupements d'intérêt économique ou personnes physiques étrangers que celles qui sont ouvertes par les art. 257 et 285 du présent projet pour toutes les autres opérations de restructuration d'entreprises envisagées (fusion, scission et, par renvoi, transfert d'actifs, de branche d'activités et d'universalité).».

4224 *Günes*, Grenzüberschreitende Verschmelzung unter Beteiligung von EU/EWR- und Drittstaaten-Kapitalgesellschaften, 2012, S. 186.

4225 So heißt es in dem Festschriftenbeitrag von *Johannes Bärmann* zur Europäischen Fusion aus dem Jahr 1972 noch: „Von europäischen Fusionen im engeren juristischen Sinne zu sprechen, ist ‚Futurismus', wenn nicht sogar Utopie." Siehe *Bärmann*, in: FS Kaufmann, S. 13 (13).

4226 Außerhalb des UmwG bestehen noch Spezialvorschriften zur Gründnung von SE und SCE im Wege der Verschmelzung; siehe KölnerKomm-*Simon/Rubner* Vor § 122a ff. Rn. 101.

4227 KölnerKomm-*Simon/Rubner* Vor § 122a ff. Rn. 29ff u. 101.

die selbstbeschränkten Sachnormen des deutschen Umwandlungsgesetzes: „Nein, ich will nicht“ oder „Nein, ich kann nicht“.[4228] In diesem Vakuum wird der Grund gesehen, weshalb transnationale Umstrukturierungsvorgänge bislang kaum Aussicht auf Eintragung im Handelsregister hatten.[4229]

Insbesondere *Harald Kallmeyer* plädiert angesichts der „verunglückten Definition“ der grenzüberschreitenden Verschmelzung in § 122a UmwG ausdrücklich für eine Einbeziehung von Drittstaatsgesellschaften.[4230] Denn wenn in dieser Norm die Rede davon ist, dass „mindestens eine der beteiligten Gesellschaften dem Recht eines anderen Mitgliedstaats unterliegt“, läge eine grenzüberschreitende Verschmelzung auch dann vor, wenn alle beteiligten Gesellschaften dem Recht eines anderen Mitgliedstaats unterliegen. Damit könnte „die Definition schadlos auch auf Drittstaaten ausgedehnt werden“, was „wirklich ernsthaft überlegt“ werden sollte.[4231] Weiterhin stellt sich in diesem Zusammenhang die Frage, ob mit der gefundenen gesetzestechnischen Lösung, die lediglich darin besteht, den besonderen Vorschriften der Verschmelzung einen weiteren Abschnitt hinzuzufügen, der Mobilität von Unternehmen am besten gedient ist. Denn diese Vorgehensweise schafft vielmehr „ein Sonderrecht der grenzüberschreitenden Verschmelzung mit der Tendenz zur Abschottung“.[4232]

2. Gemeinsame Einbindung der Schweiz und Deutschlands in den „europäischen Rechtskreis“

Angesichts der intensiven Verflechtung der Schweiz mit der Europäischen Union erscheint eine solche „Abschottung“ im Hinblick auf die Mobilität von Gesellschaften bedauernswert; zumal die Schweiz und Deutschland das gemeinsame Band der Zugehörigkeit zu gleich zwei Rechtsfamilien vereint: Beide Länder

---

4228 *Krause*, in: VGR (Hrsg.), Gesellschaftsrecht in der Diskussion 2006, VGR Bd. 12 (2007), S. 39 (40).

4229 *Krause*, in: VGR (Hrsg.), Gesellschaftsrecht in der Diskussion 2006, VGR Bd. 12 (2007), S. 39 (40).

4230 Siehe *Kallmeyer*, Stellungnahme der Centrale für GmbH Dr. Otto Schmidt vom 16.3.2006 zum Referentenentwurf eines Zweiten Gesetzes zur Änderung des Umwandlungsgesetzes GmbHR 2007, 754 (754 f.); dargelegt wird die grundsätzliche Durchführbarkeit von Verschmelzungen und Spaltungen im Verhältnis zu Drittstaaten jüngst auch von *Behrens/Hoffmann*, in: Ulmer/Habersack/Löbbe (Hrsg.) GroßKomm GmbHG, Einl. B. Rn. B 185 f..

4231 Siehe *Kallmeyer*, Stellungnahme der Centrale für GmbH Dr. Otto Schmidt vom 16.3.2006 zum Referentenentwurf eines Zweiten Gesetzes zur Änderung des Umwandlungsgesetzes GmbHR 2007, 754 (754 ff.).

4232 Siehe *Kallmeyer*, Stellungnahme der Centrale für GmbH Dr. Otto Schmidt vom 16.3.2006 zum Referentenentwurf eines Zweiten Gesetzes zur Änderung des Umwandlungsgesetzes GmbHR 2007, 754 (754).

gehören sowohl dem europäischen als auch dem deutschen Rechtskreis an.[4233] Bereits Mitte des 19. Jahrhunderts stellte *Johann C. Bluntschli* fest, daß sich „das Verhältnisz der schweizerischen Rechtswissenschaft zu der deutschen seither…doch wesentlich geändert [habe]. Die Beziehungen beider zu einander sind enger, reicher und sie sind nun wechselseitig geworden."[4234]

Im bilateralen Verhältnis Deutschland – Schweiz stellen sich aus rechtsvergleichender Sicht keine bedeutenden Hürden, die sich aus der Zugehörigkeit zu einem gänzlich verschiedenen Rechtskreis ergeben könnten. Denn wie bereits angedeutet, wird die Schweiz nach traditioneller rechtsvergleichender Lehre zum deutschen Rechtskreis gezählt:[4235] Dies allein bedingt bereits große Gemeinsamkeiten beider Rechtsordnungen, was für das Recht im Allgemeinen sowie für das Wirtschaftsrecht im Besonderen zutrifft.[4236]

In der Schweiz hat sich zudem ein Paradigmenwechsel zugunsten eines verstärkten europäischen Rechtseinflusses vollzogen:[4237] Wie bereits erläutert, hat das schweizerische Fusionsgesetz die Vorgaben der Dritten[4238] und Sechsten[4239] Gesellschaftsrechtlichen Richtlinie weitestgehend übernommen.[4240] Hinzu

4233 Siehe zur von der Theorie der Rechtsvergleichung entwickelten Lehre der Rechtskreise („Rechtsfamilien") *Zweigert/Kötz*, Einführung in die Rechtsvergleichung, 1996, § 5 S. 62 ff.; dazu aus schweizerischer Sicht *Kunz,* recht 2012, 37 (47). Von *Hein Kötz* wird die Frage nach dem Abschied von der Rechtskreislehre gestellt; *ders.* ZEuP 1998, 493 (493 ff.) sowie kritisch zu Comparative Legal Families and Comparative Legal Traditions *Glenn*, in: Reimann/Zimmermann (Hrsg.) The Oxford Handbook of Comparative Law, 2008, S. 421-440.

4234 *Bluntschli*, Staats- und Rechtsgeschichte der Stadt und Landschaft Zürich, Bd. I (1856), S. XII.

4235 Siehe zur Einordnung des schweizerischen Zivilrechts in den deutschen Rechtskreis *Zweigert/Kötz*, Einführung in die Rechtsvergleichung 1996, § 13, S 165 ff.

4236 *Kunz,* recht 2012, 37 (47).

4237 Siehe dazu bereits *Nobel*, Europäisierung des Aktienrechtes 1974, S. 35 ff. sowie *Kunz,* recht 2012, 37 (47).

4238 Dritte Richtlinie 78/855/EWG des Rates vom 9. Oktober 1978 gemäß Artikel 54 Absatz 3 Buchstabe g) des Vertrages betreffend die Verschmelzung von Aktiengesellschaften. ABl. EG L 295 vom 20.10.1978; siehe dazu *Lutter/Bayer/Schmidt*, Europäisches Unternehmens- und Kapitalmarktrecht, 2012, § 21.

4239 Sechste Richtlinie 82/891/EWG des Rates vom 17. Dezember 1982 gemäß Artikel 54 Absatz 3 Buchstabe g) des Vertrages betreffend die Spaltung von Aktiengesellschaften, ABl. L 378 vom 31. 12. 1982 S. 47 ff; siehe dazu *Lutter/Bayer/Schmidt*, Europäisches Unternehmens- und Kapitalmarktrecht, 2012, § 22 sowie *Habersack/Verse*, Europäisches Gesellschaftsrecht 2011, § 8, S. 251 ff..

4240 Bereits im Begleitbericht zum Vorentwurf für ein Bundesgesetz über die Fusion, die Spaltung und die Umwandlung von Rechtsträgern (Fusionsgesetz) November 1997, heißt es in Ziff. 1.9.2: „Der Vorentwurf erfüllt grundsätzlich die Vorgaben der 3. und 6. EG-Richtlinie.".

kommt die generell weitreichende Harmonisierung des schweizerischen Gesellschaftsrechts im Hinblick auf die Vorgaben des europäischen Rechts.[4241] Auch die vom Bundesrat eingesetzte *Groupe de réflexion „Gesellschaftsrecht“* bezeichnete die „europarechtliche Ausrichtung“ des schweizerischen Rechts als ihr wichtigstes Anliegen.[4242]

Im Verlauf einer zunehmenden Europäisierung ist die Schweiz trotz ihrer Nichtmitgliedschaft in den europäischen Rechtskreis hineingewachsen[4243], so dass auch von einer De-facto- Mitgliedschaft in der Europäischen Union gesprochen wird.[4244] *Peter V. Kunz* benennt dabei drei „Einfallstore“ für die unionsrechtlichen Vorgaben in die schweizerische Rechtsordnung:[4245] Als bedeutendstes „Einfallstor“ ist zunächst das Vertragsgeflecht der bilateralen Verträge zwischen der Schweiz und der Europäischen Union sowie ihren Mitgliedstaaten zu nennen. In legislativer Hinsicht ist die schweizerische Regierung im Rahmen der sog. EU-Kompatibilitätsprüfung zudem dazu verpflichtet, bei jedem Gesetz, das sie beantragt, die Beziehung zum europäischen Recht, insbesondere die Kompatibilität mit dem Unionsrecht, gesondert zu prüfen und darzulegen,[4246] um „sicherzustellen, dass Abweichungen vom EG-Recht nur noch bewusst, in voller Kenntnis der Auswirkungen auf das Aussenverhältnis der Schweiz erfolgen“.[4247] Der bundesrätliche Beschluß aus dem Jahre 1988 nimmt hingegen zuvorderst grenzüberschreitende Regelungsmaterien in den Blick, wenn es dort heißt: „Unser Ziel muss sein, in Bereichen von grenzüberschreitender Bedeutung (*und nur dort*) eine größtmögliche Vereinbarkeit unserer Rechtsvorschriften mit denjenigen unserer Partner zu sichern.“[4248] Insgesamt führen diese Kompatibilitätsprüfungen zu einer kontinuierlichen EU-Angleichung des Schweizer Rechts.[4249]

Ein weiteres legislatives Einfallstor für eine Europäisierung ist schließlich der sog. autonome Nachvollzug des Unionsrecht im schweizerischen Recht,[4250]

4241 Siehe dazu *Forstmoser/Meier-Hayoz/Nobel*, Schweizerisches Aktienrecht, 1996, § 68, Rn. 55 f..

4242 *Forstmoser/Meier-Hayoz/Nobel*, Schweizerisches Aktienrecht, 1996, § 67, Rn. 11.

4243 *Kunz,* recht 2012, 37 (47).

4244 *Ziegler*, in: FS Europa-Institut, 639 (650).; *ders.* ZEuS 2007, 247 (247 ff.).

4245 *Kunz,* recht 2012, 37 (47 ff).

4246 Nach Art. 141 Abs. 2 lit a) des BG vom 13. Dezember 2002 über die Bundesversammlung (Parlamentsgesetz, ParlG) (SR 171.10) erläutert der Bundesrat in seiner Botschaft „die Rechtsgrundlage, die Auswirkungen auf die Grundrechte, die Vereinbarkeit mit übergeordnetem Recht und das Verhältnis zum europäischen Recht“.

4247 *Spinner/Maritz*, in: FS Zäch, S. 127 (129).

4248 Vgl. Bericht des Bundesrates vom 24. August 1988, BBl. 1988 III 249 (380) [Hervorhebung durch den Verf.].

4249 *Kunz,* recht 2012, 37 (47).

4250 *Kunz,* recht 2012, 37 (47).

wenn dazu auch kritisch angemerkt wird, dass der Nachvollzug nicht zu einer echten Europäisierung des schweizerischen Rechts geführt habe, „sondern zu etwas Neuem, das zwar dem EU-Recht nahesteht, aber sich doch von ihm unterscheidet".[4251] Auf Ebene der Juedikaive hat der autonome Nachvollzug unionsrechtlicher Vorgaben schließlich die schweizerischen Gerichte zur Ausrichtung an einer europarechtskonformen Auslegung der „autonom nachvollzogenen" schweizerischen Norm veranlasst.[4252] Seitdem hat der genannte „autonome Nach-, Mit- und Vorvollzug" mit seinen Folgewirkungen insbesondere die Unternehmen mit Sitz in der Schweiz „durch die nationale Rechtsordnung in die Anforderungen des Binnenmarktrechts eintrainiert."[4253]

Angesichts dieser intensiven Einbindung der Schweiz in den „europäischen Rechtskreis" könnte der deutsche Gesetzgeber ohne weiteres die rechtlichen Voraussetzungen schaffen, um die Mobilität von Gesellschaften im aufgezeigten Rahmen des schweizerischen IPRG zu ermöglichen. Mit der im Referentenentwurf vorgesehen Kodifizierung der Vereinigungstheorie und der Anerkennung drittstaatlicher Gesellschaften über die Geltung der Gründungsanknüpfung sind dazu von deutscher Seite jedenfalls die kollisionsrechtlichen Grundlagen geschaffen worden, jedoch bleibt es in den Händen des deutschen Gesetzgebers, die fehlenden Sachnormen für ein insgesamt mobilitätsfreundliches, zeitgemäßes Gesellschaftsrecht bereitzustellen. Schließlich könnten die Regelungen des schweizerischen IPRG zur transnationalen Umstrukturierung von Gesellschaften nicht nur angesichts ihrer kollisionsrechtlichen Rechtssicherheit und Rechtsklarheit „der EU zum ‚autonomen Nachvollzug' empfohlen werden".[4254]

4251 *Baudenbacher,* in: Souveränität im Härtetest 2010, S. 247 (264).

4252 Siehe *Kunz,* recht 2012, 37 (49 f.). Das Bundesgericht sprach sich im Rahmen von BGE 129 III 335, E. 6, S. 350 erstmals für eine europarechtskonforme Auslegung aus: „Das Recht der Europäischen Union entfaltet zwar keine unmittelbaren verbindlichen Auswirkungen auf das schweizerische Recht. Da die Revision 1993 [des OR] die Anpassung von Art. 333 OR an an die Richtlinie 77/187 des EWG-Rates vom 14. Februar 1977 im Rahmen des sog. autonomen Nachvollzugs des europäischen Rechts bezweckte (...), ist die EU-Rechtsordnung indessen als Auslegungshilfe beizuziehen. Nachvollzogenes Binnenrecht ist im Zweifel europarechtskonform auszulegen." Siehe dazu zuletzt BGE 137 II 199 Erw. 4.3.1. a.E., S. 209 („*Swisscom*"): „Nach der Rechtsprechung ist insbesondere autonom nachvollzogenes EU-Recht europarechtskonform auszulegen, weil es dem Gesetzgeber diesfalls darum ging, eine parallele Regelung zu schaffen (...)." .

4253 *Müller-Graff,* in: Breuss/Cottier/Müller-Graff/Hatje (Hrsg.), Die Schweiz im europäischen Integrationsprozess, 2008, S. 331 (332).

4254 Siehe den dahingehenden Vorschlag von *Nobel*, Internationales und Transnationales Aktienrecht, Teil IPR und Grundlagen (2012), S. 85 Rn. 119.

3. Verschmelzung

Nach der bisher geltenden Sitztheorie führte die Verschmelzung einer deutschen auf eine ausländische Gesellschaft ebenso zu einer Liquidation wie eine Sitzverlegung ins Ausland.[4255] Dies gilt auch nach derzeit geltender Rechtslage mit Blick auf eine Hinausverschmelzung in die Schweiz als sog. Drittstaat. Bereits im Jahr 1962 wurde anlässlich des in Hamburg stattfindenden VI. Internationalen Kongresses für Rechtsvergleichung die Frage der weltweiten Ermöglichung von Verschmelzungen erörtert.[4256] Vor dem Hintergrund einer Abkehr von der Sitztheorie streiten die besseren Argumente für diese Ansicht, denn nach der Gründungstheorie führt die Verlegung des tatsächlichen Verwaltungssitzes, wie es deutschen Gesellschafen im Wege der MoMiG-Reform nunmehr ermöglicht wird, ebenso wenig zu einer Auflösung der Gesellschaft.[4257] Dies sollte unter Mobilitätsgesichtspunkten auch für die Hinausverschmelzung entsprechend der Fall sein. Zu Recht wird daher die Hinausverschmelzung ebenso wie die Hereinverschmelzung vor diesem Hintergrund ausdrücklich für notwendig und möglich erachtet – dies jedenfalls, sofern auch das ausländische Recht als das auf den übernehmenden Rechtsträger anwendbare Recht die Verschmelzung zulässt.[4258] Im Vorfeld der Umsetzung der 10. Verschmelzungsrichtlinie in Deutschland wurde darauf hingewiesen, dass sich der Regelungsbereich der Richtlinie zwar auf die grenzüberschreitende Verschmelzung von Kapitalgesellschaften aus verschiedenen EU-Mitgliedstaaten beschränke, demnach für transnationale Fusionen mit Gesellschaften aus Drittstaaten auch keinerlei Vorgaben mache. Vor diesem Hintergrund hätte der deutsche Gesetzgeber bereits die Umsetzung zum Anlass nehmen können, um auch Umstrukturierungsvorgänge mit Drittstaatenbezug zu ermöglichen.[4259] Bestrebungen in diese Richtung waren bereits im Rahmen der Steuergesetzgebung vorhanden. Das „Gesetz über steuer-

4255 *Picot/Land*, DB 1998, 1601 (1607).

4256 Siehe *Beitzke*, in: FS Hallstein, S. 14 (16); *Günes*, Grenzüberschreitende Verschmelzung unter Beteiligung von EU/EWR- und Drittstaaten-Kapitalgesellschaften, 2012, S. 189. Siehe zum Kongress die Zusammenfassung von *Houin*, La Fusion de sociétés, in: Limpens (Hrsg.) Rapport Généraux au VIe Congrès international de droit comparé, 1964, S. 555 (555 ff.). Über die Verschmelzung von Gesellschaften nach deutschem Gesellschaftsrecht referierte *Karl H. Neumayer* unter Berücksichtigung des Umwandlungsgesetzes vom 12.11.1956. Siehe dazu den Tagungsbericht in Dölle (Hrsg.) Deutsche Landesreferate zum VI. Internationalen Kongreß für Rechtsvergleichung in Hamburg 1962, 1962, S. 242-259.

4257 Siehe auch *Ott*, in Sandrock/Wetzel (Hrsg.), Deutsches Gesellschaftsrecht im Wettbewerb der Rechtsordnungen, 2004, S.199 (211).

4258 *Horn*, ZIP 2000 473 (477); *Ott*, in Sandrock/Wetzel (Hrsg.), Deutsches Gesellschaftsrecht im Wettbewerb der Rechtsordnungen, 2004, S. 199 (211).

4259 *Bayer/Schmidt*, NJW 2006, 401 (401).

liche Begleitmaßahmen zur Einführung der Europäischen Gesellschaften und zur Änderungen weiterer steuerrechtlicher Vorschriften (SEStEG)“[4260] in der Fassung des Anhörungsentwurfs vom 19. September 2005 sah demnach ursprünglich eine Globalisierung des Umwandlungsteuerrechts unter Einbeziehung von Drittstaaten-Kapitalgesellschaften vor.[4261] Letztendlich beließ man es aber bei einer „Europäisierung des Umwandlungssteuerrechts”, die Drittstaateninvestoren von der Anwendung begünstigender steuerlicher Normen weitestgehend ausschließt.[4262]

a) *Blick nach Luxemburg*

Was die Hinausumwandlung einer deutschen Gesellschaft in die Schweiz anbelangt, so könnte das luxemburgische Recht als Vehikel zur Ermöglichung einer transnationalen Verschmelzung aus Deutschland hinaus in die Schweiz dienen: Nach luxemburgischem Recht sind auch transnationale Umstrukturierungsvorgänge unter Beteiligung von Rechtsträgern außerhalb der Europäischen Union bzw. des Europäischen Wirtschaftsraumes ausdrücklich zulässig. So gestattet luxemburgische Recht bereits jetzt in Art. 257 *de la loi du 10 août 1915* grenzüberschreitende Fusionen und Spaltungen mit Drittstaaten,[4263] wobei dieselben Möglichkeiten auch für Vermögensübertragungen gelten sollen.[4264]

Aus der Sicht eines deutschen Rechtsträgers könnte somit ein Verschmelzungspartner eines EU-Mitgliedstaates geschaffen werden, der seinen Sitz in der EU hat und dessen Gesellschaftsstatut neben der Verschmelzung auf Grundlage der Verschmelzungsrichtlinie zugleich Umwandlungen unter Beteiligung von Rechtsträgern außerhalb der EU bzw. des EWR erlaubt.[4265] So wurde das „generell liberale luxemburgische Gesellschaftsrecht“[4266] im März 2007 zur Ermögli-

4260 BGBl. 2006 I, 2782.

4261 *Müller-Gatermann*, in: FS Schaumburg, S. 939 (941); *Günes*, IStR 2013, 213 (213).

4262 *Hageböke/Käbisch*, IStR 2006 849 (849).

4263 *Ruppert*, in : Prüm (Hrsg.) Le Nouveau Droit Luxembourgeois des Sociétés, 2008, S. 75 (171): «Il est également important de relever que les fusions sont non seulement possibles avec des sociétés relevant de pays de l’Union européene, mais également de pays tiers.»

4264 Vgl. Art. 257 Abs.3 und 285 Abs. 3 du Lois 10 août 1915 sowie Projet de loi N° 4992, modifiant la loi modifiée du 10 août 1915 concernant les sociétés commerciales, S. 34/5: «L’alinéa 3 entend ouvrir les mêmes perspectives de réaliser des opérations de transfert de patrimoine professionnel avec des sociétés, groupements d’intérêt économique ou personnes physiques étrangers que celles qui sont ouvertes par les art. 257 et 285 du présent projet pour toutes les autres opérations de restructuration d’entreprises envisagées (fusion, scission et, par renvoi, transfert d’actifs, de branche d’activités et d’universalité).».

4265 KölnerKomm-*Simon/Rubner* § 122a UmwG Rn. 129.

4266 So die Einschätzung von KölnerKomm-*Simon/Rubner* § 122a UmwG Rn. 86.

chung grenzüberschreitender Verschmelzung unter Beteiligung luxemburgischer Rechtsträger ergänzt, ohne dabei eine Beschränkung auf Kapitalgesellschaften vorzunehmen.[4267] Für den Fall einer beabsichtigten Hereinverschmelzung einer schweizerischen Gesellschaft nach Deutschland könnte die schweizerische Gesellschaft zunächst auf eine luxemburgische Kapitalgesellschaft verschmolzen werden. Voraussetzung dafür ist es zunächst, dass auch das Schweizer Recht eine Hinausverschmelzung ermöglicht, was mit der Emigrationsfusion, die durch Art. 163b IPRG ermöglicht wird, auch der Fall ist. In einem zweiten Schritt wäre dann die luxemburgische Gesellschaft auf die deutsche Zielgesellschaft zu verschmelzen. Insoweit wären für die deutsche übernehmende Gesellschaft wiederum die § 122a ff. UmwG anwendbar.[4268]

Das gegenüber Drittstaaten liberale luxemburgische Gesellschaftsrecht stellt somit bereits jetzt für schweizerische Gesellschaften ein „offenes Tor" in die EU dar. Von deutscher Seite können zumindest Kapitalgesellschaften den indirekten Weg über einer Hinausverschmelzung nach §§ 122a UmwG auf eine luxemburgische Kapitalgesellschaft nutzen, der es wiederum nach luxemburgischem Recht ermöglicht wird, auf eine nach schweizerischem Recht gegründete Zielgesellschaft zu fusionieren.

b) Notwendigkeit der Ergänzung des Sachrechts

Diejenigen Stimmen, die es immer noch als fraglich ansehen, ob selbst angesichts vergleichbarer und innerhalb der Europäischen Union sogar im Hinblick auf die Aktiengesellschaft weitgehend harmonisierter Regelungen der jeweiligen nationalen umwandlungsrechtlichen Normen eine ausreichende Kompatibilität besteht,[4269] um grenzüberschreitende Umstrukturierungen zu ermöglichen,

---

4267 Loi du 23 mars 2007 portant modification des articles 271, 273bis, et 276 de la loi modifiée du 10 août.

1915 concernant les sociétés commerciales; Mémorial Luxembourgois A, Nr. 46 vom 30.3.2007, S. 00826-00827; abrufbar unter http://www.legilux.public.lu/rgl/2007/A/0826/A.pdf (zuletzt eingesehen am 15.1.2012).

4268 KölnerKomm-*Simon/Rubner* § 122a UmwG Rn. 129.

4269 Zweifelnd äußern sich *Kloster* GmbHR 2003, 1413, 1416; *ders*, Grenzüberschreitende Unternehmenszusammenschlüsse, S 303 ff; *Halász/Kloster* DStR 2004, 1324 (1326) Schmitt/Hörtnagl/Stratz-*Hörtnagl*, UmwG, UmwStG § 1 UmwG Rn 59; zu Recht grundsätzlich dafürhaltend jedoch Kallmeyer UmwG-*Kallmeyer* ZIP 1996, 535 (535); Lutter UmwG-*Lutter* 2. Aufl. (2000), § 1 Rn. 9f.; *Doralt* NZG 2004, 396, 398: „Angesichts der Niederlassungsfreiheit ist m.E. mit *Lutter* davon auszugehen, dass grenzüberschreitende Vorgänge grundsätzlich zulässig sind. Das deutsche nationale Recht kann daher einen nach dem Recht des übertragenden Rechtsträgers zulässigen Vorgang nicht verhindern. Ebensowenig sollten etwaige technische Schwierigkeiten einen an sich zulässigen Vorgang verhindern. Vielmehr müsste im Einzelfall – unter Aufrechterhaltung der jeweils vorgesehenen Schutzmechanismen – eine adäquate Lösung ge-

scheinen aus einer anderen Zeit zu stammen: So heißt es in dem Festschriftenbeitrag von *Johannes Bärmann* aus dem Jahr 1972: „Von europäischen Fusionen im engeren juristischen Sinne zu sprechen, ist ‚Futurismus', wenn nicht sogar Utopie."[4270] Daß diese „Utopie" inzwischen europäische Realität geworden ist, sollte Anlass genug dafür sein, auf Grundlage der aufgezeigten Übereinstimmung der Regelungen des Drittstaates Schweiz mit dem Europäischen Recht die mobilitätshemmende Haltung gegenüber nach schweizerischem Recht gegründeten Gesellschaften zu überdenken und die benötigten sachrechtlichen Vorschriften zur Ermöglichung transnationaler Umstrukturierungsvorgänge bereitzustellen.

aa) Hinausumwandlung

Zwar ist die transnationale Hinausumwandlung aus Deutschland auf einen Rechtsträger einer Rechtsordnung eines Drittstaates nicht von der primärrechtlichen Niederlassungsfreiheit umfasst, sie ist aber grundsätzlich auf der kollisionsrechtlichen Grundlage der Vereinigungstheorie zulässig, wenn und soweit im konkreten Einzelfall hinsichtlich der wesentlichen Schutzbelange für die Minderheitsgesellschafter, die Gläubiger und die Arbeitnehmer eine ausreichende Übereinstimmung der anzuwendenden Rechtsordnungen besteht.[4271] In der vorherigen Ausführung wurde gezeigt, dass beide Rechtsordnungen im Grunde dieselben Schutzinteressen in den Blick nehmen. Das schweizerische Recht hat neben den Schutznormen des FusG auf Ebene des Sachrechts zudem auf kollisionsrechtlicher Ebene des IPRG ergänzende Sachnormen geschaffen[4272], die in ihrem Zusammenspiel einen ausdifferenzierten Schutzstandard gewährleisten. Was das deutsche Recht anbelangt, so sieht der Referentenentwurf eines Gesetzes zum Internationalen Privatrecht der Gesellschaften, Vereine und juristischen Personen in Art 10 a EGBGB-Ref den kollisionsrechtlichen Ansatz vor, welcher der Vereinigungstheorie entspricht. Die kumulierte Anwendung der betroffenen Rechtsordnungen ist inzwischen allgemein anerkannt und liegt auch der Ver-

---

sucht werden"; *Paefgen* GmbHR 2004, 463; *Triebel/von Hase* BB 2003, 2409 (2416); *Behrens* ZGR 1994, 1 (1f.); *Picot/Land* DB 1998, 1601 (1606 f); *Wenglorz* BB 2004, 1061 (1061).

4270 Siehe *Bärmann*, in: FS Kaufmann, S 13 (13).

4271 So im Grundsatz ausdrücklich befürwortend Schmitt/Hörtnagl/Stratz-*Hörtnagl*, UmwG, UmwStG, § 1 UmwG Rn 56.

4272 Siehe zum Begriff der IPR-Sachnorm *Schwander*, Lois d'application immédiate, Sonderanknüpfung, IPR-Sachnormen und andere Ausnahmen von der gewöhnlichen Anknüpfung im internationalen Privatrecht, 1975, § 14 I S. 377.

schmelzungsrichtlinie[4273] zugrunde. Das Kumulationsprinzip ist dabei rechtlich vom Unionsrecht unabhänig und ließe sich ohne weiteres im Verhältnis zum Drittstaat Schweiz anwenden.[4274]

Demnach richten sich die Voraussetzungen, das Verfahren und die Wirkungen der hier angesprochenen Verschmelzung bzw. Spaltung nach demjenigen Recht, dem der jeweilige Rechtsträger unterliegt. Da das deutsche Umwandlungsgesetz damit Wirkungen nur für den der inländischen Rechtsordnung unterliegenden Rechtsträger entfaltet, sind im Grundsatz auch Hineinumwandlungen zulässig, wenn im konkreten Einzelfall hinsichtlich der wesentlichen Schutzbelange für die Minderheitsgesellschafter, die Gläubiger und die Arbeitnehmer eine ausreichende Übereinstimmung der anzuwendenden Rechtsordnungen besteht.

Es mangelt jedoch nach wie vor an Regelungen transnationaler Umstrukturierungsvorgänge auf Ebene des deutschen materiellen Rechts oder vergleichbar mit der Regelungstechnik im Schweizer IPRG mittels Sachnormen auf Ebene des Kollisionsrechts, die diese überhaupt ausdrücklich gestatteten. Daneben sollten die Anwendbarkeit der für binnenrechtliche Vorgänge bereits bestehenden Verfahrens- und Schutznormen auch auf grenzüberschreitende Vorgänge angewandt sowie ergänzende Bestimmungen mit sachrechtlichem Charakter kodifiziert werden, die eine Durchführbarkeit mit der nötigen Rechtssicherheit ermöglichen. Der Ansatz, der dem Vorschlag des Deutschen Rates für IPR und dem darauf aufbauenden Referentenentwurf zugrunde liegt, beschränkt sich demgegenüber lediglich auf Fragen des anwendbaren Rechts: Somit ist bedauerlicherweise „im Unterschied zu Art. 163a Abs. 1, 163b Abs. 1 schweizerisches IPRG keine (internationalprivatrechtliche) Sachnorm über die Zulässigkeit der internationalen Verschmelzung“ vorgesehen; vielmehr müsse sich diese „aus den autonomen Sachnormen der betreffenden Gesellschaftsrechte ergeben“. Der Deutsche Rat für IPR betont zudem, dass eine „zunächst auf die Verschmelzung von EU/EWR-Gesellschaften beschränkte Kollisionsnorm keine Zustimmung [fand], da die kollisionsrechtlichen Probleme bezüglich Drittstaat-Gesellschaften identisch sind“.[4275] Weiterhin heißt es im Hinblick auf Drittstaats-Gesellschaften: „Weder aus markt- noch aus gesellschaftspolitischen Gründen besteht Anlass, grenzüberschreitende Umstrukturierungen generell und von vornherein ablehnend gegenüberzustehen, sofern für die Beachtung schützenswerter Interessen

---

4273 Richtlinie 2005/56/EG des Europäischen Parlaments und des Rates vom 26. Oktober 2005 über die Verschmelzung von Kapitalgesellschaften aus verschiedenen Mitgliedstaaten; ABl. L 310 vom 25.11.2005, S. 1-9.

4274 So nunmehr auch *Behrens/Hoffmann*, in: Ulmer/Habersack/Löbbe (Hrsg.) GroßKomm GmbHG, Einl. B. Rn. B 167 und B 186.

4275 *Sonnenberger/Bauer* RIW 2006 Beilage 1 4/2006 1 (22f.).

Sorge getragen wird. Die sachrechtlichen Voraussetzungen und Schranken sind Angelegenheit des Sachrechts der betreffenden Rechtsordnungen. Das Kollisionsrecht sollte keine zusätzlichen Hindernisse in den Weg legen.“ [4276]

Ein Beispiel für eine Sachnorm findet sich dagegen in der vorgeschlagenen Norm des Art. 10d EGBGB, die ursprünglich einen Statutenwechsel ermöglichen sollte, die jedoch keinen Eingang in den Referentenentwurf fand. Dort heißt es in Abs. 1 ausdrücklich: „Die Gläubiger sind unter Hinweis auf die bevorstehenden Änderungen des Gesellschaftsstatuts öffentlich zur Anmeldung ihrer Forderungen aufzufordern.“ Die Zulässigkeit einer grenzüberschreitenden Verschmelzung unter Beteiligung von Drittstaaten-Kapitalgesellschaften bleibt somit weiterhin davon abhängig, dass entsprechende flankierende sachrechtliche Regelungen erlassen werden.[4277]

bb) Hineinumwandlung

Zunächst ist es im Rahmen einer Hereinverschmelzung oder -spaltung Sache des ausländischen Gesellschaftsrechts, dem Schutzbedürfnis der Gesellschafter, Gläubiger und Arbeitnehmer gerecht zu werden. In dieser Hinsicht hält das schweizerische Recht einen ausdifferenzierten Lösungsansatz bereit, der insbesondere eine interessengerechte Lösung im Hinblick auf die rechtlich besonders „gefährdeten“ Emigrationstatbestände vorsieht. Gegen die Zulässigkeit einer Hereinverschmelzung oder -spaltung einer schweizerischen übertragenden Gesellschaft auf eine deutsche übernehmende Gesellschaft können „erst recht keine vernünftigen Bedenken bestehen“, da nämlich im schweizerischen Recht der Vermögensübergang entsprechend dem deutschen Recht im Wege der Universalsukzession erfolgt und Rechtswirkungen mit Eintrag ins Handelsregister entfaltet. Mit *Peter Behrens* lässt sich zudem zu Recht die Frage aufwerfen, „ob die Hereinverschmelzung oder -spaltung für die aufnehmende Inlandsgesellschaft wirklich mehr bedeutet als eine Kapitalerhöhung durch eine ausländische Gesellschafterin.“[4278]

Die Ausgestaltung des Minderheitenschutzes im deutschen Umwandlungsrecht kann ferner zur Folge haben, dass die grenzüberschreitende Verschmelzung oder Spaltung wegen erhöhter Anfechtungsrisiken nicht realisierbar ist:[4279] Was die Hineinverschmelzung betrifft, so ist diese vor dem Hintergrund des be-

4276 *Sonnenberger/Bauer*, in: Sonnenberger (Hrsg.), Vorschläge und Berichte zur Reform des europäischen und deutschen internationalen Gesellschaftsrechts, 2007, S. 3 (52).

4277 Siehe *Veil*, Der Konzern 2007, 98 (104); *Vetter*, AG 2006, 613 (616); *Günes*, IStR 2013, 213 (219). Vor diesem Hintergrund bemerkt *Leuering*, ZRP 2008, 73 (76): „Das Sachrecht bleibt hier weit hinter dem Kollisionsrecht zurück.“.

4278 *Behrens*, in: Ulmer/Habersack/Winter (Hrsg.) GroßKomm GmbHG, 1. Aufl. 2005, Einl. B 129.

4279 *Veil*, Der Konzern 2006, 98 (105).

stehenden Regimes des Aktionsschutzes in Deutschland mit erheblichen Problemen verbunden.[4280] Diese stehen mit dem Anfechtungsrecht des übernehmenden deutschen Rechtsträgers in Zusammenhang, das auf Bewertungsfragen gestützt werden kann.[4281] Die Anfechtung mit der Bewertungsrüge setzt nämlich nach herrschender Ansicht nicht am Kapitalerhöhungsbeschluss, sondern vielmehr am Verschmelzungsbeschluss selbst an. Demnach schlagen alle Bewertungsfragen unmittelbar auf den Verschmelzungsbeschluss durch.[4282] Der einzige unter dem Aspekt der Transaktionssicherheit gangbare Weg für eine Hineinverschmelzung wäre daher die Verschmelzung sowohl ohne Verschmelzungsbeschluss beim übernehmenden Rechtsträger als auch ohne Kapitalerhöhungsbeschluss bei dieser Gesellschaft. Das wiederum setzte voraus, dass die übernehmende inländische Gesellschaft mindestens 90 Prozent des Grundkapitals der ausländischen übertragenden Gesellschaft hielte.[4283]

4. Spaltung und Vermögensübertragung

Derzeit existiert für die grenzüberschreitende Spaltung im deutschen Recht keine Regelung.[4284] Im Zuge der Umsetzung der europarechtlichen Vorgaben der Verschmelzungsrichtlinie war es vom deutschen Gesetzgeber indessen wohl durchaus angedacht, die grenzüberschreitende Spaltung mit zu regeln: Denn anders noch als der Referentenentwurf[4285] enthielt der Regierungsentwurf des 2. UmwG-ÄndG, der die Vorgaben der europäischen Verschmelzungs-Richtlinie in deutsches Recht umzusetzen bezweckte, nunmehr eine Änderung des § 125 S.1 UmwG, durch welchen die §§ 122a ff. UmwG von den generellen Verweisungen sowohl des Spaltungs- als auch des Verschmelzungsrechts ausgenommen werden.[4286]

4280 Diese würden „von ausländischen Gesprächs- und Fusionspartnern oft nur mit Kopfschütteln zur Kenntnis genommen", so *Krause*, in: VGR (Hrsg.), Gesellschaftsrecht in der Diskussion 2006, VGR Bd. 12 (2007), S. 39 (50).

4281 *Krause*, in: VGR (Hrsg.), Gesellschaftsrecht in der Diskussion 2006, VGR Bd. 12 (2007), S. 39 (50).

4282 BGH, Beschl. v. 2.7.1990 – II ZB 1/90, BGHZ 112, 9 (19); Lutter, UmwG-*Bork*, § 14 UmwG Rn. 14; a.A. OLG Hamm WM 1998, 1164 (1169): „Einwendungen gegen das Umtauschverhältnis müssen, wie sich aus § 255 Abs. 2 AktG ergibt, im Rahmen der Anfechtung des Kapitalerhöhungsbeschlusses nach § 255 Abs. 1 AktG erfolgen."

4283 *Krause*, in: VGR (Hrsg.), Gesellschaftsrecht in der Diskussion 2006, VGR Bd. 12 (2007), S. 39 (51).

4284 MünchenerKomm AktG- *Altmeppen/Ego*, 2012, Bd. 7, B. Europäische Niederlassungsfreiheit, Rn 330.

4285 Siehe dazu *Kallmeyer/Kappes,* AG 2006.

4286 *Simon/Rubner*, Der Konzern 2006, 835 (843).

Wie bereits erläutert, kann in der Spaltung das „Spiegelbild zur Verschmelzung“[4287] erblickt werden und wird schon bisher grundsätzlich so behandelt wie die Verschmelzung.[4288] Man könnte somit die Vorschriften über die grenzüberschreitende Verschmelzung auch für die Spaltung für entsprechend anwendbar erklären; somit würde deutschen Gesellschaften auch eine „transnationale Spaltungsfreiheit“ zuteilwerden.[4289] Es ist daher kaum verständlich, dass der deutsche Gesetzgeber die Möglichkeit nicht wahrgenommen hat, die grenzüberschreitende Spaltung zumindest für Kapitalgesellschaften zu kodifizieren; zumal Spaltungen vom Schutzbereich der Niederlassungsfreiheit umfasst sind.[4290]

Es bestehen auch keine grundsätzlichen sachlichen Bedenken, die gegen die Zulässigkeit von grenzüberschreitende Spaltungen sprechen;[4291] es besteht vielmehr bereits heute „breiter Raum für grenzüberschreitende Spaltungen“.[4292] Zwar können bei Spaltungen die Interessen von Minderheitsgesellschaftern, und besonders auch von Gläubigern und Arbeitnehmern, eventuell stärker als bei einer Verschmelzung betroffen sein. Aber dieser Umstand rechtfertigt keine generelle Unzulässigkeit.[4293] Vor diesem Hintergrund bestehen bereits im geltenden deutschen Umwandlungsrechts zahlreiche besondere Schutzvorschriften mit Blick auf die Spaltung: So trägt etwa die Norm des § 128 UmwG dem Schutz-

---

4287 Siehe Gesetzentwurf der Bundesregierung. Entwurf eines Gesetzes zur Bereinigung des Umwandlungsrechts vom 4.2.1994 (UmwBerG)BR-Drs. 75/94 zu § 123, S. 155 sowie *Teichmann* ZGR 1993, 396 (396).

4288 Diese Spiegelbildlichkeit ermögliche es auch, auf die Verschmelzungsvorschriften zu verweisen; vgl. Heidelberger Komm UmwG-*Raible*, § 130 Rn 123. Anderer Ansicht ist demgegenüber *Teichmann*, in: Lutter (Hrsg.) Kölner Umwandlungsrechtstage, 1995, S. 90 (98), der betont, daß der dingliche Übergang der Vermögensteile parallel zur Verschmelzung ablaufe; nur auf dieser Grundlage sei nachvollziehbar, daß „auch die Regeln über das Außenverhältnis, also den Vermögensübergang und den Gläubigerschutz, zur Verschmelzung parallel gestaltet sind und sich deshalb ebenfalls ein Verweis auf jene Vorschriften anbietet.“

4289 Siehe in dieser Richtung *Kieninger*, in: Sonnenberger (Hrsg.) Vorschläge und Berichte zur Reform des europäischen und deutschen internationalen Gesellschaftsrechts, 2007, S. 581 (610).

4290 Sagasser/Bula/Brünger-*Sagasser*, Umwandlungen, 2011, § 17 Rn 14.

4291 Vgl. *Meilicke/Rabback,* GmbHR 2006 S. 123 (126); *Leible/Hoffmann* RIW 2006 S. 161 (165); *Lutter/Drygala* in Lutter UmwG § 1 Rdnr. 11; *Kallmeyer/Kappes,* AG 2006 S. 224 (234); *Siems* EuZW 2006 S. 135 (139); Sagasser/Bula/Brünger-*Sagasser/Bultmann*,Umwandlungen, 2011, § 18 Rn. 196; *Leible*, in: Michalski GmbHG, Syst. Darst. 2 IntGesR, Bd. I, Rn. 203.

4292 *Behrens/Hoffmann*, in: Ulmer/Habersack/Löbbe (Hrsg.) GroßKomm GmbHG, Einl. B. Rn. 183, die in Rn. 185 f. auch auf die Frage der grundsätzlichen Realisierbarkeit von Spaltungen in Drittstaatskonstellationen eingehen.

4293 Schmitt/Hörtnagl/Stratz-*Hörtnagl*, UmwG, UmwStG § 1 UmwG Rn. 51.

bedürfnis im Falle einer nicht verhältniswahrenden Spaltung Rechnung; § 133 UmwG statuiert eine gesamtschuldnerische Haftung; § 134 UmwG gewährleistet zudem einen besonderen Schutz bei Betriebsaufspaltungen; ferner gelten die Arbeitnehmerschutzvorschriften bei Spaltungen gemäß §§ 322 ff. UmwG. Diese Schutzvorschriften könnte man ebenso sinngemäß in Verbindung mit der vorgeschlagenen analogen Anwendung der §§ 122a ff. UmwG auf internationale Sachverhalte übertragen.

5. Erweiterung der zulässigen Rechtsträger

Es fehlen im deutschen Umwandlungsrecht insbesondere Regelungen zu grenzüberschreitenden Verschmelzungen von Rechtsträgern anderer Rechtsform sowie für andere Umwandlungsarten:[4294] Nach dem klaren Gesetzeswortlaut von § 122b UmwG sind Personengesellschaften transnational nicht umstrukturierungsfähig, so dass die spezifischen Vorschriften für grenzüberschreitende Verschmelzung jedenfalls nicht unmittelbar anwendbar sind.[4295] Dass Personengesellschaften nicht vom persönlichen Anwendungsbereich erfasst sind, ist bedauerlich: Denn auch Personengesellschaften wird auf der Grundlage des *SEVIC*-Urteils die europäische Verschmelzungs- und Spaltungsfreiheit garantiert, die jedoch mangels gesetzlicher Grundlage im deutschen Sachrecht einstweilen als illusorisch angesehen werden muss.[4296]

Dieser Befund erscheint befremdlich, denn in seiner *ARGE Weißes Roß*-Entscheidung[4297] hat der BGH die Rechtsfähigkeit der Gesellschaft bürgerlichen Rechts anerkannt, jedoch „ohne dass damit auch der Schritt, diese als ‚juristische Person‘ anzuerkennen, – bisher – getan ist“.[4298] Gleichwohl muss die Gesellschaft bürgerlichen Rechts mit der Anerkennung der Rechtsträgerschaft auch der Außen-Personengesellschaften[4299] als selbstverständlicher Baustein eines modernen Umwandlungsrechts gelten.[4300]

Aus rechtshistorischer Perspektive zeigt sich indessen, dass das deutsche Umwandlungsrecht im Hinblick auf die Beteiligung von Personengesellschaften „durch Rückständigkeiten in der Dogmatik der Rechtsträgerschaft nur allzu oft

4294 Schmitt/Hörtnagl/Stratz-*Hörtnagl*, UmwG, UmwStG, § 1 UmwG Rn. 46.
4295 Münch. Hdb. GesR VI-*Hoffmann* § 53 Rn. 117.
4296 So die Einschätzung von *Bayer/Schmidt*, NZG 2006, 841 (841).
4297 BGH Urt. v. 29. 1. 2001 – II ZR 331/00, BGHZ 146, 341 = NJW 2001, 1056.
4298 *Kirchner*, in: FS Raiser, S. 181 (183); siehe zur Entwicklung der Rechtsfähigkeit der GbR seit „ARGE Weißes Ross“ *Armbrüster*, ZGR 2013, 366 (366 ff.).
4299 BGH Urt. v. 29. 1. 2001 – II ZR 331/00, BGHZ 146, 341 = NJW 2001, 1056 = ZIP 2001, 330 = MDR 2001, 459 = DNotZ 2001, 234 = WM 2001, 408 = BB 2001, 374 = DB 2001, 423.
4300 *K. Schmidt*, in: FS Ulmer, S. 557 (561).

aufgehalten worden" ist:[4301] Mit Blick auf Binnensachverhalte hatte man im ausgehenden 19. Jahrhundert Schwierigkeiten mit der Frage, ob eine Personengesellschaft beim Wechsel zwischen oHG und KG überhaupt identisch bleiben könne oder sich vielmehr nur eine Kapitalgesellschaft formwechselnd in eine andere umwandeln könne.[4302] Derartige Schwerfälligkeiten setzten sich im Umwandlungsgesetz auch noch in der Mitte des 20. Jahrhunderts im Verhältnis von Kapital- zu Personengesellschaften fort:[4303] So erachtete man noch nach der Umwandlungsgesetzgebung von 1969 einen identitätswahrenden Formwechsel für ausgeschlossen, „weil die korporative Zuordnung bei juristischen Personen und die kollektiv-individualistische Rechtszuordnung bei Personengesellschaften als schlechterdings unverträglich angesehen wurden".[4304]

Zurückgehend auf die von *Werner Flume* entwickelte Lehre von der Gesamthandsgemeinschaft wird die Personengesellschaft in der deutschen Literatur vielmehr als eine von den juristischen Personen grundlegend zu unterscheidende rechtsfähige Gruppe betrachtet.[4305] Insbesondere *Thomas Raiser* stellt jedoch die Rechtsfigur der „Gesamthandsgemeinschaft" seit Inkrafttreten des Umwandlungsgesetzes im Jahre 1995[4306] grundsätzlich in Frage und rechnet auch die Personengesellschaften zu den juristischen Personen.[4307] Diese „Schwerfälligkeit"[4308], die die rechtshistorische Entwicklung des deutschen Umwandlungsrechts geprägt hat, kann vielleicht als Erklärungsgrund für eine fehlende Reglung auch einer grenzüberschreitenden Verschmelzung unter Beteiligung von Personengesellschaften dienen, jedoch vermögen sie eine dahingehende gesetzliche Lücke zu Beginn des 21. Jahrhundert auf dieser Grundlage nicht zu rechtfertigen.

Es drängt sich somit eine analoge Anwendung des Rechtsgedankens von §§ 122a ff. UmwG auch für diese nicht erfassten Rechtsträger geradezu auf.[4309] Denn wenn man die Personengesellschaften mit Blick auf grenzüberschreitende

---

4301 *K. Schmidt*, in: FS Ulmer, S. 557 (561).

4302 *K. Schmidt*, in: FS Ulmer, S. 557 (561).

4303 *K. Schmidt*, in: FS Ulmer, S. 557 (561).

4304 *K. Schmidt*, in: FS Ulmer, S. 557 (561).

4305 So die Ansicht von *Ulmer,* AcP 198 (1998), 113 (113 ff.); siehe *K. Schmidt*, in: FS Ulmer, S. 557 (562).

4306 Umwandlungsgesetz vom 28. Oktober 1994 (BGBl. I S. 3210; 1995 I S. 428), das zuletzt durch Artikel 2 Absatz 48 des Gesetzes vom 22. Dezember 2011 (BGBl. I S. 3044) geändert worden ist.

4307 *Raiser*, AcP 194 (1994), 495 (495 ff.), siehe aus rechtsökonomischer Perspektive zur „Anerkennung" der Personengesellschaft als „juristische Person" *Kirchner*, in: FS Raiser, S. 181 (183 ff.).

4308 So die Formulierung von *K. Schmidt*, in: FS Ulmer, S. 557 (561).

4309 Münch. Hdb. GesR VI-*Hoffmann* § 53 Rn. 117.

Verschmelzungen anders behandeln würde, wäre dies bereits auf der Ebene des nationalen Rechtes willkürlich einzustufen und würde Probleme im Hinblick auf den verfassungsmäßig in Art. 3 Abs. 1 GG garantierten Gleichbehandlungsgrundsatz verursachen.

Eine analoge Anwendung der §§ 122a ff. UmwG auf grenzüberschreitende Verschmelzungen von Personengesellschaften ist auch aus europarechtlicher Sicht geboten, denn zum einen differenziert die primärrechtlich gewährleistete Niederlassungsfreiheit nicht zwischen Kapital- und Personengesellschaften. Zum anderen wurde in der *Cartesio*-Entscheidung in einem *obiter dictum* die Möglichkeit eines grenzüberschreitenden Formwechsels von der Niederlassungsfreiheit als geschützt angesehen. Einem solchen Vorgang entspricht es nämlich funktional durchaus, wenn eine inländische Personengesellschaft auf eine ausländische verschmilzt.[4310] Der deutsche Gesetzgeber sollte sich dazu entschließen, für die Fälle einer grenzüberschreitenden Verschmelzung von Personengesellschaften sowie die Fälle einer grenzüberschreitenden Spaltung von Kapital- und Personengesellschaften die sinngemäße Anwendung der §§ 122a ff. UmwG ausdrücklich anzuordnen.[4311]

4310 *Drygala/Staake/Szalai,* Kapitalgesellschaftsrecht, 2012, § 35 Rn. 14.

4311 Siehe das von *Veil*, Der Konzern 2006, 98 (101) geäußerte Desiderat.

Sechster Teil: Zusammenfassung und Ausblick

A. Zusammenfassung

Die Rechtsentwicklung im Hinblick auf transnationale Sitzverlegungen und Umstrukturierungsmaßnahmen weist zu Anfang in beiden Ländern noch Parallelen auf: Zwar gingen beide Staaten zunächst von einem von territorialen Interessen geleiteten Konzessionssystem aus, jedoch gab es in beiden Ländern jeweils liberale Gegenströmungen: Wie in der vorangegangenen Rechtsprechungsanalyse erläutert, legte das Reichsgericht bis in die Zeit des Nationalsozialismus den Satzungssitz als das entscheidende Anknüpfungskriterium zugrunde, womit es eine Variante der Gründungstheorie vertrat. Erst im Jahr 1934 schwenkte die Rechtsprechung[4312] auf die Verwaltungssitzanknüpfung um, auf die sich der Bundesgerichtshof[4313] erst im Jahr 1970 wieder ausdrücklich berief.

In rechtsvergleichender Hinsicht fällt dabei eine gewisse Parallelität der reichsgerichtlichen Rechtsprechung mit der Judikatur des Schweizerischen Bundesgerichts bis kurz vor Inkrafttreten des IPRG ins Auge: Denn wie das Leipziger Reichsgericht ging auch das Berner Bundesgericht im Grundsatz von der Gründungsanknüpfung aus, wobei diese im Falle eines Rechtsmissbrauchs zugunsten des tatsächlichen Verwaltungssitzes korrigiert wurde.[4314] Das Bundesgericht stellte das Prinzip der *ipso iure*-Anerkennung demnach unter den Vorbehalt der Fiktion.[4315]

Was das schweizerische Recht betrifft, so war bereits seit dem 1. Juli 1937 mit Art. 14 SchlTOR eine Bestimmung über die Sitzverlegung einer ausländischen Aktiengesellschaft ins Inland kodifiziert. Indessen finden sich auf sachrechtlicher Ebene in der Schweiz noch zahlreiche Beschränkungen, die als Ausprägungen der Kontrolltheorie gesehen werden können, was *Erich Schanze* zu der Feststellung: „Die Schweiz – liberal mit Ausnahmen“[4316] veranlasste. Während das Nationalitätserfordernis für Grundstückserwerb durch „Personen im Ausland“ fortbesteht, ist die Ablehnung eines ausländischen Aktienerwerbers

---

4312 RG Urt. v. 11.3.1934 – I 31/34, JW 1934, 2845 = IPRspr. 1934 Nr. 12, 22.

4313 BGH Urt. v. 30.1.1970 – V ZR 139/68, BGHZ 53, 181 = NJW 1970, 998 m. krit. Anm. *Langen*.

4314 BGE 108 II 398. So heisst es in der Regeste des Grundsatzurteils des Bundesgerichts vom 7. Oktober 1982: „Das Personalstatut beurteilt sich nach dem Recht des Staates, wo die juristische Person ihren statutarischen Sitz hat und inkorporiert ist. Vorbehalten bleibt das Recht des tatsächlichen Verwaltungssitzes, wenn der statutarische Sitz fiktiv ist.“.

4315 ZürchKomm-*Vischer* Vor Art. 150-165 Rn. 9.

4316 *Schanze*, NZZ Nr. 293 v. 17.12.2002, S. 25.

inzwischen deutlich erschwert, hingegen wurden die bislang für Verwaltungsräte geltenden Wohnsitz- und Nationalitätserfordernisse abgeschafft; Art. 708 OR wurde gestrichen.

Die Schweiz beschritt sodann mit Inkrafttreten des IPRG einen gänzlich anderen Entwicklungspfad. Während man bis 1994 die transnationale Umstrukturierung von Unternehmen im deutschen Recht noch nicht ausdrücklich geregelt hatte[4317] und im Gegenschluss davon ausgegangen werden konnte, dass die Umwandlung einer inländischen in eine ausländische Gesellschaft stets und der umgekehrte Fall der Umwandlung einer ausländischen in eine inländische jedenfalls dann zulässig sei, wenn das ausländische Recht dies gestatte, so begrenzte man in der Folge den Anwendungsbereich des UmwG auf Rechtsträger „mit Sitz im Inland“. Es ging dem historischen Umwandlungsgesetzgeber vorgeblich darum, den europäischen Harmonisierungsbemühungen nicht vorzugreifen.[4318] Dieser Begründungsansatz mit dem Verweis des deutschen Gesetzgebers auf die europäische Ebene erinnerte dabei stark an die bislang unterbliebene gesetzliche Regelung zum Internationalen Gesellschaftsrecht: Bereits im Zuge der deutschen IPR-Reform von 1986 hieß es dazu ebenfalls, man habe den Bemühungen um Vereinheitlichung auf europäischer Ebene nicht vorgreifen wollen.[4319]

Demgegenüber hat sich das schweizerische Recht im Grundsatz mit den bestehenden Regelungen des FusG, die im IPRG eine grenzüberschreitende Mobilität gewährleisten, ausdrücklich auch an den europäischen Vorgaben orientiert. Teilweise ist der schweizerische Gesetzgeber sogar über diese hinausgegangen, indem er auch eine Regelung für die grenzüberschreitende Spaltung getroffen hat und die noch ausstehende Regelung einer 14. Sitzverlegungsrichtlinie gleichsam im Wege eines „autonomen Vorausvollzuges“ vorweggenommen zu haben scheint.[4320]

4317 MünchKomm BGB-*Kindler*, IntGesR 2010, Rn. 904.

4318 RegBegr. BT-Drucks. 12/6699 S. 80; dort heißt es wörtlich: „Die Beschränkung der Umwandlungsmöglichkeiten auf Rechtsträger mit Sitz im Inland entspricht in fast allen Fällen dem geltenden Recht. Angesichts der Bemühungen der Europäischen Gemeinschaften um eine Regelung grenzüberschreitender Vorgänge, insbesondere der internationalen Fusion, sollte eine Regelung dieses Komplexes zurückgestellt werden. Überdies würde die Ausdehnung des Gesetzes auf internationale Fälle politisch wie rechtstechnisch erhebliche Probleme aufwerfen.“

4319 BT Drucks. 10/503, S. 21, 44; siehe dazu kritisch *Sandrock,* RIW 1986, 841 sowie *ders.* RIW 1989 249 (251).

4320 In diese Richtung argumentiert *Nobel,* ZSR 1998, 355 (357), der jedoch den originär schweizerischen Charakter der IPRG-Bestimmungen hervorhebt: „In diesem Zusammenhang ist auch der Vorentwurf einer 14. Richtlinie des Rates betreffend die internationale Sitzverleung innerhalb der EU zu sehen; damit will die EU das schaffen, was wir im IPRG längst haben.“.

Für das deutsche Gesellschaftskollisionsrecht bleibt es dagegen bei einem vielfach gespaltenen Bild: „Der Umzug des Verwaltungssitzes wird anders behandelt als die formwechselnde Umwandlung, Zuzug und Wegzug dürfen unterschiedlich beurteilt werden und schließlich verläuft eine scharfe Grenze zwischen den auf EU-/EWR-Gesellschaften anwendbaren Regeln und den für Drittstaaten geltenden."[4321] Jenseits der genannten „scharfen Grenze" wird im Hinblick auf Drittstaatengesellschaften noch weiter danach differenziert, ob diese entweder auf Grundlage einer völkerrechtlich garantierten Gründungsanknüpfung als solche anerkannt oder als Gesellschaften aus sog. nicht-privilegierten Drittstaaten im Wege der sog. „modifizierten Sitztheorie" mit Grenzübertritt zwangsweise „umqualifiziert" werden. Der BGH hätte in seiner *Trabrennbahn*-Entscheidung[4322] die Möglichkeit gehabt dieses vielfach gespaltene Bild zu vereinen und Drittstaatsgesellschaften als solche anzuerkennen, was er indessen unterlassen hat, indem er auch weiterhin nach der „modifizierten Sitztheorie" vorgeht. Indessen sollte als „oberstes Gebot" auch im Verhältnis zu Drittstaaten „die international einheitliche Anknüpfung des Gesellschaftsstatuts" gelten.[4323] Die Gründe für einen *judicial self restraint* können dabei nicht überzeugen, insbesondere dann, wenn auf einen vermeintlich „gewohnheitsrechtlichen Charakter" der Sitztheorie verwiesen wird.

Ebenso wenig zwingend ist vor diesem Hintergrund die Haltung deutscher Registergerichte, die es einer zuziehenden schweizerischen Gesellschaft nicht gestatteten, sich unter Wahrung ihrer Identität und Rechtsfähigkeit dem deutschen Recht zu unterstellen und sich durch den Zuzug nach Deutschland in eine deutsche Gesellschaft umwandeln zu können. Dafür sei vielmehr erforderlich, dass die betreffende Gesellschaft im Gesellschaftsvertrag einen inländischen Ort als Satzungssitz festgelegt und sich in das deutsche Handelsregister eintragen lässt. Dabei wird der Eintragung konstitutive Wirkung beigemessen, die Gesellschaft würde in Deutschland vielmehr neu gegründet. Es fehlt auf sachrechtlicher Ebene an registerrechtlichen bzw. umwandlungsrechtlichen Vorschriften, die diesen Missstand beheben könnten. Auch sind die Registergerichte bislang ganz überwiegend nicht bereit, dem bestehenden Normenmangel durch eine der Mobilität von Gesellschaften förderlichen Auslegung der vorhandenen Regelungen abzuhelfen.[4324] Das auf binnensachverhalte zugeschnittene deutsche Um-

---

4321 *Kieninger*, in: Basedow/Wurmnest (Hrsg.) Unternehmen auf offenen Märkten 2011, S. 25 (38).

4322 BGH Urt.v. 27.10.2008 – II ZR 158/06 = NZG 2009, 68.

4323 Siehe *Behrens/Hoffmann*, in: Ulmer/Habersack/Löbbe (Hrsg.) GroßKomm GmbHG, Einl. B. Rn. B 47.

4324 *Behrens*, in: Ungarisches Jahrbuch für Handelsrecht, Bd. 2, 2010, S. 19 (30). Erneut bestätigt wurde dies zuletzt in der Entscheidung des OLG Nürnbergs vom 13. Februar

wandlungsrecht sollte somit im Hinblick auf grenzüberschreitende Sachverhalte grundlegend modifiziert und erweitert werden; auch die Bestimmungen der §§ 4a GmbHG; 5 AktG müssten „erneut überarbeitet und entsprechend angepasst werden."[4325] Gleichwohl stehen aus internationalprivatrechtlicher Sicht bereits jetzt die „kollisionsrechtlichen Figuren" der Anpassung und Adaption zur Verfügung, die für eine Realisierung transnationaler Umwandlungen fruchtbar gemacht werden könnten[4326]: Methodisch kann dazu im Wege der Anpassung die Adaption des Inlandsrechts an die entsprechende Auslandserscheinung erwogen und schließlich über eine Substitution die Inlandsrechtsform im Tatbestand der deutschen Umwandlungsnormen durch die funktional vergleichbare schweizerische Gesellschaftsform ersetzt werden.[4327]

Die bilateralen Verträge gewährleisten insoweit die Niederlassungsfreiheit im Hinblick auf juristische Personen zwar nicht; gleichwohl sollte überlegt werden, schweizerische Gesellschaften als solche anzuerkennen und ihnen den Zuzug nach Deutschland zu gestatten, nicht zuletzt vor dem Hintergrund des Gedanken der *comitas*. Die jetzige Regelung der sog. modifizierten Sitztheorie missachtet die Rechtsformwahlfreiheit der Gründer auf eklatante Weise: So kann nicht ernsthaft davon ausgegangen werden, dass eine schweizerische Publikumsgesellschaft in eine deutsche Personengesellschaft „umqualifiziert" werden kann.[4328] Im Ergebnis führt dieser Weg zu hinkenden Rechtsverhältnissen und einer Statutenverdopplung[4329], die den Zuzug einer schweizerischen Gesellschaft nach Deutschland gänzlich unattraktiv macht. Damit kommen schweizerische Gesellschaften nicht umhin, in einem EU- oder EWR-Mitgliedstaat eine Tochtergesellschaft zu gründen, um auf diese Weise in den Genuss der Gewährleistungen der primärrechtlichen Niederlassungsfreiheit zu kommen.[4330]

Auf den ersten Blick erscheint der im Referentenentwurf vorgesehene „weltweite" Übergang zur Gründungsanknüpfung begrüßenswert, da sie das jeweilige Heimatrecht juristischer Personen grundsätzlich anerkennt. Indessen lässt der Entwurf Bestimmungen über die Reichweite der Geltung dieses Hei-

---

2012, in welcher einer luxemburgischen S.à.r.l. der Zuzug nach Deutschland im Wege eines identitätswahrenden Formwechsels „in" eine deutsche GmbH verweigert wurde; vgl. OLG Nürnberg, Beschl. v. 13.02.2012 – 12 W 2361/11, ZIP 2012, 572 = WM 2012, 993 = DB 2012, 853 = BB 2012, 988 = DStR 2012, 571 = NZG 2012, 468 = BeckRS 2012, 05177 = GWR 2012, 131 m. Anm. *Wöhlert;* IRPrax 2013 (153) m. Anm. *Bartels.*

4325 So im Ergebnis auch *Bergmann,* ZEuS 2012, 233 (255).

4326 *Kindler*, EuZW 2012, 888 (890).

4327 *Kindler*, EuZW 2012, 888 (890).

4328 MünchKomm GmbHG-*Weller*, Einl. I. IntGesR Rn. 331.

4329 MünchKomm GmbHG-*Weller*, Einl. I. IntGesR Rn. 331.

4330 *Girsberger/Rodriguez* SZIER 2004 S. 559 (581/2).

matrechtes vermissen und präsentiert sie als Gründungstheorie in „Reinform", die ergänzender Regelung bedarf, damit auch die Rechtsordnung, deren Gastrecht die juristische Person beansprucht, respektiert wird. Dass der im Referentenentwurf vorgesehene Ansatz in diesem Zusammenhang beabsichtigt, den mit dem Übergang zur Gründungsanknüpfung entstehenden Problemen für den Rechtsverkehr mit dem *ordre public* zu begegnen, erscheint nicht überzeugend:[4331] Bereits *Ludwig v. Bar* stellte fest, „dass dieses ganze Princip weich wie Wachs und biegsam wie Kautschuk sei, dass man alles und nichts damit beweisen könne."[4332] Sowohl in der Schweiz als auch in Deutschland hat die Rechtspraxis nur höchst selten einen Verstoß gegen die Vorbehaltsklausel des Art. 17 IPRG bzw. den *ordre public* gemäß Art. 6 EGBGB feststellen können; die Probleme des Internationalen Gesellschaftsrechts sollten nicht in den Allgemeinen Teil des IPR verlagert werden. Vielmehr sollte ein ausdifferenziertes Modell an Sonderanknüpfungen präferiert bzw. nach solchen stets dem Heimatrecht unterliegenden „Subjekteigenschaften" der Gesellschaft und dem „allgemeinen Verkehrsrecht" unterschieden werden.[4333] Auch könnte man sich in Deutschland *de lege ferenda* an der schweizerischen Regelungstechnik des IPRG orientieren, welche in Art. 156 ff. ausdrücklich gesetzlich normierte Sonderanknüpfungen vorsieht, die die Geltung des Inkorporationsprinzips einschränken.

Was die unternehmerische Mitbestimmung anbelangt, bestehen im Falle des Zuzugs Probleme, da die Schweizer Unternehmensverfassung gar keine Arbeitnehmerbeteiligung auf Unternehmensebene vorsieht. Generell sollte erwogen werden, die Mitbestimmung nicht als Teil des Gesellschaftsstatuts zu betrachten. Eine insoweit diskriminierend wirkende Erstreckung der Unternehmensmitbestimmung auf schweizerische Gesellschaften im Wege des *ordre public*-Vorbehalts ist abzulehnen.

Während das schweizerische Recht in den Artt. 161, 163 IPRG ausdrücklich auf einen Statutenwechsel hin angelegt ist, ist im deutschen Recht ein Wechsel des Gesellschaftsstatuts nach ganz überwiegender Ansicht nicht möglich: Eine deutsche Gesellschaft soll nicht unter Wahrung ihrer Identität und Rechtsfähigkeit einem ausländischen Gesellschaftsstatut unterstellt werden und sich mittels Wegzugs in die Schweiz in eine schweizerische Gesellschaft umwandeln können. Die Möglichkeit eines solchen transnationalen Rechtsformwechsels ist jedoch nicht nur aus unionsrechtlicher Sicht von zentraler Bedeutung für den Zu-

---

4331 Referentenentwurf eines Gesetzes zum Internationalen Privatrecht der Gesellschaften, Vereine und juristischen Personen vom 7.1.2008, S. 7.

4332 *v. Bar,* Theorie und Praxis des Internationalen Privatrechts, Bd. I (1889), § 30 S. 97.

4333 Siehe dazu *Schanze/Jüttner* AG 2003 663 (666ff.); *Schanze* in: FS Thue, 2007 423 (438); *ders.*, in: Reid/Miller (Hrsg.), A Mixed Legal System in Transition, 2005, S. 293 (300); *Jüttner*, Gesellschaftrecht und Niederlassungsfreiheit, 2005, S. 87-133.

tritt zu einem ausländischen Markt.[4334] Wenn entsprechende flankierende Regelungen mit Blick auf schützenswerte Drittinteressen existieren, sollte ein Statutenwechsel auf dieser Grundlage vielmehr ermöglicht werden.[4335]

Um dieses vor dem Hintergrund einer tatsächlichen Rechtswahlfreiheit wünschenswerte Ziel verwirklichen zu können, müsste die deutsche Gesellschaft ihren inländischen Satzungssitz aufgeben können.[4336] Dies ist ihr aber sowohl *de lege lata* auf der Grundlage des MoMiG als auch auf Grundlage des Referentenentwurfs verwehrt. Hier sollte man *de lege ferenda* auf den Kodifikationsvorschlag der Spezialkommission des Deutschen Rates für Internationales Privatrecht zurückgreifen, der die für einen Statutenwechsel erforderlichen sachrechtlichen Bestimmungen vorsieht.[4337] Festzuhalten ist zunächst, dass die Änderung der §§ 4a GmbHG; 5 AktG im Zuge des MoMiG die internationale Mobilität deutscher Unternehmen erhöht hat. Wenn damit auch kein vollständiger Übergang zur Gründungstheorie verbunden ist, so ist es deutschen Kapitalgesellschaften nunmehr grundsätzlich möglich, ihren Verwaltungssitz in der Schweiz zu nehmen. Die Wegzugssituation zeigt, welche Ausstrahlungswirkung die Sitztheorie in das materielle Recht hatte, indem für diesen Fall ein ungeschriebener, dogmatisch kaum begründbarer Auflösungstatbestand konstruiert wurde. Die Rechtfertigung der „Sitztheorie“ bei Verlegung des Verwaltungssitzes in die Schweiz vor dem Hintergrund der Mitbestimmungsregelungen ist ebenso wenig haltbar. Es kann insoweit sogar behauptet werden, dass der Anwendungsbereich des deutschen Mitbestimmungsrechts durch die Ermöglichung der Verwaltungssitzverlegung sogar erweitert würde:[4338] Die betreffenden Unternehmen sind

4334 *Schön*, ZGR 2013, 333 (346): „dieser Marktzugang wird in der Dogmatik der Grundfreiheiten mit Hilfe des allgemeinen Beschränkungsverbots durchgesetzt.“

4335 Siehe bereits *Kieninger*, Wettbewerb der Privatrechtsordnungen im Europäischen Binnenmarkt, 2002, S. 153.

4336 Die Bedeutung der Rechtswahlfreiheit wird von den *European Company Law Experts* (ECLE) in ihrer Antwort an die Kommission im Rahmen der Konsultation über die Zukunft des europäischen Gesellschaftsrechts besonders hervorgehoben. Siehe *Böckli/Davies/Ferran/Ferrarini/Garrido/Hopt/Pietrancosta/Pistor/Skog/Soltysinski/Winter/Wymeersch*, RTDF 2012, 8 (8): „From the point of view of integration of the markets, one may alternatively aim at giving companies the freedom to choose the member state company law system which best suits their needs. Freedom of choice for companies puts pressure on member states to reform their company laws so as to move towards the rule which has shown itself to be most efficient.”

4337 *Sonnenberger* (Hrsg.), Vorschläge und Berichte zur Reform des europäischen und deutschen internationalen Gesellschaftsrechts, vorgelegt im Auftrag der 2. Kommission des deutschen Rates für internationales Privatrecht, Spezialkommission internationales Gesellschaftsrecht, 2007; Text und Vorarbeiten bei *Sonnenberger/Bauer* RIW 2006, Beilage zu Heft 4.

4338 MünchKomm GmbHG-*Mayer*, § 4a GmbHG Rn. 70.

trotz des Verwaltungssitzes im Ausland weiterhin deutsche Kapitalgesellschaften. Da sich die unternehmerische Mitbestimmung grundsätzlich nach dem Gesellschaftsstatut richtet, könnte dadurch der verbreiteten Tendenz entgegengewirkt werden, durch die Wahl ausländischer Rechtsformen das deutsche Mitbestimmungsrecht auf legale Weise zu unterwandern.[4339]

Was die Möglichkeit einer schweizerischen Kapitalgesellschaft & Co. KG angeht, so ist diese in Rechtsprechung und Literatur einhellig anerkannt. Jedoch bestehen Grenzen im Hinblick auf die Mobilitäts- und Gestaltungsfreiheit, die mit der Ausstrahlungswirkung der Sitztheorie auf die Ebene des materiellen Rechts zusammenhängen. Als bisheriger Befund kann die grenzüberschreitende Typenvermischung einer schweizerischen Kapitalgesellschaft & Co. KG jedoch als derzeit einzig gangbare Kombinationsmöglichkeit im Wettbewerb der Gesellschaftsrechte im Verhältnis Deutschland – Schweiz gelten. In Zusammenhang mit der grenzüberschreitenden Typenvermischung wurde darauf hingewiesen, dass die nunmehr für deutsche Kapitalgesellschaften geltenden mobilitätsfördernden Vorschriften auch auf Personengesellschaften ausgedehnt werden sollten.

Mit Blick auf die transnationale Verschmelzungen und Spaltungen konnte gezeigt werden, dass das Kollisionsrecht beider beteiligter Rechtsordnungen der Durchführbarkeit transnationaler Verschmelzungs- oder Spaltungsvorgänge grundsätzlich nicht entgegensteht, da nach dem erläuterten kollisionsrechtlichen Prinzip lediglich die Gesellschaftsstatute der beteiligten Rechtsträger zu kumulieren sind.[4340] Bei diesem Kumulationsprinzip handelt es sich um ein allgemein akzeptiertes Prinzip, das rechtlich vom Unionsrecht unabhängig ist und sich daher ohne weiteres auch im Verhältnis zur Schweiz anwenden ließe.[4341]

Auf sachrechtlicher Ebene könnte ein solcher Vorgang hingegen allenfalls an einer mangelnden Mindestübereinstimmung der Umwandlungsrechte scheitern. Das schweizerische Sachrecht weist indessen ein hohes Maß an Übereinstimmung auf; zumal es sich durchweg an den gemeinsamen europäischen Vorgaben orientiert. So sind zunächst die begriffsnotwendigen Elemente der Fusion in beiden Rechtsordnungen in gleicher Weise definiert. Auch hinsichtlich der geschützten Interessen besteht grundsätzliche Übereinstimmung. Hingegen regelt das deutsche Recht in §§ 122a ff. UmwG nur die grenzüberschreitende Verschmelzung mit Bezug zur Europäischen Union und des Europäischen Wirtschaftsraumes. Die Beteiligung schweizerischer Gesellschaften scheitert somit

---

4339 MünchKomm GmbHG-*Mayer*, § 4a GmbHG Rn. 70.

4340 So nunmehr auch *Behrens/Hoffmann*, in: Ulmer/Habersack/Löbbe (Hrsg.) GroßKomm GmbHG, Einl. B. Rn. B 185.

4341 Siehe dazu *Behrens/Hoffmann*, in: Ulmer/Habersack/Löbbe (Hrsg.) GroßKomm GmbHG, Einl. B. Rn. B 186.

in erster Linie daran, daß der deutsche Umwandlungsgesetzgeber grenzüberschreitende Umstrukturierungsvorgänge untersagt, oder besser gesagt: § 1 UmwG zumindest dahingehend verstanden wird. Entscheidend ist vielmehr, daß darüber hinaus keine Normen für transnationale Vorgänge bereitgestellt werden. Die Einbeziehung von Drittstaatsgesellschaften sollte jedoch *de lege ferenda* erwogen werden und die mobilitätshemmende Vorschrift des § 1 UmwG gestrichen werden.[4342] Ebenso sollten die Vorschriften über die Beteiligtenfähigkeit entsprechend angepasst werden, um auch schweizerische Gesellschaften erfassen zu können. Auch sollte eine Änderung des § 125 S. 1 UmwG erwogen werden, um so eine Ausdehnung der §§ 122a ff. UmwG mit Blick auf die Ermöglichung grenzüberschreitendender Spaltungen zu erreichen. Es besteht im Hinblick auf die Spaltung ein womöglich „höheres Gefährdungspotential" von Drittinteressen; indessen liegen im schweizerischen Recht an die Spaltungsrichtlinie angeglichene Vorschriften vor, die auch eine transnationale Spaltung ermöglichen sollten. Sowohl Verschmelzung als auch Spaltung mit Drittstaatenbezug werden grundsätzlich von der Kapitalverkehrsfreiheit geschützt: Bei Hinausverschmelzungen einer deutschen Gesellschaft zur Aufnahme in eine schweizerische Gesellschaft kann sich Letztere auf die Kapitalverkehrsfreiheit berufen. *De lege lata* stellt die Verschmelzung zur Aufnahme aus der EU hinaus in die Schweiz eine von den Mitgliedstaaten zu gewährleistende Ausübung der Kapitalverkehrsfreiheit von Drittstaatengesellschaften dar.

Was die Regelungen zu grenzüberschreitenden Umstrukturierungen anbelangt, so beschränkt sich der Referentenentwurf auf einen rein kollisionsrechtlichen Ansatz. Hier wäre eine stärkere Orientierung am schweizerischen Recht sinnvoll gewesen, wonach sich zahlreiche flankierende IPR-Sachnormen finden[4343], die der tatsächlichen „Ermöglichung" und verfahrensmäßigen Umsetzung der Maßnahmen dienlich sind und „in besonderem Masse den plurinationalen Charakter des Sachverhaltes berücksichtigen"[4344]: So enthielt das schweizerische IPRG im Bereich des Gesellschaftsrechts „neben kollisionsrechtlichen Regeln von Anfang an auch Bestimmungen, die eine Mischung aus Kollisions- und Sachrecht darstellen".[4345] Denn nach wie vor gültig ist der Satz von

---

4342 Siehe dazu auch *Behrens/Hoffmann*, in: Ulmer/Habersack/Löbbe (Hrsg.) GroßKomm GmbHG, Einl. B. Rn. B 153 u. B 186, die eine im Verhältnis zu Drittstaaten eine vom Unionsrecht unabhängige kollisionsrechtliche Interpretation des § 1 UmwG fordern.

4343 Siehe zum Begriff der IPR-Sachnorm *Schwander*, Lois d'application immédiate, Sonderanknüpfung, IPR-Sachnormen und andere Ausnahmen von der gewöhnlichen Anknüpfung im internationalen Privatrecht, 1975, § 14 I S. 377.

4344 *Schwander*, Internationales Privatrecht: Allgemeiner Teil Bd. I AT (1992), § 23, S. 177 Rn. 23.

4345 *Nobel*, Internationales und Transnationales Aktienrecht, Teil IPR und Grundlagen (2012), 1. Kap. Rn. 107, S. 81.

Frank Vischer: „Das IPR kann die Freizügigkeit der juristischen Person postulieren, verwirklichen können sie nur die beiden tangierten Rechtsordnungen."[4346] Die Hindernisse liegen dabei eher auf deutscher, denn auf schweizerischer Seite. Insgesamt wäre es deshalb wünschenswert, wenn man die Kodifikationsbestrebungen im deutschen Internationalen Gesellschaftsrecht wiederbelebte und sich erneut mit dem ursprünglichen Impetus daran begäbe, eine Regelung transnationaler Umstrukturierungsvorgänge auf europäischer Ebene zu erzielen, die durchaus auch drittstaatsbezogene Sachverhalte erfasst.[4347]

Hinzuweisen ist im Ergebnis darauf, dass bereits *de lege lata* das luxemburgische Recht als Vehikel zur Ermöglichung einer transnationalen Fusion zwischen Deutschland und der Schweiz dienen kann, da das luxemburgische Recht grenzüberschreitende Fusionen und Spaltungen mit Drittstaaten gestattet. Was Vermögensübertragungen anbelangt, so fällt rechtsvergleichend zunächst auf, dass das deutsche Rechtsinstitut nur einen sehr beschränkten Anwendungsbereich besitzt. Hier könnte eine Ausdehnung auf andere Rechtsträger erwogen werden. Nach einer Umsetzung des Referentenentwurfs würde auch die im Schweizer IPRG geregelte Vermögensübertragung zwischen Deutschland und Schweiz eine grundsätzlich realisierbare Umstrukturierungsform darstellen, die angesichts der Flexibilität dieses schweizerischen Rechtsinstituts besondere Gestaltungsoptionen böte. Im Ergebnis sollte somit bereits *de lege lata* erwogen werden, transnationale Umstrukturierungen von Gesellschaften auch im deutsch-schweizerischen Verhältnis zu liberalisieren, was teils durch Analogien zum geltenden Recht, teils durch entsprechende Auslegung möglich wäre.[4348]

4346 *Vischer*, in: Gutzwiller (Hrsg.) Schweizerisches Privatrecht – Geschichte und Geltungsbereich, Bd. I (1969), § 52 S. 578.

4347 So hieß es noch im Gesetzentwurf der Bundesregierung vom 12.10.2006 zum Entwurf eines Zweiten Gesetzes zur Änderung des Umwandlungsgesetzes, Drucksache 16/2919, S. 11: „Nach dem Vorbild ausländischer Rechtsordnungen (vgl. z. B. das Schweizer Recht) soll ein kollisionsrechtlicher Ansatz gewählt werden. Auf der Grundlage eines Vorschlags des Deutschen Rates für Internationales Privatrecht (vgl. Beilage zu Heft 4/2006 der Zeitschrift Recht der Internationalen Wirtschaft) soll generell geregelt werden, welches Recht auf Gesellschaften anwendbar ist, die eine Verbindung zum Recht mehrerer Staaten aufweisen. In diesem Zusammenhang sollen auch die Grundprinzipien für grenzüberschreitende Umstrukturierungsvorgänge normiert werden. Aus Gründen der größeren Rechtssicherheit wird angestrebt, diese Regelungen in eine in allen Mitgliedstaaten unmittelbar anwendbare EG-Verordnung aufzunehmen. Für den Fall, dass eine solche europaweite Regelung nicht zustande kommt, soll zumindest das deutsche Internationale Privatrecht entsprechend ergänzt werden."

4348 So nunmehr auch *Behrens/Hoffmann*, in: Ulmer/Habersack/Löbbe (Hrsg.) GroßKomm GmbHG, Einl. B. Rn. B 185.

B. Ausblick

Der Status der Schweiz als Drittstaat bringt es auch weiterhin mit sich, dass es die EU-Mitgliedstaaten in der Hand haben, die Mobilität von Gesellschaften „einseitig zu gewährleisten oder zu verweigern".[4349] Ein gesteigertes Maß an Mobilität für Gesellschaften könnte auch über eine Neuverhandlung dieses Dossiers im Rahmen zukünftiger „Bilaterale III" angestrebt werden: Eine Lösung für das Mobilitätsproblem könnte mit einer entsprechenden Ergänzung des Personenfreizügigkeitsabkommens herbeigeführt werden.[4350] Mit Blick auf eine mögliche Neuregelung in den bilateralen Verträgen sollte zumindest der Stand des Handelsvertrages von 1926 erreicht werden, der eine gegenseitige Anerkennung und Sitznahme von Gesellschaften im Verhältnis zwischen Deutschland und der Schweiz bereits vorsah. Eine bloße Ausdehnung des Freizügigkeitsabkommens auf juristische Personen könnte hingegen nur als ein erster Schritt in die diese Richtung gewertet werden. Eine weitergehende dynamische Einbeziehung des im Europäischen Gesellschaftsrechts erreichten *acquis communitaire* müsste ebenso Platz auf der Verhandlungsagenda finden.[4351]

Auf der anderen Seite stünde die Beitrittsmöglichkeit der Schweiz zur EU weiterhin offen, auch wenn diese Option derzeit jedenfalls nicht realistisch erscheint. Im Falle eines Vollbeitritts käme Schweizer Gesellschaften ein diskriminierungsfreier Zugang zum gesamten Binnenmarkt zugute. Dazu müsste man das am 26. Mai 1992 hinterlegte Beitrittsgesuch zur damaligen EG, was bis heute nicht zurückgenommen wurde, wiederaufleben lassen. Auch der Stufe „unterhalb des Beitritts"[4352] könnte jedenfalls theoretisch erwogen werden im Rahmen eines zwischen der Schweiz und der Europäischen Union zu schließenden Assoziierungsabkommens eine gegenseitige Anerkennungsverpflichtung von Gesellschaften zu verankern. Dies kann völkerrechtlich über eine Meistbegünstigungs-

4349 *Girsberger/Rodriguez* SZIER 2004 S. 559 (582/3).

4350 Siehe dazu bereits den Vorschlag von *Girsberger/Rodriguez* SZIER 2004 S. 559 (582).

4351 Dies erscheint unter folgendem Gesichtpunkt problematisch: „Für die Schweiz ist jeder Automatismus bei der Übernahme von Rechtsentwicklungen ausgeschlossen; sie erhebt den Anspruch, an sie betreffenden Entscheidungen beteiligt zu sein («decision shaping»), und die innenpolitischen Entscheidungsprozesse, inkl. Referendumsmöglichkeit, müssen respektiert werden." So der Bericht des Bundesrates über die Evaluation der schweizerischen Europapolitik (in Beantwortung des Postulats *Markwalder* [09.3560] «Europapolitik. Evaluation, Prioritäten, Sofortmassnahmen und nächste Integrationsschritte» vom 17. September 2010 (10.086), S. 6 (Ziff. 3.4).

4352 *Oppermann/Classen/Nettesheim*, Europarecht 2011, § 41 Rn. 1.

oder Inländerklausel erreicht werden.[4353] So stellte die Schweiz bereits im Jahr 1961 bei der damaligen Europäischen Wirtschaftsgemeinschaft (EWG) ein Assoziationsgesuch, das jedoch ohne Erfolg blieb.[4354] Aktuell hat die EU mit einem Drittstaat, der Republik Chile, ein Assoziierungsabkommen[4355] geschlossen, das in den Artt. 130 ff. Regelungen zur Niederlassung von Gesellschaften enthält, denen ein kollisionsrechtlicher Gehalt zukommt.[4356] Dabei handelt es sich um ein Assoziierungsabkommen der sog. „vierten Generation", welches die *causes célèbres* des EuGH zur Niederlassungsfreiheit in ihrer Rechtswirkung über die Union hinaus trägt (sog. *extra-communitarian effect*) und damit *de facto* das europäische Herkunftslandprinzip[4357] auch mit Blick auf drittstaatliche Gesellschaften zur Anwendung bringt.[4358]

Vorzugswürdiger wäre jedoch die multilaterale Assoziierung der Schweiz im Wege eines EWR-Beitritts, die für die Schweiz die Herstellung „binnen-

4353 Siehe zur Problematik der Erstreckung der „Gründungstheorie" *qua* Meistbegünstigung und Inländerbehandlung *Mankowski*, Völkerrechtliche Meistbegünstigung, in: Leible/Ruffert, Völkerrecht und IPR, 2006, S. 235, 236.

4354 *Tobler*, in: Breuss/Cottier/Müller-Graff/Hatje (Hrsg.), Die Schweiz im europäischen Integrationsprozess, 2008, S. 11 (11).

4355 Abkommen zur Gründung einer Assoziation zwischen der Europäischen Gemeinschaft und ihren Mitgliedstaaten einerseits und der Republik Chile andererseits, ABl. 2002, Nr. L 352/3. In Kraft getreten am 1. 3. 2005. Siehe dazu *Sester/Cárdenas,* ECFR 2005, 398 (398 ff.).

4356 Im Assoziierungsabkommen ist zwar nicht *expressis verbis* von „Niederlassungsfreiheit" die Rede, in Art. 132 (Inländerbehandlung) heißt es dazu jedoch: „...gewähren die Vertragsparteien [...] den juristischen und natürlichen Personen der anderen Vertragspartei hinsichtlich der Niederlassung eine Behandlung, die nicht weniger günstig ist als die Behandlung, die sie ihren eigenen juristischen und natürlichen Personen gewähren.".

4357 Siehe zum „Herkunftslandprinzip" im EU-Gesellschaftsrecht nach der „Überseering"-Entscheidung *Straube/Ratka,* ÖZW 2003, 34 (34ff.) sowie eingehend *Roth*, in: Potacs/Rebhahn (Hrsg.) Anerkennungs-/Herkunftslandprinzip in Europa, 2010, S. 111 (111); dazu auch *Lutter/Bayer/Schmidt*, Europäisches Unternehmens- und Kapitalmarktrecht, 2012, § 5 Rn. 49.

4358 Die dahingehenden Rechtswirkungen des Assoziierungsabkommens fassen *Sester/Cárdenas,* ECFR 2005, 398 (411) wie folgt zusammen: „Legal persons, duly incorporated under the laws of Chile or a Member State of the EU may freely relocate their seat within the EC, or from Chile to the EC and vice versa, without losing their legal personality or the characteristic of being a company with limited liability. Furthermore, the company law of the state in which the company was initially incorporated remains the applicable one following the relocation of the company's seat from Chile to a Member State of the EU or vice versa.".

marktähnlicher“ Beziehungen mit der EU bedeuten würde.[4359] Über die in Art. 31, 34 EWRA garantierte Niederlassungsfreiheit verbunden mit all ihren mobilitätsfördernden Konsequenzen könnten sich dann auch schweizerische Gesellschaften berufen. Im Falle einer solchen „Beitrittsersatzassoziierung“[4360] würde sich die Schweiz im EWR-relevanten Bereich einer quasi-automatischen Rechtsübernahme fügen. Demgegenüber blieben die nicht vom EWR abgedeckten Bereiche außen vor und verblieben in schweizerischer Regelungszuständigkeit.[4361] Damit wären insbesondere möglicherweise umstrittenen Bereiche wie die Währungs- und Zollunion, aber auch eine Übernahme der gemeinsamen Handels- und Agrarpolitik ausgeschlossen.[4362]

Erstrebenswerter als die staatsvertragliche Lösung im bilateralen Verhältnis erscheint indessen eine umfassende Regelung der Mobilität von Gesellschaften auf europäischer Ebene – explizit auch im Hinblick auf Drittstaaten. Bislang hat auf europäischer Ebene keine Angleichung der mitgliedstaatlichen Gesellschaftskollisionsrechte stattgefunden. Auch wenn dem Rat mit dem Vertrag von Amsterdam in Art. 81 lit. c AEUV (*ex*-Art. 65 lit. b EG) eine Harmonisierungskompetenz des Internationalen Privatrechts geschaffen wurde,[4363] so ist davon bislang kein Gebrauch gemacht worden.[4364] Der Rat der Europäischen Union hat zudem in seinem am 11. Dezember 2009 beschlossenen „Stockholmer Programm“ eine Ausdehnung der bisherigen Bemühungen um eine Angleichung der Kollisionsnormen auf europäischer Ebene auf das bislang von dieser Ent-

---

4359 *Hummer*, EuZ 2012 128 (133); Siehe dazu Entschliessung des EP vom 16. März 2006 über das Erweiterungs-Strategiedokument 2005 der Kommission (Bericht: *Elmar Brok*) (A6-002572006). Das vom Europäischen Parlament Projekt eines „Europäischen Wirtschaftsraumes plus (EWR II)“ würde der Schweiz die Möglichkeit der EU-Anbindung in unterschiedlicher Intensität ermöglichen; siehe dazu auch *Markwalder Bär*, in: Breuss/Cottier/Müller-Graff (Hrsg.), Die Schweiz im europäischen Integrationsprozess, 2008, S. 114 (122f.). Siehe zur Assozierungspolitik der Europäischen Union *König/Haratsch/Pechstein*, Europarecht, 2012, S. 687 Rn. 1305 sowie *Oppermann/Classen/Nettesheim*, Europarecht 2011, § 41 Rn. 1 ff..

4360 So die Formulierung bei *Kumin/Bittner*, EuR-Beiheft 2-2012, 75 (78).

4361 Bericht des Bundesrates über die Evaluation der schweizerischen Europapolitik (in Beantwortung des Postulats *Markwalder* [09.3560] «Europapolitik. Evaluation, Prioritäten, Sofortmassnahmen und nächste Integrationsschritte» vom 17. September 2010 (10.086), S. 6 (Ziff. 3.6).

4362 *Hummer*, EuZ 2012 128 (133).

4363 Siehe bereits *Sandrock* BB 1999, 1337 (1345): „Der Vertrag von Amsterdam hat die Kompetenz zum Erlass von Vorschriften auf dem Gebiet des Internationalen Privatrechts auf den Rat der Europäischen Union übertragen.“ Siehe zur Entwicklung nach Inkrafttreten des Vertrages von Lissabon *Kuipers*, EU Law and Private International Law 2011, S. 15f.

4364 *Jestädt*, Niederlassungsfreiheit und Gesellschaftskollisionsrecht, 2005, S. 45.

wicklung ausgenommene Gesellschaftskollisionsrecht vorgeschlagen.[4365] Bei einer europäischen Regelung hängt die Entscheidung von der Tragweite des Art. 81 lit. c AEUV (*ex*-Art. 65 lit. b EG) und Artikel 114 AEUV (*ex*-Artikel 95 EGV) ab.[4366] Die Europäische Union ist von ihren Kompetenzen her nicht auf die Schaffung eines gemeinschaftsinternen Internationalen Privatrechts beschränkt.[4367] Sie geht dabei offenbar davon aus, dass auch Sachverhalte mit Drittstaatenbezug kollisionsrechtlich geregelt werden können.[4368] Dies erscheint gerade im Internationalen Gesellschaftsrecht sinnvoll, da auf diese Weise die Notwendigkeit kostenintensiver „Umgehungsmanöver" überflüssig gemacht würde und vor allen Dingen die transnationale Mobilität von Gesellschaften über die Grenzen des Europäischen Binnenmarktes hinaus ausgedehnt werden könnte. Die Herausforderungen, denen sich ein zukünftiges europäisches Kollisionsrecht zu stellen hat, wurden insoweit bereits von *Jürgen Basedow* zusammengefasst: „(1) to define the respective scopes of application vis-à-vis the law of Non-Member-States by what may be called *outward conflict rules*, and (2) to provide for the filling of their gaps by *inward conflict rules* which refer to the law of a Member State."[4369]

Das allgemeine Gesellschaftskollisionsrecht für Fälle mit Drittstaatenbezug könnte den innereuropäischen Kollisionsnormen nachgebildet werden, wenn diese denn Form annähmen.[4370] Schließlich könnten die Regelungen des schweizerischen IPRG zur transnationalen Umstrukturierung von Gesellschaften nicht nur angesichts ihrer kollisionsrechtlichen Rechtssicherheit und Rechtsklarheit – wie von *Peter Nobel* angeregt – „der EU zum ‚autonomen Nachvollzug' empfohlen werden".[4371] Soweit seitens der Europäischen Union indessen kein Abkommen mit der Schweiz als Drittstaat geschlossen wurde oder die genannten *outward conflict rules*[4372] auf europäischer Ebene geschaffen wurden, verbleibt die kollisionsrechtliche Einordnung von Drittstaatsgesellschaften bisher jeden-

---

4365 Rat der EU 2. Dez. 2009, Dok. Nr. 17024/09; sowie Mitteilung KOM (2009) 262 endg., 1 (15).

4366 *Behrens*, Liber Amicorum Paolo Picone, S. 597 (613).

4367 *Dohrn,* Die Kompetenzen der Europäischen Gemeinschaft im Internationalen Privatrecht, 2004, S. 109 ff.

4368 *Sonnenberger*, in: Mélanges en l'honneur de Paul Lagarde, 2005, S. 763; siehe zur Kompetenzproblematik *Siehr*, Y.P.I.L. VII (2005), 16 (24/25) sowie *Kuipers*, EU Law and Private International Law 2011, S. 16 f.

4369 *Basedow*, Liber Amicorum Kurt Siehr 2000, S. 17 (29).

4370 *Sonnenberger*, in: Mélanges en l'honneur de Paul Lagarde, 2005, S.760.

4371 Siehe den dahingehenden Vorschlag von *Nobel*, Internationales und Transnationales Aktienrecht, Teil IPR und Grundlagen (2012), S. 85 Rn. 119.

4372 Siehe zu diesem Begriff *Basedow*, in: Liber Amicorum Kurt Siehr 2000, S. 17 (29).

falls nach Art. 351 AEUV (*ex*-Art. 307 EG) in den Händen der betroffenen Mitgliedstaaten.[4373]

4373 *Hübner,* Kollisionsrechtliche Behandlung von Gesellschaften aus 'nicht-privilegierten' Drittstaaten, 2011, S. 34.

Literaturverzeichnis

Achilles, Alexander/Gebhard, Albert/Spahn, Peter: Protokolle der Kommission für die zweite Lesung des Entwurfs des Bürgerlichen Gesetzbuchs, Band VI, Anwendung ausländischer Gesetze, Berlin 1899

Adams, Michael: Höchststimmrechte, Mehrfachstimmrechte und sonstige wundersame Hindernisse auf dem Markt für Unternehmenskontrolle, AG 1990, S. 63-78

Ackermann, Rolf: Pfadabhängigkeit, Institutionen und Regelreform, Tübingen 2001

Aebersold, Thomas: Umstrukturierung von Unternehmen durch Vermögensübertragung, BN 2004, S. 147-165

Altenburger, Peter R./Calderan, Massimo/ Lederer, Werner: Schweizerisches Umstrukturierungsrecht - Ein Handbuch zum Fusionsgesetz, zur Handelsregisterverordnung und zum Steuerrecht, Zürich 2004

Altmeppen, Holger: Schutz vor „europäischen" Kapitalgesellschaften, NJW 2004, 97-104

Amstutz, Max A.: Macht und Ohnmacht des Aktionärs, Zürich 2007

Appenzeller, Hansjürg/ Waller, Stefan: Haftungsrisiken beim IPO und ihre Minimierung aus Sicht der Gesellschaft, GesKR 2007, S. 256-272

Aregger, Thomas/Schärer, Claudia: Aus der Praxis der Übernahmekommission, SZW 2003, S. 146-157

Armbrüster, Christian: Die Entwicklung der Rechtsfähigkeit der GbR seit „ARGE Weißes Ross", ZGR 2013, S. 366-391

Armour, John/Whincop, Michael J.: The Proprietary Foundations of Corporate Law, OJLS 27 (2007) S. 429-465

Arpagaus, Reto /Emch Urs, /Renz, Hugo: Das Schweizerische Bankgeschäft, Zürich 2004

Baker & McKenzie (Hrsg.): Stämpflis Handkommentar, Fusionsgesetz, Bern 2003 [zit.: Stämpflis HK FusG-*Bearb.*]

Balthasar, Stephan: Gesellschaftsstatut und Gläubigerschutz: ein Plädoyer für die Gründungstheorie – Zugleich Besprechung von BGH, RIW 2009, 79, RIW 2009, S. 221-227

Bamberger, Heinz Georg/Roth, Herbert: Beck'scher Online-Kommentar – BGB, Stand 1.2.2013 [zit.: Bamberger/Roth-*Bearb.*, Art. Rn.]

von Bar, Carl Ludwig: Theorie und Praxis des Internationalen Privat- und Strafrechts, Hannover 1862

von Bar, Christian: Besprechung von Kieser, Die Typenvermischung über die Grenze, JZ 1989 S. 186-187 *ders./Mankowski, Peter:* Internationales Privatrecht. Bd. I: Allgemeine Lehren. 2. Aufl. München 2003

Barazetti, Caesar: Das internationale Privatrecht im Bürgerlichen Gesetzbuche für das Deutsche Reich, Hannover 1897

Bärmann, Johannes: Europäische Fusion, in: Horst Bartholomeyczik/Kurt H. Biedenkopf/Helmuth von Hahn (Hrsg.) Beiträge zum Wirtschaftsrecht: Festschrift für Heinz Kaufmann zum 65. Geburtstag, Köln 1972, S. 13-37

ders.: Die Unternehmensspaltung nach französischem Recht, ZVglRW 81 (1982), S. 251-270

Barnard, Catherine/Deakin, Simon: Market Access and regulatory competition, in: Catherine Barnard/Joanne Scott (Hrsg.), Law of the Single European Market: Unpacking the Premises Oxford 2002, S. 197-224

Bartels, Klaus: Zuzug ausländischer Kapitalgesellschaften unter der Sitztheorie – Intertemporalprivatrechtliche Einwände gegen die modifizierte Sitztheorie ("Wechselbalg-Theorie"), ZHR 176 (2012), S. 412-434

Barz, Carl Hans/Gadow, Wilhelm: Aktiengesetz Großkommentar, 4. Band: §§ 291-410, Einführungsgesetz zum Aktiengesetz, 3. Auflage, Berlin, 1975 [zit.: Großkomm Akt-*Bearb.* §]

Basedow, Jürgen: EC Regulations in European Private Law, in: Isaak Meier/Anton K. Schnyder/Talia Einhorn/Daniel Girsberger (Hrsg.) Private law in the international arena. From national conflict rules towards harmonization and unification. Liber amicorum Kurt Siehr, Den Haag 2000, S. 17-31 [zit.: *Basedow*, in: Liber amicorum Siehr, S.]

ders.: Theorie der Rechtswahl oder Parteiautonomie als Grundlage des Internationalen Privatrechts, RabelsZ 75 (2011), S. 32-59

ders.: Die Anerkennung ausländischer Entscheidungen im Europäischen Wettbewerbsnetz, in: Jörn Bernreuther (Hrsg.), Festschrift für Ulrich Spellenberg, München 2010, S. 395-406 [zit.: *Basedow*, in: FS Spellenberg, S.]

ders.: Wirtschaftskollisionsrecht, RabelsZ 52 (1988), S. 8-38

Batiffol, Henri: Traité élémentaire de droit international privé, 3. Aufl., Paris 1959

Baudenbacher, Carl: Rechtsprechung: Rechtssicherheit als Standortfaktor, in: Katja Gentinetta/Georg Kohler (Hrsg.), Souveränität im Härtetest : Selbstbestimmung unter neuen Vorzeichen – Zürich 2010, S. 247-273.

Baudenbacher, Carl**:** Zum Nachvollzug europäischen Rechts in der Schweiz, EuR 1992, S. 309-320

Baudenbacher, Carl: Die Schweiz sollte einen zweiten EWR-Anlauf nehmen, NZZ vom 22. Juni 2010, S. 19

Baudenbacher, Carl: Wie sollen Konflikte im Verhältnis Schweiz-EU gelöst werden? in: Rolf Sethe/Andreas Heinemann/Reto M Hilty/Peter Nobel/Roger Zäch, Kommunikation – Festschrift für Rolf H. Weber zum 60. Geburtstag, Bern 2011, S. 821-838 [zit.: *Baudenbacher*, in: FS Weber, S.]

ders./Buschle, Dirk: Niederlassungsfreiheit für EWR-Gesellschaften nach Überseering – zu OLG Frankfurt a.M., 28.5.2003 - 23 U 35/02, IPRax 2004, S. 56, IPRax 2004, 26-31

Baudenbacher, Laura Melusine: Das Personenfreizügigkeitsabkommen EU–Schweiz ist doch kein Integrationsvertrag, Anmerkungen zu C-351/08, ELR 2010, S. 34-37

Bauer, Frank: Aktuelle Entwicklungen im europäischen Kollisionsrecht – Festsitzung anlässlich des 50jährigen Bestehens des Deutschen Rates für IPR, IPRax 2004, 275-277

Baumbach, Adolf/Hopt, Klaus: Handelsgesetzbuch: HGB, mit GmbH & Co., Handelsklauseln, Bank- und Börsenrecht, Transportrecht (ohne Seerecht), Kommentar, 35. Aufl. , München 2012. [zit.: *Bearb.*, in: Baumbach/Hopt HGB, § Rn.]

ders./Hueck, Alfred: GmbHG: Gesetz betreffend die Gesellschaften mit beschränkter Haftung – Kommentar 20. Aufl. 2013 [zit.: Bearb., in: Baumbach/Hueck GmbHG, § Rn.]

Baums, Theodor: Höchststimmrechte, AG 1990, S. 221-242

Bayer, Walter: Die EuGH-Entscheidung "Inspire Art" und die deutsche GmbH im Wettbewerb der europäischen Rechtsordnungen, BB 2003, S. 2357-2366

ders./Habersack , Mathias (Hrsg.): Aktienrecht im Wandel, Band I: Entwicklung des Aktienrechts, Tübingen 2007; [zit.: *Verf.*, in: Bayer/Habersack (Hrsg.), Aktienrecht im Wandel, S.]

ders. /Schmidt, Jessica: Schutz der grenzüberschreitenden Verschmelzung durch die Niederlassungsfreiheit, ZIP 2006, S. 210-213

dies.: Der Regierungsentwurf zur Änderung des Umwandlungsgesetzes - Eine kritische Stellungnahme, NZG 2006, S. 841-846

dies.: Grenzüberschreitende Sitzverlegung und grenzüberschreitende Restrukturierungen nach MoMiG, Cartesio und Trabrennbahn – Europäischer Rahmen, deutsche lex lata und rechtspolitische Desiderata, ZHR 173 (2009), S. 735-774

dies.: Die neue Richtlinie über die grenzüberschreitende Verschmelzung von Kapitalgesellschaften - Inhalt und Anregungen zur Umsetzung in Deutschland, NJW 2006, S. 401-406

dies.: BB-Gesetzgebungs- und Rechtsprechungsreport Europäisches Unternehmensrecht 2012, BB 2013, S. 3-16

ders./Lieder, Jan: Der Entwurf des „MoMiG" und die Auswirkungen auf das Cash-Pooling, GmbHR 2006, S. 1121-1129
Bechtel, Wolfram: Umzug von Kapitalgesellschaften – zur europarechtskonformen Fortentwicklung des internationalen Gesellschaftsrechts Frankfurt/Main et al. 1999 [Zugl.: Heidelberg, Univ., Diss., 1998]
Behme, Caspar: Der Weg deutscher Aktiengesellschaften ins Ausland – goldene Brücke statt Stolperpfad, BB 2008, S. 70-73.
Behnisch, Urs: Die Umstrukturierung von Kapitalgesellschaften, national und grenzüberschreitend - Eine rechtsvergleichende Studie, Basel 1996
Behrens, Peter: Germany's incremental Modernisation of Private International Company Law, in: Problemi e Tendenze del Diritto internationale dell'economia, Liber Amicorum in onore di Paolo Picone, Aldo Ligustro/ Giogio Sacerdoti (Hrsg.) Neapel 2011. [zit.: *Behrens*, in: Liber Amicorum Picone, S.]
ders.: Niederlassungsfreiheit und Internationales Gesellschaftsrecht, RabelsZ 52 (1988), S. 498-525
ders.: Die grenzüberschreitende Mobilität der Gesellschaften im neuen Aktionsplan der Kommission, EuZW 2013, S. 121-122
ders.: Der Anerkennungsbegriff des Internationalen Gesellschaftsrechts, ZGR 1978, S. 499-514
ders.: Die Gesellschaft mit beschränkter Haftung im internationalen und europäischen Recht, Berlin, New York 1997
ders.: Identitätswahrende Sitzverlegung einer Kapitalgesellschaft von Luxemburg in die Bundesrepublik Deutschland, RIW 1986, S. 590-594
ders.: Die Umstrukturierung von Unternehmen durch Sitzverlegung oder Fusion über die Grenze im Lichte der Niederlassungsfreiheit im Europäischen Binnenmarkt (Art. 52 und 58 EWG), ZGR 1994, S. 1-25
ders.: Das deutsche Internationale Gesellschaftsrecht auf dem Weg zur Gründungstheorie 2010, Ungarisches Jahrbuch für Handelsrecht, Band II, Budapest 2010, S. 19-23
ders.: Anerkennung, internationale Sitzverlegung und grenzüberschreitende Umstrukturierung von Gesellschaften nach dem Centros-Urteil des EuGH, JBl. 2001, S. 341-355
ders.: Das Internationale Gesellschaftsrecht nach dem Überseering-Urteil des EuGH und den Schlussanträgen zu Inspire Art, IPRax 2003, S. 193-207
ders.: Der Durchgriff über die Grenze, RabelsZ 46 (1982), S. 308-352
Beitzke, Günther: Anerkennung und Sitzverlegung von Gesellschaften und juristischen Personen im EWG-Bereich, ZHR 127 (1965), S. 1-47
ders.: Fusion von Gesellschaften über die Grenze, AWD 1961, S. 288-289

ders.: Internationalrechtliches zur Gesellschaftsfusion, in: Ernst von Caemmerer/Hans-Jürgen Schlochauer/ Ernst Steindorff, in: Probleme des Europäischen Rechts, Festschrift für Walter Hallstein zu seinem 65. Geburtstag, Frankfurt am Main 1966, S. 14-35

ders.: Zur Anerkennung von Gesellschaften im EWG-Bereich, AWD 1968, S. 91-96

ders.: Einige Bemerkungen zur Rechtsstellung ausländischer Gesellschaften in deutschen Staatsverträgen, in: Ottoarndt Glossner/Walter Reimer (Hrsg.) Festschrift für Martin Luther zum 70. Geburtstag am 13. Juli 1976, München 1976, S. 1-20 [zit.: *Beitzke*, in: FS Luther, S.]

ders.: Juristische Personen im Internationalprivatrecht und Fremdenrecht, München und Berlin 1938

Bener, Hans-Rudolf: La fusion des société anonymes en droit international privé, (zugl. Diss. Univ. Genf) Genf 1967

Benz, Walter: Das Konzessions- und Normativsystem bei der Aktiengesellschaft in der Schweiz, 1929 (zugl. Diss. Univ. St. Gallen 1929)

Beretta, Piera: Internationale Strukturanpassungsvorgänge, in: Roland von Büren (Hrsg.) Handelsrecht, in: Roland von Büren /Christine Chappius, Daniel Girsberger, Ernst A. Kramer , Thomas Sutter-Somm, Pierre Tercier, Wolfgang Wiegand (Hrsg.) Schweizerisches Privatrecht, Bd. VIII/8, Strukturanpassungen: Fusion, Spaltung, Umwandlung, Vermögensübertragung Basel et al. 2006. [zit.: *Beretta*, in: Roland von Büren et al. (Hrsg.) Schweizerisches Privatrecht – Strukturanpassungen, Bd. VIII/8, Kapitel, § S.]

Beretta, Piera: Drei Thesen zum Fusionsgesetz, in: Bernhard Christ/ Ernst A. Kramer, (Hrsg.) Symposium für Frank Vischer, Basel 2005, S. 105-114.

dies.: Niederlassungsfreiheit von Gesellschaften im Verhältnis zwischen EG- und EFTA-Staaten: Anmerkung zu BGH, Urteil vom 19. September 2005, II ZR 372/03, GPR 2006, S. 95-96

Berger Klaus Peter/Bernd Scholl: Die *comitas gentium* gestern und heute: Eine Spurensuche, in: Heinz-Peter Mansel/Roland Michael Beckmann/Annemarie Matusche-Beckmann (Hrsg.), Weitsicht in Versicherung und Wirtschaft, Gedächtnisschrift für Ulrich Hübner, Heidelberg 2012, S. 569-587 [zit.: *Berger/Scholl*, GS Hübner, S.]

ders.: Formalisierte oder 'schleichende' Kodifizierung des transnationalen Wirtschaftsrechts – Zu den methodischen und praktischen Grundlagen der lex mercatoria, Berlin/New York 1996

Bergmann, Nina: Niederlassungsfreiheit: Wegzug und Zuzug von Gesellschaften in der EU, ZEuS 2012, S. 233-257

Bernhardt, Rudolf: Die Europäische Gemeinschaft als neuer Rechtsträger im Geflecht der traditionellen zwischenstaatlichen Beziehungen, EuR 1983, S. 199-215

Bernstein, Herbert/Schultze-v. Lasaulx, Arnold: Gilt für Änderungen des Gesellschaftsvertrages einer GmbH & Co KG das Verbot des Selbstkontrahierens? ZGR 1976, S. 33-49

Bessenich, Balthasar: Das neue Fusionsgesetz: internationale Aspekte, AJP 2004, S. 851-862

ders.: Die grenzüberschreitende Fusion nach den Bestimmungen des IPRG und des OR, Basel/Frankfurt 1991 (zugl. Diss. Univ. Basel 1990)

Beutel, David: Der neue rechtliche Rahmen grenzüberschreitender Verschmelzungen in der EU Einflüsse des Gemeinschaftsrechts auf die Schaffung nationaler Rechtsgrundlagen grenzüberschreitender Verschmelzungen unter Beteiligung deutscher Kapitalgesellschaften, München 2008

Beuthien, Volker/Helios, Marcus: Die Umwandlung als transaktionslose Rechtsträgertransformation – Zur Neuordnung des Umwandlungsrechts, NZG 2006, S. 369-374

Biermeyer, Thomas/Elsener, Fabio/Timba, Fiona: The Compatibility of Corporate Exit Taxation with European Law, ECFR 2012, S. 101-110

Binder, Andreas: Rechtsentwicklungen – Blicke zurück und nach vorn, GesKR Online-Beitrag 3/2010

Bindschedler, Rudolf L.: Der Nationalitätswechsel der Aktiengesellschaft, Zürich 1940

Binz, Mark K./Sorg, Martin H.: Die GmbH & Co. KG im Gesellschafts- und Steuerrecht – Handbuch für Familienunternehmen, München 2005.

ders./Mayer, Gerd: Die Rechtsstellung von Kapitalgesellschaften aus Nicht-EU/ EWR/ USA-Staaten mit Verwaltungssitz in Deutschland – Rechtliches Nullum, Personengesellschaft oder Kapitalgesellschaft mit Handelndenhaftung? BB 2005, S. 2361-2368

dies.: Die ausländische Kapitalgesellschaft & Co. KG im Aufwind? Konsequenzen aus dem „Überseering"-Urteil des EuGH v. 5.11.2002 – Rs. C-208/00, GmbHR 2003, S. 249-257

Bitter, Georg: Niederlassungsfreiheit für Kapitalgesellschaften in Europa: Gläubigerschutz in Gefahr?, in: Tietze/McGuire et al., Europäisches Privatrecht – Über die Verknüpfung von nationalem und Gemeinschaftsrecht, Jb.J.ZivRWiss. 2004, 2005, S. 299-333

Bläsi, Christof: Der Handelsregisterführer und die Lex Friedrich, in: Jahrbuch des Handelsregisters 1994, Zürich 1995, S. 159-173

Bloch, Konrad: Die Sitzverlegung von Aktiengesellschaften in das Ausland, SJZ 48 (1952), S. 245-250

Bluntschli, Johann Caspar: Staats- und Rechtsgeschichte der Stadt und Landschaft Zürich, Bd. I, Zürich 1856

ders.: Deutsches Privatrecht, München 1860

Böckli, Peter: Schweizer Aktienrecht, Zürich 2009

ders./Davies, Paul L./Ferran, Eilis/Ferrarini, Guido A./Garrido, José/Hopt, Klaus J./Pietrancosta, Alain/Pistor, Katharina/Skog, Rolf/Soltysinski, Stanislaw/Winter, Jaap W./Wymeersch, Eddy: Response to the European Commission's consultation on the future of European company law, RTDF 2012, S. 8-17

ders.: Aktienrechtsrevision: Die Zwangsjacke wird enger geschnürt, GesKR 2011, S. 8-13

ders.: Unternehmens-Umstrukturierungen in der Schweiz: Zwölf steuerliche Hemmschuhe, Steuer Revue 1990, S. 215-232.

ders.: Fusions- und Spaltungssteuerecht: Gelöste und ungelöste Probleme, ASA 1998, S. 2-34.

ders.: Partnerschaft mit beschränkter Haftung – ein Vorschlag de lege ferenda, in: Wirtschaftsrecht zu Beginn des 21. Jahrhunderts, in: Benno Bernet / Robert Waldburger / Charlotte M. Baer / Ursula Nobel (Hrsg.) Wirtschaftsrecht zu Beginn des 21. Jahrhundert, Festschrift für Peter Nobel zum 60. Geburtstag, Bern 2005, S. S. 17-55. [zit.: *Böckli*, in: FS Nobel, S.]

ders.:/Forstmoser, Peter/Rapp, Jean-Marc: Reform des GmbH-Rechts, Expertenentwurf vom 29. November 1996 für eine Reform des Rechts der Gesellschaft mit beschränkter Haftung, Zürich 1997

Boesebeck, Ernst: Die kapitalistische Kommanditgesellschaft, Frankfurt 1938.

Bohrenkämper, Jan: Corporate Mobility across European Borders: Still no Freedom of Emigration for Companies? (CARTESIO Oktató és Szolgáltató bt, ECJ (Grand Chamber), judgment of 16 December 2008, C-210/06, ELR 2009, S. 82-92

Bokelmann, Gunther: Kann eine ausländische Kapitalgesellschaft Komplementärin einer deutschen Kommanditgesellschaft sein?; BB 1972, S. 1426-1428

Bolgár, Vera: The Fiction of the Corporate Fiction. From Pope Innocent IV to the Pinto Case, in: Ronald H. Graveson/ Karl Kreuzer/ Andre Tunc/Konrad Zweigert, (Hrsg.) Festschrift für Imre Zajtay - Melanges en l'honneur d'Imre Zajtay, Tübingen 1982, S.67-96

Bollacher, Philipp: Referentenentwurf zur Regelung des Internationalen Gesellschaftsrechts, RIW 2008, S. 200-205

Bormann, Michael: Die Kapitalaufbringung nach dem Regierungsentwurf des MoMiG, GmbHR 2007, S. 897-904 *ders./Trautmann, Oliver:* Ungeklärte Fragen zum Verschmelzungsstichtag und zur Bilanz bei grenzüberschreitenden Verschmelzungen, KsZW 2013, S. 70-76

Böttcher, Lars/Blasche, Sebastian: Die Übertragung von Geschäftsanteilen deutscher GmbHs in der Schweiz vor dem Hintergrund der Revision des Schweizer Obligationenrechts, NZG 2006, S. 766-772

Böttcher, Leif: Bekannte Probleme unter neuen Vorzeichen: Zur Wirksamkeit von Auslandsbeurkundungen bei der GmbH nach Inkrafttreten des MoMiG, ZNotP 2010, S. 6-12

ders./Kraft, Julia: Grenzüberschreitender Formwechsel und tatsächliche Sitzverlegung – Die Entscheidung VALE des EuGH, NJW 2012, S. 2701-2704

Brambring, Günter/Jerschke, Hans-Ulrich: Beck'sches Notar-Handbuch, München 2009

Brandt, Oliver: Grundstock für das europäisierte Kollisionsrecht – Das Gesetz zur Anpassung der Vorschriften des Internationalen Privatrechts an die Rom-II-VO, GPR 2008, S. 298-302

Brauchli, Thomas: Europakonformität der Bestimmungen des Fusionsgesetzes zum nationalen Fusionsvertrag - Einzelne Aspekte, AJP 2005, S. 1509-1520

Braun, Vera: Die Wegzugsfreiheit als Teil der Niederlassungsfreiheit, Frankfurt 2010

Breitenmoser, Stephan/Weyeneth, Robert: Die Abkommen zwischen der Schweiz und der EU, EuZW 2012, S. 854-858

Breschendorf, Peter/Wallner, Odilo: Neues im Umwandlungsrecht durch das Dritte Gesetz zur Änderung des UmwG, GWR 2011, S. 511

Briggs, Adrian: The Principle of Comity in Private International Law, RCADI 354 (2011), S. 69-182

Brodersen, Kilian: Die Beteiligung der BGB-Gesellschaft an den Personenhandelsgesellschaften, Köln 1988

Broggini, Gerardo: Sulle società nel diritto internazionale privato, in Giorgio Gaja (Hrsg.), La riforma del diritto internazionale privato e processuale. Raccolta in ricordo di Edoardo Vitta, Milano, 1994, S. 283 [zit.: Broggini, in: GS Vitta, S.]

ders.: Regole societarie del nuovo diritto internazionale privato svizzero, in : Ernst Brem (Hrsg.), Festschrift zum 65. Geburtstag von Mario M. Pedrazzini, Bern 1990, S. 263-286 [zit.: *Broggini*, in: FS Pedrazzini, S.]

Bron, Jan: Grenzüberschreitende Verschmelzung von Kapitalgesellschaften in der EG, Halle 2005

Brügger, Urs/Dubs, Dieter: Zum internationalen Anwendungsbereich der börsenrechtlichen Übernahmeordnung bei freiwilligen Übernahmeangeboten – Zugleich Anmerkungen zur Verfügung der Übernahmekammer der Eidgenössischen Bankenkommission vom 30. September 1999 i.S. LVMH Moët Hennessy Louis Vuitton (Paris) und TAG Heuer International SA (Luxemburg), SZW 2000, S. 69-84

Bucher, Eugen: Auslegungsregeln in der neueren Gesetzgebung des internationalen Privatrechts, in: Peter Forstmoser/ Walter R. Schluep (Hrsg.): Freiheit und Verantwortung im Recht, Festschrift zum 60. Geburtstag von Arthur Meier-Hayoz, Bern 1982, S. 45-64

von Busekist, Konstantin Philipp: „Umwandlung" einer GmbH in eine im Inland ansässige EU—Kapitalgesellschaft am Beispiel der englischen Ltd, GmbHR 2004, S. 650-659

Büchi, Raffael: Spin-off, Rechtliche Aspekte von Abspaltungen bei Publikumsgesellschaften, Bern 2001.

Büchler, Benjamin: Das Kapitalband, Zürich; Basel/Genf 2012

Bühler, Ottmar: Der völkerrechtliche Gehalt des internationalen Privatrechts, in: Ernst v. Caemmerer/ Walter Hallstein/F. A. Mann/Ludwig Raiser (Hrsg.) Festschrift für Martin Wolff – Beiträge zum Zivilrecht und internationalen Privatrecht, Tübingen 1952, S. 177-202. [zit: *Bühler*, in: FS Wolff, S.]

Bühler, Theodor: Die Aktiengesellschaft in den kantonalen Gesetzgebungen bis zum alten Obligationenrecht 1881-1883, in: Walter Bayer /Habersack Mathias (Hrsg.), Aktienrecht im Wandel, Band I: Entwicklung des Aktienrechts, Tübingen 2007, S. 287-317

von Büren, Roland/Kindler, Thomas: Der Vorentwurf zu einem neuen Bundesgesetz über die Fusion, Spaltung und Umwandlung, SZW 1998, S. 1-14.

ders./Walter, Hans Peter: Die wirtschaftsrechtliche Rechtsprechung des Bundesgerichts im Jahr 2004 – Veröffentlicht in Band 130 (BE), ZBJV 141 (2005), S. 750-809

Bunger, Hartwin: Internationales Gesellschaftsrecht und Europäische Menschenrechtskonvention, ZWS 1993, S. 17-22.

ders.: Grenzüberschreitende Verschmelzungsmobilität - Anmerkung zur SEVIC-Entscheidung des EuGH, Entscheidung des EuGH, BB 2006, S.53-56.

ders.: Entwicklungen im internationalen Gesellschaftsrecht Deutschlands, AG 1995, S. 489-509

ders.: Internationales Gesellschaftsrecht und Europäische Menschenrechtskonvention, EWS 1993, S. 17-22

Bydlinski, Franz : Juristische Methodenlehre und Rechtsbegriff, 2. Aufl. Wien 1991

Campos Nave, José A: Die Liberalisierung der Wegzugsfreiheit in Europa, BB 2008, S. 1410- 1414

ders.: Die ertragsteuerneutrale und identitätswahrende Sitzverlegung der GmbH in Mitgliedstaaten der Europäischen Union, Wiesbaden 2009.

Canaris, Claus-Wilhelm/Habersack, Mathias / Schäfer, Carsten (Hrsg.): Staub, Handelsgesetzbuch: HGB, Großkommentar in 15 Bänden, München 2009 [Staub, GroßkommHGB-*Bearb.*]

Carney, William J.: Will Coice of Law will become trivial?, in: Hans-Eric Rasmussen-Bonne et al (Hrsg.), Balancing of interests: Liber Amicorum Peter Hay zum 70. Geburtstag, , Frankfurt a. M. 2005, S. 73-84 [zit.: *Carney*, Liber Amicorum Hay, S.]

Cary, William L.: Federalism and Corporate Law: Reflections upon Delaware, Yale L.J. 83 (1974), S. 663-705

Cath, Inne G.F.: Freedom of Establishment of Companies: a New Step Towards Completion of the Internal Market, Y.B.Eur.L. 6 (1986), S. 247-261

Cerioni. Luca: The Cross-border Mobility of Companies within the European Community after the Cartesio Ruling of the ECJ, J.B.L 2010, S. 311-338

Champeaux, Christian: Fusionsgesetz: Aspekte der Handelsregisterpraxis, REPRAX 2011, S. 51-73

Charney, David: Competition Among Jurisdictions in Formulating Corporate Law Rules: An American Perspective on the „Race to the Bottom" in the European Communities, Harv. Int'l. L.J. 32 (1991), S. 423-56

Chromek, Thomas: Wegzugsfreiheit von Kapitalgesellschaften im europäischen Binnenmarkt, Leipzig 2009

Cordewener, Axel: EG-rechtlicher Grundfreiheitsschutz in der Praxis – Auswirkungen der Kapitalverkehrsfreiheit auf Sachverhalte mit Drittstaatsberührung, IWB 2009/10, Fach 11 Grp 2, 995 (999)

Cottier, Thomas/Liechti, Rachel: Schweizer Spezifika: Direkte Demokratie, Konkordanz, Föderalismus und Neutralität als politische Gestaltungsfaktoren, in: Fritz Breuss/ Thomas Cottier/Peter-Christian Müller-Graff/Armin Hatje (Hrsg.) : Die Schweiz im europäischen Integrationsprozess, Schriftenreihe des Arbeitskreises Europäische Integration e.V. Band 60, Baden-Baden, 2008, S. 39-62

ders./Dzamko, Daniel/Evtimov, Erik: Die europakompatible Auslegung des schweizerischen Rechts, in: Schweizerisches Jahrbuch für Europarecht 2003/Annuaire suisse de Droit européen 2003, Bern 2004, S. 357-392. [zit.: *Cottier/Dzamko//Evtimov*, Die europakompatible Auslegung des schweizerischen Rechts. S.]

Craig, Paul P/de Búrca, Gráinne: EU law – text, cases, and materials, 5. Aufl., Oxford 2011

Crisolli, Karl-August: Die Firmenzusätze „deutsch" und „national", JW 62 (1933), S. 2102

Currie, Brainerd: Selected Essays on the Conflict of Laws, Durham 1963

Dasser, Felix: Haftungsdurchgriff im IPR, Ausweichklausel und die Ermittlung ausländischen Rechts, in: Jusletter 14. Oktober 2002

ders.: Der Durchgriff im Internationalen Privatrecht : ein Beitrag zur Diskussion über den positiven und den negativen Ordre public, in: Peter Breitschmid/Wolfgang Portmann/Heinz Rey/Dieter Zobl (Hrsg.) Grundfragen der juristischen Person: Festschrift für Hans Michael Riemer zum 65. Geburtstag, Bern 2007, S. 35-49

Däubler, Wolfgang/Heuschmidt, Johannes: Cartesio und MoMiG – Sitzverlagerung ins Ausland und Unternehmensmitbestimmung, NZG 2009, S. 493-496

Dauner-Lieb, Barbara / Heidel, Thomas/ Ring, Gerhard : Anwaltskommentar, Bürgerliches Gesetzbuch, Bd. I. Allgemeiner Teil, EGBGB, 2. Aufl. Baden-Baden 2012 [zit.: AnwKomm-*Bearb*, § Rn.]

dies./Simon, Stefan: Kölner Kommentare zum Unternehmens- und Gesellschaftsrecht: Kölner Kommentar zum UmwG, Köln 2009

Dauses, Manfred A (Hrsg.): Handbuch des EU-Wirtschaftsrechts, 31. Ergänzungslieferung Juli 2012, München [zit.: Bearb, in: Dauses (Hrsg.), Hdb. EU-WirtschaftsR, Kapitel, Rn.]

De Meo, Francesco: Reform des italienischen Internationalen Privatrechts ZfRV 37 (1996), S. 46-60

Deelen, Jan Theodoor: De blinddoek van von Savigny, Amsterdam 1966

Delp, Udo A.: Die Stiftung & Co. KG : eine Unternehmensform der rechtsgestaltenden Beratungspraxis, Heidelberg 1991

Diem, Hans-Jakob/Iffland, Jacques/Tschäni, Rudolf: Öffentliche Kaufangebote, 2. Aufl., Zürich 2010

Dietzi, Hanspeter: Zur Einführung einer generellen Ausweichklausel im schweizerischen IPR, in: Juristische Fakultät der Universität Basel (Hrsg.), Festgabe zum Schweizer Juristentag 1973, Basel 1973, S. 49-73; [zit.: *Dietzi*, in: FS Festgabe zum Schweizer Juristentag 1973, S.]

Doehring, Karl: Das Staatsrecht der Bundesrepublik Deutschland: unter besonderer Berücksichtigung der Rechtsvergleichung und des Völkerrechts, ein Lehrbuch, 3. Auflage, Frankfurt am Main 1984

Dohrn, Heike: Die Kompetenzen der Europäischen Gemeinschaft im internationalen Privatrecht, Tübingen 2004

Doralt, Maria: Österreichischer OGH zur verschmelzenden Umwandlung über die Grenze nach Deutschland, NZG 2004, S. 396-400

Dorothea Herren: Ein modernes Kapitalgesellschaftsrecht für die Schweiz - Einführung in ein Habilitationsprojekt, GesKR 2006, 223-227

Dorr, Robert/Stukenborg, Gabriela: „Going to the Chapel“: Grenzüberschreitende Verschmelzungen nach dem UmwG (1994), DB 2003, S. 647-653

Dötsch, Ewald: Inländische Umwandlungsvorgänge mit Auslandsberührung, BB 1998, S. 1029-1039

Drexl, Josef: Die gemeinschaftsrechtliche Pflicht zur einheitlichen richtlinienkonformen Auslegung hybrider Rechtsnormen und deren Grenzen. in: Stephan Lorenz/Alexander Trunk/Horst Eidenmüller (Hrsg.): Festschrift für Andreas Heldrich zum 70. Geburtstag. München, 2005, S. 67-86

Drobnig, Ulrich: Gemeinschaftsrecht und internationales Gesellschaftsrecht. „Daily Mail" und die Folgen, in: Christian v. Bar (Hrsg.), Europäisches Gemeinschaftsrecht und Internationales Privatrecht, Köln 1991, S. 185-206

ders.: Skizzen zur internationaprivatrechtlichen Anerkennung, in: Hans Claudius Ficker (Hrsg.), Festschrift für Ernst von Caemmerer zum 70. Geburtstag, Tübingen 1978, S. 687-704

ders.: Kritische Bemerkungen zum Vorentwurf eines EWG-Übereinkommens über die Anerkennung von Gesellschaften, ZHR 129 (1967), S. 93-120

Drucker, Thomas C.: Companies in Private International Law, ICLQ 17 (1968), S. 28-57

Drury, Robert R.: The Regulation and Recognition of Foreign Corporations: Responses to the “Delaware Syndrome”, C.L.J, 57 (1998), S. 165-194.

Drygala, Tim: Eintragung einer grenzüberschreitenden Verschmelzung in das deutsche Handelsregister („Sevic“), EWiR 2006, S. 25-28

ders.: Stand und Entwicklung des europäischen Gesellschaftsrechts, ZEuP 2004, S. 337-365

ders.: Die Mauer bröckelt – Bemerkungen zur Bewegungsfreiheit deutscher Unternehmen in Europa, ZIP 2005, S. 1995-2000

ders./Staake, Marco/Szalai, Stephan: Kapitalgesellschaftsrecht mit Grundzügen des Konzern und Umwandlungsrechts und Konzernrecht, Berlin, Heidelberg 2012

Dubovizkaja, Elena: Überseering-Rechtsprechung: Gerichtliche Klarstellung zur Niederlassungsfreiheit von Gesellschaften, GmbHR 2003, S. 694-698

Dubs, Dieter/Watter, Rolf: Organverhaltens- und Organhaftungsregelung im Börsenrecht, AJP 1998, S. 1308-1326

Duden, Konrad / Schilling, Wolfgang: Die Spaltung von Gesellschaften, AG 1974, S. 202- 212

Dutoit, Bernard: Droit international privé suisse : Commentaire de la loi fédérale du 18 décembre 1987, 4. Aufl., Basel 2005

Duys, Oliver: Auslands-Kapitalgesellschaft und & Co KG : systemimmanente Grenzen – europarechtliche Einflüsse, Regensburg 2001

Dzida, Boris/Schramm, Nils: Arbeitsrechtliche Pflichtangaben bei innerstaatlichen und grenzüberschreitenden Verschmelzungen, NZG 2008, S. 521-527

Ebenroth, Carsten Thomas: Unternehmensrecht und Internationales Privatrecht, in: Peter Forstmoser/Walter R Schluep (Hrsg), Freiheit und Verantwortung im Recht: Festschrift zum 60. Geburtstag von Arthur Meier-Hayoz, Bern 1982, S. 101-124 [zit.: *Ebenroth*, in: FS Meier-Hayoz, S.]

ders.: Neuere Entwicklungen im deutschen internationalen Gesellschaftsrecht – Teil 1, JZ 1988, S. 18-30

ders./Bippus, Birgit: Die staatsvertragliche Anerkennung ausländischer Gesellschaften in Abkehr von der Sitztheorie, DB 1988, S. 842-850.

ders./Bippus, Birgit: Führen bilaterale Investitionsförderverträge zu einer Abkehr vom Sitzprinzip?, RIW 1988, S. 336-343.

ders./Eyles, Uwe: Die Beteiligung ausländischer Gesellschaften an einer inländischen Kommanditgesellschaft, DB 1988, Beil. 2 zu Heft 6, S. 1-20.

ders./Hopp, Torsten-Tankmar: Die ausländische Kapitalgesellschaften KG; JZ 1989, S. 883-891

ders./Sura, Achim: Das Problem der Anerkennung im Internationalen Gesellschaftsrecht, RabelsZ 43 (1979), S. 315-345

ders./Auer, Thomas: Die Vereinbarkeit der Sitztheorie mit europäischem Recht - Zivil- und steuerrechtliche Aspekte im deutschen Recht; GmbHR 1994, S. 16-27

dies.: Die europarechtliche Niederlassungsfreiheit von Gesellschaften und das internationale Gesellschaftsrecht – Anmerkung zu BayObLG, Beschluss vom 7.5.1992 – 3 ZR BR 14/92, JZ 1993, S. 372-376

dies.: Grenzüberschreitende Verlagerung von unternehmerischen Leitungsfunktionen im Zivil- und Steuerrecht, RIW 1992, Beil. 1. zu Heft 3, S. 1-30

dies.: Sitzverlegung ins Ausland – BayObLG, Beschluß vom 7. 5. 1992 - 3Z BR 14/92, DNotZ 1993, S. 187-197

ders./Boujong, Karlheinz / Joost, Detlev / Strohn, Lutz (Hrsg.): Handelsgesetzbuch, Kommentar, Band 1: §§ 1-342e, 2. Aufl., München 2008 [zit.: Ebenroth/Boujong/Joost/Strohn HGB-*Bearb.* § Rn.]

ders./Wilken, Oliver: Entwicklungstendenzen im deutschen Internationalen Gesellschaftsrecht – Teil 1; JZ 1991, S. 1014-1022

ders./Eyles, Uwe: Die innereuropäische Verlegung des Gesellschaftssitzes als Ausfluß der Niederlassungsfreiheit, DB 1989 S. 363-372

ders./Offenloch, Thomas: Kollisionsrechtliche Untersuchung grenzüberschreitender Ausgliederungen, RIW 1997, S. l-14

ders./Eyles, Uwe: Die Beteiligung ausländischer Gesellschaften an einer inländischen Kommanditgesellschaft, DB 1988 Beil. 2 S. 1-20.

ders./Hopp, Torsten-Tankmar: Die ausländische Kapitalgesellschaften KG, JZ 1989, S. 883-892

ders./Kaiser, Andreas: Die Reform des Internationalen Gesellschaftsrechts in Italien, ZVglRWiss 91 (1992), S. 223-257

Eberhard, Stefan: La scission de la société anonyme en droits allemand, américain et suisse, Genève 1999

Eberspächer, Friedemann: Unternehmerische Mitbestimmung in zugezogenen Auslandsgesellschaften - Regelungsmöglichkeiten des deutschen Gesetzgebers? ZIP 2008, S. 1951-1958

Ebke, Werner F: The"Real Seat" Doctrine in the Conflict of Corporate Laws, TIL 36 (2002) S. 1015-1037

ders.: Der Einfluss des US-amerikanischen Rechts auf das Internationale Gesellschaftsrecht in Deutschland und Europa, ZVglRWiss 110 (2011), S. 2-36

ders.: Die „ausländische Kapitalgesellschaft & Co. KG" und das europäische Gemeinschaftsrecht- Besprechung der Entscheidung BayObLGZ 1986, 61, ZGR 1987, 245-270

ders.: Unternehmensrecht und Binnenmarkt – *E pluribus unum*?, RabelsZ 62 (1998), S. 196-242

ders.: Überseering und Inspire Art: Die Revolution im Internationalen Gesellschaftsrecht und ihre Folgen, in: Rolf Kniffka/Friedrich Quack/Thomas Vogel/Klaus-R. Wagner (Hrsg.), Festschrift für Reinhold Thode, München 2005, S. 593-613. [zit: *Ebke*, in: FS Thode, S.]

ders.: Überseering: „Die wahre Liberaliät ist Anerkennung“, JZ 2003, S. 927-933

ders.: Die "ausländische Kapitalgesellschaft & Co. KG" und das europäische Gemeinschaftsrecht, ZGR 1987, S. 245-270

ders.: Überseering und Inspire Art: Auswirkungen auf das Internationale Gesellschaftsrecht aus der Sicht von Drittstaaten, in: Otto Sandrock/Christoph F. Wetzler, (Hrsg.), Deutsches Gesellschaftsrecht im Wettbewerb der Rechtsordnungen. Nach Centros, Überseering und Inspire Art, Schriften des Betriebs-Beraters, Band 132, Heidelberg, 2004, S. 101-128. [*Ebke*, in: Sandrock/Wetzler (Hrsg.), Deutsches Gesellschaftsrecht im Wettbewerb der Rechtsordnungen, 2004, S.]

Ege, Reinhard/Klett, Sabine: Praxisfragen der grenzüberschreitenden Mobilität von Gesellschaften, DStR 2012, S. 2442-2250

Egger, August/Escher, Arnold/Haab, Robert/Homberger, Arthur/Oser, Hugo/Schönenberger, Wilhelm/ Siegwart, Alfred (Hrsg.): Kommentar zum Schweizerischen Zivilgesetzbuch, Das Obligationenrecht Bundesgesetz vom 30. März 1911 betreffend die Ergänzung des Schweizerischen Zivilgesetzbuches vom 30. März 1911 und Bundesgesetz über die Revision der Titel XXIV bis XXXIII des Obligationenrechtes vom 18. Dezember 1936, Band V, Teil 5 Die Aktiengesellschaft a) Allgemeine Bestimmungen (Art. 620 - 659), kommentiert von Alfred Siegwart, Zürich 1945. [Zit.: *Siegwart,* in ZürchKomm zum schweizerischen Zivilgsetzbuch V/5a (1945), S. Rn.]

Egli, Heinz: Die Sitzverlegung juristischer Personen im internationalen Privatrecht, Zürich 1965

Ehrenzweig, Albert A.: Rezension zu Günther Grasmann: System des internationalen Gesellschaftsrechts, Außen- und Innenstatut der Gesellschaften im internationalen Privatrecht, Herne Verlag Neue Wirtschaftsbriefe 1970, RabelsZ 35 (1971), S. 347-348

Eidenmüller, Horst: Geschäftsleiter- und Gesellschafterhaftung bei europäischefn Auslandsgesellschaften mit tatsächlichem Inlandssitz, NJW 2005, S. 1618-1621

ders.: Mobilität und Restrukturierung von Unternehmen im Binnenmarkt, JZ 2004, S. 24-33

ders.: Die GmbH im Wettbewerb der Rechtsformen, ZGR 2007, S. 168-211

ders. (Hrsg.): Ausländische Kapitalgesellschaften im deutschen Recht, München 2004, [zit.: *Bearb.*, in: Eidenmüller., Ausländische Kapitalgesellschaften, § Rn.]

Einsele, Dorothee: Kollisionsrechtliche Behandlung von Wertpapieren und Reichweite der Eigentumsvermutung des § 1006 BGB, (Besprechung von BGH 19.1. 1994, IPRax 1995, 173 f.), IPRax 1995, S. 163-166

Enneccerus, Ludwig/Nipperdey, Hans Carl: Allgemeiner Teil des Bürgerlichen Rechts, 15. Aufl., Tübingen 1959/60

Entzian, Tobias/Schleifenbaum, Thekla: Bestandsübertragung und neues Umwandlungsgesetz, ZVersWiss 1996, S. 521-543

Epiney, Astrid: Die europarechtlichen Optionen „Bilateraler Weg“ und EU-Beitritt: ein Vergleich aus rechtlicher Sicht, in: Dieter Freiburghaus/Astrid Epiney (Hrsg.) Beziehungen Schweiz – EU: Standortbestimmungen und Perspektiven, Zürich 2010, S. 41-58

dies.: Zur Bedeutung der Rechtsprechung des EuGH für Anwendung und Auslegung des Personenfreizügigkeitsabkommens, ZBJV 141 (2005), S. 1-31.

dies.: Zu den "bilateralen" Verträgen der EG bzw. ihren Mitgliedstaaten und der Schweiz – einige Gedanken zur Einbindung der Schweiz in den acquis communautaire, GPR 2006, S. 2-5

dies./Rivière, Florence (Hrsg.), : Auslegung und Anwendung von „Integrationsverträgen“, Zürich/Basel/Genf 2006

dies.: Die europarechtlichen Optionen „Bilateraler Weg“ und EU – Beitritt: ein Vergleich aus rechtlicher Sicht, in: Dieter Freiburghaus/Astrid Epiney (Hrsg.), Beziehungen Schweiz – EU. Standortbestimmung und Perspektiven, Zürich 2010, S. 41-58

dies./Freiburghaus, Dieter (Hrsg.): Beziehungen Schweiz – EU. Standortbestimmung und Perspektiven, Zürich 2010. [zit.: *Bearb.* , in: Beziehungen Schweiz – EU. 2010, S.]

dies./Metz, Beate/Pirker, Benedikt : Zur Parallelität der Rechtsentwicklung in der EU und in der Schweiz – Ein Beitrag zur rechtlichen Tragweite der 'Bilateralen Abkommen', Zürich 2012

Escher, Arnold/v. Tuhr, Andreas: Allgemeiner Teil des Schweizerischen Obligationenrechts, Band II, 3. Auflage, Zürich 1984

Ewald, William, Legal History and Comparative Law, ZEuP 1999, S. 553-559

Eyles, Uwe: Das Niederlassungsrecht der Kapitalgesellschaften in der Europäischen Gemeinschaft: die Überlagerung des deutschen Gesellschaftsrechts und Unternehmenssteuerrechts durch europäisches Gemeinschaftsrecht, Baden-Baden 1990

Favez, Jean-Claude: in: Mauro Cerutti et al. (Hrsg.) Diplomatische Dokumente der Schweiz, (1848-1945), Band 10 (1930-1933), Bern 1982 [zit.: Beitrag, in : Favez, Diplomatische Dokumente der Schweiz, Bd. 10, Dokumenten-Nr. , S]

Fawcett, James / Carruthers, Janeen M / North, Peter: Cheshire, North & Fawcett on Private International Law, 14. Aufl. Oxford 2008

Fehrenbacher, Ansgar: Freier Personenverkehr zwischen der Schweiz und den Mitgliedstaaten der Europäischen Gemeinschaft – Änderungen durch das bilaterale Abkommen zur Personenfreizügigkeit, NVwZ 2002, S. 1344-1347.

Fellmann, Walter / Müller, Karin: Berner Kommentar, Band VI: Obligationenrecht. 2. Abteilung: Die einzelnen Vertragsverhältnisse. 8. Teilband: Die einfache Gesellschaft Art. 530-544, Bern 2006. [BernerKomm OR-*Bearb.*, Bd. VI/2/8, Art. Rn.]

Fikentscher, Wolfgang: Probleme des internationalen Gesellschaftsrechts, in: MDR 1957, S. 71-75.

Fingerhut, Jörn/ Rumpf Joachim: MoMiG und die grenzüberschreitende Sitzverlegung – Die Sitztheorie ein (lebendes) Fossil ?, IPRax 2008, S. 90-96

Fischer, Christian : Topoi verdeckter Rechtsfortbildungen im Zivilrecht, Tübingen 2007

Fleischer, Holger / Goette, Wulf (Hrsg.): Münchener Kommentar zum Gesetz betreffend die Gesellschaften mit beschränkter Haftung – GmbHG, Gesamtwerk in 3 Bänden, München 2010-2012.
Band 1: §§ 1-34, München 2010
Band 2: §§ 35-52, München 2012
Band 3: §§ 53-85, München 2011
[zit.: MünchKomm. GmbHG-*Bearb*, Rn.]

ders./Wedemann, Frauke: Kodifikation und Derogation von Richterrecht: Zum Wechselspiel von höchstrichterlicher Rechtsprechung und Reformgesetzgebung im Gesellschaftsrecht, AcP 209 (2009), S. 597–627

Flesner, Patrick: Die GmbH-Reform (MoMiG) aus Sicht der Akquisitions- und Restrukturierungspraxis, NZG 2006, S. 641-648

Flessner, Axel: Die Rechtsvergleichung als Kundin der Rechtsgeschichte, ZEuP 1999, S. 513-520

Flume, Johannes W.: Vermögenstransfer und Haftung – Eine Studie zur Nutzbarmachung der Universalsukzession für den Unternehmensverkehr, Berlin 2008

ders.: Körperschaftliche juristische Person und Personenverband, in:, Hans-Joachim Musielak/ Klaus Schurig, Festschrift für Gerhard Kegel zum 75. Geburtstag 26. Juni 1987, Stuttgart 1987, S. 147-161

ders.: Allgemeiner Teil des Bürgerlichen Rechts, Juristische Personen, Band 2, Berlin 1983

Fögen, Marie Theres: „Mehr Sein als Schein"?, Anmerkung zur juristischen. Person in Theorie und Praxis, in: SJZ 1999, S. 393-400

Forsthoff, Ulrich : Internationale Verschmelzungsrichtlinie: Verhältnis zur Niederlassungsfreiheit und Vorwirkung; Handlungszwang für Mitbestimmungsreform, DStR 2006, S. 613-618

Forstmoser Peter/ Meier-Hayoz Arthur: Schweizerisches Gesellschaftsrecht – mit Einbezug des künftigen Rechnungslegungsrechts und der Aktienrechtsreform, Bern 2012

ders./ Meier-Hayoz Arthur/ Nobel Peter: Schweizerisches Aktienrecht, Bern1996

ders.: Gestaltungsfreiheit im schweizerischen Gesellschaftsrecht, in: Marcus Lutter/Herbert Wiedemann (Hrsg.) Gestaltungsfreiheit im Gesellschaftsrecht. Deutschland, Europa und USA. 11.ZGR-Symposium "25 Jahre ZGR" ZGR-Sonderheft 13 (1997), 254-277. [zit: *Forstmoser*, in: ZGR-Sonderheft 13 (1997), S.]

ders.: Der autonome Nach-, Mit- und Vorvollzug europäischen Rechts: das Beispiel der Anlagefondsgesetzgebung, in: Peter Forstmoser/Hans Caspar von der Crone/ Rolf H. Weber / Dieter Zobl (Hrsg.), Der Einfluss des europäischen Rechts auf die Schweiz, Festschrift für Professor Roger Zäch zum 60. Geburtstag, Zürich 1999, S. 523-537. [zit.: *Forstmoser*, in: FS Zäch, S.]

ders.: Abschied vom Numerus clausus im Gesellschaftsrecht?, in: "Wirtschaftsrecht zu Beginn des 21. Jahrhundert", Benno Bernet / Robert Waldburger / Charlotte M. Baer / Ursula Nobel (Hrsg.) "Wirtschaftsrecht zu Beginn des 21. Jahrhundert", Festschrift für Peter Nobel zum 60. Geburtstag, Bern 2005, S. 77-98. [zit.: *Forstmoser*, in: FS Nobel, S.]

ders.: Monistische oder dualistische Unternehmensverfassung? Das Schweizer Konzept, ZGR 2003, S. 688-719

ders.: Wirtschaftsrecht im Wandel - Erfahrungen aus vier Jahrzehnten, SJZ 104 (2008), S. 133-144

Francescakis, Phocion: Quelques précisions sur les „lois d'application immédiate » et leurs rapports avec les règles de conflits de loi, in: Revue critique de droit international privé 55 (1966), S. 1-18

Frankenstein, Ernst: Internationales Privatrecht (Grenzrecht), Erster Band, Berlin 1926

Franz, Alexander/Laeger, Lars: Die Mobilität deutscher Kapitalgesellschaften nach Umsetzung des MoMiG unter Einbeziehung des Referentenentwurfs zum internationalen Gesellschaftsrecht, BB 2008, S. 678-685

Frenzel, Ralf: Regionalgericht Szeged versus OLG München: Verstößt die Ablehnung der Eintragung einer grenzüberschreitenden Sitzverlegung gegen die Niederlassungsfreiheit? EWS 2008, S. 130-135

Frobenius, Tilmann: „Cartesio": Partielle Wegzugsfreiheit für Gesellschaften in Europa, DStR 2009, S. 487-492

Frowein, Georg Abraham: Grenzüberschreitende Sitzverlegung von Kapitalgesellschaften – Sachrecht, Kollisionrecht, Reform, Frankfurt 2001

Funken, Katja: Das Anerkennungsprinzip im internationalen Privatrecht – Perspektiven eines europäischen Anerkennungskollisionsrechts für Statusfragen, Tübingen 2009

Gasser, Urs/Meier-Schatz, Christian J: Zum räumlichen Anwendungsbereich der Übernahmeregeln – Eine Kurzreplik, SZW 2000, S. 121-126

Geck, Reinhard: Die Spaltung von Unternehmen nach dem neuen Umwandlungsrecht, DStR 1995 S. 416-424

Geens, Koen/Hopt, Klaus J.: The European Company Law Action Plan Revisited – Reassessment of the 2003 Priorities of the European Commission, Leuven 2010 [zit.: *Bearb.*, Geens/Hopt (Hrsg) The European Company Law Action Plan Revisited, S.]

Gesell, Harald/Krömker, Michael: Grenzüberschreitende Verschmelzungen nach SEVIC: Praxisbericht über die Verschmelzung einer niederländischen auf eine deutsche Kapitalgesellschaft, DB 2006, S. 2558-2563

dies.: Grenzüberschreitende Verschmelzung einer niederländischen auf eine deutsche Kapitalgesellschaft – „Hinausverschmelzung" von Niederlassungsfreiheit gem. Art. 43, 48 EGV n.F. geschützt, Anm. zum Urteil des Kantongerecht Amsterdam vom 29. Januar 2007 (Az. EA 06-3338 166), DB 2007, S. 677-679

Geyrhalter, Volker/Gänßler, Peggy: Perspektiven nach "Überseering" – wie geht es weiter? NZG 2003, S. 409-414

ders./Weber, Thomas: Transnationale Verschmelzungen – im Spannungsfeld zwischen SEVIC Systems und der Verschmelzungsrichtlinie, DStR 2006, S. 146-151

Ghandchi, Jasmin: Der Geltungsbereich des Art. 159 IPRG: Haftung für ausländische Gesellschaften, Zürich 1991

Girsberger, Daniel: Zehn Jahre IPRG, SJZ 1999, S. 209-221

ders.: Der Vorentwurf zu einem Bundesgesetz über die Fusion, Spaltung und Umwandlung von Rechtsträgern (Fusionsgesetz) – Internationale Aspekte, ZSR 1998, S. 317-347

ders.: Zehn Jahre IPRG, SJZ 1999, S. 209-221

ders./Heini, Anton/Keller, Max/Kren Kostkiewicz, Jolanta/Siehr, Kurt/Vischer, Frank/Volken, Paul: Zürcher Kommentar zum IPRG – Kommentar zum Bundesgesetz über das Internationale Privatrecht (IPRG) vom 18. Dezember 1987, Zürich et. al., 2. Aufl. 2004, [zit.: ZürchKomm IPRG-*Bearb.*, Art. , Rn.]

ders./Rodriguez, Rodrigo: Die Sitzverlegung im europäischen Gesellschaftsrecht – Auswirkungen auf die Schweiz? SZIER 2004, S. 559-583

dies.: FusG und Internationales Privatrecht, SZW 2004, S. 259-268

Glanzmann, Lukas: Die Kontinuität der Mitgliedschaft im neuen Fusionsgesetz, AJP. 2004, S. 139-154

ders.: Umstrukturierungen: Eine systematische Darstellung des schweizerischen Fusionsgesetzes, Bern 2006

ders.: Der Umstrukturierungsvertrag bzw. -plan im neuen Fusionsgesetz AJP 2004, S. 815-832

Glenn, H. Patrick: Comparative Legal Families and Comparative Legal Traditions, in: Mathias Reimann/Reinhard Zimmermann (Hrsg.) The Oxford Handbook of Comparative Law, 2008, S. 421–440

Glöckner, Jochen: Grundverkehrsbeschränkungen und Europarecht, EuR 2000, S. 592-622

Gnos, Urs/Vischer, Markus: Erfahrungen mit dem Fusionsgesetz 2007-2010, AJP 2011 S. 402-420

Goette , Wulff : Anmerkungen zu BGH Urteil vom 27.10.2008 - II ZR 158/06 (Trabrennbahn), DStR 2009, S. 59-63

ders.: Die aktuelle gesellschaftsrechtliche Rechtsprechung des BGH in: VGR (Hrsg.), Gesellschaftsrecht in der Diskussion 2008: Jahrestagung der Gesellschaftsrechtlichen Vereinigung (VGR), Köln 2009, S. 1-52

ders.: Chancen und Risiken der GmbH-Novelle, WPg 2008, S. 231-238

ders. /Habersack, Mathias (Hrsg.): Münchener Kommentar zum Aktiengesetz, Band 1: §§ 1-75, 3. Aufl. 2008; Band 7, Europäisches Aktienrecht, SE-VO, SEBG, Europäische Niederlassungsfreiheit, 3. Aufl., München 2012 [zit.: MünchKommAktG-*Bearb*., Europäisches Aktienrecht Rn.]

Goldman, Berthold: Droit commercial européen, Paris 1975

ders.: Le projet de convention entre les états membres de la Communauté économique européenne sur la reconnaissance mutuelle des sociétés et personnes morales, RabelsZ 31 (1967), S. 201-232.

Good, Paul-Lukas: Die Schengen-Assoziierung der Schweiz, Lachen, 2010 [zugl. Diss. Univ. St. Gallen 2009]

Görk, Stefan: Vorlagebeschluss an EuGH zur Sitztheorie, MittBayNot 2000, S. 566-568

Göthel, Stefan R.: Joint Ventures im Internationalen Privatrecht: ein Vergleich der Rechte Deutschlands und der USA Heidelberg 1999

Gottschalk, Eckart: Zur Frage grenzüberschreitender Verschmelzungen und der Eintragungsfähigkeit in das nationale Handelsregister, EuZW 2006, S. 83-84

Götze, Cornelius/Mörtel, Markus: Zur Beurkundung von GmbH-Anteilsübertragungen in der Schweiz, NZG 2011, S. 727-732

Grabitz, Eberhard/Hilf, Meinhard/Nettesheim, Martin (Hrsg.): Das Recht der Europäischen Union, Loseblattausgabe, Kommentar, 49. Ergänzungslieferung November 2012, München 2012 [zit.: Bearb, in: Grabitz/Hilf/Nettesheim, Das Recht der Europäischen Union, EL. Art. Rn.]

Graf Vitzthum, Wolfgang (Hrsg.): Völkerrecht, Berlin 2010

von Graffenried, Réné: Neue handelsrechtliche Vorschriften für den Fall eines internationalen Konfliktes, ZBJV 94 (1958), S. 129-137

Grasmann, Günther: System des internationalen Gesellschaftsrechts: Außen- und Innenstatut der Gesellschaften im internationalen Privatrecht, Herne 1970. (Zugl.: München, Univ., Habil.-Schrift, 1968/69)

Grasser, Urs: Vorschlag für eine 14. gesellschaftsrechtliche EU-Richtlinie zur Verlegung des Gesellschaftssitzes innerhalb der EU, SZW 2004, S. 276-284

Graziadei, Michele: Comparative Law, Legal History, and the Holistic Approach to Legal Culture, ZEuP 1999, S. 531-543

Greenfield, Kent: Ultra Vires Lives! A Stakeholder Analysis of Corporate Illegality (With Notes on How Corporate Law Could Reinforce International Law Norms) Va. L. Rev. 87 (2001), 1279-1379

ders.: Democracy and the Dominance of Delaware in Corporate Law, Law & Contemp. Probs. 67 (2004) No. 4, S. 135-146

Greter, Marco: Der Beteiligungsabzug im harmonisierten Gewinnsteuerrecht, Zürich 2000

Grewe, Wilhelm: Epochen der Völkerrechtsgeschichte, Baden-Baden 1984

Griessen Cotti, Annie/Peter, Henry/Trigo Trindade, Rita: La loi sur la fusion en application, AJP 2008, S. 55-71

Grohe, Helmut: Die "ausländische Kapitalgesellschaft & Co." : Zuverlässigkeit grenzüberschreitender Grundtypvermischungen und Anknüpfung des Gesellschaftsstatuts unter besonderer Berücksichtigung des europäischen Gemeinschaftsrechts, Köln et al. 1989 (Zugl.: Osnabrück, Univ., Diss., 1988/89), [Zit. Grohe, Die "ausländische Kapitalgesellschaft & Co.", S.]

Grolimund, Pascal: Vertrauensanknüpfung im Internationalen Privat- und Zivilverfahrensrecht, St. Gallen 2008

Großfeld, Bernhard: Die „ausländische juristische Person & Co. KG", IPRax 1986, S. 351-355

ders.: Die Entwicklung der Anerkennungstheorien im Internationalen Gesellschaftsrecht, in: Wolfgang Hefermehl/Rudolf Gmür/Hans Brox (Hrsg.) Festschrift für Harry Westermann zum 65. Geburtstag, Karlsruhe 1974, S. 199-222

ders.: Internationales und europäisches Unternehmensrecht, Heidelberg 1995.

ders.: Anerkennung der Rechtsfähigkeit juristischer Personen, RabelsZ 31 (1967), S. 1-50

ders.: Wandel der Unternehmensverfassung, NZG 2005, S. 1-4

ders.: Zur Geschichte der Anerkennungsproblematik bei Aktiengesellschaften, RabelsZ 38 (1974) 344 – 371

ders.: Aktiengesellschaft, Unternehmenskonzentration und Kleinaktionär, Tübingen, 1968 [zugl. Habil. Univ. Göttingen 1967]

ders.: Zauber des Rechts, Tübingen 1999

ders.: Wandel der Unternehmensverfassung, NZG 2005, S. 1-5

ders.: Einige Grundfragen des internationalen Unternehmensrechts, Opladen 1987

ders.: Macht und Ohnmacht der Rechtsvergleichung, Tübingen 1984

ders./Jasper, Dieter: Identitätswahrende Sitzverlegung und Fusion von Kapitalgesellschaften in die Bundesrepublik Deutschland, RabelsZ 53 (1989), S. 52-71

ders./Beckmann, Ralph: Rechtskultur und Internationales Gesellschaftsrecht, ZVglRWiss 91 (1992), S. 351–364

ders./Boin, Kai T: Internationales Gesellschaftsrecht: Zur Anerkennung ausländischer Gesellschaften – Anmerkung zu Cour de Cassation (Crim.), Urteil vom 12.11.1990 – Sté Extraco Anstalt (Cour d'Appel Dijon) , JZ 1993 370-372

ders./Yamauchi, Koresuke: Internationales Gesellschaftsrecht in Japan, AG 1985, S. 229-236

Grote, Rainer/Marauhn, Thilo (Hrsg.): EMRK/GG Konkordanzkommentar zum europäischen und deutschen Grundrechtsschutz, Tübingen 2006. [*Berab.*, in: Grote/Marauhn, EMRK/GG, 2006, Kap. Rn.]

Grothe, Helmut: Die „ausländische Kapitalgesellschaft & Co.“, Köln et al. 1989.

Grundmann, Stefan: Deutsches "Anlegerschutzrecht" in internationalen Sachverhalten – vom internationalen Schuld- und Gesellschaftsrecht zum internationalen Marktrecht, RabelsZ 59 (1990), S. 283-322

ders.: Europäisches Gesellschaftsrecht – eine systematische Darstellung unter Einbeziehung des europäischen Kapitalmarktrechts, 2. Aufl., Heidelberg 2011

ders./Möslein, Florian: Europäisierung in: Walter Bayer/Mathias Habersack (Hrsg.), Aktienrecht im Wandel, Band II: Grundsatzfragen des Aktienrechts, Tübingen 2007, S. 31-112

Grunewald, Barbara/Noack, Ulrich: Zur Zukunft des Kapitalsystems der GmbH - Die Ein-Euro-GmbH in Deutschland. GmbHR 2005, S. 189-195

Gummert Hans/Weipert, Lutz (Hrsg.): Münchener Handbuch des Gesellschaftsrechts. – Band 1: BGB-Gesellschaftsrecht, Offene Handelsgellschaft, Partnerschaftsgesellschaft, Partenreederei, EWIV, München 2009. [zit. MünchHdb. GesR I-*Bearb.* § Rn.]

dies. (Hrsg.): Münchener Handbuch des Gesellschaftsrechts – Band 2: Kommanditgesellschaft, GmbH & Co. KG, Publikums-KG, Stille Gesellschaft, München 2009 [zit. MünchHdb. GesR II-*Bearb.* § Rn.]

Günes, Menderes: Grenzüberschreitende Verschmelzungen unter Beteiligung von Kapitalgesellschaften aus Drittstaaten, IStR 2013, 213-219

ders.: Grenzüberschreitende Verschmelzung unter Beteiligung von EU/EWR- und Drittstaaten-Kapitalgesellschaften: Entwicklung und Ausblick für das deutsche Gesellschafts- und Ertragsteuerrecht, Baden-Baden 2012

Gutzwiller, Max: Geschichte des Internationalprivatrechts – Von den Anfängen bis zu den großen Privatrechtskodifikationen, Basel/Stuttgart 1977

ders./Niederer, Werner: Beiträge zum Haager Internationalprivatrecht 1951: Kaufrecht, Gesellschaftsrecht, Freiburg (Schweiz) 1951 [*Bearb.* in: Gutzwiller/Niederer (Hrsg.) Beiträge zum Haager Internationalprivatrecht, 1951, S. 154]

Haarmann, Wilhelm: Die Überseering-Entscheidung – ein Anstoß zur Entrümpelung und Flexibilisierung des deutschen Gesellschaftsrechts?, BB 2003, Heft 16, „Die erste Seite"

Haas, Franz Joseph/Durchlaub, Thomas: Zuordnung von Arbeitsverhältnissen bei der Abspaltung von Betriebsführungsgesellschaften nach dem Umwandlungsgesetz 1995, in: Franz Wassermeyer/Dieter Mayer/Norbert Rieger, Umwandlungen im Zivil- und Steuerrecht: Festschrift für Siegfried Widmann zum 65. Geburtstag am 22. Mai 2000, Bonn 2000, S. 23-31.

Haas, Ulrich: Kapitalerhaltung, Insolvenzanfechtung, Schadensersatz und Existenzvernichtung - wann wächst zusammen, was zusammen gehört? ZIP 2006, S. 1373-1382

ders.: Reform des gesellschaftsrechtlichen Gläubigerschutzes, in Verhandlungen des 66. Deutschen Juristentages Stuttgart 2006, Band I Gutachten, E 70-E 155, München 2006. [zit.: *Haas*, Gutachten E 66. DJT]

Habermeier, Stefan: Neue Wege zum Wirtschaftskollisionsrecht – eine Bestandsaufnahme prävalenter wirtschaftskollisionsrechtlicher Methodologie unter dem Blickwinkel des kritischen Rationalismus, Baden-Baden 1997

Habersack, Mathias/Verse, Dirk A.: Europäisches Gesellschaftsrecht: Einführung für Studium und Praxis, München 2011

Habicht, Hermann: Internationales Privatrecht nach dem Einführungsgesetze – Aus dem Nachlasse herausgegeben von Max Greiff. J., Berlin 1907

Hachenburg, Max: Düringer-Hachenburg, Das Handelsgesetzbuch vom 10. Mai 1897 (unter Ausschluß des Seerechts) auf der Grundlage des Bürgerlichen Gesetzbuches, I. Band, Allgemeine Einleitung und §§ 1-104, Mannheim et. al. 1930 [zit.: *Bearb.* in: Düringer-Hachenburg, Das Handelsgesetzbuch , I. Bd, 1930, Anm.]

Hadamek, Thomas: Zeit für Gesetzgebung, ZRP 2011, S. 247-248

Hadding, Walther/Kießling, Erik: Anfänge deutschen Aktienrechtes: Das Preußische Aktiengesetz vom 9. November 1843, in: Jörn Eckert (Hrsg.), Der praktische Nutzen der Rechtsgeschichte, Hans Hattenhauer zum 8. September 2001, Heidelberg 2003, S. 159-190 [zit.: *Hadding/Kießling*, in: FS Hattenhauer, S.]

Hageböke, Jens/Käbisch, Volker : Zur Ausdehnung des Anwendungsbereichs des UmwStG i. d. F. SEStEG-E auf Grund der Diskriminierungsverbote in Artikel 24 OECD-MA, IStR 2006, S. 849-854

Haidinger, Michael: Die „ausländische Kapitalgesellschaft & Co. KG", Frankfurt am Main 1990

Halász, Christian/Kloster, Lars : Fortschreitende Europäisierung des Rechts grenzüberschreitender Unternehmenszusammenschlüsse, DStR 2004, S. 1324-1328

Halbhuber, Harald: Limited Company statt GmbH? Europarechtlicher Rahmen und deutscher Widerstand – Ein Beitrag zur Auslegung von Art. 48 EG und zum Europäischen Gesellschaftsrecht, Baden-Baden 2001

Halloran, Michael J./Hammer, Douglas L.: Section 2115 of the New California General Corporation Law – The Application of California Corporation Law to Foreign Corporations, UCLA L. Rev. 23 (1976), S. 1282-1332.

Halpérin, Jean-Louis: Entre nationalisme juridique et communauté de droit, Paris 1999

Hamann, Dirk : Auslandsscheingesellschaften im Spannungsfeld zwischen Kollisionsrecht, BGB und dem GATS am Beispiel Schweizer Aktiengesellschaften mit Verwaltungssitz in Deutschland (zugleich eine Urteilsbesprechung von BGH II ZR 158/06 („Trabrennbahn") vom 27. Oktober 2007, NJW 2008, 289 ff.) ; ELR 2009, S. 186-199

Hammer, Bernhard Martin: Die Teilung der Aktiengesellschaft unter Berücksichtigung der steuerlichen Folgen, Diessenhofen 1978

Handschin, Lukas: Kommentar zum schweizerischen Zivilrecht (Zürcher Kommentar), Bd. V/4a, Die einfache Gesellschaft, Art. 530-551 OR, 4. Auflage, Zürich 2009 [zit.: ZürchKomm OR Bd. V/4a, Art. Rn]

Hanig, Alois: Innozenz IV., der Vater der Fiktionstheorie?, Archiv für Kirchenrecht 3 (1952), S. 177-213

Haratsch, Andreas/König, Christian/Pechstein, Matthias: Europarecht, 8. Aufl., Tübingen 2012

Haritz, Detlef/v.Wolff, Bodo: Internationalisierung des deutschen Umwandlungsrechts – Zum Entwurf eines Zweiten Gesetzes zur Änderung des Umwandlungsgesetzes, GmbHR 2006, S. 340-345

Hartwieg, Oskar: Tatsachen- und Normarbeit im Rechtsvergleich – Ausgewählte Aufsätze mit einem einleitenden Vorwort von Gerhard Kegel, Hans A. Hesse/Stephan Meder et al. (Hrsg.), Tübingen 2003

ders./Korkisch, Friedrich: Die geheimen Materialien zur Kodifikation des deutschen IPR 1881 bis 1896, Tübingen 1973

Haslehner, Werner: Die Anwendung von EG-Grundfreiheiten im Verhältnis zur Schweiz, SWI 2007, S. 221

Heckschen Heribert: Ist das deutsche Umwandlungsrecht gemeinschaftsrechtswidrig? NotBZ 2005, S. 315-320

ders.: Gründungserleichterungen nach dem MoMiG - Zweifelsfragen in der Praxis, DStR 2009, S. 166-174

ders.: Die Reform des Umwandlungsrechts, DNotZ 2007, S. 444-465

Heidel, Thomas (Hrsg.): Aktienrecht und Kapitalmarktrecht, 3. Aufl. Baden-Baden 2011, [zit.: *Bearb.*, in: Heidel AktG, Rn.]

ders./Schall, Alexander: Handelsgesetzbuch: HGB, Handkommentar, 1. Aufl. Baden-Baden 2011

Heidenhain, Martin: Partielle Gesamtrechtsnachfolge bei der Spaltung, ZHR 168 (2004), S. 468-482

ders.: Ausländische Kapitalgesellschaften mit Verwaltungssitz in Deutschland, NZG 2002, S. 1141-1143

Heinemann, Andreas: 'Ökonomischer Patriotismus' in Zeiten regionaler und internationaler Integration – Zur Problematik staatlicher Aufsicht über grenzüberschreitende Unternehmensübernahmen, Beiträge zur Ordnungstheorie und Ordnungspolitik des Walter Eucken Instituts, Bd. 175, Tübingen 2011

Heini, Anton: Bermerkung zu BGE 117 II 494, SZW 1993, S. 64

Heinz Hausheer/Hans Peter Walter (Hrsg.): Berner Kommentar – Kommentar zum Schweizerischen Privatrecht: Art. 1-9 ZGB, Band I. Einleitung und Personenrecht. 1. Abteilung. Einleitung, Bern 2012 [zit: BernerKomm-*Bearb.* I/1 Einl. Art. ZGB Rn.]

Helbig, Andreas: Internationale Sitzverlegungen und Umstrukturierungen von Kapitalgesellschaften im schweizerischen Gewinnsteuerrecht, Basel 2010.

Hellgart, Alexander/Illmer, Martin: Wiederauferstehung der Sitztheorie? NZG 2009, S. 94-96

Hellwig, Hans-Jürgen: Das deutsche Gesellschaftsrecht und Europa – Ein Appell zu mehr Offenheit und Engagement, ZGR 2013, S. 216-236

Henninger, Thomas: Europäisches Privatrecht und Methode, Tübingen 2009

Henssler, Martin: Mitbestimmungsrechtliche Konsequenzen einer Sitzverlegung innerhalb der Europäischen Union – Inspirationen durch „Inspire Art“, in: Alfred Söllner, Wolfgang Gitter/Raimund Waltermann/Richard Giesen/Oliver Ricken (Hrsg.) Gedächtnisschrift für Meinhard Heinze, München 2005, S. 333-356. [zit.: *Henssler*, GS Heinze, S.]

ders./Strohn, Lutz: Beck'sche Kurzkommentare – Gesellschaftsrecht, München 2011 [zit.: Henssler/Strohn Gesellschaftsrecht 2011, Kapitel-*Bearb.* Rn.]

Henze, Hartwig: Europäisches Gesellschaftsrecht in der Rechtsprechung des Bundesgerichtshofs, DB 2003, S. 2159-2166

Hermann, Michael/Leuthold, Heiri: Atlas der politischen Landschaften: Ein weltanschauliches Porträt der Schweiz, Zürich 2003

Hermanns, Marc: Das Mysterium der Auslandsbeurkundung – Neues aus Düsseldorf, RNotZ 2011, S. 224-228

Herren Senn, Dorothea: Die vorgeschlagene Partnerschaft mit beschränkter Haftung (PmbH): Würde die PmbH die GmbH verdrängen? SZW 2008, S. 269-279

Herren, David: Das Cassis de Dijon-Prinzip im schweizerischen Recht: Gemeinsamkeiten und Divergenzen zum EU-Recht, in: Thomas Cottier (Hrsg.) Die Europakompatibilität des schweizerischen Wirtschaftsrechts: Konvergenz und Divergenz, Basel 2012, S. 59-82

Herrler, Sebastian: Gewährleistung des Wegzugs von Gesellschaften durch Art. 43, 48 EG nur in Form der Herausumwandlung – Anmerkungen zum Urt. des EuGH v. 16.12.2008 - Rs. C-210/06 (Cartesio), DNotZ 2009, S. 484-492

Herzig, Norbert: Die Realteilung von Kapitalgesellschaften im Ertragsteuerrecht, DB 1986, S. 1401-1412

Hesselmann, Malte/Tillmann, Bert/Mueller-Thuns, Thomas (Hrsg.): Handbuch der GmbH & Co. KG, Gesellschaftsrecht – Steuerrecht, 20. Aufl. 2009

Hilbig, Harald: Rechtsstellung und Rechtsnatur der Zweigniederlassungen ausländischer Gesellschaften: unter besonderer Berücksichtigung kollisionsrechtlicher Probleme [Diss. Univ. Zürich 1968]. (zit.: *Hilbig*, Rechtsstellung und Rechtsnatur der Zweigniederlassungen]

Hilf, Meinhard/Hörmann, Saskia: Der Grundrechtsschutz von Unternehmen im europäischen Verfassungsverbund, NJW 2003, S. 1-9

Hindelang, Steffen: Wie viel Freiheit wagen? : Das Verhältnis von EG Kapitalverkehrs- und Niederlassungsfreiheit und die Reglementierung von Direktinvestitionen in und aus Drittstaaten in: August Reinisch/Christina Knahr (Hrsg.), Aktuelle Probleme und Entwicklungen im Internationalen Investitionsrecht, Tagungsband des 8. Graduiertentreffen im Internationalen Wirtschaftsrecht in Wien 2007, Stuttgart 2008, S. 83-111

ders.: The Free Movement of Capital and Foreign Direct Investment. The Scope of Protection in EU Law, Oxford, 2009

Hirschle, Matthias/von der Crone, Hans Caspar: Zivilrechtliche Haftung für fahrlässig begangene Geldwäschereihandlungen – Entscheid des Schweizerischen Bundesgerichts 4C.386/2006 (BGE 133 III 323) vom 18. April 2007, SZW 2007, S. 330-339

Hirse, Thomas: Die Ausweichklausel im Internationalen Privatrecht, Tübingen 2006

Hirsiger, Caroline: Der Schutz der Gesellschafter, Gläubiger und Arbeitnehmer bei der Fusion von Kapitalgesellschaften nach schweizerischem und europäischem Fusionsrecht, Zürich 2006

Hirte, Heribert: Kapitalgesellschaftsrecht, Köln 2009

ders.: Die Europäische Aktiengesellschaft, NZG 2002, S. 1-10

ders./Bücker, Thomas: Grenzüberschreitende Gesellschaften – Ein Praxishandbuch, Köln 2006

Hoffmann, Jochen: Die stille Bestattung der Sitztheorie durch den Gesetzgeber, ZIP 2007, S. 1581-1589

ders.: Das Anknüpfungsmoment der Gründungstheorie, ZVglRWiss 101 (2002), S. 283-308

Hoffmann-Becking, Michael: Der materielle Gesellschafterschutz: Abfindung und Spruchverfahren, ZGR 1990 S. 482-502 *ders.:* "Holzmüller", "Gelatine" und die These von der Mediatisierung der, ZHR 172 (2008), S. 231-238

von Hoffmann, Bernd/Thorn, Karsten: Internationales Privatrecht, München 2007

Höfling, Barbara Sabine: Das englische internationale Gesellschaftsrecht, Heidelberg 2002

Hohenwarter, Daniela/Plansky, Patrick: Die Kapitalverkehrsfreiheit mit Drittstaaten im Lichte der Rechtssache Holböck, SWI 2007, S. 346-358

Höhne, Thorsten: Die Limited & Co. KG, Berlin 2011

Hölters, Wolfgang: Beschränkungen als Schutz vor Überfremdung, DB 1975, S. 917-921

Hommelhoff, Peter / Riesenhuber, Karl: Strukturmaßnahmen, insbesondere Verschmelzung und Spaltung im Europäischen und deutschen Gesellschaftsrecht, in: Stefan Grundmann (Hrsg.), Systembildung und Systemlücken in Kerngebieten des Europäischen Privatrechts, Gesellschaftsrecht, Arbeitsrecht, Schuldvertragsrecht, Tübingen 2000, S. 259-282

Honsell, Heinrich/Schnyder, Anton K.,/Vogt, Nedim Peter/Berti, Stephen V. (Hrsg.): Basler Kommentar Internationales Privatrecht, 2. Aufl. Basel 2007. [zit.: BaslerKomm IPRG-*Bearb.* Art. Rn.]

Honsell, Heinrich/Vogt, Nedim Peter/ Wiegand ,Wolfgang (Hrsg.), : Basler Kommentar, Obligationenrecht II, Art. 530-1186 OR. 3. Aufl., Basel 2008. [zit.: BaslerKomm OR II-*Bearb.* Rn.]

Hopf, Michel: Desideratas und Randnotizen zum vorgeschlagenen Fusionsgesetz, ST 2001, S. 49-56

Hopt, Klaus J.: Europäisches Gesellschaftsrecht und deutsche Unternehmensverfassung – Aktionsplan und Interdependenzen, ZIP 2005, S. 461-474

ders.: Emission, Prospekthaftung und Anleihetreuhand im internationalen Recht, in: Bernard Pfister (Hrsg.), Festschrift für Werner Lorenz zum siebzigsten Geburtstag, Tübingen 1991, S. [zit.: *Hopt*, in: FS Lorenz, S.]

ders.: Europäisches Gesellschaftsrecht: Quo vadis? EuZW 2012, S. 481-483

ders.: Die dritte Gewalt als politischer Faktor: eine Fallstudie zur Reform der Wahlkreiseinteilung in den USA, Berlin 1969

ders.: Europäisches Gesellschaftsrecht im Lichte des Aktionsplans der Europäischen Kommission vom Dezember 2012, ZGR 2013, S. 165-215

ders.: Erwartungen an den Verwaltungsrat in Aktiengesellschaften und Banken – Bemerkungen aus deutscher und europäischer Sicht, SZW 2008, S. 235-247

ders.: Modernisierung der Unternehmensleitung und –kontrolle in: Lutz Aderhold, Barbara Grunewald, Dietgard Klingberg (Hrsg.) Festschrift für Harm Peter Westermann, Köln 2008, S. 1039-1052 [zit.: *Hopt*, in: FS Westermann, S.]

ders./Leyens, Patrick C.: Board Models in Europe – Recent Developments of Internal Corporate Governance Structures in Germany, the United Kingdom, France, and Italy, ECFR 2004, S. 135-168

ders./Wiedemann, Herbert: Großkommentar zum Aktiengesetz, 4. neu bearb. Aufl., Berlin 2008. [GroßkommAktG-*Bearb.* § Rn.]

dies.: Aktienrecht – Großkommentar Band 1: Einleitung; §§ 1-53, 4. Aufl., Berlin, New York 2004. [Großkomm Akt-*Bearb.* §]

Hörger, Helmut/v. Gronau, Franz-Stephan: Spaltung von Kapitalgesellschaften – Anmerkungen zum BMF-Schreiben vom 9.1.1992, DStR 1992, S. 93.

Horn, Norbert: Rechtsfragen internationaler Unternehmenszusammenschlüsse, *in:* Corporations, Capital Markets and Business in the Law, in: Theodor Baums et al. (Hrsg.) Liber Amicorum Richard M. Buxbaum, S. 315-337.

Horn, Norbert: Deutsches und europäisches Gesellschaftsrecht und die EuGH-Rechtsprechung zur Niederlassungsfreiheit – Inspire Art, NJW 2004, S. 893-901

ders.: Internationale Unternehmenszusammenschlüsse, ZIP 2000, S. 473-485

Hössli, Bernhard: Die schweizerische juristische Person & Co.: Abgabe- und gesellschaftsrechtliche Aspekte unter besonderer Berücksichtigung des schweizerisch-deutschen Verhältnisses, Bern et. al. 2008 [zugl. St. Gallen, Univ. Diss. 2007]

Houin, Roger: La Fusion de sociétés, in: Jean Limpens (Hrsg.) Rapport Généraux au VIe Congrès international de droit comparé, Hambourg, 30 juillet-4 août, Brüssel 1964, S. 555- 577

Hovenkamp, Herbert: The Classical Corporation in American Legal Thought, Geo. L.J. 76 (1988), S. 1593-1689

Huber, Eugen: Bericht über die Revision der Titel 24 bis 33 des schweizerischen Obligationenrechts: Beilage zum Entwurf vom Dezember 1919: dem schweizerischen Justiz- und Polizeidepartement erstattet im März 1920, Bern 1920

Hübner, Leonhard: Kollisionsrechtliche Behandlung von Gesellschaften aus 'nicht-privilegierten' Drittstaaten, Baden-Baden 2011

Hübner, Heinz: Sinn und Möglichkeiten retrospektiver Rechtsvergleichung, in: Hans-Joachim *Musielak* / Klaus *Schurig,* (*Hrsg.*), Festschrift für Gerhard Kegel zum 75.Geburtstag, Stuttgart 1987, S. 235-252

Hübner, Ulrich: Die methodische Entwicklung des internationalen Wirtschaftsrechts, Konstanz 1980

Hüffer , Uwe: Aktiengesetz: AktG, Kommentar, 10. Aufl., München 2012 [zit.: *Hüffer*, AktG, § Rn.]

Hugo, Gustav: Lehrbuch eines civilistischen Cursus , 2., ganz von neuem ausgearb. Versuch Band I : Welcher, als allgemeine Einleitung in die Jurisprudenz überhaupt und den civilistischen Cursus insbesondere, die juristische Enzyklopädie enthält , Berlin 1799

Huguenin, Claire/ Grob, Beatrice: Schutz der Kapitalmehrheit, SZW 2007, S. 90-99.

Hummer, Waldemar: Integrationspolitische Alternativen der Schweiz, EuZ 2012, S. 128-143

Isay, Rudolf/Isay, Hermann: Allgemeines Berggesetz für die preußischen Staaten – unter besonderer Berücksichtigung des Gewerkschaftsrechts, Bd. I Mannheim 1919

Isler, Peter R/v. Salis-Lütolf, Ulysses: Fusionen nach dem neuen Fusionsgesetz, ZSR 2004 , S. 9-37

Israël, Jona: European Cross-border Insolvency Regulation: A Study of Regulation 1346/2000 on A Study of Regulation 1346/2000 on Insolvency Proceedings in the Light of a Paradigm of Co-operation and Comitas Europaea, Antwerpen/Oxford 2005

Jagmetti, Marco: Vorbehaltenes Kantonales Privatrecht, in: Max Gutzwiller (Hrsg.) Schweizerisches Privatrecht – Geschichte und Geltungsbereich, Bd. I, Basel 1969, S. 241-351. [zit.: *Jagmetti*, in: Gutzwiller (Hrsg.) Schweizerisches Privatrecht – Geschichte und Geltungsbereich, Bd. I, Basel 1969, § S.]

Jayme, Erik: Internationales Privatrecht: Ideengeschichte von Mancini und Ehrenzweig zum Europäischen Kollisionsrecht, Heidelberg 2009. [zit.: *Jayme*, Internationales Privatrecht: Ideengeschichte, S.]

ders.: Richterliche Rechtsfortbildung im Internationalen Privatrecht, in: Richterliche Rechtsfortbildung: Erscheinungsformen, Auftrag und Grenzen, Festschrift der Juristischen Fakultät zur 600-Jahr-Feier der Ruprechts-Karls Universität Heidelberg, 1986, Heidelberg 1986, S. 567-597.

Jensen, Michael C./ Meckling, William H.: Theory of the Firm: Managerial. Behavior, Agency Costs and Ownership Structure, J. Fin. Econ. 3 (1976), 305

Jestädt, Guido A.: Niederlassungsfreiheit und Gesellschaftskollisionsrecht, Baden-Baden 2005

von Jhering, Rudolf: Geist des römischen Rechts auf den verschiedenen Stufen seiner Entwicklung, dritter Theil, erste Abtheilung, Bd. 1. Leipzig, 1865

John, Uwe: Die organisierte Rechtsperson, Berlin 1977 [zugl.: Univ. Mannheim, Habil., 1975/76]

Johnston, Andrew/ Syrpis, Phil : Regulatory Competition in European Company Law after Cartesio, E. L. Rev. 4 (2009), S. 378-404

Juchli, Philipp: Die Verantwortlichkeit bei Umstrukturierungen nach Art. 108 FusG, Schaan 2011

Jung, Peter: Hereinverschmelzung durch Aufnahme und Niederlassungsfreiheit - Anmerkung zum Vorlagebeschluss des LG Koblenz v. 16.9.2003, GPR 2003, 87-89

ders.: Anwendung der Gründungstheorie auf Gesellschaften schweizerischen Rechts? Zugleich eine Anmerkung zu den beim BGH anhängigen Revisionsverfahren II ZR 158/06 und II ZR 290/07 -, NZG 2008, S. 681-685

ders.: Die Niederlassungsfreiheit von Schweizer Gesellschaften bei Sitzwahl und Sitzverlegung im Europäischen Wirtschaftsraum, EuZW 2012, S. 863-867

Junker, Abbo: Sechsundsiebzig verweht - Die deutsche Mitbestimmung endet in Europa, NJW 2004, S. 728-730

Jüttner, Andreas: Gesellschaftsrecht und Niederlassungsfreiheit – Nach Centros, Überseering und Inspire Art, Frankfurt 2005

Kaddous, Christine: L'Accord CH-UE sur la libre circulation des personnes et l'ordre juridique suisse, in: Fritz Breuss/ Thomas Cottier/Peter-Christian Müller-Graff/Armin Hatje (Hrsg.) : Die Schweiz im europäischen Integrationsprozess, Schriftenreihe des Arbeitskreises Europäische Integration e.V. Band 60, Baden-Baden, 2008

Kahil-Wolff, Bettina/Mosters, Robert: Das Abkommen über die Freizügigkeit EG – Schweiz, EuZW 2001, S. 5-9

Kahn, Franz: Abhandlungen aus dem internationalen Privatrecht: Erste Abhandlung Die Lehre vom ordre public (Prohibitivgesetze), JherJb 39 (1898), S. 1-112

ders.: Gesetzeskollisionen: Ein Beitrag zur Lehre des internationalen Privatrechts, JherJb 30 (1891), S. 1-143

Kallmeyer, Harald: Umwandlungsgesetz: Verschmelzung, Spaltung und Formwechsel bei Handelsgesellschaften, Köln 2001 [zit. *Bearb.* in: Kallmeyer, UmwG (2001), § Rn.]

ders.: Das neue Umwandlungsgesetz, ZIP 1994, S. 1746– 1759

ders.: Der gemeinsame Verschmelzungsplan für grenzüberschreitende Verschmelzungen, AG 2007, S. 472-475

ders.: Stellungnahme der Centrale für GmbH Dr. Otto Schmidt vom 16.3.2006 zum Referentenentwurf eines Zweiten Gesetzes zur Änderung des Umwandlungsgesetzes GmbHR 2007, 754-757

ders.: Grenzüberschreitenden Verschmelzungen und Spaltungen, ZIP 1996, S. 535-537

ders. (Hrsg.): Umwandlungsgesetz: Kommentar – Verschmelzung, Spaltung und Formwechsel bei Handelsgesellschaften, 2. Aufl. Köln, 2001 [zit.: Kallmeyer UmwG 2. Aufl. (2001)-*Bearb*] *ders. (Hrsg.):* Umwandlungsgesetz: Kommentar – Verschmelzung, Spaltung und Formwechsel bei Handelsgesellschaften, 3. Aufl. Köln, 2006 [zit.: Kallmeyer UmwG 3. Aufl. (2006)-*Bearb*]

ders. (Hrsg.): Umwandlungsgesetz: Kommentar – Verschmelzung, Spaltung und Formwechsel bei Handelsgesellschaften, 5. Aufl. Köln, 2013. [zit.: Kallmeyer UmwG-*Bearb*]

ders./Kappes, Stephan: Grenzüberschreitende Verschmelzungen und Spaltungen nach SEVIC Systems und der EU-Verschmelzungsrichtlinie, AG 2006, S. 224-238

Kamp, Marcus: Die unternehmerische Mitbestimmung nach "Überseering" und "Inspire Art", BB 2004, S. 1496-1500

Kaplan, Stanley A.: Foreign Corporations and Local Corporate Policy, Vand. L. Rev. 21 (1968), S. 433-488

Karl, Fritz: Zur Sitzverlegung deutscher juristischer Personen des privaten Rechts nach dem 8. Mai 1945, AcP 159 (1960), S. 293-319

Kegel, Gerhard: Referat Prof. Dr. G. Kegel, Köln in: Veröffentlichungen des Schweizerischen Instituts für Rechtsvergleichung: Lausanner Kolloquium über den Deutschen und den Schweizerischen Gesetzentwurf zur Neuregelung des Internationalen Privatrechts, Lausanne, 14.-15. Oktober 1983, Zürich 1984, S. 271-277

Kegel, Gerhard: Es ist was faul im Staate Dänemark, Editorial, EWS 1999 Heft 8

ders.: Internationales Privatrecht – ein Studienbuch, 2. Auflage, München 1964

ders./Schurig, Klaus : Internationales Privatrecht, 9. Aufl., München 2004

Kepper, Katrin: Die mitbestimmte monistische SE deutschen Rechts: eine Untersuchung der Kompatibilität der deutschen Mitbestimmung und der monistischen Führungsorganisation am Beispiel der europäischen Aktiengesellschaft (SE), Frankfurt am Main 2010

Keßler, Friedrich: Das für die Aktiengesellschaft maßgebende Recht, Zeitschr. f. ausl. u. intern. Privatrecht 3 (1929), S. 758-774

Kessler, Wolfgang/Eicker, Klaus/Obser, Ralph: Die Gesellschafter-Fremdfinanzierung im Lichte der Kapitalverkehrsfreiheit, IStR 2004, S. 325-329

Kiefner, Hans: „...einem inzwischen eingetretenen Wandel des Rechtsempfindens Rechnung zu tragen“ RGZ 169, 147 – Zur „Auslegung“ des § 142 Abs. 1 S. 1 FGG vor und nach 1945, in: Recht und Risiko - Festschrift für Helmut Kollhosser, Reinhard Bork, Thomas Hoeren, Petra Pohlmann (Hrsg.), Bd. II Zivilrecht, Karlsruhe 2004 [zit.: *Kiefner*, in: FS Kollhosser, S.]

ders.: Personae vice fungitur? – Juristische Person und „industrielle Corporation" im System Savignys, in: Wolfgang Hefermehl/Rudolf Gmür/Hans Brox (Hrsg.) Festschrift für Harry Westermann zum 65. Geburtstag, Karlsruhe 1974, S. 263- 274. [zit.: *Kiefner*, in: FS Westermann, S.]

Kieninger, Eva-Maria: Das Internationale Gesellschaftsrecht nach Cartesio, in: Jürgen Basedow / Wolfgang Wurmnest (Hrsg.) Unternehmen auf offenen Märkten, Symposium zum 70. Geburtstag von Peter Behrens, Baden-Baden 2011, S. 25-39

dies.: Binnenmarktintegration durch uniformes Gesellschaftskollisionsrecht?, in: Armin Hatje/ Peter-Christian, Müller-Graff/Christoph Teichmann (Hrsg.) Europäisches Gesellschaftsrecht auf neuen Wegen, Baden-Baden 2010, S. 57-79

dies.: Wettbewerb der Privatrechtsordnungen im Europäischen Binnenmarkt, Tübingen 2002.

dies.: Internationales Gesellschaftsrecht nach „Centros", „Überseering" und „Inspire Art": Antworten, Zweifel und offene Fragen, ZEuP 2004, S. 685-704.

dies.: Anknüpfung grenzüberschreitender Umstrukturierungen von Gesellschaften – Sitzverlegung, Verschmelzung, Vermögensübertragung, in: Hans Jürgen Sonnenberger (Hrsg.) Vorschläge und Berichte zur Reform des europäischen und deutschen internationalen Gesellschaftsrechts, Tübingen 2007, S. 581-618

dies.: Sitztheorie bei Sitzverlegung schweizerischer AG – Trabrennbahn, NJW 2009, S. 289-293

dies.: OLG Düsseldorf: Sitzverlegung einer GmbH in das EU-Ausland – Anm. zu OLG Düsseldorf, Beschluß vom 26. 3. 2001 – 3 Wx 88/01 (LG Düsseldorf), NZG 2001, S. 610-611

Kieser, Markus: Typenvermischung über die Grenze, Konstanz 1988

Kindler, Peter: Der reale Niederlassungsbegriff nach dem VALE-Urteil des EuGH, EuZW 2012, S. 888-893

ders.: Ende der Diskussion über die so genannte Wegzugsfreiheit, NZG 2009, S. 130-132.

ders.: Niederlassungsfreiheit für Scheinauslandsgesellschaften? Die „Centros"-Entscheidung des EuGH und das internationale Privatrecht, NJW 1999, S. 1993-2000

ders.: Die „Aschenputtel"-Limited und andere Fälle der Mehrfachqualifikation im Schnittfeld des Delikts- und Insolvenzrechts, in: Heinz-Peter Mansel/Thomas Pfeiffer/Christian Kohler/Herbert Kronke/Rainer Hausmann Festschrift Erik Jayme, Bd. I, München 2004, 409-418. [zit: *Kindler*, in: FS Jayme, S.]

ders.: Internationales Gesellschaftsrecht 2009: MoMiG, Trabrennbahn, Cartesio und die Folgen, IPRax 2009, S. 189-202

ders.: Licht und Schatten im Referentenentwurf des Bundesjustizministeriums vom 7.1.2008, Status: Recht 2/2008, S. 68-69

ders.: Auf dem Weg zur Europäischen Briefkastengesellschaft? Die „Überseering"-Entscheidung des EuGH und das internationale Privatrecht, NJW 2003, S. 1073-1079

ders.: Internationales Gesellschaftsrecht 2009: MoMiG, Trabrennbahn, Cartesio und die Folgen, IPRax 2009, S. 189-202

ders.: Sitzverlegung, in: Wulf Goette/Mathias Habersack (Hrsg.), Das MoMiG in Wissenschaft und Praxis, Köln 2009 [zit.: *Kindler*, in: Goette/Habersack (Hrsg.), Das MoMiG in Wissenschaft und Praxis, Rn.]

ders.: GmbH-Reform und internationales Gesellschaftsrecht – Auswirkungen auf grenzüberschreitend strukturierte Kapitalgesellschaften, AG 2007, S. 721-731

ders.: Gemeinschaftsrechtliche Grenzen der Konzernführung in der Einmann-GmbH, ZHR 157 (1993), S. 1-30

Kirchner, Christian: Privatrechtsmethodik: ökonomische und transnationale Ansätze, in: Stefan Grundmann/ Michael Kloepfer/ Christoph G Paulus, Festschrift 200 Jahre Juristische Fakultät der Humboldt-Universität zu Berlin, Berlin/New York 2010 [zit.: *Kirchner*, in: Festschrift 200 Jahre Juristische Fakultät der Humboldt-Universität zu Berlin, S.]

ders.: Zur ökonomischen Theorie der juristischen Person: die juristische Person im Gesellschaftsrecht im Lichte der Institutionenökonomik, in: Festschrift für Thomas Raiser zum 70. Geburtstag am 20. Februar 2005, (Hrsg.) Reinhard Damm, et al. , Berlin, 2005, S. 182 - 202 [zit.: *Kirchner*, in: FS Raiser, S.]

ders./Painter, Richard W. /Kaal, Wulf A: Regulatory Competition in EU Corporate Law after Inspire Art: Unbundling Delaware's Product for Europe, ECFR 2(2005), S. 159– 206

Kläy, Hanspeter: Die Vinkulierung: Theorie und Praxis im Neuen Aktienrecht, Basel et al. 1997

ders./Turin, Nicholas: Der Entwurf zum Fusionsgesetz, REPRAX 2001, S. 1-39.

Klein, Frédéric-Edouard: Die gesellschaftsrechtlichen Bestimmungen des IPRG, BJM 1989, S. 359-377

Klein, Stefan: Grenzüberschreitende Verschmelzung von Kapitalgesellschaften, RNotZ 2007, S. 565-608

Kleiner, Caroline: Les restructurations en droit civil et en droit international privé - Un état des lieux en droit international privé, in: Peter, Henry/ Dutoit, Nicolas (Hrsg.) Les restructurations en droit des sociétés, du travail et international privé – Actes du Colloque du 3 juin 2009, Zürich 2010, S. 251-268

dies. : Les aspects internationaux de la LFus : trois ans de pratique, SZW 2008, S. 369-378

Kley-Struller, Andreas: Die Staatszugehörigkeit juristischer Personen, SZIER 1991, S. 163-202

Klinke, Ulrich : Europäisches Unternehmensrecht und EuGH: Die Rechtsprechung in den Jahren 1991-1992, ZGR 1993, S. 1-40

Kloepfer, Michael: Vorwirkung von Gesetzen, München 1974

Kloster, Lars: Grenzüberschreitende Unternehmenszusammenschlüsse: Eine verfassungs-, europa- und steuersystematische Untersuchung, Hamburg 2004

Kloster, Lars: EU-grenzüberschreitende Verschmelzung sind (steuerneutral) durchführbar, GmbHR 2003, S. 1413-1417

ders.: Grenzüberschreitende Unternehmenszusammenschlüsse: eine verfassungs-, europa- und steuersystematische Untersuchung, Hamburg 2004

Kmiec, Keenan D. : The Origin and Current Meanings of "Judicial Activism" Cal. L.Rev. 92 (2004), S. 1441-1477

Knobbe-Keuk, Brigitte: Umzug von Gesellschaften in Europa, ZHR 154 (1990), S. 325-356

Knof, Béla/Mock, Sebastian: Identitätswahrender Umzug deutscher Kapitalgesellschaften in Europa – Zugleich Anmerkungen zum Vorabentscheidungsersuchen des ungarischen Regionalgerichts Szeged vom 5.5.2006 und zu OLG München, Beschluss vom 4.10.2007, 31 Wx 36/07, 31 Wx 036/07, GPR 2008, S. 134-142

dies.: Der Referentenentwurf zur Neuregelung des Internationalen Gesellschaftsrechts – „die halbe Wahrheit“, GmbHR im Blickpunkt, 5/2008, S. 65-66

dies.: Blickpunkt: Der Referentenentwurf zur Neuregelung des Internationalen Gesellschaftsrechts – die „halbe Wahrheit“, GmbHR 2008, R65-R66

dies.: Identitätswahrender Umzug deutscher Kapitalgesellschaften in Europa. GPR 2008, S. 134-141

Koch, Jens: Freie Sitzwahl für Personenhandelsgesellschaften, ZHR 173 (2009), S. 101-118

Koch, Raphael/Eickmann, Marco: Gründungs- oder Sitztheorie? Eine „never ending story”? AG 2009, S. 73-75

Kock, Stephan/Vater, Nicole/Mraz, Andreas: Die Zulässigkeit einer UG (haftungsbeschränkt) & Co. KG auch bei Gewinnausschluss zu Lasten der Komplementärin, BB 2009, S. 848-851

Kokkini-Iatridou, Dimitria: Rapport général, in: Les clauses d'exception en matière de conflits de lois et de conflits de juridictions in: XIVe Congrès international du droit comparé, Académie Internationale de Droit Comparé (Hrsg.) Dordrecht et al. 1994, S. 3-37

Koller, Heinrich: Autonomer Nachvollzug: Der Preis der Freiwilligkeit, GPR 2006, S. 1

Koller, Ingo/Roth, Wulf-Henning/Morck, Winfrid: Handelsgesetzbuch: HGB, Kommentar, 7. Auflage, München 2011

König, David C./Bormann Jens: Die Reform des Rechts der Gesellschaften mit beschränkter Haftung, DNotZ 2008, S. 652-672

Koppensteiner, Hans-Georg: Zur grenzüberschreitenden Verschmelzung, Der Konzern 2006, S. 40-55

ders.: Internationale Unternehmen im deutschen Gesellschaftsrecht, Frankfurt am Main 1971

Korom, Veronika/Metzinger, Peter: Freedom of Establishment for Companies: the European Court of Justice confirms and refines its Daily Mail Decision in the Cartesio Case C-210/06, ECFR 2009, S. 125-160

Kösters, Anna-Elisabeth: Die Kodifizierung des internationalen Gesellschaftsrechts Bedeutung für die Unternehmensmitbestimmung, ZRP 2008, S. 214-217

Kösters, Friedrich: Rechtsträgerschaft und Haftung bei Kapitalgesellschaften ohne Verwaltungssitz im Gründungsstaat, NZG 1998, S. 241-247

Kostkiewicz, Jolanta Kren/Nobel, Peter/Schwander, Ivo/Wolf, Stephan: ZGB Kommentar – Schweizerisches Zivilgesetzbuch, 2. Auflage, Zürich 2011 [zit.: HK ZGB-*Bearb.*, Art. Rn.]

Kötz, Hein: Zur Anerkennung der Rechtsfähigkeit liechtensteinischer juristischer Personen, GmbHR 1965, 69-70

ders.: Was erwartet die Rechtsvergleichung von der Rechtsgeschichte?, JZ 1992, S. 20-22

ders.: Abschied von der Rechtskreislehre?, ZEuP 1998, S. 493-505

ders./Zweigert, Konrad: Einführung in die Rechtsvergleichung: auf dem Gebiete des Privatrechts, Tübingen 2006

Kowalewski, Jörn: Schweiz, in: Klaus J Hopt/Hans-Christoph Voigt (Hrsg.), Prospekt- und Kapitalmarktinformationshaftung – Recht und Reform in der Europäischen Union, der Schweiz und den USA, Tübingen 2005, S. 1002-1076

Kozyris, P. John: Corporate Wars and Choice of Law, Duke L. J. 34 (1985) S. 1-99

Kraft, Gerhard/Bron, Jan Frederik: Defizite bei der grenzüberschreitenden Verschmelzung – eine sekundärrechtliche Bestandsaufnahme, RIW 2005, 641-646

Kramer, Ernst A: Juristische Methodenlehre, 2. Aufl., Bern 2005

Kraus, Markus: Die Auswirkungen des Welthandelsrecht auf das internationale Kollisionsrecht, Baden-Baden 2008

Krause, Nils/Kulpa, Norman: Grenzüberschreitende Verschmelzungen –- Vor dem Hintergrund der "Sevic"-Entscheidung und der Reform des deutschen Umwandlungsrechts, ZHR 171 (2007), S. 38-78

Krause, Rainer: Grenzüberschreitende Verschmelzungen, Gesellschaftsrechtliche Aspekte, in: VGR (Hrsg.), Gesellschaftsrecht in der Diskussion 2006: Jahrestagung der Gesellschaftsrechtlichen Vereinigung (VGR), Köln 2007, S. 39-57

Kren Kostkiewicz, Jolanta/Nobel, Peter/Schwander, Ivo/Wolf, Stephan: ZGB Handkommentar zum Schweizerischen Zivilgesetzbuch, Zürich 2011 [zit.: Handkomm ZGB-*Bearb.*]

Kreuzer, Karl F.: Zur Funktion von kollisionsrechtlichen Berichtigungsnormen, ZfRV 33 (1992), S. 168-192

ders.: Berichtigungsklauseln im Internationales Privatrecht, in : in: Ronald H. Graveson/ Karl Kreuzer/ Andre Tunc/Konrad Zweigert, (Hrsg.) Festschrift für Imre Zajtay – Melanges en l'honneur d'Imre Zajtay, Tübingen 1982, S. 295-294 [zit.: *Kreuzer*, in: FS Zajay, S.]

ders.: Die grenzüberschreitende Mobilität von Gesellschaften im Gemeinsamen Markt, in: Georg Ress/Torsten Stein (Hrsg.), Vorträge, Reden und Berichte aus dem Europa-Institut – Sektion Rechtswissenschaft – Nr. 295, Saarbrücken 1993

Kronke, Herbert: Deutsches Gesellschaftsrecht und grenzüberschreitende Strukturänderungen, ZGR 1994, S. 26-46

Kropholler, Jan : Internationales Privatrecht, 6. Aufl., Tübingen 2006.

ders.: Der Einfluß der Haager Übereinkommen auf die deutsche IPR-Kodifikation, RabelsZ 57 (1993), S. 207-223

Kruse, Viola: Sitzverlegung von Kapitalgesellschaften innerhalb der EG, Köln et. al. 1997

Kübler, Friedrich: The Rules of Capital under Pressure of the Securities Markets, in: Klaus J. Hopt/ Eddy Wymeersch (Hrsg.), Capital Markets and Company Law, Oxford 2003, S. 95-114

ders./Assmann, Heinz-Dieter: Gesellschaftsrecht, 6. Aufl., Heidelberg 2006

Kuipers, Jan-Jaap: EU Law and Private International Law: The Interrelationship in Contractual Obligations, Leiden 2011

Kulenkamp, Sabrina: Die grenzüberschreitende Verschmelzung von Kapitalgesellschaften in der EU, Baden-Baden 2009

Kumin/Andreas J./Bittner, Philip: Die „gemischten" Abkommen zwischen der Europäischen Union und ihren Mitgliedstaaten einerseits und dritten Völkerrechtssubjekten andererseits, EuR-Beiheft 2-2012, S. 75-90

Küng Manfred: Zum Fusionsbegriff im schweizerischen Recht, SZW 1991, S. 245-256

Kuntz, Thilo: Zur Möglichkeit grenzüberschreitender Fusionen. Die Schlussanträge in Sachen SEVIC Systems Aktiengesellschaft, EuZW 2005, S. 524-528

Kunz, Peter V.: Recht der KMU: Personengesellschafts- und GmbH-Recht Entwicklungen 2007 – Mit Gesetzestext des neuen GmbH-Rechts im Anhang, Bern 2008

ders.: Das Einberufungsrecht für GV sowie weitere Aktionärsrechte zwischen Hammer und Amboss von Managementwillkür und Rechts(un)sicherheit, in: Jusletter 19. November 2007

ders.: Amerikanisierung, Europäisierung sowie Internationalisierung im schweizerischen (Wirtschafts-)Recht, recht 2012, S. 37-54

ders.: Grosse GmbH-Reform als Chance und Herausforderung für schweizerische Unternehmungen - Die GmbH (bzw. GoGh) als neuer "Superstar" im Gesellschaftsrecht?, Jusletter 30. April 2007

ders.: Recht der KMU: Personengesellschafts- und GmbH-Recht - Entwicklungen 2007, Bern 2008

ders.: Zehn bemerkenswerte Auffälligkeiten bei den Revisionen der letzten Jahre im schweizerischen Gesellschaftsrecht, SJZ 104 (2008) S. 557-569

ders.: Europa als ein Massstab für das schweizerische Wirtschaftsrecht? Rechtsvergleichende Fragestellungen zu einem „Weg nach Europa" anhand des neuen Kollektivanlagenrechts, in: Wolfgang Wiegand/Thomas Koller/Hans Peter Walter (Hrsg.), Tradition mit Weitsicht, Festschrift für Eugen Bucher, Bern 2009, S. 455-477. [zit.: *Kunz*, in: FS Bucher, S.]

ders./Jörg, Florian S./Arter, Oliver (Hrsg.): Entwicklungen im Gesellschaftsrecht III, Stämpfli Bern 2008

Kußmaul, Heinz/Richter, Lutz/Heyd, Steffen: Ausgewählte Problemfelder der Hinausverschmelzung von Kapitalgesellschaften aus Deutschland, IStR 2010, S. 73-79

Kux, Stephan: Die Umsetzung der bilateralen Abkommen in den Kantonen, in: Fritz Breuss/ Thomas Cottier/Peter-Christian Müller-Graff/Armin Hatje (Hrsg.) : Die Schweiz im europäischen Integrationsprozess, Schriftenreihe des Arbeitskreises Europäische Integration e.V. Band 60, Baden-Baden, 2008, S. 169-182

Lachmann, Andreas: Haftungs- und Vermögensfolgen bei Sitzverlegung ausländischer Kapitalgesellschaften ins Inland. Frankfurt/M. et al. 2000.

Lagarde, Paul: Le principe de proximité dans le droit international privé contemporain, RCADI 196 (1986-I), S. 9-238

Landmann, Robert von/Rohmer, Gustav: Gewerbeordnung und ergänzende Vorschriften, Band I: Gewerbeordnung – Kommentar. München Loseblattsammlung, Stand: 49. EL. Januar 2007

Langenbucher, Katja: Die Entwicklung und Auslegung von Richterrecht : eine methodologische Untersuchung zur richterlichen Rechtsfortbildung im deutschen Zivilrecht, München 1996 [Zugl.: München, Univ., Diss., 1994/95]

Lanzius, Tim: Anwendbares Recht und Sonderanknüpfungen unter der Gründungstheorie, Frankfurt 2005

Larenz, Karl/Canaris, Claus-Wilhelm: Methodenlehre der Rechtswissenschaft, 3. Aufl. Heidelberg 1995

Latty, Elvin R: Pseudo-Foreign Corporations, Yale L.J. 65 (1955) S. 137-173

Laurent, François: Le droit civil international, Bd. IV, Brüssel 1880-81

Lehmann, Matthias: Der Begriff der Rechtsfähigkeit, AcP 207 (2007), S. 225 255

ders.: Fällt die Sitztheorie jetzt auch international? Zur Vereinbarkeit der kollisionsrechtlichen Anknüpfung an den Gesellschaftssitz mit dem GATS, RIW 2004, S. 816-823

Lehne, Klaus-Heiner: Entwicklungen und Perspektiven eines Europäischen Gesellschaftsrechts, KsZW 2010, S. 3-5

Leible, Stefan: Kollisionsrecht und vertikaler Regulierungswettbewerb, RabelsZ 76 (2012) S. 374–400

ders.: Niederlassungsfreiheit und Sitzverlegungsrichtlinie, ZGR 2004, S. 531–558

ders.: Warten auf die Sitzverlegungsrichtlinie, in: Holger Altmeppen/Hans Fitz/Heinrich Honsell (Hrsg.), Festschrift für Günther H. Roth zum 75. Geburtstag, München 2011, S. 447-460

ders.: Die Stiftung im internationalen Privatrecht, in: Ingo Saenger/Walter Bayer/Elisabeth Koch/Torsten Körber (Hrsg.), Gründen und Stiften – Festschrift zum 70. Geburtstag des Jenaer Gründungsdekans und Stiftungsrechtlers Olaf Werner, Baden-Baden 2009, S. 256-274 [zit.: *Leible*, in: FS Werner, S.]

ders./Hoffmann, Jochen: Cartesio – fortgeltende Sitztheorie, grenzüberschreitender Formwechsel und Verbot materiell-rechtlicher Wegzugsbeschränkungen, BB 2009, S. 58-63

dies: Wie inspiriert ist „Inspire Art", EuZW 2003, S. 677-683

dies: Grenzüberschreitende Verschmelzungen im Binnenmarkt nach „Sevic“. Zugleich eine Bespre-chung von EuGH, RIW 2006, 140 - Sevic, RIW 2006, S. 161-168 *ders./Reichert, Jochem (Hrsg.):* Münchener Handbuch des Gesellschaftsrechts, Band 6: Internationales Gesellschaftsrecht, Grenzüberschreitende Umwandlungen, 2013, [zit. Münch.Hdb. GesR VI-Bearb., § Rn.]

Leifeld, Janis: Das Anerkennungsprinzip im Kollisionsrechtssystem des internationalen Privatrecht, Tübingen 2010

Leitzen, Mario: Die GmbH mit Verwaltungssitz im Ausland, NZG 2009, S. 728-733

Lennerz, Ursula: Die internationale Verschmelzung und Spaltung unter Beteiligung deutscher Gesellschaften, Köln 2001

Lenz, Rolf: Die Rechtstellung bergrechtlicher Gewerkschaften außerhalb des Entstehungslandes, Köln 1962. [zugl. Diss. Univ. zu Köln 1962]

Leuering, Dieter: Von Scheinauslandsgesellschaften hin zu „Gesellschaften mit Migrationshintergrund“, ZRP 2008, S. 73-77

Lewald, Hans: Das Deutsche Internationale Privatrecht – Auf Grundlage der Rechtsprechung, Leipzig 1931

Lieder, René / Kliebisch, Jan: Nichts Neues im Internationalen Gesellschaftsrecht: Anwendbarkeit der Sitztheorie auf Gesellschaften aus Drittstaaten? Zugleich Anmerkung zu BGH, U. v. 27.10.2008 - II ZR 158/06 - (Trabrennbahn), BB 2009, S. 338-343

Limpens, Jean: Rapports généraux au VI. Congrès International de Droit Comparé : Hambourg, 30 juillet - 4 août 1962, Bruxelles 1963

Looschelders, Dirk: Die Ausstrahlung der Grund- und Menschenrechte auf das Internationale Privatrecht, RabelsZ Bd. 65 (2001), S. 463-491

ders.: Die Anpassung im internationalen Privatrecht – Zur Methodik der Rechtsanwendung in Fällen mit wesentlicher Verbindung zu mehreren nicht miteinander harmonierenden Rechtsordnungen, Heidelberg 1995.

Loser-Krogh, Peter: Die Vermögensübertragung - Kompromiss zwischen Strukturanpassungsfreiheit und Vertragsschutz im Entwurf des Fusionsgesetzes, in: AJP 2000, S. 1095-1111

Louven, Christoph/ Dettmeier, Michael/ Pöschke, Moritz/ Weng, Andreas: Optionen grenzüberschreitender Verschmelzungen innerhalb der EU – gesellschafts- und steuerrechtliche Grundlagen, BB-Special Nr. 3 (zu Heft 11) 2006, S. 1-16

v. Lübtow, Ulrich: Zur Theorie des Rechtssubjekts und ihrer geschichtlichen Entwicklung, in: Dietrich Bickel/Walther Hadding/Volker Jahnke/Gerhard Lüke (Hrsg.), Recht und Rechtserkenntnis – Festschrift für Ernst Wolf zum 70. Geburtstag, Köln 1985, S. 421-457

Luchsinger, Thomas: Die Niederlassungsfreiheit der Kapitalgesellschaften in der EG, den USA und der Schweiz, Freiburg 1992

Lüderitz, Alexander: Internationales Privatrecht, Frankfurt/M., 2. Aufl. 1992

Luig, Klaus: Was kann die Rechtsgeschichte der Rechtsvergleichung bieten?, ZEuP 1999, S. 521-530

Lutter Marcus / *Drygala,* Tim*:* Internationale Verschmelzungen in Europa, in: JZ 2006, S. 770-776

ders.: „Überseering" und die Folgen, BB 2003, S. 7-10.

ders.: Zur Reform von Umwandlung und Fusion – Das Konzept und seine Verwirklichung im Diskussionsentwurf, ZGR 1990, S. 392-415

ders.: Umstrukturierung von Unternehmen über die Grenze - Versuch eines Resümees, ZGR 1994, S. 87-93

ders.: Die Einbindung der nationalen Gesellschaftsrechte in das europäische Recht, in: Johannes Semler (Hrsg.), Reformbedarf im Aktienrecht, ZGR, 23 (1994), Sonderheft, S. 121-139

ders. (Hrsg.): Europäische Auslandsgesellschaften in Deutschland – Mit Rechts- und Steuerfragen des Wegzugs deutscher Gesellschaften, Köln 2005. [zit. Verf. in: Lutter (Hrsg.) Europäische Auslandsgesellschaften in Deutschland, S.]

ders. (Hrsg.);: Kommentar zum Umwandlungsgesetz, Mit systematischer Darstellung des Umwandlungsrechts. Band I: §§ 1-137, 2 Aufl., Köln 2000. [zit. Lutter UmwG (2000) -*Bearb.* § Rn.]

ders./Winter, Martin (Hrsg.); : Kommentar zum Umwandlungsgesetz, Mit systematischer Darstellung des Umwandlungsrechts. Band I: §§ 1-137, 4. Aufl., Köln 2009. [zit. Lutter UmwG-*Bearb.* § Rn.]

ders./Bayer, Walter/Schmidt, Jessica: Europäisches Unternehmens- und Kapitalmarktrecht – Grundlagen, Stand und Entwicklung nebst Texten und Materialien, 5. Aufl., Berlin 2012

ders./Drygala, Tim: Internationale Verschmelzungen in Europa, JZ 2006, S. 770-776

Lutz, Timo: Hinweise für den Vertragsgestalter bei einer grenzüberschreitenden Verschmelzung unter dem besonderen Gesichtspunkt der Hinausverschmelzung, BWNotZ 2010, S. 23-35

Mankowski, Peter: Dépeçage unter der Rom I-VO, in: Jörn Bernreuther/Robert Freitag/Stefan Leible/Harald Sippel/Ulrike Wanitzek (Hrsg.), Festschrift für Ulrich Spellenberg zum 70. Geburtstag, München 2010, S. 261-281. [*Mankowski*, in: FS Spellenberg, S.]

ders.: Anmerkung zu OLG Stuttgart 30.3.1995 – 8 W 355/94 (WM 1995, 928 = ZIP 1995, 1004), ZIP 1995, S. 1006-1009

ders.: Völkerrechtliche Meistbegünstigung und europäisches IPR/IZVR, in: Leible, Stefan/ Ruffert, Matthias (Hrsg.), Völkerrecht und IPR, München 2006, S. 235-274 *ders.:* Verbraucherkreditverträge und europäisches IPR: Internationale Zuständigkeit und Eingriffsrecht, Entscheidung der französischen Cour de Cassation vom 23. Mai 2006, ZEuP 2008, 845-863

Mann, F. Alexander: Zur staatlichen Hoheitsgewalt über ausländische Tochtergesellschaften und Zweigniederlassungen inländischer Unternehmen, SJZ 1986, S. 21-28

ders.: Zum Problem der Staatsangehörigkeit der juristischen Person, in: Ernst v. Caemmerer/ Walter Hallstein/F. A. Mann/Ludwig Raiser (Hrsg.) Festschrift für Martin Wolff – Beiträge zum Zivilrecht und internationalen Privatrecht, Tübingen 1952, S. 271-286. [zit.: *Mann*, in: FS Wolff, S.]

Mansel, Heinz-Peter: Anerkennung als Grundprinzip des Europäischen Rechtsraums (Neunte Ernst-Rabel-Vorlesung, 2004), RabelsZ 70 (2006), S. 651-731.

ders.: Staatlichkeit des Internationalen Privatrechts und Völkerrecht, in: Leible/Ruffert (Hrsg.) Völkerrecht und IPR, München 2006, S. 89-130.

Martini, Mario: Zu Gast bei Freunden?: Staatsfonds als Herausforderung an das europäische und internationale Recht, DÖV 2008*, S.* 314-322

Martz, Jean-Daniel: Die inländische Zweigniederlassung einer ausländischen Unternehmung nach schweizerischem IPRG – unter Mitberücksichtigung ihrer kollisionsrechtlichen Stellung im Zivilprozess- und Zwangsvollstreckungsrecht, Gümlingen 1995. (zugl. Diss. Univ. Bern 1993), [zit.: *Martz*, Die inländische Zweigniederlassung einer ausländischen Unternehmung, 1995]

Mäsch, Gerald/Fountoulakis, Christiana : Societas Europaea – ein Vehikel für den Schweizer Investor? SZW 2005, S. 49-58

Mauerhofer, Mark: Squeeze-Out Merger: Die zwangsweise Abfindungsfusion nach Art. 8 Abs. 2 Fusionsgesetz,. Bern 2009

Maulbetsch, Hans-Christoph / Klumpp, Axel/ Rose, Klaus-Dieter: Umwandlungsgesetz – Heidelberger Kommentar, Heidelberg 2009 [zit.: Heidelberger Komm UmwG-*Bearb.* § Rn.]

Maunz, Theodor/Dürig, Günter: Grundgesetz – Kommentar, 67. Ergänzungslieferung November 2012, München 2012 [zit.: *Maunz/Dürig*, Grundgesetz , Art. Rn.]

Max Gmür (Hrsg.): Berner Kommentar: Kommentar zum Schweizerischen Zivilgesetzbuch; Band VII, 7. Abteilung Schluss- und Übergangsbestimmungen erläutert von Wilhelm Stauffer. Bern 1940. [zit: BernerKomm-*Bearb.* VII/7, Art. SchlTOR Rn.]

Mayer, Dieter: Erste Zweifelsfragen bei der Unternehmensspaltung, DB 1995, S. 861-866

ders.: Zivilrechtliche Möglichkeiten und Haftungsrisiken bei der ertragsteuerlich neutralen Spaltung der GmbH, GmbHR 1992, S. 129-137 *ders./Weiler, Simon:* Neuregelungen durch das Zweite Gesetz zur Änderung des Umwandlungsgesetzes (Teil II), DB 2007, S. 1291-1295

Mayer, Pierre: Les méthodes de la reconnaissance en droit international privé, in: Bertrand Ancel/Bernard, Audit/Tito Ballarino / Gian Paolo Romano (Hrsg.) Le droit international privé: esprit et méthodes, mélanges en l' honneur de Paul Lagarde, Paris 2005, S. 547-574. [zit. : Mayer, in: FS Lagarde, S.]

Mebes, Reto-Gino: Die Rechtsumgehung im internationalen Privatrecht der Schweiz: unter besonderer Berücksichtigung des Ehe-, Erb-, Vertrags- und Gesellschaftsstatus, Zürich 1986

Meessen, Karl Mathias: Zu den Grundlagen des internationalen Wirtschaftsrechts, AöR 110 (1985), S. 398-418.

Meier, Nikolaus: Eingriffsnormen im Gesellschaftsrecht, Zürich 2010.

Meier, Robert: Barabgeltung bei Fusionen, in: Walter R Schluep / Peter R Isler (Hrsg.) Neues zum Gesellschafts- und Wirtschaftsrecht Zum 50. Geburtstag von Peter Forstmoser, Zürich 1993, S. 131-146. [zit: *Meier*, in: FS Forstmoser, S.]

Meier, Walter H.: Die einfache Gesellschaft im Internationalen Privatrecht, Zürich 1980

Meier-Hayoz, Arthur: Der Richter als Gesetzgeber: eine Besinnung auf die von den Gerichten befolgten Verfahrensgrundsätze im Bereiche, der freien richterlichen Rechtsfindung gemäss Art. 1 Abs. 2 des schweizerischen Zivilgesetzbuches, Zürich 1951

ders.: Sitzverlegungen juristischer Personen von und nach der Schweiz, in: Jean-François Aubert; Georges Brosset; François Gilliard et al. (Hrsg) Schweizerische Beiträge zum V. internationalen Kongreß für Rechtsvergleichung, Brüssel 1958, Zürich 1958, S. 63-79

ders. (Hrsg.): Berner Kommentar – Kommentar zum Schweizerischen Privatrecht: Art. 60-79 ZGB. Die juristischen Personen: Die Vereine. Band I: Einleitung und Personenrecht. 3. Abteilung: Die juristischen Personen. 2. Teilband: Die Vereine - Systematischer Teil und Art. 60-79 ZGB, Bern 1990. [zit: BernerKomm-*Bearb*. Bd. I/3.2 Art. ZGB Rn.]

ders. (Hrsg.): Berner Kommentar – Kommentar zum Schweizerischen Privatrecht:, Berner Kommentar; Band I: Einleitung und Personenrecht, 3. Abteilung: Die juristischen Personen, 3. Teilband: Die Stiftungen, Systematischer Teil und Kommentar zu Art. 80–89bis ZGB, Bern 1975,Band I, 3. Abteilung, Die juristischen Personen, 3. Teilband: Die Stiftungen (Art. 80 – 89 bis ZGB), 3. Auflage, Bern 1975. [zit: BernerKomm-*Bearb*. Bd. I/3.3 Art. ZGB Rn.]

ders./Forstmoser, Peter: Schweizerisches Gesellschaftsrecht: mit Einbezug des künftigen Rechnungslegungsrechts und der Aktienrechtsreform; Bern 2012

Meier-Schatz, Christian J.: Das neue Fusionsgesetz – Entstehungsgeschichte, Inhalt und Analyse des bundesrätlichen Entwurfs zu einem Bundesgesetz über Fusion, Spaltung, Umwandlung und Vermögensübertragung, Zürich 2000

Meili, Friedrich : Das internationale Civil- und Handelsrecht aufgrund der Theorie, Gesetzgebung und Praxis – Ein Handbuch. Das Obligationenrecht; Band II, Zürich 1902

ders.: Die internationalen Unionen über das Recht der Wettverkehrsanstalten und des geistigen Eigentums – Ein Vortrag gehalten in der Juristischen Gesellschaft zu Berlin am 5.1.1889, Leipzig 1889

Meilicke, Wienand: Sitztheorie versus Niederlassungsfreiheit ? Besprechung des Vorlagebeschlusses des BGH vom 30.3.2000 – VII ZR 370/98, GmbHR 2000, 715, GmbHR 2000, S. 693-698

ders.: Die Niederlassungsfreiheit nach „Überseering“ – Rückblick und Ausblick nach Handelsrecht und Steuerrecht, GmbHR 2003, S. 793-809.

ders.: Zur Vereinbarkeit der Sitztheorie mit der Europäischen Menschenrechtskonvention und anderem höherrangigem Recht, in: BB, Beilage 9 zu Heft 31/1995, S. 1-7

ders.: Sitztheorie versus Niederlassungsfreiheit? Besprechung des Vorlagebeschlusses des BGH vom 30-3-2000 - VII ZR 370/98, GmbHR 2000, 715 - in diesem Heft, GmbHR 2000, S. 693-698

ders.: Unvereinbarkeit der Sitztheorie mit der Europäischen Menschenrechtskonvention, RIW 1992, S. 578-579

ders./Rabback, Dieter. E.: Die EuGH-Entscheidung in der Rechtssache Sevic und die Folgen für das deutsche Umwandlungsrecht nach Handels- und Steuerrecht, GmbHR 2006, S. 123-127

Menjucq, Michel: Transformation transfrontalière : la CJUE poursuit son action militante pour pallier la carence de la Commission européenne ! Sem. Jur. 2012, S.1834-1840

Merkt, Hanno: Das Europäische Gesellschaftsrecht und die Idee des „Wettbewerbs der Gesetzgeber“, RabelsZ 59 (1995) S. 545-568.

ders.: Internationaler Unternehmenskauf durch Erwerb der Wirtschaftsgüter, RIW 1995, S. 533-541

ders.: Unternehmensmitbestimmung für ausländische Gesellschaften? Stellungnahme zu den Anträgen der Fraktion Die Linke v. 21. April 2010 und der Fraktion der SPD v. 16. Juni 2010 zur Ausweitung der Unternehmensmitbestimmung, ZIP 2011, S. 1237-1244

ders./Göthel, Stephan R: US-amerikanisches Gesellschaftsrecht, Frankfurt am Main 2006

Mertens, Bernd: Gesetzgebungskunst im Zeitalter der Kodifikationen – Theorie und Praxis der Gesetzgebungstechnik aus historisch-vergleichender Sicht, Tübingen 2004

Mertens, Hans-Joachim/Kirchner, Christian/Schanze, Erich: Wirtschaftsrecht – Eine Problemorientierung, Opladen 1980

Mestmäcker, Ernst-Joachim: Staatliche Souveränität und offene Märkte, RabelsZ 52 (1988), S. 205-251

Meyer, Tobias: Kapitalschutz als Selbstzweck? - Die Kapitalverfassung gemäss dem Gesetzesentwurf zur Revision des Aktien- und Rechnungslegungsrechts im Kontext internationaler Entwicklungen, GesKR 2008, S. 220-234

ders.: Gläubigerschutz durch Kapitalschutz. Eine ökonomische und rechtsvergleichende Untersuchung der Schweizer Kapitalschutzvorschriften unter Berücksichtigung des Entwurfs zur Revision des Aktienrechts, Zürich 2009

Meyer-Sparenberg, Wolfgang: Staatsvertragliche Kollisionsnormen, Berlin 1990

Michalski, Lutz (Hrsg.): Kommentar zum Gesetz betreffend die Gesellschaften mit beschränkter Haftung (GmbH-Gesetz), Band 1: Systematische Darstellungen §§ 1-34 GmbHG. Internationales Gesellschaftsrecht und Rechtsvergleichung, Besteuerung der GmbH, Konzernrecht, Finanzierung der GmbH; Band 2: §§ 35-85 GmbHG, §§1-4 EGGmbHG, 2. Aufl., München 2010 [zit. Bearb. in: Michalski GmbHG, Rn.]

Mörsdorf, Oliver: Was von Daily Mail übrig blieb – Die Wegzugsbesteuerung von EU-Gesellschaften nach dem EuGH-Urteil National Grid Indus, EuZW 2012, S. 296-302

ders.: Beschränkung der Mobilität von EU-Gesellschaften im Binnenmarkt – eine Zwischenbilanz, EuZW 2009, S. 97-102

ders.: The legal mobility of companies within the European Union through cross-border conversion, C. M. L. Rev. 49 (2012), S. 629-670

ders./Jopen, Christian: Grenzüberschreitender Formwechsel einer Gesellschaft ("Vale") – Anmerkungen zu EuGH, 12.07.2012, Rs. C-378/10 „Vale", ZIP 2012, 1394-1401

Moser, Rudolf: Das Internationale Obligationen- und Handelsrecht der Schweiz 1954-1963: RabelsZ 31 (1967), S. 670-715

ders.: Personalstatut und Außenverhältnis der Aktiengesellschaft, in: Max Boemle (Hrsg.), Lebendiges Aktienrecht – Festgabe zum 70. Geburtstag von Wolfhart Friedrich Bürgi, Zürich 1971, S. 283-298 [zit.: *Moser*, in: FS Bürgi, S.]

ders.: Methodologische Fragen und ihre Beantwortung im Entwurf zu einem schweizerischen IPR-Gesetz, in: Beiträge zur Methode des Rechts. St. Galler Festgabe zum Schweizerischen Juristentag 1981, Bern 1981, S. 319-339

Möslein, Florian: Das Europäische Recht unternehmerischer Strukturmaßnahmen, JA 2007, 833-839

Mucciarelli, Federico M.: Company 'Emigration' and EC Freedom of Establishment: Daily Mail Revisited Review, EBOR 9 (2008), S. 267-303

Mugdan, Benno: Die gesammten Materialien zum Bürgerlichen Gesetzbuch für das Deutsche Reich, Band I, Einführungsgesetz und Allgemeiner Teil, Berlin 1899

Muir Watt, Horatia: La codification en droit international privé, Droits: Revue française de théorie, de philosophie et de culture juridiques. 27 (1998), S. 149-160

dies.: European integration, legal diversity and the conflict of laws, EdinLR 9 (2005), S. 6-31

Mülbert, Peter O.: Zukunft der Kapitalaufbringung/ Kapitalerhaltung, Der Konzern 2004, 151-162

Müller, Hans-Friedrich: Die grenzüberschreitende Verschmelzung nach dem Referentenentwurf des Bundesjustizministeriums, NZG 2006, S. 286-290

Müller, Jörg Paul/Wildhaber, Luzius: Praxis des Völkerrechts, Bern 2001

Müller, Reto Patrick: Innere Sicherheit Schweiz Rechtliche und tatsächliche Entwicklungen im Bund seit 1848, Egg bei Einsiedeln 2009

Müller, Roland/König, Patrick: GmbH und AG in der Schweiz, in Deutschland und Österreich.: Gesellschaftsrecht, Corporate Governance und Statistik, Berlin et al. 2011

Müller, Sebastian D.: Der Zuzug von Kapitalgesellschaften aus Drittstaaten, Frankfurt 2012

Müller, Thomas: Das Geheimnis um das Bankkundengeheimnis, in: Jusletter 3. Mai 2010, S. 1-11

Müller, Welf/Hoffmann, Wolf-Dieter (Hrsg.): Beck'sches Handbuch der Personengesellschaften: Gesellschaftsrecht, Steuerrecht, 3. Auflage, München 2009 [zit.: Bearb., in: BeckHdb. Personengesellschaften § Rn]

Müller-Bonanni, Thomas: Unternehmensmitbestimmung nach Überseering und Inspire Art, GmbHR 2003, S. 1235-1239

Müller-Chen, Markus: Altbekanntes und Aktuelles zum internationalen Gesellschaftsrecht, REPRAX 2001, S. 12-25

Müller-Driver, Andreas: Grenzüberschreitende Restrukturierungen von Kapitalgesellschaften zwischen Deutschland und England, Frankfurt 2002

Müller-Gatermann, Gert: Das SEStEG im Überblick – Entstrickung und Verstrickung sowie neues Umwandlungssteuerrecht, Wolfgang Spindler/Klaus Tipke/Thomas Rödder (Hrsg.), Steuerzentrierte Rechtsberatung, Festschrift für Harald Schaumburg zum 65. Geburtstag, Köln 2009, S. 939-956 [zit.: *Müller-Gatermann*, in: FS Schaumburg, S.]

Müller-Graff, Peter-Christian: Das Autonomieparadox der Schweiz in der Europäischen Integration – Eine Schlussbetrachtung, in: Fritz Breuss/ Thomas Cottier/Peter-Christian Müller-Graff/Armin Hatje (Hrsg.) : Die Schweiz im europäischen Integrationsprozess, Schriftenreihe des Arbeitskreises Europäische Integration e.V. Band 60, Baden-Baden, 2008, S. 331-334

ders.: Gesellschaftsrecht im Kontext des Europäischen Wirtschaftsordnungsrechts, EWS 2009, S. 489-502

Musielak, Hans-Joachim (Hrsg.): Kommentar zur Zivilprozessordnung mit Gerichtsverfassungsgesetz, 10. Auflage, München 2013 [zit.: Musielak, ZPO-*Bearb.*, § Rn].

Nabholz, Hans/Kläui, Paul: Quellenbuch zur Verfassungsgeschichte der schweizerischen Eidgenossenschaft und der Kantone von den Anfängen bis zur Gegenwart, 3. Aufl., Aarau 1947

Nettesheim, Martin/Grabitz Eberhard/Hilf,Meinhard (Hrsg.): Das Recht der Europäischen Union, Loseblattausgabe, Kommentar, 46. Auflage 2011. [*Bearb.* in: Grabitz/Hilf/Nettesheim, Das Recht der Europäischen Union, EL. Rn.]

Neuhaus, Paul: Die Grundbegriffe des Internationalen Privatrechts, Beiträge zum ausländischen und internationalen Privatrecht Bd. 30, Tübingen 1976.

ders.: Savigny und die Rechtsfindung aus der Natur der Sache, RabelsZ 15 (1949/50), S. 364-381

Neumayer, Karl: Die Verschmelzung von Gesellschaften, in: Hans Dölle (Hrsg.) Deutsche Landesreferate zum VI. Internationalen Kongreß für Rechtsvergleichung in Hamburg 1962, Berlin und Tübingen 1962, S. 242-259

ders.: Betrachtungen zum internationalen Konzernrecht, ZvglRWiss 83 (1984), S. 129-177

Neumeyer, Karl: Internationales Privatrecht, Bd. XV Enzyklopädie der Rechts- und Staatswissenschaft, Eduard Kohlrausch et. al (Hrsg.) Berlin 1923 [zit.: *Neumeyer*, Internationales Privatrecht, S.]

Neuner, Jörg: Die Vorwirkung von Gesetzen im Privatrecht, in: Kontinuität im Wandel der Rechtsordnung – Beiträge für Claus-Wilhelm Canaris zum 65. Geburtstag, herausgegeben und verfasst von seinen Schülern, München 2002, S. 82-112. [zit.: *Neuner*, in: Kontinuität im Wandel der Rechtsordnung, S.]

ders.: Die Rechtsfindung contra legem, München 2005

Neye, Hans-Werner: Überblick über die Gesetzesänderungen, in: Marcus Lutter (Hrsg.), Kölner Umwandlungsrechtstage: Verschmelzung, Spaltung, Formwechsel, nach neuem Umwandlungsrecht und Umwandlungssteuerrecht, Köln 1995, S. 1-18 [zit.: *Neye*, in: Lutter (Hrsg.), Kölner Umwandlungsrechtstage, 1995, S.]

ders.: Der Regierungsentwurf zur Reform des Umwandlungsrechts, ZIP 1994, S. 165-169

ders.: Das neue Umwandlungsrecht vor der Verabschiedung im Bundestag, ZIP 1994, S. 917-920

Nickel, Egbert: Die Problematik der unechten Unterlassungsdelikte im Hinblick auf den Grundsatz 'nullum crimen sine lege' (Art. 103 Abs. 2 GG): eine straf- und verfassungsrechtliche Studie, Berlin 1972

Niemeyer, Theodor : Das internationale Privatrecht des Bürgerlichen Gesetzbuches. Das Recht des Bürgerlichen Gesetzbuches in Einzeldarstellungen, Bd. XI, Berlin 1901

Niemeyer, Wilhelm: Zur Vorgeschichte des IPR im Deutschen Bürgerlichen Gesetzbuch, München, Leipzig 1915

Nishitani, Yuko: Die Reform des internationalen Privatrechts in Japan, IPRax 2007, S. 552-557

Nobel, Peter: Das neue Fusionsgesetz und die grenzüberschreitende Fusion und Sitzverlegung in der EU: rechtsvergleichende Bemerkungen, SZW 2004, S. 162-168

ders.: Unausgegorenes Finanzmarktaufsichtsgesetz, NZZ, 13.01.2004, Nr. 9, S. 25

ders.: Zum internationalen Gesellschaftsrecht im IPR-Gesetz, in: Ivo Schwander (Hrsg.), Beiträge zum neuen IPR des Sachen-, Schuld- und Gesellschaftsrechts: Festschrift für Rudolf Moser, Zürich 1987, S. 179-191. [zit.: *Nobel*, in: FS Moser, S.]

ders.: Unternehmensfinanzierung und gesetzliches Garantiekapital in der Schweiz, AG 1998, 354-358

ders.: Börsengesellschaftsrecht? in: Roland von Büren (Hrsg.) Aktienrecht 1992-1997: Versuch einer Bilanz. Zum 70. Geburtstag von Rolf Bär, Bern 1998, S. 301-309. [zit.: *Nobel*, in: FS Bär, S.]

ders.: Der Vorentwurf zu einem Fusionsgesetz über die Fusion, Spaltung und Umwandlung von Rechtsträgern (Fusionsgesetz) – Unternehmens- und steuerrechtliche Aspekte: „Zusammenfassende Beurteilung des Vorentwurfs zum Fusionsgesetz“, ZSR NF 117 (1998), S. 355-366.

ders.: 49 Nummern „Leading Cases“: die Vergangenheit ihrer Zukunft, EBK-Bulletin 50 (2007), S. 45-64

ders.: Schweizerisches Finanzmarktrecht – Einführung und Überblick, Bern 2004
ders.: Das Finanzmarktaufsichtsrecht Mitte 2006 bis Mitte 2007, SZW 2007, S. 391-402
ders.: Globalisierung des Gesellschaftsrechts, in: Mario Monti/Nikolaus Prinz von und zu Liechtenstein / Bo Vesterdorf/Jay Westbrook/Luzius Wildhaber (Hrsg.), Festschrift für Carl Baudenbacher, Wirtschaftsrecht und Justiz in Zeiten der Globalisierung, Baden-Baden et. al. 2007, S. 735-748. [zit. *Nobel*, in: FS Baudenbacher, S.]
ders.: Was heisst internationales Gesellschaftsrecht heute?, in: Peter Leibfried/Dirk Schäfer (Hrsg.) 25 Jahre Unternehmertum, Festschrift für Giorgio Behr, Zürich 2010, S. 381-390 [zit. *Nobel*, in: FS Behr, S.]
ders.: Internationales und Transnationales Aktienrecht, Bd. I Teil IPR und Grundlagen, Bern 2012 [zit.: *Nobel*, Internationales und Transnationales Aktienrecht, Bd. I Teil IPR und Grundlagen, S. Rn.]
ders.: Internationales und Transnationales Aktienrecht, Bd. II: Teil Europarecht, Bern 2012 [zit.: *Nobel*, Internationales und Transnationales Aktienrecht, Bd. II: Teil Europarecht, S. Rn.]
ders.: Das Finanzmarktaufsichtsrecht Mitte 2006 bis Mitte 2007, SZW 2007 S. 391-402
ders.: Europäisierung des Aktienrechtes: Materialien für die schweizerische Totalrevision, Diessenhofen, 1974
ders. (Hrsg.): Internationales Gesellschaftsrecht – einschliesslich internationales Kapitalmarktrecht, Bern 2004
ders./Waldburger, Robert,: Der Unternehmensstandort Schweiz aus steuer- und aktienrechtlicher Sicht, in: Ernst A. Kramer/Peter Nobel /Robert Waldburger (Hrsg.) Festschrift für Peter Böckli zum 70. Geburtstag, Zürich 2006, S. 27-60. [zit.: *Nobel*, in: FS Böckli, S.]
Nolting, Ekkehard: Wegzugsbeschränkungen für Gesellschaften in Deutschland nach Cartesio, NotBZ 2009, S. 109-114
North, Douglass C.: Institutionen, institutioneller Wandel und Wirtschaftsleistung, Tübingen 1992
Nussbaum, Arthur: Rise and Decline of the Law-of-Nations Doctrine in the Conflict of Laws, Colum. L. Rev., 42 (1942), S. 189-206
ders.: Deutsches Internationales Privatrecht – Unter besonderer Berücksichtigung des österreichischen und schweizerischen Rechts, Tübingen 1932
Odendahl, Kerstin: Die Entwicklung des bilateralen Vertragsverhältnisses zwischen der Schweiz und der EU, in: Rechtswissenschaftlichen Abteilung der Universität St. Gallen (HSG) (Hrsg.) Rechtliche Rahmenbedingungen des Wirtschaftsstandortes Schweiz – Festschrift 25 Jahre juristische Abschlüsse, Zürich/St. Gallen, 2007, S. 129-139

Oesch, Matthias: Regionale Integration Schweiz – Europäische Union und die Welthandelsorganisation (WTO), in: Fritz Breuss/ Thomas Cottier/Peter-Christian Müller-Graff/Armin Hatje (Hrsg.) : Die Schweiz im europäischen Integrationsprozess, Schriftenreihe des Arbeitskreises Europäische Integration e.V. Band 60, Baden-Baden, 2008, S. 207-246

ders.: Niederlassungsfreiheit und Ausübung öffentlicher Gewalt im EU-Recht und im Freizügigkeitsabkommen Schweiz-EU, SZIER 2011, S. 583-626

Oesch, Stephanie : Die organisierte Kriminalität - eine Bedrohung für den Finanzplatz Schweiz? Zürich, 2010 (Zugl. Diss. Univ. Zürich 2009)

Oetker, Hartmut : Kommentar zum Handelsgesetzbuch (HGB), 2. Auflage, München 2011. [zit.: Oetker HGB-*Bearb.* 2. Aufl. 2011, § Rn.]

Oppermann, Thomas/Classen, Claus Dieter/Nettesheim, Martin: Europarecht – ein Studienbuch, 5. Auflage, München 2011

Oppermann, Thomas/Hiermaier, Werner: Zur Einführung: Das Rechtsschutzsystem des EWG-Vertrages, JuS 1980, S.782-790

Oppo, Giorgio: Sulla „tipicità“ delle società quotate, Rivista di Diritto Civile 1999 II, S. 483-493

Ossenbühl, Fritz: Gesetz und Recht – Die Rechtsquellen im demokratischen Rechtsstaat, in: Josef Isensee/ Paul Kirchhof (Hrsg.), Handbuch des Staatsrechts der Bundesrepublik Deutschland, Band V, 3. Auflage, Heidelberg 2007, § 100 [zit.: Ossenbühl, in: Isensee/Kirchhof (Hrsg.), HStR 2007, § 100 Rn]

Ott, Hans: Voraussetzungen für eine steuerneutrale Realteilung von Kapitalgesellschaften, DStR 1989, S. 755-758

Ott, Karl-Peter : Die rechtsüberschreitende Verschmelzung nach Centros, Überseering und Inspire Art, in: Otto Sandrock, / Christoph F. Wetzler, (Hrsg.), Deutsches Gesellschaftsrecht im Wettbewerb der Rechtsordnungen. Nach Centros, Überseering und Inspire Art, Schriften des Betriebs-Beraters, Band 132, Heidelberg, 2004, S. 199-226. [*Ott*, in: Sandrock/ Wetzler (Hrsg.), Deutsches Gesellschaftsrecht im Wettbewerb der Rechtsordnungen, 2004, S.]

Paefgen, Walter G: “Cartesio”: Niederlassungsfreiheit minderer Güte, WM 2009, 529-536

Paefgen, Walter G: Umwandlung, europäische Grundfreiheiten und Kollisionsrecht, GmbHR 2004, S. 463-476

ders.: Cartesio: Niederlassungsfreiheit minderer Güte – Zum Urteil des EuGH vom 16.12.2008 (Cartesio) = WM 2009, 223 ff., WM 2009, S. 529-536

ders.: Auslandsgesellschaften und Durchsetzung deutscher Schutzinteressen nach Überseering, DB 2003, S. 487-492

Palandt, Otto (Hrsg.): Bürgerliches Gesetzbuch – Kommentar, 70. Aufl., München 2011 [zit.: Palandt-Bearb, § Rn]

Paulsen, Monrad G./Sovern, Michael I.: "Public Policy" in the Conflict of Laws, Colum. L. Rev. 56 (1956), S. 969-1016

Perrin, Jean-François: La reconnaissance des sociétés étrangères et ses effets: Etude de droit international privé suisse, Genève 1969

ders.: Les sociétés fictives en droit civil et en droit international prive, SJ 1989, S. 553-568

Peter, Henry/ Dutoit, Nicolas (Hrsg.): Les restructurations en droit des sociétés, du travail et international privé – Actes du Colloque du 3 juin 2009, Genève et. al. 2010.

Piekenbrock, Andreas: Vorlagen an den EuGH nach Art. 267 AEUV im Privatrecht EuR 2011, S. 317-356

von Planta, Andreas/ Zarb, Delphine: Le dédommagement des actionnaires minoritaires: nouvelle forme de squeeze out, SZW 2004, S. 203-207

Potacs, Michael: Effet utile als Auslegungsgrundsatz, EuR 2009, S.465-488

Preuß, Nicola: Die Wahl des Satzungssitzes im geltenden Gesellschaftsrecht und nach dem MoMiG-Entwurf, GmbHR 2007, S. 57-63

Priester, Hans-Joachim: Spaltungsvertrag/Spaltungsplan, in: Marcus Lutter (Hrsg.), Kölner Umwandlungsrechtstage: Verschmelzung, Spaltung, Formwechsel, nach neuem Umwandlungsrecht und Umwandlungssteuerrecht, Köln 1995, S. 99-116 [zit.: *Priester*, in: Lutter (Hrsg.), Kölner Umwandlungsrechtstage, 1995, S.]

ders.: Die UG (haftungsbeschränkt) – eine GmbH mit ernst zu nehmenden Sonderregeln, in: Rainer Schröder /Reiner Kanzleiter (Hrsg.) 3 Jahre nach dem MoMiG – 6. Verleihung des Helmut-Schippel-Preises, Bonn 2012, S. 53-72 [zit.: *Priester*, in: Schröder/Kanzleiter (Hrsg.) 3 Jahre nach dem MoMiG, 2012, S.]

ders.: Handelsrechtsreformgesetz - Schwerpunkte aus notarieller Sicht, DNotZ 1998, S. 691-711

Prölss,Erich R. (Hrsg.): Versicherungsaufsichtsgesetz: VAG – Hauptband mit Europäischem Gemeinschaftsrecht und Recht der Bundesländer – Kommentar, 12. Aufl., München 2005. [Zit.: *Prölss*, VAG § Rn.]

Prosser, William L.: Interstate Publication, Mich. L. Rev. 51 (1953), S. 959-1000

Prüm, André (Hrsg.) : Le Nouveau Droit Luxembourgeois des Sociétés, Brüssel 2008

Prüm, Thomas: Die grenzüberschreitende Spaltung, Konstanz 2006

Quilisch, Martin: Die demokratische Versammlung – Zur Rechtsnatur der Ordnungsgewalt des Leiters öffentlicher Versammlungen. Zugleich ein Beitrag zu einer Theorie der Versammlungsfreiheit, Berlin 1970

Raape, Leo: Deutsches Internationales Privaterecht – Anwendung fremden Rechts, Karl Blomeyer (Hrsg.) Neue Rechtsbücher I. Band Berlin 1938

Rabel, Ernst : The Conflict of Laws – A Comparative Study Volume two: Foreign Corporations: Torts: Contracts in General, Chicago 1947. [zit.: *Rabel*, The Conflict of Laws – A Comparative Study, Bd. II, 1947, S.]

Raiser, Thomas: Der Begriff der juristischen Person. Eine Neubesinnung, AcP 199 (1999), S. 104-144

ders.: Gesamthand und juristische Person im Licht des neuen Umwandlungsrechts, AcP 194 (1994), S. 495-512

ders./Veil, Rüdiger: Recht der Kapitalgesellschaften – Ein Handbuch für Praxis und Wissenschaft Aktiengesellschaft, Kommanditgesellschaft auf Aktien, Gesellschaft mit beschränkter Haftung, Übernahmerecht, Umwandlungsrecht, Konzernrecht, Internationales Gesellschaftsrecht, Europäisches Gesellschaftsrecht, 5. Aufl., München 2010

Rammeloo, Stephan: Case C-378/10 VALE Építési Kft. , Judgment of 12 July 2012, not yet reported Freedom of establishment: cross-border transfer of company 'seat' – The last piece of the puzzle?, 19 MJ 4 (2012), S. 563-588

ders.: Corporations in International Private Law, 2001

Rampini, Corrado: Handänderung von Immobilien durch Vermögensübertragung nach Fusionsgesetz, ST 2006, S. 164-169

Ranieri, Filippo: Comptes rendus : J.-L. Halpérin, Entre nationalisme juridique et communauté de droit. [Collection "Les voies du droit", 7]. Presses Universitaires de France, [Paris 1999]. X + 203 p., Legal Hist. Rev. 68 (2000), S. 603-605.

ders.: 200 Jahre Code civil, in: Werner Schubert, Mathias Schmoeckel (Hrsg.) 200 Jahre Code civil: die napoleonische Kodifikation in Deutschland und Europa, Köln 2005

Rashid Bahar, : Le transfert de patrimoine professionnel - Une contribution helvétique au droit des sociétés luxembourgeois, in: André Prüm (Hrsg.), Le nouveau droit luxembourgeois des sociétés, Bruxelles 2008, S. 107-141.

Ratka, Thomas: Grenzüberschreitende Sitzverlegung von Gesellschaften: Rechtslage, Judikatur, Gestaltungsmöglichkeiten, Berlin 2002

ders./Wolfbauer, Veronika: Daily Mail: „I am not dead yet", ZfRV 2009, S. 57-64

ders./Rauter, Roman: Cartesio und das ius vitae necisque des Wegzugsstaates, wbl 2009, S. 62-64

Rauscher, Thomas: Internationales Privatrecht, München 2009

Reatz, Carl Ferdinand: Die zweite Lesung des Entwurfs eines Bürgerlichen Gesetzbuches für das Deutsche Reich – unter Gegenüberstellung der 1. *Lesung* , Band II, Berlin 1896

Regelsberger, Ferdinand: Pandekten, Band I, Leipzig 1893

Reich, Markus: Steuerrecht, Zürich 2009

Reichert, Jochem/Weller, Marc-Philippe: Geschäftsanteilsübertragung mit Auslandsberührung (Teil I), DStR 2005, S. 250-257

Reimann, Mathias: Rechtsvergleichung und Rechtsgeschichte im Dialog, ZEuP 1999, S. 496-512

Reik, Andrea: Grenzüberschreitende Restrukturierungen von Unternehmen – Eine bilaterale Untersuchung zwischen Deutschland und Frankreich, Berlin 2002

Renk, Hansjörg: Bismarcks Konflikt mit der Schweiz: der Wohlgemuth-Handel von 1889; Vorgeschichte, Hintergründe und Folgen, Basel 1972

Reu, Fritz: Anwendung fremden Rechts – Eine Einführung, Berlin 1938

Rieble, Volker/ Latzel, Clemens: Inlandsmitbestimmung als Ausländerdiskriminierung bei Standortkonflikten, EuZA 2011, S. 145-170

Rieks, Julia: Anerkennung im Internationalen Privatrecht, Baden-Baden 2012.

Riemer, Hans Michael: Berner Kommentar – Kommentar zum Schweizerischen Privatrecht: Band I Einleitung und Personenrecht Abteilung. 3. Die juristischen Personen Teilband. 1. Allgemeine Bestimmungen Systematischer Teil und Kommentar zu Art. 52 -59 ZGB, 3. Aufl. Bern 1993 [zit: BernerKomm-*Riemer* Bd. I/3.1, Art. ZGB Rn.]

Riesenhuber, Karl: Die Verschmelzungsrichtlinie: „Basisrechtsakt für ein Europäisches Recht der Strukturmaßnahmen" – Zum Schutz durch Information im Europäischen Gesellschaftsrecht, NZG 2004, S. 15-22

ders. (Hrsg.): Europäische Methodenlehre : Handbuch für Ausbildung und Praxis, 2. Auflage, Berlin 2010 [zit.: *Bearb.*, Riesenhuber Europäische Methodenlehre § Rn.]

Rindisbacher, Sabine: Anerkennung gesellschaftsrechtlicher Gebilde im internationalen Privatrecht, Bern/Berlin et.al. 1996

Ringe, Wolf-Georg: Corporate Mobility in the European Union – a Flash in the Pan? An empirical study on the success of lawmaking and regulatory competition, ECFR 2013, S 230-267

ders.: No Freedom of Emigration for Companies? EBLR 16 (2005), S. 621-642.

ders.: Die Sitzverlegung der Europäischen Aktiengesellschaft, Tübingen 2006

ders.: Grenzüberschreitende Verschmelzungen: Ablehnung der Eintragung in das nationale Handelsregister - Verstoß gegen Niederlassungsfreiheit, DB 2005, S. 2804-2807

ders.: Zur Frage der Bestimmung der Rechtsfähigkeit einer Gesellschaft, die nicht unter die europäische Niederlassungsfreiheit oder sonstige Freizügigkeitsabkommen fällt, GmbHR 2007, S. 769-770

Rittner, Fritz: Rechtsperson und juristische Person – Einige Gedanken, in: Peter Forstmoser/Walter R Schluep (Hrsg), Freiheit und Verantwortung im Recht: Festschrift zum 60. Geburtstag von Arthur Meier-Hayoz, Bern 1982, S. 331-344 [zit.: *Rittner*, in: FS Meier-Hayoz, S.]

Rixen, Siegfried/Böttcher, Reinhard: GmbH International – Erfahrungsbericht über eine transnationale Verschmelzung, GmbHR 1993, S. 572-575

Röhricht, Volker/Graf von Westphalen, Friedrich: Handelsgesetzbuch: HGB Kommentar zu Handelsstand, Handelsgesellschaften, Handelsgeschäften und besonderen Handelsverträgen (ohne Bilanz-, Transport- und Seerecht), München 2008. [zit: *Bearb.*, in: Röhricht/Graf von Westphalen HGB § , Rn.]

Römermann, Volker/Passarge, Malte: Die GmbH & Co KG ist tot - es lebe die UG & Co KG! Und andere aktuelle Probleme rund um die Unternehmergesellschaft, ZIP 2009, S. 1497-1504

Roth, Günter H./Altmeppen, Holger: Gesetz betreffend die Gesellschaften mit beschränkter Haftung – Kommentar, 7. Auflage, München 2012, [zit.: Bearb, in: Roth/Altmeppen, § Rn]

ders.: Das Herkunftslandprinzip im Gesellschaftsrecht, in: Michael Potacs/Robert Rebhahn et al. (Hrsg.) Anerkennungs-/Herkunftslandprinzip in Europa – Herausgegeben von der. Studiengesellschaft für Wirtschaft und Recht, Wien 2010, S. 111-120

ders.: Die Rechtsstellung ausländischer Gesellschaften in der EU, GesRZ 1995, S. 1-12

ders.: Eine europäische Initiative zur Kodifizierung der Gründungstheorie, RdW 2007, S. 206

ders.: Die deutsche Initiative zur Kodifizierung der Gründungstheorie, in: Lutz Aderhold (Hrsg.), Festschrift für Harm Peter Westermann zum 70. Geburtstag, Köln 2008, S. 1345-1354 [zit.: Roth, in: FS Westermann, S.]

Roth, Wulf-Henning: Berechtigte Verbrauchererwartungen im Europäischen Freiheiten des EG-Vertrages und das nationale Privatrecht, ZEuP 1994, S. 5-32

ders.: „Das Wandern ist des Müllers Lust ...“: zur Auswanderungsfreiheit für Gesellschaften in Europa, in: Stefan Lorenz/Alexander Trunk/Horst Eidenmüller/Christiane Wendehorst/Johannes Adolff (Hrsg.): Festschrift für Andreas Heldrich zum 70. Geburtstag. München, 2005, S. 973-995 [zit.:*Roth*, in: FS Heldrich, S.]

ders.: Wegzugsfreiheit für Gesellschaften, in: Europäische Auslandsgesellschaften in Deutschland, in: Marcus Lutter (Hrsg.), Europäische Auslandsgesellschaften in Deutschland, Köln 2005, S. 379-402

ders.: Methoden der Rechtsfindung und Rechtsanwendung im Europäischen Kollisionsrecht, IPRax 2006, S. 338-347

ders.: Internationales Gesellschaftsrecht nach Überseering – zu EuGH, 5.11.2002 - Rs.208/00 - Überseering BV / Nordic Construction Company Baumanagement GmbH (NCC), IPRax 2003, 65, IPRax, 2003, S. 117-127

Rotheimer, Marietje: Referentenentwurf zum Internationalen Gesellschaftsrecht, NZG, S. 181-182

Rott, Emil: Ueber das Bundesgesetz zur Ausfürhung des Art. 46 der Bundesverfassung – Referat am Schweizerischen Juristentag in Lausanne vom 15. September 1884, ZSR 3 (1884), S. 651-686

Rottnauer, Achim E.: Unternehmensübertragungen – 3. Praktikerseminar auf dem Österberg in Tübingen am 14. 10. 2011: NZG 2012, S. 339-442

Rühl, Giesela: Statut und Effizienz: Ökonomische Grundlagen des Internationalen Privatrechts, Tübingen 2011

Ruppert, Daniel: La mobilité des sociétés, in: André Prüm (Hrsg.) Le Nouveau Droit Luxembourgeois des Sociétés, Bruxelles 2008, S. 161-174

Säcker, Franz Jürgen/Rixecker, Roland: Münchener Kommentar zum Bürgerlichen Gesetzbuch: BGB, Band 11: Internationales Privatrecht, Internationales Wirtschaftsrecht, Einführungsgesetz zum Bürgerlichen Gesetzbuche (Art. 25 - 248), 5. Auflage, München 2010. [zit. MünchKomm BGB-*Bearb.*, IntGesR, Art. Rn.]

Saenger, Ingo: Wegzug von Personengesellschaften, in: Dieter Birk (Hrsg.) Transaktionen, Vermögen, Pro Bono: Festschrift zum zehnjährigen Bestehen von P+P Pöllath + Partner, München 2008, S. 294-314.

ders./Aderhold, Lutz/Lenkaitis, Karlheinz/Speckmann, Gerhard (Hrsg.): Handels- und Gesellschaftsrecht – Praxishandbuch, Baden-Baden 2008, [zit.: *Verf.* in: Saenger / Aderhold / Lenkaitis / Speckmann, Handels- u. GesR, § , Rn.]

Sagasser, Bernd/ Bula Thomas/Brünger Thomas R. et al: Umwandlungen, 4. Aufl., München 2011 [Zit. Sagasser/Bula/Brünger-*Bearb.*, Umwandlungen, 2011, § Rn.]

Sandrock, Otto: Was ist erreicht ? Was bleibt zu tun ? Eine kollisions- und materiellrechtliche Bilanz, in: Otto Sandrock, / Christoph F. Wetzler, (Hrsg.), Deutsches Gesellschaftsrecht im Wettbewerb der Rechtsordnungen. Nach Centros, Überseering und Inspire Art, Schriften des Betriebs-Beraters, Band 132, Heidelberg, 2004, S. 33-100. [*Sandrock*, in: Sandrock/Wetzler (Hrsg.), Deutsches Gesellschaftsrecht im Wettbewerb der Rechtsordnungen, 2004, S.]

ders.: Centros: Ein Etappensieg für die Überlagerungstheorie, BB 1999, S. 1337–1345

ders.: Die Konkretisierung der Überlagerungstheorie in einigen zentralen Einzelfragen. Ein Beitrag zum internationalen Gesellschaftsrecht, in: Otto Sandrock (Hrsg.), Festschrift für Günther Beitzke zum 70. Geburtstag am 26. April 1979, Berlin 1979, S. 669–696 [zit.: *Sandrock*, in: FS Beitzke, S.]

ders.: Die Bedeutung des Gesetzes zur Neuregelung des Internationalen Privatrechts für die Unternehmenspraxis, RIW 1986, S. 841-855

ders.: Die Schrumpfung der Überlagerungstheorie – Zu den zwingenden Vorschriften des deutschen Sitzrechts, die ein fremdes Gründungsstatut überlagern können, ZVglRWiss. 102 (2003), S. 447-504

ders.: Die Multinationalen Korporationen im Internationalen Privatrecht, in: Luzius Wildhaber (Hrsg.), Internationalrechtliche Probleme multinationaler Korporationen, Berichte der deutschen Gesellschaft für Völkerrecht (Heft 18), Heidelberg 1978, S. 169-249

ders./Austmann, Andreas: Das Internationale Gesellschaftsrecht nach der Daily Mail-Entscheidung des Europäischen Gerichtshofs – Quo vadis? RIW 1989, S. 249-253

Sauser-Hall, Géorges: La situation juridique des étrangers en Suisse, Bull. Soc. Lég. Comp. 1920/21, S. 228-254

von Savigny, Friedrich Carl: System des heutigen römischen Rechts, Band II, Berlin 1840; Band VIII, Berlin 1849

Schäfer, Frank L: Juristische Germanistik – eine Geschichte der Wissenschaft vom einheimischen Privatrecht, Frankfurt am Main 2008

Schall, Alexander/Barth, Alexander: Stirbt Daily Mail langsam? Zu den Folgen von EuGH C-371/10 (National Grid Indus) für Kollisionsrecht und Wegzugsbesteuerung, NZG 2012, S. 414-419.

Schanze, Erich: Das Problem der Gesellschaften im Internationalen Privatrecht, in: Torstein Frantzen, Johan Giertsen, Giuditta Cordero Moss (Hrsg.): Rett og toleranse – Festskrift til Helge Johan Thue, 2007, S. 423-439 [zit.: *Schanze*, in: FS Thue, S.]

ders.: Anerkennung von liechtensteinischen Gesellschaften, LMK 2006, 164114

ders.: The Recognition Principle – Tracing Sir Thomas' Vision to Present European Law, in: Elspeth Reid/David L. Carey Miller (Hrsg.), A Mixed Legal System in Transition: T B Smith and the Progress of Scots Law, Edinburgh 2005, S. 293-301.

ders.: Wettbewerb der Gesellschaftsrechte?, in: NZZ Nr. 293 vom 17.12.2002, S. 25

ders./Jüttner, Andreas: Anerkennung und Kontrolle ausländischer Gesellschaften - Rechtslage und Perspektiven nach der Überseering-Entscheidung des EuGH, AG 2003, S. 30-37

dies.: Die Entscheidung für Pluralität: Kollisionsrecht und Gesellschaftsrecht nach der EuGH-Entscheidung „Inspire Art, AG 2003, S. 661-671

Schaper, Martin: Selektion und Kombination von Gesellschaftsformen institutionellen Wettbewerb, Berlin 2012.

Schaub, Günter/Koch, Ulrich/Linck, Rüdiger/Treber, Jürgen/Vogelsang, Hinrich (Hrsg.): Arbeitsrechts-Handbuch: Systematische Darstellung und Nachschlagewerk für die Praxis, 14. Auflage, München 2011 [zit.: Schaub, ArbRHdb-*Bearb.*, § Rn.]

Schaumburg, Harald: Grenzüberschreitende Umwandlungen (I), GmbHR 1996, S. 501-514

Schlichte Johannes: Die Zulässigkeit der Ltd. & Co. KG, DB 2006, S. 87-92

Schmid, Achim: Bestandsübertragung und Umwandlung von Versicherungsunternehmen, Karlsruhe 2010

Schmidt, Christian Rudolf/Bierly, Jennifer: Gesellschaft bürgerlichen Rechts als Gesellschafterin einer Personenhandelsgesellschaft, NJW 2004, S. 1210 - 1213

Schmidt, Claudia/Maul, Silja: Niederlassungsfreiheit: Eintragung einer grenzüberschreitenden Verschmelzung in das nationale Handelsregister darf nicht verweigert werden – SEVIC Systems, BB 2006, S. 11-14

Schmidt, Harry: Totalausgliederung nach § 123 Abs 3 UmwG, AG 2005, S. 26-31

Schmidt, Jessica: Aktionsplan Europäisches Gesellschaftsrecht und Corporate Governance 2012, GmbHR, R33-34.

dies.: Europäisches Gesellschaftsrecht und Corporate Governance 2012, GmbHR 2013, R33-R34

Schmidt, Karsten: Die Zukunft der Kodifikationsidee – Wissenschaft und Gesetzgebung vor den Gesetzeswerken des geltenden Rechts, Heidelberg 1985

ders.: Integrationswirkung des Umwandlungsgesetzes – Betrachtungen zur Dogmengeschichte und Rechtsfortbildung im Gesellschaftsrecht, Festschrift für Peter Ulmer: Zum 70. Geburtstag Am 2. Januar 2003, Peter Ulmer/Mathias Habersack/Peter Hommelhoff/Karsten Schmidt (Hrsg.), Berlin 2003, S. 557-578 [zit.: *K. Schmidt*, in: FS Ulmer, S.]

ders.: Verbandszweck und Rechtsfähigkeit im Vereinsrecht, 1984

ders.: Gesellschaftsrecht, 4. Aufl., Köln 2002

ders.: Der Geschäftsführer einer GmbH & Co. KG als Nicht-Arbeitnehmer i.S. von § 5 Abs. 1 Satz 3 ArbGG — Bemerkungen nach dem BAG-Beschluss 5 AZB 79/02 vom 20. August 2003, in: Alfred Söllner, Wolfgang Gitter/Raimund Waltermann/Richard Giesen/Oliver Ricken (Hrsg.) Gedächtnisschrift für Meinhard Heinze, München 2005, S. 775-784. [zit.: *K. Schmidt*, GS Heinze, S.]

ders.: Universalsukzession kraft Rechtsgeschäfts, AcP 191 (1991), S. 495-525

ders.: Sitzverlegungsrichtlinie, Freizügigkeit und Gesellschaftsrechtspraxis, ZGR 1999, S. 20-35

ders.: Zum Analogieverbot des § 1 Abs. 2 UmwG – Denkanstöße gegen ein gesetzliches Denkverbot, in: Karl-Heinz Forster/Barbara Grunewald/Marcus Lutter/Johannes Semmler (Hrsg.), Aktien- und Bilanzrecht, Festschrift für Bruno Kropff, Düsseldorf 1997, S. 261-269 [zit.: *Schmidt*, in: FS Kropff, S.]

ders. (Hrsg.): Münchener Kommentar zum Handelsgesetzbuch, Band 1, Erstes Buch. Handelsstand, §§ 1-104a, 3. Auflage, München 2010 Band 2, Zweites Buch, Handelsgesellschaften und stille Gesellschaft, Erster Abschnitt. Offene Handelsgesellschaft, §§ 105-160, 3. Auflage, München 2011; Band 3, Zweites Buch, Handelsgesellschaft und stille Gesellschaft, Zweiter Abschnitt. Kommanditgesellschaft, Dritter Abschnitt. Stille Gesellschaft, §§ 161-237, Konzernrecht der Personengesellschaft, 4. Auflage, München 2012 [zit.: MünchKomm HGB-*Bearb*., § Rn.]

Schmidt-Kessel, Martin: Wirtschafts- und Gesellschaftsrecht (einschl. Sonderprivatrecht der öffentlichen Hand) – Niederlassungsfreiheit gestattet Wegzugsbeschränkungen. Anmerkung zu EuGH, Urteil vom 16.12.2008, C-210/06 – Cartesio, GPR 2009, S. 26-30

Schmoeckel, Mathias: Rechtsgeschichte der Wirtschaft: Seit dem 19. Jahrhundert, Tübingen 2008

Schneider, Carsten: Internationales Gesellschaftsrecht vor der Kodifizierung, BB 2008, S. 566-575

Schneider, Hans: Gesetzgebung: Ein Lehr- und Handbuch, 3. Aufl. , Heidelberg 2003

Schneller, Yves: Die Organe der Aktiengesellschaft bei einer ordentlichen Fusion: Stellung, Pflichten und Verantwortlichkeit nach Fusionsgesetz, Zürich 2006

Schnitzer, Adolf F.: Handbuch des internationalen Privatrechts: einschliesslich Prozessrecht, unter besonderer Berücksichtigung der Schweizerischen Gesetzgebung und Rechtsprechung, 4. Aufl., Basel 1957, [zit.: *Schnitzer*, Handbuch IPR, S.]

Schnorbus, York: Gestaltungsfreiheit im Umwandlungsrecht – Das Verhältnis des UmwG zu Strukturmaßnahmen außerhalb seines Anwendungsbereiches im System des deutschen und europäischen Umwandlungsrechts, Baden-Baden 2001

ders.: Analogieverbot und Rechtsfortbildung im Umwandlungsrecht, DB 2001, S. 1654-1660

Schnyder, Anton K: Europäisierung des Internationalen Privat- und Zivilverfahrensrechts – Herausforderung auch für die Schweiz, in: Heinz-Peter Mansel/Thomas Pfeiffer/Herbert Kronke/Christian Kohler/Rainer Hausmann (Hrsg.), Festschrift für Erik Jayme, Bd I, München 2009, S. 823-835 [zit.: *Schnyder*, in: FS Jayme, S.]

ders.: Europäisches Gesellschaftsrecht und dessen „Nachvollzug" durch die Schweiz in: Jürgen Basedow, Klaus J. Hopt/Hein Kötz Festschrift für Ulrich Drobnig zum siebzigsten Geburtstag, S. 155-162. [zit.: *Schnyder*, in: FS Drobnig, S.].

ders./Bopp, Lukas: Kollisionsrechtliche Anknüpfung von Prospektpflicht und Prospekthaftung als Fragestellung des Internationalen Kapitalmarktrechts, in: Hans-Caspar von der Crone/Peter Forstmoser/Rolf H.Weber/Roger Zäch (Hrsg.) Aktuelle Fragen des Bank- und Finanzmarktrechts, Festschrift für Dieter Zobl zum 60. Geburtstag, Zürich 2004, S. 391-406 [zit.: *Schnyder/Bopp*, in: FS Zäch, S.]

Schön, Wolfang: Das System der gesellschaftsrechtlichen Niederlassungsfreiheit nach VALE, ZGR 2013, S. 333-365

ders.: Das Bild des Gesellschafters im Europäischen Gesellschaftsrecht, RabelsZ 64 (2000),S. 1-37

ders.: Der Kapitalverkehr mit Drittstaaten und das internationale Steuerrecht, in: Rudolf Gocke / Dietmar Gosch / Michael Lang (Hrsg.), Festschrift für Franz Wassermeyer zum 65. Geburtstag: Körperschaftsteuer Internationales Steuerrecht Doppelbesteuerung, München 2005, S. 489 – 521 [zit.: *Schön,* in FS Wassermeyer, S.]

Schönle, Herbert: Die Anerkennung liechtensteinischer juristischer Personen in Deutschland, in: NJW 1965, S. 1112-1117

Schreier, Thorsten/Leicht, Michael: Übertragung von Verträgen bei Carve-Outs, NZG 2011, S. 121-126

Schröder, Meinhard: Gesetzesbindung des Richters und Rechtsweggarantie im Mehrebenensystem, Tübingen 2010.

Schumacher, Reto T.: Die Vermögensübertragung nach dem Fusionsgesetz, Zürich 2005

Schurig, Klaus: Zwingendes Recht, „Eingriffsnormen“ und IPR, RabelsZ 54 (1990), S. 217-248

Schwander, Ivo: Lois d'application immédiate, Sonderanknüpfung, IPR-Sachnormen und andere Ausnahmen von der gewöhnlichen Anknüpfung im internationalen Privatrecht, Zürich, 1975

ders.: Einführung in das internationale Privatrecht, Erster Bd.: Allgemeiner Teil, 2. Aufl. Lachen, 1992

ders.: Einführung in das internationale Privatrecht, Zweiter Bd.: Besonderer Teil, Lachen, 1997

ders.: Das Statut der internationalen Gesellschaft, SZIER 2002, S. 57-77

Schwandt, Johannes: Die deutschen Aktiengesellschaften im Rechtsverkehr mit Frankreich und England, Marburg 1912 [zugl. Diss. Univ. Marburg 1912]

Schwartmann, Rolf: Private im Wirtschaftsvölkerrecht, Tübingen 2005

Schwenzer, Ingeborg: Development of Comparative Law in Germany, Switzerland and Austria, in: Mathias Reimann/Reinhard Zimmermann (Hrsg.) The Oxford Handbook of Comparative Law, 2008, S. 69-106

Sedemund, Jan: EU-weite Verschmelzungen: Gesellschaftsrechtliche Vorgaben und steuerliche Implikationen des SEVIC-Urteils des EuGH vom 13.12.2005, BB 2006, S. 519-521

Sedlaczek, Michael: Der Begriff der Diskriminierung und Beschränkung – Die Kapitalverkehrsfreiheit als konvergente Grundfreiheit des EG-Vertrages, in: Eduard Lechner / Claus Staringer / Michael Tumpel (Hrsg.) Kapitalverkehrsfreiheit und Steuerrecht: Eine Analyse des österreichischen Steuerrechts vor dem Hintergrund der Kapitalverkehrsfreiheit des EG-Rechts, Wien 2000, S.27-62 [zit.: *Sedlaczek*, in: Lechner/Staringer/Tumpel (Hrsg.), Kapitalverkehrsfreiheit und Steuerrecht, 2000 S.]

Seibert, Ulrich/Decker, Daniela: Die GmbH-Reform kommt! Zur Verabschiedung des Gesetzes zur Modernisierung des GmbH-Rechts und zur Bekämpfung von Missbräuchen (MoMiG) im Deutschen Bundestag, ZIP 2008, S. 1208-1212

Seibl, Maximilian: Die Beweislast bei Kollisionsnormen, Tübingen 2009

Semler, Johannes/ Stengel, Arndt: Umwandlungsgesetz, 3. Auflage, München 2012 [Semler/Stengel UmwG-Bearb. § Rn.]

Serick, Rolf: Die Sonderanknüpfung von Teilfragen im Internationalen Privatrecht, RabelsZ 18 (1953), S. 633-650

ders.: Zur Anerkennung liechtensteinischer Treuunternehmen in Deutschland – Ein Beitrag zur Frage der Anerkennung ausländischer juristischer Personen, RabelsZ 23 (1958), S. 624-642.

Servatius, Wolfgang: Gläubigereinfluss durch Covenants – Hybride Finanzierungsinstrumente im Spannungsfeld von Fremd- und Eigenfinanzierung, Tübingen 2008

Sester, Peter/Cárdenas, Jose Luis T: Extra-Communitarian Effects of Centros, Überseering and Inspire Art with Regard to Fourth Generation Association Agreements, ECFR 2 (2005), S. 398-412

Sethe, Rolf/Winzer, Katharina: Der Umzug von Gesellschaften in Europa nach dem Cartesio-Urteil, WM 2009, S. 536-540

Seyboth, Marie: Die Mitbestimmung im Lichte der beabsichtigten Neuregelung des Internationalen Gesellschaftsrechts, AuR 2008, S. 132-136

Siehr, Kurt: General problems of private international law in modern codifications — *De lege lata* and de *lege ferenda*, in: Y. P. I. L. VII (2005), S. 17-61

ders.: Private International Law at the End of the Twentieth Century: Progress or Regress? in: Rapports suisses présentés au XVème Congrès international de droit comparé, Bristol, 27 juillet au 1er août 1998, Zürich 1998, S. 411-442

ders.: False Conflicts", „lois'd'application immédiate" und andere Neuentdeckungen im IPR – Zu gewissen Eigengesetzlichkeiten kollisionsrechtlicher Systeme, in: Jürgen Basedow, Klaus J. Hopt/Hein Kötz Festschrift für Ulrich Drobnig zum siebzigsten Geburtstag, S. 443-454. [zit.: *Siehr,* in: FS Drobnig, S.]

ders.: Johann Caspar Bluntschli et le droit des conflits de lois dans le Code civil du Canton de Zurich de 1853/55, in: Johan Erauw (Hrsg.) Liber Memorialis François Laurent : 1810 - 1887, Brüssel 1989, S. 1017-1038. [zit. : *Siehr*, Liber Memorialis François Laurent, S.]

ders.: Ausländische Eingriffsnormen im inländischen Wirtschaftskollisionsrecht, RabelsZ 52 (1988), S. 41-102

ders.: Zum Entwurf eines schweizerischen Bundesgesetzes über das internationale Privatrecht, RIW 1979, S. 729-737

Siems, Mathias M: SEVIC: Der letzte Mosaikstein im Internationalen Gesellschaftsrecht der EU? EuZW 2006, S. 135-140

Silbernagel Alfred: Die Gründung der Aktiengesellschaft nach deutschem, schweizerischem, französischem und englischem Aktienrecht, Berlin 1907

Simon, Dieter: Zwillingsschwestern und Stammesbrüder oder: What is what?, RJ 11 (1992), S. 574-579

Simon, Stefan: Gläubigerschutz im Umwandlungsrecht, Der Konzern 2004, S. 191-195

ders.: Verschmelzung und Spaltung unter Verzicht auf Anteilsgewährung – Rechtliche, steuerliche und bilanzielle Überlegungen zu §§ 54 Abs. 1 Satz 3, 68 Abs. 1 Satz 3 UmwG, in: Wolfgang Spindler/Klaus Tipke/Thomas Rödder (Hrsg.), Steuerzentrierte Rechtsberatung, Festschrift für Harald Schaumburg zum 65. Geburtstag, Köln 2009, S. 1341-1358, [zit.: *Simon*, in: FS Schaumburg, S.]

ders./Rubner, Daniel: Die Umsetzung der Richtlinie über grenzüberschreitende Verschmelzungen ins deutsche Recht, Der Konzern 2006, S. 835-843.

ders./Rubner, Daniel: Die Umsetzung der Richtlinie über grenzüberschreitende Verschmelzungen ins Deutsche Recht, Andreas Cahn/Theodor Baums (Hrsg.) Working Paper Series No. 53, 11/2006, Institute For Law And Finance, Johann Wolfgang Goethe-Universität, abrufbar unter: http://www.ilf-frankfurt.de/uploads/media/ILF_WP_053.pdf (zuletzt eingesehen am 5.2.2012)

Sonnenberger, Hans Jürgen/Bauer, Frank: Vorschlag des Deutschen Rates für Internationales Privatrecht für eine Regelung des Internationalen Gesellschaftsrechts auf europäischer/nationaler Ebene, RIW 2006, Beil. zu Heft 4, S. 1-24

ders.: Europäische Herausforderungen des internationalen Gesellschaftsrechts, in: Bertrand Ancel/Bernard, Audit/Tito Ballarino / Gian Paolo Romano (Hrsg.) Le droit international privé: esprit et méthodes, mélanges en l' honneur de Paul Lagarde, Paris 2005, S. 749-763. [zit. : *Sonnenberger*, in: FS Lagarde, S.]

Sonntag, Gerolf Christian: Zulässigkeit und Auswirkungen grenzüberschreitender Verschmelzungen, Konstanz 2004 [zugl. Diss. Univ. Konstanz 2003].

Spahlinger, Andreas /Wegen, Gerhart: Internationales Gesellschaftsrecht in der Praxis: Kollisions- und Sachrecht wesentlicher Fälle mit Auslandsberührung, Europäisches Unternehmensrecht, Wahl der Gesellschaftsform, Corporate Governance, Wichtige ausländische Rechtsformen, München 2005, [zit.: *Spahlinger/Wegen*, Internationales Gesellschaftsrecht, Rn.].

ders./Wegen, Gerhard: Deutsche Gesellschaften in grenzüberschreitenden Umwandlungen nach „Sevic“ und der Verschmelzungsrichtlinie in der Praxis, NZG 2006, S. 721-728

Spang, Jean-Paul: Les restructurations d'entreprises, in: André Prüm (Hrsg.) Le Nouveau Droit Luxembourgeois des Sociétés, Bruxelles 2008, S. 75-106

Spickhoff, Andreas: Die Restkodifikation des Internationalen Privatrechts: Außervertragliches Schuld und Sachenrecht, NJW 1999, S. 2209-2215

Spindler, Gerald/Stilz, Eberhard (Hrsg.): Kommentar zum Aktiengesetz – Band 2: §§ 179-410, IntGesR, SpruchG, SE-VO, 2. Aufl. München 2010, [zit.: *Bearb.*, in: Spindler/Stilz, AktG, § , Rn.]

von Spindler, Joachim: Wanderungen gewerblicher Körperschaften von Staat zu Staat als Problem des internen und des internationalen Privatrechts, Berlin 1932

Spinner, Bruno/Maritz, Daniel: EG-Kompatibilität des schweizerischen Wirtschaftsrechts – Vom autonomen zum systematischen Nachvollzug, in: Peter Forstmoser/Hans Caspar von der Crone/Rolf H. Weber / Dieter Zobl (Hrsg.) Der Einfluss des europäischen Rechts auf die Schweiz, Festschrift für Professor Roger Zäch zum 60. Geburtstag, Zürich 1999, S. 127-138 [zit.: *Spinner/Maritz* in: FS Zäch, S.]

Staehelin, Max R.: Zu Fragen der Aktiengesellschaft im schweizerischen IPR, Basel 1972 [zugl. Diss. Univ. Basel 1972]

Staudinger, Ansgar/ Steinrötter, Björn: Europäisches Internationales Zivilverfahrensrecht: Alles „Brüssel“, oder was? JA 2012, S. 241-248

Staudinger, Julius von (Begr.): J. von Staudingers Kommentar zum Bürgerlichen Gesetzbuch mit Einführungsgesetz und Nebengesetzen
Buch 1: Allgemeiner Teil, §§ 1-14. Verschollenheitsgesetz (Einleitung zum BGB und Allgemeiner Teil 1), Neubearb., Berlin 2004
Buch 1: Allgemeiner Teil, §§ 21-79 (Allgemeiner Teil 2), Neubearb., Berlin 2005
Gesetzbuch mit Einführungsgesetz und Nebengesetzen – Internationales Privatrecht Einleitung zum IPR neubearb. Auflage 2012.
EGBGB/IPR Einführungsgesetz zum Bürgerlichen Gesetzbuche/IPR, Einleitung zum IPR, Art 3-6 EGBGB, Anhang zu Art 4 EGBGB, Anhang I, II, III, IV zu Art 5 EGBGB (Internationales Privatrecht - Allgemeiner Teil), Neubearb., Berlin 2003
EGBGB/IPR Einführungsgesetz zum Bürgerlichen Gesetzbuche/IPR, Artikel 7, 9-12, 47 EGBGB (Internationales Recht der natürlichen Personen und der Rechtsgeschäfte), Neubearbeitung, Berlin 2007
EGBGB/IPR Einführungsgesetz zum Bürgerlichen Gesetzbuche/IPR, Artikel 27-37 EGBGB, Anhänge (Internationales Vertragsrecht), Neubearb., Berlin 2002
Gesetzbuch mit Einführungsgesetz und Nebengesetzen Einführungsgesetz zum Bürgerlichen Gesetzbuche/IPR – Internationales Gesellschaftsrecht, Berlin, 14., Neubearb., 1998 [zit.: Staudinger-*Bearb.*, § Rn.]

Stauffer, Andreas: Grenzüberschreitende Ansiedlung von Unternehmen in der Schweiz: Rechtliche Probleme im Wegzugs- oder Zuzugsstaat sowie Liquidationsbesteuerung, ST 2005, S. 58-63

Stehle, Stefan: Keine Unternehmensmitbestimmung in zuziehenden EU-Scheinauslandsgesellschaften, JURA 2009, S. 8-18

Steinbeck, Anja: Die Gesellschaft bürgerlichen Rechts als Gesellschafterin einer Personenhandelsgesellschaft – Anmerkung zu BayOblG vom 18.10.2000, 3Z BR 164/00, DStR 2001, S. 1162-1167

Steinrötter, Björn: Einheitliche Anknüpfung an den Gründungsort im Internationalen Gesellschaftsrecht – wider die „Geschöpf-“ und die „Wechselbalgtheorie“, GPR 2012, S. 119-129

Stenzel, Igor: Die Pflicht zur Bildung einer gesetzlichen Rücklage bei der UG (haftungsbeschränkt) und die Folgen für die Wirksamkeit des Gesellschaftsvertrags einer UG (haftungsbeschränkt) & Co KG, NZG 2009, S. 168-172

Stoffel, Walter A.: Abschaffung des Nennkapitalsystems im schweizerischen Aktienrecht?_SJZ 2001, S. 533-543

ders.: Die völkervertraglichen Gleichbehandlungsverpflichtungen der Schweiz gegenüber Ausländern – Eine Untersuchung über die Bedeutung der Gleichbehandlungsklauseln in den Niederlassungsverträgen, Zürich 1979

Stoll, Peter Tobias/Schorkopf Frank: Max Planck Commentaries on World Trade Law, Volume 1: WTO-World Economic Order, World Trade Law, Leiden 2006

Stolleis, Michael/Simon, Dieter (Hrsg.): Rechtsgeschichte im Nationalsozialismus, Beiträge zur Geschichte einer Disziplin, Tübingen 1989 [zit.: *Verf.* in: Stolleis /Simon (Hrsg.) Rechtsgeschichte im Nationalsozialismus, S.]

Straub, Ralf Michael: Beteiligungsverbot aus Artt 552, 594 OR für eine schweizerische Kapitalgesellschaft als Komplementär an einer deutschen Kommanditgesellschaft? IPRax 1997, S. 58-64

Straube, Manfred/Ratka, Thomas: Das „Herkunftslandprinzip“ im EU-Gesellschaftsrecht nach der „Überseering“-Entscheidung, ÖZW 2003, S. 34-44

Streiber, Florian: Gläubigerschutz bei Auslandsgesellschaften – eine Untersuchung zur Reichweite des Gesellschaftsstatuts unter Geltung der Gründungstheorie, Freiburg im Breisgau 2008

Streit, Arnold: Das Abkommen über den Europäischen Wirtschaftsraum, NJW 1994, S. 555-558

Sturm, Fritz: Savigny und das Privatrecht seiner Zeit, Ius Commune 1979, VIII (1979), S. 93-109

ders.: Die allgemeinen Grundsätze im schweizerischen IPR-Gesetzesentwurf, in: Ivo Schwander (Hrsg.), Beiträge zum neuen IPR des Sachen-, Schuld- und Gesellschaftsrechts – Festschrift für Prof. Rudolf Moser, Zürich 1987, S. 3-23 [zit.: *Sturm*, in: FS Moser, S.]

ders.: Zur liechtensteinischen IPR-Reform, in: Isaak Meier (Hrsg.), Rechtskollisionen, Festschrift für Anton Heini zum 65. Geburtstag, Zürich 1995, S. 445-454 [zit.: *Sturm*, in: FS Heini, S.]

Sudhoff, Heinrich (Hrsg.): GmbH & Co. KG, München 2005 [zit.: *Bearb.*, GmbH & Co. KG, §, Rn.]

Süss, Theodor: Sitzverlegung juristischer Personen vom Inland ins Ausland und umgekehrt, in: Max Gerwig/August Simonius/Karl Spiro/Theodor Süss/Ernst Wolff (Hrsg.), Festschrift Hans Lewald: bei Vollendung des 40. Amtsjahres als ordentlicher Professor im Oktober 1953 überreicht von seinen Freunden und Kollegen mit Unterstützung der Basler Juristischen Fakultät, Basel 1953, S. 603-613, [zit.: *Süss*, in: FS Lewald, S.]

Suter, Benedikt A.: Endlich weniger Schweizer "Heimatschutz" in: NZZ vom 9.8.2003, Nr. 182, S. 26

Tebben, Joachim: Die Reform der GmbH - das MoMiG in der notariellen Praxis, RNotZ 2008, S. 441-462

Teichmann, Arndt: Die Bedeutung der Spaltungsvorschriften im UmwG, in: Marcus Lutter (Hrsg.), Kölner Umwandlungsrechtstage: Verschmelzung, Spaltung, Formwechsel, nach neuem Umwandlungsrecht und Umwandlungssteuerrecht, Köln 1995, S. 90-98 [zit.: *Teichmann*, in: Lutter (Hrsg.), Kölner Umwandlungsrechtstage, 1995, S.]

ders.: Die Spaltung einer Aktiengesellschaft als gesetzgeberische Aufgabe, AG 1980 S. 85-93

ders.: Die Spaltung von Rechtsträgern als Akt der Vermögensübertragung, ZGR 1993, S. 396-419

Teichmann, Christoph: Gesellschaften und natürliche Personen im Recht der europäischen Niederlassungsfreiheit, in: Festschrift für Peter Hommelhoff zum 70. Geburtstag, Berd Erle/Wulf Goette/Detlef Kleindiek/Gerd Krieger/ Hans-Joachim Priester/Christian Schubel/Martin Schwab, Christoph Teichmann/Carl-Heinz Witt, Köln 2012. [zit.: *Teichmann*, in: FS Hommelhoff, S. 1213-1236]

ders.: Binnenmarktkonformes Gesellschaftsrecht, Berlin 2006. [zugl. Habil. Univ. Heidelberg 2005].

ders.: Binnenmarktmobilität von Gesellschaften nach "Sevic" – Zugleich Besprechung von EuGH v 13-12-2005 - Rs C-411/03, ZIP 2005, 2311, ZIP 2006, S. 355-363

ders.: Der grenzüberschreitende Formwechsel ist spruchreif: das Urteil des EuGH in der Rs. Vale, DB 2012, S. 2085-2092

ders.: Report from Germany, ECL 5 (2008), S. 189-191

ders.: Gesellschaftsrecht im System der Europäischen Niederlassungsfreiheit, ZGR 2011, S. 639-689

Teipel, Klemens: Die Bedeutung der lex fori im internationalen Gesellschaftsrecht, in: Ernst C. Stiefel/Andreas Behr, Martina Violetta Jung/Ellen Klausing/Thomas Nöcker /Reinhold Trinkner (Hrsg.) Iusto iure: Festgabe für Otto Sandrock zum 65. Geburtstag, Heidelberg 1995, S. 125 – 134. [zit.: *Teipel*, in: FS Sandrock, S.]

Tersteegen, Jens Axel: Kollisionsrechtliche Behandlung ausländischer Kapitalgesellschaften im Inland unter Besonderer Berücksichtigung von Scheinauslandsgesellschaften, München 2002, [zit.: *Tersteegen* ‚Kollisionsrechtliche Behandlung ausländischer Kapitalgesellschaften, §, S.]

Theus Simoni, Fabiana: Die Internationale Vermögensübertragung im Verhältnis zu Luxemburg und Deutschland, Zürich 2011

dies.: Vermögensimport mittels deutscher Ausgliederung?, REPRAX, 3/2010, S. 1-23

Thévenoz, Luc: Commission des OPA et FINMA – La Commission des offres publiques d'acquisition dans la surveillance intégrée des marchés financiers, GesKR 2009, S. 33-38

Thibaut, Anton Fr. J.: System des Pandekten-Rechts, Bd. I Jena 1803

Thiermann, Christoph: Grenzüberschreitende Verschmelzung deutscher Gesellschaften, Hamburg 2010

ders.: Grenzüberschreitende Verschmelzungen deutscher Gesellschaften Das Spannungsfeld zwischen Gesellschaftsrecht und Niederlassungsfreiheit des AEUV nach „Cartesio", Hamburg 2010

Thiermann,, Christoph: Möglichkeiten und Grenzen von Auslandsgesellschaften & Co, ZIP 2011, S. 988-995

Thiessen, Jan: Karl-August Crisolli und sein "Entwurf eines Gesetzes zur Vereinheitlichung, Bereinigung und Reinhaltung des Handelsregisters" von 1934 im Lichte aktueller Reformprojekte, in: Ulrich Battis (Hrsg.) Privatrecht gestern, heute und morgen. Festkolloquium für Rainer Schröder zum 60. Geburtstag, Bonn 2008, S. 35-65 [zit.: *Thiessen*, in FS Schröder, S.]

ders.: Johann Buddenbrook und die Reform des GmbH-Rechts (Teil II), DStR 2007, S. 260-262

Thölke, Ulrich: BGH: Kapitalgesellschaft liechtensteinischen Rechts mit tatsächlichem Verwaltungssitz in Deutschland ist rechts- und parteifähig, DNotZ 2006, S. 143-149

Thürer, Daniel/Weber, Rolf H./Zäch, Roger: Bilaterale Verträge Schweiz – EG: Ein Handbuch, Zürich 2002

Thüsing, Gregor: Deutsche Unternehmensmitbestimmung und europäische Niederlassungsfreiheit – Eine Skizze nach Centros, Überseering und Inspire Art, ZIP 2004, S. 381-388

Tillmann, Bert/Mueller-Thuns, Thomas: Handbuch der GmbH & Co. KG – Gesellschaftsrecht – Steuerrecht, Köln 2005, [zit.: Bearb. in: Handbuch GmbH & Co. KG, §, Rn.]

Timmermans, Christiaan: Impact of EU Law on International Company Law, EPLR 3 (2010), S. 549-567

ders.: Die europäische Rechtsangleichung *im* Gesellschaftsrecht – eine integrations- und Rechtspolitische Analyse, RabelsZ 48 (1984), S. 1-47

Tobler, Christa: Case E-1-02, EFTA Surveillance Authority v. Norway C.M.L.Rev. 41 (2004), S. 245-260

dies: Der Acquis der rechtlichen Verbindung der Schweiz zur EG und EU – Eine unsichere Größe?, in: Fritz Breuss/ Thomas Cottier/Peter-Christian Müller-Graff/Armin Hatje (Hrsg.) : Die Schweiz im europäischen Integrationsprozess, Schriftenreihe des Arbeitskreises Europäische Integration e.V. Band 60, Baden-Baden, 2008, S. 11-37

dies: Cassis de Dijon für die Schweiz: Pur oder on the Rocks?, SZIER 2005, S. 567-572

Trautmann, Matthias/von der Crone, Hans Caspar: Die Angemessenheit von Abfindungen und Prozesskostentragung bei Squeeze-Out-Fusionen – Entscheid des Schweizerischen Bundesgerichts 4A_96/2011 vom 20. September 2011 i.S. A und B (Beschwerdeführer) gegen X-AG (Beschwerdegegnerin), auszugsweise publiziert als BGE 137 III 577, SZW 2012, S. 163-176

Trautrims, Christoph: Das Kollisionsrecht der Personengesellschaften: Grundzüge des neuen internationalen Gesellschaftsrechts, 2009

ders.: Geschichte und Bedeutung von Sitz- und Gründungstheorie im deutschen Recht, ZHR 176 (2012), S. 435-455

Triebel, Volker/v. Hase, Karl: Wegzug und grenzüberschreitende Umwandlungen deutscher Gesellschaften nach „Überseering" und „Inspire Art", BB 2003, S. 2409-2416

Trost, Annette: Faktische Sitzverlegung unter Sitz- und Gründungstheorie im Vergleich: Unter besonderer Berücksichtigung ihrer gesellschafts- und zivilrechtlichen Folgewirkungen, Frankfurt 2003. [zit.: *Trost*, Faktische Sitzverlegung unter Sitz- und Gründungstheorie im Vergleich, 2003 S.]

Trüten, Dirk: Die Mobilität von Gesellschaften in der Europäischen Gemeinschaft, Zürich 2006

Tschäni, Rudolf: Squeeze-out, in: Rudolf Tschäni (Hrsg.), Mergers & Acquisitions XII, Zürich, 2010, S. 40-77

ders.: Vermögensübertragung nach Fusionsgesetz und auf anderen Wegen, GesKR 2007 S. 170-175

ders.: M&A-Transaktionen nach Schweizer Recht, Zürich 2003

Tschentscher, Axel: Demokratische Legitimation der dritten Gewalt, Tübingen 2006

Turin, Nicholas: Le transfert de patrimoine selon le projet de loi sur la fusion, Basel 2003

Ulmer, Peter: Die Gesamthandsgesellschaft – ein noch immer unbekanntes Wesen?, AcP 198 (1998), 113

ders.: Schutzinstrumente gegen die Gefahren aus der Geschäftsfähigkeit inländischer Zweigniederlassungen ausländischer Kapitalgesellschaften mit fiktivem Auslandssitz, JZ 1999, S. 662-665

ders./Habersack, Mathias/ Löbbe, Marc (Hrsg.): GmbHG – Gesetz betreffend die Gesellschaften mit beschränkter Haftung. Großkommentar Band I: Einleitung §§ 1-28, 2. Aufl., Tübingen 2013 [zit.: *Bearb.*, in: Ulmer/Habersack/Löbbe Großkomm GmbHG, Bd. I, 2. Aufl. 2013, Rn.]

ders./Habersack, Mathias/ Winter, Martin (Hrsg.): GmbHG – Gesetz betreffend die Gesellschaften mit beschränkter Haftung: GmbH Großkommentar, Band I: Einleitung, §§ 1-28 2005, Tübingen 2005. [zit.: *Bearb.*, in: Ulmer/Habersack/Winter Großkomm GmbHG, Rn.]

v. Gierke, Otto: Deutsches Privatrecht, Erster Band, Allgemeiner Teil und Personenrecht, Leipzig 1895

ders.: Die Genossenschaftstheorie und die deutsche Rechtsprechung , Berlin 1887

v. Halen, Curt Christian: Das Gesellschaftsstatut nach der Centros-Entscheidung des EuGH: Kollinsionsrechtliche Tragweite, materiellrechtliche Folgen und gesellschaftsrechtliche Gestaltungsmöglichkeiten, Heidelberg 2001 [zugl. Diss. Univ. Münster 2001]

v. Lewinski: Tagungsbericht Internationale Vereinigung für vergleichende Rechtswissenschaft und Volkswirtschaftslehre in Heidelberg, DJZ 16 (1911), S. 1195-1198

v. Napolski, Franz: 25 Jahre deutscher Handel mit der Schweiz, in: Deutsche Handelskammer in der Schweiz (Hrsg.), 25 Jahre Deutsch-Schweizerischer Handel, Basel 1938, S. 25-173

Vahl, Marius/Grolimund, Nina: Integration without Membership – Switzerland's Bilateral Agreements with the European Union, Centre for European Policy Studies (CEPS), Brüssel 2006

Vaucher/René F.: Le statut des étrangers en Suisse – Selon le droit civil et en matière d'assurances sociales, ZSR NF 86 (1967) II, S. 489–643.

Veil, Rüdiger: Kollisionsrechtliche und sachrechtliche Lösungen für eine Verschmelzung, Der Konzern 2007, S. 98-105

ders.: Die Unternehmergesellschaft nach dem Regierungsentwurf des MoMiG – Regelungsmodell und Praxistauglichkeit, GmbHR 2007, S. 1080-1086

Veit, Martin/Wichert, Joachim: Unternehmerische Mitbestimmung bei europäischen Kapitalgesellschaften mit Verwaltungssitz in Deutschland nach "Überseering" und "Inspire Art", AG 2004, S. 14-20

Vetter, Jochen: Die Regelung der grenzüberschreitenden Verschmelzung im UmwG? AG 2006, S. 613-626

ders.: Ausweitung des Spruchverfahrens – Überlegungen de lege lata und de lege ferenda, ZHR 168 (2004), S. 8-54

Vischer, Frank: Internationales Privatrecht, in: Max Gutzwiller (Hrsg.) Schweizerisches Privatrecht – Geschichte und Geltungsbereich, Bd. I, 1969, S. 511-709. [zit.: *Vischer*, in: Gutzwiller (Hrsg.) Schweizerisches Privatrecht – Geschichte und Geltungsbereich, Bd. I, Basel 1969, § S.]

ders.: Einführung in das Fusionsgesetz, in: Meier-Schatz, Christian J. (Hrsg) – Bundesgesetz über die Fusion, Spaltung und Umwandlung von Rechtsträgern, ZBJV Sonderband 135bis 1999, S. 9-28 *ders.:* Das Problem der Kodifikation des schweizerischen internationalen Privatrechtes. Gesamtkodifikation des internationalen Privatrechtes der Schweiz oder Revision des Bundesgesetzes betreffend die zivilrechtlichen Verhältnisse der Niedergelassenen und Aufenthalter (NAG). Schweizerischer Juristenverein, Referate und Mitteilungen, Heft 1, 1971. Basel 1971.

ders.: Drei Fragen aus dem Fusionsrecht, SZW 1993, S. 1-8

ders.: La Loi fédérale de droit international privé. Introduction générale, in: François Dessemontet (Hrsg.) Le nouveau droit international privé suisse : travaux des journées d'étude organisées par le Centre du Droit de l'Entreprise les 9 et 10 octobre 1987, à l'Université de Lausanne, S. 11-28.

ders.: Die Bestimmung des Personalstatuts einer Gesellschaft, in: Heinrich Honsell, Roger Zäch, Franz Hasenböhler, Friedrich Harrer, René Rhinow, (Hrsg.) Privatrecht und Methode: Festschrift für Ernst A. Kramer 2004, S.985-1001 [zit.: *Vischer*, in: FS Kramer, S.]

ders.: Kollisionsrechtliche Verweisung und materielles Resultat. Bemerkungen zur Auslegung der Ausnahmeklausel [Art 15 IPRG], in: Isaak Meier (Hrsg.), Rechtskollisionen, Festschrift für Anton Heini zum 65. Geburtstag, Zürich 1995, S. 479-496 [zit.: *Vischer*, in: FS Heini, S.]

ders.: (Hrsg.): Zürcher Kommentar zum Fusionsgesetz, Zürcher Kommentar zum Fusionsgesetz Kommentar zum Bundesgesetz über Fusion, Spaltung, Umwandlung und Vermögensübertragung (Fusionsgesetz, FusG) vom 3. Oktober 2003 sowie zu den ergänzenden Erlassen (IPRG, Steuerrecht) 2. Auf. Zürich 2012. [zit.: ZürchKomm FusG-*Bearb.*, Art. Rn]

ders./Rapp, Fritz: Zur Neugestaltung des schweizerischen Aktienrechts, Bern 1968

ders./Volken, Paul (Hrsg.): Bundesgesetz über das internationale Privatrecht (IPR-Gesetz) – Schlussbericht der Expertenkommission zum Gesetzesentwurf, 1978

Vischer, Frank/von Planta, Andreas: Internationales Privatrecht, Basel/Frankfurt am Main 1982

Vitzthum Graf, Wolfgang (Hrsg.): Völkerrecht, 5. Auflage, Berlin 2010 [zit.: *Bearb*, Graf Vitzthum (Hrsg.) Völkerrecht, S. Rn.]

Vlas, Paul: Rechtspersonen in het International Privaatrecht, Deventer 1982

Vogel, Alexander / Günter, Michael: Der Vertragsübergang bei Vermögensübertragungen nach Fusionsgesetz, AJP 2012, S. 592-612

Vogt, Hans-Ueli, : Aktienrecht - Entwicklungen 2008, Bern 2009

Vogt, Thomas: Fragen des Handelsregisterrechts bei Sitzverlegungen in die Schweiz, REPRAX 2008, S. 114-123

ders.: Fragen des Handelsregisterrechts bei Sitzverlegungen in die Schweiz, REPRAX 1999, S. 46-54

Volken, Paul: Soweit und solange und überhaupt: zu Art. 4 SchlT/OR, in: Roland von Büren (Hrsg.) Aktienrecht 1992-1997: Versuch einer Bilanz. Zum 70. Geburtstag von Rolf Bär, Bern 1998, S. 373-386 [zit.: *Volken*, in: FS Bär, S.]

von der Crone, Hans Caspar/Gersbach, Andreas/Kessler, Franz J./Dietrich, Martin/Berlinger, Katja (Hrsg.): Das Fusionsgesetz, Zürich 2004. [zit.: *von der Crone* et al. Fusionsgesetz 2004, S. Rn.]

von der Groeben/Schwarze, Jürgen (Hrsg.): Kommentar zum Vertrag über die Europäische Union und zur Gründung der Europäischen Gemeinschaft, Bd. 1: Art. 1 - 53 EUV - Art. 1 - 80 EGV, 6. Aufl. 2003 [zit.: von der Groeben /Schwarze-*Bearb.* EUV/EGV, Art. Rn.]

Vormbaum, Thomas: Juristische Zeitgeschichte: Darstellung und Deutungen, Berlin 2011

Wachter, Thomas/Süß, Rembert : Handbuch des internationalen GmbH-Rechts, Bonn 2011. [zit.: *Bearb.* in: Wachter/Süß, Handbuch des Internationalen GmbHR, 2011, § Rn]

Wachter, Thomas: Die neue Drei-Klassengesellschaft im deutschen GmbH-Recht, GmbHR 2007, R 209-R 210

ders.: Aktuelle Probleme bei der Ltd.& Co.KG, GmbHR 2006, S. 79-85

ders.: Auswirkungen des EuGH-Urteils in Sachen Inspire Art Ltd. auf Beratungspraxis und Gesetzgebung – Deutsche GmbH vs. englische private limited company, GmbHR 2004, S. 88-105

Wackerbarth, Ulrich: Niederlassungsfreiheit und nationales Gläubigerschutzsystem, in: Klaus Peter, Berger, / Georg Borges / Harald Herrmann / Andreas Schlüter/ Ulrich Wackerbarth, Zivil- und Wirtschaftsrecht im Europäischen und Globalen Kontext / Private and Commercial Law in a European and Global Context, Festschrift für Norbert Horn zum 70. Geburtstag, Berlin 2006, S. 605-618 [zit.: *Wackerbarth*, in: FS Horn, S.]

Wagner, Rolf: Änderungsbedarf im autonomen deutschen internationalen Privatrecht aufgrund der Rom II-Verordnung? – Ein Überblick über den Regierungsentwurf eines Gesetzes zur Anpassung der Vorschriften des Internationalen Privatrechts an die Rom II-Verordnung, IPRax, S. 314-318

ders./Timm, Birte: Der Referentenentwurf eines Gesetzes zum Internationalen Privatrecht der Gesellschaften, Vereine und juristischen Personen, IPRax 2008, S. 81-90

Waldburger, Robert: Holding- und Domizilprivileg im Steuerharmonisierungsgesetz : kantonale Freiräume bei der Ausgestaltung des Holding- und Domizilprivilegs gemäss Art. 28 Abs. 2 bis 5 des Steuerharmonisierungsgesetzes (IFF-Gutachten im Auftrag der Treuhand-Kammer) Zürich 2000

Waldenberger, Arthur/Sieber, Dorothée M: Die Unternehmergesellschaft (haftungsbeschränkt) jenseits der Existenzgründer – Rechtliche Besonderheiten und praktischer Nutzen, GmbHR 2009, S. 114-124

Walker, Gustav: Die rechtliche Stellung ausländischer juristischer Personen, insbesondere ausländische Actiengesellschaften. Eine rechtsvergleichende Studie, Wien 1987

Walter, Hans-Peter: Zeitgemässe richterliche Rechtsfortbildung, recht 2003 S. 2-11

Wälti, Mario: Der Anwendungsbereich der Vermögensübertragung, Basel 2013

Wamister, Patrick: Umwandlung von Gesellschaften, ZSR (123) 2004, S. 63-82

Wank, Rolf: Grenzen richterlicher Rechtsfortbildung, Berlin 1978

Watter, Rolf /Büchi, Raffael: Die Spaltung nach Fusionsgesetz als Mauerblümchen der Praxis?, GesKR 2007, S. 164-169

Weber. Rolf H. : Schweizerisches Privatrecht – Einleitung und Personenrecht – Juristische Personen, Pierre Tercier, Roland von Büren, Daniel Girsberger, Ernst A Kramer, Thomas Sutter-Somm, Wolfgang Wiegand (Hrsg.), Band II Teilb. 4, Basel 1998 [zit.: *Weber*, in: Grossen/Gutzwiller (Hrsg.) Schweizerisches Privatrecht, Einleitung und Personenrecht, Juristische Personen, Bd. II/4, § , S.]

Wedemann, Frauke: Der Begriff der Gesellschaft im internationalen Privatrecht – Neue Herausforderungen durch den entrepreneur individuel à responsabilité limitée, RabelsZ 75 (2011), S. 541-580

dies.: The Concept of "Company" in the Conflict of Laws - Does it Encompass the "entrepreneur individuel à responsabilité limitée"? RabelsZ 75 (2011), S. 541-580

Weigell, Jörg: Geltung der Niederlassungsfreiheit auch im Verhältnis zur Schweiz, IStR 2006, S. 190-195

Weipert, Lutz*:* Die Mitgliedschaft zur gesamten Hand in Personengesellschaften. Abschied von der Sondererbfolge, in: Harm Peter Westermann / Klaus Mock, Festschrift für Gerold Bezzenberger zum 70. Geburtstag am 13. März 2000, Berlin 2000, S. 439-448

Weiss, Manfred/Seifert, Achim: Der europarechtliche Rahmen für ein "Mitbestimmungserstreckungsgesetz", ZGR 2009, S. 542-580

Weitnauer, Wolfgang: Die europäische grenzübergreifende Gesellschaft, EWS 1992, S. 165-173

Weller, Marc-Philippe: Handels- und Gesellschaftsrecht, in: Martin Gebauer/Thomas Wiedemann (Hrsg.) Zivilrecht unter europäischem Einfluss, Zivilrecht unter europäischem Einfluss – Die richtlinienkonforme Auslegung des BGB und anderer Gesetze Kommentierung der wichtigsten EU-Verordnungen – Handbuch , 2. Aufl. Stuttgart 2010, Kapitel 21, S. 993-1050. [zit.: *Weller*, in: Gebauer/Wiedemann (Hrsg.) Zivilrecht unter europäischem Einfluss S. Rn.]

ders.: EuGH: Grenzüberschreitende Umwandlung einer Gesellschaft – VALE, LMK 2012, 336113

ders.: Die Rechtsquellendogmatik des Gesellschaftskollisionsrechts, IPRax 2009, S. 202-209

ders.: Zum identitätswahrenden Wegzug deutscher Gesellschaften, DStR 2004, S. 1218-1220

ders.: Anknüpfungsprinzipien im Europäischen Kollisionsrecht: Abschied von der "klassischen" IPR-Dogmatik? IPRax 2011, S. 437-429

ders.: Die „Wechselbalgtheorie", in: Habersack, Mathias/Hommelhoff, Peter (Hrsg.), Festschrift für Wulf Goette zum 65. Geburtstag, München 2011, S. 583-599 [zit.: *Weller*, in: FS Goette, S.]

ders.: Unternehmensmobilität im Binnenmarkt, in: Peter Jung /Philipp Lamprecht/Martin Schmidt-Kessel/Katrin Blasek, Einheit und Vielheit im Unternehmensrecht, Festschrift für Uwe Blaurock zum 70. Geburtstag, Tübingen 2013, S. 497-526 [zit.: *Weller*, in: FS Blaurock, S.]

ders.: Niederlassungsfreiheit via völkerrechtlicher EG-Assoziierungsabkommen, ZGR 2006, S. 748-768

ders.: Die Rechtsquellendogmatik des Gesellschaftskollisionsrechts, IPRax 2009, S. 202-209

ders./Leuering, Dieter: Sitzverlegungen von Gesellschaften in Europa: rechtliche und praktische Probleme – Referate im Rahmen der Vortragsreihe „Rechtsfragen der Europäischen Integration" Bonn, den 09. Januar 2012, Zentrum für Europäisches Wirtschaftsrecht, Vorträge und Berichte Nr. 198, Bonn 2012. [zit.: *Weller/Leuering*, Sitzverlegungen von Gesellschaften in Europa, 2012, S.]

Weng, Andreas: Zulässigkeit und Durchführung grenzüberschreitender Verschmelzungen, Berlin 2008.

Wengler, Wilhelm : Die Anknüpfung des zwingenden Schuldrechts im internationalen Privatrecht, ZVglRWiss 54 (1941), S. 168-212.

ders.: Sonderanknüpfung, positiver und negativer ordre public, JZ 1979, S. 175-177 *ders.:* Das Bürgerliche Gesetzbuch mit besonderer Berücksichtigung der Rechtsprechung des Reichsgerichts und des Bundesgerichtshofes, Kommentar hrsg. von Mitgliedern des Bundesgerichtshofes Bd. VI:, bearb. von Wilhelm Wengler, Teilbd. I, Berlin/New York: 1981. [BGB RGRK-*Wengler*, Internationales Privatrecht VI/1, §, S.]

ders.: Die allgemeinen Rechtsgrundsätze des internationalen Privatrechts und ihre Kollisionen, ZöR, 23 (1943/1944), S. 471 ff.

Wenglorz, Georg: Die grenzüberschreitende Heraus-Verschmelzung einer deutschen Kapitalgesellschaft: Und es geht doch!, BB 2004, S. 1061-1066

Werlauff, Erik: EC Company Law: The Common Denominator for Business Undertakings in 12 States, Copenhagen 1993

Werlen, Sandra: Haftung ausländischer Gesellschaften, Zürich 1999

Werner, Rüdiger: Das deutsche Internationale Gesellschaftsrecht nach Cartesio und Trabrennbahn, GmbHR 2009, S. 191-196

Wertenbruch, Johannes*:* Die Rechtsprechung zum Personengesellschaftsrecht in den Jahren 2003 – 2005, NZG 2006, S. 408-420

Wesiack , Max: Europäisches Internationales Vereinsrecht – Grenzüberschreitende Sitzverlegung und Umwandlung im Lichte der Niederlassungsfreiheit und des allgemeinen Freizügigkeitsrechts Tübingen 2011

Westermann, Harm Peter: Das Gesellschaftsrecht in der Methodendiskussion um das internationale Privatrecht, ZGR 1975, S. 68-105

Wetzler, Christoph F.: Rechtspolitische Herausforderungen, in: Otto Sandrock/Christoph F. Wetzler, (Hrsg.), Deutsches Gesellschaftsrecht im Wettbewerb der Rechtsordnungen. Nach Centros, Überseering und Inspire Art. Schriften des Betriebs-Beraters, Band 132, Heidelberg, 2004, S. 129-198. [*Wetzler*, in: Sandrock/Wetzler (Hrsg.), Deutsches Gesellschaftsrecht im Wettbewerb der Rechtsordnungen, 2004, S.]

Wichser, Werner R: Der Begriff des wohlerworbenen Rechts im internationalen Privatrecht, Zürich 1955.

Wicke, Harmut: Gesetz betreffend die Gesellschaften mit beschränkter Haftung (GmbHG) – Kommentar, 2. Auflage 2011 [zit.: *Wicke*, GmbHG, § Rn.]

Wicke, Hartmut: Mobilität europäischer Kapitalgesellschaften am Vorabend der 14. gesellschaftsrechtlichen Richtlinie über die grenzüberschreitenden Sitzverlegung, GPR 2010, S. 238-243

Widman, Siegfried/Mayer, Dieter: Kommentar zum Umwandlungsrecht: Umwandlungsgesetz, Umwandlungssteuergesetz 89. Erg.-Lfg., Stand Juli 2006, München 2006.

Widmann, Siegfried/Mayer, Dieter (Hrsg.): Umwandlungsrecht, Umwandlungsgesetz – Umwandlungsteuergesetz, Bonn Berlin (Loseblatt-Kommentar – Stand: November 2011) [zit.: *Bearb.*, in: Widmann/Mayer,UmwR, §.Rn.]

Widmer, Pierre: Rechtsvergleichung und Gesetzgebung, LeGes 2003/3, S. 9-17

Wieacker, Franz: Recht und Moralität in pragmatischer Sicht, in: Arthur Kaufmann/Werner Maihofer/Ernst Joachim Mestmäcker/Hans Friedrich Zacher (Hrsg.) Rechtsstaat und Menschenwürde: Festschrift für Werner Maihofer zum 70. Geburtstag, S. 631-650. [zit.: *Wieacker*, in: FS Maihofer, S.]

Wiedemann, Herbert: Erfahrungen mit der Gestaltungsfreiheit im Gesellschaftsrecht, in: Marcus Lutter/Herbert Wiedemann (Hrsg.) Gestaltungsfreiheit im Gesellschaftsrecht. Deutschland, Europa und USA. 11.ZGR-Symposium "25 Jahre ZGR" ZGR-Sonderheft 13 (1998), S. 5- 31. [zit: Wiedemann, in: ZGR-Sonderheft 13 (1998), S.]

ders.: Gesellschaftsrecht, Band I: Grundlagen München 1980. [zit.: *Wiedemann*, Gesellschaftsrecht 1980, Bd. I, § Rn.]

ders.: Internationales Gesellschaftsrecht, in: Alexander Lüderitz (Hrsg.), Internationales Privatrecht und Rechtsvergleichung im Ausgang des 20. Jahrhunderts: Bewahrung oder Wende? Frankfurt am Main 1977, S. 187-212 [zit.: *Wiedemann*, in: FS Kegel, S.]

Wieland, Karl: Handelsrecht, Zweiter Band: Die Kapitalgesellschaften, München/Leipzig 1931. [*Wieland*, Handelsrecht, Bd. II (1931), S.]

Wilms, Heinrich: Staatsrecht I: Staatsorganisationsrecht unter Berücksichtigung der Föderalismusreform, Stuttgart 2007

von Wilmowsky, Peter: EG-Vertrag und kollisionsrechtliche Rechtswahlfreiheit, RabelsZ 62 (1998), S. 1-37

ders.: Freiheit des Kapital- und Zahlungsverkehrs, in: Dirk Ehlers (Hrsg.), Europäische Grundrechte und Grundfreiheiten, 3. Aufl. 2009, § 12, S. 402-433

Winkler, Michael E.: Arbeitnehmerschutz nach dem Entwurf zum neuen Fusionsgesetz, SJZ 97 (2001) , S. 477-487

Wisskirchen, Gerlind/Bissels, Alexander/Dannhorn, Wolfgang: Vermeidung der unternehmerischen Mitbestimmung aus arbeitsrechtlicher Sicht, DB 2007, S. 2258-2263

Wöhlert, Helge-Thorsten/Degen, Stephan: Die neue Mobilität von Gesellschaften in Europa nach „Vale“ und „National Grid Indus“ , GWR 2012, S. 432

Wohlrab, Stefan: Der grenzüberschreitende Formwechsel als Mittel der Mobilität im Binnenmarkt Anm. zu EuGH, Urt. v. 12.7.2012, Rs. C-378/10 – Vale, GPR 2012, S. 316-319

Wolff, Martin: Private International Law, 1. Aufl., London 1945

Wyler, Rémy: Loi sur la fusion et protection des travailleurs, SZW 2004, S. 249-258

Wymeersch, Eddy: Centros: A landmark decision in European Company Law, in: Corporations, Capital Markets and Business in the Law, in: Theodor Baums/Klaus J. Hopt/Horn Norbert (Hrsg.) Liber Amicorum Richard M. Buxbaum, Deventer et al. 2000, S. 629-654

ders.: Company law and freedom of establishment in the EU, in: Sabih Arkan, Aynur Yongalık (Hrsg.) Tuğrul Ansay: Festschrift: zum 75. Geburtstag = Tuğrul Ansay: Liber amicorum: in Honour of his 75th Birthday, Alphen aan den Rijn, 2006, S. 541-547. [zit.: *Wymeersch*, in: Liber Amicorum Ansay, S.]

Wyss, David/Zulauf, Urs: Fiktiver Sitz oder faktische Zweigniederlassung, in: Karl Spühler (Hrsg.) Internationales Zvilprozess- und Verfahrensrecht, Schriftenreihe des Europa Instituts Zürich, Band 37, Zürich 2001, S. 117-145

Ziegler, Andreas R.: Die de facto-Mitgliedschaft der Schweiz in der EU: Binnen- und Aussenbeziehungen, in: ZEuS 2007, S. 247-272

ders.: Ein halbes Jahrhundert bilaterale Beziehungen Schweiz-EU in: Europäische Integration und Globalisierung – Festschrift zum 60-jährigen Bestehen des Europa-Instituts, Werner Meng/Georg Ress/Torsten Stein (Hrsg.) Baden-Baden 2011 [zit.: *Ziegler*, in: FS Europa-Institut, S.]

Zielinski, Gustav: Grundtypenvermischungen und Handelsgesellschaftsrecht: Der Eintritt von Kapitalgenossenschaften in Personalgesellschaften, seine wirtschaftliche Bedeutung und rechtliche Zulässigkeit, Marburg 1925.

Ziemons, Hildegard: Freie Bahn für den Umzug von Gesellschaften nach Inspire Art?! Zugleich Besprechung EuGH, Urt v 30.9.2003 – Rs C- 167/01, ZIP 2003, 1885 – Inspire Art, ZIP 2003, S. 1913-1920

Zimmer, Daniel: Unternehmerische Mitbestimmung bei Auslandsgesellschaften mit Inlandssitz? in: Alfred Söllner, Wolfgang Gitter/Raimund Waltermann/Richard Giesen/Oliver Ricken (Hrsg.) Gedächtnisschrift für Meinhard Heinze, München 2005, S.1123-1134. [zit.: *Zimmer*, GS Heinze, S.]

ders.: Internationales Gesellschaftsrecht – Das Kollisionsrecht der Gesellschaften und sein Verhältnis zum Internationalen Kapitalmarktrecht und zum Internationalen Unternehmensrecht, Heidelberg 1996

ders.: Grenzüberschreitende Rechtspersönlichkeit, ZHR 168 (2004), S. 355-368

ders.: Internationales Gesellschaftsrecht und Niederlassungsfreiheit: Das Rätsel vor der Lösung? BB 2000, S. 1361-1366

ders.: Nach „Inspire Art“: Grenzenlose Gestaltungsfreiheit für deutsche Unternehmen? NJW 2003, S. 3585-3592

ders./Naendrup Christoph: Das Cartesio-Urteil des EuGH: Rück- oder Fortschritt für das internationale Gesellschaftsrecht? NJW 2009, S. 545-550

Zimmerli, Christoph : Arbeitnehmerschutz bei Umstrukturierungen unter besonderer Berücksichtigung des Fusionsgesetzes, AJP 2005, S. 771-783

Zimmermann, Reinhard: Einführung: Rechtsgeschichte, Rechtsvergleichung, Rechtsdogmatik. Beiträge zum 32. Deutschen Rechtshistorikertag in Regensburg, ZEuP 1999, S. 494-495

ders.: Gemeines Recht heute: Das Kreuz des Südens, in: Jörn Eckert (Hrsg.), Der praktische Nutzen der Rechtsgeschichte, Hans Hattenhauer zum 8. September 2001, Heidelberg 2003, S. 601-627 [zit.: *Zimmermann*, in: FS Hattenhauer, S.]

Züllig, Robert Emil: Die internationale Fusion im schweizerischen Gesellschaftsrecht – Unter besonderer Berücksichtigung des deutschen und des italienischen Rechtes, Basel et. al. 1975

Zweigert, Konrad: Nichterfüllung auf Grund ausländischer Leistungsverbote, RabelsZ 14(1942) S. 283-307

ders.: Zur Armut des IPR an sozialen Werten, RabelsZ 37 (1973), S. 435-452

Europäische Integration
und internationale Wirtschaftsbeziehungen
Rechtswissenschaftliche Studien

In der Reihe Europäische Integration und Internationale Wirtschaftsbeziehungen werden rechtswissenschaftliche Forschungsergebnisse publiziert, die wirtschaftsrechtliche Fragen der regionalen und globalen wirtschaftlichen Integration zum Gegenstand haben. Zwar liegt der Schwerpunkt auf der EU und ihrer Binnenmarktintegration. Das Programm der Reihe schließt aber die Außenbeziehungen der EU und die internationale Dimension des Welthandelsrechts, insbesondere der WTO, des Kapitalmarktrecht sowie des Rechts der Direktinvestitionen mit ein. Die Fragestellungen können sowohl privatrechtlicher, als auch öffentlich-rechtlicher oder völkerrechtlicher Natur sein. Die Reihe insgesamt soll im Hinblick auf die internationalen Wirtschaftsbeziehungen gerade den Zusammenhang zwischen den rechtswissenschaftlichen Disziplinen deutlich machen. Für die Aufnahme in die Reihe kommen überdurchschnittliche Dissertationen in Betracht, aber auch Forschungsergebnisse aus anderen Zusammenhängen.

Band 1 - 21 herausgegeben von Peter Behrens
Ab Band 22 herausgegeben von Peter Behrens und Wolfgang Wurmnest

Band 1 Hella Kinder: Die Außenindustriepolitik der Europäischen Gemeinschaft dargestellt am Beispiel von Antidumpingmaßnahmen. 1996.

Band 2 Stefan Flach: Rechtsbindung einer industriepolitischen Instrumentalisierung öffentlicher Aufträge. 1996.

Band 3 Nicolas Baron von Behr: Multinationale Unternehmen und Exportkontrollen. Völkerrechtliche Zulässigkeit und Grenzen extraterritorialer Ausfuhrbeschränkungen. With an English Summary. 1996.

Band 4 Andreas Pense: Die personalistische Eurokapitalgesellschaft als Instrument der Unternehmenskooperation in der EU. Ein Entwurf auf rechtsvergleichender Grundlage. 1997.

Band 5 Marcus Mackensen: Institutionelle Anleger im Unternehmensrecht Deutschlands und der USA. 2000.

Band 6 André Schwanna: Die Gründung von Gesellschaften in Deutschland, Frankreich und Großbritannien. Gemeineuropäische Prinzipien des Gesellschaftsrechts. 2002.

Band 7 Ulfert Frenzel: Die Beurteilung von Forschungs- und Entwicklungskooperationen zwischen Herstellern und Zulieferern in der deutschen Automobilindustrie nach europäischem und deutschem Kartellrecht. 2003.

Band 8 Fabian Stancke: Einstweilige Anordnungen im dezentralen Vollzug des Gemeinschaftsrechts. Einstweilige Anordnungen und die Kohärenz des gemeinschaftlichen Rechtsschutzsystems bei der Anwendung des Gemeinschaftsrechts durch deutsche Verwaltungs- und Zivilgerichte. 2004.

Band 9 Katerina Buchtova: Marktstrukturelle Kriterien bei der kartellrechtlichen Beurteilung vertikaler Bindungen im europäischen und im tschechischen Kartellrecht. 2004.

Band 10 Katja Koch: Handelspräferenzen der Europäischen Gemeinschaft für Entwicklungsländer. Typologie, Konditionierungen, WTO-Konformität. 2004.

Band 11 Julia Richter: Gatekeeper Positionen in der europäischen Fusionskontrolle. Marktabschottungsgefahren bei Zusammenschlüssen im Informations- und Kommunikationssektor. 2004.

Band 12 Ulrike Schmidt-Tiedemann: Geschäftsführung und Vertretung im Gesellschaftsrecht Deutschlands, Frankreichs und Englands. Eine rechtsvergleichende Untersuchung zur Feststellung ge-meineuropäischer Prinzipien des Gesellschaftsrechts. 2004.

Band 13 Kerstin Dittmann: Öffnung von Märkten durch kartellrechtlichen Kontrahierungszwang. Eine Analyse von § 20 Abs. 1 GWB und Art. 82 EG unter Berücksichtigung der *essential facilities-doctrine*. 2004.

Band 14 Susanne Wendt: Die Kontrolle der Geschäftsführung in Personen- und Kapitalgesellschaften in Deutschland, Frankreich und England. Eine rechtsvergleichende Untersuchung zur Ermittlung gemeinsamer Prinzipien des Gesellschaftsrechts. 2004.

Band 15 Britta Noack: Industrielle Zulieferverträge und Art. 81 EGV. Unter besonderer Berücksichtigung der Gruppenfreistellungsverordnung 2790/99 für vertikale Vereinbarungen. 2004.

Band 16 Sven Krämer: Der Wechsel von Gesellschaftern bei Personen- und Kapitalgesellschaften in Deutschland, England und Frankreich. Eine rechtsvergleichende Untersuchung zur Ermittlung gemeinsamer gesellschaftsrechtlicher Prinzipien. 2004.

Band 17 Philip Peitsmeyer: Die Vererbung von Gesellschaftsanteilen an Personen- und Kapitalgesellschaften in Deutschland, Frankreich und England. Eine rechtsvergleichende Untersuchung zur Ermittlung gemeinsamer Prinzipien des Gesellschaftsrechts. 2004.

Band 18 Jörg Arzt-Mergemeier: Der gesellschaftsrechtliche Minderheitenschutz in Deutschland, England und Frankreich. Eine rechtsvergleichende Untersuchung zur Ermittlung gemeinsamer Prinzipien des europäischen Gesellschaftsrechts. 2006.

Band 19 Christian Rosner: Staatliche Ausgleichsleistungen für gemeinwirtschaftliche Verpflichtungen im Spannungsfeld zwischen Wettbewerb und Daseinsvorsorge. 2006.

Band 20 Andreas W. Dimke: Neutralitätspflicht und Übernahmegesetz. Eine vergleichende Untersuchung von Abwehrmaßnahmen bei feindlichen Übernahmen nach deutschem und US-amerikanischem Recht unter besonderer Berücksichtigung des deutschen Übernahmegesetzes. 2007.

Band 21 Justus Jansen: Der gesellschaftsrechtliche Kapitalschutz in Deutschland, England und Frankreich. Eine rechtsvergleichende Untersuchung zur Ermittlung gemeinsamer gesellschaftsrechtlicher Prinzipien. 2007.

Band 22 Paul Moritz Naue: Immaterielle Gegenstände – insbesondere Immaterialgüterrechte – als wesentliche Einrichtungen nach Art. 102 AEUV. 2012.

Band 23 Jan Bohrenkämper: Transnationale Sitzverlegung und Umstrukturierung von Kapitalgesellschaften im bilateralen Verhältnis Deutschland – Schweiz. 2013.

www.peterlang.com

www.ingramcontent.com/pod-product-compliance
Ingram Content Group UK Ltd.
Pitfield, Milton Keynes, MK11 3LW, UK
UKHW021823290926
8980IPUK00004B/244

9 783631 645659